Peter Müller

Contao
Das umfassende Handbuch

Galileo Press

Liebe Leserin, lieber Leser,

mittlerweile muss man niemandem mehr Contao vorstellen. Innerhalb kürzester Zeit hat es sich vom Geheimtipp zu einem der beliebtesten CMS entwickelt. Die Gründe dafür sind vielfältig. So setzt Contao konsequent auf aktuelle Webstandards, Responsive Webdesign, Barrierefreiheit, Mehrsprachenfähigkeit, Personalisierbarkeit und suchmaschinenfreundliche URLs.

Peter Müller, vielen Lesern bekannt durch sein Buch »Einstieg in CSS«, stellt mit vielen Praxisbeispielen Installation, Konfiguration und Administration von Contao vor. Sein unnachahmlicher Stil garantiert Ihnen schnellen Lernerfolg und Unterhaltung auf jeder Seite. Schritt für Schritt begleitet er Sie bei der Erstellung Ihres Webauftritts. Angefangen von der Installation von Contao und einem Testsystem bis hin zur fertigen Website finden Sie alles, was Sie für einen erfolgreichen Start benötigen. Die vierte Auflage wurde komplett aktualisiert und das Buch noch einmal um viele neue Themen und Funktionen erweitert.

Dieses Buch wurde mit großer Sorgfalt lektoriert und produziert. Sollten Sie dennoch Fehler finden oder inhaltliche Anregungen haben, scheuen Sie sich nicht, mit uns Kontakt aufzunehmen. Ihre Fragen, Anregungen und Änderungswünsche sind uns jederzeit willkommen. Versäumen Sie auch nicht die Website von Peter Müller unter *www.contaobuch.de* zu besuchen. Hier finden Sie regelmäßig weitere Informationen und Aktualisierungen zum Buch und Contao.

Viel Vergnügen beim Lesen!

Wir freuen uns auf den Dialog mit Ihnen.

Ihr Stephan Mattescheck
Lektorat Galileo Computing

stephan.mattescheck@galileo-press.de
www.galileocomputing.de
Galileo Press · Rheinwerkallee 4 · 53227 Bonn

Auf einen Blick

TEIL I Contao kennenlernen und installieren
1 Das ist Contao 37
2 Der Offline-Webspace: XAMPP und MAMP 47
3 Die Installation von Contao 69
4 Schnelldurchlauf: So funktioniert Contao 103

TEIL II Die erste Website mit Contao
5 Ein kurzer Rundgang im Backend 125
6 Die ersten Schritte zur eigenen Website 143
7 Contao und CSS: Webseiten gestalten 183
8 Navigationen erstellen in Contao 225
9 Inhaltselemente für Texte und Bilder 261
10 Weitere nützliche Inhaltselemente 303

TEIL III Formulare und Core-Erweiterungen
11 Kontakt: der Formulargenerator von Contao 341
12 Suchfunktion: die Beispielsite durchsuchen 375
13 Bloggen: die Erweiterung »Nachrichten« 397
14 Die Core-Erweiterungen »Events« und »FAQ« 447
15 Die Core-Erweiterung »Newsletter« 469
16 Ein neues Seitenlayout für die Startseite 485

TEIL IV Contao »responsiv« und »mobil«
17 Das CSS-Framework von Contao 517
18 Die Beispielsite wird responsiv 559
19 Mobile Seitenlayouts und 12-Spalten Grid 599

TEIL V Systemverwaltung
20 SEO: die Optimierung für Suchmaschinen 625
21 Mitglieder: im Frontend angemeldete Besucher 653
22 Benutzer: im Backend angemeldete Mitarbeiter 679
23 Wartung: die Website im Alltag 697
24 Themes und Frontend-Templates 717

TEIL VI Tipps und Tricks
25 Tipps und Tricks bei der Arbeit mit Inhalten 737
26 Tipps und Tricks zur Systemverwaltung 757
27 Einige Erweiterungen von Drittanbietern 785

Impressum

Wir hoffen sehr, dass Ihnen dieses Buch gefallen hat. Bitte teilen Sie uns doch Ihre Meinung mit. Eine E-Mail mit Ihrem Lob oder Tadel senden Sie direkt an den Lektor des Buches: *stephan.mattescheck@galileo-press.de*. Im Falle einer Reklamation steht Ihnen gerne unser Leserservice zur Verfügung: *service@galileo-press.de*. Informationen über Rezensions- und Schulungsexemplare erhalten Sie von: *britta.behrens@galileo-press.de*.

Informationen zum Verlag und weitere Kontaktmöglichkeiten finden Sie auf unserer Verlagswebsite *www.galileo-press.de*. Dort können Sie sich auch umfassend und aus erster Hand über unser aktuelles Verlagsprogramm informieren und alle unsere Bücher versandkostenfrei bestellen.

An diesem Buch haben viele mitgewirkt, insbesondere:

Lektorat Stephan Mattescheck
Korrektorat Petra Bromand, Sibylle Feldmann
Fachgutachten Harry Boldt
Herstellung Janina Brönner
Typografie und Layout Vera Brauner
Einbandgestaltung Barbara Thoben
Coverbilder Fotolia: 4990699 © mao-in-photo
Satz SatzPro, Krefeld
Druck und Bindung C.H. Beck, Nördlingen

Dieses Buch wurde gesetzt aus der TheAntiquaB (9,35/13,25 pt) in FrameMaker.
Gedruckt wurde es auf chlorfrei gebleichtem Offsetpapier (90 g/m^2).

Der Name Galileo Press geht auf den italienischen Mathematiker und Philosophen Galileo Galilei (1564–1642) zurück. Er gilt als Gründungsfigur der neuzeitlichen Wissenschaft und wurde berühmt als Verfechter des modernen, heliozentrischen Weltbilds. Legendär ist sein Ausspruch *Eppur si muove* (Und sie bewegt sich doch). Das Emblem von Galileo Press ist der Jupiter, umkreist von den vier Galileischen Monden. Galilei entdeckte die nach ihm benannten Monde 1610.

Bibliografische Information der Deutschen Nationalbibliothek
Die Deutsche Nationalbibliothek verzeichnet diese Publikation in der Deutschen Nationalbibliografie; detaillierte bibliografische Daten sind im Internet über *http://dnb.d-nb.de* abrufbar.

ISBN 978-3-8362-3016-2
© Galileo Press, Bonn 2014
4., aktualisierte und erweiterte Auflage 2014

Das vorliegende Werk ist in all seinen Teilen urheberrechtlich geschützt. Alle Rechte vorbehalten, insbesondere das Recht der Übersetzung, des Vortrags, der Reproduktion, der Vervielfältigung auf fotomechanischem oder anderen Wegen und der Speicherung in elektronischen Medien.

Ungeachtet der Sorgfalt, die auf die Erstellung von Text, Abbildungen und Programmen verwendet wurde, können weder Verlag noch Autor, Herausgeber oder Übersetzer für mögliche Fehler und deren Folgen eine juristische Verantwortung oder irgendeine Haftung übernehmen.

Die in diesem Werk wiedergegebenen Gebrauchsnamen, Handelsnamen, Warenbezeichnungen usw. können auch ohne besondere Kennzeichnung Marken sein und als solche den gesetzlichen Bestimmungen unterliegen.

Inhalt

Einleitung 29

TEIL I Contao kennenlernen und installieren

1 Das ist Contao — 37

1.1	Contao ist ein Content-Management-System	37
	1.1.1 Brauchen Sie überhaupt ein Content-Management-System?	37
	1.1.2 Ein CMS auf dem eigenen Webspace erfordert Know-how	39
1.2	Die Website zum Programm: »contao.org«	39
1.3	Was Contao so beliebt macht	41
	1.3.1 Contao hilft Ihnen bei der Erstellung und Verwaltung von Inhalten	41
	1.3.2 Contao vereinfacht die Gestaltung der Webseiten	42
	1.3.3 Contao hat viele Funktionen eingebaut und ist beliebig erweiterbar	42
1.4	Die Community im Web: das Forum zu Contao	43
	1.4.1 Tipps zur Benutzung des Forums	44
	1.4.2 Fragen zum Buch bitte auch im Forum stellen	44

2 Der Offline-Webspace: XAMPP und MAMP — 47

2.1	Der Webspace auf Ihrem Rechner	48
	2.1.1 Statische Webseiten: der Webspace als Lagerhalle	48
	2.1.2 Content-Management-System: der Webspace als Werkstatt ...	48
2.2	Windows: Offline-Webspace mit XAMPP	50
	2.2.1 XAMPP für Windows installieren	50
	2.2.2 Das XAMPP Control Panel	51
	2.2.3 Testen, ob der Webserver funktioniert	52
	2.2.4 Der Sicherheitscheck von XAMPP	54
2.3	OS X: Offline-Webspace mit MAMP	54
	2.3.1 MAMP installieren	54
	2.3.2 Das Programmfenster von MAMP	55
	2.3.3 Testen, ob der Webserver funktioniert	56

2.4		**Der Webserver: Apache serviert Webseiten**	**57**
	2.4.1	Der Apache ist ein Webserver	57
	2.4.2	»Document Root«: der Ordner für die Webseiten	57
2.5		**PHP: Programmiersprache und Interpreter**	**59**
	2.5.1	PHP ist auf php.net zu Hause	59
	2.5.2	PHP: als Modul oder als CGI?	60
2.6		**MySQL serviert SQL-Datenbanken**	**61**
	2.6.1	Eine relationale Datenbank besteht aus Tabellen und Beziehungen	62
	2.6.2	SQL ist eine Sprache zur Verwaltung von Datenbanken	64
2.7		**phpMyAdmin verwaltet die Datenbanken von MySQL**	**64**
	2.7.1	phpMyAdmin starten	65
	2.7.2	Eine neue Datenbank anlegen mit phpMyAdmin	66

3 Die Installation von Contao — 69

3.1		**Die Installation vorbereiten**	**69**
	3.1.1	Die Systemvoraussetzungen	69
	3.1.2	Die richtige Contao-Version für dieses Buch	70
3.2		**Offline: Contao auf Ihrem Rechner installieren**	**70**
	3.2.1	Schritt 1: Contao-Dateien in den Ordner »contaobuch« kopieren	71
	3.2.2	Schritt 2: Datenbank erstellen mit phpMyAdmin	72
	3.2.3	Schritt 3: Das Installtool starten und die Lizenz akzeptieren	73
	3.2.4	Schritt 4: »Installtool-Passwort« – ein Passwort für das Installtool festlegen	74
	3.2.5	Schritt 5: »Datenbankverbindung« – Kontakt mit der Datenbank aufnehmen	76
	3.2.6	Schritt 6: »Tabellen prüfen« – die Datenbanktabellen anlegen	77
	3.2.7	Schritt 7: »Ein Template importieren« – oder auch nicht	78
	3.2.8	Schritt 8: Ein Administratorkonto anlegen	79
3.3		**Online: Contao im Web installieren**	**82**
	3.3.1	Informationen über Webhoster im Contao-Forum	82
	3.3.2	Die Ordnerstruktur auf dem Webspace	83
	3.3.3	Der Contao Check	83
	3.3.4	Online-Installation, Teil 1 – Dateien auf den Webspace kopieren	87
	3.3.5	Online-Installation, Teil 2 – die Zugangsdaten für die Datenbank	90
	3.3.6	Online-Installation, Teil 3 – das Installtool im Überblick	90

3.4	Hilfe bei sonstigen Installationsproblemen	91
3.5	Umzug: von XAMPP und MAMP auf den Online-Webspace	93
	3.5.1 Schritt 1: Die lokale Contao-Installation entschlacken	93
	3.5.2 Schritt 2: Dateien auf den Online-Webspace übertragen	93
	3.5.3 Schritt 3: Die lokale Datenbank exportieren	93
	3.5.4 Schritt 4: Den SQL-Dump auf den Webspace importieren	94
3.6	»Safe Mode Hack«: der FTP-Modus von Contao	95
	3.6.1 »Sie müssen den Safe Mode Hack auf diesem Server verwenden«	96
	3.6.2 Eine Alternative zum SMH: PHP als FastCGI	97
	3.6.3 So richten Sie den Safe Mode Hack ein	98
3.7	Know-how: Dateiberechtigungen – das 1 × 1 zu 644	99
	3.7.1 Besitzer, Benutzer und Berechtigungen: 644 und 755	99
	3.7.2 PHP und Contao: Benutzerrechte, Apache-Modul und (Fast)CGI	101
	3.7.3 Was der Safe Mode Hack genau macht	101
	3.7.4 Sicherheitsloch: »Alles auf 777« ist keine gute Idee	102

4 Schnelldurchlauf: So funktioniert Contao — 103

4.1	»Music Academy«: die Beispielsite installieren	104
	4.1.1 Vorbereitungen für eine neue Contao-Installation	104
	4.1.2 Das Installtool von Contao aufrufen	105
	4.1.3 Die Erweiterung [music_academy] suchen	105
	4.1.4 Im Backend: die Erweiterung [music_academy] installieren	106
	4.1.5 Im Installtool: die Beispielsite »Music Academy« importieren	107
4.2	Das Frontend ist die Website	108
4.3	Das Backend ist die Verwaltungsabteilung	110
4.4	Die Seitenstruktur ist das Fundament der Website	111
4.5	Themes bestimmen das Aussehen der Site	113
4.6	Module erzeugen den Quelltext für das Frontend	113
4.7	Jede Seite hat ein Seitenlayout	115
4.8	Seitenlayouts verbinden die Seiten mit Stylesheets	117
4.9	Jeder Artikel gehört zu einer Seite	117
4.10	Ein Artikel besteht aus Inhaltselementen	119
4.11	Das Backend ist für Redakteure sehr übersichtlich	121
4.12	Zusammenfassung – so tickt Contao	121

TEIL II Die erste Website mit Contao

5 Ein kurzer Rundgang im Backend — 125

5.1 Überblick: die wichtigsten Bereiche im Backend — 125
- 5.1.1 Ganz oben im Backend: der Infobereich — 126
- 5.1.2 Links: der Navigationsbereich (Backend-Module) — 128
- 5.1.3 Rechts: der Arbeitsbereich — 129

5.2 Das Backend-Modul »System • Einstellungen« — 131
- 5.2.1 Der »Titel der Webseite« — 131
- 5.2.2 Das Format für Angaben von Datum und Zeit — 132

5.3 Der Dateimanager: »System • Dateiverwaltung« — 134
- 5.3.1 Ordner erstellen mit dem Dateimanager — 134
- 5.3.2 Dateien mit dem Dateimanager hochladen — 135
- 5.3.3 »Synchronisieren«: Abgleich zwischen Datenbank und Ordner »files« — 138
- 5.3.4 Template-Ordner erstellen im Backend-Modul »Templates« — 139

5.4 Der Erweiterungskatalog und die Erweiterungsverwaltung — 140
- 5.4.1 Der Erweiterungskatalog auf »contao.org« — 140
- 5.4.2 Eine Erweiterung aus dem Backend heraus installieren — 141

6 Die ersten Schritte zur eigenen Website — 143

6.1 »Keinen Startpunkt gefunden« – die Seitenstruktur erstellen — 144
- 6.1.1 Der Startpunkt für eine neue Website — 145
- 6.1.2 Der Sprachen-Fallback für den Startpunkt ist wichtig — 147
- 6.1.3 Die Startseite für die Beispielsite erstellen — 148
- 6.1.4 Die Seitenstruktur für die Beispielsite erweitern — 149

6.2 »Kein Layout angegeben« – Theme und Seitenlayout erstellen — 150
- 6.2.1 Das erste Theme erstellen — 151
- 6.2.2 Das erste Seitenlayout erstellen und zuweisen — 153

6.3 Frontend-Module für den Kopf- und den Fußbereich — 155
- 6.3.1 Frontend-Module für den Kopf- und den Fußbereich erstellen — 155
- 6.3.2 Die Module für den Kopf- und den Fußbereich im Seitenlayout einbinden — 157

6.4	**Der erste Artikel und zwei Inhaltselemente**	**158**
	6.4.1 Der Artikelbaum: die Übersicht über alle Artikel	159
	6.4.2 Die Einstellungen für einen Artikel	159
	6.4.3 Inhaltselemente zu einem Artikel hinzufügen	161
	6.4.4 Prüfen, ob Artikel im Seitenlayout eingebunden sind	163
	6.4.5 Inhalt für die anderen Seiten erstellen mit »Mehrere bearbeiten«	164
6.5	**Ein Frontend-Modul für die Navigation: »Nav – Main«**	**166**
	6.5.1 Ein Navigationsmodul erstellen	166
	6.5.2 Das Navigationsmodul im Seitenlayout einbinden	167
	6.5.3 Die Seite »News« erstellen	168
6.6	**Ein kurzer Blick in den Quelltext**	**170**
	6.6.1 Der Style-Block im <head>	170
	6.6.2 Die Layoutbereiche aus dem Seitenlayout im <body>	170
6.7	**Templates erstellen das HTML für den Quelltext**	**172**
	6.7.1 Frontend-Templates haben die Endung .sql	172
	6.7.2 Alle anderen Templates mit der Endung .html5 oder .xhtml	172
	6.7.3 Debugmodus: Template-Marker zeigen, welches Template den Quelltext erzeugt	173
	6.7.4 Das HTML der Navigation im Quelltext	176
	6.7.5 Backend-Modul »Templates«: Templates update-sicher anpassen ...	177
	6.7.6 Ein kurzer Blick in das Template »nav_default.html5«	179
6.8	**Das Contao-Prinzip: altogether now**	**180**

7   Contao und CSS: Webseiten gestalten   183

7.1	**Übersicht: Contao und CSS**	**183**
	7.1.1 Gestatten: das CSS-Framework von Contao	183
	7.1.2 Interne oder externe Stylesheets	184
	7.1.3 So funktionieren interne Stylesheets	184
7.2	**Das erste Stylesheet erstellen**	**185**
	7.2.1 Ein internes Stylesheet erstellen: »Layout • Themes • Stylesheets«	186
	7.2.2 Styles für »html« und »body« erstellen	188
	7.2.3 CSS-Editor bedienen: Tasten und Maus in Kombination	190
	7.2.4 Einen Style für »#wrapper« erstellen	190
	7.2.5 Das Stylesheet mit dem Seitenlayout verbinden	192
	7.2.6 Die Symbole zur Bearbeitung von Styles im Überblick	193
	7.2.7 Der integrierte CSS-Reset	194

7.3	**Grundlegende Gestaltung der Beispielsite**	197
	7.3.1 Google Fonts: die Schriftart »Droid Sans« einbinden	197
	7.3.2 Den Kopfbereich gestalten	199
	7.3.3 Den Fußbereich gestalten	200
	7.3.4 Die Layoutbereiche für den Inhaltsbereich gestalten	202
	7.3.5 Überschrift und Fließtext im Inhaltsbereich gestalten	203
	7.3.6 Übung: die Navigation mit einem internen Stylesheet gestalten	204
	7.3.7 Die Beispielsite ist schon ein bisschen »responsive«	207
7.4	**Der CSS-Editor von Contao im Überblick**	208
	7.4.1 Die Gruppe »Selektor und Kategorie«	209
	7.4.2 Breite und Höhe: die Gruppe »Abmessungen«	210
	7.4.3 Elemente positionieren: die Gruppe »Position«	210
	7.4.4 Box-Modell, Teil 1 – die Gruppe »Abstand und Ausrichtung«	211
	7.4.5 Box-Modell, Teil 2 – die Gruppe »Hintergrund«	211
	7.4.6 Box-Modell, Teil 3 – die Gruppe »Rahmen«	213
	7.4.7 Text gestalten: die Gruppe »Schrift«	213
	7.4.8 Die Gruppen »Aufzählung« und »Eigener Code«	214
7.5	**Tipps zur Arbeit mit internen Stylesheets**	215
	7.5.1 »Filtern«: nur Styles einer bestimmten Kategorie anzeigen	215
	7.5.2 »Suchen«: bestimmte Kommentare oder Selektoren suchen	217
	7.5.3 »Versionierung«: Versionen vergleichen und wiederherstellen	217
	7.5.4 Variablen in Themes und Stylesheets verwenden	219
	7.5.5 Praktisch: Stylesheets von der Buch-CD importieren	221
7.6	**CSS mit externen Stylesheets in Contao**	221
	7.6.1 Externe Stylesheets speichern und im Seitenlayout einbinden	222
	7.6.2 Teamwork: interne und externe Stylesheets zusammen	223

8   Navigationen erstellen in Contao   225

8.1	**So funktioniert Contao: Seiten, Module und Artikel**	225
8.2	**Die Navigationsmodule von Contao im Überblick**	226
8.3	**Die Seitenstruktur der Beispielsite erweitern**	228
8.4	**Eine vertikale Navigation mit zwei Ebenen**	231
	8.4.1 Schritt 1: »Layout • Seitenstruktur« – Seiten im Menü verstecken	231
	8.4.2 Schritt 2: Der Modultyp »Navigationsmenü« im Detail	232
	8.4.3 Schritt 3: Die zweite Navigationsebene per CSS gestalten	234

8.5	**Eine horizontale Dropdown-Navigation**		237
	8.5.1	Schritt 1: Das Navigationsmodul in die Kopfzeile verschieben	237
	8.5.2	Schritt 2: Die erste Navigationsebene gestalten	238
	8.5.3	Schritt 3: Dropdown – horizontale Navigation zum Ausklappen	241
8.6	**Horizontale und vertikale Navigation zusammen**		244
8.7	**Meta-Navigation: eine »Individuelle Navigation«**		245
	8.7.1	Schritt 1: Das Modul »Nav – Meta« erstellen	246
	8.7.2	Schritt 2: Das Modul »Nav – Meta« einbinden	247
	8.7.3	Schritt 3: Die Meta-Navigation im Quelltext	248
	8.7.4	Schritt 4: Die Meta-Navigation gestalten	249
8.8	**Sitemap: das Inhaltsverzeichnis der Website**		250
	8.8.1	Schritt 1: »Nav – Sitemap« – ein Modul zur Erstellung einer Sitemap	251
	8.8.2	Schritt 2: Das Modul »Nav – Sitemap« in einen Artikel einbinden	252
	8.8.3	Schritt 3: Das HTML für das Modul »Nav – Sitemap«	253
	8.8.4	Schritt 4: Das CSS zur Gestaltung der Sitemap	254
8.9	**Weitere Navigationsmodule im Überblick**		255
	8.9.1	Quicknavigation und Quicklink	256
	8.9.2	Navigationspfad: die Breadcrumb-Navigation »Sie sind hier«	257
	8.9.3	Buchnavigation: von einer Seite zur nächsten und zurück	258

9 Inhaltselemente für Texte und Bilder 261

9.1	**Artikel und Inhaltselemente im HTML-Quelltext**		261
9.2	**Das Inhaltselement »Überschrift«: »ce_headline«**		263
	9.2.1	Die Überschrift ändern: »Die Abenteuer des Lorem Ipsum«	264
	9.2.2	Überschriften im Inhaltsbereich gestalten	265
9.3	**Das Inhaltselement »Text«: »ce_text«**		266
	9.3.1	Die Eingabemaske des Inhaltselements »Text«	266
	9.3.2	Der Editor TinyMCE im Überblick	268
	9.3.3	Text bearbeiten im Editor	268
	9.3.4	Hyperlinks erstellen im Editor TinyMCE	269
	9.3.5	Bilder und Tabellen möglichst nicht mit dem TinyMCE einfügen	272
9.4	**Das Inhaltselement »Text« mit einem Bild erweitern**		272
	9.4.1	Fotos auf den Webspace hochladen	272
	9.4.2	Im Seitenlayout: »MooTools« laden und »Mediabox« aktivieren	273
	9.4.3	Ein Bild zum Inhaltselement »Text« hinzufügen	274

	9.4.4	Das HTML für das eingefügte Bild	277
	9.4.5	Eingefügte Bilder per CSS gestalten	278
9.5	**Das Inhaltselement »Bild«: »ce_image«**		279
	9.5.1	Das Inhaltselement »Bild« im Einsatz	279
	9.5.2	Die Bildunterschrift gestalten	280
	9.5.3	»Bild-Einstellungen«: die Möglichkeiten der Bildanpassung, Teil 1	282
	9.5.4	»Bild-Einstellungen«: die Möglichkeiten der Bildanpassung, Teil 2	283
9.6	**Das Inhaltselement »Galerie«: »ce_gallery«**		285
	9.6.1	Eine Bildergalerie erstellen	285
	9.6.2	Praktisch: die Reihenfolge der Bilder per Drag & Drop festlegen	288
	9.6.3	Das HTML für die Bildergalerie	289
	9.6.4	»Meta-Informationen«: die Beschriftung für die Fotos eingeben	290
	9.6.5	Zauberhaft: Dateien in der Dateiverwaltung nachträglich umbenennen	292
9.7	**Das Inhaltselement »Top-Link«: »ce_toplink«**		294
	9.7.1	Das Inhaltselement »Top-Link« einfügen	294
	9.7.2	Das Inhaltselement »Top-Link« gestalten	295
	9.7.3	Optional: »Top-Link« als Modul im Seitenlayout einbinden	297
9.8	**Syndikation: Drucken, PDF, Facebook, Twitter und G+**		298
	9.8.1	Die Links zur Syndikation aktivieren	298
	9.8.2	Die Links zur Syndikation per CSS gestalten	299

10   Weitere nützliche Inhaltselemente   303

10.1	**Das Inhaltselement »Tabelle«: »ce_table«**		303
	10.1.1	Der Eingabeassistent für das Inhaltselement »Tabelle«	304
	10.1.2	Importieren der Daten mit einer CSV-Datei	305
	10.1.3	Das HTML für das Inhaltselement »Tabelle«	308
	10.1.4	Das Inhaltselement »Tabelle« per CSS gestalten	309
	10.1.5	Tabelle im Frontend sortierbar machen	311
10.2	**Das Inhaltselement »Akkordeon«: »ce_accordion«**		312
	10.2.1	Seitenlayout vorbereiten und Artikel erstellen	313
	10.2.2	Das Eingabeformular für das Inhaltselement »Akkordeon«	315
	10.2.3	Zugeschaut und mitgebaut: drei Akkordeons erstellen	316
	10.2.4	Das HTML für ein Akkordeon	317
	10.2.5	Das CSS zur Gestaltung eines Akkordeons	318
	10.2.6	Akkordeons mit Grafiken zur Statusanzeige	319

10.2.7	Nach dem Laden der Seite soll das erste Akkordeon eingeklappt sein	321
10.2.8	Wie man Akkordeons sonst noch einsetzen kann	323

10.3 Externe Videos auf Webseiten einbinden ... 323

10.3.1	Teil 1: Das Inhaltselement »HTML«: »ce_html« vorbereiten	323
10.3.2	Teil 2: Video einbinden mit dem Inhaltselement »HTML«	325
10.3.3	Die Alternative: das Inhaltselement »Youtube«	327

10.4 Das Inhaltselement »Video/Audio«: »ce_player« ... 328

10.4.1	Schritt 1: Hochladen der Audiodatei	329
10.4.2	Schritt 2: Im Seitenlayout das JavaScript-Template aktivieren	329
10.4.3	Schritt 3: MP3-Datei im Artikel einbinden	329

10.5 Das Inhaltselement »Markdown«: »ce_markdown« ... 330

10.5.1	Was ist »Markdown« überhaupt?	330
10.5.2	Das Inhaltselement »Markdown« in Contao	332
10.5.3	Contao verwandelt das Markdown in HTML	332
10.5.4	Spezielle Editoren für Markdown	334

10.6 Weitere Inhaltselemente im Überblick: Code und Co. ... 334

10.6.1	Das Inhaltselement »Code«: »ce_code«	335
10.6.2	Die »Include«-Elemente im Kurzüberblick	336

TEIL III Formulare und Core-Erweiterungen

11 Kontakt: der Formulargenerator von Contao 341

11.1 Ein Kontaktformular für die Beispielsite erstellen ... 341

11.1.1	Schritt 1: »Vielen Dank« – eine Weiterleitungsseite erstellen	343
11.1.2	Schritt 2: Die Eigenschaften für das Kontaktformular definieren	344
11.1.3	Schritt 3: Die Formularfelder für das Kontaktformular einfügen	347
11.1.4	Schritt 4: Das Kontaktformular auf der Seite »kontakt.html« einbinden	350
11.1.5	Schritt 5: Die Formularüberprüfung testen	351
11.1.6	Schritt 6: Das Kontaktformular abschicken	353

11.2 Das Kontaktformular gestalten ... 354

11.2.1	Das HTML für das Kontaktformular	354
11.2.2	Schnell: das Stylesheet »Formulare« aktivieren	356
11.2.3	Individuell: das Kontaktformular selbst gestalten	357

11.3 Formulardaten auf der Seite »Vielen Dank« ausgeben ... 360

11.4 Formularfelder: die Feldtypen im Formulargenerator ... 362
- 11.4.1 Formularfelder einfügen: die Feldtypen im Überblick ... 362
- 11.4.2 Überschrift und Erklärung für zusätzliche Informationen ... 364
- 11.4.3 Formularfelder gruppieren: »fieldset« und »legend« ... 364
- 11.4.4 Das Passwortfeld: automatisch mit Bestätigungsfeld ... 365
- 11.4.5 Das Select-Menü: Auswahllisten per Klick ... 365
- 11.4.6 Das Radio-Button-Menü: Optionsfelder deluxe ... 368
- 11.4.7 Das Checkbox-Menü: Kontrollkästchen deluxe ... 370
- 11.4.8 »Datei-Upload«: Besucher können Dateien hochladen ... 372
- 11.4.9 Die Sicherheitsfrage zur Spamvermeidung ... 373

12 Suchfunktion: die Beispielsite durchsuchen ... 375

12.1 Die Suchfunktion im Überblick ... 375

12.2 Die Seite »Suchen«: Suchformular und -ergebnisse ... 376
- 12.2.1 Schritt 1: Die Suchseite im Seitenbaum erstellen ... 376
- 12.2.2 Schritt 2: Das Modul »Anwendung – Suchfunktion« erstellen ... 377
- 12.2.3 Schritt 3: Das Modul »Anwendung – Suchfunktion« in einen Artikel einbinden ... 379
- 12.2.4 Schritt 4: Das HTML des Moduls »Anwendung – Suchfunktion« ... 381
- 12.2.5 Schritt 5: Das CSS zur Gestaltung der Suchseite ... 382

12.3 Ein einfaches Suchformular im Kopfbereich ... 384
- 12.3.1 Schritt 1: Das Modul »Anwendung – Suchformular« erstellen ... 385
- 12.3.2 Schritt 2: Das Modul »Anwendung – Suchformular« im Seitenlayout einbinden ... 386
- 12.3.3 Schritt 3: Das HTML für das Suchformular ... 387
- 12.3.4 Schritt 4: Das Suchformular im Kopfbereich positionieren ... 387
- 12.3.5 Schritt 5: Den Platz für das absolut positionierte Suchformular schützen ... 388

12.4 Alternative: ein flexibleres Suchformular ... 390
- 12.4.1 Schritt 1: Ein Suchformular mit dem Formulargenerator erstellen ... 390
- 12.4.2 Schritt 2: Ein Textfeld zum Suchformular hinzufügen ... 391
- 12.4.3 Schritt 3: Bildschaltfläche – eine Grafik zum Abschicken des Formulars ... 392
- 12.4.4 Schritt 4: Ein Frontend-Modul mit dem Suchformular erstellen ... 392
- 12.4.5 Schritt 5: Das Modul im Seitenlayout einbinden ... 393
- 12.4.6 Schritt 6: Das Suchformular gestalten und positionieren ... 394

12.5 Die Syntax der Suchfunktion im Überblick ... 396

13 Bloggen: die Erweiterung »Nachrichten« — 397

13.1 Übersicht: die Zutaten für das Nachrichtensystem — 398
13.2 Das »Newsarchiv«: Beiträge erstellen — 399
- 13.2.1 Die Seitenstruktur vorbereiten: Weiterleitungsseite erstellen — 399
- 13.2.2 Das »Newsarchiv«: ein Nachrichtenarchiv erstellen — 400
- 13.2.3 Newsbeitrag erstellen, Teil 1: Titel und Teaser — 401
- 13.2.4 Newsbeitrag erstellen, Teil 2: Inhaltselemente hinzufügen — 405

13.3 Teaser und Beiträge im Frontend ausgeben — 406
- 13.3.1 Das Frontend-Modul »News – Beitrag anzeigen [Nachrichtenleser]« erstellen — 406
- 13.3.2 Das Frontend-Modul »News – Teaser anzeigen [Nachrichtenarchiv]« erstellen — 407
- 13.3.3 Das Frontend-Modul »News – Teaser anzeigen« einbinden — 409
- 13.3.4 Social Media: Beiträge auf Twitter, Facebook und Google+ empfehlen — 412
- 13.3.5 SEO: die URL eines Nachrichtenbeitrags — 413
- 13.3.6 Optional: Template anpassen – den Link »Zurück« optimieren — 415

13.4 HTML und CSS: Teaser und Beiträge gestalten — 416
- 13.4.1 Das HTML des Moduls »News – Teaser anzeigen« — 416
- 13.4.2 Das CSS zur Gestaltung der Teaserübersicht auf der Seite »News« — 418
- 13.4.3 Das HTML des Moduls »News – Beitrag anzeigen« — 419
- 13.4.4 Das CSS zur Gestaltung der einzelnen Beiträge — 420
- 13.4.5 Optional: Datum und Autor lieber unterhalb des Beitrags? — 422

13.5 Bilder zu Teasern und Beiträgen hinzufügen — 422
- 13.5.1 Bilder zu einem Teaser hinzufügen — 422
- 13.5.2 Bilder zum Beitrag in der Einzelansicht hinzufügen — 424

13.6 RSS-Feeds zum Abonnieren der Beiträge erstellen — 425
13.7 Interaktion mit Besuchern: die Kommentarfunktion — 428
- 13.7.1 Die Kommentarfunktion aktivieren — 428
- 13.7.2 Kommentare schreiben und überprüfen — 430
- 13.7.3 Die Kommentare gestalten — 431
- 13.7.4 Optional: Kommentarformular – Beschriftung vor Eingabefeldern — 432
- 13.7.5 Kommentare im Backend verwalten — 433
- 13.7.6 Optional: Anzahl der Kommentare in der Übersicht anzeigen — 433

13.8 Navigation: Beiträge monatsweise auswählen 435
    13.8.1 Das Frontend-Modul »News – Monat auswählen
             [Nachrichtenarchiv Menü]« erstellen 436
    13.8.2 Das Frontend-Modul »News – Monat auswählen« einbinden 437
    13.8.3 Das HTML des Frontend-Moduls »News – Monat auswählen« 439
    13.8.4 Das CSS für das Modul »News – Monat auswählen« 440
    13.8.5 Benutzerfreundlich: ein Link, um alle Beiträge anzuzeigen 442

13.9 Know-how: Nachrichten, Modultypen und Templates 444
    13.9.1 Die Modultypen und die Modultemplates »mod_news*« 444
    13.9.2 Die vier Subtemplates »news_*« 445

14 Die Core-Erweiterungen »Events« und »FAQ«   447

14.1 Terminverwaltung: die Erweiterung »Events« 448

14.2 Einen neuen Kalender erstellen 449
    14.2.1 Schritt 1: Die Weiterleitungsseite »Termine« erstellen 449
    14.2.2 Schritt 2: Einen Kalender zur Verwaltung der Termine erstellen 450
    14.2.3 Schritt 3: »Neues Event« – Termine erstellen
             im »Seminarkalender« 450
    14.2.4 Schritt 4: Frontend-Module erstellen in »Themes •
             Frontend-Module« 453
    14.2.5 Schritt 5: Frontend-Module einbinden in »Inhalte • Artikel« 454

14.3 Der noch ungestaltete Kalender im Überblick 455
    14.3.1 Kalender und Termin in der Einzelansicht 455
    14.3.2 SEO: Der Aufbau einer URL für ein Event 456

14.4 Das HTML für Kalender und Events 457
    14.4.1 Das HTML vom Frontend-Modul »Kalender« 457
    14.4.2 Das HTML der Einzelansicht eines Events (Eventleser) 459

14.5 Das CSS zum Gestalten eines Kalenders 460
    14.5.1 Kalender gestalten, Teil 1: Tabelle und Kopfbereich 461
    14.5.2 Kalender gestalten, Teil 2: Tage und Events 463

14.6 Die FAQ-Erweiterung: häufig gestellte Fragen 464
    14.6.1 Die Kurzanleitung für die FAQ-Erweiterung 465
    14.6.2 Die FAQ-Erweiterung gestalten 466

15 Die Core-Erweiterung »Newsletter« — 469

15.1 Die Zentrale: das Backend-Modul »Newsletter« — 471
- 15.1.1 Einen neuen Verteiler erstellen — 471
- 15.1.2 Abonnenten verwalten: die Empfänger des Newsletters — 472
- 15.1.3 Einen Newsletter erstellen — 473
- 15.1.4 Einen Newsletter versenden — 475

15.2 Newsletter im Frontend anzeigen — 478
- 15.2.1 Die Kurzanleitung zur Darstellung der Newsletter im Frontend — 478
- 15.2.2 Das HTML der Frontend-Module zur Newsletterdarstellung — 479

15.3 Newsletter im Frontend abonnieren und kündigen — 480
- 15.3.1 Die Kurzanleitung zum Abonnieren und Kündigen — 481
- 15.3.2 Das HTML der Frontend-Module »Abonnieren« und »Kündigen« — 482

16 Ein neues Seitenlayout für die Startseite — 485

16.1 Der Start: Ein neues Seitenlayout für die Startseite — 486

16.2 Newsbeiträge und Termine als Liste auf der Startseite — 488
- 16.2.1 Die Frontend-Module für Newsbeiträge und Termine erstellen — 488
- 16.2.2 Die Frontend-Module in den Artikel auf der Startseite einbinden — 489
- 16.2.3 Ein neues Stylesheet für die Startseite erstellen — 491
- 16.2.4 Newsbeiträge und Termine auf der Startseite gestalten — 491
- 16.2.5 Optional: Datum der Nachrichten ohne Uhrzeit darstellen — 494

16.3 Sidebar, Teil 1: ein zufällig ausgewähltes Bild — 495
- 16.3.1 Das Modul »Startseite – Sidebar – Zufallsbild« erstellen — 495
- 16.3.2 Die Module in der Sidebar gestalten — 496

16.4 Sidebar, Teil 2: der Minikalender — 498
- 16.4.1 Vorbereitung: Ein Modul »Eventliste« erstellen und einbinden — 498
- 16.4.2 Ein Modul für den Minikalender erstellen und einbinden — 499
- 16.4.3 Den Minikalender in der Sidebar gestalten — 500

16.5 Sidebar, Teil 3: Lesetipps als Dropdown-Menü — 502
- 16.5.1 Ein Modul »Quicklink« für die Lesetipps erstellen und einbinden — 502
- 16.5.2 Optional: Lesetipps auswählen ohne Klick auf den »Los«-Button — 503

16.6 Sidebar, Teil 4: Newsletter abonnieren — 504

16.7 Sidebar, Teil 5: ein Content-Slider in der Sidebar — 506
- 16.7.1 Überblick: »Content-Slider« statt »Zufallsbild« — 507
- 16.7.2 Vorbereitungen im Seitenlayout »Startseite« — 508

16.7.3	Einen neuen Artikel auf der Startseite erstellen	509
16.7.4	Einen Slider in dem neuen Artikel erstellen	509
16.7.5	Den Content-Slider konfigurieren	511
16.7.6	Die HTML-Struktur für einen Content-Slider	512
16.7.7	Den Content-Slider gestalten	513

TEIL IV   Contao »responsiv« und »mobil«

17   Das CSS-Framework von Contao — 517

17.1	**Das CSS-Framework von Contao im Überblick**	**517**
17.1.1	CSS-Editor und CSS-Framework sind nicht dasselbe	517
17.1.2	Die Komponenten des CSS-Frameworks	519
17.2	**XHTML 1.0, HTML5 und Contao**	**520**
17.2.1	Von HTML über XHTML 1.0 zu HTML5	521
17.2.2	Neuerungen in HTML5: vereinfachte Schreibweise und neue Elemente	521
17.2.3	In Contao haben Sie die Wahl zwischen XHTML und HTML5	522
17.2.4	HTML5 oder XHTML: Ausgabeformat im Seitenlayout definieren	523
17.2.5	Alle Templates gibt es als HTML5 und als XHTML	523
17.3	**Die HTML-Struktur: das Seitentemplate »fe_page«**	**524**
17.3.1	Das HTML-Grundgerüst von Contao	525
17.3.2	Der <head>-Bereich der »fe_page«	526
17.3.3	Der Style-Block von »$this->framework«	527
17.3.4	Stylesheets einbinden: »$this->stylesheets«	528
17.3.5	Die »fe_page.html5« enthält neue HTML5-Strukturelemente	529
17.3.6	»html5shim« – HTML5 für Internet Explorer 7 und 8 via JavaScript	530
17.4	**CSS-Framework, Teil 1: »layout.css«**	**531**
17.4.1	Teil 1 – ein paar allgemeine Styles	531
17.4.2	Teil 2 – »Holy Grail«: Weblayouts und der heilige Gral	532
17.4.3	Teil 3 – die Bildergalerien von Contao formatieren	533
17.4.4	Teil 4 – nützliche Klassen und zusätzliche Layoutbereiche	534
17.5	**CSS-Framework, Teil 2: »responsive.css«**	**536**
17.5.1	Media Query – auf kleinen Bildschirmen kein »Holy Grail«	536
17.5.2	Flexible Bilder mit »max-width:100%«	537
17.6	**CSS-Framework, Teil 3: »reset.css«**	**538**
17.6.1	Teil 1 – der Reset	538
17.6.2	Teil 2 – grundlegende Formatierung	539

	17.6.3	Teil 3 – grundlegende Schriftformatierung	540
	17.6.4	Teil 4 – Abstände	541
17.7	**CSS-Framework, Teil 4: »form.css«**		541
	17.7.1	Grundformatierung von Eingabefeldern	541
	17.7.2	Normalisierung und grundlegende Gestaltung diverser Elemente	542
	17.7.3	Formatierung für Schaltflächen und Buttons	544
17.8	**Contao, der interne CSS-Editor und CSS3**		545
	17.8.1	Eine kurze Geschichte von CSS	546
	17.8.2	Wofür man CSS3 heute schon nutzen kann	546
	17.8.3	Die Browser-Präfixe: -moz-, -webkit-, -o- und -ms-	547
	17.8.4	Interne Stylesheets und CSS3	547
	17.8.5	Fallback für ältere IEs mit »CSS3Pie«	548
17.9	**Know-how: So funktioniert der Holy Grail**		549
	17.9.1	Hauptspalte »#main«: Im Quelltext zuerst, am Bildschirm in der Mitte	549
	17.9.2	Schritt 1: Platz schaffen für die Sidebars	551
	17.9.3	Schritt 2: Alle drei Inhaltsspalten werden nach links gefloatet	551
	17.9.4	Intermezzo mit Gedankenspiel: Die Ausgangsposition im Detail	552
	17.9.5	Schritt 3: Die linke Spalte rutscht nach links, Teil 1	553
	17.9.6	Schritt 4: Die linke Spalte rutscht nach links, Teil 2	555
	17.9.7	Schritt 5: Die rechte Spalte rutscht nach rechts	555
	17.9.8	Der »Holy Grail«: Fazit und Einschränkungen	556

18 Die Beispielsite wird responsiv   559

18.1	**Responsives Webdesign und Contao**		559
	18.1.1	960 Pixel? Das Web ist nicht aus Papier	560
	18.1.2	Responsives Webdesign: ein HTML – mehrere Stylesheets	560
	18.1.3	Contao und responsive Webseiten	561
18.2	**Bestandsaufnahme: Die Beispielsite**		563
	18.2.1	Die Beispielseiten in einem großen Browserfenster	563
	18.2.2	Die Beispielseiten in kleinen Viewports	564
	18.2.3	Der erste Schritt zur Flexibilisierung: eine Breite in Prozent	566
18.3	**Die responsive Navigation im Überblick**		567
	18.3.1	Die Navigation für kleine Viewports bis 768 px	567
	18.3.2	Die Navigation in mittleren Viewports von 768 px bis 944 px	568
	18.3.3	Die Navigation in großen Viewports ab 944 px	569

18.4 Die Navigation für kleine Viewports erstellen ... 569
- 18.4.1 Schritt 1: Menübutton erstellen ... 569
- 18.4.2 Schritt 2: Das Stylesheet »navigation« umbenennen und anpassen ... 570
- 18.4.3 Schritt 3: Neues Stylesheet erstellen und Menübutton positionieren ... 572
- 18.4.4 Schritt 4: Den Menübutton gestalten ... 573
- 18.4.5 Intermezzo: Das Suchfeld positionieren und gestalten ... 575
- 18.4.6 Schritt 5: Die Gestaltung des Navigationsbereichs ... 577
- 18.4.7 Schritt 6: Die Links im Navigationsbereich gestalten ... 579
- 18.4.8 Schritt 7: Right on »:target« – die Navigation in Aktion ... 581

18.5 Das Layout für kleine Viewports optimieren ... 583
- 18.5.1 Das Stylesheet »layout-small« erstellen und einbinden ... 584
- 18.5.2 Abstände der Layoutbereiche optimieren: »body« und »#wrapper« ... 584
- 18.5.3 Abstände der Layoutbereiche im Wrapper optimieren ... 585

18.6 Die Inhalte für kleine Viewports optimieren ... 587
- 18.6.1 Stylesheets »inhalte-943« erstellen und einbinden ... 587
- 18.6.2 Startseite: »Die neuesten Nachrichten« und »Die nächsten Termine« ... 587
- 18.6.3 Startseite: Die Bilder im Slider optimieren ... 589
- 18.6.4 Meta-Navigation, Sitemap und Newsmenü für alle Bildschirmbreiten ... 592
- 18.6.5 Optimierungen an Inhalten auf verschiedenen Seiten ... 593
- 18.6.6 Feinschliff: Abstände für die Navigation korrigieren ... 597

19 Mobile Seitenlayouts und 12-Spalten Grid ... 599

19.1 Mobile Seitenlayouts und responsives Webdesign ... 599
- 19.1.1 »Media Queries«: Die Beispielseiten passen sich dem Viewport an ... 599
- 19.1.2 »Mobile Seitenlayouts«: Contao serviert zum Teil anderes HTML ... 600
- 19.1.3 Wie Contao mobile Geräte erkennt ... 601

19.2 »Music Academy«: Mobile Seitenlayouts in Aktion ... 602
- 19.2.1 Die »Music Academy« reagiert nicht auf die Viewportgröße ... 603
- 19.2.2 Die »Music Academy« sieht auf mobilen Geräten ganz anders aus ... 604

	19.2.3	Überblick: Die Seitenlayouts in der »Music Academy«	606
	19.2.4	Vergleich: Die Einstellungen in »Default« und in »Default mobile«	607
	19.2.5	Fazit: mobile Seitenlayouts und responsives Webdesign	608
19.3	**Mobile Seitenlayouts für die »Beispielsite Contaobuch«**		609
	19.3.1	Beispiel 1: Die Startseite mit Zufallsbild statt Slider	609
	19.3.2	Beispiel 2: Die Startseite mit einem Anrufbutton in der Sidebar	610
19.4	**Gridlayouts mit dem 12-Spalten Grid von Contao**		612
	19.4.1	Das Contao-Grid hat zwölf Spalten, die zusammen 960 px breit sind	613
	19.4.2	Layoutraster werden einfach durch Zuweisen der Gridklassen erstellt	614
	19.4.3	Das Contao-Grid passt sich bei kleinen Viewports automatisch an ...	615
	19.4.4	»Seitenlayout«: Voraussetzungen für das Arbeiten mit dem Grid	616
	19.4.5	»Inhaltselemente«: Regeln bei der Arbeit mit den Gridklassen	617
19.5	**Das CSS zum 12-Spalten Grid**		618
	19.5.1	Das 12-Spalten Grid, Teil 1 – das Fundament	618
	19.5.2	Das 12-Spalten Grid, Teil 2 – das Grid wird ein Grid	619
	19.5.3	Das 12-Spalten Grid, Teil 3 – das Grid wird responsive	620

TEIL V   Systemverwaltung

20   SEO: die Optimierung für Suchmaschinen   625

20.1	**Lesbare Adressen: URLs umschreiben**		626
	20.1.1	Content-Management-Systeme und URLs	626
	20.1.2	»System • Einstellungen«: drei wichtige URL-Einstellungen	627
	20.1.3	Drei Voraussetzungen zum Umschreiben der URLs	628
	20.1.4	Die Rewrite-Regel zum URL-Umschreiben in der ».htaccess«	629
	20.1.5	Contao im Unterordner: die »RewriteBase« in der ».htaccess«	630
	20.1.6	So wird's gemacht: URLs umschreiben in der Praxis	631
	20.1.7	Perfekt: URLs ohne »items« und »events«	632
20.2	**Flache oder Ordner-URLs – Contao kann beides**		633
	20.2.1	URLs bei statischen Webseiten und bei CMSystemen	633
	20.2.2	Contao erzeugt von Haus aus flache URLs	634
	20.2.3	Contao kann auch Ordner-URLs	635

20.3 Seitenalias, Seitentitel und Seitenbeschreibung optimieren 637
   20.3.1   Seitenname und Seitenalias im Backend von Contao 637
   20.3.2   Der Titel der Seite: »<title> ... </title>« 639
   20.3.3   Die Beschreibung der Seite: »<meta name="description">« 642

20.4 Abfangjäger: 404 und 403 644
   20.4.1   Statusmeldungen: Der Webserver schickt eine Nummer mit 644
   20.4.2   404-Seite nicht gefunden: Darf's vielleicht was anderes sein? 646
   20.4.3   403 Zugriff verweigert: Diese Seite gibt es, aber nicht für Sie 648

20.5 Eine XML-Sitemap für Google & Co. 650
   20.5.1   Die Google Webmaster-Tools 650
   20.5.2   Eine XML-Sitemap in Contao erstellen 650

21 Mitglieder: im Frontend angemeldete Besucher   653

21.1 Mitglieder und Benutzer: der Unterschied 653

21.2 Mitgliedergruppen und Mitglieder einrichten 655
   21.2.1   Mitgliedergruppen einrichten 655
   21.2.2   Neue Mitglieder erstellen 655

21.3 Seiten für die An- und Abmeldung erstellen 656

21.4 Frontend-Module für die An- und Abmeldung erstellen 658
   21.4.1   Die Frontend-Module zur Anmeldung im Überblick 658
   21.4.2   Modul Nr. 1: Das Anmeldeformular – »[Login-Formular]« 659
   21.4.3   Modul Nr. 2: Die Abmeldung – »[Automatischer Logout]« 660
   21.4.4   Modul Nr. 4: Der Link zur Anmeldeseite – »[Eigener HTML-Code]« ... 661
   21.4.5   Modul Nr. 4: Anmeldename und Abmeldelink – »[Eigener HTML-Code]« 662

21.5 Die erstellten Module einbinden 663
   21.5.1   Die Frontend-Module zum An- und Abmelden in Artikeln einbinden 663
   21.5.2   Die Links zur An- und Abmeldung im Fußbereich einbinden 665

21.6 Die Frontend-Module gestalten 667
   21.6.1   Das HTML für die Links und das Formular zur Anmeldung 667
   21.6.2   Das CSS für die Links und das Formular zur Anmeldung 668
   21.6.3   Testen, ob An- und Abmeldung funktionieren 669

21.7 Einen geschützten Downloadbereich einrichten 670
   21.7.1   Schritt 1: Zugriffsschutz für die Seite »Downloads« einrichten ... 671

	21.7.2	Schritt 2: Den Ordner »Downloads« in der Dateiverwaltung schützen	672
	21.7.3	Schritt 3: Das Inhaltselement »Downloads« konfigurieren	673
21.8	**Weitere Möglichkeiten zur Mitgliederverwaltung**		**676**
	21.8.1	Das Modul »Passwort vergessen«	676
	21.8.2	Das Modul »Persönliche Daten«	677
	21.8.3	Die automatische Registrierung für Mitglieder	678

22   Benutzer: im Backend angemeldete Mitarbeiter   679

22.1	**Benutzerverwaltung: die Übersicht**		**679**
22.2	**Die Benutzergruppe »Redakteure – Nachrichten«**		**681**
	22.2.1	Schritt 1: Name eingeben und erlaubte Module freigeben	681
	22.2.2	Schritt 2: Pagemounts und Filemounts einrichten	682
	22.2.3	Schritt 3: Rechte für Erweiterungen – »Nachrichten-Rechte«	683
	22.2.4	Schritt 4: Erlaubte Felder – Berechtigungen für die Tabelle »tl_news«	684
22.3	**Die Benutzerin »Helen Lewis« einrichten**		**686**
	22.3.1	Schritt 1: Benutzername und Passwort	686
	22.3.2	Schritt 2: Benutzergruppen und Rechtevererbung	687
	22.3.3	Schritt 3: Testen – ein Klick, und Kevin Jones ist Helen Lewis	688
22.4	**Die Benutzergruppe »Redakteure – Artikel«**		**690**
	22.4.1	Die Benutzergruppe »Redakteure – Artikel« einrichten	690
	22.4.2	Benutzer der Benutzergruppe »Redakteure – Artikel« zuweisen	691
22.5	**Zugriffsrechte für Seiten und Artikel setzen**		**693**
	22.5.1	Zugriffsrechte: Was mit Seite und Artikel gemacht werden darf	693
	22.5.2	Zugriffsrechte für die freigegebenen Seiten setzen	694

23   Wartung: die Website im Alltag   697

23.1	**Das »System-Log« schreibt mit**		**697**
23.2	**Die »Systemwartung« im Überblick**		**698**
	23.2.1	»Systemwartung«: Suchindex neu aufbauen	698
	23.2.2	»Systemwartung«: Daten bereinigen	700
	23.2.3	Cache leeren für Redakteure: »Persönliche Daten – Daten bereinigen«	702

23.3 Den »Cache-Flow« in Contao kontrollieren ... 703
- 23.3.1 Cache as cache can: Cache gibt es in Contao und im Browser ... 703
- 23.3.2 Der »Cache-Modus« von Contao in »System • Einstellungen« ... 703
- 23.3.3 Die »Cache-Einstellungen« in der Seitenstruktur definieren ... 704

23.4 Backups erstellen: Datenbank und Dateien sichern ... 705
- 23.4.1 Die MySQL-Datenbank sichern ... 705
- 23.4.2 Die Daten auf dem Webspace sichern ... 706

23.5 Updates: die Versionsnummern von Contao ... 707
- 23.5.1 Das Bugfix-Release: 3.3.x ... 707
- 23.5.2 Das Minor-Release: 3.x.0 ... 707
- 23.5.3 Das Major-Release: x.0.0 ... 708
- 23.5.4 »Long-Term-Support«: LTS-Releases werden länger unterstützt ... 708
- 23.5.5 Sollte ich eine funktionierende Contao-Website updaten? ... 709
- 23.5.6 Checkliste vor einem Update ... 710

23.6 Der »Live Update«-Service im Backend von Contao ... 711
- 23.6.1 Mit dem »Contao-Check« prüfen, ob der Webspace geeignet ist ... 711
- 23.6.2 Das »Live Update« kann auch bestehende Installationen reparieren ... 711
- 23.6.3 Das »Live Update« macht auch ein Datenbank-Backup ... 712
- 23.6.4 Machen Sie vor dem ersten »Live Update« ein Komplett-Backup ... 712
- 23.6.5 Eine »Live Update ID« erwerben ... 712

23.7 Das manuelle Update per FTP ... 713
- 23.7.1 Schritt 1: Backup von Datenbank und Dateien ... 713
- 23.7.2 Schritt 2: Aktuelle Contao-Version herunterladen und entpacken ... 713
- 23.7.3 Schritt 3: Das entpackte Archiv vorbereiten ... 714
- 23.7.4 Schritt 4: Das Archiv auf den Webspace kopieren und synchronisieren ... 714
- 23.7.5 Schritt 5: Datenbank mit dem Installtool aktualisieren ... 715

23.8 Webstatistiken mit Google Analytics und Piwik ... 715

24 Themes und Frontend-Templates ... 717

24.1 Ein Theme bestimmt das Aussehen der Website ... 717
- 24.1.1 Der Theme-Manager verwaltet bekannte Komponenten ... 717
- 24.1.2 »Theme One« von der Beispielsite exportieren und analysieren ... 719
- 24.1.3 All-in-one: das Innenleben einer CTO-Datei ... 719
- 24.1.4 Ein Blick in die Datei »theme_one.cto« ... 720
- 24.1.5 Was nicht in einem Theme enthalten ist: Inhalte, Seiten usw. ... 720

24.2		**Einige Quellen für Contao-Themes**	721
	24.2.1	Einsatzgebiete: Wozu man Themes einsetzen kann	721
	24.2.2	Der Contao Theme-Store: »themes.contao.org«	722
	24.2.3	RockSolid Themes: rocksolidthemes.com	723
	24.2.4	Weitere Websites mit Contao-Themes	724
24.3		**Die Beispielsite im Look der »Music Academy«**	724
	24.3.1	Schritt 1: Theme im Backend importieren	724
	24.3.2	Schritt 2: Theme »Music Academy« aktivieren	726
24.4		**Über die Anpassung von Themes**	728
	24.4.1	Was im neuen Theme fehlt	728
	24.4.2	In Artikeln eingebundene Frontend-Module sind Inhalt	728
	24.4.3	Reparatur: Anpassung von in Artikeln eingebundenen Modulen	730
24.5		**Frontend-Templates: Theme plus Seiten, Inhalte und Benutzer**	731
	24.5.1	»Theme« vs. »Frontend-Template«	731
	24.5.2	Frontend-Templates sind nützlich zum »Einfrieren« von Websites	731
	24.5.3	In den Beispieldateien: ein Frontend-Templates für (fast) jedes Kapitel	732
24.6		**Sicherheitshinweise (nicht nur für Contao)**	733
	24.6.1	Das potenzielle Problem	734
	24.6.2	Vertrauenswürdige Quellen	734
	24.6.3	Ein Theme prüfen	734
	24.6.4	Backend-Benutzer: Angriff von innen	734

TEIL VI Tipps und Tricks

25 Tipps und Tricks bei der Arbeit mit Inhalten 737

25.1		**Text im Fußbereich mit dem TinyMCE pflegen**	737
25.2		**Recycling: Inhalte auf mehreren Seiten wiederholen**	740
	25.2.1	»Verknüpfungen«: zum Einfügen auf einzelnen Seiten	740
	25.2.2	»Frontend-Module«: zum Einfügen auf allen Seiten eines Seitenlayouts	742
25.3		**Artikelteaser auf Übersichtsseiten**	742
	25.3.1	Teasertexte für die drei Artikel erstellen	743
	25.3.2	Die Teasertexte auf der Seite »Artikel« einbinden	744
	25.3.3	Das HTML für die Teasertexte auf der Seite »Artikel erstellen«	745
	25.3.4	Alternative zur Teaserliste: automatische Weiterleitung auf die erste Unterseite	747

25.4	**Mehrere Artikel auf einer Seite**		748
	25.4.1 Methode 1: Nur ein Artikel pro Seite und Spalte		748
	25.4.2 Methode 2: Mehrere komplette Artikel pro Seite und Spalte		748
	25.4.3 Methode 3: Mehrere angeteaserte Artikel pro Seite und Spalte		749
	25.4.4 Die Frontend-Module »Artikelliste« und »Artikelnavigation«		751
25.5	**Die Erweiterung für Google Maps: [dlh_googlemaps]**		751
	25.5.1 Die Erweiterung [dlh_googlemaps] im Überblick		752
	25.5.2 Schritt 1: Eine Karte erstellen in »Inhalte • Google Maps«		753
	25.5.3 Schritt 2: Karten-Elemente – eine Info-Sprechblase hinzufügen		753
	25.5.4 Schritt 3: Das Inhaltselement »Google Map« in Contao einbinden		754
	25.5.5 Gewusst wie: die manuelle Ermittlung der Geo-Koordinaten		754

26   Tipps und Tricks zur Systemverwaltung   757

26.1	**Tipps und Tricks zum TinyMCE**		757
	26.1.1 Vordefinierte CSS-Klassen im TinyMCE-Stylesheet »files/tinymce.css«		758
	26.1.2 Die Schrift im TinyMCE gestalten im Stylesheet »files/tinymce.css«		759
	26.1.3 Textbausteine im TinyMCE: Inhalte aus der Vorlage einfügen		760
26.2	**Layouts für Fortgeschrittene**		761
	26.2.1 »Sticky Footer« ohne Änderungen am Seitentemplate »fe_page«		761
	26.2.2 »Fullpage-Layout«: Header und Footer so breit wie das Browserfenster		762
	26.2.3 Seitenlayout: eigene Layoutbereiche erstellen und aktivieren		763
	26.2.4 Seitentemplate Marke Eigenbau: »fe_irgendwas«		764
	26.2.5 Contao mit anderen CSS-Frameworks nutzen		765
26.3	**Die Systemkonfiguration: »localconfig.php«**		766
26.4	**Die Sprachkonfiguration: »langconfig.php«**		767
	26.4.1 Ein Beispiel: »Mehr …« statt »Weiterlesen …«		768
	26.4.2 Der Aufbau der Einträge in der »langconfig.php«		768
	26.4.3 Ein zweites Beispiel: Die Überschrift »Einen Kommentar schreiben« ändern		769
26.5	**Infos zu Datenbanktabellen: »dcaconfig.php«**		770
26.6	**Mehrere Websites in einer Contao-Installation**		772
	26.6.1 Jede Website muss einen eigenen Startpunkt haben		772
	26.6.2 Mehrsprachige Websites		772

	26.6.3	Begrenzt nützlich: mehrere Domains in einer Contao-Installation	774
	26.6.4	Domainumleitung: www.domain.de zu domain.de (oder umgekehrt)	774
	26.6.5	Zusammenfassung: mehrere Websites in mehreren Sprachen	775
26.7	**Die Inserttags im Überblick**		**776**
	26.7.1	Inserttags für Link-Elemente	776
	26.7.2	Benutzereigenschaften: Inserttags für Frontend-Benutzer	778
	26.7.3	Seiteneigenschaften: Inserttags für alles rund um Seiten	779
	26.7.4	Umgebungsvariablen	780
	26.7.5	Include-Elemente	780
	26.7.6	Verschiedenes: Datum, E-Mail und Sprachen	781

27 Einige Erweiterungen von Drittanbietern 785

27.1	**Nützliche Helfer im Backend**		**785**
	27.1.1	»EasyThemes« ist auch bei nur einem Theme nützlich	785
	27.1.2	»Sticky Backend Footer« fixiert die Speichern-Leiste im Arbeitsbereich	787
27.2	**Kleine Erweiterungen für das Frontend**		**788**
	27.2.1	»Social Images«: Bilder für soziale Netze bereitstellen	788
	27.2.2	Mehrspaltige Inhalte im Inhaltsbereich	788
27.3	**Isotope, MetaModels und ungefähr 1.632 weitere Erweiterungen ...**		**790**
	27.3.1	»Isotope eCommerce« – ein Shop-System für Contao	790
	27.3.2	»MetaModels« – Datenstrukturen jenseits des Seitenbaums	791
27.4	**Ausblick: Erweiterungsverwaltung wird Composer**		**792**

Index 795

Einleitung

Geleitwort zur 4. Auflage von Harry Boldt

Als Leo Feyer im Jahr 2006 das Content-Management-System TYPOlight veröffentlichte, ahnte er wohl nicht, was er da lostreten würde. Zunächst als Kundenprojekt gedacht, sollte sein System die Features bündeln, die aus seiner Sicht bis dato nur verteilt in den verschiedenen existierenden Systemen verfügbar waren. Darüber hinaus sollte sein TYPOlight aktuellen Webstandards genügen, es sollte schnell sein, konsistent in der Bedienerführung und nicht zuletzt sollten Drittentwickler das System updatesicher erweitern können. All dies ist nach meiner Auffassung bereits mit der ersten Version geglückt. Und mit mir waren die 23 Teilnehmer des ersten TYPOlight-Usertreffens 2008 in Würzburg der gleichen Meinung.

Mittlerweile heißt das Usertreffen Konferenz, und TYPOlight heißt Contao. Die Vision dahinter ist geblieben, wie die meisten Anhänger der ersten Stunde auch. Es sind ein paar dazugekommen. Im August 2014 zählte die Contao-Community über 14.000 Mitglieder. Auch Contao selbst wurde kontinuierlich weiterentwickelt und hat sich vom damaligen Geheimtipp zu einem der heute beliebtesten CM-Syteme im deutschsprachigen Raum gemausert, wie Platz 3 einer Webkrauts-Umfrage im Mai 2014 bescheinigte.

Vier Jahre zuvor kam es auf dem dritten und letzten TYPOlight-Usertreffen in Essen zu einer ersten Begegnung zwischen Peter Müller und mir. Er war der Autor des jüngsten TYPOlight-Buchs, ich der Autor des ersten TYPOlight-Videotrainings. Uns beide verband nicht nur das gemeinsame Schicksal der Umbenennung des Systems in Contao, die an diesem Tag verkündet wurde, sondern auch die Freude daran, Menschen technische Zusammenhänge näher zu bringen.

Wenn Sie bereits das Vergnügen hatten, »Little Boxes« bzw. den Nachfolger »Einstieg in CSS«, oder »Flexible Boxes« oder auch ein anderes seiner Werke zu lesen, werden Sie bemerkt haben, dass Peter Müller es versteht, komplizierte Sachverhalte und staubtrockene Materie leicht verständlich und mit einem gewissen Spaßfaktor zu vermitteln. Peters Geheimwaffen sind ein klarer Sprachstil, gewürzt mit einer wohldosierten Prise Humor und der Fähigkeit, einen Weg durch einen Dschungel zu bahnen – mit dem Unterschied, dass der Autor Sie nicht heraus führt, sondern hinein.

So ist es auch mit dieser vierten Auflage. Zahlreiche strukturelle und inhaltliche Verbesserungen sind in die vorliegende Auflage eingeflossen, neue Contao-Features und abgeschnittene Zöpfe werden behandelt. So geht Peter im Einstiegsthema »Installation« nun noch detaillierter auf die Unterschiede zwischen gehosteter und lokaler Installation ein. Die lokalen Varianten mit MAMP und XAMPP werden noch ausführlicher behandelt, so dass Sie diese wichtige Eingangshürde sicher meisten werden.

Darüber hinaus wurde Kapitel 18, »Die Beispielsite wird responsiv«, um weitere Beispiele ergänzt, und es gibt nun insgesamt noch mehr Hinweise auf alternative Techniken sowie auf Erweiterungen, wenn Sie im Netz mehr über ein bestimmtes Thema erfahren wollen.

Das Wichtigste aber für Sie, liebe Leser, wird der praktisch orientierte Ansatz dieses Werks sein, das sich deshalb zurecht als »Praxisleitfaden« bezeichnen darf. Sollten Sie daher dieses Buch als Strandlektüre für Ihren nächsten Urlaub eingeplant haben, greifen Sie lieber zu einem guten Krimi. Sie werden nämlich zu tun haben. Durchgängig platzierte ToDos sorgen dafür, dass Sie die Arbeit mit Contao Schritt für Schritt selbst nachvollziehen und »begreifen«. Viele Beispiele kommen aus dem Forum, in dem der Autor regelmäßig aktiv ist und das er selbst als seine wichtigste Informationsquelle nennt, wenn es darum geht, zu erfahren, wo der Schuh drückt.

Freuen Sie sich darauf, mit diesem Buch an die Hand genommen zu werden. Das noch einmal verbesserte Konzept ist pädagogisch wohl durchdacht, die zahlreichen Beispiele sind so gewählt, dass sie möglichst viel Lernpotenzial enthalten, ohne Sie zu erschlagen. Ich wünsche Ihnen viel Spaß, Erfolg und Erkenntnis beim Arbeiten mit Contao. Machen Sie Ihren Rechner schon einmal an. Sie werden ihn brauchen.

Harry Boldt
Fachgutachter der vierten Auflage
Aachen

Geleitwort zur ersten Auflage von Leo Feyer

Peter Müller hat sich mit seiner Buchreihe »Little Boxes« schnell einen Namen in der Webdesign-Szene gemacht und war natürlich auch mir ein Begriff, als ich gefragt wurde, ob ich das Fachgutachten zu seinem Contao-Buch übernehmen möchte. Persönlich kennengelernt hatte ich ihn bis dahin noch nicht, sehr wohl war mir aber die fast ein wenig ehrfürchtige Art und Weise aufgefallen, in der die Leute über ihn sprachen. »Ja, Peter Müller. Little Boxes. Super Bücher. Erfolgsautor.« Wie würde wohl ein Buch zu einem CMS von ihm aussehen?

Zum damaligen Zeitpunkt war ihm das wahrscheinlich selbst noch nicht im Detail klar. Allerdings hatte er schon vor über zehn Jahren, als Dreamweaver & Co. noch das Maß der Dinge waren, Bücher zum Thema »Webpublishing« geschrieben und wusste aus der langjährigen Erfahrung heraus, wie man ein solches Werk strukturiert und die Inhalte dem Leser verständlich vermittelt. Inzwischen ist das Manuskript fertig, und ich kann sagen, dass Peter der Brückenschlag zwischen der Veranschaulichung von Contao und »seinem« Thema CSS optimal gelungen ist. Vor allem die ganzheitliche Betrachtung der Frage, wie man Stylesheets in Contao am besten einbindet und bearbeitet, dürfte für viele Anwender ein interessantes Kapitel sein. Denn nicht jeder kommt mit dem in Contao gewählten Standardweg auf Anhieb zurecht.

Das wurde auch auf dem Contao-Usertreffen im Mai 2010 deutlich, bei dem Peter zu unser aller Freude einen wohl unvergesslichen Gastvortrag zu diesem Thema gehalten hat. Für mich und die meisten anderen Teilnehmer war das der erste persönliche Kontakt mit ihm, und schnell stand fest, dass Peter nicht nur fachlich überzeugend ist, sondern auch Qualitäten als Entertainer hat – ein echtes Original eben. Seine humorvolle Art findet sich natürlich auch in seinen Büchern und Video-Trainings wieder.

Eine gehörige Portion Humor und Gelassenheit war dann wohl auch notwendig, als die Namensänderung von TYPOlight in Contao verkündet wurde. Zu diesem Zeitpunkt hatte Peter die ersten Kapitel des Buches bereits fertig, und ihm wurde bewusst, dass er sie nun überarbeiten musste. Eine unbezahlte Mehrarbeit, die leider auch für alle anderen Autoren angefallen ist, die inzwischen Contao-Bücher schrieben. Mittlerweile haben sich aber alle Beteiligten von dem »Schock« erholt und sind mit der Entscheidung und dem neuen Namen zufrieden. Denn Contao ist weder ein »CMS für Einsteiger« noch eine »abgespeckte Version« irgendwelcher anderer Blog- oder CMSysteme, wie das »light« im alten Namen vermehrt interpretiert wurde.

Das vorliegende Buch »Websites erstellen mit Contao« ist ein praxisorientierter Leitfaden für Anwender und Administratoren, der Schritt für Schritt die Erstellung einer Website mit Contao beschreibt und dabei alle wichtigen Elemente und Vorgehensweisen erklärt. Es versteht sich nicht als vollständige Systemreferenz, sondern zeigt anhand eines konkreten Beispiels, welche Lösungen Contao für die gängigen Problemstellungen beim Bau von Webseiten bietet. Dabei weist Peter an vielen Stellen auch auf entsprechende Drittanbieter-Extensions hin, mit denen sich die Core-Funktionen sinnvoll ergänzen oder auf eine alternative Art und Weise nutzen lassen. Denn eines der schönsten Features von Contao ist seine Flexibilität, die den Anwender fast nie auf nur einen Lösungsweg beschränkt.

Ich wünsche allen Lesern viel Spaß mit diesem Buch und genauso viel Freude beim Arbeiten mit Contao wie Peter Müller.

Leo Feyer
Core-Entwickler des Content-Management-Sytems Contao
München

Vorwort zur vierten Auflage

Das erste Jahrzehnt dieses Jahrtausends war ich wie so viele Webworker auf der Suche nach einem geeigneten Content Management System, bis ich 2008 Contao kennenlernte, das damals noch *TYPOlight* hieß. Nach einigen kleineren Sites habe ich im Sommer 2009 die Online-Version meiner CSS-Einführung »Little Boxes« damit erstellt, und war begeistert. Das erste Mal fand ich ein CMS nach einem Projekt besser als vorher.

Anfang 2010 fragte Galileo Press, ob ich Lust hätte, ein Buch zu Contao zu schreiben. Hatte ich, und so entstand ein Buch, dass dem Leser genau eine Sache näherbringen wollte, nämlich dass das »Websites erstellen mit Contao« Spaß macht und sehr effektiv ist. Dieses Vorhaben scheint gelungen, denn das Buch liegt inzwischen in der vierten Auflage vor. Das Manuskript wurde komplett überarbeitet und an vielen Stellen so erweitert, dass es für Themen diesseits der Programmierung ein umfassendes Handbuch geworden ist.

So werden erstmals nicht nur *alle* Bestandteile des Contao-CSS-Frameworks ausführlich vorgestellt, sondern auch die Funktionsweise des Holy-Grail-Layouts genau erklärt. In einem weiteren Schwerpunkt geht es darum, wie eine mit Contao erstellte Website auf allen Endgeräten funktioniert und gut aussieht. *Responsives Webdesign* und *mobile Seitenlayouts* von Contao entpuppen sich dabei als ideale Partner.

Für wen ist dieses Buch?

Werfen Sie einen Blick auf die folgende Skala und überlegen Sie kurz, wo Sie sich einordnen würden:

Websurfer *Webbastler Webdesigner Webmaster* Webentwickler

Okay? Wissen Sie ungefähr, wo Sie hin gehören? Dann kommt jetzt eine kurze Erläuterung:

- **Websurfer** nutzen das Web, können aber weder HTML noch CSS. Websurfer können zwar nach einer kurzen Einführung als Redakteure die Inhalte einer Contao-Site verwalten, werden bei der Erstellung einer eigenen Website mit Contao aber wahrscheinlich mehr Hilfe benötigen als dieses Buch geben kann.

- **Webbastler, Webdesigner und Webmaster** haben schon Webseiten erstellt, sei es als Hobby oder beruflich. Sie haben solide HTML- und besonders CSS-Kenntnisse, kennen die Browserwerkzeuge zur Quelltextanalyse und haben zumindest ein bisschen Grundwissen zu Themen wie FTP und Dateiberechtigungen.

  Mit Contao, diesem Buch und dem Contao-Forum werden Sie ziemlich sicher keine Probleme haben, eigene Websites zu erstellen, auch wenn Sie bislang wenig Erfahrung mit Content-Management-Systemen haben. Dieses Buch ist quasi für Sie geschrieben.

- **Webentwickler** sprechen *JavaScript* und *PHP* und sind meist auch mit Datenbankentwicklung und Serververwaltung vertraut. Entwickler können mit Contao (fast) alles machen und die Funktionalität beliebig erweitern.

  Sie bekommen in diesem Buch eine gute Einführung in Contao, werden sich aber manchmal einen Knopf zum schnellen Vorlauf und insgesamt mehr über Programmierung wünschen. Der schnelle Vorlauf ist drin (*Frontend-Templates* für den Einstieg pro Kapitel), die Programmierung hingegen nicht.

Die CD im Buch

Auf der CD finden Sie neben einigen Programmen wie Contao, XAMPP und MAMP im Ordner *beispieldateien* nach Kapiteln sortiert alle Dateien, die Sie zur Erstellung der Beispielsite benötigen.

Im Buch wird Schritt für Schritt eine Beispielsite entwickelt, die in jedem Kapitel erweitert wird und in der am Ende alle Core-Erweiterungen von Contao enthalten sind.

Auf der Buch-CD finden Sie *Frontend-Templates*, mit denen Sie die Beispielsite im Handumdrehen mit genau dem Stand installieren können, den Sie benötigen, um ein gewünschtes Kapitel durchzuarbeiten. Eine Anleitung zum Umgang mit Frontend-Templates finden Sie in Abschnitt 24.5.

Vielen Dank

An Stephan Mattescheck für die Idee zu diesem Buch und die gute Betreuung.

An Harry Boldt für das Fachlektorat der vierten Auflage und die gute Zusammenarbeit im Contao-Schulungszentrum von *boldt-media.de* in Aachen.

An Hannes Sottsass und Thomas Weitzel für das Fachlektorat der zweiten bzw. dritten Auflage.

An Leo Feyer für die Entwicklung von Contao, das Fachlektorat der ersten Auflage und die zahlreichen Anregungen, die daraus entstanden sind.

An Erika Schiener und Dörte Neumann, die als Testleserinnen die Entstehung des Manuskriptes für die erste Auflage von Anfang bis Ende begleitet und mich mit zahlreichen Fragen, Vorschlägen und Kommentaren versorgt haben. Vielen vielen Dank für eure Energie, Mühe und Zeit.

Last but not least vielen Dank an Sie als Leser. Ohne Sie würde es diese vierte Auflage nicht geben, und Sie lesen sogar das Vorwort. Ich wünsche Ihnen auf den kommenden Seiten viel Spaß und Erfolg.

Die Website zum Buch

Aktuelle Informationen zum Buch finden Sie auf folgenden Websites:

- *contaobuch.de*
- *pmueller.de*

Beide Sites wurden mit Contao erstellt.

TEIL I

Contao kennenlernen und installieren

Kapitel 1
Das ist Contao

In diesem Kapitel stelle ich Ihnen Contao kurz vor: Warum sollten Sie ein CMS nutzen? Welche Highlights bietet Contao? Wo finden Sie die wichtigsten Ressourcen im Web?

Die Themen im Überblick:

- Contao ist ein Content-Management-System, Seite 37
- Die Website zum Programm: »contao.org«, Seite 39
- Was Contao so beliebt macht, Seite 41
- Die Community im Web, Seite 43

Contao. Der Name klingt nicht nur gut, sondern hat sogar eine Bedeutung:

- *con* sind die ersten Buchstaben von *Content* (Inhalt).
- *tao* kommt aus dem Vietnamesischen und bedeutet *bilden, erzeugen, gestalten*.

Zusammen bedeuten die Buchstaben also so viel wie *Content erzeugen*. Kein schlechter Name für ein Programm, mit dem Content erzeugt, gestaltet und verwaltet wird.

1.1 Contao ist ein Content-Management-System

Content-Management-System (kurz CMS) ist der gängige Begriff für ein Programm zum Verwalten von Inhalten auf Websites. Ein CMS wie Contao ist eine Software, ein Werkzeug, ein Tool, mit dem man Websites erstellen und verwalten kann. Genau genommen ist Contao ein *webbasiertes CMS*, denn die Bedienung der Software erfolgt über das Web in einem Webbrowser.

1.1.1 Brauchen Sie überhaupt ein Content-Management-System?

Webseiten wurden früher mit einem Editor wie PSPad, Notepad++ oder Dreamweaver manuell erstellt und dann auf den Webspace kopiert. Die fertigen Webseiten werden vom Webserver unverändert an die Besucher ausgeliefert und werden deshalb auch *statisch* genannt.

Solche von Hand gebauten, statischen Webseiten sind aber sehr aufwendig zu pflegen, da jede Änderung lokal auf dem eigenen Rechner erfolgt und die geänderten Dateien danach wieder hochgeladen werden müssen. Für Agenturen, Semiprofis und interessierte Laien beschleunigt ein CMS die Erstellung von Prototypen, Klickmodellen und fertigen Websites.

Wer seine Seiten aber bisher manuell mit einem Editor erstellt hat, muss für die Einarbeitung in ein CMS bei Workflow und Gewohnheiten in vielen Punkten völlig umdenken und dafür je nach Vorwissen mehr oder weniger Zeit einplanen.

Bei vielen Projekten ist daher die Frage, ob sich der Einsatz eines CMS lohnt, und folgende Kriterien können bei dieser Entscheidung hilfreich sein:

- **Regelmäßige Aktualisierung des Inhalts**
  Wenn Texte und Grafiken regelmäßig von Personen geändert werden müssen, die ansonsten nicht viel mit dem Web zu tun haben und selbst keine Webseiten bauen, lohnt sich ein CMS auch bei einer kleinen Site.

- **Größe der Website**
  Wo genau die Grenze zu »größer« liegt, ist schwer zu sagen, aber bei größeren Sites ohne CMS wird z. B. eine nachträgliche Änderung an der Navigation sehr aufwendig. Bei mehr als ein paar einzelnen Seiten lohnt sich ein CMS wie Contao schon alleine deshalb, weil die Navigation automatisch erzeugt wird, egal wie viele Seiten es gibt.

- **Anzahl der Mitarbeiter**
  Wenn an der Pflege der Webseiten mehr als zwei bis drei Leute beteiligt sind, lohnt sich ein CMS auf jeden Fall, denn sonst kommt es beim Hochladen des Inhalts früher oder später zu Katastrophen. Idealerweise hat das CMS eine gute Benutzerverwaltung und eine detaillierte Rechteverwaltung, damit jeder Benutzer nur das sieht, was er sehen soll.

- **Ortsunabhängige Pflege des Inhalts**
  Mit einem webbasierten CMS lassen sich Inhalte unabhängig vom Aufenthaltsort pflegen. Ob Sie am Arbeitsplatz in der Firma oder im Internetcafé auf Gomera sitzen, die einzigen Voraussetzungen zur Pflege der Inhalte auf der Website sind ein Internetanschluss und ein Browser.

- **Interaktive Funktionen**
  In einem CMS wie Contao sind viele Interaktionen wie Suchfunktion, Bildergalerien oder Kontaktformular bereits eingebaut oder per Erweiterung leicht integrierbar und müssen nicht selbst programmiert werden.

Diese Kriterien geben Ihnen einen ersten Anhaltspunkt, ob ein CMS sich lohnen könnte. Der Übergang von »Nein« über »Vielleicht« bis zu »Ja, sicher« ist fließend, aber wenn mehrere Mitarbeiter an verschiedenen Orten regelmäßig die Inhalte einer eher größeren Website aktualisieren sollen, ist die Lage ziemlich eindeutig.

1.1.2 Ein CMS auf dem eigenen Webspace erfordert Know-how

Ein CMS auf dem eigenen Webspace ist in erster Linie ein Werkzeug für Webworker. Das gilt natürlich nicht nur für Contao, sondern auch für dessen Kollegen wie WordPress, Joomla, Drupal, Typo3 etc., denn die Arbeit mit diesen Programmen erfordert Know-how auf verschiedenen Gebieten:

- Sie müssen sich passenden Webspace suchen und das System darauf installieren. Themen wie Webserver, PHP-Versionen, Dateirechte (777 & Co.) und viele andere Details spielen dabei eine Rolle.
- Nach der Installation müssen Sie das System kennenlernen, begreifen, wie es funktioniert, und eine Website damit erstellen. Dazu benötigen Sie solide Kenntnisse in HTML und CSS und zumindest Grundwissen zu Bildbearbeitung, Grafikdesign, Usability etc. Je nach Vorwissen und System kann diese Phase ein paar Tage, Wochen oder Monate dauern.
- Nach der Veröffentlichung der Website müssen Sie den Webspace verwalten und Updates für das CMS einspielen, damit beide nicht zu einem Sicherheitsrisiko werden.

Anders ausgedrückt: Wenn Sie – egal, aus welchen Gründen – keine Lust oder Zeit haben, sich mit der *technischen* Seite einer Website zu beschäftigen, ist ein CMS auf dem eigenen Webspace wahrscheinlich das falsche Werkzeug.

Und selbst wenn Sie Lust dazu haben, sollten Sie über ein paar Vorkenntnisse verfügen. Wenn sich diese mit »ein bisschen Dreamweaver« oder »VHS-Kurs HTML, aber das ist schon ein paar Jahre her« umschreiben lassen, ist es mutig, sich an einem CMS auf dem eigenen Webspace zu versuchen.

Aber natürlich kann das alles auch nicht nur reibungslos klappen, sondern sogar richtig Spaß machen. Dieses Buch führt Sie Schritt für Schritt durch den CMS-Dschungel, und Sie sind dazu herzlich eingeladen, sollten aber eine gesunde Mischung aus Lernbereitschaft und Frustrationstoleranz mitbringen.

Noch dabei? Okay. Willkommen, bienvenue, welcome. Zu Contao, au Contao, to Contao. Denn Contao ist natürlich mehrsprachig.

1.2 Die Website zum Programm: »contao.org«

Contao ist eine Erfindung des Programmierers Leo Feyer aus Wuppertal und ein noch recht junges System.

1 Das ist Contao

Abbildung 1.1 »contao.org« – die zentrale Anlaufstelle für Contao

Die erste Version von Contao erschien am 28. Februar 2006 unter dem Namen *TYPOlight*. Der Grund für die im Juni 2010 erfolgte Umbenennung in *Contao* waren zwei chronische Missverständnisse, die immer mehr zu einem Ärgernis wurden: Erstens war das System keine abgespeckte Version von TYPO3, und zweitens stand das *light* im Namen nicht für einen geringen Funktionsumfang.

Contao wächst und gedeiht und gewinnt eine langsam, aber sicher immer größere werdende Fangemeinde. Die erste Anlaufstelle im Web ist:

- contao.org

Auf dieser Website können Sie alles rund um Contao ENTDECKEN, HERUNTERLADEN, VERSTEHEN, ERWEITERN und NACHFRAGEN.

> **Relaunch der Projekt-Website auf »contao.org«**
> Für Ende 2014 ist ein Relaunch von *contao.org* geplant. Wundern Sie sich also nicht, wenn die Website eventuell völlig anders aussieht als in Abbildung 1.1.

1.3 Was Contao so beliebt macht

Contao ist ein schlankes, aber leistungsfähiges und einfach erweiterbares Content-Management-System, das vergleichsweise leicht zu lernen ist und sich für kleine, mittlere und auch ziemlich große Websites eignet.

Bei der Erstellung und Verwaltung einer Website müssen Sie sich neben der Technik über drei Bereiche Gedanken machen: Inhalte, Gestaltung und Funktionen. Contao unterstützt Sie in allen drei Bereichen.

1.3.1 Contao hilft Ihnen bei der Erstellung und Verwaltung von Inhalten

Inhalt ist vereinfacht gesagt der Grund, warum Besucher auf eine Website kommen, und besteht aus Text, Grafiken, Audio und Video. Contao vereinfacht die Verwaltung der Inhalte auf einer Website:

- **Contao ist ein seitenbasiertes Content-Management-System**
  Anders als Blog-Systeme wie *WordPress*, kategoriebasierte Systeme wie *Joomla* oder nodebasierte Programme wie *Drupal* ist Contao ein seitenbasiertes CMS. Der Kern einer Contao-Installation ist eine hierarchisch aufgebaute Seitenstruktur. In diesem Seitenbaum können Sie Seiten mit wenigen Klicks bearbeiten, kopieren, verschieben, löschen, verstecken, mit einem Passwort schützen, zeitgesteuert veröffentlichen und vieles mehr.

- **Der Inhalt wird auf Inhaltselemente verteilt**
  Auch nicht webaffine Redakteure können dank der leicht zu verstehenden Inhaltselemente gut aussehende Texte, Bildergalerien, Tabellen, Formulare oder andere Inhaltstypen erstellen. Für mich ist ein CMS ohne Inhaltselemente kein CMS.

- **Komfortable Editierfunktionen**
  Es macht richtig Spaß, mit Contao Inhalte zu verwalten. Sie können einzelne Inhaltselemente, Artikel und ganze Seiten über die Zwischenablage von Contao kopieren und verschieben, mehrere Datensätze auf einmal bearbeiten (genial, wenn man es einmal entdeckt hat) und ältere Versionen per Klick wiederherstellen. Die Versionierung gilt sogar für externe Dateien wie Stylesheets oder SCSS.

- **Dateiverwaltung mit datenbankgestütztem Dateisystem**
  In Contao können Sie Dateien bequem per Drag & Drop hochladen, in einer beliebigen Ordnerstruktur aufbewahren und im Editor einbinden. Das datenbankgestützte Dateisystem ermöglicht es dabei, Dateien auch nachträglich umzubenennen oder zu verschieben, ohne dass die Einbindung auf den Webseiten verloren geht. Einfach pfiffig.

1.3.2 Contao vereinfacht die Gestaltung der Webseiten

Layout. Design. Gestaltung. Gemeint ist das Aussehen einer Website. Contao unterstützt Sie beim Layouten mit einem integrierten CSS-Framework und dem *Theme Manager*, mit dem Sie fertige Layouts importieren können.

- **Ein integriertes CSS-Framework – oder lieber eigene Styles?**
  Sie haben die Wahl: Contao hat ein leistungsfähiges, integriertes CSS-Framework, mit dem Sie sehr einfach mehrspaltige Layouts erstellen können. Sie können Contao aber auch mit anderen CSS-Frameworks kombinieren oder aber mit komplett eigenen Stylesheets arbeiten. Contao übersetzt bei Bedarf auch SCSS- und LESS-Dateien automatisch in für den Browser lesbares, normales CSS.

- **»Responsive« und »mobile« sind schon eingebaut**
  Der *Layout-Builder* ermöglicht auf Wunsch responsive Layouts und stellt auf kleinen Bildschirmen die Inhaltsspalten dann automatisch untereinander dar. Contao ermöglicht außerdem ein separates Seitenlayout für mobile Endgeräte.

- **Barrierefrei in Front- und Backend**
  Der Webdesigner hat mithilfe von Templates die volle Kontrolle über das von Contao im Frontend erzeugte HTML und kann somit einfach barrierefreie Webseiten erstellen.

  Aber auch das Backend ist barrierefrei. Der geschickte Einsatz von Technologien wie Ajax sorgt im Backend für hohen Bedienkomfort, aber auch ohne JavaScript lässt sich das Backend bedienen.

1.3.3 Contao hat viele Funktionen eingebaut und ist beliebig erweiterbar

Funktionen sind die interaktiven Bestandteile einer Website: Suchfunktion, Kontaktformular, Kommentarfunktion und vieles mehr. Contao bietet für die wichtigsten Funktionen vorgefertigte Module, die Sie nur noch konfigurieren und einbinden müssen. Ohne selbst zu programmieren.

- **Schlanker Kern, viele Erweiterungen**
  Wichtige *Erweiterungen* wie *Nachrichten* (für Blogs), *Kalender* (für Termine), *Newsletter* oder *Formulargenerator* sind in den Kern von Contao integriert, stehen sofort nach der Installation zur Verfügung und werden allesamt in diesem Buch beschrieben.

  Zusätzlich gibt es im Erweiterungskatalog viele *Erweiterungen von Drittanbietern*, die die Funktionalität von Contao fast beliebig erweitern und sich komfortabel aus dem Backend heraus installieren lassen.

- **Fertige Frontend-Module ersparen die Programmierung**
  Contao bringt bereits zahlreiche fertige Module mit, mit denen man zum Beispiel eine Navigation oder eine Suchfunktion erstellen kann, und erspart Ihnen so aufwendige Programmierung.
- **Detaillierte Rechte- und Benutzerverwaltung**
  Für Websites, an denen mehrere Personen arbeiten, wird die umfangreiche Benutzerverwaltung von Contao wichtig. Geschützte Bereiche mit Kunden-Login sind ebenso leicht zu realisieren wie ein schlankes Backend für Redakteure. Jeder sieht nur das, was er sehen soll, bis hinunter zu einzelnen Formularfeldern in Eingabemasken.

Contao ist also nicht nur ein hervorragendes *Content*-Management-System, sondern unterstützt Sie auch bei der Erstellung, Gestaltung und Verwaltung der gesamten Website. Klingt gut? Ist gut. Los geht's.

1.4 Die Community im Web: das Forum zu Contao

Die Contao-Community ist eigentlich ein Highlight für sich. Sie hat sich in den letzten Jahren den Ruf einer sehr freundlichen Gemeinschaft erworben, was sich auch im Umgangston im Forum widerspiegelt, der im Allgemeinen sehr angenehm ist. Die deutschsprachige Contao-Community finden Sie unter folgender URL:

- *community.contao.org/de*

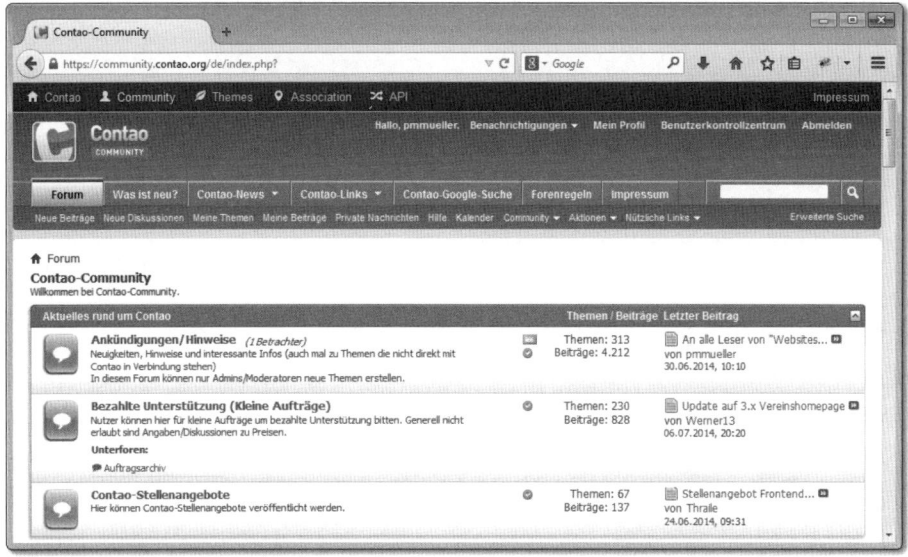

Abbildung 1.2 »contao-community.de« – das deutschsprachige Forum

Im Forum gibt es übrigens auch einen Bereich WAS KANN CONTAO?, in dem Sie vor einer Installation konkret nachfragen können, ob Contao für die von Ihnen geplante Site geeignet ist.

1.4.1 Tipps zur Benutzung des Forums

Wie bei allen Foren sollten Sie vor dem ersten Posting die Forenregeln gründlich studieren oder zumindest kurz überfliegen:

- *community.contao.org/de/faq.php?faq=forenregeln*

Für die Beiträge selbst gibt es folgende Hinweise:

- **Suchfunktion benutzen**
  Bevor Sie einen Beitrag zu Ihrem Problem verfassen, schauen Sie sich bitte im Forum um, ob das Thema schon behandelt wurde. Gut geeignet sind dazu in der Forumsnavigation das Suchfeld rechts oben und der Menüpunkt GOOGLE-SUCHE, der gleich mehrere für Contao relevante Sites auf einmal durchsucht.

- **Problem beschreiben**
  Falls Sie über die Suche nichts finden, beschreiben Sie Ihr Problem so genau wie möglich. Das beginnt bereits beim Titel des Beitrags: »Hilfe, komme nicht weiter ...« ist für andere nicht wirklich hilfreich. Oft hilft das Nachdenken beim Beschreiben des Problems schon bei der Lösung, und Sie müssen den Beitrag vielleicht gar nicht mehr posten. Anders ausgedrückt: Wenn Sie sich für die Erstellung des Beitrags nur wenige Sekunden Zeit lassen, können Sie von anderen nicht wirklich erwarten, dass sie mehr Zeit für die Lösung aufwenden.

- **Online-Link**
  Wenn Sie Fragen zu einer von Ihnen erstellten Webseite haben, sollten Sie die Seite idealerweise irgendwo online auf einem Webspace zur Verfügung stellen und im Forum einen Link dazu posten. Das ist viel besser, als den Quelltext direkt in den Forumsbeitrag zu schreiben, denn ein Online-Beispiel können die Antwortenden viel besser und schneller untersuchen.

1.4.2 Fragen zum Buch bitte auch im Forum stellen

Falls beim Durcharbeiten dieses Buches Fragen auftauchen, schauen Sie zunächst in der News-Rubrik auf der Website zum Buch nach:

- *contaobuch.de*

Falls Sie dort nichts finden, stellen Sie Ihre Fragen bitte im Forum und nicht per Mail an mich.

Wenn ich Zeit habe, suche ich im Forum unter anderem nach Beiträgen mit dem Wort »Müller«, aber außer mir sind dort noch viele andere Leser unterwegs, die Ihnen eventuell auch helfen können. Falls Ihr Problem gelöst wird, ist die Lösung öffentlich verfügbar, und so haben viel mehr Leute etwas davon als bei einer E-Mail.

> **Lieber auf Englisch?**
>
> Contao kommt zwar aus deutschen Landen frisch auf den Tisch, ist aber in vielen anderen Sprachen erhältlich. Eine englischsprachige Community finden Sie unter folgender URL:
>
> ▶ *community.contao.org/en/*
>
> Weitere Sprachen sind auf *contao.org/netzwerk.html* gelistet.

Kapitel 2
Der Offline-Webspace: XAMPP und MAMP

In diesem Kapitel erfahren Sie, warum Sie XAMPP oder MAMP benötigen und wie Sie es installieren. Danach werden die einzelnen Komponenten wie Webserver, PHP und Datenbankserver kurz vorgestellt.

Die Themen im Überblick:

- Der Webspace auf Ihrem Rechner, Seite 48
- Windows: Offline-Webspace mit XAMPP, Seite 50
- OS X: Offline-Webspace mit MAMP, Seite 54
- Der Webserver: Apache serviert Webseiten, Seite 57
- PHP: Programmiersprache und Interpreter, Seite 59
- MySQL serviert SQL-Datenbanken, Seite 61
- phpMyAdmin verwaltet die Datenbanken von MySQL, Seite 64

XAMPP und *MAMP* sind Abkürzungen für eine Kombination verschiedener Komponenten, die beim Einsatz von Webanwendungen häufig benötigt werden:

- **X** oder **M**. Der erste Buchstabe bezieht sich auf die Rechnerumgebung und das Betriebssystem. Das M von MAMP steht für *Mac*, das X von XAMPP ist ein Platzhalter, weil es XAMPP für verschiedene Betriebssysteme gibt. Online setzen übrigens viele Webhoster auf Linux, und diese Umgebungen werden dann als *LAMP* bezeichnet.
- **A** ist der erste Buchstabe des Webservers Apache.
- **M** steht für den Datenbankserver MySQL.
- **PP** steht für die Programmiersprachen PHP und Perl.

Vor der Installation von XAMPP oder MAMP möchte ich kurz erklären, warum Sie auf Ihrem Rechner so etwas überhaupt benötigen. Wenn Sie ausschließlich auf einem Online-Webspace arbeiten oder sich mit XAMPP oder MAMP bereits auskennen, können Sie dieses Kapitel getrost überspringen.

2.1 Der Webspace auf Ihrem Rechner

XAMPP und MAMP sind die einfachsten Möglichkeiten, eine sogenannte *lokale Entwicklungsumgebung* einzurichten. *Lokal* bedeutet in diesem Zusammenhang auf *Ihrem* Rechner und hat nichts mit einer Gaststätte zu tun. Aber zunächst einmal möchte ich kurz erläutern, warum Sie so etwas überhaupt benötigen.

2.1.1 Statische Webseiten: der Webspace als Lagerhalle

Beim traditionellen Webpublishing werden die Webseiten in der Regel mit einem Editor wie Dreamweaver auf dem eigenen Rechner erstellt, auf den Webspace kopiert und dann unverändert vom Webserver ausgeliefert. Da die Webseiten auf dem Webspace nicht verändert werden, spricht man von *statischen Webseiten* oder auch *statischem Webpublishing* (siehe Abbildung 2.1).

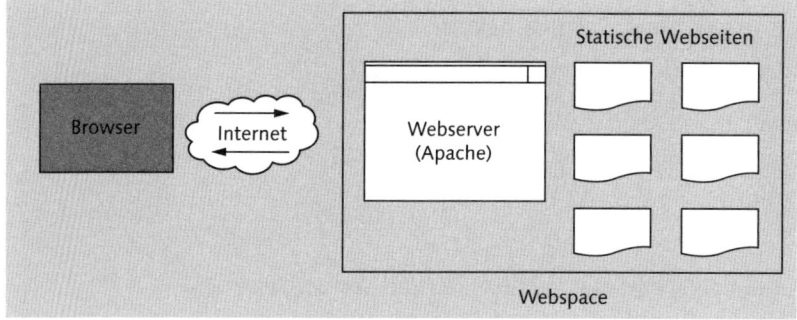

Abbildung 2.1 Statische Webseiten – der Webspace als Lagerhalle

Die Webseite ist im Moment der Anforderung durch den Browser bereits fix und fertig. Der Webspace dient als Lagerhalle zur Aufbewahrung der Webseiten, und es gibt dort nur den Webserver und die Webseiten.

2.1.2 Content-Management-System: der Webspace als Werkstatt

Ein *Content-Management-System* (CMS) ist ein Programm, das auf dem Webspace läuft und die Webseiten kurz vor der Auslieferung zusammenbaut. Die Webseiten liegen dabei nicht mehr statisch auf dem Webspace, sondern werden *dynamisch* auf Anforderung erstellt. Der Webspace ist somit keine Lagerhalle mehr, sondern gleicht eher einer Werkstatt.

In dieser Werkstatt arbeitet ein ganzes Team von Programmen daran, die Webseiten so schnell wie möglich zu erstellen und zu liefern. Anstelle vieler fertiger Webseiten gibt es nur noch eine Vorlage, eine Datei namens *index.php*, die je nach

Anforderung des Browsers mit verschiedenen Parametern unterschiedlich zusammengebaut wird.

Zum Team gehören neben dem Webserver noch ein paar andere Mitarbeiter:

- **Webserver**
  Der *Webserver* nimmt Anfragen von Besuchern entgegen und liefert fertige Webseiten aus. Mit der Erstellung der Webseiten hat er nichts zu tun. Er gibt lediglich die Anfrage weiter.

- **PHP-Interpreter**
  Ein *Interpreter* ist ein *Übersetzer*. Contao wurde in der Programmiersprache PHP geschrieben, und damit ein in PHP geschriebenes Programm funktioniert, muss auf dem Webspace ein PHP-Interpreter vorhanden sein. PHP arbeitet sehr eng mit dem Webserver zusammen.

- **Content-Management-System (Contao)**
  Ein *CMS* wie Contao ist der Motor der Website und baut die Webseiten zusammen, bevor der Webserver sie ausliefert.

- **Datenbank**
  Viele Webanwendungen bewahren ihre Daten in einer Datenbank auf. Weit verbreitet und auch bei Contao im Einsatz ist MySQL.

Abbildung 2.2 zeigt das gesamte Team im Überblick.

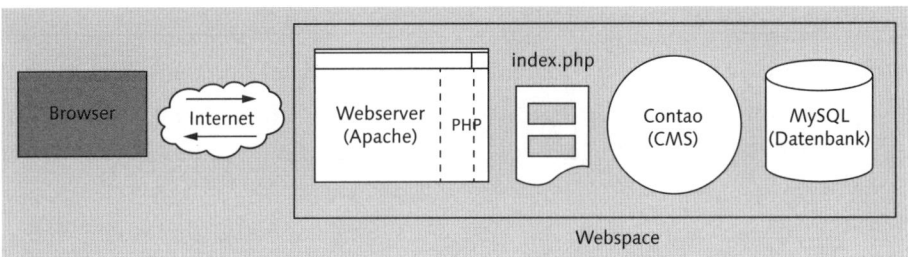

Abbildung 2.2 Das Content-Management-System – der Webspace als Werkstatt

Um eine dynamisch erstellte Website offline auf dem eigenen Rechner erstellen zu können, müssen Sie einen solchen Webspace auf Ihrem Rechner simulieren, und dazu benötigen Sie einen Webserver, einen PHP-Interpreter und MySQL. Ein solcher Offline-Webspace wird oft auch *Entwicklungsumgebung* genannt.

Da es eher mühsam ist, alle Komponenten einzeln zu installieren und dann auch noch zur Zusammenarbeit zu bewegen, haben die Macher von XAMPP und MAMP Ihnen diese Arbeit abgenommen, ein Komplettpaket geschnürt und es veröffentlicht. Eines davon werden Sie im Folgenden auf Ihrem Rechner installieren.

2.2 Windows: Offline-Webspace mit XAMPP

Sie finden XAMPP auf der Buch-CD im Ordner *software* oder im Web:

▶ www.apachefriends.org

Falls Sie bereits eine Version von XAMPP installiert haben und diese benutzen möchten, prüfen Sie bitte, ob die Voraussetzungen für Contao erfüllt sind: PHP ab V5.3.2 und MySQL ab Version 5. Details dazu finden Sie in Abschnitt 3.1.

2.2.1 XAMPP für Windows installieren

Die Installation von XAMPP ist recht simpel. Im Grunde müssen Sie sich nur als Administrator anmelden, das Installationsprogramm starten und die Standardeinstellungen bestätigen:

1. Starten Sie die Installationsdatei mit einem Doppelklick.
2. Einen eventuellen Hinweis bezüglich der Windows-Benutzerkonten-steuerung (UAC) bestätigen Sie nach der Lektüre mit OK.
3. Im Willkommen-Bildschirm klicken Sie auf Next.
4. Stellen Sie sicher, dass im Dialogfeld Select Components die Komponenten Apache, MySQL, PHP und phpMyAdmin angekreuzt sind. Der Rest ist optional. Bestätigen Sie die Auswahl mit einem Klick auf Next.
5. Als Ziel der Installation wird *C:\xampp* vorgeschlagen, und sofern es keine wirklich guten Gründe dagegen gibt, sollten Sie diesen Vorschlag übernehmen.
6. Deaktivieren Sie im Fenster Bitnami for XAMPP, in dem Sie Fertigpakete für verschiedene Webanwendungen auswählen können, das Kontrollkästchen hinter Learn more about Bitnami for XAMPP, und klicken Sie auf Next.
7. Bestätigen Sie die Mitteilung, dass jetzt alles fertig zur Installation ist, mit einem Klick auf Next. Daraufhin werden die Dateien entpackt, was eine ganze Weile dauern kann.
8. Folgen Sie den weiteren Anweisungen, und beenden Sie dann das Installationsprogramm.

Falls irgendetwas nicht klappen sollte, finden Sie die FAQ zu XAMPP für Windows unter der folgenden Adresse im Web:

▶ www.apachefriends.org/faq-xampp-windows.html

2.2.2 Das XAMPP Control Panel

Falls das XAMPP Control Panel nicht automatisch gestartet wurde, können Sie es mit einem Doppelklick auf die Desktop-Verknüpfung oder auf die Datei *xampp-control.exe* im Ordner *C:\xampp* aufrufen.

Wenn das XAMPP Control Panel zu sehen ist, starten Sie Apache und MySQL:

- Starten Sie zuerst den Webserver *Apache* mit einem Klick auf die Schaltfläche START. Kurze Zeit später wird der Begriff APACHE im Control Center hellgrün hinterlegt, und die Schaltfläche heißt jetzt STOP.
- Falls sich beim Starten eine Firewall meldet, sollten Sie einen Moment innehalten, die Meldung lesen und dann die Ausführung von Apache erlauben, denn sonst wird er nicht funktionieren.
- Starten Sie danach den Datenbankserver *MySQL*. Falls sich beim Apache eine Firewall gemeldet hat, kommt jetzt wahrscheinlich wieder eine Meldung. Erlauben Sie auch die Ausführung von MySQL, denn sonst funktioniert es nicht.

Wenn das XAMPP Control Panel nach diesen Schritten so ähnlich aussieht wie in Abbildung 2.3, hat alles geklappt.

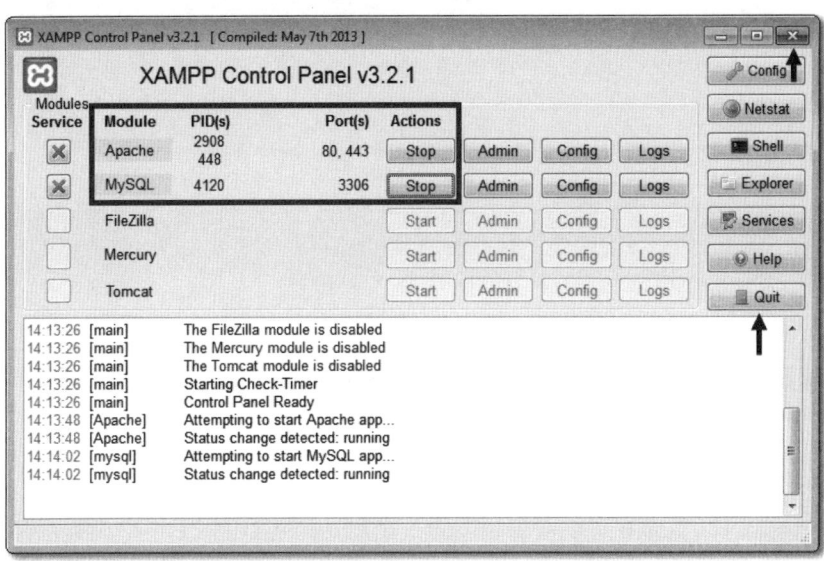

Abbildung 2.3 Das XAMPP Control Panel – Apache und MySQL laufen.

Gewöhnungsbedürftig ist, dass ein Klick auf das rot hinterlegte X rechts oben im Fenster das XAMPP Control Panel nicht beendet, sondern verkleinert und es rechts unten in den Infobereich von Windows schickt. Um das Control Panel wirklich zu beenden, stoppen Sie zuerst alle aktiven Server und klicken dann auf die Schaltfläche QUIT.

Mit der Schaltfläche EXPLORER können Sie sich die Ordnerstruktur unterhalb von C:\xampp im Windows-Explorer anzeigen lassen (siehe Abbildung 2.4).

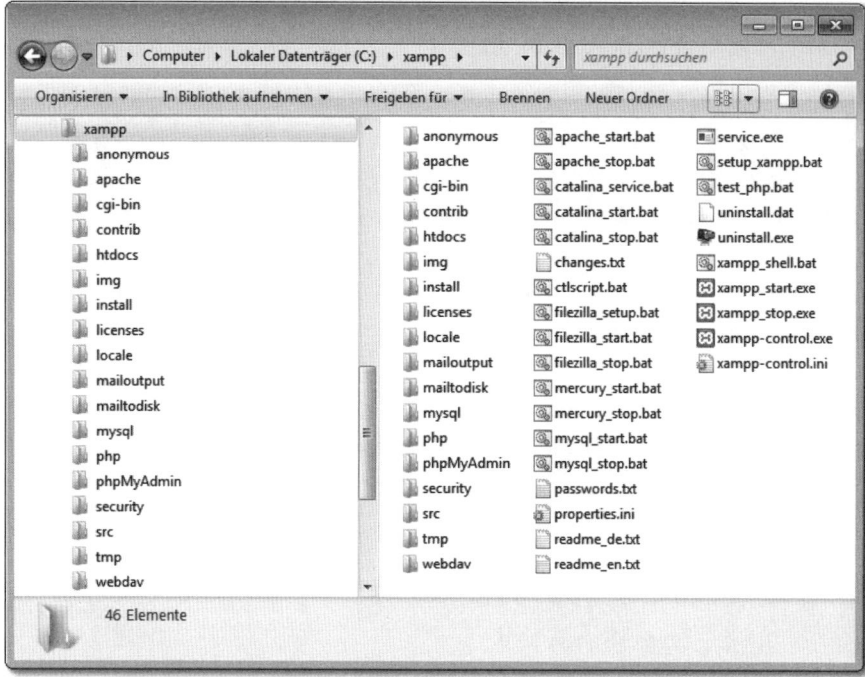

Abbildung 2.4 Die Ordnerstruktur von XAMPP

> **Wenn der Apache nicht startet**
>
> Falls der Apache nicht startet, ist ziemlich sicher der Port 80, den ein Webserver braucht, schon belegt. Kandidaten hierfür sind Fernwartungs- oder Telefonieprogramme wie z. B. Skype. Zur Beseitigung des Problems starten Sie einfach zuerst den Apache und dann Skype. Oder Sie ändern die Skype-Einstellungen auf einen anderen Port.

2.2.3 Testen, ob der Webserver funktioniert

Um zu testen, ob alles geklappt hat, starten Sie einen Browser Ihrer Wahl und geben in der Adresszeile folgende URL ein:

- *http://localhost/*

http heißt frei übersetzt »Gehe zu einem Webserver«, *localhost* ist eine andere Formulierung für »der Computer, an dem ich gerade arbeite«, und der einfache Schrägstrich am Ende steht für das Hauptverzeichnis des Webservers.

Die Eingabe von *http://localhost/* ruft also die Startseite des Webservers auf Ihrem Computer auf, und nachdem Sie DEUTSCH als Sprache gewählt haben, gelangen Sie zur Startseite von XAMPP. Diese sollte ungefähr so aussehen wie in Abbildung 2.5.

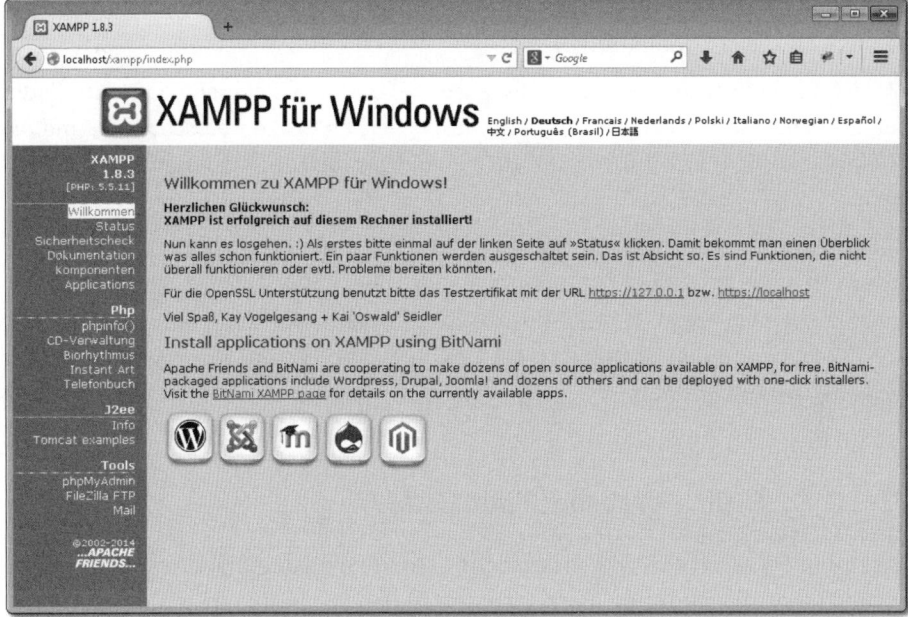

Abbildung 2.5 Die Startseite von XAMPP für Windows

Mit dem Erscheinen dieser Startseite im Browser ist sichergestellt, dass der Webserver Apache funktioniert. In der orange hinterlegten Navigationsleiste am linken Rand können Sie mit einem Klick auf STATUS nachschauen, ob der Datenbankserver MySQL ebenfalls aktiviert ist.

- Der Apache-Webserver läuft auf dem Standardport 80. Zum Aufrufen lokaler Webseiten geben Sie im Browser einfach *http://localhost/* ein.
- Der MySQL Server läuft bei XAMPP auf dem Standardport 3306. Der Benutzer heißt *root*, und es ist kein Passwort definiert.

Die Informationen zu MySQL benötigen Sie bei der Installation von Contao.

Das Ausprobieren der anderen auf der XAMPP-Startseite angebotenen Beispiele und Tools ist übrigens freiwillig. Machen Sie sich ob der angebotenen Vielfalt keine Sorgen, Sie werden nichts davon benötigen. Wichtig ist nur, dass Apache und MySQL funktionieren.

2.2.4 Der Sicherheitscheck von XAMPP

Der große Gegenspieler von Sicherheit ist Bequemlichkeit. Ein Rechner ohne jeglichen Passwortschutz ist zum Beispiel bequem zu bedienen, aber nicht besonders sicher. XAMPP ist als Entwicklungsumgebung nach der Installation absichtlich eher bequem als sicher konfiguriert.

Wenn Ihr Rechner durch eine gut konfigurierte Firewall oder einen DSL-Router (oder beides) vom Internet getrennt ist, wird das Sicherheitsrisiko überschaubar, und die Gefahr beschränkt sich auf Zugriffe aus einem eventuell vorhandenen lokalen Netzwerk.

Auf einem Laptop mit ständig wechselnden und zum Teil auch direkten Internetzugängen sieht die Sache schon ein bisschen anders aus. Falls Sie die potenziellen Sicherheitslöcher einer XAMPP-Installation stopfen möchten, rufen Sie auf der XAMPP-Startseite den SICHERHEITSCHECK auf, den Sie unter der Adresse *http://localhost/security/* finden.

2.3 OS X: Offline-Webspace mit MAMP

Ein Mac mit OS X hat als UNIX-Abkömmling bereits alle Komponenten für eine lokale Entwicklungsumgebung an Bord, aber einfacher ist es mit dem Komplettpaket MAMP. Es gibt zwar von XAMPP auch eine Version für den Mac, aber MAMP ist auf dem Mac insgesamt etwas einfacher zu handhaben und bekommt daher den Vorzug.

Das Downloadpaket von MAMP finden Sie auf der Buch-CD im Ordner *software* oder im Web:

- *www.mamp.info*

Falls Sie bereits eine Version von MAMP installiert haben und diese benutzen möchten, prüfen Sie bitte, ob die Voraussetzungen für Contao erfüllt sind: PHP ab V5.3.2 und MySQL ab Version 5. Details dazu finden Sie in Abschnitt 3.1.

2.3.1 MAMP installieren

Sofern Sie als Administrator angemeldet sind, ist die Installation von MAMP sehr einfach. Das einzige Hindernis könnten die strengen Sicherheitsvorkehrungen auf einem modernen OS X sein, aber auch dafür gibt es einfache Abhilfe:

1. Entpacken Sie im Finder das heruntergeladene ZIP-Paket.
2. Starten Sie die entpackte Datei *MAMP*.pkg* mit einem Doppelklick.

Wenn die Sicherheitseinstellungen auf Ihrem Mac das nicht erlauben, weil das Programm nicht von einem »verifizierten Entwickler« stammt, bestätigen Sie zunächst die entsprechende Meldung mit OK.

Um das Installationsprogramm zu starten, drücken Sie die Taste [ctrl] und klicken auf das Programmsymbol (oder klicken Sie mit der rechten Maustaste). Wählen Sie aus dem Menü den Befehl ÖFFNEN, und bestätigen Sie den Warnhinweis mit OK.

3. Klicken Sie auf dem Willkommen-Bildschirm auf FORTFAHREN, und installieren Sie das Programm in den nächsten Schritten mit den vorgegebenen Einstellungen. Wahrscheinlich benötigen Sie während der Installation das Admin-Passwort für OS X.

4. Am Ende der Installation erhalten Sie den Hinweis, dass MAMP und MAMP PRO erfolgreich installiert wurden. Beenden Sie das Installationsprogramm mit einem Klick auf SCHLIESSEN.

Falls irgendetwas nicht klappen sollte, finden Sie die FAQ zu MAMP unter der folgenden Adresse im Web:

▶ *www.mamp.info/de/dokumentation/faq.html*

2.3.2 Das Programmfenster von MAMP

Nach dem Starten von MAMP erscheint ein Programmfenster wie in Abbildung 2.5. Kurze Zeit nach dem Programmstart sollten die kleinen Quadrate APACHE und MYSQL rechts oben im Fenster von selbst grün werden. Dann laufen sowohl der Apache als auch der MySQL Server.

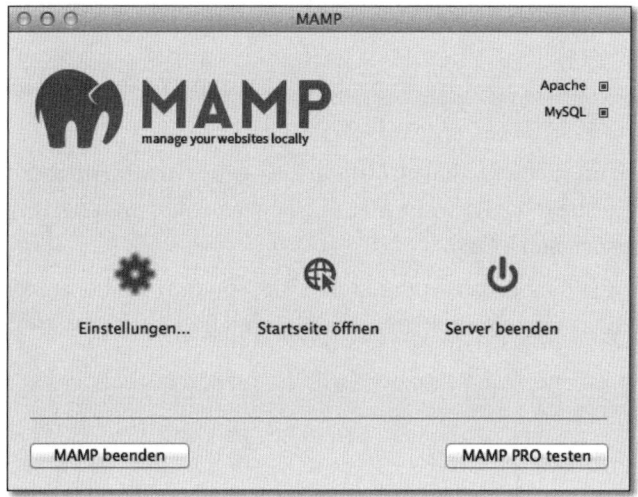

Abbildung 2.6 Das Programmfenster von MAMP

2.3.3 Testen, ob der Webserver funktioniert

Um zu testen, ob alles funktioniert hat, klicken Sie im Programmfenster von MAMP auf die Schaltfläche STARTSEITE ÖFFNEN. Jetzt wird der Standardbrowser gestartet, der Ihnen die Startseite von MAMP präsentiert (siehe Abbildung 2.7).

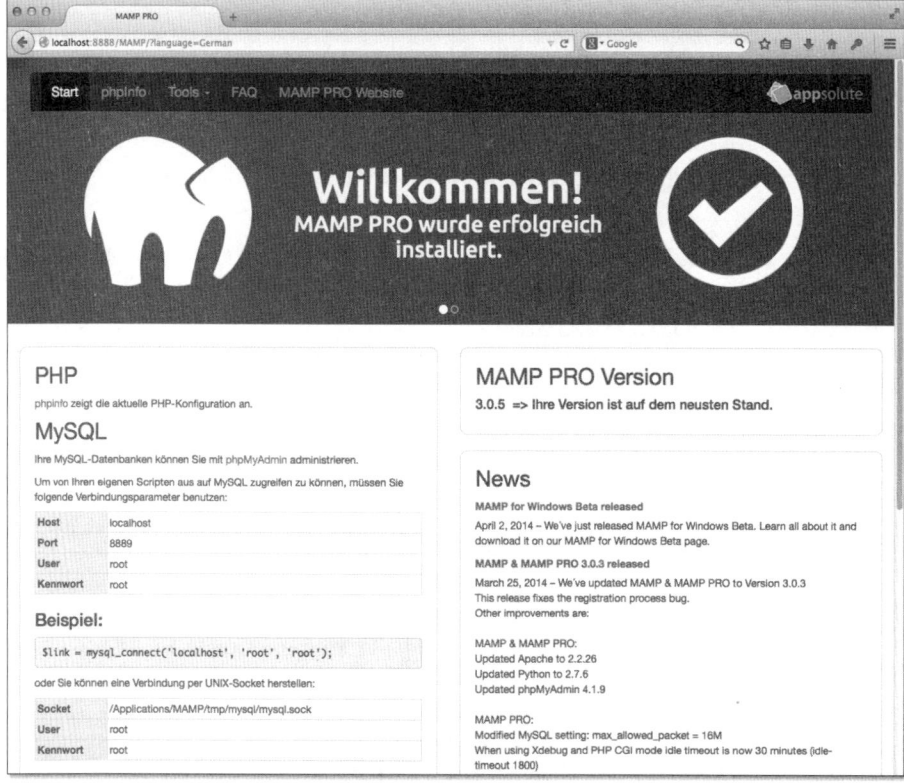

Abbildung 2.7 Die Startseite von MAMP im Browser

Bemerkenswert ist, dass MAMP besondere Ports benutzt:

- Der Apache-Webserver läuft nicht wie üblich auf Port 80, sondern auf Port 8888. Im Browser müssen Sie deshalb die Portnummer mit angeben, und zwar nach einem Doppelpunkt: *http://localhost:8888/*
- Der MySQL Server läuft nicht auf dem Standardport 3306, sondern auf Port 8889. Der MySQL-Benutzer heißt *root*, und sein Passwort lautet auch *root*.

Die Informationen zu MySQL benötigen Sie bei der Installation von Contao.

> **Ungeduldig? Die Installation von Contao beginnt in Kapitel 3.**
> Falls Sie mit den Komponenten von MAMP und XAMPP vertraut sind oder am liebsten sofort mit Contao loslegen möchten, können Sie die folgenden Erläuterungen zu Webserver, PHP und Datenbank überspringen und gleich zur Installation von Contao gehen.
>
> Sollten später Begriffe wie *Document Root* unklar sein oder sollte das Anlegen einer Datenbank mit *phpMyAdmin* Probleme bereiten, kommen Sie einfach wieder zurück.

2.4 Der Webserver: Apache serviert Webseiten

Ein Webserver ist ein Programm, das auf Anfrage Webseiten ausliefert, also eine Art *Webseitenservierer*. Im Alltag ist mit *Webserver* zwar oft auch der Computer gemeint, auf dem das Programm läuft, aber eigentlich ist der Webserver nur das Programm.

2.4.1 Der Apache ist ein Webserver

Der Apache ist ein Open-Source-Projekt, und seine Entwicklung wird von der Apache Software Foundation koordiniert, die auf *apache.org* zu Hause ist. Der Name wurde laut FAQ übrigens aus Respekt vor dem Stamm der Apachen gewählt. Nicht ganz korrekt, aber weit verbreitet ist die Variante, dass sich der Name vom Ausdruck »a patchy server« ableitet, was so viel heißt wie »ein zusammengeflickter Server«.

Laut Web Server Survey von Netcraft ist der Apache der meistbenutzte Webserver im Internet:

- *news.netcraft.com/archives/web_server_survey.html*

In XAMPP finden Sie übrigens in der orangefarbenen Navigation den Bereich Dokumentation. Dort gibt es auch einen Link zur deutschsprachigen Übersicht der Apache-Dokumentation. Lektüre freiwillig.

2.4.2 »Document Root«: der Ordner für die Webseiten

Wenn ein Webserver Webseiten servieren soll, muss er wissen, wo sie aufbewahrt werden, und dazu gibt es auf der Festplatte einen speziellen Ordner, in dem die zu servierenden Webseiten liegen:

- In XAMPP ist das der Ordner *C:\xampp\htdocs*.
- Bei MAMP ist das der Ordner */Applications/MAMP/htdocs*.

Beim Apache wird dieser Ordner als *Document Root* bezeichnet, was so viel heißt wie »Hauptordner für Webseiten«. In der Praxis läuft das Servieren von Webseiten ungefähr so ab:

- Sie geben im Browser *http://localhost/* ein. Der einfache Schrägstrich am Ende der URL steht für die Document Root, den Hauptordner des Webservers.
- Der Webserver schaut in seiner Konfigurationsdatei nach, welcher Ordner als Document Root eingetragen ist, und findet *C:\xampp\htdocs* bzw. */Applications/MAMP/htdocs*.

Unter Windows finde ich den Ordner okay, auf dem Mac hingegen speichere ich die Webseiten lieber in dem dafür vom Betriebssystem eigentlich vorgesehenen Ordner */Users/Benutzername/Websites*. Um das zu erreichen, ändern Sie einfach in MAMP die Document Root:

1. Klicken Sie im MAMP-Programmfenster auf EINSTELLUNGEN...
2. Wechseln Sie falls nötig auf das Register APACHE.
3. Klicken Sie rechts neben DOCUMENT ROOT auf das Ordnersymbol mit den drei Punkten, und wählen Sie im daraufhin erscheinenden Fenster den gewünschten Ordner aus, z. B. */Users/Benutzername/Websites*.
4. Bestätigen Sie die Änderung mit einem Klick auf OK.

Alle Webprojekte werden am besten jeweils in einem eigenen Ordner unterhalb der Document Root abgelegt. Probieren Sie testweise einmal das Anlegen eines neuen Ordners aus:

- Erstellen Sie unterhalb der Document Root einen Ordner namens *test*.
- Bei XAMPP geben Sie im Browser *http://localhost/test/* ein.
- Bei MAMP erfolgt der Aufruf mit *http://localhost:8888/test/*.

Der Apache zeigt Ihnen jetzt im Browser den leeren Ordner an. Wenn es in diesem Ordner eine Datei namens *index.html* oder *index.php* gibt, würde ein Webserver diese Datei automatisch darstellen. Ist eine solche Datei mit dem Vornamen *index* nicht vorhanden, listet der Apache in XAMPP und MAMP alle Dateien im Ordner auf (*Directory Listing*). Das können Sie ganz einfach ausprobieren, indem Sie ein paar beliebige Dateien in den Ordner *test* kopieren und die Seite im Browser neu laden.

Manchmal sind Webserver nicht ganz so bequem konfiguriert und zeigen beim Fehlen einer Index-Seite nicht den Inhalt des Verzeichnisses, sondern die Meldung »403 – Zugriff verweigert«.

Sie können den Ordner *test* übrigens gerne wieder löschen. Er wird im weiteren Verlauf des Buches nicht mehr benötigt.

2.5 PHP: Programmiersprache und Interpreter

Mit dem Begriff PHP ist im Alltag zweierlei gemeint: erstens die Programmiersprache, die das Web im Sturm erobert hat, und zweitens der Interpreter, der die PHP-Befehle auf dem Webspace ausführt.

2.5.1 PHP ist auf php.net zu Hause

PHP ist wie der Apache Open Source, und die Entwicklung wird auf *php.net* koordiniert (siehe Abbildung 2.8).

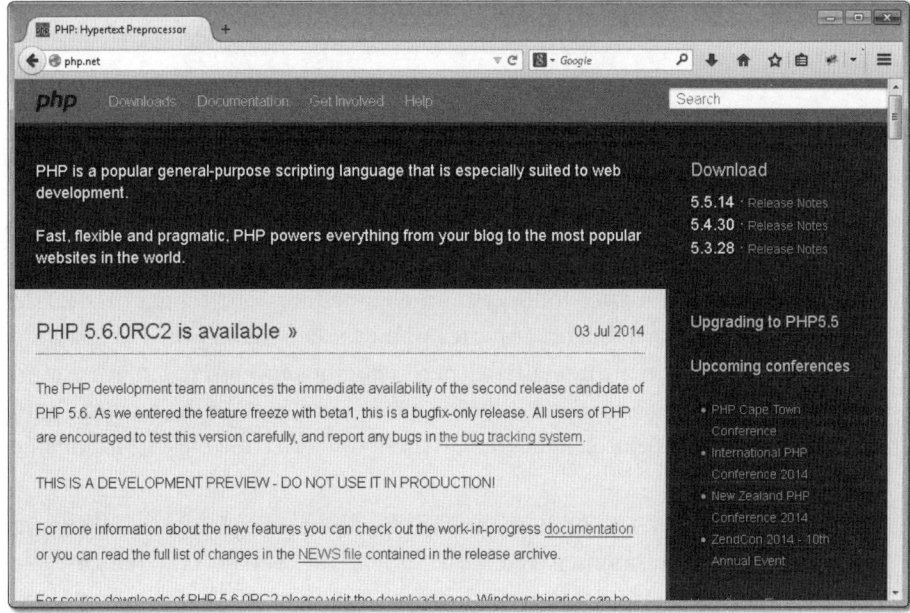

Abbildung 2.8 »php.net« – hier wird die Entwicklung von PHP koordiniert.

PHP-Befehle finden Sie bei Contao z. B. in den Templates. Hier ein Beispiel:

```
<div class="<?php echo $this->class; ?>">
```

Dieser Befehl schreibt den Wert der Variablen $this->class in den HTML-Quelltext, sodass dort dann z. B. <div class="infobox"> steht.

Auf *php.net/manual/de* können Sie bei Bedarf alle PHP-Befehle nachschlagen, aber im folgenden Abschnitt geht es nicht in erster Linie um die Programmiersprache PHP, sondern um eine wichtige Konfigurationseinstellung für den PHP-Interpreter.

2.5.2 PHP: als Modul oder als CGI?

Es gibt zwei Arten, wie Apache und der PHP-Interpreter zusammenarbeiten können: als Modul oder als CGI. Diese Einstellung wird bei der Installation von Contao eventuell wichtig. Abbildung 2.9 zeigt eine schematische Darstellung der Unterschiede, links PHP als CGI und rechts PHP als Apache-Modul.

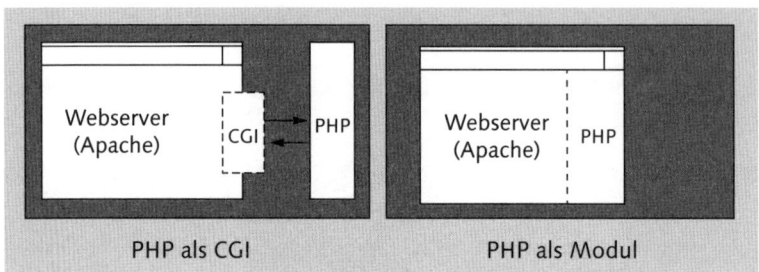

Abbildung 2.9 PHP als CGI und Modul

Beide Methoden haben verschiedene Vor- und Nachteile:

- Wenn der PHP-Interpreter über die CGI-Schnittstelle aufgerufen wird, sind Webserver und Interpreter zwei völlig getrennte Einheiten. Der Nachteil ist, dass der PHP-Interpreter immer wieder gestartet und beendet werden muss, sodass der Servercomputer einen nicht unerheblichen Teil seiner Rechenzeit einfach nur mit dem Starten und Beenden des PHP-Interpreters verbringt. Deshalb wurde unter dem Namen *FastCGI* eine schnellere Variante entwickelt, die diesen Nachteil behebt.
- Wenn PHP als Apache-Modul betrieben wird, rücken Interpreter und Webserver buchstäblich enger zusammen. PHP wird quasi Teil des Servers und muss nicht jedes Mal neu gestartet werden, um einen Befehl auszuführen. Alle PHP-Programme laufen unter dem Benutzernamen des Webservers, was – wie Sie bei der Installation von Contao sehen werden – Nachteile mit sich bringen kann.

Bei der Installation von Contao auf dem Webspace im nächsten Kapitel werden beide Möglichkeiten wieder erwähnt. Momentan ist nur wichtig, dass es sie gibt.

Auf der Startseite von XAMPP gibt es in der Navigationsleiste im Bereich PHP einen Link namens phpinfo(), mit dem Sie sich unter anderem die Konfiguration des PHP-Übersetzers bei XAMPP anschauen können (siehe Abbildung 2.10).

In der sechsten Zeile ist bei Server API der Wert »HANDLER« eingetragen, und das bedeutet, dass der PHP-Interpreter als Apache-Modul betrieben wird. Wenn PHP als CGI oder FastCGI läuft, würden diese Buchstaben dort in irgendeiner Form auftauchen.

Bei MAMP können Sie PHPInfo direkt von der MAMP-Startseite im Browser aufrufen (siehe auch Abbildung 2.7).

2.6 MySQL serviert SQL-Datenbanken

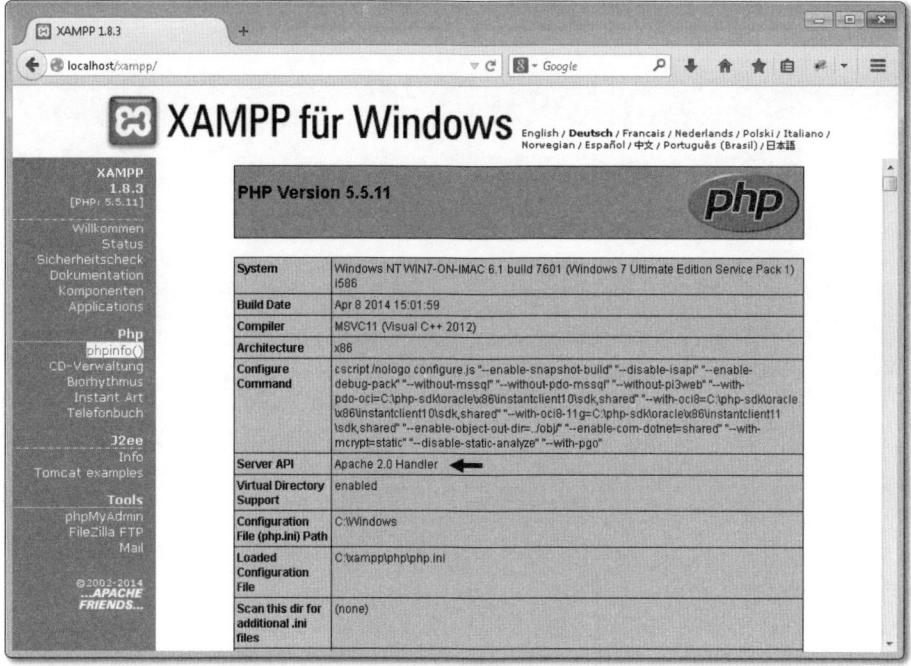

Abbildung 2.10 Unter XAMPP läuft PHP als Apache-Modul.

> **Den eigenen Webspace erkunden: »phpinfo.php«**
>
> So können Sie die PHP-Einstellungen auf Ihrem Webspace analysieren:
>
> 1. Erstellen Sie mit einem Editor eine neue, komplett leere Datei.
> 2. Schreiben Sie nur die Zeile `<?php phpinfo(); ?>` in die Datei.
> 3. Speichern Sie die Datei z. B. als *phpinfo.php*.
> 4. Laden Sie die Datei per FTP auf Ihren Webspace.
> 5. Rufen Sie die Datei im Browser auf.
>
> Und schon sehen Sie die PHP-Einstellungen. Die Datei sollten Sie nach diesem Experiment wieder entfernen, denn die PHP-Einstellungen auf Ihrem Webspace gehen nur Sie und Ihren Provider etwas an.

2.6 MySQL serviert SQL-Datenbanken

MySQL ist ein *relationales Datenbank-Management-System* (RDBMS) zur Verwaltung von SQL-Datenbanken und sehr weit verbreitet. Es ist ebenfalls ein Open-Source-Projekt, arbeitet gut mit der Programmiersprache PHP zusammen und ist pfeilschnell.

2 Der Offline-Webspace: XAMPP und MAMP

Das Programm MySQL ist also genau genommen keine Datenbank, sondern ein Datenbankserver für relationale Datenbanken.

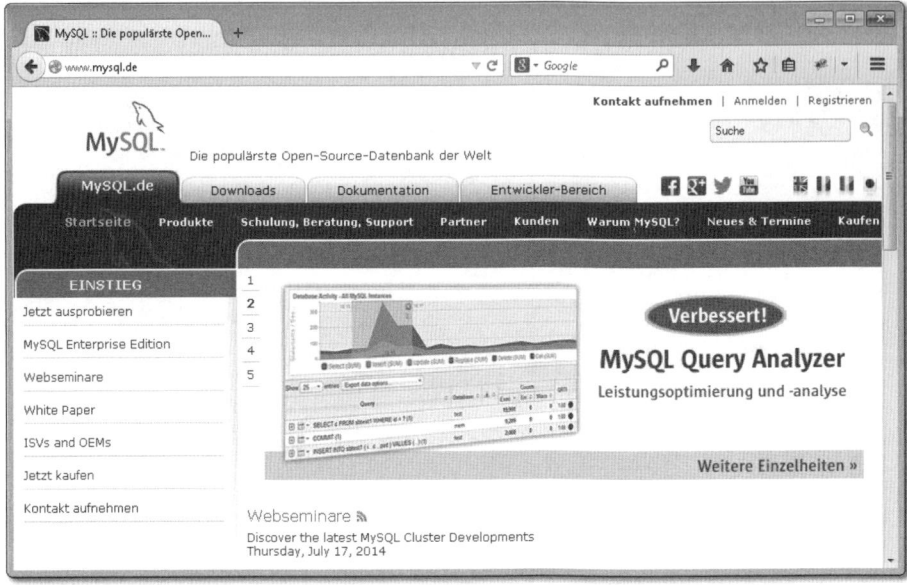

Abbildung 2.11 mysql.de – die deutschsprachige Startseite zu MySQL

MySQL und MariaDB

MySQL wurde in den 90er Jahren vom schwedischen Programmierer Michael Widenius entwickelt und nach dessen Tochter My benannt. 2008 wurde MySQL von Sun Microsystems übernommen, und zwei Jahre später kaufte Oracle dann in einer aufsehenerregenden Transaktion Sun Microsystems, inklusive der bekannten Open-Source-Projekte *OpenOffice* und *MySQL*.

Oracle hat sich nicht gerade als Fan von Open-Source-Projekten hervorgetan und begann, diese zu kommerzialisieren. Als Gegenreaktion entstand bei *OpenOffice* bald die Abspaltung *LibreOffice*, und bei MySQL begann der ursprüngliche Entwickler Michael Widenius ein neues Datenbankprojekt, das er nach seiner jüngsten Tochter *MariaDB* nannte.

MariaDB ist weitgehend kompatibel mit MySQL und unter der GNU-GPL-Lizenz frei verfügbar. Einige Linux-Distributionen haben bereits begonnen, MySQL durch MariaDB zu ersetzen.

2.6.1 Eine relationale Datenbank besteht aus Tabellen und Beziehungen

Relationale Datenbanken speichern Daten in Form von Tabellen. Eine solche Tabelle bekommt einen Namen wie z. B. *autor* und besteht aus Zeilen und Spalten:

- Eine Zeile heißt *Datensatz* (*Record*) und enthält alle Informationen zu einem Autor.
- Eine Spalte enthält immer gleiche Datentypen. So stehen in der ersten Spalte die IDs der Autoren, in der zweiten die Nachnamen und in der dritten die Vornamen.
- Eine Spalte besteht aus *Feldern* (*Fields*), und deswegen heißt die Spaltenüberschrift auch *Feldname*.

Tabelle 2.1 zeigt eine Datenbanktabelle mit drei Autoren.

autor_id	nachname	vorname
1	Weber	Waldemar
2	Müller	Peter
3	Adams	Douglas

Tabelle 2.1 Eine einfache Datenbank mit nur einer Tabelle

Wenn in der Tabelle *autor* auch die Bücher der Autoren gespeichert werden sollen, gibt es zunächst einmal zwei Möglichkeiten:

- Erstens könnte man die Tabelle *autor* um zusätzliche Spalten wie *buch01*, *buch02* etc. erweitern. Für jedes Buch fügt man eine neue Spalte ein. Bei Douglas Adams wären das eine ganze Menge neuer Spalten, von denen bei Wenigschreibern wie Waldemar Weber die meisten leer blieben.
- Zweitens könnte man für jeden neuen Buchtitel eine neue Zeile einfügen. Dabei müsste man die Namen der Autoren für jeden Buchtitel in jeder Zeile wiederholen. Dieses mehrfache Vorkommen der Autorendaten nennt man *Redundanz* und ist spätestens bei Namensänderungen oder -korrekturen eher ärgerlich.

Eine dritte und bessere Lösung wäre es, die Buchtitel in einer eigenen Tabelle zu speichern, die man z. B. *buch* nennt. In diese Tabelle schreibt man die *autor_id* aus der Tabelle *autor* in eine eigene Spalte (siehe Tabelle 2.2).

buch_id	buchtitel	autor_id
1	Per Anhalter durch die Galaxis	3
2	Das große Little Boxes-Buch	2
3	Die Homepage-Schule	2
4	Die Letzten ihrer Art	3
5	Der elektrische Mönch	3

Tabelle 2.2 Tabelle »buch« mit Spalte »autor_id« aus der Tabelle »autor«

Die beiden Tabellen haben ein gemeinsames Feld *autor_id*, über das sie miteinander verknüpft werden können. Jetzt können Sie für jeden Autor beliebig viele Buchtitel speichern und haben weder leere Felder noch redundante Autorendaten.

Divide et impera. Die Daten werden auf mehrere Tabellen verteilt und über ein spezielles Feld miteinander verbunden. Diese Verbindungen nennt man *Beziehungen*, auf Englisch *Relations*. *Relationale Datenbanken* sind also Datenbanken mit mehreren Tabellen, die in Beziehung zueinander stehen.

2.6.2 SQL ist eine Sprache zur Verwaltung von Datenbanken

Eine Datenbank ist nur ein Speicher, in dem Daten gelagert werden. Nützlich werden Datenbanken erst durch die Möglichkeit, je nach Bedarf bestimmte Daten aus der Datenbank herauszuholen. Dieser Vorgang nennt sich *Abfrage* oder auf Englisch *Query*.

Damit man nicht für jedes Datenbank-Management-System eine neue Abfragesprache lernen muss, gibt es eine (weitgehend) standardisierte Sprache namens *SQL*. Die drei Buchstaben stehen für *Structured Query Language* und werden im Deutschen meist »es-kuh-ell« gesprochen. Im Englischen gibt es neben der Aussprache »es-kjuell« noch die Variante »sie-kwell«, mit einem scharfen »ß« am Anfang (wie das Wort *sequel*).

Mit SQL-Befehlen kann man Daten aus einer Datenbank holen oder in einer Datenbank speichern bzw. verändern. Hier ist ein einfaches Beispiel:

```
SELECT buchtitel FROM buch WHERE autor_id =3;
```

Dieser SQL-Befehl holt den Inhalt des Feldes *buchtitel* aus der Tabelle *buch*, wenn in der Spalte *autor_id* eine 3 steht. Oder einfacher: alle Bücher von Douglas Adams.

Sie werden mit SQL-Befehlen kaum direkten Kontakt haben, aber SQL wird von Webanwendungen wie phpMyAdmin oder Contao im Hintergrund die ganze Zeit benutzt.

2.7 phpMyAdmin verwaltet die Datenbanken von MySQL

MySQL selbst ist als Datenbankserver von der Ausstattung her eher spartanisch, und so gibt es zum Beispiel keinerlei Benutzeroberfläche. Sie müssten in der MySQL-Konsole manuell SQL-Befehle eintippen, um z. B. eine neue Datenbank zu erstellen. Wenn Sie nicht zufällig fließend SQL sprechen, macht das wenig Spaß, und aus diesem Grunde enthalten XAMPP und MAMP eine Webanwendung namens *phpMyAdmin*.

2.7.1 phpMyAdmin starten

phpMyAdmin erleichtert das Leben eines jeden Webentwicklers, auch wenn der Name eher verwirrend ist. Das Programm ist eine in PHP geschriebene Webanwendung zur Administration von MySQL-Datenbanken, und somit wäre ein Name wie *phpMySQLAdmin* wahrscheinlich eindeutiger.

phpMyAdmin ist eine Webanwendung und wird über den Browser bedient. Es gibt im Web unzählige verschiedene Versionen und Oberflächen für phpMyAdmin, aber sie haben letztlich alle dieselbe Menüstruktur.

Bei XAMPP geben Sie im Browser *http://localhost/xampp* ein, um die XAMPP-Startseite aufzurufen, und klicken links in der vertikalen Navigationsleiste im Bereich TOOLS auf den Link PHPMYADMIN.

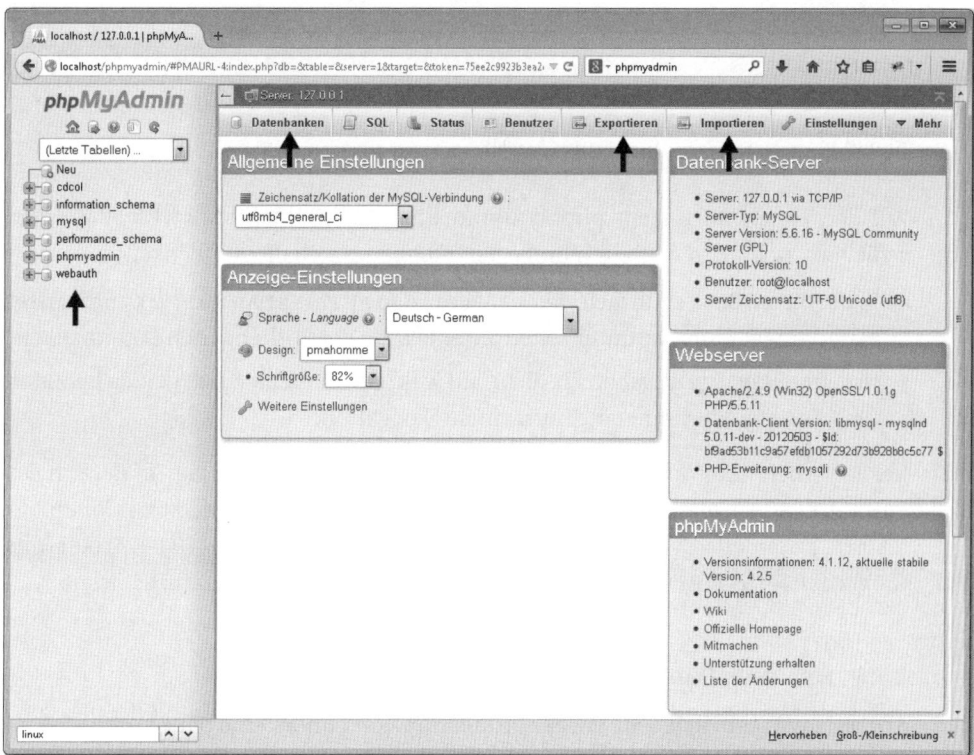

Abbildung 2.12 phpMyAdmin unter XAMPP

Bei MAMP klicken Sie im Programmfenster auf STARTSEITE ÖFFNEN und in der horizontalen Navigationsleiste am oberen Rand der Startseite im Menü TOOLS auf den Link PHPMYADMIN.

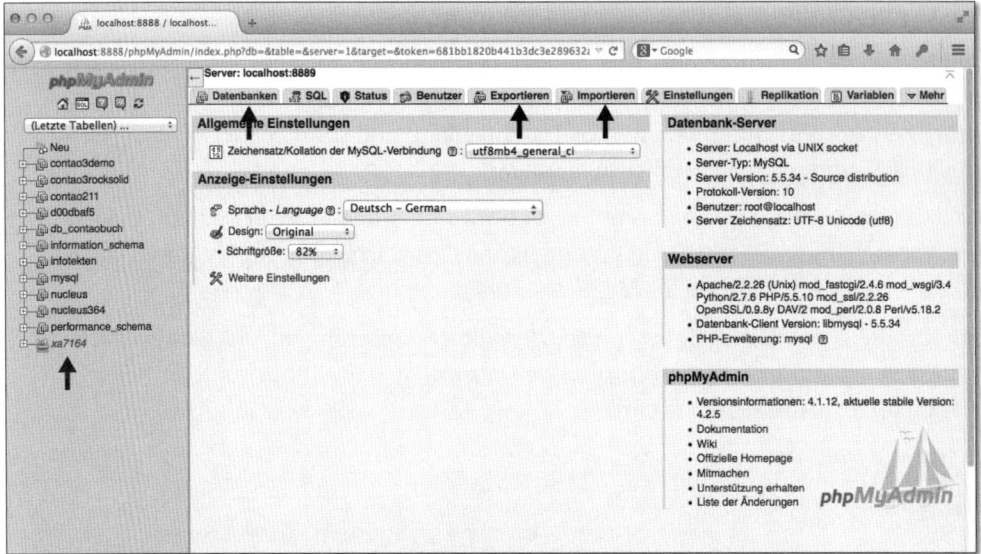

Abbildung 2.13 phpMyAdmin unter MAMP

Auf den ersten Blick sieht phpMyAdmin unter XAMPP und MAMP völlig unterschiedlich aus, auf den zweiten hingegen offenbaren sich die Ähnlichkeiten:

- In der linken Spalte führt ein Klick auf das Logo PHPMYADMIN zurück zur Startseite der Applikation. Darunter sehen Sie eine Liste der vorhandenen Datenbanken.
- In der rechten Spalte sehen Sie oben, auf welchem Server Sie sich gerade befinden, und darunter erscheint eine horizontale Navigation.

Bei der Arbeit mit Contao sind drei Menüpunkte besonders wichtig. Im Bereich DATENBANKEN legt man eine neue Datenbank an, EXPORTIEREN bietet Optionen, um die SQL-Daten aus der Datenbank herauszuholen (Backup), und IMPORTIEREN ermöglicht das Gegenteil, nämlich ein vorhandenes Backup wieder einzuspielen.

2.7.2 Eine neue Datenbank anlegen mit phpMyAdmin

Mit phpMyAdmin legen Sie bei der Installation von Contao eine neue Datenbank an, in der dann vom Contao-Installtool automatisch die benötigten Tabellen und Felder angelegt werden.

Sie können das Erstellen einer Datenbank am besten gleich mal üben:

1. Klicken Sie in der oberen Navigationsleiste von phpMyAdmin auf DATENBANKEN.

2. Geben Sie in das Eingabefeld DATENBANKNAME unterhalb von NEUE DATENBANK ANLEGEN den gewünschten Namen der Datenbank ein, z. B. »db_test« (siehe Abbildung 2.14).
3. Klicken Sie auf die Schaltfläche ANLEGEN.

Fertig. Links in der Sidebar erscheint nach dem Klick auf ANLEGEN in der Liste der Datenbanken ein neuer Eintrag namens *db_test* (Abbildung 2.14).

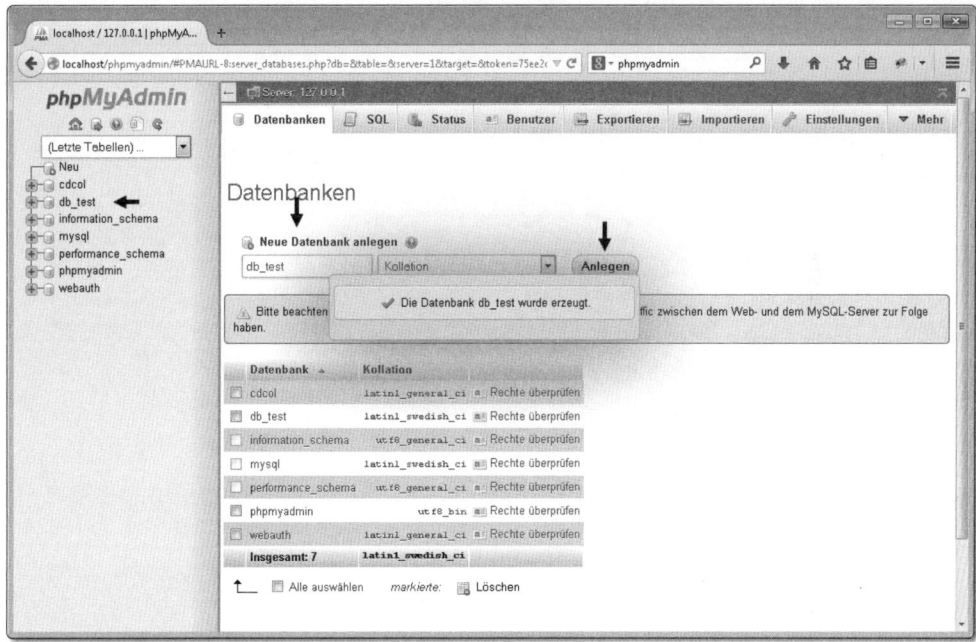

Abbildung 2.14 Neue Datenbank anlegen mit phpMyAdmin

Falls Sie die eben erstellte Datenbank wieder löschen möchten, ist auch das mit phpMyAdmin ganz einfach:

1. Klicken Sie auf der Startseite von phpMyAdmin links in der Übersicht auf die zu löschende Datenbank *db_test*.
2. Klicken Sie in der oberen Navigationsleiste auf OPERATIONEN.
3. Klicken Sie auf den Link DATENBANK LÖSCHEN (DROP).
4. Es erscheint noch eine Frage, ob Sie das wirklich tun möchten. Sie möchten. Klicken Sie also auf OK.

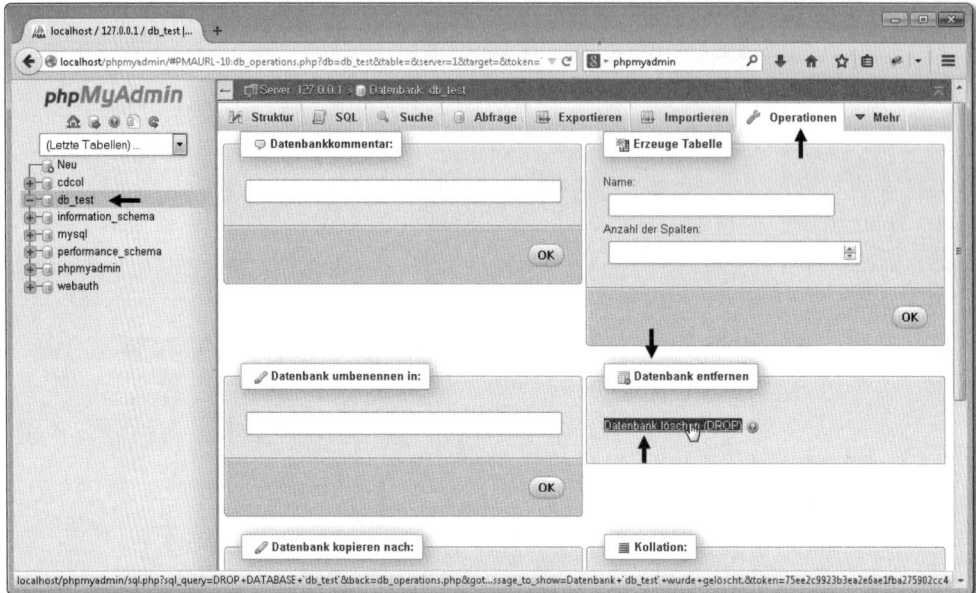

Abbildung 2.15 Datenbank löschen mit phpMyAdmin

Und schon ist die Datenbank wieder weg.

Kapitel 3
Die Installation von Contao

In diesem Kapitel erfahren Sie alles über die Installation von Contao, zuerst lokal auf Ihrem Rechner und dann auf dem echten Webspace. Danach erhalten Sie Hinweise zum Troubleshooting und eine Anleitung zum Transfer einer Website von Ihrem Rechner auf den Online-Webspace.

Die Themen im Überblick:

- Die Installation vorbereiten, Seite 69
- Offline: Contao auf Ihrem Rechner installieren, Seite 70
- Online: Contao im Web installieren, Seite 82
- Hilfe bei sonstigen Installationsproblemen, Seite 91
- Umzug: von XAMPP und MAMP auf den Online-Webspace, Seite 93
- »Safe Mode Hack«: der FTP-Modus von Contao, Seite 95
- Know-how: Dateiberechtigungen – das 1 × 1 zu 644, Seite 99

In diesem Kapitel wird die Installation von Contao beschrieben, und zwar gleich zweimal – zunächst lokal auf dem mit XAMPP oder MAMP erstellten Offline-Webspace und dann live auf einem Online-Webspace bei einem Webhoster.

3.1 Die Installation vorbereiten

Bevor Sie Contao installieren, erfahren Sie etwas über die Systemvoraussetzungen und die für dieses Buch richtige Contao-Version.

3.1.1 Die Systemvoraussetzungen

Damit Contao reibungslos funktioniert, müssen auf dem Webspace folgende Voraussetzungen erfüllt sein:

- PHP ab Version 5.3.2
- MySQL-Version 5.x

Außerdem sollten die beiden folgenden PHP-Erweiterungen installiert sein:

- *GDlib*, damit Contao hochgeladene Bilder bearbeiten kann
- *SOAP* zur Installation von Erweiterungen aus dem Backend heraus

Aktuelle Versionen von XAMPP und MAMP erfüllen diese Voraussetzungen locker, und auf Ihrem Online-Webspace können Sie vor der Installation mit dem Contao Check ganz einfach überprüfen, ob Contao dort funktionieren wird. In Abschnitt 3.3.3, »Der Contao Check«, wird ausführlich geschildert, wie das geht.

3.1.2 Die richtige Contao-Version für dieses Buch

Sie finden die Contao-Version, die in diesem Buch verwendet wird, auf der Buch-CD. Einsteigern empfehle ich, zum Durcharbeiten des Buches genau diese Version zu verwenden, denn dadurch minimieren Sie zusätzliche Fehlerquellen und können sich genau an den Schritt-für-Schritt-Anleitungen in den ToDo-Kästchen orientieren.

Nachdem Sie Contao in diesem Buch kennengelernt haben, wird Ihnen der Umstieg auf eine neuere Contao-Version sehr leicht fallen, denn die Funktionsprinzipien sind nach wie vor die gleichen.

Falls Sie lieber gleich die aktuellste Contao-Version verwenden möchten, finden Sie sie auf der Contao-Downloadseite:

- *contao.org/herunterladen.html*

Sie sollten in diesem Fall vor der Installation in meinem Blog auf *pmueller.de* schauen, ob es irgendwelche besonderen Hinweise dazu gibt.

> **Die Versionsnummern von Contao**
>
> In Abschnitt 23.5 erfahren Sie Details zur Bedeutung der Versionsnummern in Contao. Dort lernen Sie unter anderem die genauen Unterschiede zwischen einem Bugfix-Release, einer Minor- und einer Major-Version kennen.

3.2 Offline: Contao auf Ihrem Rechner installieren

Zum Kennenlernen von Contao installieren Sie es in diesem Abschnitt manuell auf Ihrem eigenen Rechner, sodass Sie auch offline damit arbeiten können. In diesem Abschnitt erstellen Sie in einem Ordner namens *contaobuch* eine leere Website, die Sie im Laufe des Buches nach und nach fertigstellen.

3.2.1 Schritt 1: Contao-Dateien in den Ordner »contaobuch« kopieren

Im ersten Schritt erstellen Sie einen neuen Ordner für das neue Projekt und kopieren die Contao-Dateien in diesen Ordner. Online würde man das mit einem FTP-Programm machen, offline reichen der Windows-Explorer oder der Finder. Falls Sie nicht wissen, was im folgenden ToDo-Kästchen mit *Document Root* gemeint ist, finden Sie entsprechende Hinweise in Abschnitt 2.4.2.

> **ToDo: Dateien in den Ordner »contaobuch« kopieren**
>
> 1. Erstellen Sie einen Ordner namens *contaobuch* unterhalb der *Document Root* des Apache-Webservers.
> 2. Laden Sie die aktuelle Contao-Version von *contao.org* herunter, und speichern Sie den Download in einem Ordner auf Ihrer Festplatte.
> 3. Entpacken Sie das ZIP-Archiv.
> 4. Öffnen Sie den Ordner *contao-** (das Sternchen steht für die aktuelle Versionsnummer) im Explorer oder Finder.
> 5. Kopieren Sie die Dateien aus diesem Ordner in den Ordner *contaobuch*.

Der Ordner *contaobuch* sollte nach diesen Schritten ungefähr so aussehen wie in Abbildung 3.1.

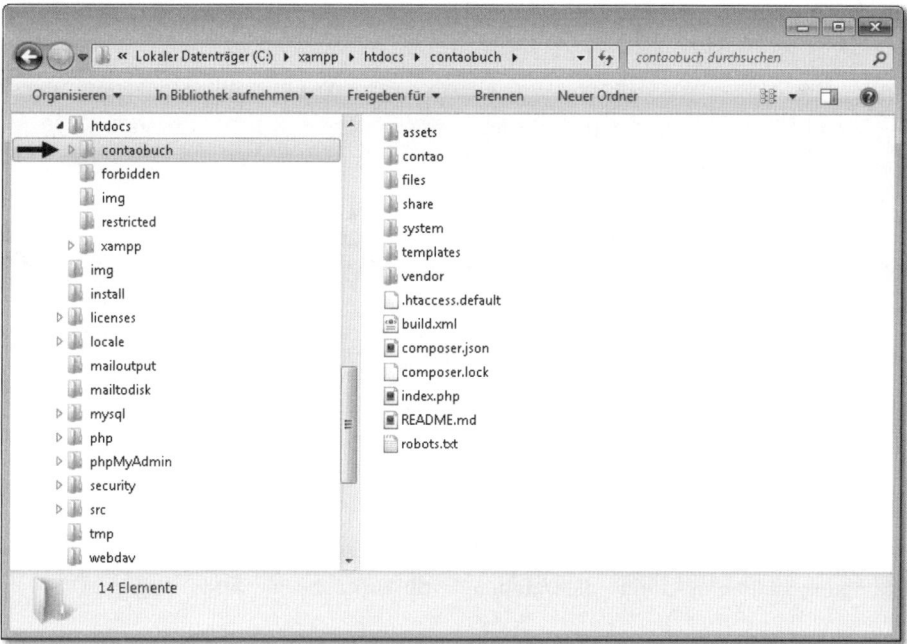

Abbildung 3.1 Der Ordner »contaobuch« enthält die Dateien von Contao.

Im Ordner *contaobuch* liegen unter anderem die *index.php* und eine Datei mit dem etwas seltsamen Namen *.htaccess.default*. Außerdem gibt es die Ordner *assets*, *contao*, *files*, *share*, *system* und *templates*, in denen wiederum zum Teil jede Menge Dateien und Unterordner enthalten sind. Alles zusammen ist Contao.

3.2.2 Schritt 2: Datenbank erstellen mit phpMyAdmin

Vor der eigentlichen Installation legen Sie mit phpMyAdmin zunächst eine Datenbank an. In Abschnitt 2.7.2 haben Sie das vielleicht schon einmal gemacht.

> **ToDo: Datenbank erstellen mit phpMyAdmin**
> 1. Öffnen Sie phpMyAdmin im Browser.
> 2. Öffnen Sie in phpMyAdmin das Register DATENBANK, und suchen Sie das Eingabefeld NEUE DATENBANK ANLEGEN.
> 3. Geben Sie im Eingabefeld den Namen der Datenbank ein, die angelegt werden soll: »db_contaobuch« (ohne die Anführungszeichen).
> 4. Erstellen Sie die Datenbank mit einem Klick auf ANLEGEN.

Wenn alles geklappt hat, sollten Sie eine Meldung bekommen, dass die Datenbank erzeugt wurde. Das könnte etwa so aussehen wie in Abbildung 3.2.

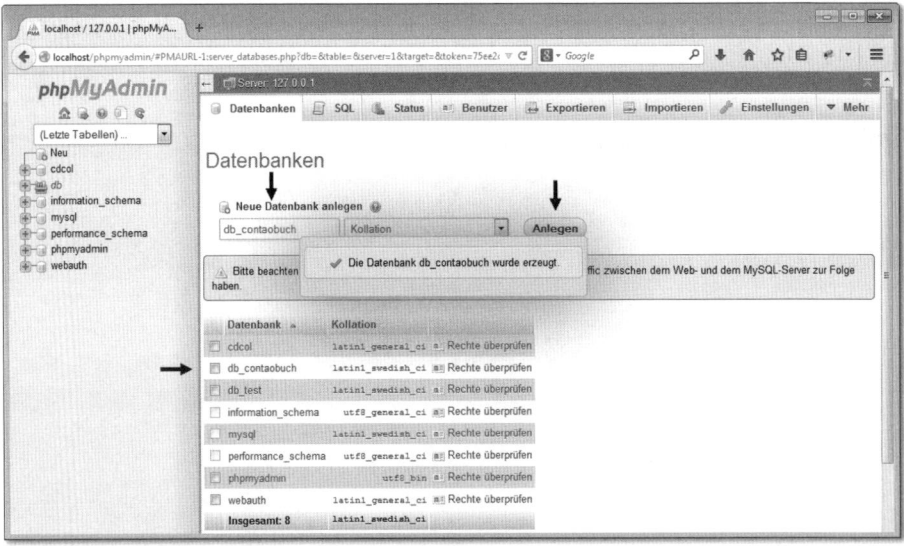

Abbildung 3.2 phpMyAdmin – die Datenbank »db_contaobuch« wurde erzeugt.

Die Datenbank ist leer und enthält noch keinerlei Tabellen, Felder oder Daten. Das Erzeugen der von Contao benötigten Datenbankstruktur innerhalb der Datenbank übernimmt das Contao-Installtool in Schritt 5.

Der Datenbankname beginnt mit »db_«

Die Datenbank muss nicht unbedingt *db_contaobuch* heißen, aber der Name ist auch nicht zufällig gewählt. Durch das Kürzel *db_* am Anfang wissen Sie immer, dass der Name für eine Datenbank steht. Innerhalb von phpMyAdmin ist das auch so klar, aber außerhalb davon könnte eine Datenbank namens *contaobuch* ohne das *db_* vorweg auch ein Ordnername oder etwas völlig anderes sein.

3.2.3 Schritt 3: Das Installtool starten und die Lizenz akzeptieren

Das Installationsprogramm liegt im Unterordner *contaobuch/contao/* und heißt *install.php*. Um es zu starten, geben Sie im Browser also folgende URL ein:

- XAMPP: *http://localhost/contaobuch/contao/install.php*
- MAMP: *http://localhost:8888/contaobuch/contao/install.php*

Wenn alles geklappt hat, erscheint die »GNU Lesser General Public License« (siehe Abbildung 3.3).

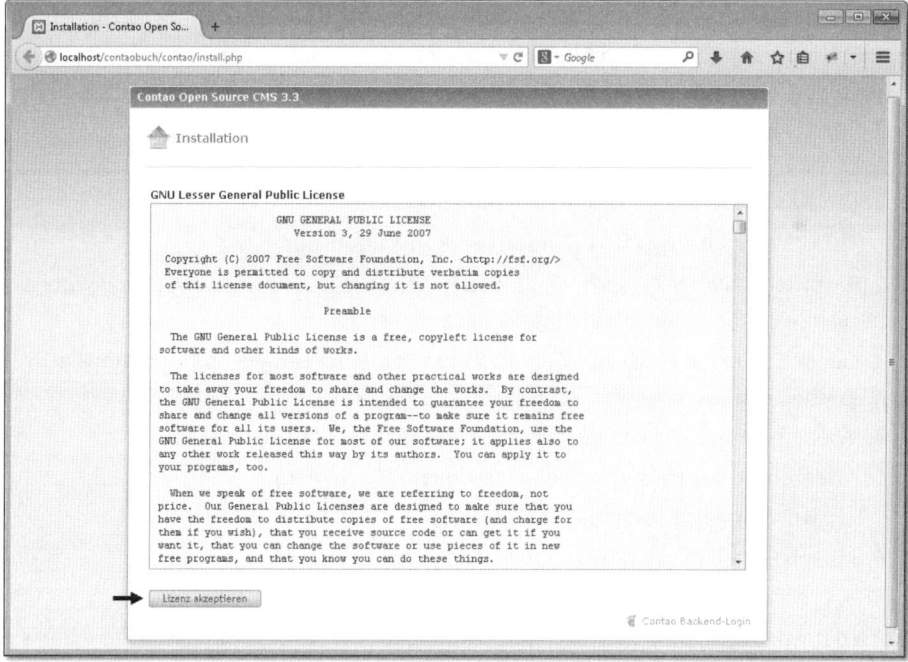

Abbildung 3.3 Contao-Installtool – »GNU Lesser General Public License« akzeptieren

Falls Sie nicht die Lizenz aus Abbildung 3.3 sehen, gibt es folgende Möglichkeiten:

- Sie werden gebeten, Ihre FTP-Zugangsdaten einzugeben. Sie müssen in diesem Fall vor der Installation von Contao noch etwas erledigen. Lesen Sie dazu den Abschnitt 3.6, »»Safe Mode Hack«: der FTP-Modus von Contao«.
- Sie sehen eine Fehlermeldung *404* oder *Not Found*. Prüfen Sie die URL und die Pfadangabe im Dateisystem. Denken Sie daran, dass der erste einfache Slash nach *localhost* für den Ordner *htdocs* steht (Document Root).
- Sie sehen die Fehlermeldung VERBINDUNG KONNTE NICHT AUFGEBAUT WERDEN. In diesem Fall ist der Webserver wahrscheinlich nicht gestartet (Abschnitt 2.2.2).

Wenn die Ursache für die Meldung behoben wurde, geht es weiter. Nach einem Klick auf LIZENZ AKZEPTIEREN beginnt die eigentliche Installation, und zwar mit einer Passworteingabe für das Installtool selbst.

3.2.4 Schritt 4: »Installtool-Passwort« – ein Passwort für das Installtool festlegen

Das Installtool von Contao ist eigentlich eher ein *Setup-Tool*, denn es kommt nicht nur bei der ersten Installation zum Einsatz, sondern auch bei späteren Updates. Daher bleibt es in der Regel auf dem Webspace liegen und wird aus Sicherheitsgründen mit einem Passwort geschützt.

ToDo: Das Passwort für das Installtool eingeben

1. Rufen Sie gegebenenfalls im Browser das Installtool auf.
2. Bestätigen Sie, falls noch nicht geschehen, die »GNU Lesser General Public License« mit einem Klick auf LIZENZ AKZEPTIEREN.
3. Geben Sie im Feld PASSWORT ein Passwort mit einer Länge von mindestens acht Zeichen ein.
4. Wiederholen Sie die Passworteingabe im Feld BESTÄTIGUNG.
5. Notieren Sie das Passwort. Wenn Sie wollen, gleich hier:
   Passwort für das Installtool: ....
6. Klicken Sie auf PASSWORT SPEICHERN (siehe Abbildung 3.4).

Nach der Änderung des Passwortes wird automatisch ein sogenannter »Verschlüsselungsschlüssel« erstellt. Dieser Schlüssel ist eine ziemlich lange, zufällige Zeichenfolge, die im Ordner *system/config/* in der Datei *localconfig.php* gespeichert und von Contao nur intern verwendet wird. Sie müssen ihn nirgendwo selbst eingeben, und deshalb wird er auch gar nicht erst angezeigt.

3.2 Offline: Contao auf Ihrem Rechner installieren

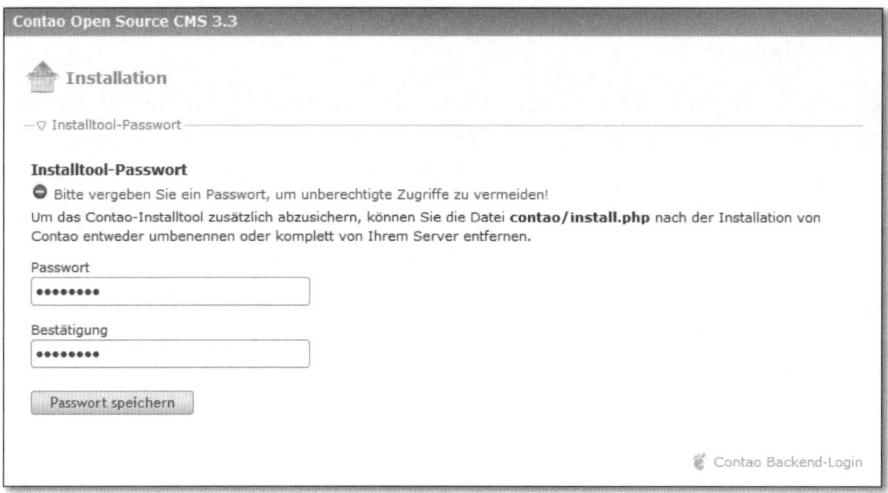

Abbildung 3.4 Ein Passwort für das Installtool eingeben

Der während der Installation erzeugte Schlüssel ist später übrigens bei Bedarf auch im Backend von Contao abrufbar, und zwar im Bereich SYSTEM • EINSTELLUNGEN • SICHERHEITSEINSTELLUNGEN. Dort heißt er HASHWERT FÜR VERSCHLÜSSELUNG, Sie sollten ihn aber nicht nachträglich ändern.

Falls Sie das Passwort für das Installtool irgendwann mal vergessen haben sollten, schauen Sie mal im Abschnitt 26.3 über die Datei *localconfig.php* vorbei. Dort steht eine Lösung.

> **Zusätzliche Sicherheitsmaßnahmen zum Schutz des Installtools**
>
> Wenn jemand Zugriff auf das Installtool hat, kann er die komplette Website löschen. Falls Ihnen ein Passwort als Schutz nicht ausreicht, werden in Abbildung 3.4 oberhalb der Passworteingabe zwei weitere Sicherheitsmaßnahmen erwähnt:
>
> - *install.php* umbenennen. Am besten in einen schlecht zu erratenden Dateinamen wie z. B. *43r7za.php*.
> - *install.php* komplett vom Webspace entfernen. Falls das Installtool bei einem zukünftigen Update benötigt wird, laden Sie es einfach wieder hoch.
>
> Sie können den Zugriff auf den Ordner *contao* auch mit einer *.htaccess* schützen. Viele Webhoster stellen ein Hilfsprogramm zum Erstellen eines Verzeichnisschutzes bereit. Das sind aber, wie gesagt, alles reine Vorsichtsmaßnahmen.

3.2.5 Schritt 5: »Datenbankverbindung« – Kontakt mit der Datenbank aufnehmen

In diesem Schritt geben Sie die Zugangsdaten zur Datenbank ein, damit Contao eine Verbindung herstellen kann. Die in Rot erscheinende Meldung KEINE VERBINDUNG ZUR DATENBANK VORHANDEN ist kein Grund zur Sorge, da Sie ja noch gar nicht probiert haben, eine Verbindung herzustellen. Abbildung 3.5 zeigt das Formular im Überblick.

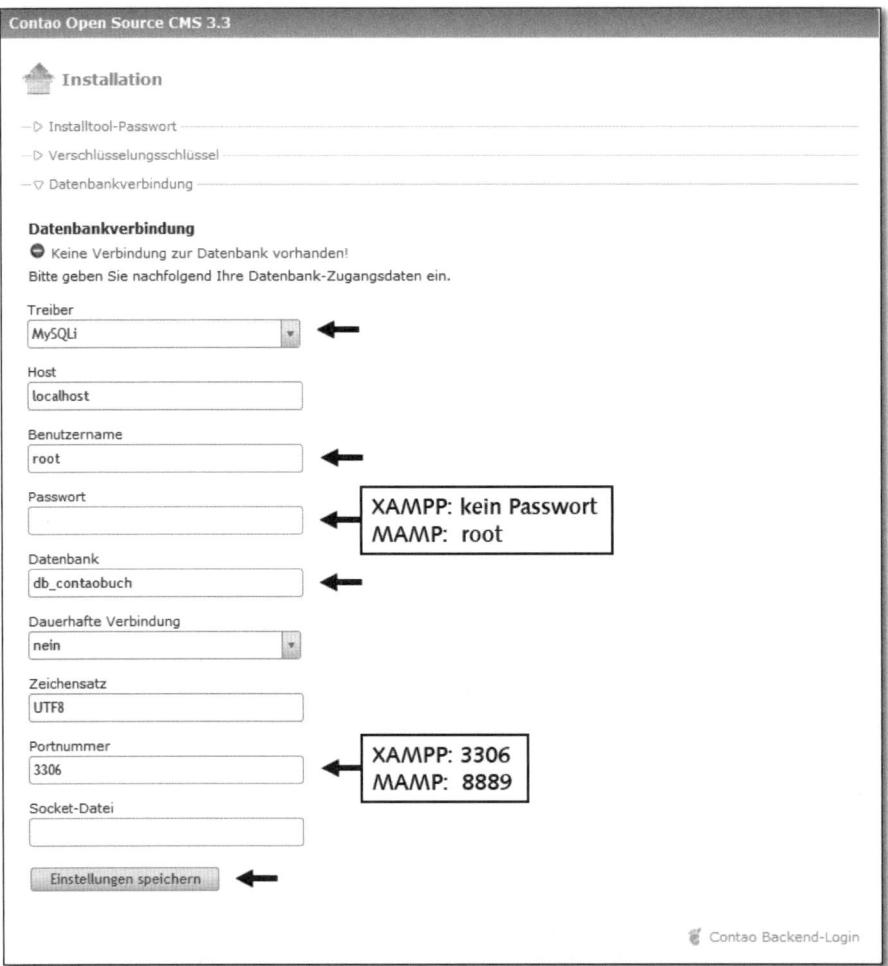

Abbildung 3.5 Zugangsdaten für die Datenbank eingeben

Im folgenden ToDo geben Sie die Zugangsdaten zur Datenbank ein.

> **ToDo: Kontakt mit der Datenbank aufnehmen**
>
> 1. In der Auswahlliste TREIBER wählen Sie den Eintrag MYSQLI, mit einem »i« wie »improved« (verbessert) am Ende. Falls das nicht klappen sollte, probieren Sie MySQL ohne das »i« hintendran.
> 2. Im Feld HOST geben Sie den Namen des Rechners ein, auf dem der Datenbankserver läuft: »localhost«.
> 3. Im Feld BENUTZERNAME tragen Sie »root« ein. Das ist der MySQL-Benutzer, der Zugriff auf die Datenbank hat.
> 4. Im Feld PASSWORT tragen Sie bei XAMPP gar nichts ein und bei MAMP das Passwort »root« (ohne Anführungszeichen).
> 5. Im Feld DATENBANK tragen Sie den Namen der auf Seite 41 in Schritt 2 erstellten Datenbank ein, wahrscheinlich »db_contaobuch«.
> 6. Die Felder DAUERHAFTE VERBINDUNG und ZEICHENSATZ lassen Sie unverändert. Der Zeichensatz UTF-8 heißt bei MySQL wirklich UTF8, ohne Bindestrich. »Korrigieren« Sie das nicht!
> 7. XAMPP verwendet für die Verbindung zum Datenbankserver die Standard-Portnummer 3306. MAMP benutzt den Port 8889.
> 8. Überprüfen Sie Ihre Eingaben noch einmal. Wenn alles korrekt ist, bestätigen Sie sie mit einem Klick auf EINSTELLUNGEN SPEICHERN.

Jetzt versucht das Installtool, Kontakt mit der Datenbank aufzunehmen. Wenn alles geklappt hat, erscheint in grünen Lettern die Meldung DATENBANKVERBINDUNG OK.

Nach diesem Schritt setzt das Installtool automatisch die sogenannte Kollation für die gesamte Datenbank auf UTF8_GENERAL_CI. Sie müssen hier nichts ändern. Vereinfacht gesagt, geht es bei der Kollation um den verwendeten Zeichensatz, die Sortierung der Daten in der Datenbank und solche Sachen.

3.2.6 Schritt 6: »Tabellen prüfen« – die Datenbanktabellen anlegen

Wenn das Installtool eine Verbindung mit der Datenbank hergestellt hat, kann es in diesem Schritt die von Contao benötigten Tabellen und Felder in der Datenbank einrichten.

Die in Rot erscheinende Meldung DIE DATENBANK IST NICHT AKTUELL! ist nicht schlimm, denn bei einer Erstinstallation ist die Datenbank ja noch komplett leer und deshalb natürlich nicht auf dem neuesten Stand.

> **ToDo: Tabellen aktualisieren und in der Datenbank anlegen**
> 1. Im Installtool sehen Sie die SQL-Befehle, mit denen die von Contao benötigte Datenbankstruktur erzeugt wird.
> 2. Klicken Sie auf die Schaltfläche Datenbank aktualisieren, um die angezeigten SQL-Befehle auszuführen (siehe Abbildung 3.6).

Nach einem Klick auf Datenbank aktualisieren führt das Installtool die angezeigten SQL-Befehle aus und erzeugt die von Contao benötigten Tabellen und Felder in der Datenbank.

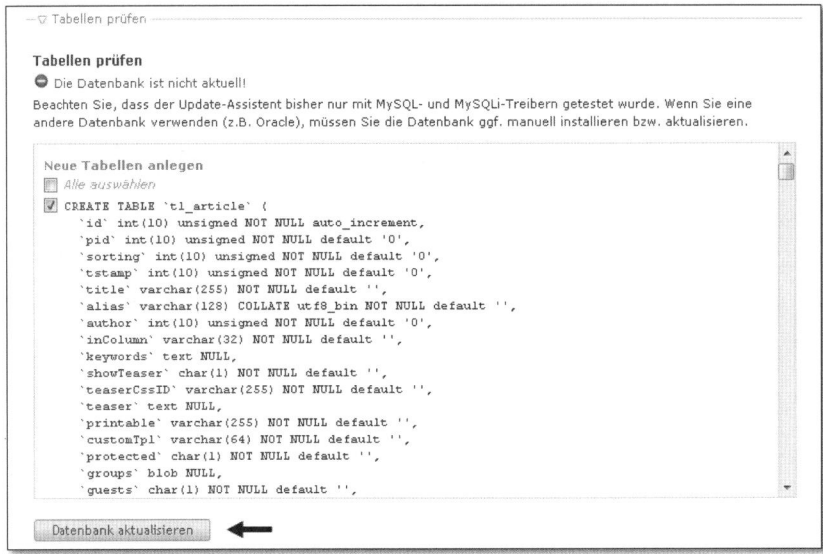

Abbildung 3.6 Das Installtool erzeugt die benötigte Datenbankstruktur.

> **Vorsicht, wenn sich mehrere Anwendungen diese Datenbank teilen**
> Falls die Datenbank vor der Installation von Contao nicht leer war, sondern eventuell auch noch von anderen Anwendungen genutzt wird, sollten Sie vorsichtig sein, denn das Contao-Installtool bietet in dem Fall an, alle »fremden« Datenbanktabellen zu löschen. SQL-Befehle zum Löschen wie DROP TABLE sollten Sie nur ankreuzen, wenn Sie sich mehr als hundertprozentig sicher sind, dass die Tabellen nicht mehr benötigt werden.

3.2.7 Schritt 7: »Ein Template importieren« – oder auch nicht

Nach dem Anlegen der Datenbankstrukturen bietet Ihnen das Installtool an, ein sogenanntes Template zu importieren (siehe Abbildung 3.7).

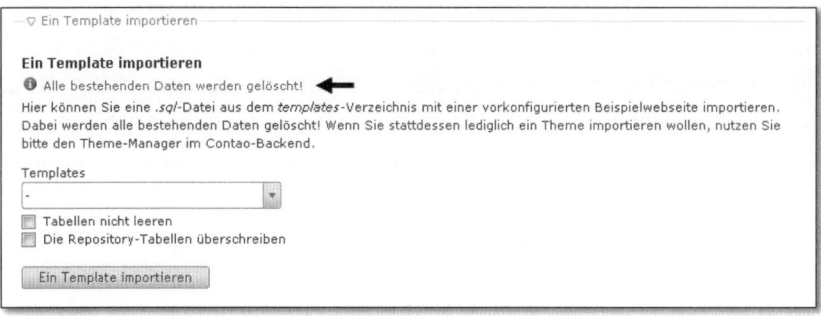

Abbildung 3.7 (K)ein Template importieren

Mit Template ist an dieser Stelle ein *Frontend-Template* gemeint, manchmal auch *Website-Template* oder *Contao-Template* genannt. Ein solches Frontend-Template ist eine SQL-Datei, die eine komplette, vorkonfigurierte Website enthält. Ein Importieren überschreibt alle eventuell vorhandenen Daten in der Datenbank. Auf gut Deutsch: Eine eventuell bereits existierende Website ist danach weg. Wirklich weg.

Sie sollten also nicht einfach nur zum Spaß mal eben ein Frontend-Template in eine bestehende Site importieren. Auch später nicht. Da Sie in diesem Buch mit einer leeren Site beginnen, die Sie Schritt für Schritt vervollständigen, importieren Sie an dieser Stelle bitte kein Template und gehen gleich weiter zum nächsten Schritt.

3.2.8 Schritt 8: Ein Administratorkonto anlegen

Zum Abschluss der Installation erstellen Sie noch ein Administratorkonto (siehe Abbildung 3.8).

Abbildung 3.8 Ein Administratorkonto anlegen

Falls Sie bezüglich Benutzernamen und Passwort keine besonderen Wünsche haben, können Sie für die lokale Installation in diesem Fall ruhig die auch in der Online-Demo von Contao verwendeten Benutzer »k.jones« und »kevinjones« nehmen. Für eine echte Website auf einem Online-Webspace wäre das keine so gute Idee.

ToDo: Ein Administratorkonto anlegen

1. Tragen Sie im Feld BENUTZERNAME einen Benutzernamen für den Administrator ein (zum Beispiel »k.jones«).
2. Im Feld NAME geben Sie den Vor- und Nachnamen des Administrators ein (zum Beispiel »Kevin Jones«).
3. Das Feld E-MAIL-ADRESSE muss ausgefüllt werden, auch wenn bei einer lokalen Installation kein Mailserver vorhanden ist, der Meldungen an den Admin schicken könnte.
4. Geben Sie ein PASSWORT ein, und bestätigen Sie es im Feld BESTÄTIGUNG (zum Beispiel »kevinjones«).
5. Notieren Sie die von Ihnen eingegebenen Zugangsdaten für das Administratorkonto:

   Admin-Benutzername: ....

   Vor- und Nachname : ....

   E-Mail-Adresse: ....

   Admin-Passwort: ....
6. Klicken Sie auf EIN ADMINISTRATORKONTO ERSTELLEN.

Nach der Erstellung des Admin-Kontos gratuliert das Installtool zur erfolgreichen Installation. Den Hinweis auf die neue Version der Erweiterungsverwaltung können Sie zunächst einmal getrost ignorieren. Mehr zum Composer-Client erfahren Sie später in Abschnitt 27.4.

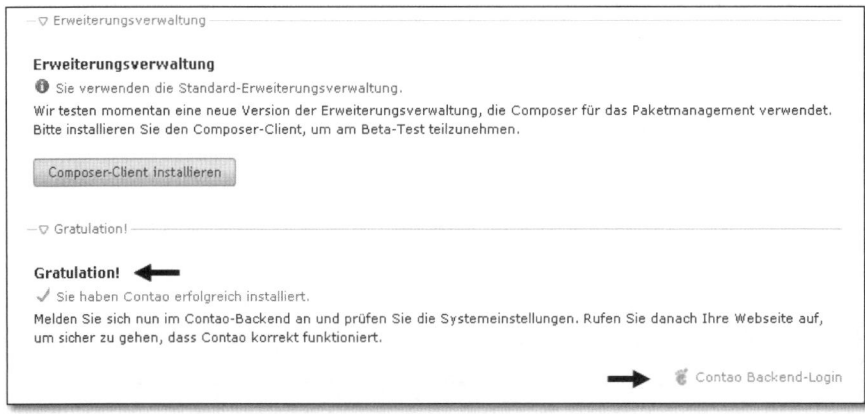

Abbildung 3.9 Sie haben Contao erfolgreich installiert.

Mit einem Klick auf den in zartem Grau gehaltenen Link CONTAO BACKEND-LOGIN ganz rechts unten können Sie sich am *Backend* anmelden. Das Backend ist die Verwaltungsabteilung von Contao, die Sie in Kapitel 5, »Ein kurzer Rundgang im Backend«, noch genauer kennenlernen.

Falls Sie neugierig sind und sich schon mal anmelden möchten, erschrecken Sie sich nicht, wenn nach der Anmeldung oben einige nicht zu übersehende, rot hinterlegte Meldungen erscheinen. Klicken Sie einfach auf die entsprechenden Schaltflächen, und die Meldungen verschwinden.

Auch wenn es noch nicht ganz viel zu sehen gibt, sollten Sie auch das *Frontend* schon einmal im Browser aufrufen. Das Frontend ist die Website, so wie die Besucher sie sehen. Dazu geben Sie folgende Adresse ein:

- XAMPP: *http://localhost/contaobuch*
- MAMP: *http://localhost:8888/contaobuch*

Dort ist momentan nur eine Meldung »Wir sind gleich zurück« zu sehen, in der steht, dass die Website *aufgrund von Wartungsarbeiten momentan nicht verfügbar* ist.

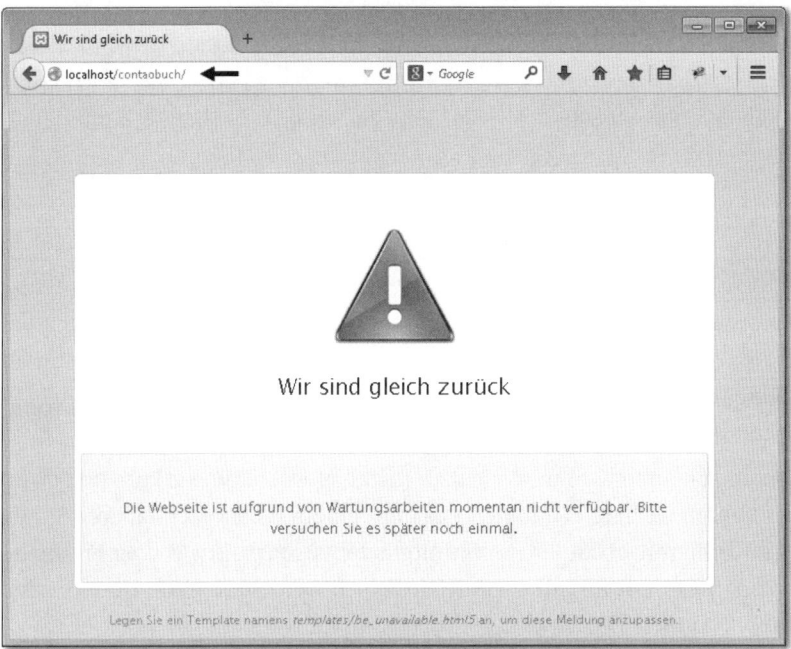

Abbildung 3.10 Nach der Installation ist Contao im Wartungsmodus.

Das ist noch nicht besonders spektakulär, aber es hat alles funktioniert. Sie haben eine leere Contao-Installation, die Sie ab Kapitel 6, »Die ersten Schritte zur eigenen Website«, Schritt für Schritt zu einer fertigen Website mit allem Drum und Dran weiterentwickeln.

> **Ich habe mein Administrator-Passwort vergessen**
>
> Früher oder später wird es Ihnen passieren. Hier der Link zur Lösung:
>
> ▸ Beitrag »Ich habe mein Administrator-Passwort vergessen« *bit.ly/bsz1zb (in der Mitte ist die Zahl 1 und kein kleines »el«)*
>
> Sie benötigen dazu einen Zugang zur Datenbank, z. B. mit phpMyAdmin.

3.3 Online: Contao im Web installieren

Für die ersten Schritte und zur Entwicklung von Websites ist eine lokale Installation gut geeignet, aber früher oder später wird Contao auf einem online erreichbaren Webspace installiert.

> **Ungeduldig? Dann lesen Sie die Online-Installation später.**
>
> Falls Sie im Moment nur offline arbeiten möchten, können Sie die folgenden Abschnitte über die Installation auf einem Online-Webspace, die dabei möglichen Probleme und den Umzug einer lokalen Site ins Web auch später lesen. Dann springen Sie jetzt zu Kapitel 4 und machen mit dem Schnelldurchlauf weiter, in dem Sie die Funktionsprinzipien von Contao kennenlernen. Oder Sie beginnen gleich in Kapitel 5 mit dem Rundgang im Backend.

3.3.1 Informationen über Webhoster im Contao-Forum

Hosting ist laut Wikipedia »die Unterbringung von Internetprojekten, die sich in der Regel auch öffentlich durch das Internet abrufen lassen«, und ein *Webhoster* oder *Provider* ist eine Firma, die die »Unterbringung von Internetprojekten« ermöglicht, indem sie Ihnen *Webspace* zur Verfügung stellt.

Bevor Sie Contao auf einem Online-Webspace installieren, sollten Sie kurz im Forum nachschauen. Sollten Sie bereits einen Vertrag mit einem Webhoster haben, können Sie sich dort informieren, ob andere Forenmitglieder vielleicht etwas über Erfahrungen mit Contao bei Ihrem Provider veröffentlicht haben. Sollten Sie noch keinen Webspace haben, können Sie sich dort grundlegend informieren:

▸ *bit.ly/contao-forum-webhoster*

Diese Kurz-URL führt Sie direkt in den entsprechenden Forumsbereich.

> **Contao-Partner bieten optimal konfigurierten Webspace**
>
> Auf *contao.org* gibt es eine Liste von als *Contao-Partner* registrierten Unternehmen, die sich auf die Arbeit mit Contao spezialisiert haben:
>
> ▶ *https://contao.org/de/partners.html*
>
> Mit dem Menü auf der Seite können Sie sich ganz einfach Contao-Partner anzeigen lassen, die sich auf Webhosting spezialisiert haben. Mit diesen Angeboten sollten Probleme mit nicht optimal konfiguriertem Webspace wie der *Safe Mode Hack* dann der Vergangenheit angehören.

3.3.2 Die Ordnerstruktur auf dem Webspace

Bevor Sie Contao auf einem Webspace installieren, sollten Sie sich ein paar Gedanken über eine zukunftssichere Ordnerstruktur machen. Hier ein paar Hinweise, die sich im Laufe der Jahre bewährt haben:

▶ Installieren Sie nichts im Hauptordner Ihres Webspace.

▶ Erstellen Sie für jede Website einen eigenen Ordner, wie z. B. */ihre-domain-de/*, auch wenn Sie nur eine einzige Website betreiben.

▶ Erstellen Sie innerhalb dieses Ordners einen Unterordner für die aktuelle Contao-Version, z. B. */contao-3-3/*.

▶ Die Angabe des Minor Release, also z. B. 3.3, im Verzeichnisnamen da sich bei den Bugfix-Releases wie 3.3.4 und 3.3.5 etc. die Datenbankstruktur nicht ändert und ein Update daher sehr einfach ist. Mehr zu Versionen und Updates erfahren Sie in Abschnitt 23.5.

Im Webspace-Verwaltungstool Ihres Webhosters stellen Sie die Zuordnung so ein, dass die Domain *ihre-domain.de* direkt auf den Ordner */ihre-domain-de/contao-3-3/* zeigt. Eine solche Ordnerstruktur schafft im wahrsten Sinne des Wortes Ordnung auf dem Webspace und ist eine solide Basis für spätere Contao-Updates. Das ist zwar momentan noch nicht akut, aber früher oder später muss jedes CMS upgedatet werden. Das ist so sicher wie das sprichwörtliche Amen in der Kirche.

3.3.3 Der Contao Check

Der *Contao Check* ist ein PHP-Programm, mit dem Sie prüfen können, ob der Webspace alle Voraussetzungen für Contao erfüllt, und mit dem Sie im Idealfall die Contao-Dateien auch gleich auf den Webspace kopieren können. Außerdem können Sie mit dem Contao Check die zur Installation benötigten Dateien automatisch auf den Webspace kopieren und eine vorhandene Installation validieren.

Contao Check auf dem Webspace installieren

Auf der Website *github.com* können Sie sich über den Contao Check informieren und mit der Schaltfläche DOWNLOAD ZIP die neueste Version herunterladen:

▸ *github.com/contao/check*

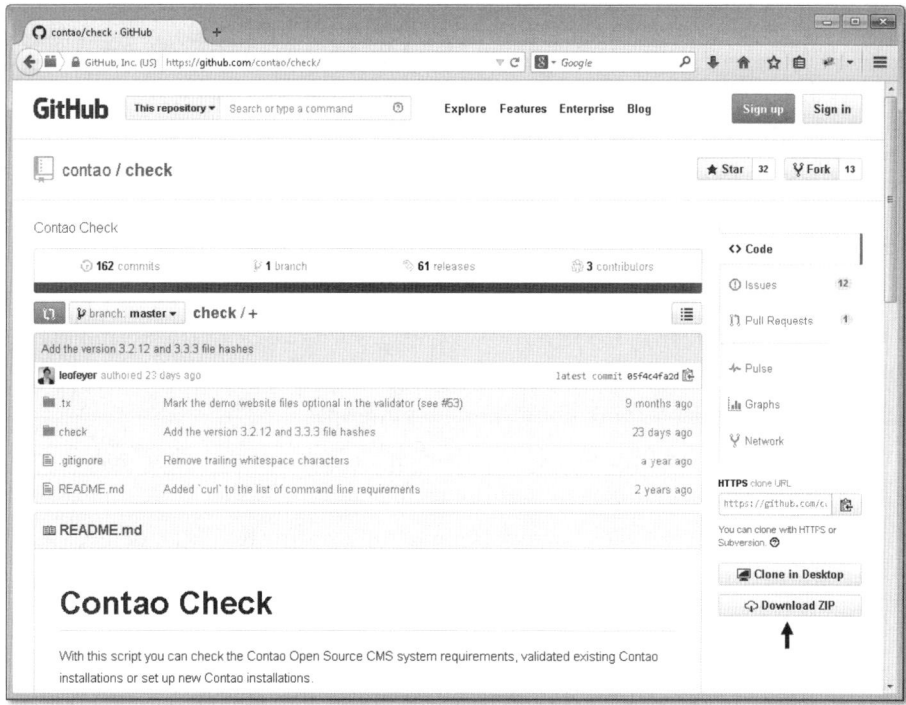

Abbildung 3.11 Den Contao Check herunterladen

Die Beschreibungen in diesem Abschnitt basieren auf dem Contao Check in der Version 8.8.

ToDo: Den Contao Check installieren

1. Entpacken Sie die heruntergeladene ZIP-Datei auf Ihrer Festplatte.
2. Kopieren Sie den Ordner *check* von Ihrer Festplatte per FTP in das Verzeichnis, in das Sie Contao installieren möchten. Falls Sie die weiter oben gezeigte Ordnerstruktur übernommen haben, wäre das */ihre-domain-de/contao-3-3/*.
3. Rufen Sie den Contao Check im Browser auf. Falls die Domain *ihre-domain.de* auf den Ordner *ihre-domain-de/contao-3-3/* zeigt, geben Sie im Browser ein:

   http://ihre-domain.de/check

Falls der Contao Check nicht gefunden wird und Sie einen 404-Error bekommen, stimmt eventuell die Pfadangabe nicht. Das Hauptverzeichnis für Webseiten heißt bei XAMPP und MAMP *htdocs*, kann auf dem Webspace aber völlig verschiedene Namen haben: *webseiten*, *html*, *httpdocs*, *public_html* oder etwas ganz anderes. Fast nichts ist unmöglich. Wenn es geklappt hat, zeigt der Browser den Contao Check (siehe Abbildung 3.12).

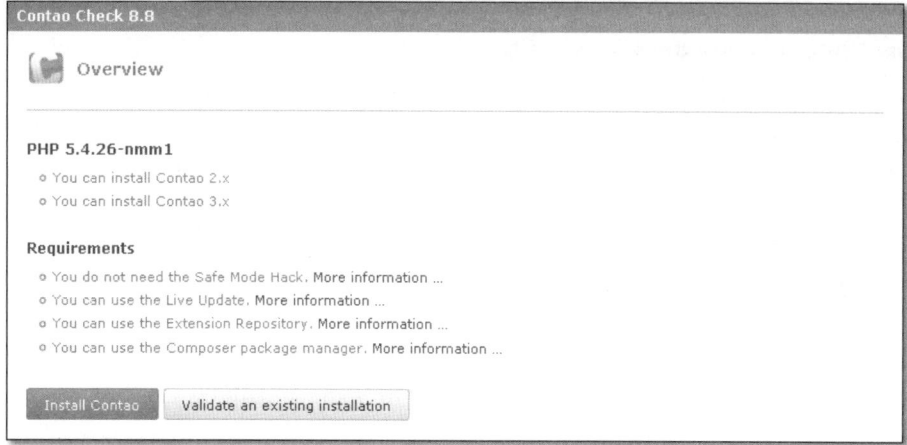

Abbildung 3.12 Der Contao Check

Der Contao Check findet zunächst einmal heraus, welche PHP-Version auf Ihrem Webspace installiert ist, und gibt an, welche Contao-Versionen Sie installieren können.

Im Bereich REQUIREMENTS darunter wird gecheckt, ob Sie zum Betrieb von Contao den sogenannten *Safe Mode Hack* verwenden müssen (siehe Abschnitt 3.6) und ob zusätzliche Dienste wie das *Live Update*, das *Extension Repository* (Erweiterungsverwaltung) und der *Composer package manager* funktionieren werden.

Bei Bedarf bekommen Sie mit einem Klick auf MORE INFORMATION... jeweils detaillierte Informationen zu den einzelnen Optionen. *Extension Repository* und *Live Update* werden in diesem Kapitel weiter unten erläutert, nähere Infos zum Composer finden Sie weiter hinten im Buch in Abschnitt 27.4.

Machen Sie sich keine Sorgen, falls Ihnen diese Begriffe momentan noch nicht so viel sagen, das kommt alles so nach und nach.

> **Nach erfolgreicher Installation den Contao Check wieder löschen!**
> Wenn die Installation vorbei ist, alles nach Wunsch läuft und Sie den Contao Check nicht mehr benötigen, sollten Sie den kompletten Ordner löschen. Falls Sie den Check später noch einmal benötigen, laden Sie ihn einfach neu wieder hoch. Wahrscheinlich gibt es bis dahin sowieso eine neue Version.

Der Contao Check: Extension Repository

Das *Extension Repository* ist die *Erweiterungsverwaltung* von Contao, mit der Sie aus dem Backend heraus Erweiterungen installieren können. Mit Erweiterungen können Sie die Funktionalität von Contao erweitern. Das können kleine nützliche Tools sein oder auch komplette Anwendungen wie die Verwaltung von Ferienwohnungen oder Online-Shops.

Nach einem Klick auf den Link MORE INFORMATION... zeigt der Contao Check an, ob die PHP-Erweiterung SOAP auf Ihrem Webspace installiert ist und ob eine Verbindung zu *contao.org* hergestellt werden kann. Falls beides möglich ist, bekommen Sie eine entsprechende Meldung auf dem Bildschirm (siehe Abbildung 3.13).

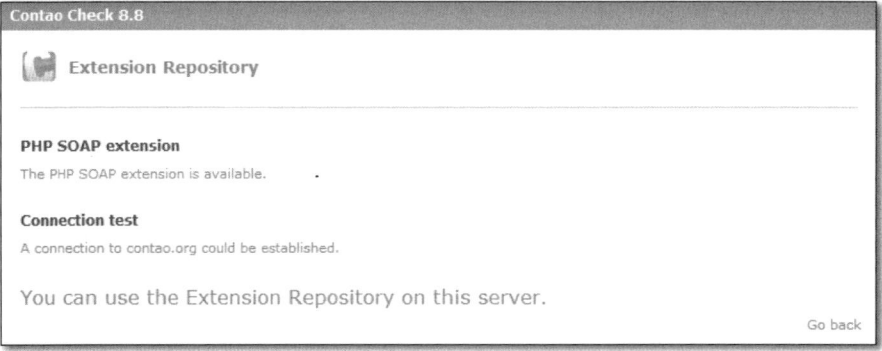

Abbildung 3.13 Sie können die Erweiterungsverwaltung auf diesem Webspace verwenden.

Falls die Erweiterungsverwaltung nicht verwendet werden kann, können Sie Contao trotzdem problemlos installieren. Mit einem Klick auf den Link GO BACK unten rechts kommen Sie zurück auf die Übersichtsseite.

Der Contao Check: Live Update

Das Live Update von Contao vereinfacht ein Update auf eine neue Contao-Version und wird in Abschnitt 23.6 genauer beschrieben.

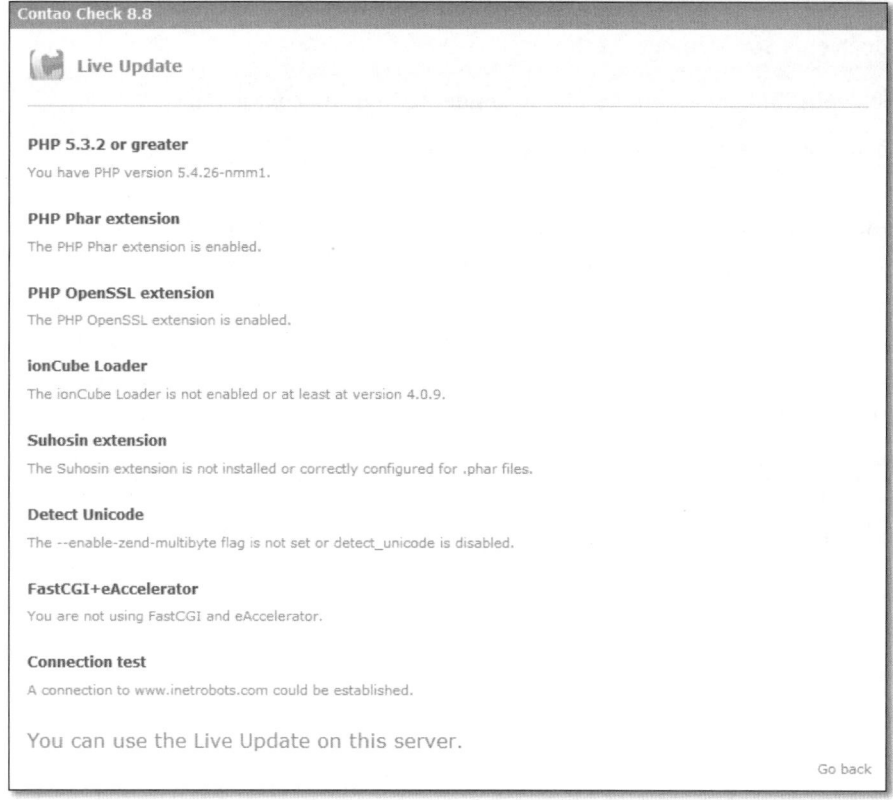

Abbildung 3.14 Sie können das Live Update auf diesem Server verwenden.

Falls das *Live Update* nicht möglich ist, können Sie Contao trotzdem erst einmal installieren. Ein Update ist problemlos auch manuell, also ohne das Live Update möglich.

3.3.4 Online-Installation, Teil 1 – Dateien auf den Webspace kopieren

Die Installation von Contao auf dem Webspace bei Ihrem Webhoster verläuft abgesehen von kleinen Unterschieden ähnlich wie eine lokale Installation.

Nach der Prüfung des Webspace mit dem Contao Check kopieren Sie zunächst die Contao-Dateien auf den Webspace. Es gibt diverse Möglichkeiten, die Contao-Dateien auf den Server zu bekommen:

- Sie nutzen den Contao Check. Ein Klick, und er kopiert die Dateien für Sie auf den Webspace. Unübertroffen einfach und schnell.
- Sie kopieren die Dateien mit einem FTP-Programm wie FileZilla oder WinSCP auf den Webspace. Das ist der übliche und am weitesten verbreitete Weg, dauert aber etwas länger.

▶ Sie kopieren die Dateien per Kommandozeile, GIT oder 1-Click-Install. Das sind jedoch eher Sondermöglichkeiten.

Einen vollständigen Überblick gibt folgender Beitrag auf *contao.org*:

▶ *contao.org/de/news/contao-installieren.html*

Komfortabel: Dateien auf den Webspace kopieren mit dem Contao Check

Am bequemsten ist das Kopieren der Dateien mit dem Contao Check. Das geht zwar nicht auf jedem Webspace, aber Sie sollten es auf jeden Fall probieren. Klicken Sie dazu auf der Übersicht des Contao Check auf die Schaltfläche INSTALL CONTAO. Falls die *automatic installation*, gemeint ist genau genommen lediglich das Kopieren der Dateien, möglich ist, erscheint eine entsprechende Meldung.

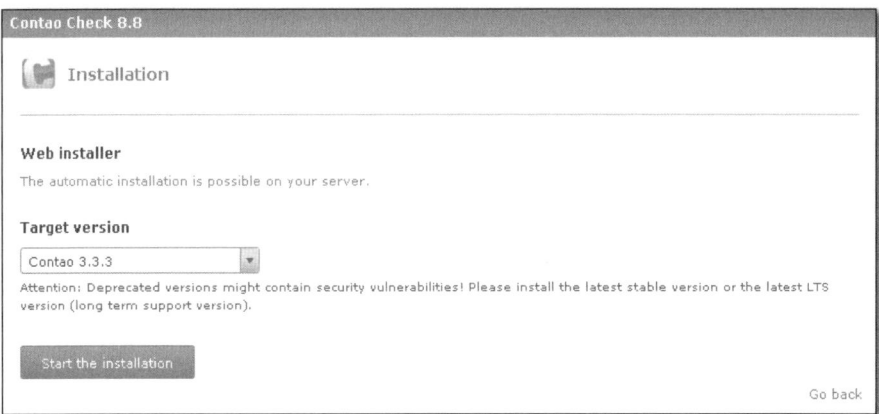

Abbildung 3.15 Die automatische Installation ist möglich.

ToDo: Die Contao-Dateien mit dem Contao Check kopieren

1. Wählen Sie dann die gewünschte Zielversion aus.
2. Starten Sie die Installation mit einem Klick auf die Schaltfläche START THE INSTALLATION.

Jetzt werden im Hintergrund die Dateien der gewählten Contao-Version direkt auf Ihren Webspace kopiert und entpackt. Sie brauchen weiter nichts zu tun, als ein paar Sekunden zu warten und dann auf die Schaltfläche OPEN THE CONTAO INSTALL TOOL zu klicken.

Die in Abbildung 3.16 dargestellte Meldung INSTALLATION COMPLETE ist zwar etwas optimistisch, denn Sie müssen natürlich noch das Installtool aufrufen, aber das automatische Kopieren der Dateien auf den Server ist trotzdem eine wirklich gute Sache und spart enorm Zeit.

3.3 Online: Contao im Web installieren

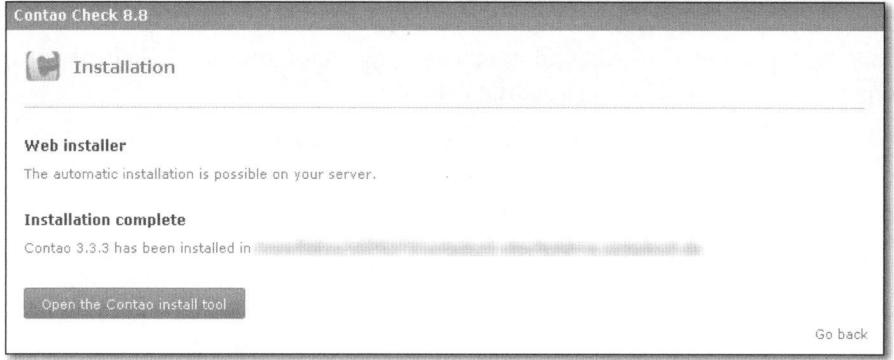

Abbildung 3.16 Die Dateien wurden auf den Webspace kopiert.

Wenn so weit alles geklappt hat, geht es weiter in Abschnitt 3.3.5, »Online-Installation, Teil 2 – die Zugangsdaten für die Datenbank«.

Klassisch: Dateien auf den Webspace kopieren per FTP

Falls die automatische Installation nicht möglich sein sollte, kopieren Sie die Dateien einfach, wie im folgenden ToDo beschrieben, per FTP auf den Server.

> **ToDo: Die Contao-Dateien per FTP auf den Webspace kopieren**
> 1. Starten Sie Ihr FTP-Programm, und stellen Sie eine Verbindung zum Webspace her.
> 2. Kopieren Sie die Contao-Dateien in den gewünschten Ordner auf dem Webspace.

Nach dem Kopieren der Dateien sollten Sie mit dem Contao Check noch einmal kurz überprüfen, ob alles geklappt hat. Starten Sie dazu den Contao Check, und klicken Sie dann auf die Schaltfläche VALIDATE AN EXISTING INSTALLATION. Falls alles okay ist, erhalten Sie eine Mitteilung wie in Abbildung 3.17.

Abbildung 3.17 Installation up to date – alle Dateien auf dem Webspace

3.3.5 Online-Installation, Teil 2 – die Zugangsdaten für die Datenbank

Wenn mit den Dateien alles in Ordnung ist, geht es weiter mit der Datenbank, auch wenn Sie das Installtool bereits gestartet haben.

Ist bereits eine Datenbank vorhanden, halten Sie die Zugangsdaten bereit, die in den Unterlagen stehen sollten, die Sie von Ihrem Webhoster bekommen haben. Sie benötigen mindestens die folgenden drei Informationen:

- Datenbankname: ....
- Benutzername: ....
- Passwort: ....

Auf einem Online-Webspace kann es noch zwei zusätzliche Details geben:

- Hostname: ....

  Wenn Contao und MySQL nicht auf demselben Rechner laufen, ist der Hostname nicht *localhost*, sondern *dbserver.provider.de* oder ähnlich.

- Portnummer: ......

  Eventuell kommuniziert die MySQL-Datenbank nicht auf dem Standardport 3306. Das passiert eher selten, kann aber vorkommen.

Wenn Sie diese Informationen nicht finden können, fragen Sie einfach Ihren Webhoster. Der sollte das wissen.

Falls es noch keine Datenbank gibt, müssen Sie mit phpMyAdmin oder einem vergleichbaren Tool aus dem Kundenmenü Ihres Webhosters zunächst eine Datenbank anlegen, bevor Sie das Installtool aufrufen. Wie das mit phpMyAdmin geht, wurde in Abschnitt 2.7.2 beschrieben.

3.3.6 Online-Installation, Teil 3 – das Installtool im Überblick

Die eigentliche Installation mit dem Installtool verläuft online genau wie die bereits beschriebene Offline-Installation. Das folgende ToDo zeigt eine kurze Zusammenfassung.

> **ToDo: So installieren Sie Contao auf einem Online-Webspace**
>
> 1. Starten Sie gegebenenfalls das Installationsprogramm von Contao. Gegebenenfalls müssen Sie nach dem ersten einfachen Slash noch entsprechende Ordnernamen ergänzen:
>
>   *ihre-domain.de/contao/install.php*
>
>   Wenn nach dem Aufruf des Installtools das Dialogfeld DATEIEN VIA FTP BEARBEITEN erscheint, informieren Sie sich zunächst in Abschnitt 3.6 über den Safe Mode Hack.

2. Akzeptieren Sie die Lizenz, ändern Sie das Passwort für das Installtool, und notieren Sie es:
   Passwort für das Installtool (online): ....
3. Klicken Sie auf Passwort speichern.
4. Geben Sie die Zugangsdaten für die Datenbank ein, und klicken Sie auf Einstellungen speichern, um eine Verbindung zur Datenbank herzustellen. Lassen Sie die Kollation unverändert auf utf8_general_ci.
5. Aktualisieren Sie die Datenbanktabellen, indem Sie auf die Schaltfläche Datenbank aktualisieren klicken.
6. Importieren Sie (k)ein Frontend-Template. Bei der Erstinstallation ist das Importieren ungefährlich, aber bei einem späteren Import werden wie erwähnt alle bereits bestehenden Daten in der Datenbank überschrieben.

Haben Sie ein Frontend-Template importiert, brauchen Sie kein Admin-Konto anzulegen, weil dies in einem Frontend-Template bereits enthalten ist. Der Standard-Admin von vielen Contao-Beispielinstallationen ist der Benutzer »k.jones« mit dem Passwort »kevinjones«.

Falls Sie kein Frontend-Template importiert haben, müssen Sie noch ein Admin-Konto anlegen. Notieren Sie sich in beiden Fällen die Zugangsdaten:

Admin-Benutzername (online): ....

Name: ....

E-Mail-Adresse: ....

Admin-Passwort (online): ....

Melden Sie sich danach am Backend an, um zu testen, ob alles geklappt hat. Im Frontend erscheint nach der Installation zunächst ein Hinweis auf den Wartungsmodus.

> **Zugriff auf das Verzeichnis während der Entwicklung schützen**
> Während der Entwicklung sollten Sie den Zugriff auf den Ordner schützen. Insbesondere Suchmaschinenrobots werden so vorerst draußen gehalten und indizieren nicht eine halbfertige Version Ihrer Webseiten. Viele Webhoster stellen für einen solchen Verzeichnisschutz komfortable Tools zur Verfügung.

3.4 Hilfe bei sonstigen Installationsproblemen

Die Konfigurationsmöglichkeiten auf einem Webspace tendieren gegen unendlich, und die potenziellen Probleme bei der Installation einer Webanwendung laufen parallel dazu.

Bei Problemen wie dem Erscheinen wirrer Zeichen auf dem Bildschirm oder einer komplett weißen Seite gibt es folgende Anlaufpunkte:

▶ FAQ – Abschnitt Installation

contao.org/haeufige-fragen.html

▶ Contao-Forum – Allgem. Installationsfragen

bit.ly/contao-forum-install

Im Forum können Sie zunächst schauen, ob Ihre Frage bereits beantwortet wurde. Gerade Fragen zur Installation sind schon häufig gestellt worden. Die Suchfunktion hilft beim Finden.

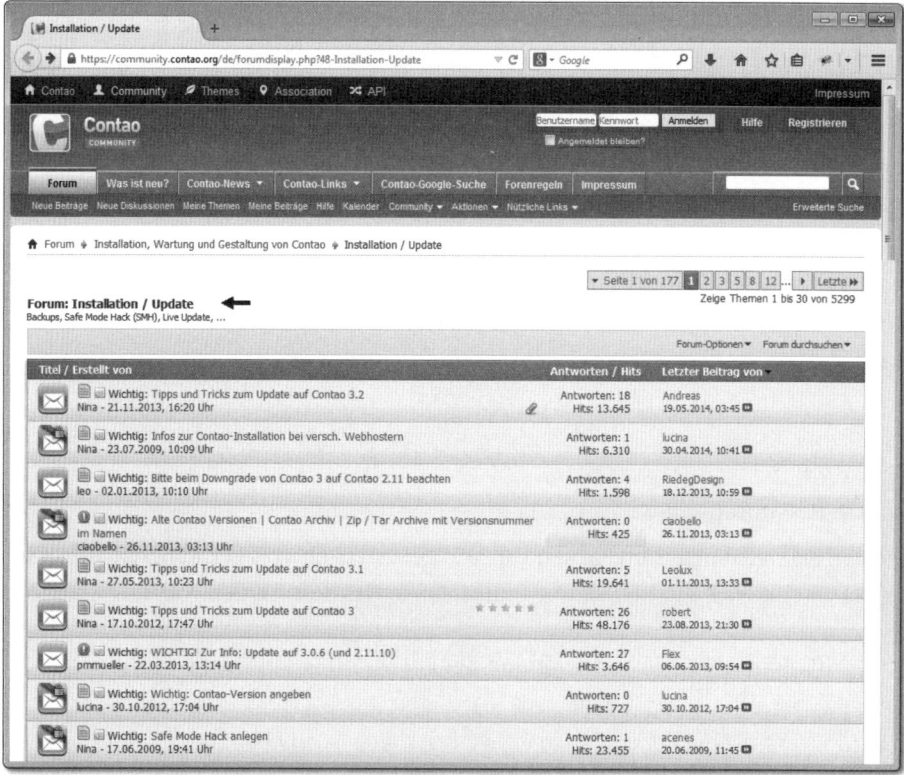

Abbildung 3.18 Contao-Forum als Anlaufstelle bei Installationsproblemen

Wenn Sie trotz ausführlicher Suche nichts gefunden haben, nehmen Sie sich bitte die Zeit, um den Sachverhalt und die Fragen so präzise wie möglich zu formulieren. Dazu gehören auf jeden Fall:

▶ der Name des Providers (Webhoster) und der genaue Tarif

▶ die verwendete Contao-Version

- eine möglichst genaue Beschreibung des Problems
- eine Beschreibung der bisherigen Maßnahmen

Bei einer lokalen Installation ist das Betriebssystem genauso wichtig wie die verwendeten Versionen von Apache, PHP und MySQL.

Das kostet zwar alles Zeit und Mühe, und durch die Installationsprobleme ist man sowieso schon gefrustet, aber denken Sie bitte daran, dass die anderen Forumsteilnehmer die von Ihnen gestellten Fragen freiwillig und in ihrer Freizeit beantworten.

Eine gut formulierte Frage erhöht die Chance auf eine gut formulierte Antwort. Wenn Sie sich die Zeit nehmen, den Sachverhalt genau zu beschreiben, sind andere eher dazu bereit, sich mit Ihrem Problem zu beschäftigen.

3.5 Umzug: von XAMPP und MAMP auf den Online-Webspace

Wenn Sie eine Website in einer lokalen Umgebung entwickelt haben, muss diese irgendwann auf den Online-Webspace umziehen. Dazu benötigen Sie nur ein bisschen Zeit, ein FTP-Programm zum Übertragen der Dateien und phpMyAdmin zum Exportieren und Importieren der Daten aus der Datenbank.

3.5.1 Schritt 1: Die lokale Contao-Installation entschlacken

Zunächst sollten Sie in der Contao-Installation ein bisschen aufräumen und in der SYSTEMWARTUNG alle DATEN BEREINIGEN. Details dazu erfahren Sie in Kapitel 23, »Wartung: die Website im Alltag«: Ziel dieser Aktion ist es, die zu exportierende Datenbank zu entschlacken, also so klein wie möglich zu halten.

3.5.2 Schritt 2: Dateien auf den Online-Webspace übertragen

Dieser Schritt ist einfach:

- Starten Sie Ihr FTP-Programm.
- Stellen Sie eine Verbindung zum Online-Webspace her.
- Kopieren Sie alle Dateien der lokalen Contao-Installation in den gewünschten Ordner auf dem Online-Webspace.

Fertig. Damit sind alle benötigten Dateien an Ort und Stelle.

3.5.3 Schritt 3: Die lokale Datenbank exportieren

Um die Daten aus der Datenbank von Ihrem Rechner in die Datenbank auf dem Online-Webspace zu transferieren, exportieren Sie zunächst die Daten aus der lokalen Datenbank.

Das Ergebnis des Exports ist ein SQL-Dump, eine Datei mit der Endung *.sql*, die jede Menge SQL-Befehle enthält. Diese Datei wird auf dem Online-Webspace dann wieder importiert.

Los geht es aber erst einmal mit dem Exportieren der lokalen Datenbank:

- Starten Sie phpMyAdmin im Browser: *localhost/phpmyadmin/*
- Öffnen Sie die gewünschte Datenbank, und klicken Sie oben auf das Register EXPORTIEREN.
- Ändern Sie gegebenenfalls die Einstellungen, wie in Abbildung 3.19 dargestellt. Falls Sie eine andere Version von phpMyAdmin haben, wählen Sie die Standardeinstellungen oder die Option SCHNELL – NUR NOTWENDIGE OPERATIONEN ANZEIGEN.
- Klicken Sie rechts unten auf OK.

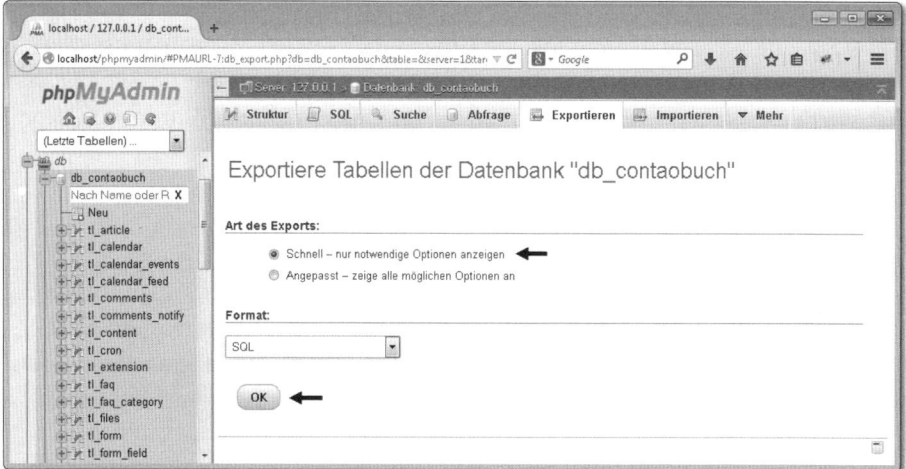

Abbildung 3.19 Die lokale Datenbank exportieren

Speichern Sie die Datei auf der Festplatte, und merken Sie sich Ordner und Dateinamen.

3.5.4 Schritt 4: Den SQL-Dump auf den Webspace importieren

In diesem Schritt werden die exportierten Daten in die Datenbank auf dem Online-Webspace importiert (Abbildung 3.20):

- Starten Sie phpMyAdmin auf dem Online-Webspace. Die URL zum Starten von phpMyAdmin erfahren Sie von Ihrem Webhoster.

- Klicken Sie links in der Übersicht auf die Datenbank, in die die SQL-Datei importiert werden soll. Diese Datenbank sollte leer sein, da der Import ansonsten eventuell nicht funktioniert.
- Klicken Sie auf das Register IMPORTIEREN.
- Wählen Sie mit einem Klick auf DURCHSUCHEN die in Schritt 3 exportierte SQL-Datei aus, die Sie auf Ihrer Festplatte gespeichert haben.
- Klicken Sie rechts unten auf OK.

Die ausgewählte SQL-Datei wird jetzt auf den Server übertragen und ihr Inhalt in die ausgewählte Datenbank eingelesen. Wenn alles glattgeht, ist die Datenbank kurz danach mit den Daten aus der SQL-Datei gefüllt worden.

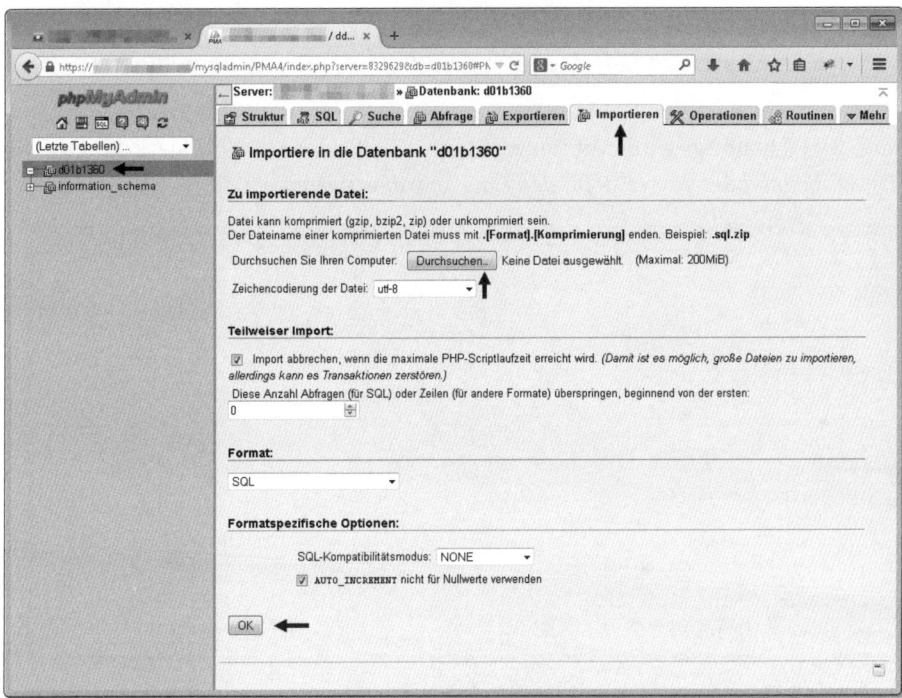

Abbildung 3.20 Datenbank auswählen und SQL-Datei importieren

3.6 »Safe Mode Hack«: der FTP-Modus von Contao

Dieser Abschnitt ist nur relevant, wenn das Installtool Sie mit der Aufforderung zur Eingabe der FTP-Daten begrüßt oder wenn der Contao Check eine entsprechende Meldung ausgibt.

Vereinfacht gesagt, kommt die Meldung, weil Contao seine eigenen Dateien nicht ändern darf. Das ist nötig, um z. B. Konfigurationsdateien zu speichern oder mit dem integrierten Dateimanager Bilder und Dokumente zu verwalten. Der Grund dafür ist wahrscheinlich, dass PHP als Modul betrieben wird und unter einem anderen Benutzernamen läuft als der FTP-Benutzer, dem die Dateien gehören.

Gleich vorweg: Der SMH funktioniert nur mit normalem FTP auf Port 21. SFTP oder andere verschlüsselte Varianten können nicht benutzt werden.

> **Details in »Know-how: Dateiberechtigungen – das 1 × 1 zu 644«**
> Wenn Sie genau wissen wollen, was es mit dem Safe Mode Hack auf sich hat und warum so etwas überhaupt auftritt, lesen Sie Abschnitt 3.7, in dem es um Dateiberechtigungen geht.

3.6.1 »Sie müssen den Safe Mode Hack auf diesem Server verwenden«

Abbildung 3.21 zeigt den Contao Check für einen Webspace, bei dem der *Safe Mode Hack* (SMH) benötigt wird. Mit vollem Namen heißt der SMH übrigens *Dateien via FTP bearbeiten* oder auch *FTP für den Dateizugriff verwenden*.

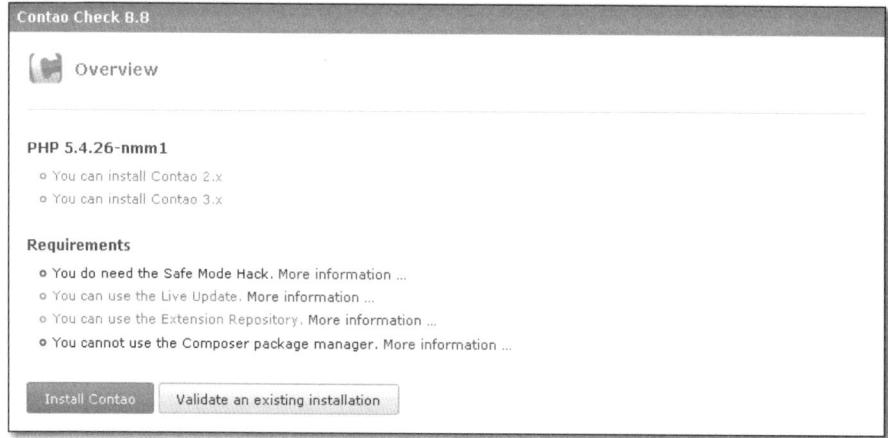

Abbildung 3.21 Sie benötigen den Safe Mode Hack

> **Der Safe Mode Hack wird ab Contao 4 nicht mehr dabei sein**
> Der Safe Mode Hack ist ein Angebot von Contao, um auf einem nicht ideal konfigurierten Webspace funktionieren zu können. Besser als der SMH ist aber ein entsprechend konfigurierter Webspace, denn der SMH ist nur ein Workaround und behebt das eigentliche Problem nicht.
>
> Die Entwickler haben jetzt bereits angekündigt, dass der SMH ab der Version 4 nicht mehr dabei sein wird. Ein Grund mehr, sich nach gutem Webspace umzuschauen.

3.6.2 Eine Alternative zum SMH: PHP als FastCGI

Idealerweise konfigurieren Sie Ihren Webspace so, dass der SMH gar nicht erst benötigt wird. Bei einigen Webhostern gibt es dazu z. B. die Möglichkeit, mithilfe der Datei *.htaccess* den PHP-Interpreter nachträglich von Modul auf FastCGI umzustellen.

Schauen Sie sich im Contao-Forum nach Erfahrungen mit Ihrem Provider um, oder fragen Sie direkt beim Support nach. Beim Webhoster *all-inkl.com* geht das z. B. so:

- Benennen Sie die mitgelieferte Datei *.htaccess.default* im Hauptverzeichnis von Contao in *.htaccess* um. Die Datei muss *punkthtaccess* heißen, nichts davor, nichts dahinter.
- Öffnen Sie die Datei im Editor, und schreiben Sie folgende Zeilen an den Anfang der Datei:

```
# PHP als FastCGI für Contao
AddHandler php5-fastcgi .php
```

- Speichern Sie die Datei *.htaccess*, und laden Sie sie hoch.
- Rufen Sie erneut den Contao Check auf. Die rot gefärbte Meldung bezüglich des Safe Mode Hacks sollte jetzt verschwunden sein (Abbildung 3.22).

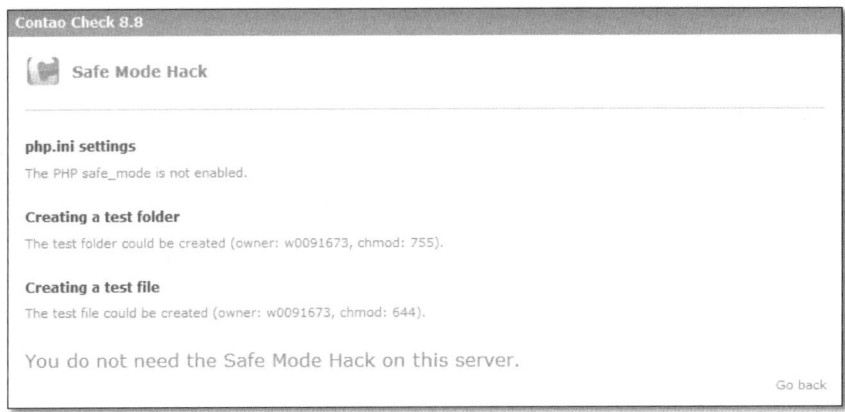

Abbildung 3.22 Der Safe Mode Hack wird nicht mehr benötigt.

Bei anderen Webhostern heißen die Befehle eventuell anders. Fragen Sie einfach nach.

> **Die Datei ».htaccess« konfiguriert den Apache**
> Die Datei *.htaccess* kann für viele verschiedene Dinge benutzt werden – unter anderem dazu, den Apache zu konfigurieren, ohne Zugriff auf dessen Konfigurationsdatei *httpd.conf* zu haben. Sie spielt auch eine wichtige Rolle beim Erzeugen von lesbaren URLs in Abschnitt 20.1.

3.6.3 So richten Sie den Safe Mode Hack ein

Wenn Sie auf Ihrem Online-Webspace den Safe Mode Hack benötigen, erscheint beim Aufrufen des Installtools das Dialogfeld DATEIEN VIA FTP BEARBEITEN (siehe Abbildung 3.23).

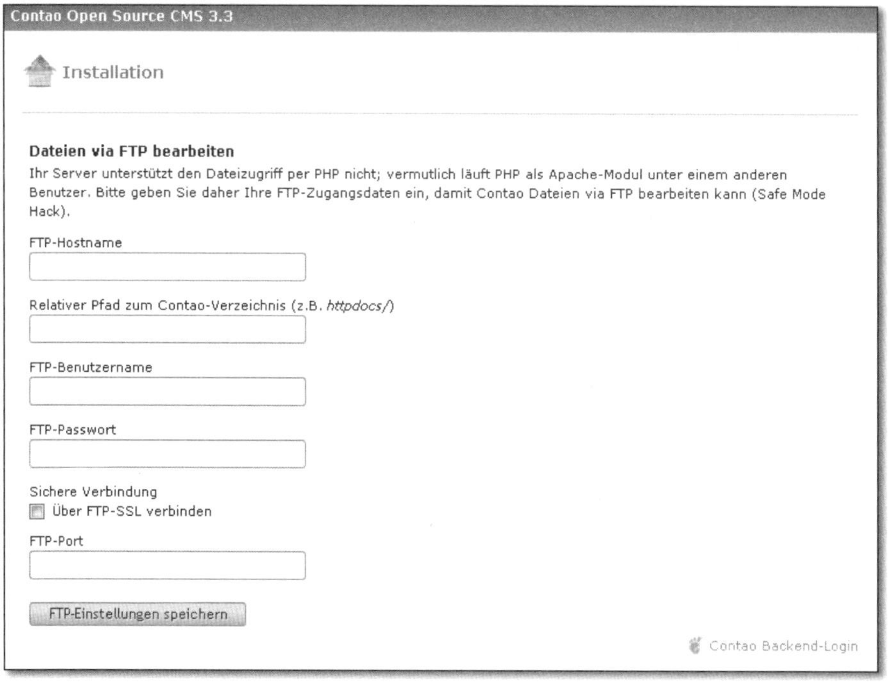

Abbildung 3.23 FTP-Zugangsdaten für den Safe Mode Hack eingeben

Idealerweise erstellen Sie in dem Verwaltungswerkzeug für Ihren Webspace einen speziellen FTP-Benutzer, den Sie nur für den SMH benutzen und der nach der Anmeldung direkt in den richtigen Ordner geleitet wird. Notieren Sie sich die Zugangsdaten für diesen Benutzer. Das Passwort kann ruhig schlecht zu merken sein, denn Sie werden es nur ein einziges Mal eingeben müssen. Tragen Sie dann in das Formular aus Abbildung 3.23 die FTP-Zugangsdaten für den soeben eingerichteten Benutzer ein.

Falls Sie nicht wissen, wie man einen zusätzlichen FTP-Benutzer einrichtet, oder falls das auf Ihrem Webspace nicht möglich ist, tragen Sie in das Formular die Daten ein, mit denen Sie sich auch mit Ihrem FTP-Programm an Ihrem Webspace anmelden, und klicken Sie auf die Schaltfläche FTP-Einstellungen speichern.

Wenn alles geklappt hat, müssen Sie im nächsten Schritt die LIZENZ AKZEPTIEREN und können dann mit der eigentlichen Installation beginnen. Contao wird bei Bedarf im Hintergrund Dateien via FTP ändern und speichern, ohne dass Sie davon etwas merken.

Falls es nicht geklappt hat, erscheint die Meldung KEINE VERBINDUNG ZUM FTP-SERVER MÖGLICH, und Sie dürfen es noch einmal probieren.

Besonders fehleranfällig ist die Eingabe im Feld RELATIVER PFAD ZUM CONTAO-VERZEICHNIS. Dieser Pfad muss aus Sicht des FTP-Programms angegeben werden und unbedingt mit einem Slash (Schrägstrich) enden.

Sollten Sie sich nicht sicher sein, probieren Sie einfach aus, welcher Pfad der richtige ist:

- Starten Sie Ihr FTP-Programm.
- Loggen Sie sich mit den im Formular eingetragenen Daten ein.
- Schauen Sie, in welchem Verzeichnis Sie nach der Anmeldung landen.
- Falls Sie nicht im Contao-Ordner sind, merken Sie sich die Namen der Ordner auf dem Weg dorthin.

Wenn Sie z. B. nach der FTP-Anmeldung im Hauptordner landen und danach erst in den Unterordner *www* wechseln müssen, um Contao zu finden, geben Sie im Installtool den relativen Pfad *www/* ein, mit einem Slash hintendran.

Der SMH wird von Contao nur verwendet, wenn Dateien auf dem Webspace geändert werden müssen. Das kann z. B. eine Änderung in einer Konfigurationsdatei sein, wenn Bilder automatisch verkleinert werden oder im Dateimanager Dateien hochgeladen werden. Nach der Einrichtung arbeitet der SMH im Hintergrund, und Sie merken davon nichts.

3.7 Know-how: Dateiberechtigungen – das 1 × 1 zu 644

Die meisten Webhoster haben Linux-Server, und unter Linux gibt es ein recht ausgeklügeltes Sicherheitssystem. Das folgende kurze Einmaleins zu Linux-Dateiberechtigungen lesen Sie als Neuling im Bereich Serververwaltung am besten ganz langsam und wenn Sie wirklich wach und aufnahmefähig sind. Los geht's.

3.7.1 Besitzer, Benutzer und Berechtigungen: 644 und 755

Jeder Ordner und jede Datei hat unter Linux einen Besitzer (*owner*). In der Regel ist das der Benutzer, der den Ordner oder die Datei erstellt hat. Dieser Besitzer kann bei Bedarf aber auch nachträglich geändert werden, und zwar mit dem Befehl *chown* (*change owner*).

Für Ordner und Dateien gibt es außerdem Zugriffsberechtigungen (*file permissions*), mit denen festgelegt wird, wer was damit machen darf. Diese Berechtigungen kann man mit dem Befehl *chmod* (*change mode*) ändern.

Auf einem Linux-Server gibt es neben dem Administrator oft noch jede Menge andere Benutzer. Auf einem normalen Shared-Hosting-Server mit bezahlbarem Webspace teilen sich viele Kunden einen Server, und in der Regel ist jeder Kunde ein Benutzer.

Bei den *Dateiberechtigungen* werden die Benutzer in drei Klassen eingeteilt:

- der *Besitzer* einer Datei
- die *Gruppe*, zu der er gehört
- *alle anderen Benutzer* auf dem Server

Auch bei den *Zugriffsrechten* gibt es drei Möglichkeiten, die jeweils eine unterschiedliche Punktzahl bekommen (Tabelle 3.1).

Recht	Punkte
Lesen	4
Schreiben (Ändern, Speichern etc.)	2
Ausführen	1

Tabelle 3.1 Dateiberechtigungen unter Linux – Übersicht

Die Punkte für die Zugriffsrechte werden einfach addiert und für alle drei Benutzerklassen hintereinandergeschrieben. Zwei weit verbreitete Beispiele sind die Kürzel 644 und 755:

- 644 bedeutet, dass der Besitzer die Datei lesen und schreiben (4 + 2) darf, die Gruppe und alle anderen hingegen dürfen nur lesen. Das ist bei Dateien auf einem Webspace der Normalfall.
- 755 heißt, dass der Besitzer alles darf, die Gruppe und alle anderen auf dem Server dürfen nur lesen und ausführen. Ordner haben online oft die Berechtigung 755.

Ein Extremfall ist der Wert 777, der im Klartext bedeutet, dass *jeder* Benutzer auf dem Server *alles* mit dieser Datei machen darf.

> **Dateiberechtigungen per FTP-Programm ändern**
>
> Viele FTP-Programme können dazu benutzt werden, auf dem Webspace die Berechtigungen für Dateien und Ordner zu ändern. Klicken Sie einfach mal mit der rechten Maustaste auf eine Datei, und schauen Sie sich das Kontextmenü an. Vielleicht steht da etwas von *chmod*. Bei FileZilla heißt der Befehl übrigens ganz einfach DATEIBERECHTIGUNGEN …

3.7.2 PHP und Contao: Benutzerrechte, Apache-Modul und (Fast)CGI

So weit, so gut, aber warum ist das nun ein Problem? Contao muss, um reibungslos funktionieren zu können, Schreibrechte für seine eigenen Dateien haben, um diese ändern und speichern zu dürfen.

Normalerweise wird Contao per FTP hochgeladen. Die dabei erstellten Ordner und Dateien gehören nach dem Hochladen zum FTP-Benutzernamen, z. B. *w0091673*, der Webserver läuft aber unter einem anderen Benutzernamen, z. B. unter *wwwrun* oder *nobody*, und hat damit nur begrenzten Zugriff auf die hochgeladenen Dateien.

Spannend wird diese Geschichte nun, wenn der PHP-Interpreter ins Spiel kommt. Weil Contao vom PHP-Interpreter ausgeführt wird, hat es dieselben Zugriffsrechte wie PHP, und deshalb ist es so wichtig, unter welchem Benutzernamen PHP läuft:

- Wenn der PHP-Interpreter unter einem anderen Benutzer läuft als der FTP-Benutzer, dem die Dateien gehören, darf Contao seine eigenen Dateien nicht ändern. Das ist oft der Fall, wenn PHP als Apache-Modul läuft.
- Wenn der PHP-Interpreter und somit Contao unter dem Namen des FTP-Benutzers laufen, gibt es keine Probleme. Das ist bei CGI und FastCGI normalerweise der Fall.

Bei einigen Webhostern gibt es auch Konfigurationen, bei denen PHP als Modul läuft und trotzdem kein *Safe Mode Hack* benötigt wird, wie z. B. bei *iNetRobots.com*, der Firma von Contao-Gründer Leo Feyer und anderen Contao-Partnern. Das ist natürlich im Grunde genommen ideal: Sie haben den schnellen Modulmodus und benötigen trotzdem keinen SMH.

3.7.3 Was der Safe Mode Hack genau macht

Dateien haben als Standardzugriffsrecht meist den Wert 644 und Ordner 755. Das bedeutet, dass sie nur vom Besitzer geändert werden können, alle anderen Benutzer auf dem Server dürfen sie nur lesen. Im Klartext:

- Wenn PHP unter einem anderen Benutzernamen läuft als der FTP-Benutzer, darf Contao bei den sicheren Zugriffsrechten 644 und 755 seine eigenen Dateien nicht ändern.
- Läuft PHP hingegen unter dem gleichen Namen wie der FTP-Benutzer, hat Contao dessen Rechte, und alles funktioniert reibungslos.

Der Safe Mode Hack greift nun, wenn PHP unter einem anderen Benutzernamen als der FTP-Benutzer läuft, und bewirkt, dass Contao beim Ändern der Dateien eine FTP-Verbindung aufbaut und als FTP-Benutzer agiert. Das ist wie erwähnt ganz schön pfiffig und um Klassen besser als ein Sicherheitsloch namens 777.

3.7.4 Sicherheitsloch: »Alles auf 777« ist keine gute Idee

Die »Triple Seven« (777) von Boeing ist ein wunderbar geräumiges Flugzeug für Langstreckenflüge mit viel Beinfreiheit, die »Triple Seven« als Dateiberechtigung auf einem Webspace ist hingegen keine so gute Idee: Dateien und Ordner mit der Zugriffsberechtigung 777 dürfen von jedem Benutzer auf dem Servercomputer verändert werden.

Beim Shared Hosting teilen Sie sich den Server wie gesagt mit vielen anderen Kunden, und ein irgendwo auf diesem Server installiertes bösartiges Programm darf dann mit ein bisschen Pech auch bei Ihnen sein Unwesen treiben:

- 777-Dateien können geändert oder gelöscht werden.
- 777-Ordner sind eine Einladung für »Kuckuckseier« – fremde Dateien mit dubiosen Inhalten, die in einem Ordner auf Ihrem Webspace liegen und von dort aus serviert werden, ohne dass Sie etwas davon ahnen.

Sie merken schon: 777 ist sehr bequem, aber keine gute Idee, außer für Ordner, in denen temporäre Dateien aufbewahrt werden, die regelmäßig gelöscht werden.

Viele Webanwendungen haben aber kein Äquivalent zum Safe Mode Hack anzubieten und empfehlen deshalb, die Zugriffsrechte für bestimmte Dateien und Ordner einfach auf 777 zu stellen, damit die Anwendung auf einem solchen Webspace überhaupt funktioniert. Auch in Foren wird das manchmal ganz locker als Lösung für alle Probleme empfohlen: »Einfach alles auf 777 setzen, dann funzt das.«

Eine bequeme Lösung ist aber selten eine sichere. Der Contao Check sagt zu diesem Thema:

Under no circumstances should you try to solve this problem by changing the file permissions!

Versuchen Sie keinesfalls, das Problem durch eine Änderung der Dateiberechtigungen zu lösen!

Die Meldung erscheint zwar in kleiner, hellgrauer Schrift, aber die Aussage ist deutlich: Just don't do it.

Vielleicht erzählt Ihnen in einem Forum ein freundlicher Experte, dass 777 nicht wirklich gefährlich sei. Überlegen Sie einfach, ob Sie auf Empfehlung dieses Experten zur Hauptverkehrszeit mit verbundenen Augen eine gut befahrene, mehrspurige Schnellstraße überqueren würden.

Wenn nicht, dann ist 777 nichts für Sie. Sie sind dann nicht gutgläubig genug und besitzen zu wenig Risikobereitschaft.

Kapitel 4
Schnelldurchlauf: So funktioniert Contao

In diesem Kapitel sehen Sie anhand einer Beispielsite, wie Contao tickt. Begriffe wie Frontend, Backend, Seitenstruktur, Themes, Module, Seitenlayouts, Artikel und Inhaltselemente werden kurz erklärt und in Aktion gezeigt.

Die Themen im Überblick:

- »Music Academy«: die Beispielsite installieren, Seite 104
- Das Frontend ist die Website, Seite 108
- Das Backend ist die Verwaltungsabteilung, Seite 110
- Die Seitenstruktur ist das Fundament der Website, Seite 111
- Themes bestimmen das Aussehen der Site, Seite 113
- Module erzeugen den Quelltext für das Frontend, Seite 113
- Jede Seite hat ein Seitenlayout, Seite 115
- Seitenlayouts verbinden die Seiten mit Stylesheets, Seite 117
- Jeder Artikel gehört zu einer Seite, Seite 117
- Ein Artikel besteht aus Inhaltselementen, Seite 119
- Das Backend ist für Redakteure sehr übersichtlich, Seite 121
- Zusammenfassung – so tickt Contao, Seite 121

In diesem Kapitel installieren Sie frei nach dem Motto »Übung macht den Meister« Contao gleich noch einmal auf Ihrem Rechner, und zwar mit der Beispielsite »Music Academy«. Das hat zwei große Vorteile:

- Die »Music Academy« ist eine fertige Website und ideal dazu geeignet, Ihnen in diesem Kapitel die Funktionsprinzipien von Contao zu erläutern.
- Beim Lernen von Contao können Sie mit dieser zweiten Installation jederzeit in einer bewährten und voll funktionsfähigen Beispielsite nachschauen, wie das eine oder andere Detail umgesetzt wurde.

Los geht es wie fast immer mit ein paar vorbereitenden Maßnahmen.

4.1 »Music Academy«: die Beispielsite installieren

Lange Jahre diente eine Website namens »Music Academy« als Online-Demo und Beispielsite, die früher auch Teil des Downloadpakets von Contao war.

Optisch ist die Site ein bisschen in die Jahre gekommen, und es wird an einer neuen Online-Demo namens »Contao Official Demo« gearbeitet, die aber »work in progress« ist und sich ständig ändert. So gibt es für Contao momentan zwei Beispielsites, die beide aber nicht im Downloadpaket enthalten sind, sondern als *Erweiterung* eingebunden werden. Genau das machen Sie in diesem Abschnitt.

4.1.1 Vorbereitungen für eine neue Contao-Installation

Zunächst installieren Sie eine neue Contao-Website auf Ihrem Rechner, und zwar genauso wie in Abschnitt 3.2 beschrieben, nur mit einer zweiten Datenbank und in einem anderen Ordner. Hier die Kurzform:

- Erstellen Sie mit phpMyAdmin die Datenbank *db_music_academy*.
- Erstellen Sie unterhalb der Document Root einen neuen Ordner namens *music_academy*.
- Kopieren Sie die Contao-Dateien in diesen Ordner.

Der Ordner *music_academy* liegt auf derselben Hierarchieebene wie der Ordner *contaobuch* in der Installation aus Abschnitt 3.2 (Abbildung 4.1).

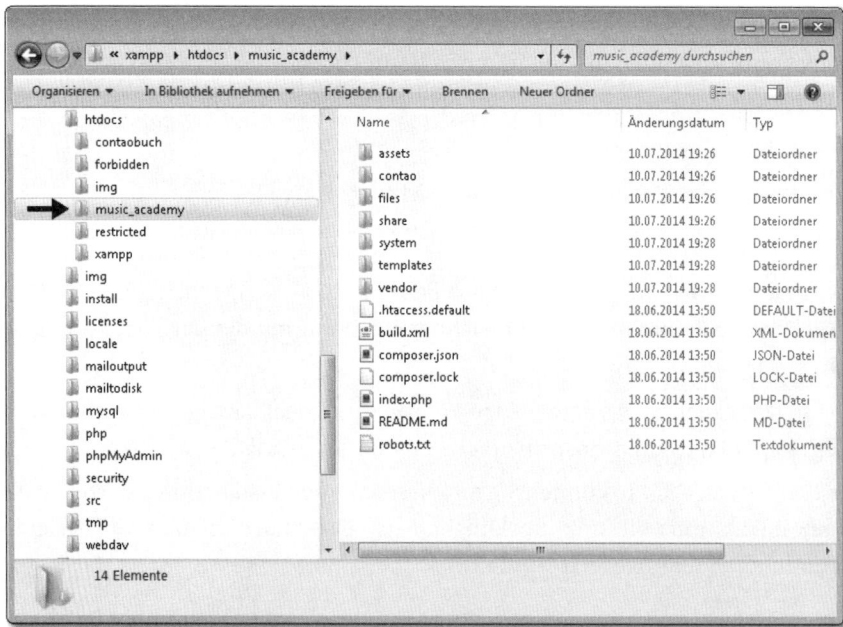

Abbildung 4.1 Der Ordner »music_academy« mit den Dateien von Contao

4.1.2 Das Installtool von Contao aufrufen

Wenn die Datenbank existiert und alle Ordner und Dateien an der richtigen Stelle sind, starten Sie das Contao-Installtool:

- XAMPP: *http://localhost/music_academy/contao/install.php*
- MAMP: *http://localhost:8888/music_academy/contao/install.php*

Nach der Bestätigung der Lizenz geht es ganz normal weiter:

1. Passwort für das Installtool eingeben und notieren
2. Verbindung zur Datenbank *db_music_academy* herstellen
3. Erzeugen der Datenbankstruktur
4. Administratorkonto anlegen, am einfachsten wieder für Kevin Jones: Benutzername »k.jones«, Passwort »kevinjones«

Jetzt haben Sie genau wie am Ende von Abschnitt 3.2 eine leere Website, aber dieses Mal wird noch eine Beispielsite hinzugefügt.

4.1.3 Die Erweiterung [music_academy] suchen

Rufen Sie zunächst das Backend von Contao auf:

- XAMPP: *http://localhost/music_academy/contao/*
- MAMP: *http://localhost:8888/music_academy/contao/*

Melden Sie sich am Backend als Administrator Kevin Jones an. Danach erscheint die Startseite des Backends, die ungefähr so aussieht wie in Abbildung 4.2.

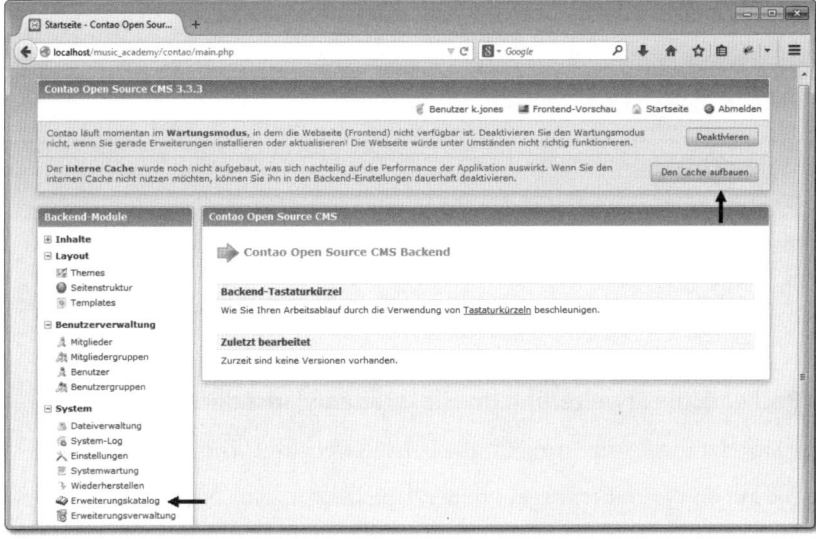

Abbildung 4.2 Das Backend nach einer Anmeldung als Administrator

Weiter geht's:

- Kümmern Sie sich zunächst um die beiden rot hinterlegten Meldungen, indem Sie zunächst DEN CACHE AUFBAUEN und dann den Wartungsmodus DEAKTIVIEREN. Die beiden tauchen öfter mal auf, zusammen oder auch alleine.
- Klicken Sie dann in der linken Spalte BACKEND-MODULE im Bereich SYSTEM auf den Erweiterungskatalog.
- Geben Sie oben im Feld SUCHEN das Wort »music_academy« ein.

Nach diesen Schritten sieht das Backend im Browser etwa so aus wie in Abbildung 4.3.

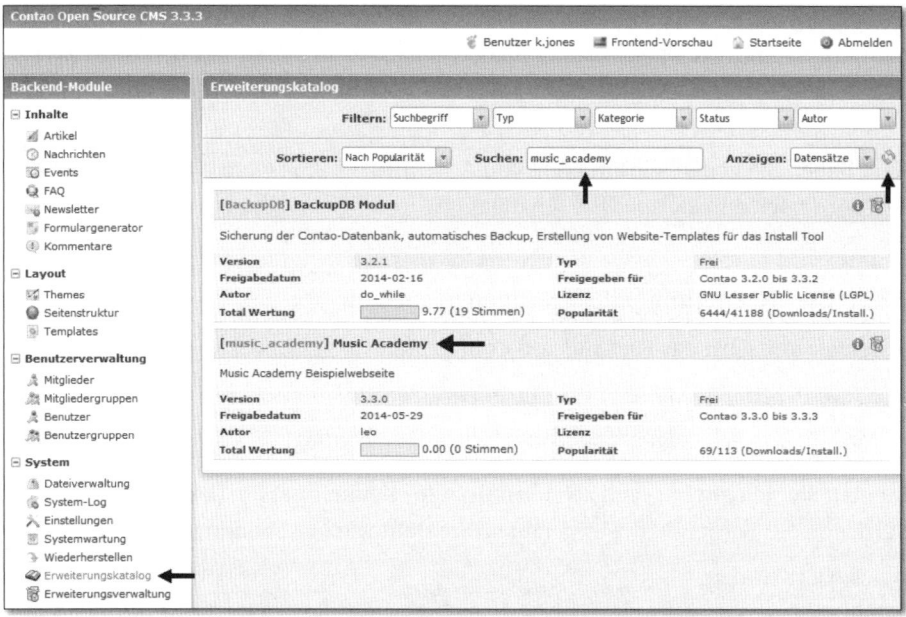

Abbildung 4.3 Die Beispielsite »Music Academy« im Erweiterungskatalog

> **Die »Contao Official Demo«**
>
> Die »Contao Official Demo« können Sie auf die gleiche Weise installieren wie die in diesem Abschnitt beschriebene »Music Academy«. Sie finden sie in der Erweiterungsverwaltung unter »[official_demo]«.

4.1.4 Im Backend: die Erweiterung [music_academy] installieren

Installieren Sie jetzt die Erweiterung für die Beispielwebsite *Music Academy*:

1. Klicken Sie auf den grün hervorgehobenen Link [MUSIC_ACADEMY].
2. Klicken Sie auf der nächsten Seite auf die Schaltfläche INSTALLIEREN.

3. Bestätigen Sie die nächsten beiden Seiten mit einem Klick auf WEITER.
4. Beenden Sie die Installation mit OK.

Entfernen Sie jetzt noch einmal die beiden rot hinterlegten Meldungen (aus Abbildung 4.2), indem Sie zunächst DEN CACHE AUFBAUEN und dann den Wartungsmodus DEAKTIVIEREN.

Um zu kontrollieren, ob alles geklappt hat, klicken Sie auf das Backend-Modul ERWEITERUNGSVERWALTUNG. Dort sollte jetzt wie in Abbildung 4.4 gezeigt die Erweiterung *music_academy* erscheinen.

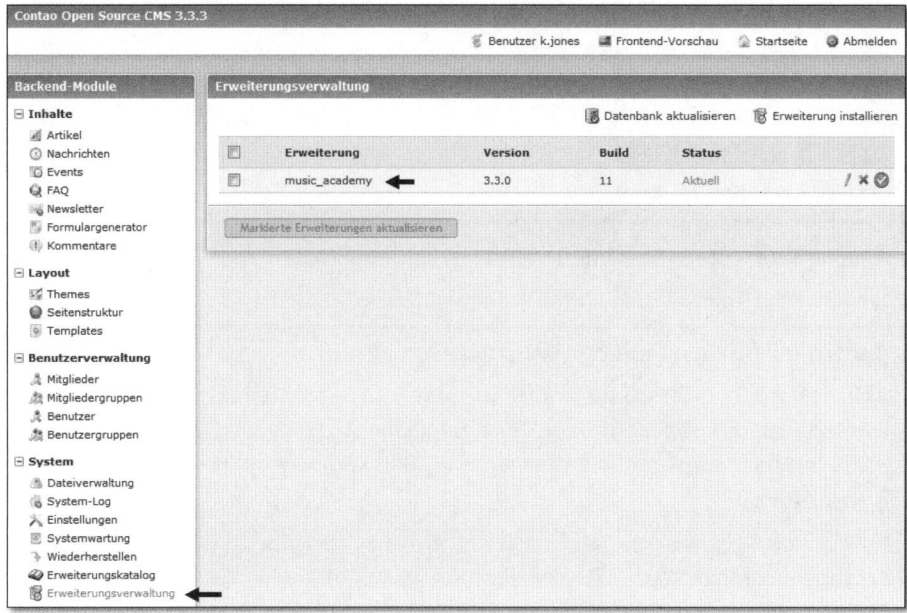

Abbildung 4.4 Die Erweiterung music_academy ist hinzugefügt worden.

Im Hintergrund sind jetzt alle zur Installation der Beispielsite benötigten Dateien an die richtigen Stellen kopiert worden, und Sie können sich vom Backend abmelden, indem Sie rechts oben auf den Link ABMELDEN klicken.

4.1.5 Im Installtool: die Beispielsite »Music Academy« importieren

Der letzte Schritt ist der Import der Datenbankdaten für die Beispielwebsite, und das geschieht wieder im Installtool:

- Starten Sie das Installtool im Browser, und geben Sie das Passwort ein.
- Importieren Sie wie in Abbildung 4.5 gezeigt das Frontend-Template *music_academy.sql*.

4 Schnelldurchlauf: So funktioniert Contao

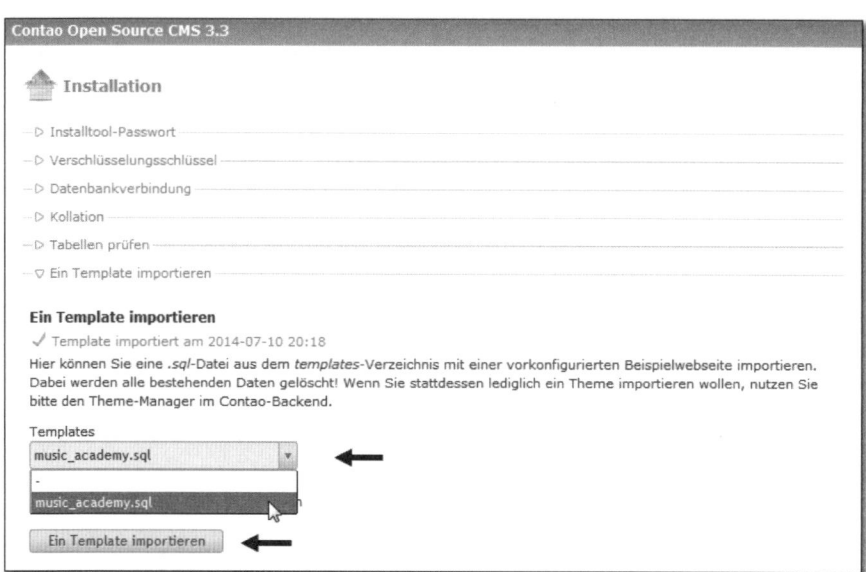

Abbildung 4.5 Das Template »music_academy.sql« importieren

> **Der Schnelldurchlauf mit der »Music Academy«**
>
> Anhand der Beispielsite *Music Academy* machen Sie Bekanntschaft mit Begriffen wie *Frontend*, *Backend*, *Seitenstruktur*, *Themes*, *Modul*, *Seitenlayouts*, *Artikel*, *Inhaltselement* und *Rechteverwaltung* und sehen, wie diese Komponenten bei Contao zusammenarbeiten:
>
> - CMS-Einsteiger werden dabei vielleicht nicht gleich jedes Detail verstehen und richtig einordnen können, lernen aber gleich von Anfang an die für Contao wichtigsten Begriffe und Zusammenhänge kennen.
> - CMS-Umsteiger finden die wichtigsten Funktionsprinzipien von Contao auf wenigen Seiten komprimiert und können beim Lesen mit bereits bekannten Systemen vergleichen.
>
> Viel Spaß also beim Schnelldurchlauf auf den folgenden Seiten.

4.2 Das Frontend ist die Website

Contao besteht aus einem Frontend und einem Backend. Das Frontend ist die eigentliche Website, so wie ein Besucher sie sieht. Um das Frontend im Browser zu sehen, geben Sie die ganz normale Adresse der Website ein:

- XAMPP: *localhost/music_academy/*
- MAMP: *localhost:8888/music_academy/*

Das Frontend sieht so aus wie in Abbildung 4.6. Diese Webseite lag nicht fix und fertig auf dem Webspace, sondern wurde erst nach der Eingabe der URL im Browser von Contao automatisch erstellt.

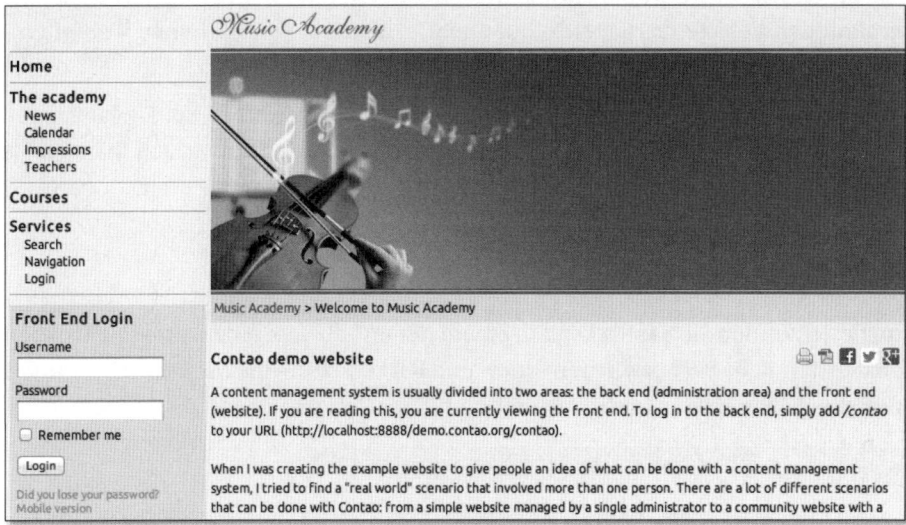

Abbildung 4.6 Das Frontend der Beispielsite »Music Academy«

Registrierte Benutzer wie z. B. die Studenten der Music Academy können sich im Frontend anmelden (FRONT END LOGIN) und haben dann Zugriff auf Informationen, die für nicht angemeldete Besucher (Gäste) unsichtbar bleiben.

Probieren Sie es einfach einmal aus: Die Studentin Donna Evans (Benutzername »d.evans«, Passwort »donnaevans«) sieht nach einem Login z. B. Informationen über ihren Kurs *Violin Master Class* (Abbildung 4.7).

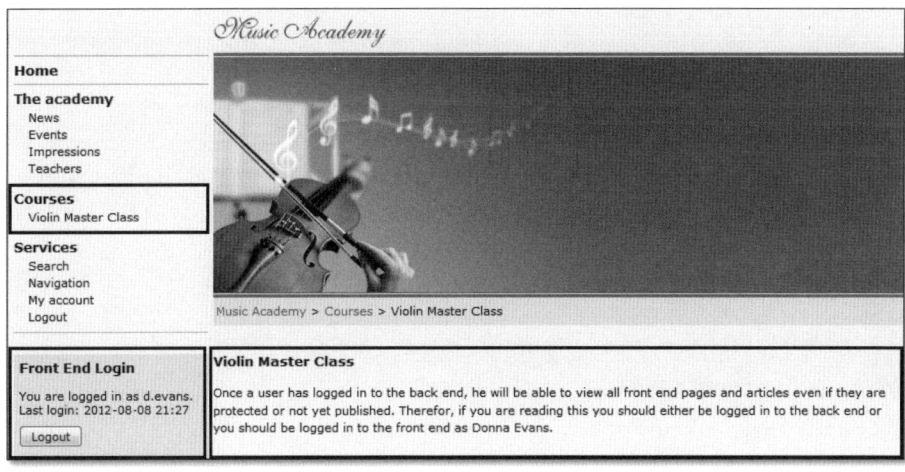

Abbildung 4.7 Ein angemeldeter Frontend-Benutzer sieht mehr.

4.3 Das Backend ist die Verwaltungsabteilung

Das Backend ist der Administrationsbereich, also die Verwaltungsabteilung der Website. Im Backend wird aber nicht nur verwaltet, sondern auch richtig gearbeitet. Die Struktur der Website, das Seitenlayout und die Inhalte für die einzelnen Webseiten – alles wird hier im Backend erstellt und verwaltet.

Zutritt zum Backend haben nur Mitarbeiter, und deshalb werden am Eingang deren Benutzername und Passwort kontrolliert. Um das Backend aufzurufen, hängen Sie an die URL des Frontends einfach /contao/ hinten an:

- XAMPP: *localhost/music_academy/contao/*
- MAMP: *localhost:8888/music_academy/contao/*

Am besten öffnen Sie das Backend in einem neuen Tab oder einem zweiten Browserfenster, damit Sie leicht zwischen Front- und Backend hin- und herwechseln können. Abbildung 4.8 zeigt das Anmeldeformular für das Backend.

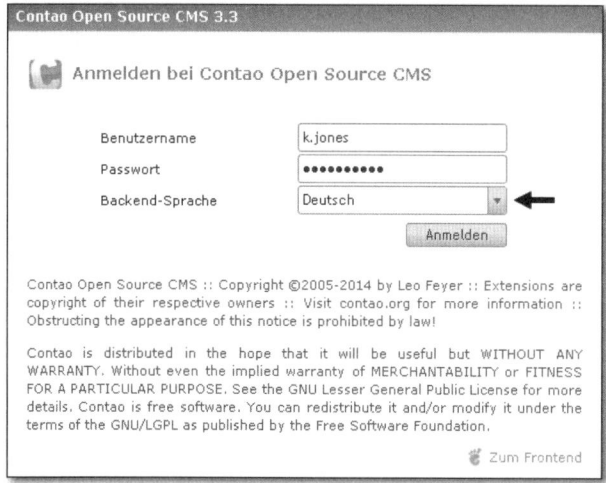

Abbildung 4.8 Die Anmeldung zum Backend von Contao

Der Administrator der Music Academy heißt Kevin Jones, und nach einer Anmeldung mit dem Benutzernamen »k.jones«, dem Passwort »kevinjones« und der Backend-Sprache Deutsch sehen Sie das Backend aus Abbildung 4.9.

Im Backend gibt es drei Bereiche, die Sie später genauer kennenlernen:

❶ Infobereich (oben)
❷ Navigationsbereich (links)
❸ Arbeitsbereich (rechts)

Kevin Jones ist der Administrator der Site und hat Zugriff auf das gesamte Backend. Der Administrator ist der Chef und darf alles. Die Benutzer Helen Lewis und James Wilson hingegen sehen nur den Teil des Backends, den sie für ihre Arbeit benötigen (siehe Abschnitt 4.11).

Abbildung 4.9 Das Backend nach erfolgreicher Anmeldung als »k.jones«

> **Das Backend lernen Sie später genauer kennen**
>
> Beim Schnelldurchlauf in diesem Kapitel machen Sie nur ein paar ausgesuchte Zwischenstopps im Backend. In Kapitel 5 lernen Sie das Backend genauer kennen.

4.4 Die Seitenstruktur ist das Fundament der Website

Contao ist ein seitenbasiertes Content-Management-System, und ein hierarchisch aufgebauter Seitenbaum bildet das Rückgrat der Website. Wie ein Skelett einem Körper verleiht der Seitenbaum einer Website sowohl Stabilität als auch Flexibilität.

Diese Seitenstruktur dient unter anderem als Grundlage für die Navigation. Abbildung 4.10 zeigt oben die Navigation im Frontend und darunter die Seitenstruktur im Backend. Mit einem Klick auf die Symbole – bzw. + vor den Seitenamen können Sie Unterseiten ein- und ausklappen.

Die in der Navigation mit einem Rahmen hervorgehobenen Webseiten finden Sie im Backend im Bereich SEITENSTRUKTUR wieder.

Mithilfe dieser Seitenstruktur können Sie eine Site ganz einfach verwalten und mit wenigen Klicks neue Seiten hinzufügen oder die Reihenfolge der vorhandenen Seiten verändern.

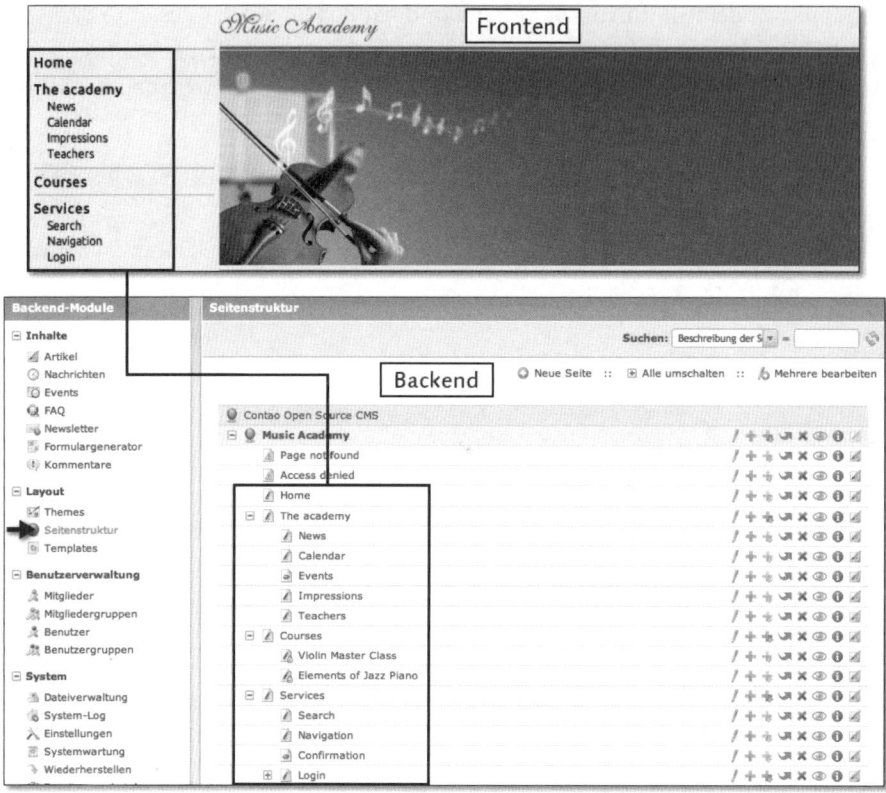

Abbildung 4.10 Navigation im Frontend und Seitenstruktur im Backend

Änderungen in der Seitenstruktur wirken sich direkt auf die Navigation aus. In der Beispielsite können Sie das live ausprobieren:

- Löschen Sie im Backend in der SEITENSTRUKTUR die Seite TEACHERS, indem Sie in derselben Zeile weiter rechts auf das rote X klicken.
- Wechseln Sie zum Frontend, und laden Sie die Startseite neu.

Die Seite TEACHERS ist jetzt in der Navigation nicht mehr zu sehen. We don't need no education ...

> **Versehentliche Bearbeitungsschritte kann man rückgängig machen**
>
> Contao bietet eine sehr komfortable Funktion, um versehentliche Bearbeitungsschritte rückgängig zu machen: Im Navigationsbereich gibt es unten links im Bereich SYSTEM einen Menüpunkt namens WIEDERHERSTELLEN.
>
> Dort ist wahrscheinlich nur ein Eintrag vorhanden, der mit DELETE FROM TL_PAGE beginnt. Das ist die Löschung der Seite. Stellen Sie sie wieder her, indem Sie weiter rechts auf den geschwungenen grünen Pfeil klicken. Voilà. Alles wieder okay.

4.5 Themes bestimmen das Aussehen der Site

Das Aussehen einer Contao-Site wird von einem Theme bestimmt. Das wird »ßiehm« gesprochen, mit einem wunderschönen »Tie-Eitsch« am Anfang und einem ziemlich langen »ieh« in der Mitte. Nach einem Klick auf das Backend-Modul THEMES im Navigationsbereich sehen Sie in der Beispielsite das Theme Music Academy (Abbildung 4.11).

Abbildung 4.11 Das Backend-Modul »Themes« im Überblick

Ein Theme besteht aus Stylesheets, Modulen und Seitenlayouts, die mit einem Klick auf die entsprechenden Symbole rechts neben dem Theme bearbeitet werden können.

4.6 Module erzeugen den Quelltext für das Frontend

Module sind in Contao kleine Programme, die Quelltext für das Frontend erzeugen. Um z. B. aus dem Seitenbaum die Navigation im Frontend zu erstellen, kommt ein solches Modul zum Einsatz.

Eine Übersicht über verwendete Module finden Sie, wenn Sie im Backend-Bereich THEMES rechts außen auf das Zahnradsymbol für Module klicken.

Die in diesem Bereich gelisteten Module erzeugen allesamt HTML für das Frontend und werden deshalb auch Frontend-Module genannt. Auf der Beispielsite sieht es dort so aus wie in Abbildung 4.12.

Sie müssen diese Frontend-Module natürlich nicht selbst programmieren. Für alle wichtigen Funktionen stehen fertige Modultypen bereit, deren Namen hellgrau in eckigen Klammern hinter den Modulnamen stehen. Rechts am Rand gibt es für jedes Modul farbige Symbole zum BEARBEITEN, DUPLIZIEREN, VERSCHIEBEN, LÖSCHEN und für DETAILINFORMATIONEN.

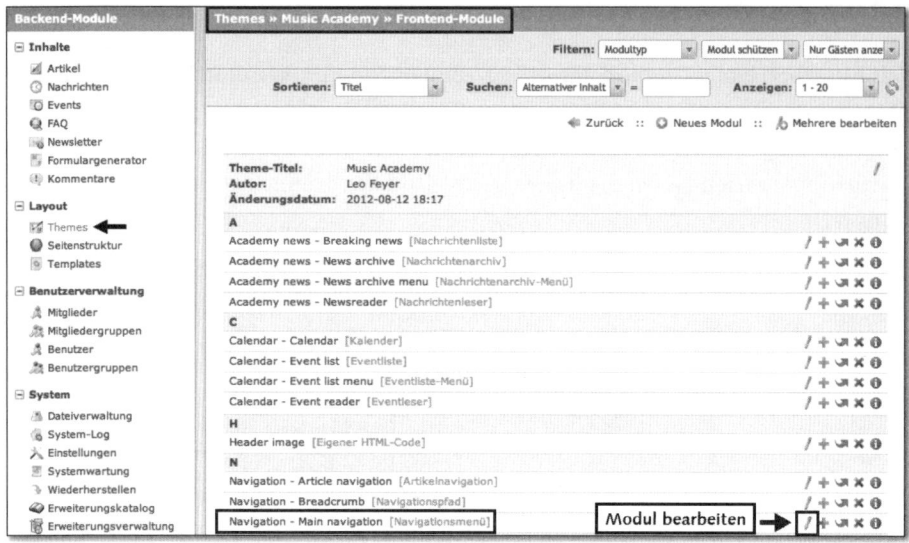

Abbildung 4.12 Die Frontend-Module der »Music Academy«

Die Hauptnavigation im Frontend wird z. B. von dem Modul NAVIGATION – MAIN NAVIGATION erzeugt, das auf dem Modultyp [NAVIGATIONSMENÜ] basiert und mit wenigen Klicks einsatzbereit ist. Zur Bearbeitung eines Moduls klicken Sie auf das in Abbildung 4.12 rechts unten hervorgehobene gelbe Bleistiftsymbol. Sie sehen dann die Eingabemaske aus Abbildung 4.13.

Abbildung 4.13 Das Modul »Navigation – Main navigation«

Was bei einem Navigationsmenü die Optionen wie *Startlevel*, *Stoplevel* und *Hard Limit* genau bedeuten, erfahren Sie in Abschnitt 8.4.2.

4.7 Jede Seite hat ein Seitenlayout

Jede Seite basiert auf einem Seitenlayout, das die Seite in Layoutbereiche einteilt. Wenn Sie in der Online-Demo im Backend-Modul THEMES • SEITENLAYOUTS rechts neben DEFAULT LAYOUT [STANDARD] auf den gelben Bleistift klicken, können Sie die Einstellungen für das Layout bearbeiten.

Abbildung 4.14 zeigt drei wichtige Einstellungen aus dem Standardlayout der Music Academy. Sie können die einzelnen Bereiche auf dieser Seite wie z. B. TITEL, ZEILEN oder SPALTEN mit einem Klick auf die grünen Überschriften komfortabel ein- und ausblenden, sodass die Seite immer übersichtlich bleibt.

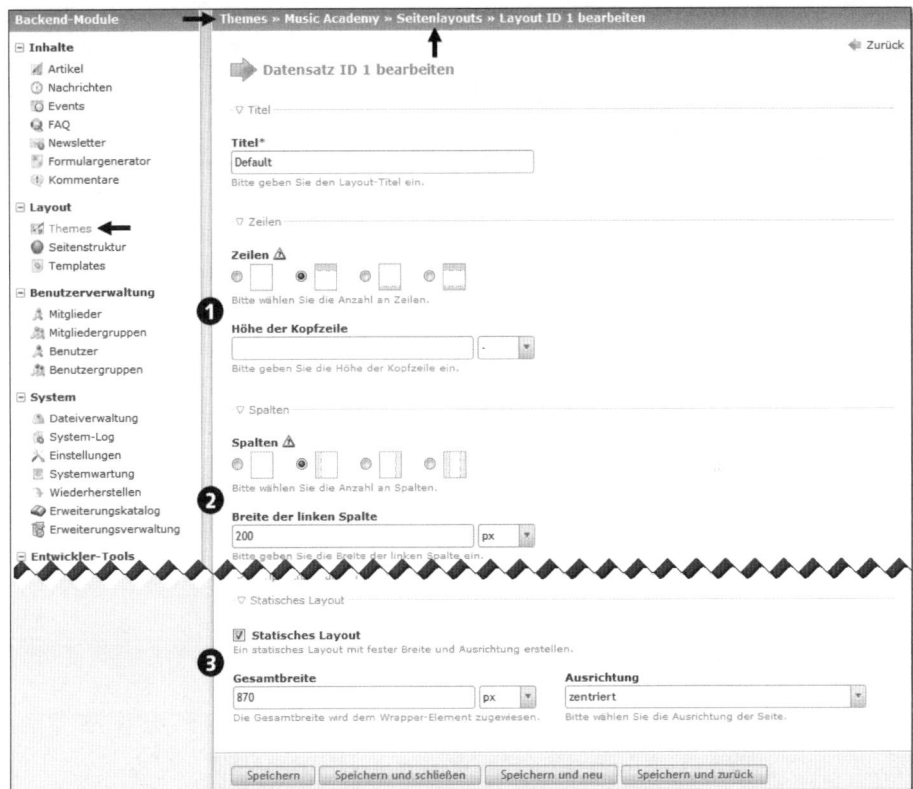

Abbildung 4.14 Ein Seitenlayout – die wichtigsten Einstellungen

Diese Einstellungen erzeugen folgendes Seitenlayout:

❶ eine Kopfzeile ohne feste Höhe

❷ ein zweispaltiges Layout mit einer 200 px breiten linken Spalte

❸ ein zentriertes, statisches Layout mit einer Breite von 870 px

Abbildung 4.15 zeigt diese Einstellungen aus dem Seitenlayout im Frontend.

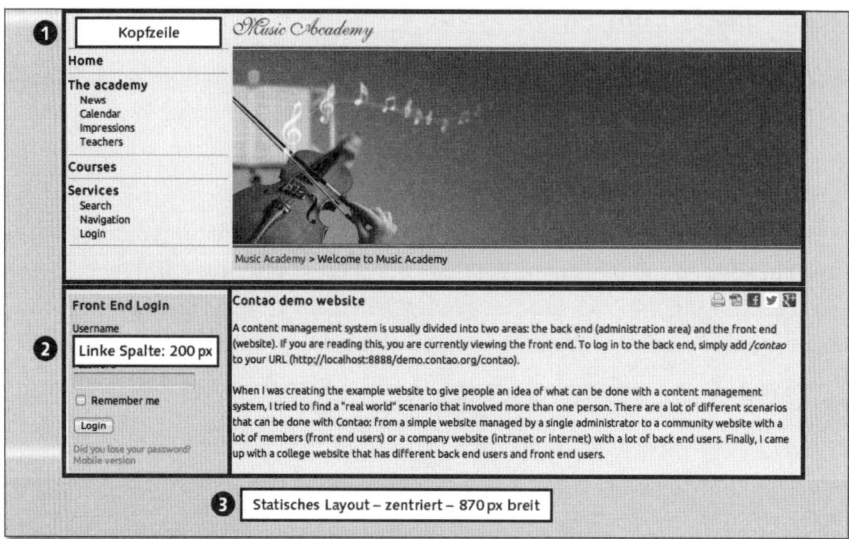

Abbildung 4.15 Das Seitenlayout im Frontend

Aber ein Seitenlayout teilt die Seite nicht nur in Layoutbereiche ein, sondern bestimmt auch, wo die einzelnen Elemente erscheinen. In Abbildung 4.15 können Sie sehen, dass die Hauptnavigation innerhalb der Kopfzeile sitzt. Auch das wird im Seitenlayout definiert.

Wenn Sie das Seitenlayout DEFAULT LAYOUT mit einem Klick auf den gelben Bleistift zur Bearbeitung öffnen, können Sie im Bereich FRONTEND-MODULE sehen, dass das Modul NAVIGATION – MAIN NAVIGATION dem Bereich KOPFZEILE zugeordnet ist (siehe Abbildung 4.16).

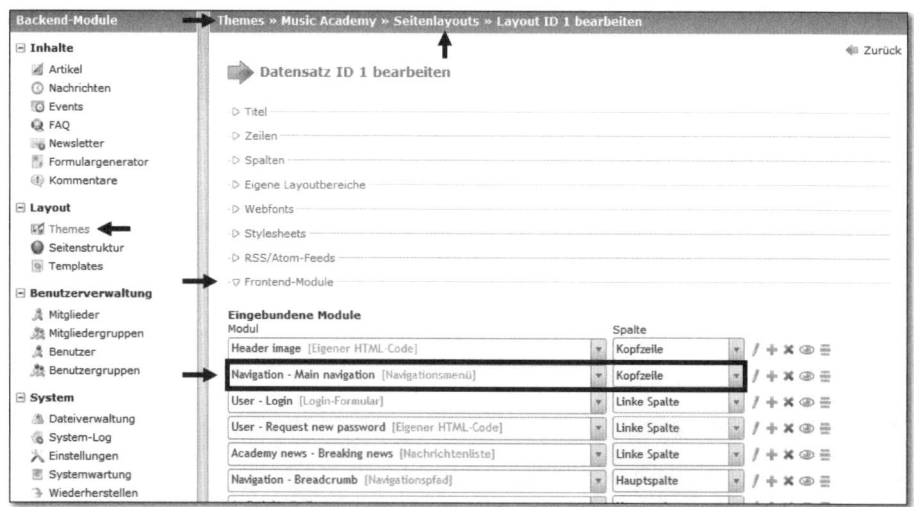

Abbildung 4.16 Modul »Navigation – Main navigation« in »Kopfzeile«

4.8 Seitenlayouts verbinden die Seiten mit Stylesheets

In einem Seitenlayout passiert aber noch mehr, denn Seitenlayouts verbinden die Seiten auch mit den Stylesheets. Im Backend-Modul THEMES • SEITENLAYOUTS werden für jedes definierte Seitenlayout die gewünschten Stylesheets ausgewählt (Abbildung 4.17).

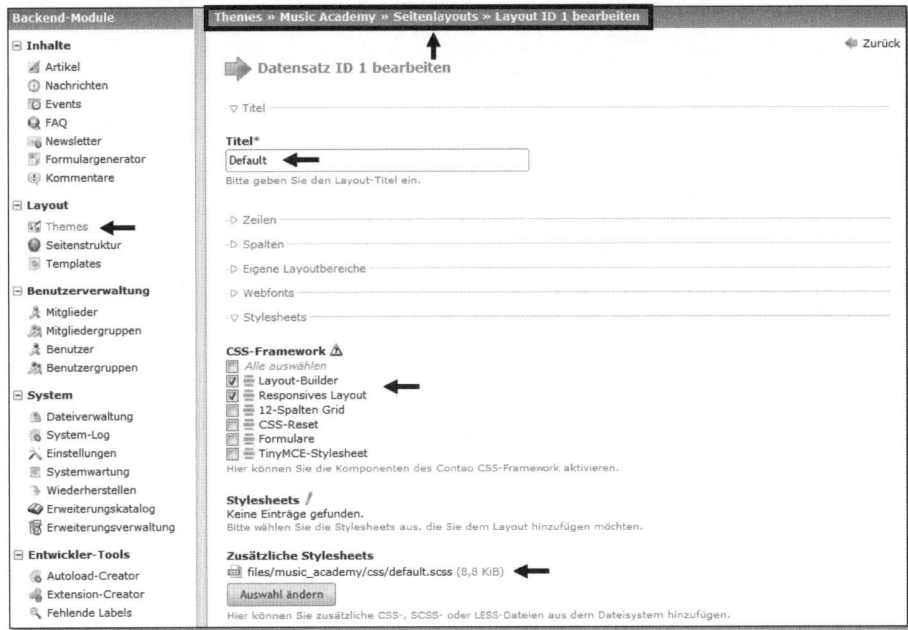

Abbildung 4.17 Die Stylesheet-Einstellungen für das Seitenlayout »Default«

Im Bereich CSS-FRAMEWORK sind die Optionen LAYOUT-BUILDER und RESPONSIVES LAYOUT ausgewählt. Ansonsten erfolgt die Gestaltung der Beispielsite über eine externe SCSS-Datei, die Contao automatisch in für den Browser verständliches CSS umwandelt.

4.9 Jeder Artikel gehört zu einer Seite

In Contao werden Inhalte in Artikeln gespeichert, und ein Artikel gehört immer zu einer bestimmten Seite. Zur Illustration zeigt Abbildung 4.18 einen Artikel mit der Überschrift »Impressions« auf der gleichnamigen Seite im Frontend.

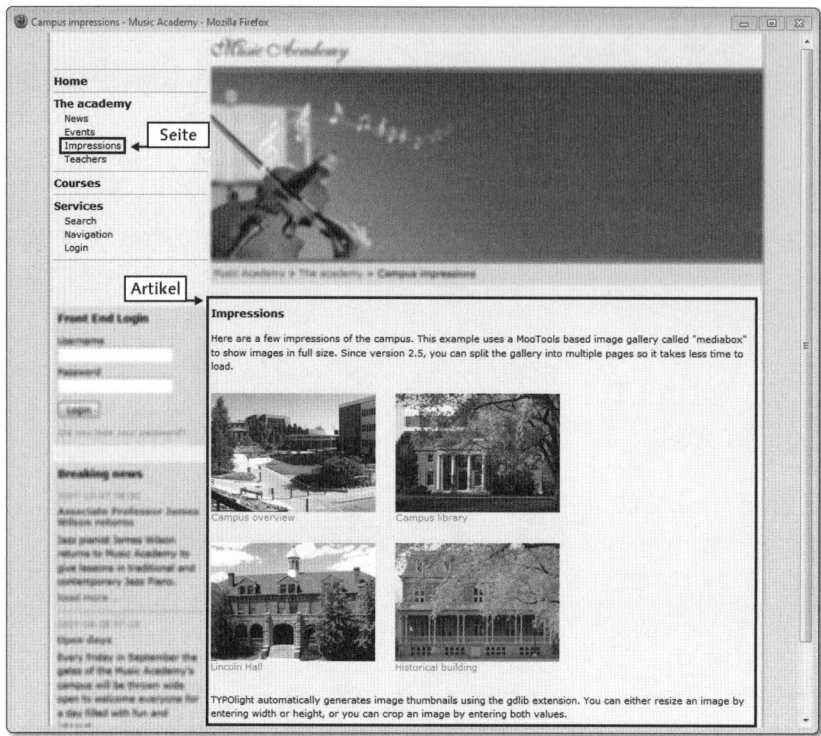

Abbildung 4.18 Der Artikel »Impressions« im Frontend

Im Backend-Modul INHALTE • ARTIKEL sehen Sie die bereits bekannte Seitenstruktur, aber dieses Mal mit den dazugehörigen Artikeln (Abbildung 4.19). Mit einem Klick auf die Minus- und Pluszeichen können Sie diesen Artikelbaum bei Bedarf ein- und ausklappen. Auf der Seite IMPRESSIONS wird ein gleichnamiger Artikel gelistet, der in der [HAUPTSPALTE] erscheint.

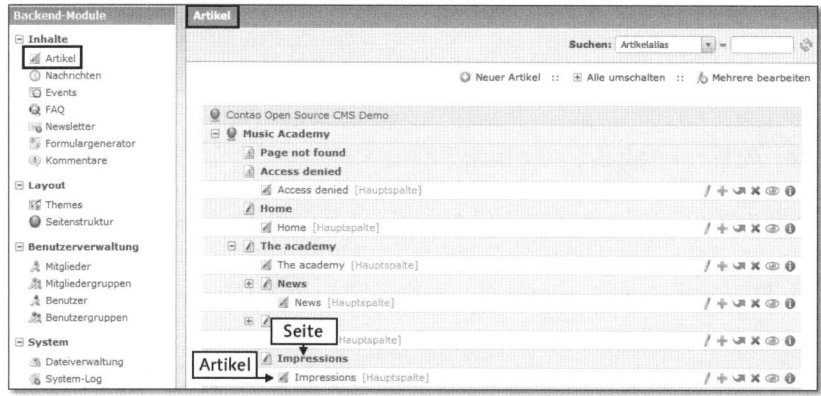

Abbildung 4.19 Der Artikel »Impressions« auf der Seite »Impressions«

Ein Artikel ist genau genommen nur ein »Container«, ein Bereich auf einer Webseite, der ein oder mehrere Inhaltselemente enthält. Die eigentlichen Inhalte (Texte, Grafiken etc.) werden in diesen Inhaltselementen aufbewahrt. Ohne Inhaltselemente ist ein Artikel im Frontend nur ein leerer Bereich und nicht zu sehen.

> **Mehrere Artikel pro Seite**
>
> Auf einer Seite können natürlich auch mehrere Artikel erscheinen. Und umgekehrt kann ein Artikel auch auf verschiedenen Seiten auftauchen, ohne dass er kopiert werden muss.

4.10 Ein Artikel besteht aus Inhaltselementen

Artikel bestehen also aus Inhaltselementen, in denen die eigentlichen Inhalte gespeichert werden. Contao stellt für verschiedene Inhaltstypen vorgefertigte Inhaltselemente bereit. So gibt es z. B. spezielle Inhaltselemente für Überschriften, Texte (mit und ohne Bilder), Bildergalerien, Tabellen, Listen und vieles mehr.

Abbildung 4.20 zeigt, dass der Artikel IMPRESSIONS aus drei Inhaltselementen besteht. So können Sie die Abbildung in Ihrem Browser sehen:

- Öffnen Sie im Backend das Backend-Modul ARTIKEL.
- Suchen Sie im Seitenbaum den Artikel IMPRESSIONS [HAUPTSPALTE].
- Klicken Sie auf das gelbe Bleistiftsymbol, um den Artikel zu bearbeiten.

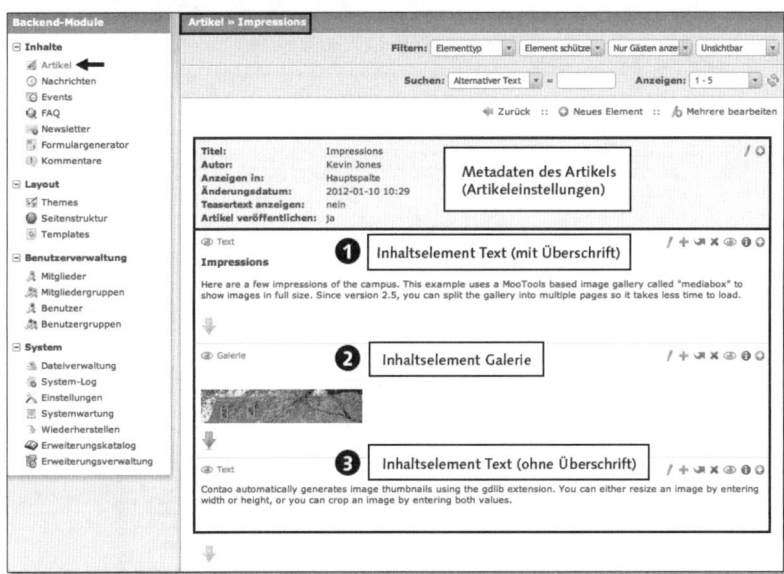

Abbildung 4.20 Der Artikel »Impressions« – Einstellungen und Inhaltselemente

Im oberen Bereich werden die *Artikeleinstellungen* angezeigt, auch *Meta-Daten* genannt. Dazu zählen z. B. der Titel des Artikels, der Autor und das Änderungsdatum. Diese Einstellungen werden im Frontend nicht angezeigt. Unterhalb der Einstellungen sehen Sie drei *Inhaltselemente*:

❶ ein Inhaltselement vom Typ TEXT mit Überschrift und Fließtext

❷ ein Inhaltselement vom Typ GALERIE mit ein paar Fotos

❸ noch ein Inhaltselement vom Typ TEXT, dieses Mal ohne Überschrift

Abbildung 4.21 zeigt diese drei Inhaltselemente im Frontend.

Ein Artikel wird durch Inhaltselemente bildlich gesprochen in Scheibchen unterteilt, und diese Scheibchen können einzeln bearbeitet werden. Für Redakteure ist der Vorteil, dass sie nie den ganzen Artikel in einem Editorfenster bearbeiten, sondern sich immer nur um einen Teil kümmern müssen: Divide et impera.

Soll z. B. die Bildergalerie unterhalb der Textelemente am Ende des Artikels erscheinen, klicken Sie einfach auf das Inhaltselement GALERIE und ziehen es mit der Maus nach unten, bis es unterhalb des Inhaltselements TEXT steht. Einfacher geht es nicht. Probieren Sie es einfach einmal aus.

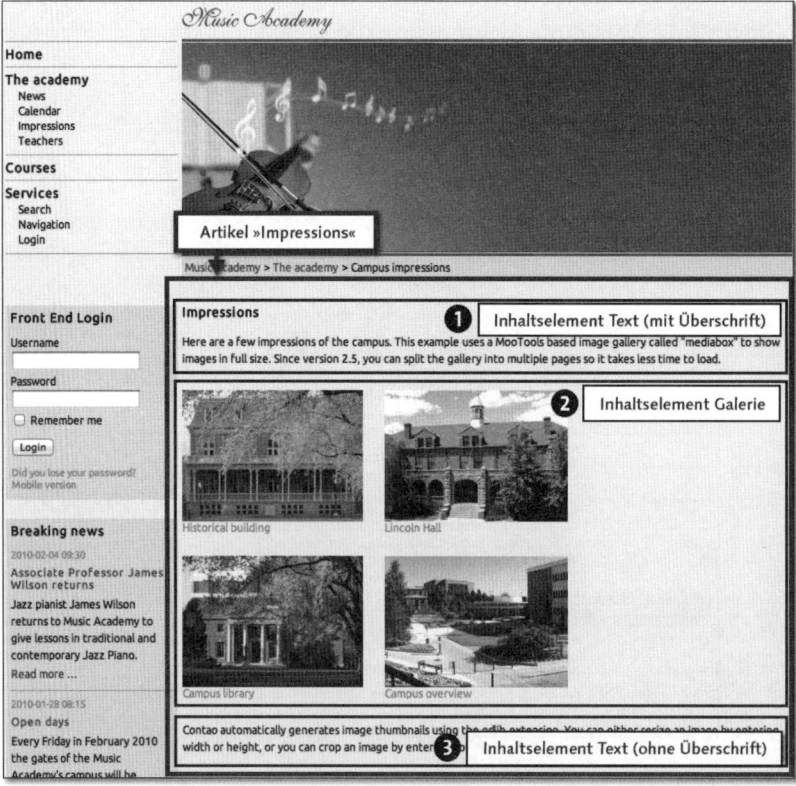

Abbildung 4.21 Der Artikel »Impressions« – Inhaltselemente im Frontend

> **Inhaltselemente erleichtern den Redakteuren die Arbeit**
>
> Die Sache mit den Inhaltselementen ist ungewohnt, aber ziemlich pfiffig und ein wichtiger Grund, warum Redakteuren die Bearbeitung der Inhalte in Contao leichter fällt als in vielen anderen CM-Systemen, in denen immer der ganze Artikel in einem Editorfenster erscheint.

4.11 Das Backend ist für Redakteure sehr übersichtlich

Contao hat ein sehr ausgefeiltes Rechtesystem, sodass jeder Mitarbeiter nur den Teil des Systems sieht, den er benötigt bzw. sehen soll. Neben den Frontend-Benutzern, die Sie in Abschnitt 4.2 schon kennengelernt haben, gibt es noch Backend-Benutzer, die bei der Verwaltung der Website helfen.

Professor James Wilson z. B. unterrichtet den Kurs *Elements of Jazz Piano* und ist verantwortlich für die inhaltliche Pflege der Seiten unterhalb von COURSES. Wenn er sich mit seinem Benutzernamen »j.wilson« und seinem Passwort »jameswilson« anmeldet, sieht das Backend aus wie in Abbildung 4.22.

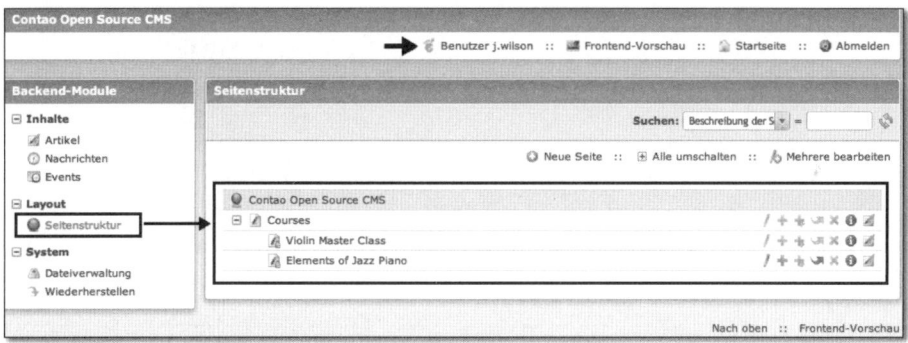

Abbildung 4.22 Übersichtlich – das Backend für »James Wilson«

Auch im Backend-Modul DATEIVERWALTUNG sieht Professor Wilson nur die Dateien für den von ihm betreuten Bereich der Website.

4.12 Zusammenfassung – so tickt Contao

In Contao arbeiten mehrere Komponenten zusammen, um eine Webseite zu erstellen:

- Texte, Grafiken etc. werden in *Inhaltselementen* gespeichert.
- Inhaltselemente gehören zu einem *Artikel*, der sie zusammenfasst.

- Artikel gehören zu einer *Seite*, auf der sie dargestellt werden.
- Die *Seitenstruktur* definiert, welche Seiten es gibt.
- Ein *Theme* bestimmt das Aussehen der Site und besteht aus Stylesheets, Modulen und Seitenlayouts.
- Jede Seite basiert auf einem *Seitenlayout*, das diverse Dinge definiert:
  - welche Layoutbereiche es auf einer Seite gibt
  - welches Modul in welchem Layoutbereich erscheint
  - welche Stylesheets zur Gestaltung der Seiten benutzt werden
- *Module* erzeugen den HTML-Quelltext für das Frontend.
- *Stylesheets* bestimmen das Aussehen der Webseiten und werden über das Seitenlayout mit einer Seite verbunden.

So weit dieser Schnelldurchlauf. Natürlich gibt es in Contao noch eine Menge anderer interessanter Abteilungen wie z. B. Nachrichten, Kalender, Events, Systemverwaltung etc., aber das Buch hat ja auch gerade erst angefangen.

TEIL II
Die erste Website mit Contao

Kapitel 5
Ein kurzer Rundgang im Backend

In diesem Kapitel machen Sie einen kurzen Rundgang durch das Backend der frisch installierten, noch leeren Website. Dabei erledigen Sie gleich ein paar wichtige Einstellungen und lernen den Dateimanager und die Erweiterungsverwaltung kennen.

Die Themen im Überblick:

- Überblick: die wichtigsten Bereiche im Backend, Seite 125
- Das Backend-Modul »System • Einstellungen«, Seite 131
- Der Dateimanager: »System • Dateiverwaltung«, Seite 134
- Der Erweiterungskatalog, Seite 140

Das Backend ist der Administrationsbereich von Contao. Bevor Sie im nächsten Kapitel beginnen, die erste eigene Site mit Contao zu erstellen, möchte ich Ihnen zunächst das Backend kurz vorstellen.

5.1 Überblick: die wichtigsten Bereiche im Backend

Rufen Sie im Browser das Backend von Contao für die noch leere Beispielsite im Ordner *contaobuch* auf:

- *localhost/contaobuch/contao*

Wenn Sie mit MAMP arbeiten, ergänzen Sie gegebenenfalls wie immer die Portnummer 8888.

Nach einer Anmeldung als Administrator sieht das Backend so aus wie in Abbildung 5.1.

Abbildung 5.1 Das Backend nach einer Anmeldung als Administrator

Falls Sie von zwei rot hinterlegten Meldungen begrüßt werden, sollten Sie zunächst DEN CACHE AUFBAUEN sowie den Wartungsmodus DEAKTIVIEREN, indem Sie auf die entsprechenden Schaltflächen klicken.

Das Backend ist sehr übersichtlich und in drei große Bereiche eingeteilt:

❶ Der Infobereich (oben) enthält die Benutzereinstellungen, eine Frontend-Vorschau, einen Link zur Backend-Startseite und die Abmeldung.

❷ Der Navigationsbereich (links) enthält nach der Installation von Contao vier Gruppen mit Backend-Modulen, die weiter hinten in diesem Kapitel kurz vorgestellt werden.

❸ Der Arbeitsbereich (rechts) zeigt jeweils Detailinformationen zum ausgewählten Backend-Modul, das im Navigationsbereich grün hervorgehoben wird.

Diese drei Bereiche werden im Folgenden kurz vorgestellt.

5.1.1 Ganz oben im Backend: der Infobereich

Der Infobereich oben im Backend ist recht schmal und nicht besonders auffällig. Er enthält aber einige nützliche Links (siehe Abbildung 5.2).

Abbildung 5.2 Der Infobereich im Backend

Links oben steht zunächst einmal die Versionsnummer von Contao. In der Zeile darunter gibt es, rechtsbündig ausgerichtet, vier Links:

- BENUTZER zeigt, welcher Benutzer gerade angemeldet ist. Ein Klick darauf öffnet den Bereich PERSÖNLICHE DATEN, der gleich im Anschluss genauer erklärt wird.
- FRONTEND-VORSCHAU öffnet das Frontend in einem neuen Tab oder Browserfenster. Die Frontend-Vorschau ist besonders nützlich, wenn Sie später mit verschiedenen Benutzern oder unveröffentlichten Elementen arbeiten.
- STARTSEITE führt immer zurück zur Startseite im Backend.
- Mit einem Klick auf ABMELDEN können Sie – ja, genau das.

Nach einem Klick auf den Link BENUTZER sehen Sie das Dialogfeld PERSÖNLICHE DATEN aus Abbildung 5.3. In diesem Formular kann der gerade angemeldete Benutzer seine persönlichen Daten wie NAME (den vollständigen, nicht den Benutzernamen), E-MAIL-ADRESSE und PASSWORT ändern. Außerdem kann er hier auch die BACKEND-EINSTELLUNGEN wie z. B. die im Backend verwendete Sprache festlegen und den Cache leeren.

Im Bereich BACKEND-THEME gibt es neben dem BACKENDMOTIV *default*, das standardmäßig aktiv ist, auch noch die Option *flexible*, bei dem sich das Backend der Breite des Browserfensters anpasst. Damit kann man mit dem Backend auch auf kleineren Bildschirmen gut arbeiten.

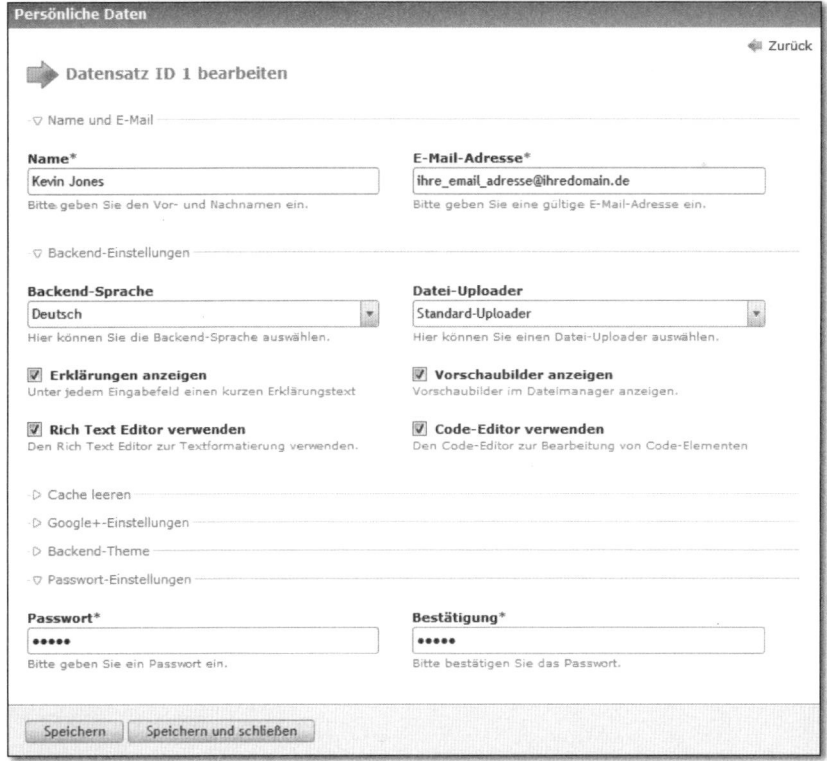

Abbildung 5.3 »Persönliche Daten« von Administrator Kevin Jones

Ganz unten in Abbildung 5.3 gibt es zwei Schaltflächen zum Speichern:

- SPEICHERN speichert die aktuellen Einstellungen in der Datenbank, lässt das Formular aber geöffnet.
- SPEICHERN UND SCHLIESSEN macht genau das, was draufsteht.

Ganz oben in Abbildung 5.3 sehen Sie übrigens einen großen grünen Pfeil und dahinter eine eindeutige fortlaufende Nummer, die ID des gerade bearbeiteten Datensatzes. Eine ähnliche Mitteilung werden Sie des Öfteren sehen, denn in Contao ist im Grunde alles ein Datensatz, egal, ob Benutzer, Seite, Artikel oder Inhaltselement, und jeder Datensatz hat eine ID.

> **Der Aufbau des Arbeitsbereichs**
>
> Der übersichtliche, zweispaltige Aufbau des Arbeitsbereichs ist typisch für Contao. Die einzelnen Rubriken können Sie mit einem Klick auf die grüne Überschrift ein- und ausblenden. Contao merkt sich diese Einstellungen – und zwar pro Benutzer.

5.1.2 Links: der Navigationsbereich (Backend-Module)

Der Navigationsbereich enthält die Backend-Module. Sie bilden die Summe aller Funktionen, die Contao Ihnen zum Erstellen und Pflegen Ihrer Website bereitstellt, und werden hier in die folgenden Kategorien einsortiert:

- INHALTE: In dieser Kategorie befinden sich alle Backend-Module, die Inhalt für die Webseiten erzeugen: Artikel, Nachrichten und einiges mehr.
- LAYOUT: Die Backend-Module in dieser Kategorie haben mit der Struktur und dem Aussehen der Site zu tun.
- BENUTZERVERWALTUNG: Contao unterscheidet Mitglieder (Frontend-Benutzer) und Benutzer (Backend-Benutzer).
- SYSTEM: Hier finden Sie diverse Module zur Konfiguration und Wartung der Contao-Installation.

Mit einem Klick auf das Minus- bzw. Pluszeichen vor dem Namen der Gruppe können Sie die Module darunter aus- und einblenden. Das jeweils ausgewählte Backend-Modul wird hellgrün hervorgehoben.

In Abbildung 5.4 ist die Gruppe LAYOUT ausgeklappt, und darin wurde das Modul SEITENSTRUKTUR aktiviert, das in hellgrüner Schrift dargestellt wird. Die einzelnen Backend-Module lernen Sie im weiteren Verlauf des Buches nach und nach kennen.

Abbildung 5.4 Die Backend-Module sind in Gruppen unterteilt.

Nicht im Bild ist die Gruppe ENTWICKLERTOOLS, die Sie in diesem Buch nicht benötigen werden. Wenn Sie später Erweiterungen von Drittanbietern installieren, fügen diese auch oft neue Backend-Module oder ganze Gruppen von Backend-Modulen hinzu. Dann kann es im Navigationsbereich auch mehr als die momentan vorhandenen Gruppen geben.

5.1.3 Rechts: der Arbeitsbereich

Der Arbeitsbereich trägt seinen Namen nicht zu Unrecht, denn nach der Auswahl des gewünschten Backend-Moduls links im Navigationsbereich geht es rechts an die Arbeit. Hier werden Sie einen Großteil Ihrer Zeit verbringen.

Auf der Startseite enthält der Bereich BACKEND-TASTATURKÜRZEL einen Link, der in einem neuen Tab oder Browserfenster eine Übersicht der wichtigsten Tastenkürzel auflistet.

Mausfans dürfen natürlich auch weiterhin gern auf die entsprechenden Links und Schaltflächen klicken, aber die Tastenkürzel sind eine echte Arbeitserleichterung.

Tabelle 5.1 zeigt eine kleine Übersicht der nützlichsten Kürzel.

Windows	Mac	Aktion
Alt + S	ctrl + alt + S	Speichern
Alt + C	ctrl + alt + C	Speichern und schließen (Close)
Alt + E	ctrl + alt + E	Speichern und bearbeiten (Edit)
Alt + N	ctrl + alt + N	Neues Element
Alt + B	ctrl + alt + B	Zurück (Back)
Alt + T	ctrl + alt + T	Nach oben (Top)
Alt + F	ctrl + alt + F	Frontend-Vorschau
Alt + Q	ctrl + alt + Q	Abmelden (Quit)

Tabelle 5.1 Die wichtigsten Tastenkürzel bei der Arbeit im Backend

Je nach Browser und Betriebssystem können diese Kürzel etwas abweichen, und Sie müssen einfach ein paar Varianten ausprobieren. In Chrome (und in Firefox) unter Windows müssen Sie zum Beispiel statt nur `Alt` gleichzeitig `Alt` + `⇧` drücken und gedrückt halten, da `Alt` unter Windows für den Aufruf der Menüleiste reserviert ist.

Probieren Sie es einfach einmal aus:

- Rufen Sie oben im Infobereich die Option BENUTZER: K.JONES auf.
- SPEICHERN UND SCHLIESSEN Sie die Eingabemaske per Tastatur.

Nacheinander gedrückt, dient die Kombination `Alt` + `⇧` (links) unter Windows übrigens zum Wechseln zwischen installierten Tastaturlayouts (Englisch, Deutsch, Niederländisch etc.). Wenn Ihre Tastatur also plötzlich keine Umlaute ausgibt und »y« und »z« vertauscht sind, drücken Sie einfach noch ein- oder zweimal `Alt` + `⇧`.

Mit einem kleinen Trick können Sie den Firefox (Win) dazu bringen, dass er die Kürzel im Backend von Contao nur mit `Alt` versteht:

- Geben Sie in Firefox in der Adresszeile »about:config« ein.
- Bestätigen Sie die Meldung, dass Sie vorsichtig sein werden (und seien Sie es auch wirklich).
- Geben Sie oben im Filter die Zeichen »ui.« ein. Das steht für User Interface, auf Deutsch Benutzeroberfläche, und danach sehen Sie nur noch Einstellungen, die diese Zeichen enthalten.
- Doppelklicken Sie in der Zeile UI.KEY.CHROMEACCESS auf den Wert, und ändern Sie ihn von »4« auf »5«.
- Ändern Sie in der Zeile UI.KEY.CONTENTACCESS darunter den Wert von »5« auf »4«.

Die Änderungen werden nach der Bestätigung mit OK ohne Speicherung und ohne Neustart von Firefox sofort wirksam. Probieren Sie es aus. Die Backend-Kürzel sollten jetzt mit `Alt` funktionieren. Dafür müssen Sie zum Aufrufen des Menüs die Kombination `Alt` + `⇧` drücken.

> **»Zuletzt bearbeitet«: Die Versionierung von Contao**
>
> Unterhalb des Tastaturkürzel-Links sehen Sie übrigens den Bereich ZULETZT BEARBEITET. Dort werden auf der Startseite später die verschiedenen Versionen der zuletzt bearbeiteten Datensätze angezeigt. Sie können diese Datensätze hier auf der Startseite direkt aufrufen und sogar mit früheren Versionen vergleichen. Das ist im Alltag sehr praktisch, aber momentan ist dort wahrscheinlich noch nichts zu sehen, da Sie ja noch nichts gemacht haben.

5.2 Das Backend-Modul »System • Einstellungen«

Im Backend-Modul SYSTEM • EINSTELLUNGEN werden die wichtigsten Systemeinstellungen vorgenommen. Auch hier können Sie mit einem Klick auf den grünen Titel die einzelnen Rubriken ein- und ausblenden. In diesem Kapitel lernen Sie erst einmal die allerwichtigsten Bereiche kennen.

5.2.1 Der »Titel der Webseite«

Gleich die allererste Option heißt TITEL DER WEBSEITE (siehe Abbildung 5.5), womit die gesamte Website gemeint ist und nicht eine einzelne Seite. Genau genommen, gelten die in diesem Bereich gemachten Einstellungen nicht nur für eine Website, sondern für die gesamte Contao-Installation.

Da Contao in einer Installation mehrere Websites verwalten kann, können Sie die hier gemachten Einstellungen bei Bedarf für jede Website im sogenannten *Startpunkt* (engl. *Root Page*) überschreiben. Was genau ein solcher Startpunkt ist, erfahren Sie im nächsten Kapitel bei der Erstellung der ersten Website mit Contao.

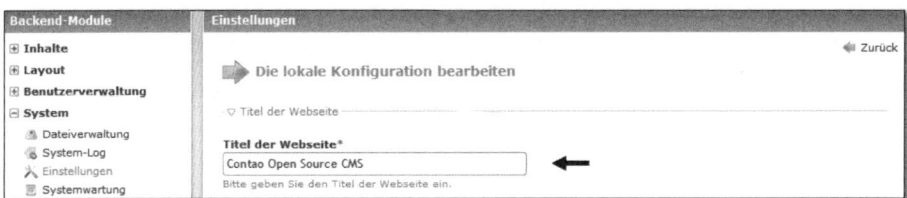

Abbildung 5.5 Neulich im Backend-Modul »System • Einstellungen«

Der hier eingegebene TITEL DER WEBSEITE wird bei der Erstellung des für Suchmaschinen wichtigen `title`-Elements im Head einer Webseite verwendet, und zwar zusammen mit dem Titel der einzelnen Webseiten, den Sie später bei der Erstellung der Seiten definieren. Dabei benutzt Contao zuerst den Titel der Seite und dann nach einem Bindestrich den hier definierten Titel der Webseite.

Im folgenden ToDo ändern Sie diesen TITEL DER WEBSEITE.

> **ToDo: »Titel der Webseite« ändern**
> 1. Öffnen Sie das Backend-Modul SYSTEM • EINSTELLUNGEN.
> 2. Ändern Sie den TITEL DER WEBSEITE in »Websites erstellen mit Contao«.
> 3. Klicken Sie weiter unten auf SPEICHERN UND SCHLIESSEN (oder probieren Sie das weiter oben beschriebene Tastenkürzel, zum Beispiel [Alt] + [C]).

Falls Sie nach dem Speichern der Einstellungen nicht sowieso schon auf der Backend-Startseite landen, klicken Sie einmal rechts oben im Infobereich auf den Link STARTSEITE.

Auf der Backend-Startseite sehen Sie links oben im Arbeitsbereich gleich zweimal den neuen Titel »Websites erstellen mit Contao«, einmal in Weiß und darunter in Grün (siehe Abbildung 5.6).

Abbildung 5.6 Der neue »Titel der Webseite« auf der Backend-Startseite

---

Verwirrende Begriffe: »Webseite« vs. »Website«

Die Begriffe rund um das Webpublishing stammen aus dem Englischen, und bei der Übertragung ins Deutsche passieren manchmal seltsame Dinge. So wurde eine *Web Page* auf Deutsch zu einer *Webseite*, aber das englische *Web Site* als Bezeichnung für eine Menge zusammengehörender Webseiten hat keine wirklich gelungene deutsche Entsprechung gefunden.

In der deutschen Übersetzung von Contao meint der Begriff *Webseite* nicht immer eine einzelne *Webseite*, sondern manchmal auch die *Website*. Diese doppelte Bedeutung von Webseite findet man im deutschsprachigen Web häufiger, aber bisweilen führt sie zu Verwirrungen, wie hier beim TITEL DER WEBSEITE.

Ich werde an den entsprechenden Stellen darauf hinweisen oder gleich die eindeutigeren Begriffe *Website* bzw. die Kurzform *Site* benutzen.

5.2.2 Das Format für Angaben von Datum und Zeit

Der nächste Bereich in SYSTEM • EINSTELLUNGEN heißt DATUM UND ZEIT. Die Standardvorgabe ist dort das Format Y-m-d, was auf einer Webseite als 2014-07-13 dargestellt wird. Dieses Datumsformat ist zwar sehr praktisch und universell verständlich, aber trotzdem eher ungewöhnlich.

Mit einem Klick auf das rot umrandete Dreieck bekommen Sie eine kurze Hilfestellung zu den möglichen Datumsformaten. Im Backend sind nur numerische Formate zulässig. Für eine deutsche Website ist z. B. d.m.Y nicht schlecht, was als 13.07.2014 dargestellt wird. Für die Uhrzeit ergibt H:i das Format 22:00.

Die im folgenden ToDo vorgenommenen Einstellungen für Datum und Uhrzeit gelten genau wie der *Titel der Webseite* für die gesamte Contao-Installation und können später ebenfalls in einem Startpunkt zum Beispiel für eine englische oder niederländische Website überschrieben werden.

> **ToDo: Das Datumsformat einstellen**
> 1. Öffnen Sie das Backend-Modul SYSTEM • EINSTELLUNGEN.
> 2. Geben Sie als Datumsformat das Kürzel »d.m.Y« ein.
> 3. Das Zeitformat soll »H:i« sein.
> 4. Datums- und Zeitformat ist die Kombination »d.m.Y H:i«.
> 5. Zeitzone ist EUROPE/BERLIN, wenn der Computer, auf dem der Webserver läuft, in Deutschland steht. Dazu müssen Sie nicht scrollen, sondern können einfach »Berlin« in das Suchfeld tippen und den angezeigten Eintrag dann per Maus oder Tastatur auswählen.
> 6. Speichern Sie die Änderungen mit einem Klick auf die Schaltfläche SPEICHERN oder zum Beispiel mit dem Tastenkürzel [Alt] + [S].

Nach diesem ToDo sollte der Bereich DATUM UND UHRZEIT etwas so aussehen wie in Abbildung 5.7.

Abbildung 5.7 »System • Einstellungen • Datum und Zeit«

> **Speicherzeiten: die »Verfallszeit einer Session« erhöhen**
> Im Bereich Speicherzeiten regelt die Verfallszeit einer Session, wie lange Sie im Backend inaktiv sein können, bevor Sie sich wieder anmelden müssen. Gemessen wird in Sekunden, und die Standardeinstellung ist 3600, also eine Stunde.
>
> Falls Sie sich während der Lektüre dieses Buches im Backend zu oft wieder anmelden müssen, erhöhen Sie diese Zahl auf z. B. 36000. Später sollten Sie die letzte Null wieder entfernen.

5.3 Der Dateimanager: »System • Dateiverwaltung«

In diesem Abschnitt lernen Sie die DATEIVERWALTUNG von Contao kennen. Dahinter verbirgt sich ein Dateimanager, mit dem Sie ohne FTP-Programm Dateien von einem lokalen Rechner auf den Servercomputer übertragen und dort verwalten können.

Der Zugriff des Dateimanagers ist aus Sicherheitsgründen auf den Ordner *files* und seine Unterordner begrenzt. Alle Dateien, die Sie für Ihre Website benötigen und die nicht zur Contao-Installation gehören, wie zum Beispiel Fotos für Artikel oder zum Download angebotene PDFs, sollten Sie unterhalb dieses Ordners speichern.

> **»tinymce.css« und »tiny_templates« gibt es schon**
> Bereits vorhanden sind die Datei *tinymce.css* und ein Ordner namens *tiny_templates*. Mehr zu diesen beiden erfahren Sie in Abschnitt 26.1 bei der Optimierung des Editors TinyMCE.

5.3.1 Ordner erstellen mit dem Dateimanager

In diesem Abschnitt erstellen Sie eine Ordnerstruktur zur Ablage von Dateien (siehe Abbildung 5.8).

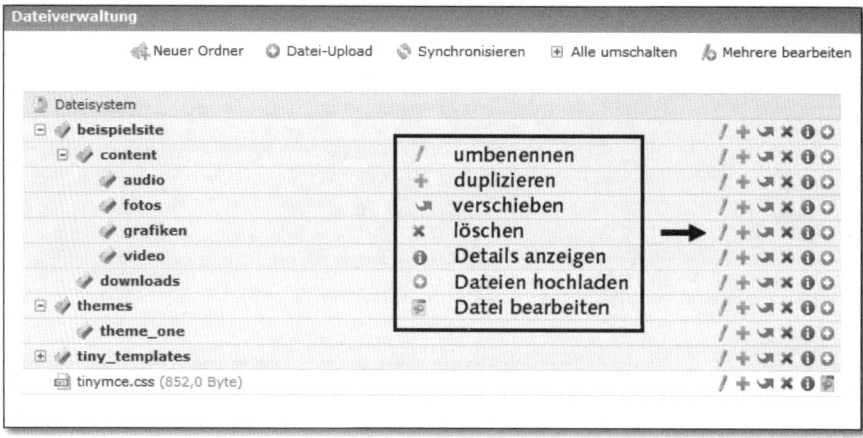

Abbildung 5.8 Die für die Beispielsite empfohlene Ordnerstruktur

Diese Ordner werden Sie im weiteren Verlauf des Buches benutzen:

▶ In *beispielsite/content/* bewahren Sie alle für den Inhalt der Beispielsite relevanten Medien wie z. B. allgemeine Grafiken und Fotos auf.

- Für den Ordner *beispielsite/downloads/* erstellen Sie in Abschnitt 21.7 einen geschützten Downloadbereich.
- Im Unterordner *themes/theme_one* speichern Sie alle Dateien, die zu diesem Theme gehören.

Was es mit diesen *Themes* auf sich hat, erfahren Sie in Abschnitt 6.2. Im folgenden ToDo erstellen Sie erst einmal die Ordnerstruktur aus Abbildung 5.8.

ToDo: Die Ordnerstruktur für die Beispielsite erstellen

1. Öffnen Sie das Backend-Modul SYSTEM • DATEIVERWALTUNG.
2. Klicken Sie oben im Arbeitsbereich auf NEUER ORDNER. Daraufhin erscheinen diverse neue Dinge im Arbeitsbereich:
   - Am rechten Rand sehen Sie braun hinterlegte weiße Pfeile mit dem Hinweis LEGEN SIE ALS NÄCHSTES DIE (NEUE) POSITION DES ELEMENTS FEST.
   - Rechts oben ist ein braun hinterlegtes x mit der Beschriftung ABLAGE LEEREN, mit dem Sie die Aktion abbrechen können.

   Um einen Ordner auf der obersten Ebene einzufügen, klicken Sie in der Zeile mit dem Wort DATEISYSTEM rechts am Rand auf das kleine braune Klemmbrett mit dem weißen Pfeil nach rechts.
3. Geben Sie den Namen »beispielsite« ein, und lassen Sie die Eingabefelder im Bereich META-INFORMATIONEN leer.
4. Klicken Sie auf SPEICHERN UND SCHLIESSEN.
5. Erstellen Sie auf diese Weise die in Abbildung 5.8 dargestellte Ordnerstruktur.

Falls nicht gleich alles auf Anhieb funktioniert, können Sie die Ordner mit dem blauen Pfeil verschieben und mit dem roten X löschen. In der Contao-Installation liegen die neuen Ordner unterhalb des Ordner *files*. Die Pfadangabe für den Ordner *beispielsite* lautet also *files/beispielsite*.

5.3.2 Dateien mit dem Dateimanager hochladen

Nach dem Erstellen der Ordnerstruktur laden Sie in diesem Abschnitt mit dem Dateimanager ein paar Dateien auf den Webspace hoch. Als Übungsobjekte dienen dabei ein Vorschaubild für das Theme namens *screenshot.png* und zwei kleine Grafiken namens *plus.gif* und *minus.gif* aus den Beispieldateien, die Sie am besten schon mal bereithalten.

Im folgenden ToDo laden Sie zunächst die Grafiken *plus.gif* und *minus.gif* hoch, und zwar mit dem Standard-Uploader von Contao.

> **ToDo: Dateien mit dem Dateimanager hochladen (Standard-Uploader)**
>
> 1. Öffnen Sie das Backend-Modul SYSTEM • DATEIVERWALTUNG.
> 2. Klicken Sie oben im Arbeitsbereich auf DATEI-UPLOAD.
> 3. Wählen Sie den Ordner *themes/theme_one/* mit einem Klick auf den braun hinterlegten Pfeil daneben.
> 4. Klicken Sie im Bereich DATEI-UPLOAD auf die Schaltfläche DATEIEN SUCHEN.
> 5. Wechseln Sie in den Ordner mit den entpackten Beispieldateien.
> 6. Öffnen Sie den Ordner */beispieldateien/grafiken/theme_one*.
> 7. Markieren Sie die Grafiken *plus.gif* und *minus.gif*, und klicken Sie auf ÖFFNEN.
> 8. Klicken Sie im Bereich DATEI-UPLOAD auf die Schaltfläche DATEIEN HOCHLADEN UND ZURÜCK.
> 9. Die Dateien werden jetzt hochgeladen, und danach kommen Sie zurück zur Dateiverwaltung. Sollte das nicht automatisch passieren, klicken Sie rechts oben auf den Link ZURÜCK, um zur Dateiverwaltung zu gelangen.

Nach diesem ToDo befinden sich die beiden Grafiken in der Dateiverwaltung im Ordner *themes/theme_one*.

Contao bietet Ihnen als Alternative zum Standard-Uploader mit der Option *Dropzone* einen sehr bequemen Upload per Drag & Drop, den Sie aber in den Benutzereinstellungen erst aktivieren müssen (Abbildung 5.9).

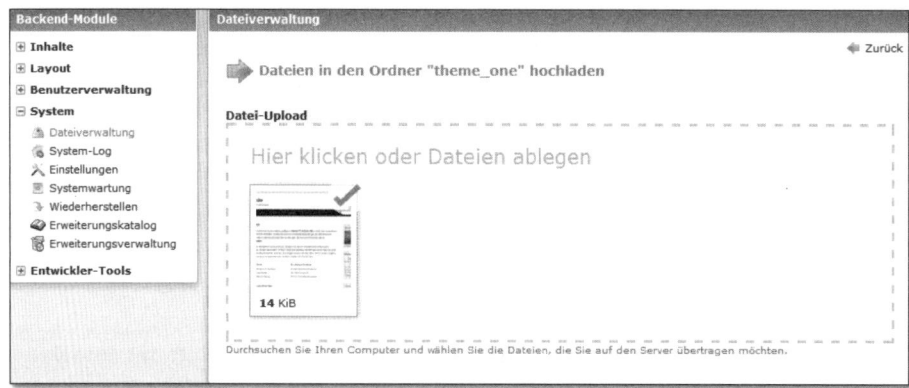

Abbildung 5.9 Dateiverwaltung mit DropZone und hochgeladener Datei

Im folgenden ToDo möchte ich Ihnen DropZone kurz vorstellen.

> **ToDo: Dateien per Drag & Drop hochladen (DropZone)**
>
> 1. Öffnen Sie die Benutzereinstellungen mit einem Klick auf den Link BENUTZER K.JONES oben im Infobereich.
> 2. Aktivieren Sie im Bereich BACKEND-EINSTELLUNGEN • DATEI-UPLOADER die Option DROPZONE, und bestätigen Sie die Änderung mit SPEICHERN UND SCHLIESSEN.
> 3. Öffnen Sie falls nötig die Dateiverwaltung.
> 4. Klicken Sie in der Zeile mit dem Ordner *themes/theme_one* ganz rechts außen auf den grünen Kreis mit dem weißen Kreuz ( ).
> 5. Im Bereich Datei-Upload sehen Sie jetzt ein gestricheltes Rechteck mit der Beschriftung HIER KLICKEN ODER DATEIEN ABLEGEN. Hier haben Sie zwei Möglichkeiten:
>   – Normal: Klicken öffnet ein Dialogfeld zum Auswählen der Dateien.
>   – Drag & Drop: Ziehen Sie die Dateien mit der Maus auf diesen *DropZone* genannten Bereich. Die Dateien werden automatisch hochgeladen und bekommen rechts oben ein grünes Häkchen, wenn der Vorgang abgeschlossen wurde.
>
>   Suchen Sie im Explorer oder Finder in den Beispieldateien für das Buch im Ordner *grafiken/theme_one* die Grafik *screenshot.png*, und ziehen Sie sie auf die DropZone. Sie können auch mehrere Dateien auf einmal hochladen. Der erfolgreiche Upload einer Datei wird durch ein grünes Häkchen signalisiert.
> 6. Klicken Sie rechts oben auf den Link ZURÜCK, um wieder zur Dateiverwaltung zu gelangen.

Nach diesem ToDo liegen alle drei Grafiken im Ordner *themes/theme_one*. Abschließend noch zwei kurze Anmerkungen:

▶ Falls der Upload per Drag & Drop bei Ihnen aus irgendeinem Grund nicht funktionieren sollte, ist das zwar schade, aber kein Beinbruch. Stellen Sie in den Benutzereinstellungen einfach wieder den Standard-Uploader ein.

▶ Falls Sie die Vorschaubilder für die Grafiken nicht sehen möchten, können Sie diese in den Benutzereinstellungen deaktivieren. Dazu klicken Sie oben im Infobereich auf den Link BENUTZER: K.JONES. Sie kommen dann in eine Eingabemaske, in der Sie bei Bedarf im Bereich BACKEND-EINSTELLUNGEN die Option VORSCHAUBILDER ANZEIGEN ausstellen können.

Mit dem Upload per Drag & Drop macht das Hochladen der Dateien richtiggehend Spaß.

> **Limits für große Grafiken**
>
> Standardmäßig können Sie Grafiken bis zu 3.000 × 3.000 Pixel hochladen, die beim Hochladen automatisch auf 800 × 600 verkleinert werden.
>
> Diese Standardeinstellungen können Sie bei Bedarf im Backend-Modul SYSTEM • EINSTELLUNGEN ändern, und zwar in den Bereichen DATEIEN UND BILDER und DATEI-UPLOADS.

5.3.3 »Synchronisieren«: Abgleich zwischen Datenbank und Ordner »files«

Contao hat seit der Version 3 ein datenbankgestütztes Dateisystem, bei dem alle unterhalb des Ordners *files* vorhandenen Ordner und Dateien in der Datenbank erfasst werden.

Dadurch können Sie Dateien und Ordner *nachträglich* umbenennen oder verschieben, und eine Verknüpfung in Inhaltselementen und Frontend-Modulen bleibt trotzdem erhalten. Das klingt vielleicht nicht sonderlich spektakulär, ist im Alltag eines Online-Redakteurs aber buchstäblich Gold wert.

Wenn Sie Dateien und Ordner wie in diesem Abschnitt über die Dateiverwaltung bearbeiten, erfasst Contao die Änderungen automatisch in der Datenbank, und alles ist okay.

Wenn Sie Ordner und Dateien im Ordner *files* hingegen per FTP oder mit dem Windows-Explorer (PC) oder dem Finder (Mac) bearbeiten, bekommt Contao das nicht mit. Damit diese Änderungen trotzdem in der Datenbank erfasst werden, müssen Sie den Ordner *files* und die Datenbank manuell abgleichen. Das machen Sie mit einem Klick auf den Link SYNCHRONISIEREN oben in der Dateiverwaltung.

Nach dieser Aktion erhalten Sie eine Meldung über die während der Synchronisierung erfolgten Änderungen (Abbildung 5.10).

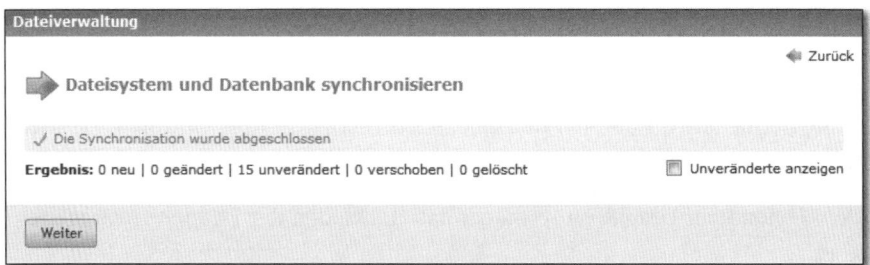

Abbildung 5.10 Dateisystem und Datenbank synchronisieren

Fazit: Wenn Sie im Ordner *files* Ordner oder Dateien per FTP, Windows-Explorer oder Finder hochladen, löschen oder ändern, sollten Sie nicht vergessen, danach in der Dateiverwaltung auf SYNCHRONISIEREN zu klicken.

5.3.4 Template-Ordner erstellen im Backend-Modul »Templates«

In diesem Abschnitt erstellen Sie im Ordner */templates* einen Unterordner mit dem Namen *theme_one*, den Sie im nächsten Kapitel in Abschnitt 6.2.1 benötigen. In diesem Ordner werden die speziell für das Theme One angepassten Templates gespeichert. Die Dateiverwaltung von Contao können Sie dazu nicht einsetzen, denn die ist nur für Aktionen unterhalb des Ordners *files* zuständig, und deshalb erstellen Sie den Ordner *templates/theme_one* direkt im Backend-Modul LAYOUT • TEMPLATES.

> **ToDo: Einen neuen Template-Ordner anlegen**
> 1. Wechseln Sie in das BACKEND-MODUL • TEMPLATES.
> 2. Klicken Sie oben im Arbeitsbereich auf NEUER ORDNER.
> 3. Klicken Sie rechts neben Dateisystem auf das kleine braune Klemmbrett mit dem weißen Pfeil nach rechts.
> 4. Der Name des Ordners soll *theme_one* sein.
> 5. Klicken Sie auf SPEICHERN UND SCHLIESSEN (Alt + C).

Nach diesem ToDo gibt es im Backend-Modul LAYOUT • TEMPLATES einen Unterordner mit dem Namen *theme_one* (Abbildung 5.11).

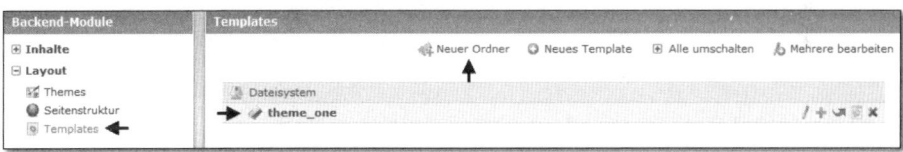

Abbildung 5.11 Der Ordner »theme_one« im Backend-Modul »Templates«

> **Es gibt zwei Ordner mit dem Namen »theme_one«**
> Sie haben jetzt zwei Ordner mit dem schönen Namen *theme_one*:
> ▶ In *files/themes/theme_one* werden Grafiken und andere Dateien gespeichert, die zum Theme One gehören. Das können z. B. auch externe Stylesheets oder SCSS-Dateien sein.
> ▶ *templates/theme_one* ist ausschließlich für geänderte Templates.
>
> Falls Ihnen der Unterschied noch nicht so besonders viel sagt, ist das nicht weiter schlimm. Das wird im Laufe der nächsten Kapitel mehr als deutlich.

5.4 Der Erweiterungskatalog und die Erweiterungsverwaltung

In der Einleitung haben Sie gelesen, dass wichtige Erweiterungen wie Nachrichten, Kalender und Newsletter bereits im Kern von Contao integriert sind und sofort nach der Installation zur Verfügung stehen.

Zusätzlich gibt es in der Erweiterungsliste auf *contao.org* mehr als 1.500 *Erweiterungen* (engl. *Extensions*), die die Funktionalität des Kerns fast beliebig erweitern und sich komfortabel aus dem Backend heraus installieren lassen.

Bei der Installation der *Music Academy* in Kapitel 4, »Schnelldurchlauf: So funktioniert Contao«, haben Sie aus dem Backend von Contao bereits auf die Erweiterungsverwaltung zugegriffen. Jetzt möchte ich Ihnen dieses tolle Tool ein bisschen detaillierter vorstellen.

5.4.1 Der Erweiterungskatalog auf »contao.org«

Die Erweiterungen zu Contao werden auf *contao.org* in einem zentralen Erweiterungskatalog gesammelt, der auch als *Erweiterungsliste* oder *Extension Repository* (kurz ER) bekannt ist.

Sie müssen also auf der Suche nach einer bestimmten Erweiterung nicht das halbe Web durchsuchen, sondern nur zu einer Adresse surfen:

- *contao.org/erweiterungsliste.html*

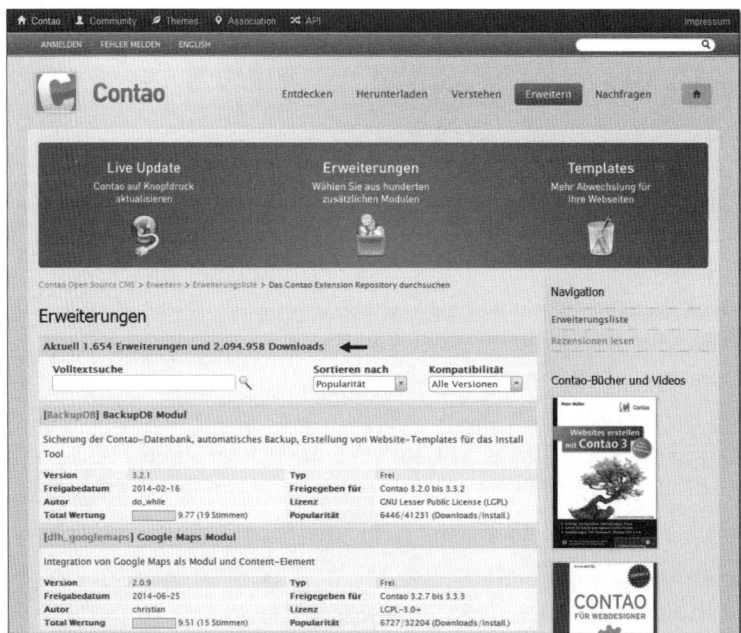

Abbildung 5.12 Die Erweiterungsliste auf »contao.org«

5.4 Der Erweiterungskatalog und die Erweiterungsverwaltung

Noch besser ist, dass Sie vom Contao-Backend aus direkten Zugriff auf das *Extension Repository* haben und den Erweiterungskatalog durchsuchen können.

> **Der Nachfolger der Erweiterungsverwaltung heißt »Composer«**
>
> Vielleicht erinnern Sie sich, dass Ihnen das Installtool gegen Ende der Installation im Bereich *Erweiterungsverwaltung* angeboten hat, den sogenannten *Composer-Client* zu installieren.
>
> Der *Composer Client* ist der designierte Nachfolger der Erweiterungsverwaltung und wird gegen Ende des Buches in Abschnitt 27.4 kurz vorgestellt. Bis dahin bleiben Sie aber erst einmal bei der Standard-Erweiterungsverwaltung.

5.4.2 Eine Erweiterung aus dem Backend heraus installieren

Um den Erweiterungskatalog und die Erweiterungsverwaltung kennenzulernen, installieren Sie in diesem Abschnitt die Erweiterung [BackupDB], die unter anderem eine bequeme Sicherung der Contao-Datenbank aus dem Backend heraus ermöglicht (siehe auch Abschnitt 23.4).

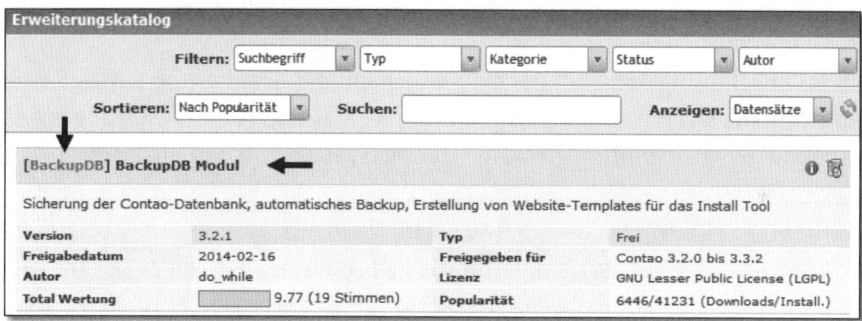

Abbildung 5.13 Der Erweiterungskatalog im Backend von Contao

Im folgenden ToDo installieren Sie die Erweiterung.

> **ToDo: Die Erweiterung [BackupDB] installieren**
>
> 1. Öffnen Sie das Backend-Modul SYSTEM • ERWEITERUNGSKATALOG.
> 2. Falls Sie die Erweiterung [BackupDB] nicht bereits sehen, geben Sie oben im Arbeitsbereich im Feld SUCHEN das Wort »backup« ein.
> 3. Klicken Sie in der Liste der gefundenen Erweiterungen auf die grünen Buchstaben [BackupDB], um sich Details zu dieser Erweiterung anzeigen zu lassen.
> 4. Klicken Sie nach dem Lesen der Infos links unten auf die Schaltfläche INSTALLIEREN.

> 5. Auf der nächsten Seite sehen Sie eine kurze Zusammenfassung. Bestätigen Sie die Infos mit einem Klick auf WEITER.
> 6. Nach der Installation landen Sie im Backend-Modul ERWEITERUNGSVERWALTUNG, in dem die neue Erweiterung bereits angezeigt wird (Abbildung 5.14).

Nach diesem ToDo sieht das Backend-Modul SYSTEM • ERWEITERUNGSVERWALTUNG etwa so aus wie in Abbildung 5.14.

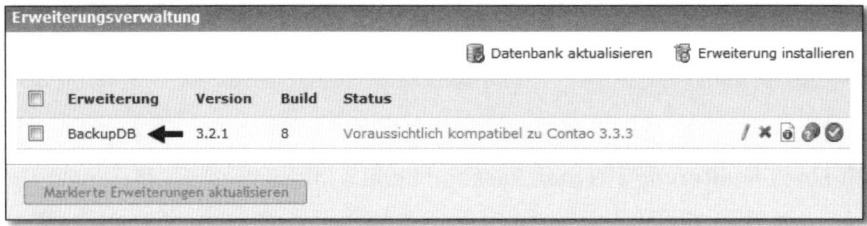

Abbildung 5.14 Die Erweiterungsverwaltung mit einer installierten Erweiterung

In der Erweiterungsverwaltung erhalten Sie einen Überblick über die installierten Erweiterungen und können diese mit den Symbolen rechts daneben bearbeiten, löschen oder aktualisieren.

Sobald im Erweiterungskatalog eine neuere Version der Erweiterung vorliegt, wird der Status auf *Neue Version verfügbar* gesetzt, und Sie können die Erweiterung mit einem Klick auf das grün hinterlegte weiße Häkchen ganz rechts aktualisieren.

> **Erweiterungskatalog: alle Erweiterungen anzeigen**
>
> Standardmäßig zeigt der Erweiterungskatalog im Backend nur Erweiterungen an, die von den Autoren für die von Ihnen verwendete Contao-Version explizit freigegeben wurden.
>
> Falls Sie auch potenziell nicht kompatible Versionen sehen möchten, aktivieren Sie in SYSTEM • EINSTELLUNGEN ganz unten im Bereich EXTENSION REPOSITORY das Kontrollkästchen INKOMPATIBLE ERWEITERUNGEN ANZEIGEN.
>
> Ein Wort der Warnung: Wer inkompatible Erweiterungen installiert, sollte genau wissen, was er tut, denn die Installation kann die Systemintegrität beeinträchtigen oder gefährden. Auf gut Deutsch: Das kann danebengehen.

Kapitel 6
Die ersten Schritte zur eigenen Website

In diesem Kapitel gehen Sie die ersten Schritte zur eigenen Website mit Contao. Die Reise beginnt mit der Erstellung einer Seitenstruktur und geht über Themes und Seitenlayouts weiter zu Frontend-Modulen, einem Artikel und einer Navigation. Sie endet mit einem Blick in den Quelltext, einem Exkurs zu Templates und einem Überblick über das Zusammenspiel der Komponenten in Contao.

Die Themen im Überblick:

- »Keinen Startpunkt gefunden« – die Seitenstruktur erstellen, Seite 144
- »Kein Layout angegeben« – Theme und Seitenlayout erstellen, Seite 150
- Frontend-Module für den Kopf- und den Fußbereich, Seite 155
- Der erste Artikel und zwei Inhaltselemente, Seite 158
- Ein Frontend-Modul für die Navigation: »Nav – Main«, Seite 166
- Ein kurzer Blick in den Quelltext, Seite 170
- Templates erstellen das HTML für den Quelltext, Seite 172
- Das Contao-Prinzip: altogether now, Seite 180

Anfangs kommen einem bei der Arbeit mit Contao Begriffe wie *Seite*, *Theme*, *Seitenlayout*, *Artikel*, *Inhaltselement*, *Frontend-Modul* und *Template* wie einzelne Puzzleteile vor, die nicht so richtig zusammenpassen wollen. Dieses Kapitel erläutert das Zusammenspiel dieser Komponenten und hilft Ihnen bei der Eingewöhnung.

Abbildung 6.1 zeigt, wie die Startseite der Beispielsite am Ende von Kapitel 16, »Ein neues Seitenlayout für die Startseite«, aussieht. Nur damit Sie schon mal ungefähr wissen, wohin die Reise gehen wird.

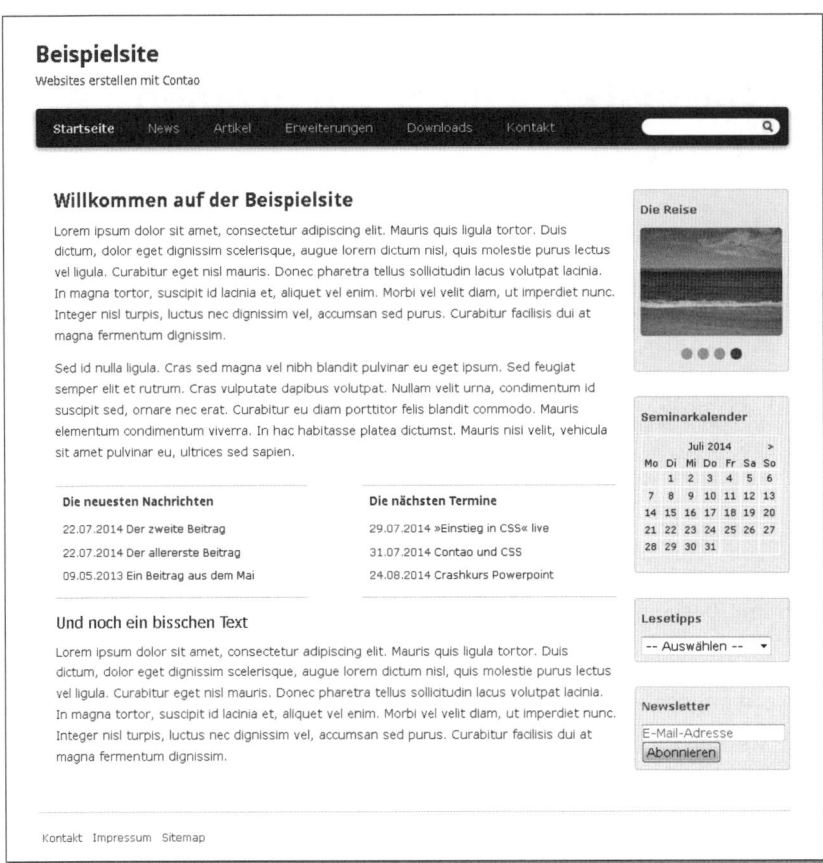

Abbildung 6.1 Die Startseite der Beispielsite – Stand Ende

6.1 »Keinen Startpunkt gefunden« – die Seitenstruktur erstellen

Der erste Schritt auf dieser Reise besteht darin, dass Sie das Frontend der Installation aus Abschnitt 3.2 im Browser aufrufen. Zur Erinnerung:

- Frontend: *localhost/contaobuch/*
- Backend: *localhost/contaobuch/contao/*

Bei MAMP müssen Sie wie immer den Port 8888 hinzufügen.

Sollte im Frontend der Hinweis erscheinen: »Wir sind gleich zurück«, ist der Wartungsmodus noch aktiv. In diesem Fall melden Sie sich am Backend an und DEAKTIVIEREN in der roten nicht zu übersehenden Meldung oben den Wartungsmodus, indem Sie auf die entsprechende Schaltfläche klicken.

Ohne Wartungsmodus steht mitten auf der Seite die Meldung KEINEN STARTPUNKT GEFUNDEN (Abbildung 6.2).

6.1 »Keinen Startpunkt gefunden« – die Seitenstruktur erstellen

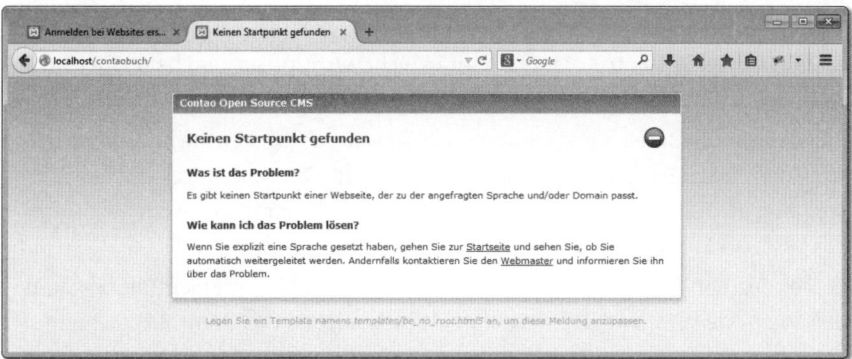

Abbildung 6.2 Das Frontend mit der Meldung »Keinen Startpunkt gefunden«

Das ist nicht gerade spektakulär, aber der Befund entspricht den Tatsachen, denn im Backend gibt es tatsächlich noch keinen *Startpunkt einer Webseite* (engl. *root page*). Genau genommen, gibt es überhaupt noch gar keine Seiten.

6.1.1 Der Startpunkt für eine neue Website

Die erste Seite, die Sie im Seitenbaum erstellen, ist gleich etwas ganz Besonderes, nämlich die im Frontend monierte fehlende »root page«, die im deutschsprachigen Backend STARTPUNKT EINER WEBSEITE genannt wird. Mit *Webseite* ist in diesem Fall übrigens die *Website* gemeint.

Ein STARTPUNKT ist übrigens nicht identisch mit der *Startseite* für Besucher im Frontend. Ein solcher Startpunkt dient lediglich zu Verwaltungszwecken im Backend und taucht im Frontend nicht auf.

> **ToDo: Den »Startpunkt einer Webseite« erstellen**
> 1. Rufen Sie das Backend von Contao auf, und melden Sie sich als Administrator an: LOCALHOST/CONTAOBUCH/CONTAO/ (bei MAMP mit Port 8888).
> 2. Öffnen Sie das Backend-Modul LAYOUT • SEITENSTRUKTUR. Dort steht momentan nur KEINE EINTRÄGE GEFUNDEN.
> 3. Klicken Sie oben im Arbeitsbereich auf NEUE SEITE. Daraufhin erscheint eine Zeile mit dem Titel der Webseite »Websites erstellen mit Contao«, den Sie während der Installation in SYSTEM • EINSTELLUNGEN vergeben haben.
> 4. Oberhalb dieser Zeile steht der Hinweis LEGEN SIE ALS NÄCHSTES DIE (NEUE) POSITION DES ELEMENTS FEST. Klicken Sie dazu ganz rechts auf das braune Klemmbrett mit dem weißen Pfeil nach rechts, um eine neue Seite einzufügen.
> 5. Jetzt erscheint das Dialogfeld aus Abbildung 6.3. Geben Sie im Feld SEITENNAME »Startpunkt Beispielsite Contaobuch« ein ❶. Der Seitenname dient nur zur Verwaltung im Backend.

6. Prüfen Sie, ob als SEITENTYP die Option STARTPUNKT EINER WEBSEITE ausgewählt ist ❷. Das Feld SEITENALIAS ist momentan nicht wichtig und wird beim Speichern von Contao automatisch ausgefüllt.

7. Blenden Sie den Bereich META-INFORMATIONEN ein, und geben Sie im Feld SEITEN-TITEL den Text »Beispielsite Contaobuch« ein ❸. Der Seitentitel erscheint im Frontend als Teil des <title> und überschreibt den Eintrag »Titel der Webseite« aus SYSTEM • EINSTELLUNGEN.

8. Öffnen Sie den Bereich DNS-EINSTELLUNGEN. Geben Sie im Pflichtfeld SPRACHE den Wert »de« ein, und aktivieren Sie direkt daneben das Kontrollkästchen für den SPRACHEN-FALLBACK ❹. Was genau das ist, wird weiter unten nach dem ToDo erläutert.

9. Aktivieren Sie im Bereich VERÖFFENTLICHUNG weiter unten das Kontrollkästchen SEITE VERÖFFENTLICHEN ❺.

10. Bestätigen Sie Ihre Einstellungen mit SPEICHERN UND SCHLIESSEN.

Abbildung 6.3 zeigt die Einstellungen aus dem ToDo im Überblick.

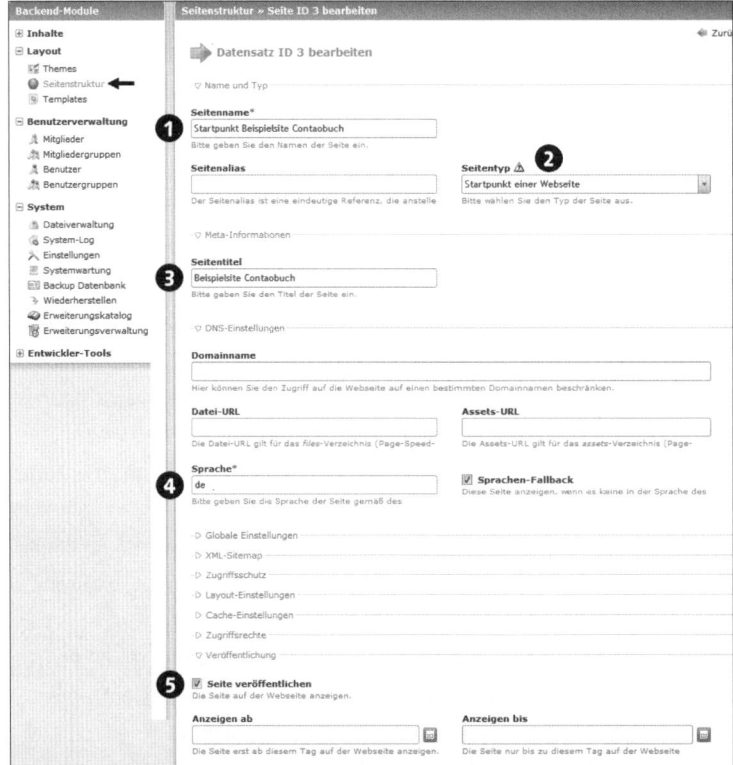

Abbildung 6.3 Den Startpunkt einer Webseite erstellen

Das Häkchen bei SEITE VERÖFFENTLICHEN ist wichtig, denn sonst wird zwar in der Datenbank eine Seite angelegt, sie bleibt aber offline.

Nach dem Klick auf SPEICHERN UND SCHLIESSEN sieht der Seitenbaum im Backend so aus wie in Abbildung 6.4. Am rechten Seitenrand sehen Sie Symbole zur Bearbeitung der Seite. Wenn Sie mit der Maus kurz über einem Symbol verweilen, bekommen Sie einen kleinen Hinweis.

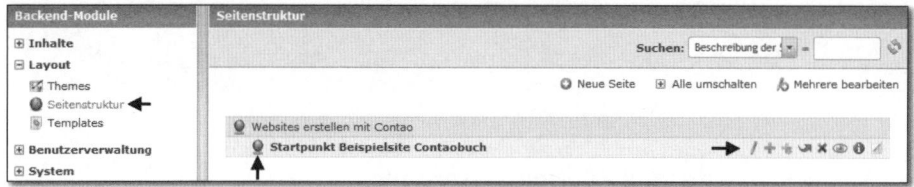

Abbildung 6.4 Die Seitenstruktur mit dem Startpunkt einer Webseite

6.1.2 Der Sprachen-Fallback für den Startpunkt ist wichtig

Viele der zahlreichen Einstellungen für einen Startpunkt, die Sie in Abbildung 6.3 sehen, werden erst relevant, wenn in einer Contao-Installation mehrere Websites verwaltet werden. Eine Sache hingegen ist bereits jetzt wichtig und deshalb sofort erledigt worden, damit sie später nicht zu Problemen führt, und das ist der *Sprachen-Fallback*.

Der Hintergrund dieser Einstellung ist, dass jeder Browser dem Webserver mitteilt, in welcher Sprache er die Webseiten am liebsten hätte. Die bevorzugte Sprache kann man in jedem Browser einstellen, bei Firefox z. B. unter EXTRAS • EINSTELLUNGEN • INHALT • SPRACHEN.

Ist im Startpunkt die Sprache »de« eingetragen, werden die Webseiten nur an Browser ausgeliefert, die sich als Sprache Deutsch wünschen. Besucher mit anderen Sprachwünschen bekämen die Meldung KEINEN STARTPUNKT GEFUNDEN, da für die vom Browser gewünschte Sprache kein Startpunkt existiert.

Das gilt auch für Suchmaschinenrobots, die sich oft Englisch als erste Sprache wünschen. Ohne Sprachen-Fallback würden diese Robots nur die Meldung KEINEN STARTPUNKT GEFUNDEN bekommen, und Ihre Webseiten wären in den Suchmaschinen nicht vorhanden.

Das Gemeinste daran ist, dass Sie selbst diesen Fehler nicht bemerken, denn solange in Ihrem Browser DE als erste Sprache eingestellt ist, scheint die Welt in Ordnung zu sein.

Das Häkchen bei SPRACHEN-FALLBACK bewirkt, dass die Webseiten unterhalb dieses Startpunktes ausgeliefert werden, wenn es für die vom Browser gewünschte Sprache keinen eigenen Startpunkt gibt.

> **Wenn kein Sprachen-Fallback aktiviert wurde ...**
>
> Falls der Sprachen-Fallback nicht aktiviert wurde, gibt es eine kaum zu übersehende, knallrote Fehlermeldung: BEI KEINEM DER AKTIVEN WEBSITE-STARTPUNKTE OHNE EXPLIZITE DNS-ANGABE WURDE DIE OPTION »SPRACHEN-FALLBACK« AUSGEWÄHLT.
>
> Sie können das ganz einfach ausprobieren. Öffnen Sie den Startpunkt zur Bearbeitung (Klick auf den gelben Bleistift), deaktivieren Sie den SPRACHEN-FALLBACK, und klicken Sie auf SPEICHERN UND SCHLIESSEN.
>
> Vergessen Sie nicht, den SPRACHEN-FALLBACK anschließend wieder einzuschalten.

6.1.3 Die Startseite für die Beispielsite erstellen

Nachdem der Startpunkt einer Webseite jetzt eingerichtet ist, erstellen Sie in diesem Abschnitt die Startseite für die Besucher der Website.

> **ToDo: Eine Startseite für die Beispielsite erstellen**
>
> 1. Öffnen Sie das Backend-Modul LAYOUT • SEITENSTRUKTUR.
> 2. Klicken Sie im Arbeitsbereich oben auf NEUE SEITE.
> 3. Klicken Sie in der Zeile STARTPUNKT BEISPIELSITE CONTAOBUCH ganz rechts auf das braune Symbol mit dem weißen Pfeil nach rechts, um die neue Seite als Unterseite zum Startpunkt einzufügen.
> 4. Schreiben Sie im Bereich NAME UND TYP in das Feld SEITENNAME das Wort »Startseite«. Lassen Sie die anderen Felder wie SEITENALIAS, SEITENTITEL und BESCHREIBUNG DER SEITE vorerst frei.
> 5. Prüfen Sie, ob bei SEITENTYP die Option REGULÄRE SEITE ausgewählt ist.
> 6. Aktivieren Sie weiter unten im Bereich VERÖFFENTLICHUNG die Option SEITE VERÖFFENTLICHEN. Sie können sich die zahlreichen anderen Optionen auf dieser Seite gerne anschauen, aber lassen Sie sie vorerst unverändert. Diese Optionen kommen später an die Reihe.
> 7. Beenden Sie die Bearbeitung mit einem Klick auf SPEICHERN UND SCHLIESSEN, um zum Seitenbaum zurückzukehren.

Nach diesem ToDo sieht der Seitenbaum so aus wie in Abbildung 6.5. Falls Sie nicht alle Seiten sehen, klicken Sie auf das Pluszeichen vor dem Startpunkt oder oben im Arbeitsbereich auf ALLE UMSCHALTEN.

6.1 »Keinen Startpunkt gefunden« – die Seitenstruktur erstellen

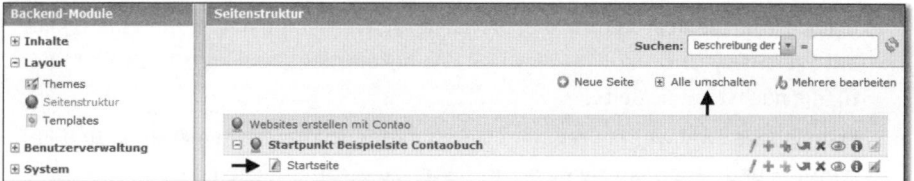

Abbildung 6.5 Der Seitenbaum mit Startpunkt und Startseite

Wie Sie sehen, hat die Startseite ein anderes Symbol und ist etwas nach rechts eingerückt. Wenn Sie auf das Minuszeichen vor dem STARTPUNKT BEISPIELSITE CONTAOBUCH klicken, sollte die Startseite nicht mehr zu sehen sein. Sehen Sie die Startseite trotzdem noch, befinden sich Startseite und Startpunkt auf einer Ebene. Verschieben Sie dann die Startseite mit einem Klick auf den blauen Pfeil, und fügen Sie sie mit den braun hinterlegten Pfeilen an der richtigen Stelle wieder ein.

> **Eine Seite ist in Contao keine Datei, sondern nur ein Datensatz**
>
> Wenn Contao eine Seite erstellt, dann ist das normalerweise keine statische Webseite, die als Datei irgendwo auf dem Webspace gespeichert wird, sondern nur ein Datensatz in einer Datenbanktabelle.
>
> Deshalb heißt die Startseite hier auch nicht *index.html* oder *index.php*, sondern einfach nur STARTSEITE. Eine im Browser sichtbare Webseite wird daraus erst durch das am Ende dieses Kapitels beschriebene Zusammenspiel aller Komponenten.

6.1.4 Die Seitenstruktur für die Beispielsite erweitern

Eine Contao-Website kann aus Hunderten oder Tausenden von Webseiten bestehen, aber zum Üben fangen Sie erst einmal mit vier an. Später werden es dann noch mehr.

> **ToDo: Die Seitenstruktur für die Beispielsite erweitern**
>
> 1. Öffnen Sie das Backend-Modul LAYOUT • SEITENSTRUKTUR.
> 2. Klicken Sie im Arbeitsbereich oben auf den Link NEUE SEITE.
> 3. Klicken Sie in der Zeile STARTSEITE rechts auf das kleine braune Symbol mit dem Pfeil nach *unten*, um die neue Seite auf derselben Ebene wie die Startseite einzufügen.
> 4. Schreiben Sie im Bereich NAME UND TYP in das Feld SEITENNAME den Wert »Downloads«.
> 5. Prüfen Sie, ob als SEITENTYP die Option REGULÄRE SEITE ausgewählt ist.
> 6. Aktivieren Sie weiter unten im Bereich VERÖFFENTLICHUNG die Option SEITE VERÖFFENTLICHEN.

6 Die ersten Schritte zur eigenen Website

7. Beenden Sie die Bearbeitung dieses Mal der Abwechslung halber mit einem Klick auf SPEICHERN UND NEU ([Alt] + [N]). Sie bekommen dann sofort das Formular für die nächste neue Seite.
8. Erstellen Sie zwei weitere reguläre Seiten mit den Seitennamen *Kontakt* und *Impressum*, und vergessen Sie nicht, die Seiten zu veröffentlichen.
9. Beenden Sie die Erstellung der letzten Seite mit einem Klick auf die Schaltfläche SPEICHERN UND SCHLIESSEN ([Alt] + [C]).

Nach diesem ToDo sieht der Seitenbaum im Backend so aus wie in Abbildung 6.6.

Abbildung 6.6 Der erweiterte Seitenbaum mit vier Seiten

Und so setzt sich dieser übersichtliche kleine Seitenbaum zusammen:

- Ganz oben steht die nicht anklickbare Überschrift *Websites erstellen mit Contao*. Das ist der Name für die gesamte Contao-Installation, den Sie im Backend-Modul SYSTEM • EINSTELLUNGEN festgelegt haben.
- Darunter gibt es den *Startpunkt einer Webseite* mit dem sprechenden Namen STARTPUNKT BEISPIELSITE CONTAOBUCH. Das ist der Name der Website.
- Unterhalb des Startpunktes gibt es eingerückt vier reguläre Webseiten: STARTSEITE, DOWNLOADS, KONTAKT und IMPRESSUM.

Diese vier Webseiten sollten alle auf derselben Ebene liegen und gerade untereinanderstehen, mit keinerlei Einrückungen nach links oder rechts. Wenn Sie auf das Minuszeichen vor dem STARTPUNKT BEISPIELSITE CONTAOBUCH klicken, sollten die vier regulären Seiten nicht mehr zu sehen sein.

6.2 »Kein Layout angegeben« – Theme und Seitenlayout erstellen

Falls Sie nach der Erstellung des Seitenbaums das Frontend bereits im Browser betrachtet haben, sehen Sie zwar immer noch keine richtige Webseite, aber immerhin hat sich die Meldung geändert und lautet jetzt KEIN LAYOUT ANGEGEBEN (siehe Abbildung 6.7).

6.2 »Kein Layout angegeben« – Theme und Seitenlayout erstellen

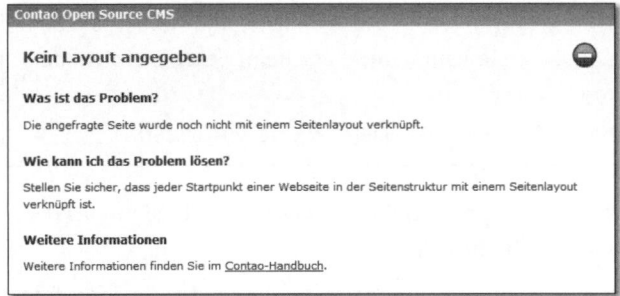

Abbildung 6.7 »Kein Layout angegeben« – neue Meldung im Frontend

Im Schnelldurchlauf in Kapitel 4 haben Sie gesehen, dass jede Seite im Seitenbaum auf einem *Seitenlayout* basiert. Zur Beseitigung der Fehlermeldung benötigen Sie also ein Seitenlayout, und das gehört immer zu einem *Theme*.

6.2.1 Das erste Theme erstellen

Ein Theme bestimmt das Aussehen der Website und ist eine Sammlung aus Seitenlayouts, Stylesheets und Frontend-Modulen, die durch Templates und Layoutgrafiken ergänzt werden. Mit einem Theme kann man einer Site ein anderes Design geben, ohne ihren Inhalt zu verändern.

Ein Theme muss zunächst einen Namen haben und wissen, in welchen Ordnern die dazugehörigen Dateien aufbewahrt werden. Das Theme, das Sie im folgenden ToDo erstellen, heißt schlicht und einfach Theme One, da es Ihr erstes Theme ist.

Bevor Sie das folgende ToDo abarbeiten, sollten Sie prüfen, ob Sie, wie in Abschnitt 5.3.4 beschrieben, einen Template-Ordner namens *theme_one* erstellt haben. Falls nicht, sollten Sie das nachholen.

> **ToDo: Ein neues Theme erstellen**
> 1. Öffnen Sie das Backend-Modul Layout • Themes.
> 2. Klicken Sie im Arbeitsbereich oben auf den Link Neues Theme.
> 3. Geben Sie im Feld Theme-Titel »Theme One« ein.
> 4. Geben Sie im Feld Autor Ihren Namen ein.
> 5. Klicken Sie im Bereich Ordner auf die Schaltfläche Auswahl ändern, und wählen Sie den Ordner *themes/theme_one/*. Dieser Ordner liegt unterhalb von *files* und enthält alle Dateien, die für das Theme benötigt werden, zum Beispiel Layoutgrafiken.
> 6. Klicken Sie im Bereich Bildschirmfoto auf die Schaltfläche Auswahl ändern, und wählen Sie aus dem Ordner *themes/theme_one/* die Datei *screenshot.png*, die Sie in Abschnitt 5.3.2 mit dem Dateimanager von Contao hochgeladen haben.

> 7. Öffnen Sie im Bereich TEMPLATES-ORDNER die Auswahlliste, und wählen Sie den Ordner *theme_one*. Falls in der Liste kein Ordner erscheint, lesen Sie bitte den Hinweis direkt vor diesem ToDo.
> 8. Beenden Sie die Erstellung des Themes mit SPEICHERN UND SCHLIESSEN.

Nach der Erstellung des Themes und dem Schließen des Dialogfeldes sieht das Backend-Modul THEMES so aus wie in Abbildung 6.8.

Abbildung 6.8 Das frisch erstellte Theme im Backend

Unter »T« wie »Theme One« wird das neue Theme gelistet. Das Bildschirmfoto hat übrigens eine Größe von 175 × 120 Pixeln. In Abbildung 6.8 sehen Sie rechts sieben Symbole zum Bearbeiten eines Themes, die in Tabelle 6.1 der Reihe nach erklärt werden.

✏	**BEARBEITEN DER THEME-EINSTELLUNGEN**
	Der gelbe Bleistift steht für die Bearbeitung. Hier können Sie die Einstellungen für das aktuelle Theme ändern: Name, Autor und die zugewiesenen Ordner.
	Tipp: Statt genau auf das kleine Bleistiftsymbol zu klicken, können Sie auch die Taste [Strg] bzw. [cmd] drücken und dann einfach irgendwo in der Zeile klicken, in der das Symbol steht.
	Das funktioniert nicht nur bei THEMES, sondern überall, wo Sie den gelben Bleistift sehen. Probieren Sie es aus. Lohnt sich.
✖	**THEME LÖSCHEN**
	Ein Klick auf das rote X löscht das Theme. Es erscheint eine Sicherheitsfrage, und danach wird gelöscht.
ⓘ	**DETAILS ZUM THEME ANZEIGEN**
	Ein Klick auf das kleine »i« im blauen Kreis zeigt alle Details zum Theme in einer kleinen Übersicht.

Tabelle 6.1 Die Symbole zur Bearbeitung von Themes

	STYLESHEETS ERSTELLEN UND BEARBEITEN Mit dem CSS-Symbol können Sie die Stylesheets für das Theme erstellen. Das werden Sie demnächst noch ausführlich tun.
	FRONTEND-MODULE ERSTELLEN UND BEARBEITEN Ein Klick auf das fünfte Symbol führt Sie zur Bearbeitung der Frontend-Module, die den Quelltext für das Frontend erzeugen. Das werden Sie in diesem Kapitel noch kennenlernen.
	SEITENLAYOUTS ERSTELLEN UND BEARBEITEN Ein Seitenlayout sorgt für die Darstellung der Seite. Direkt im Anschluss an diesen Abschnitt erstellen Sie das erste Seitenlayout.
	THEME EXPORTIEREN Ein Theme zu exportieren bedeutet, alle Stylesheets, Frontend-Module, Seitenlayouts und auch die zum Theme gehörenden Ordner in einem ZIP-Archiv zu speichern. Dieses ZIP-Archiv kann in einer anderen Contao-Installation mit der gleichen Versionsnummer wieder importiert werden.

Tabelle 6.1 Die Symbole zur Bearbeitung von Themes

So viel zur Erstellung des ersten Themes. Im folgenden Abschnitt erstellen Sie zunächst ein Seitenlayout.

6.2.2 Das erste Seitenlayout erstellen und zuweisen

Das erste Seitenlayout ist ein echter Klassiker: zentriert, 960 Pixel breit, mit drei Spalten sowie einem Header und einem Footer.

> **ToDo: Ein Seitenlayout erstellen**
> 1. Öffnen Sie das Backend-Modul LAYOUT • THEMES.
> 2. Öffnen Sie die SEITENLAYOUTS zur Bearbeitung (2. Symbol von rechts).
> 3. Klicken Sie im Arbeitsbereich rechts oben auf NEUES LAYOUT.
> 4. Geben Sie als TITEL für das Layout »Standardlayout« ein.
> 5. Aktivieren Sie im Bereich ZEILEN das Symbol ganz rechts mit einer Kopf- und einer Fußzeile darauf. Vergeben Sie für beide keine Höhe.
> 6. Wählen Sie im Bereich SPALTEN das dreispaltige Layout ganz rechts. Geben Sie für die Breite der linken und der rechten Spalte jeweils »180« ein, und wählen Sie als Einheit aus der Dropdown-Liste daneben PX.

> 7. Blenden Sie den Bereich STYLESHEETS ein, und prüfen Sie, ob in der Gruppe CSS-FRAMEWORK die Optionen LAYOUT-BUILDER und RESPONSIVES LAYOUT aktiviert sind.
> 8. Öffnen Sie den Bereich EXPERTEN-EINSTELLUNGEN, und prüfen Sie, ob das Seitentemplate *fe_page* und das Ausgabeformat auf HTML eingestellt sind.
> 9. Aktivieren Sie im Bereich STATISCHES LAYOUT das gleichnamige Kontrollkästchen. Das Layout soll eine GESAMTBREITE von 960 px haben, und die AUSRICHTUNG soll ZENTRIERT sein.
> 10. Beenden Sie die Bearbeitung mit SPEICHERN UND SCHLIESSEN.

Damit haben Sie das erste Seitenlayout erstellt. Jetzt müssen Sie im Seitenbaum noch festlegen, für welche Seiten es gelten soll. Da das Standardlayout zunächst einmal für alle Seiten gilt, weisen Sie es dem Startpunkt zu. Und genau das machen Sie im folgenden ToDo.

> **ToDo: Das Seitenlayout dem Startpunkt zuweisen**
> 1. Öffnen Sie das Backend-Modul LAYOUT • SEITENSTRUKTUR.
> 2. Öffnen Sie den STARTPUNKT BEISPIELSEITE CONTAOBUCH zur Bearbeitung, indem Sie rechts daneben auf den gelben Bleistift klicken.
> 3. Öffnen Sie den Bereich LAYOUT-EINSTELLUNGEN, und aktivieren Sie das Kontrollkästchen vor EIN LAYOUT ZUWEISEN.
> 4. Wählen Sie in der Auswahlliste SEITENLAYOUT das STANDARDLAYOUT. Lassen Sie das LAYOUT FÜR MOBILE SEITEN vorerst unverändert.
> 5. Beenden Sie die Bearbeitung mit SPEICHERN UND SCHLIESSEN.

Die Zuweisung des Seitenlayouts wird an alle Seiten unterhalb des Startpunktes vererbt, sofern für diese kein eigenes Seitenlayout definiert wurde. Wenn Sie das Standardlayout erstellt und zugewiesen haben, klicken Sie im Seitenbaum auf das weiße Symbol mit dem roten Strich direkt vor dem Wort STARTSEITE. Dadurch wird ein neuer Tab oder ein Browserfenster geöffnet, in dem Sie eine leere weiße Seite sehen (siehe Abbildung 6.9).

Es ist vielleicht schwer zu glauben, aber diese leere Seite ist ein echter Fortschritt. Erstens gibt es keine störenden Meldungen mehr, und zweitens ist das komplette Grundgerüst der Seite zum Teil schon vorhanden. Im Quelltext.

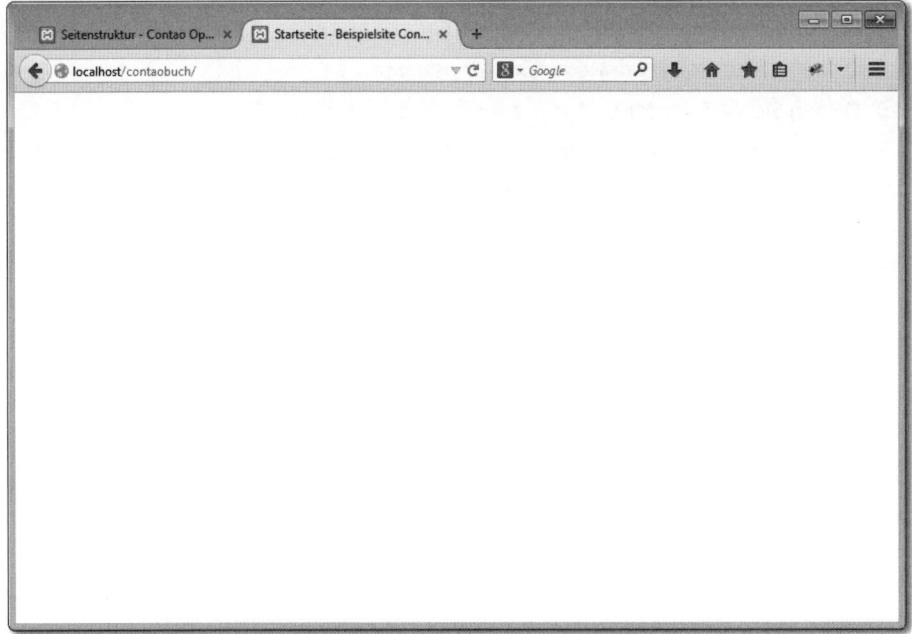

Abbildung 6.9 Seitenlayout erstellt und zugewiesen – leere Seite

6.3 Frontend-Module für den Kopf- und den Fußbereich

In Contao gibt es zwei Sorten von Modulen:

- *Backend-Module* finden Sie im Navigationsbereich des Backends. Sie sind in die Gruppen INHALTE, LAYOUT, BENUTZERVERWALTUNG und SYSTEM aufgeteilt.
- *Frontend-Module* sind, vereinfacht gesagt, kleine PHP-Programme, die irgendetwas machen und als Ergebnis HTML für das Frontend ausgeben. Sie werden im Backend-Modul THEMES verwaltet.

Wenn Sie irgendwo in Contao einfach nur das Wort Module lesen, sind fast immer *Frontend-Module* gemeint.

In diesem Abschnitt erstellen Sie den Inhalt für die Kopf- und die Fußzeile der Webseiten. Dazu kommt ein Frontend-Modul namens EIGENER HTML-CODE zum Einsatz, in das Sie, wie der Name andeutet, eigenes HTML schreiben.

6.3.1 Frontend-Module für den Kopf- und den Fußbereich erstellen

In den folgenden ToDos erstellen Sie zunächst jeweils ein Frontend-Modul für Kopf- und Fußbereich. Im nächsten Abschnitt werden diese Module dann in das Seitenlayout eingebunden.

> **ToDo: Das Frontend-Modul »Layout – Header« erstellen**
>
> 1. Öffnen Sie das Backend-Modul Layout • Themes.
> 2. Öffnen Sie die Frontend-Module zur Bearbeitung (3. Symbol von rechts).
> 3. Klicken Sie im Arbeitsbereich oben auf Neues Modul.
> 4. Geben Sie im Feld Titel »Layout – Header« ein.
> 5. Wählen Sie als Modultyp den Eintrag Eigener HTML-Code.
> 6. Geben Sie in das Feld HTML-Code den folgenden Quelltext ein:
>
>    ```
>    <h1>Beispielsite</h1>
>    <p class="subtitle">Websites erstellen mit Contao</p>
>    ```
>
> 7. Klicken Sie auf Speichern und schliessen, um das Modul zu speichern.

So viel zum Frontend-Modul für den Kopfbereich. Das Modul für den Fußbereich folgt im nächsten ToDo. Darin kopieren Sie das Header-Modul und ändern es dann etwas ab.

> **ToDo: Das Frontend-Modul »Layout – Footer« erstellen**
>
> 1. Öffnen Sie gegebenenfalls das Backend-Modul Layout • Themes • Frontend-Module.
> 2. Duplizieren Sie das Modul Layout – Header mit einem Klick auf das grüne Kreuz rechts neben dem gelben Bleistift. Nach dem Kopieren erscheint rechts oben im Arbeitsbereich der Link Ablage leeren und darunter ein braunes Klemmbrett mit einem weißen Pfeil nach unten.
> 3. Fügen Sie das Modul mit einem Klick auf das Klemmbrett mit dem weißen Pfeil nach unten ein.
> 4. Ändern Sie den Eintrag im Feld Titel in »Layout – Footer«.
> 5. Ändern Sie den Quelltext im Feld HTML-Code wie folgt:
>
>    ```
>    <p>Made with Contao.</p>
>    ```
>
> 6. Klicken Sie auf Speichern und schliessen (Alt + C).

Im Backend sehen Sie jetzt zwei Frontend-Module: Layout – Footer und Layout – Header. Hinter jedem Modul steht in eckigen Klammern und hellgrauer Schrift der Modultyp, auf dem das Modul basiert (Abbildung 6.10).

> **»Ablage leeren«: Kopieren oder Verschieben abbrechen**
> Um einen begonnenen Kopier- oder Verschiebevorgang abzubrechen, klicken Sie einfach oben rechts im Arbeitsbereich auf Ablage leeren.

6.3 Frontend-Module für den Kopf- und den Fußbereich

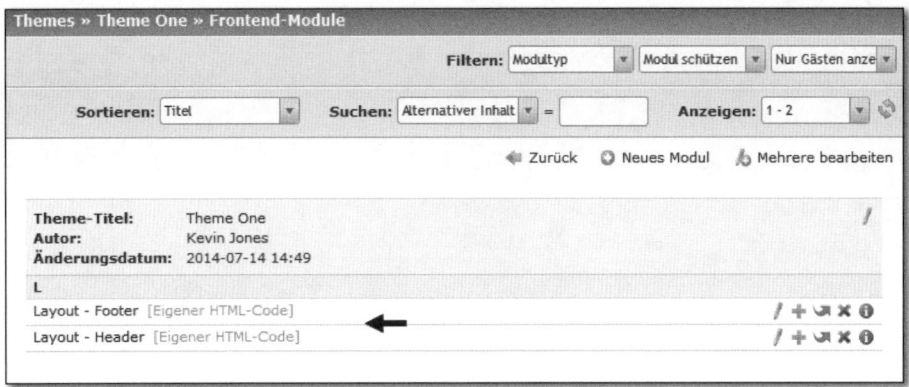

Abbildung 6.10 Zwei Frontend-Module mit Inhalten für Header und Footer

6.3.2 Die Module für den Kopf- und den Fußbereich im Seitenlayout einbinden

Nachdem Sie die beiden Module erstellt haben, werden Sie sie jetzt in das Seitenlayout einbinden, damit Contao weiß, in welchem Layoutbereich der von den Modulen erzeugte Quelltext angezeigt werden soll.

Die Entscheidung ist in diesem Fall ziemlich einfach, denn das Modul LAYOUT – HEADER soll in der Kopfzeile stehen und LAYOUT – FOOTER in der Fußzeile.

> **ToDo: Die Frontend-Module im Seitenlayout einbinden**
> 1. Öffnen Sie das Backend-Modul LAYOUT • THEMES.
> 2. Öffnen Sie die SEITENLAYOUTS zur Bearbeitung (2. Symbol von rechts).
> 3. Klicken Sie im Arbeitsbereich rechts neben dem Seitenlayout STANDARDLAYOUT auf den gelben Bleistift, um die Einstellungen zu bearbeiten.
> 4. Suchen Sie den Bereich FRONTEND-MODULE, und blenden Sie ihn ein.
> 5. Klicken Sie im Bereich EINGEBUNDENE MODULE zweimal auf das grüne Kreuz rechts neben der Liste SPALTE, um die vorhandene Zeile zweimal zu duplizieren, sodass Sie insgesamt drei Zeilen haben.
> 6. Wählen Sie in der ersten Zeile aus der Liste MODUL den Eintrag LAYOUT – HEADER [EIGENER HTML-CODE] und in der Liste SPALTE die KOPFZEILE.
> 7. Wählen Sie in der dritten Zeile aus der Liste MODUL den Eintrag LAYOUT – FOOTER [EIGENER HTML-CODE] und in der Liste SPALTE die FUSSZEILE.
> 8. Lassen Sie alle anderen Einstellungen unverändert.
> 9. Klicken Sie auf SPEICHERN UND SCHLIESSEN ([Alt] + [C]).

Im Frontend sehen die Seiten jetzt so aus wie in Abbildung 6.11.

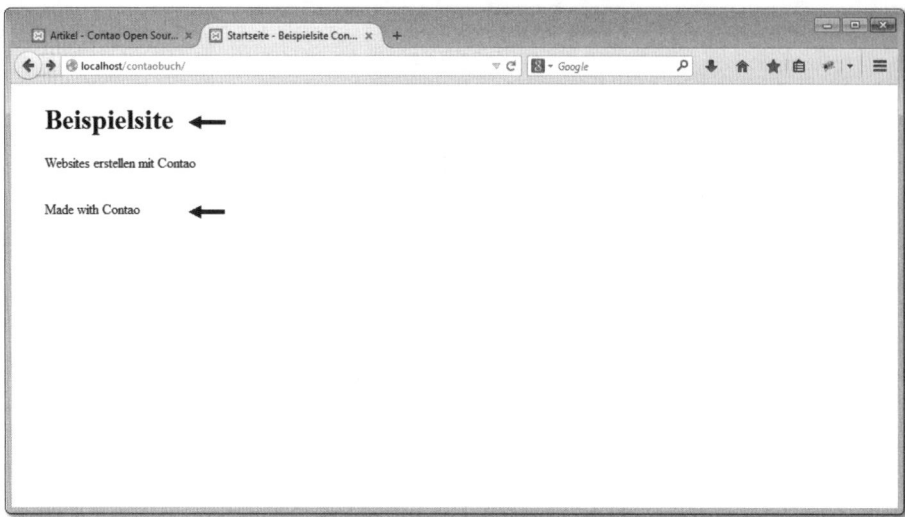

Abbildung 6.11 Die Startseite mit Header und Footer

Im nächsten Abschnitt erstellen Sie einen Artikel und zwei Inhaltselemente, sodass im Hauptbereich der Startseite ein wenig Inhalt erscheint.

> **Die Erweiterung »EasyThemes« erleichtert die Arbeit mit »Themes«**
>
> Bei der Arbeit mit Themes klicken Sie oft zuerst im Navigationsbereich auf das Backend-Modul THEMES und fahren dann mit der Maus ganz nach rechts in den Arbeitsbereich, um die STYLESHEETS, FRONTEND-MODULE oder SEITENLAYOUTS zu bearbeiten.
>
> Falls Ihnen der Weg auf Dauer zu lang ist, werfen Sie einen Blick auf die in Abschnitt 27.1.1 beschriebene Erweiterung *EasyThemes*. Lohnt sich.

6.4   Der erste Artikel und zwei Inhaltselemente

In diesem Abschnitt machen Sie den ersten Abstecher in die Gruppe INHALTE, in der Sie nach der Erstellung und Freischaltung der Site wahrscheinlich die meiste Zeit zubringen werden. In der Gruppe INHALTE sind nämlich alle Backend-Module versammelt, die mit der Erstellung und Verwaltung von Inhalten zu tun haben. Das Wichtigste steht gleich am Anfang und heißt »Artikel«.

6.4.1 Der Artikelbaum: die Übersicht über alle Artikel

Contao zeigt Ihnen im Backend-Modul INHALTE • ARTIKEL mit dem Artikelbaum eine Übersicht aller vorhandenen Artikel, die auf den ersten Blick eine verblüffende Ähnlichkeit mit dem Seitenbaum hat.

Falls der Artikelbaum bei Ihnen nicht wie in Abbildung 6.12 in voller Länge zu sehen ist, klicken Sie im Arbeitsbereich oben auf den Link ALLE UMSCHALTEN.

Bei genauerem Hinsehen ist der Artikelbaum eine erweiterte Version des Seitenbaums aus dem Backend-Modul SEITENSTRUKTUR. Der Artikelbaum zeigt alle in diesem Kapitel erstellten Seiten und darunter jeweils einen gleichnamigen Artikel mit dem hellgrauen Zusatz [HAUPTSPALTE] und einigen Symbolen zur Bearbeitung der Artikel rechts daneben (Abbildung 6.12).

Abbildung 6.12 Der Artikelbaum – Übersicht über die Artikel

Wenn Sie sich wundern, woher diese Artikel stammen: Contao erstellt beim Anlegen einer Seite automatisch einen gleichnamigen Artikel in der Hauptspalte. Da diese Kombination im Alltag mit Abstand am häufigsten benötigt wird, ist das eine sehr praktische Sache.

Seit Contao 3 gibt es übrigens das kleine, aber feine Symbol EINSTELLUNGEN DES ARTIKELS BEARBEITEN rechts neben dem gelben Bleistift, mit dem Sie direkt zu den im folgenden Abschnitt beschriebenen Einstellungen für den Artikel gelangen.

6.4.2 Die Einstellungen für einen Artikel

Nach einem Klick auf den gelben Bleistift rechts neben dem Artikel STARTSEITE [HAUPTSPALTE] sehen Sie unterhalb der Bedienelemente zum Filtern und Suchen die hellgrau hinterlegten *Artikel-Einstellungen* und den Hinweis KEINE EINTRÄGE GEFUNDEN. Mit *Einträge* sind *Inhaltselemente* gemeint, und das stimmt, denn in diesem Artikel gibt es noch keine Inhaltselemente (siehe Abbildung 6.13).

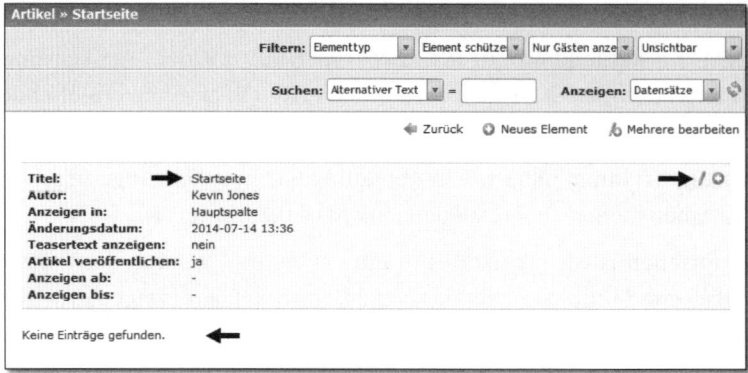

Abbildung 6.13 Der noch leere Artikel auf der Startseite

Zur Bearbeitung der Artikel-Einstellungen klicken Sie in den hellgrau hinterlegten Artikel-Einstellungen auf den gelben Bleistift. Daraufhin erscheint die in Abbildung 6.14 dargestellte Eingabemaske.

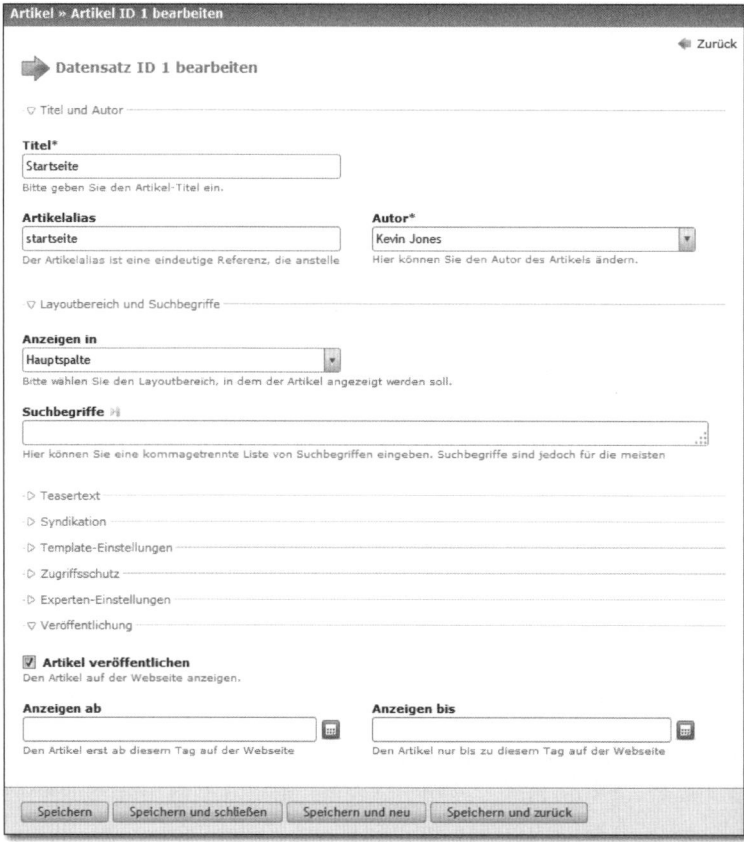

Abbildung 6.14 Die wichtigsten Einstellungen für einen Artikel

Die wichtigsten Einstellungen für einen Artikel sind die folgenden:

- TITEL: Der Artikeltitel erscheint im Artikelbaum und wird als Überschrift verwendet, wenn der Teasertext angezeigt wird. Ohne aktivierten Teaser erscheint dieser Titel nicht auf der Webseite.
- AUTOR: Hier geben Sie den Autor des Artikels ein. Vorgegeben ist der momentan angemeldete Benutzer.
- ARTIKELALIAS wird meist leer gelassen und von Contao automatisch generiert. Kann benutzt werden, um einen Artikel direkt aufzurufen. Im Quelltext wird der Artikelalias als Wert für das Attribut id verwendet, sofern in den Experten-Einstellungen keine andere ID vergeben wurde.
- ANZEIGEN IN: Hier können Sie auswählen, in welchem Layoutbereich der Artikel dargestellt werden soll. Damit der Artikel im Frontend allerdings auch wirklich dort erscheint, muss dem Layoutbereich im Backend-Modul SEITENLAYOUTS das Modul ARTIKEL zugewiesen worden sein.
- Falls Sie SUCHBEGRIFFE eingeben, erscheinen diese automatisch im <head> des Quelltextes im HTML-Element <meta keywords="">. Allerdings kann man sich diese Mühe meist sparen, denn es gibt kaum noch eine Suchmaschine, die dieses Element tatsächlich auswertet.
- ARTIKEL VERÖFFENTLICHEN: Sobald Sie das Kontrollkästchen aktivieren, wird der Artikel im Frontend angezeigt (sofern die dazugehörige Seite auch veröffentlicht ist). Bei einer Live-Site kann es durchaus sinnvoll sein, dass Sie das erst tun, wenn der Artikel fertig ist. Über die FRONTEND-VORSCHAU oben im Infobereich können Sie sich auch unveröffentlichte Artikel im Frontend anschauen.
- Mit den Feldern ANZEIGEN VON und ANZEIGEN BIS können Sie das Erscheinen eines Artikels zeitlich eingrenzen.

In dieser Aufzählung nicht erwähnte Artikel-Einstellungen wie TEASERTEXT und die Kontrollkästchen zur SYNDIKATION in den EXPERTEN-EINSTELLUNGEN kommen später noch dran.

6.4.3 Inhaltselemente zu einem Artikel hinzufügen

Im Schnelldurchlauf in Kapitel 4 haben Sie gelesen, dass Artikel aus Inhaltselementen bestehen und die eigentlichen Inhalte in diesen Inhaltselementen gespeichert werden. In diesem Abschnitt fügen Sie dem Artikel die ersten beiden Inhaltselemente hinzu.

Da der Inhalt des Textes momentan keine große Rolle spielt, benutze ich durchgehend *Fülltext*, der oft auch *Blindtext* genannt wird. Der bekannteste Blindtext ist wahrscheinlich »Lorem ipsum ...«, den Sie sich z. B. von *loremipsum.de* oder *lipsum.com* kopieren können. Auf der Buch-CD finden Sie in den Beispieldateien für dieses Kapitel auch die Datei *loremipsum.txt*, die den in Abbildung 6.15 gezeigten Text enthält.

Im folgenden ToDo fügen Sie dem Artikel zwei Inhaltselemente hinzu: eine Überschrift und darunter ein bisschen Fülltext.

ToDo: Inhaltselemente zu einem Artikel hinzufügen

1. Öffnen Sie das Backend-Modul INHALTE • ARTIKEL.
2. Klicken Sie im Arbeitsbereich rechts auf den gelben Bleistift neben dem Artikel STARTSEITE [HAUPTSPALTE].
3. Klicken Sie im Arbeitsbereich oben auf den Link NEUES ELEMENT. Danach erscheinen oben rechts in den Artikel-Einstellungen ein Hinweis und ein kleines braunes Klemmbrett mit einem Pfeil nach unten.
4. Klicken Sie auf das kleine braune Klemmbrett, um das Inhaltselement direkt nach den Artikel-Einstellungen einzufügen.
5. Wählen Sie in der Liste ELEMENTTYP den Eintrag ÜBERSCHRIFT aus.
6. Geben Sie im Feld ÜBERSCHRIFT den Text »Willkommen auf der Beispielsite« ein, und prüfen Sie, ob in der Liste daneben die Überschriftebene H1 ausgewählt ist.
7. Beenden Sie die Bearbeitung mit SPEICHERN UND NEU ([Alt] + [N]).
8. Contao präsentiert Ihnen danach ein Formular zur Erstellung des Inhaltselements TEXT. Unterhalb des Eingabefeldes für eine ÜBERSCHRIFT sehen Sie im Bereich TEXT/HTML/CODE den Editor TinyMCE, in den Sie Fließtext eingeben und formatieren können.
9. Geben Sie im Editor zwei kurze Absätze beliebigen Blindtext ein.
10. Klicken Sie auf SPEICHERN UND SCHLIESSEN ([Alt] + [C]).

Nach dem Speichern kehren Sie zur Seite mit den Einstellungen für den Artikel zurück. Darunter erscheinen jetzt, wie in Abbildung 6.15 zu sehen, die soeben erstellten Inhaltselemente.

Falls Sie im Inhaltselement TEXT den gesamten Text sehen möchten, klicken Sie auf den grünen Pfeil links unten.

Details zu Inhaltselementen folgen später

In Contao gibt es für viele Inhaltstypen wie Überschriften, Texte (mit Bildern und ohne), Bildergalerien, Tabellen, Listen und vieles mehr vorgefertigte Elemente. Wann man welche wie und wo am besten einsetzt, erfahren Sie in Kapitel 9, »Inhaltselemente für Texte und Bilder«, und Kapitel 10, »Weitere nützliche Inhaltselemente«.

6.4 Der erste Artikel und zwei Inhaltselemente

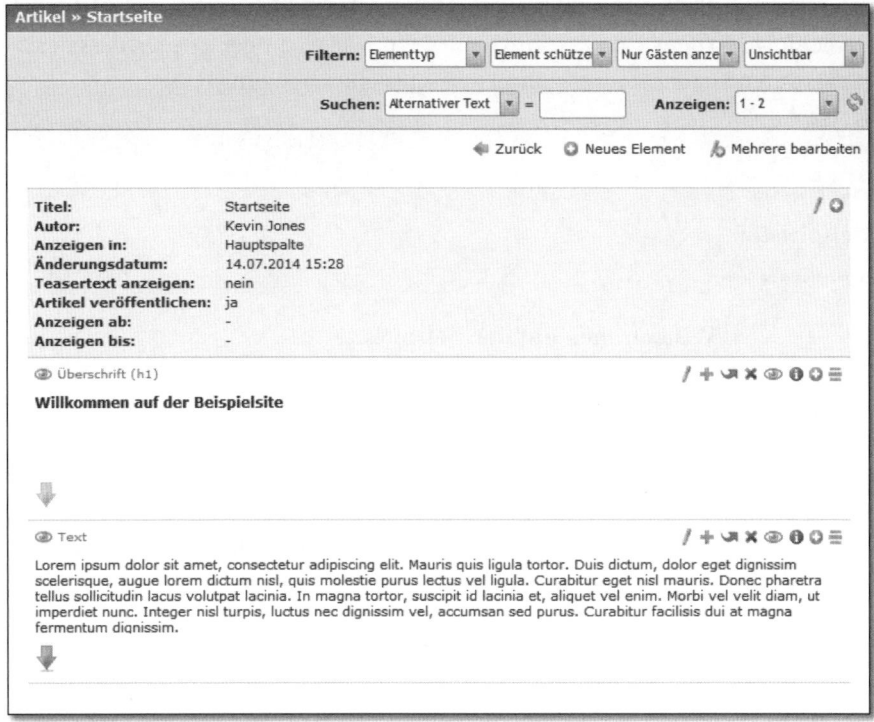

Abbildung 6.15 Die ersten selbst erstellten Inhaltselemente

6.4.4 Prüfen, ob Artikel im Seitenlayout eingebunden sind

Im folgenden ToDo prüfen Sie, ob für die Hauptspalte erstellte Artikel im Seitenlayout eingebunden werden, sodass der eben erstellte Artikel auch tatsächlich in der Hauptspalte im Frontend erscheint.

> **ToDo: Den Artikel im Seitenlayout einbinden**
>
> 1. Öffnen Sie das Backend-Modul LAYOUT • THEMES • SEITENLAYOUTS.
> 2. Öffnen Sie das STANDARDLAYOUT zur Bearbeitung.
> 3. Blenden Sie den Bereich FRONTEND-MODULE ein.
> 4. Prüfen Sie, ob dort eine Zeile existiert, bei der in der Liste MODUL der Eintrag ARTIKEL [ARTIKEL] und in der Liste SPALTE die HAUPTSPALTE ausgewählt ist.
>
>   Sollte das aus irgendeinem Grunde nicht der Fall sein, erstellen Sie eine solche Zeile, indem Sie eine der vorhandenen Zeilen mit einem Klick auf das grüne Kreuz duplizieren und dann entsprechend ändern.
> 5. Lassen Sie alle anderen Einstellungen unverändert.
> 6. Klicken Sie auf SPEICHERN UND SCHLIESSEN ([Alt] + [C]).

Contao ordnet die Zeilen mit den eingebundenen Modulen nach dem Speichern in der Reihenfolge, in der sie im Quelltext auftreten. Viel wichtiger ist aber, dass der Artikel im Frontend in der Hauptspalte erscheint (siehe Abbildung 6.16).

Abbildung 6.16 Der Artikel erscheint auf der Startseite in der Hauptspalte.

6.4.5 Inhalt für die anderen Seiten erstellen mit »Mehrere bearbeiten«

Die Seiten DOWNLOADS, KONTAKT und IMPRESSUM existieren ja bereits und können im Browser auch bereits aufgerufen werden, auch wenn die Adressen noch etwas umständlich sind (eine Navigation folgt im nächsten Abschnitt):

- *localhost/contaobuch/index.php/downloads.html*
- *localhost/contaobuch/index.php/kontakt.html*
- *localhost/contaobuch/index.php/impressum.html*

Diese drei Seiten schauen ein bisschen neidisch auf die STARTSEITE, weil die immerhin schon eine Überschrift und zwei Textabsätze hat.

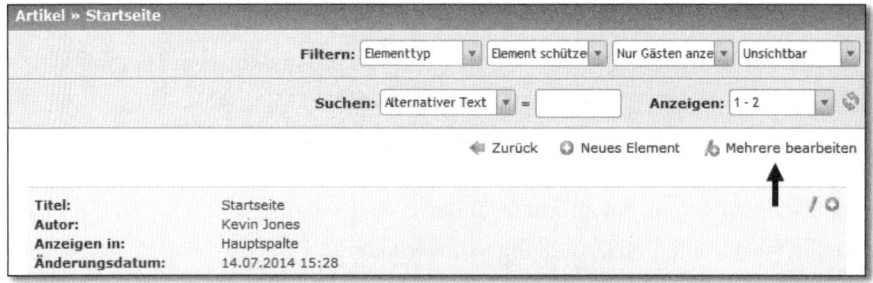

Abbildung 6.17 Die praktische Funktion »Mehrere bearbeiten«

6.4 Der erste Artikel und zwei Inhaltselemente

Im folgenden ToDo lernen Sie die phantastische Option MEHRERE BEARBEITEN kennen, mit der Sie die vorhandenen Inhaltselemente einfach in andere Artikel kopieren und dann die Überschrift entsprechend ändern.

> **ToDo: »Mehrere bearbeiten« – Inhalte für die anderen Seiten**
>
> 1. Öffnen Sie das Backend-Modul ARTIKEL, und klicken Sie im Arbeitsbereich auf den gelben Bleistift rechts neben dem Artikel STARTSEITE [HAUPTSPALTE].
> 2. Klicken Sie im Arbeitsbereich oben rechts auf den Link MEHRERE BEARBEITEN.
> 3. Aktivieren Sie darunter das Kontrollkästchen nach ALLE AUSWÄHLEN, um alle Inhaltselemente zu markieren.
> 4. Klicken Sie unten auf die Schaltfläche KOPIEREN, um die markierten Inhaltselemente in die Ablage zu kopieren.
> 5. Klicken Sie oben im Arbeitsbereich auf den grünen Pfeil ZURÜCK.
> 6. Klicken Sie im Artikelbaum rechts auf den gelben Bleistift neben dem Artikel DOWNLOADS [HAUPTSPALTE].
> 7. Fügen Sie die kopierten Inhaltselemente mit einem Klick auf das braune Symbol mit dem weißen Pfeil nach unten aus der Ablage in den Artikel DOWNLOADS ein.
> 8. Öffnen Sie das Inhaltselement ÜBERSCHRIFT zur Bearbeitung, und ändern Sie den Text der Überschrift in »Downloads«.
> 9. Klicken Sie auf SPEICHERN UND SCHLIESSEN ([Alt] + [C]).
> 10. Wiederholen Sie diese Schritte sinngemäß, sodass Sie auch auf den Seiten KONTAKT und IMPRESSUM jeweils eine Überschrift und ein bisschen Text einfügen.

Nach diesem ToDo haben Sie jetzt vier Webseiten mit einem Header, einem Footer, einer Überschrift und ein bisschen Blindtext im Inhaltsbereich (Abbildung 6.18).

Abbildung 6.18 Die Seite »Downloads« mit den kopierten Inhaltselementen

Jetzt fehlt nur noch eine Navigation, damit Sie sich bequem hin- und herbewegen können.

> **Seltsame URLs: »index.php/startseite.html«**
> Falls Ihnen im Quelltext URLs wie »index.php/startseite.html« aufgefallen sind – die werden Sie in Kapitel 20, »SEO: die Optimierung für Suchmaschinen«, in eine elegantere Variante ändern.

6.5 Ein Frontend-Modul für die Navigation: »Nav – Main«

In diesem Abschnitt erstellen Sie ein Frontend-Modul für die Hauptnavigation, das aus dem Seitenbaum eine Navigation erzeugt und das über das Seitenlayout so eingebunden wird, dass es in der linken Spalte erscheint.

6.5.1 Ein Navigationsmodul erstellen

Das Erstellen der Hauptnavigation besteht aus zwei Schritten: Zuerst müssen Sie das Modul erstellen und konfigurieren, danach wird im Seitenlayout festgelegt, in welchem Bereich das Modul erscheinen soll.

> **ToDo: Ein Navigationsmodul erstellen**
> 1. Öffnen Sie das Backend-Modul LAYOUT • THEMES.
> 2. Öffnen Sie die FRONTEND-MODULE zur Bearbeitung (3. Symbol von rechts).
> 3. Klicken Sie im Arbeitsbereich oben auf NEUES MODUL.
> 4. Geben Sie im Feld TITEL »Nav – Main« ein.
> 5. Lassen Sie das Feld ÜBERSCHRIFT einfach leer, da die Navigation keine Überschrift haben soll.
> 6. Prüfen Sie, ob als MODULTYP die Option NAVIGATIONSMENÜ ausgewählt ist.
> 7. Lassen Sie alle anderen Optionen wie STARTLEVEL, STOPLEVEL und HARDLIMIT unverändert, und denken Sie nicht zu viel darüber nach. Das kommt ausführlich in Kapitel 8, »Navigationen erstellen in Contao«.
> 8. Überprüfen Sie, ob im Bereich TEMPLATE-EINSTELLUNGEN das Navigationstemplate *nav_default* ausgewählt ist.
> 9. Klicken Sie auf SPEICHERN UND SCHLIESSEN (Alt + C).

Abbildung 6.19 zeigt die wichtigsten im ToDo gemachten Einstellungen im Überblick.

6.5 Ein Frontend-Modul für die Navigation: »Nav – Main«

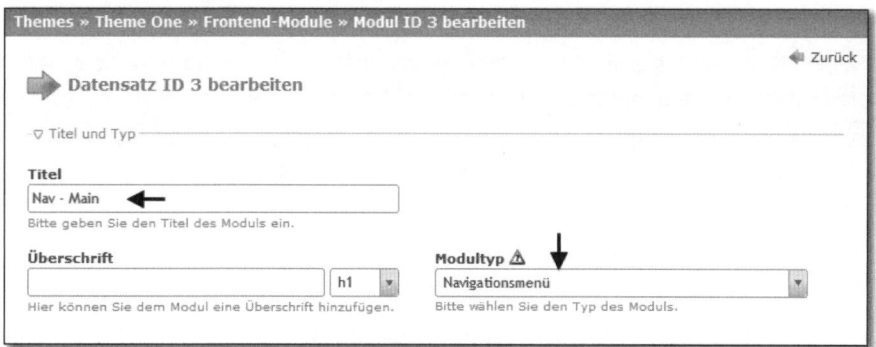

Abbildung 6.19 Die wichtigsten Einstellungen für das Modul »Nav – Main«

Das Modul NAV – MAIN ist nach wenigen Klicks fertig zum Einsatz, aber noch gibt es im Browser nichts zu sehen, denn Contao muss noch wissen, in welchen Layoutbereich die Navigation eingebaut werden soll.

Das Modul muss übrigens nicht unbedingt NAV – MAIN heißen, aber wenn alle Navigationsmodule mit NAV beginnen, stehen sie später alle schön ordentlich untereinander und lassen sich so besser von anderen Modulen für Events, News, FAQ oder das Layout unterscheiden.

> **Das Template »nav_default«**
>
> Im Template *nav_default* wird festgelegt, welches HTML das Navigationsmodul erzeugen soll. Mehr dazu erfahren Sie weiter hinten in diesem Kapitel in Abschnitt 6.7, »Templates erstellen das HTML für den Quelltext«. Momentan ist es nur wichtig, dass es ein solches Template gibt.

6.5.2 Das Navigationsmodul im Seitenlayout einbinden

In diesem Abschnitt wird das soeben erstellte Navigationsmodul mit dem Seitenlayout verbunden oder, wie es im Contao-Jargon heißt, »eingebunden«. Nach dem folgenden ToDo erscheint die Navigation im Frontend.

> **ToDo: Das Navigationsmodul im Seitenlayout einbinden**
>
> 1. Öffnen Sie das Backend-Modul LAYOUT • THEMES • SEITENLAYOUTS.
> 2. Klicken Sie rechts neben dem STANDARDLAYOUT auf den gelben Bleistift, um die Einstellungen zu bearbeiten. Sie können gerade nicht benötigte Bereiche per Klick auf die grüne Überschrift ausblenden.
> 3. Blenden Sie den Bereich FRONTEND-MODULE ein. Dort sind unter der Überschrift »Eingebundene Module« bereits drei Zeilen vorhanden.

4. Fügen Sie eine neue Zeile hinzu, indem Sie eine beliebige vorhandene Zeile mit einem Klick auf das grüne Kreuz daneben duplizieren. Contao sortiert die Zeilen nach dem Speichern automatisch neu.
5. Wählen Sie in der duplizierten Zeile in der Liste MODUL das Modul NAV – MAIN [NAVIGATIONSMENÜ] und in der Liste SPALTE die LINKE SPALTE.
6. Lassen Sie alle anderen Einstellungen unverändert.
7. Klicken Sie auf SPEICHERN UND SCHLIESSEN ([Alt] + [C]).

Jetzt weiß Contao, dass der vom Navigationsmodul erzeugte Quelltext in der linken Spalte dargestellt werden soll. Abbildung 6.20 zeigt, wie das im Frontend aussieht.

Abbildung 6.20 Die Navigation erscheint in der linken Spalte.

Das Navigationsmodul erzeugt in der linken Spalte eine ungeordnete Liste. Klicken Sie sich am besten einmal durch, und beobachten Sie dabei, was passiert: Der Titel der Webseiten ändert sich, und die jeweils aktuelle Seite ist in der Navigation kein Link mehr. Alles automatisch.

6.5.3 Die Seite »News« erstellen

Um ein Gefühl für die Flexibilität des Navigationsmoduls zu bekommen, erweitern Sie im folgenden TODO die Seitenstruktur um die Seite NEWS, die danach automatisch in der Navigation erscheint.

> **ToDo: Die Seitenstruktur um die Seite »News« erweitern**
> 1. Öffnen Sie das Backend-Modul Layout • Seitenstruktur.
> 2. Fügen Sie unterhalb der Startseite eine neue Seite vom Typ Reguläre Seite ein.
> 3. Der Seitenname ist News.
> 4. Aktivieren Sie weiter unten die Option Seite veröffentlichen.
> 5. Klicken Sie auf Speichern und schliessen.

Damit die Seite News nicht ganz leer ist, kopieren Sie am besten wie weiter oben beschrieben mit der Funktion Mehrere bearbeiten Überschrift und Text von einer anderen Seite und ändern die Überschrift in »News«. Das Frontend sieht dann nach dem Neuladen der Seite so aus wie in Abbildung 6.21.

Abbildung 6.21 Die Hauptnavigation bildet den Seitenbaum ab.

In Contao erstellen Sie mit wenigen Klicks und ohne selbst zu programmieren eine sehr flexible Navigation. Gestaltet wird die Navigation später per CSS.

Die Arbeit mit einem Frontend-Modul besteht übrigens fast immer aus den zwei gezeigten Schritten:

- Zuerst wird das Frontend-Modul im Bereich Layout • Themes • Frontend-Module erstellt.
- Dann wird das Frontend-Modul ins Seitenlayout eingebunden, damit Contao weiß, wo der vom Modul erzeugte Quelltext hingehört.

Zunächst werden Sie die Module in das Seitenlayout einbinden, sodass sie automatisch auf allen Seiten erscheinen. Später lernen Sie die Möglichkeit kennen, ein Modul in einen Artikel einzubinden, sodass es nur auf einer Seite erscheint. Aber immer schön eins nach dem anderen.

6.6 Ein kurzer Blick in den Quelltext

Nach der Erstellung der Navigation wird es Zeit, einmal einen kurzen Blick in den Quelltext zu werfen. Dieser Quelltext ist nicht irgendwo fix und fertig auf dem Webspace gespeichert, sondern wird dynamisch von Contao erstellt, wenn ein Browser die Seite anfordert.

6.6.1 Der Style-Block im `<head>`

Im `<head>`-Bereich des Quelltextes gibt es einen Style-Block, in dem das Layout der Seite definiert wird.

```
</style>
```

Listing 6.1 zeigt diesen Style-Block etwas übersichtlicher formatiert:

```
<style>
  #wrapper{ width:960px; margin:0 auto }
  #left{ width:180px; right:180px }
  #right{ width:180px }
  #container{ padding-left:180px; padding-right:180px }
</style>
```

Listing 6.1 Der Style-Block im `<head>`

Diesen Style-Block generiert der Layout-Builder als Teil des CSS-Frameworks aus den im Seitenlayout gemachten Angaben. Ergänzt wird dieser Block durch Styles, die Contao im Ordner *assets/contao/css/* in den Stylesheets *layout.css* und *responsive.css* aufbewahrt, aber dazu erfahren Sie später im Kapitel über das CSS-Framework von Contao noch mehr.

6.6.2 Die Layoutbereiche aus dem Seitenlayout im `<body>`

Der Style-Block formatiert die Layoutcontainer, die etwas weiter unten im `<body>` der Seite stehen. Listing 6.2 zeigt einen Ausschnitt aus dem vorhandenen Quelltext:

```
<body id="top" class=" win firefox gecko fx14">
  <div id="wrapper">
    <header id="header"> </header>
```

```
    <div id="container">
      <div id="main"> </div>
      <aside id="left"> </aside> </div>
    </div>
      <footer id="footer"> </footer>
  </div>
</body>
```

Listing 6.2 HTML-Grundgerüst der Startseite

Die Layoutbereiche KOPFZEILE, HAUPTSPALTE, LINKE SPALTE und FUSSZEILE, die im Seitenlayout von Contao definiert wurden, sind in Listing 6.2 fett hervorgehoben.

Der Layoutbereich RECHTE SPALTE ist zwar im Seitenlayout ebenfalls bereits definiert, taucht aber im Quelltext noch nicht auf, weil darin keinerlei Inhalt vorhanden ist. Er würde zwischen `<aside id="left">` und dem schließenden `</div>` von `<div id="container">` stehen.

In Tabelle 6.2, die die fünf Layoutbereiche von Contao in der Reihenfolge des Auftretens im Quelltext zeigt, ist die rechte Spalte bereits mit aufgenommen.

Nr.	Name im Seitenlayout	HTML-Element im Quelltext
1.	KOPFZEILE	`<header id="header"></header>`
2.	HAUPTSPALTE	`<div id="main"></div>`
3.	LINKE SPALTE	`<aside id="left"></aside>`
4.	RECHTE SPALTE	`<aside id="right"></aside>`
5.	FUSSZEILE	`<footer id="footer"></footer>`

Tabelle 6.2 Die Layoutbereiche im Seitenlayout und im HTML

Bemerkenswert ist dabei die Reihenfolge der Layoutbereiche: Die Hauptspalte #main erscheint vor den beiden Seitenspalten. Bis Contao 2.11 und bei allen klassischen, float-basierten Layouts ist diese Reihenfolge anders: Zuerst kommt #left, dann #right und erst danach der Inhaltsbereich #main.

Wenn die Spalten im Browser nebeneinander dargestellt werden, ist die Reihenfolge im Quelltext nicht so wichtig, aber für Suchmaschinen und mobile Endgeräte wäre es an sich besser, wenn der Inhaltsbereich #main im Quelltext zuerst kommt. Suchmaschinen finden so den Inhalt schneller, und auf dem Smartphone und anderen kleinen Bildschirmen, auf denen die Spalten untereinanderstehen, muss man nicht erst lange scrollen, um zum Inhalt zu gelangen.

Um die Reihenfolge aus Tabelle 6.2 zu erreichen, wurde das CSS-Framework von Contao auf das »Holy-Grail«-Prinzip umgestellt, bei dem mit dem geschickten Einsatz von `float` und negativen Margins genau diese Reihenfolge erreicht wird. Mehr zum »Holy Grail« erfahren Sie im Kapitel über das CSS-Framework von Contao.

6.7 Templates erstellen das HTML für den Quelltext

Zum Abschluss dieses Kapitels werfen Sie noch einen kurzen Blick auf die Funktionsweise von Templates. Der Begriff Template benennt in Contao zum Teil sehr verschiedene Dinge. Zunächst einmal gibt es eine grobe Unterscheidung in zwei große Gruppen:

- Frontend-Templates
- alle anderen Arten von Templates

Im folgenden Abschnitt werden die Unterschiede kurz erläutert.

6.7.1 Frontend-Templates haben die Endung .sql

Ein *Frontend-Template* ist eine Datei mit der Endung *.sql* und eine komplette *Website* inklusive Inhalt, Stylesheets, Benutzer und allem Drum und Dran und wird auch *Website-Template* oder *Contao-Template* genannt.

Ein Frontend-Template enthält SQL-Daten, wird mit dem Installtool importiert und überschreibt alle in der Datenbank vorhandenen Daten. Sie können also nicht mal eben so ein neues Frontend-Template ausprobieren. Es gilt die Gleichung *neues Frontend-Template = neue Website = alte Website weg*. Und weg *ist* in diesem Falle wirklich weg. Unwiederbringlich.

> **Frontend-Templates können sehr praktisch sein**
>
> Mehr über die Arbeit mit Frontend-Templates erfahren Sie in Abschnitt 24.5. Dort wird auch beschrieben, wie Sie mit den Frontend-Templates aus den Beispieldateien nur ein bestimmtes Kapitel aus diesem Buch durcharbeiten können.

6.7.2 Alle anderen Templates mit der Endung .html5 oder .xhtml

Diese Templates erzeugen die HTML-Ausgabe für das Frontend, die vollständig auf solchen Templates basiert, und haben die Endungen *.html5* oder *.xhtml*, je nachdem, welches Ausgabeformat Sie im Seitenlayout festgelegt haben. Da Sie in diesem Kapitel das Ausgabeformat HTML gewählt haben, ist die relevante Template-Endung *.html5*.

Die Templates mit den Endungen *.html5* und *.xhtml* kann man wiederum in drei Untergruppen aufteilen, die für unterschiedliche Bereiche einer Webseite zuständig sind:

- **Seitentemplates wie »fe_page.html5«**
  Seitentemplates erzeugen die grundlegende HTML-Struktur für die Webseiten und werden im Contao-Jargon manchmal auch *Layouts* genannt, was aber eher missverständlich sein dürfte. Für die meisten Websites sollte ein einziges Seitentemplate ausreichen, und sofern nichts wirklich Wichtiges dagegenspricht, sollte das *fe_page.html5* sein, das Standard-Seitentemplate von Contao.

- **Modultemplates wie »mod_newslist.html5«**
  Modultemplates kümmern sich um das HTML für ein Frontend-Modul oder ein Inhaltselement und werden manchmal auch *Views* genannt. Es gibt sehr viele Modultemplates, denn in Contao basiert die HTML-Ausgabe für alle Module und Inhaltselemente auf einem Template.

- **Subtemplates wie »news_short.html5«**
  Subtemplates sind sehr viel seltener als Modultemplates und werden manchmal auch *Partials* genannt. Sie sind für einen Teil der HTML-Ausgabe eines Moduls zuständig, insbesondere für wiederkehrende, sich wiederholende Inhalte.

Die Templates werden übrigens gut versteckt in den Unterordnern von *system/modules* aufbewahrt. Dort hat jedes Modul einen Unterordner namens *templates*. Geändert und angepasst werden Templates aber *niemals* direkt in diesen Ordnern, sondern immer über das Backend-Modul LAYOUT • TEMPLATES. Gleich folgt mehr dazu, aber zunächst werfen wir noch einen Blick auf das HTML der Navigation.

Templates vs. Frontend-Templates

Wenn ich in diesem Buch von *Templates* spreche, meine ich immer die Dateien mit der Endung *.html5* bzw. *.xhtml*. Ein *Frontend-Template* mit der Endung *.sql* wird immer mit vollem Namen angesprochen und als *Frontend-Template*, *Website-Template* oder *Contao-Template* bezeichnet.

6.7.3 Debugmodus: Template-Marker zeigen, welches Template den Quelltext erzeugt

Wenn Sie den von Contao untersuchten Quelltext im Browser untersuchen, stellt sich sehr bald die Frage, welcher Quelltextschnipsel von welchem Template erzeugt wurde.

Im normalen Quelltext gibt es als Indiz die Namen der Klassen für bestimmte Elemente, und manchmal reicht dies bereits aus. Um zum Beispiel herauszufinden, wie die Navigation in der linken Spalte funktioniert, klicken Sie im Browser mit der rechten Maustaste auf den fraglichen Bereich ❶, wählen im Kontextmenü Ihres Browsers den Befehl ELEMENT UNTERSUCHEN ❷ und schauen sich dann den Quelltext in Ruhe an ❸ (Abbildung 6.22).

Abbildung 6.22 Quelltext analysieren im Browser

Im Quelltext sehen Sie, dass die Navigation in einem nav-Element mit der Klasse mod_navigation sitzt, und das entsprechende Template heißt dann *mod_navigation.html5* bzw. *mod_navigation.xhtml*.

Für eine erste Analyse reicht das aus, aber für eine genaue Analyse des Quelltextes gibt es in Contao den *Debugmodus*, der detailliertere Auskünfte erteilt. Im folgenden ToDo aktivieren Sie den Debugmodus und schauen sich dann das Frontend im Browser an.

> **ToDo: Debugmodus aktivieren**
> 1. Öffnen Sie das Backend-Modul SYSTEM • EINSTELLUNGEN.
> 2. Kreuzen Sie im Bereich GLOBALE EINSTELLUNGEN die Option DEBUGMODUS AKTIVIEREN an.
> 3. Klicken Sie auf SPEICHERN UND SCHLIESSEN (Alt + C).
> 4. Wechseln Sie ins Frontend, laden Sie die Startseite neu, und untersuchen Sie die Navigation im Browser.

Abbildung 6.23 zeigt, dass im Debugmodus unten im Browserfenster eine neue Leiste erscheint, die Informationen über die Erzeugung der Seite durch Contao gibt.

Interessanter ist im Zusammenhang mit Templates aber der Quelltext, denn dort erscheinen im Debugmodus Kommentare, die mit <!-- Template Start … -> und <!-- Template End … --> gekennzeichnet sind.

Abbildung 6.23 Im Debugmodus werden im Quelltext Template-Marker angezeigt.

Wenn Sie auf die jeweilige Zeile klicken, wird der gesamte Pfad und der Dateiname des Templates angezeigt. So können Sie im Quelltext sehen, dass die Navigation von *zwei* Templates erzeugt wird:

- Das nav-Element kommt vom Template *mod_navigation.html5*.
- Die ungeordnete Liste innerhalb der Navigation kommt von *nav_default.html5*.

Beim Erstellen und Gestalten der Website sind diese Template-Marker später sehr nützlich.

> **Nicht vergessen: »Debugmodus« wieder ausstellen**
>
> Der Debugmodus wird im Frontend nur angezeigt, wenn im selben Browser ein Benutzer im Backend angemeldet ist. Die Besucher der Website werden die Debuginfos also nicht zu sehen bekommen. Trotzdem sollten Sie den Debugmodus nach getaner Analyse wieder deaktivieren.

6.7.4 Das HTML der Navigation im Quelltext

Der Quelltext für die Navigation der Beispielsite wird also wie gesehen vom Modultemplate *mod_navigation.html5* und dem Subtemplate *nav_default.html5* erzeugt.

Listing 6.3 zeigt den Quelltext der gesamten Navigation, wobei ich die Werte der Attribute href und title durch Punkte ersetzt habe, um das Listing übersichtlicher zu halten. Das Modultemplate *mod_navigation.html5* erzeugt das umschließende nav und den Skiplink, das Subtemplate die ungeordnete Liste dazwischen.

```
<!-- indexer::stop -->
<nav class="mod_navigation block">
<a href="…" class="invisible">Navigation überspringen</a>
<ul class="level_1" role="menubar">
  <li class="active first">
  <span class="active first" role="menuitem">Startseite</span>
  </li>
  <li class="sibling">
  <a href="…" class="sibling" role="menuitem" title="…">News</a>
  </li>
  <li class="sibling">
  <a href="…" class="sibling" role="menuitem" title="…">Downloads</a>
  </li>
  <li class="sibling">
  <a href="…" class="sibling" role="menuitem" title="…">Kontakt</a>
  </li>
  <li class="sibling last">
  <a href="…" title="Impressum" class="sibling last">Impressum</a>
  </li>
<ul>
<a … id="skipNavigation1" class="invisible"> </a>
</nav>
<!-- indexer::continue -->
```

Listing 6.3 Das HTML für die vertikale Navigation in der linken Spalte

Der Quelltext der Navigation ist wie folgt aufgebaut:

- Die Navigation ist im Quelltext von einem nav-Element mit den Klassen mod_navigation und block umgeben. nav ist ein HTML5-Element zur Auszeichnung wichtiger Navigationsblöcke.
- Am Anfang und am Ende befindet sich ein zweiteiliger Skiplink, der mit der Klasse invisible ausgeblendet wird.
- Kern der Navigation ist die ungeordnete Liste mit der Klasse level_1.

- Der aktive Navigationspunkt bekommt im li die Klasse active zugewiesen. Außerdem wird der Link durch ein span ersetzt, das ebenfalls die Klasse active hat.
- Die anderen Listenelemente enthalten alle einen Hyperlink.
- Der erste und der letzte Listenpunkt haben zusätzlich noch die Klassen first bzw. last.

Es handelt sich also um eine klassische ungeordnete Liste mit einem umgebenden nav und einem integrierten Skiplink. Durch die geschickte Vergabe der Klassen im HTML ist es später ziemlich leicht, die Navigation per CSS nach Wunsch zu stylen.

`<!-- indexer::stop -->` und `<!-- indexer::continue -->` sind übrigens Anweisungen für die interne Suchmaschine von Contao, damit sie die Zeilen dazwischen nicht in den Suchindex aufnimmt.

6.7.5 Backend-Modul »Templates«: Templates update-sicher anpassen

Die Templates in den Ordnern unterhalb von *system/modules/* sollten Sie unter keinen Umständen selbst ändern. Erstens ist es gefährlich, mit der bloßen Hand in einen laufenden Motor zu greifen, und zweitens sind Änderungen in diesem Ordner nicht update-sicher und werden beim nächsten Update von Contao überschrieben.

Für update-sichere Änderungen an Templates gibt es das Backend-Modul TEMPLATES, das im Ordner */templates* direkt unterhalb des Hauptordners eine Kopie des Originaltemplates aus dem Systemordner anlegt. Diese Kopie können Sie nach Belieben untersuchen, bearbeiten und verändern. Bei einem Update lässt Contao die Templates in diesem Ordner in Ruhe.

Contao sucht ein Template zunächst im Ordner */templates*, wo die von Ihnen geänderten Templates aufbewahrt werden. Gibt es das gesuchte Template dort, wird es benutzt. Gibt es das gesuchte Template nicht, läuft Contao schnell weiter zum Systemordner und nimmt das Original. Langer Rede kurzer Sinn:

- Um sich das Template *nav_default.html5* anzuschauen, öffnen Sie nicht das Original aus dem Systemordner im Editor.
- Stattdessen erstellen Sie mit dem Backend-Modul TEMPLATES eine Kopie von *nav_default.html5* und untersuchen diese Kopie.

Genau das machen Sie im folgenden ToDo.

> **ToDo: Eine Kopie des Subtemplates »nav_default.html5« erstellen**
> 1. Öffnen Sie in der Gruppe LAYOUT das Backend-Modul TEMPLATES.
> 2. Klicken Sie im Arbeitsbereich oben auf den Link NEUES TEMPLATE.

3. Wählen Sie in der beeindruckend langen Liste der Templates den Eintrag *nav_default.html5*, indem Sie den Dateinamen in das Suchfeld eingeben und das Template dann per Tastatur oder Maus auswählen.
4. Das Zielverzeichnis ist der Ordner *templates/theme_one*.
5. Klicken Sie auf die Schaltfläche TEMPLATE ERSTELLEN.

Nach diesem ToDo erscheint im Backend-Modul TEMPLATES ein Template mit dem Namen *nav_default.html5*. Rechts daneben gibt es fünf Symbole:

▶ Der gelbe Bleistift dient zum Umbenennen des Templates.
▶ Mit dem grünen Kreuz können Sie eine Kopie des Templates erstellen.
▶ Der blaue Pfeil dient dazu, das Template in einen anderen Ordner zu verschieben.
▶ Ein blau-weißes Symbol dient zum Bearbeiten des Templates in einem Editor.
▶ Last, but not least gibt es ein rotes X: Damit löschen Sie das Template.

Abbildung 6.24 zeigt das Template und die fünf Symbole im Backend.

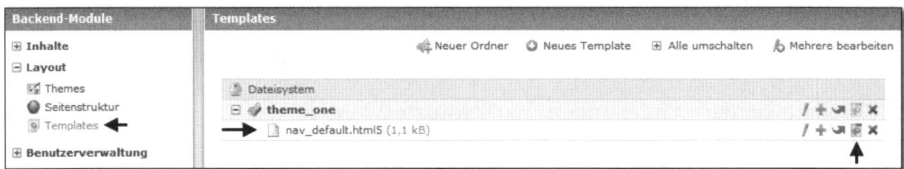

Abbildung 6.24 Eine Kopie des Subtemplates »nav_default.html5«

Im Dateisystem auf Ihrem Webspace wurde im Ordner *templates/theme_one* direkt unterhalb des Root-Ordners die Datei *nav_default.html5* erstellt, und zwar mit einem Speicherdatum, das noch nicht allzu lange her sein dürfte. Das Originaltemplate liegt nach wie vor ungeändert im Systemordner.

Wenn also nach der Untersuchung des Templates im nächsten Abschnitt wider Erwarten etwas völlig danebengehen sollte und Contao im Frontend keine Navigation mehr darstellt, dann löschen Sie einfach im Backend-Modul TEMPLATES die Kopie von *nav_default.html5*, und alles ist wieder so wie vorher.

Debugmodus: Der Pfad im Template-Marker – system oder templates

In Abschnitt 6.7.3, »Debugmodus: Template-Marker zeigen, welches Template den Quelltext erzeugt«, wurde beschrieben, dass Contao im Debugmodus anzeigt, welches Template welchen Quelltext erzeugt. Der dort angezeigte Pfad ist nicht uninteressant: Beginnt der Pfad mit *system/...*, ist es ein Originaltemplate von Contao, beginnt er hingegen mit *templates/...*, handelt es sich um eine von Ihnen erstellte und eventuell geänderte Templatekopie.

6.7.6 Ein kurzer Blick in das Template »nav_default.html5«

Falls Sie noch nie eine PHP-Anweisung wie `<?php echo "Hallo"; ?>` gesehen haben, erschrecken Sie nicht:

- PHP-Anweisungen beginnen im Quelltext immer mit `<?php` und enden mit `?>`.
- PHP-Anweisungen werden vom PHP-Interpreter abgearbeitet und durch Quelltext ersetzt.

Der Befehl `echo` hat nichts mit der Akustik in gebirgigen Gegenden zu tun, sondern ist PHP für »Schreibe in den Quelltext«. Die Anweisung `<?php echo "Hallo"; ?>` schreibt also einfach das Wort »Hallo« in den Quelltext – ohne die Anführungsstriche.

Das Grundprinzip des Quelltextes in *nav_default.html5* ist wie folgt:

- Zuerst wird eine ungeordnete Liste erstellt. Diese Liste bekommt die Ebene der Seite in der Seitenstruktur gleich als Klasse mitgeliefert. Für die erste Ebene lautet das Ergebnis `<ul class="level_1">`.
- Nach `<ul>` folgt ein `foreach`, und vor `</ul>` steht das entsprechende `endforeach`. Das bedeutet nichts anderes, als dass der ganze Block dazwischen für jeden Menüpunkt wiederholt wird. *For each* heißt für jeden. Programmierer nennen das eine Schleife.
- Bei der Erstellung der Listenpunkte `li` innerhalb der Schleife wird zwischen aktiven und nicht aktiven Menüpunkten unterschieden:
  - Die Bedingung `if ($item['isActive'])` lautet frei übersetzt »Wenn das Ding aktiv ist«, also wenn der Menüpunkt für die gerade dargestellte Seite steht.
  - In dem Fall wird im Listenpunkt anstelle eines Hyperlinks ein `span` erzeugt, und sowohl das `li` als auch das `span` bekommen die Klasse `active` (und noch ein paar andere, falls welche definiert wurden).
  - Ist der Menüpunkt nicht aktiv, gilt der Block unterhalb von `else`.
  - Hier wird ein `li` mit einem Hyperlink `a` erstellt, bei dem abgefragt wird, ob Attribute wie `accesskey` oder `tabindex` eingebaut werden sollen.

Das ist der Aufbau des Subtemplates für die Navigationsliste. Wie gesagt: Wenn Sie PHP-Befehle vorher noch nie gesehen haben, wirkt das ein bisschen – sagen wir mal – unübersichtlich. Wer mit PHP vertraut ist, wird keine Schwierigkeiten haben, hier seine eigenen Änderungen und Wünsche umzusetzen.

Sie haben in diesem Abschnitt das Prinzip der Templates kennengelernt und dabei eine Kopie des Templates *nav_default.html5* erstellt. Diese Kopie benötigen Sie vorerst nicht mehr und löschen sie im folgenden ToDo gleich wieder. Contao benutzt dann wieder das Original aus dem Systemordner.

> **ToDo: Die Kopie des Subtemplates »nav_default.html5« löschen**
> 1. Öffnen Sie in der Gruppe Layout das Backend-Modul Templates.
> 2. Öffnen Sie, falls nötig, den Ordner *theme_one*.
> 3. Klicken Sie auf das rote X rechts neben *nav_default.html5*.
> 4. Bestätigen Sie die Sicherheitsabfrage mit einem Klick auf OK.

6.8 Das Contao-Prinzip: altogether now

In diesem Kapitel haben Sie Ihre erste Website mit Contao erstellt. Sie ist zwar weder fertig noch besonders hübsch, aber auch so eine provisorische Seite ist für ein CMS bereits harte Arbeit. Die folgende Übersicht zeigt, was dabei genau passiert.

Los geht es immer mit dem Aufruf der URL im Browser:

- Der Besucher gibt im Browser eine URL ein, zum Beispiel:

  http://localhost/contaobuch/

- Der Browser braust daraufhin los, sucht den Webserver und findet ihn auf demselben Rechner.

- Der Webserver schaut in den Ordner *htdocs/contaobuch*, sieht, dass dort Contao zuständig ist. Also sagt er Bescheid, dass da eine Seite gewünscht wird – wenn möglich, auf Deutsch.

- Contao prüft die *Seitenstruktur*. Dort gibt es einen Startpunkt mit der Sprache *de*. Passt.

- Zu diesem Startpunkt gehören mehrere *Seiten*. Contao nimmt, weil in der URL keine bestimmte Seite gewünscht wurde, die erste *reguläre Seite* unterhalb des Startpunktes, die den Status *veröffentlicht* hat, und das ist die Seite mit dem Namen Startseite.

- Zur Darstellung dieser Seite im Frontend benutzt Contao ein *Theme*, das aus *Seitenlayouts*, *Stylesheets* und *Frontend-Modulen* besteht.

- Da für die Startseite nichts anderes definiert wurde, nimmt Contao als Seitenlayout das Standardlayout, das dem übergeordneten Startpunkt zugewiesen wurde.

- Das *Seitenlayout* definiert die Layoutstruktur der Webseite:
  - Die Seite hat ein zentriertes, dreispaltiges Layout mit einer Breite von 960 px.
  - Die linke und rechte Spalte haben eine Breite von jeweils 180 px.
  - Es gibt einen Kopf- und einen Fußbereich.

- Gestaltet wird die Seite momentan vom Layout-Builder aus dem CSS-Framework, das im Seitenlayout aktiviert ist. Im nächsten Kapitel kommen andere Styles und Stylesheets hinzu.
- Im Seitenlayout wird außerdem definiert, welche Frontend-Module in welchem Layoutbereich (*Spalte*) erscheinen:
  - Das HTML aus dem Modul LAYOUT – HEADER kommt in die Kopfzeile.
  - Das Modul ARTIKEL sorgt dafür, dass alle Artikel, die den Status *veröffentlicht* haben und der Hauptspalte zugeordnet sind, auf der entsprechenden Seite in der Hauptspalte erscheinen.
  - Das Modul NAV – MAIN erscheint in der linken Spalte.
  - Das HTML aus dem Modul LAYOUT – FOOTER erscheint in der Fußzeile.

Mit all diesen Informationen erstellt Contao den Quelltext der Webseite, den der Webserver an den Besucher ausliefert.

> **Fazit: Das »Seitenlayout« ist der Dreh- und Angelpunkt**
>
> Ohne Seitenstruktur geht in Contao gar nichts, aber der eigentliche Dreh- und Angelpunkt ist das *Seitenlayout*. Es verbindet *Seitenstruktur*, *Frontend-Module*, *Stylesheets* und *Artikel* miteinander, sodass aus all diesen Komponenten im Browser eine ganz normale Webseite wird.
>
> Eigentlich ist das alles ganz einfach, wenn man erst einmal verstanden hat, wie alles ineinandergreift.

Kapitel 7
Contao und CSS: Webseiten gestalten

In diesem Kapitel erfahren Sie alles über die Arbeit mit Stylesheets in Contao, den CSS-Editor von Contao und das Einbinden von externen Stylesheets.

Die Themen im Überblick:

- Übersicht: Contao und CSS, Seite 183
- Das erste Stylesheet erstellen, Seite 185
- Grundlegende Gestaltung der Beispielsite, Seite 197
- Der CSS-Editor von Contao im Überblick, Seite 208
- Tipps zur Arbeit mit internen Stylesheets, Seite 215
- CSS mit externen Stylesheets, Seite 221

Dieses Kapitel erläutert die verschiedenen Möglichkeiten, wie Sie Ihre Webseiten in Contao per CSS gestalten können.

7.1 Übersicht: Contao und CSS

Wie Sie im letzten Kapitel gesehen haben, wird das HTML für den Quelltext der Beispielsite von Contao erzeugt. In diesem Kapitel stelle ich Ihnen verschiedene Möglichkeiten vor, wie Sie dieses HTML in Contao mit *Cascading Stylesheets* (CSS) gestalten können.

7.1.1 Gestatten: das CSS-Framework von Contao

Contao verfügt über ein integriertes CSS-Framework, mit dem sich nahezu alle gewünschten Webdesigns umsetzen lassen. Zwei Komponenten dieses CSS-Frameworks, den *Layout-Builder* und *Responsives Layout*, haben Sie bei der Erstellung der Beispielsite in Abschnitt 6.2.2 bereits benutzt, als Sie im Backend-Modul THEMES • SEITENLAYOUTS festgelegt haben, wie das Layout aussehen soll.

Kopf- und Fußzeilen, die Spaltenkonfiguration sowie Breite und Ausrichtung des Layouts wurden im Backend-Modul SEITENLAYOUT bequem per Mausklick definiert.

Der Layout-Builder hat aus diesen Angaben im Hintergrund das entsprechende HTML und CSS erzeugt, sodass in allen Browsern ein stabiles Layout angezeigt wird.

Aus Benutzersicht gibt es im Backend-Modul THEMES • SEITENLAYOUTS vier Bereiche, die für die Arbeit mit dem Layout-Builder relevant sind:

- ZEILEN
- SPALTEN
- STYLESHEETS
- STATISCHES LAYOUT (Breite und Ausrichtung)

Gerade zum Kennenlernen von Contao ist die Benutzung des Layout-Builders sehr zu empfehlen, denn Sie müssen dann zur Erstellung eines Layouts weder ein eigenes Seitentemplate anlegen noch das für die Layoutstruktur benötigte CSS selbst schreiben und können sich voll auf die Arbeit mit Contao konzentrieren.

In diesem Kapitel geht es in erster Linie um die konkrete Arbeit mit dem CSS-Framework und dem CSS-Editor von Contao, in Kapitel 17, »Das CSS-Framework von Contao«, erfahren Sie mehr über die technische Seite des CSS-Frameworks.

7.1.2 Interne oder externe Stylesheets

In Contao gibt es zwei grundsätzlich verschiedene Möglichkeiten, das CSS zur Gestaltung der Webseiten zu schreiben:

- **Interne Stylesheets**
  Interne Stylesheets werden im Backend-Modul THEMES • STYLESHEETS erstellt und bearbeitet, in der Datenbank gespeichert und mit dem CSS-Editor von Contao bearbeitet, den Sie in diesem Kapitel ausführlich kennenlernen werden.

- **Externe Stylesheets**
  Externe Stylesheets sind Stylesheet-Dateien, die in einem Texteditor bearbeitet werden. Nachdem Sie die Arbeit mit internen Stylesheets kennengelernt haben, erfahren Sie gegen Ende des Kapitels in Abschnitt 7.6, wie man in Contao mit externen Stylesheets arbeitet.

Natürlich kann man interne und externe Stylesheets auch kombinieren, aber zunächst einmal geht es um eine Spezialität von Contao: interne Stylesheets.

7.1.3 So funktionieren interne Stylesheets

Das Backend-Modul THEMES • STYLESHEETS speichert die Stylesheets und die darin enthaltenen Formatdefinitionen in der Datenbank. Aus diesen Datensätzen werden im Ordner *assets/css/* CSS-Dateien generiert, die der Browser zur Darstellung der Webseiten benutzt. Abbildung 7.1 stellt diesen Sachverhalt dar.

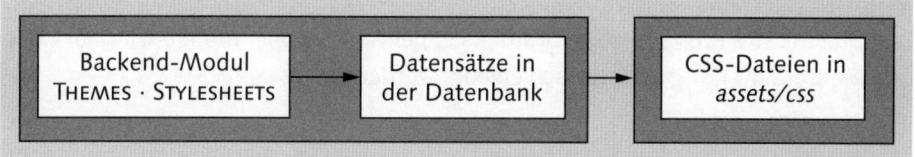

Abbildung 7.1 Interne Stylesheets werden in der Datenbank gespeichert.

Wichtig zu verstehen ist, dass der in Abbildung 7.1 dargestellte Weg von der Datenbank zur CSS-Datei eine *Einbahnstraße* ist. Sie können die im Ordner *assets/css/* automatisch erzeugten CSS-Dateien zwar in einem normalen CSS-Editor öffnen und bearbeiten, aber spätestens bei der nächsten automatischen Generierung der Stylesheets im Backend werden diese Änderungen wieder überschrieben.

> **Interne Stylesheets ohne Dateiendung, externe mit ».css«**
>
> Da im Folgenden manchmal ein Stylesheet in der Datenbank und manchmal eine CSS-Datei auf dem Webspace gemeint ist, gilt folgender Grundsatz:
>
> ▶ »Das Stylesheet *layout*« ohne die Endung *.css* meint ein internes Stylesheet im Backend oder in der Datenbank.
>
> ▶ »Das Stylesheet *layout.css*« mit der Endung *.css* meint eine CSS-Datei in einem Ordner irgendwo auf dem Webspace.

7.2 Das erste Stylesheet erstellen

Im Backend-Modul THEMES • STYLESHEETS finden Sie den CSS-Editor von Contao. Hier können Sie Stylesheets und Styles erstellen und bearbeiten. Wie Sie gleich sehen, werden die CSS-Regeln dort nicht komplett von Hand geschrieben, sondern per HTML-Formular erstellt.

Das ist anfangs sehr ungewohnt, aber der CSS-Editor von Contao hat diverse Vorteile gegenüber von Hand geschriebenen externen Stylesheets:

▶ **Weniger Tippfehler**
Buchstabenkombinationen wie z. B. `heigth` (statt `height`) gehören der Vergangenheit an, und wer mit der genauen Syntax von CSS nicht so vertraut ist, muss sich nicht mehr darum kümmern.

▶ **Versionierung**
Contao erstellt bei jedem Speichervorgang eine Version des Styles. Sie können bequem verschiedene Versionen vergleichen und zu einer früheren Version zurückkehren.

- **Browser-Präfixe**
  Code für alte Browser wird automatisch generiert, wobei Präfixe wie `-moz-` oder `-webkit-` falls nötig automatisch erzeugt werden.
- **Komprimierung**
  Contao fasst alle internen Stylesheets automatisch in einer Datei zusammen und komprimiert das darin enthaltene CSS.
- **Kategorien**
  Innerhalb der Stylesheets können Sie Styles mit der Zuweisung von *Kategorien* übersichtlich filtern und sortieren.
- **Auskommentieren**
  Das Auskommentieren von Styles war nie einfacher als mit dem »Augen-Klick«: Ein Klick auf das grüne Auge, und die Styles sind vorübergehend inaktiv. Ideal für Debugging und Analyse.
- **Variablen**
  Für Themes und Stylesheets können Variablen angelegt werden, z. B. für Farben, Abstände und Schriftgrößen, und können dann im Stylesheet verwendet werden.

Ich habe den CSS-Editor von Contao als passionierter CSS-Schreiberling anfangs komplett ignoriert und nur mit externen Stylesheets gearbeitet. Aber Gewohnheiten kann man ändern, und inzwischen benutze ich in Contao bei einigen Sites nur noch den integrierten CSS-Editor von Contao.

> **Interne oder externe Stylesheets – für die Beispielsite geht beides**
>
> Probieren Sie den CSS-Editor von Contao auf den nächsten Seiten ruhig einmal aus. Falls Sie sich damit nicht anfreunden können, finden Sie am Ende des Kapitels Hinweise zur Arbeit mit externen Stylesheets.
>
> Für die Beispielsite in diesem Buch spielt es keine Rolle, ob Sie mit internen oder externen Stylesheets arbeiten.

7.2.1 Ein internes Stylesheet erstellen: »Layout • Themes • Stylesheets«

Am Ende von Kapitel 6, »Die ersten Schritte zur eigenen Website«, erzeugt Contao schon jede Menge Quelltext, aber das schönste HTML nützt nichts ohne ein bisschen CSS, und so wird es Zeit für das Styling.

In diesem Abschnitt erstellen Sie das erste Stylesheet im Backend von Contao. Genau wie Seitenlayouts und Frontend-Module gehören Stylesheets immer zu einem Theme.

7.2 Das erste Stylesheet erstellen

ToDo: Das erste interne Stylesheet erstellen

1. Öffnen Sie das Backend-Modul LAYOUT • THEMES.
2. Öffnen Sie die Abteilung STYLESHEETS zur Bearbeitung (4. Symbol von rechts).
3. Klicken Sie im Arbeitsbereich oben auf NEUES STYLESHEET.
4. Geben Sie im Feld NAME das Wort »layout« ein, und zwar ohne die Endung .css.
5. Deaktivieren Sie gegebenenfalls das Kontrollkästchen vor ALL, und aktivieren Sie für das Stylesheet nur den Medientyp SCREEN.
6. Lassen Sie die anderen Einstellungen unverändert.
7. Klicken Sie auf SPEICHERN UND SCHLIESSEN ([Alt] + [C]).

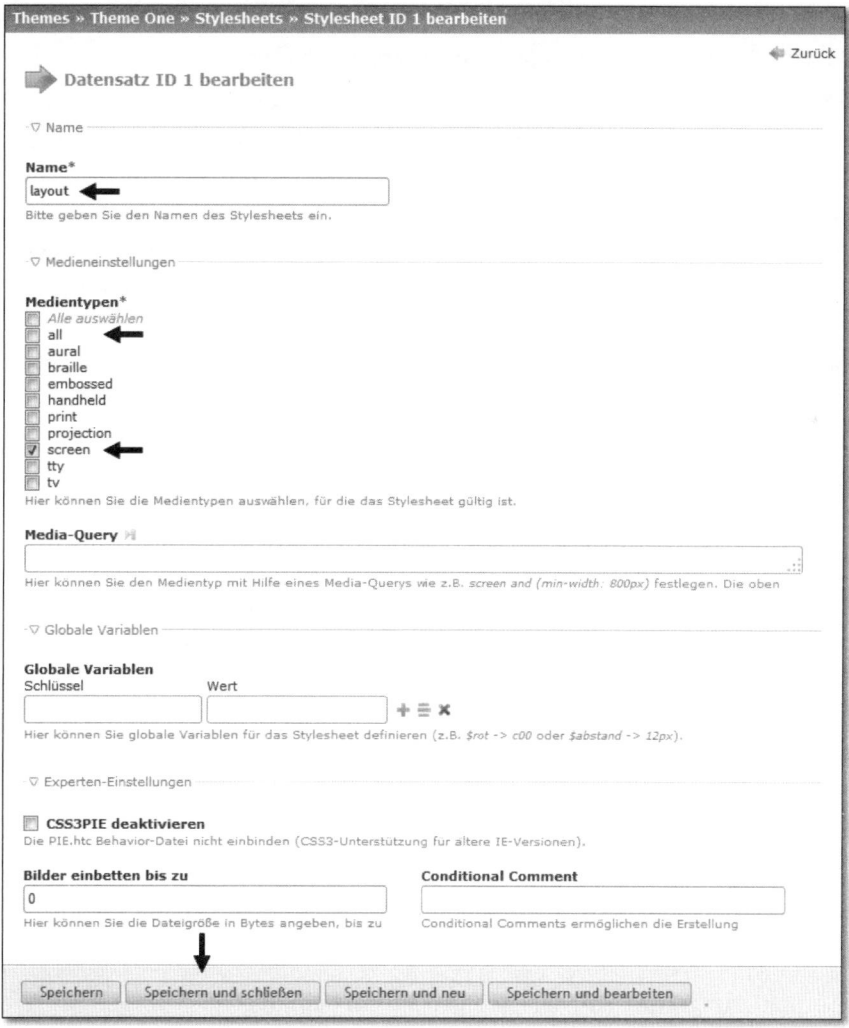

Abbildung 7.2 Ein neues Stylesheet erstellen

Der MEDIENTYP definiert, für welche Medien das Stylesheet gilt, und die Auswahl SCREEN beschränkt die Gestaltung auf den Bildschirm. Das eben erstellte Stylesheet *layout* wird also vom Browser z. B. beim Ausdrucken der Webseite nicht verwendet. Contao erzeugt die dazu benötigte CSS-Anweisung automatisch.

7.2.2 Styles für »html« und »body« erstellen

Im folgenden ToDo erstellen Sie im neuen Stylesheet den ersten Style, der in Contao als FORMATDEFINITION bezeichnet wird. Darin erhält das Stammelement `html` die Anweisung `overflow-y:scroll`, die in modernen Browsern bei der Navigation durch die Site ein »Hüpfen« der Seiten verhindert, weil rechts im Browserfenster auch auf kurzen Webseiten ein Scrollbalken angezeigt wird.

> **ToDo: Eine Formatdefinition (= Style) für »html« erstellen**
> 1. Öffnen Sie das Backend-Modul LAYOUT • THEMES • STYLESHEETS.
> 2. Öffnen Sie das Stylesheet *layout* mit einem Klick auf den gelben Bleistift rechts daneben. Sie sehen dann Informationen zum Stylesheet wie Name, Änderungsdatum und den gewählten Medientyp.
> 3. Klicken Sie im Arbeitsbereich oben auf NEUE FORMATDEFINITION. Rechts oben im Arbeitsbereich erscheinen daraufhin ein Hinweis, der Link ABLAGE LEEREN und darunter ein kleines braunes Symbol mit einem weißen Pfeil nach unten darin.
> 4. Klicken Sie auf das kleine braune Symbol, um den neuen Style am Anfang des Stylesheets einzufügen. Es erscheint ein Formular zur Definition des Styles.
> 5. Der Selektor soll »html« heißen (wie immer ohne die Anführungsstriche).
> 6. Geben Sie im Feld KATEGORIE direkt darunter »Layoutbereiche« ein.
> 7. Blenden Sie ganz unten den Bereich EIGENER CODE ein, und geben Sie im Eingabefeld die Anweisung »overflow-y: scroll;« ein (mit einem Semikolon am Ende).
> 8. Klicken Sie auf SPEICHERN UND SCHLIESSEN.

So weit zum Stammelement `html`. Im nächsten ToDo wird der Text im body der Webseiten gestaltet:

- Als Schriftart wird erst einmal Verdana gewünscht. Falls diese nicht vorhanden ist, bieten Sie dem Browser der Reihe nach Arial, Helvetica oder irgendeine andere Schriftart ohne die *Serifen* genannten Häkchen an den Buchstaben (*sans-serif*) an.
- Die Schriftgröße wird etwas reduziert. Die Angabe von 87.5% (ohne Leerstelle zwischen Wert und Einheit) reduziert den Browser-Standardwert von 16 px auf angenehm lesbare 14 px.

Diese Formatierungsanweisungen erledigen Sie mit dem folgenden ToDo.

> **ToDo: Einen Style für »body« erstellen**
>
> 1. Öffnen Sie das Backend-Modul Layout • Themes • Stylesheets.
> 2. Öffnen Sie das Stylesheet *layout* mit einem Klick auf den gelben Bleistift rechts daneben.
> 3. Klicken Sie im vorhandenen Style für das Stammelement html ganz rechts auf das weiße Kreuz im grünen Kreis, um direkt darunter einen neuen Style zu erstellen.
> 4. Geben Sie im Feld Selektor »body« ein und in Kategorie darunter wieder »Layoutbereiche«.
> 5. Aktivieren Sie im Bereich Abstand und Ausrichtung das Kontrollkästchen vor Margin, Padding und Ausrichtung.
> 6. Definieren Sie ein padding-top und ein padding-bottom von jeweils »1.5«. Wählen Sie aus der Liste rechts daneben die Einheit em.
> 7. Aktivieren Sie im Bereich Hintergrund das gleichnamige Kontrollkästchen. Contao lädt daraufhin automatisch die Optionen zur Formatierung des Hintergrunds.
> 8. Geben Sie bei der Option Hintergrund und Deckkraft in das *erste* Eingabefeld den Wert »ececec« ein (ohne # davor).
> 9. Aktivieren Sie das Kontrollkästchen Schrift.
> 10. Geben Sie bei Schriftarten den Wert »Verdana, Arial, Helvetica, sans-serif« ein (ohne Anführungsstriche und ohne Semikolon am Ende).
> 11. Die Schriftgrösse soll den Wert »87.5« mit der Einheit % bekommen.
> 12. Klicken Sie auf Speichern und schliessen.

Die ersten Styles für html und body sind gespeichert. Falls Sie sie kurz kontrollieren möchten: Abbildung 7.3.

Kategorien kann man später übrigens nutzen, um in einem längeren Stylesheet Formatdefinitionen zu filtern, was die Sache übersichtlicher macht. Die Kategorie Layoutbereiche bekommen alle Styles zur Gestaltung der, ja, genau, Layoutbereiche. Die Bezeichnung der Kategorie können Sie frei wählen.

> **Im Frontend ist von den Styles noch nichts zu sehen**
>
> Falls Sie schon mal geschaut haben und sich wundern: Im Frontend ist noch nichts zu sehen. Grund dafür ist, dass das Stylesheet noch nicht mit dem Seitenlayout verbunden ist. Das passiert in Abschnitt 7.2.5 etwas weiter unten.

7.2.3 CSS-Editor bedienen: Tasten und Maus in Kombination

Nachdem Sie die ersten Styles erstellt haben, möchte ich Ihnen, bevor es weitergeht, ein paar einfache Tricks zur Arbeit mit dem CSS-Editor von Contao zeigen.

Am effektivsten ist die Arbeit mit einer Kombination aus Maus und Tastatur:

- Blenden Sie die einzelnen Bereiche per Maus mit einem Klick auf die grüne Überschrift je nach Bedarf ein und aus.
- Ein Sprung in einen anderen Bereich ist am einfachsten mit der Maus. Innerhalb eines Bereichs hingegen ist die Tastatur schneller: ⇥ springt weiter ins nächste Feld, ⇧ + ⇥ bringt Sie wieder zurück.
- Bei einer Dropdown-Liste für Einheiten können Sie den gewünschten Wert einfach per Buchstabe eingeben: P für px oder E für em.
- Per Tastatur können Sie eine Auswahlliste mit Alt + ↓ ausklappen. Mit ↑ bzw. ↓ wählen Sie den gewünschten Eintrag, und mit ↵ bestätigen Sie diesen.

Tastaturfans lassen beim Bearbeiten der Styles die linke Hand in ständiger Bereitschaft links unten über der Tastatur schweben:

- Alt + S speichert, lässt die Eingabemaske aber geöffnet.
- Alt + C speichert und kehrt zur Liste der Styles zurück.
- Alt + N öffnet nach dem Speichern die Eingabemaske für die nächste Formatdefinition.
- Alt + B entspricht einem Klick auf den grünen ZURÜCK-Pfeil rechts oben im Arbeitsbereich und geht zurück zur vorherigen Seite, ohne die Änderungen zu speichern.

Auf dem Mac müssen Sie wahrscheinlich ctrl + alt und den entsprechenden Buchstaben drücken. Probieren Sie aus, was in Ihrem Browser funktioniert. Mit diesen Kürzeln geht die Arbeit im CSS-Editor von Contao nach kurzer Zeit buchstäblich locker von der Hand.

> **In einigen Browsern gelten andere Tastenkürzel**
> Details zu den richtigen Tastenkombinationen in Ihrem Browser finden Sie in Abschnitt 5.1.3.

7.2.4 Einen Style für »#wrapper« erstellen

Bevor Sie im nächsten Abschnitt das Stylesheet mit dem Seitenlayout verbinden und die Änderungen im Frontend sichtbar werden, erstellen Sie im folgenden ToDo einen Style mit einer weißen Hintergrundfarbe, einem horizontalen padding und einem leichten Schatten für den #wrapper, der im Quelltext alle anderen Layoutbereiche umschließt. Am besten probieren Sie in folgendem ToDo die Tipps zur Kombination von Maus und Tastatur.

> **ToDo: Einen Style für »#wrapper« erstellen**
> 1. Öffnen Sie das Stylesheet *layout* zur Bearbeitung.
> 2. Erstellen Sie am Ende des Stylesheets eine neue Formatdefinition, indem Sie rechts neben dem Style für body auf das weiße Kreuz im grünen Kreis klicken.
> 3. Der Selektor soll »#wrapper« heißen, die Kategorie ist wieder »Layoutbereiche«.
> 4. Aktivieren Sie im Bereich ABSTAND UND AUSRICHTUNG das Kontrollkästchen vor MARGIN, PADDING UND AUSRICHTUNG.
> 5. Geben Sie in den Feldern für das rechte und linke Padding den Wert »40« ein, und wählen Sie PX aus der Einheitenliste rechts daneben.
> 6. Aktivieren Sie im Bereich HINTERGRUND das gleichnamige Kontrollkästchen, und geben Sie im Bereich HINTERGRUND UND DECKKRAFT im ersten Feld die Hintergrundfarbe »fff« ein (ohne # davor).
> 7. Definieren Sie einen Schatten (box-shadow) für den Wrapper. Die Werte für die SCHATTENGRÖSSE sind der Reihe nach 0, 2, 6 und 0, und als Einheit dient PX.
> 8. Definieren Sie »8e8e8e« als Schattenfarbe mit einer Deckkraft (opacity) von 30.
> 9. Klicken Sie auf SPEICHERN UND SCHLIESSEN.

Nach diesen Schritten sieht das Stylesheet im Backend aus wie in Abbildung 7.3. Im Style für #wrapper hat der Editor bei der Eigenschaft box-shadow automatisch eine Deklaration mit einem Browser-Präfix erzeugt.

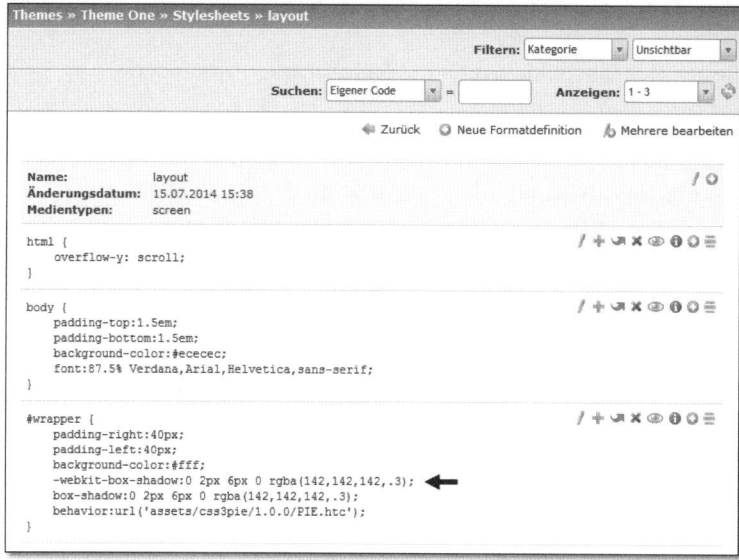

Abbildung 7.3 Das Stylesheet »layout« mit drei Formatdefinitionen

> **CSS3Pie: CSS3 für ältere Internet Explorer**
>
> Ältere Internet Explorer bis inklusive Version 8, die eigentlich überhaupt keinen box-shadow verstehen, werden mithilfe des Plug-ins *CSS3Pie* und der Datei *PIE.htc* dazu überredet, auch einen Schatten darzustellen. Dazu dient die Zeile mit der Eigenschaft behavior.
>
> Falls Sie das nicht möchten, öffnen Sie die Eigenschaften des Stylesheets zur Bearbeitung und kreuzen im Bereich EXPERTEN-EINSTELLUNGEN die Option CSS3PIE DEAKTIVIEREN an. Im internen Editor wird die Zeile mit dem behavior zwar immer noch angezeigt, aber sie wird dann nicht mehr ausgeliefert.

7.2.5 Das Stylesheet mit dem Seitenlayout verbinden

Um das Stylesheet *layout* auf die Seite anzuwenden, verknüpfen Sie es im folgenden ToDo mit dem Seitenlayout.

> **ToDo: Das Stylesheet im Seitenlayout einbinden**
>
> 1. Öffnen Sie das Backend-Modul LAYOUT • THEMES.
> 2. Öffnen Sie die SEITENLAYOUTS zur Bearbeitung (2. Symbol von rechts).
> 3. Öffnen Sie das STANDARDLAYOUT zur Bearbeitung.
> 4. Blenden Sie den Bereich STYLESHEETS ein.
> 5. Aktivieren Sie das Stylesheet *layout*.
> 6. Reduzieren Sie weiter unten im Bereich STATISCHES LAYOUT die Gesamtbreite auf 880 px, um das für den Wrapper definierte linke und rechte Padding von jeweils 40 px auszugleichen (40 + 40 + 880 = 960).
> 7. Lassen Sie alle anderen Einstellungen für das Seitenlayout unverändert.
> 8. Klicken Sie auf SPEICHERN UND SCHLIESSEN ([Alt] + [C]).

Jetzt sollte im Frontend das Stylesheet aktiv sein und die Startseite etwa so aussehen wie in Abbildung 7.4. Der Hintergrund ist hellgrau, der Wrapper weiß mit einem leichten Schatten, und der Text wird in Verdana dargestellt. Im Browserfenster sehen Sie rechts außen auch noch den durch overflow-y:scroll; erzeugten inaktiven Scrollbalken.

Die Seiten sind zwar noch keine Augenweide, aber nehmen Sie sich ruhig einen Moment Zeit, um den Quelltext mit einem Entwicklertool im Browser in Ruhe zu untersuchen.

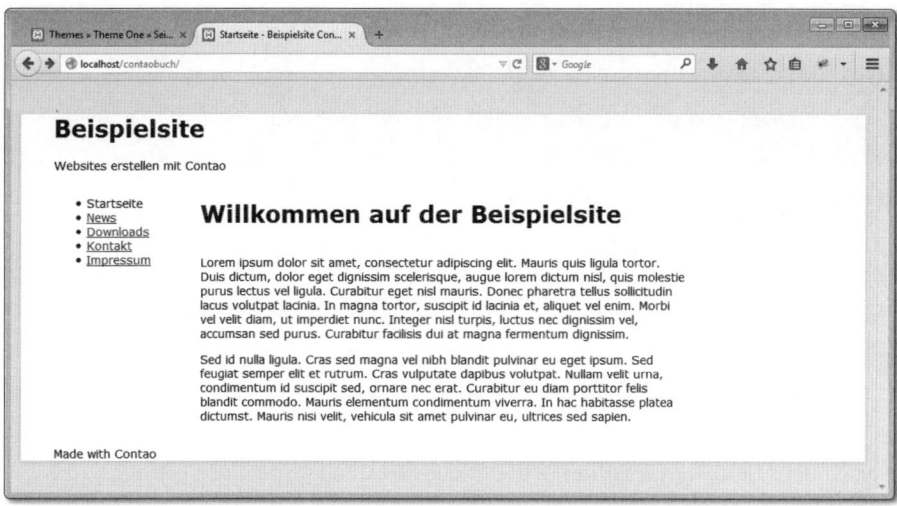

Abbildung 7.4 Die Startseite im Frontend mit dem Stylesheet »layout«

> **Stylesheet und Formatdefinitionen sind auch nur Datensätze**
>
> Auch das Stylesheet und die darin enthaltenen Styles sind Datensätze in einer Datenbanktabelle. Contao erzeugt aus diesen Datensätzen im Ordner *assets/css/* Stylesheets, die der Browser zur Darstellung der Webseiten benutzt.

7.2.6 Die Symbole zur Bearbeitung von Styles im Überblick

In Abbildung 7.3 sehen Sie rechts außen sieben Symbole zur Bearbeitung von Formatdefinitionen. Tabelle 7.1 gibt einen Überblick.

✏	Der gelbe Bleistift öffnet die Formatdefinition zur Bearbeitung.
✚	Das grüne Kreuz dient zum Duplizieren des Styles.
↰	Mit dem blauen Pfeil verschieben Sie einen Style in ein anderes Stylesheet. Innerhalb eines Stylesheets klicken Sie zum Verschieben von Styles auf das Symbol mit den drei grünen Linien ganz rechts und bewegen den Style mit gedrückter Maustaste an die gewünschte Stelle.
✖	Das rote X löscht den Style.
👁	Der »Augen-Klick«. Kommentiert einen Style aus. Ausgeblendete Styles haben ein graues Auge.

Tabelle 7.1 Die Symbole zur Bearbeitung

🛈	Zeigt alle Eigenschaften und Werte des Styles auf einen Blick und ist dabei übersichtlicher als das HTML-Formular.
⊕	Fügt direkt darunter eine neue Formatdefinition ein.

Tabelle 7.1 Die Symbole zur Bearbeitung (Forts.)

Sehr praktisch ist der bereits erwähnte »Augen-Klick«, also ein Klick auf das grüne Auge, mit dem Sie einen Style auskommentieren können, um dessen Auswirkung im Frontend zu studieren:

▶ Wenn Sie im Backend auf das grüne Auge klicken, wird es grau, um zu signalisieren, dass der Style inaktiv ist.
▶ Nach dem Neuladen zeigt der Browser das Frontend ohne diesen Style.

Um also zu sehen, was genau der Style für #wrapper macht, klicken Sie auf das grüne Auge und laden das Frontend neu. Das ist bei der Alltagsarbeit mit Stylesheets sehr nützlich.

Contao generiert bei einem Klick auf das Auge übrigens im Hintergrund blitzschnell im Ordner *assets/css* ein neues Stylesheet mit dem Namen *layout.css*. Im Backend-Modul SYSTEM • SYSTEM-LOG können Sie das verfolgen. Achten Sie dort auf die in Grün erscheinende Meldung GENERATED STYLE SHEET »LAYOUT.CSS«.

Vor der Auslieferung an den Browser optimiert Contao die Stylesheets automatisch. Contao fasst *layout.css* mit allen anderen relevanten Stylesheets zu einer einzigen Datei zusammen, komprimiert das CSS und liefert dann die komprimierte Datei mit einem zufällig gewählten Namen wie *223552b8cb3c.css* an die Browser der Besucher. Echter Service.

> **Im Debugmodus ist das CSS nicht komprimiert**
>
> Komprimiertes CSS ist für Menschen nicht sonderlich gut lesbar. Wenn Sie das von Contao erzeugte CSS analysieren möchten und Ihr Browser das CSS nicht automatisch unkomprimiert darstellen kann, schalten Sie in SYSTEM • EINSTELLUNGEN im Bereich GLOBALE EINSTELLUNGEN den Debugmodus ein. Dann serviert Contao unkomprimiertes, besser lesbares CSS.

7.2.7 Der integrierte CSS-Reset

Viele Webdesigner benutzen ein Reset-Stylesheet zur Normalisierung der Abstände von margin und padding und zur grundlegenden Formatierung der Webseiten.

Bevor Sie im weiteren Verlauf des Kapitels die Beispielsite gestalten, aktivieren Sie in diesem Abschnitt das CSS-Reset von Contao. Der CSS-Reset ist Teil des CSS-Frameworks, das Sie in Kapitel 17 noch genauer kennenlernen werden.

> **ToDo: Den CSS-Reset im Seitenlayout aktivieren**
>
> 1. Öffnen Sie das Backend-Modul LAYOUT • THEMES.
> 2. Öffnen Sie die SEITENLAYOUTS zur Bearbeitung (2. Symbol von rechts).
> 3. Blenden Sie den Bereich STYLESHEETS ein, und aktivieren Sie das Kontrollkästchen vor CSS-RESET.
> 4. Schieben Sie das Stylesheet CSS-RESET an die erste Stelle, indem Sie auf die drei grünen Linien klicken und das Element mit gedrückter Maustaste nach oben schieben.
> 5. Beenden Sie die Bearbeitung mit SPEICHERN UND SCHLIESSEN.

Im Backend sieht der Bereich STYLESHEETS danach so aus wie in Abbildung 7.5.

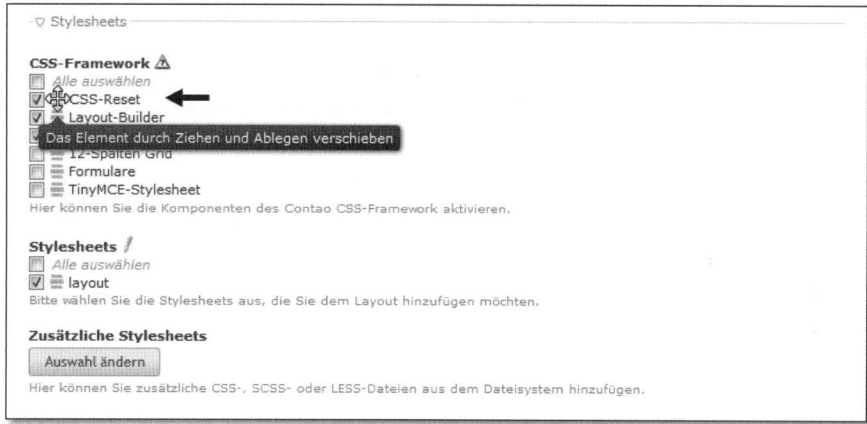

Abbildung 7.5 Das Stylesheet »CSS-Reset« steht jetzt an erster Stelle.

Nach diesem Schritt hat sich das Frontend im Browser ein bisschen verändert. Die Schriftformatierung ist neu, die Aufzählungspunkte in der Navigation sind verschwunden, und bei einigen Elementen wurden Außen- und Innenabstände (margin und padding) geändert (siehe Abbildung 7.6).

Die Webseiten sind nicht unbedingt hübscher als vorher, aber der Reset erzeugt ein browserübergreifendes Fundament für die Gestaltung der Beispielsite auf den folgenden Seiten, auch wenn einige Maßnahmen ein bisschen zu radikal erscheinen mögen.

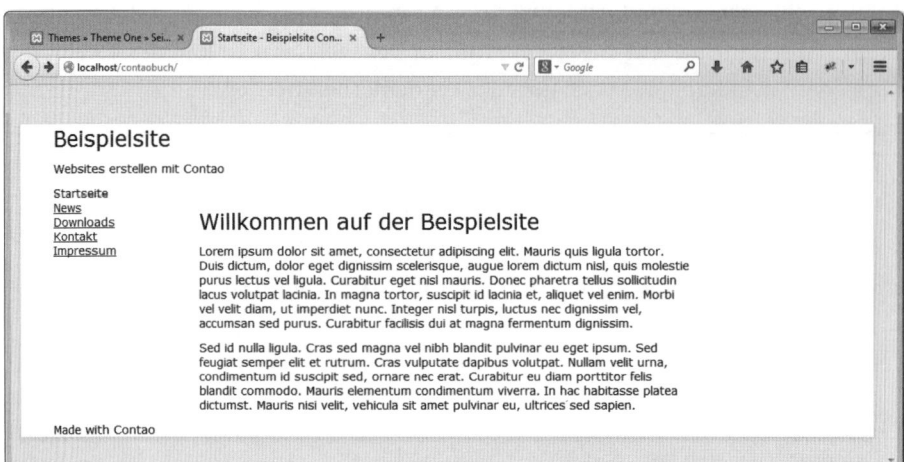

Abbildung 7.6 Die Startseite der Beispielsite mit aktiviertem CSS-Reset

So haben z. B. HTML-Listen wie die Navigation nach dem CSS-Reset weder Einrückung noch Aufzählungspunkte bzw. Nummerierung. Im folgenden ToDo werden deshalb einige Abstände und Listenzeichen wiederhergestellt.

> **ToDo: Restaurierung von Listen nach dem Reset**
>
> 1. Öffnen Sie das Backend-Modul THEMES • STYLESHEETS.
> 2. Öffnen Sie das Stylesheet *layout* zur Bearbeitung und erstellen Sie die im Folgenden beschriebenen drei Styles.
> 3. Fügen Sie unterhalb der vorhandenen Styles die folgende Formatdefinition hinzu:
>
>    ```
>    ul {
>      margin-bottom: 1.5em;
>      margin-left: 2em;
>      list-style: square;
>    }
>    ```
>
>   Dazu geben Sie im Feld SELEKTOR »ul« ein, als KATEGORIE nehmen Sie »Restaurierung«, und die drei Eigenschaften stellen Sie in den entsprechenden Optionen ein. Das LISTENSYMBOL soll ein QUADRAT sein.
>
> 4. Nummerierte Listen werden im folgenden Style wiederhergestellt (KATEGORIE: Restaurierung, als LISTENSYMBOL die ZIFFERN):
>
>    ```
>    ol {
>      margin-bottom: 1.5em;
>      margin-left: 2em;
>      list-style: decimal;
>    }
>    ```

5. Bei verschachtelten Listen soll die jeweils innere Liste keinen Abstand nach unten haben:

```
ul ul, ul ol, ol ol, ol ul {
   margin-bottom: 0;
}
```

Die vier Selektoren schreiben Sie genauso wie oben dargestellt hintereinander und durch Komma getrennt in das Feld SELEKTOR.

Die Listen auf den Beispielseiten sind jetzt wieder etwas eingerückt und haben als Listensymbol ein Quadrat bzw. eine Dezimalzahl.

Technische Details zum CSS-Reset von Contao
Die Styles für den CSS-Reset werden im Ordner *assets/contao/css* aufbewahrt, und zwar in der Datei *reset.css*. Im Kapitel 17 über das CSS-Framework von Contao erfahren Sie mehr dazu.

7.3 Grundlegende Gestaltung der Beispielsite

In diesem Abschnitt gestalten Sie die Layoutbereiche der Beispielsite, und zwar der Reihe nach zunächst den Kopf- und Fußbereich, dann den Inhaltsbereich und zum Schluss den Navigationsbereich. Aber zunächst besorgen Sie sich eine hübsche Schriftart.

7.3.1 Google Fonts: die Schriftart »Droid Sans« einbinden

Schriftarten werden auf Webseiten mit der CSS-Eigenschaft `font-family` definiert, aber die dort angegebene Schriftart muss natürlich auf dem Computer des Besuchers auch vorhanden sein.

Webworker äußern deshalb immer gleich eine ganze Reihe von Wünschen und ordnen diese dann der Reihe nach. Im Stylesheet für die Beispielsite steht im Style für `body` folgende Wunschliste:

```
Verdana, Arial, Helvetica, sans-serif;
```

Für den Browser bedeutet das »Nimm bitte *Verdana*. Wenn du das nicht hast, dann nimm *Arial* oder *Helvetica*. Und wenn's das alles nicht gibt, dann bitte irgendeine Schriftart ohne Häkchen an den Buchstaben.«

Um bei der Auswahl der Schriften etwas mehr Flexibilität zu haben, wurden *Webfonts* erfunden, die bei Bedarf direkt aus dem Web geholt werden und nicht lokal vorhanden sein müssen. Dazu gibt es Dienstleister wie *TypeKit* und *FontSquirrel*, die sich die Bereitstellung von Schriftarten zur Aufgabe gemacht haben.

Auch Google hat sich des Problems angenommen und mit den *Google Fonts*, die ursprünglich *Google Web Fonts* hießen, eine Lösung präsentiert, die einfach zu bedienen und bei Contao sehr gut integriert ist. Für die Beispielsite binden Sie im folgenden ToDo die beliebte Schriftart *Droid Sans* ein, und zwar mit den Schriftschnitten 400 (normaler Text) und 700 (fett).

ToDo: Google Fonts – »Droid Sans« im Seitenlayout definieren

1. Öffnen Sie das Backend-Modul LAYOUT • THEMES • SEITENLAYOUTS.
2. Öffnen Sie das STANDARDLAYOUT zur Bearbeitung.
3. Blenden Sie den Bereich WEBFONTS ein.
4. Geben Sie im Eingabefeld GOOGLE-WEBFONTS die gewünschte Schrift ein: »Droid+Sans:400,700«.
5. Klicken Sie auf SPEICHERN UND SCHLIESSEN.

Abbildung 7.7 zeigt das Eingabeformular mit ausgefülltem Eingabefeld.

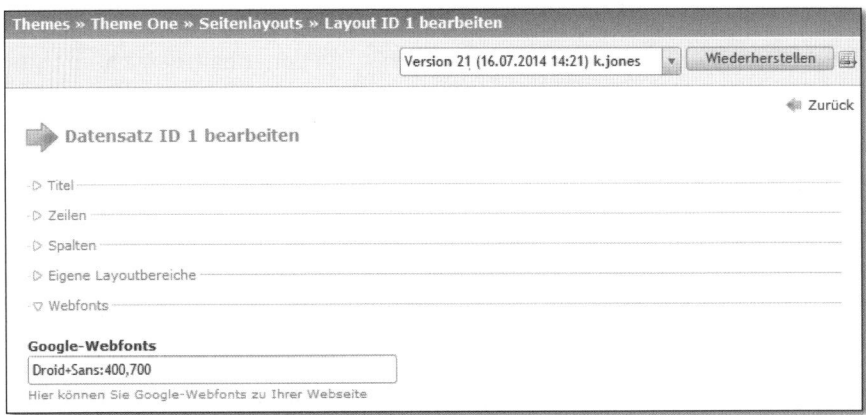

Abbildung 7.7 Google Fonts werden im Seitenlayout definiert.

Fertig. Das war's. Contao erzeugt mit diesen Angaben im <head>-Bereich des Quelltextes folgendes <link>-Element:

```
<link rel="stylesheet" href="http://fonts.googleapis.com/css?family=
Droid+Sans:400,700">
```

Listing 7.1 Die Einbindung der Google Fonts im Quelltext

Mit dieser Zeile steht Ihnen bei der CSS-Gestaltung der Beispielseiten die Schriftart *Droid Sans* zur Verfügung, jedenfalls solange der Rechner, auf dem Sie arbeiten, online ist.

> **Google Fonts**
>
> Die komplette Kollektion sowie eine FAQ zu Google Fonts finden Sie unter folgenden URLs:
>
> ▶ *google.com/fonts/*
>
> ▶ *developers.google.com/fonts/faq*

7.3.2 Den Kopfbereich gestalten

Nach der Einbindung der Schriftart Droid Sans beginnen Sie in diesem Abschnitt mit der Gestaltung von Kopf- und Fußbereich. Vor der Gestaltung werfen Sie aber zunächst noch einen Blick auf die HTML-Struktur des Kopfbereichs:

```html
<header id="header">
  <div class="inside">
    <h1>Beispielsite</h1>
    <p class="subtitle">Websites erstellen mit Contao</p>
  </div>
</header>
```

Listing 7.2 Das HTML für den Kopfbereich

Dieses HTML gestalten Sie in den folgenden ToDos mit ein paar einfachen Styles.

> **ToDo: Einen Style für den Kopfbereich »#header« erstellen**
>
> 1. Öffnen Sie das Stylesheet *layout* zur Bearbeitung.
> 2. Erstellen Sie am Ende des Stylesheets eine neue Formatdefinition.
> 3. SELEKTOR ist »#header«, und der Style gehört zur KATEGORIE »Layoutbereiche«.
> 4. Aktivieren Sie im Bereich ABSTAND UND AUSRICHTUNG das Kontrollkästchen vor MARGIN, PADDING UND AUSRICHTUNG.
> 5. Geben Sie in den Feldern für das obere und untere padding den Wert »1.5« ein, und wählen Sie EM aus der Werteliste rechts daneben.
> 6. Klicken Sie auf SPEICHERN UND SCHLIESSEN.

Nach diesem ToDo hat der Kopfbereich oben und unten ein padding von 1.5 em. Weiter geht es mit der Gestaltung des Textes im Kopfbereich.

> **ToDo: Styles für den Text im Kopfbereich erstellen**
>
> 1. Öffnen Sie das Stylesheet *layout* zur Bearbeitung.
> 2. Erstellen Sie am Ende des Stylesheets eine neue Formatdefinition.
> 3. SELEKTOR ist »#header h1«. KATEGORIE ist »Im Kopfbereich«.
> 4. Aktivieren Sie im Bereich ABSTAND UND AUSRICHTUNG das Kontrollkästchen vor MARGIN, PADDING UND AUSRICHTUNG, und setzen Sie bei MARGIN (AUSSENABSTAND) und PADDING (INNENABSTAND) alles auf 0.
> 5. Aktivieren Sie das Kontrollkästchen vor SCHRIFT.
> 6. Bei SCHRIFTARTEN geben Sie »"Droid Sans", sans-serif« ein. Die Anführungsstriche vor und nach Droid Sans sind notwendig, weil der Name der Schriftart aus mehreren Wörtern besteht. Nach der letzten Schriftart folgt kein Semikolon.
> 7. Die SCHRIFTGRÖSSE ist 26 px, die ZEILENHÖHE 1.7 (ohne Einheit), die SCHRIFTFARBE 444 (ohne Doppelkreuz davor), und bei SCHRIFTSTIL kreuzen Sie bitte FETT an.
> 8. Klicken Sie auf SPEICHERN UND SCHLIESSEN.
> 9. Duplizieren Sie den eben erstellten Style mit einem Klick auf das grüne Kreuz, und fügen Sie ihn direkt darunter mit einem Klick auf das braune Klemmbrett mit dem Pfeil nach unten wieder ein.
> 10. Ändern Sie den SELEKTOR in »#header .subtitle«, und fügen Sie einen Kommentar hinzu: »Der Absatz unterhalb der Überschrift«.
> 11. Lassen Sie die KATEGORIE ebenso unverändert wie die Werte für `margin` und `padding`.
> 12. Ändern Sie die SCHRIFTGRÖSSE in 1 em, entfernen Sie den Wert bei ZEILENHÖHE, und ändern Sie den SCHRIFTSTIL in NORMAL.
> 13. Klicken Sie auf SPEICHERN UND SCHLIESSEN.

Damit ist der Kopfbereich erst einmal versorgt. Einen Screenshot gibt es erst nach der Gestaltung des Fußbereichs im ersten Abschnitt (Abbildung 7.8).

7.3.3 Den Fußbereich gestalten

Zunächst wieder ein kurzer Blick in den Quelltext:

```
<footer id="footer">
  <div class="inside">
  <p>Made with Contao.</p>
  </div>
</footer>
```

Listing 7.3 Das HTML für den Fußbereich

Im folgenden ToDo gestalten Sie diese HTML-Struktur:

> **ToDo: Styles für den Fußbereich erstellen**
> 1. Öffnen Sie das Stylesheet *layout* zur Bearbeitung.
> 2. Erstellen Sie am Ende des Stylesheets eine neue Formatdefinition.
> 3. SELEKTOR ist »#footer«, KATEGORIE: »Layoutbereiche«.
> 4. Aktivieren Sie im Bereich ABSTAND UND AUSRICHTUNG das Kontrollkästchen vor MARGIN, PADDING UND AUSRICHTUNG.
> 5. Definieren Sie einen oberen MARGIN (AUSSENABSTAND) von 1.5 em.
> 6. Stellen Sie ein oberes und ein unteres PADDING (INNENABSTAND) von jeweils 1.5 em ein.
> 7. Aktivieren Sie das Kontrollkästchen vor RAHMEN.
> 8. Definieren Sie eine obere Rahmenlinie mit 1 px RAHMENBREITE, SOLID als RAHMENSTIL und der RAHMENFARBE d9d9d9.
> 9. Als Schriftgröße definieren Sie 12 px.
> 10. SCHRIFTFARBE ist 444, und bei SCHRIFTSTIL kreuzen Sie NORMAL an.
> 11. Klicken Sie auf SPEICHERN UND NEU.
> 12. Erstellen Sie einen Style für den Selektor »#footer p«, der zur KATEGORIE »Im Fußbereich« gehört, und setzen Sie alle Werte für margin und padding auf 0.
> 13. Klicken Sie auf SPEICHERN UND SCHLIESSEN.

Mit diesen Styles sieht die Startseite etwa so aus wie in Abbildung 7.8.

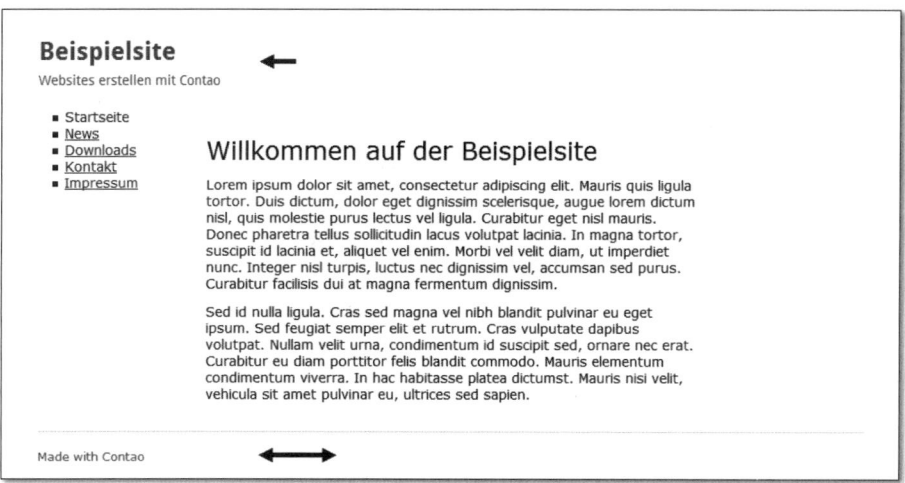

Abbildung 7.8 Die Startseite mit Styles für Kopf- und Fußbereich

7.3.4 Die Layoutbereiche für den Inhaltsbereich gestalten

Zwischen Kopf- und Fußbereich sitzt der Bereich #container, der die mittlere Spalte #main und die beiden Seitenspalten umschließt. Die mittlere Spalte mit dem eigentlichen Inhalt erscheint im Quelltext dabei, wie gesagt, vor den Seitenspalten. Diese Layoutbereiche sind in Listing 7.4 fett hervorgehoben.

```html
<div id="container">
<div id="main">
  <div class="inside">
    <div id="startseite" class="mod_article first last block">
    <h1 class="ce_headline first">Startseite</h1>
    <div class="ce_text last block">
    <p>Lorem ipsum ... </p>
    </div> <!-- Ende .ce_text -->
    </div> <!-- Ende .mod_article -->
  </div> <!-- Ende .inside -->
</div> <!-- Ende #main -->
<!-- Hier kommen ggf. die Sidebars #left und #right -->
</div> <!-- Ende #container -->
```

Listing 7.4 Die HTML-Struktur für den Inhaltsbereich

Im folgenden ToDo vergeben Sie ein leichtes Styling für den Inhaltsbereich. #container bekommt einen oberen Außenabstand und die mittlere Spalte #main eine Grundformatierung für die Schrift.

> **ToDo: Die Layoutbereiche für den Inhaltsbereich gestalten**
> 1. Öffnen Sie das Stylesheet *layout* zur Bearbeitung.
> 2. Erstellen Sie vor den Styles für den Fußbereich eine neue Formatdefinition.
> 3. Der SELEKTOR ist »#container«, und der Style gehört zur KATEGORIE »Layoutbereiche«.
> 4. Definieren Sie einen oberen MARGIN (AUSSENABSTAND) von 2 em.
> 5. Klicken Sie auf SPEICHERN UND NEU.
> 6. Der SELEKTOR ist »#main«. KATEGORIE: »Layoutbereiche«.
> 7. Als Schriftgröße definieren Sie 1 em und eine Zeilenhöhe von 1.7 (ohne Einheit).
> 8. SCHRIFTFARBE ist 444, und bei SCHRIFTSTIL kreuzen Sie NORMAL an.
> 9. Klicken Sie auf SPEICHERN UND NEU.
> 10. SELEKTOR: »#main .inside«. KATEGORIE: »Layoutbereiche«.

11. Definieren Sie einen rechten und linken MARGIN (AUSSENABSTAND) von jeweils 1.5 em.
12. Klicken Sie auf SPEICHERN UND SCHLIESSEN.

Erwähnenswert ist, dass in Schritt 11 der margin zwischen den drei Spalten im Inhaltsbereich nicht direkt über #main definiert wird, sondern über das innere div mit der Klasse inside. Grund dafür ist, dass der »Holy Grail« Innen- oder Außenabstände an #main, #left und #right nicht verträgt. Mehr dazu erfahren Sie in Kapitel 17 über das CSS-Framework von Contao.

7.3.5 Überschrift und Fließtext im Inhaltsbereich gestalten

Die Styles zur Gestaltung der h1-Überschrift und des Fließtextes im Inhaltsbereich speichern Sie in einem neuen Stylesheet mit dem Namen *inhalte*.

In diesem Stylesheet bewahren Sie später auch die Styles für Artikel, Bilder, Galerien, Tabellen, Akkordeons etc. auf.

ToDo: Überschrift und Fließtext im Inhaltsbereich gestalten

1. Erstellen Sie ein neues Stylesheet namens *inhalte* mit dem Medientyp SCREEN.
2. Erstellen Sie in dem Stylesheet einen Style mit dem SELEKTOR »#main h1« und der KATEGORIE »Fließtext«.
3. Definieren Sie einen oberen MARGIN (AUSSENABSTAND) von 0 und einen unteren von 0.5 em.
4. Geben Sie im Bereich SCHRIFT bei SCHRIFTARTEN »"Droid Sans", sans-serif« ein.
5. Definieren Sie eine ZEILENHÖHE von 1 (ohne Einheit).
6. Der SCHRIFTSTIL soll NORMAL sein.
7. Klicken Sie auf SPEICHERN UND NEU.
8. SELEKTOR für den neuen Style ist »#main p«. KATEGORIE: »Fließtext«.
9. Definieren Sie einen unteren MARGIN (AUSSENABSTAND) von 1 em.
10. Klicken Sie auf SPEICHERN UND SCHLIESSEN.
11. Damit es im Frontend ankommt, muss das Stylesheet noch im Seitenlayout eingebunden werden. Öffnen Sie dazu in THEMES • SEITENLAYOUTS das STANDARDLAYOUT, und aktivieren Sie im Bereich STYLESHEETS das Stylesheet *inhalte*. Reihenfolge: *layout, inhalte*.

Nach diesem ToDo sieht die Startseite so aus wie in Abbildung 7.9

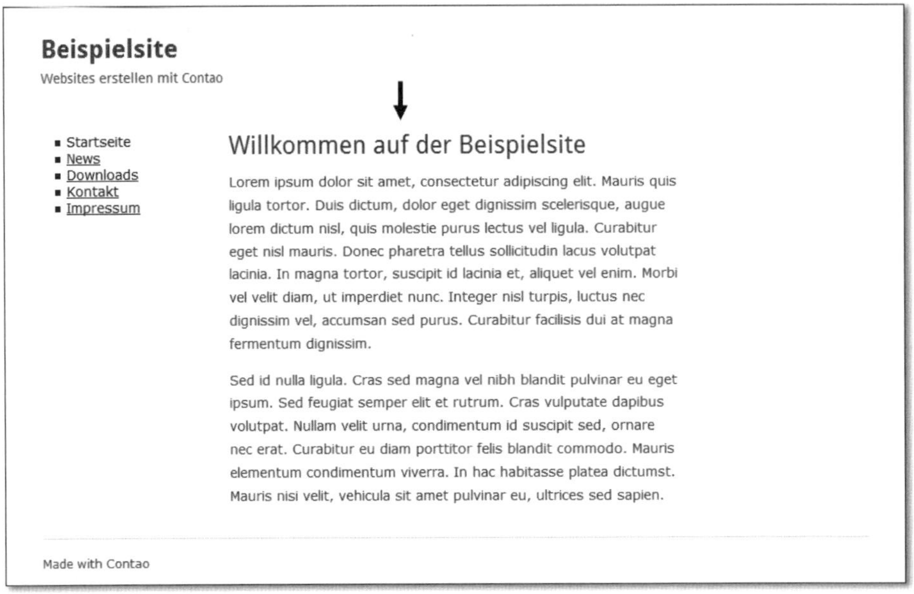

Abbildung 7.9 Grundlegendes Styling für den Inhaltsbereich

7.3.6 Übung: die Navigation mit einem internen Stylesheet gestalten

Nach dieser Einführung in die Arbeit mit internen Stylesheets im Backend-Modul THEMES • STYLESHEETS gibt es jetzt eine kleine Übung. Das HTML für die Navigation haben Sie in Listing 6.3 bereits kennengelernt.

Die Navigation in der linken Spalte soll mit den Styles aus Listing 7.5 gestaltet werden, wobei die Kommentare nur zur Erläuterung dienen und nicht unbedingt übertragen werden müssen. Dazu gibt es zwei Möglichkeiten:

- Sie können die Styles aus Listing 7.5 manuell im CSS-Editor von Contao eingeben. Das ist eine gute Übung, und Sie lernen den CSS-Editor von Contao dabei kennen.
- Sie können aber auch in THEMES • STYLESHEETS die Funktion CSS-Import nutzen, mit der Sie eine bestehende CSS-Datei importieren und dadurch in ein internes Stylesheet umwandeln (Abbildung 7.10).

Zur Vorbereitung können Sie Listing 7.5 in Ihrem Lieblingseditor als Datei erstellen, oder Sie sparen sich das Abtippen und importieren das Stylesheet *navigation.css* direkt von der Buch-CD aus dem Ordner *beispieldateien/k07-css*. Hinweise zum CSS-IMPORT finden Sie in Abschnitt 7.5.5.

7.3 Grundlegende Gestaltung der Beispielsite

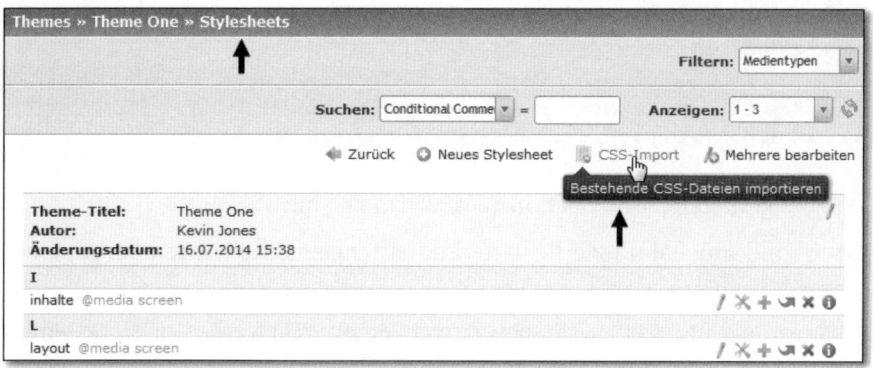

Abbildung 7.10 Ein bestehendes Stylesheet importieren

Und hier kommt das Listing:

```
/* Liste und Listenelemente gestalten */
#left .mod_navigation ul {
  margin: 0;
  padding: 0;
  list-style-type: none;
}
#left .mod_navigation li { margin: 0; padding: 0; }

/* Menüpunkte gestalten */
#left .mod_navigation a,
#left .mod_navigation span {
  display: block;
  text-decoration: none;
  color: #444;
  padding: 0;
  margin: 0 0 1em 0;
}

/* Rollover und Tab-Fokus */
#left .mod_navigation a:hover,
#left .mod_navigation a:focus {
  color: #141414;
  text-decoration: underline;
}

/* Aktiven Menüpunkt hervorheben */
#left .mod_navigation span.active,
#left .mod_navigation .trail {
```

```
    color: #141414;
    font-weight: bold;
}
```

Listing 7.5 Das CSS für die vertikale Navigation

Diese Styles gestalten die Navigation quasi von außen nach innen:

- Außen- und Innenabstände für Liste und Listenelemente werden auf 0 gesetzt und die Aufzählungspunkte entfernt.
- Die Hyperlinks und das span für den aktiven Menüpunkt werden als Blockelemente dargestellt und bekommen ein bisschen padding. Außerdem wird der Text eingefärbt und die Unterstreichung entfernt.
- Beim Hovern mit der Maus und »Durch-Tabben« per Tastatur werden die Links dunkler und wieder unterstrichen.
- Der aktive Menüpunkt span.active wird fett hervorgehoben.
- Die Klasse .trail gibt es momentan im HTML noch nicht. Sie vergeben sie vorbeugend, denn .trail wird erzeugt, wenn die Navigation eine zweite Ebene bekommt (in Abschnitt 8.4).

Das ToDo ist kurz und bündig und liefert als Ergebnis ein internes Stylesheet namens *navigation*, mit dem die Navigation gestaltet wird.

ToDo: Erstellen Sie ein internes Stylesheet für die Navigation

1. Erstellen Sie per CSS-IMPORT oder durch manuelle Eingabe der Styles aus Listing 7.5 ein internes Stylesheet mit dem Namen *navigation*.
2. Definieren Sie für das Stylesheet den Medientyp SCREEN.
3. Alle Styles sollen die KATEGORIE »Vertikale Navigation« bekommen. Falls Sie das Stylesheet importiert haben, benutzen Sie dazu am besten die Funktion MEHRERE BEARBEITEN.
4. Öffnen Sie das Seitenlayout STANDARDLAYOUT, und aktivieren Sie das Stylesheet *navigation*. Die Reihenfolge der Stylesheets im Seitenlayout ist *layout*, *inhalte*, *navigation*.
5. Speichern Sie das Seitenlayout.

Die Startseite sieht nach dieser Übung so aus wie in Abbildung 7.11.

Abbildung 7.11 Die gestylte Navigation im Frontend

Im Backend-Modul THEMES • STYLESHEETS gibt es jetzt die drei Stylesheets *layout*, *inhalte* und *navigation*, die im Seitenlayout genau in dieser Reihenfolge eingebunden werden.

7.3.7 Die Beispielsite ist schon ein bisschen »responsive«

Das CSS-Framework von Contao sorgt im Hintergrund übrigens bereits dafür, dass sich die Beispielsite auf kleinen Bildschirmen anders verhält als auf großen. Wenn Sie das Browserfenster weit genug verkleinern, springt die linke Spalte mit der Navigation unter die Inhaltsspalte, sodass der Text immer gut lesbar bleibt.

Das passiert übrigens genau in dem Moment, in dem der innere Bereich des Browserfensters, der sogenannte *Viewport*, kleiner als 768 Pixel wird. Diese vorprogrammierte Reaktion einer Website auf ihre Umgebung bezeichnet man als »responsive« (siehe Abbildung 7.12).

Die Beispielsite erfüllt längst noch nicht alle Kriterien an ein »responsives Webdesign«, aber es geht in die richtige Richtung. Was genau im Hintergrund passiert, erfahren Sie in Kapitel 17, in dem es um das CSS-Framework von Contao geht.

Abbildung 7.12 Die Navigation springt unter den Inhalt.

> **Responsiv unerwünscht? Stylesheet »Responsives Layout« deaktivieren.**
> Falls Sie dieses Verhalten aus irgendeinem Grunde nicht wünschen, entfernen Sie bei den SEITENLAYOUTS im Bereich STYLESHEETS einfach das Kreuzchen vor dem Stylesheet RESPONSIVES LAYOUT und speichern dann das Seitenlayout. Nach einem Reload sind die Webseiten dann nicht mehr responsiv.

7.4 Der CSS-Editor von Contao im Überblick

In diesem Abschnitt möchte ich Ihnen die einzelnen Bereiche ausführlich vorstellen und zeigen, welche CSS-Eigenschaften sich hinter den Beschriftungen verbergen.

7.4.1 Die Gruppe »Selektor und Kategorie«

Im CSS-Editor von Contao werden die CSS-Eigenschaften in neun Gruppen unterteilt. Abbildung 7.13 zeigt diese Gruppen in der Übersicht, wobei die erste, SELEKTOR UND KATEGORIE, bereits sichtbar ist.

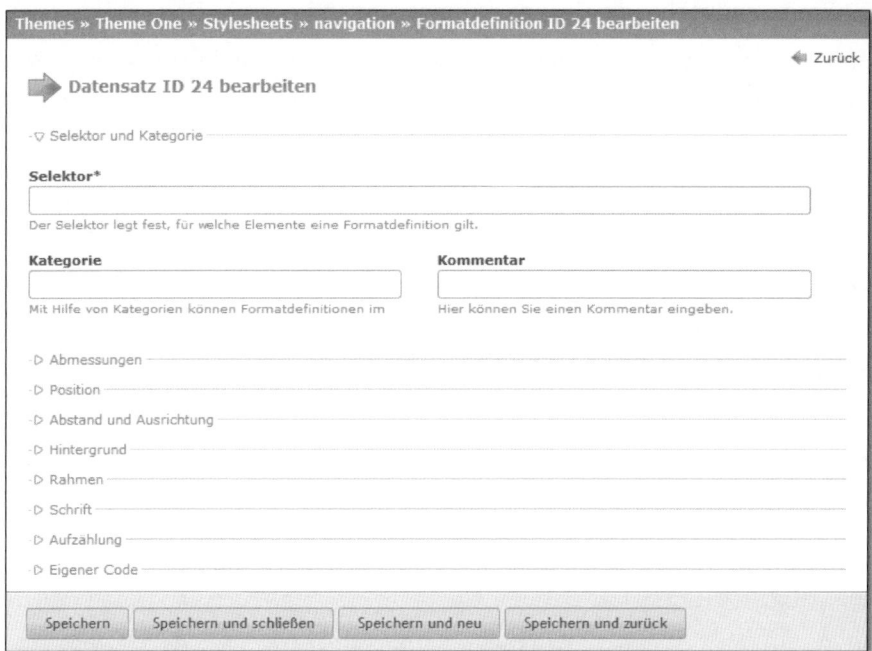

Abbildung 7.13 Der CSS-Editor von Contao im Überblick

Das Formular zur Erstellung und Bearbeitung von Formatdefinitionen beginnt mit der in Abbildung 7.13 dargestellten Gruppe SELEKTOR UND KATEGORIE.

Im ersten Feld geben Sie den gewünschten SELEKTOR ein. Das kann der Name eines HTML-Elements (body), eine Klasse (.ce_text), eine ID (#header) oder eine Kombination davon sein.

Hilfreich ist dabei, dass die Klassennamen der Contao-Elemente durchgehend logisch aufgebaut sind:

- Klassen für (Frontend-)Module beginnen immer mit dem Präfix mod_, gefolgt vom Namen des Moduls, also z. B. mod_navigation.
- Inhaltselemente fangen mit ce_ an, kurz für *Content Element*, und enden mit dem Elementtyp, also z. B. ce_text oder ce_image.

Im Zweifelsfall hilft ein kurzer Blick in den Quelltext der Webseite.

Außerdem können Sie in dieser Gruppe eine KATEGORIE sowie einen KOMMENTAR für den Style eingeben. Kommentare erscheinen in der Übersicht der Styles farblich hervorgehoben, und die Verwendung von Kategorien erlaubt es, Formatdefinitionen im Backend zu gruppieren und zu filtern. Wie das geht und warum das sehr praktisch ist, wird in Abschnitt 7.5.1 noch erläutert.

7.4.2 Breite und Höhe: die Gruppe »Abmessungen«

In der Gruppe ABMESSUNGEN geht es um die Einstellungen für die Größe des HTML-Elements, also alles rund um width und height. Abbildung 7.14 zeigt die Gruppe im Überblick.

Abbildung 7.14 Die Gruppe »Abmessungen« im CSS-Editor von Contao

7.4.3 Elemente positionieren: die Gruppe »Position«

In der Gruppe POSITION können Sie die CSS-Eigenschaften zur Positionierung von HTML-Elementen bequem per Mausklick definieren: position, float und clear sowie overflow und display sind hier zu finden (siehe Abbildung 7.15).

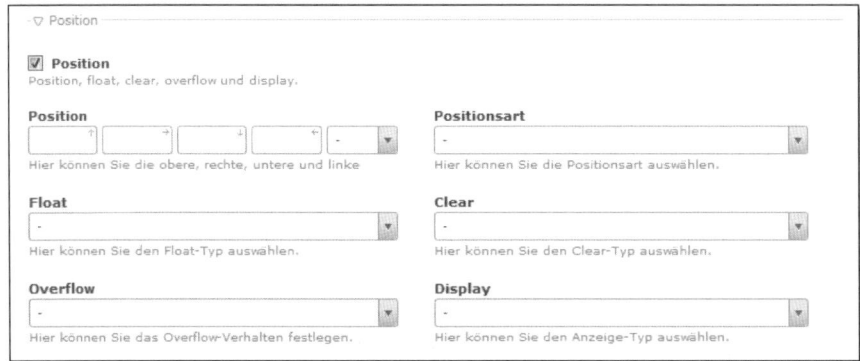

Abbildung 7.15 Die Gruppe »Position« im CSS-Editor von Contao

7.4.4 Box-Modell, Teil 1 – die Gruppe »Abstand und Ausrichtung«

In der Gruppe ABSTAND UND AUSRICHTUNG finden Sie die Box-Modell-Eigenschaften margin und padding sowie drei Auswahllisten zur Ausrichtung von Elementen:

- ELEMENTAUSRICHTUNG dient zur Ausrichtung von Blockelementen. Die Optionen LINKSBÜNDIG, ZENTRIERT und RECHTSBÜNDIG überschreiben weiter oben definierte Einstellungen für den margin.
- VERTIKALE AUSRICHTUNG bietet die Optionen TOP, TEXT-TOP, MIDDLE, TEXT-BOTTOM, BASELINE und BOTTOM für die CSS-Eigenschaft vertical-align.
- TEXTAUSRICHTUNG dient zur Ausrichtung von Text und Inline-Elementen und erzeugt die Eigenschaft text-align mit Werten für LINKSBÜNDIG, ZENTRIERT, RECHTSBÜNDIG und BLOCKSATZ.
- WHITESPACE definiert, wie Zeilenumbrüche innerhalb eines Elements gehandhabt werden sollen (NORMAL, NOWRAP etc.).

Abbildung 7.16 zeigt diese Einstellungen im Überblick.

Abbildung 7.16 Die Gruppe »Abstand und Ausrichtung« im Überblick

7.4.5 Box-Modell, Teil 2 – die Gruppe »Hintergrund«

In der Gruppe HINTERGRUND finden Sie diverse Einstellungen für die CSS-Eigenschaft background (siehe Abbildung 7.17).

Bei der Eingabe von Farbwerten für den HINTERGRUND (background-color) darf die führende Raute nicht eingegeben werden. Kurzschreibweisen wie eee werden akzeptiert, Farbnamen wie white hingegen nicht. Der offizielle Name des Zeichens # ist übrigens *Doppelkreuz* oder *Hash-Zeichen*.

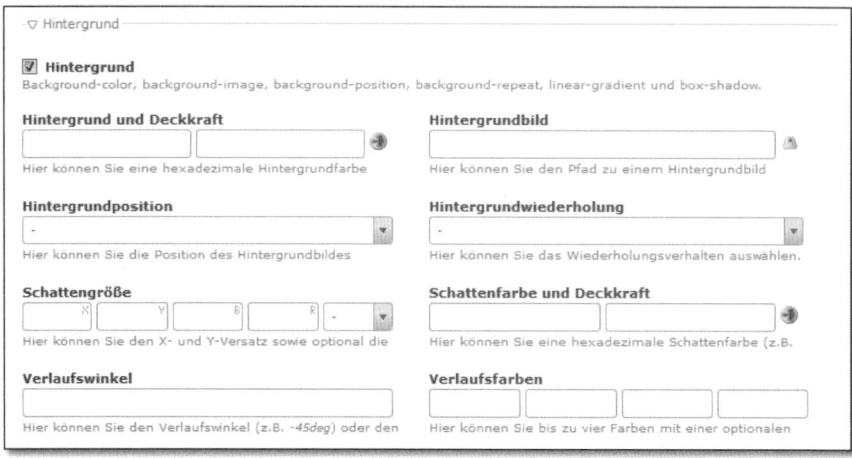

Abbildung 7.17 Die Gruppe »Hintergrund« im CSS-Editor von Contao

Falls Sie die DECKKRAFT definieren, schreibt Contao die Farbangabe im CSS als dezimalen RGBA-Wert. Die HINTERGRUNDFARBE eee mit einer DECKKRAFT von 70 ergibt im CSS also rgba(238, 238, 238, 0.7).

Die folgende Liste beschreibt die anderen Optionen in Kurzform:

- Ein HINTERGRUNDBILD können Sie mit einem Klick auf das unscheinbare Symbol rechts neben dem Eingabefeld per Maus auswählen. Die Pfadangabe für background-image wird dann automatisch ergänzt.
- Bei der HINTERGRUNDPOSITION bietet die Auswahlliste diverse Kombinationen für background-position wie z. B. left top. Eine Angabe von numerischen Werten ist hier nicht möglich und müsste, falls gewünscht, ganz unten in der Gruppe EIGENER CODE manuell erfolgen.
- HINTERGRUNDWIEDERHOLUNG bietet mögliche Werte für die Eigenschaft background-repeat an.

Die beiden letzten Zeilen in der Gruppe HINTERGRUND definieren CSS3-Eigenschaften. Die Eingabefelder für Schatten erzeugen einen box-shadow. Schattenfarben werden im Eingabefeld hexadezimal definiert, geben Sie eine DECKKRAFT an, erzeugt Contao automatisch einen dezimalen RGBA-Wert.

Die Felder für VERLAUFSWINKEL und VERLAUFSFARBEN in der letzten Zeile generieren einen linearen Farbverlauf per CSS3. Das von Contao erzeugte CSS enthält dabei automatisch Browser-Präfixe wie -moz- oder -webkit- und funktioniert damit in allen modernen Browsern.

7.4.6 Box-Modell, Teil 3 – die Gruppe »Rahmen«

In der Gruppe RAHMEN dreht sich alles um die Box-Modell-Eigenschaft border (siehe Abbildung 7.18).

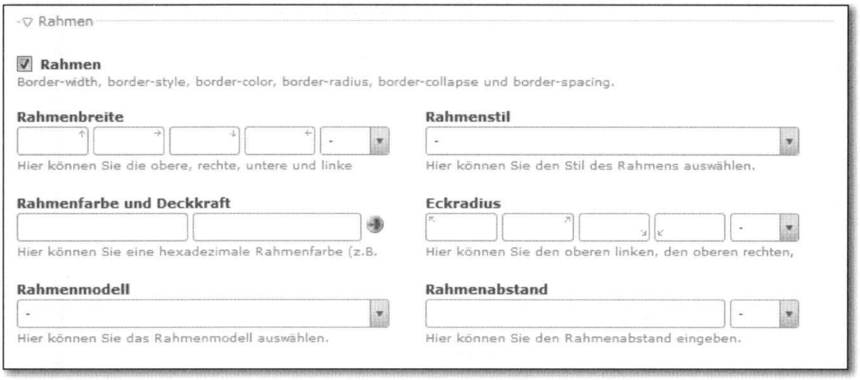

Abbildung 7.18 Die Gruppe »Rahmen« im CSS-Editor von Contao

Die ersten Einstellungen betreffen die klassischen Eigenschaften wie RAHMENBREITE (border-width), RAHMENSTIL (border-style) und RAHMENFARBE (border-color). Die Angabe einer DECKKRAFT erzeugt wieder einen dezimalen RGBA-Wert.

Aber Sie finden hier auch die CSS3-Eigenschaft border-radius, mit der Sie abgerundete Ecken erstellen können, und sie erzeugt dabei sogar einen entsprechenden Patch für ältere Internet Explorer (kleiner IE9).

In der letzten Zeile werden die nur für Tabellen relevanten Eigenschaften RAHMEN-MODELL (border-collapse) und RAHMENABSTAND definiert (border-spacing).

7.4.7 Text gestalten: die Gruppe »Schrift«

Die Gruppe SCHRIFT ist etwas umfangreicher und enthält zahlreiche CSS-Eigenschaften zur Schriftgestaltung (Abbildung 7.19).

Die ersten drei Optionen – SCHRIFTARTEN, SCHRIFTGRÖSSE sowie SCHRIFTFARBE UND DECKKRAFT – definieren Werte für die CSS-Eigenschaft font.

Die Option ZEILENHÖHE definiert die Eigenschaft line-height, und die Kontrollkästchen SCHRIFTSTIL unterhalb von enthalten eine Sammlung diverser CSS-Eigenschaften wie font-weight, font-style, text-decoration und font-variant. Ausgesprochen praktisch.

Die Optionen TEXT-TRANSFORMATION bzw. TEXT-EINRÜCKUNG generieren die Eigenschaften text-transform bzw. text-indent, und in der letzten Zeile geht es um die Abstände zwischen Buchstaben (letter-spacing) und Wörtern (word-spacing).

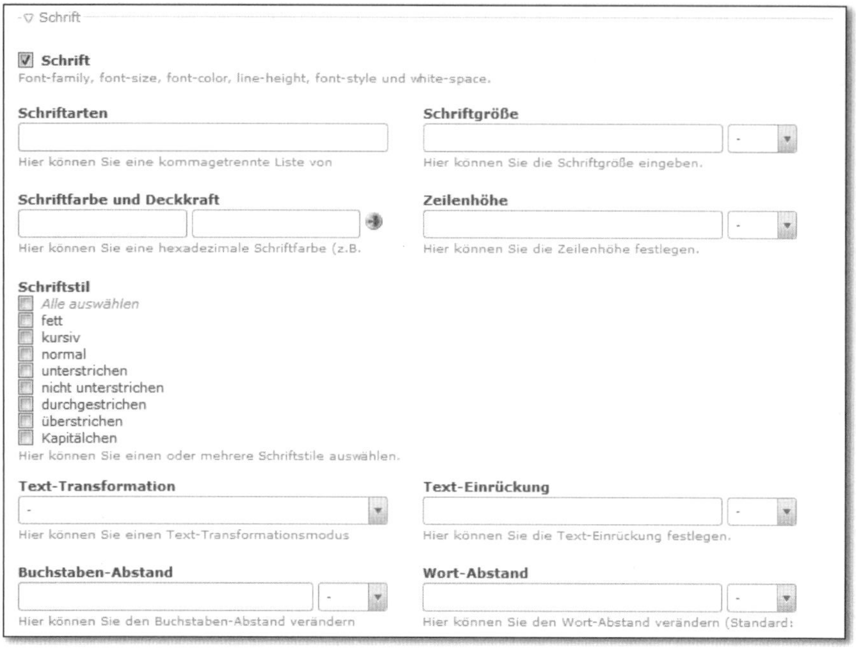

Abbildung 7.19 Die Gruppe »Schrift« im CSS-Editor von Contao

7.4.8 Die Gruppen »Aufzählung« und »Eigener Code«

Komplettiert wird der CSS-Editor von Contao durch die Gruppen AUFZÄHLUNG, in der die Eigenschaften list-style-type und list-style-image definiert werden können, und das Eingabefeld EIGENER CODE, in das Sie beliebiges eigenes CSS eingeben können. Das Feld ist anfangs nur einzeilig, wächst bei Bedarf aber mit.

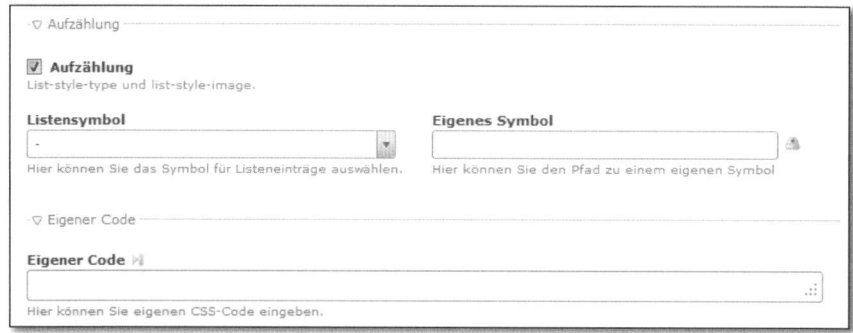

Abbildung 7.20 Die Gruppen »Aufzählung« und »Eigener Code«

7.5 Tipps zur Arbeit mit internen Stylesheets

In diesem Abschnitt möchte ich Ihnen noch einige Tipps und Tricks zur Arbeit mit dem Backend-Modul THEMES • STYLESHEETS zeigen, die besonders bei längeren Stylesheets sehr nützlich sind.

7.5.1 »Filtern«: nur Styles einer bestimmten Kategorie anzeigen

Wenn ein Stylesheet zur Bearbeitung geöffnet ist, sehen Sie in Abbildung 7.21 ganz oben im Arbeitsbereich die beiden Zeilen zum Filtern und Suchen von Styles.

In der zweiten Zeile ganz rechts im Feld ANZEIGEN können Sie sehen, wie viele Styles gerade angezeigt werden (»1 – 14«). Sollten mehr als 30 Styles vorhanden sein, können Sie in der Dropdown-Liste eine Teilmenge oder auch ALLE auswählen. Außerdem erscheint dann unten rechts auf der Seite eine Paginierung. Direkt neben der Anzeige ist ganz außen rechts der »güldene Doppelpfeil« zum Ausführen der eingestellten Optionen.

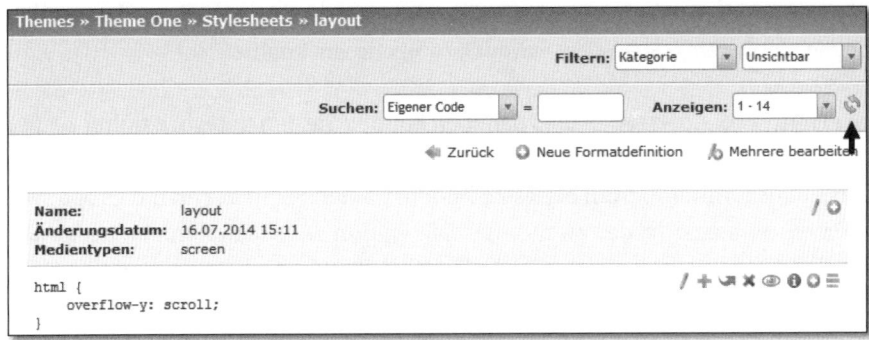

Abbildung 7.21 Filtern und Suchen in internen Stylesheets

In der ersten Zeile können Sie Styles FILTERN. Um zum Beispiel nur Styles einer bestimmten Kategorie anzuzeigen, klicken Sie auf die Dropdown-Liste KATEGORIE, wählen eine Kategorie aus und bestätigen die Auswahl mit einem Klick auf den Doppelpfeil ganz rechts. Einen aktiven Filter erkennen Sie daran, dass das Feld *hellgelb hinterlegt* ist.

Abbildung 7.22 zeigt das Stylesheet *layout* mit dem Filter IM KOPFBEREICH. Zu dieser Kategorie gehören die zwei darunter angezeigten Styles. Um wieder alle Styles anzuzeigen, wählen Sie den Eintrag KATEGORIE und klicken zur Bestätigung auf den güldenen Doppelpfeil.

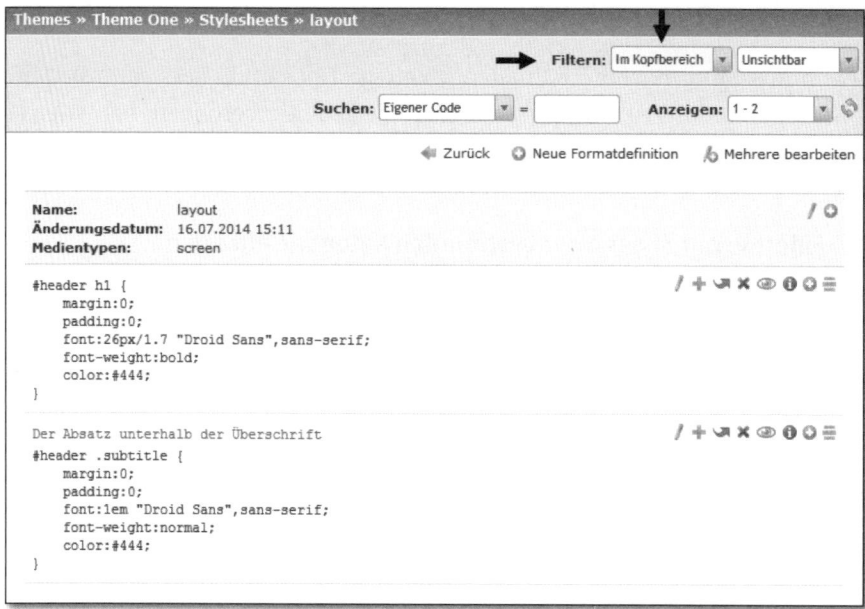

Abbildung 7.22 Filtern – Stylesheet »layout«, Kategorie »Im Kopfbereich«

Mit der Option UNSICHTBAR rechts daneben können Sie den Kategorienfilter zusätzlich auf Styles mit grauen oder grünen Augen begrenzen. Um z. B. *alle* in diesem Stylesheet auskommentierten Styles zu finden, wählen Sie in der ersten Dropdown-Liste KATEGORIE und in der zweiten JA. Die Option NEIN zeigt entsprechend alle Styles, die *nicht* auskommentiert wurden, also alle Styles mit »grünen Augen«.

Probieren Sie den Filter am besten einfach aus. Kommentieren Sie zur Probe ein paar Styles aus, und wählen Sie dann aus der Dropdown-Liste die Option JA. Nach einem Klick auf den Doppelpfeil darunter werden nur noch auskommentierte Datensätze angezeigt.

Wenn Sie Styles vermissen, schauen Sie erst einmal nach oben, ob ein Feld hellgelb hinterlegt ist oder ob – z. B. bei einem langen Stylesheet mit mehr als 30 Styles – womöglich nicht alle Styles angezeigt werden.

> **Contao stellt normalerweise 30 Datensätze pro Seite dar**
>
> Standardmäßig stellt Contao immer 30 Datensätze pro Seite dar. Bei Bedarf können Sie die maximale Anzahl der Datensätze in SYSTEM • EINSTELLUNGEN in den BACKEND-EINSTELLUNGEN ändern.

7.5.2 »Suchen«: bestimmte Kommentare oder Selektoren suchen

Besonders bei langen Stylesheets ist das Feld SUCHEN in der zweiten Zeile sehr nützlich. In der Dropdown-Liste können Sie die Optionen EIGENER CODE, KATEGORIE, KOMMENTAR oder SELEKTOR auswählen.

Abbildung 7.23 zeigt im Stylesheet *layout* die Suche nach dem Selektor #header. Angezeigt werden alle drei Styles, bei denen die Suchbedingung erfüllt ist. Auch hier ist ein aktiver Filter wieder hellgelb hervorgehoben.

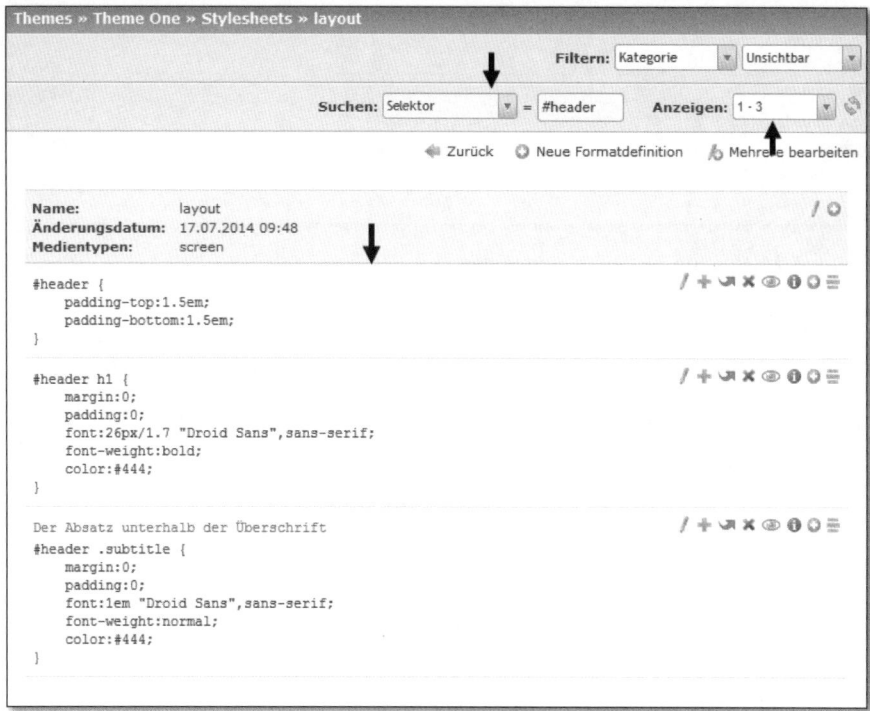

Abbildung 7.23 Suchen nach einem bestimmten Selektor

Vergessen Sie nach der Suche und dem Bearbeiten der gewünschten Styles nicht, die Filter wieder zu entfernen. Dazu entfernen Sie den Suchbegriff und bestätigen mit ⏎ (oder klicken auf den Doppelpfeil).

7.5.3 »Versionierung«: Versionen vergleichen und wiederherstellen

Contao erstellt bei jedem Speichervorgang eine neue Version des Styles, behält die alte aber in der Datenbank. So können Sie bequem zu einer früheren Version zurückkehren und sogar verschiedene Versionen vergleichen.

In Abbildung 7.24 sehen Sie ganz oben in der hellgrauen Leiste, wie viele Versionen es gibt und welche gerade aktiv ist, inklusive Speicherdatum und Benutzernamen. Ist dort keine hellgraue Leiste, gibt es nur eine Version.

Abbildung 7.24 Versionierung bei den Styles

Um eine bestimmte Version wiederherzustellen, klicken Sie einfach auf die Dropdown-Liste, wählen die gewünschte Version aus und klicken auf die Schaltfläche WIEDERHERSTELLEN. Falls die gewählte Version Ihren Wünschen entspricht, vergessen Sie nicht, die Änderungen zu speichern.

Falls Sie nicht mehr genau wissen, was sich zwischen verschiedenen Versionen geändert hat, können Sie sie mit einem Klick auf das Symbol rechts neben der Schaltfläche WIEDERHERSTELLEN vergleichen. Abbildung 7.25 zeigt zwei Versionen des Styles für body an.

In Version 1 waren als Schriftarten VERDANA, ARIAL, HELVETICA definiert, in Version 2 wurde auf DROID SANS umgestellt. Merken Sie sich die gewünschte Versionsnummer, und stellen Sie sie gegebenenfalls nach dem Beenden des Versionsvergleichs wieder her.

> **Gespeicherte Versionen löschen und Speicherzeit ändern**
>
> Gespeicherte Versionen löschen können Sie im Backend-Modul SYSTEM • SYSTEMWARTUNG, und zwar im Bereich DATEN BEREINIGEN mit der Option VERSIONEN LÖSCHEN.
>
> Contao speichert die Versionen für 7.776.000 Sekunden, was 90 Tagen entspricht. Bei Bedarf können Sie das in SYSTEM • EINSTELLUNGEN ändern, und zwar in der Gruppe SPEICHERZEITEN im Eingabefeld SPEICHERZEIT FÜR VERSIONEN.

7.5 Tipps zur Arbeit mit internen Stylesheets

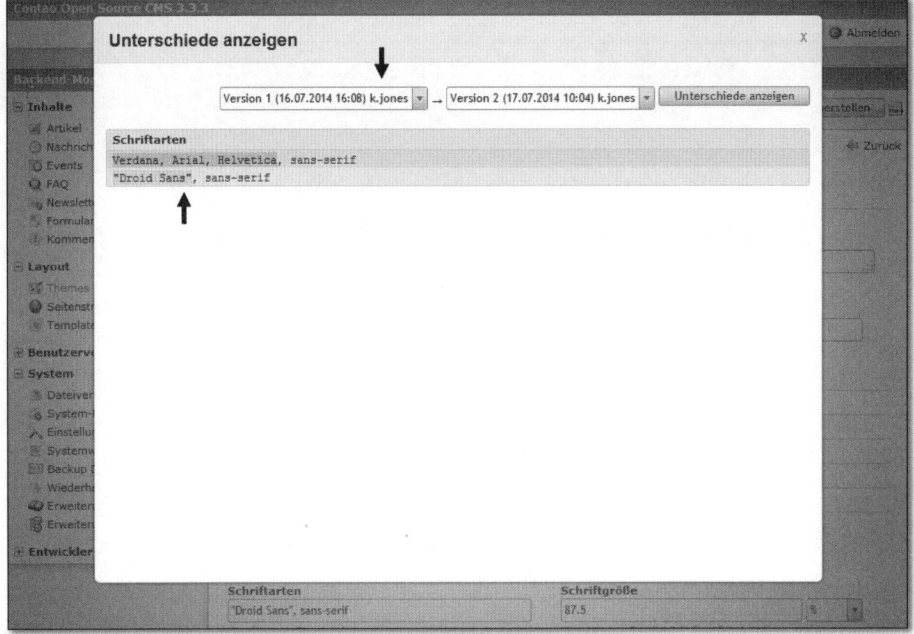

Abbildung 7.25 Versionsvergleich für einen Style

7.5.4 Variablen in Themes und Stylesheets verwenden

Zum Abschluss der Tipps und Tricks noch eine »Kleinigkeit«, die im Alltag sehr nützlich sein kann. Sie können, wie zu Beginn des Kapitels angedeutet, in Themes und Stylesheets Variablen definieren und diese in den Stylesheets einsetzen.

Sie könnten zum Beispiel die in diesem Abschnitt bisher eingesetzten Grautöne im Theme als Variablen definieren und dann im Stylesheet einsetzen. Falls Sie einen Grauton ändern möchten, müssen Sie nur noch den Wert der Variablen ändern.

Oder Sie erstellen gleich ein komplettes Farbschema. Tabelle 7.2 zeigt, wie so etwas aussehen könnte, wobei das »c« im Namen der Variablen für »color« steht und »g« für »gray«.

Variable	Wert im CSS-Editor	Beschreibung
$c1	fff	weiß
$c2	000	schwarz
$c3	141414	Navigation + aktive Menüpunkte
$c4	555450	etwas heller als $c3

Tabelle 7.2 Die verwendeten Farben als Variablen

Variable	Wert im CSS-Editor	Beschreibung
$c5	f5f4e9	heller Beigeton
$c6	dfddb7	dunklerer Beigeton
$g1	444	dunkles Grau, Schriftfarbe
$g2	666	etwas dunkleres Grau
$g3	8e8e8e	box-shadow
$g4	d9d9d9	Rahmenlinien
$g5	ececec	Hintergrundfarbe body

Tabelle 7.2 Die verwendeten Farben als Variablen (Forts.)

Falls Sie das praktisch finden und einmal ausprobieren möchten:

- Öffnen Sie das *Theme One* zur Bearbeitung, und geben Sie im Bereich GLOBALE VARIABLEN die Variablen und Werte ein. Ein Kommentarfeld ist dort leider (noch) nicht vorhanden.
- Öffnen Sie danach die Styles, und definieren Sie die Farben jetzt mit dem Namen der Variablen. Anstelle von 444 schreiben Sie einfach $g1 in das entsprechende Eingabefeld.

Beachten Sie, dass in den Eingabefeldern für Farben maximal sechs Zeichen eingegeben werden dürfen. Der Name der Variablen für einen Farbwert darf also maximal sechs Zeichen lang sein.

Die im Theme definierten globalen Variablen können bei Bedarf in den Eigenschaften eines Stylesheets überschrieben werden.

> **Variablen für Abstände oder Schriften**
>
> Variablen können Sie nicht nur für Farbwerte einsetzen, sondern auch für Abstände (margin, padding) oder Schriftformatierungen. So könnten Sie zum Beispiel eine Variable namens $mb mit einem Wert von 1 definieren.
>
> Dabei gilt, anders als bei den Farbwerten, die Begrenzung von sechs Zeichen für den Variablennamen nicht. Die Variable $mb könnten Sie also auch $margin-bottom nennen. Oder Sie definieren die Schriftgröße für h2-Überschriften mit $font-size-h2.

7.5.5 Praktisch: Stylesheets von der Buch-CD importieren

Viele der zur Gestaltung der Beispielsite in den nächsten Kapiteln verwendeten Stylesheets finden Sie als externe CSS-Dateien im Ordner *beispieldateien* auf der Buch-CD. Wenn Sie in Contao mit internen Stylesheets arbeiten möchten, können Sie diese Stylesheets ganz einfach importieren.

- Öffnen Sie das Backend-Modul THEMES • STYLESHEETS.
- Klicken Sie oben im Arbeitsbereich auf den Befehl CSS-IMPORT.

Contao zeigt dann ein neues Stylesheet, das denselben Namen hat wie die Stylesheet-Datei. Meist müssen Sie die importierten Styles noch etwas nachbearbeiten, bevor Sie sie verwenden können:

- Öffnen Sie das importierte Stylesheet, und prüfen Sie die einzelnen Styles, z. B. ob Anweisungen im Feld EIGENER CODE stehen und ob diese dort okay sind.
- Kategorien vergeben Sie mit der Funktion MEHRERE BEARBEITEN. Lassen Sie sich dabei am besten die Felder SELEKTOR und KATEGORIE anzeigen.
- Falls die Styles in ein anderes Stylesheet verschoben werden sollen, erledigen Sie auch das mit MEHRERE BEARBEITEN.
- Falls Sie danach ein leeres, importiertes Stylesheet haben, sollten Sie es löschen.

Mit diesen einfachen Schritten können Sie die Stylesheets von der Buch-CD im internen CSS-Editor verwenden.

> **CSS importieren geht natürlich auch für andere Stylesheets**
> Die gezeigten Schritte funktionieren natürlich nicht nur mit den Stylesheets aus den Beispieldateien, sondern auch mit anderen Stylesheets. In dem Fall sollten Sie die importierten Styles aber besonders sorgfältig überprüfen, um sicherzugehen, dass alle Anweisungen richtig übernommen wurden.

7.6 CSS mit externen Stylesheets in Contao

Falls Sie es gewohnt sind, Ihr CSS in einem Editor von Hand zu schreiben, und Sie sich trotz der liebevollen Beschreibung in diesem Kapitel nicht mit dem CSS-Editor von Contao anfreunden können, dann müssen Sie das nicht.

Sie können weiterhin mit externen Stylesheets und einem externen Editor arbeiten, wie Sie es gewohnt sind. Und das Arbeiten mit externen Stylesheets ist in Contao seit der Version 3 einfacher denn je.

7.6.1 Externe Stylesheets speichern und im Seitenlayout einbinden

Wenn Sie mit externen Stylesheets arbeiten möchten, speichern Sie die Stylesheet-Dateien am besten im Theme-Ordner zusammen mit den für das Theme benötigten Grafiken. Für die Beispielsite wäre das also der Ordner */files/themes/theme_one/*.

Um Contao mitzuteilen, dass die Beispielsite mit externen Stylesheets gestaltet werden soll, sind nur ein paar Klicks nötig:

▸ Wechseln Sie in das Backend-Modul THEMES • SEITENLAYOUTS.

▸ Öffnen Sie das Seitenlayout STANDARDLAYOUT.

▸ Blenden Sie den Bereich STYLESHEETS ein.

▸ Klicken Sie im Bereich ZUSÄTZLICHE STYLESHEETS auf die Schaltfläche AUSWAHL ÄNDERN. Falls die Stylesheets nicht angezeigt werden, müssen Sie vielleicht erst noch »synchronisieren« (siehe Abschnitt 5.3.3).

▸ Markieren Sie die gewünschten externen Stylesheets, und fügen Sie sie mit einem Klick auf die Schaltfläche ANWENDEN hinzu.

Abbildung 7.26 zeigt das Seitenlayout mit externen Stylesheets. Die Reihenfolge können Sie übrigens einfach per Drag & Drop mit der Maus verändern.

Abbildung 7.26 Seitenlayout mit eingebundenen externen Stylesheets

Externe Stylesheets werden von Contao genau wie interne zu einem einzigen Stylesheet mit einem kryptischen Namen zusammengefasst, komprimiert und dann an den Browser ausgeliefert.

Wenn Sie im weiteren Verlauf des Buches lieber mit externen Stylesheets arbeiten möchten, sollten Sie die eventuell bereits erstellten internen Stylesheets im Seitenlayout deaktivieren, damit sie nicht versehentlich dazwischenfunken.

Contao versteht auch in SCSS und LESS geschriebene Stylesheets und wandelt diese *automatisch* in für den Browser lesbares CSS um. Bei der in Kapitel 4, »Schnelldurchlauf: So funktioniert Contao«, beschriebenen *Music Academy* wird auch mit SCSS-Dateien gearbeitet.

7.6.2   Teamwork: interne und externe Stylesheets zusammen

Sie haben in diesem Kapitel bis jetzt zwei grundlegend verschiedene Methoden im Umgang mit CSS bei Contao kennengelernt:

- Interne Stylesheets werden in THEMES • STYLESHEETS mit dem CSS-Editor von Contao bearbeitet und in der Datenbank gespeichert.
- Externe Stylesheets werden unterhalb des Ordners *files* gespeichert und mit einem externen Editor bearbeitet.

In diesem kurzen Abschnitt geht es um zwei Varianten der Zusammenarbeit von internen und externen Stylesheets, die man mit den Worten »nacheinander« und »miteinander« umschreiben kann.

Die erste Möglichkeit ist ein »Nacheinander«:

- Die arbeitsintensive Entwicklungsphase erfolgt im externen Editor.
- Vor dem Launch werden die externen Stylesheets dann importiert, gecheckt und kategorisiert.

Die externen Stylesheets werden vom Webspace entfernt, und nach dem Launch der Site werden die Stylesheets intern weitergepflegt.

Die zweite Variante ist hingegen mehr ein »Miteinander«:

- Die Site wird an sich mit externen Stylesheets gestaltet.
- Zusätzlich werden interne Stylesheets erstellt und benutzt.

Diese Möglichkeit ist z. B. von Vorteil, wenn ein Kunde oder ein Redakteur selbst Hand an die Gestaltung der Website anlegen möchte oder soll, mit der Syntax von CSS aber nicht vertraut ist.

Beispielsite wahlweise mit internen oder externen Stylesheets

In den folgenden Kapiteln werde ich das für die Beispielsite benötigte CSS so schreiben, dass Sie sowohl mit internen als auch mit externen Stylesheets arbeiten können. Sie haben also die Wahl.

Zwei Hinweise noch:

- Wenn ich im Buch ein internes Stylesheet *inhalte* erwähne, dann sollte die externe Variante *inhalte.css* heißen.
- Wenn ich bei internen Stylesheets von *Kategorien* sprechen, dann können Sie die für externe Stylesheets ignorieren (oder stattdessen Kommentare einfügen).

Contao überlässt es Ihnen, wie Sie Ihre Stylesheets bearbeiten.

Kapitel 8
Navigationen erstellen in Contao

In diesem Kapitel geht es ausschließlich um das Thema »Navigation«. Sie lernen die Navigationsmodule von Contao kennen, die Ihnen die Erstellung einer übersichtlichen Navigation erleichtern, egal, wie viele Seiten die Site hat.

Die Themen im Überblick:

- So funktioniert Contao: Seiten, Module und Artikel, Seite 225
- Die Navigationsmodule von Contao im Überblick, Seite 226
- Die Seitenstruktur der Beispielsite erweitern, Seite 228
- Eine vertikale Navigation mit zwei Ebenen, Seite 231
- Eine horizontale Dropdown-Navigation, Seite 237
- Horizontale und vertikale Navigation zusammen, Seite 244
- Meta-Navigation: eine »Individuelle Navigation«, Seite 245
- Sitemap: das Inhaltsverzeichnis der Website, Seite 250
- Weitere Navigationsmodule im Überblick, Seite 255

Eine Website ist in gewisser Weise wie ein öffentliches Gebäude. Beide werden gebaut, um Besucher zu empfangen, und bei beiden sollten die Besucher sich auf Anhieb zurechtfinden und möglichst schnell an ihr Ziel gelangen. Ein Mittel dazu ist eine gute Navigation, und in diesem Kapitel erfahren Sie, welche Navigationsmöglichkeiten es in Contao von Haus aus gibt.

8.1 So funktioniert Contao: Seiten, Module und Artikel

Bevor Sie sich in diesem Kapitel intensiv der Arbeit mit Navigationsmodulen widmen, möchte ich kurz das Grundprinzip der Zusammenarbeit von Seiten, Modulen und Artikeln in Contao erläutern:

- Eine Seite besteht standardmäßig aus bis zu fünf Layoutbereichen: Kopfzeile, Linke Spalte, Hauptspalte, Rechte Spalte und Fusszeile.
- Der Inhalt für diese Bereiche kommt entweder aus einem Artikel oder aus einem *Frontend-Modul*.
- Im *Seitenlayout* werden Artikel und Frontend-Module einem der Layoutbereiche zugeordnet.

Auf der Startseite der Beispielsite sieht das so aus wie in Abbildung 8.1.

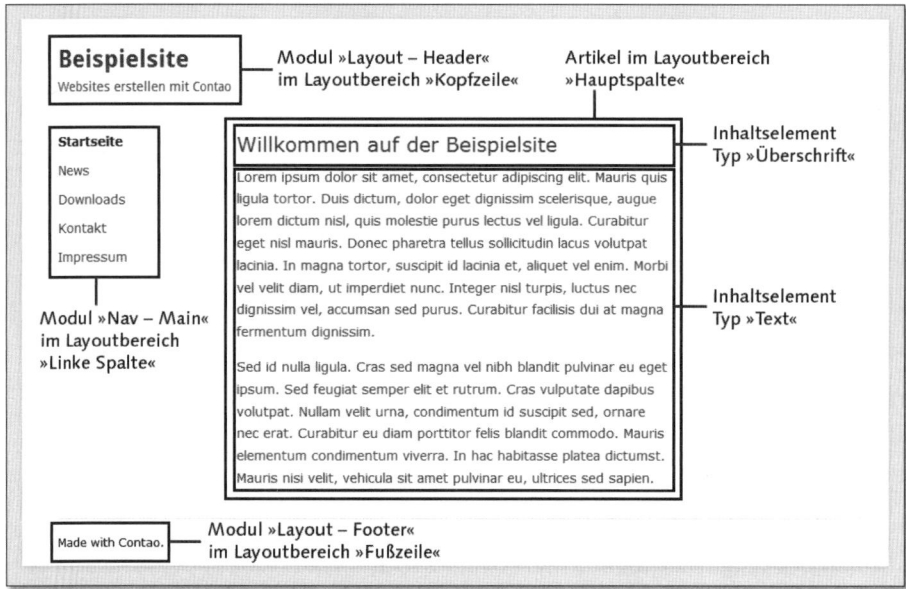

Abbildung 8.1 Inhalte stammen aus Modulen oder aus Artikeln.

In diesem Kapitel geht es um die Arbeit mit Navigationsmodulen. Wie Inhalte mittels Artikeln, Inhaltselementen und weiteren Frontend-Modulen eingefügt werden können, wird dann in den darauffolgenden Kapiteln erläutert.

8.2 Die Navigationsmodule von Contao im Überblick

Navigationen werden in Contao durch Frontend-Module generiert, und für verschiedene Arten von Navigationen gibt es verschiedene Modultypen. Abbildung 8.2 zeigt die verschiedenen Navigationsmodule, die Contao von Haus aus kennt.

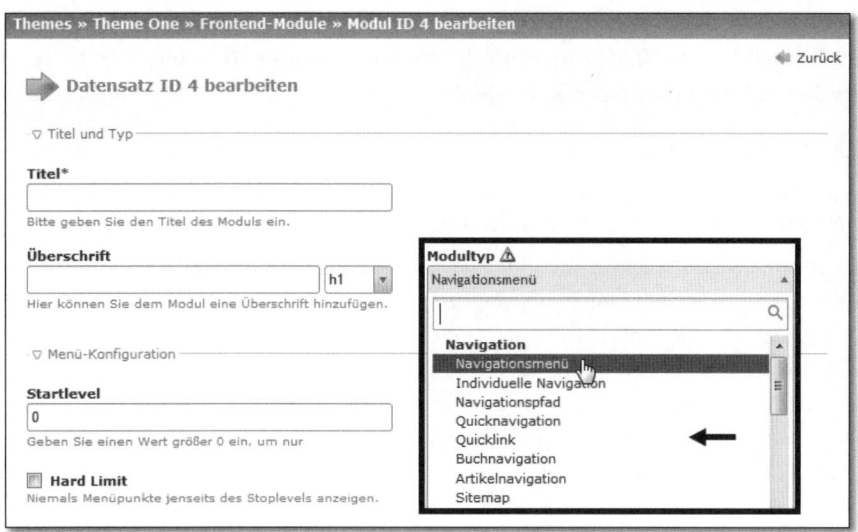

Abbildung 8.2 Die Navigationsmodule von Contao im Überblick

Hier eine kurze Beschreibung dieser Navigationsmodule:

- **Navigationsmenü**
  Der wohl wichtigste Modultyp erstellt basierend auf dem Seitenbaum aus dem Backend-Modul LAYOUT • SEITENSTRUKTUR eine ungeordnete Liste mit Links und kann sehr flexibel konfiguriert werden. Wie die Navigation aussieht und ob sie im Browser vertikal oder horizontal erscheint, entscheidet das CSS, nicht das Modul.

- **Individuelle Navigation**
  Erstellt ein Navigationsmenü aus beliebigen Seiten. Gut geeignet zur Erstellung einer Meta-Navigation mit z. B. *Kontakt*, *Impressum* und *Sitemap*.

- **Sitemap**
  Inhaltsverzeichnis. Übersicht. Erstellt eine Auflistung aller Seiten aus dem Seitenbaum, die veröffentlicht und nicht versteckt sind.

- **Quicknavigation**
  Erstellt eine Auswahlliste als Dropdown-Menü, mit dem man zu einer bestimmten Seite springen kann. Quicknavigation ist ein *Navigationsmenü* als Auswahlliste und bildet den kompletten Seitenbaum oder einen Teil davon ab.

- **Quicklink**
  Erstellt wie Quicknavigation eine Auswahlliste als Dropdown-Menü, aber aus beliebigen Seiten. Quicklink ist eine INDIVIDUELLE NAVIGATION als Auswahlliste.

- **Navigationspfad**
  Auch bekannt als »Breadcrumb«, »Brotkrümel« oder »Sie sind hier«. Sehr nützlich zur Orientierung für Besucher auf Websites mit mehr als zwei oder drei Navigationsebenen.

▶ **Buchnavigation und Artikelnavigation**
Erstellen beide eine Navigation, mit der man innerhalb von Seiten bzw. Artikeln vorwärts- oder rückwärtsgehen kann.

Sie haben also jede Menge Auswahl.

Ein Notizfeld für Module: die Erweiterung »x_backend_notes«

In diesem Kapitel erstellen Sie zahlreiche Seiten und Module. Die Erweiterung *x_backend_notes* fügt den Eingabemasken zur Erstellung von Frontend-Modulen und Seiten im Backend ein einfaches Notizfeld hinzu, in dem Sie sich Notizen machen können. Diese Notizen dienen als persönliche Gedächtnisstütze, damit Sie auch morgen noch wissen, warum Sie heute was wie gemacht haben, und sind besonders für Einsteiger eine große Hilfe. (Siehe Hinweiskasten »Notizen im Backend« am Ende von Abschnitt 27.1.2)

8.3 Die Seitenstruktur der Beispielsite erweitern

In Abschnitt 6.5 haben Sie ein Navigationsmodul namens NAV – MAIN erstellt, in der linken Spalte eingebaut und dann in Abschnitt 7.3.6 per CSS gestaltet. Diese Navigation ist der Ausgangspunkt für die folgenden Ausführungen.

In diesem Abschnitt erweitern Sie aber zunächst die Seitenstruktur der Beispielsite um ein paar Seiten und Unterseiten, damit man mit den Navigationsmodulen ein bisschen besser spielen und experimentieren kann. Abbildung 8.3 zeigt den Seitenbaum *nach* der Erweiterung der Seitenstruktur im darauffolgenden ToDo.

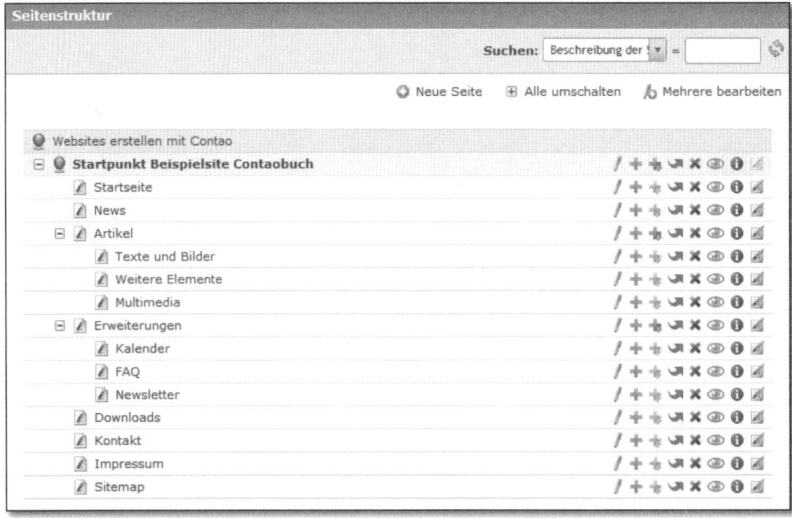

Abbildung 8.3 Die erweiterte Seitenstruktur im Backend

Im folgenden ToDo erstellen Sie die neuen Seiten.

> **ToDo: Die Seitenstruktur der Beispielsite erweitern**
>
> 1. Öffnen Sie das Backend-Modul Layout • Seitenstruktur.
> 2. Klicken Sie oben im Arbeitsbereich auf Neue Seite.
> 3. Fügen Sie die neue Seite unterhalb der Seite News auf derselben Ebene ein, indem Sie neben News auf das braune Symbol mit dem Pfeil nach unten klicken.
> 4. Seitenname: »Artikel«. Kreuzen Sie Seite veröffentlichen an, und klicken Sie auf Speichern und schliessen.
> 5. Klicken Sie oben im Arbeitsbereich erneut auf Neue Seite.
> 6. Erstellen Sie eine Unterseite zu Artikel, indem Sie neben Artikel ganz rechts außen auf das blinkende, braune Symbol mit dem Pfeil nach rechts klicken.
> 7. Seitenname: »Texte und Bilder«. Veröffentlichen. Speichern und neu.
> 8. Erstellen Sie eine weitere Unterseite mit dem Namen »Weitere Elemente«. Veröffentlichen. Speichern und neu.
> 9. Erstellen Sie eine dritte Unterseite namens »Multimedia«. Kreuzen Sie wiederum Veröffentlichen an, und klicken Sie auf Speichern und schliessen.
> 10. Erstellen Sie die übrigen Seiten aus Abbildung 8.3. Zunächst die Seite »Erweiterungen« mit den Unterseiten »Kalender, FAQ und Newsletter« und dann »Sitemap« unterhalb von Impressum auf derselben Ebene.
> 11. Erstellen Sie für jede Seite eine h1-Überschrift (Inhaltselement Überschrift) mit etwas Fülltext (Inhaltselement Text). Am einfachsten geht das wie im Folgenden beschrieben mit der Funktion Mehrere bearbeiten.

Das Erstellen von Überschrift und Fülltext auf den neuen Seiten geht am einfachsten mit der Funktion Mehrere bearbeiten:

- Wechseln Sie auf eine Seite mit Überschrift und Text, zum Beispiel auf die Startseite.
- Klicken Sie oben im Arbeitsbereich auf die Funktion Mehrere bearbeiten.
- Markieren Sie die Inhaltselemente Überschrift und Text, und klicken Sie anschließend unten auf die Schaltfläche Kopieren. Jetzt sind die beiden Inhaltselemente in der *Ablage* von Contao.
- Um die kopierten Inhaltselemente in einem Artikel auf einer anderen Seite wieder einzufügen, wechseln Sie zunächst zurück in den Artikelbaum. Klicken Sie dazu oben im Arbeitsbereich auf den Link Zurück (mit dem grünen Pfeil).

- Im Artikelbaum öffnen Sie den gewünschten Artikel und fügen die beiden Inhaltselemente dort ein.
- Nach dem Einfügen müssen Sie nur noch die Überschrift bearbeiten und an den jeweiligen Seitennamen anpassen.

Das geht eine ganze Ecke schneller, als alle Überschriften und Texte manuell einzugeben. Diese Inhaltsverwaltung mit MEHRERE BEARBEITEN ist sehr effektiv und ein schönes Beispiel dafür, warum der Alltag mit Contao auf Dauer so angenehm ist.

Nach diesem ToDo werden die neu erstellten Seiten in der Navigation bereits angezeigt, aber die Unterseiten sehen, wie Abbildung 8.4 zeigt, im Browser genauso aus wie die Seiten der ersten Ebene. Wie gesagt: Die Module von Contao erzeugen das HTML für die Navigation, das Aussehen bestimmen Sie selbst per CSS.

Falls eine Seite nicht im Frontend erscheint, ist sie vielleicht nicht *veröffentlicht*. Achten Sie im Seitenbaum auf die »Augenfarbe«: Veröffentlichte Seiten haben ein grünes Auge, nicht veröffentlichte ein graues. Ein Klick auf das Auge verändert die Farbe (und den Veröffentlichungsstatus). Die Reihenfolge der Seiten können Sie falls nötig mit dem blauen Verschiebepfeil nachträglich jederzeit verändern.

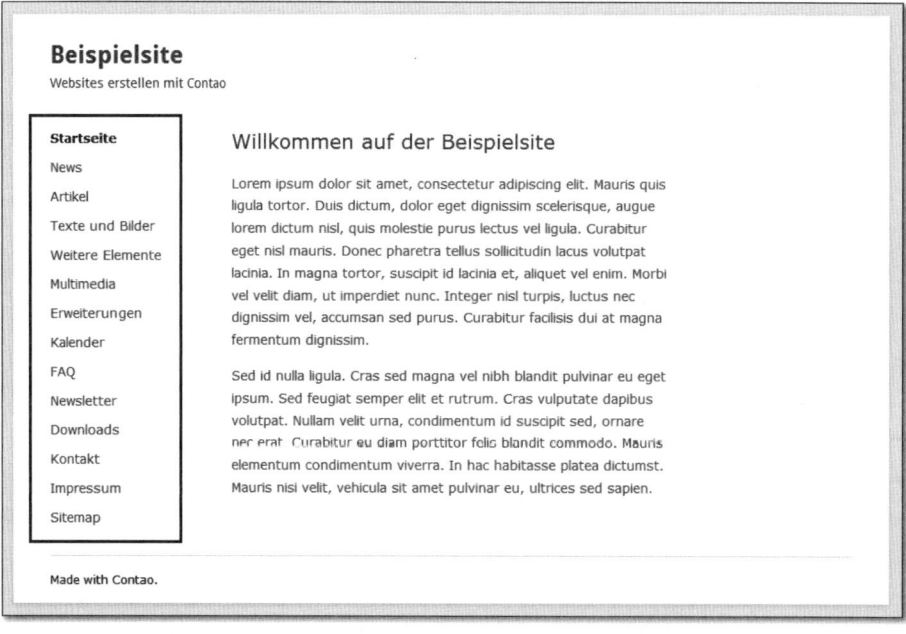

Abbildung 8.4 Hauptnavigation nach der Erweiterung des Seitenbaums

8.4 Eine vertikale Navigation mit zwei Ebenen

Die Navigation hat nach der Erweiterung der Seitenstruktur noch zwei Fehler: Sie ist erstens ziemlich lang, und zweitens kann man die beiden Navigationsebenen optisch nicht unterscheiden.

In diesem Abschnitt werden Sie im ersten Schritt ein paar Seiten verstecken, um die Navigation etwas zu verkürzen. Im zweiten Schritt gestalten Sie dann die zweite Navigationsebene so, dass sie auch als solche erkennbar ist.

8.4.1 Schritt 1: »Layout • Seitenstruktur« – Seiten im Menü verstecken

Im ersten Schritt blenden Sie die Seiten IMPRESSUM und SITEMAP aus, sodass sie in der Hauptnavigation nicht mehr erscheinen. Dazu gibt es in Contao eine Funktion mit dem treffenden Namen IM MENÜ VERSTECKEN.

Die beiden versteckten Seiten werden in Abschnitt 8.7 übrigens mit einer INDIVIDUELLEN NAVIGATION wieder sichtbar gemacht und zusammen mit der Seite KONTAKT als Meta-Navigation links unten im Fußbereich platziert. Aber zunächst einmal verstecken Sie im folgenden ToDo die Seiten, und zwar mal wieder mit der superpraktischen Funktion MEHRERE BEARBEITEN, die Ihnen auf Dauer viel Klickarbeit ersparen wird.

> **ToDo: Seiten im Menü verstecken**
> 1. Öffnen Sie das Backend-Modul SEITENSTRUKTUR.
> 2. Klicken Sie oben rechts im Arbeitsbereich auf MEHRERE BEARBEITEN.
> 3. Markieren Sie die beiden Seiten IMPRESSUM und SITEMAP.
> 4. Klicken Sie rechts unten auf die Schaltfläche BEARBEITEN.
> 5. Aktivieren Sie die Optionen SEITENNAME (relativ weit oben) und IM MENÜ VERSTECKEN (relativ weit unten).
> 6. Klicken Sie auf die Schaltfläche WEITER.
> 7. Kontrollieren Sie die Seitennamen, und aktivieren Sie das Kontrollkästchen IM MENÜ VERSTECKEN.
> 8. Klicken Sie auf SPEICHERN UND SCHLIESSEN.

Das Symbol der Seiten im Seitenbaum verändert sich von Rot zu Grau, um anzudeuten, dass diese Seiten im Menü nicht angezeigt werden. Im Frontend sind die beiden Seiten jetzt nicht mehr in der Navigation (siehe Abbildung 8.5).

Abbildung 8.5 Die Seiten »Impressum« und »Sitemap« sind versteckt.

8.4.2 Schritt 2: Der Modultyp »Navigationsmenü« im Detail

In der Regel wird ein Menü mit vielen Unterpunkten nicht sofort komplett angezeigt, sondern die zweite Ebene wird erst eingeblendet, wenn der entsprechende Menüpunkt der ersten Ebene ausgewählt wurde.

Um das zu erreichen, können Sie in Contao für das Navigationsmodul die Einstellungen im Bereich MENÜ-KONFIGURATION entsprechend ändern. Abbildung 8.6 zeigt die momentan definierten Einstellungen für das Modul NAV – MAIN, die die in Abbildung 8.5 dargestellte Navigation erzeugen.

Im Bereich MENÜ-KONFIGURATION gibt es vier Optionen zur Konfiguration des Navigationsmoduls, von denen momentan drei wichtig sind:

- STARTLEVEL
  Der Startlevel legt fest, *ab welcher Ebene* die Menüpunkte angezeigt werden. Der Standardwert 0 bewirkt, dass das Modul die Navigation ab der obersten Ebene darstellt. 1 würde die oberste Ebene weglassen und die Menüpunkte erst ab der zweiten Ebene anzeigen. Das ist z. B. bei einem Untermenü sehr praktisch.

- STOPLEVEL
  Der Stoplevel legt fest, *bis zu welcher Ebene* die Menüpunkte angezeigt werden. Der Standardwert 0 bedeutet: »Zeige alle Ebenen an.« Der Wert 1 zeigt nur die erste Ebene, blendet aber bei Aktivierung des Menüpunkts eventuelle Unterpunkte ein.

▶ HARD LIMIT

Das Hard Limit sorgt dafür, dass der Stoplevel beim Wort genommen wird. Jenseits des Stoplevels werden keine Unterseiten angezeigt. Das ist z. B. sinnvoll für eine horizontale Navigation, die immer nur die erste Ebene darstellen soll. Die Unterpunkte ab der zweiten Ebene können dann in einer separaten vertikalen Navigation angezeigt werden.

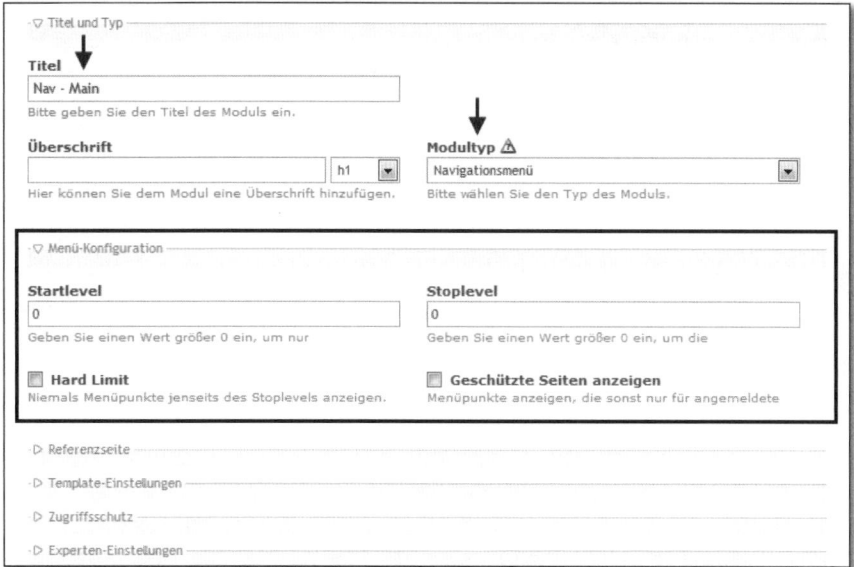

Abbildung 8.6 Menü-Konfiguration – »Startlevel«, »Stoplevel« und »Hard Limit«

Das ist mit ein bisschen Übung recht einfach und vor allem sehr vielseitig. Tabelle 8.1 zeigt einige Kombinationsmöglichkeiten von STARTLEVEL, STOPLEVEL und HARD LIMIT.

Startlevel	Stoplevel	Hard Limit	In der Navigation sichtbar:
0	0	nein	alle Ebenen
0	1	nein	nur die erste Ebene; Unterpunkte nach Klick
0	1	ja	nur die erste Ebene; Unterpunkte nie

Tabelle 8.1 Kombinationen von »Startlevel«, »Stoplevel« und »Hard Limit«

Für die vertikale Navigation aus der Beispielsite ist die zweite Einstellung am sinnvollsten: *nur erste Ebene; Unterpunkte nach Klick*. Und das machen Sie im folgenden ToDo.

> **ToDo: Vertikale Navigation konfigurieren**
>
> 1. Wechseln Sie gegebenenfalls in das Backend-Modul THEMES • MODULE.
> 2. Öffnen Sie das Modul NAV – MAIN zur Bearbeitung.
> 3. Lassen Sie den STARTLEVEL auf 0.
> 4. Ändern Sie den Wert für den STOPLEVEL auf 1.
> 5. Lassen Sie das HARD LIMIT deaktiviert.
> 6. Klicken Sie auf SPEICHERN UND SCHLIESSEN.

Mit diesen Einstellungen wird die zweite Ebene nur angezeigt, wenn der entsprechende Menüpunkt der ersten Ebene ausgewählt wurde. Abbildung 8.7 zeigt die Navigation nach dem Aufruf der Startseite. Die Unterpunkte zu den Seiten ARTIKEL und ERWEITERUNGEN werden erst nach dem Anklicken der Menüpunkte angezeigt, sehen aber noch genauso aus wie die erste Navigationsebene.

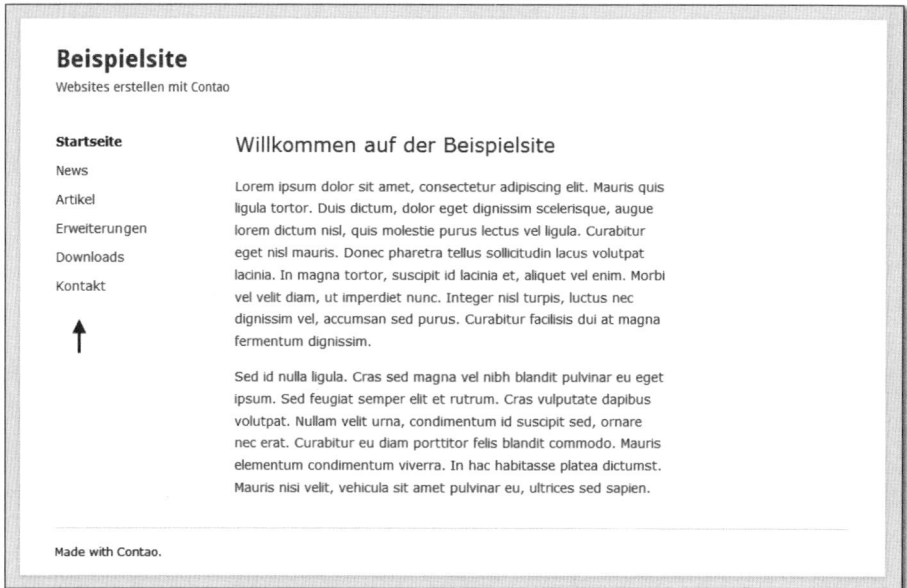

Abbildung 8.7 Unterpunkte werden erst bei Aktivierung angezeigt.

8.4.3 Schritt 3: Die zweite Navigationsebene per CSS gestalten

Das HTML für die erste Navigationsebene haben Sie in Listing 6.3 bereits gesehen. Jetzt folgt das HTML für die zweite Navigationsebene in Kurzform.

Tabelle 8.2 zeigt einen Überblick über die HTML-Elemente und CSS-Klassen, die der Modultyp NAVIGATIONSMENÜ im Quelltext zur Verfügung stellt.

Elemente	Klasse	Bedeutung
nav, div	mod_navigation	für Modultyp NAVIGATIONSMENÜ
a	invisible	Skiplink vor der Navigation
ul	level_x	Navigationsebene: level_1 etc.
li	–	nicht ausgewählter Menüpunkt
li, a, span	first	erstes Listenelement einer Liste oder Link bzw. span im ersten Listenelement
li, a, span	last	letztes Listenelement einer Liste oder Link bzw. span im letzten Listenelement
li, span	active	der aktive Menüpunkt
li, a	sibling	Menüpunkte auf derselben Ebene (Geschwister)
li, a, span	submenu	enthält Untermenü
li, a	trail	enthält Untermenü mit aktivem Menüpunkt

Tabelle 8.2 CSS-Klassen für den Modultyp »Navigationsmenü«

Besonders erwähnenswert sind die Klassen submenu und trail: Wenn ein li-Element ein Untermenü enthält, bekommt es ebenso wie die Links darin die Klasse submenu. Passender Name. Die Klasse trail wird Listenelement und Link hinzugefügt, wenn es im Untermenü einen aktiven Unterpunkt gibt.

Falls Sie mit internen Stylesheets arbeiten, öffnen Sie im Backend-Modul THEMES • STYLESHEETS das Stylesheet *navigation*. Alle drei Styles bekommen die KATEGORIE »Vertikale Navigation – Level 2«.

Falls Sie mit externen Stylesheets arbeiten, öffnen Sie das Stylesheet *navigation.css* zur Bearbeitung in einem Editor.

> **ToDo: Die zweite Navigationsebene gestalten**
> 1. Öffnen Sie das Stylesheet zur Gestaltung der Navigation.
> 2. Fügen Sie nach den vorhandenen Styles folgende CSS-Regel zur Gestaltung der Menüpunkte hinzu:
>
> ```
> /* Unterpunkte links einrücken */
> #left .mod_navigation .level_2 a,
> #left .mod_navigation .level_2 span {
>   margin-left: 12px;
>   font-size: 12px;
> ```

3. Beim Hovern per Maus oder »Durch-Tabben« per Tastatur sollen die Links etwas dunkler werden.

   ```
   /* Hervorhebung für Unterpunkte */
   #left .mod_navigation .level_2 a:hover,
   #left .mod_navigation .level_2 a:focus {
     text-decoration: underline;
     color: #141414;
   }
   ```

4. Der aktive Menüpunkt wird fett hervorgehoben.

   ```
   /* Alle Links im aktiven Listenelement einfärben */
   #left .mod_navigation .level_2 span.active {
     font-weight: bold;
   }
   ```

5. Speichern Sie das Stylesheet.

Im Browser sieht die Navigation jetzt so aus wie in Abbildung 8.8, in der die Unterseite WEITERE ELEMENTE angezeigt wird.

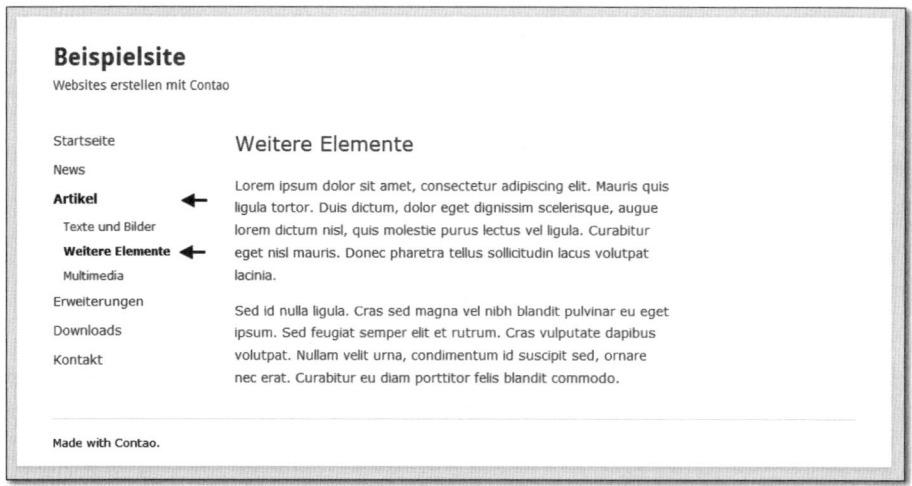

Abbildung 8.8 Hervorhebungen in der Navigation

Wenn in der Navigation eine Unterseite ausgewählt ist, wird der übergeordnete Menüpunkt, z. B. ARTIKEL, mithilfe der bereits in Listing 7.5 formatierten Klasse .trail automatisch hervorgehoben, um Besuchern optisch zu signalisieren, in welcher Abteilung sie sich befinden.

8.5 Eine horizontale Dropdown-Navigation

Die Verwandlung der vertikalen Navigation in eine horizontale besteht im Wesentlichen aus zwei Schritten:

1. Zuerst verschieben Sie das Modul NAV – MAIN im Seitenlayout von der linken Spalte in die Kopfzeile.
2. Danach gestalten Sie die Navigation per CSS, und zwar für die Beispielsite als Dropdown-Menü.

Die Einstellungen für das Navigationsmodul NAV – MAIN bleiben vorerst genauso wie bei der vertikalen Navigation weiter oben (siehe Tabelle 8.3).

Startlevel	Stoplevel	Hard Limit	In der Navigation sichtbar:
0	1	nein	nur die erste Ebene; Unterpunkte erst nach Klick

Tabelle 8.3 »Startlevel«, »Stoplevel« und »Hard Limit« für die Navigation

8.5.1 Schritt 1: Das Navigationsmodul in die Kopfzeile verschieben

Im folgenden ToDo verschieben Sie das Navigationsmodul NAV – MAIN von der linken Spalte in die Kopfzeile.

> **ToDo: Modul »Nav – Main« in die Kopfzeile verschieben**
> 1. Öffnen Sie das Backend-Modul THEMES • SEITENLAYOUTS.
> 2. Öffnen Sie das Seitenlayout STANDARDLAYOUT.
> 3. Ändern Sie im Bereich FRONTEND-MODULE die Zuweisung für das Modul NAV • MAIN [NAVIGATIONSMENÜ] von LINKE SPALTE zu KOPFZEILE.
> 4. Klicken Sie auf SPEICHERN UND SCHLIESSEN.

That's it. Abbildung 8.9 zeigt, dass die Navigation nach diesem ToDo zweifelsohne in der Kopfzeile sitzt, allerdings weder hübsch noch horizontal.

Die Navigationsliste erscheint ziemlich ungestaltet im Kopfbereich der Seite, denn im Stylesheet beginnen alle Selektoren zur Gestaltung der vertikalen Navigation mit #left. Diese Selektoren selektieren jetzt nichts mehr, weil die Navigation in #header verschoben wurde.

Abbildung 8.9 Das Navigationsmodul befindet sich jetzt im Kopfbereich.

8.5.2 Schritt 2: Die erste Navigationsebene gestalten

Jetzt geht es an die Gestaltung des Navigationsmoduls im Kopfbereich, und nach diesem Schritt sieht die erste Ebene der horizontalen Navigation im Browser so aus wie in Abbildung 8.10.

Abbildung 8.10 Die formatierte erste Ebene der horizontalen Navigation

Listing 8.1 zeigt das CSS zur Gestaltung dieser Navigation:

```css
/* Dunkler Hintergrund für das umgebende Element */
#header .mod_navigation {
  margin-top: 24px;
  background: #141414;
  box-shadow:0 2px 6px rgba(68,68,68,0.3);
  border-radius: 4px;
  color: #fff;
}
/* Die Liste wird nach links gefloatet */
#header .mod_navigation ul {
  width: auto;
```

```css
  float: left;
  margin: 0;
  padding: 0;
  list-style-type: none;
}
/* Die Listenelemente werden ebenfalls nach links gefloatet */
#header .mod_navigation li {
  width: auto;
  float: left;
  margin: 0 ;
}
/* Die Menü-Links und den aktiven Menüpunkt gestalten */
#header .mod_navigation a,
#header .mod_navigation span {
  display: block;
  margin-right: 20px;
  margin-left: 20px;
  line-height: 44px;
  text-decoration: none;
  color: #ececec;
}
/* Aktiven Menüpunkt und übergeordneten Menüpunkt hervorheben */
#header .mod_navigation .active,
#header .mod_navigation .trail {
  color: #fff;
  font-weight: bold;
}
/* Menü-Links bei Hover und Tab-Navigation hervorheben */
#header .mod_navigation a:hover,
#header .mod_navigation a:focus {
  color: #fff;
  text-decoration: underline;
}
```

Listing 8.1 Das CSS zur Gestaltung der horizontalen Navigation

Dieses CSS gestaltet wie gesagt eine horizontale Navigation so, wie sie in Abbildung 8.10 zu sehen ist. Besonders erwähnenswert sind die folgenden Details:

▶ Das umgebende Element .mod_navigation umschließt die gefloatete Liste, weil ihm die im CSS-Framework definierte Klasse block ein overflow:hidden zuweist.

▶ Die Navigation bekommt einen leichten Schatten. Falls Sie mit internen Stylesheets arbeiten, finden Sie die Eigenschaft box-shadow in der Gruppe HINTER-

GRUND. Die SCHATTENGRÖSSE ist 0, 2 und 6 mit der Einheit PX, die SCHATTENFARBE ist 444 und die DECKKRAFT 30. Daraus erzeugt Contao die korrekte Syntax.

- Die eigentliche Gestaltung der Navigation erfolgt in den Deklarationen für die Hyperlinks und das span-Element. Die Angabe von line-height: 44px erzeugt die Höhe der Navigation, der horizontale margin die Abstände zwischen den Menüpunkten.
- Die Klasse trail sorgt dafür, dass auch der übergeordnete Menüpunkt hervorgehoben wird, wenn später ein Unterpunkt aktiv ist.

Der CSS-Editor von Contao erzeugt die für box-shadow eventuell benötigten Browser-Präfixe automatisch und fügt auf Wunsch auch die CSS3Pie-Anweisungen für ältere Internet Explorer ein.

Im folgenden ToDo gestalten Sie die horizontale Navigation mit den Styles aus Listing 8.1.

ToDo: Die horizontale Navigation gestalten

1. Öffnen Sie das Stylesheet *navigation* bzw. *navigation.css*.
2. Fügen Sie die Styles aus Listing 8.1 *am Anfang* des Stylesheets ein. Bei internen Stylesheets vergeben Sie für alle Styles die KATEGORIE »Horizontale Navigation«.
3. Der Lerneffekt ist am größten, wenn Sie nach jedem Style kurz speichern und sich die Auswirkungen im Browser anschauen.
4. Speichern Sie das Stylesheet.

Die horizontale Navigation ist voll funktionsfähig, und die erste Ebene sieht jetzt so aus wie in Abbildung 8.10.

Wenn Sie aber auf einen der beiden Menüpunkte ARTIKEL oder ERWEITERUNGEN klicken, sehen Sie deutlich, dass die zweite Menüebene noch ungestaltet ist. Diese wird im folgenden Schritt in ein schickes Dropdown-Menü verwandelt (Abbildung 8.11).

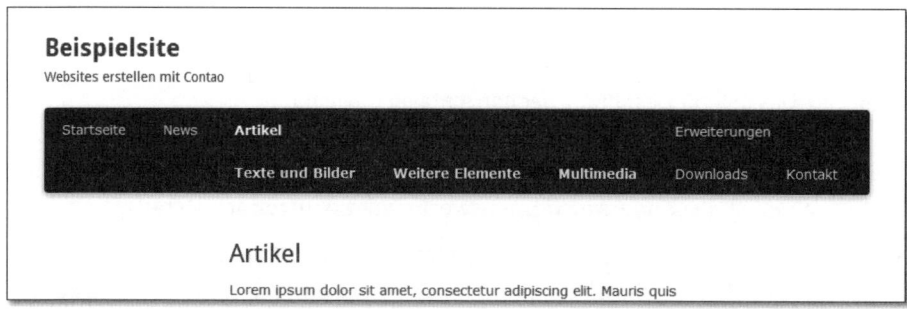

Abbildung 8.11 Die erste Navigationsebene ist okay, die zweite noch nicht.

> **»Hard Limit« – horizontale Navigation mit nur einer Ebene**
>
> Wenn Sie für Ihre Website eine horizontale Navigation möchten, die immer nur die erste Navigationsebene anzeigt, aktivieren Sie das HARD LIMIT im Navigationsmodul NAV – MAIN. Die Einstellungen lauten dann:
>
> - Start 0
> - Stop 1
> - Hard Limit aktivieren
>
> Durch das HARD LIMIT wird in der Navigation immer nur die erste Ebene angezeigt, auch wenn es im Seitenbaum noch Unterseiten gibt.

8.5.3 Schritt 3: Dropdown – horizontale Navigation zum Ausklappen

In diesem Abschnitt möchte ich Ihnen zeigen, wie Sie diese horizontale Navigation in ein Dropdown-Menü verwandeln, bei dem die zweite Ebene automatisch eingeblendet wird, sobald die Maus über den entsprechenden Hauptpunkt fährt.

Für eine Dropdown-Navigation müssen Sie im Prinzip nur zwei Änderungen vornehmen:

1. Setzen Sie im Navigationsmodul NAV – MAIN den STOPLEVEL auf 0, damit im HTML *immer* alle Menüpunkte erzeugt werden.
2. Blenden Sie im CSS die zweite Navigationsebene so lange aus, bis der Benutzer mit der Maus über den Menüpunkt fährt (*MouseOver*).

Zunächst setzen Sie den STOPLEVEL im Navigationsmodul wieder auf 0, damit im Quelltext alle Menüpunkte vorhanden sind. Das ist nötig, damit sie per CSS bei Mausberührung sichtbar gemacht werden können (siehe Tabelle 8.4).

Startlevel	Stoplevel	Hard Limit	In der Navigation sichtbar:
0	0	nein	alle Ebenen; immer

Tabelle 8.4 »Startlevel«, »Stoplevel« und »Hard Limit« für ein Dropdown-Menü

Im folgenden ToDo ändern Sie die Einstellungen für das Navigationsmodul.

> **ToDo: Die Einstellungen für das Navigationsmodul ändern**
> 1. Öffnen Sie das Backend-Modul THEMES • FRONTEND-MODULE.
> 2. Öffnen Sie das Modul NAV – MAIN.
> 3. Setzen Sie den STOPLEVEL auf 0.
> 4. Klicken Sie auf SPEICHERN UND SCHLIESSEN.

Jetzt zeigt die horizontale Navigation immer alle Ebenen an, und es fehlt nur noch das CSS für eine Dropdown-Navigation, um die zweite Ebene zu verstecken und bei einem MouseOver schön ordentlich wieder einzublenden (siehe Listing 8.2):

```css
/* Zweite Ebene ausblenden */
#header .mod_navigation .level_2 {
  width: 0;
  height: 0;
  position: absolute;
  left: -32768px;
  top: -32768px;
  overflow: hidden;
  display: inline;
}
/* Listenelemente zweite Ebene untereinander */
#header .mod_navigation .level_2 li {
  clear: both;
}
/* Zweite Ebene bei MouseOver einblenden */
#header .mod_navigation li:hover .level_2 {
  width: auto;
  height: auto;
  min-width: 78px;
  left: auto;
  top: auto;
  overflow: auto;
  display: block;
  background-color: #141414;
  z-index: 1000;
}
/* Hyperlinks und span gestalten */
#header .mod_navigation .level_2 a,
#header .mod_navigation .level_2 span {
  font-size: 13px;
  line-height: 32px;
  font-weight: normal;
}
/* Aktiven Menüpunkt hervorheben */
#header .mod_navigation .level_2 span.active {
  font-weight: bold;
}
```

Listing 8.2 Das CSS zum Ein- und Ausblenden der zweiten Menüebene

Im folgenden ToDo fügen Sie die Styles aus Listing 8.2 dem Stylesheet zur Gestaltung der Navigation hinzu.

> **ToDo: Das CSS für eine horizontale Dropdown-Navigation**
> 1. Öffnen Sie das Stylesheet zur Gestaltung der Navigation.
> 2. Fügen Sie die CSS-Regeln aus Listing 8.2 ein, und zwar *nach* den Styles für die erste Ebene aus Listing 8.1. Bei internen Stylesheets geben Sie den Styles die KATEGORIE »Dropdown«.
> 3. Speichern Sie das Stylesheet.

Im Browser sieht man zunächst nur die erste Menüebene. Die zweite Ebene wird erst sichtbar, wenn wie in Abbildung 8.12 der Mauszeiger über einen Menüpunkt der ersten Ebene mit Unterseiten fährt.

Wenn Sie mit internen Stylesheets arbeiten, können Sie dem Dropdown ganz einfach einen Farbverlauf hinzufügen, indem Sie beim letzten Style, der die zweite Ebene wieder einblendet, in der Gruppe HINTERGRUND folgende Eintragungen machen:

- VERLAUFSWINKEL ist to bottom (Verlauf beginnt oben).
- VERLAUFSFARBEN sind 141414 und eine etwas hellere Farbe wie zum Beispiel 555450.

Der CSS-Editor von Contao erstellt wieder automatisch Browser-Präfixe und auf Wunsch auch die CSS3Pie-Anweisungen für IE 7 und 8.

Mit einem externen Stylesheet können Sie einen Farbverlauf zum Beispiel mit dem *Ultimate CSS Gradient Generator* erstellen, den Sie online unter der folgenden URL finden:

- *colorzilla.com/gradient-editor/*

Mit einem solchen leichten Farbverlauf sieht das Dropdown-Menü etwa so aus wie in Abbildung 8.12.

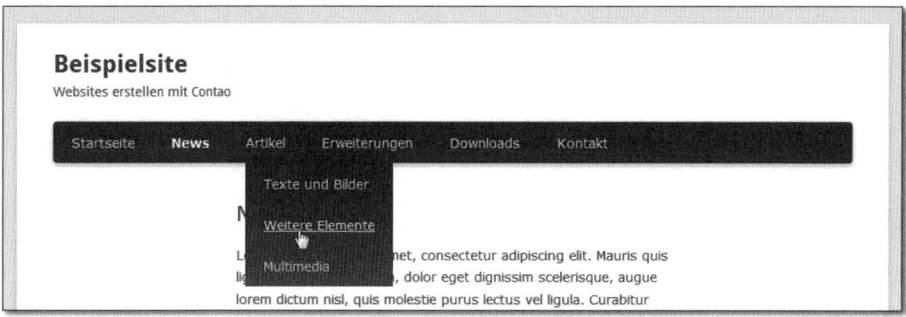

Abbildung 8.12 Eine einfache, CSS-basierte Dropdown-Navigation

8.6 Horizontale und vertikale Navigation zusammen

In diesem Abschnitt kombinieren Sie die horizontale Dropdown-Navigation im Header mit einer vertikalen in der linken Spalte.

Die beiden Navigationen praktizieren dabei eine Art Arbeitsteilung: Die horizontale Navigation zeigt die erste Navigationsebene und als Dropdown eventuelle Unterseiten, die vertikale Navigation in der linken Spalte zeigt die zweite Menüebene, wenn man sich auf einer Unterseite befindet. Für die vertikale Navigation erstellen Sie einfach ein neues Navigationsmodul namens NAV – SUB mit den Einstellungen aus Tabelle 8.5, das Sie in der linken Spalte platzieren.

Startlevel	Stoplevel	Hard Limit	In der Navigation sichtbar:
1	1	nein	nur die zweite Ebene; Unterpunkte erst nach dem Klick

Tabelle 8.5 »Startlevel«, »Stoplevel« und »Hard Limit« für die Unternavigation

Im folgenden ToDo erstellen und konfigurieren Sie das Navigationsmodul für die Unternavigation in der linken Spalte.

> **ToDo: Navigationsmodul für Unternavigation erstellen und einbinden**
>
> 1. Öffnen Sie das Backend-Modul THEMES • MODULE.
> 2. Klicken Sie oben im Arbeitsbereich auf NEUES MODUL, und geben Sie die folgenden Werte ein:
>   TITEL: »Nav – Sub«
>   MODULTYP: NAVIGATIONSMENÜ
>   STARTLEVEL: 1
>   STOPLEVEL: 1
>   HARD LIMIT: nein
>   Alle anderen Optionen lassen Sie unverändert.
> 3. Klicken Sie auf SPEICHERN UND SCHLIESSEN.
> 4. Öffnen Sie das Seitenlayout STANDARDLAYOUT zur Bearbeitung.
> 5. Fügen Sie im Bereich FRONTEND-MODULE nach den Modulen für die *Kopfzeile* die Zeile Modul NAV – SUB [NAVIGATIONSMENÜ] in der Spalte LINKE SPALTE hinzu.
> 6. Klicken Sie auf SPEICHERN UND SCHLIESSEN.

Abbildung 8.13 zeigt das Untermenü zu der Seite ARTIKEL in der linken Spalte. Es ist schon gestaltet, da im Navigations-Stylesheet das CSS für eine vertikale Navigation noch vorhanden ist und die mit #left beginnenden Selektoren somit jetzt wieder etwas zum Gestalten haben.

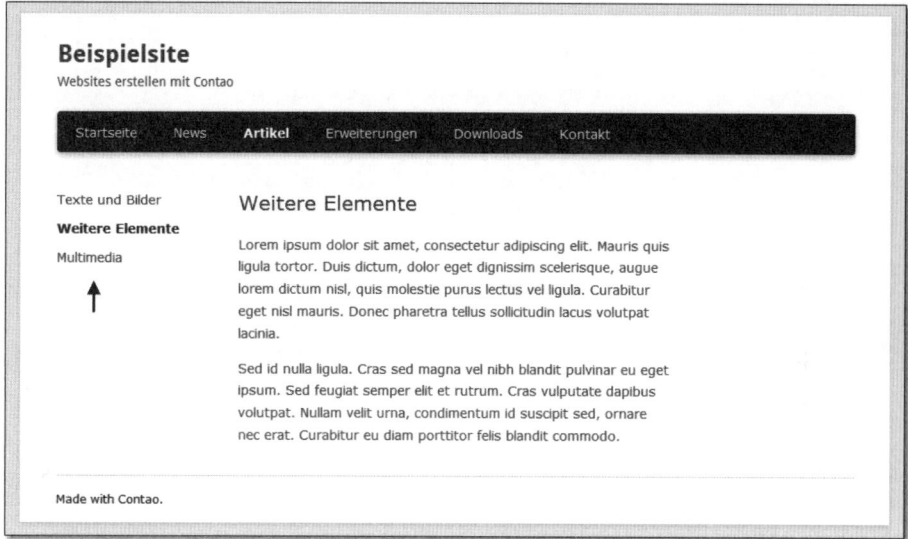

Abbildung 8.13 Die Navigation auf der Unterseite »Weitere Elemente«

8.7 Meta-Navigation: eine »Individuelle Navigation«

Auf vielen Webseiten gibt es eine Navigation, die Links wie KONTAKT, IMPRESSUM oder SITEMAP enthält. Während die Links im Hauptmenü direkt zum Inhalt der Website führen, geht es bei diesen Links eher um Funktionen, die dem Besucher das Leben erleichtern und in gewisser Weise *über* dem Inhalt stehen. Deshalb wird dieser Navigationstyp auch als *Servicenavigation* oder *Meta-Navigation* bezeichnet.

In diesem Abschnitt erstellen Sie ein neues Navigationsmodul namens NAV – META, das auf dem Modultyp INDIVIDUELLE NAVIGATION basiert und links unten im Fußbereich positioniert wird. Das Modul gibt Links zur Seite KONTAKT und zu den beiden am Anfang des Kapitels versteckten Webseiten IMPRESSUM und SITEMAP aus und ersetzt das Modul LAYOUT – FOOTER, das bisher nur den Satz MADE WITH CONTAO ausgegeben hat (siehe Abbildung 8.14).

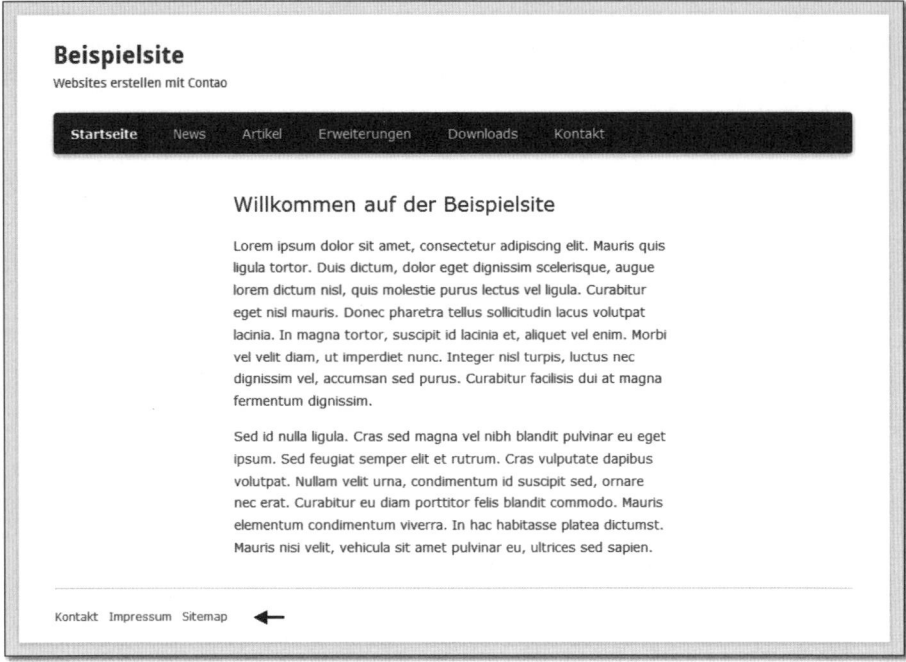

Abbildung 8.14 Die fertige Meta-Navigation links unten im Fußbereich

Wie immer wird das Modul zunächst erstellt und dann im Seitenlayout eingebunden, bevor es an die Gestaltung geht.

8.7.1 Schritt 1: Das Modul »Nav – Meta« erstellen

Mit einer individuellen Navigation können Sie in Contao einen Navigationsbereich erstellen, in dem Sie beliebige Seiten aus dem Seitenbaum darstellen. Abbildung 8.15 zeigt die Eingabemaske für den Modultyp INDIVIDUELLE NAVIGATION im Backend.

Im folgenden ToDo erstellen Sie eine individuelle Navigation.

> **ToDo: Das Modul für die Meta-Navigation erstellen**
> 1. Öffnen Sie das Backend-Modul THEMES • MODULE.
> 2. Klicken Sie oben im Arbeitsbereich auf NEUES MODUL.
> 3. Der TITEL soll »Nav – Meta« sein.
> 4. MODULTYP ist INDIVIDUELLE NAVIGATION.
> 5. Klicken Sie im Bereich SEITEN auf die Schaltfläche AUSWAHL ÄNDERN.

6. Wählen Sie die Seiten KONTAKT, IMPRESSUM und SITEMAP aus.
7. Bestätigen Sie die Auswahl mit einem Klick auf ANWENDEN.
8. Klicken Sie auf SPEICHERN UND SCHLIESSEN.

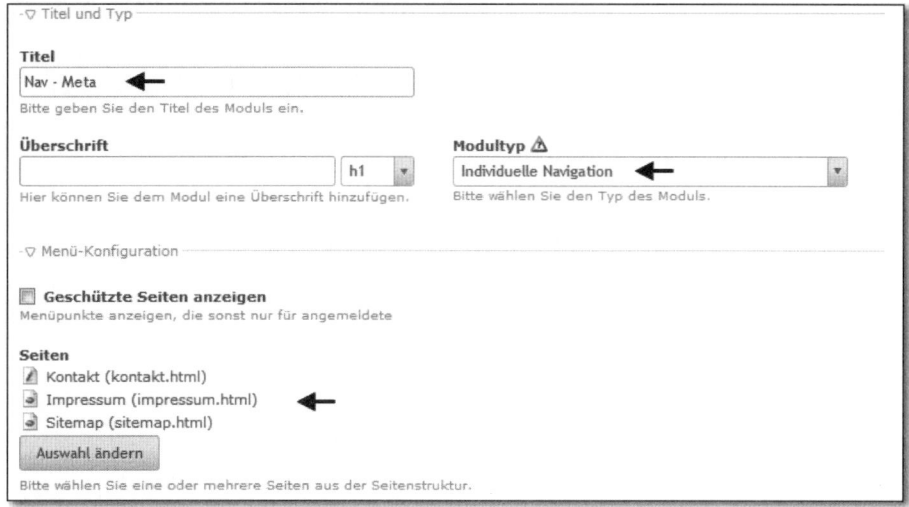

Abbildung 8.15 Eingabeformular für eine »Individuelle Navigation«

Das Modul ist erstellt und wird im nächsten Schritt im Seitenlayout eingebunden.

8.7.2 Schritt 2: Das Modul »Nav – Meta« einbinden

Da die Meta-Navigation auf allen Seiten an derselben Stelle erscheinen soll, wird das Modul genau wie die Haupt- und Unternavigation im Seitenlayout eingebunden.

ToDo: Das Modul für die Meta-Navigation einbinden
1. Öffnen Sie das Backend-Modul THEMES • SEITENLAYOUTS.
2. Öffnen Sie das Seitenlayout STANDARDLAYOUT zur Bearbeitung.
3. Ändern Sie die letzte Zeile so, dass das Modul NAV – META in der FUSSZEILE erscheint und das vorher dort eingebundene Modul LAYOUT – FOOTER ersetzt.
4. Klicken Sie auf SPEICHERN UND SCHLIESSEN.

Mit wenigen Klicks haben Sie das Modul NAV – META erstellt und im Seitenlayout der Fußzeile zugewiesen. Im Browser sieht der Footer jetzt so aus wie in Abbildung 8.16. Das Modul ist drin. Der Rest ist CSS, wie man so schön sagt.

Abbildung 8.16 Das Modul »Nav – Meta«, ungestaltet im Footer

8.7.3 Schritt 3: Die Meta-Navigation im Quelltext

Bevor Sie im nächsten Schritt die Meta-Navigation positionieren und gestalten, werfen Sie einen kurzen Blick auf das vom Modul NAV – META erzeugte HTML. Das zuständige Template ist *nav_default.html5*. Die URLs wurden aus Gründen der Übersichtlichkeit durch ein # ersetzt (siehe Listing 8.3).

```
<!-- indexer::stop -->
<nav class="mod_customnav block">
<a href="#skipNavigationX"
   class="invisible">Navigation überspringen</a>
<ul class="level_1" role="menubar">
  <li class="first">
   <a class="first" role="menuitem" title="Kontakt"
      href="#">Kontakt</a>
  </li>
  <li>
   <a role="menuitem" title="Impressum" href="#">Impressum</a>
  </li>
  <li class="last">
   <a class="last" role="menuitem" title="Sitemap" href="#" >Sitemap</a>
  </li>
</ul>
```

```html
<a id="skipNavigationX" class="invisible"> </a>
</nav>
<!-- indexer::continue -->
```

Listing 8.3 Das vom Modul »Nav – Meta« erzeugte HTML

Der Kommentar `<!-- indexer::stop -->` verhindert, dass die interne Contao-Suchmaschine die Navigation indiziert. Umschlossen wird die ungeordnete Liste wieder von einem nav-Element, das dieses Mal die Klassen mod_customnav und block hat. Der Rest ist ganz normal: Nach dem Skiplink folgt eine ungeordnete Linkliste mit Klassen, die Sie zur Gestaltung nutzen können.

8.7.4 Schritt 4: Die Meta-Navigation gestalten

Jetzt fehlt nur noch die Gestaltung der Meta-Navigation. Die Links sollen nebeneinander erscheinen, und zwar im Fußbereich ganz links.

> **ToDo: Die Meta-Navigation positionieren und gestalten**
>
> 1. Öffnen Sie das Stylesheet zur Gestaltung der Navigation im Editor.
> 2. Fügen Sie am Ende des Stylesheets die folgenden Styles ein, um die Liste linksbündig auszurichten und die Listenelemente in der Meta-Navigation zu floaten (KATEGORIE: »Meta-Navigation«):
>
> ```css
> .mod_customnav ul {
>   margin-left: 0;
> }
> .mod_customnav li {
>   float: left;
>   list-style-type: none;
>   padding: 0;
>   margin: 0 ;
> }
> ```
>
> 3. Im nächsten Style werden die Links und das span-Element gestaltet:
>
> ```css
> .mod_customnav a,
> .mod_customnav span {
>   display: block;
>   text-decoration: none;
>   font-size: 12px;
>   color: #666;
>   line-height: 1.7;
>   margin-right: 12px;
> }
> ```

```
  .mod_customnav a:hover,
  .mod_customnav a:focus {
    text-decoration: underline;
  }
  .mod_customnav span.active {
    text-decoration: underline;
  }
```

4. Speichern Sie das Stylesheet, und betrachten Sie die Seite im Browser.

Im Browser sehen die Webseiten nach diesem ToDo so aus wie in Abbildung 8.17.

Mit diesem Schritt ist das Navigationsgerüst für die Beispielsite fertig. Sie haben ohne Programmierung eine horizontale Hauptnavigation mit Dropdown, eine vertikale Unternavigation und eine individuelle Meta-Navigation erstellt, die allesamt per CSS positioniert und gestaltet werden.

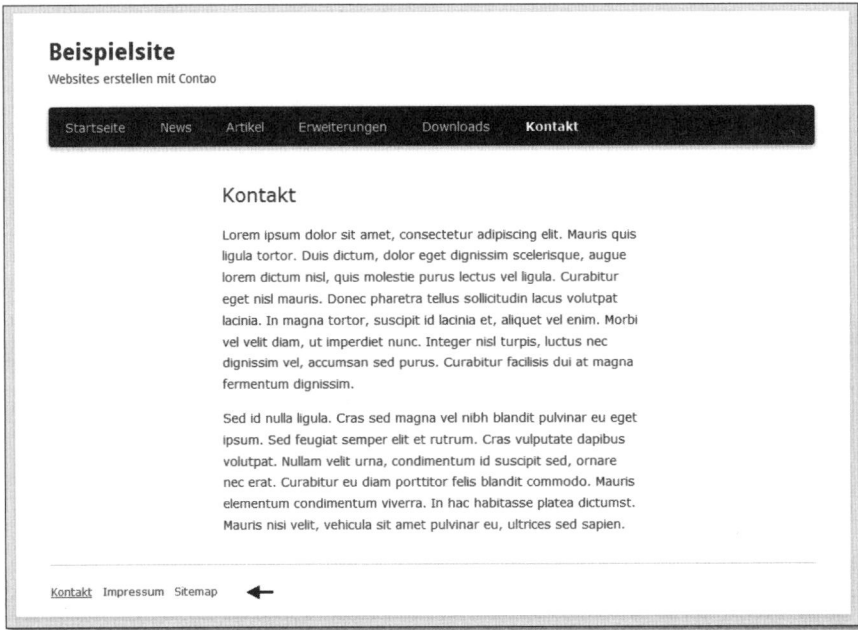

Abbildung 8.17 Die fertige Meta-Navigation

8.8 Sitemap: das Inhaltsverzeichnis der Website

Eine Sitemap ist eine Navigationshilfe, die einem Besucher alle für ihn verfügbaren Seiten der Site auflistet. Gerade für Erstbesucher oder wenn man etwas Bestimmtes sucht, ist eine solche Sitemap oft eine große Hilfe.

Bei Contao gibt es natürlich ein entsprechendes Modul, das eine Sitemap automatisch generiert. Das Prozedere ist dabei schon fast wie gewohnt: Zuerst erstellen Sie ein Modul, dann binden Sie es ein, und zum Schluss wird es gestaltet.

8.8.1 Schritt 1: »Nav – Sitemap« – ein Modul zur Erstellung einer Sitemap

Das Modul zur Erstellung einer Sitemap gehört zu den Navigationsmodulen, und das Eingabeformular sieht so aus wie in Abbildung 8.18.

Dieses Eingabeformular ist inzwischen wahrscheinlich bereits fast selbsterklärend. Sie können wählen, ob geschützte oder versteckte Seiten angezeigt werden sollen.

- *Geschützte Seiten* sind nur für angemeldete Besucher sichtbar und sollten in einer normalen Sitemap wohl nicht angezeigt werden.
- *Versteckte Seiten* tauchen in einem normalen Menü nicht auf, wie z. B. die Seiten IMPRESSUM und SITEMAP. Es kann manchmal durchaus sinnvoll sein, diese Seiten in einer Sitemap anzeigen zu lassen.

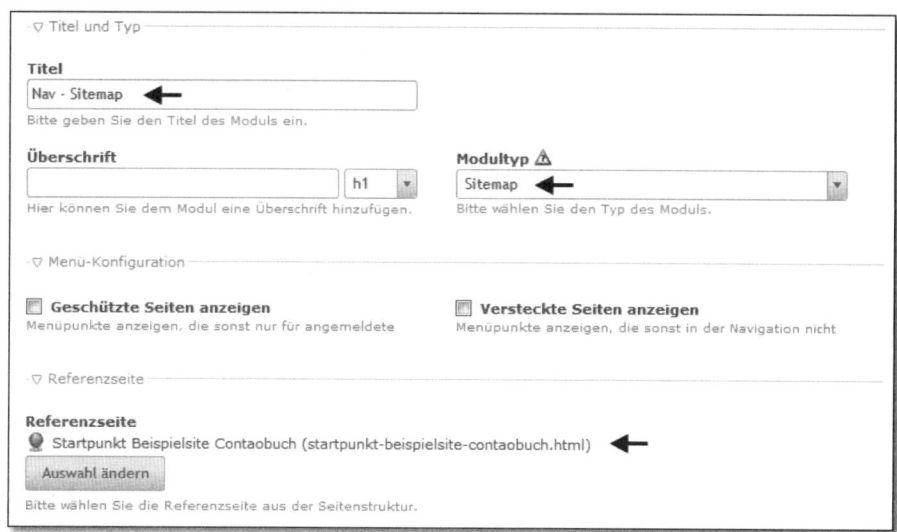

Abbildung 8.18 Das Eingabeformular zur Erstellung einer Sitemap

Wirklich wichtig ist hier die Definition der REFERENZSEITE, mit der Sie den Anfangspunkt für die Sitemap definieren. Unterseiten werden automatisch dargestellt, übergeordnete Seiten hingegen nicht.

Für eine komplette Sitemap bietet sich der STARTPUNKT EINER WEBSEITE als Referenzseite an, und genau das machen Sie im folgenden ToDo.

> **ToDo: Das Modul »Nav – Sitemap« erstellen**
>
> 1. Öffnen Sie das Backend-Modul LAYOUT • THEMES.
> 2. Öffnen Sie die FRONTEND-MODULE zur Bearbeitung.
> 3. Klicken Sie oben im Arbeitsbereich auf NEUES MODUL.
> 4. Geben Sie als TITEL »Nav – Sitemap« ein.
> 5. Wählen Sie aus der Liste MODULTYP den Eintrag SITEMAP.
> 6. Wählen Sie als REFERENZSEITE den STARTPUNKT DER WEBSEITE.
> 7. Lassen Sie alle anderen Optionen unverändert.
> 8. Klicken Sie auf SPEICHERN UND SCHLIESSEN.

Das Modul existiert und wird im nächsten Schritt *in einen Artikel* eingebunden.

8.8.2 Schritt 2: Das Modul »Nav – Sitemap« in einen Artikel einbinden

Bis jetzt haben Sie alle Navigationsmodule über das Seitenlayout mit den Webseiten verbunden, sodass die Module auf allen Seiten erscheinen, die auf diesem Seitenlayout basieren. Um ein Modul nur auf einer Seite anzuzeigen, binden Sie es stattdessen direkt in einen Artikel ein.

Dazu erstellen Sie auf der gewünschten Seite im gewünschten Artikel ein Inhaltselement vom Typ MODUL und wählen dort das zuvor erstellte Navigationsmodul aus. Genau das machen Sie im folgenden ToDo.

> **ToDo: Das Modul »Nav – Sitemap« in einem Artikel einbinden**
>
> 1. Öffnen Sie das Backend-Modul INHALTE • ARTIKEL.
> 2. Öffnen Sie den Artikel SITEMAP [HAUPTSPALTE] zur Bearbeitung.
> 3. Fügen Sie unterhalb der h1-Überschrift gegebenenfalls etwas beschreibenden Text ein (siehe Abbildung 8.19).
> 4. Erstellen Sie darunter ein neues Element, z. B. mit einem Klick auf das weiße Kreuz im grünen Kreis ganz rechts außen.
> 5. Wählen Sie aus der Liste ELEMENTTYP den Eintrag MODUL aus der Gruppe der INCLUDE-ELEMENTE relativ weit unten.
> 6. Wählen Sie den Eintrag NAV – SITEMAP (ID xx) aus der Liste MODUL.
> 7. Klicken Sie auf SPEICHERN UND SCHLIESSEN.

Im Browser gibt es nach diesem ToDo eine bereits funktionierende, aber noch ungestaltete Sitemap (siehe Abbildung 8.19).

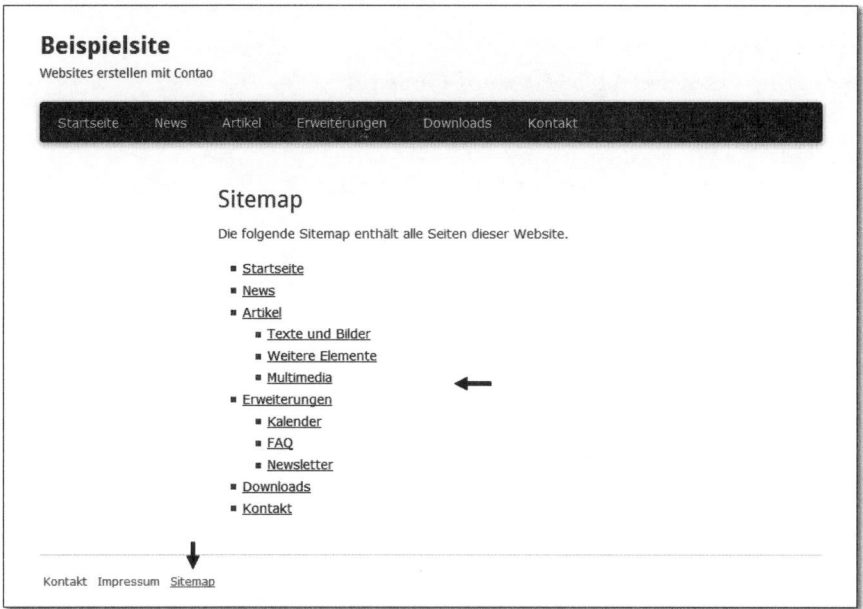

Abbildung 8.19 Eine funktionierende, aber ungestaltete Sitemap

8.8.3 Schritt 3: Das HTML für das Modul »Nav – Sitemap«

Bevor Sie die Sitemap mit einigen wenigen Styles gestalten, werfen Sie wie immer einen Blick auf das vom Modul erzeugte HTML. Listing 8.4 zeigt einen Ausschnitt daraus.

```
<!-- indexer::stop -->
<div class="mod_sitemap block">
<ul class="level_1" role="menubar">
  <li class="sibling first">
   <a class="sibling first" role="menuitem" title="Startseite"
       href="#">Startseite</a>
  </li>
  <li class="sibling">
   <a class="sibling" role="menuitem" title="News" href="#">News</a>
  </li>
  <li class="submenu sibling">
    <a class="submenu sibling" aria-haspopup="true" role="menuitem"
       title="Artikel" href="#">Artikel</a>
  <ul class="level_2" role="menu">
    <li class="first">
     <a class="first" role="menuitem" title="Texte und Bilder"
        href="#">Texte und Bilder</a>
```

```
        </li>
        <li>
          <a role="menuitem" title="Weitere Elemente"
              href="#">Weitere Elemente</a></li>
        <li class="last">
         <a class="last" role="menuitem" title="Multimedia"
              href="#">Multimedia</a>
        </li>
      </ul>
    </li>
    <!-- Andere Menüpunkte -->
    <li class="sibling last">
      <a class="sibling last" title="Kontakt" >
          href="#">Kontakt</a></li>
  </ul>
</div>
<!-- indexer::continue -->
```

Listing 8.4 Ein Ausschnitt aus dem HTML für eine Sitemap

Umgeben von `<!-- indexer::stop -->`, einem div mit der Klasse mod_sitemap und `<!-- indexer::continue -->`, werden die Links in einer verschachtelten ul präsentiert. Die Klassennamen für Listenelemente und Links lauten level_1, level_2 und submenu, genau wie bei den anderen Navigationsmodulen, die auf dem Template *nav_default.html5* basieren.

8.8.4 Schritt 4: Das CSS zur Gestaltung der Sitemap

Im folgenden ToDo machen Sie die Sitemap mit wenigen Styles etwas übersichtlicher.

> **ToDo: Die Sitemap gestalten**
>
> 1. Öffnen Sie das Stylesheet zur Gestaltung der Navigation im Editor.
> 2. Fügen Sie am Ende des Stylesheets nach der Gestaltung der Meta-Navigation die folgenden Styles ein (KATEGORIE: »Sitemap«):
>
> ```css
> .mod_sitemap ul.level_1 {
>   margin-left: 0;
> }
> .mod_sitemap li {
>   list-style-type: none;
> }
> ```

3. Die Links nicht unterstreichen und fett hervorheben:

```
.mod_sitemap a {
  text-decoration: none;
  font-weight: bold;
}
```

4. Die Links der zweiten Ebene sollen nicht fett sein:

```
.mod_sitemap .level_2 a { font-weight: normal; }
```

5. Die Links sollen beim Hovern und bei der Tab-Navigation unterstrichen werden:

```
.mod_sitemap a:hover,
.mod_sitemap a:focus {
    text-decoration:underline;
}
```

6. Speichern Sie das Stylesheet.

Im Browser sieht die Sitemap jetzt so aus wie in Abbildung 8.20.

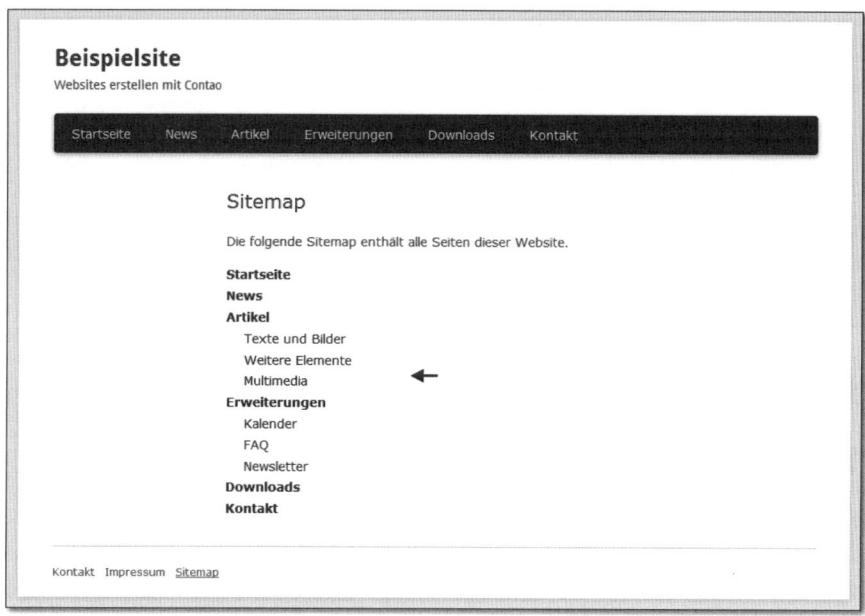

Abbildung 8.20 Die fertige Sitemap

8.9 Weitere Navigationsmodule im Überblick

Zum Abschluss dieses Kapitels über Navigation möchte ich Ihnen die übrigen Navigationsmodule von Contao quasi im Schnelldurchgang vorstellen.

8.9.1 Quicknavigation und Quicklink

Die Modultypen QUICKNAVIGATION und QUICKLINK erstellen beide ein Dropdown-Menü, mit dem man direkt zu einer bestimmten Seite springen kann.

Während eine Quicknavigation die komplette Seitenstruktur oder einen Ausschnitt daraus abbildet, kann ein Quicklink-Menü beliebige Seiten aus dem Seitenbaum enthalten. Quicknavigation und Quicklink sind also quasi die Dropdown-Entsprechungen zu den weiter oben vorgestellten Modultypen NAVIGATIONSMENÜ bzw. INDIVIDUELLE NAVIGATION.

In Abschnitt 16.5 erstellen Sie bei der Gestaltung der Startseite in der Sidebar ein Quicklink-Menü mit ein paar Lesetipps. Eine solche Quicklink-Navigation erzeugt in etwa folgendes HTML:

```
<!-- indexer::stop -->
<div class="mod_quicklink block">
<h2>Lesetipps</h2>
<form action="#" method="post">
<div class="formbody">
<input type="hidden" name="FORM_SUBMIT" value="tl_quicklink">
<input type="hidden" name="REQUEST_TOKEN" value="d5eb0...">
<select name="target"  class="select">
  <option value="#"> ... </option>
  <option value="#"> ... </option>
  <option value="#"> ... </option>
</select>
<input type="submit" class="submit" value="Los">
</div>
</form>
</div>
<!-- indexer::continue -->
```

Listing 8.5 Das HTML für eine Quicklink-Navigation

Das sind ein div mit der Klasse mod_quicklink drum herum, eine Überschrift und ein Formular, das ein div mit der Klasse formbody enthält, in dem zwei versteckte Formularfelder und als Hauptdarsteller eine Auswahlliste und ein SUBMIT-Button aufbewahrt werden. Erzeugt wird dieses HTML vom Modultemplate *mod_quicklink.html5*.

Der Modultyp QUICKNAVIGATION funktioniert genauso, bekommt aber im umgebenden div die Klasse mod_quicknav und basiert auf dem Modultemplate *mod_quicknav.html5*.

8.9.2 Navigationspfad: die Breadcrumb-Navigation »Sie sind hier«

Sich zu verirren und die Orientierung zu verlieren, gehört zu den Urängsten des Menschen. So hatte sich Hänsel auf dem Weg in den tiefen Wald eine scheinbar geniale Navigationsmethode ausgedacht, um sich nicht zu verirren:

> »Wart nur, Gretel, bis der Mond aufgeht, dann werden wir die Brotbröcklein sehen, die ich ausgestreut habe, die zeigen uns den Weg nach Haus.«

Hänsels Brotkrümel-Methode hatte ihre Nachteile, dient aber heute noch als Namensgeber für eine Navigationshilfe, die ausgehend von der aktuellen Seite alle übergeordneten Seiten bis hin zur Startseite nebeneinander darstellt und dem Besucher ein »Sie sind hier« signalisiert. Neudeutsch nennt man Hänsels Methode »Breadcrumb-Navigation«.

Ein solcher *Navigationspfad* lohnt sich erst ab einer gewissen Verschachtelungstiefe und ist bei der Beispielsite in ihrem jetzigen Zustand nicht nötig. Abbildung 8.21 zeigt ein Beispiel für eine Breadcrumb-Navigation auf der Website *little-boxes.de*, die mit Contao erstellt wurde.

Das Eingabeformular, das zur Erstellung eines Moduls vom Typ NAVIGATIONSPFAD im Backend angezeigt wird, ist sehr übersichtlich und bietet, abgesehen von einer optionalen Überschrift, keine Konfigurationsmöglichkeiten.

Im Quelltext erzeugt das Modul eine ungeordnete Liste. Die HTML-Ausgabe kann über das Modultemplate *mod_breadcrumb.html5* kontrolliert werden.

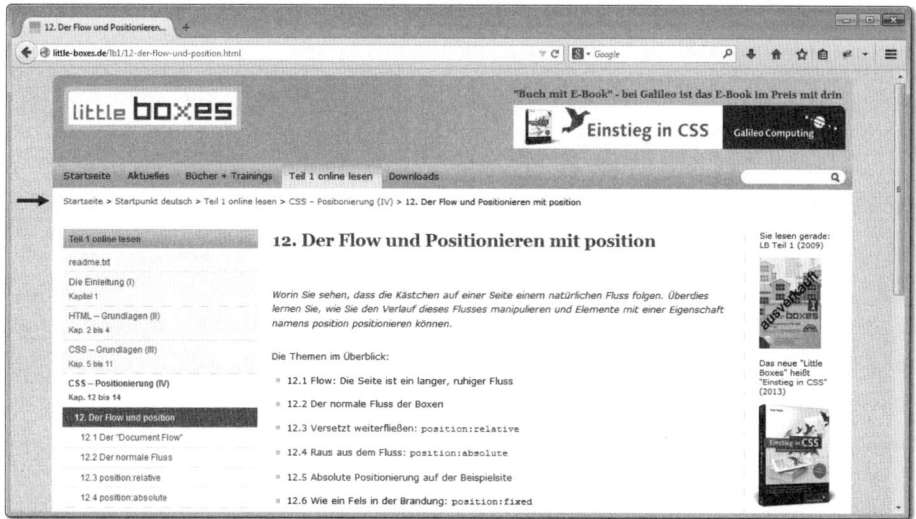

Abbildung 8.21 »Sie sind hier« – ein Navigationspfad auf »little-boxes.de«

8.9.3 Buchnavigation: von einer Seite zur nächsten und zurück

Das Modul BUCHNAVIGATION ist nicht nur für Bücher zu gebrauchen, sondern immer dann nützlich, wenn Sie auf den Webseiten eine Navigation einbauen möchten, die es dem Besucher ermöglicht, innerhalb der Seitenstruktur vorwärts-, rückwärts- oder auch eine Ebene nach oben zu navigieren. Abbildung 8.22 zeigt auch für die Buchnavigation ein Beispiel von *little-boxes.de*.

Der vom Template *mod_booknav.html5* erzeugte Quelltext sieht so aus:

```
<!-- indexer::stop -->
<div class="mod_booknav block">
<ul>
  <li class="prev"><a href="#" title="">&lt; Themen</a></li>
  <li class="up"><a href="#" title="">Nach oben</a></li>
  <li class="next"><a href="#" title="">Weitere Elemente
  &gt;</a></li>
</ul>
</div>
<!-- indexer::continue -->
```

Listing 8.6 Das HTML für eine Buchnavigation

Ein div mit der Klasse mod_booknav enthält eine ungeordnete Liste mit drei Listenelementen, die einen Link zur vorangegangenen (prev) und zur nächsten (next) Seite enthalten. Dazwischen gibt es eigentlich noch einen Link, um in der Hierarchie der Seitenstruktur eine Stufe nach oben zu gelangen.

Dieser Link hat standardmäßig die Beschriftung »Nach oben«, die meiner Ansicht nach bei Besuchern eher Verwirrung stiftet. Für einen Top-Link, der per Klick an den Anfang der Seite führt, ist »Nach oben« eine adäquate Beschriftung, denn er bringt den Besucher buchstäblich auf derselben Seite *Nach oben* (siehe Abschnitt 9.7).

In der Buchnavigation bedeutet *Nach oben* aber »Gehe in der Seitenstruktur eine Ebene höher«. Das wäre vielleicht auch kein schlechter Linktext, ist aber erstens zu lang und zweitens auch nicht wirklich hilfreich. Und so ist dieser Link in Abbildung 8.22 denn auch gar nicht vorhanden, weil er im Modultemplate chirurgisch entfernt wurde.

> **Die Artikelnavigation ist ein bisschen anders als die Buchnavigation**
> In der Gruppe NAVIGATION gibt es noch einen Modultyp, der in diesem Kapitel nicht erwähnt wurde: ARTIKELNAVIGATION. Die Artikelnavigation funktioniert im Prinzip ähnlich wie die Buchnavigation, nur nicht mit Seiten, sondern mit Artikeln.

Eine Artikelnavigation hat die Klasse mod_articlenav und ist z. B. dann sinnvoll, wenn auf einer Seite mehrere Artikel vorhanden sind, von denen jeweils nur der Teasertext gezeigt wird.

Klickt ein Besucher auf den WEITERLESEN-Link, um den ganzen Artikel zu lesen, könnte man auf dieser Seite unter dem Artikel eine Artikelnavigation anzeigen, die direkt zum nächsten bzw. vorangegangenen Artikel führt, sodass der Leser nicht erst wieder zurück zur Übersichtsseite mit den Teasern muss.

Abbildung 8.22 Eine Buchnavigation auf »little-boxes.de«

Kapitel 9
Inhaltselemente für Texte und Bilder

In diesem Kapitel lernen Sie Inhaltselemente zur Arbeit mit Texten und Bildern kennen. Außerdem werden Top-Links und Symbole zum Teilen von Inhalten vorgestellt.

Die Themen im Überblick:

- Artikel und Inhaltselemente im HTML-Quelltext, Seite 261
- Das Inhaltselement »Überschrift«: »ce_headline«, Seite 263
- Das Inhaltselement »Text«: »ce_text«, Seite 266
- Das Inhaltselement »Text« mit einem Bild erweitern, Seite 272
- Das Inhaltselement »Bild«: »ce_image«, Seite 279
- Das Inhaltselement »Galerie«: »ce_gallery«, Seite 285
- Das Inhaltselement »Top-Link«: »ce_toplink«, Seite 294
- Syndikation: Drucken, PDF, Facebook, Twitter und G+, Seite 298

In Abschnitt 4.9 haben Sie bereits erfahren, dass ein Artikel in Contao nur ein *Container* ist, ein *Inhaltsbereich*, der ein oder mehrere Inhalts*elemente* enthält.

In diesem Kapitel lernen Sie die wichtigsten Inhaltselemente zum Einfügen von Text und Bildern kennen:

- ÜBERSCHRIFT und TEXT
- BILD und GALERIE

Zum Abschluss wird noch das Inhaltselement TOP-LINK vorgestellt. Viel zu tun, aber zunächst gibt es noch ein klein wenig Theorie vorweg. Sie werden sehen, dass die praktische Arbeit mit den Inhaltselementen danach umso leichter fällt.

9.1 Artikel und Inhaltselemente im HTML-Quelltext

Inhaltselemente unterteilen einen Artikel bildlich gesprochen in Scheibchen oder Blöcke, und diese Blöcke können Sie dann einzeln bearbeiten. Dieses Prinzip der Aufteilung in Blöcke findet sich auch in der HTML-Struktur von Artikeln und Inhaltselementen wieder.

Auf der Startseite der Beispielsite gibt es bereits einen Artikel und ein Inhaltselement mit Überschrift und ein bisschen Fließtext, der in diesem Abschnitt als Beispiel dient.

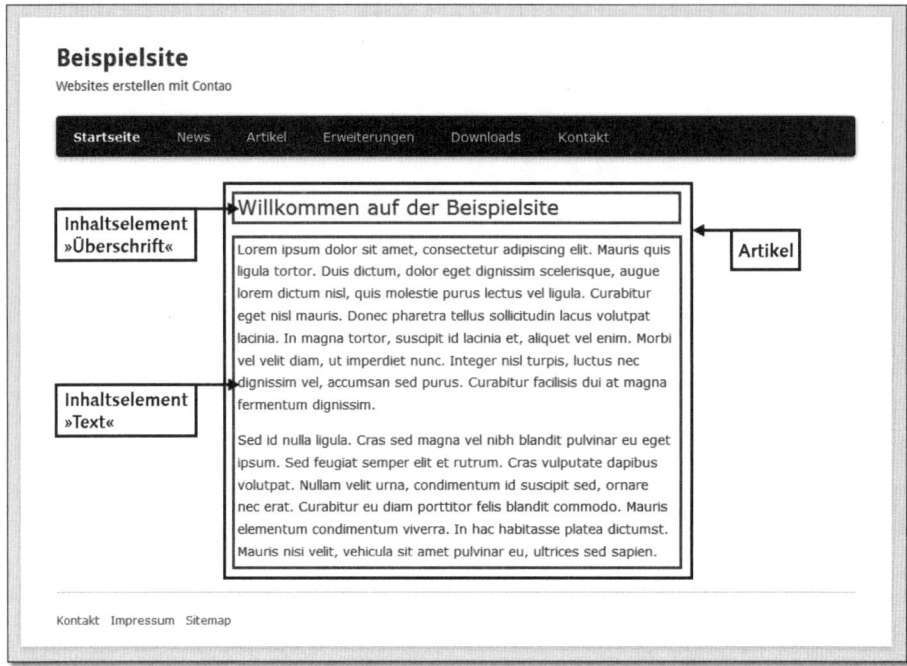

Abbildung 9.1 Artikel und Inhaltselemente auf der Startseite

Im Quelltext ist der Artikel ein div mit einer ID (der ARTIKELALIAS aus den Einstellungen des Artikels) und den Klassen mod_article und block:

```
<div id="startseite" class="mod_article block">
<!-- Inhaltselemente -->
</div>
```

Listing 9.1 Ein Artikel ist von einem »div« umgeben.

Innerhalb des div-Elements für den Artikel werden die Inhaltselemente aufbewahrt, viele davon ebenfalls mit einem umgebenden div.

Auf der Startseite wurden die Inhaltselemente ÜBERSCHRIFT und TEXT benutzt, um eine Überschrift und zwei Absätze zu erstellen. Der HTML-Quelltext für den gesamten Artikel, inklusive der Inhaltselemente, sieht leicht verkürzt so aus:

```
<div id="startseite" class="mod_article block">
<h1 class="ce_headline">Willkommen auf der Beispielsite</h1>
<div class="ce_text block">
<p>...</p>
```

```
<p>...</p>
</div>
</div>
```

Listing 9.2 Viele Inhaltselemente sind von einem »div« umgeben.

Das HTML für das Inhaltselement zeigt folgende Besonderheiten:

- Das umgebende HTML-Element (h1 bzw. div) bekommt eine für das Inhaltselement definierte Klasse.
- Die Klassen bestehen aus dem Kürzel ce_ (abgeleitet vom englischen *Content Element*) und dem englischen Namen des Inhaltselements, also z. B. ce_headline für das Inhaltselement Überschrift und ce_text für das Inhaltselement Text.
- Die umgebenden div-Elemente bekommen meist die im CSS-Framework definierte Klasse block, in der ein overflow:hidden definiert ist. So werden darin gefloatete Elemente automatisch umschlossen.

Viele Inhaltselemente sitzen also in einem eigenen div innerhalb des div des Artikels. Wer es gewohnt ist, bei jedem HTML-Element zu überlegen, ob es wirklich nötig ist, findet die vielen div-Elemente wahrscheinlich übertrieben, aber ein CM-System muss den Quelltext für viele Situationen optimieren und nicht nur für eine einzige. Die Idee der Inhaltselemente ist im Alltag eines Content-Managers einfach nur gut und ganz bestimmt ein paar zusätzliche div-Elemente wert.

> **Das HTML der Inhaltselemente wird von einem Template erzeugt**
>
> Welches HTML die Inhaltselemente erzeugen, wird über Templates geregelt. Die Templatenamen entsprechen beim Ausgabeformat HTML denen der CSS-Klassen plus der Endung *.html5*, z. B. *ce_text.html5* für das Inhaltselement Text. Bei Bedarf können Sie im Backend-Modul Layout • Templates die HTML-Ausgabe der Inhaltselemente an Ihre Bedürfnisse anpassen.

9.2 Das Inhaltselement »Überschrift«: »ce_headline«

Das Inhaltselement Überschrift dient zur Eingabe von Überschriften. Etwas verwirrend ist anfangs die Tatsache, dass man in anderen Inhaltselementen wie z. B. Text ebenfalls eine Überschrift vergeben kann. Daraus ergibt sich die Frage, wann man das Inhaltselement Überschrift und wann eine integrierte Überschrift benutzen sollte.

In vielen Situationen reicht eine Überschrift als Teil eines anderen Inhaltselements völlig aus. Ein *eigenes* Inhaltselement für eine Überschrift ist z. B. in folgenden Situationen sinnvoll:

- Sie möchten in der Lage sein, die Überschrift zu kopieren oder zu verschieben – innerhalb der aktuellen Seite oder auch auf eine andere.
- Die Überschrift soll eine eigene ID oder Klasse bekommen, um sie besser gestalten zu können.
- Sie möchten schnell einen fest definierten Abstand über oder unter der Überschrift vergeben.
- Die Überschrift soll mit einem »Augen-Klick« einzeln ausgeblendet werden können.

Kurz: Immer dann, wenn die Überschrift als *eigenständige Einheit* existieren soll, ist es sinnvoll, das Inhaltselement ÜBERSCHRIFT einzusetzen. Ich habe es mir zum Beispiel im Laufe der Zeit angewöhnt, die erste Überschrift in einem Artikel *immer* als eigenständiges Inhaltselement ÜBERSCHRIFT einzufügen.

9.2.1 Die Überschrift ändern: »Die Abenteuer des Lorem Ipsum«

Im folgenden ToDo ändern Sie am Anfang der Seite TEXTE UND BILDER die Überschrift der Ebene h1.

Das ToDo beginnt mit zwei kleinen Tricks zur effektiven Arbeit, nämlich dem Verkürzen des Artikelbaums und einer Tastenkombination als Alternative zum Klick auf den kleinen gelben Bleistift (Abbildung 9.2).

ToDo: Ein Inhaltselement »Überschrift« ändern

1. Öffnen Sie das Backend-Modul INHALTE • ARTIKEL.
2. Klicken Sie in der Zeile auf den fett gedruckten Seitennamen TEXTE UND BILDER mit weißem Rechteck und rotem Strich davor, um den Artikelbaum zu verkürzen. Daraufhin erscheint eine hellgelbe Breadcrumb-Navigation, mit der Sie wieder den ganzen Artikelbaum aufrufen können.
3. Öffnen Sie den Artikel TEXTE UND BILDER [HAUPTSPALTE] zur Bearbeitung: Klick auf den gelben Bleistift oder `Strg` bzw. `cmd` + Klick irgendwo in der Zeile.
4. Öffnen Sie das vorhandene Inhaltselement ÜBERSCHRIFT ganz am Anfang des Artikels. Falls es keine Überschrift geben sollte, erstellen Sie bitte eine.
5. Ändern Sie den Text im Feld ÜBERSCHRIFT in »Die Abenteuer des Lorem Ipsum«.
6. Prüfen Sie, ob rechts daneben die Gliederungsebene H1 ausgewählt ist.
7. Klicken Sie auf SPEICHERN UND SCHLIESSEN.

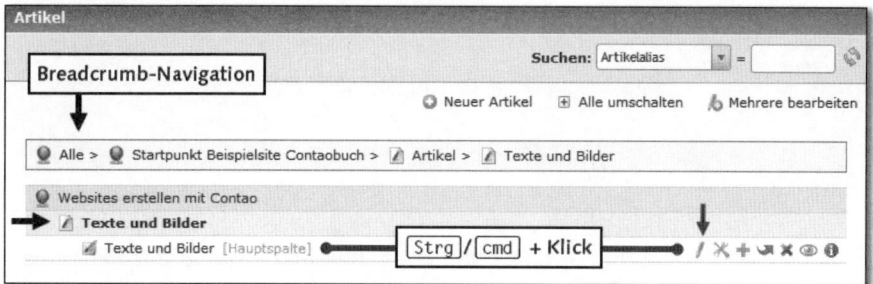

Abbildung 9.2 Verkürzter Artikelbaum, Breadcrumb und Tastenkürzel

Auf der Webseite erscheint jetzt oben in der Hauptspalte die neue Überschrift. Im Quelltext hat die neue Überschrift folgendes HTML:

```
<h1 class="ce_headline ">Die Abenteuer des Lorem Ipsum</h1>
```

Wie Sie sehen, wird beim Inhaltselement ÜBERSCHRIFT die Klasse ce_headline direkt an das Element h1 vergeben. Es gibt also kein zusätzliches div-Element drum herum.

9.2.2 Überschriften im Inhaltsbereich gestalten

Im folgenden ToDo machen Sie die Überschriften der ersten Ebene fett, verkleinern den Schriftgrad auf 22 px und fügen noch einen Style für die Überschriften der zweiten Ebene hinzu.

> **ToDo: Die Gestaltung der Überschriften im Inhaltsbereich ändern**
>
> 1. Öffnen Sie das Stylesheet zur Gestaltung der Inhalte namens *inhalte* bzw. *inhalte.css*.
> 2. Ergänzen Sie den bereits vorhandenen Style mit dem Selektor #main h1 um die fett hervorgehobenen Anweisungen zur Schriftformatierung:
>
>    ```
>    #main h1 {
>      margin-top: 0;
>      margin-bottom: 0.5em;
>      font-family: "Droid Sans", sans-serif;
>      line-height: 1;
>      font-weight: bold;
>      font-size: 22px;
>    }
>    ```
>
> 3. Erstellen Sie darunter einen neuen Style für die Überschriften der zweiten Ebene:
>
>    ```
>    #main h2 {
>      font-family: "Droid Sans", sans-serif;
>    ```

```
        font-size: 18px;
        line-height: 1;
        font-weight: normal;
    }
```

4. Speichern Sie das Stylesheet.

Nach diesem ToDo sieht die Seite TEXTE UND BILDER im Frontend ungefähr so aus wie in Abbildung 9.3.

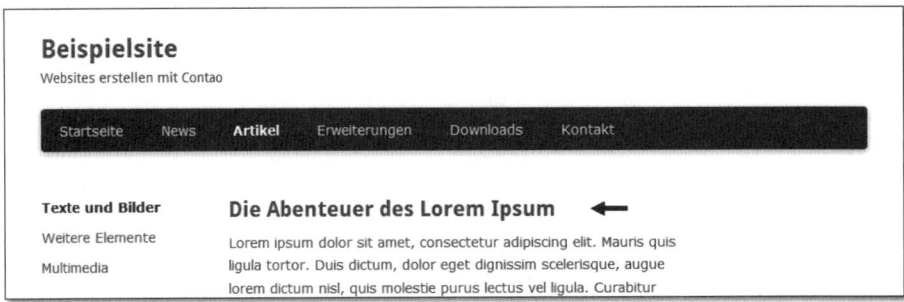

Abbildung 9.3 Die gestaltete Überschrift

> **Inhaltselemente können zeitlich eingeschränkt werden**
>
> Inhaltselemente haben im Bereich SICHTBARKEIT die Felder ANZEIGEN AB und ANZEIGEN BIS, mit denen die Sichtbarkeit im Frontend eingeschränkt werden kann. Ideal z. B. für Inhaltselemente auf der Startseite, die nur zu Weihnachten erscheinen sollen.

9.3 Das Inhaltselement »Text«: »ce_text«

Sie setzen die Reise durch die wichtigsten Inhaltselemente von Contao mit dem Inhaltselement TEXT fort. Es dient zur Eingabe von ganz normalem Text, optional mit Überschrift und Bild.

9.3.1 Die Eingabemaske des Inhaltselements »Text«

Das Inhaltselement TEXT werden Sie wahrscheinlich am häufigsten einsetzen, und Sie kennen es bereits, da Sie auf der Startseite schon einen Text eingefügt haben. Abbildung 9.4 zeigt den Artikel auf der Startseite der Beispielsite in der Bearbeitungsansicht.

9.3 Das Inhaltselement »Text«: »ce_text«

Abbildung 9.4 Der Artikel von der Startseite in der Bearbeitungsansicht

Ganz oben sehen Sie, dass der Elementtyp TEXT ausgewählt ist. Direkt darunter steht das Feld ÜBERSCHRIFT, in dem der Text der Überschrift und die Gliederungsebene stehen können. Falls Sie keine Überschrift wünschen, lassen Sie das Feld einfach leer.

> **Der Editor hat sich ziemlich verändert**
>
> Falls Sie Contao bereits kennen, werden Sie den Editor TinyMCE vielleicht nicht wieder erkennen, denn er ist in der jetzt eingebundenen Version 4 komplett überarbeitet worden. Infos zum Editor selbst: *tinymce.com*.
>
> Das Echo auf den neuen Editor ist gespalten. Zum einen ist er übersichtlicher geworden, zum anderen fehlen aber (noch) wichtige Funktionen wie das Verlinken von Dateien aus der Dateiverwaltung. Vor allem aber müssen Redakteure, die den alten TinyMCE kennen, komplett umlernen.
>
> TinyMCE 3.5 gibt es bei Bedarf als Erweiterung zum Nachinstallieren. Mehr dazu finden Sie in Abschnitt 26.1.

9.3.2 Der Editor TinyMCE im Überblick

Das Herzstück des Inhaltselements TEXT ist der Editor zur Formatierung des Textes.

Der Editor heißt mit vollem Namen *TinyMCE*, wird aber oft auch als WYSIWYG-Editor (von *What You See Is What You Get*) oder Rich-Text-Editor (abgekürzt RTE) bezeichnet. *Rich Text* bedeutet übrigens so viel wie »mit Formatierungen angereicherter Text« und nicht »Text mit viel Geld«.

Der *Tiny-Editor* ermöglicht die Eingabe und Formatierung von Text. In der oberen Zeile sehen Sie eine Menüleiste und darunter eine Symbolleiste mit den häufigsten Befehlen (Abbildung 9.5).

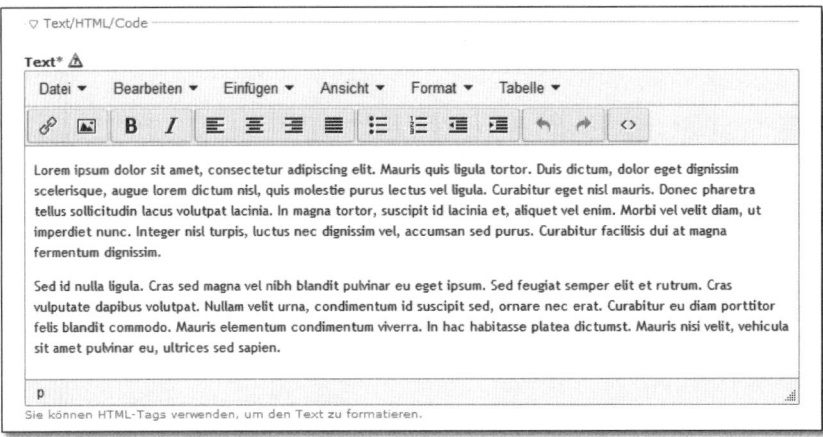

Abbildung 9.5 TinyMCE – der Editor zur Bearbeitung von Texten

Hyperlinks, Zeichenformatierungen wie fett und kursiv und Absatzformatierungen wie Listen und Einrückungen sind damit problemlos möglich, und die Bedienung funktioniert ähnlich wie in einer normalen Textverarbeitung: Text markieren und dann das gewünschte Symbol anklicken.

Während Sie den Text schreiben und formatieren, erzeugt der Editor im Hintergrund automatisch das entsprechende HTML. Das können Sie sich mit einem Klick auf das Symbol < > auch anschauen und von Hand nachbessern.

In Abbildung 9.5 sehen Sie übrigens ganz unten links in der Statuszeile des Editors den Namen des HTML-Elements, in dem sich der Cursor gerade befindet. Wenn Sie dort auf einen Elementnamen klicken, wird das entsprechende HTML-Element im Editorfenster markiert, und zwar mit allen enthaltenen Elementen.

9.3.3 Text bearbeiten im Editor

Im folgenden ToDo schreiben Sie einfach ein bisschen Text, um den Editor kennenzulernen.

> **ToDo: Inhaltselement »Text« erstellen und Hyperlink einbauen**
>
> 1. Öffnen Sie das Backend-Modul Inhalte • Artikel.
> 2. Öffnen Sie auf der Seite Texte und Bilder den Artikel Texte und Bilder [Hauptspalte] zur Bearbeitung.
> 3. Öffnen Sie das Inhaltselement Text unterhalb der Überschrift zur Bearbeitung.
> 4. Löschen Sie den vorhandenen Blindtext, und fügen Sie folgenden Text ein. Wenn Sie nicht gerne tippen, finden Sie den Text auf der Buch-CD im Ordner *beispieldateien*:
>
>   »Weit hinten, hinter den Wortbergen, fern der Länder Vokalien und Konsonantien, leben die Blindtexte. Abgeschieden wohnen sie in Buchstabhausen an der Küste des Semantik, eines großen Sprachozeans.
>
>   Ein kleines Bächlein namens Duden fließt durch ihren Ort und versorgt sie mit den nötigen Regelialien. Es ist ein paradiesmatisches Land, in dem einem gebratene Satzteile in den Mund fliegen. Nicht einmal von der allmächtigen Interpunktion werden die Blindtexte beherrscht – ein geradezu unorthografisches Leben.«
> 5. Klicken Sie auf Speichern und schliessen.

Im Frontend erscheint auf der Seite Texte und Bilder jetzt der neue Text.

> **Texte aus Word oder von Webseiten unformatiert einfügen**
>
> Um ein einheitliches Aussehen der Webseiten zu gewährleisten, sollten Texte, die aus Word oder von anderen Webseiten kopiert werden, ohne Formatierungen eingefügt werden. Im TinyMCE gibt es dazu zwei hilfreiche Optionen:
>
> - Im Menü Bearbeiten gibt es die Option Als Text einfügen. Ist diese Option aktiviert, werden alle per ⌈Strg⌉/⌈cmd⌉ + ⌈V⌉ eingefügten Texte ohne Formatierungen eingefügt.
> - Der Befehl Format • Formatierung entfernen entfernt sämtliche Formatierungen vom markierten Text.
>
> Es ist zwar mehr Arbeit, den Text im TinyMCE noch einmal zu formatieren, aber Ihre Besucher werden es Ihnen danken.

9.3.4 Hyperlinks erstellen im Editor TinyMCE

Um im Editor einen *Hyperlink* zu erstellen, markieren Sie den gewünschten Text und klicken auf die Kette Link einfügen/bearbeiten ganz links in der Symbolleiste des Editors. Abbildung 9.6 zeigt das daraufhin erscheinende Dialogfeld.

9 Inhaltselemente für Texte und Bilder

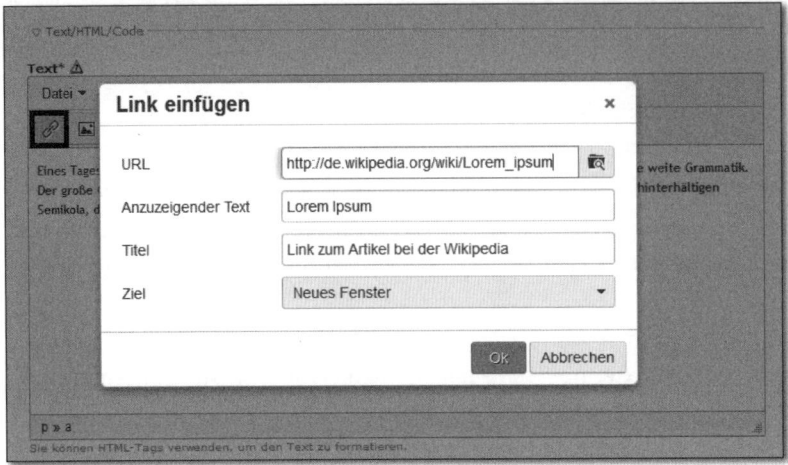

Abbildung 9.6 So fügen Sie einen Hyperlink im Editor ein.

Beim Einfügen oder Bearbeiten eines Hyperlinks haben Sie mehrere Optionen. Die obersten drei stellen verschiedene Linkziele zur Auswahl:

- Im Feld URL können Sie eine beliebige Webadresse eingeben, inklusive http:// bzw. https:// am Anfang.
- Ein Klick auf das Ordnersymbol dahinter zeigt den Seitenbaum von Contao. Wenn Sie eine Seite auswählen, fügt Contao im Feld URL ein *Inserttag* wie {{link_url::34}} ein. Inserttags sind eine sehr praktische Sache und werden später noch genauer erklärt.
- Im Feld ANZUZEIGENDER TEXT wird der im Editor markierte Text dargestellt.
- TITEL fügt dem Hyperlink das Attribut title hinzu, das in vielen Browsern als kleine gelbe QuickInfo erscheint, wenn der Mauszeiger über dem Link verweilt.
- Wenn Sie im Feld ZIEL die Option NEUES FENSTER auswählen, wird der Link in einem neuen Tab oder Fenster geöffnet, je nachdem, was der Anwender in seinem Browser eingestellt hat.

Zur Übung erstellen Sie im folgenden ToDo ein Inhaltselement mit einer h2-Überschrift und verlinken dann die Worte *Lorem Ipsum* zum entsprechenden Artikel bei der deutschen Wikipedia.

> **ToDo: Einen Hyperlink im TinyMCE erstellen**
> 1. Öffnen Sie das Backend-Modul INHALTE • ARTIKEL.
> 2. Öffnen Sie auf der Seite TEXTE UND BILDER den Artikel TEXTE UND BILDER [HAUPTSPALTE] zur Bearbeitung.
> 3. Erstellen Sie unterhalb der vorhandenen Inhaltselemente ein neues Inhaltselement TEXT.

4. Geben Sie als Überschrift »Die Reise beginnt« ein, und wählen Sie als Überschriftebene H2.
5. Geben Sie darunter im Editorfenster folgenden Text ein:

   »Eines Tages aber beschloss eine kleine Zeile Blindtext, ihr Name war Lorem Ipsum, hinauszugehen in die weite Grammatik. Der große Oxmox riet ihr davon ab, da es dort wimmele von bösen Kommata, wilden Fragezeichen und hinterhältigen Semikola, doch das Blindtextchen ließ sich nicht beirren.«
6. Markieren Sie im ersten Satz die Worte »Lorem Ipsum«.
7. Klicken Sie auf das Symbol Link einfügen/bearbeiten, und geben Sie im Feld Adresse die folgende URL ein:

   »http://de.wikipedia.org/wiki/Lorem_ipsum«
8. Ergänzen Sie den Titel »Link zum Artikel bei der Wikipedia«.
9. Wählen Sie als Ziel die Option Neues Fenster.
10. Klicken Sie auf die Schaltfläche OK.
11. Speichern und schliessen Sie das Inhaltselement.

Im Frontend sind nach diesem ToDo auf der Seite Texte und Bilder die Worte *Lorem Ipsum* als Link hervorgehoben. Ein Klick darauf ruft in einem neuen Tab den Wikipedia-Artikel auf (Abbildung 9.7).

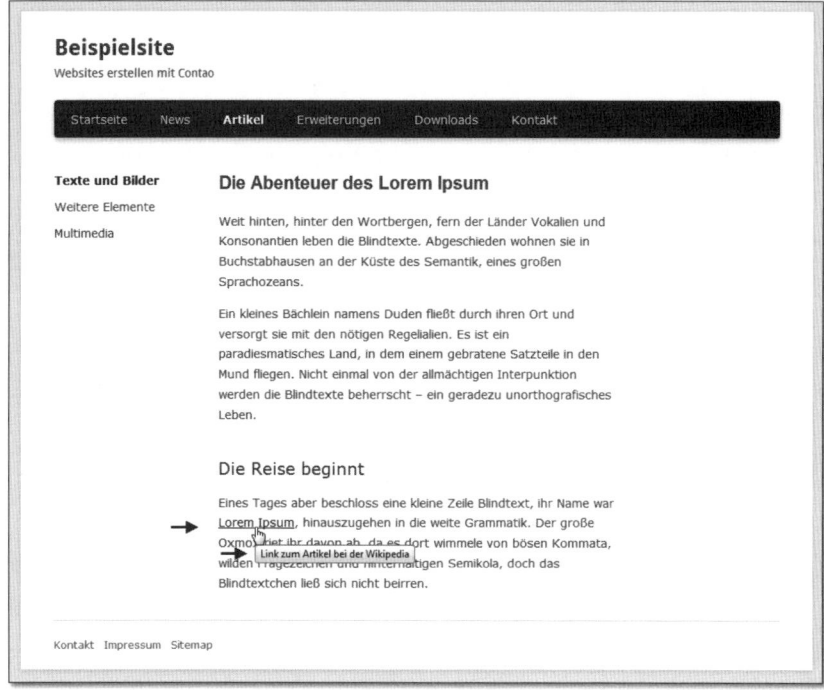

Abbildung 9.7 Die Beispielsite mit Text und Hyperlink

9.3.5 Bilder und Tabellen möglichst nicht mit dem TinyMCE einfügen

Auch zum Einfügen von Bildern und Tabellen gibt es im TinyMCE entsprechende Befehle. In der Praxis ist es aber meist besser, *nicht* diese Befehle im Editor zu benutzen, sondern die extra dafür vorgesehenen Optionen und Inhaltselemente:

- Die Inhaltselemente BILD, GALERIE und TABELLE ermöglichen eine leichtere Bearbeitung und eine bessere Kontrolle der eingefügten Objekte. Diese Inhaltselemente lernen Sie im weiteren Verlauf des Buches noch kennen.
- Im Inhaltselement TEXT können Sie im Bereich BILD-EINSTELLUNGEN direkt unterhalb des Editors ein BILD HINZUFÜGEN und sehr bequem positionieren und gestalten.

Genau diese Option BILD HINZUFÜGEN lernen Sie jetzt kennen.

9.4 Das Inhaltselement »Text« mit einem Bild erweitern

Bevor Sie in diesem Abschnitt dem ersten Fließtextabsatz ein Bild hinzufügen, müssen Sie noch ein paar Vorbereitungen treffen:

- mit der Dateiverwaltung die Fotos hochladen
- die Mediabox für die Großansicht der Bilder aktivieren

Los geht es mit dem Hochladen der Bilder.

9.4.1 Fotos auf den Webspace hochladen

Das Hochladen der Fotos mit der DATEIVERWALTUNG auf den Webspace ist recht simpel und erfordert im folgenden ToDo nur wenige Schritte.

> **ToDo: Fotos auf den Webspace hochladen**
> 1. Öffnen Sie das Backend-Modul SYSTEM • DATEIVERWALTUNG.
> 2. Klicken Sie oben im Arbeitsbereich auf DATEI-UPLOAD.
> 3. Wählen Sie den Ordner *files/beispielsite/content/fotos/*.
> 4. Haben Sie in den Benutzereinstellungen als DATEI-UPLOADER die Option DROP-ZONE aktiviert, ziehen Sie die Bilder auf die DropZone.
> 5. Falls Sie mit dem STANDARD-UPLOADER arbeiten, klicken Sie auf DURCHSUCHEN, und wechseln Sie zur Buch-CD in den Ordner *beispieldateien/grafiken/content_fotos*. Wählen Sie alle sechs Fotos aus.
> 6. Klicken Sie auf DATEIEN HOCHLADEN UND ZURÜCK, und prüfen Sie, ob die Fotos im richtigen Ordner liegen.

Die Dateiverwaltung sollte nach diesem ToDo etwa so aussehen wie in Abbildung 9.8.

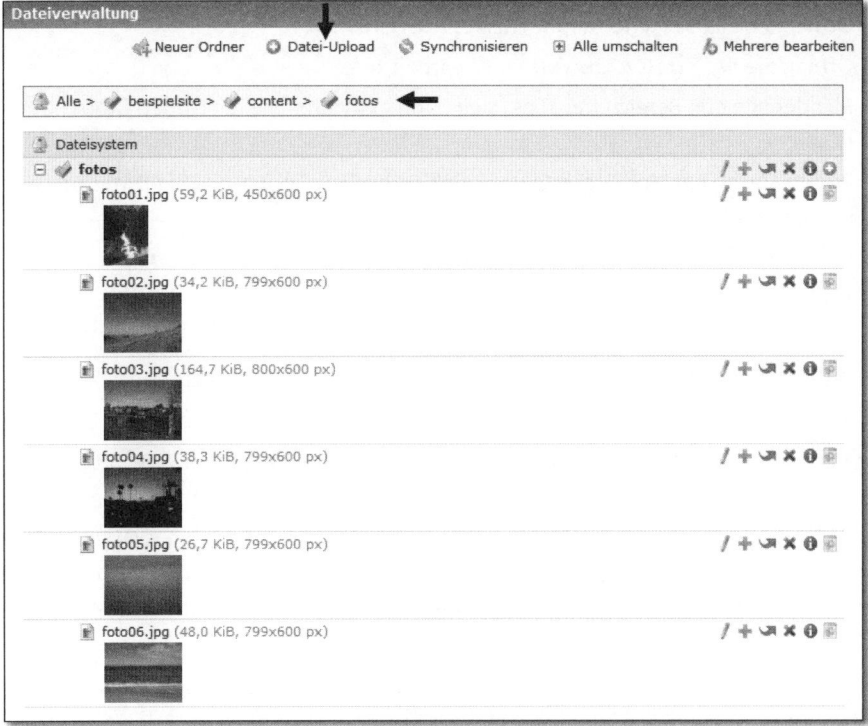

Abbildung 9.8 Die hochgeladenen Fotos in der Dateiverwaltung

> **Falls die Fotos in der Dateiverwaltung nicht zu sehen sind ...**
>
> Wenn Sie die Fotos mit der Dateiverwaltung im Backend von Contao hochgeladen haben, sollte alles in Ordnung sein.
>
> Haben Sie die Fotos hingegen mit einem Dateimanager oder per FTP hochgeladen, dann weiß die Dateiverwaltung davon nichts und sollte synchronisiert werden. Details dazu finden Sie in Abschnitt 5.3.3.

9.4.2 Im Seitenlayout: »MooTools« laden und »Mediabox« aktivieren

Damit das im folgenden Abschnitt eingefügte Bild auf Klick in einer schicken Großansicht erscheint, müssen Sie im Seitenlayout STANDARDLAYOUT bei den MOO-TOOLS das Template MOO_MEDIABOX aktivieren. Das erledigen Sie im nächsten ToDo.

> **ToDo: MooTools laden und Mediabox aktivieren**
> 1. Öffnen Sie das Backend-Modul Themes • Seitenlayout.
> 2. Öffnen Sie das Standardlayout zur Bearbeitung.
> 3. Blenden Sie den Bereich MooTools ein, und aktivieren Sie die Option MooTools laden.
> 4. Prüfen Sie, ob bei MooTools-Quelle die Option MooTools – lokale Datei ausgewählt ist.
> 5. Aktivieren Sie das MooTools-Template mit dem Namen moo_mediabox.
> 6. Klicken Sie auf Speichern und schliessen.

Nach einem Neuladen der Webseite hat sich im Browser nichts verändert, aber Contao lädt jetzt im Quelltext das für die Mediabox benötigte JavaScript.

Alternativ zu dem MooTools-Skript können Sie auch versuchsweise die jQuery-Variante ausprobieren. Dazu deaktivieren Sie das Template moo_mediabox, aktivieren die Option jQuery laden und kreuzen dann das Template j_colorbox an. Sie können problemlos jQuery und die MooTools laden, sollten aber nicht unbedingt zwei Templates mit denselben Funktionen wie *j_accordion* und *moo_accordion* aktivieren.

> **Die »Mediabox« gehört zur Gattung »Lightbox«**
>
> *Lightbox* ist ein Sammelbegriff für Effekte, bei denen ein JavaScript-Programm ein Objekt in einem eigenen Overlay-Fenster über der Webseite präsentiert. Die Webseite selbst wird dabei meist abgedunkelt. Traditionell dient dieser Effekt zur Darstellung von einzelnen Bildern oder Bildergalerien, aber im Prinzip kann in dem Overlay-Fenster auch ein Video, ein Anmeldeformular oder eine ganze Webseite präsentiert werden.
>
> Contao benutzt für Lightbox-Effekte wahlweise die *Mediabox* aus dem JavaScript-Framework MooTools oder die *Colorbox* von jQuery. Falls JavaScript im Browser deaktiviert oder gar nicht vorhanden ist, wird das Linkziel in einem neuen Tab oder Browserfenster geöffnet, sodass die Zugänglichkeit gewahrt bleibt.

9.4.3 Ein Bild zum Inhaltselement »Text« hinzufügen

Wenn das der Fall ist, kann es losgehen. In diesem Abschnitt fügen Sie dem ersten Inhaltselement Text ein Foto hinzu, das mit einer Breite von 100 Pixeln links oben in dem Absatz stehen soll.

9.4 Das Inhaltselement »Text« mit einem Bild erweitern

Die Datei *foto01.jpg* hat eine Größe von 450 × 600 Pixeln, was für die Einbindung im Text zu groß ist. Beim Einfügen des Bildes erstellt Contao auf Wunsch automatisch ein kleines Vorschaubild, das auf Klick die Großansicht in der Mediabox zeigt. Los geht's.

> **ToDo: Ein Bild zum Inhaltselement »Text« hinzufügen**
>
> 1. Öffnen Sie im Artikel TEXTE UND BILDER [HAUPTSPALTE] das erste Inhaltselement TEXT unterhalb der h1-Überschrift zur Bearbeitung (gelber Bleistift). Der Text beginnt mit *Weit hinten* …
> 2. Aktivieren Sie im Bereich BILD-EINSTELLUNGEN unterhalb des Editors die Option EIN BILD HINZUFÜGEN.
> 3. Klicken Sie auf die Schaltfläche AUSWAHL ÄNDERN.
> 4. Wählen Sie im Ordner *beispielsite/content/fotos/* die Datei *foto01.jpg*, und bestätigen Sie die Auswahl mit der Schaltfläche ANWENDEN.
> 5. Geben Sie in den Feldern ALTERNATIVER TEXT und TITEL den Text »Das Bächlein Duden« ein, wie immer ohne die Anführungsstriche.
> 6. Geben Sie im Feld BILDBREITE den Wert »100« ein. Gemessen wird hier immer in Pixeln. Die BILDHÖHE lassen Sie leer, und in der Auswahlliste sollte EXAKTES FORMAT – LINKS | OBEN stehen.
> 7. Geben Sie einen BILDABSTAND von »20« nach rechts ein, und wählen Sie die Einheit PX aus der Auswahlliste ganz rechts.
> 8. Lassen Sie das Feld BILDLINK-ADRESSE frei.
> 9. Aktivieren Sie die Option GROSSANSICHT/NEUES FENSTER. Die Großansicht des Fotos wird dann in einer Lightbox dargestellt.
> 10. Lassen Sie das Feld BILDUNTERSCHRIFT leer.
> 11. Wählen Sie bei BILDAUSRICHTUNG die zweite Option von links: Das Bild steht links oben und wird vom Text umflossen.
> 12. Klicken Sie auf SPEICHERN UND SCHLIESSEN.

Die Webseite sollte nach diesem ToDo etwa so aussehen wie in Abbildung 9.9.

Was schon reibungslos funktioniert, ist die Mediabox: Wenn Sie auf das Foto klicken, wird die Seite abgedunkelt und die Großansicht in einer Lightbox gezeigt. Links unten steht der im ToDo eingegebene TITEL und rechts unten ein sprachneutraler Button zum Schließen der Lightbox (siehe Abbildung 9.10).

Abbildung 9.9 Das Vorschaubild wird vom Text umflossen.

Abbildung 9.10 Die Großansicht wird in der Mediabox geladen.

»Das Bächlein Duden« ist in Wirklichkeit übrigens der *Merced River* im Yosemite National Park in Kalifornien, aus Sicht der Vernal Falls.

9.4.4 Das HTML für das eingefügte Bild

Bilder, die im Inhaltselement TEXT eingefügt werden, werden im Quelltext von einem Element figure mit der Klasse image_container umgeben. Das eben eingefügte Foto sieht im Quelltext so aus wie in Listing 9.3:

```
<div class="ce_text block">
<figure class="image_container float_left"
    style="margin-right:20px; float:left;">
<a data-lightbox="083ca" title="Das Bächlein Duden"
   href="files/beispielsite/content/fotos/foto01.jpg">
<img src="assets/images/foto01-38647a4e.jpg"
    width="100"
    height="133"
    alt="Das Bächlein Duden"
    title="Das Bächlein Duden">
</a>
</figure>
<p>Weit hinten ...</p>
<p>Ein kleines ...</p>
</div>
```

Listing 9.3 Quelltext für ein im Inhaltselement »Text« eingefügtes Bild

In diesem Quelltext sind einige erwähnenswerte Dinge zu sehen:

- Umgeben wird das Bild von einem Element figure, das die Klassen image_container und float_left bekommt. Dass das Bild nach links floatet, wird im style-Attribut definiert.
- Die Klassen float_left und float_right sind im CSS-Framework in der *layout.css* definiert und floaten nach links bzw. rechts. Damit kann z. B. der Bildabstand zum Text systemweit per CSS eingestellt werden. Ein Bild oberhalb des Textes hat die Klasse float_above und ein Bild unter dem Text float_below.
- Der im Backend eingegebene Abstand nach rechts von 20 px wird ebenso wie die Ausrichtung nach links in einem style-Attribut umgesetzt.
- Der Hyperlink bekommt das Attribut data-lightbox, damit das JavaScript erkennt, dass dieses Bild in einer Lightbox dargestellt werden soll.

- Automatisch erzeugte Vorschaubilder werden im Ordner *assets/images* gespeichert und bekommen einen vom Dateinamen abgeleiteten Zufallsnamen wie *foto01-38647a4e.jpg*.
- Im Backend-Modul System • Systemwartung im Abschnitt Daten bereinigen können Sie bei Bedarf den Bildercache leeren *(assets/images)*.

Diese HTML-Struktur können Sie im CSS zur Gestaltung verwenden.

9.4.5 Eingefügte Bilder per CSS gestalten

Im folgenden ToDo gestalten Sie die HTML-Struktur, die beim Einfügen von Bildern verwendet wird. Wenn Sie interne Stylesheets verwenden, geben Sie dem Style die Kategorie »Bilder«.

> **ToDo: Eingefügte Bilder gestalten**
>
> 1. Öffnen Sie das Stylesheet zum Gestalten der Inhalte im Editor.
> 2. Fügen Sie am Ende des Stylesheets einen Style zur Gestaltung der Bilder ein. Im CSS-Editor von Contao entsprechen die Werte von box-shadow einer Schattenfarbe von 444 und einer Deckkraft von 30:
>
>    ```
>    .image_container img {
>      -webkit-box-shadow: 0 2px 6px rgba(68, 68, 68, 0.3);
>      box-shadow: 0 2px 6px rgba(68, 68, 68, 0.3);
>      border-radius: 4px;
>    }
>    ```
>
> 3. Speichern Sie das Stylesheet.

Abbildung 9.11 Das Bild mit leichtem Schatten und runden Ecken

9.5 Das Inhaltselement »Bild«: »ce_image«

Im vorangegangenen Abschnitt haben Sie ein Bild zum Inhaltselement TEXT hinzugefügt und positioniert. In diesem Abschnitt stelle ich Ihnen nun das Inhaltselement BILD vor, das immer nur ein einziges Bild enthält.

9.5.1 Das Inhaltselement »Bild« im Einsatz

Das Inhaltselement BILD benutzen Sie, wenn das Bild innerhalb eines Artikels eine eigene inhaltliche Einheit ist und nicht vom Text umflossen werden soll. Die Vorteile bei einem Bild im eigenen Inhaltselement sind unter anderem:

- einfaches Verschieben, sowohl per Drag & Drop innerhalb des Artikels als auch mit dem blauen Verschiebepfeil in einen völlig anderen Artikel
- einfaches Kopieren des Inhaltselements
- einfaches Ein- und Ausblenden des Bildes per »Augen-Klick«

Das Inhaltselement BILD hat ein eigenes div mit der Klasse ce_image. Außerdem kann es im Backend eine eigene ID bekommen und so individuell per CSS gestaltet werden.

Im folgenden ToDo fügen Sie am Ende des Artikels ein neues Inhaltselement vom Typ BILD ein. Als Beispiel dient das Bild *foto02.jpg* aus dem Ordner *files/beispielsite/content/fotos*, das ca. 800 × 600 Pixel groß ist.

Das Bild bekommt im folgenden ToDo eine Breite von 500 Pixeln, damit es fast die gesamte Breite der Hauptspalte ausfüllt. Unterhalb des Bildes fügen Sie noch ein neues Inhaltselement vom Typ TEXT hinzu.

> **ToDo: Inhaltselement »Bild« und ein bisschen Text einfügen**
> 1. Öffnen Sie den Artikel TEXTE UND BILDER [HAUPTSPALTE] zur Bearbeitung.
> 2. Fügen Sie am Ende ein Inhaltselement mit dem ELEMENTTYP BILD hinzu.
> 3. Klicken Sie auf die Schaltfläche AUSWAHL ÄNDERN, um als QUELLDATEI das Foto *beispielsite/content/fotos/foto02.jpg* zu wählen.
> 4. Blenden Sie gegebenenfalls den Bereich BILD-EINSTELLUNGEN ein:
> 5. ALTERNATIVER TEXT: »Los Padres National Forest bei Santa Ynez«
> 6. TITEL: »Los Padres National Forest bei Santa Ynez«
> 7. BILDBREITE UND BILDHÖHE: 500 × 200, MITTE | MITTE
> 8. Aktivieren Sie die Option GROSSANSICHT/NEUES FENSTER.
> 9. BILDUNTERSCHRIFT: »In die weite Welt hinaus«
> 10. Klicken Sie auf SPEICHERN UND NEU, um direkt unter dem Bild ein neues Inhaltselement TEXT einzufügen. Geben Sie im Editor den folgenden Text ein:

11. »Es packte seine sieben Versalien, schob sich sein Initial in den Gürtel und machte sich auf den Weg.«
12. Klicken Sie auf SPEICHERN UND SCHLIESSEN.

Im Browser erscheint das Bild jetzt mit einer links ausgerichteten Bildunterschrift, die vom Fließtext kaum zu unterscheiden ist.

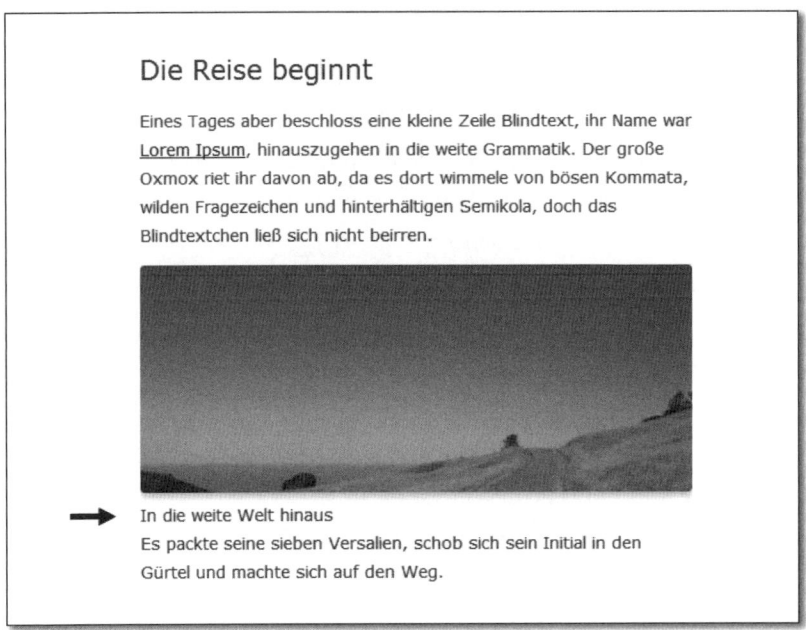

Abbildung 9.12 Das Inhaltselement »Bild« mit ungestalteter Bildunterschrift

9.5.2 Die Bildunterschrift gestalten

Die Bildunterschrift liegt im Element figcaption mit der Klasse caption, das sich innerhalb des div.ce_image vom Inhaltselement befindet:

```
<div class="ce_image block">
<figure class="image_container">
<a href="..."><img ...></a>
<figcaption class="caption" style="width:500px">In die weite Welt hinaus</figcaption>
</figure>
</div>
```

Listing 9.4 Die HTML-Struktur für das Inhaltselement »Bild«

Mit einer CSS-Regel wie der folgenden können Sie die Bildunterschrift gestalten.

9.5 Das Inhaltselement »Bild«: »ce_image«

> **ToDo: Bildunterschrift gestalten**
>
> 1. Öffnen Sie das Stylesheet zur Gestaltung der Inhalte.
> 2. Fügen Sie am Ende die folgende CSS-Regel ein (KATEGORIE: »Bilder«):
>
> ```css
> figcaption, .caption {
>   margin-bottom: 1em;
>   text-align: center;
>   font-size: 12px;
>   color: #666;
>   line-height: 1.2;
> }
> ```
>
> 3. Speichern Sie das Stylesheet.

Im Browser sieht die Webseite mit diesem Style so aus wie in Abbildung 9.13.

Abbildung 9.13 Das Inhaltselement »Bild« mit einer Bildunterschrift

> **Das Inhaltselement »Bild« kann auch ein Link sein**
>
> Wenn das Bild ein Hyperlink sein soll, deaktivieren Sie die Großansicht und geben im Feld LINK-ADRESSE die gewünschte URL ein. Bei internen Seiten klicken Sie dazu bequem auf den blauen Ball rechts neben dem Feld, externe URLs geben Sie manuell ein, inklusive *http://*.

9.5.3 »Bild-Einstellungen«: die Möglichkeiten der Bildanpassung, Teil 1

Bei den BILD-EINSTELLUNGEN können Sie im Feld BILDBREITE UND BILDHÖHE zwischen relativen und exakten Formaten wählen:

- zwei relative Formate (PROPORTIONAL und AN RAHMEN ANPASSEN)
- neun exakte Formate mit Bildausschnitten

Beim Einfügen eines Bildes definieren Sie durch die Eingabe von Bildbreite und Bildhöhe einen unsichtbaren Kasten, eine Box, die auch als *Rahmen* bezeichnet wird. Contao fügt das Bild in diese gedachte *Rahmenbox* ein.

Tabelle 9.1 zeigt zunächst die beiden relativen Formate.

Relatives Format	Erläuterung
Proportional	Die längere Seite des Bildes wird an die vorgegebenen Abmessungen angepasst und das Bild proportional verkleinert.
An Rahmen anpassen	Die kürzere Seite des Bildes wird an die vorgegebenen Abmessungen angepasst und das Bild proportional verkleinert.

Tabelle 9.1 Die beiden relativen Formate zur Bildanpassung

Die erste relative Variante heißt PROPORTIONAL. Sie orientiert sich bei der Erstellung des Rahmens am größeren der beiden eingegebenen Werte und passt den anderen Wert proportional an. Der zweite eingegebene Wert wird also ignoriert. Im Beispiel ist das Ergebnis so, als ob Sie nur eine Bildbreite von 500 px angegeben hätten. Abbildung 9.14 zeigt die Einstellung PROPORTIONAL für das Beispielfoto.

Abbildung 9.14 Das Foto mit der Einstellung »Proportional«

Die zweite relative Variante AN RAHMEN ANPASSEN verhält sich genau entgegengesetzt. Sie nimmt den kleineren der beiden eingegebenen Werte und ignoriert den größeren. Abbildung 9.15 zeigt das Ergebnis dieser Einstellung.

Abbildung 9.15 Das Foto mit der Einstellung »An Rahmen anpassen«

Bei den exakten Formaten schneidet Contao von einem Punkt des Bildes ausgehend ein Rechteck in exakt der angegebenen Größe (*exaktes Format*) aus und fügt diesen Bildausschnitt in den unsichtbaren Rahmen ein.

9.5.4 »Bild-Einstellungen«: die Möglichkeiten der Bildanpassung, Teil 2

Tabelle 9.2 listet die neun exakten Formate auf, die sich durch den jeweiligen Ausgangspunkt unterscheiden. Die Begriffe *Hochformat* und *Querformat* beziehen sich dabei nicht auf das Originalbild, sondern auf den Bildausschnitt, den Sie im Eingabefeld BILDBREITE UND BILDHÖHE definiert haben.

Exaktes Format	Erhält bei Bildausschnitt im Hochformat den …	Erhält bei Bildausschnitt im Querformat den …
LINKS | OBEN	… linken Teil des Bildes.	… oberen Teil des Bildes.
MITTE | OBEN	… mittleren Teil des Bildes.	… oberen Teil des Bildes.
RECHTS | OBEN	… rechten Teil des Bildes.	… oberen Teil des Bildes.
LINKS | MITTE	… linken Teil des Bildes.	… mittleren Teil des Bildes.
MITTE | MITTE	… mittleren Teil des Bildes.	… mittleren Teil des Bildes
RECHTS | MITTE	… rechten Teil des Bildes.	… mittleren Teil des Bildes.

Tabelle 9.2 Die neun exakten Formate – Übersicht

Exaktes Format	Erhält bei Bildausschnitt im Hochformat den ...	Erhält bei Bildausschnitt im Querformat den ...
Links | Unten	... linken Teil des Bildes.	... unteren Teil des Bildes.
Mitte | Unten	... mittleren Teil des Bildes.	... unteren Teil des Bildes.
Rechts | Unten	... rechten Teil des Bildes.	... unteren Teil des Bildes.

Tabelle 9.2 Die neun exakten Formate – Übersicht (Forts.)

Das klingt verwirrender, als es ist, denn es sind einige Dopplungen dabei:

- So ergeben die Optionen Links | Oben, Mitte | Oben und Rechts | Oben bei einem Bildausschnitt im Querformat dasselbe Ergebnis, nämlich Oben. Bei einem querformatigen Bildausschnitt gibt es also eigentlich nur drei Optionen: Oben, Mitte und Unten.
- Bei einem Bildausschnitt im Hochformat ergeben die Optionen Links | Oben, Links | Mitte und Links | Unten alle das Ergebnis Links. Auch bei hochformatigen Ausschnitten gibt es in der Praxis also drei verschiedene Optionen: Links, Mitte und Rechts.

Langer Rede kurzer Sinn: Am besten wählen Sie einfach eine Option aus, klicken auf Speichern und schauen im Frontend, wie es aussieht.

Systemeinstellungen – maximale Frontend-Breite für Bilder

Wenn beim Einfügen eines Bildes im Feld Bildbreite und Bildhöhe gar nichts eingegeben wird, fügt Contao das Bild in der Originalgröße ein. Solange das umgebende div die Klasse block hat, bleibt das Layout auch bei übergroßen Bildern intakt, weil die Klasse block im CSS-Framework die Anweisung overflow:hidden enthält und das Bild bei Übergröße somit einfach abgeschnitten wird.

Aber da Vorsicht bekanntlich die Mutter der Porzellankiste ist, können Sie zusätzlich eine Maximale Frontend-Breite definieren, damit ein großes Foto auch unter ungünstigsten Umständen nicht versehentlich trotzdem das Layout zerschießt:

- Backend-Modul System • Einstellungen
- Bereich Dateien und Bilder
- Option Maximale Frontend-Breite

Ein Wert von z. B. »500« sorgt dafür, dass ein eingefügtes Bild im Frontend niemals breiter wird als 500 Pixel. Sicher ist sicher.

9.6 Das Inhaltselement »Galerie«: »ce_gallery«

Neben den Inhaltselementen TEXT und BILD gibt es zum Einfügen von Bildern in Contao noch das Inhaltselement GALERIE, das ich Ihnen im Folgenden kurz vorstellen möchte.

Aber zunächst fügen Sie dem Abenteuer des Lorem Ipsum noch ein bisschen Text hinzu.

> **ToDo: Das Lorem Ipsum zieht in die Welt hinaus**
> 1. Öffnen Sie den Artikel TEXTE UND BILDER [HAUPTSPALTE] zur Bearbeitung.
> 2. Erstellen Sie am Ende des Artikels ein Inhaltselement vom Typ TEXT.
> 3. Fügen Sie eine h2-Überschrift »Unterwegs« und den folgenden Text ein (tippen Sie ihn ab, oder kopieren Sie ihn von der Buch-CD):
>   »Als das Blindtextchen die ersten Hügel des Kursivgebirges erklommen hatte, warf es einen letzten Blick zurück auf die Skyline seiner Heimatstadt Buchstabhausen, die Headline von Alphabetdorf und die Subline seiner eigenen Straße, der Zeilengasse. Wehmütig lief ihm eine rhetorische Frage über die Wange, dann setzte es seinen Weg fort. Unterwegs traf es eine Copy.«
> 4. Klicken Sie auf SPEICHERN UND SCHLIESSEN.

9.6.1 Eine Bildergalerie erstellen

Das Inhaltselement GALERIE ermöglicht Ihnen die bequeme Auswahl der darzustellenden Bilder, erstellt die Vorschaubilder automatisch und stellt die Galerie auf Wunsch in einer Mediabox dar. Alles per Klick. In diesem Abschnitt erstellen Sie eine kleine Bildergalerie mit vier Bildern, die etwa so aussieht wie in Abbildung 9.16.

Abbildung 9.16 Inhaltselement »Galerie« mit vier Bildern

Die vier Vorschaubilder haben eine Breite von etwa 105 px und einen Abstand nach rechts von 10 px, damit sie auf die Breite der Seite passen. Die weiter oben definierte Gestaltung für Bilder mit leichtem Schatten und abgerundeten Ecken gilt übrigens automatisch für die Fotos in der Galerie.

ToDo: Eine Bildergalerie mit dem Inhaltselement »Galerie« erstellen

1. Öffnen Sie den Artikel TEXTE UND BILDER [HAUPTSPALTE] zur Bearbeitung.
2. Erstellen Sie am Ende des Artikels ein Inhaltselement GALERIE.
3. Klicken Sie bei QUELLDATEIEN auf die Schaltfläche AUSWAHL ÄNDERN.
4. Kreuzen Sie im Ordner *beispielsite/content/fotos/* die vier Dateien *foto03.jpg*, *foto04.jpg*, *foto05.jpg* und *foto06.jpg* an.
5. Wählen Sie aus der Liste SORTIEREN NACH die Option ZUFÄLLIGE REIHENFOLGE.
6. Definieren Sie eine BILDBREITE von 105 Pixeln (PROPORTIONAL) und einen BILDABSTAND nach rechts von 10 Pixeln.
7. Es sollen 4 VORSCHAUBILDER PRO REIHE angezeigt werden.
8. Aktivieren Sie die GROSSANSICHT/NEUES FENSTER, um die großen Bilder in einer Mediabox darzustellen.
9. Klicken Sie auf SPEICHERN UND SCHLIESSEN.

Mit wenigen Klicks haben Sie eine Galerie erstellt.

Wenn Sie übrigens anstelle der vier Fotos einen Ordner auswählen, werden immer alle Bilder aus diesem Ordner in der Galerie angezeigt. Sie müssen also nur in der Dateiverwaltung Bilder in diesen Ordner kopieren (oder löschen), und die Galerie zeigt immer automatisch den aktuellen Stand.

Wenn ein Besucher auf eines der im Frontend angezeigten Bilder klickt, erkennt Contao automatisch, dass das Bild Teil einer Galerie ist, und zeigt in der Mediabox rechts unten zwei Pfeile an, um innerhalb der Galerie vorwärts- und rückwärtsgehen zu können (Abbildung 9.17).

Suboptimal ist noch die Beschriftung *foto06* links unten. Momentan nimmt Contao einfach den Vornamen der Datei. Der schnellste Weg zu einer besseren Bildunterschrift wäre also ein anderer Dateiname. Vielseitiger ist aber die Beschriftung der Bilder mithilfe von *Meta-Informationen* in der Dateiverwaltung, die Sie gleich kennenlernen.

Vorher beenden Sie aber noch schnell das Abenteuer des Lorem Ipsum mit zwei letzten Fließtextabsätzen.

Abbildung 9.17 Galeriebild in einer Mediabox mit Bedienelementen

> **ToDo: Das Lorem Ipsum zieht in die Welt hinaus**
>
> 1. Öffnen Sie den Artikel TEXTE UND BILDER [HAUPTSPALTE] zur Bearbeitung.
> 2. Erstellen Sie unterhalb der Galerie ein Inhaltselement TEXT, in das Sie den folgenden Text tippen (oder von der Buch-CD kopieren):
>
>   »Die Copy warnte das Blindtextchen, da, wo sie herkäme, wäre sie zigmal umgeschrieben worden, und alles, was von ihrem Ursprung noch übrig wäre, sei das Wort »und«, und das Blindtextchen solle umkehren und wieder in sein eigenes, sicheres Land zurückkehren.
>
>   Doch alles gute Zureden konnte es nicht überzeugen, und so dauerte es nicht lange, bis ihm ein paar heimtückische Werbetexter auflauerten, es mit Longe und Parole betrunken machten und es dann in ihre Agentur schleppten, wo sie es für ihre Projekte wieder und wieder missbrauchten. Und wenn es nicht umgeschrieben wurde, benutzen sie's noch heute.«
> 3. Klicken Sie auf SPEICHERN UND SCHLIESSEN.

9.6.2 Praktisch: die Reihenfolge der Bilder per Drag & Drop festlegen

Die Reihenfolge, in der die Bilder innerhalb der Galerie im Frontend angezeigt werden, definieren Sie direkt im Inhaltselement. Die Auswahlliste SORTIEREN NACH bietet dazu folgende Optionen an:

- INDIVIDUELLE REIHENFOLGE
- DATEINAME (aufsteigend oder absteigend)
- DATUM (aufsteigend oder absteigend)
- ZUFÄLLIGE REIHENFOLGE

Die Sortierungen nach DATEINAME, DATUM oder ZUFÄLLIGE REIHENFOLGE sind selbsterklärend, aber hinter der Option INDIVIDUELLE REIHENFOLGE verbirgt sich eine sehr praktische Sache:

- INDIVIDUELLE REIHENFOLGE bedeutet, dass Contao die Reihenfolge der Bilder in der kleinen Vorschau direkt darüber übernimmt.
- Die Reihenfolge dieser Vorschaubilder können Sie ganz einfach mit der Maus per Drag & Drop verändern.

Einfacher geht's nicht. Abbildung 9.18 zeigt die Maus in Aktion beim Verändern der Reihenfolge.

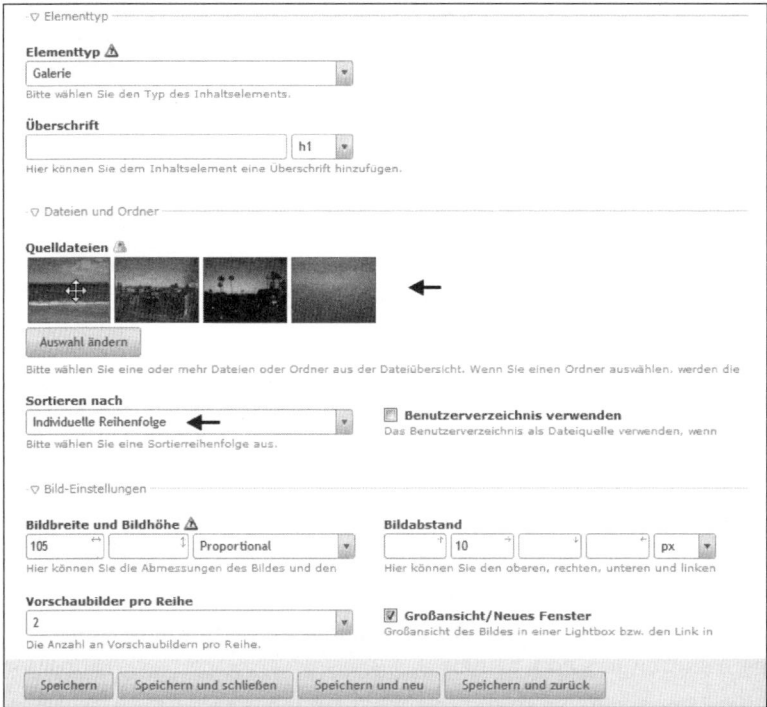

Abbildung 9.18 Reihenfolge der Bilder per Drag & Drop festlegen

9.6.3 Das HTML für die Bildergalerie

In diesem Abschnitt werfen Sie einen kurzen Blick auf den HTML-Quelltext für das Inhaltselement GALERIE, der übrigens von den Templates *ce_gallery.html5* und *gallery_default.html5* erzeugt wird (siehe Listing 9.5).

```
<div class="ce_gallery block">
<ul>
  <li class="row_0 row_first row_last even col_0 col_first">
  <figure class="image_container" style="margin-right:10px;">
    <a href="..." data-lightbox="lb37" title="...">
    <img src="..." width="105" height="79" alt="foto03">
    </a>
  </figure>
  </li>
  <li class="row_0 row_first row_last even col_1">
  ...
</ul>
</div>
```

Listing 9.5 Ausschnitt aus dem HTML einer Galerie

Eine Klammer um alles bildet das inzwischen bekannte div für das Inhaltselement, das dieses Mal die Klassen ce_gallery und block bekommt. Die Vorschaubilder der Galerie werden in einer ungeordneten Liste aufbewahrt, die folgende Charakteristika aufweist:

- Alle Bilder liegen in li-Elementen, die diverse Klassen bekommen und spaltenweise beginnend mit col_0 durchnummeriert werden.
- In mehrzeiligen Galerien hat das erste Listenelement in jeder Zeile zusätzlich die Klasse col_first.
- Innerhalb der Listenelemente liegen die Bilder mit Link in einem Element figure mit der Klasse image_container. Der im Inhaltselement definierte Abstand nach rechts wird mit einem padding-right für das figure festgelegt.
- Die Links zur Großansicht haben das Attribut "data-lightbox", bei dem der Wert "lb37" zufällig von Contao vergeben wird. Alle Bilder einer Galerie bekommen denselben Wert.

Bei der Erstellung des Inhaltselements können Sie dem Element im Bereich EXPERTEN-EINSTELLUNGEN wie immer auch noch eine besondere CSS-ID oder CSS-Klasse mit auf den Weg geben.

Achten Sie im CSS darauf, dass die Galerie im Englischen mit Doppel-l geschrieben wird: ce_gallery. Im Deutschen hat eine Galerie nur ein »l«.

9.6.4 »Meta-Informationen«: die Beschriftung für die Fotos eingeben

In Contao können für alle Dateien unterhalb des Ordners *files* Meta-Informationen hinterlegt werden, also Informationen über diese Dateien. Diese zusätzlichen Informationen werden nicht mehr wie in früheren Contao-Versionen in einer Datei namens *meta.txt* gespeichert, sondern in der Datenbank.

Der Aufbau der *Meta-Informationen* ist recht einfach. Sie können neben dem Dateinamen drei Dinge enthalten:

- einen *Titel*
- einen *Link*
- eine *Bildunterschrift*, auch *Caption* genannt

Abbildung 9.19 zeigt das Dialogfeld, das erscheint, wenn Sie in der Dateiverwaltung rechts neben einem Dateinamen auf den gelben Bleistift klicken.

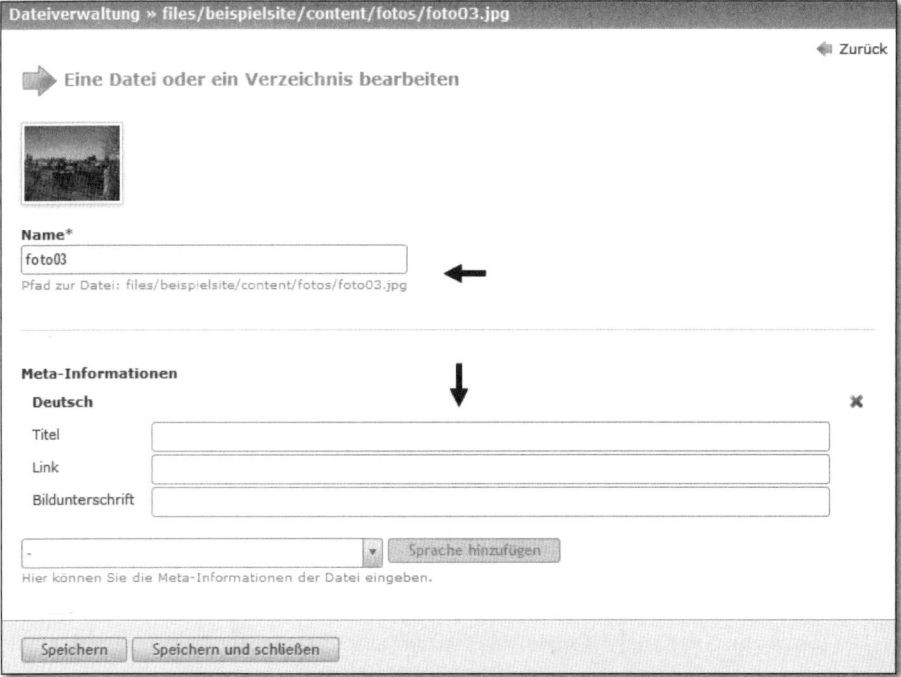

Abbildung 9.19 Dialogfeld zur Eingabe von Meta-Informationen

Auf mehrsprachigen Websites können Sie für jede Sprache eigene Meta-Informationen hinterlegen, indem Sie auf die Schaltfläche SPRACHE HINZUFÜGEN klicken.

Der bei den Meta-Informationen eingegebene TITEL wird in einer Mediabox übrigens links unten als Bildbeschreibung verwendet. Die BILDUNTERSCHRIFT erscheint im Frontend unterhalb des Bildes.

Tabelle 9.3 enthält die Meta-Informationen für die Bilder der Bildergalerie.

Dateiname	Titel	Link	Bildunterschrift
foto03.jpg	NYC (Harlem)		Buchstabhausen
foto04.jpg	Hotel California in Fresno		Skyline
foto05.jpg	No Line on the Horizon. Highway One.		Im Nebel
foto06.jpg	Monterey Beach. Erholung pur.		Am Strand

Tabelle 9.3 Meta-Informationen für die Bildergalerie

Das folgende ToDo erstellt die Meta-Informationen für die Bildergalerie auf der Seite TEXTE UND BILDER.

> **ToDo: Meta-Informationen für die Bildergalerie erstellen**
> 1. Öffnen Sie das Backend-Modul SYSTEM • DATEIVERWALTUNG.
> 2. Wechseln Sie in den Ordner *beispielsite/content/fotos/*.
> 3. Suchen Sie die Datei *foto03.jpg*, und klicken Sie auf den gelben Bleistift rechts daneben.
> 4. Geben Sie den TITEL und die BILDUNTERSCHRIFT aus Tabelle 9.3 ein.
> 5. Wiederholen Sie diese Schritte für die Dateien *foto04.jpg*, *foto05.jpg* und *foto06.jpg*, wobei Sie die Funktion MEHRERE BEARBEITEN einsetzen können.
> 6. Um den Abstand unterhalb der Galerie etwas zu erhöhen, öffnen Sie das Stylesheet *inhalte* zur Bearbeitung.
> 7. Fügen Sie am Ende die folgenden Styles hinzu (KATEGORIE: »Bilder«):
>    ```
>    .ce_gallery { margin-bottom: 1em; }
>    ```
> 8. Speichern Sie das Stylesheet.

Im Frontend erscheint unterhalb der Bilder die bei den Meta-Informationen eingegebene BILDUNTERSCHRIFT (siehe Abbildung 9.20), und in der Großansicht per Mediabox sehen Sie links unten nicht mehr den Dateinamen, sondern den TITEL aus den Meta-Informationen.

Abbildung 9.20 Galerie mit Bildunterschriften

9.6.5 Zauberhaft: Dateien in der Dateiverwaltung nachträglich umbenennen

Seit Version 3 hat Contao eine *datenbankgestützte Dateiverwaltung*. Das klingt vielleicht nicht besonders verlockend, ist in der Praxis aber einfach nur gut, denn es ermöglicht die nachträgliche Umbenennung von Dateien und Ordnern, ohne dass im Frontend irgendetwas kaputtgeht.

Das datenbankgestützte Dateisystem macht es also möglich, dass Sie die gesamte Ordnerstruktur in der Dateistruktur neu organisieren können und die Pfadangaben im Frontend wie durch Zauberhand angepasst werden.

Hier ein Beispiel:

- Die Fotos im Ordner *beispielsite/content/fotos/* heißen momentan *foto01.jpg*, *foto02.jpg* etc., was nicht besonders aussagekräftig ist.
- Sie können die Fotos in der Dateiverwaltung nachträglich umbenennen, und auf der Seite TEXTE UND BILDER bleibt alles so, wie es ist.

Und das funktioniert natürlich nicht nur mit Dateien, sondern auch mit Ordnern. Das klingt zu gut, um wahr zu sein? Einfach ausprobieren.

Tabelle 9.4 zeigt eine Liste mit den aktuellen und möglichen neuen Dateinamen.

Aktueller Dateiname	Neuer Dateiname
foto01.jpg	mercedriver.jpg
foto02.jpg	lospadres.jpg
foto03.jpg	harlem.jpg
foto04.jpg	fresno.jpg
foto05.jpg	highwayone.jpg
foto06.jpg	monterey.jpg

Tabelle 9.4 Alte und neue Dateinamen für die Fotos

Diese Liste setzen Sie im folgenden ToDo um.

> **ToDo: Dateien in der Dateiverwaltung nachträglich umbenennen**
> 1. Öffnen Sie das Backend-Modul SYSTEM • DATEIVERWALTUNG.
> 2. Wechseln Sie in den Ordner *beispielsite/content/fotos/*.
> 3. Suchen Sie die Datei *foto01.jpg*, und klicken Sie auf den gelben Bleistift rechts daneben.
> 4. Ändern Sie den Wert »foto01« im Feld NAME in »mercedriver«. Die Dateiendung *.jpg* vergibt Contao automatisch.
> 5. Wiederholen Sie diese Schritte für die Dateien *foto02.jpg* bis *foto06.jpg* mit den neuen Dateinamen aus Tabelle 9.4. Sie können dazu auch gerne wieder die Funktion MEHRERE BEARBEITEN verwenden.

Rufen Sie nach diesem ToDo die Seite TEXTE UND BILDER im Frontend auf. Die Bilder sind noch zu sehen, und die Verlinkung ist noch intakt, obwohl der Dateiname nachträglich geändert wurde. Magic.

Im Quelltext stehen übrigens tatsächlich die neuen Dateinamen, wie z. B. die SEITEN-INFORMATION zeigt, die Sie über das Kontextmenü im Firefox mit dem Befehl GRAFIK-INFO ANZEIGEN aufrufen können (Abbildung 9.21).

> **Details zum datenbankgestützten Dateisystem**
> Mehr zum datenbankgestützten Dateisystem finden Sie in Abschnitt 5.3.3. Dort steht auch, warum eventuell das »Synchronisieren« hilft, wenn Sie in Contao Dateien nicht sehen, die auf dem Webspace im Ordner *files* aber definitiv vorhanden sind.

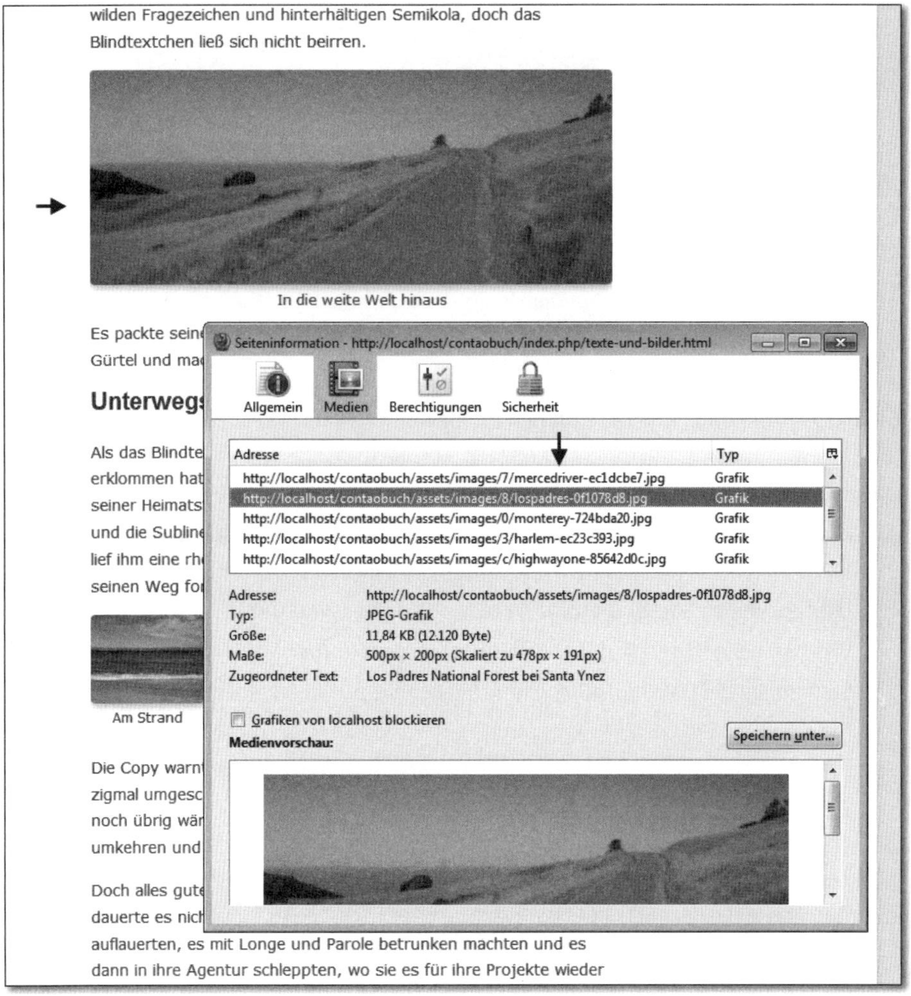

Abbildung 9.21 Die Fotos mit den neuen Dateinamen

9.7 Das Inhaltselement »Top-Link«: »ce_toplink«

Das Inhaltselement TOP-LINK fügt einem Artikel einen NACH-OBEN-Link hinzu, mit dem der Besucher auf einer langen Seite per Mausklick wieder nach oben an den Anfang der Seite springen kann.

9.7.1 Das Inhaltselement »Top-Link« einfügen

Das Eingabeformular ist sehr übersichtlich und möchte nur einen Text zur Beschriftung des Links haben (siehe Abbildung 9.22).

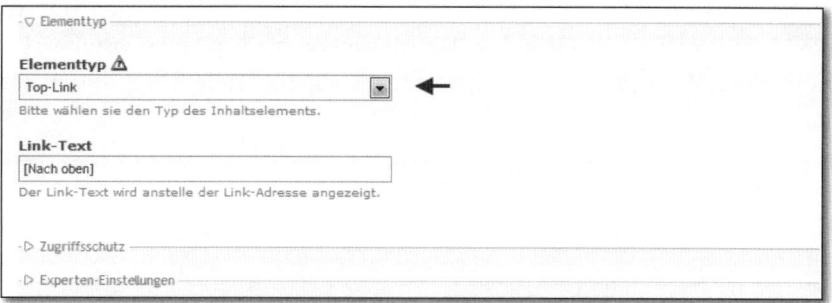

Abbildung 9.22 Das Eingabeformular für das Inhaltselement »Top-Link«

Mit diesem Formular fügen Sie im folgenden ToDo unten auf der Seite TEXTE UND BILDER nach dem Abenteuer des Lorem Ipsum einen Top-Link ein.

> **ToDo: Top-Link einfügen**
> 1. Öffnen Sie den Artikel TEXTE UND BILDER zur Bearbeitung.
> 2. Erstellen Sie am Ende des Artikels ein neues Inhaltselement vom Typ TOP-LINK.
> 3. Fügen Sie als LINK-TEXT den Text »[Nach oben]« ein. Die eckigen Klammern davor und dahinter dienen nur zur Dekoration.
> 4. Klicken Sie auf SPEICHERN UND SCHLIESSEN.

Nach diesem ToDo steht im Quelltext der Webseite folgendes HTML:

```
<!-- indexer::stop -->
<div class="ce_toplink block">
<a href="index.php/text-und-bild.html#top"
   title="[Nach oben]">[Nach oben]</a>
</div>
<!-- indexer::continue -->
```

Listing 9.6 Das Inhaltselement »Top-Link« im HTML

Der Kommentar `<!-- indexer::stop -->` sorgt wie immer dafür, dass der Link nicht von Contaos interner Suchmaschine indiziert wird. Ansonsten ist es das gewohnte Bild: Ein div-Element als Klammer um alles und darin ein Hyperlink, der zur Sprungmarke `<body id="top">` weiterleitet.

9.7.2 Das Inhaltselement »Top-Link« gestalten

Zur Gestaltung eines Top-Links würde es sich anbieten, die Unterstreichung zu entfernen und den Link durch Abstände und eine dezente Textfarbe etwas vom Inhalt abzusetzen.

Im folgenden ToDo werden zunächst für alle Links die Unterstreichungen entfernt und beim Hovern wieder eingeblendet. Danach werden die Top-Links gestaltet. Das ist aber nur ein Vorschlag. Sie können natürlich gerne andere Varianten ausprobieren.

ToDo: Das Inhaltselement »Top-Link« gestalten

1. Öffnen Sie das Stylesheet zur Gestaltung der Inhalte in einem Editor.
2. Fügen Sie am Ende folgende Styles zur Gestaltung der Hyperlinks im Inhaltsbereich ein (KATEGORIE: »Links«):

```
/* Hyperlinks im Inhaltsbereich */
#container a { text-decoration: none; }
#container a:hover, #container a:focus {
   text-decoration: underline;
}
```

3. Gestalten Sie jetzt mit den folgenden Styles die Top-Links (KATEGORIE ebenfalls »Links«):

```
/* Link [Nach oben] gestalten */
.ce_toplink {
  clear:both;
  padding: 3px;
  margin: 2em 0 0 0;
  vertical-align: middle;
  font-size: 12px;
}
.ce_toplink a {
  color: #aaa;
  text-decoration: none;
}
```

4. Speichern Sie das Stylesheet.

Abbildung 9.23 zeigt diesen Link unten auf der Seite TEXTE UND BILDER.

Auf einer langen Webseite können Sie natürlich auch mehrere Top-Links setzen. Am einfachsten geht das, indem Sie das Inhaltselement mit einem Klick auf das grüne Kreuz kopieren und mit dem braunen blinkenden Pfeilsymbol an der gewünschten Stelle wieder einfügen.

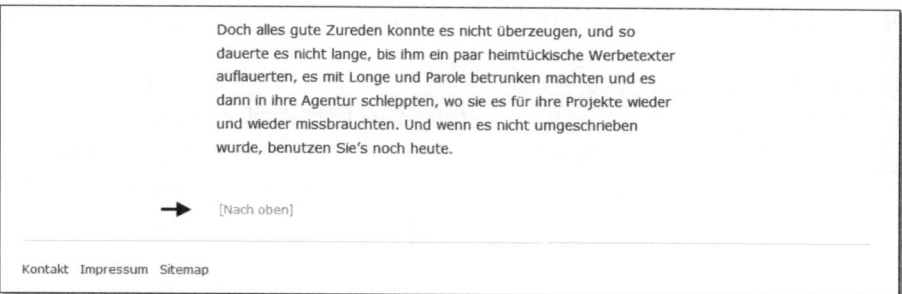

Abbildung 9.23 Das Inhaltselement »Top-Link« auf einer Webseite

9.7.3 Optional: »Top-Link« als Modul im Seitenlayout einbinden

Ein Tipp noch zum Abschluss: Falls Sie auf *jeder* Seite unten einen Top-Link haben möchten, müssen Sie diesen nicht auf jeder Seite manuell als Inhaltselement einfügen. Stattdessen erstellen Sie ein Frontend-Modul vom Typ EIGENER HTML-CODE und binden dieses Modul in der Hauptspalte im Seitenlayout ein, und zwar *unterhalb* der Artikel. Das Modul könnte NAVIGATION – TOPLINK heißen und in etwa folgenden Inhalt haben:

```
<!-- indexer::stop -->
<div class="ce_toplink block">
<a href="{{env::request}}#top">[Nach oben]</a>
</div>
<!-- indexer::continue -->
```

Listing 9.7 Das Modul »Navigation – Toplink«

Das Inserttag `{{env::request}}` wird auf jeder Seite durch den aktuellen *Request String* ersetzt. Das ist der Teil der URL nach dem ersten einfachen Schrägstrich, also z. B. *texte-und-bilder.html*.

> **Das Inhaltselement »Hyperlink«: »ce_hyperlink«**
>
> Contao kennt auch noch das Inhaltselement HYPERLINK, das Sie benutzen, wenn Sie einen Hyperlink als eigenes Inhaltselement erstellen möchten. In der Praxis kommt das wahrscheinlich eher selten vor. Das vom Inhaltselement HYPERLINK erzeugte HTML sieht so aus:
>
> ```
> <div class="ce_hyperlink block">
>   <a href="..." class="hyperlink_txt" title="...">Linktext</a>
> </div>
> ```
>
> Sie können damit einen Textlink erstellen, den Textlink in einen Satz einbauen oder auch einen Bildlink basteln.

9.8 Syndikation: Drucken, PDF, Facebook, Twitter und G+

In den Artikel-Einstellungen verbirgt sich im Bereich EXPERTEN-EINSTELLUNGEN eine Option namens SYNDIKATION, mit der Sie einen Artikel ausdrucken, als PDF speichern oder bei Twitter und Facebook empfehlen können. Laut Wikipedia bezeichnet der Begriff *Syndikation* übrigens »die Weitervergabe von lizenzierten Inhalten an Kunden, die sie entsprechend der Lizenz weiterverwerten dürfen«.

9.8.1 Die Links zur Syndikation aktivieren

Das Erstellen der Links zur Syndikation ist sehr einfach und erfordert lediglich ein paar Klicks in den Artikel-Einstellungen (Abbildung 9.24).

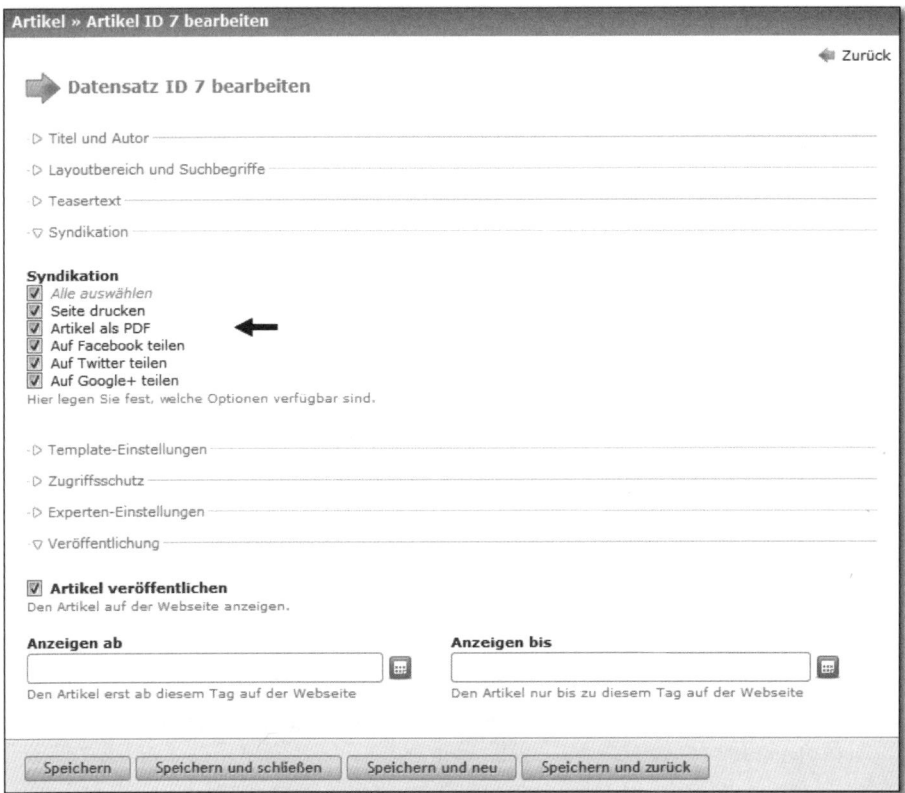

Abbildung 9.24 Die Syndikation in den Artikel-Einstellungen

Um Artikel bei Twitter, Facebook oder Google+ teilen zu können, benötigen Sie natürlich ein Benutzerkonto bei diesen Diensten.

ToDo: Die Links zur Syndikation erzeugen

1. Öffnen Sie das Backend-Modul INHALTE • ARTIKEL.
2. Öffnen Sie die Artikel-Einstellungen für den Artikel TEXTE UND BILDER [HAUPTSPALTE] (das Symbol mit Schraubendreher und -schlüssel).
3. Aktivieren Sie im Bereich SYNDIKATION die gewünschten Optionen zur SYNDIKATION.
4. Klicken Sie auf SPEICHERN UND SCHLIESSEN.

Jetzt erscheinen links über der Artikelüberschrift fünf Symbole zum *Ausdrucken*, *Speichern als PDF* und zum Empfehlen bei *Facebook*, *Twitter* oder *Google+* (Abbildung 9.25).

Abbildung 9.25 Die Symbole zur Syndikation sind drin.

9.8.2 Die Links zur Syndikation per CSS gestalten

Im Quelltext stehen die fünf Links in einem div mit der Klasse pdf_link, das Sie mit dem CSS aus dem folgenden ToDo rechts neben die Überschrift zaubern können.

ToDo: Die Links zur Syndikation gestalten

1. Öffnen Sie das Stylesheet zur Gestaltung der Inhalte.
2. Fügen Sie am Ende den folgenden Style hinzu (KATEGORIE: »Links«):

   ```
   .pdf_link {
     float: right;
     margin-left: 1em;
   }
   ```

3. Speichern Sie das Stylesheet.

Im Frontend stehen die Symbole jetzt am rechten oberen Rand des Artikels – neben der Überschrift. Durch den linken Margin ist sichergestellt, dass auch eine lange Überschrift immer ein bisschen Abstand hält (Abbildung 9.26).

Abbildung 9.26 Die Links zur Syndikation rechts oben im Artikel

Der Trick mit dem Floaten funktioniert sogar bei mehrzeiligen Überschriften. Diese brechen dann einfach vorher um, wie Abbildung 9.27 zeigt.

Abbildung 9.27 Gefloatete Syndikation-Links mit zweizeiliger Überschrift

IE 8 benötigt für das div mit der Klasse pdf_link übrigens eine feste Breite, da die Symbole zum Teilen sonst untereinanderstehen. Zur Umsetzung gibt es mehrere

Möglichkeiten. Am einfachsten geben Sie dem Style in obigem ToDo eine feste Breite, zum Beispiel width:100px. Das ist wie eine Schrotflinte, denn es trifft alle Browser.

Aufwendiger, aber präziser ist folgende Vorgehensweise:

- Sie erstellen ein Stylesheet *patches-ie8*, das Sie mit einem Conditional Comment if lt IE 9 ausliefern.
- Darin erstellen Sie den Style .pdf_link {width:100px;}.
- Anschließend aktivieren Sie das Stylesheet im Seitenlayout.

Sie können natürlich auch gar nichts machen und die Symbole einfach untereinander stehenlassen. IE-8-Benutzer wissen ja nicht, dass sie eigentlich rechts daneben stehen sollten ...

> **Die Erweiterung [social_images]**
>
> Beim Weitersagen in den sozialen Medien spielen Bilder eine große Rolle. Sehr hilfreich ist dabei die Erweiterung [social_images]:
>
> - *contao.org/de/extension-list/view/social_images.de.html*
>
> Nach der Installation muss die Erweiterung im SEITENLAYOUT aktiviert werden. Danach sammelt sie alle Bilder auf einer Seite und erstellt für jedes Bild ein Meta-Element, sodass Facebook & Co. die Bilder auch erkennen und zur Auswahl anbieten:
>
> `<meta property="og:image" content="url-zum-bild.jpg">`
>
> Das og im Wert für property steht dabei für *Open Graph*.

Kapitel 10
Weitere nützliche Inhaltselemente

In diesem Kapitel lernen Sie weitere nützliche Inhaltselemente wie »Tabelle« und »Akkordeon« kennen. Außerdem erstellen Sie verschiedene Inhaltselemente zur Einbettung von Multimedia-Dateien, Markdown, Code und anderen.

Die Themen im Überblick:

- Das Inhaltselement »Tabelle«: »ce_table«, Seite 303
- Das Inhaltselement »Akkordeon«: »ce_accordion«, Seite 312
- Externe Videos auf Webseiten einbinden, Seite 323
- Das Inhaltselement »Video/Audio«: »ce_player«, Seite 328
- Das Inhaltselement »Markdown«: »ce_markdown«, Seite 330
- Weitere Inhaltselemente im Überblick, Seite 334

Neben den im vorherigen Kapitel gesehenen Inhaltselementen für Text und Bilder kennt Contao noch eine Reihe anderer Inhaltselemente, von denen ich Ihnen einige in diesem Kapitel vorstellen möchte.

10.1 Das Inhaltselement »Tabelle«: »ce_table«

Das Inhaltselement TABELLE ist für einfache, regelmäßige Tabellen gedacht, die überwiegend unformatierten Text enthalten. Die Vorteile dieses Inhaltselements sind unter anderem:

- Das Erstellen der Tabelle ist dank des Eingabeassistenten sehr einfach.
- Die Tabelle ist auf Wunsch im Frontend per Klick sortierbar.
- Die Daten können aus Textdateien (CSV) importiert werden.
- Die Gestaltung der Tabellen kann durch Vergabe von Klassen per Fernsteuerung geregelt werden. So können z. B. Designvorgaben auch von Redakteuren ohne CSS-Kenntnisse eingehalten werden.

Komplexere Tabellen mit unregelmäßigen Zeilen- und Spaltenstrukturen können im Inhaltselement TEXT mit dem Editor TinyMCE angelegt werden.

10.1.1 Der Eingabeassistent für das Inhaltselement »Tabelle«

Wenn Sie in einem Artikel ein Inhaltselement vom Typ TABELLE einfügen, erscheint das Eingabeformular aus Abbildung 10.1, in dem ein komfortabler Eingabeassistent die Eingabe der Tabellendaten erleichtert.

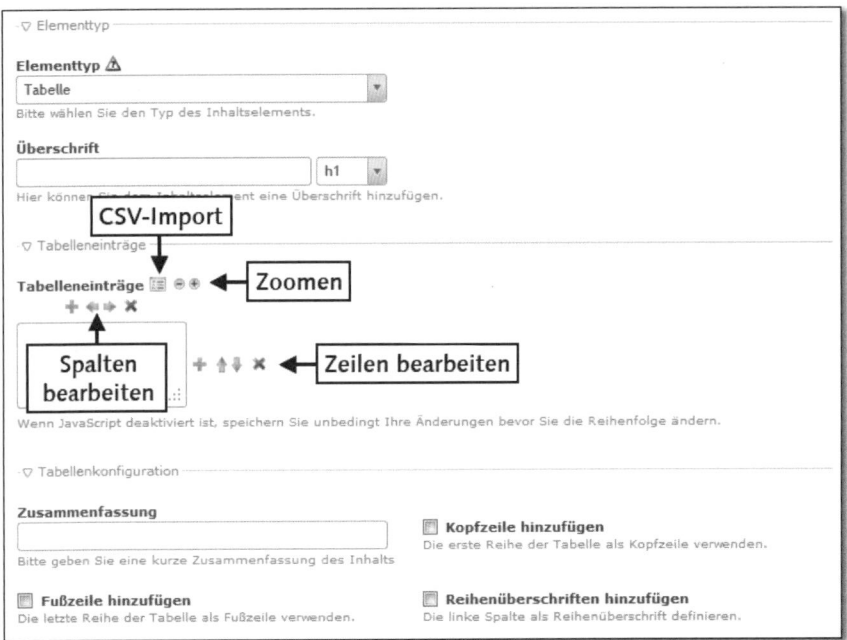

Abbildung 10.1 Eingabeformular für das Inhaltselement »Tabelle«

Im Bereich TABELLENEINTRÄGE unterhalb der optionalen Überschrift gibt es rechts neben dem Wort TABELLENEINTRÄGE ein Symbol zum Importieren von CSV-Daten sowie ein Minus- bzw. Plussymbol zum Zoomen der Tabelle im Backend während der Bearbeitung.

Darunter sehen Sie eine einzelne Tabellenzelle mit den Bedienelementen zur Bearbeitung von Spalten (darüber) und Zeilen (daneben). Diese Bedienelemente bilden den Eingabeassistenten für die Tabelle.

Tabelle 10.1 zeigt einen Überblick über die Symbole zur Tabellenbearbeitung.

Symbol	Funktion
	CSV-Daten importieren
	Zoomen der Tabelle während der Bearbeitung

Tabelle 10.1 Die Symbole zur Bearbeitung von Tabellen

Symbol	Funktion
+	Spalten oder Zeilen hinzufügen
←→	Spaltenreihenfolge ändern
↑↓	Zeilenreihenfolge ändern
×	Zeile oder Spalte löschen. Ohne Sicherheitsabfrage. Weg ist weg.

Tabelle 10.1 Die Symbole zur Bearbeitung von Tabellen (Forts.)

Um Text zu schreiben, klicken Sie einfach in eine Zelle und schreiben. Navigieren innerhalb der Tabelle geht vorwärts mit der ⇥-Taste und rückwärts mit ⇧ + ⇥.

Im Bereich TABELLENKONFIGURATION können Sie in das Feld ZUSAMMENFASSUNG eine kurze Zusammenfassung des Inhalts eingeben. Bei einer XHTML-Ausgabe ist eine Zusammenfassung Pflicht, und sie erscheint im Quelltext vorschriftsmäßig beim table-Element im Attribut summary. In HTML5 gibt es das Attribut summary nicht mehr, und eine Zusammenfassung ist daher optional. Der Text aus dem Feld ZUSAMMENFASSUNG erscheint im Quelltext im Element caption.

Daneben und darunter gibt es noch drei weitere Optionen:

▶ KOPFZEILE HINZUFÜGEN macht aus der ersten Zeile der Tabelle eine Kopfzeile (thead mit th-Zellen).

▶ FUSSZEILE HINZUFÜGEN verwandelt die letzte Zeile in eine Fußzeile (tfoot).

▶ REIHENÜBERSCHRIFTEN HINZUFÜGEN erzeugt in der ersten Spalte eine Überschrift für die jeweilige Zeile (th).

> **Tabellen können auf Wunsch im Frontend per Klick sortiert werden**
>
> Eine Besonderheit gibt es im Bereich SORTIEROPTIONEN. Das Aktivieren des Kontrollkästchens SORTIERBARE TABELLE sorgt dafür, dass Besucher der Webseiten die Tabelle in ihrem Browser mit einem Klick auf die Spaltenüberschriften sortieren können. Die Sortierung basiert auf JavaScript, und Sie müssen dazu im Seitenlayout die Templates *j_tablesort* bzw. *moo_tablesort* aktivieren.

10.1.2 Importieren der Daten mit einer CSV-Datei

Normalerweise geben Sie den Inhalt für die Tabellenzellen mithilfe des Eingabeassistenten ein, aber Sie können die Daten für die Tabelle auch aus einer sogenannten *CSV-Datei* importieren.

CSV ist die Abkürzung für *Comma Separated Values* und steht für eine Textdatei, in der jeder Datensatz in einer Zeile steht und Werte (»Values«) in den einzelnen Feldern durch ein Komma getrennt werden (daher »Comma Separated«). Das Wort »Komma« sollten Sie hierbei nicht zu wörtlich nehmen, denn als Trennzeichen kann auch ein Semikolon (»Strichpunkt«) oder ein Tabstopp dienen.

In fast allen gängigen Tabellenkalkulationen kann man Tabellen als CSV-Datei abspeichern, was den Import in das Inhaltselement TABELLE vereinfacht, da man viel weniger tippen muss. Das hat nicht nur mit Bequemlichkeit zu tun, sondern auch mit Fehlervermeidung, denn alles, was man selbst tippt, ist ein potenzieller Tippfehler.

Die Beispieldatei *ce_tabelle.csv* von der Buch-CD sieht so aus:

```
Nr.;Künstler;Titel;Album
01;Giorgio Conte;Cannelloni;Italian Café
02;Maria de Barros;Mi Nada Um Ca Tem;Women of Africa
03;Beethova Obas;Rasanblé;Music from the Chocolate Lands
04;Anna de Hollanda;Samba Triste;Acoustic Brazil
05;Samite;Wasuze Otya?;Music from the Coffee Lands
06;Zulya;Saginou;Music from the Tea Lands
07;Gare Du Nord;How Was It For You?;Euro Lounge
08;Marta Gómez;La Ronda;Women of Latin America
09;Baguette Quartette;En Douce;French Café
10;Topsy Chapman and the Pros;Baby Won't You Please Come Home;New Orleans
```

Listing 10.1 Die Beispieldatei »ce_tabelle.csv«

Im folgenden ToDo importieren Sie diese Datei.

> **ToDo: Importieren der Tabellendaten aus einer CSV-Datei**
> 1. Öffnen Sie im Backend-Modul INHALTE • ARTIKEL den Artikel WEITERE ELEMENTE [HAUPTSPALTE] zur Bearbeitung.
> 2. Fügen Sie gegebenenfalls eine h1-Überschrift »Weitere Elemente« ein.
> 3. Unterhalb der Überschrift soll ein Inhaltselement TEXT mit dem Inhalt »Auf dieser Seite werden die Inhaltselemente TABELLE und AKKORDEON vorgestellt.« stehen.
> 4. Erstellen Sie unter dem Text ein weiteres Inhaltselement TEXT mit der h2-Überschrift »Das Inhaltselement Tabelle« und dem Text »Die folgende Tabelle zeigt Titel und Interpreten des Putumayo Café Samplers.«.
> 5. Klicken Sie auf SPEICHERN UND NEU.
> 6. Wählen Sie den ELEMENTTYP TABELLE.
> 7. Klicken Sie auf das Symbol zum Importieren von CSV-Dateien.

8. Wählen Sie ganz oben aus der Liste TRENNZEICHEN den Strichpunkt.
9. Klicken Sie auf die Schaltfläche DURCHSUCHEN, und öffnen Sie die Datei *ce_tabelle.csv* von der Buch-CD.
10. Klicken Sie auf die Schaltfläche CSV-IMPORT. Wenn die fertige Tabelle in einer einzigen Spalte erscheint, haben Sie das falsche Trennzeichen gewählt. Versuchen Sie es gleich noch einmal.
11. Aktivieren Sie die Option KOPFZEILE HINZUFÜGEN.
12. Klicken Sie auf SPEICHERN UND SCHLIESSEN.

Im Frontend sieht die unformatierte Tabelle so aus wie in Abbildung 10.2.

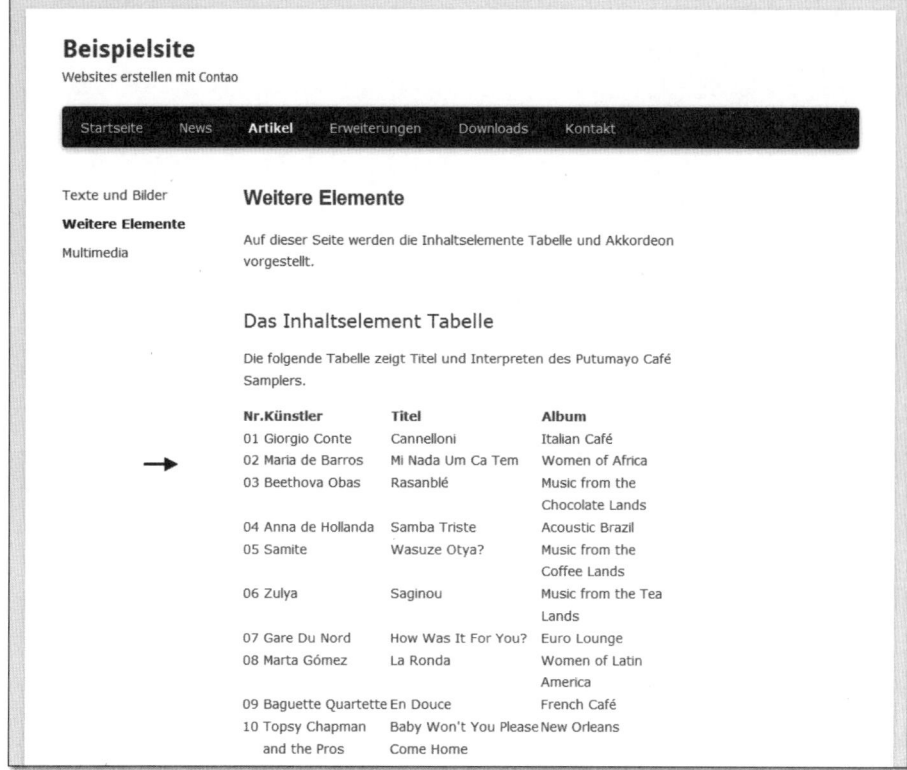

Abbildung 10.2 Die importierte Tabelle, noch unformatiert

Zur Gestaltung des Textes im Eingabeassistenten können Sie auch HTML-Elemente wie strong oder a benutzen, müssen diese allerdings manuell eingeben.

Auch Inserttags zum Einfügen von Hyperlinks oder Bildern sind erlaubt. Wenn Sie bei Bildern statt der relativen Pfadangabe die *Eindeutige ID* (UUID) benutzen, bleibt die Verlinkung erhalten, auch wenn das Bild nachträglich verschoben oder umbenannt wird. Hier ein Beispiel:

{{image::d0b7ddc4-0d8d-11e4-b480-001c42713545}}

Die UUID finden Sie in der DATEIVERWALTUNG, indem Sie rechts neben dem gewünschten Bild auf das weiße »i« im blauen Kreis klicken. Im Info-Fenster können Sie den Wert für die EINDEUTIGE ID markieren und in die Zwischenablage kopieren.

10.1.3 Das HTML für das Inhaltselement »Tabelle«

Bevor Sie die Tabelle mit ein paar CSS-Regeln gestalten, werfen Sie einen kurzen Blick auf den HTML-Quelltext. Im Inhaltselement TABELLE wurde die Option KOPFZEILE HINZUFÜGEN aktiviert:

```
<div class="ce_table block">
<table id="table_22">
<thead>
<tr>
  <th class="head_0 col_first">Nr.</th>
  <th class="head_1">Künstler</th>
  <th class="head_2">Titel</th>
  <th class="head_3 col_last">Album</th>
</tr>
</thead>
<tbody>
<tr class="row_0 row_first even">
  <td class="col_0 col_first">01</td>
  <td class="col_1">Giorgio Conte</td>
  <td class="col_2">Cannelloni</td>
  <td class="col_3 col_last">Italian Café</td>
</tr>
<tr class="row_1 odd">
  <td class="col_0 col_first">02</td>
  <td class="col_1">Maria de Barros</td>
  <td class="col_2">Mi Nada Um Ca Tem</td>
  <td class="col_3 col_last">Women of Africa</td>
</tr>
...
</tbody>
</table>
</div>
```

Listing 10.2 Ausschnitt aus dem HTML für das Inhaltselement »Tabelle«

> **Tabellenformatierung per Klasse**
>
> Im Eingabeformular für das Inhaltselement TABELLE können Sie in den EXPERTEN-EINSTELLUNGEN bei Bedarf noch spezielle IDs und Klassen für das umgebende div-Element vergeben, mit denen die Tabellen gestaltet werden können.
>
> Damit wäre es problemlos möglich, CSS-Formatierungen für verschiedene Arten von Tabellen zu hinterlegen, die ein Redakteur durch Eingabe einer Klasse wie umsatz-tabelle anwenden kann.

10.1.4 Das Inhaltselement »Tabelle« per CSS gestalten

Die von Contao im HTML sinnvoll gesetzten Klassen erleichtern die Gestaltung der Tabelle per CSS. Hier ein Beispiel:

```css
.ce_table table {
  font-size: 13px;
  background-color: #ececec;
  border-collapse: collapse;
  border-top: 1px solid #d9d9d9;
  border-bottom: 1px solid #d9d9d9;
  margin-bottom: 1em;
}
.ce_table thead {
  background-color: #555450;
  color: #fff;
}
.ce_table tr.even {
  background-color: #fff;
  color: #444;
}
.ce_table td, .ce_table th {
  padding: 0.5em 1em;
}
```

Listing 10.3 CSS-Regeln zur Gestaltung des Inhaltselements »Tabelle«

In Listing 10.3 sind folgende Details erwähnenswert:

- Mit der Klasse ce_table am Anfang der Selektoren beschränken Sie die Gestaltung auf Tabellen, die mit dem Inhaltselement TABELLE erstellt wurden.
- Die CSS-Regel .ce_table tr.even gestaltet gerade Tabellenzeilen und ermöglicht so übersichtliche Zebrastreifen mit einem Style. Der Selektor für ungerade Zeilen heißt entsprechend tr.odd.

Im folgenden ToDo setzen Sie dieses Listing auf der Beispielseite ein.

> **ToDo: Die Tabelle gestalten**
> 1. Öffnen Sie das Stylesheet zur Gestaltung der Inhalte. In internen Stylesheets bekommen alle vier Styles die KATEGORIE »Tabellen«.
> 2. Fügen Sie am Ende des Stylesheets die Styles aus Listing 10.3 ein.
> 3. Speichern Sie das Stylesheet.

Abbildung 10.3 zeigt die gestaltete Tabelle im Browser.

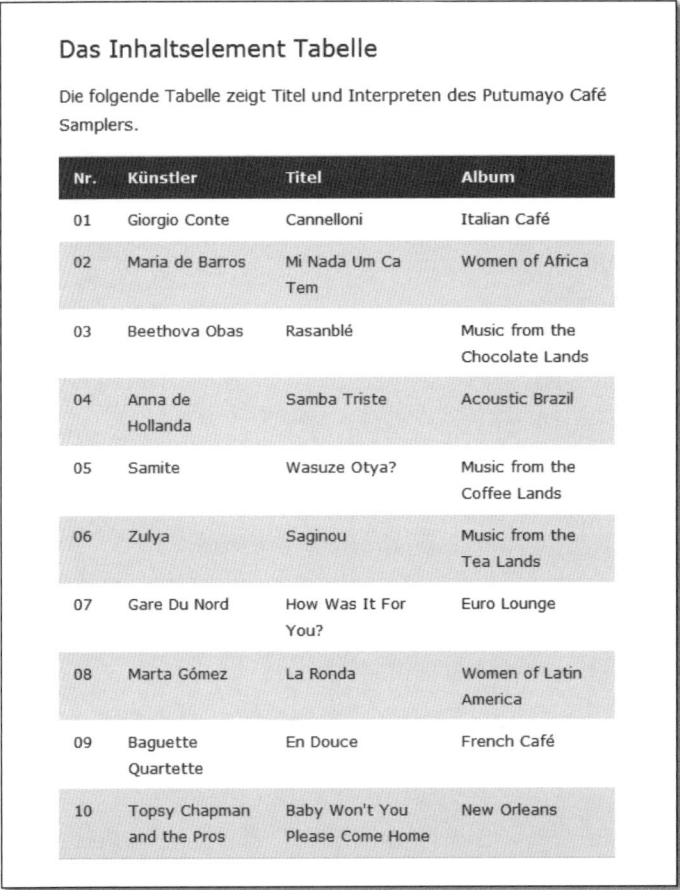

Abbildung 10.3 Die importierte Tabelle, formatiert

Die Ausrichtung von Text innerhalb der Tabellenzellen ist übrigens links und oben, und zwar aufgrund eines Styles aus dem CSS-Reset.

```
/* Style aus assets/contao/css/reset.css */
caption, th, td {
  text-align: left;
  text-align: start;
  vertical-align: top;
}
```

Listing 10.4 Ausrichtung der Tabellenzellen aus dem CSS-Reset

10.1.5 Tabelle im Frontend sortierbar machen

Um die Tabelle im Frontend sortierbar zu machen, muss die Tabelle eine definierte *Kopfzeile* haben, und im Seitenlayout müssen Sie entweder *j_tablesort* oder *moo_tablesort* aktivieren.

Sind beide Voraussetzungen erfüllt, öffnen Sie das Inhaltselement und aktivieren die Option SORTIERBARE TABELLE. Der SORTIERINDEX 0 sortiert die Tabelle standardmäßig nach der ersten Spalte (Abbildung 10.4).

Abbildung 10.4 Eine im Frontend sortierbare Tabelle

Im Frontend können Sie die Tabelle mit einem Klick auf eine Spaltenüberschrift sortieren, und in der Überschriftzeile erscheinen kleine Grafikpfeile, die die aktuelle Sortierung anzeigen.

> **Sortierung nach Datum**
>
> Wenn Sie eine Tabellenspalte nach Datum sortieren möchten, müssen Sie ein Datumsformat wie `jjjj-mm-dd` nehmen, z. B. 2014-07-21.
>
> Grund dafür ist, dass das Datum in einer HTML-Tabelle nicht wie in einer Datenbank als Ganzes gesehen, sondern Zeichen für Zeichen verglichen wird.

10.2 Das Inhaltselement »Akkordeon«: »ce_accordion«

Das Wort »Akkordeon« löste bei mir früher eine eher unangenehme Assoziationskette aus: Akkordeon. Zeltlager. Mundorgel. Ein kleines rotes Büchlein mit volkstümlichem Liedgut, das zu einer leichten Akkordeonallergie führte. Die ist im Laufe der Jahre aber verflogen, und ich habe gelernt, dass ein Akkordeon, richtig eingesetzt, sehr angenehm sein kann. Das gilt auch für das Inhaltselement in diesem Abschnitt.

Akkordeon ist ein Effekt, bei dem auf einer Webseite ein Detailbereich per Klick oder Tap auf eine Überschrift ein- und ausgeblendet wird. Wenn mehrere solcher Elemente untereinanderstehen, wirkt das Auf- und Zuklappen mit ein bisschen Fantasie wie ein – ja genau, Sie haben es erraten.

Auf der Beispielsite werden im Folgenden mithilfe des Inhaltselements AKKORDEON drei CDs kurz vorgestellt. Diese erscheinen neben der Tabelle in der rechten Spalte (siehe Abbildung 10.5).

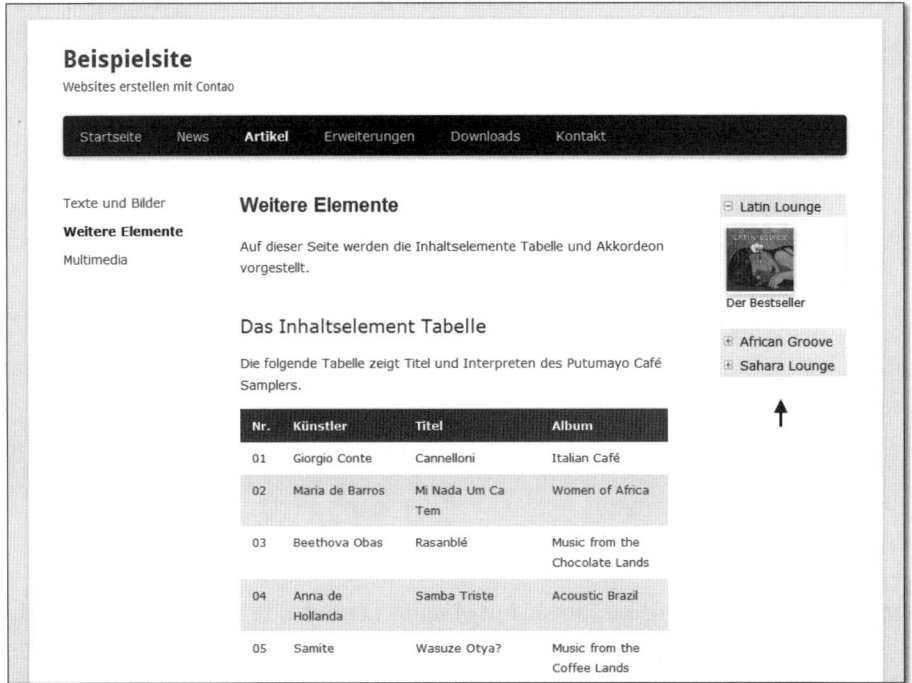

Abbildung 10.5 Ein Akkordeon in der rechten Spalte

Der große Vorteil eines Akkordeons ist, dass man Informationen damit sehr platzsparend darstellen kann. Ein potenzieller Nachteil ist, dass Besucher die ausgeblendeten Elemente gar nicht sehen, wenn sie nicht auf die Überschriften klicken, und eventuell einfach so wieder von dannen ziehen.

10.2.1 Seitenlayout vorbereiten und Artikel erstellen

Bevor es losgeht, treffen Sie im Backend-Modul THEMES • SEITENLAYOUT noch ein paar Vorbereitungen (Abbildung 10.6):

▶ Zuerst sorgen Sie dort im Bereich FRONTEND-MODULE dafür, dass im Frontend in der rechten Spalte Artikel dargestellt werden.

▶ Danach muss im Bereich SKRIPT-EINSTELLUNGEN das MooTools-Template *moo_accordion* aktiviert werden, damit das für ein Akkordeon benötigte JavaScript zur Verfügung gestellt wird.

Falls Sie lieber mit jQuery arbeiten, aktivieren Sie stattdessen das Template *j_accordion*. Sollten Sie sich nicht sicher sein, bleiben Sie erst einmal bei den MooTools.

Abbildung 10.6 Akkordeon – Vorbereitungen im Seitenlayout

Nach diesen Vorbereitungen legen Sie im folgenden ToDo noch einen neuen Artikel an, der erstmals in der *rechten* Spalte erscheinen wird.

10 Weitere nützliche Inhaltselemente

> **ToDo: Seitenlayout vorbereiten und Artikel erstellen**
>
> 1. Öffnen Sie im Backend-Modul THEMES • SEITENLAYOUT das STANDARDLAYOUT zur Bearbeitung.
> 2. Erstellen Sie im Bereich FRONTEND-MODULE eine neue Zeile, und wählen Sie das Modul ARTIKEL in der Spalte RECHTE SPALTE. Es ist egal, wo Sie die Zeile einfügen, denn Contao sortiert die Zeilen nach dem Speichern automatisch.
> 3. Aktivieren Sie weiter unten im Bereich MOOTOOLS das MooTools-Template MOO_ACCORDION.
> 4. Klicken Sie auf SPEICHERN UND SCHLIESSEN.
> 5. Wechseln Sie in das Backend-Modul INHALTE • ARTIKEL, und klicken Sie auf die Seite WEITERE ELEMENTE, um den Artikelbaum zu verkürzen.
> 6. Klicken Sie oben im Arbeitsbereich auf NEUER ARTIKEL, und fügen Sie ihn mit einem Klick auf den braunen Pfeil nach unten unterhalb des Artikels WEITERE ELEMENTE [HAUPTSPALTE] ein.
> 7. Geben Sie bei den Artikel-Einstellungen folgenden TITEL ein: »CDs im Akkordeon« (ohne Anführungsstriche).
> 8. Blenden Sie gegebenenfalls den Bereich LAYOUTBEREICH UND SUCHBEGRIFFE ein, und wählen Sie in der Auswahlliste ANZEIGEN IN den Eintrag RECHTE SPALTE.
> 9. Aktivieren Sie die Option ARTIKEL VERÖFFENTLICHEN.
> 10. Klicken Sie auf SPEICHERN UND SCHLIESSEN.

Abbildung 10.7 zeigt den Ausschnitt aus dem Artikelbaum nach diesem ToDo.

Abbildung 10.7 Der neue Artikel erscheint in der rechten Spalte.

Im Browser ist nach diesem ToDo nichts zu sehen, da der Artikel noch keine Inhaltselemente hat, aber es ist alles vorbereitet.

10.2.2 Das Eingabeformular für das Inhaltselement »Akkordeon«

Wenn Sie beim Einfügen eines neuen Inhaltselements den Elementtyp AKKORDEON auswählen, erscheint das in Abbildung 10.8 dargestellte Eingabeformular.

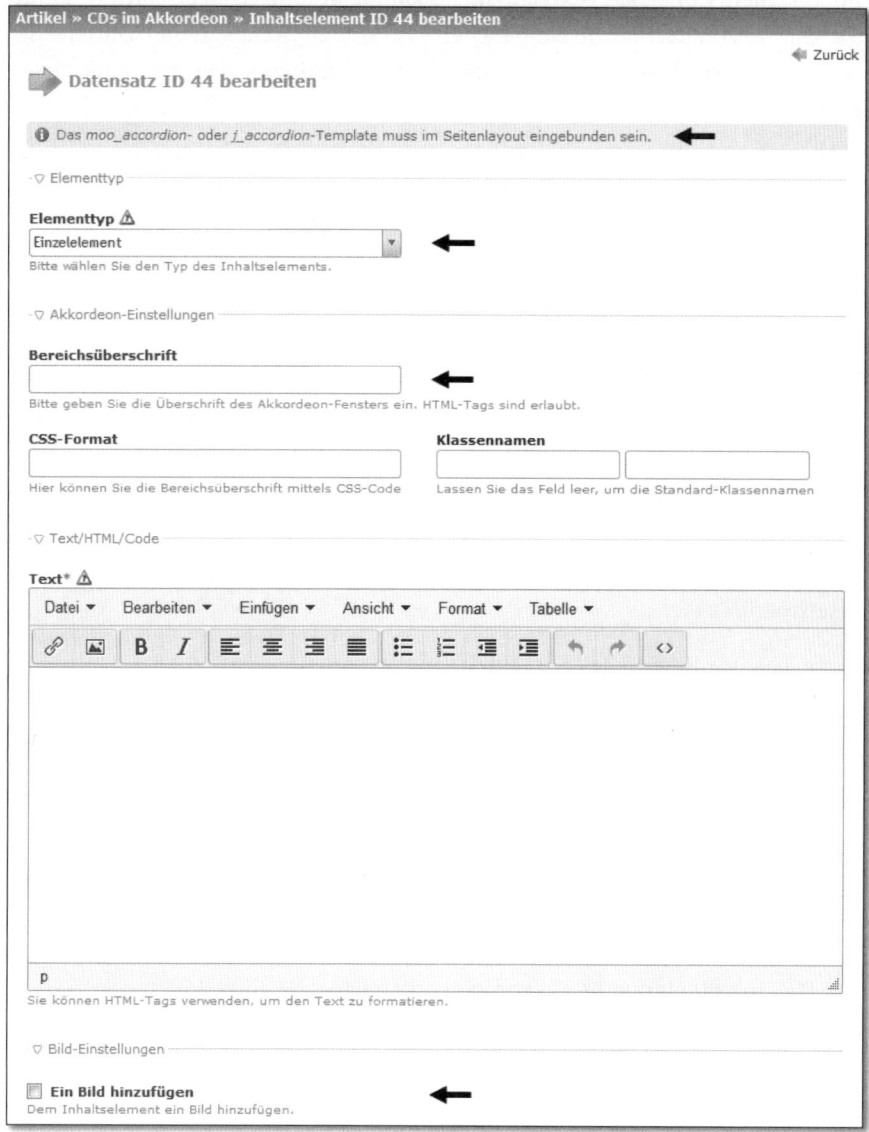

Abbildung 10.8 Das Eingabeformular für das Inhaltselement »Akkordeon«

Ganz oben sehen Sie den gewählten Elementtyp AKKORDEON. Die Optionen darunter sind wie folgt:

- Ganz oben sehen Sie blau hinterlegt den Hinweis, dass ein JavaScript-Template im Seitenlayout eingebunden sein muss.
- ELEMENTTYP: Mit der Option AKKORDEON – EINZELNES ELEMENT ähnelt das Akkordeon einem normalen Textelement. Es kann eine *Bereichsüberschrift* genannte Überschrift enthalten, sowie ein bisschen Text und optional ein Bild. Durch einen Klick auf die Bereichsüberschrift werden Text und Bild im Browser ein- und ausgeblendet.

  Ein Akkordeon kann auch Inhaltselemente enthalten. Dazu fügen Sie einfach *vor* den entsprechenden Inhaltselementen ein Akkordeon-Element vom Typ UMSCHLAG ANFANG ein und *danach* eines vom Typ UMSCHLAG ENDE.
- BEREICHSÜBERSCHRIFT: Hier geben Sie einfach ein bisschen Text ein. Durch einen Klick auf die Bereichsüberschrift wird der Inhalt des Akkordeons ein- und ausgeblendet. HTML-Elemente sind erlaubt, und die Überschrift könnte im Feld CSS-FORMAT auch gleich gestaltet werden.
- KLASSENNAMEN müssen nur vergeben werden, wenn Sie mehr als ein Akkordeon pro Webseite benutzen möchten, die Sie unterschiedlich gestalten möchten. Allerdings muss dann auch das MooTools-JavaScript entsprechend angepasst werden, was nicht ganz so trivial ist.
- TEXT und EIN BILD HINZUFÜGEN funktionieren genau wie bei einem normalen Inhaltselement TEXT.

Genug der Theorie. Es wird Zeit, ein Akkordeon zu bauen.

10.2.3 Zugeschaut und mitgebaut: drei Akkordeons erstellen

In diesem Abschnitt legen Sie nach der gründlichen Vorbereitung nun Ihre Prüfung zum zertifizierten Instrumentenbauer ab und erstellen drei Akkordeons, in denen die CDs *Latin Lounge*, *African Groove* und *Sahara Lounge* vorgestellt werden, jeweils mit einem Bild und einer Zeile Text.

> **ToDo: Drei Inhaltselemente »Akkordeon« erstellen**
>
> 1. Wechseln Sie in die DATEIVERWALTUNG, und laden Sie die drei JPG-Grafiken mit den CD-Covern von der Buch-CD in den Ordner *beispielsite/content/grafiken* hoch.
> 2. Öffnen Sie im Backend-Modul INHALTE • ARTIKEL auf der Seite WEITERE ELEMENTE den Artikel CDS IM AKKORDEON zur Bearbeitung.
> 3. Fügen Sie ein neues Inhaltselement vom Typ AKKORDEON – EINZELELEMENT hinzu.
> 4. Geben Sie als BEREICHSÜBERSCHRIFT »Latin Lounge« ein.
> 5. In das Feld TEXT schreiben Sie einfach nur »Der Bestseller«.
> 6. Aktivieren Sie die Option EIN BILD HINZUFÜGEN.

7. Wählen Sie im Ordner *beispielsite/content/grafiken/* die Grafik *cover_latin_lounge.jpg*.
8. Geben Sie in die Felder ALTERNATIVER TEXT und TITEL jeweils »Cover der CD Latin Lounge« ein.
9. Das Feld BILDLINK-ADRESSE bleibt leer, aber hier könnten Sie z. B. einen direkten Link zu einer Bestellmöglichkeit hinterlegen.
10. Wählen Sie als BILDAUSRICHTUNG die erste Option, OBERHALB.
11. Klicken Sie auf SPEICHERN UND NEU.
12. Wiederholen Sie die Schritte 2 bis 10 für die CDs *African Groove* und *Sahara Lounge*. Als Text geben Sie eine kurze Beschreibung wie »Musik zum Tanzen« bzw. »Die Wüste lebt« ein.
13. Beenden Sie die Eingabe mit SPEICHERN UND SCHLIESSEN.

Im Browser erscheint der Artikel (wie in Abbildung 10.9 zu sehen ist) in der rechten Spalte, und er enthält die drei Akkordeons. Die sind noch nicht sonderlich hübsch, aber bereits bespielbar.

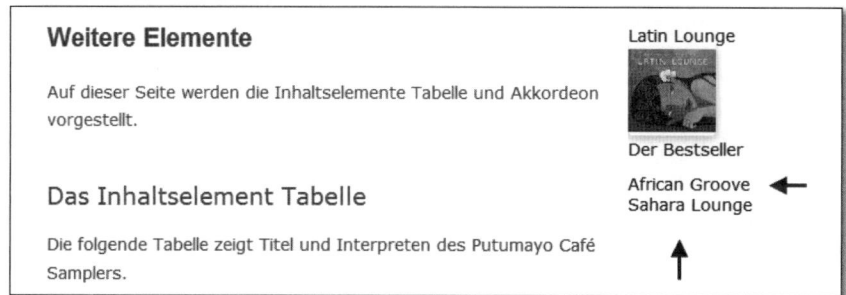

Abbildung 10.9 Drei Akkordeons – nicht hübsch, aber bereits bespielbar

Das erste Element ist standardmäßig sichtbar, und ein Klick auf die Überschriften blendet das entsprechende Cover und die kurze Beschreibung ein. Das Akkordeon funktioniert also bereits, aber da es weder benutzerfreundlich ist noch gut aussieht, wäre es wahrscheinlich ein echter Ladenhüter. Deshalb wird es in den nächsten Abschnitten noch ein bisschen verbessert.

10.2.4 Das HTML für ein Akkordeon

Das HTML für ein Akkordeon ist unspektakulär. Listing 10.5 zeigt einen Ausschnitt aus dem Quelltext für das Inhaltselement AKKORDEON, der vom Template *ce_accordion.html5* erzeugt wird:

```html
<section class="ce_accordionSingle first ce_accordion ce_text block">
  <div class="toggler active" aria-expanded="true" role="tab" tabindex="0">
    Latin Lounge
  </div>
  <div class="accordion" style="…" aria-hidden="false" role="tabpanel">
    <div>
      <figure class="image_container float_above">
        <img src="files/…/bild.jpg" width="…" height="…" alt="…" title="…">
      </figure>
      <p>Der Bestseller</p>
    </div>
  </div>
</section>
```

Listing 10.5 Das HTML für ein Akkordeon

Das Inhaltselement selbst bekommt das HTML-Element section mit den Klassen ce_accordion und block. Akkordeon schreibt sich im Englischen *accordion*, mit Doppel-c und einem »i«. Denken Sie daran. In diesem section liegen die Bereichsüberschrift und der Inhalt, jeweils in einem eigenen div.

Die Bereichsüberschrift hat die Klasse toggler (*to toggle* bedeutet ein- und ausschalten) und der Inhalt die Klasse accordion. Die Attribute role und aria gehören zu den *ARIA Landmark Roles*. Sie bleiben im Browserfenster unsichtbar, bereichern den Quelltext aber um semantisch relevante Informationen (z. B. role="tab") und erhöhen damit so ganz nebenbei die Barrierefreiheit.

10.2.5 Das CSS zur Gestaltung eines Akkordeons

So viel zum HTML. Das CSS zur Gestaltung der HTML-Elemente aus Listing 10.5 ist erstaunlich kurz und besteht aus nur drei CSS-Regeln:

> **ToDo: Akkordeon per CSS gestalten**
>
> 1. Öffnen Sie das Stylesheet zur Gestaltung der Inhalte.
> 2. Fügen Sie ganz am Ende die folgenden Styles ein (KATEGORIE: »Akkordeon«):
>
> ```css
> #right .ce_accordion {
>   width: 140px;
>   float: right;
>   border: 1px solid #ececec;
> }
> .ce_accordion .toggler {
>   padding: 0.25em 0.5em;
>   background: #ececec;
> ```

10.2 Das Inhaltselement »Akkordeon«: »ce_accordion«

```
    cursor: pointer;
    outline: none;
  }
  .ce_accordion .accordion div {
    font-size: 12px;
    padding: 0.75em 0.5em;
  }
```
3. Speichern Sie das Stylesheet.

Nach diesem ToDo sehen die Akkordeons schon etwas besser aus (siehe Abbildung 10.10).

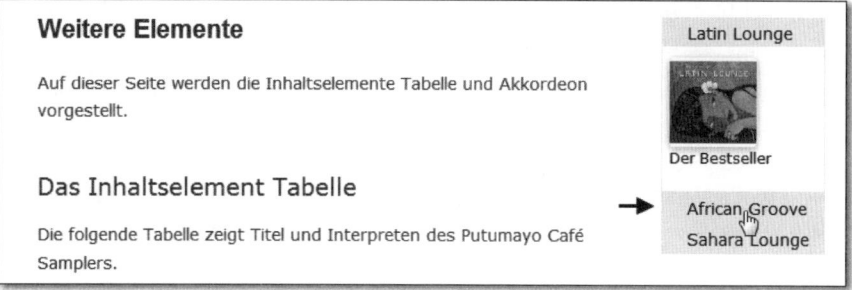

Abbildung 10.10 Formatierte Akkordeons

Und hier die Styles im Überblick:

- Im ersten Style bekommen die Akkordeons eine feste Breite von 140 px und werden nach rechts gefloatet. Die ID #right beschränkt den Style auf die rechte Spalte, damit z. B. in der Hauptspalte platzierte Akkordeons nicht auch versehentlich auf 140px geschrumpft und nach rechts gefloatet werden.
- Die Bereichsüberschrift wird hellgrau hinterlegt, und damit Besucher verstehen, dass sie anklickbar ist, wird der Mauszeiger mit cursor:pointer zu einer Klickhand umgeformt wie bei einem Hyperlink.
- Last, but not least wird der Text innerhalb des Akkordeons auf 12 Pixel verkleinert.

Anklickbar. Platzsparend. Fertig.

10.2.6 Akkordeons mit Grafiken zur Statusanzeige

Eine Gefahr beim Einsatz von Akkordeons ist, dass ein Besucher nicht merkt, dass sich hinter den Überschriften noch versteckte Inhalte verbergen. Um dem entgegenzuwirken, können Sie in der Bereichsüberschrift für ein- und ausgeklappte Akkordeons jeweils unterschiedliche Grafiken anzeigen. Das Template *ce_accordion.html5* vergibt zu diesem Zweck die Klasse active, wenn ein Akkordeon ausgeklappt ist:

```
<section class="ce_accordionSingle first ce_accordion ce_text block">
<div class="toggler active" ...>Latin Lounge</div>
...
</section>
```

Listing 10.6 Quelltext für ein ausgeklapptes Akkordeon

Ein nicht ausgeklapptes Akkordeon bekommt nur die Klasse `toggler`, sodass Sie mit der zusätzlichen Klasse `active` im CSS den Bereichsüberschriften je nach Status unterschiedliche Hintergrundgrafiken zuweisen können. Geeignete Grafiken wären z. B. ein Pluszeichen für ein zugeklapptes Akkordeon und ein Minuszeichen für ein ausgeklapptes.

Das CSS zur Einbindung der Grafiken könnte so aussehen wie in Listing 10.7:

- Ein zugeklapptes Akkordeon (`.toggler`) bekommt ein Pluszeichen.
- Ein ausgeklapptes (`.toggler.active`, ohne Leerstelle zwischen den beiden Klassennamen) bekommt ein Minuszeichen.

Bei externen Stylesheets müssen Sie die Pfadangaben für die beiden Grafiken gegebenenfalls anpassen, der CSS-Editor von Contao macht das automatisch.

```
.ce_accordion .toggler {
  padding: 0.25em 0.5em 0.25em 1.5em;
  background: #ececec url("files/themes/theme_one/plus.gif")
          no-repeat left center;
}
.ce_accordion .toggler.active {
  background: #eee url("minus.gif") no-repeat left center;
}
```

Listing 10.7 Das CSS zur Einbindung der Grafiken

Das linke Padding ist mit 1.5 em etwas größer als für die anderen drei Seiten, um Platz für die Grafik zu schaffen. Im folgenden ToDo setzen Sie diese Ideen um.

> **ToDo: Statusanzeige für Akkordeon einbauen**
> 1. Laden Sie in der DATEIVERWALTUNG die Grafiken *minus.gif* und *plus.gif* von der Buch-CD aus den Beispieldateien für dieses Kapitel in den Theme-Ordner *themes/theme_one/*.
> 2. Öffnen Sie das Stylesheet zur Gestaltung der Inhalte.
> 3. Fügen Sie ganz am Ende die beiden Styles aus Listing 10.7 ein (KATEGORIE: »Akkordeon«).

Abbildung 10.11 zeigt die fertigen Akkordeons mit den Grafiken.

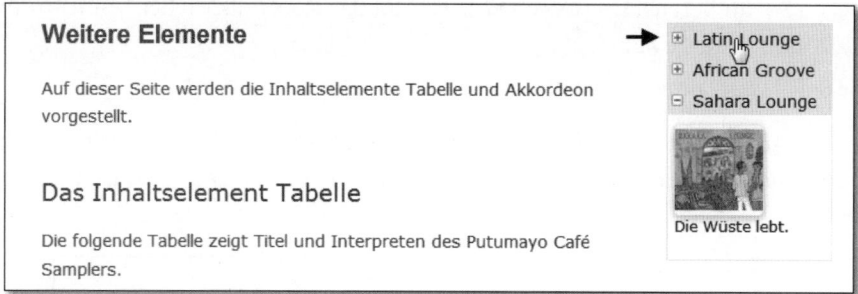

Abbildung 10.11 Akkordeons mit Grafiken zur Statusanzeige

10.2.7 Nach dem Laden der Seite soll das erste Akkordeon eingeklappt sein

Wenn Sie möchten, dass nach dem Laden der Seite alle Akkordeons eingeklappt sind, müssen Sie eine kleine Änderung am JavaScript vornehmen.

Und so wird's gemacht:

- Wechseln Sie in das Backend-Modul LAYOUT • TEMPLATES.
- Erstellen Sie ein NEUES TEMPLATE.
- Suchen Sie das Template *moo_accordion.html5*, und speichern Sie es im Theme-Ordner *theme_one*.
- Öffnen Sie das Template mit einem Klick auf das weiß-blaue Symbol ganz rechts außen zur Bearbeitung. Der gelbe Bleistift ändert hier nur den Namen des Templates.
- Suchen Sie die Zeile `opacity:false`, und fügen Sie darunter einen Kommentar sowie die Zeile `display: -1,` hinzu:

   ```
   opacity: false,
   // Alle Akkordeons eingeklappt
   display: -1,
   alwaysHide: true,
   ```

- SPEICHERN UND SCHLIESSEN Sie das Template.

Prüfen Sie kurz, ob im SEITENLAYOUT im Bereich MOOTOOLS jetzt das Template MOO_ACCORDION (THEME ONE) aktiviert ist. Durch den Namen des Themes in Klammern hinter dem Dateinamen wissen Sie, dass das von Ihnen geänderte Template auch tatsächlich eingesetzt wird.

Bevor Sie die Änderung im Frontend kontrollieren, müssen Sie unbedingt noch den Cache löschen. Sonst kann es passieren, dass Sie zwar alles richtig gemacht haben, die Änderungen aber im Frontend nicht ankommen:

- Wechseln Sie in das Backend-Modul SYSTEM • SYSTEMWARTUNG.
- Klicken Sie im Bereich DATEN BEREINIGEN auf das Kontrollkästchen vor JOB, um alle Optionen auszuwählen.
- Klicken Sie auf DATEN BEREINIGEN.

Mehr zur Datenbereinigung erfahren Sie in Abschnitt 23.2. Im Browser sollten nach dem erneuten Laden der Seite jetzt alle Akkordeons eingeklappt sein (Abbildung 10.12).

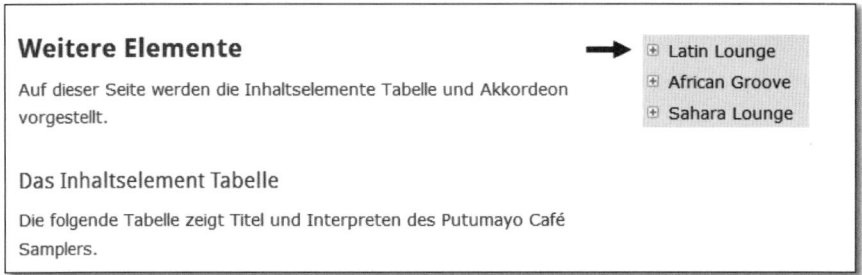

Abbildung 10.12 Alle Akkordeons eingeklappt

Wenn Sie lieber jQuery verwenden, ist die Vorgehensweise dieselbe, nur die Änderung im JavaScript ist etwas anders:

- Erstellen Sie eine Kopie des Templates *j_accordion.html5*.
- Ergänzen Sie hinter der Zeile `collapsible: true` ein Komma, und fügen Sie darunter einen Kommentar und die Zeile `active: false` hinzu (ohne Komma dahinter):

```
$(document).accordion({
  // Put custom options here
  heightStyle: 'content',
  header: 'div.toggler',
  collapsible: true,
  // Alle Akkordeons einklappen
  active: false
});
```

Template speichern, Cache löschen, und dann sollte es (ein)klappen.

> **Falls etwas mit dem Template nicht klappt – keine Panik**
> Eine Änderung im PHP oder JavaScript an einem Template ist für Nichtprogrammierer anfangs oft mit ein bisschen Herzklopfen verbunden. Das ist auch okay so. Etwas Respekt sollte man der Sache durchaus entgegenbringen.

> Falls nach einer Template-Änderung im Frontend etwas nicht mehr funktioniert, löschen Sie im Backend-Modul TEMPLATES einfach das von Ihnen geänderte Template. Contao nimmt dann wieder das Original, und alles ist in Ordnung.

10.2.8 Wie man Akkordeons sonst noch einsetzen kann

Akkordeons können natürlich nicht nur in der rechten Seitenspalte eingesetzt werden. Sie eignen sich immer dann, wenn vergleichsweise viel Inhalt übersichtlich auf wenig Platz dargestellt werden muss. Abbildung 10.13 zeigt zum Beispiel ein paar Akkordeons auf der Startseite von *little-boxes.de*.

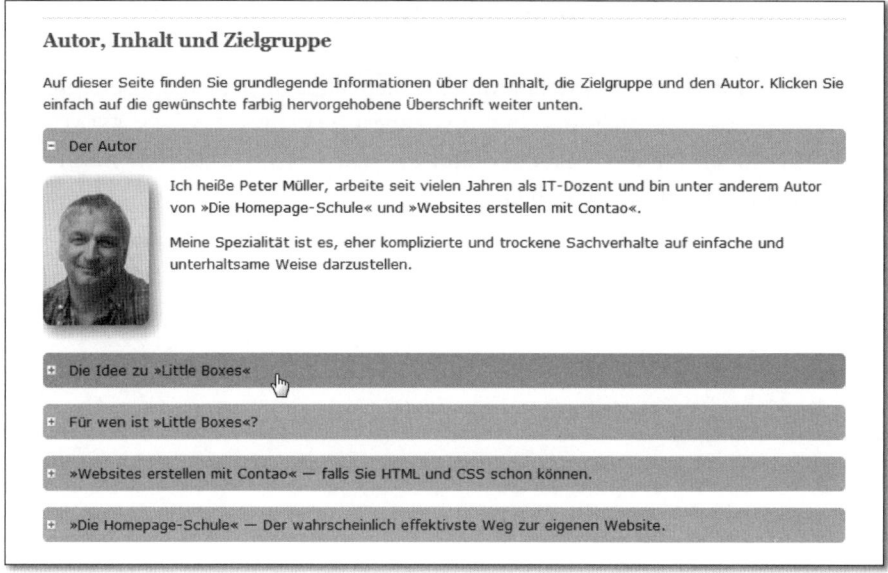

Abbildung 10.13 Akkordeons auf der Startseite von »little-boxes.de«

10.3 Externe Videos auf Webseiten einbinden

In diesem Abschnitt möchte ich Ihnen zeigen, wie man in Contao mit Bordmitteln externe Videos einbinden kann. Am flexibelsten ist dabei das Inhaltselement HTML, am einfachsten das Inhaltselement YouTube.

10.3.1 Teil 1: Das Inhaltselement »HTML«: »ce_html« vorbereiten

Das Inhaltselement HTML ist sehr flexibel, denn Sie können einem Artikel damit (fast) beliebigen HTML-Code mit auf den Weg geben und somit z. B. auch den Einbettungscode von YouTube, Vimeo oder anderen Videoportalen hinzufügen.

Das Eingabeformular ist sehr übersichtlich und besteht, wie Abbildung 10.14 zeigt, nur aus einem einzeiligen Eingabefeld, das sich bei Bedarf aber in der Höhe anpasst (Abbildung 10.14).

Abbildung 10.14 Die Eingabemaske für das Inhaltselement »HTML«

Im Inhaltselement HTML sind standardmäßig nicht alle HTML-Elemente erlaubt. Die im Erklärungstext unterhalb der Textarea angesprochene LISTE DER ERLAUBTEN HTML-TAGS finden Sie im Backend-Modul SYSTEM • EINSTELLUNGEN im Bereich SICHERHEITSEINSTELLUNGEN (Abbildung 10.15).

Abbildung 10.15 Liste erlaubter HTML-Tags in »System • Einstellungen«

Die Aufzählung im Feld ERLAUBTE HTML-TAGS ist relativ lang, enthält aber z. B. nicht das Element iframe, das viele Videoportale zur Einbettung von Videos verwenden. Wenn Sie im Feld HTML-CODE also z. B. den Einbettungscode für ein YouTube-Video einfügen möchten, müssen Sie hier vorher <iframe> erlauben. Am besten sammeln Sie manuell hinzugefügte HTML-Elemente ganz am Anfang der Liste, um auch später auf den ersten Blick sehen zu können, welche Sie hinzugefügt haben.

> **ToDo: Das HTML-Element »iframe« erlauben**
> 1. Öffnen Sie das Backend-Modul System • Einstellungen.
> 2. Blenden Sie den Bereich Sicherheitseinstellungen ein.
> 3. Fügen Sie im Feld Erlaubte HTML-Tags den Wert »<iframe>« hinzu (ohne Anführungsstriche), am besten gleich ganz am Anfang.
> 4. Klicken Sie auf Speichern und schliessen.

10.3.2 Teil 2: Video einbinden mit dem Inhaltselement »HTML«

Ihre Contao-Installation ist nach diesem Schritt bereit für den Einbettungscode von diversen Videoportalen. Bevor Sie mit dem folgenden ToDo beginnen, sollten Sie aber den Einbettungscode des gewünschten Videos bereithalten:

- Rufen Sie in einem neuen Tab oder Fenster das gewünschte Video auf, z. B. *youtube.com/watch?v=y45W4bHWerU*. Dieser Link führt Sie zu dem Video »La Ronda« von Marta Goméz. Sie können aber natürlich auch gerne ein anderes Video nehmen.
- Klicken Sie bei YouTube unter dem Video zuerst auf die Schaltfläche Teilen und dann auf Einbetten.
- Konfigurieren Sie zunächst das Verhalten des Videos wie gewünscht. Eine gute Größe ist 480 × 360 Pixel.
- Kopieren Sie den Einbettungscode in die Zwischenablage.

Abbildung 10.16 zeigt die YouTube-Seite.

Listing 10.8 zeigt den Code zur Einbindung des Videos etwas übersichtlicher gestaltet als das Original.

```
<iframe width="480"
        height="360"
        src="http://www.youtube.com/embed/y45W4bHWerU"
        frameborder="0"
        allowfullscreen></iframe>
```

Listing 10.8 Der YouTube-Code zum Einbetten des Videos

Natürlich funktioniert das Einbetten von Videos nicht nur mit YouTube, sondern auch mit anderen Videoportalen wie Vimeo, Sevenload & Co. Sie benötigen nur einen Einbettungscode, den Sie im Inhaltselement HTML einfügen können. Wenn Sie den Einbettungscode für das Video haben, kann es mit dem folgenden ToDo losgehen.

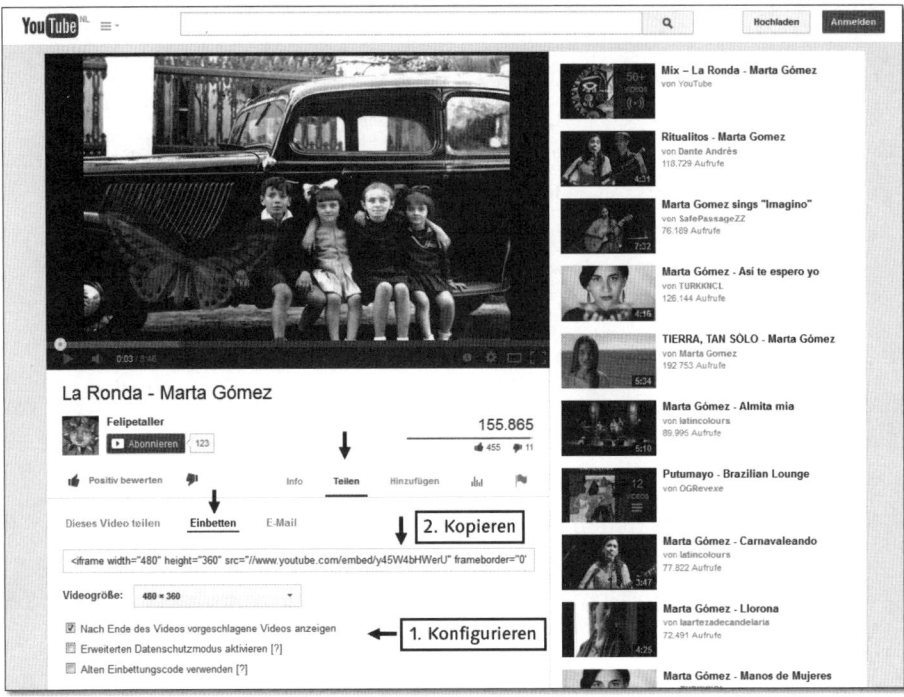

Abbildung 10.16 YouTube mit dem Video und dem Einbettungscode

---

ToDo: Ein Video mit dem Inhaltselement »HTML« einbetten

1. Klicken Sie im Backend-Modul INHALTE • ARTIKEL auf die fett gedruckte Seite MULTIMEDIA, um den Artikelbaum zu verkürzen.
2. Öffnen Sie den Artikel MULTIMEDIA [HAUPTSPALTE].
3. Fügen Sie gegebenenfalls eine h1-Überschrift »Multimedia« ein.
4. Fügen Sie darunter ein Inhaltselement TEXT ein oder, falls bereits eines vorhanden ist, ändern Sie den Text: »Auf dieser Seite sehen Sie, wie Sie Videos und MP3 auf Ihren Webseiten einbinden können.«
5. Klicken Sie auf SPEICHERN UND NEU.
6. Erstellen Sie ein TEXT-Element mit der h2-Überschrift »Videos einbetten: das Inhaltselement HTML« und dem Text »Das folgende Video wurde mit einem iFrame im Inhaltselement HTML eingebettet.«
7. Erstellen Sie darunter ein neues Inhaltselement vom Typ HTML.
8. Fügen Sie den Einbettungscode für das Video aus der Zwischenablage in das Feld HTML-CODE ein.
9. Klicken Sie auf SPEICHERN UND SCHLIESSEN.

Im Browser wird jetzt das Video »La Ronda« angezeigt, mit einem Pfeil zum Starten des Videos in der Mitte des Bildes (siehe Abbildung 10.17).

Abbildung 10.17 Das eingebettete Video von YouTube auf der Beispielseite

Im Quelltext der Webseite steht übrigens nur der in der Textarea eingegebene Code aus Listing 10.8. Pur. Falls Sie z. B. ein umgebendes div-Element in der Art von `<div class="ce_html">` wünschen, schreiben Sie dieses in der Textarea einfach selbst davor und ein `</div>` dahinter.

> **Funktioniert auch mit Vimeo und anderen Videoportalen**
>
> Auch wenn die Konfiguration der erlaubten HTML-Tags zunächst etwas aufwendig erscheint, ist das Einbinden von Videos mit dem Inhaltselement HTML sehr flexibel und funktioniert auch mit anderen Videoportalen. Alles, was Sie benötigen, ist ein Einbettungscode, idealerweise mit `<iframe>`.

10.3.3 Die Alternative: das Inhaltselement »Youtube«

Seit der Version 3 kennt Contao das Inhaltselement YOUTUBE, mit dem man, wie der Name bereits andeutet, auf YouTube.com veröffentlichte Videos einbinden kann. In diesem Inhaltselement gibt es zwei Pflichtfelder:

- YOUTUBE-ID ist die Kennung des Videos, also z. B. y45W4bHWerU.
- PLAYER-GRÖSSE ist die Größe des Videoplayers im Frontend.

Um die richtigen Maße für den Videoplayer zu finden, surfen Sie zum gewünschten YouTube-Video und klicken mit rechts auf das Video. Im Kontextmenü wählen Sie dann die Option VIDEOINFORMATIONEN ANZEIGEN. Beim Inhaltselement YOUTUBE fahren Sie im Zweifel mit einer Playergröße von 480 × 360 gut.

Das Ergebnis sieht auf den ersten Blick genauso aus wie mit dem Einbettungscode im Inhaltselement HTML, aber erstens hat der eingebundene Player weniger Optionen, und zweitens funktioniert das Inhaltselement YOUTUBE, wie der Name bereits andeutet, nur mit YouTube.

Probieren Sie die beiden gezeigten Varianten zur Einbindung von Videos einfach aus, und nehmen Sie die, die Ihnen am besten gefällt.

10.4 Das Inhaltselement »Video/Audio«: »ce_player«

Mit dem Inhaltselement VIDEO/AUDIO können Sie Sound- und Videodateien abspielen, die auf Ihrem eigenen Webspace gespeichert werden.

In diesem Abschnitt zeige ich Ihnen, wie man eine MP3-Datei einbindet. Falls Sie gerade keine geeignete MP3-Datei zur Hand haben, nehmen Sie einfach von der Buch-CD den Song *TheDruids.mp3* von Carsten Suter.

Bevor die Datei im Frontend erscheint, müssen Sie ein paar Vorbereitungen treffen:

1. In SYSTEM • DATEIVERWALTUNG sollten Sie die gewünschte Datei hochladen. Oder reinkopieren und dann synchronisieren. Siehe unten.
2. In THEMES • SEITENLAYOUT müssen Sie das Template *j_mediaelement* aktivieren, falls nicht schon geschehen.

Wenn das gemacht ist, können Sie im dritten Schritt in INHALTE • ARTIKEL mit dem INHALTSELEMENT VIDEO/AUDIO eine Sound- oder Videodatei einbinden. Das Ergebnis im Frontend könnte dann etwa so aussehen wie in Abbildung 10.18.

Abbildung 10.18 MP3-Player im Frontend mit »j_mediaelement«

Im Folgenden zeige ich Ihnen diese Schritte der Reihe nach.

10.4.1 Schritt 1: Hochladen der Audiodatei

Beim Hochladen einer Datei müssen Sie zunächst die Einstellungen für die maximale Dateigröße beachten, und zwar mit ein bisschen Pech gleich an zwei Stellen:

- In Contao steht in SYSTEM • EINSTELLUNGEN im Bereich DATEI-UPLOADS der Wert im Feld MAXIMALE UPLOAD-DATEIGRÖSSE standardmäßig auf 2048000 (2 MB), was Sie aber leicht ändern können.
- Bei XAMPP wird die maximale Dateigröße für Uploads in den PHP-Einstellungen mit dem Wert `upload_max_filesize` laut `phpinfo()` ebenfalls auf 2 MB begrenzt.

Lokal ist es also einfacher, die MP3-Datei mit einem Dateimanager wie dem Explorer (PC) oder dem Finder (Mac) in den Ordner *beispielsite/content/audio* zu kopieren und anschließend Dateiverwaltung und Datenbank mit einem Klick zu synchronisieren.

10.4.2 Schritt 2: Im Seitenlayout das JavaScript-Template aktivieren

Das JavaScript-Template erzeugt im Frontend den MP3-Player zum Abspielen des Songs. Zur Einbindung von Media-Elementen finden Sie im Seitenlayout das jQuery-Template *j_mediaelement*.

Ohne das JavaScript-Template versucht der Browser die Datei mit seinem eigenen Player abzuspielen, den er für das Element `video` bzw. `audio` benutzt, sofern er einen hat.

10.4.3 Schritt 3: MP3-Datei im Artikel einbinden

Zum Üben binden Sie am besten auf der Seite MULTIMEDIA im Artikel MULTIMEDIA [HAUPTSPALTE] eine MP3-Datei ein:

- Fügen Sie ein neues Inhaltselement vom Typ VIDEO/AUDIO ein.
- Wählen Sie eine MP3-Datei aus der Dateiverwaltung.
- Eine gute Größe für den Player ist etwa 400 × 15 Pixel.

Das Eingabeformular im Backend sieht etwa so aus wie in Abbildung 10.19.

Die Beschriftung erfolgt in einem eigenen Textelement ober- oder unterhalb der MP3-Datei. Das Ergebnis sieht dann im Frontend etwa so aus wie in Abbildung 10.18.

> **Videos vom eigenen Webspace**
>
> Sie können das Inhaltselement VIDEO/AUDIO natürlich auch benutzen, um Videos zu zeigen, die auf Ihrem eigenen Webspace gespeichert werden.

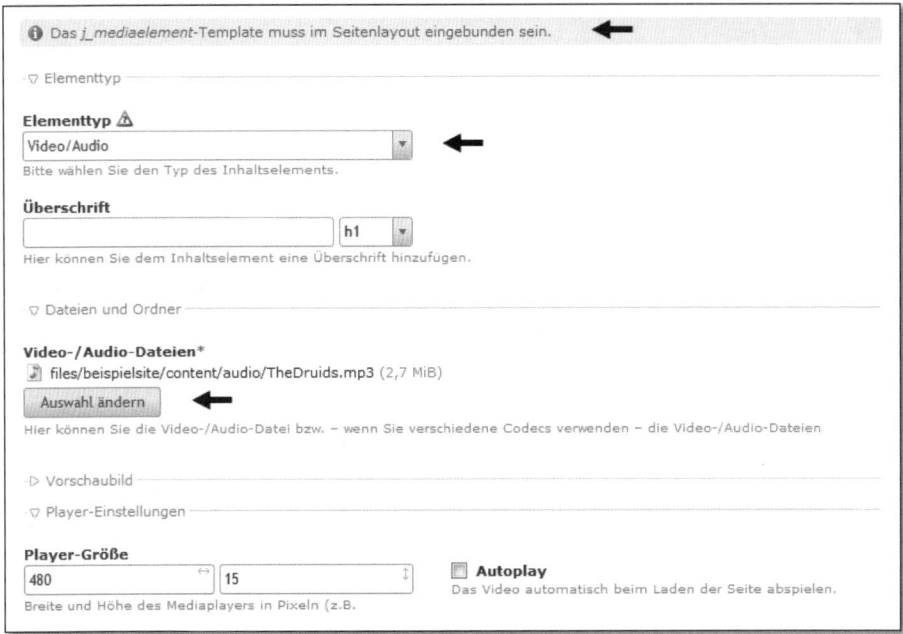

Abbildung 10.19 Das Eingabeformular zur Einbindung einer Audiodatei

10.5 Das Inhaltselement »Markdown«: »ce_markdown«

Wenn Sie Markdown bereits kennen und nutzen, ist es vielleicht eine ausgesprochen gute Nachricht, dass Contao ein Inhaltselement »Markdown« hat, das eingefügtes Markdown automatisch in HTML für das Frontend umwandelt. Wenn Sie Markdown noch nicht kennen, fragen Sie sich wahrscheinlich, wovon ich hier gerade rede.

10.5.1 Was ist »Markdown« überhaupt?

Markdown ist eine von John Gruber (*daringfireball.net*) erfundene Sprache, die das Schreiben von strukturierten Texten vereinfacht. Das Ziel von Markdown ist es fast immer, als HTML im Web veröffentlicht zu werden, und so verwundert es nicht, dass Markdown sich besonders bei Online-Schreibern zunehmender Beliebtheit erfreut.

Hier ein paar Beispiele:

- Überschriften beginnen in Markdown mit einer Raute. Eine Raute am Anfang einer Zeile wird zu h1, zwei Rauten zu h2 und so weiter.

    Markdown: ### Dies ist eine Überschrift

    HTML: <h3>Dies ist eine Überschrift</h3>

- Hervorhebungen sind von Sternchen umgeben

    Markdown: `*Markdown* ist voll **fett**`.

    HTML: `<em>Markdown</em> ist voll <strong>fett</strong>`.

- Listen sind sehr viel einfacher zu schreiben als in HTML. Im Markdown beginnen Sie einfach mehrere aufeinanderfolgende Zeilen mit einem Bindestrich:

```
- Listenpunkt 1
- Listenpunkt 2
- Listenpunkt 3
```

Im HTML wird das zu einer vollwertigen ungeordneten Liste:

```
<ul>
  <li>Listenpunkt 1</li>
  <li>Listenpunkt 2</li>
  <li>Listenpunkt 3</li>
</ul>
```

Markdown bietet also wie HTML die Möglichkeit, Text zu strukturieren, ist aber einfacher zu schreiben und macht mehr Spaß. Keine in spitzen Klammern stehenden Tags und keine komplizierten Attribute.

So weit, so gut. Jetzt gibt es für Sie in diesem Abschnitt drei Möglichkeiten:

1. Sie kennen Markdown nicht und finden es auch nicht interessant. Dann überspringen Sie den folgenden Abschnitt am besten.
2. Sie kennen Markdown nicht, finden es aber interessant. Dann lohnt es sich weiterzulesen.
3. Sie kennen Markdown und wollen wissen, wie Sie es in Contao nutzen können. Auch in dem Fall lesen Sie einfach weiter.

Im folgenden Abschnitt finden Sie einen beispielhaften Workflow.

Markdown – die komplette Syntax

Markdown-Erfinder John Gruber hat auf seiner Website eine Syntaxliste:

- *daringfireball.net/projects/markdown/syntax*

Das Markdown-Element von Contao basiert auf *PHP Markdown Extra* und versteht auch eine etwas erweiterte Syntax:

- *michelf.ca/projects/php-markdown/extra/*

Von der Zeitschrift *mac and i* aus dem Heise Verlag gibt es ein Markdown-Cheat-Sheet als PDF zum Downloaden und Ausdrucken:

- *heise.de/mac-and-i/downloads/65/1/1/6/7/1/0/3/Markdown-CheatSheet-Deutsch.pdf*

10.5.2 Das Inhaltselement »Markdown« in Contao

In Contao erstellen Sie im Backend ein neues Inhaltselement »Markdown«. Sie können das Markdown direkt dort schreiben oder kopieren es hinein. Hier ein einfaches Beispiel für einen Text mit Markdown:

```
## Markdown ist einfach praktisch
Ein normaler Absatz wird im HTML vom Element `p` umschlossen. Im *Markdown*
müssen Sie dazu gar nichts machen, einfach nur eine leere Zeile nach einem
Absatzende.

Listen sind in Markdown sehr viel einfacher als in HTML:
- Montag
- Dienstag
- Mittwoch

Markdown-Erfinder John Gruber hat auf seiner Website *Daring Fireball* auch eine
[Syntax-Übersicht](http://daringfireball.net/projects/markdown/syntax)
veröffentlicht.
```

Listing 10.9 Ein Beispiel für Markdown

Der Text wird auf einer Webseite erscheinen, die bereits eine h1-Überschrift hat, und beginnt deshalb mit einer h2 (##). Das p ist als Code vom sogenannten *Backtick* ` ` ` umgeben. Dieser Backtick sitzt auf einer deutschen Tastatur rechts oben neben dem `B`, und man bekommt ihn, indem man `⇧` + ` ` ` drückt, gefolgt von einer Leertaste.

Im letzten Absatz gibt es noch einen Link, der in Markdown aus zwei Teilen besteht: dem [Linktext] in eckigen Klammern, gefolgt von der (URL) in runden.

Abbildung 10.20 zeigt das Beispiel aus Listing 10.9 im Inhaltselement »Markdown« von Contao.

10.5.3 Contao verwandelt das Markdown in HTML

Contao verwandelt das Markdown aus dem Inhaltselement »Markdown« vollautomatisch in HTML für das Frontend, das jeder Browser darstellen kann (Abbildung 10.21).

So können Sie den Text in einem Markdown-Editor schreiben und auszeichnen und müssen ihn nicht erst manuell in HTML umwandeln. Das ist im Alltag eine große Hilfe, wenn Sie regelmäßig Texte schreiben, die im Web veröffentlicht werden.

10.5 Das Inhaltselement »Markdown«: »ce_markdown«

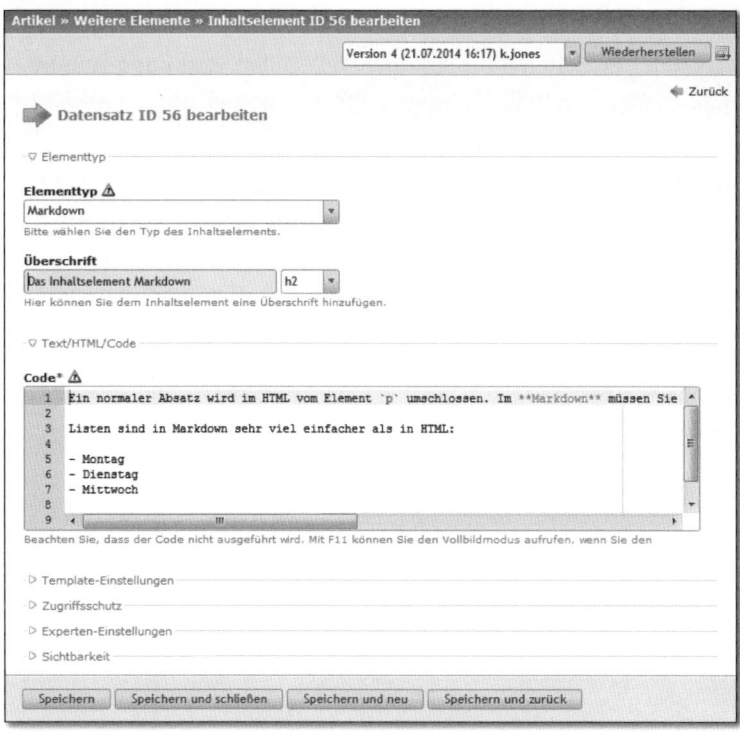

Abbildung 10.20 Das Inhaltselement »Markdown« in Contao

Abbildung 10.21 Contao verwandelt das Markdown in HTML.

10.5.4 Spezielle Editoren für Markdown

Falls Sie nach den ersten Versuchen mit Markdown feststellen, dass das gut in Ihren Workflow passt, gibt es inzwischen jede Menge Editoren, die sich auf die Arbeit mit Markdown spezialisiert haben.

Unter Windows ist *MarkdownPad* (markdownpad.com) sehr beliebt. Unter OS X ist die Auswahl etwas größer, und Programme wie *Byword* (bywordapp.com) oder *iA Writer* (iawriter.com, Abbildung 10.22) mit seinem wunderbaren blauen Cursor gibt es auch für iOS, sodass man dieselben Texte auf Mac, iPad und sogar einem iPhone bearbeiten kann.

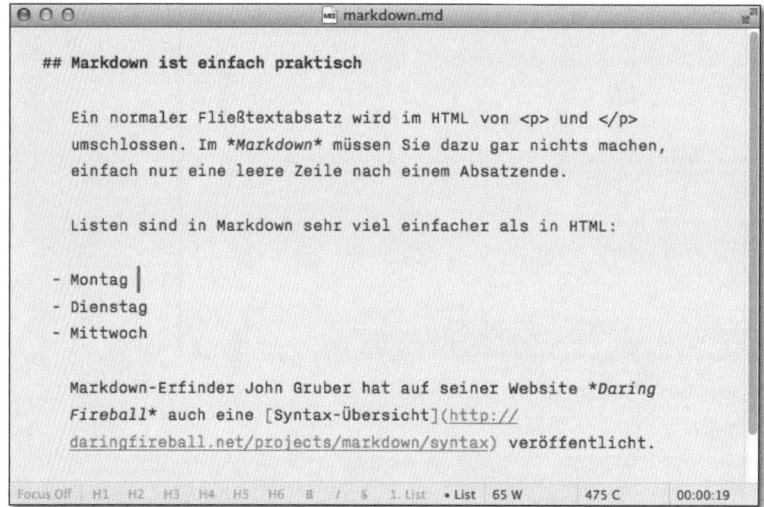

Abbildung 10.22 Markdown wird in einem Editor geschrieben.

> **Markdown üben mit Dingus**
>
> Zum Üben der Markdown-Syntax ist das Online-Tool *Dingus* gut geeignet, das Markdown-Erfinder auf seiner Site veröffentlicht hat:
>
> ▶ daringfireball.net/projects/markdown/dingus
>
> Markdown schreiben, per Klick in HTML konvertieren und direkt darunter das Ergebnis anschauen.

10.6 Weitere Inhaltselemente im Überblick: Code und Co.

Es gibt noch zahlreiche andere Inhaltselemente in Contao, und in Form von Erweiterungen kommen ständig neue hinzu. Im Folgenden möchte ich zum Abschluss noch einige Inhaltselemente kurz vorstellen.

10.6.1 Das Inhaltselement »Code«: »ce_code«

Das Inhaltselement CODE dient dazu, in einem Artikel Quelltext oder Programmcode darzustellen, der jedoch nicht ausgeführt wird. Der Code wird durch eine Syntaxhervorhebung eingefärbt und dadurch leichter lesbar.

Abbildung 10.23 zeigt das Eingabeformular für das Inhaltselement CODE im Überblick mit einem Ausschnitt aus dem Seitentemplate *fe_page.html5*.

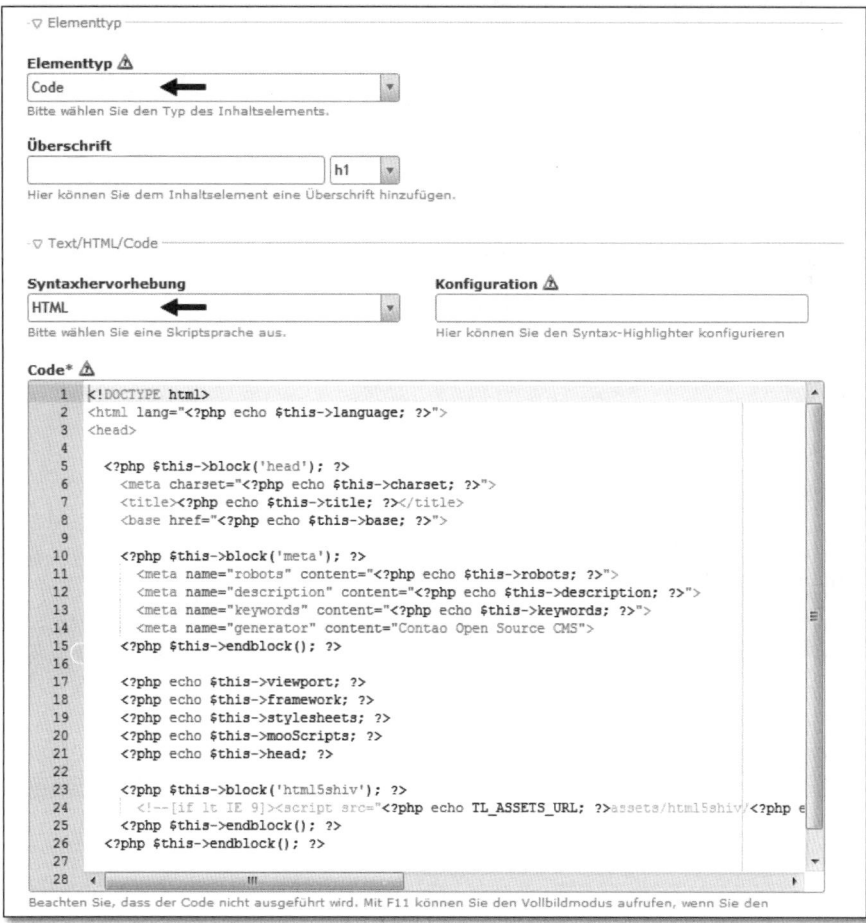

Abbildung 10.23 Das Eingabeformular für das Inhaltselement »Code«

Wichtig sind das Feld zur Auswahl der SYNTAXHERVORHEBUNG und das Feld CODE zur Eingabe des darzustellenden Programmcodes. Abbildung 10.24 zeigt das in Abbildung 10.23 dargestellte Listing im Frontend.

10 Weitere nützliche Inhaltselemente

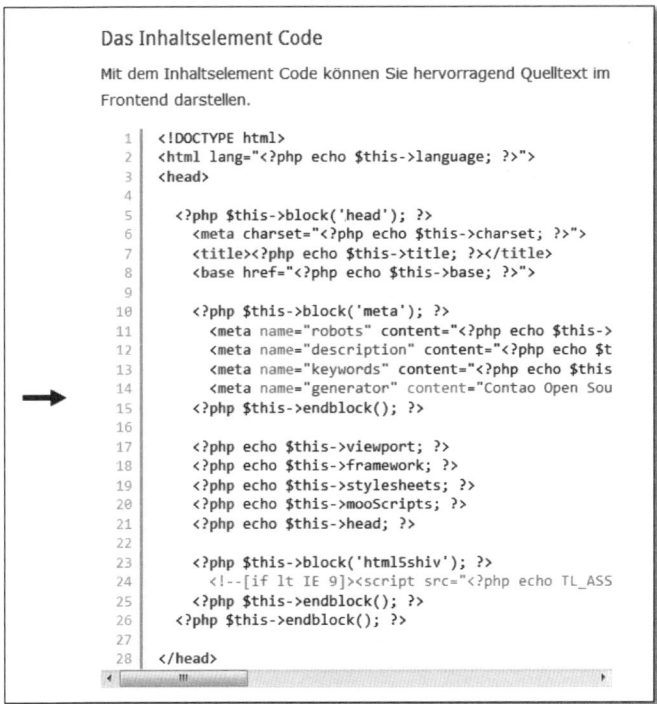

Abbildung 10.24 Das Inhaltselement »Code« im Frontend

Highlights für Feinschmecker

Falls die Standardeinstellungen nicht ausreichen, kann man im Feld KONFIGURATION das zur Syntaxhervorhebung benutzte Plug-in *SyntaxHighlighter* von Alex Gorbatchev aus San Francisco konfigurieren.

Nähere Infos dazu gibt es bei Bedarf beim Programmierer (English only):

▶ *alexgorbatchev.com/SyntaxHighlighter/*

10.6.2 Die »Include«-Elemente im Kurzüberblick

Ganz am Ende der Auswahlliste ELEMENTTYP gibt es noch eine Gruppe von Inhaltselementen mit dem schönen Namen INCLUDE-ELEMENTE. Diese Gruppe enthält die Elemente KOMMENTARE, ARTIKEL, INHALTSELEMENT und ARTIKEL-TEASER.

Diese möchte ich Ihnen der Reihe nach kurz vorstellen:

▶ Mit dem Inhaltselement KOMMENTARE können Sie jedem Artikel ein Kommentarformular zuweisen. Die Sache mit den Kommentaren in einem Artikel funktioniert im Prinzip genauso, wie es in Abschnitt 13.7 bei den Newsbeiträgen beschrieben wird.

- Mit dem Inhaltselement ARTIKEL können Sie einen Verweis oder eine Verknüpfung auf einen Artikel erstellen und ihn so auf anderen Seiten einbinden, ohne ihn zu kopieren. Wenn sich das Original ändert, ändert sich automatisch auch die Verknüpfung. Es werden übrigens nur die Inhaltselemente des Artikels übernommen, nicht die Artikel-Einstellungen, aber die Verknüpfung verwendet dieselben CSS-Klassen wie das Original.

- Das Inhaltselement INHALTSELEMENT (kein Druckfehler) macht dasselbe, nur nicht für einen ganzen Artikel, sondern für ein einzelnes Inhaltselement. So können Sie ein Inhaltselement auf mehreren Seiten darstellen, und Änderungen am Original werden auf allen Seiten nachvollzogen. Sehr praktisch. Auch hier werden in der Verknüpfung dieselben CSS-Klassen wie beim Original benutzt.

- Das Inhaltselement MODUL haben Sie bei der Erstellung der Sitemap in Abschnitt 8.8 bereits kennengelernt. Mit dem Inhaltselement können Sie ein Frontend-Modul in einen Artikel einbinden.

- Das Inhaltselement ARTIKEL-TEASER fügt dem Artikel den Teasertext eines anderen Artikels hinzu. Der Teaser enthält wie immer einen Link zum »Weiterlesen …«. Dieser Link führt dann direkt zum Originalartikel. Ein Beispiel finden Sie in Abschnitt 25.3.

Das Inhaltselement FORMULAR lernen Sie gleich in Kapitel 11, »Kontakt: der Formulargenerator von Contao«, kennen.

> **Die Inhaltselemente »Download« und »Downloads«**
>
> Es gibt noch zwei Inhaltselemente namens DOWNLOAD und DOWNLOADS, mit denen man einem Artikel Download-Links hinzufügen kann.
>
> Im Gegensatz zu einem normalen Hyperlink ermöglichen diese Inhaltselemente auch den Download von ansonsten geschützten Dateien, auf die man vom Browser aus nicht direkt zugreifen kann. Mehr dazu erfahren Sie bei der Erstellung eines geschützten Downloadbereichs in Abschnitt 21.7.

TEIL III
Formulare und Core-Erweiterungen

Kapitel 11
Kontakt: der Formulargenerator von Contao

In diesem Kapitel lernen Sie den praktischen Formulargenerator von Contao kennen, mit dem Sie ein Kontaktformular erstellen können. Zum Abschluss gibt es eine praktische Übersicht der Formularfeldtypen, die Contao anbietet.

Die Themen im Überblick:

- Ein Kontaktformular für die Beispielsite erstellen, Seite 341
- Das Kontaktformular gestalten, Seite 354
- Formulardaten auf der Seite »Vielen Dank« ausgeben, Seite 360
- Formularfelder: die Feldtypen im Formulargenerator, Seite 362

Ein Kontaktformular, das es einem Besucher ermöglicht, Ihnen eine Nachricht zu schicken, ist ein Standardfeature einer modernen Website. In diesem Kapitel erstellen Sie ein solches Kontaktformular und lernen dabei die wichtigsten Dinge zum Erstellen von Formularen mit Contao.

11.1 Ein Kontaktformular für die Beispielsite erstellen

Gleich vorweg das Wichtigste: Contao hat einen Formulargenerator, mit dem es sehr einfach ist, interaktive Formulare zu erstellen. Die vom Besucher eingegebenen Daten werden nach dem Abschicken per E-Mail verschickt oder auf Wunsch auch in der Datenbank gespeichert.

Die Arbeit mit Formularen wird durch den Formulargenerator enorm beschleunigt und fast zum Vergnügen, denn Contao erzeugt aus Ihren Einstellungen fertige Formularfelder mit `label` und allem Drum und Dran und übernimmt darüber hinaus den lästigen und arbeitsintensiven Teil der Formularüberprüfung und der Verarbeitung der Formulardaten.

In diesem Abschnitt erstellen Sie zum Kennenlernen des Formulargenerators ein einfaches, funktionsfähiges Kontaktformular für die Beispielsite, das am Ende dieses Abschnitts ungefähr so aussehen wird wie in Abbildung 11.1.

11 Kontakt: der Formulargenerator von Contao

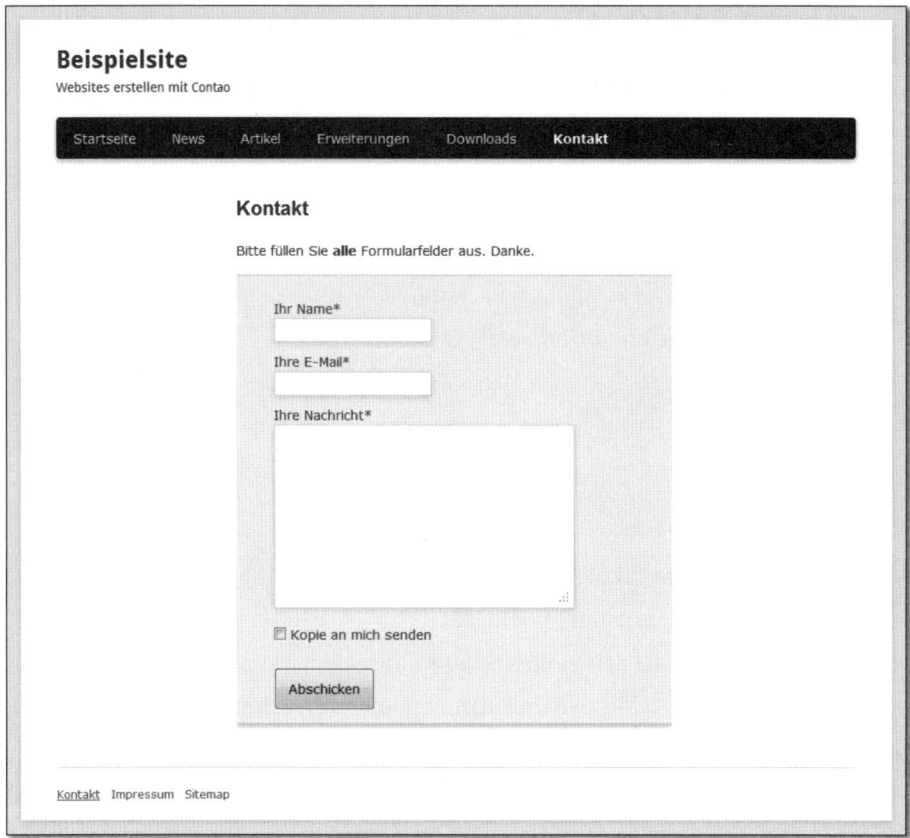

Abbildung 11.1 Das fertige Kontaktformular

Zur Erstellung dieses Formulars benötigen Sie die folgenden Zutaten:

- ein *Kontaktformular*, das Sie mit dem Formulargenerator erstellen
- eine *Seite*, auf der das Formular erscheint – das ist die bereits vorhandene Seite *kontakt.html*
- einen *Artikel*, mit dem Sie das Formular auf *kontakt.html* einbinden
- eine *zweite Seite*, eine Weiterleitungsseite namens *vielen-dank.html*, die nach dem Abschicken des Formulars aufgerufen wird und auf der eine Mitteilung für den Besucher erscheint

Außerdem werfen Sie nach der Erstellung des Formulars wie immer einen Blick in den Quelltext und gestalten das Formular mit einer Prise CSS.

11.1.1 Schritt 1: »Vielen Dank« – eine Weiterleitungsseite erstellen

Bevor Sie sich an die Erstellung des Kontaktformulars machen, erstellen Sie in diesem Abschnitt zunächst eine Weiterleitungsseite, die nach dem Abschicken des Formulars aufgerufen wird. Auf dieser Seite sagt man einfach nur »Vielen Dank« und teilt dem Besucher kurz und bündig mit, dass beim Abschicken der Daten alles glattgegangen ist und man sich so schnell wie möglich um die Beantwortung kümmern wird. Eine Adresse und eventuell sogar eine Telefonnummer sowie Links auf andere interessante Seiten der eigenen Site sind auch erlaubt.

Im folgenden ToDo erstellen Sie eine solche Vielen-Dank-Seite als reguläre Seite, die nicht durchsucht wird, im Menü versteckt ist, aber doch veröffentlicht wird.

> **ToDo: Die Weiterleitungsseite »Vielen Dank« erstellen**
>
> 1. Öffnen Sie das Backend-Modul LAYOUT • SEITENSTRUKTUR.
> 2. Erstellen Sie eine Unterseite zur Seite KONTAKT, und geben Sie ihr die folgenden Eigenschaften:
>   SEITENNAME: »Vielen Dank«
>   SEITENTYP: REGULÄRE SEITE
>   ROBOTS-TAG: NOINDEX, NOFOLLOW
>   SUCHEINSTELLUNGEN: NICHT DURCHSUCHEN ankreuzen
>   EXPERTEN-EINSTELLUNGEN: NIE IN DER SITEMAP ZEIGEN
>   EXPERTEN-EINSTELLUNGEN: IM MENÜ VERSTECKEN
>   SEITE VERÖFFENTLICHEN
> 3. Klicken Sie auf SPEICHERN UND SCHLIESSEN.
> 4. Klicken Sie im Seitenbaum bei der Seite VIELEN DANK auf das Symbol DIE ARTIKEL DER SEITE BEARBEITEN ganz rechts außen, um direkt in den Artikelbaum zu springen.
> 5. Öffnen Sie im Artikelbaum den Artikel VIELEN DANK [HAUPTSPALTE] zur Bearbeitung (gelber Bleistift oder [Strg]/[cmd] + Klick).
> 6. Erstellen Sie ein neues Inhaltselement ÜBERSCHRIFT mit der Gliederungsebene h1 und dem Text »Vielen Dank«.
> 7. Klicken Sie auf SPEICHERN UND NEU.
> 8. Erstellen Sie darunter ein Inhaltselement TEXT: »Wir haben Ihre Nachricht erhalten und werden uns so bald wie möglich bei Ihnen melden.«
> 9. Klicken Sie auf SPEICHERN UND SCHLIESSEN.

Der Seitenbaum sieht nach diesem ToDo so aus wie in Abbildung 11.2.

11   Kontakt: der Formulargenerator von Contao

Abbildung 11.2 Der Seitenbaum mit der neuen Vielen-Dank-Seite

11.1.2   Schritt 2: Die Eigenschaften für das Kontaktformular definieren

Ein Formular ist in Contao ähnlich wie ein Artikel zunächst einmal nur ein Bereich auf einer Webseite mit bestimmten Eigenschaften. Ein Artikel besteht aus Inhaltselementen, ein Formular aus Formularfeldern. In diesem Abschnitt erstellen Sie deshalb zuerst das Formular selbst und definieren dessen Eigenschaften. Im nächsten Schritt bevölkern Sie das Formular dann mit einigen Formularfeldern.

Im Backend-Modul INHALTE • FORMULARGENERATOR erscheint nach einem Klick auf NEUES FORMULAR ein Eingabeformular zur Erstellung eines neuen Formulars. Abbildung 11.3 zeigt den oberen Teil dieses Formulars.

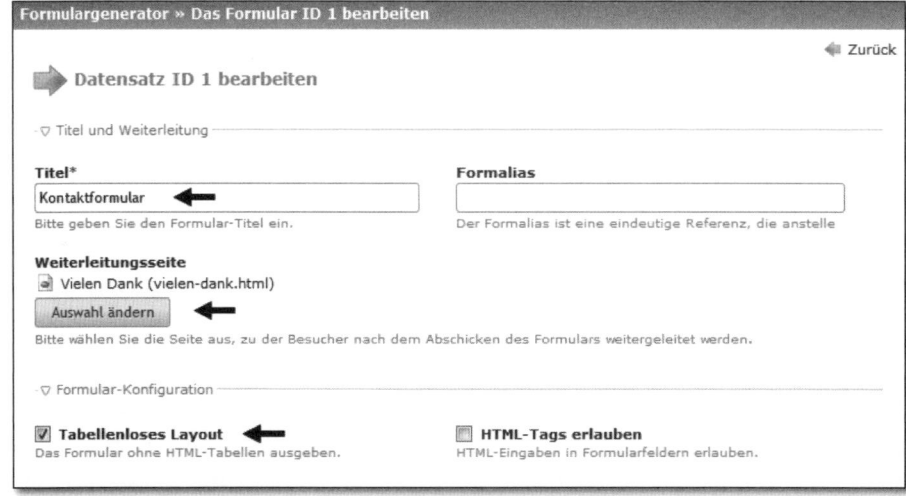

Abbildung 11.3 Formular zur Erstellung eines Formulars, Teil 1

Der TITEL wird nur zur Verwaltung des Formulars im Backend benutzt. Der FORMULAR-ALIAS ist eine eindeutige Referenz, die, wenn Sie ihn freilassen, von Contao automatisch ausgefüllt wird. Die WEITERLEITUNGSSEITE ist eine Seite aus dem Seitenbaum, zu der der Besucher nach dem Abschicken des Formulars weitergeleitet wird. Für das zu erstellende Kontaktformular ist das die eben erstellte Seite VIELEN DANK.

Im Bereich FORMULAR-KONFIGURATION können Sie auswählen, ob das Formular mit oder ohne HTML-Tabelle ausgegeben werden soll. Contao generiert auf Wunsch ein TABELLENLOSES LAYOUT. Einfach ankreuzen. Falls der Besucher im Formular HTML eingeben soll, aktivieren Sie das Kontrollkästchen vor HTML-TAGS ERLAUBEN.

In der unteren Hälfte des Eingabeformulars geht es in erster Linie um die Optionen zur Verarbeitung der Formulardaten (siehe Abbildung 11.4).

Abbildung 11.4 Formular zur Erstellung eines Formulars, Teil 2

Nach der Aktivierung der Option PER E-MAIL VERSENDEN geben Sie die E-Mail-Adresse(n) des Empfängers, einen BETREFF und das gewünschte DATENFORMAT ein. Die Standardeinstellung für das Datenformat ist ROHDATEN, mit der die im Formular eingegebenen Daten allesamt im Textbereich der Mail versendet werden. Bei Bedarf können die Formulardaten auch als CSV- oder XML-Datei formatiert werden. Oder Sie probieren einmal das Format E-MAIL (siehe Hinweiskasten nach dem ToDo).

Der Bereich FORMULARDATEN SPEICHERN ermöglicht die Speicherung der eingegebenen Daten in einer Tabelle der Contao-Datenbank. Dazu muss in der Zieltabelle für jedes Formularfeld ein gleichnamiges Datenbankfeld vorhanden sein. Ja, die Datenbankfelder müssen Sie selbst erstellen.

Die standardmäßige ÜBERTRAGUNGSMETHODE für ein Kontaktformular ist POST, und zur Gestaltung des Formulars vergeben Sie noch eine CSS-ID. Die Option HTML5-VALIDIERUNG DEAKTIVIEREN fügt im Quelltext das Attribut novalidate ein. Dadurch wird die automatische Formularvalidierung in modernen Browsern deaktiviert. So kann man die Validierung von Contao besser testen.

Im folgenden ToDo erstellen Sie aus diesen Angaben das Kontaktformular.

> **ToDo: Mit dem Formulargenerator ein Kontaktformular erstellen**
> 1. Öffnen Sie das Backend-Modul INHALTE • FORMULARGENERATOR.
> 2. Klicken Sie oben im Arbeitsbereich auf NEUES FORMULAR.
> 3. Vergeben Sie den TITEL »Kontaktformular« (ohne Anführungsstriche).
> 4. Wählen Sie als WEITERLEITUNGSSEITE die im vorangegangenen Abschnitt erstellte Seite VIELEN DANK.
> 5. Aktivieren Sie TABELLENLOSES LAYOUT.
> 6. Aktivieren Sie die Option PER E-MAIL VERSENDEN.
> 7. Tragen Sie als EMPFÄNGER-ADRESSE Ihre Mailadresse ein.
> 8. Geben Sie einen BETREFF ein, z. B. »Kontaktformular Beispielsite«.
> 9. Wählen Sie aus der Liste DATENFORMAT die Option ROHDATEN.
> 10. Vergeben Sie die CSS-ID »kontaktformular«, kleingeschrieben und ohne Anführungsstriche.
> 11. Klicken Sie auf SPEICHERN UND SCHLIESSEN.

Nach diesem ToDo ist das Formular definiert, und es geht gleich weiter mit der Erstellung der Formularfelder.

> **Ein Formular mit dem Datenformat »E-Mail«**
> Eine kleine Besonderheit bei der Konfiguration eines Formulars bietet das DATENFORMAT E-MAIL, denn dabei wird die zu verschickende Nachricht so erstellt, als ob sie mit einem E-Mail-Programm geschrieben worden wäre. Contao verarbeitet bei diesem Datenformat *nur* die Formularfelder mit den festgelegten Namen NAME, EMAIL, SUBJECT, MESSAGE und CC sowie Dateianhänge. Alle anderen eventuell im Formular vorhandenen Felder werden beim Versenden schlicht und einfach ignoriert. In der erhaltenen Mail erscheint nur die Nachricht des Besuchers im Textbereich der Mail (MESSAGE). Die anderen drei Felder werden zur Erstellung des Mailheaders verwendet.
>
> Für allgemeine Formulare ist das Datenformat ROHDATEN wahrscheinlich die bessere Wahl, weil Sie damit beliebige Formularfelder verwenden können, aber für ein einfaches Kontaktformular mit genau den genannten Feldern ist das Datenformat E-MAIL unter Umständen einen Versuch wert.

11.1.3 Schritt 3: Die Formularfelder für das Kontaktformular einfügen

Das Formular ist erstellt, und die Formulareigenschaften sind definiert. Ähnlich wie bei den Inhaltselementen enthält Contao für die verschiedenen Formularfelder (Textfelder, Auswahlmenüs, Datei-Uploads, versteckte Felder etc.) jeweils ein eigenes Formularelement, das Sie im Formulargenerator wie gewohnt einzeln erstellen, löschen, verschieben oder ausblenden können.

Die generelle Vorgehensweise zum Einfügen eines Formularfeldes ist bis auf feldspezifische Einstellungen immer gleich und wird im Folgenden für ein ganz normales, einzeiliges Eingabefeld gezeigt (siehe Abbildung 11.5).

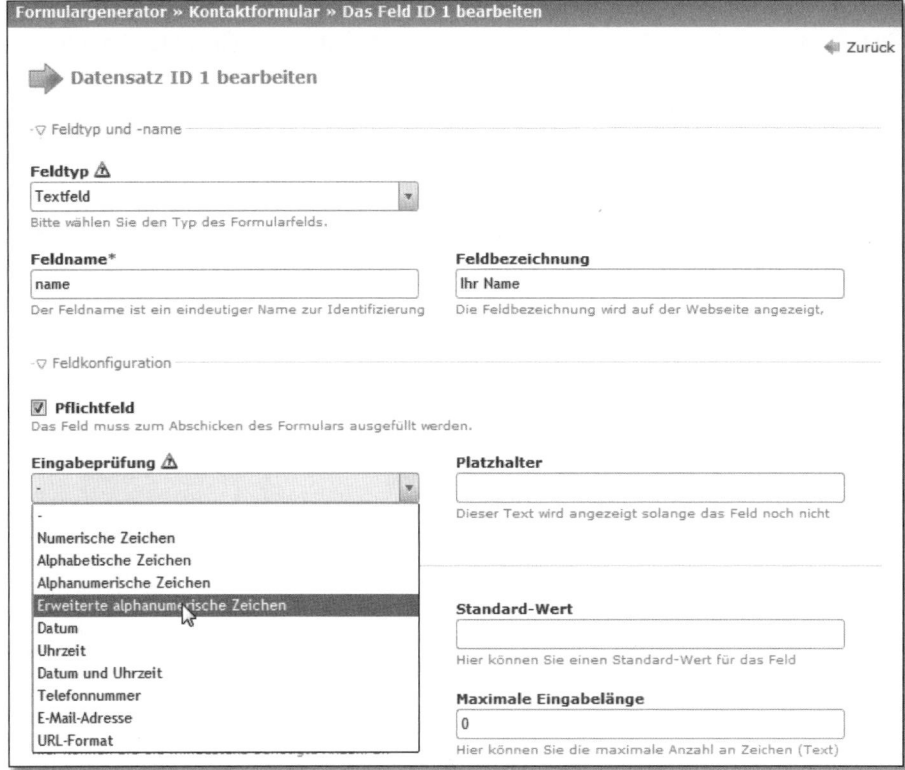

Abbildung 11.5 Das Eingabeformular zur Erstellung eines Textfeldes

Hier die Erläuterung der wichtigsten Optionen:

- FELDTYP bietet eine Auswahlliste verschiedener Formularfelder.
- Der FELDNAME wird intern zur Verarbeitung der Formulardaten benötigt.
- Die FELDBEZEICHNUNG erscheint für den Besucher sichtbar auf der Webseite.

- Ein Häkchen bei PFLICHTFELD bewirkt, dass das Feld vor dem Abschicken des Formulars ausgefüllt werden muss.
- Mit der Auswahlliste EINGABEPRÜFUNG können Sie wählen, nach welchen Kriterien das Formularfeld überprüft werden soll. Die Option ERWEITERTE ALPHANUMERISCHE ZEICHEN erlaubt alle Zeichen bis auf z. B. # / ( ) < = >. Das dreieckige Schild mit dem roten Rand und dem Fragezeichen darauf bietet auf Mausklick eine kurze Erklärung der möglichen Optionen.
- Das Feld PLATZHALTER ermöglicht eine Vorbelegung des Feldes, die angezeigt wird, solange es noch nicht ausgefüllt wurde.

Im folgenden ToDo erstellen Sie ein Textfeld für den *Besuchernamen*, ein Textfeld für die *E-Mail-Adresse*, eine Textarea für die *Nachricht* und natürlich eine *Submit*-Schaltfläche zum Abschicken des Formulars.

Als kleine Besonderheit wird mit dem Formularelementtyp CHECKBOX-MENÜ ein Kontrollkästchen eingefügt, das dem Besucher auf Wunsch eine Kopie der Formulardaten an die von ihm eingegebene Mailadresse schickt. Die Beschriftung für die Checkbox wird dabei ausnahmsweise nicht im Feld FELDBEZEICHNUNG eingetragen, sondern im Assistenten darunter im Feld BEZEICHNUNG.

Tabelle 11.1 enthält eine Übersicht der Formularfelder für das Kontaktformular.

In Contao	Name	Mail	Nachricht	Kopie	Submit
Feldtyp	Textfeld	Textfeld	Textarea	Checkbox-Menü	Absendefeld
Feldname	name	email	message	cc	–
Feldbezeichnung	Ihr Name	Ihre E-Mail	Ihre Nachricht	–	Abschicken
Pflichtfeld	ja	ja	ja	–	–
Eingabeprüfung	Erw. alphanumerisch	E-Mail-Adresse	Erw. alphanumerisch	–	–
Sonstiges	–	–	10 REIHEN 40 SPALTEN	WERT: »cc« BEZEICHNUNG: »Kopie an mich senden«	–

Tabelle 11.1 Die Formularfelder für das Kontaktformular – Übersicht

Die Werte in der Zeile *Feldnamen* wie *name*, *email*, *message* und *cc* sollten alle kleingeschrieben werden. Im folgenden ToDo erstellen Sie die Formularfelder aus Tabelle 11.1.

> **ToDo: Formularfelder zum Kontaktformular hinzufügen**
> 1. Öffnen Sie das Backend-Modul Inhalte • Formulargenerator.
> 2. Öffnen Sie das Formular Kontaktformular zur Bearbeitung.
> 3. Klicken Sie oben im Arbeitsbereich auf Neues Feld, und fügen Sie es am Anfang des Formulars ein.
> 4. Der zur Formularverarbeitung verwendete Feldname soll »name« sein.
> 5. Prüfen Sie, ob als Feldtyp der Eintrag Textfeld gewählt ist.
> 6. Die auf der Website sichtbare Feldbezeichnung ist »Ihr Name«.
> 7. Aktivieren Sie das Kontrollkästchen Pflichtfeld.
> 8. Wählen Sie aus der Liste Eingabeprüfung den Eintrag Erweiterte alphanumerische Zeichen.
> 9. Klicken Sie auf Speichern und schliessen.
> 10. Erstellen Sie die anderen in Tabelle 11.1 beschriebenen Formularfelder. Füllen Sie dabei zuerst das Feld Feldname aus, und wählen Sie erst danach den gewünschten Feldtyp. Abbildung 11.6 zeigt eine Übersicht der Formularfelder im Backend.

Nach diesem ToDo sieht das Kontaktformular im Backend so aus wie in Abbildung 11.6. Um die gesamte Textarea zu sehen, klicken Sie auf den grünen Pfeil nach unten.

Im Browser ist das Formular noch nicht zu sehen, da es noch nicht eingebunden wurde.

> **Die speziellen Feldnamen »email« und »cc«**
>
> Die Feldnamen email und cc sind nicht zufällig gewählt worden:
> - Der Feldname email bewirkt, dass die Mailadresse des Besuchers in der empfangenen Mail als Reply-To eingetragen wird. Im Klartext: Zur Beantwortung der Anfrage klicken Sie einfach auf Antworten, und schon steht die Mailadresse des Besuchers im An-Feld.
> - Der Feldname cc bei der Checkbox veranlasst Contao automatisch, eine Kopie dieser Mail an die Mailadresse des Besuchers zu versenden. Sie müssen nichts weiter unternehmen.

11   Kontakt: der Formulargenerator von Contao

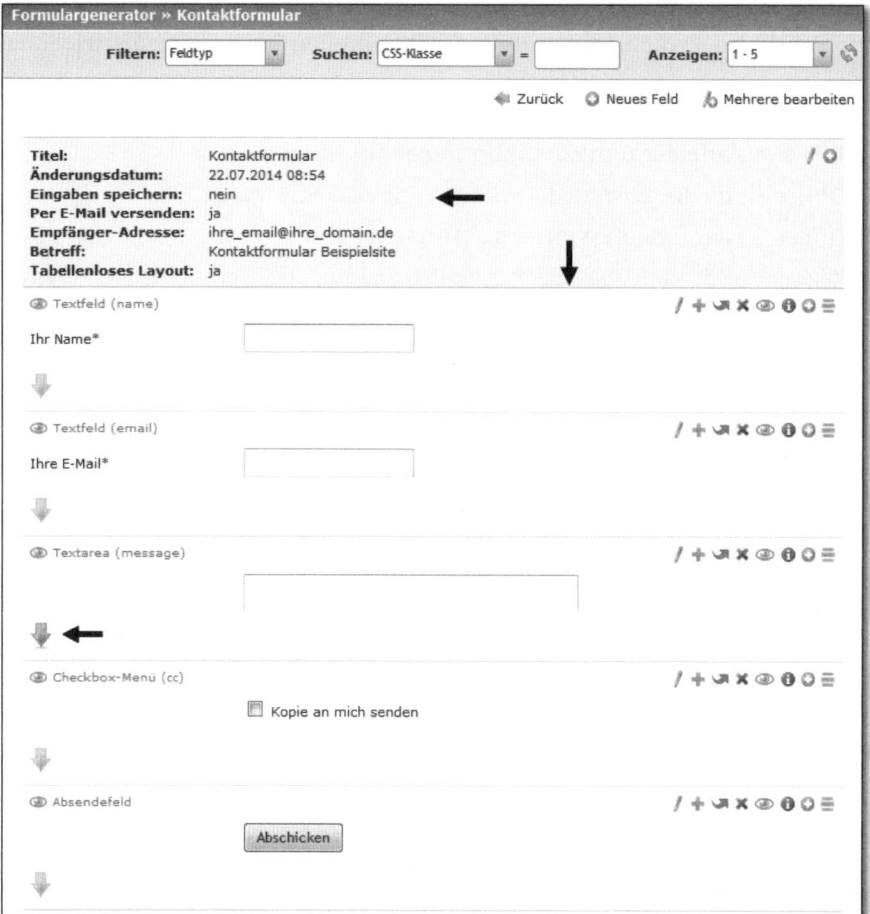

Abbildung 11.6 Das Formular mit Formularfeldern im Backend

11.1.4   Schritt 4: Das Kontaktformular auf der Seite »kontakt.html« einbinden

Das Formular ist fertig, aber im Frontend noch nicht zu sehen. Es fehlt noch die Einbindung des Formulars in die Site. Da das Formular nur auf der Seite *kontakt.html* erscheinen soll, binden Sie das Formular in einen Artikel auf ebendieser Seite ein.

> **ToDo: Das Kontaktformular einbinden**
>
> 1. Öffnen Sie das Backend-Modul INHALTE • ARTIKEL.
> 2. Klicken Sie gegebenenfalls auf die fett gedruckten Seitennamen KONTAKT, um den Artikelbaum zu verkürzen.
> 3. Öffnen Sie den Artikel KONTAKT [HAUPTSPALTE].

350

4. Falls noch keine h1-Überschrift vorhanden sein sollte, fügen Sie ein Inhaltselement ÜBERSCHRIFT mit dem Text »Kontakt« ein.
5. Unterhalb der Überschrift soll ein Inhaltselement TEXT mit dem Inhalt »Bitte füllen Sie **alle** Formularfelder aus. Danke.« stehen.
6. Klicken Sie auf SPEICHERN UND NEU, und wählen Sie als ELEMENTTYP den Eintrag FORMULAR. Daraufhin erscheint eine Liste mit zur Verfügung stehenden Formularen.
7. Wählen Sie den Eintrag KONTAKTFORMULAR (ID xx).
8. Klicken Sie auf SPEICHERN UND SCHLIESSEN.

Im Browser erscheint daraufhin das allerdings noch ungestaltete Kontaktformular, das bei Ihnen in etwa so aussehen sollte wie in Abbildung 11.7.

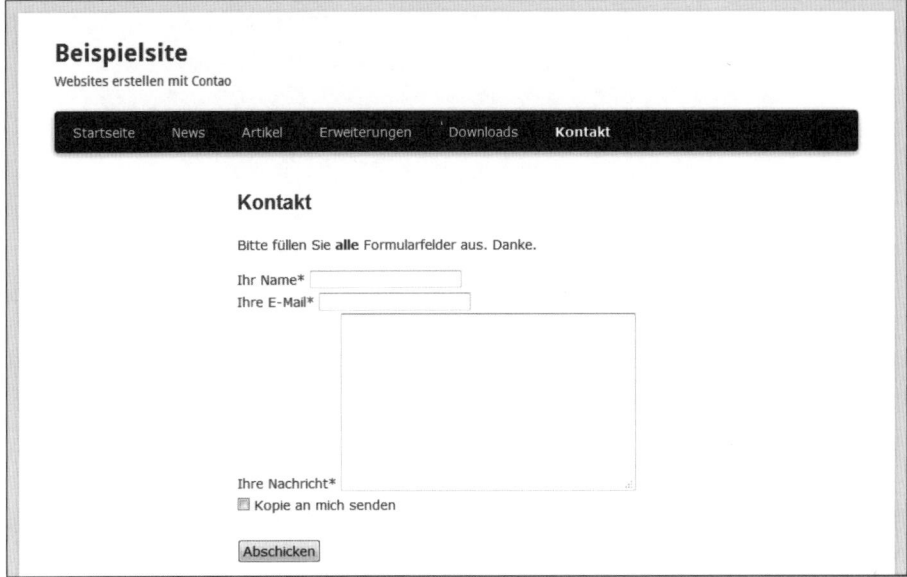

Abbildung 11.7 Das noch ungestaltete Kontaktformular im Browser

11.1.5 Schritt 5: Die Formularüberprüfung testen

Das Kontaktformular ist von der Gestaltung her noch nicht fertig, aber es funktioniert bereits, inklusive Formularüberprüfung und Ausgabe der Fehlermeldungen. Um zu testen, ob die Formularüberprüfung funktioniert, rufen Sie die Seite *kontakt.html* im Browser auf und klicken auf die Schaltfläche ABSCHICKEN, ohne das Formular vorher auszufüllen.

Abbildung 11.8 zeigt, dass ein moderner Browser für nicht ausgefüllte Pflichtfelder automatisch eine Fehlermeldung generiert. Das liegt daran, dass Contao im Quelltext für Pflichtfelder das Attribut `required` eingefügt hat.

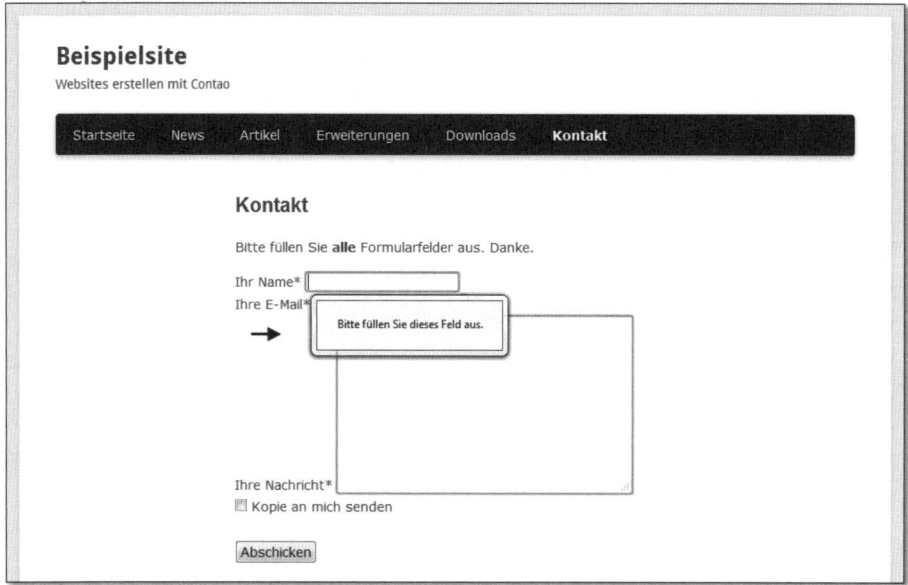

Abbildung 11.8 Moderne Browser generieren automatisch eine Fehlermeldung.

Wenn Sie dies nicht möchten, aktivieren Sie im Formulargenerator bei den Eigenschaften des Formulars die Option HTML5-VALIDIERUNG DEAKTIVIEREN. Dadurch wird im HTML das Attribut `novalidate` gesetzt.

Ältere Browser kennen das Attribut `required` gar nicht und versuchen, das nicht komplett ausgefüllte Formular abzuschicken. In diesem Fall generiert Contao für alle nicht oder nicht korrekt ausgefüllten Pflichtfelder eine Fehlermeldung (siehe Abbildung 11.9).

Im Quelltext stehen die Fehlermeldungen in einem eigenen Absatz zwischen `label` und Eingabefeld, sodass sie später ganz einfach gestaltet werden können:

```
<p class="error">Bitte füllen Sie das Feld "Ihr Name" aus!</p>
```

Listing 11.1 Formularüberprüfung – die Fehlermeldung im Quelltext

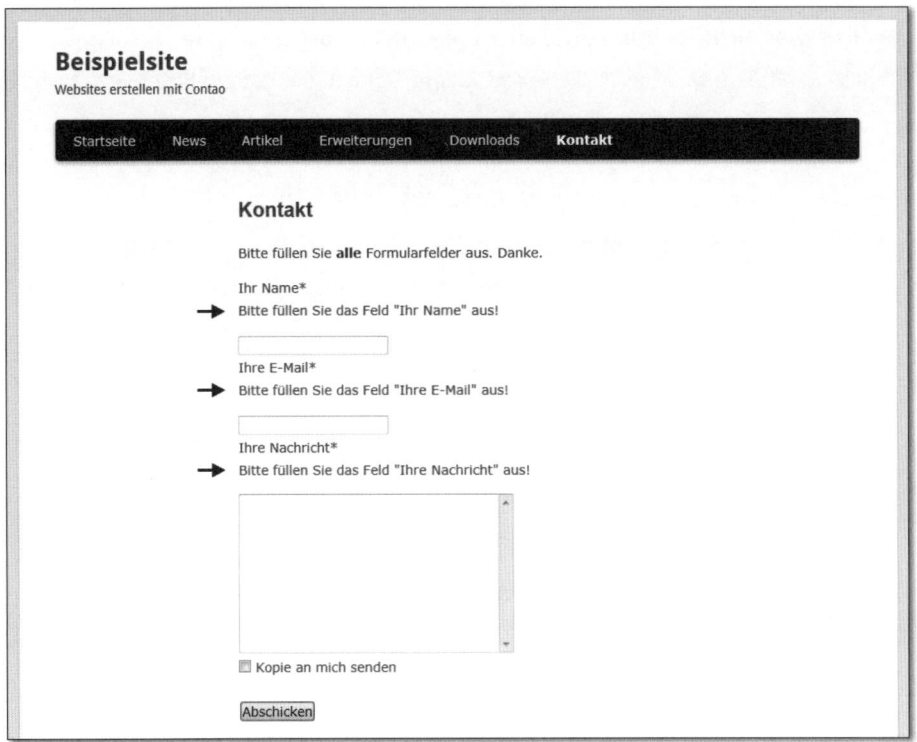

Abbildung 11.9 Die Formularüberprüfung von Contao in Aktion

11.1.6 Schritt 6: Das Kontaktformular abschicken

Auf einem Online-Webspace werden die Daten bereits an die eingetragene E-Mail-Adresse verschickt, denn der ABSCHICKEN-Button sagt dem PHP-Interpreter Bescheid, und der wiederum kennt über die Funktion mail() einen Mailserver zum Verschicken der Nachricht.

Die für den Formularversand per *mail()*-Funktion im Backend-Modul SYSTEMEINSTELLUNGEN bzw. im STARTPUNKT EINER WEBSEITE hinterlegten E-Mail-Adressen sollten idealerweise einem Mail-Account am Mailserver zugeordnet sein, also denselben Domainnamen haben. Andernfalls könnte es nämlich passieren, dass der Versand aus sicherheitstechnischen Gründen (Spam usw.) serverseitig geblockt wird.

Auf einem Offline-Webspace mit XAMPP oder MAMP gibt es auf dem *localhost* in der Regel keinen funktionierenden Mailserver, und deshalb kann der PHP-Interpreter die Mail nicht verschicken.

> **Falls etwas nicht funktioniert: Fehlermeldungen ausgeben lassen**
>
> Falls es mit dem Mailverschicken nicht klappt, können Sie Contao bitten, sämtliche Fehlermeldungen auf dem Bildschirm auszugeben:
>
> ▶ Rufen Sie das Backend-Modul SYSTEM • EINSTELLUNGEN auf.
> ▶ Rufen Sie dann den Bereich SICHERHEITSEINSTELLUNGEN auf.
> ▶ Aktivieren Sie dort FEHLERMELDUNGEN ANZEIGEN.
>
> Auch wenn die Meldungen für Nicht-PHPler wie Hieroglyphen aussehen, können die darin enthaltenen Informationen bei der Fehlersuche für die Experten im Forum durchaus hilfreich sein. Auf einer realen Website sollte diese Option selbstverständlich nicht dauerhaft aktiviert sein.

11.2 Das Kontaktformular gestalten

Das Kontaktformular funktioniert bereits, wird in diesem Abschnitt aber noch ein bisschen gestylt.

11.2.1 Das HTML für das Kontaktformular

Vor der Gestaltung des Formulars werfen Sie in diesem Abschnitt wie immer erst einmal einen Blick auf das HTML.

```
<!-- indexer::stop -->
<div class="ce_form tableless block">
<form action="#" id="kontaktformular" method="post"
      enctype="application/x-www-form-urlencoded">
<div class="formbody">
  <input type="hidden" name="FORM_SUBMIT" value="auto_form_1">
  <input type="hidden" name="REQUEST_TOKEN" value="777dc...">
<div class="mandatory">
  <label for="ctrl_1" class="mandatory">
  <span class="invisible">Pflichtfeld</span>Ihr
  Name<span class="mandatory">*</span></label>
  <input type="text" name="name" id="ctrl_1"
         class="text mandatory" value="" required>
</div>
<div class="mandatory">
  <label for="ctrl_2" class="mandatory">
  <span class="invisible">Pflichtfeld</span>Ihre
  E-Mail-Adresse<span class="mandatory">*</span></label>
```

```html
    <input type="text" name="email" id="ctrl_2"
        class="text mandatory" value="" required>
</div>
<div class="mandatory">
  <label for="ctrl_3" class="mandatory">
  <span class="invisible">Pflichtfeld</span>Ihre
  Nachricht<span class="mandatory">*</span></label>
  <textarea name="message" id="ctrl_3" class="textarea mandatory"
            rows="10" cols="40" required></textarea>
</div>
<div>
  <fieldset id="ctrl_5" class="checkbox_container">
    <input type="hidden" name="cc" value="">
    <span>
    <input type="checkbox" name="cc" id="opt_5_0" class="checkbox" value="cc">
    <label id="lbl_5_0" for="opt_5_0">Kopie an mich senden</label>
    </span>
  </fieldset>
</div>
<div class="submit_container">
  <input type="submit" id="ctrl_6" class="submit"
         value="Abschicken">
</div>
</div> <!-- Ende .formbody -->
</form>
</div> <!-- Ende .ce_form -->
<!-- indexer::continue -->
```

Listing 11.2 Das HTML für das tabellenlose Kontaktformular

Umgeben von einem `div.ce_form` enthält das `form`-Element ein `div` mit der Klasse `formbody`. Für jedes Formularfeld gibt es darin eine Kombination von `label` und `input` bzw. `textarea`, die jeweils von einem `<div>` umgeben werden, das bei Pflichtfeldern die Klasse `mandatory` bekommt. In früheren Contao-Versionen gab es statt des umgebenden `div` lediglich ein `br`, um die Formularfelder voneinander zu trennen. Die Kapselung mit dem `div` erleichtert die Gestaltung des Formulars.

Das Checkbox-Menü sitzt in einem `fieldset` und der SUBMIT-Button in einem `div`, jeweils mit einer entsprechenden Klasse. Pflichtfelder haben das Attribut `required`.

Contao erzeugt für die Beschriftung automatisch ein `label`. Die IDs für die Formularfelder wie z. B. `ctrl_3` werden von Contao vergeben und dienen zur Verbindung mit dem `label`, damit die Beschriftung anklickbar wird. Sie können beim Erstellen des

Formulars aber natürlich für jedes Formularelement eine eigene ID vergeben, die dann anstelle der automatischen verwendet wird.

Im Namen der Barrierefreiheit steht bei Pflichtfeldern zusätzlich zum üblichen Sternchen in einem unsichtbaren span noch der Begriff »Pflichtfeld«, der von einem Screenreader vorgelesen wird. Außerdem bekommen Pflichtfelder die Klasse mandatory.

Last, but not least hat das Kontrollkästchen mit dem Namen cc noch ein verstecktes Formularfeld, dessen Anwesenheit auf wunderbare Art und Weise dafür sorgt, dass Contao dem Besucher eine Kopie seiner Nachricht als E-Mail zuschickt.

11.2.2 Schnell: das Stylesheet »Formulare« aktivieren

Im Folgenden zeige ich Ihnen zunächst den schnellsten und danach einen individuellen Weg zur Gestaltung dieses Kontaktformulars.

Der schnellste Weg zur Grundformatierung dieses Formulars geht über das im Seitenlayout angebotene CSS-Framework von Contao. Dort finden Sie die Option FORMULARE (Abbildung 11.10).

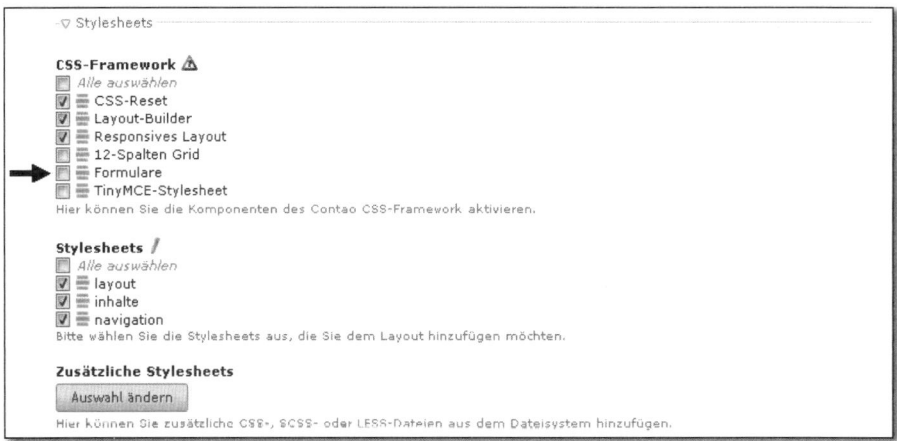

Abbildung 11.10 Das Stylesheet »Formulare« im Seitenlayout

Im folgenden ToDo aktivieren Sie dieses Stylesheet.

> **ToDo: Das Stylesheet »Formulare« aktivieren**
> 1. Öffnen Sie das Backend-Modul THEMES • SEITENLAYOUTS.
> 2. Blenden Sie falls nötig den Bereich STYLESHEETS ein.
> 3. Aktivieren Sie im Bereich CSS-FRAMEWORK das Stylesheet *Formulare*.
> 4. SPEICHERN UND SCHLIESSEN Sie das Seitenlayout.

Schneller geht's nicht. Im Browser ist das Formular nach diesem ToDo hübscher und vor allem besser bedienbar als vorher. Die Beschriftungen stehen über den Eingabefeldern, die gleichmäßig untereinander angeordnet wurden (Abbildung 11.11).

Abbildung 11.11 Die Grundformatierung des Kontaktformulars

> **Details zum Stylesheet »Formulare«**
>
> In Abschnitt 17.7 über das CSS-Framework von Contao erfahren Sie mehr darüber, was das Stylesheet *Formulare* genau macht.

11.2.3 Individuell: das Kontaktformular selbst gestalten

Formulare kann man auf verschiedenste Weisen gestalten. Im folgenden Beispiel werden die Beschriftungen in `label` mit einem simplen `display:block` oberhalb der Formularelemente platziert. Da das bei dem Kontrollkästchen nicht erwünscht ist, wird das entsprechende Label explizit wieder auf `display:inline` gesetzt. Das folgende ToDo setzt diese Gestaltung um, aber Sie können (und sollten) gern mit anderen Formatierungen experimentieren.

Bevor Sie das Kontaktformular gestalten, erstellen Sie der Übersichtlichkeit halber ein neues Stylesheet namens *interaktionen*:

- Wenn Sie mit internen Stylesheets arbeiten, gehen Sie ins Backend-Modul THEMES • STYLESHEETS, klicken oben im Arbeitsbereich auf NEUES STYLESHEET und geben den Namen »interaktionen« ein. Medientyp ist SCREEN.
- Bei externen Stylesheets erstellen Sie im Ordner *files/themes/theme_one* eine neue Datei namens *interaktionen.css*. Den Medientyp definieren Sie innerhalb des Stylesheets mit @media { ... }.

In diesem Stylesheet speichern Sie alle CSS-Regeln zur Gestaltung von Formularen und anderen Interaktionen mit dem Benutzer. Im weiteren Verlauf des Buches sind dies zum Beispiel Suchformulare, Suchergebnisse, Kommentarfunktionen und eine Anmeldung für registrierte Benutzer.

> **ToDo: Das Kontaktformular gestalten**
> 1. Erstellen Sie im Backend-Modul THEMES • SEITENLAYOUT wie oben beschrieben ein neues Stylesheet *interaktionen* bzw. *interaktionen.css*.
> 2. Öffnen Sie das Backend-Modul THEMES • SEITENLAYOUT, und deaktivieren Sie im Bereich CSS-FRAMEWORK das Stylesheet FORMULARE.
> 3. Aktivieren Sie stattdessen das eben erstellte Stylesheet *interaktionen*, und speichern Sie das Seitenlayout.
> 4. Öffnen Sie das Stylesheet *interaktionen* zur Bearbeitung, und gestalten Sie das Element form mit folgenden Styles (KATEGORIE: »Kontaktformular«, SCHATTENFARBE: 444, DECKKRAFT: 30):
>
> ```
> form#kontaktformular {
>   margin: 0 0 2em 0;
>   padding: 1em 1em 1em 3em;
>   background-color: #f5f4e9;
>   box-shadow: 0 2px 6px rgba(68, 68, 68, 0.3);
>   border-top: 1px solid #dfddb7;
>   border-bottom: 1px solid #dfddb7;
>   line-height: 1;
> }
> ```
>
> 5. Gestalten Sie die Beschriftungen (label) wie folgt. Bei internen Stylesheets speichern Sie die Anweisung cursor:pointer im Feld EIGENER CODE:
>
> ```
> #kontaktformular label {
>   display: block;
>   margin: 1em 0 0.25em 0;
>   cursor: pointer;
> }
> #kontaktformular .checkbox_container label {
>   display: inline;
> }
> ```

6. Erhöhen Sie den Abstand vor und nach der *Checkbox*:

   ```
   #kontaktformular .checkbox_container {
     margin-top: 1.5em;
     margin-bottom: 1em;
   }
   ```

7. Mit dem folgenden Style gestalten Sie die Eingabefelder. Bei internen Stylesheets ist die SCHATTENFARBE aaa und die DECKKRAFT 30:

   ```
   #kontaktformular input[type="text"],
   #kontaktformular input[type="email"],
   #kontaktformular textarea {
     padding: 0.25em;
     box-shadow: 0 2px 6px rgba(170, 170, 170, 0.3);
     border: 1px solid #d9d9d9;
   }
   ```

8. Gestalten Sie zum Schluss noch die Fehlermeldungen. Bei internen Stylesheets bekommt dieser Style die KATEGORIE »Fehlermeldungen«:

   ```
   #main p.error {
     margin-bottom: 0.25em;
     padding: 1em;
     background: #ffc0cb;
     border: 1px solid #f00;
     color: #000;
   }
   ```

9. Speichern Sie das Stylesheet.

Im Browser sieht das Kontaktformular mit diesem CSS etwa so aus wie in Abbildung 11.12.

---

mailto: als Ergänzung zum Kontaktformular

Für Besucher, die Ihnen lieber mit ihrem eigenen Mailprogramm schreiben, können Sie unterhalb des Kontaktformulars ein Inhaltselement TEXT mit z. B. folgendem Inhalt einfügen:

Sie können uns auch mit Ihrem E-Mail-Programm schreiben:
info@ihre-domain.de
Ein Klick auf den Link startet das Standard-Mailprogramm auf Ihrem Gerät.

Als Linkziel tragen Sie »mailto:info@ihre-domain.de« ein. Contao stellt die Mailadresse im Quelltext als Unicode-Sonderzeichen dar, sodass Spambots sie nicht so leicht finden können.

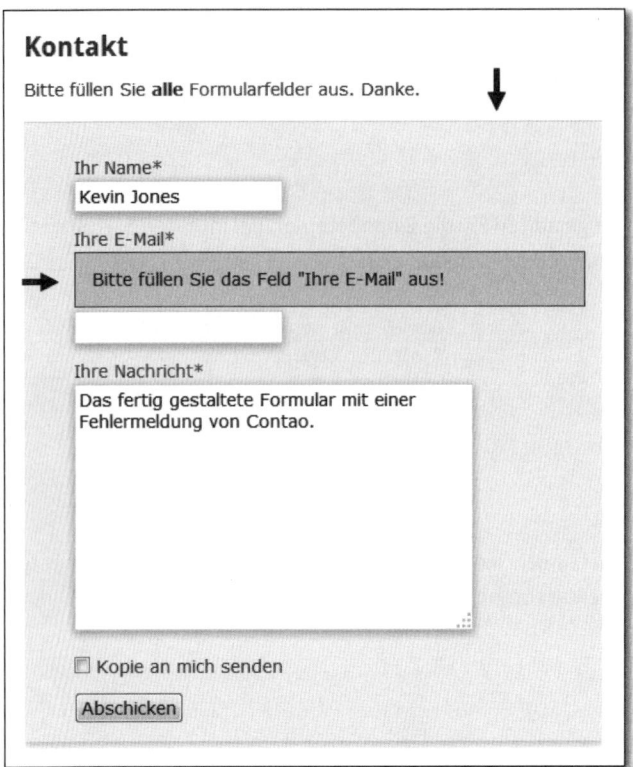

Abbildung 11.12 Das gestaltete Kontaktformular inklusive Fehlermeldung

11.3 Formulardaten auf der Seite »Vielen Dank« ausgeben

Für Ihre Besucher ist es angenehm, auf der Seite VIELEN DANK die Formulardaten, die sie im Kontaktformular eingegeben hatten, noch einmal im Überblick zu sehen. Dazu gibt es in Contao einige Erweiterungen von Drittanbietern, die entsprechende Inserttags zur Verfügung stellen:

- die Erweiterung [efg]
- die Erweiterung [inputvar]

Der *Extended Formular Generator* aka [efg] ist eine sehr mächtige Erweiterung, die in vielen Contao-Installationen ihren festen Platz hat. Nur zur Ausgabe von Formulardaten ist diese Erweiterung aber eher unterfordert.

Die Erweiterung [inputvar] von Andreas Schempp hingegen ist eine kleine aber feine Erweiterung, die Contao um diverse Inserttags bereichert und so die Möglichkeit bietet, Formulardaten auf der Danke-Seite ausgeben zu können. Informationen zur Erweiterung selbst finden Sie in der Erweiterungsliste:

▸ *contao.org/erweiterungsliste/view/inputvar.html*

Hier die Kurzanleitung zur Ausgabe der Formulardaten:

1. Installieren Sie die Erweiterung [inputvar].
2. Öffnen Sie den Artikel auf der Seite VIELEN DANK.
3. Fügen Sie ein Inhaltselement zur Ausgabe der Formulardaten ein.

    Gut geeignet ist das Inhaltselement TABELLE, denn es ermöglicht eine übersichtliche Darstellung der Meldung. Eine Zeile pro Formularfeld, in der ersten Spalte den Feldnamen, in der zweiten das Inserttag.
4. Speichern Sie das Inhaltselement, und testen Sie das Formular.

Für das in diesem Kapitel erstellte Kontaktformular könnte die Ausgabetabelle auf der Bestätigungsseite VIELEN DANK z. B. so aussehen:

Ihr Name	{{form::name}}
Ihre E-Mail	{{form::email}}
Ihre Nachricht	{{form::message}}

Tabelle 11.2 Tabelle zur Ausgabe der Formulardaten

Im Frontend werden die Formulardaten aus dem Kontaktformular auf der Bestätigungsseite dann so dargestellt wie in Abbildung 11.13.

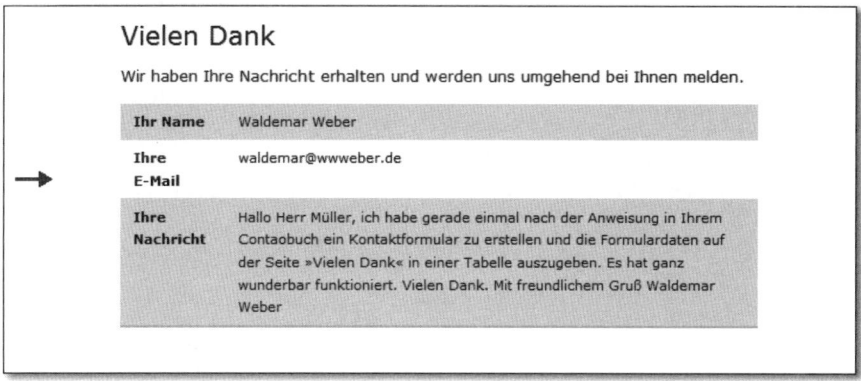

Abbildung 11.13 Ausgabe der Formulardaten auf der Seite »Vielen Dank«

Die Formatierung der Tabelle erfolgt übrigens automatisch durch das im Stylesheet *inhalte* definierte CSS für das Inhaltselement TABELLE.

> **Komplexere Formulare? Der »Extended Form Generator« [efg]**
>
> Falls Sie komplexere Formulare erstellen möchten (oder müssen), ist die Erweiterung [efg] (Extended Form Generator) erste Wahl:
>
> ▶ contao.org/de/extension-list/view/efg.html
>
> Der EFG bietet unter anderem Funktionen wie Bestätigungsmail, Auflistung und Bearbeitung der Formulardaten im Backend und Frontend

11.4 Formularfelder: die Feldtypen im Formulargenerator

Das Kontaktformular ist fertig, aber Contao bietet bei Formularen noch jede Menge andere Möglichkeiten. In diesem Abschnitt möchte ich Ihnen die im Formulargenerator von Contao zur Verfügung stehenden Formularfeldtypen kurz vorstellen.

11.4.1 Formularfelder einfügen: die Feldtypen im Überblick

Neben den im Kontaktformular enthaltenen Formularfeldern gibt es noch jede Menge andere, die Tabelle 11.3 im Überblick zeigt.

Feldtyp	CSS-Klasse	Kurzbeschreibung
Überschrift	headline	Zum Einfügen einer Bereichsüberschrift. Im HTML ein div.headline mit den Elementen, die im TinyMCE eingegeben wurden.
Erklärung	explanation	Erklärender Text vor oder nach einem Formularfeld: div.explanation plus die Elemente aus dem Editor.
HTML	–	Dient zum Einfügen von HTML-Code.
Fieldset	–	Formularfelder gruppieren mit <fieldset> und beschriften mit <legend>. Steht nur bei tabellenlosen Formularen zur Verfügung.
Textfeld	text	Einzeiliges Eingabefeld für Text. <input type="text" ...> mit label.
Passwortfeld	password	Einzeiliges Eingabefeld mit verdeckter Eingabe. Ein zweites Feld zur Passwortbestätigung wird automatisch eingefügt. <input type="password" ...>

Tabelle 11.3 Formularfelder in Contao – Übersicht

Feldtyp	CSS-Klasse	Kurzbeschreibung
Textarea	textarea	Mehrzeiliges Eingabefeld für einen mittellangen oder langen Text: <textarea ...></textarea>
Select-Menü	select bzw. multiselect	Dropdown-Menü. Beim Erstellen gibt es einen sehr komfortablen Assistenten, der z. B. die Gruppierung von Optionen stark vereinfacht: <select>, <option> und <optiongroup>
Radio-Button-Menü	radio	Runde Optionsfelder, von denen immer nur eines ausgewählt werden kann. Ein fieldset mit der Klasse radio_container, darin <input type="radio" ...>.
Checkbox-Menü	checkbox	Eckige Kontrollkästchen, von denen beliebig viele ausgewählt werden können. Ein fieldset mit der Klasse checkbox_container mit <input type="checkbox" ...> darin.
Datei-Upload	upload	Einzeiliges Eingabefeld mit der Schaltfläche DURCHSUCHEN... zur Übertragung lokaler Dateien auf den Server: <input type="file" ...>
Verstecktes Feld	–	Nicht sichtbares Formularfeld: <input type="hidden" ... >
Sicherheitsfrage	captcha	Einfache Rechenaufgabe zum Schutz gegen Spam (»Captcha«). Der Text steht zwischen <span class="captcha_text"> und </span>.
Absendefeld	submit	Schaltfläche zum Abschicken: <input type="submit" ... > in einem div mit der Klasse submit_container. Einfache Erstellung einer »Bildschaltfläche«: <input type="image" ... >

Tabelle 11.3 Formularfelder in Contao – Übersicht (Forts.)

TEXTFELD, TEXTAREA, ABSENDEFELD sowie eine CHECKBOX haben Sie bei der Erstellung des Kontaktformulars bereits in Aktion gesehen. Neben Feldtypen wie ÜBERSCHRIFT und ERKLÄRUNG, die die klassischen HTML-Formularelemente hervorragend ergänzen, sind besonders die JavaScript-Assistenten zur Erstellung von Select-, Radio-Button- und Checkbox-Menüs eine wahre Wonne.

11.4.2 Überschrift und Erklärung für zusätzliche Informationen

Die beiden Formularfeldtypen ÜBERSCHRIFT und ERKLÄRUNG sind fast identisch und fügen dem Formular eine Art Überschrift bzw. einen erklärenden Text hinzu.

Innerhalb des umgebenden `div`-Elements stehen die Elemente, die Sie im TinyMCE ausgewählt haben. Im Beispiel ist das ein normaler Absatz:

```
<div class="headline">
<p>Eine »Überschrift« innerhalb eines Formulars</p>
</div>
```

Listing 11.3 Der Feldtyp »Überschrift« im HTML

Das HTML wird vom Template *form_headline* erzeugt. Der Feldtyp ERKLÄRUNG sieht im HTML genauso aus, wird aber vom Template *form_explanation* generiert und bekommt die Klasse `explanation`.

11.4.3 Formularfelder gruppieren: »fieldset« und »legend«

Bei längeren Formularen gibt es zur Gruppierung von Formularfeldern die HTML-Elemente `fieldset` und `legend`. Bei Contao können Sie das ganz bequem mit dem Feldtyp FIELDSET erledigen (Abbildung 11.14).

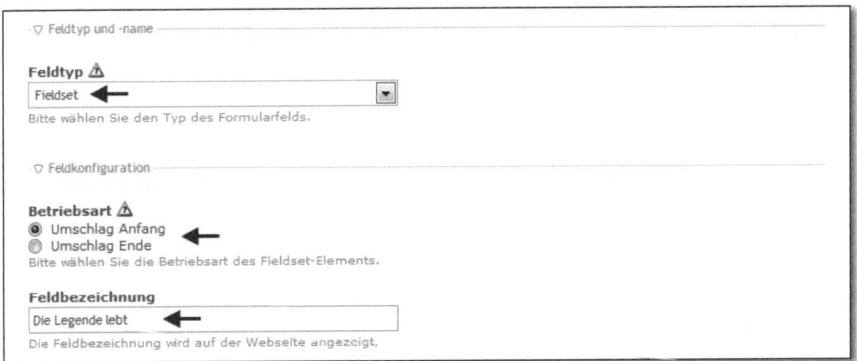

Abbildung 11.14 Eingabeformular für »Fieldset«

Ein *Fieldset* legt sich wie ein Umschlag um die zu gruppierenden Formularelemente, und dementsprechend fügen Sie am Anfang ein Fieldset in der BETRIEBSART UMSCHLAG ANFANG und am Ende eines mit UMSCHLAG ENDE ein. Die FELDBEZEICHNUNG wird automatisch als `legend` zur Beschriftung des Fieldsets verwendet. Das HTML wird vom Template *form_fieldset* erzeugt:

```
<fieldset>
  <legend>Die Legende lebt</legend>
  <!-- Formularelemente, die gruppiert werden sollen -->
</fieldset>
```

Listing 11.4 Ein Fieldset im Quelltext

11.4.4 Das Passwortfeld: automatisch mit Bestätigungsfeld

Das Formularfeld PASSWORTFELD fügt einem Formular zwei einzeilige Eingabefelder hinzu: eines für das Passwort selbst und eines zur Bestätigung. Das HTML wird vom Template *form_password* generiert.

```
<div class="mandatory >
  <label for="ctrl_13" class="mandatory">
  <span class="invisible">Pflichtfeld</span>Passwort
  <span class="mandatory">*</span></label>
  <input type="password" name="Passwort" id="ctrl_13"
      class="text password mandatory" value="">
</div>
<div class="confirm mandatory >
  <label for="ctrl_13_confirm" class="confirm mandatory">
  <span class="invisible">Pflichtfeld</span> Bestätigung
  <span class="mandatory">*</span></label>
  <input type="password" name="Passwort_confirm" id="ctrl_13_confirm"
      class="text password confirm mandatory" value="">
</div>
```

Listing 11.5 Das HTML für ein Passwortfeld und sein Bestätigungsfeld

Passwortfelder verwenden die Klassen `text` und `password`, Bestätigungsfelder bekommen zusätzlich die Klasse `confirm`.

11.4.5 Das Select-Menü: Auswahllisten per Klick

Ein Select-Menü erstellt eine ganz normale Auswahlliste mit den HTML-Elementen `select`, `option` und zur Gruppierung der Option `optgroup`.

In einer Auswahlliste kann in der Regel wie bei einem Radio-Button-Menü nur eine Option ausgewählt werden. Für den Benutzer hat eine Auswahlliste gegenüber einem Radio-Button-Menü Nachteile, denn die Optionen sind erst nach einem Klick zu sehen. Für bis zu ungefähr vier oder fünf Einträge ist deshalb das Radio-Button-Menü oft die bessere Alternative.

Der Formulargenerator unterstützt Sie beim Erstellen einer Auswahlliste mit einem Assistenten, den Sie im Bereich OPTIONEN finden. Abbildung 11.15 zeigt ein Beispiel. Die Symbole zum Kopieren, Verschieben und Löschen erklären sich von selbst, der Rest folgt gleich.

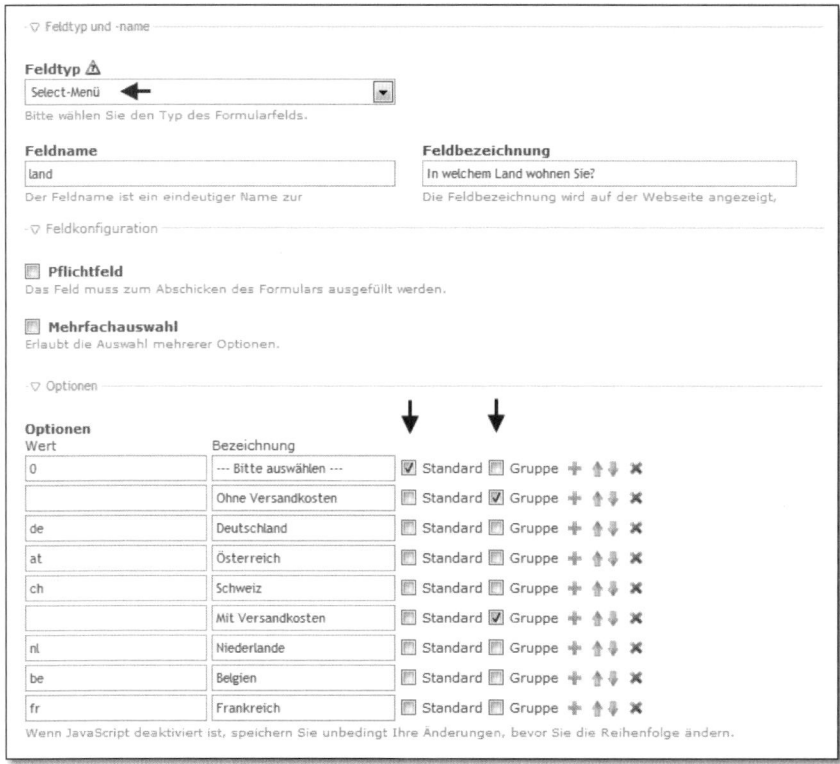

Abbildung 11.15 Das Eingabeformular für den Feldtyp »Select-Menü«

Der FELDNAME taucht im Quelltext als Attribut name im select-Element wieder auf, die FELDBEZEICHNUNG als label sichtbar auf der Webseite. Der WERT wird im Element option als Attribut value eingetragen, und die BEZEICHNUNG ist der für den Besucher sichtbare Text in der Auswahlliste.

Die Option STANDARD bewirkt bei einer Auswahlliste, dass der aktivierte Eintrag bei einer nicht ausgeklappten Liste angezeigt wird, und erscheint im HTML als Attribut selected zum Element option. Sinnvollerweise sollte nur ein Eintrag aktiviert sein.

Die Option GRUPPE macht die Gruppierung von Listeneinträgen zum Kinderspiel. Die Einträge OHNE VERSANDKOSTEN und MIT VERSANDKOSTEN werden im Quelltext zum HTML-Element optgroup und damit zu einer nicht anklickbaren Überschrift. Je länger die Liste ist, desto wichtiger ist die Gruppierung.

Listing 11.6 zeigt den vom Template *form_select* generierten Quelltext des Select-Menüs aus Abbildung 11.15:

```
<div class="select">
  <label for="ctrl_14">In welchem Land wohnen Sie?</label>
  <select name="land" id="ctrl_14" class="select">
  <option value="0" selected="selected">
  --- Bitte auswählen ---</option>
  <optgroup label="Ohne Versandkosten">
    <option value="de">Deutschland</option>
    <option value="at">Österreich</option>
    <option value="ch">Schweiz</option>
  </optgroup>
  <optgroup label="Mit Versandkosten">
    <option value="nl">Niederlande</option>
    <option value="be">Belgien</option>
    <option value="fr">Frankreich</option>
  </optgroup>
  </select>
</div>
```

Listing 11.6 Ein Select-Menü im Quelltext

Im Frontend sieht die Auswahlliste so aus wie in Abbildung 11.16.

Abbildung 11.16 Das Select-Menü im Frontend

> **Checkbox-Menü statt Select-Menü mit Mehrfachauswahl**
>
> Ein Select-Menü bietet auch die Option der MEHRFACHAUSWAHL, bei der die Liste offen daliegt und als Fläche dargestellt wird. Um mehrere Einträge auszuwählen, muss ein Besucher eine je nach Betriebssystem und Browser unterschiedliche Maus-Tastatur-Kombination verwenden, die die Bedienung der Mehrfachauswahl eher umständlich macht. Ein ganz normales Checkbox-Menü ist fast immer die bessere Alternative.

11.4.6 Das Radio-Button-Menü: Optionsfelder deluxe

Ein Radio-Button-Menü erzeugt runde anklickbare Formularelemente und ähnelt einer Auswahlliste, denn in beiden kann man jeweils nur eine Option auswählen. *Radio-Buttons* heißen die Dinger übrigens, weil sie mit ein bisschen Fantasie wie die Druckknöpfe zur Senderwahl an alten Dampfradios aussehen. Wurde ein Knopf gedrückt, sprang der vorher ausgewählte automatisch raus. Auch bei den Radio-Buttons kann immer nur einer ausgewählt sein. Die deutsche Übersetzung *Optionsfeld* ist da etwas nüchterner. Optionsfelder sind echte Herdentiere und erscheinen immer nur in Gruppen, von denen wie gesagt immer nur eine Option aktiv ist. Abbildung 11.17 zeigt das Eingabeformular für ein Radio-Button-Menü.

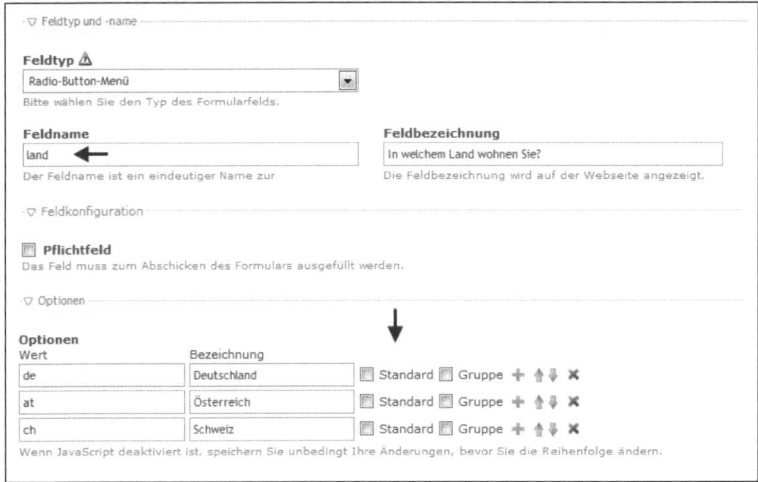

Abbildung 11.17 Das Eingabeformular für ein Radio-Button-Menü

Der FELDNAME wird im HTML bei allen Optionsfeldern dieses Menüs als Wert für das Attribut name verwendet. Dadurch wissen die Optionsfelder, dass sie als Gruppe zusammengehören. Die BEZEICHNUNG aus dem Eingabeformular steht übrigens ganz am Anfang in einem legend für den fieldset mit der Klasse radio_container, der die Optionsfelder umgibt und somit für die ganze Gruppe gilt.

Die Option STANDARD bewirkt bei einem Radio-Button-Menü, dass das entsprechende Optionsfeld bereits angekreuzt ist. Wenn Sie hier kein Feld aktivieren, ist im Frontend auch kein Optionsfeld vorgegeben. Sollte das Radio-Button-Menü ein PFLICHTFELD sein, muss der Besucher vor dem Abschicken eine Option auswählen. Ansonsten gibt es eine Fehlermeldung.

Die Option GRUPPE hat bei einem Radio-Button-Menü keinerlei Auswirkungen auf den Quelltext. Die Zusammengehörigkeit der Optionsfelder erfolgt wie gesagt bereits dadurch, dass alle Optionsfelder eines Menüs den Wert aus FELDNAME bekommen.

Listing 11.7 zeigt das komplette, vom Template *form_radio* generierte HTML zum Radio-Button-Menü aus Abbildung 11.17.

```html
<div>
<fieldset id="ctrl_15" class="radio_container">
<legend>In welchem Land wohnen Sie?</legend>
<input type="hidden" name="land" value="">
<span>
  <input type="radio" name="land" id="opt_15_0" class="radio"
        value="de">
  <label id="lbl_15_0" for="opt_15_0">Deutschland</label>
</span>
<span>
  <input type="radio" name="land" id="opt_15_1" class="radio"
        value="at">
  <label id="lbl_15_1" for="opt_15_1">Österreich</label>
</span>
<span>
  <input type="radio" name="land" id="opt_15_2" class="radio"
        value="ch">
  <label id="lbl_15_2" for="opt_15_2">Schweiz</label>
</span>
</fieldset>
</div>
```

Listing 11.7 Ein Radio-Button-Menü im Quelltext

Die Kombinationen aus Optionsfeld und Beschriftung werden jeweils von einem span umgeben, was sich beim Gestalten als äußerst praktisch erweist. Das Radio-Button-Menü aus Listing 11.7 sieht im Frontend so aus wie in Abbildung 11.18.

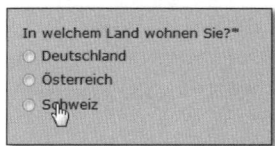

Abbildung 11.18 Ein Radio-Button-Menü im Frontend

Dieses Menü wurde mit nur zwei Styles formatiert, was nebenbei gesagt zeigt, wie wohlüberlegt das vom Formulargenerator erzeugte HTML ist:

```css
.radio_container label {
  display: inline; /* label neben dem input-Feld */
  cursor: pointer; /* Mauszeiger wird zur Hand */
}
```

```
.radio_container span {
  display: block;
  margin-top: 8px;
}
```

Listing 11.8 Das CSS für das Radio-Button-Menü

Die `label`-Elemente *innerhalb* von `fieldset.radio_container` werden inline dargestellt, damit sie *hinter* den runden Optionsfeldern stehen und nicht darunter. Um deutlich zu machen, dass sie tatsächlich anklickbar sind, wird der Mauszeiger zur Klickhand, sobald er über dem Element schwebt.

Um die Kombinationen aus Optionsfeld und dazugehöriger Beschriftung untereinanderzustellen, wird das `span` drum herum als Block dargestellt und mit einem kleinen Außenabstand nach oben versehen.

11.4.7 Das Checkbox-Menü: Kontrollkästchen deluxe

Im Gegensatz zu Optionsfeldern sind Checkboxen erstens eckig und zweitens notorische Einzelgänger. Auch wenn sie optisch meist als Gruppe auftreten, bleibt im Grunde jedes Kontrollkästchen für sich, weshalb man immer keines, eines, mehrere oder auch alle ankreuzen kann. Abgesehen davon, sind sich Radio-Button-Menüs und Checkbox-Menüs recht ähnlich.

Abbildung 11.19 zeigt das Eingabeformular für ein Checkbox-Menü.

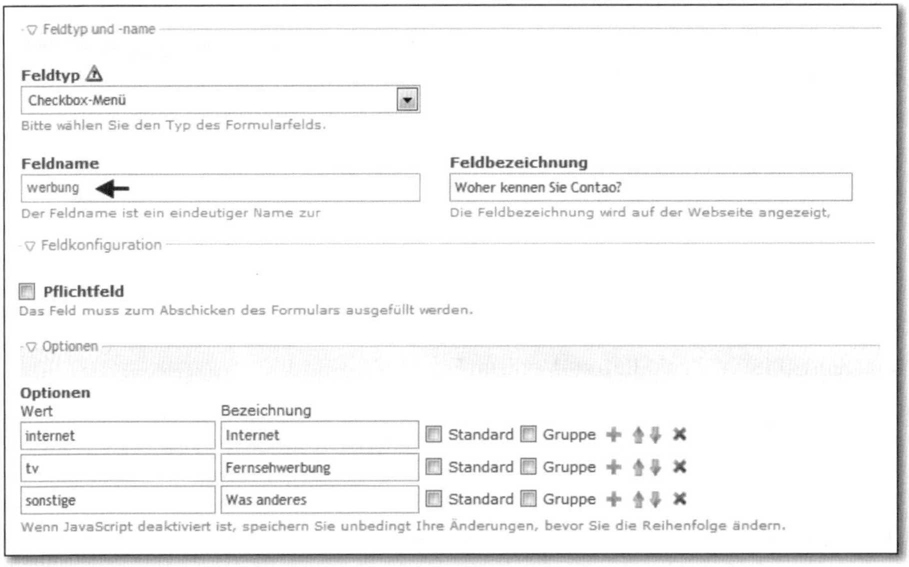

Abbildung 11.19 Das Eingabeformular für ein Checkbox-Menü

Das Eingabeformular funktioniert im Prinzip genau wie bei einem Radio-Button-Menü. Der FELDNAME dient als Wert für das Attribut name="werbung[]". Falls Sie sich über die beiden eckigen Klammern dahinter wundern: Sie erleichtern die Auswertung der Formulardaten in einem Programm, weil damit automatisch ein sogenanntes *Array* erzeugt wird. Falls Ihnen das nichts sagt, ist das nicht schlimm. Es funktioniert trotzdem.

Die FELDBEZEICHNUNG ist eine legend für das das gesamte Checkbox-Menü umgebende fieldset, die BEZEICHNUNG im Assistenten steht hingegen direkt neben den einzelnen Kontrollkästchen. Genau wie bei den Optionsfeldern bewirkt ein Kreuz bei STANDARD, dass die entsprechende Checkbox angekreuzt im Frontend erscheint. GRUPPE hat auch hier keinerlei Auswirkungen.

Listing 11.9 zeigt das vom Template *form_checkbox* generierte HTML für das Checkbox-Menü aus Abbildung 11.19.

```
<div>
<fieldset id="ctrl_16" class="checkbox_container">
<legend>Woher kennen Sie Contao?</legend>
<div id="ctrl_16" class="checkbox_container">
<input type="hidden" name="werbung" value="">
<span>
  <input type="checkbox" name="werbung[]" id="opt_16_0"
       class="checkbox" value="internet">
  <label id="lbl_16_0" for="opt_16_0">Internet</label>
</span>
<span>
  <input type="checkbox" name="werbung[]" id="opt_16_1"
       class="checkbox" value="tv">
  <label id="lbl_16_1" for="opt_16_1">Fernsehwerbung</label>
</span>
<span>
  <input type="checkbox" name="werbung[]" id="opt_16_2"
       class="checkbox" value="sonstiges">
  <label id="lbl_16_2" for="opt_16_2">Was anderes</label>
</span>
</fieldset>
</div>
```

Listing 11.9 Das HTML für ein Checkbox-Menü

Das HTML entspricht also ziemlich genau dem eines Radio-Button-Menüs, und so wurde beim CSS für Abbildung 11.20 gegenüber dem Radio-Button-Menü lediglich die Klasse radio_container durch die Klasse checkbox_container ersetzt:

```
.checkbox_container label {
  display: inline; /* label neben dem input-Feld */
  cursor: pointer; /* Mauszeiger wird zur Hand */
}
.checkbox_container span {
  display: block;
  margin-top: 8px;
}
```

Listing 11.10 Das CSS für das Checkbox-Button-Menü

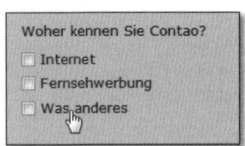

Abbildung 11.20 Ein Checkbox-Menü im Frontend

11.4.8 »Datei-Upload«: Besucher können Dateien hochladen

Das Formularfeld DATEI-UPLOAD fügt dem Formular ein Feld hinzu, mit dem ein Besucher eine Datei von seinem Rechner auf den Webspace hochladen kann. Dabei können Sie für jedes Upload-Feld einzeln festlegen, welche Dateitypen erlaubt sind und in welchem Ordner die Dateien gespeichert werden sollen.

Abbildung 11.21 zeigt das Eingabeformular im Backend.

Abbildung 11.21 Das Eingabeformular für den Feldtyp »Datei-Upload«

Die maximale Dateigröße können Sie im Feld MAXIMALE EINGABELÄNGE eingeben, und zwar in Byte und innerhalb des Limits, das im Backend-Modul SYSTEM • EINSTELLUNGEN im Bereich DATEI-UPLOADS festgelegt wird.

Das vom Template *form_upload* erzeugte HTML dafür ist sehr einfach:

```
<div>
  <label for="ctrl_17">Schicken Sie uns Ihre Datei:</label>
  <input type="file" name="upload" id="ctrl_17" class="upload">
</div>
```

Listing 11.11 Das HTML für das Formularfeld »Datei-Upload«

Wenn die Beschriftung wie in Abbildung 11.22 in einer eigenen Zeile stehen soll, erreichen Sie das mit einem einfachen `label {display:block}`.

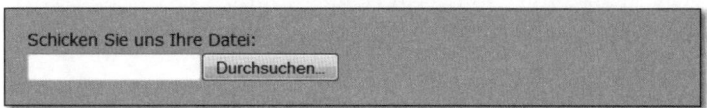

Abbildung 11.22 Das Formularfeld »Datei-Upload« im Frontend

Die maximale Uploadgröße in den PHP-Einstellungen

Die maximal zulässige Uploadgröße hängt übrigens auch von den PHP-Einstellungen `upload_max_filesize` und `post_max_size` vom Webhoster ab, ganz unabhängig davon, was in den Contao-Systemeinstellungen festgelegt wurde.

11.4.9 Die Sicherheitsfrage zur Spamvermeidung

Genau wie in der richtigen Welt gibt es auch im Internet nicht nur nette Menschen, und einige dieser üblen Zeitgenossen betreiben den automatisierten Missbrauch von Formularen aller Art mithilfe sogenannter Spambots.

Ein Mittel gegen diesen Missbrauch ist ein sogenanntes *Captcha*, was eine Verballhornung des englischen *capture* (»Gefangennahme«) ist. Captcha ist aber auch die Abkürzung von *Completely Automated Public Turing test to tell Computers and Humans Apart*, frei übersetzt »voll automatisierter Mensch-Maschine-Test in der Tradition des englischen Informatikers Alan Turing«.

Oft ist ein Captcha eine Grafik mit mehr oder weniger schlecht lesbaren Zeichen, die für Menschen erkennbar sein sollen, für Maschinen aber nicht. Allerdings habe ich bei diesem Mensch-Maschine-Test schon des Öfteren die Buchstaben falsch geraten und bin daraufhin als Maschine eingestuft worden.

Contao implementiert einen solchen Mensch-Maschine-Test beim Formulartyp SICHERHEITSFRAGE als einfache Rechenaufgabe. Maschinen können zwar rechnen, verstehen aber die Rechenaufgabe nicht. Wird sie nicht richtig gelöst, wird das Formular nicht abgeschickt.

Die Sicherheitsfrage kann im Backend nur mit einer Beschriftung wie z. B. »Spamschutz« versehen werden und ist automatisch ein Pflichtfeld, auch wenn es im Frontend nicht als solches gekennzeichnet wird.

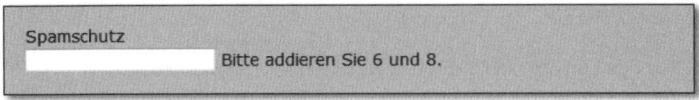

Abbildung 11.23 Die Sicherheitsfrage im Frontend

Das HTML für eine Sicherheitsabfrage wird vom Template *form_captcha* generiert:

```
<div>
  <label for="ctrl_18">Spamschutz</label>
  <input type="text" name="c400f24642038998bbac218d4b46c71c7"
  id="ctrl_18" class="captcha mandatory" value="" maxlength="2" required>
  <span class="captcha_text">&#66;&#105;&#116;&#116;&#101;&#32;&#97;
  &#100;&#100;&#105;&#101; &#114;&#101;&#110;&#32;&#83;&#105;&#101;
  &#32;&#54;&#32;&#117;&#110;&#100;&#32;&#56;&#46;</span>
</div>
```

Listing 11.12 Das Formularfeld »Sicherheitsfrage« im Quelltext

Der Feldtyp SICHERHEITSFRAGE benutzt die Klassen captcha für das Eingabefeld und captcha_text für die Rechenaufgabe. Sowohl die Rechenaufgabe als auch die Beschriftung sind im Quelltext übrigens als Sonderzeichen in dezimaler oder hexadezimaler Unicode-Notation codiert, um es den Spambots nicht allzu leicht zu machen.

> **Kontaktformular auch mit Spamschutz?**
> Um das im letzten Abschnitt erstellte Kontaktformular mit einem Spamschutz zu versehen, müssen Sie im Formulargenerator lediglich ein Formularfeld vom Typ SICHERHEITSFRAGE hinzufügen.

Kapitel 12
Suchfunktion: die Beispielsite durchsuchen

In diesem Kapitel erstellen Sie eine interne Suchmaschine, mit der Besucher die Beispielsite durchsuchen können.

Die Themen im Überblick:

- Die Suchfunktion im Überblick, Seite 375
- Die Seite »Suchen«: Suchformular und -ergebnisse, Seite 376
- Ein einfaches Suchformular im Kopfbereich, Seite 384
- Alternative: ein flexibleres Suchformular, Seite 390
- Die Syntax der Suchfunktion im Überblick, Seite 396

Genau wie ein Kontaktformular gehört eine Suchfunktion zur Standardausstattung einer modernen, benutzerfreundlichen Website.

12.1 Die Suchfunktion im Überblick

Eine Website wird in erster Linie für Besucher gebaut, und in dem Wort *Besucher* steckt das Wort *suchen* schon drin. Genau wie im Baumarkt gibt es dabei auf Websites zwei Arten von Besuchern: Die einen laufen umher, lesen die Hinweisschilder und versuchen, die Holzschrauben selbst zu finden, die anderen fragen einfach den nächstbesten Mitarbeiter. Eine Suchfunktion ist dieser nächstbeste Mitarbeiter.

Für eine funktionierende Suchfunktion sind die verschiedensten Zutaten nötig, die wie immer auf die richtige Art und Weise zubereitet werden müssen. Hier ist das Rezept im Überblick:

- Zunächst erstellen Sie die *Suchseite*, auf der ein Modul eingebunden wird, das auf dem treffend benannten Modultyp SUCHMASCHINE basiert. Diese Seite kann nach der Erstellung bereits zur Suche benutzt werden.
- Danach erstellen Sie ein *Suchformular*, das auf allen Seiten rechts außen neben der horizontalen Navigation angezeigt wird. Eine mit diesem Formular ausgeführte Suche ruft dann die Suchseite automatisch auf.

Das Ergebnis sieht am Ende des Kapitels so aus wie in Abbildung 12.1.

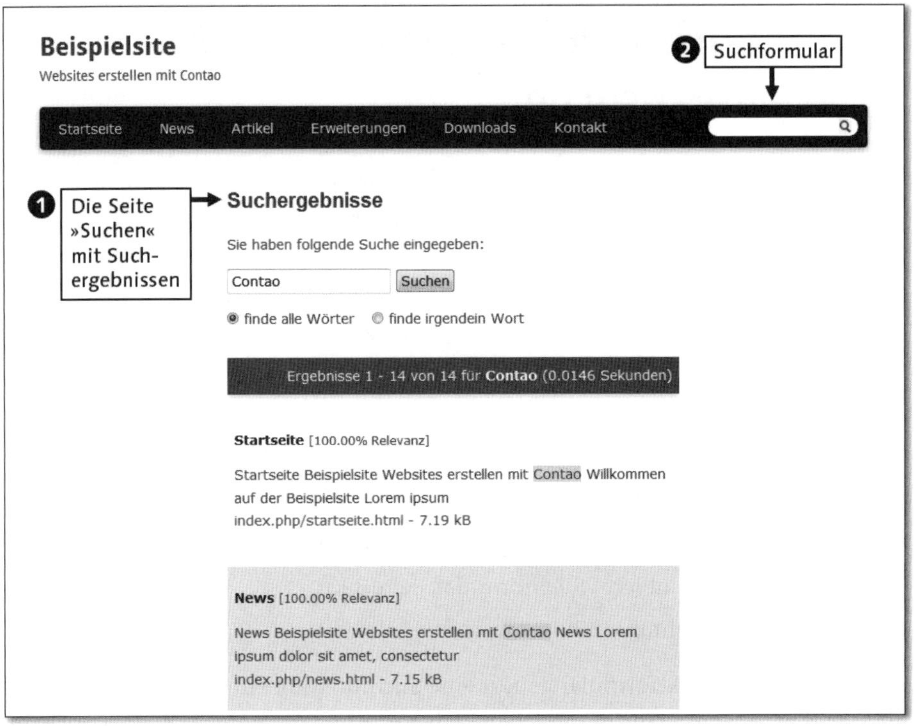

Abbildung 12.1 Die Suchseite ❶ und das Suchformular ❷

12.2 Die Seite »Suchen«: Suchformular und -ergebnisse

Im Folgenden beginnen Sie mit der Erstellung der Suchseite, für die Sie die folgenden Zutaten benötigen:

- eine neue, im Menü zunächst sichtbare Seite, die später versteckt wird
- ein Modul vom Typ SUCHMASCHINE
- die Einbindung des Moduls auf dieser Seite über Artikel

Danach wird die Suchseite noch gestaltet, damit sie übersichtlicher wird.

12.2.1 Schritt 1: Die Suchseite im Seitenbaum erstellen

Der erste Schritt ist ganz simpel die Erstellung einer neuen Seite im Seitenbaum. Diese Seite wird später im Menü versteckt und durch das Suchformular im Kopfbereich automatisch aufgerufen. Sie bleibt vorerst zum Testen aber sichtbar. Nach dem folgenden ToDo sieht der Seitenbaum für die Beispielsite so aus wie in Abbildung 12.2.

> **ToDo: Die Suchseite im Seitenbaum erstellen**
> 1. Öffnen Sie das Backend-Modul Layout • Seitenstruktur.
> 2. Klicken Sie oben im Arbeitsbereich auf Neue Seite.
> 3. Fügen Sie die neue Seite ganz unten im Seitenbaum ein.
> 4. Im Beispiel ist der Seitenname der Seite »Suchen«, aber Optimisten können sie auch gerne »Finden« nennen. Der Name der Seite ist nicht wirklich wichtig. Geben Sie ihr die folgenden Eigenschaften:
>   Seitentyp: Reguläre Seite
>   Robots-Tag: noindex, nofollow
>   Sucheinstellungen: Nicht durchsuchen ankreuzen
>   Experten-Einstellungen: Nie in der Sitemap zeigen
> 5. Aktivieren Sie die Option Seite veröffentlichen.
> 6. Klicken Sie auf Speichern und schliessen.

Momentan ist es eine ganz normale Seite, die auch in der horizontalen Navigation auftaucht, damit man sie einfach aufrufen kann. Weiter hinten in diesem Kapitel erstellen Sie dann ein Suchformular, platzieren es im Kopfbereich rechts außen in der Navigationsleiste und verstecken dann die Suchseite, sodass sie nicht mehr im Menü erscheint.

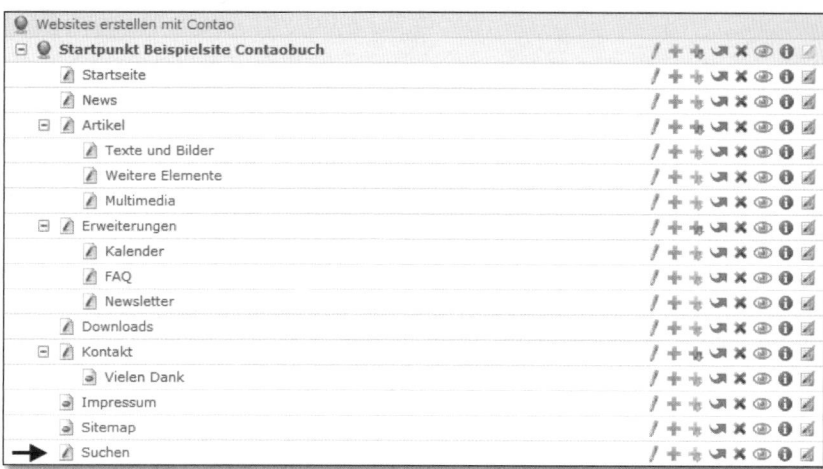

Abbildung 12.2 Die Suchseite im Seitenbaum

12.2.2 Schritt 2: Das Modul »Anwendung – Suchfunktion« erstellen

Nach der Erstellung der Suchseite machen Sie in diesem Schritt Bekanntschaft mit einem neuen Modultyp, der den treffenden Namen Suchmaschine trägt.

Dieser Modultyp hat es in sich und macht zwei Dinge auf einmal: Er erzeugt auf der Suchseite ein Suchformular und präsentiert direkt darunter das Suchergebnis. In diesem Abschnitt erstellen Sie damit ein Modul namens ANWENDUNG – SUCHFUNKTION. Abbildung 12.3 zeigt den oberen Teil der Eingabemaske im Überblick.

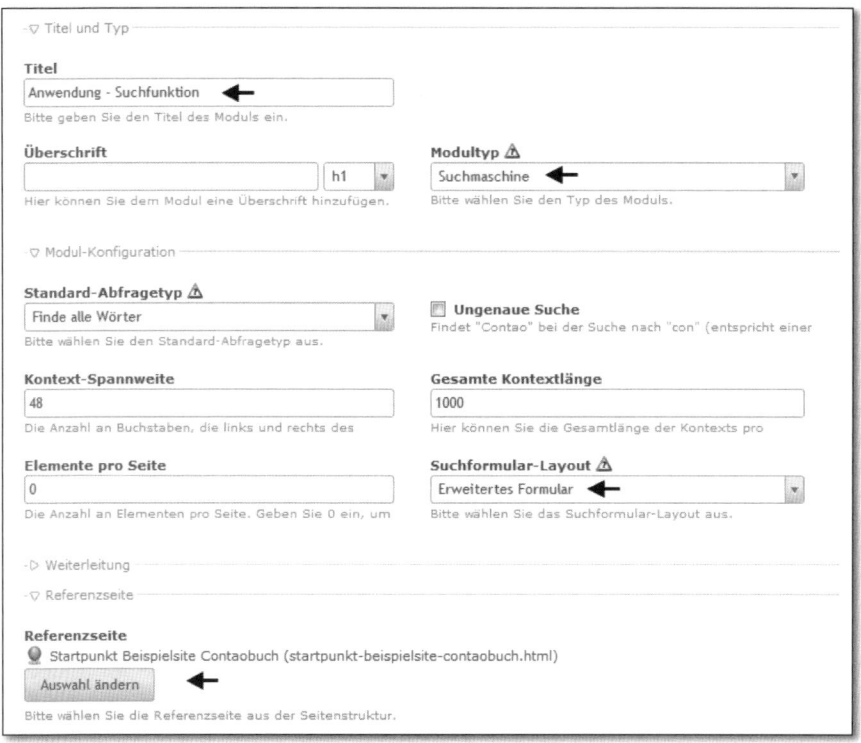

Abbildung 12.3 Eingabeformular für den Modultyp »Suchmaschine«

Der TITEL wird nur zur internen Verwaltung benötigt. Interessanter ist der Bereich MODUL-KONFIGURATION. Der Modultyp SUCHMASCHINE unterscheidet die beiden Abfragetypen FINDE ALLE WÖRTER (UND-Suche) und FINDE IRGENDEIN WORT (ODER-Suche). Sofern es keinen guten Grund dagegen gibt, sollten Sie als STANDARD-ABFRAGETYP die Option FINDE ALLE WÖRTER verwenden. Die UNGENAUE SUCHE findet auch Wortteile und erhöht dadurch die Trefferzahl.

Die KONTEXT-SPANNWEITE bestimmt, wie viele Zeichen in der Ergebnisliste links und rechts von einem gefundenen Suchbegriff angezeigt werden, und die GESAMTE KONTEXTLÄNGE beschränkt genau diese. Die Voreinstellungen sind beide sinnvoll und sollten nur bei einem konkreten Anlass geändert werden.

ELEMENTE PRO SEITE beschränkt die Anzeige der Suchergebnisse pro Seite. Sind mehr Treffer vorhanden, erzeugt Contao unten auf der Seite automatisch eine Paginierung. Die Voreinstellung 0 zeigt alle Treffer auf einer Seite.

SUCHFORMULAR-LAYOUT: Das einfache Formular besteht nur aus einem Textfeld und einer Absende-Schaltfläche, das erweiterte Formular bietet dem Suchenden darunter noch zwei Radio-Buttons zur Änderung des Abfragetyps (FINDE ALLE WÖRTER oder FINDE IRGENDEIN WORT).

Im unteren Teil der Eingabemaske können Sie dem Modultyp SUCHMASCHINE gleich zwei Seiten zuweisen, eine WEITERLEITUNGSSEITE und eine REFERENZSEITE.

- Die Definition einer WEITERLEITUNGSSEITE ist nicht nötig, wenn das Modul wie in diesem Abschnitt in einen Artikel eingebunden wird.
- Die REFERENZSEITE bestimmt den Anfangspunkt der Suche. Wenn die ganze Site durchsucht werden soll, wählen Sie entweder gar keine Referenzseite oder den STARTPUNKT EINER WEBSEITE. Auf großen Sites können Sie die REFERENZSEITE benutzen, um nur einen Teil der Site zu durchsuchen.

Im folgenden ToDo erstellen Sie ein Modul für die Beispielsite.

ToDo: Das Modul »Anwendung – Suchfunktion« erstellen

1. Öffnen Sie im Backend-Modul LAYOUT • THEMES die Frontend-Module zur Bearbeitung.
2. Klicken Sie im Arbeitsbereich oben auf NEUES MODUL.
3. Titel: »Anwendung – Suchfunktion«.
4. Wählen Sie als MODULTYP den Eintrag SUCHMASCHINE.
5. Ändern Sie in der Modulkonfiguration das SUCHFORMULAR-LAYOUT in ERWEITERTES FORMULAR. Lassen Sie die anderen Einstellungen unverändert (wie in Abbildung 12.3).
6. Wählen Sie als Referenzseite den STARTPUNKT EINER WEBSEITE namens STARTPUNKT BEISPIELSITE CONTAOBUCH.
7. Das Ergebnistemplate sollte *search_default* heißen.
8. Klicken Sie auf SPEICHERN UND SCHLIESSEN.

12.2.3 Schritt 3: Das Modul »Anwendung – Suchfunktion« in einen Artikel einbinden

Nach der Erstellung muss das Modul wie immer eingebunden werden, damit Contao weiß, wo das Ergebnis im Frontend ausgegeben werden soll. Da das Modul ANWENDUNG – SUCHFUNKTION nur auf der Suchseite erscheinen soll, bietet sich die Einbindung in einen Artikel auf der Suchseite an. Das wird im folgenden ToDo erledigt, und danach wird die Suchfunktion bereits funktionieren.

> **ToDo: Das Modul »Anwendung – Suchfunktion« einbinden**
>
> 1. Öffnen Sie das Backend-Modul INHALTE • ARTIKEL.
> 2. Klicken Sie auf die fett hervorgehobene Seite SUCHEN, um den Artikelbaum zu verkürzen.
> 3. Öffnen Sie den Artikel SUCHEN [HAUPTSPALTE] zur Bearbeitung.
> 4. Erstellen Sie ein Inhaltselement ÜBERSCHRIFT mit der h1-Überschrift »Suchergebnisse«.
> 5. Klicken Sie auf SPEICHERN UND NEU, und fügen Sie darunter ein Inhaltselement TEXT mit dem Satz »Sie haben folgende Suche eingegeben:« ein.
> 6. Klicken Sie auf SPEICHERN UND NEU, und fügen Sie unterhalb des Textes ein neues Inhaltselement vom Typ MODUL ein.
> 7. Wählen Sie aus der Liste MODUL den Eintrag ANWENDUNG – SUCHFUNKTION (ID xx).
> 8. Klicken Sie auf SPEICHERN UND SCHLIESSEN.

Auf der Seite SUCHEN wartet jetzt ein Suchformular auf Sie, und die Suchfunktion funktioniert im Prinzip auch bereits. Contao indiziert jede Seite automatisch, sobald sie von einem Besucher im Browser aufgerufen wird, und speichert die auf der Seite enthaltenen Wörter in der Datenbank. Das Suchmodul durchsucht also nicht die Webseiten, sondern die Datenbank und liefert die URLs der Seiten zurück, die als Treffer gefunden wurden.

In Abbildung 12.4 wurde im Suchformular der Suchbegriff »Lorem« eingegeben, für den die Suchmaschine einige Treffer findet. Falls bei Ihnen gar nichts oder nicht alles gefunden wird, lesen Sie bitte den folgenden Hinweiskasten.

> **Falls etwas nicht gefunden wird: den Suchindex neu aufbauen**
>
> Wenn Sie Ihre Suchmaschine ausprobieren und Begriffe nicht oder zu selten gefunden werden, schauen Sie mal im Backend-Modul SYSTEM • SYSTEMWARTUNG vorbei. Dort gibt es eine Funktion namens SUCHINDEX AUFBAUEN, mit der Sie den Inhalt der für die Suche relevanten Datenbanktabellen neu erstellen können. Nach diesem Schritt sollte die Suchfunktion reibungslos funktionieren.
>
> Um den Suchindex komplett neu aufzubereiten, können Sie mit der Funktion DATEN BEREINIGEN • SUCHINDEX LÖSCHEN vorher auch noch den aktuellen Suchindex löschen.
>
> Oder vielleicht ist im Backend-Modul SYSTEM • EINSTELLUNGEN die Option WEBSITE-SUCHE • SUCHE AKTIVIEREN nicht angehakt.

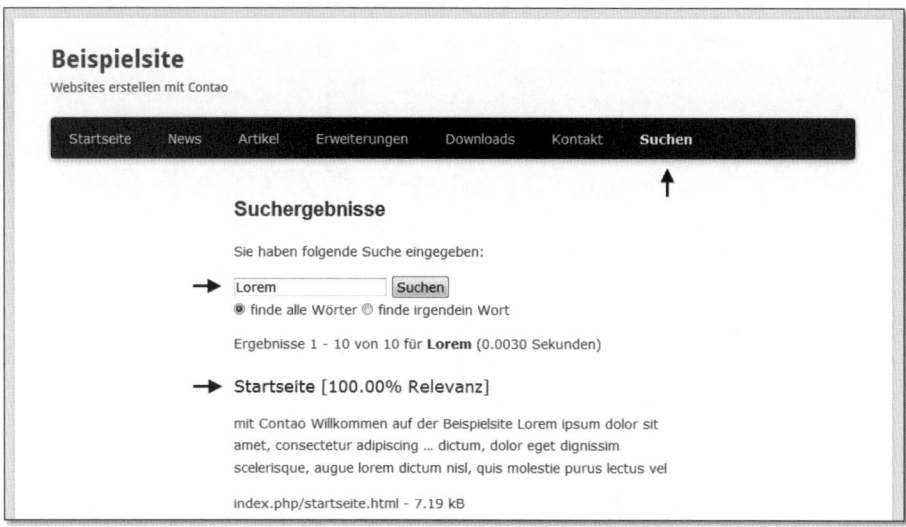

Abbildung 12.4 Die Site-Suchmaschine – ungestaltet, aber sie funktioniert

12.2.4 Schritt 4: Das HTML des Moduls »Anwendung – Suchfunktion«

Auf der Suchseite wird vom Modul ANWENDUNG – SUCHFUNKTION in der Hauptspalte das in Listing 12.1 dargestellte HTML erzeugt.

```
<!-- indexer::stop -->
<div class="mod_search block">
<form action="index.php/suchen.html?keywords=Lorem"
      method="get">
<div class="formbody">
<label for="ctrl_keywords" class="invisible">Suchbegriffe</label>
<input type="text" name="keywords" id="ctrl_keywords"
       class="text" value="Lorem">
<input type="submit" id="ctrl_submit" class="submit"
       value="Suchen">
<fieldset class="radio_container">
<legend class="invisible">Optionen</legend>
<span>
  <input type="radio" name="query_type" id="matchAll"
         class="radio" value="and" checked="checked">
  <label for="matchAll">finde alle Wörter</label>
</span>
<span>
  <input type="radio" name="query_type" id="matchAny"
         class="radio" value="or">
  <label for="matchAny">finde irgendein Wort</label>
```

```
</span>
</fieldset>
</div>
</form>
<p class="header">Ergebnisse 1 - 10 von 10 für
 <strong>Lorem</strong> (0.0030 Sekunden)</p>
<div class="first even">
<h3><a href="#" title="Startseite">Startseite</a>
 <span class="relevance">[100.00  %]</span></h3>
<p class="context">...</p>
<p class="url">index.php/startseite.html
<span class="filesize"> - 8.03 kB</span></p>
</div>
...
</div> <!-- Ende .mod_search -->
<!-- indexer::continue -->
```

Listing 12.1 Das HTML von Suchformular und Suchergebnis

Beim Suchformular ist bemerkenswert, dass, wie bei Suchmaschinen üblich, die Methode GET verwendet wird, was im Klartext bedeutet, dass die Suchbegriffe Teil der URL und in der Adresszeile des Browsers zu sehen sind. Das Eingabefeld für die Suchbegriffe hat den Namen keywords (der wichtig ist und weiter unten wieder auftaucht) und zeigt nach einer Suche die verwendeten Suchbegriffe an.

In der Ergebnisliste unterhalb des Formulars steht die Anzahl der Ergebnisse in einem Absatz p mit der Klasse header. Darunter werden die Suchtreffer aufgelistet. Die URL am Anfang ist von einem h3 umgeben, der Textauszug ist p mit der Klasse context, der Suchbegriff ist mit einem span.highlight ausgezeichnet, und die URL am Ende wird wiederum in p mit der Klasse url aufbewahrt. Dieses HTML wird im nächsten Schritt gestaltet.

12.2.5 Schritt 5: Das CSS zur Gestaltung der Suchseite

Die Gestaltung der Suchseite ist nicht schwierig, aber doch etwas aufwendiger, da eine Menge verschiedener HTML-Elemente beteiligt ist. Das folgende ToDo macht einen Vorschlag zur Formatierung, den Sie natürlich gerne verändern können.

> **ToDo: Die Suchseite gestalten**
>
> 1. Öffnen Sie das Stylesheet *interaktionen* zur Bearbeitung.
> 2. Gestalten Sie das Suchformular auf der Seite mit folgenden Styles (KATEGORIE: »Suchformular auf Suchseite«):

```
#main .mod_search input.text { padding: 0.25em; }
.mod_search .radio_container { margin: 1em 0; }
.mod_search .radio_container label { margin-right: 0.5em; }
```

3. Die Anzahl der Suchtreffer können Sie mit folgender Regel formatieren (Kategorie: »Suchergebnisse«, Schattenfarbe: #aaa, Deckkraft: 30):

```
#main .mod_search p.header {
  text-align: right;
  background-color: #555450;
  color: #fff;
  box-shadow: 0 2px 6px rgba(170, 170, 170, 0.3);
  padding: 0.5em;
  margin-top: 2em;
}
```

4. Alle folgenden Styles gestalten die Suchergebnisse unterhalb des Formulars und bekommen die Kategorie »Suchergebnisse«. Die anklickbare h3-Überschrift könnte wie folgt aussehen:

```
#main .mod_search h3 {
  font-size: 1em;
  font-weight: bold;
}
.mod_search h3 .relevance {
  font-size: 0.75em;
  font-weight: normal;
}
```

5. Der Textauszug, die Suchbegriffe und die URL darunter werden mit den folgenden Styles gestaltet:

```
#main .mod_search p.context { margin: 0; }
.mod_search .highlight { background-color: #ff0; }
.mod_search p.url { color: #008000; }
```

6. Zum Schluss werden die Suchergebnisse ein bisschen gepolstert und abwechselnd eingefärbt:

```
.mod_search .even, .mod_search .odd { padding: 0.5em; }
.mod_search .odd {
  background-color: #ececec;
  margin: 1em 0;
}
```

7. Speichern Sie das Stylesheet.

Mit diesem CSS sieht die Suchseite im Browser ungefähr so aus wie in Abbildung 12.5.

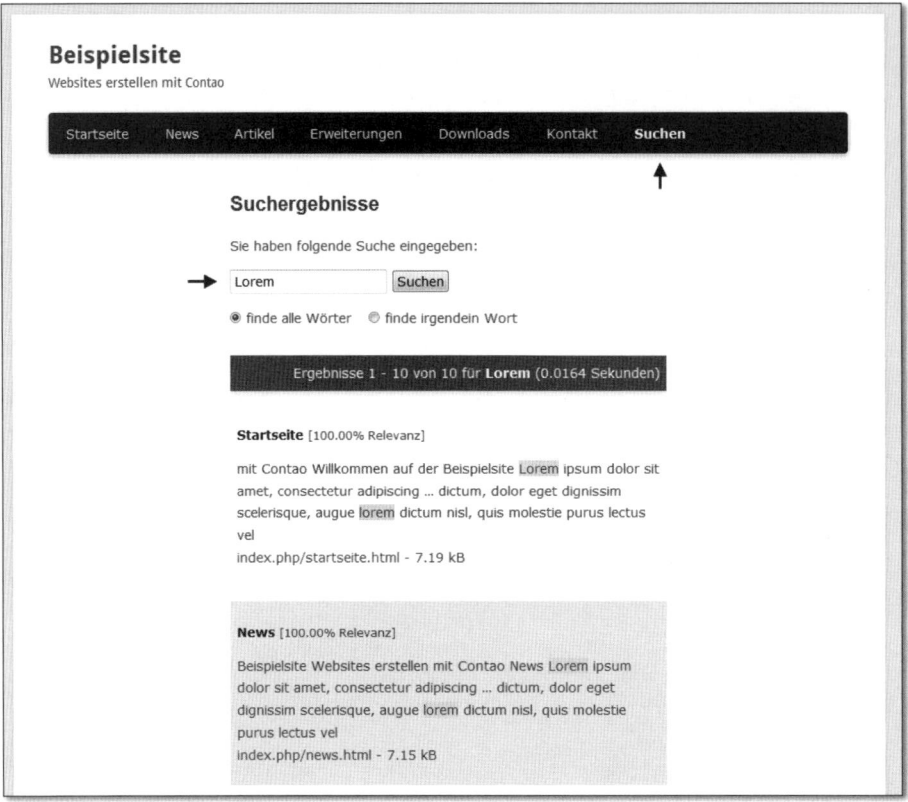

Abbildung 12.5 Die fertig gestaltete Suchseite

12.3 Ein einfaches Suchformular im Kopfbereich

Die interne Suchmaschine funktioniert bereits, aber was noch fehlt, ist ein Suchformular, z. B. im Kopfbereich, mit dem man die Site von jeder Seite aus durchsuchen kann.

In diesem Abschnitt erstellen Sie ein solches Suchformular, platzieren es im Kopfbereich rechts außen in der Navigationsleiste und verstecken dann die Suchseite, sodass sie nicht mehr im Menü erscheint (Abbildung 12.6).

Abbildung 12.6 Das einfache Suchformular im Kopfbereich

Im Prinzip gibt es zwei Möglichkeiten zur Erstellung eines solchen Suchformulars:

1. Sie erstellen ein zweites Modul SUCHMASCHINE, binden es im Kopfbereich ein und definieren als Weiterleitungsseite die Seite SUCHEN, auf der die Suchergebnisse dargestellt werden. Diese Variante wird in diesem Abschnitt erklärt.
2. Sie erstellen ein Suchformular mit dem Formulargenerator. Wie das geht, erfahren Sie etwas weiter hinten in diesem Kapitel in Abschnitt 12.4, »Alternative: ein flexibleres Suchformular«.

Man könnte auch noch ein Suchformular mit dem Modul EIGENER HTML-CODE von Hand bauen, aber das werde ich nicht weiter erläutern.

Egal, wie Sie das Formular erstellen, es wird danach auf jeden Fall im Seitenlayout eingebunden, sodass es auf jeder Seite im Kopfbereich erscheint.

12.3.1 Schritt 1: Das Modul »Anwendung – Suchformular« erstellen

Zunächst erstellen Sie ein zweites Modul SUCHMASCHINE und wählen im folgenden ToDo die Option EINFACHES FORMULAR.

> **ToDo: Das Modul »Anwendung – Suchformular« erstellen**
> 1. Öffnen Sie im Backend-Modul LAYOUT • THEMES die Frontend-Module zur Bearbeitung.
> 2. Klicken Sie im Arbeitsbereich oben auf NEUES MODUL.
> 3. Titel: »Anwendung – Suchformular (einfach)«.
> 4. Wählen Sie als Modultyp den Eintrag SUCHMASCHINE.
> 5. Prüfen Sie in der Modulkonfiguration, ob in der Liste SUCHFORMULAR-LAYOUT die Option EINFACHES FORMULAR gewählt ist. Lassen Sie die anderen Einstellungen unverändert.
> 6. Wählen Sie als Weiterleitungsseite die am Anfang des Kapitels erstellte Seite SUCHEN, damit die Suchergebnisse auf dieser Seite dargestellt werden.
> 7. Wählen Sie als Referenzseite den STARTPUNKT EINER WEBSEITE namens STARTPUNKT BEISPIELSITE CONTAOBUCH.
> 8. Das Template sollte *search_default* heißen.
> 9. Klicken Sie auf SPEICHERN UND SCHLIESSEN.

Das Modul existiert und ist konfiguriert. Im nächsten Schritt wird es im Seitenlayout eingebunden.

12.3.2 Schritt 2: Das Modul »Anwendung – Suchformular« im Seitenlayout einbinden

Nach der Integration des Suchformulars in ein Frontend-Modul binden Sie das neu erstellte Modul in diesem Schritt in das Seitenlayout ein. Abbildung 12.7 zeigt, wie der Bereich FRONTEND-MODULE im Seitenlayout danach aussieht.

Abbildung 12.7 Das Seitenlayout mit dem eingebundenen Suchformular

Im folgenden ToDo binden Sie das Modul ANWENDUNG – SUCHFORMULAR ein und verstecken dann die Suchseite im Menü, da das Suchformular im Kopfbereich die Seite automatisch aufruft.

> **ToDo: Das Modul »Suchformular« im Seitenlayout einbinden**
>
> 1. Öffnen Sie im Backend-Modul LAYOUT • THEMES die Seitenlayouts zur Bearbeitung.
> 2. Öffnen Sie das STANDARDLAYOUT zur Bearbeitung.
> 3. Duplizieren Sie im Bereich FRONTEND-MODULE – EINGEBUNDENE MODULE die Zeile NAV – MAIN [NAVIGATIONSMENÜ] in der Spalte KOPFZEILE.
> 4. Ändern Sie die obere der beiden Zeilen so, dass das Modul ANWENDUNG – SUCHFORMULAR (EINFACH) in die KOPFZEILE eingebunden wird.
> 5. Klicken Sie auf SPEICHERN UND SCHLIESSEN.
> 6. Öffnen Sie das Backend-Modul LAYOUT • SEITENSTRUKTUR.
> 7. Öffnen Sie die Seite SUCHEN zur Bearbeitung.
> 8. Aktivieren Sie das Kontrollkästchen IM MENÜ VERSTECKEN.
> 9. Klicken Sie auf SPEICHERN UND SCHLIESSEN.

Nach diesem ToDo sollte wie in Abbildung 12.8 das Suchformular im Kopfbereich erscheinen und auch bereits funktionieren. An der Gestaltung feilen Sie in den nächsten beiden Schritten noch ein bisschen.

Abbildung 12.8 Das Suchformular im Kopfbereich – ungestaltet

12.3.3 Schritt 3: Das HTML für das Suchformular

Das HTML für das Suchformular ist ziemlich »straightforward«, wie man auf Neudeutsch so schön sagt, und hat keinerlei Besonderheiten, die nicht schon an anderer Stelle erwähnt worden wären:

```
<!-- indexer::stop -->
<div class="mod_search block">
<form action="index.php/suchen.html" method="get">
<div class="formbody">
<label class="invisible" for="ctrl_keywords">Suchbegriffe</label>
<input type="text" value="" class="text" id="ctrl_keywords"
       name="keywords">
<input type="submit" id="ctrl_submit" class="submit"
       value="Suchen">
</div>
</form>
</div>
<!-- indexer::continue -->
```

Listing 12.2 Das HTML für das Suchformular

12.3.4 Schritt 4: Das Suchformular im Kopfbereich positionieren

Zur Positionierung des Suchformulars könnte man die horizontale Navigation nach links und das Suchformular nach rechts floaten, aber stabiler ist es, das Formular mit absoluter Positionierung rechts unten in den Kopfbereich zu platzieren.

Jeder Layoutbereich von Contao hat ein div mit der Klasse inside, das im CSS-Reset die Anweisung position:relative; erhält. Dadurch wird div.inside im Kopfbereich im folgenden ToDo automatisch zum Bezugspunkt für die absolute Positionierung des Formulars.

> **ToDo: Das Suchformular im Kopfbereich positionieren**
>
> 1. Öffnen Sie das Stylesheet *interaktionen* im Editor.
> 2. Gestalten Sie das Suchformular mit den folgenden Styles (KATEGORIE: »Suchformular – Kopfbereich«):
>
>    ```
>    #header .mod_search form { margin: 0; }
>    #header .mod_search .text { width: 100px; }
>    ```
>
> 3. Positionieren Sie das `div`-Element mit dem Suchformular rechts unten im Kopfbereich:
>
>    ```
>    #header .mod_search {
>      position: absolute;
>      right: 14px; /* ggf. den Wert anpassen */
>      bottom: 0;
>      line-height: 44px;
>    }
>    ```
>
> 4. Speichern Sie das Stylesheet.

Mit diesen wenigen Styles sitzt das Suchformular an der richtigen Stelle (siehe Abbildung 12.9).

Abbildung 12.9 Das fertig gestaltete Suchformular

12.3.5 Schritt 5: Den Platz für das absolut positionierte Suchformular schützen

Wenn ein Objekt absolut positioniert wird, ist der CSS-Autor dafür verantwortlich, dass sich Elemente nicht versehentlich überlappen. Sollten in der ersten Menüebene noch neue Seiten hinzukommen, wird die horizontale Navigation sich irgendwann mit dem absolut positionierten Suchformular überschneiden. Was immer dann im Detail passieren mag, es ist ziemlich sicher nicht wünschenswert.

12.3 Ein einfaches Suchformular im Kopfbereich

Um eine Überschneidung zu verhindern, können Sie im Stylesheet zur Gestaltung der Navigation den Style für das die Navigation umgebende nav-Element mit der Klasse mod_navigation um ein padding-right von etwa 200 px ergänzen.

> **ToDo: Den Platz für das absolut positionierte Suchformular schützen**
>
> 1. Öffnen Sie das Stylesheet *navigation* zur Bearbeitung.
> 2. Ergänzen Sie den Style zur Gestaltung des nav-Elements um ein padding-right von ca. 200 px:
>
>    ```
>    #header .mod_navigation {
>        ...
>        padding: 0 200px 0 0;
>        ...
>    }
>    ```
>
> 3. Speichern Sie das Stylesheet.

Im Browser ändert sich nach diesem ToDo optisch gar nichts, aber Abbildung 12.10 zeigt, dass das Suchformular im padding-right von .mod_navigation sitzt.

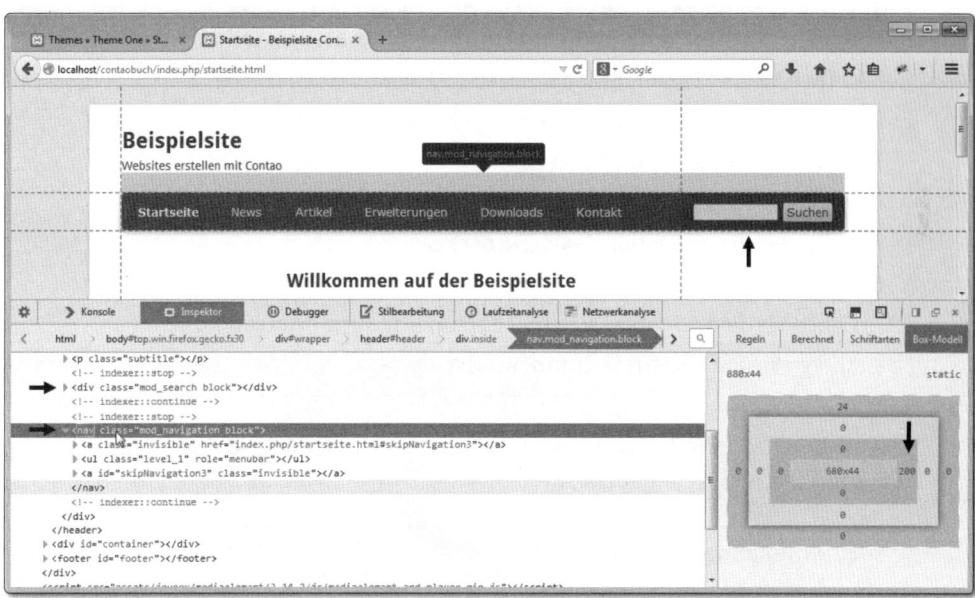

Abbildung 12.10 Das Suchformular sitzt im geschützten Bereich.

Falls aber die Hauptnavigation zu breit werden sollte, erfolgt jetzt ein Umbruch vor dem Suchformular, und die Navigation wird zweizeilig. Das ist vielleicht nicht hübsch, aber besser als nicht bedienbar, weil Menüpunkte und Suchformular sich in die Quere kommen. Mit diesem Schritt ist die Suchfunktion funktionsfähig und einsatzbereit.

12.4 Alternative: ein flexibleres Suchformular

Die Suchfunktion ist im Prinzip fertig, aber in diesem Abschnitt möchte ich Ihnen noch eine Alternative zeigen, bei der Sie das Suchformular mit dem Formulargenerator selbst erstellen. Die Einbindung in das Seitenlayout ist dadurch etwas aufwendiger, aber dafür haben Sie bei der Gestaltung des Suchformulars viel mehr Möglichkeiten.

12.4.1 Schritt 1: Ein Suchformular mit dem Formulargenerator erstellen

Zunächst erstellen Sie mit dem Formulargenerator ein einfaches Suchformular. Als WEITERLEITUNGSSEITE wählen Sie die Seite SUCHEN, und als Übertragungsmethode wird, wie bei Suchformularen üblich, GET verwendet.

> **ToDo: Das Suchformular mit dem Formulargenerator erstellen**
> 1. Öffnen Sie das Backend-Modul INHALTE • FORMULARGENERATOR.
> 2. Klicken Sie oben im Arbeitsbereich auf NEUES FORMULAR.
> 3. Der Titel ist »Suchformular (Lupe)«.
> 4. Wählen Sie als WEITERLEITUNGSSEITE die Seite SUCHEN.
> 5. Aktivieren Sie die Option TABELLENLOSES LAYOUT.
> 6. Die Übertragungsmethode ist GET.
> 7. Geben Sie dem Formular eine CSS-ID namens »suchformular«.
> 8. Klicken Sie auf SPEICHERN UND SCHLIESSEN.

Das Formular existiert. Jetzt fehlen ihm nur noch ein Eingabefeld und eine Schaltfläche zum Abschicken der Suche.

> **Suchformular per POST in Contao**
> Suchformulare funktionieren meistens mit der Übertragungsmethode GET, damit die Suchbegriffe sichtbar in der URL auftauchen. Die Ansteuerung der Contao-Suchmaschine könnte aber auch per POST ausgeführt werden, wenn man in den Formulareinstellungen rechts unten als FORMULAR-ID »tl_search« eingibt. DHL geht nicht.

Abbildung 12.11 Das Eingabeformular für das flexible Suchformular

12.4.2 Schritt 2: Ein Textfeld zum Suchformular hinzufügen

In diesem Schritt fügen Sie dem Formular ein einfaches Textfeld hinzu, das den besonderen Feldnamen KEYWORDS trägt.

> **ToDo: Ein Textfeld zum Suchformular hinzufügen**
>
> 1. Öffnen Sie das Backend-Modul INHALTE • FORMULARGENERATOR.
> 2. Öffnen Sie das eben erstellte SUCHFORMULAR (LUPE) zur Bearbeitung.
> 3. Klicken Sie oben im Arbeitsbereich auf NEUES FELD und anschließend auf den braunen Pfeil nach unten.
> 4. Wählen Sie als Feldtyp TEXTFELD.
> 5. Der FELDNAME muss »keywords« lauten (ohne Anführungsstriche). Durch diesen Feldnamen weiß Contao, dass es sich um eine Suche handelt.
> 6. Die Feldbezeichnung sollten Sie frei lassen. Das ist eine Beschriftung für das Formular, und das ist beim Suchformular nicht nötig.
> 7. Wählen Sie im Bereich FELDKONFIGURATION als Eingabeprüfung die Option ERWEITERTE ALPHANUMERISCHE ZEICHEN.
> 8. Geben Sie im Bereich EXPERTEN-EINSTELLUNGEN die CSS-KLASSE »suchfeld« ein.
> 9. Klicken Sie auf SPEICHERN UND SCHLIESSEN.

12.4.3 Schritt 3: Bildschaltfläche – eine Grafik zum Abschicken des Formulars

In diesem Schritt nutzen Sie die Freiheit bei der Gestaltung des Suchformulars und geben dem Formular anstelle der bekannten, aber doch eher etwas schnöden Schaltfläche SUCHEN eine hübsche Grafik mit auf den Weg.

> **ToDo: Eine Bildschaltfläche zum Abschicken des Formulars erstellen**
>
> 1. Laden Sie im Backend-Modul SYSTEM • DATEIVERWALTUNG die Grafik *lupe.png* von der Buch-CD aus dem Ordner für die Beispieldateien in den Ordner *themes/theme_one* hoch.
> 2. Öffnen Sie in INHALTE • FORMULARGENERATOR das eben erstellte SUCHFORMULAR (LUPE) zur Bearbeitung.
> 3. Fügen Sie unterhalb des Textfeldes ein neues Formularfeld ein.
> 4. Wählen Sie als Feldtyp ABSENDEFELD.
> 5. Geben Sie als BEZEICHNUNG DER ABSENDE-SCHALTFLÄCHE das Wort »Suchen« ein (ohne die Anführungsstriche).
> 6. Blenden Sie darunter den Bereich BILDSCHALTFLÄCHE ERSTELLEN ein, und wählen Sie als Quelldatei die Grafik *lupe.png* aus dem Ordner *themes/theme_one*.
> 7. Geben Sie in den EXPERTEN-EINSTELLUNGEN die CSS-KLASSE »lupe« an.
> 8. Klicken Sie auf SPEICHERN UND SCHLIESSEN.

> **Alternative: Suchformular mit dem Modul »Eigener HTML-Code«**
>
> Falls Ihnen der Formulargenerator nicht zusagt oder Sie ganz besondere Vorstellungen vom Suchformular haben, die sich damit nicht umsetzen lassen, können Sie das HTML für das Formular auch selbst schreiben.
>
> Erstellen Sie dazu einfach ein neues Frontend-Modul vom Typ EIGENER HTML-CODE. Achten Sie bei der Formularerstellung darauf, dass der Name des Eingabefeldes KEYWORDS lauten muss.

12.4.4 Schritt 4: Ein Frontend-Modul mit dem Suchformular erstellen

Das Suchformular soll anstelle des einfachen Suchformulars auf allen Seiten rechts neben der horizontalen Navigation erscheinen, und der ideale Weg dahin wäre eine Einbindung ins Seitenlayout.

Dabei gibt es aber ein Problem: In einem Seitenlayout können Frontend-Module eingebunden werden, und das Suchformular ist momentan keines.

Genau für solche Situationen gibt es den Modultyp FORMULAR, der ein Formular ganz einfach in ein Modul integriert, das dann anschließend in das Seitenlayout eingebunden wird. Im folgenden ToDo erstellen Sie das Modul mit dem Suchformular.

12.4 Alternative: ein flexibleres Suchformular

> **ToDo: Ein Frontend-Modul mit dem Suchformular erstellen**
>
> 1. Öffnen Sie das Backend-Modul THEMES • FRONTEND-MODULE.
> 2. Klicken Sie oben im Arbeitsbereich auf NEUES MODUL.
> 3. Der Titel des Moduls soll »Anwendung – Suchformular (Lupe)« sein.
> 4. Wählen Sie als Modultyp FORMULAR.
> 5. Wählen Sie im Bereich INCLUDE-EINSTELLUNGEN in der Liste FORMULAR den Eintrag SUCHFORMULAR (LUPE).
> 6. Klicken Sie auf SPEICHERN UND SCHLIESSEN.

Das war's schon: kurz, aber wichtig.

12.4.5 Schritt 5: Das Modul im Seitenlayout einbinden

Nachdem Sie im letzten Schritt das Modul erstellt haben, wird es jetzt im Seitenlayout eingebunden. Da ein Suchformular pro Webseite in der Regel völlig ausreichend ist, ersetzen Sie das bereits vorhandene, in Abschnitt 12.3 erstellte Suchformular.

> **ToDo: Das Frontend-Modul im Seitenlayout einbinden**
>
> 1. Öffnen Sie das Backend-Modul THEMES • SEITENLAYOUTS.
> 2. Öffnen Sie das STANDARDLAYOUT zur Bearbeitung.
> 3. Blenden Sie gegebenenfalls den Bereich FRONTEND-MODULE ein.
> 4. Suchen Sie die Zeile, in der das Modul ANWENDUNG – SUCHFORMULAR (EINFACH) in die KOPFZEILE eingebunden wird, und wählen Sie aus der Liste stattdessen das Modul ANWENDUNG – SUCHFORMULAR (LUPE) [FORMULAR]. Falls noch kein Suchformular eingebunden ist, fügen Sie eine Zeile hinzu und binden das eben erstellte Modul dann ein.
> 5. Klicken Sie auf SPEICHERN UND SCHLIESSEN.

Nach diesem Schritt ist das Suchformular mit der Lupe endlich im Frontend zu sehen, auch wenn es, wie Abbildung 12.12 zeigt, noch nicht ganz optimal aussieht.

Abbildung 12.12 Suchformular mit Lupe – noch ungestaltet

Grund dafür ist, dass die mit #header .mod_search beginnenden Selektoren für das einfache Suchformular aus Abschnitt 12.3 nichts mehr selektieren.

12.4.6 Schritt 6: Das Suchformular gestalten und positionieren

Das folgende Listing zeigt, wie Sie das Suchformular mit wenigen Styles gestalten und positionieren können.

```
#header div.mod_form {
  position: absolute;
  right: 10px;
  bottom: 0;
  line-height: 44px;
  z-index: 100;
}
#suchformular { margin: 0; }
#header input.suchfeld {
  width: 125px;
  padding: 1px 25px 1px 10px;
  border-radius: 10px;
  border: none;
  margin: 0;
}
#header input.lupe {
  position: absolute;
  right: 7px;
  top: 15px; /* ggf. den Wert anpassen */
  padding: 0;
  margin: 0;
}
```

Listing 12.3 Das CSS zur Gestaltung des Suchformulars mit Lupe

Dieses CSS positioniert zunächst das Formular. Bezugspunkt ist div.inside, das vom Contao-CSS-Framework automatisch ein position:relative bekommen hat. Danach wird das Suchfeld mit abgerundeten Ecken und einem großen rechten Padding versehen. In dieses padding wird im letzten Style die Lupe zum Abschicken des Suchfeldes positioniert. Bezugspunkt für die Positionierung der Lupe ist übrigens nicht div.inside, sondern das absolut positionierte Element div.mod_form aus dem ersten Style.

Im folgenden ToDo weisen Sie das CSS dem Suchformular zu.

12.4 Alternative: ein flexibleres Suchformular

ToDo: Das Suchformular mit Lupe gestalten und positionieren

1. Öffnen Sie das Stylesheet *interaktionen* im Editor.
2. Fügen Sie am Ende des Stylesheets die Styles aus Listing 12.3 ein (KATEGORIE: »Suchformular – Lupe«).
3. Die Anweisung »z-index: 100;« (ohne Anführungsstriche, aber mit Semikolon am Ende) geben Sie ganz unten im Feld EIGENER CODE ein.
4. Speichern Sie das Stylesheet.

Nach diesem ToDo sieht der Kopfbereich der Beispielseiten so aus wie in Abbildung 12.13.

Abbildung 12.13 Das Suchformular mit Lupe und runden Ecken

Denken Sie daran, den Platz für das absolut positionierte Suchformular zu schützen, damit ihm die horizontale Navigation nicht in die Quere kommt, falls diese mehr Navigationspunkte bekommen sollte. Das geht mit einem großen rechten padding von z. B. 200 px, für div.mod_navigation im Kopfbereich.

Zwischen den beiden Suchformularen hin- und herwechseln

Sie haben in diesem Kapitel auf sehr unterschiedliche Art und Weise zwei Frontend-Module mit jeweils einem Suchformular erstellt:

▶ ANWENDUNG – SUCHFORMULAR (EINFACH)
▶ ANWENDUNG – SUCHFORMULAR (LUPE)

Sie können im Backend ganz einfach zwischen den beiden Suchformularen hin- und herwechseln, indem Sie im Seitenlayout das entsprechende Frontend-Modul einbinden. Das ist z. B. ideal, um einem Kunden zwei Alternativen zu zeigen.

Das CSS für beide Module liegt im Stylesheet *interaktionen*, und da die beiden Formulare verschiedene Klassen und IDs haben (mod_search bzw. mod_form und #suchformular), gibt es dabei keinerlei Probleme, und das CSS für das jeweils gerade nicht benutzte Modul richtet keinen Schaden an.

12.5 Die Syntax der Suchfunktion im Überblick

Die Syntax der internen Suchmaschine orientiert sich an Suchmaschinen wie Google, sodass Ihre Besucher bei der Bedienung kaum Schwierigkeiten haben werden. Hier eine Zusammenfassung der wichtigsten Punkte:

- **UND- bzw. ODER-Suche**
  Eine Suche nach `lorem ipsum` listet standardmäßig nur Seiten als Treffer auf, auf denen beide Begriffe vorkommen. Gesucht wird also nach `lorem AND ipsum`. Diese UND-Suche heißt in Contao FINDE ALLE WÖRTER. Wem das zu wenig ist, der kann die Leiden der jungen Wörter erhöhen und die Option FINDE IRGENDEIN WORT aktivieren. Das bewirkt die Suche `lorem OR ipsum` und listet alle Seiten als Treffer auf, auf denen einer der beiden Suchbegriffe vorkommt.

- **Phrasensuche "mit Anführungszeichen"**
  Eine Suche nach `"lorem ipsum"` geht einen Schritt weiter als die UND-Suche. Contao listet nur Seiten als Treffer auf, auf denen die beiden Begriffe direkt hintereinanderstehen.

- **Platzhaltersuche mit Sternchen ***
  Um auch Teile von Wörtern zu finden, können Sie ein Sternchen als Platzhalter verwenden. Eine Suche nach `web*` findet alle Begriffe, die mit diesen Buchstaben beginnen. Herr oder Frau *Weber* werden dabei genauso gefunden wie eine *Webanwendung*.

- **Suchbegriff erzwingen mit einem Pluszeichen +**
  Das Erzwingen von Suchbegriffen ermöglicht die Verfeinerung von ODER-Suchen, indem Sie sagen können, dass ein Begriff unbedingt vorkommen muss, der andere aber nur eventuell.

- **Suchbegriff ausschließen mit einem Minuszeichen –**
  Eine Suche nach `-web consulting design` findet alle Seiten, auf denen die Begriffe *consulting* und/oder *design* stehen, aber nicht das Wort *web*.

Viel Spaß beim Suchen mit der internen Suchmaschine von Contao.

Kapitel 13
Bloggen: die Erweiterung »Nachrichten«

In diesem Kapitel erfahren Sie, wie Sie ein Newssystem erstellen, das die Beiträge chronologisch sortiert auf der Webseite ausgibt. Außerdem fügen Sie Bilder in Teaser und Beiträge ein, erstellen einen RSS-Feed, aktivieren die Kommentarfunktion und bauen eine Navigation, mit der man Beiträge monatsweise auswählen kann.

Die Themen im Überblick:

- Übersicht: die Zutaten für das Nachrichtensystem, Seite 398
- Das »Newsarchiv«: Beiträge erstellen, Seite 399
- Teaser und Beiträge im Frontend ausgeben, Seite 406
- HTML und CSS: Teaser und Beiträge gestalten, Seite 416
- Bilder zu Teasern und Beiträgen hinzufügen, Seite 422
- RSS-Feeds zum Abonnieren der Beiträge erstellen, Seite 425
- Interaktion mit Besuchern: die Kommentarfunktion, Seite 428
- Navigation: Beiträge monatsweise auswählen, Seite 435
- Know-how: Nachrichten, Modultypen und Templates, Seite 444

Die Erweiterung NACHRICHTEN gehört zum Core von Contao und besteht aus einem Backend-Modul, einigen Frontend-Modulen und diversen Modul- und Subtemplates.

Nachrichten werden im Frontend umgekehrt chronologisch ausgegeben und können, falls gewünscht, von den Besuchern kommentiert und als Feed abonniert werden. Typischerweise gibt es dabei eine Übersichtsseite mit kurzen Anlesetexten (*Teasern*) mit jeweils einem Link WEITERLESEN ..., der zur Einzeldarstellung der Nachricht führt. Abbildung 13.1 zeigt eine Teaserübersicht im Browser.

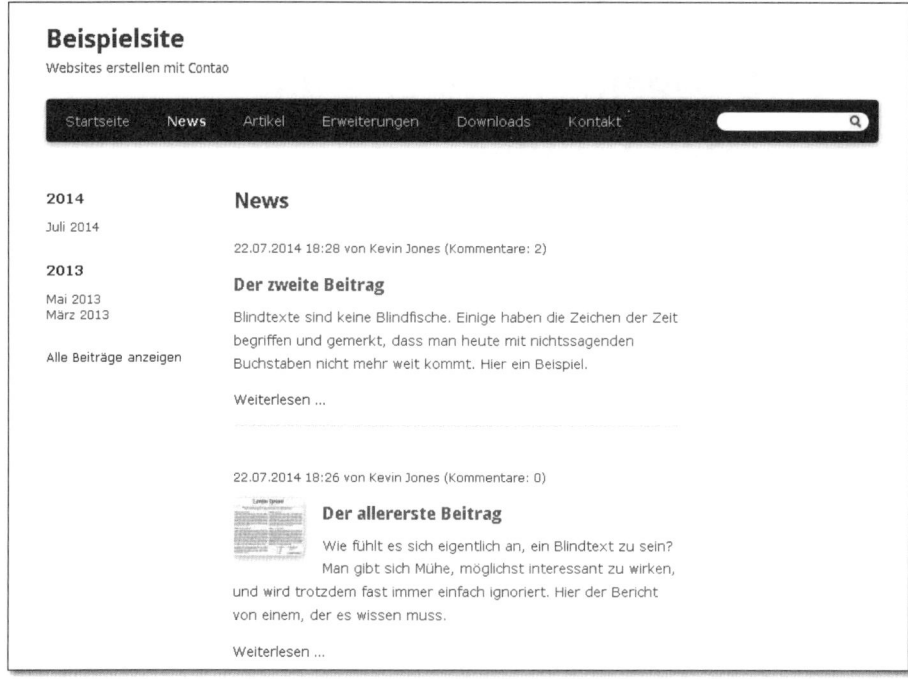

Abbildung 13.1 Die Seite »Nachrichten« mit Teasern und Monatsauswahl

Chronologisch umgekehrte Sortierung, Teaser, Weiterlesen-Link, Kommentarfunktion, RSS-Feed. Diese Aufzählung erinnert an ein Blog, und es stimmt. Wer will, kann mit der Nachrichten-Erweiterung problemlos ein Blog betreiben.

13.1 Übersicht: die Zutaten für das Nachrichtensystem

In älteren Contao-Versionen bestanden Nachrichtenbeiträge nicht aus Inhaltselementen, sondern nur aus einem Teasertext und Beitragstext, eventuell garniert mit einer Grafik. Seit Contao 3 können Nachrichtenbeiträge genau wie Artikel aus beliebigen Inhaltselementen bestehen. Beiträge werden im Gegensatz zu Artikeln aber nicht innerhalb der Seitenstruktur aufbewahrt, sondern in einem speziell erstellten Nachrichtenarchiv, dessen Inhalt per Modul im Frontend dargestellt wird.

Um das in diesem Kapitel vorgestellte Newssystem mit Teasern und Kommentarfunktion auf die Beine zu stellen, benötigen Sie folgende Zutaten:

▸ *Ein Nachrichtenarchiv*
Das Archiv wird im Backend-Modul INHALTE • NACHRICHTEN erstellt. Hier werden die Nachrichtenbeiträge erstellt.

- *Zwei Seiten*
  Eine Seite für die Übersicht der Anleser (*Teaser*) und eine zweite Weiterleitungsseite, auf der nach einem Klick auf WEITERLESEN ... der ganze Beitrag dargestellt wird.
- *Zwei Frontend-Module*
  Ein Modul vom Typ NACHRICHTENARCHIV erzeugt die Übersicht mit den Teasertexten, ein zweites Modul vom Typ NACHRICHTENLESER stellt den vollständigen Beitrag dar.
- *Zwei Artikel*
  Auf jeder der beiden Seiten gibt es einen Artikel, in dem die beiden Frontend-Module eingebunden werden.

Seit Contao 2.11 ist eine Weiterleitungsseite nicht mehr zwingend nötig, und die beiden Module zur Ausgabe der Teaserübersicht und der ganzen Beiträge können auch auf derselben Seite ausgegeben werden. Die in diesem Kapitel gezeigte klassische Methode *mit* einer Weiterleitungsseite hat aber den Vorteil, dass man die im Social-Media-Zeitalter wichtigen Syndikation-Buttons zum Teilen, Weitersagen und Empfehlen von Beiträgen auf Twitter, Facebook und Google+ sehr leicht einbauen kann.

Los geht es in jedem Fall mit der Erstellung des Nachrichtenarchivs.

13.2 Das »Newsarchiv«: Beiträge erstellen

Ein Archiv dient zur Erstellung und Aufbewahrung von Nachrichten. Bevor Sie aber das erste Nachrichtenarchiv erstellen, müssen Sie in der Seitenstruktur noch ein paar Vorbereitungen treffen.

13.2.1 Die Seitenstruktur vorbereiten: Weiterleitungsseite erstellen

Im folgenden ToDo erstellen Sie in der Seitenstruktur unterhalb der Seite NEWS eine Unterseite, die *Newsbeitrag anzeigen* heißen soll und den Alias *newsbeitrag* bekommt.

> **ToDo: Die Weiterleitungsseite erstellen**
> 1. Öffnen Sie das Backend-Modul LAYOUT • SEITENSTRUKTUR.
> 2. Klicken Sie oben im Arbeitsbereich auf NEUE SEITE.
> 3. Fügen Sie die neue Seite als Unterseite zur vorhandenen Seite NEWS ein, indem Sie rechts daneben auf den weißen Pfeil auf braunem Klemmbrett klicken.
> 4. Die neue Seite soll folgende Eigenschaften haben:
>   SEITENNAME: »Newsbeitrag anzeigen«
>   Seitenalias: »newsbeitrag« (erscheint später in der URL)

> 5. Aktivieren Sie im Bereich EXPERTEN-EINSTELLUNGEN die Option IM MENÜ VERSTECKEN.
> 6. Aktivieren Sie das Kontrollkästchen SEITE VERÖFFENTLICHEN.

Nach diesem ToDo sieht die Seitenstruktur so aus wie in Abbildung 13.2.

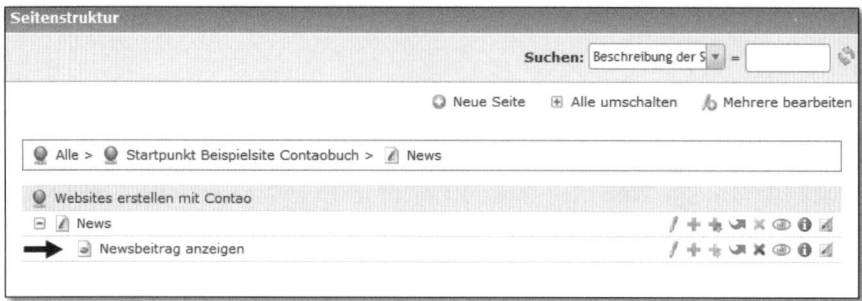

Abbildung 13.2 Die Weiterleitungsseite »Newsbeitrag anzeigen«

13.2.2 Das »Newsarchiv«: ein Nachrichtenarchiv erstellen

Ein Nachrichtenarchiv dient wie gesagt zur Erstellung und Aufbewahrung von Nachrichtenbeiträgen. Wenn Sie im Backend-Modul NACHRICHTEN oben im Arbeitsbereich auf NEUES ARCHIV klicken, sehen Sie das Eingabeformular aus Abbildung 13.3.

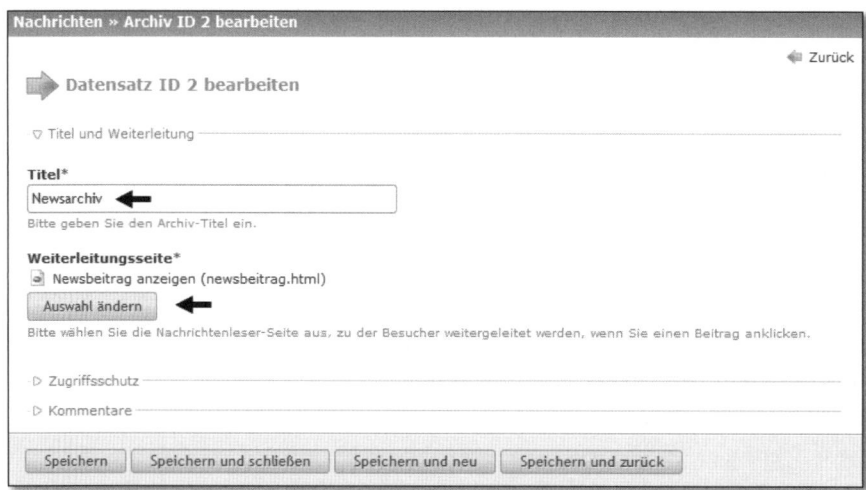

Abbildung 13.3 Das Eingabeformular zur Erstellung eines Nachrichtenarchivs

Der TITEL ist der Name, unter dem das Archiv geführt wird, und die WEITERLEITUNGSSEITE ist die Seite, die nach einem Klick auf den Link WEITERLESEN ... aufgerufen wird. Auf dieser Seite muss ein Modul vom Typ NACHRICHTENLESER zur Anzeige eines Beitrags eingebunden sein.

Im Bereich KOMMENTARE können Sie die Kommentarfunktion für jedes Archiv einzeln aktivieren. Der ZUGRIFFSSCHUTZ kann ein Archiv schützen, sodass es nur für bestimmte Mitgliedergruppen zu sehen ist.

Im folgenden ToDo erstellen Sie ein Nachrichtenarchiv mit dem selbsterklärenden Namen NEWSARCHIV.

> **ToDo: Ein Nachrichtenarchiv erstellen**
> 1. Öffnen Sie das Backend-Modul INHALTE • NACHRICHTEN.
> 2. Klicken Sie oben im Arbeitsbereich auf NEUES ARCHIV.
> 3. Vergeben Sie den Titel »Newsarchiv«.
> 4. Klicken Sie im Bereich WEITERLEITUNGSSEITE auf die Schaltfläche AUSWAHL ÄNDERN.
> 5. Wählen Sie die eben erstellte Seite NEWSBEITRAG ANZEIGEN aus, und bestätigen Sie die Auswahl mit einem Klick auf ANWENDEN.
> 6. Lassen Sie die Optionen ZUGRIFFSSCHUTZ und KOMMENTARE vorerst unverändert.
> 7. Klicken Sie auf SPEICHERN UND SCHLIESSEN.

Jetzt haben Sie eine Lagerhalle zur Aufbewahrung der Beiträge. Sie können beliebig viele solcher Archive erstellen und sie alle unterschiedlich konfigurieren, z. B. ein Archiv für öffentliche Nachrichten auf der Webseite und ein weiteres mit Zugriffsschutz in einem internen Bereich nur für Mitarbeiter. Für den Anfang reicht aber dieses eine.

13.2.3 Newsbeitrag erstellen, Teil 1: Titel und Teaser

Nach der Erstellung des Archivs benötigen Sie ein paar Nachrichtenbeiträge, die später auf der Webseite ausgegeben werden. Das Eingabeformular zur Erstellung neuer Nachrichten ist ziemlich lang, weshalb ich es im Folgenden in zwei Schritten vorstelle.

Öffnen Sie zunächst das NEWSARCHIV zur Bearbeitung (gelber Bleistift oder [Strg]/[cmd] + Klick), und klicken Sie dann im Arbeitsbereich oben auf NEUER BEITRAG. Im ersten Teil des Formulars geht es um Titel, Autor und das Erstellungsdatum der Nachricht (siehe Abbildung 13.4).

Abbildung 13.4 Teil 1 – Titel, Autor und Datum der Nachricht eingeben

Der TITEL ist die Überschrift der Nachricht. Die Überschriftsebene wird von Contao automatisch vergeben: In der Nachrichtenübersicht mit der Auflistung der Teaser wird die Überschrift h2 verwendet, in der Einzelansicht h1.

Der NACHRICHTENALIAS wird oft frei gelassen und von Contao automatisch erzeugt, aber man kann ihn natürlich auch selbst definieren, denn aus dem Alias wird die URL erstellt, unter der ein einzelner Beitrag permanent abrufbar ist (auch *Permalink* genannt).

Als AUTOR wird standardmäßig der im Backend angemeldete Benutzer eingetragen.

Das DATUM ist das Erstellungsdatum des Beitrags. Contao gibt das aktuelle Datum vor, aber Sie können es manuell oder mit einem Klick auf den Datumswähler ändern. In welchem Datumsformat das Datum hier ein- und auf der Webseite ausgegeben werden soll, legen Sie in SYSTEM • EINSTELLUNGEN oder in der SEITENSTRUKTUR im STARTPUNKT EINER WEBSEITE fest. Falls die Uhrzeit nicht stimmen sollte, überprüfen Sie ebenfalls im STARTPUNKT oder in SYSTEM • EINSTELLUNGEN im Bereich DATUM UND ZEIT die eingestellte Zeitzone. EUROPE/BERLIN sollte da stehen. Oder AMSTERDAM.

Unterhalb dieser allgemeinen Daten beginnt, wie in Abbildung 13.5 dargestellt, der zweite Teil des Eingabeformulars, die Erstellung des Teasertextes.

Abbildung 13.5 Teil 2 – Teasertext für den Beitrag

Die UNTERÜBERSCHRIFT wird in der Einzelansicht eines Beitrags unterhalb von Titel und Meta-Daten angezeigt und meist einfach frei gelassen. Wichtiger ist das Eingabefeld TEASERTEXT darunter, das zur Eingabe eines kurzen Anlesetextes dient, der auf der Übersichtsseite angezeigt wird. Der Teasertext ist ein Köder, mit dem der Leser zum Lesen des Beitrags animiert werden soll.

Unterhalb des Teasers gibt es noch Optionen zum Hinzufügen eines Bildes und diverser anderer Dinge, aber wirklich wichtig sind die Einstellungen im Bereich VERÖFFENTLICHUNG. Erst wenn das Kontrollkästchen vor BEITRAG VERÖFFENTLICHEN angekreuzt ist, wird der Beitrag auch wirklich auf der Webseite ausgegeben, jedenfalls sofern alle anderen in diesem Kapitel beschriebenen Voraussetzungen erfüllt sind.

Im folgenden ToDo erstellen Sie die zwei Nachrichtenbeiträge und geben jeweils einen kurzen Teasertext ein. Falls Sie keine Lust haben, die Texte selbst zu tippen, finden Sie eine Kopiervorlage in den Beispieldateien auf der Buch-CD.

> **ToDo: Zwei Nachrichtenbeiträge mit Teaser erstellen**
>
> 1. Öffnen Sie das Backend-Modul INHALTE • NACHRICHTEN.
> 2. Öffnen Sie das NEWSARCHIV zur Bearbeitung.
> 3. Klicken Sie oben im Arbeitsbereich auf NEUER BEITRAG, um den ersten Beitrag zu erstellen.
> 4. Geben Sie den Titel »Der allererste Beitrag« ein.
> 5. Geben Sie im Feld TEASERTEXT den folgenden Text ein: »Wie fühlt es sich eigentlich an, ein Blindtext zu sein? Man gibt sich Mühe, möglichst interessant zu wirken, und wird trotzdem fast immer einfach ignoriert. Hier der Bericht von einem, der es wissen muss.«
> 6. Aktivieren Sie das Kontrollkästchen vor BEITRAG VERÖFFENTLICHEN.
> 7. Klicken Sie auf SPEICHERN UND NEU.
> 8. Erstellen Sie einen zweiten Beitrag mit dem vielsagenden Titel »Der zweite Beitrag«.
> 9. TEASERTEXT: »Blindtexte sind keine Blindfische. Einige haben die Zeichen der Zeit begriffen und gemerkt, dass man heute mit nichtssagenden Buchstaben nicht mehr weit kommt. Hier ein Beispiel.«
> 10. Aktivieren Sie das Kontrollkästchen BEITRAG VERÖFFENTLICHEN.
> 11. Klicken Sie auf SPEICHERN UND SCHLIESSEN.

Im Backend enthält das NEWSARCHIV jetzt zwei Beiträge (siehe Abbildung 13.6). Unterhalb der Archiv-Einstellungen sehen Sie den Titel des Beitrags und rechts am Rand die üblichen Symbole zur Bearbeitung. Der Teasertext erscheint in dieser Übersicht nicht.

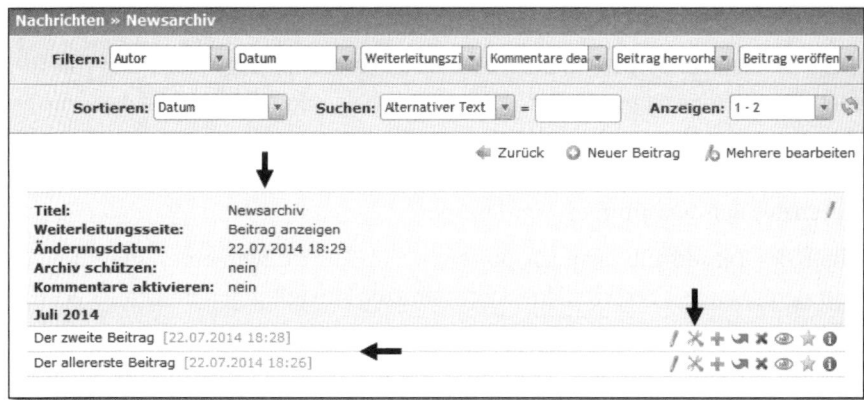

Abbildung 13.6 Das Archiv »Newsarchiv« mit zwei Beiträgen

Um den Teaser nachträglich zu bearbeiten, klicken Sie in der in Abbildung 13.6 dargestellten Beitragsübersicht auf das Symbol BEITRAGSEINSTELLUNGEN BEARBEITEN rechts neben dem bekannten gelben Bleistift.

13.2.4 Newsbeitrag erstellen, Teil 2: Inhaltselemente hinzufügen

Die beiden Beiträge haben bis jetzt einen Titel und einen Teaser, aber noch keinen wirklichen Inhalt. Wenn ein Beitrag nur einen Teaser und keinerlei Inhaltselemente enthält, fügt Contao in der Einzelansicht eines Beitrags automatisch den Teasertext ein.

Seit Contao 3 können Sie für den Inhalt eines Nachrichtenbeitrags Inhaltselemente verwenden, sodass es problemlos möglich ist, Newsbeiträge mit Bildern, Galerien und allen anderen Inhaltselementen zu erstellen.

In diesem Abschnitt erstellen Sie für jeden der beiden Beiträge zunächst ein einfaches Inhaltselement vom Typ TEXT. Kopiervorlagen für die Texte finden Sie in den Beispieldateien auf der Buch-CD.

> **ToDo: Inhaltselemente für die beiden Nachrichtenbeiträge erstellen**
> 1. Öffnen Sie das Backend-Modul INHALTE • NACHRICHTEN.
> 2. Öffnen Sie das NEWSARCHIV mit einem Klick auf den gelben Bleistift.
> 3. Öffnen Sie den Beitrag DER ALLERERSTE BEITRAG zur Bearbeitung.
> 4. Fügen Sie ein NEUES ELEMENT ein, und prüfen Sie, ob der Elementtyp TEXT ausgewählt ist.
> 5. Geben Sie im Feld TEXT etwas Blindtext ein (siehe Abbildung 13.7).
> 6. Klicken Sie auf SPEICHERN UND ZURÜCK.
> 7. Öffnen Sie den zweiten Beitrag mit dem Titel »Der zweite Beitrag«.
> 8. Erstellen Sie auch für diesen Beitrag ein Inhaltselement vom Typ TEXT mit ein bisschen Blindtext.
> 9. Klicken Sie auf SPEICHERN UND ZURÜCK.

Nach diesem ToDo haben die beiden Newsbeiträge jeweils ein Inhaltselement vom Typ TEXT (Abbildung 13.7).

Das Hinzufügen weiterer Inhaltselemente funktioniert genau wie bei den in Kapitel 9, »Inhaltselemente für Texte und Bilder«, und Kapitel 10, »Weitere nützliche Inhaltselemente«, beschriebenen Artikeln. Alles, was Sie dort gesehen haben, können Sie auch in Nachrichtenbeiträgen einsetzen: Bilder, Galerien, Tabellen, Akkordeons, Markdown, Codebeispiele und so weiter.

13 Bloggen: die Erweiterung »Nachrichten«

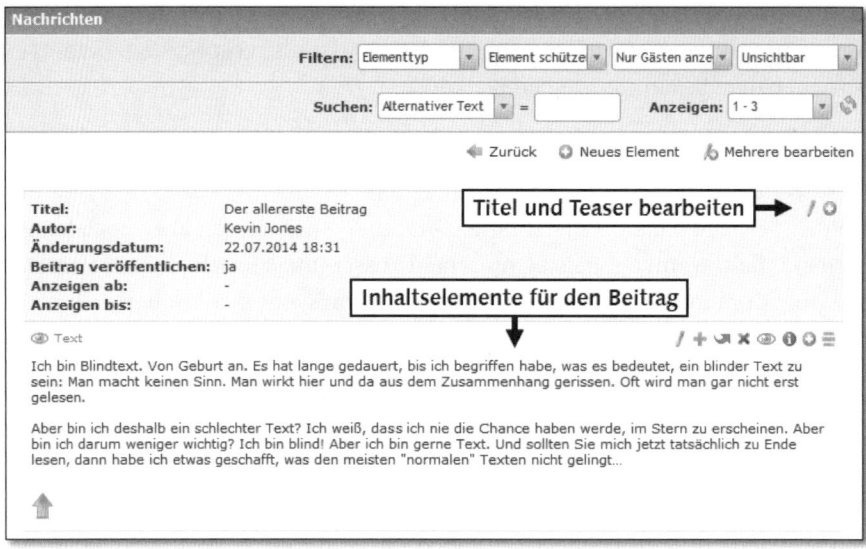

Abbildung 13.7 »Der allererste Beitrag« mit einem Inhaltselement

13.3 Teaser und Beiträge im Frontend ausgeben

In diesem Abschnitt erstellen Sie eine Ausgabe für das Newsarchiv. Sie sorgen dafür, dass auf der Übersichtsseite NEWS die Teaser der beiden Beiträge ausgegeben werden und dass der Besucher nach einem Klick auf die Überschrift oder auf den Link WEITERLESEN ... jeweils den ganzen Beitrag lesen kann.

13.3.1 Das Frontend-Modul »News – Beitrag anzeigen [Nachrichtenleser]« erstellen

Zunächst erstellen Sie ein Frontend-Modul zur Darstellung des Beitragstextes, und dazu gibt es in Contao den Modultyp NACHRICHTENLESER. Dieses Modul wird im nächsten Abschnitt bei der Erstellung des Moduls NEWS – TEASER ANZEIGEN als NACHRICHTENLESER eingebunden.

> **ToDo: Das Modul »News – Beitrag anzeigen« erstellen**
> 1. Öffnen Sie das Backend-Modul THEMES • FRONTEND-MODULE.
> 2. Erstellen Sie ein NEUES MODUL mit dem Titel »News – Beitrag anzeigen«.
> 3. Wählen Sie als MODULTYP den Eintrag NACHRICHTENLESER.
> 4. Aktivieren Sie bei NACHRICHTENARCHIVE das Kontrollkästchen vor NEWSARCHIV.

13.3 Teaser und Beiträge im Frontend ausgeben

5. Im Bereich TEMPLATE-EINSTELLUNGEN sollen die Meta-Felder DATUM und AUTOR aktiviert sein.
6. Als NACHRICHTENTEMPLATE wählen Sie *news_full*.
7. Klicken Sie auf SPEICHERN UND SCHLIESSEN.

Das ausgefüllte Eingabeformular sieht kurz vor dem Speichern etwa so aus wie in Abbildung 13.8.

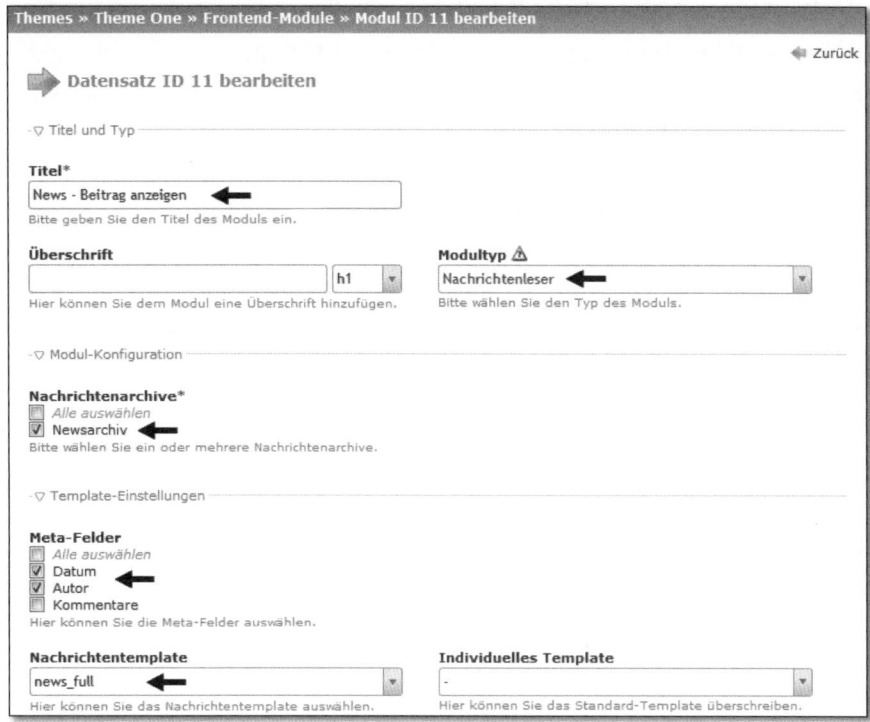

Abbildung 13.8 Eingabemaske für das Modul »News – Beitrag anzeigen«

13.3.2 Das Frontend-Modul »News – Teaser anzeigen [Nachrichtenarchiv]« erstellen

Jetzt fehlt nur noch das Frontend-Modul zur Ausgabe der Teaserübersicht auf der Seite NEWS. Dieses Modul basiert auf dem Modultyp NACHRICHTENARCHIV.

Der Begriff *Nachrichtenarchiv* steht in Contao je nach Kontext übrigens für zwei völlig verschiedene Dinge: *Nachrichtenarchiv* meint je nach Kontext entweder die im Backend-Modul NACHRICHTEN erstellte Lagerhalle oder ein Frontend-Modul zur Ausgabe von Teasern.

Das im folgenden ToDo erstellte Modul vom Typ NACHRICHTENARCHIV zeigt die Teaser der Beiträge aus dem Nachrichtenarchiv NEWSARCHIV im Frontend an. In Schritt 6 wählen Sie übrigens das im vorangegangenen Abschnitt erstellte Modul NEWS – BEITRAG ANZEIGEN als Nachrichtenleser aus. Das ist die Verbindung zwischen den beiden Frontend-Modulen zum Anzeigen der Teaser und der ganzen Beiträge. Durch diese Verbindung weiß Contao, was bei einem Klick auf den Link WEITERLESEN ... passieren soll.

> **ToDo: Das Modul »News – Teaser anzeigen« erstellen**
> 1. Öffnen Sie das Backend-Modul THEMES • FRONTEND-MODULE.
> 2. Erstellen Sie ein NEUES MODUL mit dem Titel »News – Teaser anzeigen« und der h1-Überschrift »News«.
> 3. Wählen Sie als MODULTYP aus der Liste NACHRICHTENARCHIV.
> 4. Aktivieren Sie im Bereich NACHRICHTENARCHIVE das Kontrollkästchen vor NEWS-ARCHIV.
> 5. Wählen Sie in der Liste KEIN ZEITRAUM AUSGEWÄHLT die Option ALLE BEITRÄGE ANZEIGEN.
> 6. Wählen Sie in der Liste NACHRICHTENLESER das im vorherigen Abschnitt erstellte Frontend-Modul NEWS – BEITRAG ANZEIGEN aus.
> 7. Im Eingabefeld ELEMENTE PRO SEITE steht eine 0, um alle Beiträge aus dem Archiv anzuzeigen. Das ARCHIVFORMAT soll MONAT sein.
> 8. Im Bereich TEMPLATE-EINSTELLUNGEN aktivieren Sie die META-FELDER zur Ausgabe von DATUM und AUTOR, und NACHRICHTENTEMPLATE ist *news_latest*.
> 9. Klicken Sie auf SPEICHERN UND SCHLIESSEN.

Das ausgefüllte Eingabeformular sieht kurz vor dem Speichern so aus wie in Abbildung 13.9.

Die beiden Frontend-Module sind erstellt und müssen jetzt nur noch wissen, wo die Teaser und Beiträge ausgegeben werden sollen.

> **Anzahl der Beiträge pro Seite begrenzen**
> Wenn Sie sehr viele Beiträge haben, können Sie die Anzahl der Elemente pro Seite begrenzen. Contao erstellt dann automatisch eine *Paginierung*: Unten auf der Seite wird ein div mit der Klasse pagination eingefügt, das einen Absatz mit dem Text »Seite x von y« enthält. Darunter werden in einer ungeordneten Liste anklickbare Hyperlinks bereitgestellt, um zu einer bestimmten Seite zu springen.

Abbildung 13.9 Das Eingabeformular für das Modul »News – Teaser anzeigen«

13.3.3 Das Frontend-Modul »News – Teaser anzeigen« einbinden

Das Modul NEWS – TEASER ANZEIGEN [NACHRICHTENARCHIV] soll nur auf der Seite NEWS dargestellt werden, und deshalb binden Sie es im folgenden ToDo in einen Artikel auf dieser Seite ein.

> **ToDo: Das Modul »News – Teaser anzeigen« in einem Artikel einbinden**
>
> 1. Öffnen Sie das Backend-Modul INHALTE • ARTIKEL.
> 2. Verkürzen Sie den Artikelbaum mit einem Klick auf den fett hervorgehobenen Namen der Seite NEWS.
> 3. Öffnen Sie den Artikel NEWS [HAUPTSPALTE] zur Bearbeitung.
> 4. Löschen Sie bereits vorhandene Inhaltselemente (auch die Überschrift), am einfachsten mit der Funktion MEHRERE BEARBEITEN.
> 5. Erstellen Sie ein NEUES ELEMENT am Anfang der Seite.
> 6. Wählen Sie als ELEMENTTYP den Eintrag MODUL. Daraufhin erscheint darunter eine Liste der vorhandenen Frontend-Module.

7. Wählen Sie aus dieser Liste das Modul News – Teaser anzeigen (ID xx). Beachten Sie, dass danach rechts neben dem Namen des Moduls ein gelber Bleistift erscheint, mit dem Sie bei Bedarf das Modul direkt von hier aus konfigurieren können.
8. Klicken Sie auf Speichern und schliessen.

Nach diesem ToDo gibt es endlich etwas im Browser zu sehen, auch wenn die Darstellung optisch noch nicht perfekt ist (siehe Abbildung 13.10)

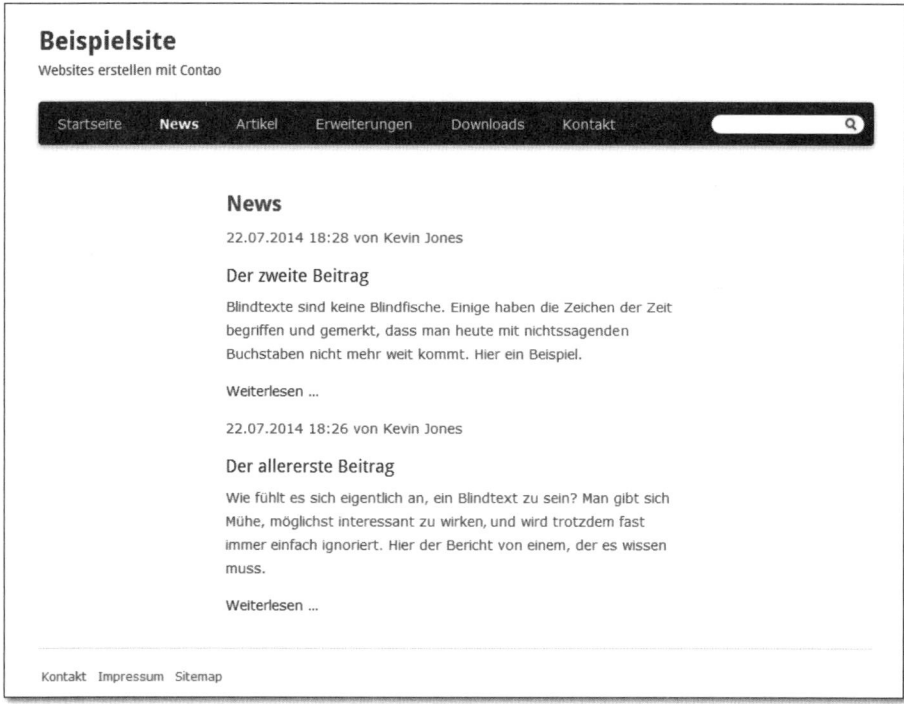

Abbildung 13.10 Die Newsübersicht im Frontend – noch ungestaltet

Die h1-Überschrift »News« ist im Frontend-Modul News – Teaser anzeigen definiert worden. Darunter sehen Sie die Teaser der beiden Nachrichtenbeiträge in umgekehrter chronologischer Reihenfolge. Das hat funktioniert.

Die Meta-Felder Datum und Autor sind noch viel zu weit weg von den Überschriften, aber sowohl die Überschrift als auch der Link Weiterlesen … sind bereits anklickbar und funktionieren. Wie Sie den Text für den Link Weiterlesen … ändern können, erfahren Sie übrigens weiter hinten im Buch in Abschnitt 26.4.

Da das Modul News – Beitrag anzeigen im Modul News – Teaser anzeigen als Nachrichtenleser definiert wurde, funktioniert bereits alles:

- Die Seite NEWS zeigt eine Übersicht aller Nachrichtenbeiträge.
- Ein Klick auf eine Überschrift oder den Link WEITERLESEN ... bringt den Besucher zur Einzelansicht eines Beitrags (siehe Abbildung 13.11).
- In der Einzelansicht gelangt man über den Link ZURÜCK wieder zurück zur Übersicht.

Abbildung 13.11 Ein Newsbeitrag in der Einzelansicht

> **Der schnelle Newsbeitrag: nur ein Teaser**
>
> Falls Sie einfach nur ganz schnell einen kurzen Nachrichtenbeitrag erstellen möchten, schreiben Sie nur einen Teaser und fügen danach einfach *keine* Inhaltselemente hinzu.
>
> Im Frontend erscheint dann unterhalb des Teasers *kein* WEITERLESEN-Link. Damit der kurze Beitrag trotzdem von anderen Seiten einzeln verlinkt werden kann (*Deep Linking*), ist die Überschrift anklickbar. Contao zeigt dann in der Einzelansicht des Beitrags automatisch den Teasertext an.
>
> Unterhalb des Teasertextes können Sie im Bereich WEITERLEITUNGSZIEL übrigens auch einstellen, dass ein Klick auf WEITERLESEN ... nicht zu einem Beitrag (STANDARD), sondern zu einer SEITE, einem ARTIKEL oder zu einer externen URL führt.

13.3.4 Social Media: Beiträge auf Twitter, Facebook und Google+ empfehlen

In diesem Abschnitt fügen Sie einem Nachrichtenbeitrag die Buttons zur Syndikation hinzu, die Sie in Abschnitt 9.8 bereits kennengelernt haben.

ToDo: Social-Media-Buttons für einen Nachrichtenbeitrag

1. Öffnen Sie das Backend-Modul INHALTE • ARTIKEL.
2. Suchen Sie den Artikel NEWSBEITRAG ANZEIGEN [HAUPTSPALTE], und öffnen Sie die EINSTELLUNGEN DES ARTIKELS zur Bearbeitung (2. Symbol von links).
3. Ändern Sie den ARTIKELALIAS in »newsbeitrag«. Dieser Alias taucht im Quelltext als ID für den Artikel auf und kann zur Gestaltung genutzt werden.
4. Blenden Sie den Bereich SYNDIKATION ein, und aktivieren Sie die gewünschten Optionen, zum Beispiel AUF FACEBOOK TEILEN, AUF TWITTER TEILEN und AUF GOOGLE+ TEILEN.
5. Klicken Sie auf SPEICHERN UND SCHLIESSEN.

Nach diesem ToDo stehen rechts neben der Überschrift drei Social-Media-Buttons zum Empfehlen dieses Beitrags (Abbildung 13.12).

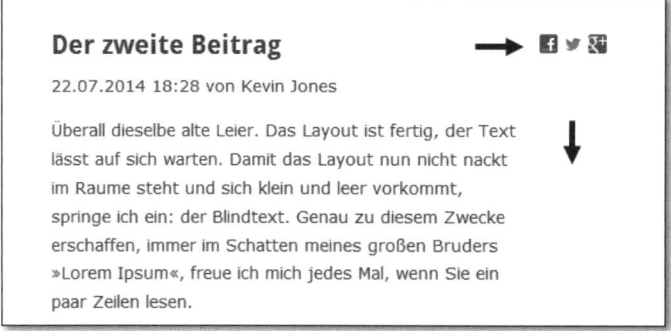

Abbildung 13.12 »Der zweite Beitrag« mit Social-Media-Buttons

Das Hinzufügen der Buttons hat aber auch Einfluss auf das Layout für den Fließtext des Beitrags. Das liegt daran, dass die Buttons durch den Style für die Klasse .pdf_link im Stylesheet *inhalte* nach rechts gefloatet werden. Das wird etwas weiter unten in Abschnitt 13.4.4 bei der Gestaltung der Newsbeiträge durch eine absolute Positionierung der Social-Media-Symbole geändert.

Um den dargestellten Beitrag zu teilen, klicken Sie einfach auf das gewünschte Symbol. Daraufhin öffnet sich ein neues Browserfenster, in dem der Link und ein bisschen Text bereits enthalten sind. Abbildung 13.13 zeigt das am Beispiel Twitter, wobei in der realen Welt weder der Inhalt des Beitrags noch die URL (*localhost*) wirklich zum Weitersagen geeignet wären.

Abbildung 13.13 »Der zweite Beitrag« zum Weitersagen per Tweet

> **Die Erweiterung [social_images]**
>
> Die bereits erwähnte Erweiterung *[social_images]* von codefog.pl ist beim Weitersagen von Beiträgen sehr hilfreich:
>
> ▸ *contao.org/de/extension-list/view/social_images.de.html*
>
> Die Erweiterung sammelt nach einer Aktivierung im SEITENLAYOUT alle relevanten Bilder und erstellt im <head> für jedes Bild ein Meta-Element:
>
> <meta property="og:image" content="url-zum-bild.jpg">
>
> So finden Facebook & Co. die Bilder leichter und bieten beim Weitersagen diverse Bilder zur Auswahl an.

13.3.5 SEO: die URL eines Nachrichtenbeitrags

Abbildung 13.14 zeigt einen Newsbeitrag im Frontend, und zwar mit der URL in der Adressleiste des Browsers.

Abbildung 13.14 Die URL für einen Newsbeitrag

Das Ende der URL sieht für den zweiten Beitrag momentan so aus:

- *index.php/newsbeitrag/der-zweite-beitrag.html*

Diese URL setzt sich der Reihe nach wie folgt zusammen:

- *index.php* ist der eigentliche Name der Seite, nur vorübergehend dabei und wird später ausgeblendet.
- *newsbeitrag* ist der Seitenalias der Seite BEITRAG ANZEIGEN und kann dort bei Bedarf geändert werden.
- *der-zweite-beitrag* ist der Alias des Beitrags DER ZWEITE BEITRAG.
- *.html* ist das im Backend-Modul SYSTEM • EINSTELLUNGEN definierte URL-SUFFIX.

In Abschnitt 20.1 optimieren Sie die von Contao erzeugten URLs, sodass sie für Besucher und Suchmaschinen aussagekräftiger werden. Im Zuge dieser Maßnahmen wird der Dateiname *index.php* nicht mehr ausgegeben. Das Ende der URL für obigen Beitrag lautet dann:

- */newsbeitrag/der-zweite-beitrag.html*

Falls der aufzurufende Beitrag nicht existiert oder nicht veröffentlicht wurde, erzeugt das Modul NACHRICHTENLESER übrigens eine Fehlermeldung mit der Nummer 404, die Sie mit einer entsprechenden Seite abfangen können (siehe Abschnitt 20.4).

> **Optimale URLs mit der Option »Auto_item aktivieren«**
>
> Im Backend-Modul SYSTEM • EINSTELLUNGEN gibt es im Bereich FRONTEND-EINSTELLUNGEN eine Option namens AUTO_ITEM AKTIVIEREN, die standardmäßig bereits aktiviert ist.
>
> Wenn Sie diese Option ausstellen, ändert sich die URL für den Newsbeitrag:
>
> - *index.php/newsbeitrag/items/der-zweite-beitrag.html*
>
> Das ist die eigentliche URL, die Contao für Nachrichtenbeiträge verwendet. Das Schlüsselwort *items* teilt dem Modul NACHRICHTENLESER mit, dass er eine bestimmte Nachricht ausgeben soll, und kann nicht so einfach geändert werden. Damit nun nicht bei jedem Nachrichtenbeitrag in der URL das Wort *items* auftaucht, gibt es die standardmäßig aktivierte Option AUTO_ITEM AKTIVIEREN, die die Ausgabe von *items* in der URL unterdrückt.

13.3.6 Optional: Template anpassen – den Link »Zurück« optimieren

Was genau genommen noch fehlt, ist eine wirklich zuverlässige Möglichkeit, von einem einzelnen Beitrag zurück zur Übersicht mit der Auflistung der Teasertexte zu kommen. Momentan gibt es dazu zwei Möglichkeiten:

- Sie können zwar den Menüpunkt NEWS in der Navigationsleiste anklicken, aber das ist nicht wirklich intuitiv.
- Unterhalb eines Beitrags gibt es den in Abbildung 13.11 dargestellten Link ZURÜCK, aber der geht nur zurück zur Teaserübersicht, wenn man auch von dort gekommen ist.

Im Quelltext der Seite sieht der ZURÜCK-Link etwas verkürzt so aus:

```
<!-- indexer::stop -->
<p class="back">
<a href="javascript:history.go(-1)">Zurück</a>
</p>
<!-- indexer::continue -->
```

Listing 13.1 Der Link »Zurück« im Quelltext

Die JavaScript-Anweisung `history.go(-1)` geht zurück zur vorher im Browser angezeigten Webseite. Wird der einzelne Newsbeitrag also von einer anderen Webseite direkt verlinkt, würde der Link den Besucher wieder dorthin bringen und nicht zur Newsübersicht mit den Teasern auf der Seite NEWS.

Um das zu optimieren, genügt eine kleine Änderung des Templates *mod_newsreader.html5*. Und das geht so:

- Öffnen Sie das Backend-Modul TEMPLATES, und klicken Sie oben auf NEUES TEMPLATE.
- Wählen Sie unter ORIGINALTEMPLATE die Datei *mod_newsreader.html5* und als ZIELVERZEICHNIS den Ordner *theme_one*.
- Bestätigen Sie die Auswahl mit einem Klick auf TEMPLATE ERSTELLEN. Jetzt haben Sie eine Kopie des Originaltemplates erstellt.
- Öffnen Sie die eben erstellte Templatekopie *mod_newsreader.html5* durch einen Klick auf das weiß-blaue Symbol ganz rechts außen zur Bearbeitung im Editor. Mit [F11] wechseln Sie in die Vollbildansicht.
- Geben Sie gleich in der allerersten Zeile einen PHP-Kommentar ein, damit Sie auch demnächst noch wissen, was Sie jetzt geändert haben. Ein solcher Kommentar könnte zum Beispiel so aussehen:

  ```
  <?php /* "Zurück" ersetzt durch "Zur Newsübersicht" */ ?>
  ```

▶ Suchen Sie im Editorfenster den folgenden Quelltext (ca. Zeile 10):

```
<!-- indexer::stop -->
<p class="back">
<a href="<?php echo $this->referer; ?>"
   title="<?php echo $this->back; ?>"><?php echo $this->back; ?>
</a>
</p>
<!-- indexer::continue -->
```

▶ Ersetzen Sie den kompletten Hyperlink von <a> bis </a> durch zwei Inserttags und den Text ZUR NEWSÜBERSICHT:

```
<!-- indexer::stop -->
<p class="back">
{{link_open::news}}Zur Newsübersicht{{link_close}}
</p>
<!-- indexer::continue -->
```

▶ Klicken Sie auf SPEICHERN UND SCHLIESSEN.

Das Inserttag {{link_open::news}} ruft einfach nur die Seite NEWS auf, und der Browser zeigt dann die Seite mit der Teaserübersicht. Anstelle des Alias news könnten Sie auch die ID der Seite verwenden, also zum Beispiel {{link_open::8}} (für eine Seite mit der ID 8). Die ID einer Seite finden Sie heraus, indem Sie im Seitenbaum mit der Maus auf das weiße »i« im blauen Kreis zeigen. Ein Klick auf das blaue »i«-Symbol zeigt Ihnen *sämtliche* Informationen zu der Seite, auch die ID.

Mehr zu Inserttags

Inserttags sind das Salz in der Contao-Suppe, und einen kompletten Überblick finden Sie in Abschnitt 26.7.

13.4 HTML und CSS: Teaser und Beiträge gestalten

Um die Ausgabe der Nachrichtenbeiträge zu formatieren, werfen Sie zunächst einen Blick auf das HTML und erstellen dann die entsprechenden Styles.

13.4.1 Das HTML des Moduls »News – Teaser anzeigen«

Das HTML für die Newsübersicht wird vom Modul NEWS – TEASER ANZEIGEN [NACHRICHTENARCHIV] erzeugt, das dazu zwei Templates benutzt: das Modultemplate *mod_newsarchive.html5* und das Subtemplate *news_latest.html5*.

Listing 13.2 zeigt die wichtigsten Passagen aus dem Quelltext.

```
<div class="mod_newsarchive block">
<h1>News</h1>
<div class="layout_latest block first even">
<p class="info">
<time datetime="...">22.07.2014 18:28</time> von Kevin Jones
</p>
<h2><a href="#" title="Den Artikel lesen: der zweite Beitrag">
Der zweite Beitrag</a></h2>
<div class="teaser"><p>Blindtexte [...]</p></div>
<p class="more">
<a href="..." title="Den Artikel lesen: der zweite Beitrag">
Weiterlesen … <span class="invisible">Der zweite Beitrag</span></a>
</p>
</div>
[ weitere Beiträge ]
</div>
```

Listing 13.2 HTML des Moduls »News – Teaser anzeigen« (Auszug)

Umgeben ist die gesamte Newsübersicht von einem div-Element mit der Klasse mod_newsarchive. Der Klassenname für das div der einzelnen Beiträge leitet sich vom Subtemplate *news_latest.html5* ab und lautet layout_latest. Außerdem bekommt ein Beitrag einige zusätzliche Klassen wie block, first und even.

Die Meta-Informationen zu Datum und Autor stehen in einem eigenen Absatz mit der Klasse info, gefolgt von einer h2-Überschrift mit einem Link, in dem das title-Attribut die Beitragsüberschrift wieder aufgreift, genau wie das unsichtbare span-Element im WEITERLESEN …-Link. Hintergrund dieser Maßnahme ist, dass die Links für Screenreader so aussagekräftiger sind. Stünde in den Links nur das Wort »Weiterlesen« ohne die Beitragsüberschrift dahinter, wäre nicht klar, *was* eigentlich weitergelesen werden kann.

Der Teasertext steht in einem div-Element mit der Klasse teaser. Der Link WEITERLESEN … hat einen eigenen Absatz mit der Klasse more.

> **Übersicht der Templates und CSS-Klassen**
> Eine Übersicht über alle Modultypen, Templates und deren CSS-Klassen finden Sie am Ende dieses Kapitels in Tabelle 13.1.

13.4.2 Das CSS zur Gestaltung der Teaserübersicht auf der Seite »News«

Dieses HTML kann mit dem CSS aus dem folgenden ToDo einfach, aber wirksam gestaltet werden. Alle Styles werden am Ende des Stylesheets zur Gestaltung der Inhalte eingefügt und bekommen, wenn Sie mit internen Stylesheets arbeiten, die KATEGORIE NEWS.

ToDo: Die Teaser auf der Seite »News« per CSS gestalten

1. Öffnen Sie das Stylesheet *inhalte* im Editor.
2. Gestalten Sie die einzelnen Beiträge mit folgendem Style:

   ```
   .mod_newsarchive .layout_latest {
     border-bottom: 1px dotted #d9d9d9;
     margin: 2em 0 3em 0
   }
   ```

3. Formatieren Sie die Zeile mit den Meta-Informationen:

   ```
   #main .mod_newsarchive .info {
     font-size: 12px;
     margin-bottom: 1em;
   }
   ```

4. Gestalten Sie die Beitragsüberschriften und die Links darin mit den folgenden CSS-Regeln:

   ```
   .mod_newsarchive h2 {
     font-size: 18px;
     line-height: 1;
   }
   .mod_newsarchive h2 a {
     color: #666;
     text-decoration: underline;
     font-weight: bold;
   }
   ```

5. Gestalten Sie, falls gewünscht, die Unterstreichung der Links:

   ```
   .mod_newsarchive a:hover,
   .mod_newsarchive a:focus {
     text-decoration: underline;
   }
   ```

6. Speichern Sie das Stylesheet, und betrachten Sie die Seite im Browser.

Nach diesem ToDo wirkt die ÜBERSICHT auf der Seite NEWS etwas *übersicht*licher (siehe Abbildung 13.15) und wird ihrem Namen etwas gerechter.

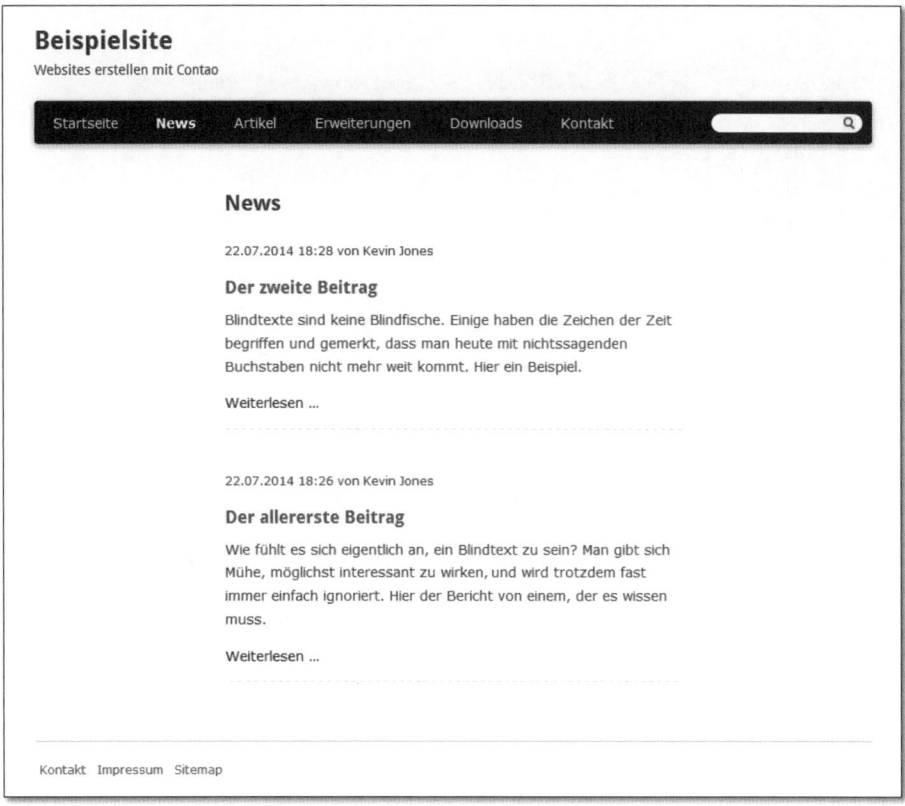

Abbildung 13.15 Die formatierten Teaser auf der Seite »News«

13.4.3 Das HTML des Moduls »News – Beitrag anzeigen«

Nach der Formatierung der Teaser kommt jetzt die Einzelansicht an die Reihe, die vom Modul NEWS – BEITRAG ANZEIGEN [NACHRICHTENLESER] erzeugt wird, und zwar genau genommen vom Modultemplate *mod_newsreader.html5* und dem Subtemplate *news_full.html5*.

Der Quelltext für den gesamten Artikel sieht so aus wie der Auszug in Listing 13.3, wobei ganz am Anfang noch die Social-Media-Buttons gelistet werden.

```
<div class="mod_article first last block" id="newsbeitrag">
  <!-- indexer::stop -->
  <div class="pdf_link"> ... </div>
  <!-- indexer::continue -->

  <div class="mod_newsreader block">
  <div class="layout_full block">
```

```
<h1>Der zweite Beitrag</h1>
<p class="info">
<time datetime="..."> 22.07.2014 18:28</time> von Kevin Jones
</p>
<div class="ce_text block">
<p>Überall dieselbe alte Leier. [...]</p>
<p>Denn esse est percipi […]</p>
</div>
</div>
<!-- indexer::stop -->
<p class="back">
<a href="...">Zur Newsübersicht</a>
</p>
<!-- indexer::continue -->
</div> <!-- Ende von .mod_article -->
```

Listing 13.3 Das HTML des Moduls »News – Beitrag anzeigen«

Beitrag und Social-Media-Buttons werden von einem div mit der Klasse .mod_article und der ID newsbeitrag umgeben. Diese ID ist der ARTIKELALIAS, den Sie in Abschnitt 13.3.4, »Social Media: Beiträge auf Twitter, Facebook und Google+ empfehlen«, in den Einstellungen des Artikels definiert haben.

Der Beitrag selbst sitzt in einem div mit der Klasse mod_newsreader. Darin befindet sich ein zweites div, dessen Klassenname sich wieder vom Subtemplate ableitet (layout_full) und das außerdem diverse andere nützliche Klassen bekommt, die man bei der Gestaltung auswerten kann.

Erwähnenswert ist noch, dass der Titel des Beitrags in der Einzelausgabe von h2 zu h1 befördert wird. Der Rest des Quelltextes birgt keinerlei Überraschungen.

13.4.4 Das CSS zur Gestaltung der einzelnen Beiträge

Dieses HTML benötigt im folgenden ToDo nur einen Style. Die Social-Media-Symbole werden absolut positioniert, damit sie dem Fließtext nicht im Wege stehen, und die Überschrift bekommt ein rechtes Padding, damit eine etwas längere Überschrift vor den Social-Media-Symbolen umbricht.

> **ToDo: Einen kompletten Beitrag per CSS gestalten**
> 1. Öffnen Sie das Stylesheet *inhalte* zur Bearbeitung.
> 2. Fügen Sie nach den CSS-Regeln für die News-Übersicht die folgenden Styles zur Gestaltung der Einzelansicht ein (KATEGORIE: »News«):

```
#newsbeitrag .pdf_link {
  position: absolute;
  right: 0;
}
#newsbeitrag h1 {
  padding-right: 70px;
  line-height: 1.3;
}
#main .mod_newsreader .info {
  font-size: 12px;
}
```

3. Speichern Sie das Stylesheet, und betrachten Sie die Seite im Browser.

Mit diesen Styles sieht ein einzelner Beitrag im Browser jetzt so aus wie in Abbildung 13.16, wobei das `padding-right` der Überschrift im Seiteninspektor angezeigt wird.

Abbildung 13.16 »Der zweite Beitrag« mit Social-Media-Symbolen

Damit ist das Nachrichtensystem komplett funktionsfähig, und nach einem optionalen Exkurs zur Positionierung der Meta-Infos geht es weiter mit dem Hinzufügen von Bildern zu Teasern und Beiträgen.

13.4.5 Optional: Datum und Autor lieber unterhalb des Beitrags?

Um die Meta-Informationen wie Datum und Autor unterhalb des Teasers oder Beitrags anzuzeigen, müssen Sie die Subtemplates *news_latest* bzw. *news_full* ändern.

Dazu erstellen Sie im Backend-Modul LAYOUT • TEMPLATES eine Kopie des gewünschten Templates und speichern diese im Template-Ordner *theme_one*.

Um die Meta-Informationen zu verschieben, öffnen Sie die Template-Kopie im Editor und markieren ziemlich am Anfang die folgenden Zeilen:

```
<?php if ($this->hasMetaFields): ?>
<p class="info"> [diverse PHP-Anweisungen ] </p>
<?php endif; ?>
```

Listing 13.4 PHP und HTML für die Meta-Infos

Schneiden Sie diese Zeilen aus, und fügen Sie sie vor dem `</div>` am Ende des Templates wieder ein. Klicken Sie auf SPEICHERN, und testen Sie den Code im Browser.

Falls die vorgenommenen Änderungen nicht unmittelbar im Frontend sichtbar sind, sollten Sie nach dem Anlegen neuer Template-Kopien gegebenenfalls den Contao-File-Cache leeren: im Backend-Modul SYSTEMWARTUNG • DATEN BEREINIGEN • Option TEMP-ORDNER LEEREN (*system/tmp*). Sollte etwas schiefgehen, löschen Sie einfach das angepasste Template aus dem Template-Ordner *theme_one*. Contao benutzt dann automatisch wieder das unveränderte Original aus dem Systemordner.

13.5 Bilder zu Teasern und Beiträgen hinzufügen

Bilder in Nachrichtenbeiträgen funktionieren im Prinzip genauso wie in Artikeln und können sowohl zum Teaser als auch zu den Beiträgen hinzugefügt werden.

13.5.1 Bilder zu einem Teaser hinzufügen

Im folgenden ToDo fügen Sie ein Bild zu einem Teaser für den Beitrag »Der allererste Beitrag« hinzu.

> **ToDo: Ein Bild zu einem Beitrag hinzufügen**
>
> 1. Wechseln Sie in das Backend-Modul DATEIVERWALTUNG.
> 2. Laden Sie mit dem DATEI-UPLOAD die Datei *lorem_ipsum.jpg* von der Buch-CD in den Ordner *beispielsite/content/grafiken* hoch.
> 3. Öffnen Sie im Backend-Modul NACHRICHTEN das NEWSARCHIV.

13.5 Bilder zu Teasern und Beiträgen hinzufügen

4. Öffnen Sie die Beitragseinstellungen »Der allererste Beitrag« zur Bearbeitung, indem Sie auf das Symbol rechts neben dem gelben Bleistift klicken.
5. Aktivieren Sie das Kontrollkästchen EIN BILD HINZUFÜGEN unterhalb des Editorfensters für den Teasertext.
6. Wählen Sie die Datei *lorem_ipsum.jpg* als Quelldatei:
   ALTERNATIVER TEXT: »Lorem Ipsum«
   BILDBREITE: 75
   BILDABSTAND nach rechts: 20 px
   GROSSANSICHT/NEUES FENSTER: aktivieren
   BILDAUSRICHTUNG: linksbündig (zweites Symbol von links)
7. Klicken Sie auf SPEICHERN UND SCHLIESSEN.

Im Browser erscheint das Bild im Teaser (siehe Abbildung 13.17).

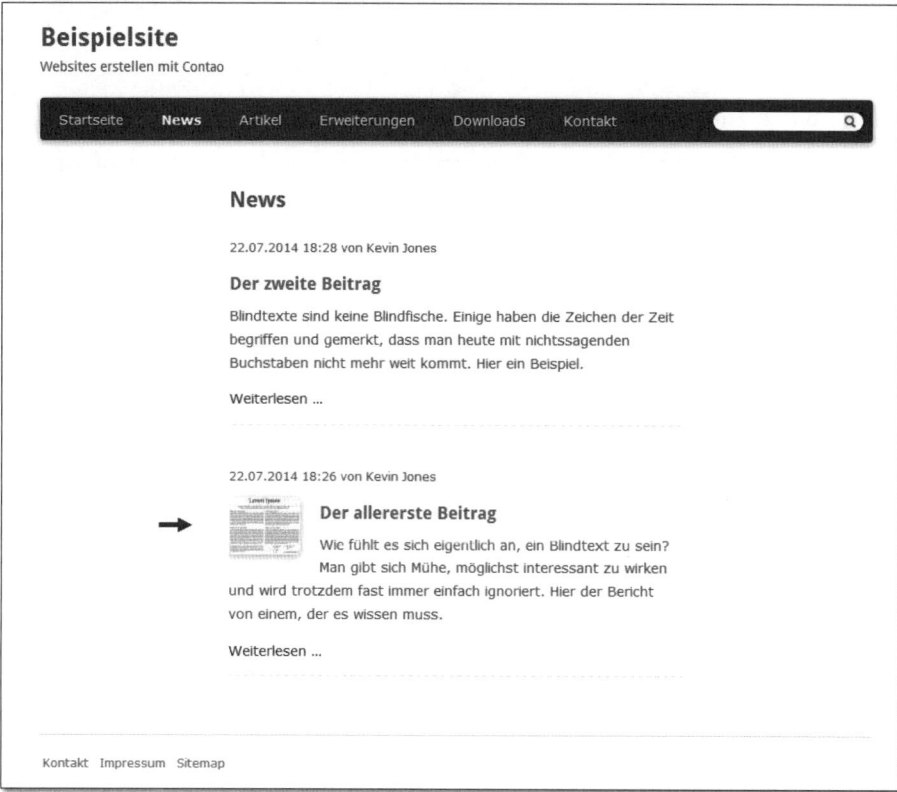

Abbildung 13.17 Teaser mit hinzugefügtem Bild

Im Teaser erscheinen die im Beitrag hinzugefügten Bilder nur, wenn im Frontend-Modul zur Darstellung der Teaser das Subtemplate *news_latest* ausgewählt wurde. Die anderen für eine Listendarstellung geeigneten Templates, *news_short* und *news_simple,* stellen in den Teasern standardmäßig keine Bilder dar.

> **Wenn die Bilder für alle Teaser gleich groß sein sollen**
>
> Wenn die Bilder für alle Teaser gleich groß sein sollen, dann können Sie die Bildbreite und Bildhöhe auch direkt im Frontend-Modul einstellen:
>
> ▶ Öffnen Sie das Modul NEWS – TEASER ANZEIGEN [NACHRICHTENARCHIV].
> ▶ Tragen Sie im Feld BILDBREITE UND BILDHÖHE die gewünschten Werte ein, und wählen Sie eine Einstellung aus der Auswahlliste.
>
> Die Bild-Einstellungen aus dem Frontend-Modul gelten für *alle* Teaser, die mit diesem Modul dargestellt werden, und haben Vorrang gegenüber den Beitragseinstellungen im Nachrichtenarchiv.

13.5.2 Bilder zum Beitrag in der Einzelansicht hinzufügen

Anders als bei früheren Contao-Versionen erscheint das Teaserbild nicht automatisch auch in der Einzelansicht des Beitrags, da dieser ja aus Inhaltselementen besteht.

Um auch in der Einzelansicht des Beitrags ein Bild anzuzeigen, fügen Sie es, wie von den Artikeln her gewohnt, in den Inhaltselementen hinzu. Das ist zwar etwas mehr Arbeit, aber dadurch erhalten Sie jede Menge Gestaltungsfreiraum.

Abbildung 13.18 zeigt den Beitrag in der Einzelansicht mit Bild, wobei die folgenden Einstellungen gewählt wurden:

▶ ALTERNATIVER TEXT und TITEL: »Lorem Ipsum«
▶ BILDBREITE: 150 und PROPORTIONAL
▶ BILDABSTAND: 20 px nach rechts
▶ GROSSANSICHT aktiviert
▶ BILDAUSRICHTUNG: LINKSBÜNDIG

Abbildung 13.18 Der Beitrag in der Einzelansicht mit einem Bild

13.6 RSS-Feeds zum Abonnieren der Beiträge erstellen

Falls Sie möchten, dass Ihre Besucher die Nachrichtenbeiträge in einem Feedreader abonnieren oder sogar auf einer anderen Webseite einbinden können, geht auch das in Contao recht einfach.

Seit Contao 3 kann ein RSS-Feed auch aus mehreren Nachrichtenarchiven bestehen. Die Erstellung eines RSS-Feeds erfolgt daher auch auf der Hauptseite des Backend-Moduls NACHRICHTEN (Abbildung 13.19).

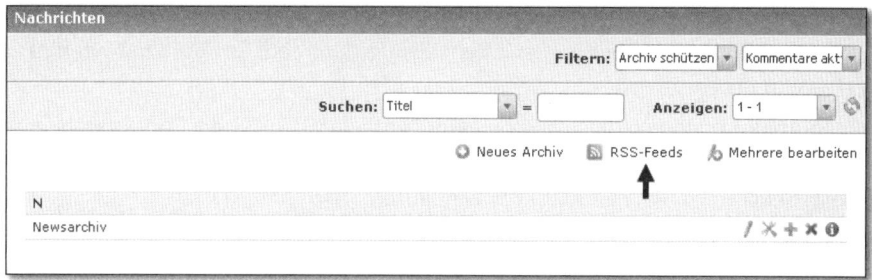

Abbildung 13.19 Der Link zum Erstellen von RSS-Feeds

Abbildung 13.20 zeigt das ausgefüllte Dialogfeld zum Erstellen eines RSS-Feeds nach dem Abarbeiten des darauffolgenden ToDos.

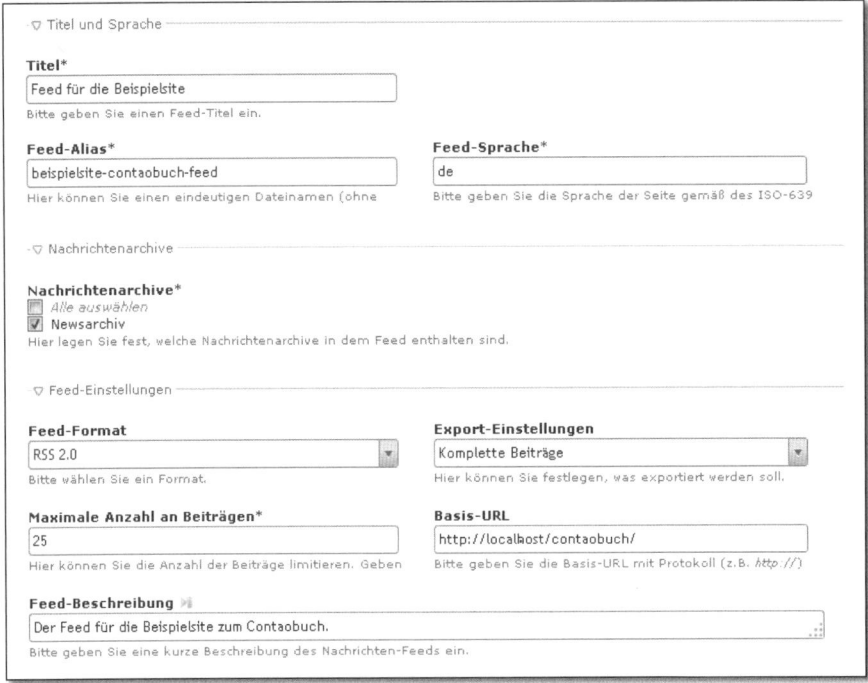

Abbildung 13.20 Die Eingabemaske zum Erstellen eines RSS-Feeds

Diese Einstellungen setzen Sie im folgenden ToDo um.

ToDo: Einen RSS-Feed für die Beispielsite erstellen

1. Öffnen Sie das Backend-Modul INHALTE • NACHRICHTEN.
2. Klicken Sie oben im Arbeitsbereich auf den Link RSS-FEEDS.
3. Klicken Sie oben auf den Link NEUER FEED. Daraufhin erscheint die Eingabemaske aus Abbildung 13.20.
4. Der TITEL wird in erster Linie zur Verwaltung des Feeds im Backend benutzt: »Feed für die Beispielsite«.
5. FEED-ALIAS ist der gewünschte Dateiname für die XML-Datei, die Contao erzeugt. Bitte geben Sie nur den ersten Teil des Dateinamens ein, z. B. »beispielsite-contaobuch-feed«. Die Endung .xml wird automatisch hinzugefügt.
6. Tragen Sie als FEED-SPRACHE das entsprechende Kürzel ein, z. B. »de« oder »de-de« für Deutsch.
7. Kreuzen Sie die gewünschten NACHRICHTENARCHIVE an. Für die Beispielsite aktivieren Sie das NEWSARCHIV.

8. Wenn Ihnen bei FEED-FORMAT die Optionen RSS 2.0 und ATOM nicht so viel sagen, lassen Sie die Einstellung RSS 2.0 unverändert.
9. Wählen Sie bei den EXPORT-EINSTELLUNGEN, ob der Feed nur TEASERTEXTE oder KOMPLETTE BEITRÄGE enthalten soll. Die meisten Abonnenten bevorzugen komplette Beiträge.
10. Ändern Sie, falls gewünscht, die MAXIMALE ANZAHL AN BEITRÄGEN, die im Feed dargestellt werden.
11. Die BASIS-URL ist in der Regel die URL zum Contao-Hauptordner.
12. Last, but not least können Sie eine kurze FEEDBESCHREIBUNG eingeben.
13. Klicken Sie auf SPEICHERN UND SCHLIESSEN.

Contao erzeugt nach diesem ToDo im Ordner /share eine XML-Datei namens *beispielsite-contaobuch-feed.xml*, in der je nach Einstellung die Teasertexte oder die kompletten Beiträge enthalten sind.

Damit der Feed von anderen Browsern und Programmen automatisch erkannt wird, muss im unsichtbaren <head>-Bereich des Quelltextes ein entsprechendes HTML-Element erzeugt werden. Das erledigt Contao automatisch, wenn der Feed im Seitenlayout eingebunden wird.

ToDo: Einen RSS-Feed im Seitenlayout einbinden
1. Öffnen Sie in THEMES • SEITENLAYOUTS das STANDARDLAYOUT zur Bearbeitung.
2. Aktivieren Sie im Bereich RSS/ATOM-FEEDS das Kontrollkästchen FEED FÜR DIE BEISPIELSITE.
3. Klicken Sie auf SPEICHERN UND SCHLIESSEN.

Contao erzeugt im <head>-Bereich des Quelltextes jetzt ein link-Element, mit dem Besucher den Feed abonnieren können:

```
<link type="application/rss+xml" rel="alternate"
 href="http://localhost/contaobuch/share/beispielsite-contaobuch-
feed.xml" title="Feed für die Beispielsite">
```

Listing 13.5 Das »link«-Element zum Abonnieren des Feeds

In Firefox können Sie diesen Feed im Menü LESEZEICHEN abonnieren, indem Sie auf DIESE SEITE ABONNIEREN... klicken. Alternativ klicken Sie in der Symbolleiste auf das Symbol zum Verwalten von Lesezeichen (❶) und im daraufhin erscheinenden Menü auf den Befehl DIESE SEITE ABONNIEREN (❷). Danach erscheint der Feed in Firefox so wie in Abbildung 13.21 (❸). In der Abbildung sehen Sie auch den Titel und die Feed-Beschreibung, die Sie weiter oben eingegeben haben.

Abbildung 13.21 Der RSS-Feed in Firefox

13.7 Interaktion mit Besuchern: die Kommentarfunktion

Das Web ist ein interaktives Medium, und so gibt es im NACHRICHTEN-Modul von Contao auch eine sehr einfach zu bedienende Kommentarfunktion.

13.7.1 Die Kommentarfunktion aktivieren

Ihren Besuchern eine Kommentierung der Beiträge zu ermöglichen, ist einfacher, als Sie vielleicht denken: Sie müssen lediglich im Backend-Modul NACHRICHTEN in den Einstellungen für das NEWSARCHIV die Kommentare aktivieren (siehe Abbildung 13.22).

Die Optionen zur Konfiguration der Kommentarfunktion sind selbsterklärend, und wenn Sie sich im Browser einen Beitrag in der Einzelansicht anschauen, ist das Kommentarformular bereits eingebaut und einsatzbereit (siehe Abbildung 13.23).

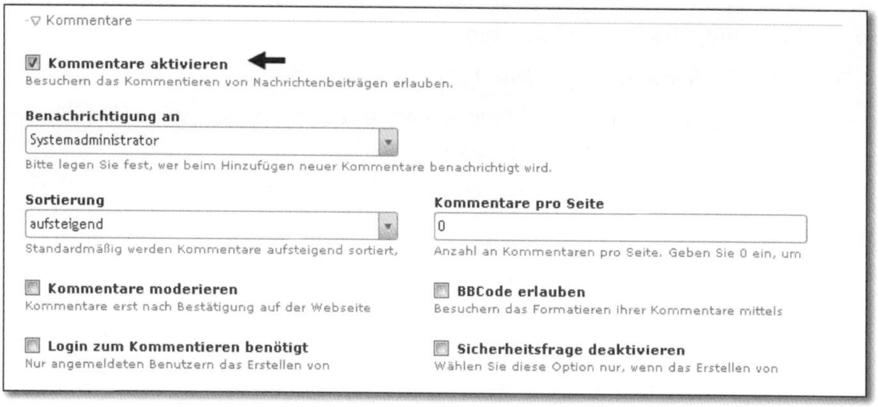
Kommentare
Kommentare aktivieren
Besuchern das Kommentieren von Nachrichtenbeiträgen erlauben.
Benachrichtigung an
Systemadministrator
Bitte legen Sie fest, wer beim Hinzufügen neuer Kommentare benachrichtigt wird.
Sortierung
aufsteigend
Standardmäßig werden Kommentare aufsteigend sortiert.
Kommentare pro Seite
0
Anzahl an Kommentaren pro Seite. Geben Sie 0 ein, um
Kommentare moderieren
Kommentare erst nach Bestätigung auf der Webseite
BBCode erlauben
Besuchern das Formatieren ihrer Kommentare mittels
Login zum Kommentieren benötigt
Nur angemeldeten Benutzern das Erstellen von
Sicherheitsfrage deaktivieren
Wählen Sie diese Option nur, wenn das Erstellen von

Abbildung 13.22 Kommentare in den Archiv-Einstellungen aktivieren

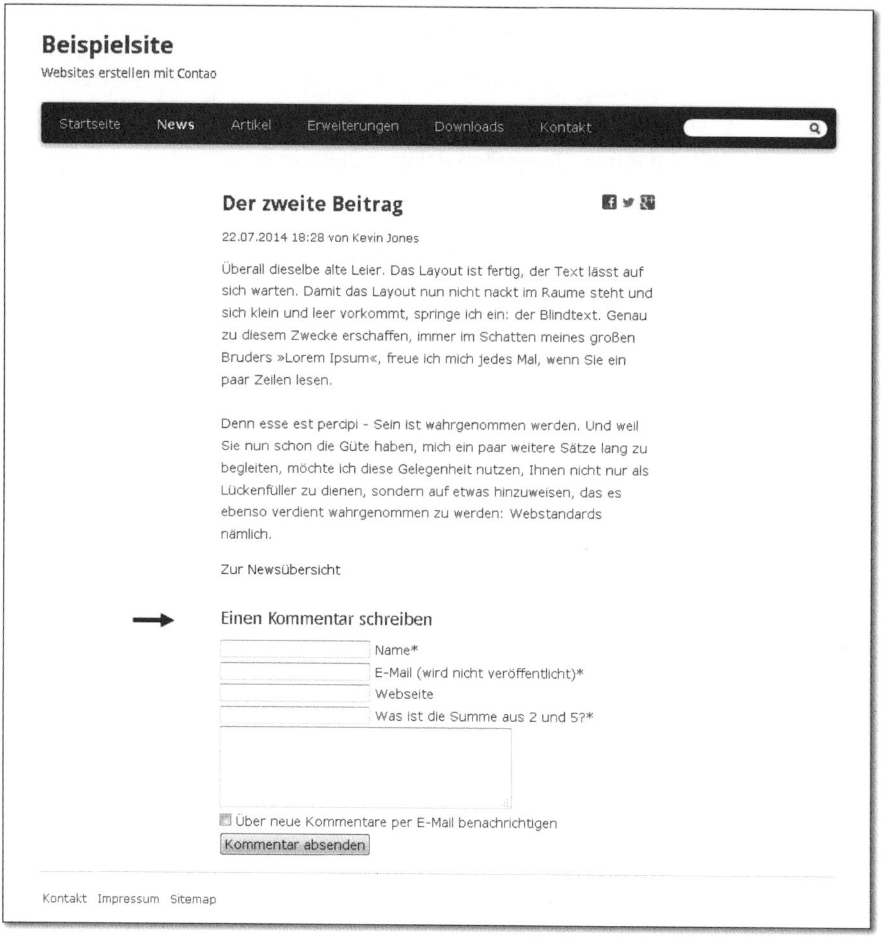
Beispielsite
Websites erstellen mit Contao
Startseite
News
Artikel
Erweiterungen
Downloads
Kontakt
Der zweite Beitrag
22.07.2014 18:28 von Kevin Jones
Überall dieselbe alte Leier. Das Layout ist fertig, der Text lässt auf sich warten. Damit das Layout nun nicht nackt im Raume steht und sich klein und leer vorkommt, springe ich ein: der Blindtext. Genau zu diesem Zwecke erschaffen, immer im Schatten meines großen Bruders »Lorem Ipsum«, freue ich mich jedes Mal, wenn Sie ein paar Zeilen lesen.
Denn esse est percipi - Sein ist wahrgenommen werden. Und weil Sie nun schon die Güte haben, mich ein paar weitere Sätze lang zu begleiten, möchte ich diese Gelegenheit nutzen, Ihnen nicht nur als Lückenfüller zu dienen, sondern auf etwas hinzuweisen, das es ebenso verdient wahrgenommen zu werden: Webstandards nämlich.
Zur Newsübersicht
Einen Kommentar schreiben
Name*
E-Mail (wird nicht veröffentlicht)*
Webseite
Was ist die Summe aus 2 und 5?*
Über neue Kommentare per E-Mail benachrichtigen
Kommentar absenden
Kontakt
Impressum
Sitemap

Abbildung 13.23 Das Kommentarformular unterhalb des Beitrags

> **ToDo: Kommentarfunktion aktivieren**
> 1. Öffnen Sie das Backend-Modul INHALTE • NACHRICHTEN.
> 2. Klicken Sie auf das Symbol rechts neben dem gelben Bleistift, um die Einstellungen für das Archiv NEWSARCHIV zu bearbeiten.
> 3. Aktivieren Sie das Kontrollkästchen KOMMENTARE AKTIVIEREN.
> 4. Lassen Sie alle Optionen unverändert.
> 5. Klicken Sie auf SPEICHERN UND SCHLIESSEN.

Und schon erscheint im Browser unterhalb des Beitrags in der Einzelansicht ein Kommentarformular (Abbildung 13.23). Die Gestaltung des Formulars basiert übrigens auf einigen Styles aus dem CSS-Reset.

13.7.2 Kommentare schreiben und überprüfen

Das Kommentarformular ist vielleicht nicht besonders hübsch und etwas seltsam aufgebaut, aber bereits betriebsbereit:

- Pflichtfelder sind mit einem Sternchen gekennzeichnet.
- Eine Sicherheitsfrage mit einer Rechenaufgabe für Spammer ist mit an Bord.
- Es gibt sogar schon eine integrierte Formularüberprüfung.

Wenn ein Besucher nicht alle Pflichtfelder ausfüllt, bekommt er entsprechende Meldungen entweder direkt vom Browser oder von Contao. Wenn die Besucher das Formular korrekt ausfüllen, werden die Kommentare zwischen der Überschrift »Einen Kommentar schreiben« und dem Formular angezeigt (siehe Abbildung 13.24). Falls Sie in den Archiv-Einstellungen die Option KOMMENTARE MODERIEREN aktiviert haben, müssen Sie die Kommentare vorher noch freischalten.

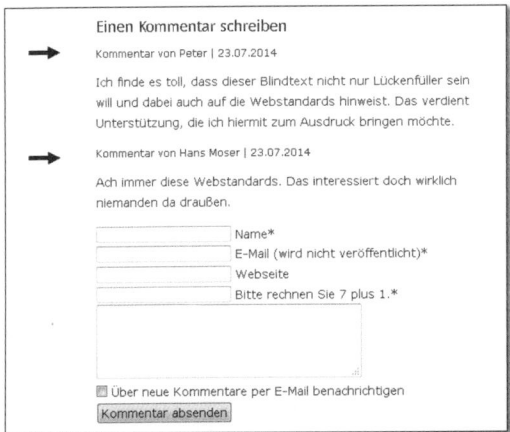

Abbildung 13.24 Kommentare werden unter dem Beitrag gelistet.

13.7.3 Die Kommentare gestalten

Das Formular ist von der Gestaltung her okay, und so fehlen nur noch ein paar Styles für die Kommentare. Zunächst werfen Sie dazu wie immer einen kurzen Blick auf das HTML. Die Darstellung der Kommentare basiert auf dem in Listing 13.6 gezeigten HTML.

```
<div class="comment_default first even" id="c1">
<p class="info">Kommentar von Peter |
<time datetime="2014-07-23T14:35:16+02:00" class="date">23.07.2014</time>
</p>
<div class="comment">
<p>Ich finde es toll, dass dieser Blindtext nicht nur Lückenfüller
sein will und auf die Webstandards hinweist. Das verdient
Unterstützung, die ich hiermit zum Ausdruck bringen möchte.</p>
</div></div>
```

Listing 13.6 Das HTML zur Auflistung von Kommentaren

Im folgenden ToDo geben Sie diesem HTML eine dezente Formatierung.

> **ToDo: Aufgelistete Kommentare und Fehlermeldungen gestalten**
>
> 1. Öffnen Sie das Stylesheet *interaktionen* im Editor.
> 2. Fügen Sie folgende Styles zur Formatierung von Meta-Informationen und Kommentaren ein (KATEGORIE: »Kommentare«):
>
>    ```
>    .ce_comments { margin-bottom: 2em; }
>    .ce_comments .info {
>      padding: 0.25em 0 0;
>      border-top: 1px dotted #d9d9d9;
>      font-size: 12px;
>    }
>    div.comment {
>      margin-bottom: 3em;
>      border-bottom: 1px dotted #d9d9d9;
>    }
>    ```
>
> 3. Speichern Sie das Stylesheet.

Nach diesem ToDo sieht der Kommentarbereich unterhalb eines Nachrichtenbeitrags ungefähr so aus wie in Abbildung 13.25.

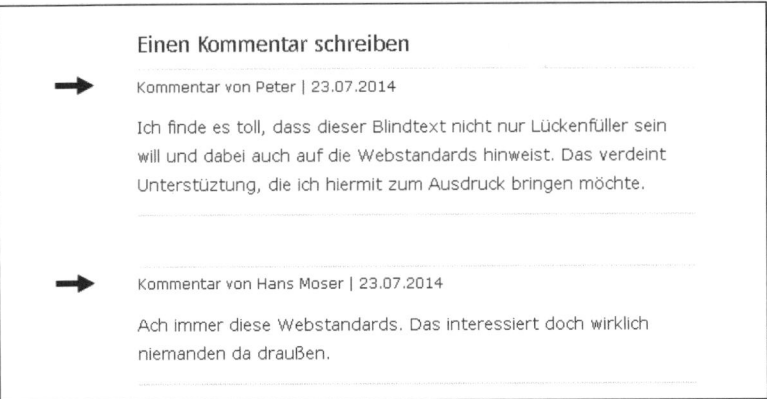

Abbildung 13.25 Der gestaltete Kommentarbereich

13.7.4 Optional: Kommentarformular – Beschriftung vor Eingabefeldern

Der Aufbau des Formulars zur Eingabe der Kommentare ist etwas gewöhnungsbedürftig, denn die Beschriftung steht *hinter* den Formularfeldern. Wenn Sie z. B. das Stylesheet FORMULARE aus dem CSS-Framework von Contao aktiviert haben, werden die Beschriftungen geblockt und stehen plötzlich *unter* den dazugehörigen Formularfeldern, was bei Besuchern zu vielen Verwirrungen führen dürfte.

Bei Bedarf können Sie daher die Reihenfolge von Eingabefeld und Beschriftung im Template *mod_comment_form* ändern. Das Formularfeld NAME wird z. B. mit folgendem Code erzeugt:

```
<div class="widget">
  <?php echo $this->fields['name']->generateWithError(); ?>
  <?php echo $this->fields['name']->generateLabel(); ?>
</div>
```

Listing 13.7 Formularfeld »name« im Template »mod_comment_form«

Um das Label vor das Formularfeld zu setzen, drehen Sie die beiden PHP-Schnipsel einfach um:

```
<div class="widget">
  <?php echo $this->fields['name']->generateLabel(); ?>
  <?php echo $this->fields['name']->generateWithError(); ?>
</div>
```

Listing 13.8 Template »mod_comment_form« – Label vor Eingabefeld

Diesen Schritt wiederholen Sie dann für alle gewünschten Felder.

13.7 Interaktion mit Besuchern: die Kommentarfunktion

Falls etwas schiefgehen sollte, löschen Sie einfach das geänderte Template. Contao nimmt dann wieder das unveränderte Original.

13.7.5 Kommentare im Backend verwalten

Die Verwaltung der Kommentare erfolgt im Modul INHALTE • KOMMENTARE. Hier werden alle Kommentare zentral gesammelt (siehe Abbildung 13.26) und können mit den üblichen Symbolen bearbeitet, gelöscht oder deaktiviert werden. Bei der Bearbeitung eines Kommentars können Sie sogar direkt darauf reagieren und eine ANTWORT HINZUFÜGEN.

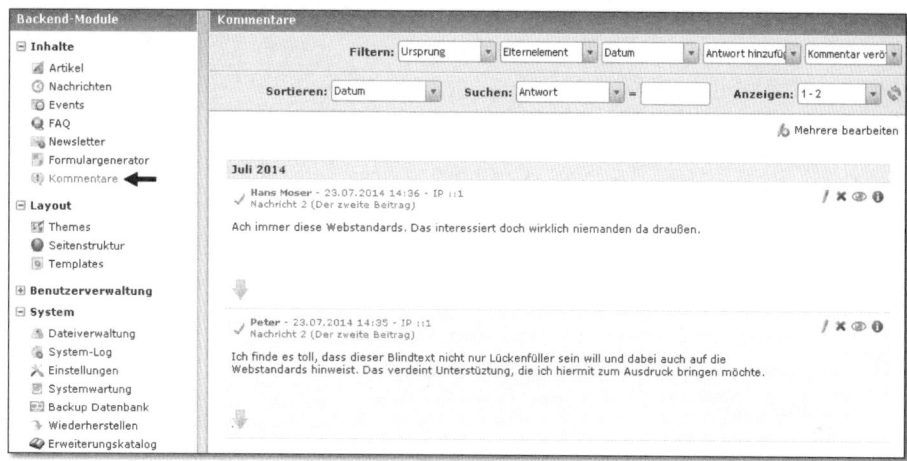

Abbildung 13.26 Kommentarverwaltung im Backend

13.7.6 Optional: Anzahl der Kommentare in der Übersicht anzeigen

Auf der Seite NEWS werden in jedem Teaser DATUM und AUTOR angezeigt. Falls Sie die Kommentarfunktion aktiviert haben und es bereits den einen oder anderen Kommentar gibt, können Sie dort auch die Anzahl der Kommentare anzeigen:

- Öffnen Sie das Backend-Modul THEMES • FRONTEND-MODULE.
- Öffnen Sie das Modul NEWS – TEASER ANZEIGEN [NACHRICHTENARCHIV] zur Bearbeitung.
- Aktivieren Sie im Bereich META-FELDER das Kontrollkästchen vor der Option KOMMENTARE.

Das war's. Jetzt wird in der Teaserübersicht auf der Seite NEWS neben dem Autoren die Anzahl der Kommentare pro Beitrag angezeigt. Damit nun hinter einem Beitrag ohne Kommentare nicht die Anzeige (KOMMENTARE: 0) erscheint, genügt eine kleine Änderung im benutzten Template. In *news_latest* werden die Kommentare mit folgendem PHP-Schnipsel ausgegeben:

```
<?php echo $this->commentCount; ?>
```

Listing 13.9 Der Schnipsel zur Ausgabe von »(Kommentare: X)«

Mit der Variablen `$this->numberofComments` kann man abfragen, ob überhaupt Kommentare vorhanden sind. Zusammen mit der Bedingung »nur wenn welche da sind« sieht der PHP-Schnipsel dann so aus:

```
<?php
if ($this->numberOfComments > 0 ) echo $this->commentCount;
?>
```

Listing 13.10 »(Kommentare: X)« erscheint nur, wenn es auch welche gibt.

Abbildung 13.27 zeigt diese Änderung im Frontend.

Abbildung 13.27 Wenn Kommentare vorhanden sind, wird die Anzahl angezeigt.

Vergessen Sie nicht, die Änderung am Anfang des Templates in einem PHP-Kommentar zu dokumentieren.

```
<?php /* Ausgabe der Kommentare geändert */ ?>
```

Listing 13.11 PHP-Kommentar am Anfang des Templates

Damit Sie auch morgen noch wissen, was Sie heute getan haben.

13.8 Navigation: Beiträge monatsweise auswählen

Die Nachrichtenfunktion auf der Beispielsite ist komplett und einsetzbar. Wenn Sie allerdings regelmäßig Beiträge schreiben, wird die Sache irgendwann unübersichtlich, und ältere Beiträge sind für die Besucher schwierig zu finden.

In diesem Abschnitt erweitern Sie das bestehende Nachrichtensystem deshalb um die in Abbildung 13.28 in der linken Spalte gezeigte Monatsauswahl. Dieses Menü listet automatisch alle Monate auf, in denen Beiträge geschrieben wurden. Ein Klick auf einen bestimmten Monat zeigt dann in der Hauptspalte eine Übersicht der Beiträge aus diesem Monat.

Abbildung 13.28 Das Menü zur Auswahl eines Monats

Für dieses Monatsmenü benötigen Sie ein zusätzliches Frontend-Modul vom Typ NACHRICHTENARCHIV-MENÜ. Damit das Monatsmenü in der linken Spalte aber überhaupt ein paar Monate anzeigen kann, erstellen Sie im folgenden ToDo zunächst noch ein paar Beiträge mit einem Datum aus der Vergangenheit.

> **ToDo: Ein paar ältere Beiträge erstellen**
> 1. Öffnen Sie im Backend-Modul NACHRICHTEN das NEWSARCHIV.
> 2. Erstellen Sie zwei oder drei kurze Beiträge. Nur Teasereinträge reichen völlig aus.
> 3. Wichtig ist, dass Sie im Feld DATUM zurückliegende Monate eingeben, denn das Monatsmenü zeigt nur Monate, in denen es auch Beiträge gibt. Der Inhalt der Beiträge spielt keine Rolle.
> 4. Rufen Sie die Seite NEWS im Browser auf, und prüfen Sie, ob die neu erstellten alten Beiträge dort angezeigt werden.

Im Backend könnte das Newsarchiv nach diesem ToDo ungefähr so aussehen wie in Abbildung 13.29.

13 Bloggen: die Erweiterung »Nachrichten«

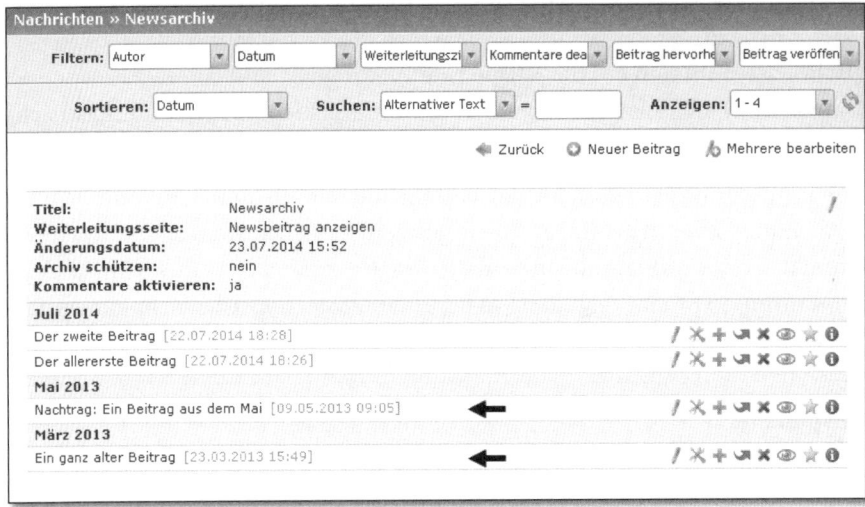

Abbildung 13.29 Ein paar ältere Beiträge im »Newsarchiv«

Navigation im Blog per Kategorie

In vielen Blogs werden Beiträge mit Schlagwörtern (engl. *Tags*) versehen, die man dann auch zur Navigation einsetzen kann, z. B. in Form einer *Tag-Cloud*.

Für Contao gibt es einige Erweiterungen, die in der Richtung weiterhelfen können:

▶ [tags]
  contao.org/de/extension-list/view/tags.de.html

▶ [news_categories]
  contao.org/en/extension-list/view/news_categories.en.html

13.8.1 Das Frontend-Modul »News – Monat auswählen [Nachrichtenarchiv Menü]« erstellen

Auf der Basis des Modultyps mit dem schönen Namen NACHRICHTENARCHIV-MENÜ erstellen Sie ein Modul namens NEWS – MONAT AUSWÄHLEN, das in der linken Spalte erscheint und alle Monate auflistet, in denen Beiträge geschrieben wurden.

Ein Klick in dieser Monatsauswahl übergibt den ausgewählten Monat an die Seite NEWS, die bereits ein Modul vom Typ NACHRICHTENARCHIV enthält. Dieses Modul ist sehr flexibel: Ist ein Monat ausgewählt, zeigt es nur die Beiträge aus diesem Monat; ist hingegen kein Monat ausgewählt, listet es alle Beiträge auf. Abbildung 13.30 zeigt das Eingabeformular für den Modultyp NACHRICHTENARCHIV-MENÜ.

436

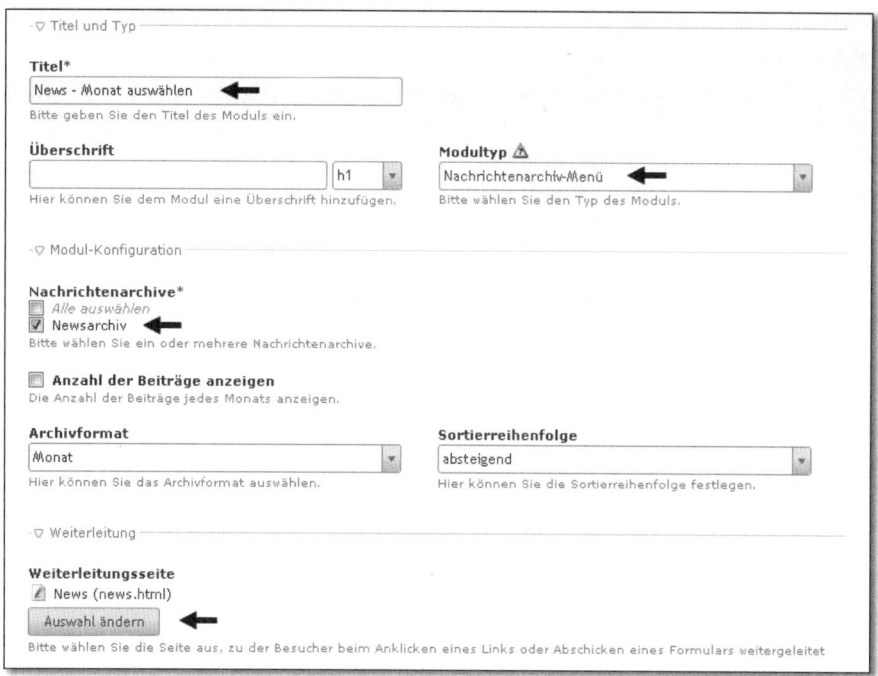

Abbildung 13.30 Das Eingabeformular für das Modul »News – Monat auswählen«

Im folgenden ToDo erstellen Sie das Frontend-Modul für die Monatsauswahl.

> **ToDo: Das Modul »News – Monat auswählen« erstellen**
> 1. Öffnen Sie im Backend-Modul THEMES die FRONTEND-MODULE.
> 2. Klicken Sie oben im Arbeitsbereich auf NEUES MODUL.
> 3. Geben Sie als TITEL »News – Monat auswählen« ein.
> 4. Wählen Sie als MODULTYP den Eintrag NACHRICHTENARCHIV-MENÜ.
> 5. Aktivieren Sie unter NACHRICHTENARCHIVE das NEWSARCHIV.
> 6. Als ARCHIVFORMAT soll der Eintrag MONAT ausgewählt sein.
> 7. Die SORTIERREIHENFOLGE soll ABSTEIGEND sein, damit die neuesten Monate oben stehen.
> 8. WEITERLEITUNGSSEITE ist die Seite NEWS.
> 9. Klicken Sie auf SPEICHERN UND SCHLIESSEN.

13.8.2 Das Frontend-Modul »News – Monat auswählen« einbinden

Das Modul NEWS – MONAT AUSWÄHLEN soll auf der Seite NEWS in der linken Spalte erscheinen. Das passiert in zwei Schritten:

1. Zunächst definieren Sie im Seitenlayout, dass in der linken Spalte Artikel angezeigt werden.
2. Danach erstellen Sie für die Seiten NEWS einen zweiten Artikel, der in der linken Spalte erscheinen soll.

Im Seitenlayout muss zunächst definiert werden, dass in der linken Spalte auch Artikel angezeigt werden sollen. Genau das erledigen Sie im folgenden ToDo.

> **ToDo: Den Artikel im Seitenlayout in der linken Spalte anzeigen**
> 1. Öffnen Sie das Backend-Modul THEMES • SEITENLAYOUT.
> 2. Öffnen Sie das STANDARDLAYOUT.
> 3. Öffnen Sie den grünen Bereich FRONTEND-MODULE.
> 4. Duplizieren Sie die Zeile für die LINKE SPALTE mit einem Klick auf das grüne Kreuz rechts daneben.
> 5. Ändern Sie die untere der beiden Zeilen so, dass das Modul ARTIKEL [ARTIKEL] in LINKE SPALTE angezeigt wird.
> 6. Klicken Sie auf SPEICHERN UND SCHLIESSEN.

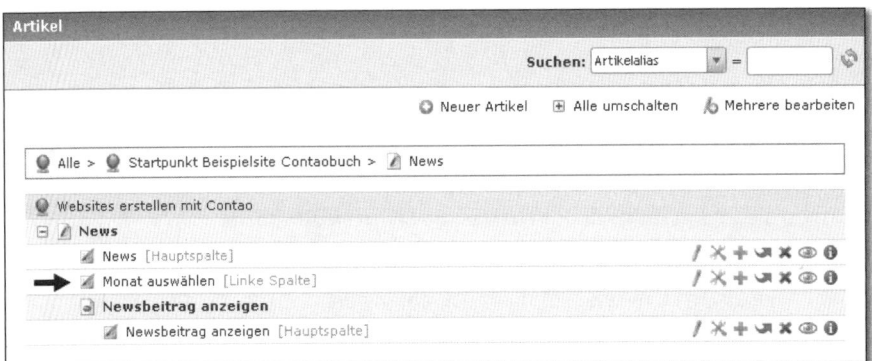

Abbildung 13.31 Der Artikel »Monat auswählen« in »[Linke Spalte]«

Im folgenden ToDo erstellen Sie jetzt auf der Seite NEWS einen neuen Artikel, der in der linken Spalte erscheinen soll und in dem das Frontend-Modul NEWS – MONAT AUSWÄHLEN eingebunden wird.

> **ToDo: Einen zweiten Artikel für die Seite »News« erstellen**
> 1. Öffnen Sie das Backend-Modul INHALTE • ARTIKEL.
> 2. Verkürzen Sie den Artikelbaum, indem Sie auf den fett hervorgehobenen Seitennamen NEWS klicken.
> 3. Klicken Sie oben im Arbeitsbereich auf NEUER ARTIKEL.

4. TITEL: »Monat auswählen«
5. ANZEIGEN IN: LINKE SPALTE
6. Kreuzen Sie ARTIKEL VERÖFFENTLICHEN an.
7. Klicken Sie auf SPEICHERN UND SCHLIESSEN.
8. Fügen Sie in dem neuen Artikel ein NEUES ELEMENT ein. ELEMENTTYP MODUL.
9. Wählen Sie NEWS • MONAT AUSWÄHLEN (ID xx) aus.
10. Klicken Sie auf SPEICHERN UND SCHLIESSEN.

Nach diesem Schritt ist auf beiden Seiten alles paletti. Es ist (noch) nicht hübsch anzusehen, aber die Monatsauswahl ist vorhanden, und es funktioniert alles (Abbildung 13.32).

Abbildung 13.32 Links das unformatierte Menü und rechts die Beiträge

13.8.3 Das HTML des Frontend-Moduls »News – Monat auswählen«

Um mit der Gestaltung der Monatsauswahl in der linken Spalte zu beginnen, werfen Sie wie immer zunächst einen Blick auf das HTML. Dort steht eine verschachtelte, ungeordnete Liste, umgeben von einem div mit der Klasse mod_newsmenu (siehe Listing 13.12).

```
<!-- indexer::stop -->
<div class="mod_newsmenu block">
<ul class="level_1">
  <li class="year submenu">
  <a href="index.php/news.html?year=2014">2014</a>
```

```
        <ul class="level_2">
        <li class="first last"><a href="index.php/news.html?month=201407"
            title="Juli 2014 (2 Einträge)">Juli 2014</a></li>
        </ul>
      </li>
      <li class="year submenu">
      <a href="index.php/news.html?year=2013">2013</a>
      <ul class="level_2">
        <li class="first"><a href="index.php/news.html?month=201305"
            title="Mai 2013 (1 Eintrag)">Mai 2013</a></li>
        <li class="active last"><span class="active">März 2013</span></li>
      </ul>
      </li>
    </ul>
  </div>
  <!-- indexer::continue -->
```

Listing 13.12 Das HTML für das Monatsmenü in der linken Spalte

Erwähnenswert ist, dass die Jahreszahl zwar in einem Listenelement mit der Klasse year aufbewahrt wird, aber keine Überschrift ist. Die Links in der Hauptspalte sitzen in Listenelementen unterhalb der Liste mit der Klasse level_2.

13.8.4 Das CSS für das Modul »News – Monat auswählen«

Dieses HTML können Sie z. B. mit dem CSS aus dem folgenden ToDo gestalten. Da das Monatsmenü in gewisser Weise mit zur Navigation zählt, werden die Styles im folgenden ToDo im Navigationsstylesheet gespeichert. Die Gestaltung orientiert sich am vertikalen Untermenü auf den anderen Seiten.

> **ToDo: Das Monatsmenü gestalten**
> 1. Öffnen Sie das Stylesheet *navigation* zur Bearbeitung.
> 2. Die Styles sollen die KATEGORIE »News – Monat auswählen« bekommen.
> 3. Das umgebende div-Element wird nach links gefloatet, und die Listenpunkte sollen keine Aufzählungszeichen haben:
>
>    ```
>    div.mod_newsmenu {
>      float: left;
>      margin: 0;
>    }
>    ```

```css
.mod_newsmenu ul {
  margin-left: 0;
}
.mod_newsmenu li {
  margin: 0;
  list-style-type: none;
}
```

4. Die Jahreszahl soll etwas größer und fett sein. Diese Angaben müssen wegen der Vererbung für die innere Liste zurückgesetzt werden, die außerdem auch noch ein margin-top für den Abstand zur Jahreszahl bekommt:

```css
.mod_newsmenu li.year {
  margin: 0 0 2em 0;
  font-size: 14px;
  font-weight: bold;
}
.mod_newsmenu .level_2 {
  margin: 1em 0 0 0;
  font-size: 13px;
  font-weight: normal;
}
```

5. Zum Schluss noch ein bisschen Finetuning für die Links:

```css
.mod_newsmenu .level_2 a {
  text-decoration: none;
  color: #444
}
.mod_newsmenu .level_2 a:hover,
.mod_newsmenu .level_2 a:focus {
  text-decoration: underline;
  color: #444
}
.mod_newsmenu .active {
  font-weight: bold;
}
```

6. Speichern Sie das Stylesheet.

Mit diesem Styling sieht das Monatsmenü etwas ansprechender aus, wie Abbildung 13.33 zeigt.

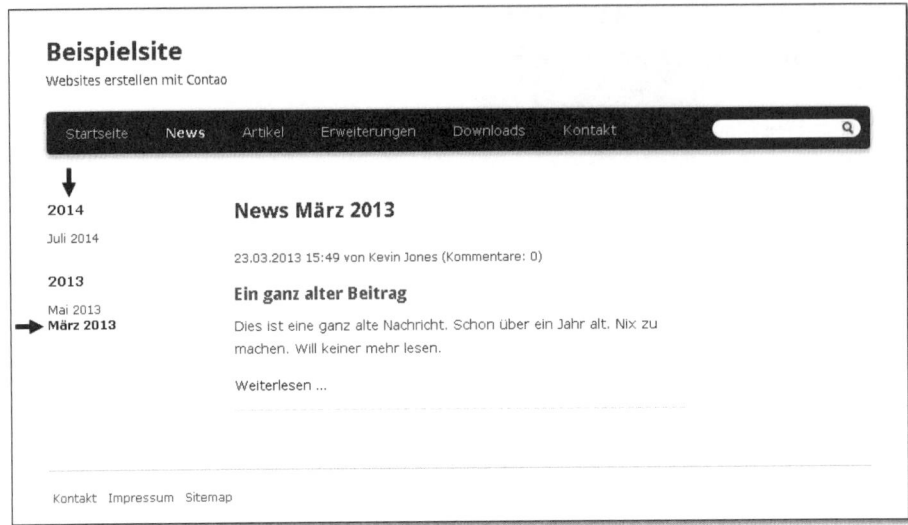

Abbildung 13.33 Die (fast) fertige Newsabteilung

Die Newsabteilung ist somit fast voll funktionsfähig: Es gibt eine Übersicht aktueller Nachrichten mit Überschrift und Teaser, eine Einzelansicht für die kompletten Beiträge und ein Menü zur Auswahl bestimmter Monate.

13.8.5 Benutzerfreundlich: ein Link, um alle Beiträge anzuzeigen

Was bei dem Menü bis jetzt noch fehlt, ist die Möglichkeit, die Monatsauswahl aufzuheben und sich wieder die vollständige Auflistung aller Newsbeiträge anzeigen zu lassen.

Momentan gäbe es dazu nur zwei Möglichkeiten:

- Besucher können über die Browser-History zu den letzten Seiten zurückkehren. Das ist allerdings nicht wirklich komfortabel, insbesondere, wenn man vorher etliche Monate angeklickt hätte und sich dann durch alle diese Monate wieder zurückhangeln müsste.
- Sie müssen oben in der Hauptnavigation zuerst einen beliebigen anderen Menüpunkt aufrufen, um dann wieder zur Seite NEWS zurückzukehren, was auch nicht wirklich zufriedenstellend ist.

Möglich wäre es zwar auch noch, in der Adresszeile des Browsers den URL-Parameter für die Monatsauswahl zu entfernen, aber das werden vermutlich wohl die wenigsten Benutzer machen.

Um die Benutzerfreundlichkeit der Nachrichtenseite zu verbessern, könnten Sie z. B. in der linken Spalte einen Link einbauen, der alle Nachrichten aufruft.

13.8 Navigation: Beiträge monatsweise auswählen

> **ToDo: Ein Modul »News – Alle Beiträge anzeigen« erstellen**
>
> 1. Erstellen Sie ein Frontend-Modul vom Typ EIGENER HTML-CODE.
> 2. Nennen Sie das Modul beispielsweise »News – Alle Beiträge anzeigen«.
> 3. Fügen Sie z. B. folgenden HTML-Code ein:
>
>    ```
>    <!-- indexer::stop -->
>    
>    <a href="{{link_url::news}}">Alle Beiträge anzeigen</a>
>    
>    <!-- indexer::continue -->
>    ```
>
> 4. Fügen Sie dieses Frontend-Modul im Artikel MONAT AUSWÄHLEN [LINKE SPALTE] als Inhaltselement MODUL unterhalb der Monatsauswahl ein.

Das Wort news im Inserttag ist der Seitenalias der Nachrichtenseite. Stattdessen können Sie natürlich auch die ID einsetzen. Das Clearen des div-Elements ist nötig, weil die Monatsauswahl gefloatet wird und der Link darunter erscheinen soll. Anstelle des Inline-Styles `<div style="clear:both; font-size: 13px;">` können Sie natürlich auch eine Klasse vergeben, zum Beispiel `<div class="alle-beitraege-anzeigen">`, und diese dann im Stylesheet *inhalte* gestalten.

Das Ergebnis könnte dann so aussehen wie in Abbildung 13.34.

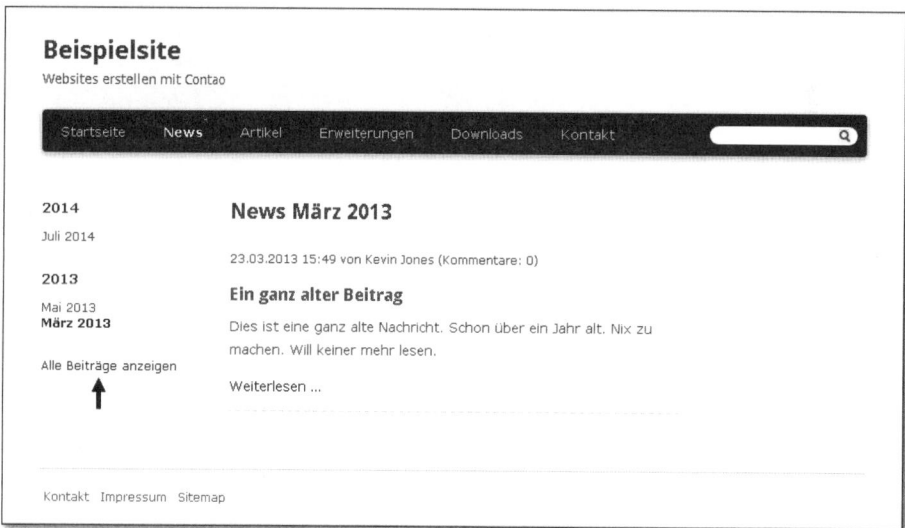

Abbildung 13.34 Ein Link zum Anzeigen aller Nachrichtenbeiträge

13.9 Know-how: Nachrichten, Modultypen und Templates

In diesem Kapitel haben Sie für die Erweiterung NACHRICHTEN bereits einige Modultypen und Templates kennengelernt, aber es gibt noch mehr. Contao stellt insgesamt vier Modultypen, sieben Modultemplates, vier Subtemplates und jede Menge CSS-Klassen zur Verfügung. Sie haben also die Qual der Wahl, weswegen die folgende Übersicht Ihnen die Auswahl ein bisschen erleichtern soll.

13.9.1 Die Modultypen und die Modultemplates »mod_news*«

Zur Darstellung von Teasern und Beiträgen gibt es vier verschiedene Modultypen, deren Darstellung auf bestimmten Templates beruht. Diese *Modultemplates* werden im Contao-Handbuch auch *Views* genannt und haben Namen, die mit dem Kürzel *mod_news* beginnen und mit *.html5* bzw. *.xhtml* enden.

Contao weist den Modulen automatisch das richtige Modultemplate zu. Tabelle 13.1 zeigt eine Übersicht von Modultypen, zugehörigen Modultemplates und den entsprechenden CSS-Klassen:

Modultyp	Modultemplates	CSS-Klasse
Nachrichtenarchiv	*mod_newsarchive* *mod_newsarchive_empty*	mod_newsarchive
Nachrichtenleser	*mod_newsreader*	mod_newsreader
Nachrichtenarchiv-Menü	*mod_newsmenu* *mod_newsmenu_year* *mod_newsmenu_day*	mod_newsmenu mod_newsmenu table.minicalendar
Nachrichtenliste	*mod_newslist*	mod_newslist

Tabelle 13.1 Übersicht über Modultypen, Modultemplates und CSS-Klassen

Der Modultyp NACHRICHTENARCHIV wird benutzt, um eine Liste von Teasern mit weiterführenden Links auszugeben. Ein Klick auf einen weiterführenden Link übergibt den ausgewählten Beitrag an ein Modul vom Typ NACHRICHTENLESER. Dieses Modul stellt immer nur die Inhaltselemente dar. Oder, falls es keine geben sollte, den Teasertext.

Der Modultyp NACHRICHTENARCHIV-MENÜ stellt ein Menü bereit, mit dem die Beiträge für einen Tag, einen Monat oder ein Jahr aufgerufen werden können. Bei einem Klick auf einen Menüpunkt wird der ausgewählte Zeitraum an eine Weiterleitungsseite übergeben, die ein Modul vom Typ NACHRICHTENARCHIV enthalten sollte.

Eine kleine Besonderheit ist übrigens das Nachrichtenarchiv-Menü für einen Tag, denn im Gegensatz zu Monats- und Jahresarchiven wird dabei zur Darstellung des Menüs keine verschachtelte Liste benutzt, sondern ein Minikalender.

13.9.2 Die vier Subtemplates »news_*«

Außer den sieben Modultemplates gibt es noch vier *Subtemplates*, die für die Gestaltung der einzelnen Beiträge zuständig sind.

Im Gegensatz zu den Modultemplates, die Contao automatisch zuweist, können die Subtemplates bei der Erstellung der Frontend-Module vom Benutzer ausgewählt werden. Die vier Subtemplates werden im Contao-Handbuch als *Partials* bezeichnet und heißen *news_*.html5* bzw. *news_*.xhtml*.

Tabelle 13.2 gibt einen Überblick über die Eigenschaften der Subtemplates:

	news_full	news_latest	news_short	news_simple
Meta-Infos	ja	ja	ja	nur Datum
Titel ...	als Text	als Link	als Link	als Link
Unterüberschrift	ja	–	–	–
Teasertext	jein	ja	ja	–
»Weiterlesen...«	–	ja	ja	ja
Nachrichtentext	ja	–	–	–
Bild	ja	ja	–	–
Modultyp	NACHRICHTENLESER	NACHRICHTENARCHIV und -LISTE		
CSS-Klasse	layout_full	layout_latest	layout_short	layout_simple

Tabelle 13.2 Die Eigenschaften der vier Subtemplates in der Übersicht

Für das Subtemplate *news_full* steht im Feld TEASERTEXT ein »Jein«, da *news_full* den Teasertext anzeigt, sofern im Nachrichtenbeitrag kein Inhaltselement vorhanden ist. Sie können das Subtemplate *news_full* auch für die Ausgabe der Modultypen NACHRICHTENLISTE und NACHRICHTENARCHIV einsetzen, aber dann werden die Beitragstexte ausgegeben und nicht die Teaser.

Contao als Blog

Die Erweiterung NACHRICHTEN von Contao kann durchaus als Blog eingesetzt werden, aber zu einem vollwertigen Blog fehlen noch Funktionen wie zum Beispiel die einfache Kategorisierung und Verschlagwortung von Beiträgen, Pingbacks etc.

Zum Teil können diese Funktionen mit Erweiterungen nachgerüstet werden, und es wird in Zukunft bestimmt noch mehr Blog-Erweiterungen für Contao geben. Probieren Sie es einfach aus.

Kapitel 14
Die Core-Erweiterungen »Events« und »FAQ«

In diesem Kapitel erstellen Sie eine Terminverwaltung für die Beispielsite, gestalten den dafür benötigten Kalender und erstellen zum Abschluss eine Liste häufig gestellter Fragen nebst deren Antworten.

Die Themen im Überblick:

- Terminverwaltung: die Erweiterung »Events«, Seite 448
- Einen neuen Kalender erstellen, Seite 448
- Der noch ungestaltete Kalender im Überblick, Seite 448
- Das HTML für Kalender und Events, Seite 448
- Das CSS zum Gestalten eines Kalenders, Seite 448
- Die FAQ-Erweiterung: häufig gestellte Fragen, Seite 448

Die bisher gezeigten Themen wie Navigation, Artikel und Inhaltselemente, Formulare und Suchfunktion benötigt so ziemlich jede Website. Auch ein Blog oder eine Newsseite mit chronologisch umgekehrt sortierter Ausgabe sind weit verbreitet.

Die Core-Erweiterungen EVENTS und FAQ hingegen sind zwar ebenfalls sehr nützliche Funktionen, werden aber wohl nicht auf jeder Site benötigt. Trotzdem möchte ich diese Erweiterungen im Folgenden kurz vorstellen, denn auch sie gehören ebenso zum Core von Contao wie die in Kapitel 15 beschriebene Newsletterverwaltung.

Eine schöne Sache an Contao ist, dass die Bedienkonzepte durchgehend konsistent aufgebaut sind. Wenn Sie wissen, wie die Core-Erweiterung NACHRICHTEN aus Kapitel 13 funktioniert, sollte Ihnen der Umgang mit den Erweiterungen EVENTS und FAQ keine großen Schwierigkeiten bereiten. Daher sind die Beschreibungen in diesem Kapitel etwas straffer als bisher, und es gibt nicht für jeden Teilschritt ein eigenes ToDo.

> **Nicht benötigte Backend-Module können Sie deaktivieren**
> Wenn Sie für Ihre Site den Kalender oder andere Backend-Module nicht benötigen, können Sie sie über SYSTEM • EINSTELLUNGEN im Bereich INAKTIVE ERWEITERUNGEN deaktivieren.

> Inaktive Module werden von Contao nicht geladen und im Navigationsbereich auch nicht mehr angezeigt. Dadurch schlagen Sie gleich zwei Fliegen mit einer Klappe: Der Navigationsbereich wirkt aufgeräumter, und Contao wird noch ein ganz klein bisschen schneller.

14.1 Terminverwaltung: die Erweiterung »Events«

Die Erweiterung EVENTS wird oft auch als KALENDER bezeichnet und gehört, wie gesagt, zum Core von Contao. Technisch gesehen, besteht sie aus dem Backend-Modul EVENTS, vier Frontend-Modulen und diversen Modul- und Subtemplates.

Ein *Event* ist wörtlich genommen ein »Ereignis« oder eine »Veranstaltung«, wird aber auch als *Termin* bezeichnet. Die Core-Erweiterung *Events* bietet also eine *Terminverwaltung* und dient dazu, für Benutzer der Website relevante Termine im Backend an einer Stelle zu sammeln und dann in verschiedenster Form im Frontend wieder auszugeben.

Die Ausgabe im Frontend kann ein großer Kalender sein, ein Mini-Kalender, eine Terminliste oder auch die Detailansicht eines einzigen Termins. In diesem Kapitel lernen Sie zunächst den großen Kalender und die Detailansicht kennen, Minikalender und Terminliste folgen dann in Kapitel 16 bei der Gestaltung der Startseite.

Ziel dieses Abschnitts ist es, auf der Seite KALENDER einen einfachen Seminarkalender auszugeben, der die im Backend-Modul EVENTS eingegebenen Termine darstellt. Die Termine im Kalender sind anklickbar, und ein Klick auf einen Termin ❶ zeigt die Detailansicht ❷ (siehe Abbildung 14.1).

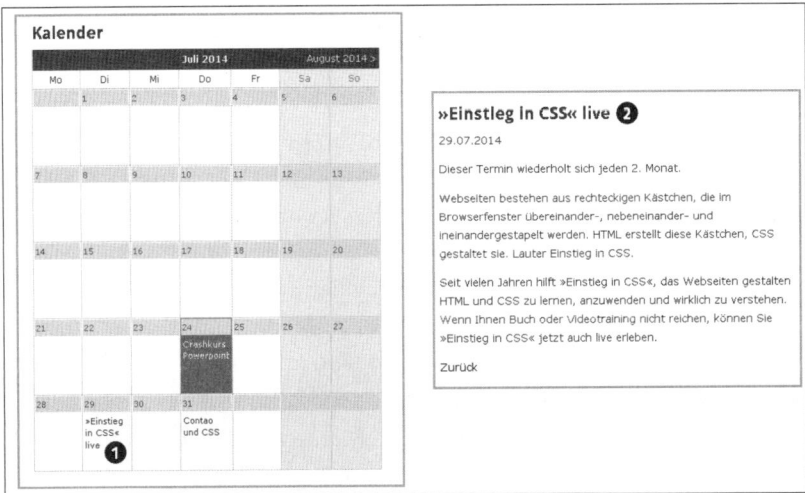

Abbildung 14.1 Ein Kalender und die Einzelansicht eines Events

Um auf der Beispielsite eine solche einfache Terminverwaltung zu erstellen, benötigen Sie folgende Zutaten:

- *Einen Kalender*
  Der Kalender wird im Backend-Modul INHALTE • EVENTS erstellt. Hier werden die Termine eingegeben.

- *Zwei Seiten*
  Eine Seite für den Kalender und eine Weiterleitungsseite zur Darstellung der Termine.

- *Zwei Frontend-Module*
  Ein Modul vom Typ KALENDER erzeugt den großen Kalender, ein zweites Modul vom Typ EVENTLESER stellt den vollständigen Termin dar.

- *Zwei Artikel*
  Auf jeder der beiden Seiten benötigen Sie einen Artikel, in dem die Frontend-Module eingebunden werden.

Seit Contao 3 können Sie ähnlich auch in den Events alle Inhaltselemente einsetzen.

> **»Minikalender« und »Nächste Termine« kommen auf die Startseite**
> In Kapitel 16, »Ein neues Seitenlayout für die Startseite«, lernen Sie wie erwähnt noch zwei andere Möglichkeiten kennen, Termine auf Webseiten darzustellen: den Minikalender und eine Liste der nächsten Termine.

14.2 Einen neuen Kalender erstellen

Als Beispiel erstellen Sie in diesem Kapitel einen einfachen Seminarkalender, der aber natürlich auch für beliebige Veranstaltungen oder andere Termine verwendet werden kann.

Um auf Ihrer Website eine Terminverwaltung mit Kalender und Detailansicht anzulegen, müssen Sie in der richtigen Reihenfolge ein paar Backend-Module besuchen, dort jeweils ein, zwei Dinge erledigen, und schon sind Sie fertig.

14.2.1 Schritt 1: Die Weiterleitungsseite »Termine« erstellen

Im Backend-Modul LAYOUT • SEITENSTRUKTUR benötigen Sie für einen Kalender zwei Seiten. Auf der bereits vorhandenen Seite KALENDER wird der Übersichtskalender dargestellt. Auf der im Menü versteckten Unterseite TERMINE, die im folgenden ToDo erstellt wird, erscheinen die einzelnen Termine in der Detailansicht.

> **ToDo: Die Weiterleitungsseite »Termine« erstellen**
>
> 1. Öffnen Sie das Backend-Modul Layout • Seitenstruktur.
> 2. Klicken Sie oben im Arbeitsbereich auf Neue Seite.
> 3. Fügen Sie die neue Seite als Unterseite zur Seite Kalender ein, indem Sie am Ende der Zeile auf den braunen, blinkenden Pfeil nach rechts klicken.
> 4. Der Seitenname ist »Termine«.
> 5. Aktivieren Sie Im Menü verstecken und Seite veröffentlichen.
> 6. Klicken Sie auf Speichern und schliessen.

Nach diesem ToDo existieren die benötigten Seiten. Im nächsten Schritt wird ein Kalender erstellt.

14.2.2 Schritt 2: Einen Kalender zur Verwaltung der Termine erstellen

Im Backend-Modul Events erstellen Sie einen neuen Kalender mit dem Namen Seminarkalender, in dem die Termine erstellt und verwaltet werden.

> **ToDo: Den Kalender »Seminarkalender« erstellen**
>
> 1. Öffnen Sie das Backend-Modul Inhalte • Events.
> 2. Klicken Sie oben im Arbeitsbereich auf Neuer Kalender.
> 3. Als Titel geben Sie »Seminarkalender« ein.
> 4. Als Weiterleitungsseite tragen Sie die eben erstellte und im Menü versteckte Unterseite Termine ein.
> 5. Klicken Sie auf Speichern und schliessen.

14.2.3 Schritt 3: »Neues Event« – Termine erstellen im »Seminarkalender«

Da das Eingabeformular zur Erstellung eines neuen Events recht lang ist, beschreibe ich es im Folgenden in zwei Teilen. Abbildung 14.2 zeigt den ersten Teil des Eingabeformulars.

Im Feld Titel geben Sie den gewünschten Titel des Events ein. Dieser erscheint im Frontend in den Kalendern und auch in der Einzeldarstellung als Überschrift. Der Event-Alias wird meist leer gelassen und von Contao automatisch erstellt. Als Autor wird der angemeldete Benutzer vorgegeben.

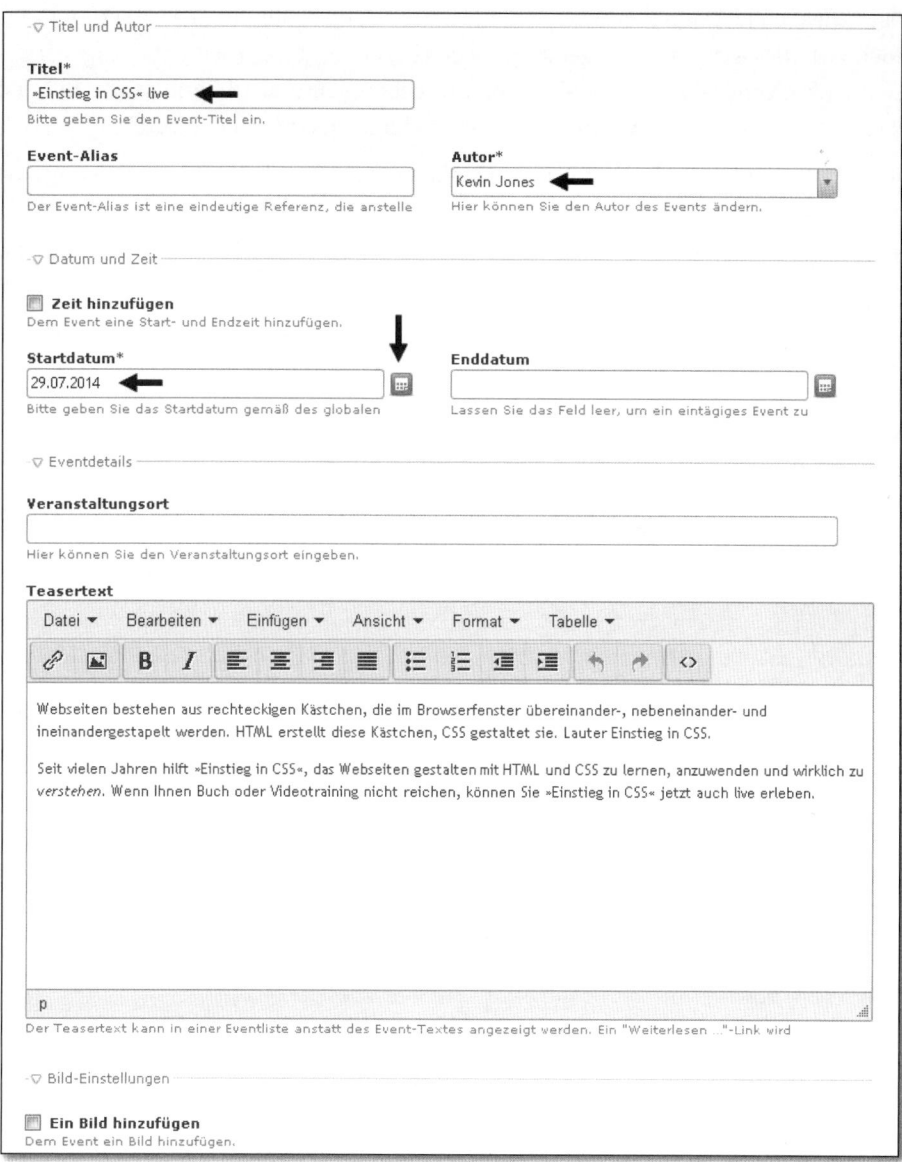

Abbildung 14.2 Das Eingabeformular zur Erstellung von Events, Teil 1

Ein Event ist im Gegensatz zu einem Nachrichtenbeitrag nicht immer an eine bestimmte Uhrzeit gebunden. Wer möchte, kann auch eine ZEIT HINZUFÜGEN, aber ein Event hat auf jeden Fall ein STARTDATUM. Bei mehrtägigen Events kann man auch noch ein ENDDATUM angeben.

Das Eingabefeld TEASER enthält den Teasertext. Unterhalb des Teasers können Sie auch EIN BILD HINZUFÜGEN, genau wie bei Artikeln und Nachrichtenbeiträgen. Falls es für ein Event keinerlei Inhaltselemente geben sollte, wird ähnlich wie bei den Nachrichtenbeiträgen der Teasertext auch in der Einzelansicht dargestellt.

So viel zum oberen Teil des Eingabeformulars für ein Event. Abbildung 14.3 zeigt die untere Hälfte.

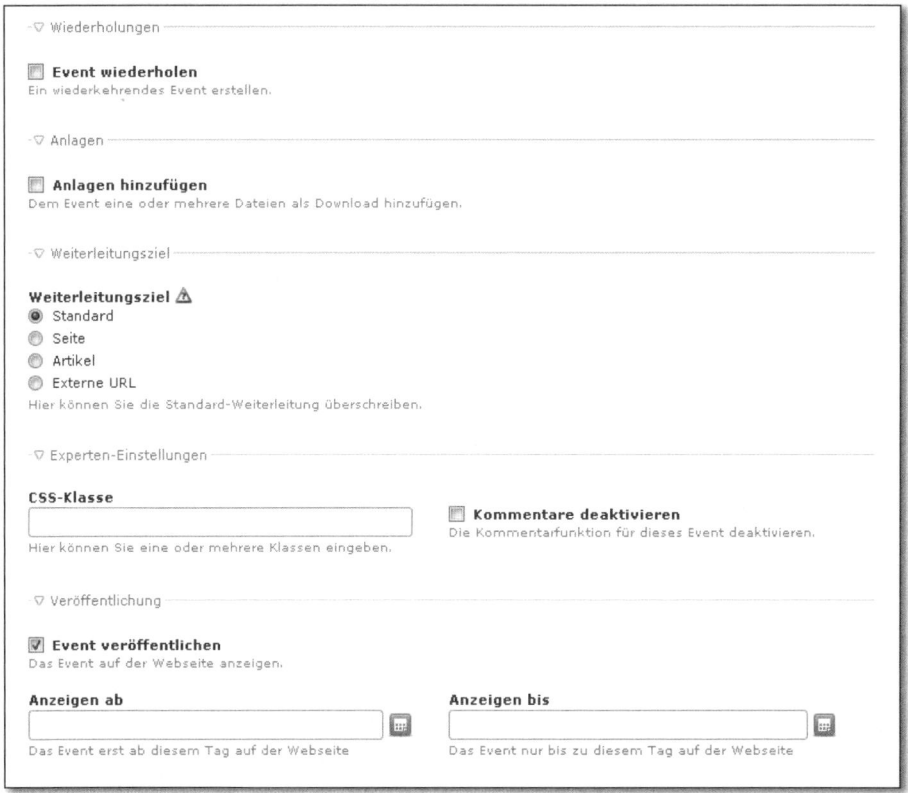

Abbildung 14.3 Das Eingabeformular zur Erstellung von Events, Teil 2

Anders als beim Fernsehprogramm sind WIEDERHOLUNGEN bei Events eher angenehm. Mit der Option EVENT WIEDERHOLEN können Sie ein wiederkehrendes Event erstellen und die Wiederholung auch gleich fest einplanen. Im Feld INTERVALL legen Sie fest, in welchen Abständen der Termin wiederholt wird; bei WIEDERHOLUNGEN tragen Sie deren Anzahl ein.

ANLAGEN zu einem Event sind Dateien, die in der Detailansicht des Termins (Modultyp EVENTLESER) zum Download angeboten und in einem RSS-Feed als *Enclosures* (engl. für »Anlagen«) verlinkt werden.

Sehr nützlich kann bei Events auch eine Änderung des Weiterleitungsziels sein. Hier legen Sie fest, welche Seite bei einem Klick auf den Termin im Kalender aufgerufen werden soll. Standardmäßig ist das die in den Kalender-Einstellungen in Schritt 2 festgelegte Weiterleitungsseite, aber Sie können hier auch eine Seite, einen Artikel oder eine externe URL als Weiterleitungsziel festlegen. So kann ein Klick auf einen Kalendereintrag z. B. direkt auf den Artikel oder die Seite zu einem bestimmten Produkt oder zu einer bestimmten Veranstaltung führen.

> **ToDo: Ein paar Events erstellen**
> 1. Öffnen Sie das Backend-Modul INHALTE • EVENTS.
> 2. Öffnen Sie den Seminarkalender zur Bearbeitung, klicken Sie oben im Arbeitsbereich auf NEUES EVENT, und erstellen Sie ein Event nach folgendem Muster:
>   TITEL: »Das erste Event« (oder ein anderer Titel)
>   STARTDATUM: ... (am einfachsten mit dem Datumspicker)
>   EVENT-TEXT: ein bisschen Blindtext Ihrer Wahl
> 3. Vergessen Sie nicht, das Event zu veröffentlichen.

Sie sollten ruhig ein bisschen experimentieren und einen Zeitraum angeben, mehrere Events pro Tag speichern, mehrtägige Events erstellen und auch mal eine Weiterleitung zu einer anderen Seite oder einer externen URL eingeben.

> **Inhaltselemente für ein Event erstellen**
> Wenn Sie wie in diesem Kapitel für ein Event keine Inhaltselemente erstellen, benutzt Contao den Teasertext auch in der Einzeldarstellung des Events.
>
> Um einem Event eine ausführliche Beschreibung mit auf den Weg zu geben, öffnen Sie das gewünschte Event zur Bearbeitung und erstellen, wie von Artikeln oder Nachrichtenbeiträgen gewohnt, beliebig viele Inhaltselemente. Jedes Event kann also auch Bilder, Galerien oder sonst was enthalten.

14.2.4 Schritt 4: Frontend-Module erstellen in »Themes • Frontend-Module«

In diesem Schritt erstellen Sie die beiden Frontend-Module, die das HTML für den Kalender und einen einzelnen Termin erzeugen. Das Modul für den Kalender heißt EVENTS – KALENDER ANZEIGEN [KALENDER], für die Einzelansicht erstellen Sie das Modul EVENTS – TERMIN ANZEIGEN [EVENTLESER].

> **ToDo: Zwei Module zur Ausgabe der Events erstellen**
> 1. Öffnen Sie das Backend-Modul Themes • Frontend-Module.
> 2. Klicken Sie oben im Arbeitsbereich auf Neues Modul.
> 3. Der Titel ist »Events – Kalender anzeigen«.
> 4. Wählen Sie aus der Liste Modultyp den Eintrag Events • Kalender.
> 5. Aktivieren Sie den Kalender Seminarkalender.
> 6. Erster Wochentag ist bei uns in der Regel Montag.
> 7. Eine Weiterleitungsseite ist nicht nötig, da Sie die Seite Termine bereits im Seminarkalender als Weiterleitungsseite eingetragen haben.
> 8. Das Kalendertemplate soll *cal_default* sein.
> 9. Klicken Sie auf Speichern und neu.
> 10. Der Titel des zweiten Moduls ist »Events – Termin anzeigen«.
> 11. Wählen Sie aus der Liste Modultyp den Eintrag Eventleser.
> 12. Aktivieren Sie den Kalender Seminarkalender.
> 13. Das Event-Template ist *event_full* zur Darstellung des ganzen Events.
> 14. Klicken Sie auf Speichern und schliessen.

Jetzt fehlt nur noch wie immer die Einbindung dieser Frontend-Module.

14.2.5 Schritt 5: Frontend-Module einbinden in »Inhalte • Artikel«

Auf der Seite Kalender binden Sie in dem gleichnamigen Artikel das Modul Events – Kalender anzeigen (ID xx) ein. Im Artikel auf der Unterseite Termine binden Sie das Modul Events – Termin anzeigen (ID xx) ein.

> **ToDo: Frontend-Module in Artikeln einbinden**
> 1. Öffnen Sie das Backend-Modul Inhalte • Artikel.
> 2. Verkürzen Sie den Artikelbaum mit einem Klick auf den fett hervorgehobenen Seitennamen für die Seite Kalender, und blenden Sie gegebenenfalls die Unterseite Termine ein.
> 3. Öffnen Sie den Artikel Kalender [Hauptspalte] zur Bearbeitung.
> 4. Falls noch keine h1-Überschrift »Kalender« vorhanden ist, erstellen Sie bitte eine. Löschen Sie eventuelle weitere Inhaltselemente.
> 5. Erstellen Sie unterhalb der Überschrift ein Inhaltselement vom Typ Modul.
> 6. Wählen Sie aus der Liste Modul den Eintrag Events – Kalender anzeigen (ID xx).
> 7. Klicken Sie auf Speichern und zurück, um zum Artikelbaum zurückzukehren.

8. Öffnen Sie im Artikelbaum auf der Seite TERMINE den Artikel TERMINE [HAUPT-SPALTE]. Sie benötigen in diesem Artikel kein Inhaltselement ÜBERSCHRIFT, da Contao den Titel des Events als Überschrift benutzt.
9. Fügen Sie ein Inhaltselement vom Typ MODUL ein.
10. Wählen Sie aus der Liste MODUL den Eintrag EVENTS – TERMIN ANZEIGEN (ID xx).
11. Klicken Sie auf SPEICHERN UND SCHLIESSEN.

Fertig.

14.3 Der noch ungestaltete Kalender im Überblick

Bevor Sie den Kalender im nächsten Abschnitt gestalten, schauen Sie sich kurz an, wie die Sache funktioniert.

14.3.1 Kalender und Termin in der Einzelansicht

Abbildung 14.4 zeigt, dass Sie bereits eine funktionierende Terminverwaltung haben. Sie ist zwar noch ein Rohbau und sieht noch nicht so aus wie in Abbildung 14.1, aber technisch gesehen ist bereits alles bestens.

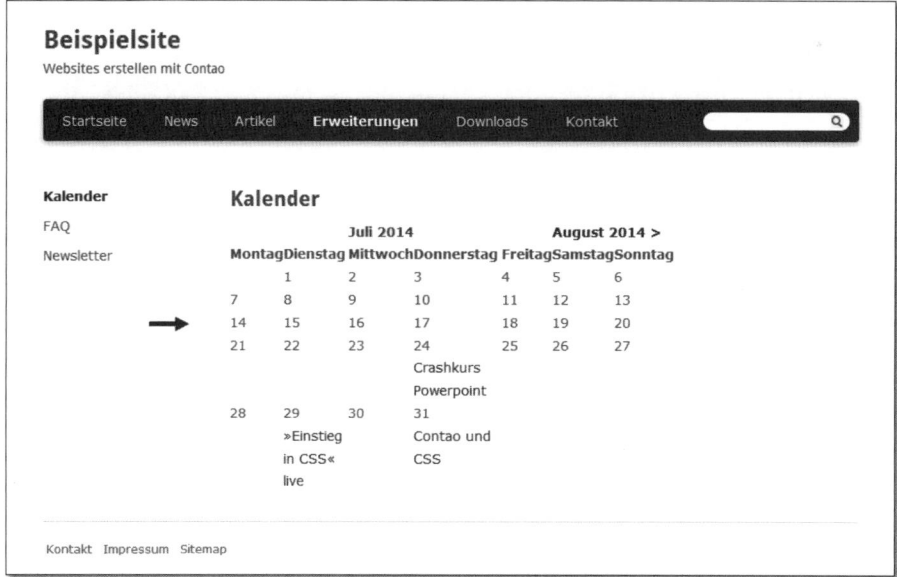

Abbildung 14.4 Der ungestaltete, aber funktionierende Kalender

Wenn Sie im Kalender auf ein Event klicken, erscheint dieses in der Einzelansicht (Abbildung 14.5).

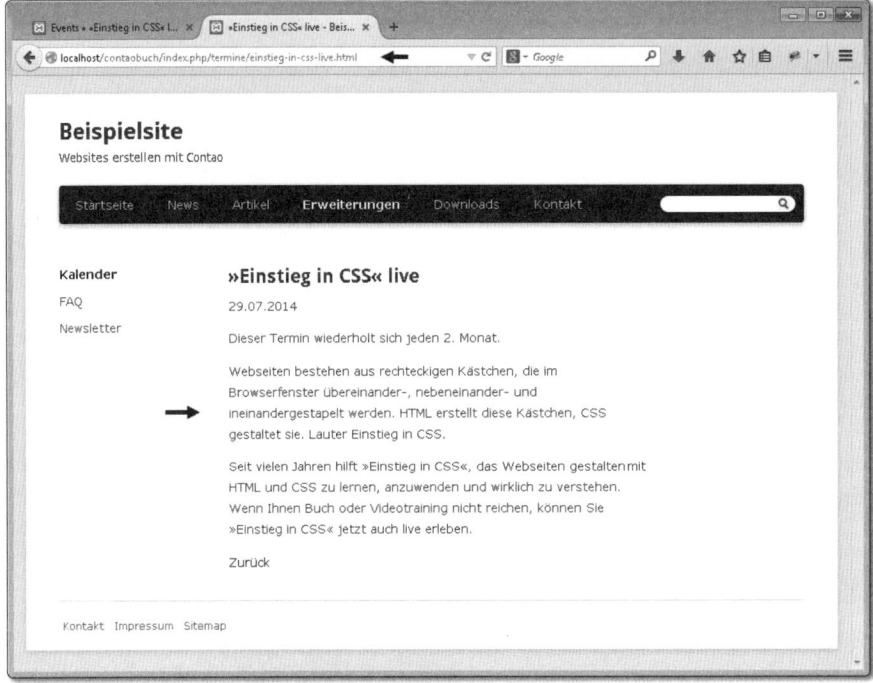

Abbildung 14.5 Ein Event in der Einzelansicht

14.3.2 SEO: Der Aufbau einer URL für ein Event

Das Ende der URL des in Abbildung 14.5 dargestellten Termins ist übrigens ähnlich aufgebaut wie bei den Nachrichtenbeiträgen in Kapitel 13, »Bloggen: die Erweiterung »Nachrichten««:

- *index.php/termine/einstieg-in-css-live.html*

Diese URL setzt sich wie folgt zusammen:

- *index.php* ist der eigentliche Name der Seite und nur zu sehen, bis in Abschnitt 20.1 die URL-Umschreibung aktiviert wird.
- *termine* ist der Seitenalias der Seite TERMINE und kann dort geändert werden.
- *einstieg-in-css-live* ist der Alias des Events mit dem Namen *Einstieg in CSS live*.
- *.html* ist das im Backend-Modul SYSTEM • EINSTELLUNGEN definierte URL-SUFFIX.

In Kapitel 20, »SEO: die Optimierung für Suchmaschinen«, optimieren Sie, wie gesagt, die von Contao erzeugten URLs. Danach wird das Ende der URL für obigen Beitrag so aussehen:

- */termine/einstieg-in-css-live.html*

Und das ist doch eine richtig gute Adresse für dieses Event.

> **Optimale URLs mit der Option »Auto_item aktivieren«**
>
> Im Backend-Modul SYSTEM • EINSTELLUNGEN gibt es im Bereich FRONTEND-EINSTELLUNGEN eine Option namens AUTO_ITEM AKTIVIEREN, die standardmäßig bereits aktiviert ist.
>
> Wenn Sie diese Option ausstellen, ändert sich die URL für den Newsbeitrag:
>
> ▶ *index.php/termine/events/einstieg-in-css-live.html*
>
> Das ist die eigentliche URL, die Contao für Events in der Einzelansicht verwendet. Das Schlüsselwort *events* teilt dem Modul EVENTLESER mit, dass er ein bestimmtes Event ausgeben soll, und kann nicht so einfach geändert werden. Damit nun nicht bei jedem Event in der URL das Wort *events* auftaucht, gibt es die standardmäßig aktivierte Option AUTO_ITEM AKTIVIEREN, die die Ausgabe des Schlüsselwortes in der URL unterdrückt.

14.4 Das HTML für Kalender und Events

Der Kalender funktioniert bereits, bedarf aber noch der Gestaltung. Dazu werfen Sie wie immer zunächst einen Blick auf das HTML.

14.4.1 Das HTML vom Frontend-Modul »Kalender«

Das HTML für einen Kalender wird vom Modultemplate *mod_calendar* und dem Subtemplate *cal_default* erzeugt und kann dort bei Bedarf auch angepasst werden. Umgeben von einem div mit der Klasse mod_calendar, ist der eigentliche Kalender eine HTML-Tabelle mit einem Kopfbereich (thead) und einem Textbereich (tbody).

Listing 14.1 zeigt zunächst den Kopfbereich des Kalenders.

```
<!-- indexer::stop -->
<div class="mod_calendar block">
<table class="calendar">
<thead>
  <tr>
    <th colspan="2" class="head previous">
    <!-- Kein vorheriger Monat vorhanden -->
    </th>
    <th colspan="3" class="head current">Juli 2014</th>
    <th colspan="2" class="head next">
    <a href="#" title="August 2014">August 2014 &gt;</a>
    </th>
  </tr>
```

```
    <tr>
      <th class="label">Mo<span>ntag</span></th>
      <th class="label">Di<span>enstag</span></th>
      <th class="label">Mi<span>ttwoch</span></th>
      <th class="label">Do<span>nnerstag</span></th>
      <th class="label">Fr<span>eitag</span></th>
      <th class="label weekend">Sa<span>mstag</span></th>
      <th class="label weekend">So<span>nntag</span></th>
    </tr>
</thead>
<!-- Fortsetzung in Listing 14.2 -->
```

Listing 14.1 Der Kopfbereich des Kalenders

In der ersten Zeile des Kopfbereichs stehen die Monatsnamen (th.head). Der aktuelle Monat steht in der Mitte (current), der vorangegangene als Link ganz links (previous) und der folgende Monat rechts außen (next). In der zweiten Zeile werden die Wochentage aufgelistet (th.label), die ab dem dritten Buchstaben von einem span umgeben sind. Das Wochenende ist besonders gekennzeichnet (weekend). So gibt es bei der Gestaltung per CSS genügend Ansatzpunkte.

Listing 14.2 zeigt den Textbereich der Tabelle in <tbody> mit einem Beispieltermin an einem fiktiven Event.

```
<!-- Fortsetzung von Listing 14.1 -->
<tbody>
  <tr class="week_0 first">
    <td class="days empty col_first">
      <div class="header"> </div>
    </td>
    <td class="days">
      <div class="header">1</div>
    </td>
    <td class="days active">
      <div class="header">2</div>
    </td>
    <td class="days">
      <div class="header">3</div>
    </td>
    <td class="days active">
      <div class="header">4</div>
      <div class="event cal_1 current">
      <a title="Beispielevent (Freitag, 28.11.2014)"
         href="#">Beispielevent</a>
```

```
          </div>
        </td>
        <td class="days weekend">
          <div class="header">5</div>
        </td>
        <td class="days weekend col_last">
          <div class="header">6</div>
        </td>
      </tr>
      <tr class="week_1">
      <!-- weitere Wochen als weitere Tabellenzeilen -->
      </tr>
    </tbody>
  </table>
</div>
<!-- indexer::continue -->
```

Listing 14.2 Das HTML für einen Kalender (Ausschnitt)

Im Textbereich wird pro Zeile eine Woche dargestellt (tr.week), und innerhalb der Zeilen ist eine Tabellenzeile ein Tag (td.day). Tage mit Terminen erhalten zusätzlich die Klasse active, und die Termine selbst sind von einem div mit der Klasse event umgeben. Die Klasse cal_1 deutet an, dass der Termin im ersten Kalender steht. So können Sie die Termine bei mehreren Kalendern unterschiedlich gestalten.

14.4.2 Das HTML der Einzelansicht eines Events (Eventleser)

Ein einzelner Termin wird vom Modultyp EVENTLESER mithilfe des Modultemplates *mod_event* und des Subtemplates *event_full* dargestellt. Das folgende Listing zeigt ein fiktives Event.

```
<div class="mod_article first last block" id="termine">
  <div class="mod_eventreader block">
  <div class="event layout_full block">
  <h1>Contaobuch - die neue Auflage</h1>
  <p class="info">29.09.2014</p>
  <div class="ce_text block">
  <p>Heute erscheint das Buch, das Sie jetzt gerade lesen.</p>
  </div> <!-- Ende .ce_text -->
  </div> <!-- Ende .event -->
  </div> <!-- Ende .mod_eventreader -->
</div> <!-- Ende .mod_article -->
```

Listing 14.3 Das HTML für einen einzelnen Termin

Die ID im umgebenden div für den Artikel entspricht dem ARTIKELALIAS aus den Artikeleigenschaften. Umgeben von einem doppelten div-Element mit den Klassen mod_eventreader bzw. event, wird der Titel des Termins zur h1-Überschrift, und das Datum steht in einem Absatz mit der Klasse info. Der Eventtext erscheint in einem div mit der Klasse ce_text wie ein normales Inhaltselement TEXT.

14.5 Das CSS zum Gestalten eines Kalenders

Die Gestaltung eines Kalenders ist nicht wirklich schwierig, aber doch relativ aufwendig, da eine Menge Elemente berücksichtigt werden müssen.

Damit Sie bei der Kalendergestaltung nicht im luftleeren Raum beginnen müssen, folgen in diesem Abschnitt ein paar Gestaltungsideen, mit denen der Kalender so aussieht wie in Abbildung 14.6.

Abbildung 14.6 Ein Kalender auf der Beispielsite

Die Styles für den Kalender werden im Stylesheet zur Gestaltung der Inhalte gespeichert, also in *inhalte* bzw. *inhalte.css*. Die manuelle Eingabe der Styles aus den folgenden Listings ist eine gute Übung, und man lernt am meisten, wenn man nach jedem Style kurz schaut, was sich geändert hat.

Falls Sie das CSS aus den Listings in diesem Abschnitt nicht manuell eingeben möchten, finden Sie das Stylesheet *kalender.css* in den Beispieldateien auf der Buch-CD. Dieses Stylesheet können Sie in THEMES • STYLESHEET mit der Funktion CSS-IMPORT importieren. Anschließend sollten Sie die Styles mit der Funktion MEHRERE BEARBEITEN überprüfen, mit den entsprechenden Kategorien versehen und dann in das Stylesheet *inhalte* verschieben.

> **ToDo: Kalender gestalten per CSS**
> 1. Öffnen Sie das Stylesheet *inhalte* zur Bearbeitung.
> 2. Fügen Sie am Ende des Stylesheets die Styles zur Gestaltung des Kalenders aus diesem Abschnitt ein. Oder importieren und bearbeiten Sie wie oben beschrieben das Stylesheet aus den Beispieldateien von der Buch-CD.
> 3. Speichern Sie das Stylesheet *inhalte*.

14.5.1 Kalender gestalten, Teil 1: Tabelle und Kopfbereich

Im ersten Style bekommt der Kalender ein Weiß als Hintergrund und eine Breite von 98 %, damit er immer bequem in den zur Verfügung stehenden Platz passt (KATEGORIE: »Kalender – Tabelle«).

```
table.calendar{
  width: 98%;
  border-collapse: separate;
  background-color: #fff;
}
```
Listing 14.4 Das CSS für die Kalendertabelle

Die erste Zeile im Kopfbereich des Kalenders zeigt den vorangegangenen (th.previous) und den folgenden Monat (th.next). Der aktuelle Monat in der Mitte übernimmt die Gestaltung vom Style für .head (KATEGORIE: »Kalender – Kopfbereich«).

```
table.calendar .head {
  padding: 0.25em 0;
  text-align:center;
  background-color: #555450;
```

```css
    font-size: 12px;
    color: #fff;
}
table.calendar th.previous {
    text-align: left;
    padding-left: 3px;
    border-left: 1px solid #d9d9d9;
}
table.calendar th.next {
    text-align: right;
    padding-right: 3px;
    border-right: 1px solid #d9d9d9;
}
table.calendar th a {
    font-weight: normal;
    text-decoration: none;
    color:#fff;
}
table.calendar th a:hover,
table.calendar th a:focus {
    text-decoration:underline;
}
```

Listing 14.5 Das CSS für den Kopfbereich des Kalenders

Die Wochentage in der zweiten Zeile des Kopfbereichs werden etwas abgesetzt, und das Wochenende wird hellgrau hinterlegt (Kategorie: »Kalender – Kopfbereich«).

```css
table.calendar .label {
    padding: 2px;
    text-align: center;
    background-color:#fff;
    border-right: 1px solid #d9d9d9;
    border-bottom: 1px solid #bbb;
    font-size: 12px;
    font-weight: normal;
    color:#444;
}
table.calendar .label:first-child {
    border-left: 1px solid #d9d9d9;
}
```

```css
/* optional: Kurze Wochentage Mo - Di etc. */
table.calendar .label span {
  display:none;
}
table.calendar .weekend {
  background-color:#f1f1f1;
  color: #8e8e8e;
}
```

Listing 14.6 Das CSS zur Gestaltung der Wochentage

14.5.2 Kalender gestalten, Teil 2: Tage und Events

Die einzelnen Tage im Kalender bekommen eine fest definierte Breite und Höhe. Interessant ist die Konstruktion der Gitternetzlinien: Jede Tabellenzelle bekommt rechts und unten eine Linie. Die Linie in der ersten Spalte links wird mit der Klasse col_first erstellt. Die erste obere Rahmenlinie kommt von .label. Der aktuelle Tag kann mit der Klasse today deutlich hervorgehoben werden (KATEGORIE: »Kalender – Tage«).

```css
table.calendar td {
  width: 14%;
  height: 7em;
  border-right: 1px solid #d9d9d9;
  border-bottom: 1px solid #d9d9d9;
}
table.calendar .col_first {
  border-left: 1px solid #d9d9d9;
}
table.calendar .header {
  margin: 1px;
  padding: 1px;
  background-color: #e6e6e6;
  font-size: 11px;
  color: #666;
}
table.calendar .today {
  background-color:#d87702;
  color: #fff;
}
```

Listing 14.7 Das CSS zur Gestaltung der Kalendertage

Zum Abschluss fehlen nur noch die Events selbst (KATEGORIE: »Kalender – Events«):

```
table.calendar .event {
  margin: 3px;
  line-height: 1.1;
}
table.calendar .event a {
  font-size: 11px;
  color: #444;
  text-decoration: none;
}
table.calendar .event a:hover,
table.calendar .event a:focus {
  text-decoration:underline;
}
table.calendar .event.current a {
    color:#fff;
}
```

Listing 14.8 Das CSS zur Gestaltung der Events

14.6 Die FAQ-Erweiterung: häufig gestellte Fragen

FAQ steht für »Frequently Asked Questions« und wird im Deutschen entweder als ein Wort ausgesprochen (»fak«) oder alle Buchstaben einzeln (»eff-ah-kuh«). Im Englischen wird es »eff-ei-kju« gesprochen. Als Wort ausgesprochen sollte man es nur in deutschsprachigen Kontexten verwenden.

In einer FAQ gibt es meist verschiedene Kategorien mit mehr oder weniger Fragen. Ein Klick auf eine Frage ruft eine neue Seite mit der entsprechenden Antwort auf.

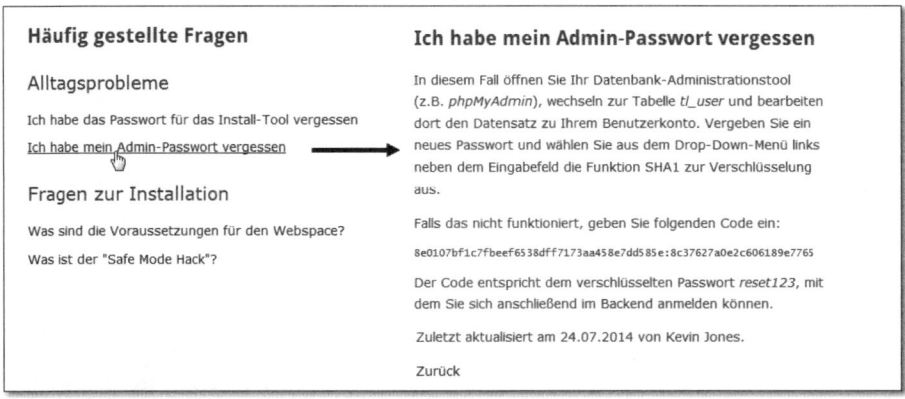

Abbildung 14.7 Die FAQ-Liste und eine Antwort in der Detailansicht

14.6.1 Die Kurzanleitung für die FAQ-Erweiterung

Die FAQ-Erweiterung funktioniert ähnlich wie die Kalender-Erweiterung, ist aber etwas simpler. Sie besteht aus dem Backend-Modul FAQ, zwei Frontend-Modulen und zwei Modultemplates. Die Lagerhalle heißt dieses Mal KATEGORIE und die Einträge darin einfach nur FRAGEN. Abbildung 14.8 zeigt die fertige Seite.

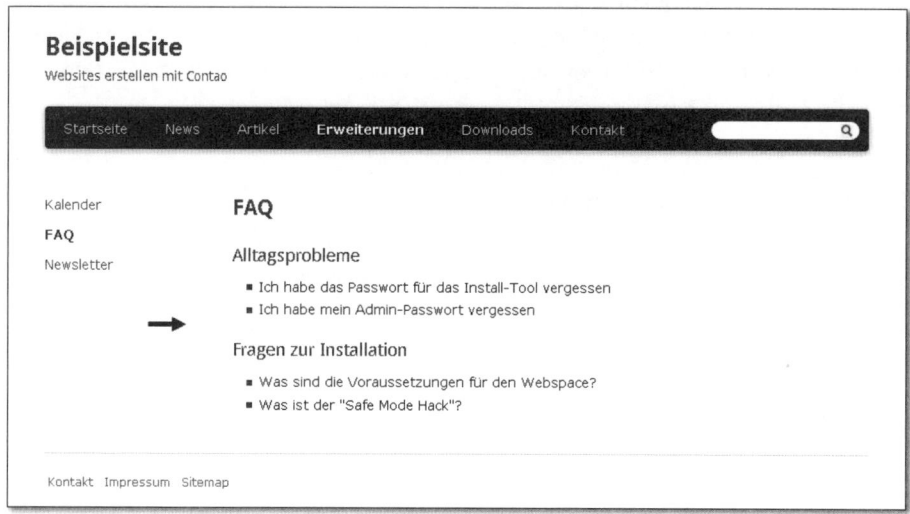

Abbildung 14.8 Die FAQ-Liste mit zwei Kategorien

Die Erstellung der FAQ-Beispielseite geschieht in drei Schritten:

▶ **Schritt 1: »Inhalte • FAQ«**
Im Backend-Modul FAQ erstellen Sie eine NEUE KATEGORIE mit dem TITEL und der ÜBERSCHRIFT »Fragen zur Installation«. Als WEITERLEITUNGSSEITE tragen Sie die bereits bestehende Seite FAQ ein. Sie benötigen keine zusätzliche Unterseite.

Am besten erstellen Sie auch gleich ein paar Fragen und Antworten, damit im Frontend auch etwas ausgegeben werden kann.

▶ **Schritt 2: »Themes • Frontend-Module«**
Sie benötigen zwei Module: Erstellen Sie zunächst FAQ – ANTWORT ANZEIGEN [FAQ-LESER] für die Einzelansicht. Danach fügen Sie FAQ – FRAGEN ANZEIGEN [FAQ-LISTE] für die Listenansicht mit einer h1-Überschrift »Häufig gestellte Fragen« hinzu und wählen als FAQ-LESER das eben erstellte Modul FAQ – ANTWORT ANZEIGEN (ID XX) aus. Bei beiden Modulen aktivieren Sie im Bereich MODUL-KONFIGURATION die KATEGORIE FRAGEN ZUR INSTALLATION.

▶ **Schritt 3: »Inhalte • Artikel«**
Auf der Seite FAQ fügen Sie dem gleichnamigen Artikel ein Inhaltselement vom Typ MODUL hinzu und wählen das Modul FAQ – FRAGEN ANZEIGEN (ID XX) aus. Die Überschrift »Häufig gestellte Fragen« wurde im Frontend-Modul definiert.

Da Übung bekanntlich den Meister macht, erstellen Sie zu Testzwecken gleich noch eine zweite Kategorie, ALLTAGSPROBLEME, mit ein paar Fragen und Antworten dazu. Vergessen Sie nicht, bei der Erstellung der Kategorie die Weiterleitungsseite einzutragen und die neue Kategorie in den beiden Frontend-Modulen anzukreuzen, damit die Fragen auf der Seite FAQ auch angezeigt werden.

Um die Reihenfolge festzulegen, in der die Kategorien auf der Fragenseite angezeigt werden, öffnen Sie das Modul FAQ – FRAGEN ANZEIGEN [FAQ-LISTE]. Ändern Sie dort im Bereich MODUL-KONFIGURATION mit den grünen Pfeilen nach oben bzw. unten die Reihenfolge der Kategorien.

14.6.2 Die FAQ-Erweiterung gestalten

Die Gestaltung einer FAQ-Seite ist im Gegensatz zum Kalender sehr einfach, denn eine FAQ besteht nur aus Überschriften, Listen und Absätzen:

- Fragen und Kategorien sind von einem div mit der Klasse mod_faqlist umgeben. Die Kategorien sind h2-Überschriften, und die Fragen sind eine ungeordnete Liste mit Links darin.

- Auf der Antwortseite stehen Frage und Antwort in einem div mit der Klasse mod_faqreader. Die Frage wird zu einer h1-Überschrift, und die Antwort ist ein div mit der Klasse ce_text. Das Aktualisierungsdatum unterhalb der Antwort steht in einem p mit der Klasse info.

Um die Fragenliste aus Abbildung 14.8 zu gestalten, reichen wenige Styles.

```
.mod_faqlist li {
  margin: 0.5em 0;
  padding: 0;
  list-style-type: none;
}
.mod_faqlist a { text-decoration: none; }
.mod_faqlist a:hover { text-decoration: underline; }
```

Listing 14.9 Die Gestaltung der FAQ-Liste

Die Seite mit der Antwort auf die Frage braucht eigentlich nur einen zusätzlichen Style für den Info-Absatz unter der Antwort:

```
.mod_faqreader .info {
  padding: 3px 0 0;
  border-top: 1px dotted #d9d9d9;
  font-size: 11px;
}
```

Listing 14.10 Die Gestaltung der FAQ-Antwort

Kein FAQ benötigt? Backend-Modul FAQ deaktivieren

Wenn Sie auf Ihrer Site keine FAQ-Liste einsetzen möchten, können Sie das Backend-Modul INHALTE • FAQ auch ausblenden:

- Öffnen Sie das Backend-Modul SYSTEM • EINSTELLUNGEN.
- Blenden Sie den Bereich INAKTIVE ERWEITERUNGEN ein.
- Setzen Sie das Kreuz an die richtige Stelle.
- Speichern Sie die Einstellungen.

Dann wirkt der Navigationsbereich aufgeräumter, und Contao ist noch ein klitzekleines Stückchen schneller.

Kapitel 15
Die Core-Erweiterung »Newsletter«

In diesem Kapitel erfahren Sie, wie Sie mit Contao ein komplettes Newslettersystem auf die Beine stellen – inklusive Darstellung der Newsletter auf der Website und automatischer An- und Abmeldung.

Die Themen im Überblick:

- Die Zentrale: das Backend-Modul »Newsletter«, Seite 471
- Newsletter im Frontend anzeigen, Seite 478
- Newsletter im Frontend abonnieren und kündigen, Seite 480

Die Newsletter-Erweiterung gehört zum Core von Contao und dient dazu, einen Newsletter per E-Mail an diverse Empfänger zu versenden. Sie besteht aus drei großen Teilen:

- Backend-Modul NEWSLETTER
- vier Frontend-Module
- diverse Modul- und Subtemplates

Mit dem Backend-Modul NEWSLETTER können Sie einen Newsletter erstellen und versenden. Die vier Frontend-Module bieten zusätzlich die Möglichkeit zur Darstellung bereits verschickter Newsletter auf der Website und zum automatisierten Abonnieren und Kündigen (Abbildung 15.1).

Aus technischer Sicht sollte es nach der Lektüre dieses Kapitels kein Problem mehr sein, einen Newsletter zu betreiben. Bevor Sie aber auf Ihrer Website wirklich einen Newsletter anbieten, sollten Sie auch die inhaltliche Seite bedenken:

- Gibt es genügend interessante Informationen, um regelmäßig einen lesenswerten Newsletter zusammenzustellen?
- Ist genügend Zeit vorhanden, um die Inhalte redaktionell aufzubereiten?

Die Abonnenten sollen den Newsletter als Bereicherung empfinden und nicht als Belästigung. Kein Newsletter ist also besser als ein schlechter Newsletter.

15 Die Core-Erweiterung »Newsletter«

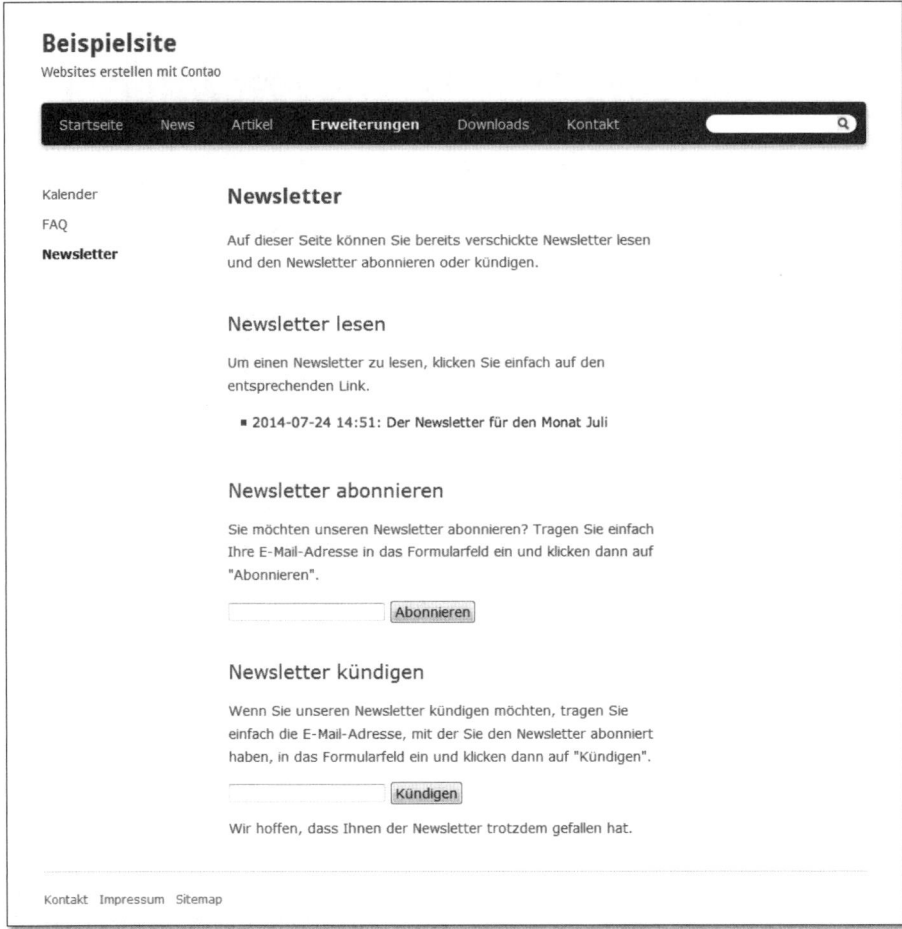

Abbildung 15.1 Die Seite »Newsletter« – lesen, abonnieren und kündigen

Über das Anbieten eines Newsletters

Zur Impressumspflicht und anderen rechtlichen Grundlagen des Newsletterversands finden Sie ausführliche Informationen in der *eco Richtlinie für zulässiges E-Mail-Marketing*, die 2014 in der 5. Auflage erschienen ist:

▸ online-marketing.eco.de/downloads.html

Das PDF hat 55 Seiten und berücksichtigt viele Aspekte des E-Mail-Marketings.

15.1 Die Zentrale: das Backend-Modul »Newsletter«

Die Verwaltungszentrale der Newsletter-Erweiterung ist das Backend-Modul NEWSLETTER. Hier erstellen Sie Verteiler, verwalten Abonnenten und schreiben Newsletter.

15.1.1 Einen neuen Verteiler erstellen

Im Backend-Modul NEWSLETTER richten Sie sogenannte *Verteiler* ein, die aus zwei Teilen bestehen:

1. den eigentlichen *Newslettern*
2. einer Liste der als *Abonnenten* bezeichneten Empfänger

In einer Firma könnte z. B. jede Abteilung einen Verteiler einrichten, mit dem sie dann Newsletter an ihre Abonnenten verschicken kann. Mit *Newsletter* meint Contao in diesem Zusammenhang den zu verschickenden Text in den Formaten HTML oder Nur-Text. So ein Newsletter wird im Backend erstellt und als E-Mail verschickt.

Die Erstellung eines neuen Verteilers ist nicht sonderlich schwierig. Abbildung 15.2 zeigt die Eingabemaske zur Erstellung eines neuen Verteilers im Backend-Modul INHALTE • NEWSLETTER.

Abbildung 15.2 Eingabeformular zur Erstellung eines Verteilers

Im Eingabeformular gibt es nur drei Einstellungsmöglichkeiten, von denen zwei unverändert bleiben.

- Der TITEL wird nur zur Verwaltung in der Backend-Übersicht verwendet.
- Die WEITERLEITUNGSSEITE legt fest, zu welcher Seite ein Benutzer beim Anklicken eines Links im Frontend-Modul NEWSLETTERLISTE weitergeleitet wird. Solange Sie das Modul NEWSLETTERLISTE nicht nutzen, benötigen Sie auch keine Weiterleitungsseite.

Und wenn Sie nicht speziell für den Newsletter einen eigenen SMTP-Server angeben möchten, können Sie auch diese Option unverändert lassen.

> **ToDo: Einen neuen Newsletter-Verteiler erstellen**
> 1. Öffnen Sie das Backend-Modul INHALTE • NEWSLETTER.
> 2. Klicken Sie rechts oben im Arbeitsbereich auf NEUER VERTEILER.
> 3. Geben Sie als TITEL »Verteiler – Beispielsite« ein.
> 4. Lassen Sie die Bereiche WEITERLEITUNGSSEITE und SMTP-SERVER unverändert.
> 5. Klicken Sie auf SPEICHERN UND SCHLIESSEN.

Nach diesem ToDo erscheint im Backend-Modul NEWSLETTER ein Verteiler (Abbildung 15.3).

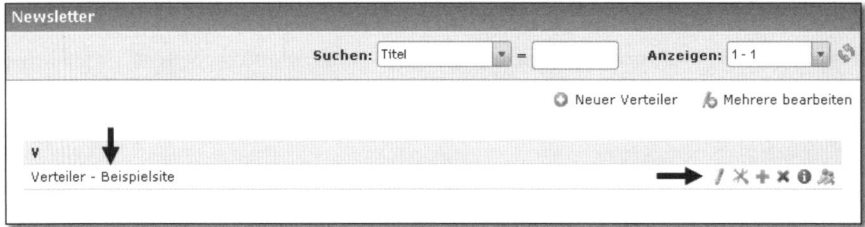

Abbildung 15.3 Das Backend-Modul »Inhalte • Newsletter«

Die Symbole sind weitgehend bekannt. Neu ist nur ganz rechts außen das Symbol zum Bearbeiten der Abonnenten.

15.1.2 Abonnenten verwalten: die Empfänger des Newsletters

Um einen Newsletter verschicken zu können, benötigen Sie mindestens einen Abonnenten, den Sie im folgenden ToDo hinzufügen.

> **ToDo: Abonnenten zum Verteiler hinzufügen**
> 1. Öffnen Sie das Backend-Modul INHALTE • NEWSLETTER.
> 2. Klicken Sie in der Zeile VERTEILER – BEISPIELSITE ganz rechts auf das Symbol ABONNENTEN BEARBEITEN (mit den zwei grünen Köpfen).

3. Klicken Sie oben im Arbeitsbereich auf ABONNENTEN HINZUFÜGEN.
4. Geben Sie eine E-Mail-Adresse ein, die Sie selbst abrufen können.
5. Kreuzen Sie das Kontrollkästchen ABONNENTEN AKTIVIEREN an.
6. Falls Sie noch mehr Mailadressen abrufen können, können Sie gerne noch ein paar mehr eingeben. Das macht die Sache realistischer.
7. Klicken Sie auf SPEICHERN UND SCHLIESSEN.

Wie Abbildung 15.4 zeigt, bekommt ein im Verteiler von Ihnen eingegebener Abonnent den Zusatz (MANUELL HINZUGEFÜGT).

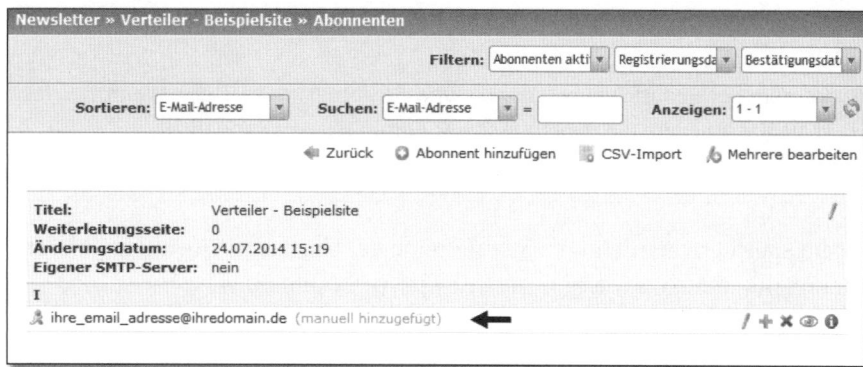

Abbildung 15.4 Ein manuell hinzugefügter Abonnent

Bei Abonnenten, die den Newsletter mit dem weiter unten vorgestellten Frontend-Modul selbst abonniert haben, erscheint hier die genaue Zeit der Registrierung.

Empfänger per CSV-Import hinzufügen

Falls Sie schon einen Newsletter mit einem E-Mail-Programm verschicken und die Empfänger in dessen Adressbuch gespeichert haben, können Sie die Adressen als CSV-Datei speichern und importieren. Bei z. B. tausend Empfängern ist das sehr viel bequemer, als alle abzutippen.

15.1.3 Einen Newsletter erstellen

Nachdem Sie mindestens einen Empfänger eingetragen haben, können Sie jetzt einen Newsletter erstellen. Dabei geben Sie den Inhalt des Newsletters einmal als HTML und einmal als Text ein. Welchen Inhalt ein Abonnent zu sehen bekommt, hängt von den Einstellungen in seinem E-Mail-Programm ab.

> **ToDo: Einen Newsletter erstellen**
> 1. Öffnen Sie das Backend-Modul INHALTE • NEWSLETTER.
> 2. Klicken Sie rechts neben VERTEILER – BEISPIELSITE auf den gelben Bleistift, um den Verteiler zu bearbeiten.
> 3. Klicken Sie oben im Arbeitsbereich auf den Link NEUER NEWSLETTER.
> 4. Geben Sie einen Betreff ein, z. B. »Der Newsletter für den Monat Juli«.
> 5. Geben Sie in den Feldern HTML-INHALT und TEXT-INHALT ein bisschen Blindtext ein. Den HTML-Inhalt können Sie noch etwas formatieren.
> 6. Verschicken Sie keine DATEIANHÄNGE.
> 7. Bei den TEMPLATE-EINSTELLUNGEN soll das Template *mail_default* ausgewählt sein.
> 8. Geben Sie bei Bedarf ABSENDERNAME und ABSENDERADRESSE ein. Wenn Sie das Feld leer lassen, wird die Mailadresse des Administrators verwendet.
> 9. Klicken Sie auf SPEICHERN UND SCHLIESSEN.

Nach dem Speichern erscheint der Newsletter in der Übersichtsliste mit einem roten Betreff und mit dem Zusatz NOCH NICHT GESENDET (Abbildung 15.5).

Es gehört zum guten Ton eines seriösen Newsletters, am Ende des Newsletters einen Link zur Kündigung des Abonnements anzubieten. Das können Sie in Contao mithilfe von Inserttags vereinfachen. Für die HTML-Version geht das so:

- Schreiben Sie »Newsletter kündigen«, und markieren Sie diese Worte.
- Erstellen Sie einen Hyperlink, indem Sie auf das Kettensymbol klicken.
- Tragen Sie im Feld ADRESSE »{{link_url::20}}« ein.

Anstelle der 20 nehmen Sie die ID (oder auch den Alias) der Seite, auf der bei Ihnen das Modul KÜNDIGEN eingebunden ist.

Für die Textversion ist die Vorgehensweise etwas anders:

- Newsletter kündigen: {{env::path}}{{link_url::20}}

Eine vollständige Übersicht der Inserttags finden Sie in Abschnitt 26.7. In Abbildung 15.5 sind die beiden Kündigungslinks bereits integriert.

Beim Layouten von HTML-Newslettern sollten Sie berücksichtigen, dass Mailprogramme CSS-basierte Layouts oft mehr schlecht als recht darstellen. Einige Outlook-Versionen benutzen z. B. zur Darstellung von HTML-Mails keinen Browser, sondern MS Word. Und Word beherrscht CSS nicht besonders gut.

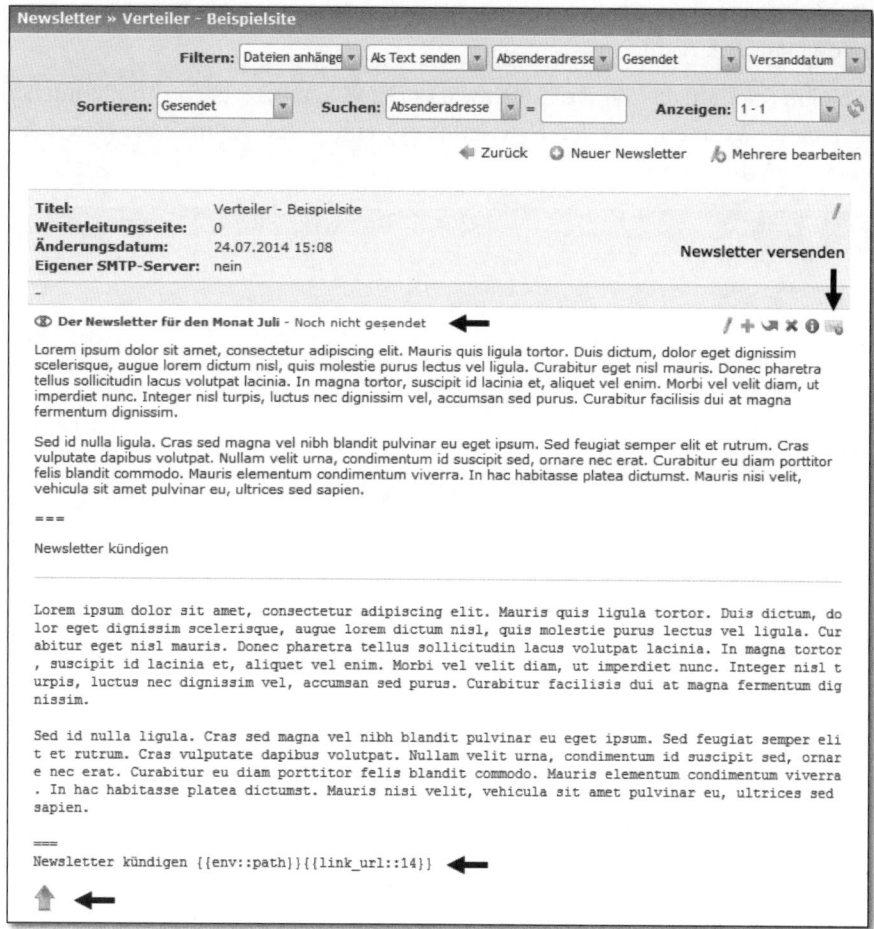

Abbildung 15.5 Der noch nicht gesendete Newsletter

Am besten beschränken Sie sich zunächst auf einfache Zeichenformatierungen und geben in der HTML-Version immer einen Link auf eine Online-Version des Newsletters an. Dann kann der Empfänger den Newsletter online lesen, falls er in seinem Mailprogramm unleserlich sein sollte.

Falls Sie nur die Textversion verschicken möchten, aktivieren Sie für den Newsletter im Bereich EXPERTEN-EINSTELLUNGEN die Option ALS TEXT VERSENDEN.

15.1.4 Einen Newsletter versenden

Wenn Sie mindestens einen Empfänger und ein bisschen Blindtext als HTML und Text haben, wird es Zeit zum Testen. Sollten Sie die Beispielsite auf einem Offline-Webspace entwickeln, gelten die gleichen Anmerkungen wie beim Testen des

Kontaktformulars, da auf dem *localhost* in der Regel kein SMTP-Server zum Verschicken von Mails zur Verfügung steht.

Nach einem Klick auf das Symbol für NEWSLETTER VERSENDEN (siehe Abbildung 15.5) sehen Sie eine Vorschau auf den Newsletter mit einigen Einstellmöglichkeiten darunter (siehe Abbildung 15.6).

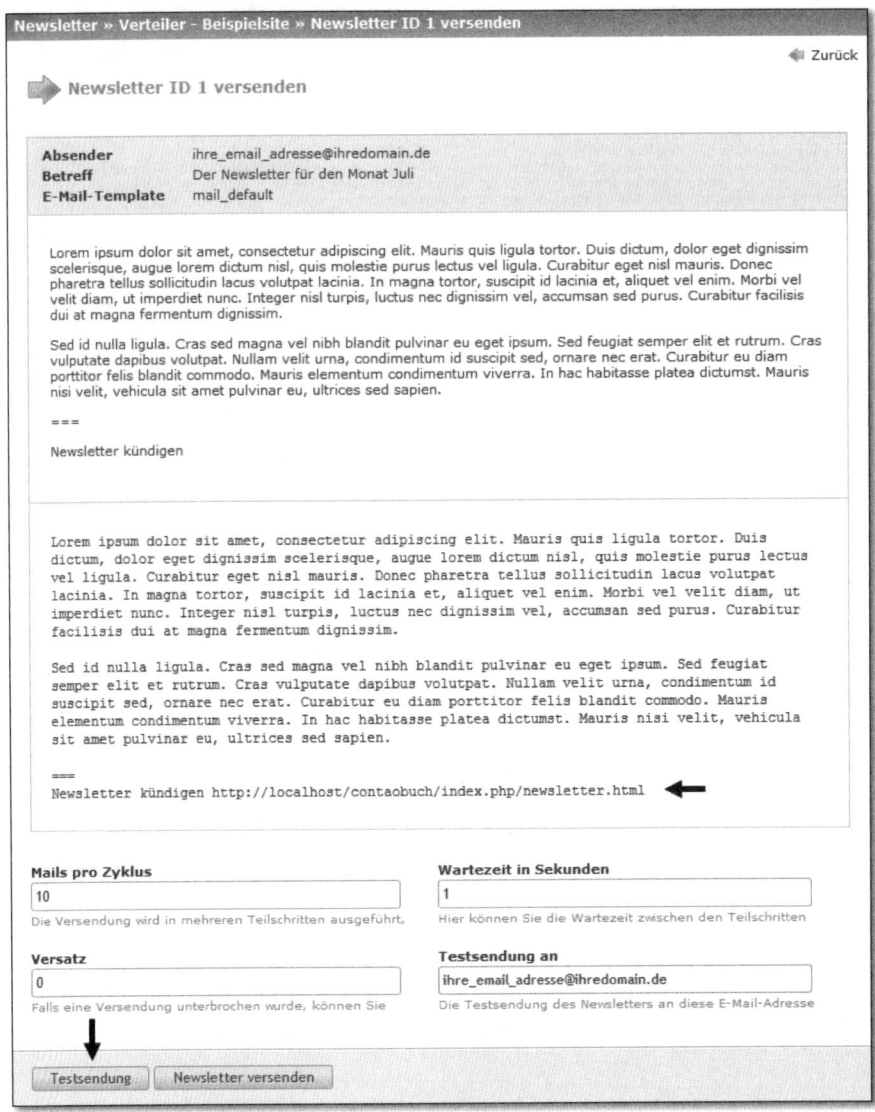

Abbildung 15.6 Der Newsletter – fertig zum Verschicken

Ganz oben sehen Sie den Newsletter in der HTML-Version, direkt darunter die Textversion. Die Inserttags des Kündigungslinks in der Textversion wurden in die korrekte URL umgewandelt.

Unterhalb des Newsletters finden Sie einige Optionen, die beim Verschicken eines Newsletters an eine große Anzahl Abonnenten sehr nützlich sein können, um den Mailserver nicht zu überfordern. In MAILS PRO ZYKLUS legen Sie fest, wie viele Mails in einem Rutsch verschickt werden, und zwischen den Zyklen können Sie eine WARTEZEIT IN SEKUNDEN festlegen.

Bevor Sie den Newsletter versenden, sollten Sie die Möglichkeit einer TESTSENDUNG nutzen. Tragen Sie im Feld TESTSENDUNG AN eine beliebige Mailadresse ein, auf die Sie Zugriff haben, und klicken Sie links unten auf die Schaltfläche TESTSENDUNG. Dadurch wird der Newsletter nur an diese eine Testadresse geschickt.

Nach dem Verschicken erscheint oberhalb des Newsletters eine Meldung, und Sie können das E-Mail-Postfach daraufhin überprüfen, ob alles gut angekommen ist. Falls dem so ist, können Sie mit einem Klick den NEWSLETTER VERSENDEN.

In der Übersicht der Newsletter erscheint der Betreff nach dem Versenden in Grün, und der Hinweis NOCH NICHT GESENDET wurde durch GESENDET AM ... ersetzt (siehe Abbildung 15.7).

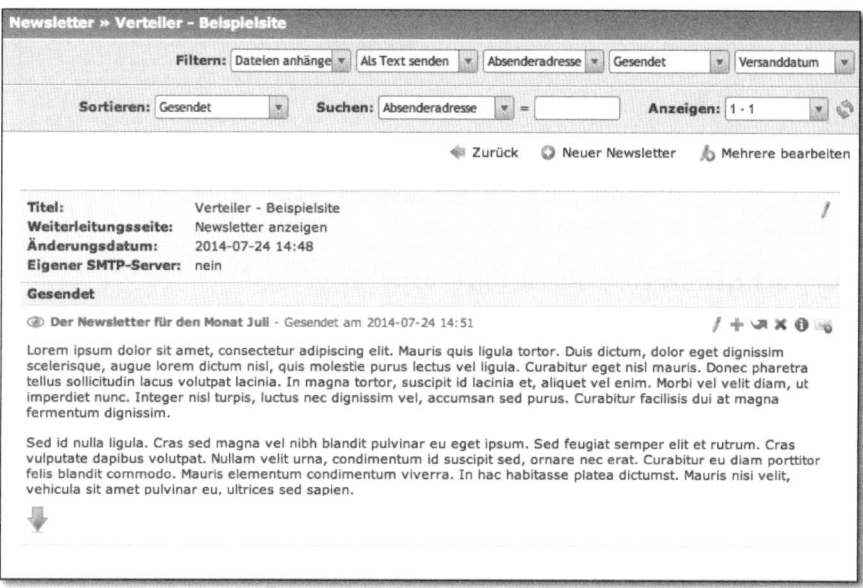

Abbildung 15.7 Der Newsletter in der Übersicht nach dem Versenden

> **»System • System-Log«: Fehlermeldungen prüfen**
> Falls beim Versenden des Newsletters Fehler auftauchen, können Sie diese in aller Ruhe im Backend-Modul SYSTEM • SYSTEM-LOG begutachten. Fehler werden dort in Rot dargestellt

15.2 Newsletter im Frontend anzeigen

Mit dem Backend-Modul NEWSLETTER können Sie, wie Sie oben gesehen haben, einen Newsletter betreiben, der auf der Website selbst nicht auftaucht. Zur Newsletter-Erweiterung gehören aber auch noch ein paar Frontend-Module, um z. B. bereits verschickte Newsletter auf der Website anzuzeigen.

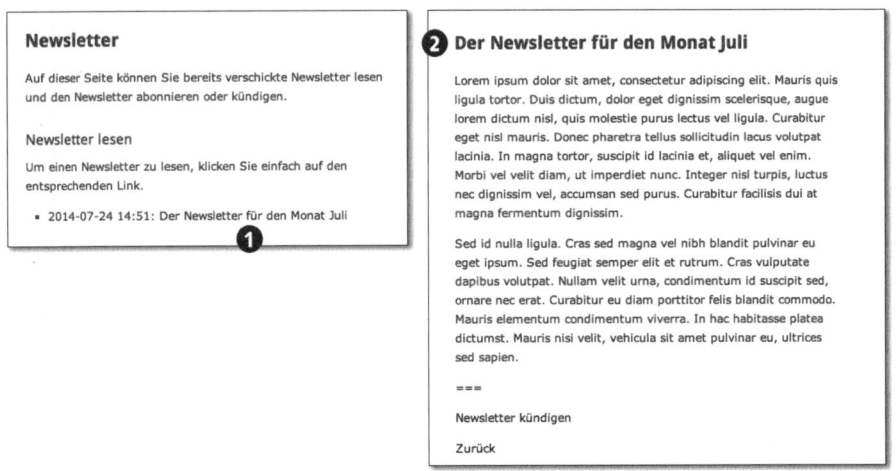

Abbildung 15.8 Newsletter als Liste und als Einzelansicht

Auf der Seite NEWSLETTER erscheint dann eine Liste mit bereits verschickten Newslettern ❶. Ein Klick auf einen Link zeigt den kompletten Newsletter ❷.

15.2.1 Die Kurzanleitung zur Darstellung der Newsletter im Frontend

Die folgenden vier Schritte sind notwendig, um die Newsletter auf der Website auszugeben:

- Schritt 1: »Layout • Seitenstruktur« – Unterseite erstellen
  Auf der bereits vorhandenen Seite NEWSLETTER wird eine Liste der verschickten Newsletter angezeigt. Auf der noch zu erstellenden Unterseite NEWSLETTER ANZEIGEN erscheint die Einzelansicht eines Newsletters. Nicht in der Sitemap anzeigen, im Menü versteckt, aber veröffentlicht.

15.2 Newsletter im Frontend anzeigen

▶ **Schritt 2: »Inhalte • Newsletter« – Weiterleitungsseite definieren**
Im Backend-Modul NEWSLETTER tragen Sie im VERTEILER – BEISPIELSITE die in Schritt 1 erstellte Unterseite NEWSLETTER ANZEIGEN als WEITERLEITUNGSSEITE ein.

▶ **Schritt 3: »Themes • Frontend-Module« – Zwei Module erstellen**
Erstellen Sie die beiden Module NEWSLETTER – LISTE ANZEIGEN [NEWSLETTERLISTE] für die Listenansicht und NEWSLETTER ANZEIGEN [NEWSLETTERLESER] für die Einzelansicht. In beiden Modulen aktivieren Sie im Bereich MODUL-KONFIGURATION den VERTEILER – BEISPIELSITE.

▶ **Schritt 4: »Inhalte • Artikel«**
Auf der Seite NEWSLETTER fehlt im Artikel NEWSLETTER [HAUPTSPALTE] noch ein einleitender Text (siehe z. B. Abbildung 15.1). Darunter binden Sie das Modul NEWSLETTER – LISTE ANZEIGEN (ID XX) ein.

Im Artikel auf der Unterseite NEWSLETTER ANZEIGEN binden Sie nur das Modul NEWSLETTER ANZEIGEN (ID XX) ein.

Fertig. Auf der Seite NEWSLETTER erscheint eine Liste der verschickten Newsletter. Falls keine Newsletter erscheinen, denken Sie daran, dass im Frontend wirklich nur verschickte Newsletter gelistet werden. Eine Testsendung reicht dazu nicht aus. Ein Klick auf einen Link in der Newsletterliste zeigt den betreffenden Newsletter in der Einzelansicht.

15.2.2 Das HTML der Frontend-Module zur Newsletterdarstellung

Contao benutzt zwei Module zur Ausgabe der Newsletter im Frontend:

▶ NEWSLETTERLISTE erzeugt eine Übersicht der verschickten Newsletter.
▶ NEWSLETTERLESER stellt einen einzelnen Newsletter dar.

Die Liste der Newsletter wird vom Modultyp NEWSLETTERLISTE erzeugt und ist im Quelltext eine einfache Linkliste, umgeben von einem div mit der Klasse mod_nl_list. Das folgende HTML wird vom Modultemplate *mod_newsletter_list* erzeugt:

```
<div class="mod_nl_list block">
<ul>
  <li>Datum und Uhrzeit <a href="#">Der Newsletter ...</a></li>
  <li>Datum und Uhrzeit <a href="#">Der Newsletter ...</a></li>
  <li>Datum und Uhrzeit <a href="#">Der Newsletter ...</a></li>
</ul>
</div> <!-- Ende .mod_nl_list -->
```

Listing 15.1 Das HTML des Modultyps »Newsletterliste«

Der Quelltext für die Einzelansicht eines Newsletters ist nicht sehr viel komplizierter und wird vom Modultemplate *mod_newsletter_reader* generiert (siehe Listing 15.2):

```
<div class="mod_nl_reader block">
<h1>Der Newsletter für den Monat Juli</h1>
<div class="newsletter">
<p>Lorem ipsum ... </p>
</div>
<!-- indexer::stop -->
<p class="back">
<a href="javascript:history.go(-1)" title="Zurück">Zurück</a>
</p>
<!-- indexer::continue -->
</div> <!-- Ende .mod_nl_reader -->
```

Listing 15.2 Das HTML des Modultyps »Newsletterleser«

Umgeben von einem div mit der Klasse mod_nl_reader, erscheint der Titel des Newsletters als h1-Überschrift und der Text in div.newsletter.

Um die Links ähnlich zu gestalten wie bei der FAQ-Liste, fügen Sie am Ende des Stylesheets *inhalt* folgendes CSS ein (KATEGORIE: »Newsletter«):

```
.mod_nl_list a {
  text-decoration: none;
}
.mod_nl_list a:hover {
  text-decoration: underline;
}
```

Listing 15.3 Links für die Newsletterliste gestalten

15.3 Newsletter im Frontend abonnieren und kündigen

Wenn Sie einen Newsletter mit einem geschlossenen Benutzerkreis betreiben und die Abonnenten im Backend manuell eintragen und aktivieren, sind die in diesem Abschnitt beschriebenen Frontend-Module ABONNIEREN und KÜNDIGEN nicht nötig.

Für einen öffentlichen, auf der Website angebotenen Newsletter ermöglichen die beiden Module eine automatische Verwaltung der Newsletter-Abonnements, sodass Sie als Administrator im Idealfall gar nicht mehr eingreifen müssen. Das Ziel dieses Abschnitts ist es, dass auf der Newsletter-Seite zwei kleine Formulare zum Abonnieren und zum Kündigen des Newsletters erscheinen.

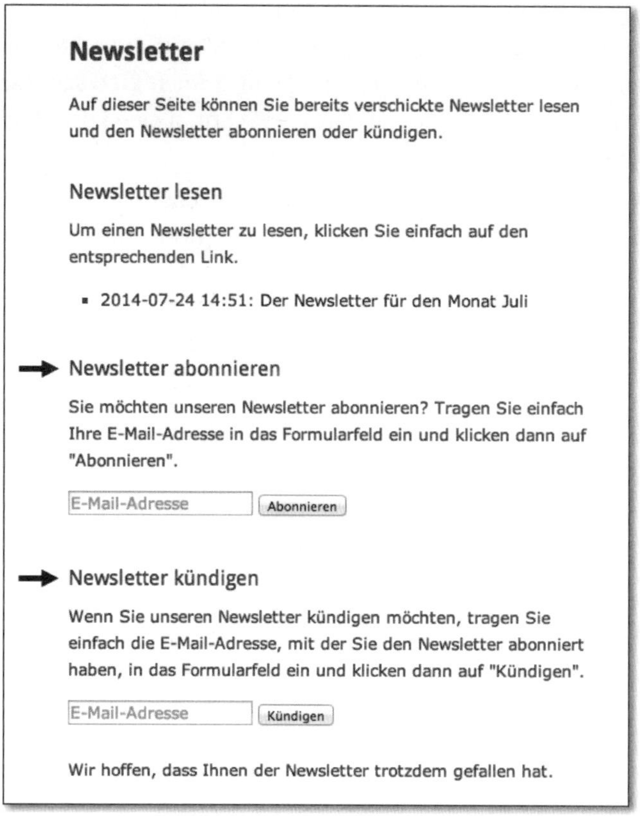

15.3 Newsletter im Frontend abonnieren und kündigen

> **Newsletter**
>
> Auf dieser Seite können Sie bereits verschickte Newsletter lesen und den Newsletter abonnieren oder kündigen.
>
> **Newsletter lesen**
>
> Um einen Newsletter zu lesen, klicken Sie einfach auf den entsprechenden Link.
>
> - 2014-07-24 14:51: Der Newsletter für den Monat Juli
>
> ➡ **Newsletter abonnieren**
>
> Sie möchten unseren Newsletter abonnieren? Tragen Sie einfach Ihre E-Mail-Adresse in das Formularfeld ein und klicken dann auf "Abonnieren".
>
> [E-Mail-Adresse] [Abonnieren]
>
> ➡ **Newsletter kündigen**
>
> Wenn Sie unseren Newsletter kündigen möchten, tragen Sie einfach die E-Mail-Adresse, mit der Sie den Newsletter abonniert haben, in das Formularfeld ein und klicken dann auf "Kündigen".
>
> [E-Mail-Adresse] [Kündigen]
>
> Wir hoffen, dass Ihnen der Newsletter trotzdem gefallen hat.

Abbildung 15.9 Abonnieren und Kündigen des Newsletters im Frontend

---

> **»Double Opt-In« für die Anmeldung zum Newsletter**
>
> Contao verwendet für das automatische Newsletter-Abonnement das sogenannte *Double-Opt-In*-Verfahren, was man etwa mit »zweifache Bestätigung« übersetzen könnte.
>
> Zuerst gibt der Abonnent seine Mailadresse ein und klickt auf ABONNIEREN. Das ist das erste Opt-In. Contao trägt die Mailadresse daraufhin im entsprechenden Verteiler ein und schickt dem Abonnenten eine E-Mail mit einem Bestätigungslink. Der Klick auf den Bestätigungslink ist das zweite Opt-In. Erst jetzt aktiviert Contao die Mailadresse im Verteiler.

15.3.1 Die Kurzanleitung zum Abonnieren und Kündigen

Um auch den Besuchern der Website die Möglichkeit zum Abonnieren und Kündigen des Newsletters zu geben, müssen Sie nur die folgenden Schritte abarbeiten:

- Schritt 1: »Layout • Seitenstruktur« – zwei Unterseiten erstellen
  Sie benötigen zwei neue, nicht in der Sitemap angezeigte, im Menü versteckte, veröffentlichte Unterseiten zur Seite NEWSLETTER mit den Namen NEWSLETTER ABONNIERT und NEWSLETTER GEKÜNDIGT, auf denen in Schritt 4 eine kurze Mitteilung an den Besucher erstellt wird.

- Schritt 2: »Themes • Frontend-Module« – zwei Module erstellen
  Erstellen Sie die zwei Module NEWSLETTER ABONNIEREN [ABONNIEREN] und NEWSLETTER KÜNDIGEN [KÜNDIGEN].

  Bei beiden Modulen aktivieren Sie im Bereich MODUL-KONFIGURATION den VERTEILER – BEISPIELSITE und blenden das Verteiler-Menü aus, da es nur einen Verteiler gibt.

  Als WEITERLEITUNGSSEITE tragen Sie die in Schritt 1 erstellten Unterseiten NEWSLETTER ABONNIERT bzw. NEWSLETTER GEKÜNDIGT ein.

  Den Bestätigungstext für das Abonnement bzw. die Kündigung im Bereich E-MAIL-EINSTELLUNGEN können Sie unverändert übernehmen. NEWSLETTER-TEMPLATE ist *nl_default*.

- Schritt 3: »Inhalte • Artikel« – Seite »Newsletter«
  Binden Sie auf der Seite NEWSLETTER im Artikel in der Hauptspalte unterhalb der Newsletterliste die beiden Frontend-Module NEWSLETTER ABONNIEREN (ID XX) und NEWSLETTER KÜNDIGEN (ID XX) ein. Beispiele für begleitende Überschriften und Texte finden Sie in Abbildung 15.1.

- Schritt 4: »Inhalte • Artikel« – im Menü versteckte Unterseiten
  Auf der Unterseite NEWSLETTER ABONNIERT bedanken Sie sich für das Abonnement und weisen darauf hin, wie das Abo im Bedarfsfall wieder gekündigt werden kann. Auf der Unterseite NEWSLETTER GEKÜNDIGT bestätigen Sie die erfolgreiche Kündigung und drücken Ihr Bedauern aus.

Fertig. Schon haben Sie eine funktionierende Abonnementverwaltung für Ihren Newsletter. Probieren Sie es auf jeden Fall einmal aus.

15.3.2 Das HTML der Frontend-Module »Abonnieren« und »Kündigen«

Das HTML-Formular zum Abonnieren des Newsletters hat die ID `tl_subscribe` und ist umgeben von einem `div` mit der Klasse `mod_subscribe`. Außer einem versteckten Formularfeld und einem unsichtbaren Label, die beide nicht gestaltet werden müssen, gibt es keinerlei Besonderheiten zu vermelden (siehe Listing 15.4).

```
<!-- indexer::stop -->
<div class="mod_subscribe block">
<form action="#"
      id="tl_subscribe" method="post">
```

```html
<div class="formbody">
<input type="hidden" name="FORM_SUBMIT"
       value="tl_subscribe">
<input type="hidden" value="56a..." name="REQUEST_TOKEN">
<input type="hidden" name="channels[]" value="2" />
<label for="ctrl_email_44"
       class="invisible">E-Mail-Adresse</label>
<input type="text" name="email"
       id="ctrl_email_44" class="text" value="">
<input type="submit" name="submit"
       class="submit" value="Abonnieren">
</div></form></div>
<!-- indexer::continue -->
```

Listing 15.4 Das HTML zum Abonnieren eines Newsletters

Das HTML-Formular zum Kündigen des Newsletters ist recht ähnlich. Das umgebende div hat die Klasse mod_unsubscribe (siehe Listing 15.5) und das Formular die ID tl_unsubscribe.

```html
<!-- indexer::stop -->
<div class="mod_unsubscribe block">
<form action="index.php/newsletter.html"
      id="tl_unsubscribe" method="post">
<div class="formbody">
<input type="hidden" name="FORM_SUBMIT"
       value="tl_unsubscribe">
<input type="hidden" value="56a..." name="REQUEST_TOKEN">
<input type="hidden" name="channels[]" value="2">
<label for="ctrl_email_45"
       class="invisible">E-Mail-Adresse</label>
<input type="text" name="email"
       id="ctrl_email_45" class="text" value="">
<input type="submit" name="submit"
       class="submit" value="Kündigen">
</div>
</form>
</div>
<!-- indexer::continue -->
```

Listing 15.5 Das HTML zum Kündigen eines Newsletters

Falls jemand einen Newsletter kündigen möchte, den er gar nicht abonniert hat, gibt es eine Fehlermeldung, die bereits durch den in Kapitel 11, »Kontakt: der Formulargenerator von Contao«, erstellten Style für .error gestaltet wird (Abbildung 15.10).

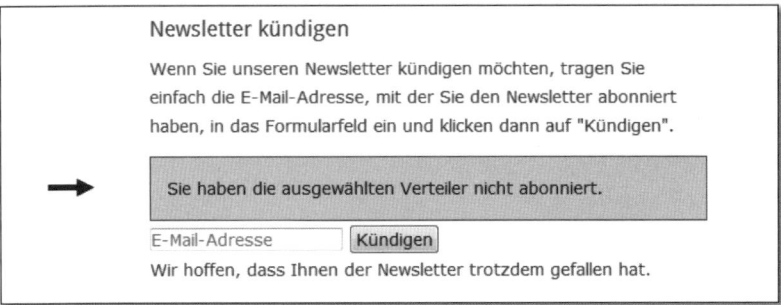

Abbildung 15.10 Fehlermeldung bei einer fehlerhaften Kündigung

Avisota – das Tool für professionelle Newsletterverwaltung

Avisota ist ein von Tristan Lins programmiertes, umfangreiches Newsletter- und Mailingsystem für Contao:

- Avisota – Newsletter & Mailingsystem
  avisota.org

Avisota geht weit über die Möglichkeiten der in diesem Kapitel vorgestellten Erweiterung NEWSLETTER hinaus.

Kapitel 16
Ein neues Seitenlayout für die Startseite

In diesem Kapitel geben Sie der Startseite ein eigenes Seitenlayout und füllen sie mit Inhalten, die alle aus bereits vorhandenen Modulen stammen. Zum Abschluss erstellen Sie einen Content-Slider für die Bilder.

Die Themen im Überblick:

- Der Start: Ein neues Seitenlayout für die Startseite, Seite 486
- Newsbeiträge und Termine als Liste auf der Startseite, Seite 488
- Sidebar, Teil 1: ein zufällig ausgewähltes Bild, Seite 495
- Sidebar, Teil 2: der Minikalender, Seite 498
- Sidebar, Teil 3: Lesetipps als Dropdown-Menü, Seite 502
- Sidebar, Teil 4: Newsletter abonnieren, Seite 504
- Sidebar, Teil 5: ein Content-Slider in der Sidebar, Seite 506

In den letzten Kapiteln haben Sie die Core-Erweiterungen aus dem Backend-Bereich INHALTE kennengelernt. Anhand der Gestaltung der Startseite setzen Sie in diesem Kapitel das bisher Erlernte sinnvoll ein. Abbildung 16.1 zeigt die Startseite am Ende dieses Kapitels.

Eine wichtige Aufgabe der Startseite ist es, Besuchern einen Überblick über die auf der Site vorhandenen Inhalte zu geben. Dazu bekommt die Startseite zunächst ein eigenes, zweispaltiges Seitenlayout. Danach füllen Sie die Startseite und besonders die Sidebar durch »kreatives Anzapfen« der bereits erstellten Inhalte, sodass ein Besucher auf den ersten Blick sieht, was auf der Site so alles neu ist:

- In der Hauptspalte erscheinen die letzten Beiträge aus NACHRICHTEN und die nächsten Termine aus dem KALENDER.
- In der rechten Spalte ist Platz für ein zufällig gewähltes Bild (ZUFALLSBILD), einen Minikalender, ein paar Lesetipps (QUICKLINK) und das Abonnieren des Newsletters.
- Am Ende des Kapitels ersetzen Sie das Zufallsbild ganz oben in der Sidebar durch einen Slider, der die Bilder nacheinander darstellt.

Dieses Kapitel soll als Anregung dienen und zeigen, wie man die Startseite gestalten und dabei bereits gespeicherte Informationen mit wenig Aufwand wiederverwenden könnte. Viel Spaß dabei.

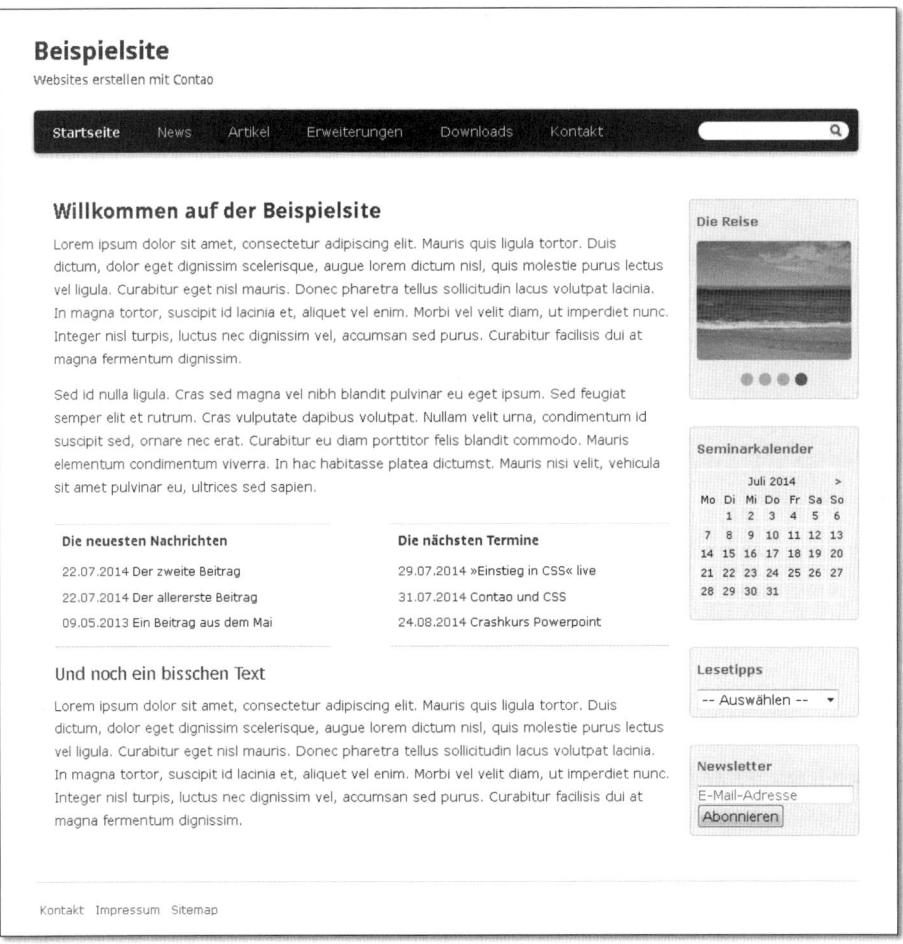

Abbildung 16.1 Die Startseite mit einem speziellen Seitenlayout

16.1 Der Start: Ein neues Seitenlayout für die Startseite

Bis jetzt beruhen alle Seiten der Beispielsite auf dem dreispaltigen Seitenlayout mit dem passenden Namen *Standardlayout*. In diesem Abschnitt erstellen Sie ein zweispaltiges Seitenlayout namens *Startseite*, das Sie anschließend nur der Startseite zuweisen.

Zunächst kopieren Sie im folgenden ToDo das vorhandene Seitenlayout und passen die Kopie an die Bedürfnisse der Startseite an.

ToDo: Ein Seitenlayout für die Startseite erstellen

1. Öffnen Sie das Backend-Modul Themes • Seitenlayouts.
2. Kopieren Sie das Standardlayout, indem Sie rechts daneben auf das grüne Kreuz klicken (zweites Symbol von links), und fügen Sie die Kopie mit einem Klick auf das braune Symbol mit dem Pfeil etwas weiter oben ein.
3. Ändern Sie den Titel des neuen Seitenlayouts in »Startseite«.
4. Aktivieren Sie im Bereich Spalten das dritte Symbol von links: Hauptspalte und rechte Spalte. Die Breite der rechten Spalte soll bei 180 px bleiben.
5. Da auf der Startseite zunächst kein JavaScript eingesetzt wird, können Sie die Optionen jQuery laden und Moo_Tools laden vorerst deaktivieren.
6. Klicken Sie auf Speichern und schliessen.

Damit ist das Seitenlayout erstellt. Jetzt müssen Sie Contao mitteilen, dass dieses Seitenlayout zur Gestaltung der Startseite verwendet werden soll, und das geschieht im Backend-Modul Seitenstruktur.

ToDo: Das neue Seitenlayout und eine CSS-Klasse zuweisen

1. Öffnen Sie das Backend-Modul Layout • Seitenstruktur.
2. Öffnen Sie die Startseite zur Bearbeitung (gelber Bleistift).
3. Aktivieren Sie im Bereich Layout-Einstellungen das Kontrollkästchen vor Ein Layout zuweisen.
4. Wählen Sie aus der Liste Seitenlayout den Eintrag Theme One – Startseite.
5. Geben Sie im Bereich Experten-Einstellungen die CSS-Klasse »startseite« ein.
6. Klicken Sie auf Speichern und schliessen.

Im Browser hat sich die Startseite bis jetzt nur wenig geändert, aber im Quelltext sind die div-Elemente für die linke Spalte spurlos verschwunden (Abbildung 16.2).

Die im ToDo vergebene CSS-Klasse startseite erscheint im Quelltext im Anfangs-Tag von body:

```
<body id="top" class="... startseite">
```

Mit dieser Klasse könnten Sie Elemente per CSS nur auf der Startseite gestalten, indem Sie die Styles mit dem Selektor .startseite beginnen. Auch in der Hauptnavigation bekommen die Elemente li, a und span für den Navigationspunkt Startseite die Klasse startseite.

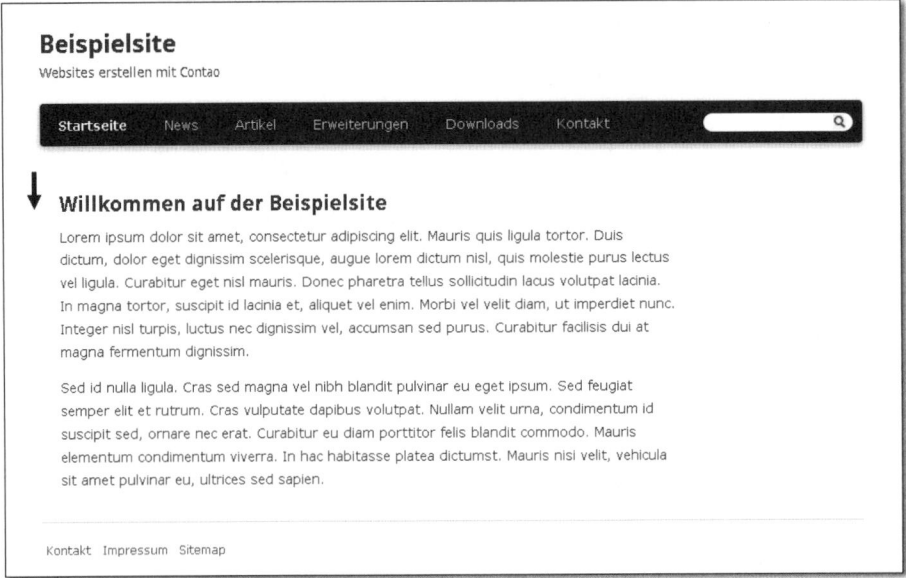

Abbildung 16.2 Die Startseite mit einem zweispaltigen Seitenlayout

16.2 Newsbeiträge und Termine als Liste auf der Startseite

Unterhalb der Überschrift »Willkommen auf der Beispielsite« und den zwei Absätzen Blindtext sollen die letzten Newsbeiträge, die nächsten Termine und noch ein bisschen Fließtext erscheinen. Für die Newsbeiträge und die Termine benötigen Sie jeweils ein Frontend-Modul, das mit dem Inhaltselement vom Typ MODUL im Artikel eingebunden wird.

16.2.1 Die Frontend-Module für Newsbeiträge und Termine erstellen

Zunächst erzeugen Sie die beiden Frontend-Module zur Darstellung der letzten drei Newsbeiträge und der nächsten drei Termine.

Bevor Sie die Module erstellen, schauen Sie kurz nach, ob im Newsarchiv mindestens drei Beiträge und im Terminkalender mindestens drei in der Zukunft liegende Termine vorhanden sind. Wenn nicht, erstellen Sie schnell ein paar, denn sonst wird nach dem ToDo nur eine entsprechende Meldung zu sehen sein.

ToDo: Frontend-Module für Newsbeiträge und Termine erstellen

1. Öffnen Sie das Backend-Modul THEMES • FRONTEND-MODULE.
2. Klicken Sie rechts oben im Arbeitsbereich auf NEUES MODUL.

3. Vergeben Sie den TITEL »Startseite – News anzeigen« und stellen Sie Folgendes ein:

   ÜBERSCHRIFT (h2): »Die neuesten Nachrichten«
   MODULTYP: NACHRICHTENLISTE
   ARCHIV: NEWSARCHIV
   GESAMTZAHL DER BEITRÄGE: 3
   HERVORGEHOBENE BEITRÄGE: ALLE BEITRÄGE ANZEIGEN
   META-FELDER: nur DATUM
   NACHRICHTENTEMPLATE: *news_simple*

4. Klicken Sie auf SPEICHERN UND NEU.

5. Das zweite Modul soll »Startseite – Termine anzeigen« heißen und die folgenden Einstellungen haben:

   ÜBERSCHRIFT (h2): »Die nächsten Termine«
   MODULTYP: EVENTLISTE
   KALENDER: SEMINARKALENDER
   VERKÜRZTE DARSTELLUNG: ankreuzen
   ANZEIGEFORMAT: ALLE ZUKÜNFTIGEN EVENTS
   ANZAHL AN EVENTS: 3
   EVENT-TEMPLATE: *event_upcoming*

6. Klicken Sie auf SPEICHERN UND SCHLIESSEN.

Im zweiten Modul, STARTSEITE – TERMINE ANZEIGEN, müssen Sie als ANZEIGEFORMAT nicht unbedingt ALLE ZUKÜNFTIGEN EVENTS auswählen. Wenn Sie im Kalender genügend Events eingetragen haben, reicht unter Umständen reicht auch + 1 MONAT oder + 2 JAHRE oder etwas in der Art.

16.2.2 Die Frontend-Module in den Artikel auf der Startseite einbinden

Die Frontend-Module existieren und werden in diesem Abschnitt in den Artikel auf der Startseite eingebunden, damit sie auch im Frontend erscheinen. Unterhalb der beiden Module fügen Sie noch ein Inhaltselement TEXT mit Überschrift und ein bisschen Blindtext ein.

> **ToDo: Frontend-Module in den Artikel einbinden**
>
> 1. Öffnen Sie das Backend-Modul INHALTE • ARTIKEL.
> 2. Verkürzen Sie den Artikelbaum durch einen Klick auf den fett hervorgehobenen Seitennamen STARTSEITE.
> 3. Öffnen Sie den Artikel STARTSEITE [HAUPTSPALTE] zur Bearbeitung.
> 4. Fügen Sie unter den vorhandenen Inhaltselementen ein Inhaltselement vom Typ MODUL hinzu, und wählen Sie als Modul STARTSEITE – NEWS ANZEIGEN (ID xx).

5. Klicken Sie auf SPEICHERN UND NEU.
6. Das zweite Inhaltselement ist auch vom Typ MODUL. Wählen Sie als Modul STARTSEITE – TERMINE ANZEIGEN (ID xx).
7. Klicken Sie auf SPEICHERN UND NEU.
8. Das dritte Inhaltselement ist vom Typ TEXT.
9. Die ÜBERSCHRIFT (h2) ist: »Und noch ein bisschen Text«.
10. Der TEXT besteht aus zwei Absätzen Blindtext von der Sorte *Lorem ipsum*.
11. Klicken Sie auf SPEICHERN UND SCHLIESSEN.

Die Startseite sieht danach im Browser so aus wie in Abbildung 16.3 und hat akuten Gestaltungsbedarf.

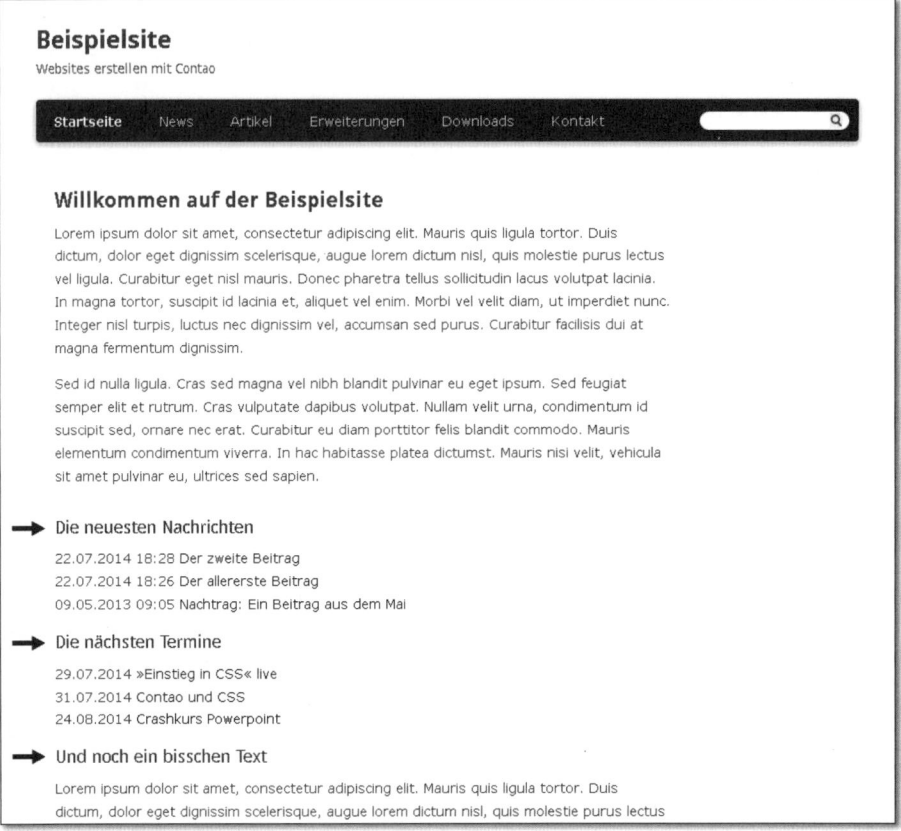

Abbildung 16.3 Die Startseite mit frischem Inhalt, aber noch ungestaltet

16.2.3 Ein neues Stylesheet für die Startseite erstellen

Zunächst erstellen Sie ein neues Stylesheet, das nur auf der Startseite aktiv ist.

> **ToDo: Ein neues Stylesheet für die Startseite**
>
> 1. Erstellen Sie ein neues Stylesheet namens *startseite*:
>
>   MEDIENTYP ist SCREEN
>
>   CSS3PIE DEAKTIVIEREN
>
> 2. SPEICHERN UND SCHLIESSEN Sie das Stylesheet.
> 3. Öffnen Sie im Backend-Modul THEMES • SEITENLAYOUTS das Layout für die STARTSEITE.
> 4. Öffnen Sie den Bereich STYLESHEETS, und aktivieren Sie das Stylesheet *startseite*.
> 5. SPEICHERN UND SCHLIESSEN Sie das Seitenlayout.

Jetzt haben Sie ein neues Stylesheet erstellt, das via Seitenlayout nur auf der Startseite eingebunden wird.

16.2.4 Newsbeiträge und Termine auf der Startseite gestalten

Die beiden Module zur Gestaltung der Newsbeiträge und Termine auf der Startseite im folgenden ToDo sollen nebeneinanderstehen und werden dazu einfach gefloatet.

Die Angabe der Klasse .startseite am Anfang der Selektoren ist in diesem Fall nicht erforderlich, da das Stylesheet *startseite* über das Seitenlayout ja sowieso nur eingebunden wird, wenn die Startseite im Browser erscheint.

> **ToDo: Die Newsbeiträge und Termine gestalten**
>
> 1. Der folgende Style gestaltet die NEWS- und EVENTS-Elemente auf der Startseite (KATEGORIE »News und Termine«):
>
>    ```
>    #main .mod_newslist,
>    #main .mod_eventlist {
>      width:280px;
>      margin-top:13px;
>      padding:3px 9px 9px;
>      border-top:1px solid #dfddb7;
>      border-bottom:1px solid #dfddb7;
>      font-size:12px;
>    }
>    ```
>
> 2. Die Newsliste wird nach links gefloatet und die Eventliste nach rechts:
>
>    ```
>    #main .mod_newslist  { float:left;  }
>    #main .mod_eventlist { float:right; }
>    ```

3. Die folgende CSS-Regel gestaltet die Überschriften in den beiden Elementen:

   ```
   #main .mod_newslist h2,
   #main .mod_eventlist h2 {
     margin:0.5em 0 1em;
     padding:0;
     font-size:14px;
     font-weight:bold
   }
   ```

4. Die Abstände zwischen den Listeneinträgen werden mit folgendem Style etwas vergrößert:

   ```
   #main .mod_newslist div,
   #main .mod_eventlist div {
     margin-bottom:0.5em;
   }
   ```

5. Speichern Sie das Stylesheet.

Nach diesen ToDos stehen die beiden gefloateten Module nebeneinander und sehen in etwa so aus wie in Abbildung 16.4. Nur das Inhaltselement TEXT darunter benimmt sich noch nicht ordentlich und flutscht dazwischen.

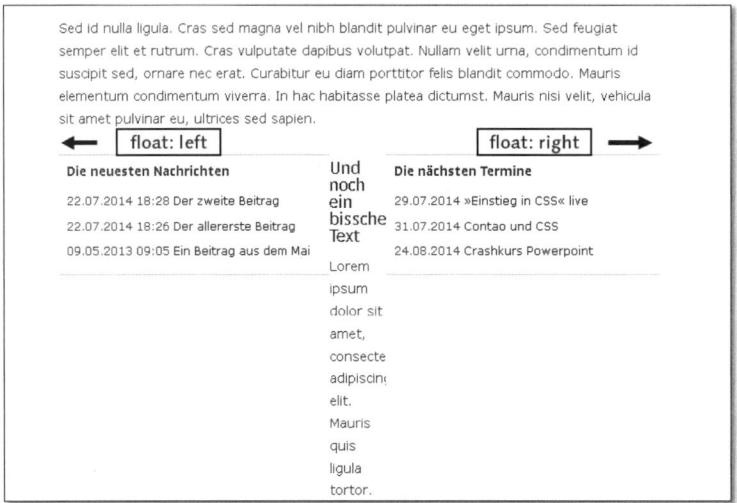

Abbildung 16.4 Schon fast gut – gefloatet, nicht gecleart

Wo gehobelt wird, fallen Späne, und wo gefloatet wird, folgt auch ein clear. Das Inhaltselement UND NOCH EIN BISSCHEN TEXT soll unterhalb der beiden gefloateten Module stehen und muss deshalb gecleart werden.

Das geht zum Beispiel mit einem davor eingefügten Inhaltselement HTML, in dem nur eine Zeile steht:

`<br class="clear">`

Damit wird ein simpler Zeilenumbruch eingefügt, der die Klasse clear bekommt, die im CSS-Framework von Contao definiert ist. Genau genommen steht der Style in *layout.css*:

```
.clear, #clear {
  height: 0.1px;
  font-size: 0.1px;
  line-height: 0.1px;
  clear: both;
}
```

Listing 16.1 Die Klasse »clear« aus dem CSS-Framework von Contao

Im folgenden ToDo geben Sie den beiden Listenelementen eine Klasse und fügen darunter ein neues Inhaltselement zum Clearen ein.

> **ToDo: Das Inhaltselement unter den Listen clearen**
> 1. Erstellen Sie zwischen den Inhaltselementen DIE NÄCHSTEN TERMINE und UND NOCH EIN BISSCHEN TEXT ein neues Inhaltselement vom Typ HTML.
> 2. Geben Sie die Zeile `<br class="clear">` ein.
> 3. SPEICHERN UND SCHLIESSEN Sie das Inhaltselement.

Damit sieht dieser Teil der Startseite schon recht brauchbar aus (Abbildung 16.5).

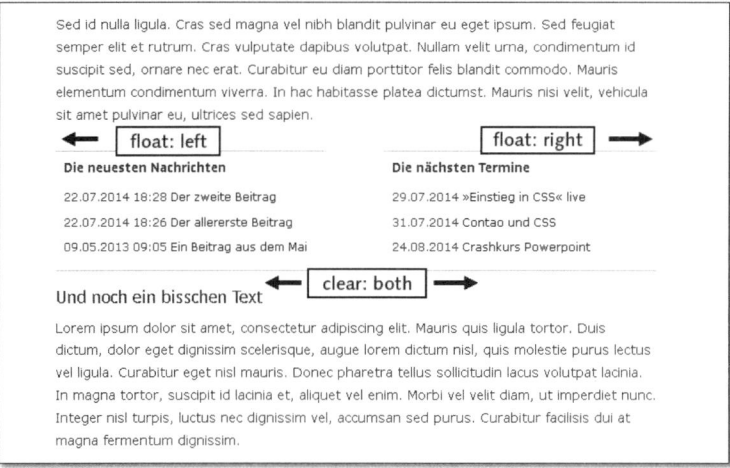

Abbildung 16.5 Mit Clearing unterhalb der gefloateten Listenelemente

16.2.5 Optional: Datum der Nachrichten ohne Uhrzeit darstellen

Falls Sie das Datum der Nachrichten auf der Startseite ohne die Uhrzeit darstellen möchten, ändern Sie am besten die Datumsdarstellung im Template *news_simple*, das für die Darstellung der Newsbeiträge auf der Startseite benutzt wird. Dabei gehen Sie wie folgt vor:

- Öffnen Sie das Backend-Modul LAYOUT • TEMPLATES und erstellen Sie ein NEUES TEMPLATE.
- Wählen Sie aus der Liste ORIGINALTEMPLATE die Datei *news_simple.html5* und als ZIELVERZEICHNIS den Template-Ordner */templates/theme_one*.
- Klicken Sie auf den Button TEMPLATE ERSTELLEN.

Jetzt haben Sie eine Kopie des Templates erstellt, die Contao im Ordner */templates* ablegt. In dieser Datei müssen Sie eine kleine Änderung im PHP-Code vornehmen:

- Öffnen Sie die Template-Kopie *news_simple.html5* mit einem Klick auf das Symbol DATEI BEARBEITEN (ganz außen rechts) im Editor.
- Schreiben Sie am Anfang der Datei einen PHP-Kommentar, damit Sie auch morgen noch wissen, was Sie heute geändert haben, z. B.:

```
<?php /* Datum ohne Uhrzeit ausgeben */ ?>
```

- Suchen Sie die Zeichenfolge `<?php echo $this->date; ?>`, und ersetzen Sie sie durch die folgende, wobei das Kürzel "d.m.Y" das deutsche Datumsformat ausgibt (*29.09.2014*):

```
<?php echo $this->parseDate("d.m.Y", $this->timestamp); ?>
```

- SPEICHERN UND SCHLIESSEN Sie das Template.

Falls nach einer Template-Änderung nichts passiert, leeren Sie im Backend-Bereich SYSTEM • SYSTEMWARTUNG im Bereich DATEN BEREINIGEN den SCRIPTCACHE, den SEITENCACHE, den INTERNEN CACHE und den TEMP-ORDNER, damit die Änderungen auch im Frontend ankommen.

Wenn alles geklappt hat, werden die Nachrichten auf der Startseite jetzt ohne Uhrzeit dargestellt.

Abbildung 16.6 Die Nachrichtenliste ohne Angabe der Uhrzeit

Hat es nicht funktioniert oder erscheinen sogar Fehlermeldungen, löschen Sie einfach die Template-Kopie. Contao nimmt dann wieder das unveränderte Original aus dem Systemordner.

> **Datumsformate in PHP**
>
> Statt "d.m.Y" können Sie auch ein anderes Datumsformat verwenden. Hier zwei Beispiele:
>
> - "d. F Y" ergibt *29.September 2014* mit dem Namen des Monats.
> - "j. F Y" ergibt *1. Oktober 2014* ohne führenden Nullen beim Tag.
>
> Eine komplette Übersicht finden Sie auf der folgenden Seite:
>
> - *php.net/manual/de/function.date.php*

16.3 Sidebar, Teil 1: ein zufällig ausgewähltes Bild

Die Hauptspalte der Startseite ist so weit fertig. In diesem Abschnitt erstellen Sie in der rechten Spalte eine *Sidebar*, in der Sie zunächst ein zufällig ausgewähltes Bild darstellen.

Später kommt dann mehr hinzu: ein Minikalender mit einer Übersicht über die Termine des aktuellen Monats, ein paar Lesetipps, eine Möglichkeit, den Newsletter zu abonnieren. In der Sidebar binden Sie alle Frontend-Module im Seitenlayout STARTSEITE ein.

16.3.1 Das Modul »Startseite – Sidebar – Zufallsbild« erstellen

Als Erstes fügen Sie in der Sidebar mit dem bisher noch nicht erwähnten Modul ZUFALLSBILD ein zufällig ausgewähltes Bild an. Als Grundlage für das Modul nehmen Sie die Fotos aus dem Ordner */beispielsite/content/fotos*.

> **ToDo: Ein Modul vom Typ »Zufallsbild« erstellen**
>
> 1. Öffnen Sie das Backend-Modul THEMES • FRONTEND-MODULE.
> 2. Klicken Sie oben im Arbeitsbereich auf NEUES MODUL.
> 3. Geben Sie dem Modul die folgenden Einstellungen:
>   TITEL: »Startseite – Sidebar – Zufallsbild«
>   ÜBERSCHRIFT (h2): »Die Reise«
>   MODULTYP: ZUFALLSBILD
>   BILDBREITE: 170 und PROPORTIONAL
>   QUELLDATEIEN: */beispielsite/content/fotos*
> 4. Klicken Sie auf SPEICHERN UND SCHLIESSEN.

5. Öffnen Sie im Backend-Modul THEMES • SEITENLAYOUTS das Seitenlayout START-SEITE zur Bearbeitung.
6. Blenden Sie den Bereich FRONTEND-MODULE ein.
7. Ändern Sie die Zeile ARTIKEL [ARTIKEL] in RECHTE SPALTE so, dass dort das Modul STARTSEITE – SIDEBAR – ZUFALLSBILD [ZUFALLSBILD] geladen wird.
8. Klicken Sie auf SPEICHERN UND SCHLIESSEN.

Oben in der Sidebar erscheint ein Bild aus dem Ordner *fotos*. Wenn Sie die Seite neu laden, wählt Contao ein anderes Bild aus demselben Ordner.

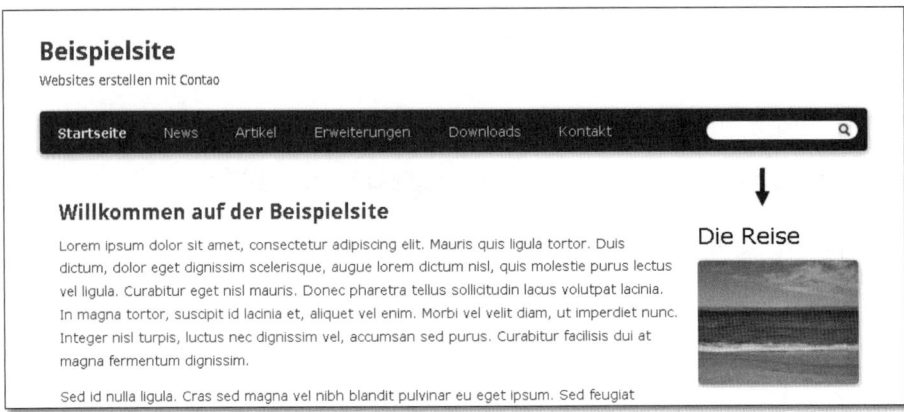

Abbildung 16.7 Ein zufälliges Bild in der Sidebar

16.3.2 Die Module in der Sidebar gestalten

In diesem Abschnitt gestalten Sie das Modul ZUFALLSBILD in der Sidebar mit zwei gezielten CSS-Regeln, die auch gleich für die noch kommenden Blöcke mit dem Minikalender, den Lesetipps und dem Newsletter-Abo gelten.

Das Modul in der Sidebar ist von einem div-Element mit der Klasse block umgeben:

```
<aside id="right">
  <div class="inside">
    <!-- indexer::stop -->
    <div class="mod_randomImage block">

    </div>
    <!-- indexer::continue -->
  </div>
</aside>
```

Listing 16.2 Das HTML für die Module in der Sidebar

16.3 Sidebar, Teil 1: ein zufällig ausgewähltes Bild

Die anderen Module haben einen ähnlichen Aufbau, und der folgende Style gestaltet sie:

```
#right .inside > div.block {
  margin-bottom: 2em;
  padding: 0.5em;
  background-color: #f5f4e9;
  border: 1px solid #dffdb7;
  border-radius: 4px;
}
```

Listing 16.3 Die Gestaltung der Module in der Sidebar

Der Selektor `#right .inside > div.block` ist ein Kindselektor und selektiert nur div-Elemente mit der Klasse `block`, die ein Kind von `.inside` innerhalb von `#right` sind. Den Kindselektor `>` können Sie problemlos einsetzen, denn den versteht sogar der IE 7 schon.

Innerhalb dieser `div`-Blöcke gibt es immer eine `h2`-Überschrift.

```
#right .inside > div.block h2 {
  margin: 0.5em 0 1em 0;
  padding: 0;
  font-size: 13px;
  font-weight: bold;
  color: #666;
}
```

Listing 16.4 Die Gestaltung der h2-Überschrift in den Modulen

Im folgenden ToDo fügen Sie diese Styles dem Stylesheet *startseite* hinzu.

> **ToDo: Das Modul »Zufallsbild« in der Sidebar gestalten**
> 1. Öffnen Sie das Stylesheet *startseite* zur Bearbeitung.
> 2. Fügen Sie die beiden Styles aus Listing 16.3 und Listing 16.4 ein (KATEGORIE »Sidebar – Module«).
> 3. Klicken Sie auf SPEICHERN UND SCHLIESSEN.

Nach diesem ToDo sieht die Startseite etwa so aus wie in Abbildung 16.8.

Abbildung 16.8 Die Startseite mit einem Zufallsbild in der Sidebar

16.4 Sidebar, Teil 2: der Minikalender

Wie gemacht für eine Sidebar ist ein Minikalender, der monatsweise einen Überblick über die im Backend-Modul EVENTS gespeicherten Termine gibt.

16.4.1 Vorbereitung: Ein Modul »Eventliste« erstellen und einbinden

Dieser Schritt ist eine reine Vorsichtsmaßnahme und nur nötig, wenn an einem Tag mehr als ein Event eingetragen wird. Das hat folgenden Grund:

- Im großen Kalender auf der Seite *kalender* werden pro Tag alle Events gelistet, und der Besucher klickt direkt auf das Event, das ihn interessiert.
- Im Minikalender in der Sidebar hingegen gibt es nur eine Monatsübersicht mit Datumszahlen von 1 bis maximal 31. Ist an einem Tag mindestens ein Event hinterlegt, wird die Datumsangabe anklickbar.

Wenn im Kalender an einem Tag nun *mehrere* Events eingetragen sind, hat der Eventleser auf der Seite *termine* ein Problem, denn er kann per definitionem immer nur *ein* Event darstellen. Aus diesem Grund wird der *Eventleser* auf der Seite *termine* durch eine *Eventliste* ersetzt. Ein Klick auf das Datum bringt den Besucher zu einer Eventliste, und von dort gelangt er in die Einzelansicht des Termins.

Im folgenden ToDo erstellen Sie ein Modul vom Typ EVENTLISTE und binden es auf der bereits vorhandenen Seite TERMINE ein.

> **ToDo: Ein neues Modul »Eventliste« erstellen und einbinden**
>
> 1. Öffnen Sie das Backend-Modul THEMES • FRONTEND-MODULE.
> 2. Erstellen Sie ein neues Modul mit den folgenden Einstellungen:

> 3. TITEL: »Events – Terminliste anzeigen«
>   MODULTYP: EVENTLISTE
>   KALENDER: SEMINARKALENDER
>   ANZEIGEFORMAT: TAG
>   EVENTLESER: EVENTS – TERMIN ANZEIGEN (ID xx)
>   EVENT-TEMPLATE: *event_upcoming*
> 4. Klicken Sie auf SPEICHERN UND SCHLIESSEN.
> 5. Öffnen Sie im Backend-Modul INHALTE • ARTIKEL auf der Seite TERMINE den Artikel TERMINE [HAUPTSPALTE] zur Bearbeitung.
> 6. Ändern Sie das vorhandene Inhaltselement vom Typ MODUL, das einen Eventleser integriert, so, dass stattdessen das eben erstellte Modul EVENTS – TERMINLISTE ANZEIGEN (ID xx) eingebunden wird.
> 7. Klicken Sie auf SPEICHERN UND SCHLIESSEN.

Nach diesem ToDo gibt es auf der Seite TERMINE ein Modul namens EVENTS – TERMINLISTE ANZEIGEN vom Typ EVENTLISTE. Dieses Modul weiß, dass es für die Darstellung einzelner Termine als EVENTLESER das Modul EVENTS – TERMIN ANZEIGEN benutzen soll. Die Vorbereitungen für den Einsatz des Minikalenders sind damit abgeschlossen.

16.4.2 Ein Modul für den Minikalender erstellen und einbinden

Im nächsten Schritt erstellen Sie ein Frontend-Modul zur Darstellung eines Minikalenders.

> **ToDo: Ein Modul für den Minikalender erstellen und einbinden**
> 1. Öffnen Sie das Backend-Modul THEMES • FRONTEND-MODULE.
> 2. Klicken Sie oben im Arbeitsbereich auf NEUES MODUL.
> 3. Geben Sie dem Modul die folgenden Einstellungen:
>   TITEL: »Startseite – Sidebar – Minikalender«
>   ÜBERSCHRIFT (h2): »Seminarkalender«
>   MODULTYP: KALENDER
>   KALENDER: SEMINARKALENDER
>   VERKÜRZTE DARSTELLUNG: ankreuzen
>   ERSTER WOCHENTAG: MONTAG
>   WEITERLEITUNGSSEITE: TERMINE
>   EVENT-TEMPLATE: *cal_mini*
> 4. Klicken Sie auf SPEICHERN UND SCHLIESSEN.

5. Öffnen Sie im Backend-Modul THEMES • SEITENLAYOUTS das Seitenlayout START-SEITE zur Bearbeitung.
6. Blenden Sie gegebenenfalls den Bereich FRONTEND-MODULE ein.
7. Duplizieren Sie im Bereich FRONTEND-MODULE die Zeile STARTSEITE – SIDEBAR – ZUFALLSBILD in RECHTE SPALTE (per Klick auf das grüne Kreuz).
8. Binden Sie in der unteren der beiden Zeilen das Modul STARTSEITE – SIDEBAR – MINIKALENDER in RECHTE SPALTE ein.
9. Klicken Sie auf SPEICHERN UND SCHLIESSEN.

Der Kalender ist drin und funktioniert, bekommt aber im folgenden Abschnitt noch eine optische Retusche, bevor er hier abgebildet wird.

16.4.3 Den Minikalender in der Sidebar gestalten

Das HTML für den Minikalender ist ähnlich aufgebaut wie das HTML für einen großen Kalender, das in Kapitel 14, »Die Core-Erweiterungen ›Events‹ und ›FAQ‹«, ausführlich vorgestellt wurde. Deshalb fügen Sie im folgenden ToDo gleich ein paar Styles zur Gestaltung hinzu, ohne erst einen Blick auf das HTML zu werfen.

Zunächst gestalten Sie die Tabelle und den Kopfbereich:

```
#right table.minicalendar {
  width:98%;
  border-collapse: collapse;
}
#right .minicalendar thead {
  border: 1px solid #fff;
  font-size: 11px;
}
#right .minicalendar th {
  font-weight: normal;
}
#right .minicalendar th.head {
  padding: 0.5em 0;
}
#right .minicalendar th.previous {
  padding-left:0.5em;
  text-align:left;
}
```

```css
#right .minicalendar th.current {
  text-align:center;
}
#right .minicalendar th.next {
  padding-right:0.5em;
  text-align:right;
}
#right .minicalendar .label {
  padding-bottom:1px;
  text-align:center;
  font-size: 11px;
  font-weight:normal;
}
```

Listing 16.5 CSS für Tabelle und Kopfbereich des Minikalenders

Danach folgen noch zwei Styles für die Tabellenzellen:

```css
#right .minicalendar td {
  width:14%;
  padding: 0.25em 0;
  text-align:center;
  border-right:1px solid #fff;
  border-bottom:1px solid #fff;
  font-size: 11px;
}
#right .minicalendar td.col_first {
  border-left: 1px solid #fff;
}
```

Listing 16.6 Das CSS für die Tabellenzellen im Minikalender

> **ToDo: Die Gestaltung des Minikalenders in der Sidebar**
> 1. Öffnen Sie das Stylesheet *startseite* zur Bearbeitung. Die folgenden Styles sollen die KATEGORIE »Sidebar – Minikalender« bekommen.
> 2. Fügen Sie am Ende des Stylesheets die CSS-Regeln zur Gestaltung des Kopfbereichs im Minikalender aus den beiden Listings ein.
> 3. Speichern Sie das Stylesheet.

Nach diesem ToDo kann sich der kleine Kalender in der Sidebar schon eher in einem Screenshot sehen lassen (Abbildung 16.9).

16   Ein neues Seitenlayout für die Startseite

Abbildung 16.9 Der gestaltete Minikalender in der Sidebar

16.5   Sidebar, Teil 3: Lesetipps als Dropdown-Menü

In Kapitel 8, »Navigationen erstellen in Contao«, haben Sie die Navigationsmodule bereits kennengelernt und dabei auch Bekanntschaft mit dem Modultyp QUICKLINK gemacht. Den Modultyp QUICKLINK nutzen Sie im folgenden ToDo, um eine Liste lesenswerter Artikel als Dropdown-Menü anzubieten.

16.5.1   Ein Modul »Quicklink« für die Lesetipps erstellen und einbinden

Im folgenden ToDo erstellen Sie das Modul für die Lesetipps und binden es im Seitenlayout ein.

ToDo: Lesetipps mit einem »Quicklink«-Modul erstellen und einbinden

1. Öffnen Sie das Backend-Modul THEMES • FRONTEND-MODULE.
2. Klicken Sie oben im Arbeitsbereich auf NEUES MODUL.
3. Geben Sie dem Modul die folgenden Einstellungen:

   TITEL: »Startseite – Sidebar – Lesetipps«
   ÜBERSCHRIFT (h2): »Lesetipps«
   MODULTYP: QUICKLINK
   INDIVIDUELLE BEZEICHNUNG: » -- Auswählen -- «
   SEITEN: Wählen Sie ein paar Seiten mit interessantem Inhalt aus.

4. Klicken Sie auf SPEICHERN UND SCHLIESSEN.

> 5. Öffnen Sie im Backend-Modul Themes • Seitenlayouts das Seitenlayout Startseite zur Bearbeitung.
> 6. Erstellen Sie im Bereich Frontend-Module eine Zeile mit dem Modul Sidebar – Lesetipps in Rechte Spalte.
> 7. Klicken Sie auf Speichern und schliessen.

Auf der Startseite erscheint jetzt die Sidebar mit einem Dropdown-Menü unterhalb der Überschrift »Lesetipps«. Nach einem Klick auf -- Auswählen -- kann der Besucher einen Lesetipp aus der Liste auswählen und mit einem Klick auf die Schaltfläche Los aufrufen.

Und um genau diese Schaltfläche geht es im nächsten Abschnitt.

16.5.2 Optional: Lesetipps auswählen ohne Klick auf den »Los«-Button

Damit eine Auswahl bei den Lesetipps sofort ausgeführt wird und nicht mehr mit einem Klick auf die Schaltfläche Los bestätigt werden muss, können Sie im Template *mod_quicklink.html5* eine JavaScript-Anweisung ergänzen. Das geht so:

1. Erstellen Sie im Backend-Modul Templates ein Neues Template.
2. Wählen Sie aus der Liste das Template *mod_quicklink.html5*.
3. Speichern Sie das neue Template im Zielverzeichnis *theme_one*.
4. Öffnen Sie das Template zur Bearbeitung im Editor (zweites Symbol von rechts).
5. Ergänzen Sie am Anfang des Templates einen PHP-Kommentar, indem Sie die Änderungen kurz dokumentieren:

   ```
   <?php /* onchange() und <noscript> hinzugefügt */ ?>
   ```

6. Suchen Sie die Zeile mit dem HTML-Element select, und ergänzen Sie sie wie folgt um das Attribut onchange (alles in einer Zeile):

   ```
   <select name="target" class="select"
           onchange='this.form.submit()'>
   ```

7. Speichern Sie das Template.

Wenn man jetzt in einer Quicklink-Navigation eine Seite aus der Auswahlliste anklickt, springt man anschließend direkt dorthin.

Falls gewünscht, können Sie die Schaltfläche Los auch komplett ausblenden, sodass diese nur erscheint, wenn im Browser JavaScript ausgeschaltet ist:

1. Öffnen Sie das Template *mod_quicklink.html5* zur Bearbeitung.
2. Unterhalb von </select> steht die Zeile mit der Schaltfläche Los:

   ```
   <input type="submit" class="submit" value="...">
   ```

3. Schreiben Sie `<noscript>` davor und `</noscript>` dahinter.
4. Speichern Sie das Template.

Abbildung 16.10 zeigt die Sidebar auf der Startseite nach diesen Schritten, und das Modul mit den Lesetipps wird vom bereits vorhandenen CSS gestaltet.

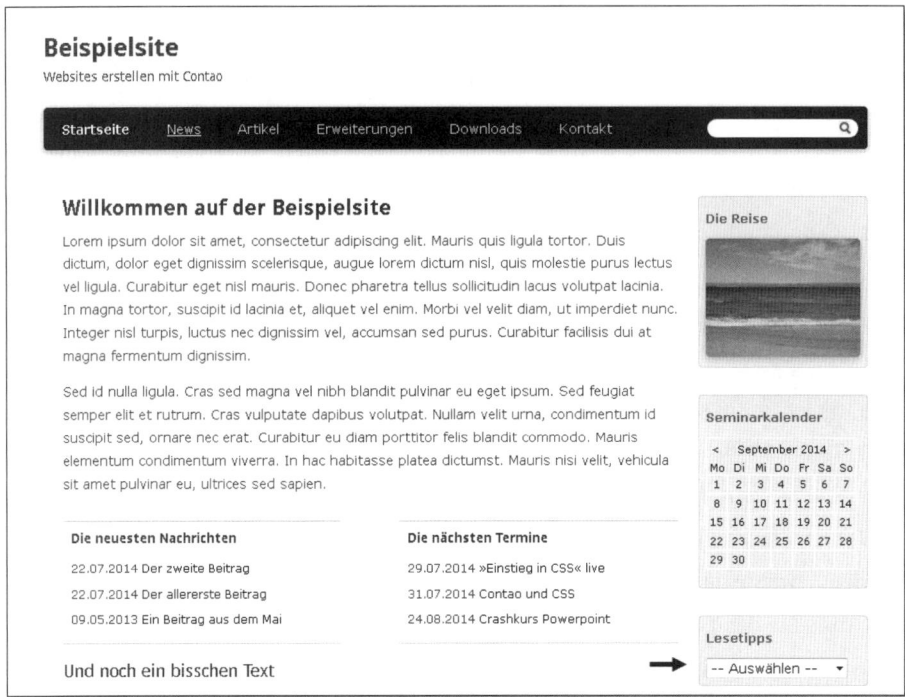

Abbildung 16.10 Die Sidebar mit Zufallsbild, Minikalender und Lesetipps

> **Template-Änderung funktioniert nicht? Cache leeren**
>
> Falls die Änderungen an einem Template im Frontend nicht ankommen, können Sie in SYSTEM • SYSTEMWARTUNG die DATEN BEREINIGEN, und zwar den SCRIPTCACHE, den SEITENCACHE, den INTERNEN CACHE und den TEMP-ORDNER.
>
> Hilft auch das nicht, versuchen Sie, in SYSTEM • EINSTELLUNGEN im Bereich FRONTEND-EINSTELLUNGEN den CACHE-MODUS komplett auszuschalten: CACHE DEAKTIVIEREN.

16.6 Sidebar, Teil 4: Newsletter abonnieren

Die Sidebar ist fast fertig. Jetzt fehlt nur noch die Möglichkeit, einen Newsletter zu abonnieren. Um auf der Startseite ein Newsletter-Abo anzubieten, erstellen Sie zunächst eine Kopie des bereits vorhandenen Moduls, geben diesem eine h2-Überschrift und binden die Kopie wie die anderen Module im Seitenlayout STARTSEITE ein.

> **ToDo: Das Modul »Newsletter abonnieren« in der Sidebar einbinden**
>
> 1. Öffnen Sie das Backend-Modul THEMES • FRONTEND-MODULE.
> 2. Kopieren Sie das Modul NEWSLETTER ABONNIEREN mit einem Klick auf das grüne Kreuz rechts daneben.
> 3. Oben neben dem Titel des Themes erscheint daraufhin ein brauner Pfeil nach unten. Fügen Sie das kopierte Modul mit einem Klick auf diesen Pfeil in die Liste ein.
> 4. Ändern Sie den TITEL in »Startseite – Sidebar – Newsletter abonnieren«.
> 5. Geben Sie die h2-Überschrift »Newsletter« ein.
> 6. Lassen Sie alle anderen Einstellungen unverändert und klicken Sie auf SPEICHERN UND SCHLIESSEN.
> 7. Öffnen Sie im Backend-Modul THEMES • SEITENLAYOUTS das Seitenlayout STARTSEITE zur Bearbeitung.
> 8. Duplizieren Sie im Bereich FRONTEND-MODULE die Zeile STARTSEITE – SIDEBAR – LESETIPPS in RECHTE SPALTE mit einem Klick auf das grüne Kreuz.
> 9. Binden Sie in der unteren der beiden Zeilen das Modul STARTSEITE – SIDEBAR – NEWSLETTER ABONNIEREN in RECHTE SPALTE ein.
> 10. Klicken Sie auf SPEICHERN UND SCHLIESSEN.

Das Modul funktioniert, und sobald jemand seine E-Mail-Adresse einträgt und auf ABONNIEREN klickt, wird er auf die Bestätigungsseite weitergeleitet. Damit ist die Gestaltung der Startseite mit einem eigenen Seitenlayout fast abgeschlossen (Abbildung 16.11).

> **Die rechte Sidebar auf den anderen Seiten**
>
> Um die rechte Sidebar auf den anderen Seiten mit Inhalten zu füllen, gibt es zwei Möglichkeiten:
> - Inhalte, die nur auf einer Seite erscheinen sollen, fügen Sie in einen Artikel in der rechten Spalte ein. Im Seitenlayout muss dann ARTIKEL [ARTIKEL] in RECHTE SPALTE eingebunden sein.
> - Inhalte, die auf allen Seiten erscheinen sollen, die auf einem bestimmten Seitenlayout basieren, werden im Seitenlayout als Frontend-Modul in RECHTE SPALTE eingebunden.

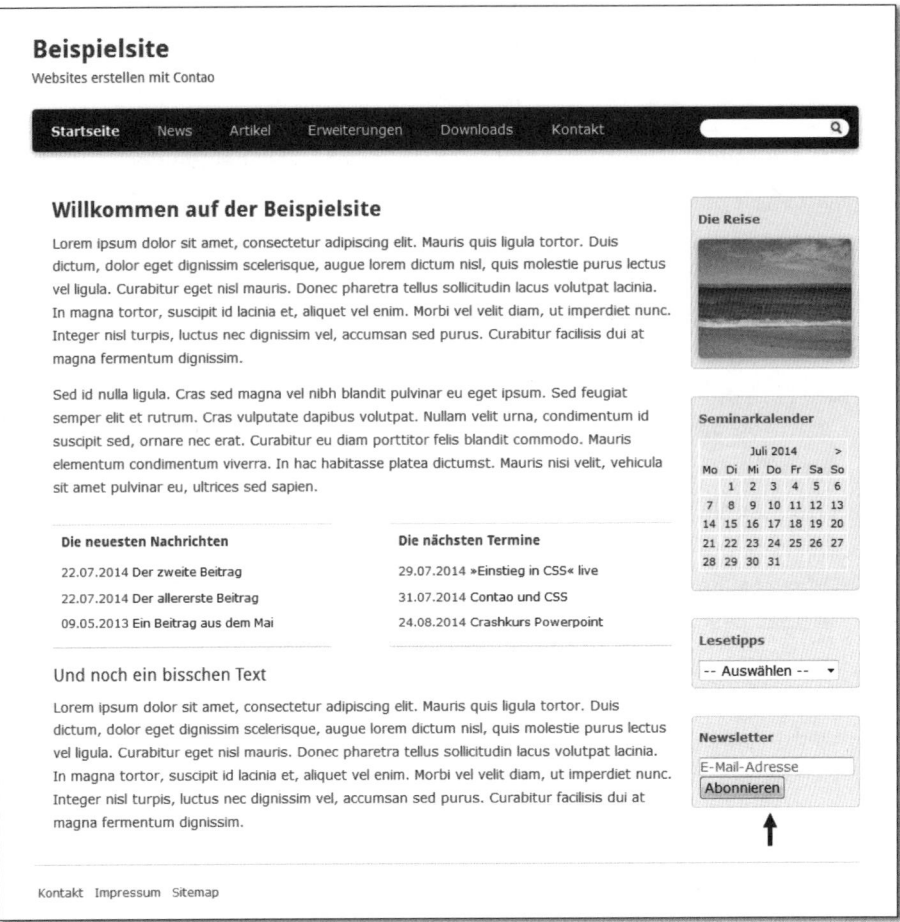

Abbildung 16.11 Die fertige Startseite im Überblick

16.7 Sidebar, Teil 5: ein Content-Slider in der Sidebar

Slider, Karussell, Caroussel, Diashow. Es gibt viele Begriffe dafür, aber gemeint ist meist eine Bilderserie mit einem mehr oder weniger animierten Übergang von einem Bild zum nächsten.

Oft sind Slider im oberen Bereich eine Website platziert und gehen über die gesamte Breite des Inhaltsbereichs. Die Bildwechsel erfolgen entweder automatisch, mit einer Navigation oder auf einem Touchscreen auch mit einer *Swipe* genannten Wischgeste (Abbildung 16.12).

16.7 Sidebar, Teil 5: ein Content-Slider in der Sidebar

Abbildung 16.12 Ein Slider auf groningen-info.de (mit Navigation)

Contao kennt seit Version 3.1 ein Inhaltselement namens CONTENT-SLIDER, mit dem man nicht nur Bilder, sondern alle möglichen Inhaltselemente sliden kann und das auf dem Open-Source-Projekt *swipe.js* basiert. Der Name deutet bereits an, dass der Slider auch mit Wischgesten auf einem Touchscreen bedient werden kann.

Im Folgenden ersetzen Sie das Zufallsbild in der Sidebar rechts oben mit einem kleinen, aber feinen Content-Slider.

16.7.1 Überblick: »Content-Slider« statt »Zufallsbild«

In diesem Abschnitt zeige ich Ihnen einen Weg, um in der Sidebar einen Content-Slider einzubauen:

- Auf der Startseite erstellen Sie einen Artikel namens »Sidebar – Slider«, der in der rechten Spalte erscheinen soll.
- In diesem Artikel erzeugen Sie einen *Content-Slider*.

Damit der Artikel in der rechten Spalte erscheint und der Slider funktioniert, müssen Sie im Seitenlayout STARTSEITE zwei Einstellungen ändern:

- Im Bereich FRONTEND-MODULE ersetzen Sie in der rechten Spalte das Modul für das Zufallsbild durch ARTIKEL [ARTIKEL].
- Das Template *moo_slider* oder *j_slider* muss eingebunden werden.

Um den Fortschritt der Baumaßnahmen im Frontend besser verfolgen zu können, beginnen Sie im Folgenden mit den Änderungen im Seitenlayout.

16.7.2 Vorbereitungen im Seitenlayout »Startseite«

Im Seitenlayout müssen wie gesagt lediglich zwei Kleinigkeiten geändert werden, die Sie im folgenden ToDo erledigen.

> **ToDo: Das Seitenlayout »Startseite« für den Slider vorbereiten**
> 1. Öffnen Sie im Backend-Modul THEMES • SEITENLAYOUTS das Seitenlayout STARTSEITE.
> 2. Ersetzen Sie im Bereich FRONTEND-MODULE das Modul für das Zufallsbild durch das Modul ARTIKEL [ARTIKEL] in RECHTE SPALTE ❶.
> 3. Aktivieren Sie JQUERY LADEN oder MOOTOOLS LADEN, je nachdem, ob Sie lieber mit jQuery oder mit MooTools arbeiten ❷.
> 4. Binden Sie das Slider-Template *j_slider* bzw. *moo_slider* ein ❸.
> 5. SPEICHERN UND SCHLIESSEN Sie das Seitenlayout.

Das Eingabeformular für das Seitenlayout sieht nach diesem ToDo etwa so aus wie in Abbildung 16.13.

Abbildung 16.13 Seitenlayout »Startseite« mit der Slider-Vorbereitung

Im Frontend ist das Modul ZUFALLSBILD rechts oben in der Sidebar nicht mehr zu sehen, da es im Seitenlayout nicht mehr eingebunden wird.

16.7.3 Einen neuen Artikel auf der Startseite erstellen

In diesem Schritt erstellen Sie auf der Startseite einen neuen Artikel, der in der rechten Spalte angezeigt werden soll.

> **ToDo: Einen neuen Artikel auf der Startseite erstellen**
> 1. Öffnen Sie das Backend-Modul INHALTE • ARTIKEL.
> 2. Verkürzen Sie den Artikelbaum durch einen Klick auf den fett hervorgehobenen Seitennamen STARTSEITE.
> 3. Erstellen Sie mit einem Klick auf NEUER ARTIKEL oben im Arbeitsbereich einen neuen Artikel mit den folgenden Einstellungen:
>   TITEL: »Sidebar – Slider«
>   ANZEIGEN IN: RECHTE SPALTE
>   ARTIKEL VERÖFFENTLICHEN ankreuzen
> 4. SPEICHERN UND SCHLIESSEN Sie den Artikel.

Im nächsten Abschnitt erstellen Sie in diesem Artikel den Slider.

16.7.4 Einen Slider in dem neuen Artikel erstellen

Das Inhaltselement CONTENT-SLIDER besteht aus einem UMSCHLAG ANFANG und einem UMSCHLAG ENDE. Zwischen diesen beiden können Sie andere Inhaltselemente einbauen, die dann im Frontend geslidet werden.

Abbildung 16.14 zeigt einen Content-Slider mit vier Bildern. Achten Sie auf die grau hinterlegten Elemente UMSCHLAG ANFANG ❶ UND UMSCHLAG ENDE ❷. Die beiden Elemente umschließen vier Bilder, was auch durch die graue Umrandung ❸ visualisiert wird.

Im folgenden ToDo erstellen Sie diesen Content-Slider auf der Startseite.

> **ToDo: Einen Slider für die Startseite erstellen**
> 1. Öffnen Sie das Backend-Modul INHALTE • ARTIKEL.
> 2. Öffnen Sie den Artikel SIDEBAR – SLIDER [RECHTE SPALTE] zur Bearbeitung.
> 3. Fügen Sie ein neues Inhaltselement hinzu.
> 4. Als ELEMENTTYP wählen Sie aus der Gruppe CONTENT-SLIDER die Option UMSCHLAG ANFANG. Achten Sie darauf, dass Sie nicht versehentlich ein Akkordeon bauen.
> 5. Geben Sie eine Überschrift (h2) ein: »Die Reise«.
> 6. Lassen Sie alle anderen Einstellungen (vorerst) unverändert, und klicken Sie auf SPEICHERN UND SCHLIESSEN.

7. Erstellen Sie direkt darunter ein neues Inhaltselement vom Typ CONTENT-SLIDER – UMSCHLAG ENDE.
8. Fügen Sie zwischen UMSCHLAG ANFANG und UMSCHLAG ENDE mit dem Inhaltselement BILD aus dem Ordner *beispieldateien/content/fotos/* ein paar Bilder ein, zum Beispiel *foto03.jpg* bis *foto06.jpg*. Achten Sie darauf, dass das Feld BILDUNTERSCHRIFT leer bleibt.
9. Betrachten Sie die Startseite im Browser.

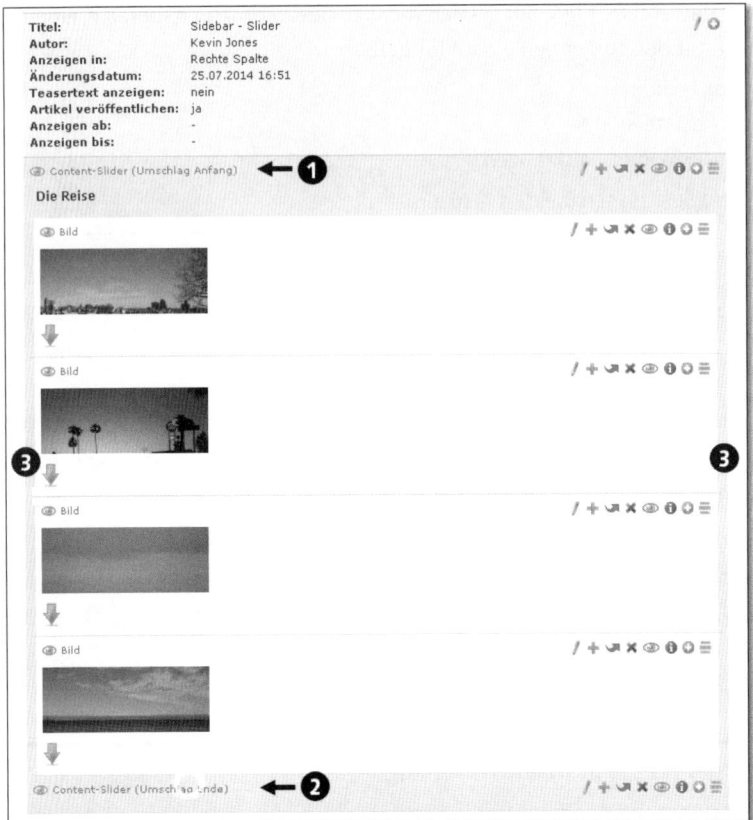

Abbildung 16.14 Inhaltselement »Content-Slider« mit vier Bildern

Abbildung 16.15 zeigt, dass der Slider jetzt auf der Startseite vorhanden ist und auch schon slidet. Unterhalb der Bilder erscheint eine Navigation: ein Link für ZURÜCK, für jedes zu slidende Inhaltselement ein hell- bzw. dunkelgrauer Kreis und ein Link für VORWÄRTS.

16.7 Sidebar, Teil 5: ein Content-Slider in der Sidebar

Abbildung 16.15 Der Content-Slider ist drin und funktioniert.

16.7.5 Den Content-Slider konfigurieren

Der Content-Slider von Contao ist eher einfacher Natur und bietet nicht besonders viele Einstellungsmöglichkeiten, was aber auch durchaus von Vorteil sein kann. Die Konfiguration erfolgt, wie in Abbildung 16.16 gezeigt, im Backend mit dem Inhaltselement CONTENT-SLIDER (UMSCHLAG ANFANG).

Abbildung 16.16 Die Konfiguration in »Content-Slider (Umschlag Anfang)«

Es gibt dort vier Optionen:

▶ SLIDE-INTERVALL bestimmt den Zeitraum bis zum nächsten Bild in Millisekunden. 5000 sind also 5 Sekunden. Eine 0 bewirkt, dass die Inhalte nicht automatisch geslidet werden.

- ÜBERGANGSGESCHWINDIGKEIT, ebenfalls in Millisekunden gemessen, legt die Dauer des Übergangs fest.
- SLIDE-VERSATZ bestimmt, mit welchem Inhaltselement begonnen werden soll.
- KONTINUIERLICH bewirkt, dass am Ende wieder von vorne begonnen wird, und könnte genauso gut »Endlosschleife« heißen.

Probieren Sie ein bisschen herum, um herauszufinden, was Ihnen gefällt, und speichern Sie dann die gewünschten Einstellungen. In den nächsten beiden Abschnitten kümmern Sie sich um das HTML und das CSS für den Slider.

16.7.6 Die HTML-Struktur für einen Content-Slider

Das folgende Listing zeigt die HTML-Struktur für den Content-Slider im Überblick. Die Erklärung folgt nach Listing 16.7:

```
<div class="mod_article first last block" id="sidebar-slider">
<div class="ce_sliderStart first block">
  <h2>Die Reise</h2>
  <div class="content-slider" style="..." data-config="0,300,0,">
    <div class="slider-wrapper" style="width: 656px;" >
      <div class="ce_image block" data-index="0" style="...">
        <figure class="image_container">
          <img src="#" alt="NYC (Harrlem)" height="128" width="170">
        </figure>
      </div> <!-- Ende .ce_image -->
      <!-- weitere Inhaltselemente mit fortlaufendem data-index="X" -->
    </div> <!-- Ende .slider-wrapper -->
  </div> <!-- Ende .content-slider -->
  <nav class="slider-control">
    <a href="#" class="slider-prev">Zurück</a>
    <span class="slider-menu">
      <b class="" data-index="0">•</b>
      <b class="" data-index="1">•</b>
      <b class="" data-index="2">•</b>
      <b class="active" data-index="3">•</b>
    </span>
    <a href="#" class="slider-next">Vorwärts</a>
  </nav>
</div> <!-- Ende .ce_sliderStart -->
</div> <!-- Ende .mod_article -->
```

Listing 16.7 Die HTML-Struktur für einen Content-Slider

Ganz außen liegt der Artikel div.mod_article mit der ID sidebar-slider, die dem Artikelalias aus den Einstellungen für den Artikel entnommen ist. Der Slider selbst wird von einem div mit der Klasse ce_sliderStart umschlossen. Innerhalb dieses Elements gibt es zwei große Bereiche:

- Ein div-Element mit der Klasse content-slider, das den Inhalt des Sliders umschließt.
- Ein nav-Element mit der Navigation.

Da der Inhalt auf der Startseite so weit gut aussieht, werfen Sie einen genaueren Blick auf die Navigation, die aus drei Bereichen besteht:

- Der ZURÜCK-Link ist im HTML ein a-Element mit der Klasse slider-prev.
- Die vier Bullets sind b-Elemente innerhalb eines span.slider-menu.
- Der VORWÄRTS-Link ist ein Link mit der Klasse slider-next.

Diese Struktur benutzen Sie im folgenden Abschnitt zur Gestaltung.

16.7.7 Den Content-Slider gestalten

Das Erscheinungsbild des Sliders in der Sidebar ist eigentlich gar nicht so schlecht. Wenn man genau hinschaut, gibt es bei den Bildern einen leichten box-shadow, der aus dem Stylesheet *inhalte* stammt und im Slider eher stört.

Außerdem sind die beiden Links für ZURÜCK und VORWÄRTS bei einem so kleinen Slider eher übertrieben und werden deshalb im folgenden ToDo einfach ausgeblendet.

> **ToDo: Den Content-Slider gestalten**
>
> 1. Öffnen Sie das Stylesheet *startseite* zur Bearbeitung.
> 2. Fügen Sie am Ende des Stylesheets folgenden Style hinzu (KATEGORIE »Slider«), wobei Sie die Deklaration box-shadow:none; ganz unten in das Feld EIGENER CODE schreiben:
>
>    ```
>    .content-slider .image_container img {
>      box-shadow: none;
>    }
>    ```
>
> 3. Blenden Sie mit folgender CSS-Regel die Links ZURÜCK und VORWÄRTS aus:
>
>    ```
>    .slider-control .slider-prev,
>    .slider-control .slider-next {
>      display: none;
>    }
>    ```
>
> 4. SPEICHERN UND SCHLIESSEN Sie das Stylesheet.

Im Browser sieht die Startseite jetzt so aus wie in Abbildung 16.17.

Abbildung 16.17 Die Startseite mit dem fertigen Content-Slider in der Sidebar

---

Der Slider von Rock Solid Themes

Falls Sie einen Slider mit ein bisschen mehr Schnickschnack suchen, schauen Sie sich einmal das folgende Exemplar an:

▸ *rocksolidthemes.com/de/contao/plugins/responsive-slider*

Dieser Slider wird auch auf *groningen-info.de* verwendet (Abbildung 16.12).

TEIL IV
Contao »responsiv« und »mobil«

Kapitel 17
Das CSS-Framework von Contao

In diesem Kapitel erfahren Sie alles über das Contao-CSS-Framework und dessen Komponenten. Außerdem wird detailliert erklärt, was es in Contao mit dem Holy Grail auf sich hat.

Die Themen im Überblick:

- Das CSS-Framework von Contao im Überblick, Seite 517
- XHTML 1.0, HTML5 und Contao, Seite 520
- Die HTML-Struktur: das Seitentemplate »fe_page«, Seite 524
- CSS-Framework, Teil 1: »layout.css«, Seite 531
- CSS-Framework, Teil 2: »responsive.css«, Seite 536
- CSS-Framework, Teil 3: »reset.css«, Seite 538
- CSS-Framework, Teil 4: »form.css«, Seite 541
- Contao, der interne CSS-Editor und CSS3, Seite 545
- Know-how: So funktioniert der Holy Grail, Seite 549

Bevor Sie die Beispielsite responsiv machen und für mobile Geräte optimieren, wird in diesem Kapitel erklärt, wie das CSS-Framework von Contao aufgebaut ist und wie es funktioniert.

Ein solides Verständnis des CSS-Frameworks und insbesondere des Holy-Grail-Layouts hilft später beim Ausgestalten der Layouts enorm weiter.

17.1 Das CSS-Framework von Contao im Überblick

In diesem Abschnitt geht es zunächst darum, was genau das CSS-Framework von Contao eigentlich ist.

17.1.1 CSS-Editor und CSS-Framework sind nicht dasselbe

Auch wenn die Begriffe ähnlich klingen, sind der CSS-Editor aus Abschnitt 7.4 und das hier vorgestellte CSS-Framework nicht dasselbe:

- Der CSS-Editor dient der Erstellung und Bearbeitung von Styles und verbirgt sich im Backend-Modul THEMES • STYLESHEETS.
- Das CSS-Framework arbeitet im Hintergrund, und die einzelnen Komponenten werden über THEMES • SEITENLAYOUTS per Mausklick aktiviert.

Abbildung 17.1 zeigt den Bereich STYLESHEETS aus dem Seitenlayout, bei dem Sie alle Möglichkeiten im Überblick sehen.

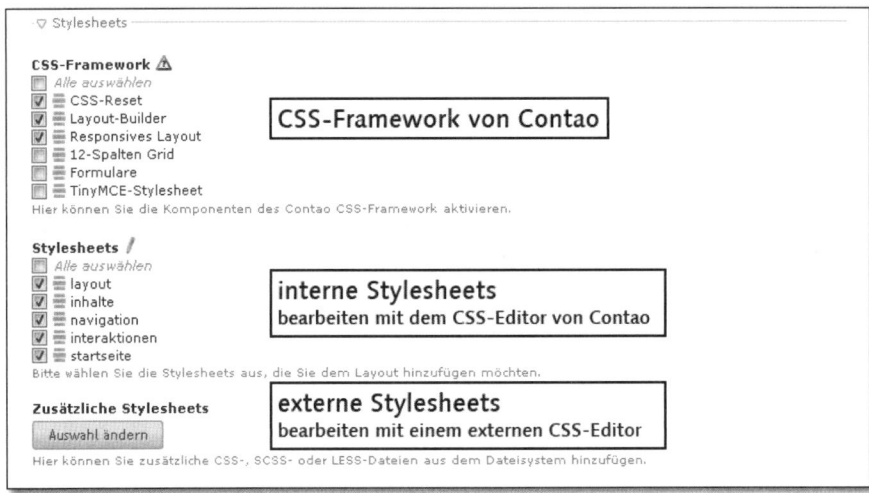

Abbildung 17.1 CSS-Framework nebst internen und externen Stylesheets

Es gibt also diverse Kombinationsmöglichkeiten:

- Sie können das CSS-Framework von Contao nutzen und die Stylesheets mit dem CSS-Editor von Contao bearbeiten (interne Stylesheets).
- Sie können das CSS-Framework von Contao nutzen und die Stylesheets mit einem externen Editor bearbeiten (externe Stylesheets), wobei Contao neben normalem CSS auch SCSS und LESS versteht.
- Sie können das CSS-Framework von Contao komplett deaktivieren und mit einem externen CSS-Framework wie YAML, Unsemantic oder etwas in der Art arbeiten.

Contao macht Ihnen viele Angebote, schreibt ihnen aber nichts vor. Entdecke die Möglichkeiten.

Und damit Ihnen die Entscheidung pro oder kontra CSS-Framework von Contao leichter fällt, stelle ich es Ihnen in diesem Kapitel ausführlich vor.

17.1.2 Die Komponenten des CSS-Frameworks

Der Benutzer sieht vom Contao-CSS-Framework zunächst einmal nur die Optionen im Seitenlayout aus Abbildung 17.1. Dort können Sie die Komponenten ein- und ausstellen. Die entsprechenden Stylesheet-Dateien liegen im Ordner *assets/contao/css/* (siehe Abbildung 17.2)

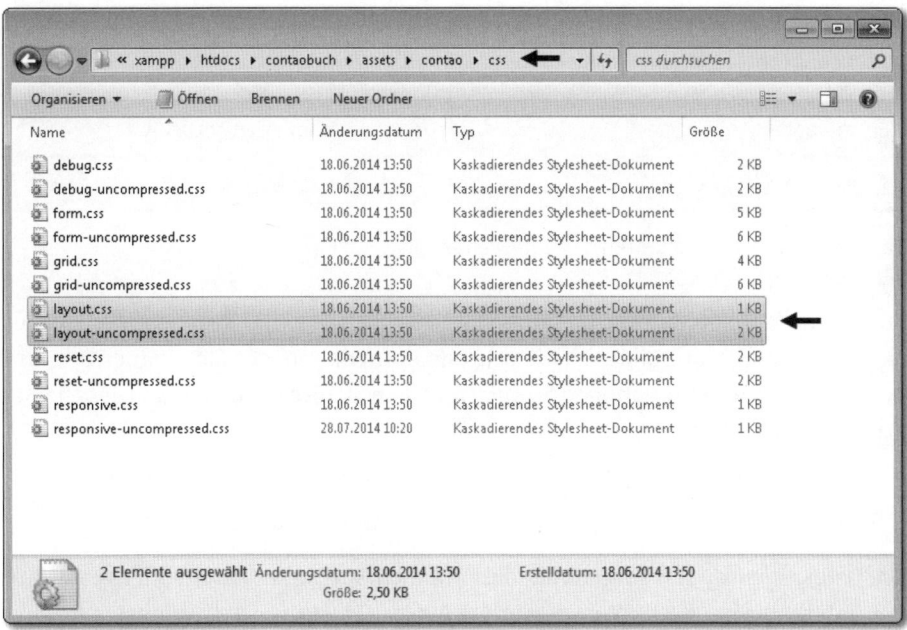

Abbildung 17.2 Das Contao-CSS-Framework liegt in »assets/contao/css«

Im Ordner *assets/contao/css* gibt es alle Stylesheets des Contao-CSS-Frameworks doppelt. Die von Contao verwendeten Dateien haben die in Tabelle 17.1 beschriebenen Dateinamen. Browser haben mit dem darin enthaltenen komprimierten CSS kein Problem.

Falls Sie sich aber so ein *Kaskadierendes Stylesheet-Dokument*, wie der Windows-Explorer das so schön nennt, anschauen möchten, nehmen Sie die unkomprimierte Version mit dem Namenszusatz *uncompressed*, also z. B. *layout-uncompressed.css*. Inhaltlich sind beide Dateien identisch, aber für menschliche Augen ist unkomprimiertes CSS leichter zu erfassen.

Tabelle 17.1 zeigt die Komponenten des CSS-Frameworks und die entsprechenden Dateinamen im Überblick.

Komponente CSS-Framework	Datei
Layout-Builder	*fe_page.html5* bzw. *fe_page.xhtml* und *assets/contao/css/layout.css*
Responsives Layout	*assets/contao/css/responsive.css*
CSS-Reset	*assets/contao/css/reset.css*
12-Spalten Grid	*assets/contao/css/grid.css*
Formulare	*assets/contao/css/form.css*
TinyMCE-Stylesheet	*files/tinymce.css*

Tabelle 17.1 Die Komponenten des CSS-Frameworks von Contao

Standardmäßig sind nur die Optionen LAYOUT-BUILDER und RESPONSIVES LAYOUT aktiviert. Der Layout-Builder ist die zentrale Komponente des CSS-Frameworks und besteht aus dem Seitentemplate *fe_page* und dem Stylesheet *layout.css*. Diese beiden Dateien arbeiten sehr eng zusammen:

- Das Seitentemplate *fe_page* erzeugt eine wohlüberlegte HTML-Struktur.
- Das Stylesheet *layout.css* gestaltet die HTML-Struktur aus der *fe_page*.

Die Datei *responsive.css* sorgt dafür, dass ein mehrspaltiges Layout vom Layout-Builder unterhalb von 768 px Viewportbreite einspaltig wird. Diese responsive Komponente war von Contao 3.0 bis 3.2 fester Bestandteil des Layout-Builder und wurde erst in Contao 3.3 in das Stylesheet *responsive.css* ausgegliedert, sodass man es jetzt getrennt vom Layout-Builder ein- und ausschalten kann.

Die anderen Komponenten wie der CSS-RESET, das Stylesheet für FORMULARE, das 12-SPALTEN GRID und das TINYMCE-STYLESHEET sind optional. Den CSS-Reset haben Sie in Abschnitt 7.2.7 für die Beispielsite bereits aktiviert, und er wird in diesem Kapitel ebenso wie das Stylesheet für Formulare noch genauer vorgestellt. Das 12-Spalten Grid lernen Sie in Abschnitt 19.4 kennen, und die letzte Komponente, das Stylesheet für den TinyMCE, ist dann weiter hinten im Buch in Abschnitt 26.1 dran.

Zunächst aber folgt ein kurzer Exkurs über die Entwicklung von HTML.

17.2 XHTML 1.0, HTML5 und Contao

Das Web unterliegt einem ständigen Wandel und hat sich in den gut 20 Jahren seiner faszinierenden Existenz von einem Hypertextexperiment von Wissenschaftlern zu einem Massenmedium für jedermann gemausert.

So ist es nicht verwunderlich, dass auch die dem Web zugrunde liegenden Technologien sich ständig weiterentwickeln, was bei vielen Benutzern manchmal zu Verwirrungszuständen und Entscheidungsproblemen führt.

17.2.1 Von HTML über XHTML 1.0 zu HTML5

Ende der 90er-Jahre beschloss das Standardisierungsgremium *World Wide Web Consortium* (*W3C*), die Meta-Sprache XML zum Fundament für das Web zu machen. Folgerichtig legte das W3C den damals aktuellen Standard *HTML 4.01* (mit Leerstelle vor der Versionsnummer) mit den strengeren XML-Regeln neu auf. Das Ergebnis war *XHTML 1.0*, das als Übergangslösung gedacht und in den Geschmacksrichtungen *Transitional* und *Strict* erhältlich war. Im ersten Jahrzehnt dieses Jahrtausends galt XHTML 1.0 zusammen mit CSS als State of the Art und als Basis für die Zukunft.

Aber diese Zukunft kam anders als erwartet, denn die eher akademischen W3C-Entwürfe zu XHTML 2.0 gingen an der Realität des Web vorbei und wurden von den Browserherstellern, deren Browser den Quelltext ja letztlich darstellen, komplett ignoriert. Anstatt XHTML 2.0 zu unterstützen, ergriffen Google, Apple, Opera und Mozilla im Jahr 2004 die Initiative und gründeten einen gemeinsamen Gegenentwurf namens *WhatWG*, dessen erklärtes Ziel die kontinuierliche Weiterentwicklung von HTML zu HTML5 war. Ohne X am Anfang und ohne Leerstelle vor der Versionsnummer.

Im Oktober 2006 schrieb W3C-Chef und Weberfinder Tim Berners Lee in seinem Blog einen denkwürdigen Beitrag mit dem Titel »Back to HTML«, der letztlich das Ende von XHTML 2.0 besiegelte und die Zusammenarbeit von W3C und WhatWG an HTML5 zur Folge hatte.

Die Entwicklung von Webstandards ist ein langsamer, aber beständiger Prozess. Es wird also kein festes Datum geben, ab dem neue Technologien wie HTML5 und CSS3 problemlos einsetzbar sind. Die Zukunft des Web heißt zwar ohne Zweifel HTML5, aber das bedeutet nicht, dass XHTML 1.0 von heute auf morgen zum alten Eisen gehört und nicht mehr eingesetzt wird. Im Grunde genommen ist es heute genau wie in den 90ern: Die Browser bestimmen, was geht, und die Grenze des praktisch Möglichen verschiebt sich langsam, aber stetig.

17.2.2 Neuerungen in HTML5: vereinfachte Schreibweise und neue Elemente

Große Teile von HTML5 kann man heute bereits problemlos einsetzen, andere verstehen die Browser nur mit ein bisschen Nachhilfe, und wiederum andere Bestandteile sind reine Zukunftsmusik.

HTML5 vereinfacht z. B. viele Schreibweisen, wie das folgende Beispiel zeigt, das übrigens alle Browser ohne Probleme verstehen:

```
<!DOCTYPE html>
<html>
<head>
  <meta charset="utf-8">
  <title>HTML5 - einfacher zu schreiben</title>
</head>
```

Listing 17.1 HTML5 vereinfacht viele Schreibweisen.

Der DOCTYPE ist einen halben Kilometer kürzer als in XHTML, und die Definition des Zeichensatzes UTF-8 ist wesentlich einfacher lesbar. Auch die XHTML-typische Endung für inhaltsleere Elemente mit Leerstelle-Schrägstrich-Größer-als wie z. B. in `<br />` ist in HTML5 nicht mehr erforderlich.

HTML5 geht aber noch einen Schritt weiter und bringt neue Strukturelemente für die Layoutbereiche im body einer Webseite. In Contao sieht das etwas vereinfacht dargestellt ungefähr so aus:

```
<header>
  <h1>Beispielsite</h1>
  <nav>Die Navigation</nav>
</header>
...
<aside>Sidebar</aside>
<footer>Made with Contao</footer>
```

Listing 17.2 HTML5 bringt neue Strukturelemente.

In älteren Browsern wie Internet Explorer 7 und 8 können diese neuen Strukturelemente unter Umständen Probleme verursachen. Deshalb baut Contao zur Vorbeugung einen sogenannten *html5shim* ein (siehe etwas weiter unten).

> **Mehr über das HTML5-Universum finden Sie in »Flexible Boxes«**
> Falls Sie mehr über die Entwicklung von HTML, XHTML und HTML5 wissen möchten, finden Sie Informationen dazu z. B. im entsprechenden Kapitel in meinem Buch »Flexible Boxes«.

17.2.3 In Contao haben Sie die Wahl zwischen XHTML und HTML5

Es gibt also keinen Stichtag zur Einführung neuer Webstandards, und die Frage ist, wie man als Programmierer eines CMS mit diesem kontinuierlichen Änderungsprozess umgeht. Die Antwort des Contao-Teams ist absolut gelungen: HTML5 einbauen, so weit es geht, und für Projekte, bei denen weitestgehende Browserkompatibilität erforderlich ist, weiterhin XHTML 1.0 unterstützen.

In der Praxis bedeutet dies:

- Das Backend basiert komplett auf HTML5.
- Für das Frontend kann der Anwender das Ausgabeformat selbst wählen und entscheiden, ob Contao HTML5 oder XHTML generieren soll.

So bietet Contao das Beste aus beiden Welten und ist sowohl in der Gegenwart alltagstauglich als auch für die Zukunft gerüstet. Pfiffig gelöst.

17.2.4 HTML5 oder XHTML: Ausgabeformat im Seitenlayout definieren

Bei der Erstellung des ersten Seitenlayouts in Abschnitt 6.2 haben Sie bereits kurz gesehen, dass man im Backend-Modul SEITENLAYOUTS das AUSGABEFORMAT ändern kann (siehe Abbildung 17.3).

Abbildung 17.3 Das Ausgabeformat für das Frontend definieren

Die Seitenlayouts sind der »Hub«, die Nabe, die alle Contao-Komponenten zusammenhält, und Contao bietet Ihnen hier die Wahl:

- Das Ausgabeformat HTML erzeugt im Frontend HTML5.
- Die beiden XHTML-Ausgabeformate generieren, nun ja, XHTML.

Der Trick an der Sache ist eine Erweiterung des Template-Systems von Contao, die ich Ihnen im nächsten Abschnitt kurz vorstellen möchte.

17.2.5 Alle Templates gibt es als HTML5 und als XHTML

Die Frontend-Ausgabe von Contao basiert vollständig auf Templates. Um nun dem Benutzer wahlweise die Erzeugung von HTML5 oder XHTML zu ermöglichen, gibt es alle Templates doppelt.

Dies führt im Backend-Modul TEMPLATES nach einem Klick auf NEUES TEMPLATE zu einer beeindruckend langen Liste (Abbildung 17.4).

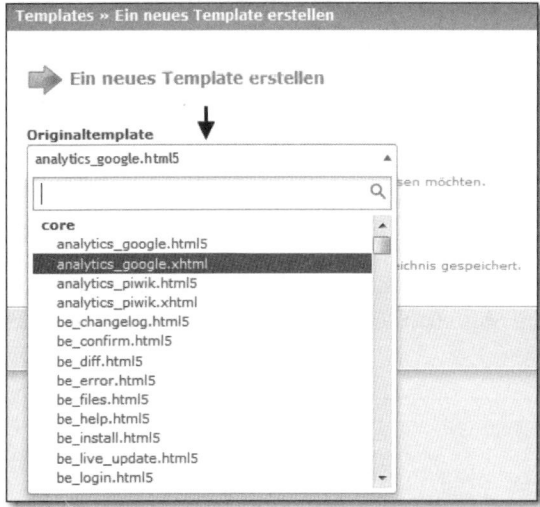

Abbildung 17.4 Die Templates existieren alle zweimal

Contao entscheidet je nach gewähltem Ausgabeformat im Seitenlayout, welche Templates es zur Generierung des Frontends benutzt:

- Templates mit der Endung *.html5 erzeugen im Frontend HTML5.
- Templates mit der Endung *.xhtml erzeugen im Frontend XHTML.

Diese Lösung ist ebenso einfach wie genial, denn damit lässt Contao Ihnen die freie Wahl. Die Beispielsite in diesem Buch basiert auf HTML5.

> **In Contao 4 fällt die Unterstützung für XHTML weg**
>
> Neue Projekte sollten Sie mit HTML5 starten, denn XHTML 1.0 ist definitiv ein Auslaufmodell. Die Entwickler von Contao haben angekündigt, dass ab Version 4 die Unterstützung für XHTML komplett entfallen wird.

17.3 Die HTML-Struktur: das Seitentemplate »fe_page«

Das Fundament des CSS-Frameworks von Contao ist das Seitentemplate *fe_page*. Mit diesem Seitentemplate lassen sich alle möglichen Layouts realisieren, und einer der häufigsten (und größten) Fehler von Contao-Einsteigern ist es, gleich zu Beginn ein eigenes Seitentemplate zu erstellen und die *fe_page* zu ignorieren.

17.3.1 Das HTML-Grundgerüst von Contao

Das Seitentemplate *fe_page* stellt von Haus aus fünf Layoutbereiche zur Verfügung. In der Reihenfolge ihres Auftretens sind das:

- Kopfzeile: #header
- Hauptspalte: #main
- Linke Spalte: #left
- Rechte Spalte: #right
- Fußzeile: #footer

Ein Blick in den Quelltext der Beispielsite zeigt, dass dort beim Ausgabeformat HTML5 im body folgendes HTML-Grundgerüst vorhanden ist:

```html
<div id="wrapper">
  <header id="header">
    <div class="inside"> </div>
    <nav class="mod_navigation block"> </nav>
  </header>
  <div id="container">
    <div id="main">
      <div class="inside"> </div>
    </div> <!-- Ende #main -->
    <aside id="left">
      <div class="inside"> </div>
    </aside>
    <aside id="right">
      <div class="inside"> </div>
    </aside>
  </div> <!-- Ende #container -->
  <footer id="footer">
    <div class="inside"> </div>
  </footer> <!-- Ende #footer -->
</div> <!-- Ende #wrapper -->
```

Listing 17.3 Das HTML-Grundgerüst von Contao

Falls die rechte Seitenspalte noch nicht im Quelltext auftaucht, liegt das daran, dass sie momentan noch keinerlei Inhalt enthält. Abbildung 17.5 zeigt die fünf Layoutbereiche auf der Startseite, Stand Ende Kapitel 7, »Contao und CSS: Webseiten gestalten«.

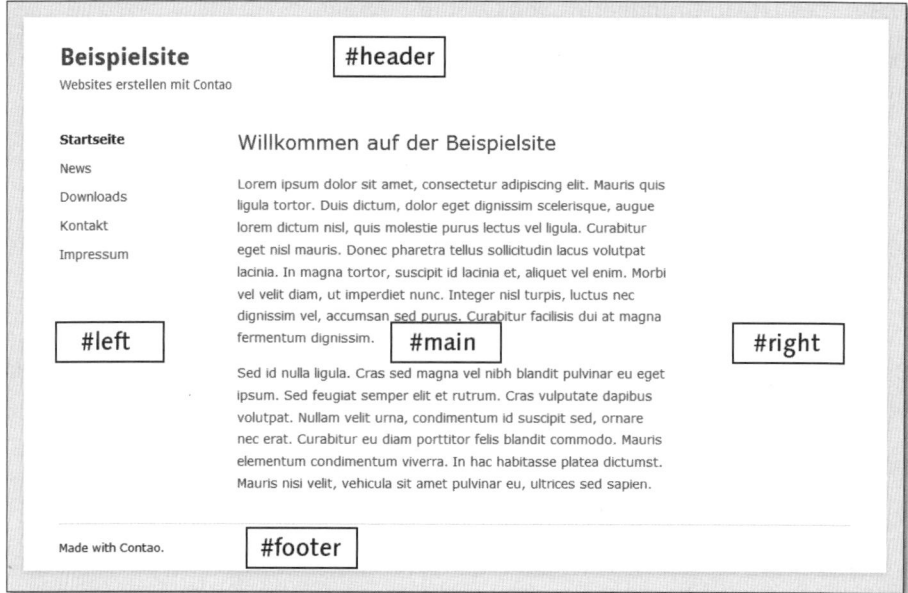

Abbildung 17.5 Die Layoutbereiche aus »fe_page« auf der Startseite

---

Die »div«-Elemente mit der Klasse »inside«

Die div-Elemente mit der Klasse inside sind genau genommen eine Dopplung der umgebenden Elemente wie header, footer, aside oder div und haben besonders bei flexiblen Layouts viele Vorteile. Bei Bedarf finden Sie mehr zum Thema »Das doppelte DIVchen« in meinem Buch »Einstieg in CSS« (Abschnitt 21.4.3).

Online gibt es auf *little-boxes.de* einen entsprechenden Abschnitt:

▶ Abschnitt 17.3, »Die HTML-Struktur: das Seitentemplate »fe_page««
  bit.ly/b4YyZc

Bei vielen statischen Layouts sind die inneren div zwar nicht zwingend notwendig, aber sie stören nicht weiter, und manchmal sind sie sogar nützlich.

17.3.2 Der <head>-Bereich der »fe_page«

In diesem Abschnitt schauen Sie sich im Seitentemplate *fe_page.html5* den Bereich zwischen <head> und </head> genauer an und lernen dabei einige für das CSS-Framework wichtige PHP-Befehle kennen.

Sie erstellen zunächst eine Kopie des Templates und benennen diese Kopie um, damit Sie in Ruhe experimentieren können und Contao weiterhin das Original *fe_page* benutzt, das sich übrigens im Ordner */system/modules/core/templates* befindet.

17.3 Die HTML-Struktur: das Seitentemplate »fe_page«

> **ToDo: Eine Kopie des Seitentemplates »fe_page« im Backend öffnen**
> 1. Öffnen Sie das Backend-Modul Layout • Templates.
> 2. Klicken Sie rechts oben auf Neues Template.
> 3. Wählen Sie aus der Liste das Seitentemplate *fe_page.html5*. Geben Sie dazu im Suchfeld einfach die ersten Buchstaben ein, und wählen Sie dann den Dateinamen *fe_page.html5* per Maus oder Tastatur.
> 4. Speichern Sie die Kopie im Zielverzeichnis *templates*.
> 5. Benennen Sie die Datei mit einem Klick auf den gelben Bleistift um, zum Beispiel in *fe_page_untersuchen.html5*.
> 6. Klicken Sie zum Öffnen der Datei *fe_page_untersuchen.html5* im Editor auf das blau-weiße Symbol (zweites Symbol von rechts).

Jetzt sehen Sie den Quelltext des Seitentemplates in einem Editorfenster. Mit der Taste F11 können Sie übrigens ins Vollbild wechseln und wieder zurück.

Am Anfang des Quelltextes stehen einige PHP-Anweisungen, die unter anderem den DOCTYPE und den Seitentitel definieren. Nach dem Seitentitel überspringen Sie ein paar Meta-Elemente und landen bei einigen für das CSS-Framework sehr wichtigen Zeilen:

```
<?php echo $this->viewport; ?>
<?php echo $this->framework; ?>
<?php echo $this->stylesheets; ?>
<?php echo $this->mooScripts; ?>
<?php echo $this->head; ?>
</head>
```

Listing 17.4 Einbinden der Stylesheets im `<head>` der »fe_page«

Die Angabe `$this->viewport` wird im Zusammenhang mit responsiven Layouts näher besprochen (siehe Abschnitt 18.1.3).

17.3.3 Der Style-Block von »$this->framework«

Die Zeile `echo $this->framework` heißt frei übersetzt so viel wie: »Schreibe den Wert der Variablen `$this->framework` in den Quelltext der Webseite.«

In dieser Variablen werden einige Einstellungen aus dem Seitenlayout gespeichert, wie z. B. die Breite und Ausrichtung des Layouts und die Spaltenkonfiguration. Das Ergebnis dieser Anweisung sehen Sie übersichtlich formatiert in Listing 17.5:

```
<style>
#wrapper{
  width:880px;
```

```
    margin:0 auto
}
#left{
  width:180px;
  right:180px
}
#right{
  width:180px
}
#container{
  padding-left:180px;
  padding-right:180px
}
</style>
```

Listing 17.5 Die Ausgabe von »$this->framework«

Der Style-Block enthält das CSS für die Einstellungen, die Sie im Seitenlayout definiert haben:

- Einen zentrierten Wrapper mit einer Breite von 880 px.
- Die zwei Spalten `#left` und `#right` mit je 180 px Breite, wobei `#left` zusätzlich noch die Anweisung `right: 180px` hat.
- `#container` mit einem `padding-left` und einem `padding-right` von jeweils 180 px.

Diese Styles ergänzen die weiter unten beschriebenen allgemeinen Styles für ein »Holy-Grail«-Layout, die in der *layout.css* gespeichert sind, durch die Angaben aus dem Seitenlayout.

> **Ein Style-Block? Ist das nicht unelegant?**
>
> Viele gestandene CSSler werden sich bei dem Anblick eines Style-Blocks im Head der Seite wundern, gilt CSS in einem Style-Block doch eher als unschön. Ein Style-Block ist aber ein völlig legitimer Bestandteil der Kaskade, und in Contao ermöglicht er es, in verschiedenen Seitenlayouts verschiedene Layoutbereiche zu benutzen.

17.3.4 Stylesheets einbinden: »$this->stylesheets«

Contao lädt alle im Seitenlayout aktivierten internen und externen Stylesheets, komprimiert das CSS, packt alle Styles in eine einzige Datei mit einem zufällig gewählten Namen und speichert diese Datei im Ordner *assets/css*.

Die Anweisung `$this->stylesheets` erzeugt ein `<link>`-Element zur Einbindung dieser Datei. Darin werden die folgenden Stylesheets eingebunden:

- *layout.css*, wenn der LAYOUT-BUILDER aktiviert ist. Der allgemeine Teil des Layout-Builder steht in dieser CSS-Datei, der layoutspezifische Teil im Style-Block etwas weiter oben im `<head>`.
- *responsive.css*, wenn die Option RESPONSIVES LAYOUT im Seitenlayout aktiviert ist.
- *reset.css*, wenn der CSS-RESET im Seitenlayout aktiviert ist.
- Stylesheets für jQuery- oder MooTools-Skripte, wie z. B. die Media-Box, sofern sie im Seitenlayout ausgewählt wurden.
- Interne Stylesheets in der im Seitenlayout definierten Reihenfolge.
- Externe Stylesheets, ebenfalls in der Reihenfolge, die im Seitenlayout festgelegt wurde.

> **Die Anweisung »$this->head«**
>
> Ganz am Ende des `<head>`-Bereichs steht noch die Anweisung `echo $this->head`, die die im Seitenlayout im Feld ZUSÄTZLICHE ‹HEAD›-TAGS definierten HTML-Elemente einfügt.

17.3.5 Die »fe_page.html5« enthält neue HTML5-Strukturelemente

Das Seitentemplate *fe_page.html5* basiert auf den folgenden Grundbausteinen:

- Der Kopfbereich wird mit `<header>` ausgezeichnet.
- Wichtige Navigationsmodule stehen in `<nav>`.
- Die Seitenspalten werden mit `<aside>` gebaut.
- Der Fußbereich basiert auf `<footer>`.

Damit alle Browser diese neuen Strukturelemente als Blockelemente darstellen, gibt es in der *layout.css* folgende Regel:

```
header,footer,nav,section,aside,article,figure,figcaption {
  display:block;
}
```

Listing 17.6 »layout.css« – HTML5-Elemente als Blockelemente darstellen

Details zur *layout.css* erfahren Sie weiter unten in diesem Kapitel in Abschnitt 17.4.

17.3.6 »html5shim« – HTML5 für Internet Explorer 7 und 8 via JavaScript

Die Internet Explorer bis einschließlich Version 8 haben ein Problem im Umgang mit unbekannten Elementen. Listing 17.7 zeigt zunächst ein einfaches Beispiel mit dem neuen HTML5-Element `<header>`:

```
<header>
  <h1>HTML5 - einfacher zu schreiben</h1>
</header>
```

Listing 17.7 Einfaches HTML5-Beispiel

Moderne Browser würden `<header>` zwar als Inline-Element darstellen, verstehen aber wenigstens, was gemeint ist, und lassen sich mit dem CSS aus Listing 17.6 bei der Darstellung helfen. IE 7 und 8 hingegen verstehen die neuen Elemente überhaupt gar nicht. Das einfache Beispiel aus Listing 17.7 sieht in IE 7 und 8 etwa so aus:

```
<header></header>
  <h1>HTML5 - einfacher zu schreiben</h1>
</header></header>
```

Listing 17.8 IE 7 und 8 verstehen die neuen Strukturelemente nicht.

Tja. Und bei so einem HTML-Müll hilft auch kein CSS mehr bei der Darstellung. Es gibt zwei Lösungsstrategien für dieses Problem:

- kein HTML5, also `<div id="header">` anstelle von `<header id="header">`
- ein JavaScript, das dem IE hilft, die neuen Elemente zu verstehen

Contao bietet Ihnen beide Möglichkeiten.

- Beim Ausgabeformat XHTML bekommen Sie anstelle der neuen HTML5-Strukturelemente die traditionellen `div`-Elemente.
- Beim Ausgabeformat HTML baut Contao automatisch einen sogenannten *html5-shim* ein.

Dieses Skript heißt mit vollem Namen *HTML5 IE enabling script*, stammt von Remy Sharp und ist im Web unter folgender URL zu finden:

- *code.google.com/p/html5shim/*

Dahinter verbirgt sich eine JavaScript-Datei namens *html5shiv-printshiv.js*, die von Contao mit einem Conditional Comment an IE < 9 ausgeliefert wird:

```
<!--[if lt IE 9]>
<script src="assets/html5shiv/3.7.0/html5shiv-printshiv.js"></script>
<![endif]-->
```

Listing 17.9 Die Einbindung des »html5shim« in Contao

Die Begriffe *shim* und *shiv* sind beide gebräuchlich und meinen dasselbe. Dieses Skript sorgt dafür, dass ältere Internet Explorer bei der Darstellung Ihrer Webseiten nicht unabsichtlich abstrakte Kunst erzeugen.

17.4 CSS-Framework, Teil 1: »layout.css«

Das Stylesheet *layout.css* liegt im Ordner *assets/contao/css* und ist wie gesagt der wichtigste Teil des CSS-Frameworks. Es besteht aus mehreren Teilen, die ich im Folgenden kurz vorstellen möchte.

Das CSS in der *layout.css* selbst ist aus Performancegründen stark komprimiert. Dem Browser macht das nichts, aber für uns ist die unkomprimierte Version in der Datei *layout-uncompressed.css* wesentlich besser geeignet.

17.4.1 Teil 1 – ein paar allgemeine Styles

Am Anfang der *layout.css* stehen ein paar allgemeine Styles, die einige grundlegende Gestaltungsanweisungen vornehmen. Listing 17.10 zeigt diesen Teil im Überblick.

```
/* Standardize some basic elements */
body,form { margin:0; padding:0; }
img { border:0; }
header,footer,nav,section,aside,article,figure,figcaption {
  display:block;
}

/* Fix some font issues */
body { font-size:100.01%; }
select,input,textarea { font-size:99%; }

/* Fix some positioning issues */
#container,.inside { position:relative; }
```

Listing 17.10 »layout.css«, Teil 1

Neben allgemeinen Styles wie dem Zurücksetzen von margin und padding für body und form und dem Entfernen von Rahmenlinien um Bilder gibt es hier im ersten Teil folgende Styles:

- Im dritten Style wird festgelegt, dass neue HTML5-Elemente wie header, footer usw. als Blockelemente dargestellt werden.
- Der Bereich #container und die in den Layoutbereichen enthaltenen inneren div-Elemente werden mit der Klasse inside relativ positioniert. Damit dienen sie als Bezugspunkt für darin enthaltene absolute Positionierungen.

Teil 1 enthält also nichts wirklich Spektakuläres, deshalb gleich weiter mit dem zweiten Teil.

17.4.2 Teil 2 – »Holy Grail«: Weblayouts und der heilige Gral

Der zweite Teil von *layout.css* enthält die grundlegenden Styles für das Holy-Grail-Layout. Diese Layouttechnik ermöglicht es, dass die mittlere Spalte im Quelltext vor den beiden Seitenspalten steht, und wird in Abschnitt 17.9, »Know-how: So funktioniert der Holy Grail«, im Detail erklärt.

Listing 17.11 zeigt die wenigen Styles, mit denen Contao ein Holy-Grail-Layout erstellt:

```
/* Apply the holy grail CSS layout
   @see http://www.alistapart.com/articles/holygrail
*/
#main, #left, #right {
  float:left;
  position:relative;
}
#main {
  width:100%;
}
#left {
  margin-left:-100%;
}
#right {
  margin-right:-100%;
}
#footer {
  clear:both;
}
#main .inside {
  min-height: 1px;   /* see #4893 */
}
```

Listing 17.11 »layout.css«, Teil 2 – der Holy Grail

Durch diese Styles kann die mittlere Spalte #main im Quelltext vor den beiden Seitenspalten #left und #right stehen. Der Trick basiert auf dem geschickten Einsatz von float und negativen Margins, mit denen die Seitenspalten im Browserfenster links und rechts neben die mittlere Spalte platziert werden, obwohl sie im Quelltext danach kommen. Details zum Holy Grail erfahren Sie wie gesagt in Abschnitt 17.9.

Die fünf Styles im zweiten Teil der *layout.css* werden vom Browser übrigens mit dem weiter oben bereits geschilderten Style-Block im <head>-Bereich kombiniert. Hier in der *layout.css* stehen die allgemeinen, grundlegenden Anweisungen für ein Holy-Grail-Layout, dort im <head>-Bereich werden die Einstellungen aus dem Backend-Modul THEMES • SEITENLAYOUT eingebunden. Beide Teile bilden zusammen ein Ganzes.

> **Das Ticket-System bei Github: »Issue #4893« und andere**
>
> Im Changelog von Contao (*contao.org/de/changelog.html*) und auch hier in den Stylesheets des CSS-Frameworks finden Sie manchmal Hinweise wie das see #4893 am Ende von Listing 17.11.
>
> Die Nummer bezieht sich auf das *issue* bei Github, in dem dieses Thema diskutiert wurde. Solch ein *issue* wird oft einfach als *Ticket* bezeichnet, und um das Ticket aufzurufen, geben Sie im Browser folgende URL ein:
>
> ▸ *github.com/contao/core/issues/4893*
>
> Die Zahl am Ende ist die Nummer des gesuchten Tickets.

17.4.3 Teil 3 – die Bildergalerien von Contao formatieren

Direkt nach dem Holy Grail erfolgt die in Listing 17.12 gezeigte Grundformatierung für die von Contao erzeugten Bildergalerien, die im HTML als ungeordnete Listen daherkommen.

```
/* Format the Contao image galleries */
.ce_gallery ul {
  margin:0;
  padding:0;
  overflow:hidden;
  list-style:none;
}
.ce_gallery > ul li { float:left; }
.ce_gallery > ul li.col_first { clear:left; }
```

Listing 17.12 »layout.css«, Teil 3 – Bildergalerien von Contao formatieren

Das ul-Element bekommt keinerlei `margin` oder `padding`. Das `overflow:hidden` sorgt dafür, dass die gefloateten Listenelemente umschlossen werden, und durch `list-style:none` werden die Aufzählungspunkte entfernt.

Die Listenelemente mit den Bildern innerhalb der Liste werden nach links gefloatet, und Listenelemente mit der Klasse `col_first` beginnen auf einer neuen Zeile.

17.4.4 Teil 4 – nützliche Klassen und zusätzliche Layoutbereiche

Zum Abschluss der *layout.css* werden noch ein paar nützliche Klassen definiert. Die Erläuterungen der Styles folgen nach Listing 17.13.

```
/* Float classes */
.float_left {
  float:left;
}
.float_right {
  float:right;
}

/* Clear floats */
.block {
  overflow:hidden;
}
.clear,#clear {
  height:0.1px;
  font-size:0.1px;
  line-height:0.1px;
  clear:both;
}

/* Hide invisible elements*/
.invisible {
  width:0;
  height:0;
  left:-1000px;
  top:-1000px;
  position:absolute;
  overflow:hidden;
  display:inline;
}
```

```css
/* Custom layout sections */
.custom {
  display:block;
}
#container:after,.custom:after {
  content:"";
  display:table;
  clear:both;
}
```

Listing 17.13 Allgemeine Klassen am Ende der »layout.css«

Diese vordefinierten Klassen sind im CSS-Alltag sehr praktisch:

- Elemente, die Floats umschließen sollen, bekommen in Contao einfach die Klasse `block`.
- Elemente, die einen Float-Zustand beenden sollen, bekommen die Klasse `clear` oder die ID `clear`.
- Elemente, die am Bildschirm unsichtbar sein sollen, bekommen die Klasse `invisible`.

Die Klasse `custom` wird für eigene Layoutbereiche verwendet. Was genau das ist, erfahren Sie weiter unten im Buch in Abschnitt 26.2.3 über eigene Layoutbereiche.

Der abschließende Style ist ein *Micro-Clearfix*, der dafür sorgt, dass `#container` und eventuelle eigene Layoutbereiche darin enthaltene gefloatete Elemente umschließen. Mehr Infos zu diesem speziellen ultrakurzen Clearfix finden Sie beim Erfinder Nicolas Gallagher:

- *nicolasgallagher.com/micro-clearfix-hack/*

> **Floats clearen**
>
> Falls Ihnen die Tricks zum Umschließen von Floats wie `overflow:hidden` oder zum Clearfix nicht wirklich etwas sagen, können Sie sich in meinem Buch »Einstieg in CSS« in Kapitel 18, »Die Beispielsite wird responsiv«, darüber informieren.
>
> Online finden Sie einen entsprechenden Abschnitt auf *little-boxes.de*:
>
> - »Containing Floats: gefloatete Elemente einschließen«
>   *bit.ly/9mTifx*
>
> Das Umschließen von Floats ist beim Gestalten mit CSS eine wichtige Basistechnik, die wirklich jeder Webdesigner verstehen sollte.

17.5 CSS-Framework, Teil 2: »responsive.css«

Responsives Webdesign ist in aller Munde und spielt auch in diesem Buch in den nächsten Kapiteln eine zentrale Rolle. Das Contao-CSS-Framework ist bereits von Haus aus ein bisschen responsiv.

17.5.1 Media Query – auf kleinen Bildschirmen kein »Holy Grail«

In Abschnitt 7.3.7 haben Sie bereits gesehen, dass das Layout der Beispielsite sich auf kleinen Bildschirmen anders verhält als auf großen. Da auf kleinen Bildschirmen drei Spalten nebeneinander nicht wirklich sinnvoll sind, rutschen die Seitenspalten #left und #right automatisch unter den Inhaltsbereich #main, sodass der Inhalt immer gut lesbar bleibt.

Für dieses Verhalten ist die *responsive.css* zuständig (Listing 17.14).

```
/* Apply the holy grail CSS layout if the screen is at least 768px wide,
   otherwise display all columns underneath each other ...
*/
@media (max-width:767px) {
  #wrapper {
    margin:0;
    width:auto;
  }
  #container {
    padding-left:0;
    padding-right:0;
}
  #main,#left,#right {
    float:none;
    width:auto;
  }
  #left {
    right:0;
    margin-left:0;
  }
  #right {
    margin-right:0;
  }
}
```

Listing 17.14 »responsive.css«, Teil 1 – die Media Query

Die Bedingung @media (max-width:767px) fragt ab, wie breit der Anzeigebereich (Viewport) ist, in dem die Webseite dargestellt wird. Nach der Anweisung folgt eine öffnende geschweifte Klammer, die erst in der letzten Zeile von Listing 17.14 wieder geschlossen wird. Die fünf Styles zwischen den geschweiften Klammern von @media werden nur ausgeführt, wenn die Bedingung max-width:767px erfüllt ist, wenn also der Viewport nicht breiter als 767 px ist. Nur dann gelten die Styles innerhalb der geschweiften Media Query.

Diese Styles machen die Einstellungen für das Holy-Grail-Layout aus dem zweiten Teil der *layout.css* (Listing 17.11) wieder rückgängig und sorgen so dafür, dass die Spalten #main, #left und #right im Browserfenster untereinander dargestellt werden.

> **@media: Media Queries in der Praxis**
>
> Beispiele für Media Queries in der Praxis finden Sie auf der folgenden Website mit einem sehr passenden Domainnamen:
>
> ▸ *mediaqueri.es*
>
> Falls Sie sich grundlegend darüber informieren möchten, ist mein Buch »Flexible Boxes« vielleicht einen Blick wert.

17.5.2 Flexible Bilder mit »max-width:100%«

Zu einem flexiblen Layout gehören auch flexible Medien. Im zweiten Teil der *responsive.css* wird definiert, dass sich Bilder entsprechend verhalten (Listing 17.15):

```
/* Flexible images (videos see #4896) */
img {
  max-width:100%;
  height:auto;
}
.ie7 img {
  -ms-interpolation-mode:bicubic;
}
.ie8 img {
  width:auto; /* see #5789 */
}
```

Listing 17.15 »responsive.css«, Teil 2 – flexible Bilder

Mit dem ersten Style wird sichergestellt, dass Bilder auf kleinen Bildschirmen nicht das Layout sprengen. Die einfache Anweisung max-width:100% ist die Zauberwaffe, denn sie sorgt dafür, dass Bilder und auch andere Medien in flexiblen Layouts niemals breiter werden als das umgebende HTML-Element (das Elternelement). Der zweite und dritte Style sind nur Bugfixes für IE 7 und IE 8.

17.6 CSS-Framework, Teil 3: »reset.css«

In diesem Abschnitt werfen Sie einen kurzen Blick auf den CSS-Reset von Contao.

Die Styles für den CSS-Reset werden im Ordner *assets/contao/css* in der Datei *reset.css* gespeichert. Diese Datei enthält eine komprimierte Version des Resets, bei der keine Leerstelle zu viel enthalten ist. Einem Browser macht das nichts, aber für das menschliche Auge ist die unkomprimierte Version in *reset-uncompressed.css* besser geeignet. Inhaltlich sind die beiden Dateien identisch, aber die unkomprimierte Version ist etwas übersichtlicher.

Der CSS-Reset von Contao besteht aus vier großen Teilen:

1. Reset in Reset the margin and padding of the block elements
2. Basisformatierung in Format basic elements
3. Schriftformatierung in Default font settings
4. Vertikale Abstände im Abschnitt Default margins

17.6.1 Teil 1 – der Reset

Der Reset in Teil 1 ist nur ein einziger Style, der das margin und padding für zahlreiche Blockelemente auf 0 setzt. Der Selektor dieses Styles wird im folgenden Listing der Übersichtlichkeit halber auf mehrere Zeilen verteilt (Listing 17.16).

```
/* Reset the margin and padding ... */
body, div,
h1, h2, h3, h4, h5, h6,
p, blockquote, pre, code,
ol, ul, li, dl, dt, dd,
figure, table, th, td,
form, fieldset, legend, input, textarea {
  margin: 0;
  padding: 0;
}
```

Listing 17.16 Der Reset – Teil 1 des Stylesheets »reset.css«

17.6.2 Teil 2 – grundlegende Formatierung

Listing 17.17 zeigt den zweiten Teil, der eine Grundformatierung enthält und mit dem Kommentar /* Format basic elements */ beginnt. Er besteht aus einigen Styles mit Formatierungen für Tabellen, Hyperlinks und andere Elemente.

```css
/* Format basic elements */
table {
  border-spacing: 0;
  border-collapse: collapse;
}
caption, th, td {
  text-align: left;
  text-align:start; /* see #4596 */
  vertical-align: top;
}
abbr, acronym {
  font-variant: normal;
  border-bottom: 1px dotted #666;
  cursor: help;
}
blockquote, q {
  quotes: none;
}
fieldset, img {
  border: 0;
}
ul {
  list-style-type: none;
}
sup {
  vertical-align: text-top;
}
sub {
  vertical-align: text-bottom;
}
del {
  text-decoration: line-through;
}
ins {
  text-decoration: none;
}
```

```css
header,footer,nav,section,aside,article,figure,figcaption {
    display:block;
}
```

Listing 17.17 Die Grundformatierung – Teil 2 des CSS-Resets

Der letzte Style ist eine Wiederholung des Styles aus der *layout.css* (siehe Listing 17.6).

17.6.3 Teil 3 – grundlegende Schriftformatierung

Teil 3 beginnt mit dem Kommentar /* Default font settings */ und umfasst folgende Styles mit einer grundlegenden Schriftformatierung:

```css
/* Default font settings */
body {
    font:12px/1 "Lucida Grande","Lucida Sans Unicode",Verdana,sans-serif;
    color:#000;
}
input, button, textarea, select {
    font-family: inherit;
    font-size: 99%;
    font-weight: inherit;
}
pre, code {
    font-family:Monaco, monospace;
}
h1, h2, h3, h4, h5, h6 {
    font-size: 100%;
    font-weight: normal;
}
h1 {font-size: 1.8333em; /* 22px */}
h2 {font-size: 1.6667em; /* 20px */}
h3 {font-size: 1.5em; /* 18px */}
h4 {font-size: 1.3333em; /* 16px */}
table {
    font-size: inherit;
}
caption, th {
    font-weight: bold;
}
a {
    color: #00f;
}
```

Listing 17.18 Schriftformatierung – Teil 3 des Reset-Stylesheets

17.6.4 Teil 4 – Abstände

Im vierten und letzten Teil werden nach dem Kommentar /* Default margins */ für einige Elemente noch vertikale Außenabstände definiert:

```
/* Default margins */
h1, h2, h3, h4, h5, h6 {

  margin-top: 1em;
}
h1, h2, h3, h4, h5, h6, p, pre, blockquote, table, ol, ul, form {
  margin-bottom: 12px; /* Should match the font size */
}
```

Listing 17.19 Standardabstände – Teil 4 des Reset-Stylesheets

So viel zum Inhalt des Stylesheets *reset.css*, das Sie im Seitenlayout von Contao aktivieren können.

17.7 CSS-Framework, Teil 4: »form.css«

Das Stylesheet *form.css* gehört ebenfalls zum CSS-Framework von Contao und bietet eine Grundformatierung für Formulare, die ich Ihnen in diesem Abschnitt kurz vorstellen möchte.

Das Stylesheet kann man in drei große Bereiche unterteilen:

1. Formatierung von Eingabefeldern
2. Normalisierung und grundlegende Gestaltung diverser Elemente
3. Formatierung und Bereitstellung von Klassen für Buttons

In dieser Reihenfolge möchte ich Ihnen einige Auszüge aus dem Formular-Stylesheet vorstellen.

17.7.1 Grundformatierung von Eingabefeldern

Im ersten Abschnitt geht es nach der Gestaltung von legend um diverse Eingabefelder. Es beginnt mit einer etwas längeren Auflistung von Selektoren und deren Grundformatierung. In Listing 17.20 habe ich Browser-Präfixe zugunsten der Übersichtlichkeit nicht aufgeführt:

```
input[type="text"],input[type="password"],
input[type="date"],input[type="datetime"],
input[type="email"],input[type="number"],input[type="search"],
```

```
input[type="tel"],input[type="time"],input[type="url"],
input:not([type]),textarea {
  width:100%;
  display:inline-block;
  padding:3px 6px;
  background:#fff;
  border:1px solid #ccc;
  border-radius:3px;
  box-shadow:inset 0 1px 1px #eee;
  transition:all .15s linear;
  box-sizing: border-box;
}
```

Listing 17.20 Grundformatierung von Eingabefeldern in »form.css«

Selektiert werden in diesem Style zunächst einmal alle Eingabefelder, inklusive der neuen HTML5-Elemente für E-Mail, Suchbegriffe und dergleichen mehr. Nicht selektiert werden hingegen Checkboxen und Radiobuttons.

Die selektierten Elemente werden über die zur Verfügung stehende Breite geblockt (`width:100%; display:inline-block`) und ein bisschen gestaltet. Bemerkenswert ist die Änderung des Box-Modells in `border-box`. Dadurch werden die Formularfelder leichter gestaltbar, denn die Werte für `padding` und `border` werden von `width:100%` abgezogen und nicht wie beim klassischen Box-Modell (`box-sizing:content-box`) hinzugefügt.

In *form.css* wird im nächsten Style mit drei Eigenschaften das Verhalten für die Pseudoklasse `:focus` definiert: `outline:0; background:#fcfcfc; border-color: #bbb`. Wenn ein Benutzer das Formular mit der ⇆-Taste navigiert, werden Eingabefelder also dezent hellgrau hinterlegt und bekommen einen dunkelgrauen Rahmen.

> **Aufgepasst bei Kommentaren**
>
> Wenn Sie das Stylesheet *form.css* aktivieren, müssen Sie eventuell bei den Kommentarformularen aufpassen. Im Template stehen die Labels hinter den Eingabefeldern, und durch das Blocken der Eingabefelder rutschen die Beschriftungen unter die Felder. Eine mögliche Lösung wäre, die Beschriftung vor die Eingabefelder zu setzen. Wie das geht, wird in Abschnitt 13.7.4 beschrieben.

17.7.2 Normalisierung und grundlegende Gestaltung diverser Elemente

Im zweiten Teil des Stylesheets geht es um die Normalisierung einiger Formularfelder:

```
input[type="file"] {
  cursor:pointer;
}
select,input[type="file"] {
  display:block;
}
input[type="file"],input[type="image"],
input[type="submit"],input[type="reset"],input[type="button"],
input[type="radio"],input[type="checkbox"] {
  width:auto;
}
textarea,select[multiple],select[size] {
  height:auto;
}
```

Listing 17.21 Normalisierung einiger Formularfelder in »form.css«

Nach der Änderung des Cursors für Datei-Uploadfelder werden Auswahl- und Datei-Uploadfelder geblockt. Der Selektor im dritten Style wählt in erster Linie Formularfelder, in denen nichts eingegeben werden kann, und definiert dann `width:auto`. Zum Schluss werden `textarea` sowieso die eher seltenen mehrfachen Auswahllisten auf `height:auto` gesetzt.

Weiter geht es in *form.css* mit der Grundgestaltung von Checkboxen, Radiobuttons und deren Beschriftungen:

```
input[type="radio"],input[type="checkbox"] {
  margin:0 3px 0 0;
}
input[type="radio"],input[type="checkbox"],label {
  vertical-align:middle;
}
```

Listing 17.22 Normalisierung von Checkboxen und Radiobuttons in »form.css«

Beendet wird dieser Abschnitt des Stylesheets mit der Gestaltung von deaktivierten (`disabled`) und nur lesbaren (`readonly`) Formularfeldern:

```
input[disabled],select[disabled],textarea[disabled],
input[readonly],select[readonly],textarea[readonly] {
  cursor:not-allowed;
  background:#eee;
}
input[type="radio"][disabled],input[type="checkbox"][disabled],
```

```
input[type="radio"][readonly],input[type="checkbox"][readonly] {
  background:transparent;
}
```

Listing 17.23 Deaktivierte und nur lesbare Formularfelder

17.7.3 Formatierung für Schaltflächen und Buttons

Im letzten Abschnitt von *form.css* geht es um die Gestaltung von Buttons, womit sowohl Submit-Schaltflächen als auch Hyperlinks sowie andere Elemente mit der Klasse button gemeint sind.

In Listing 17.24 habe ich die Browser-Präfixe zugunsten der Übersichtlichkeit wieder weggelassen:

```
input[type="submit"],.button {
  display:inline-block;
  padding:4px 15px 4px 14px;
  margin-bottom:0;
  text-align:center;
  vertical-align:middle;
  line-height:16px;
  font-size:11px;
  color:#000;
  cursor:pointer;
  border:1px solid #ccc;
  border-radius:3px;
  background-color:#ececec;
  background-image:linear-gradient(to bottom, #fff, #ececec);
  background-repeat:repeat-x;
  transition:background .15s linear;
}
```

Listing 17.24 Gestaltung von Submit-Schaltflächen und Buttons

Außer einem Farbverlauf von Weiß zu Hellgrau und einer leichten Animation des Hintergrundes enthält dieser Style keine Besonderheiten.

Weiter geht es Buttons beim Hovern und im Moment des Klicks:

```
input[type="submit"]:hover,.button:hover {
  text-decoration:none;
  background-position:0 -15px !important;
}
```

```
input[type="submit"]:active,.button:active {
  background-color:#e6e6e6;
  background-position:0 -30px !important;
}
```

Listing 17.25 Buttons beim Hovern und Klicken

Zum Abschluss des Stylesheets werden für Submit-Schaltflächen und Buttons mit den Klassen blue, green, orange und red noch einige Farbvarianten bereitgestellt. Der folgende Style zeigt das Prinzip am Beispiel der Klasse orange:

```
input[type="submit"].orange,.button.orange {
  background-color:#f89406;
  background-image:linear-gradient(to bottom, #fbb450, #f89406);
  border-color:#f89406;
  color:#fff;
}
input[type="submit"].orange:active,.button.orange:active {
  background-color:#f28f04;
}
```

Listing 17.26 Die Klasse »orange« für Submit- und andere Buttons

Die anderen Farbvarianten sind entsprechend aufgebaut. Tabelle 17.2 zeigt die Farbwerte im Überblick

Klasse	Hintergrundfarbe	active
blue	#2f96b4	#2e95b3
green	#51a351	#4f9f4f
orange	#f89406	#f28f04
red	#bd362f	#be322b

Tabelle 17.2 Die Farbkombinationen aus »form.css« im Überblick

17.8 Contao, der interne CSS-Editor und CSS3

In diesem Abschnitt möchte ich Ihnen einen kurzen Überblick über die Entwicklung von CSS geben, insbesondere darüber, was heute mit CSS3 schon geht und wie Contao diese Möglichkeiten umsetzt.

17.8.1 Eine kurze Geschichte von CSS

Die erste Version von CSS bekam im Dezember 1996 unter dem Namen *CSS Level 1* den Status einer W3C-Empfehlung. *CSS Level 2* folgte im Mai 1998, wurde noch einmal überarbeitet und im August 2002 als *CSS Level 2 Revision 1* veröffentlicht. Diese Spezifikation ist besser bekannt als *CSS 2.1*. Die aktuelle Version der Spezifikation stammt vom 7. Juni 2011 und kann unter der URL *w3.org/TR/CSS21/* abgerufen werden. Einen Überblick über die gesamte Entwicklung von CSS erhalten Sie unter *w3.org/TR/CSS/*.

Die Arbeit an *CSS Level 3* wurde bereits im April 2000 begonnen, und es wird noch viele Jahre dauern, bis diese Spezifikation wirklich fertig ist, aber so lange müssen Sie nicht warten. Sie können CSS3 heute schon auf Ihren Webseiten benutzen – zumindest Teile davon –, und es wird Ihnen viele stundenlange Grafikbasteleien ersparen.

CSS3 ist nicht ein einziger Standard, der am Tag X für die Öffentlichkeit freigegeben wird. CSS3 besteht aus zahlreichen Modulen mit unterschiedlichen Prioritäten und unterschiedlichem Entwicklungstempo.

Einige Module wie *Selectors* oder *CSS Color* sind so gut wie fertig, an anderen wie *CSS Backgrounds and Borders* wird gearbeitet, während wieder andere wie *CSS Lists* in eine Art Dornröschenschlaf gefallen zu sein scheinen. Einen aktuellen Überblick über den Stand der verschiedenen Module bekommen Sie z. B. auf der Seite *css3.info/modules/*.

17.8.2 Wofür man CSS3 heute schon nutzen kann

Natürlich gibt es auf einer Website Dinge, bei denen man besser nicht experimentieren sollte. Das Layout ist so ein Fall. Die CSS3-Module für mehrspaltige Layouts sind zum Teil noch nicht fertig, und die Browser verstehen davon (bisher) entsprechend wenig. Float-basierte, mehrspaltige Layouts werden uns noch eine Weile begleiten.

Andererseits gibt es visuelle Verfeinerungen wie abgerundete Ecken oder Hover-Effekte, die das Aussehen und die Bedienung der Site verbessern, die aber für das Funktionieren der Website nicht wirklich wichtig sind. Ein Browser, der die neuen Eigenschaften nicht versteht, ignoriert sie einfach, aber er stellt die Seiten trotzdem fehlerfrei dar.

Viele Dinge, die bisher nur mithilfe von Grafiken gelöst werden konnten, gehen heute mit CSS3 einfacher. Hier einige Beispiele:

- abgerundete Ecken mit border-radius
- Schlagschatteneffekte mit box-shadow
- lineare Farbverläufe für background
- Transparenzeffekte mit opacity und *RGBA*

Aktuelle Versionen von Mozilla Firefox, Apple Safari, Opera, Google Chrome und deren mobile Ableger verstehen die CSS3-Eigenschaften im Allgemeinen recht gut. Der Internet Explorer kennt den ganzen Krempel erst ab Version 9. Ältere Internet Explorer benötigen etwas Nachhilfe, die der interne CSS-Editor in Form von *CSSPie* bei Bedarf bereitstellt.

17.8.3 Die Browser-Präfixe: -moz-, -webkit-, -o- und -ms-

Da viele CSS3-Eigenschaften noch nicht wirklich fertig sind, unterscheidet sich die Umsetzung in den verschiedenen Browsern zum Teil erheblich. Die meisten modernen Browser können z. B. Farbverläufe darstellen, aber die genaue Syntax dazu ist momentan noch sehr unterschiedlich.

Die Browserhersteller sind deshalb dazu übergegangen, noch nicht fertige CSS3-Eigenschaften mit Browser-Präfixen zu versehen, mit denen man ganz gezielt bestimmte Browser ansprechen kann (Tabelle 17.3).

Browser	Browser-Präfix	Layout-Engine
Mozilla Firefox	-moz-	Gecko
Google Chrome	-webkit-	WebKit
Apple Safari	-webkit-	WebKit
Opera	-o-	Presto
Internet Explorer	-ms-	Trident

Tabelle 17.3 Die wichtigsten Browser-Präfixe für CSS3-Eigenschaften

Der CSS-Editor von Contao erzeugt diese Browser-Präfixe übrigens wie gesehen automatisch.

17.8.4 Interne Stylesheets und CSS3

Wenn Sie mit externen Stylesheets arbeiten, bestimmen Sie selbst, welches CSS in Ihren Stylesheets steht. Contao liefert die Dateien nur aus. In diesem Abschnitt geht es um eine Zusammenfassung der CSS3-Möglichkeiten, die der CSS-Editor von Contao bietet:

- Abgerundete Ecken mit `border-radius` werden in der Gruppe RAHMEN definiert.
- Schlagschatten mit `box-shadow` gibt es in der Gruppe HINTERGRUND in den Feldern SCHATTENGRÖSSE und SCHATTENFARBE UND DECKKRAFT.

- Lineare Farbverläufe werden ebenfalls in der Gruppe HINTERGRUND definiert, und zwar in den Feldern VERLAUFSWINKEL und VERLAUFSFARBEN.
- Das in mehreren Gruppen vorhandene Eingabefeld DECKKRAFT erzeugt zusammen mit der angegebenen Farbe einen RGBA-Wert. Für die Farbe eee mit einer DECKKRAFT von 70 erzeugt Contao z. B. den Wert rgba(238, 238, 238, 0.7).

Weitere CSS3-Features werden wahrscheinlich nach und nach eingebaut, sobald sie in allen relevanten Browsern stabil unterstützt werden.

17.8.5 Fallback für ältere IEs mit »CSS3Pie«

Contao bereitet CSS3-Eigenschaften wie border-radius, box-shadow und linear-gradient auf Wunsch mit *CSS3Pie* so auf, dass selbst ältere Internet Explorer sie verstehen und darstellen.

Das ist aber nicht Pflicht, und da die Nachbearbeitung dieser Option in den alten IEs manchmal mehr Zeit kostet, als man darin investieren möchte, kann diese Option auch deaktiviert werden (Abbildung 17.6).

Abbildung 17.6 »CSS3Pie deaktivieren«

Der Trick beruht darauf, dass die CSS3-Eigenschaften in einer Datei namens *pie.htc* speziell für die älteren Internet Explorer aufbereitet und mithilfe einer speziellen Anweisung ausgeliefert werden:

behavior:url("assets/css3pie/1.0.0/PIE.htc");

Das funktioniert sogar ohne JavaScript. Weitere Infos zu CSS3Pie finden Sie unter *css3pie.com*.

In manchen Webhosting-Umgebungen kann es nötig sein, in der *.htaccess* noch eine Zeile hinzuzufügen, damit der Webserver den Dateityp *.htc* korrekt ausliefert. In der bei Contao mitgelieferten Beispieldatei *.htaccess.default* finden Sie ein Beispiel:

AddType text/x-component .htc

Spätestens mit dieser Zeile sollten dann auch ältere Internet Explorer in internen Contao-Stylesheets CSS3-Tricks wie runde Ecken verstehen.

17.9 Know-how: So funktioniert der Holy Grail

In Abschnitt 17.4.2 habe ich bereits kurz geschildert, dass das Contao-CSS-Framework eine Technik namens *Holy Grail* einsetzt. Die Wikipedia sagt, dass der heilige Gral der Legende nach »ein wundertätiges Gefäß in Form einer Schale, eines Kelchs oder eines Steines« ist, das ewige Lebenskraft spendet. Fast wichtiger als der Gral selbst ist aber die Suche nach ihm, bei der der Held der Geschichte sein behütetes Zuhause verlässt und schier unglaubliche Abenteuer erlebt.

Im Webdesign ist der heilige Gral ein Layout mit folgenden Eigenschaften:

- Kopf- und Fußzeile gehen über die *gesamte Layoutbreite*.
- Das Layout hat zwischen Kopf- und Fußzeile *bis zu drei Spalten*.
- Die mittlere der drei Spalten hat eine *flexible Breite*.
- Die beiden Seitenspalten haben eine *feste Breite*.
- Die mittlere Spalte steht im Quelltext *vor* den Seitenspalten.

Das grundlegende Prinzip zur Verwirklichung dieses Layouts wird in einem mittlerweile klassischen Artikel von Matthew Levine geschildert, der bereits aus dem Jahr 2006 stammt:

- »In Search of the Holy Grail«
  alistapart.com/articles/holygrail

17.9.1 Hauptspalte »#main«: Im Quelltext zuerst, am Bildschirm in der Mitte

Der Trick bei einem Holy-Grail-Layout ist, dass im von `#container` umgebenen Inhaltsbereich die Reihenfolge der drei Spalten im Quelltext anders ist als am Bildschirm.

Abbildung 17.7 zeigt die optimale Reihenfolge der drei Layoutspalten im Quelltext: `#main`, `#left` und `#right`. Nach dem Kopfbereich kommt zuerst der Hauptinhalt `#main`. Auf kleinen Bildschirm wird so der wichtigste Inhalt vor den Sidebars dargestellt, und auch Suchmaschinen finden den wichtigen Inhalt in `#main` zuerst. Darunter kommen dann die beiden Sidebars.

Am Bildschirm hingegen ist die gewünschte Reihenfolge `#left`, `#main` und dann `#right`, also zuerst die linke Sidebar, dann der Hauptinhalt und dann die rechte Sidebar (Abbildung 17.8).

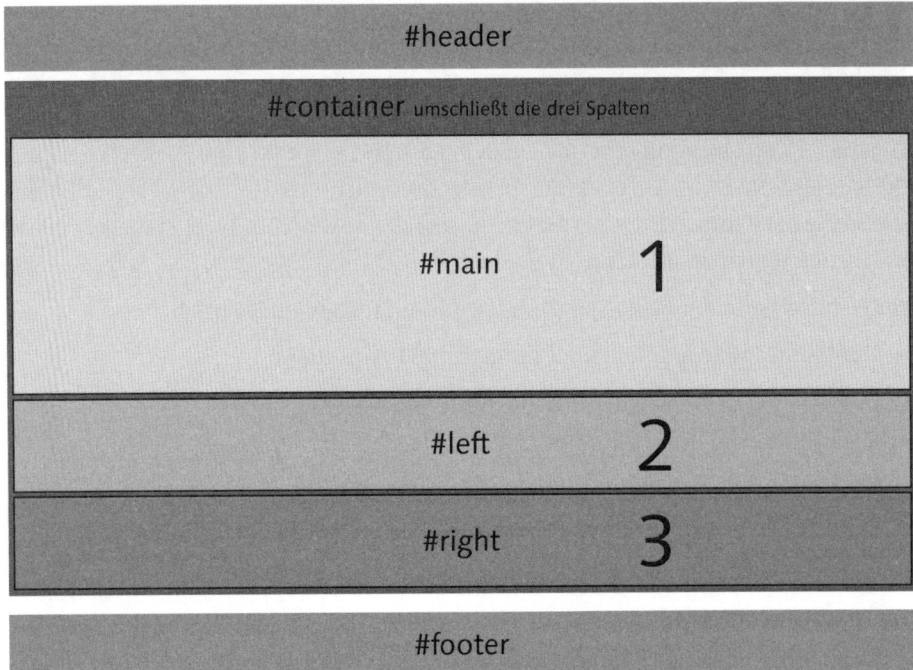

Abbildung 17.7 Im Quelltext kommt die Hauptspalte »#main« zuerst.

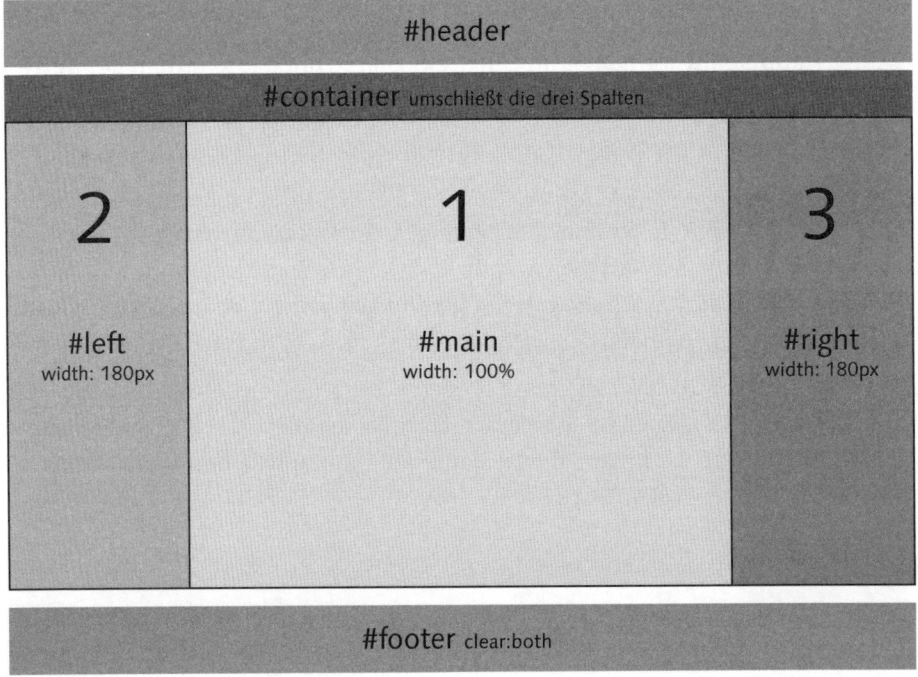

Abbildung 17.8 Am Bildschirm steht die Hauptspalte »#main« in der Mitte.

17.9.2 Schritt 1: Platz schaffen für die Sidebars

Um den Layoutbereich #main im Bildschirm in der Mitte zu positionieren, wird zuerst mit einem einfachen Style Platz für die Sidebars geschaffen, indem die im Seitenlayout definierte Spaltenbreite für die Sidebars verwendet wird:

```
#container{
  padding-left:180px;
  padding-right:180px
}
```

Listing 17.27 Platz schaffen für die Sidebars

Diese CSS-Regel steht im Style-Block im <head> der Webseiten, und Abbildung 17.9 visualisiert das Ergebnis dieses einen Styles aus Listing 17.27. Falls Sie sich den gesamten Style-Block noch einmal anschauen möchten, finden Sie ihn in Listing 17.5

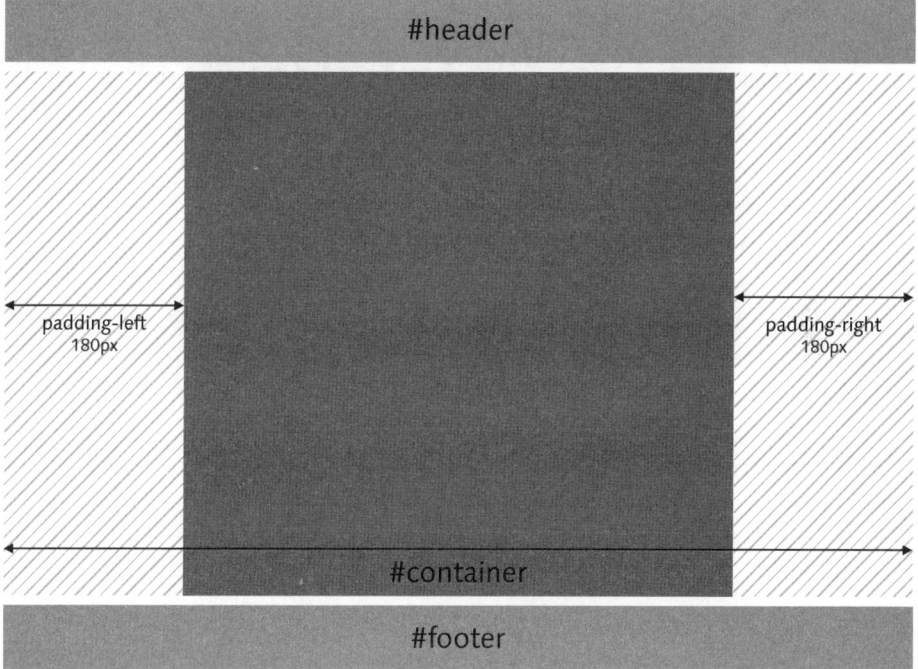

Abbildung 17.9 Platz für die Sidebars – horizontales »padding« für »#container«

17.9.3 Schritt 2: Alle drei Inhaltsspalten werden nach links gefloatet

Im nächsten Schritt werden alle drei Inhaltsspalten nach links gefloatet und mit position:relative versehen. Die Hauptspalte #main erhält eine Breite von 100 % und ist damit genauso breit wie der Inhaltsbereich von #container.

Die Sidebars #left und #right bekommen als Breite den Wert aus dem Seitenlayout und stehen nach diesem Schritt unterhalb von #main, da rechts daneben kein Platz mehr ist.

Bemerkenswert ist dabei, dass die Anweisungen für die drei Inhaltsspalten zum Teil im Style-Block stehen (Listing 17.5) und zum Teil aus *layout.css* (Listing 17.11) stammen. Diese Anweisungen ergänzen einander, und Abbildung 17.10 zeigt das Ergebnis.

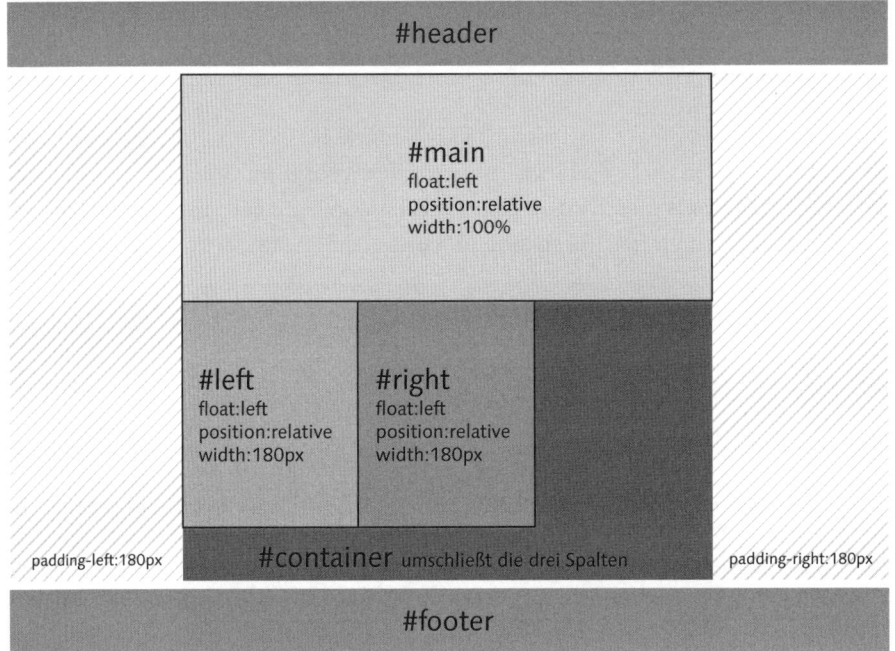

Abbildung 17.10 Alle drei Inhaltsspalten nach links floaten

Im nächsten Schritt bekommt die Sidebar #left einen negativen margin-left von 100 % und springt dadurch scheinbar nach oben. Da das etwas schwierig zu verstehen ist, folgt zunächst ein kurzes Intermezzo mit einem kleinen Gedankenspiel.

17.9.4 Intermezzo mit Gedankenspiel: Die Ausgangsposition im Detail

In diesem Schritt folgt ein kleines Gedankenspiel:

- Die beiden Sidebars #left und #right stehen nach dem Floaten im Browserfenster unterhalb von #main.
- Das ist auch völlig okay so, denn rechts daneben ist kein Platz, weil #main mit width:100% die gesamte Breite von #container einnimmt.

Wenn rechts neben #main noch Platz wäre, würden die gefloateten Sidebars rechts neben #main stehen (siehe Abbildung 17.11).

Noch mal: Wenn Platz wäre, würden die Sidebars neben #main stehen. Das klingt vielleicht ein wenig seltsam, wird aber im nächsten Schritt wichtig.

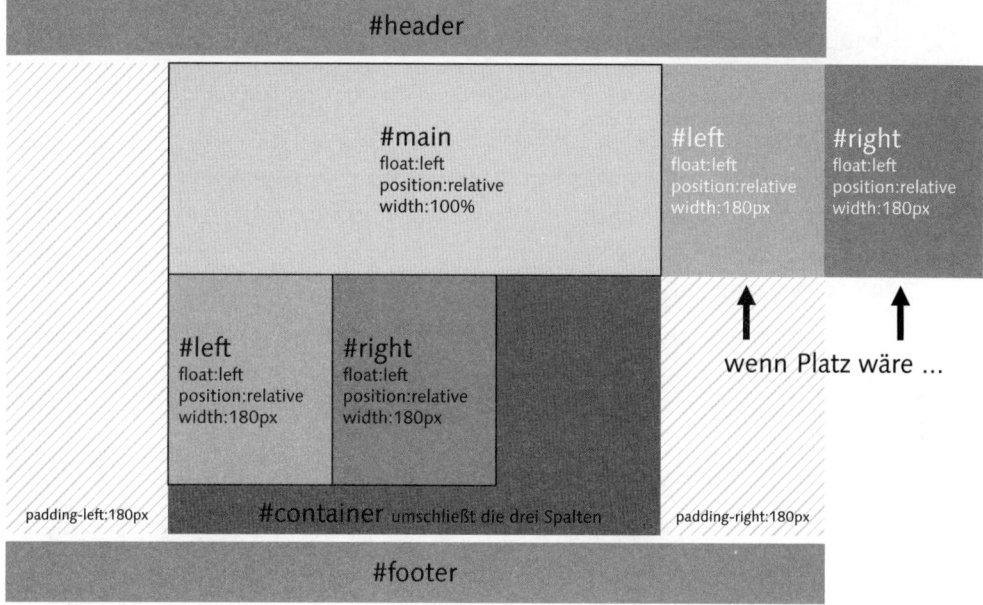

Abbildung 17.11 Wenn Platz wäre, stünden die Sidebars neben »#main«.

17.9.5 Schritt 3: Die linke Spalte rutscht nach links, Teil 1

In diesem Schritt passieren einige seltsame Dinge, die durch einen einzigen Style hervorgerufen werden, der in *layout.css* steht:

```
#left {
  margin-left:-100%;
}
```

Listing 17.28 Die linke Spalte rutscht rüber, Teil 1.

Abbildung 17.12 zeigt, dass #left durch diesen Style an den linken Rand von #main springt. Das Element bekommt also einen negativen margin nach links und springt dadurch scheinbar ein kleines Stück nach oben.

Diese Stelle hat mich beim Versuch, den Holy Grail zu verstehen, lange Zeit ziemlich verwirrt. Ein negativer linker margin bewirkt, dass das Element nach oben springt.

Der Clou an der Geschichte und der Schlüssel zum Verständnis ist die wenig bekannte Tatsache, dass ein Element mit einem negativen margin in der eigenen Breite im Layout keinen Platz beansprucht:

- `#left` hat einen negativen `margin-left` von 100 % und beansprucht keinen Platz im Layout.
- Deshalb wird der negative `margin` von der Stelle aus berechnet, an der `#left` stehen würde, wenn Platz wäre (siehe Abbildung 17.11).

Es sieht nur so aus, als ob `#left` nach oben springt. In Wirklichkeit wird es wie erwartet durch den negativen `margin` nach links gezogen.

So weit, so gut. Aber warum springt `#left` genau an den linken Rand von `#main`? Der Wert von -100% bezieht sich auf die Breite des Elternelements `#container`. Da der Inhaltsbereich von `#container` genauso breit ist wie `#main`, steht `#left` am Ende dieses Schritts genau am linken Rand von `#main`.

Falls Ihnen diese beiden Tatsachen noch nicht ganz einleuchten, lesen Sie die letzten Absätze ganz langsam und ein paar Mal hintereinander, am besten laut. Passen Sie dabei aber auf, dass Sie keinen Knoten in Ihre Gedanken bekommen.

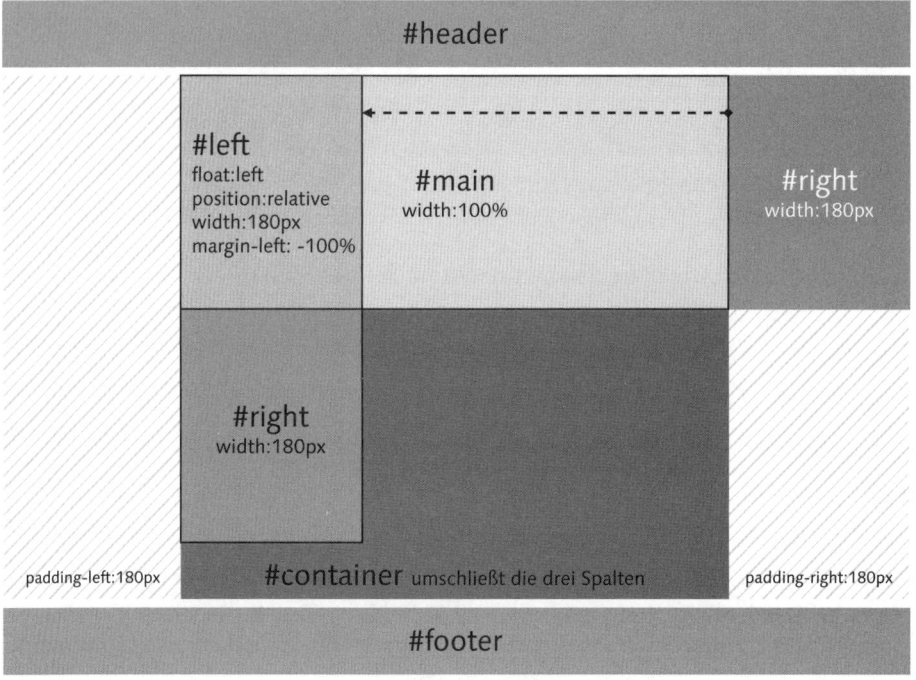

Abbildung 17.12 Die linke Spalte rutscht nach links, Teil 1.

Die linke Sidebar hat also im wahrsten Sinne des Wortes einen Schritt in die richtige Richtung gemacht, ist aber noch nicht ganz am Ziel. Sie muss noch ein Stück weiter nach links.

17.9.6 Schritt 4: Die linke Spalte rutscht nach links, Teil 2

Die linke Sidebar hat weiter oben bereits ein position:relative bekommen. Mit dem Wert right:180px, der aus dem Seitenlayout stammt, wird sie genau in das ebenfalls 180 px breite padding-left von #container geschubst:

```
#left{
  width:180px;
  right:180px
}
```

Listing 17.29 Die linke Spalte rutscht nach links, Teil 2.

Falls Ihnen relative Positionierung nicht geläufig ist: Der Wert für die Eigenschaft RIGHT wird *rechts* vom Element eingefügt, sodass es nach *links* rutscht. Die linke Sidebar #left ist damit am Ziel (Abbildung 17.13). Fehlt nur noch #right.

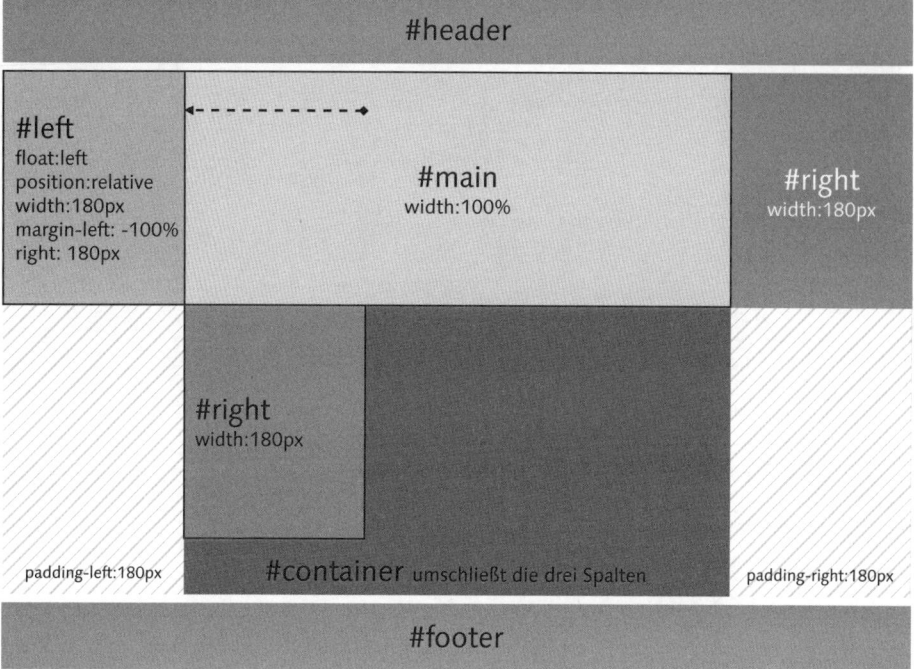

Abbildung 17.13 Die linke Spalte steht links neben »#main«.

17.9.7 Schritt 5: Die rechte Spalte rutscht nach rechts

Der Rest ist einfach und genau genommen schon längst passiert: Die rechte Sidebar bekommt in *layout.css* ebenfalls einen negativen rechten margin:

```
#right {
  margin-right:-100%;
}
```

Listing 17.30 Die rechte Sidebar rutscht nach rechts neben »#main«.

Ein Element mit einem negativen margin in mindestens seiner eigenen Breite beansprucht wie gesagt keinerlei Platz, und deshalb sitzt #right rechts neben #main.

Abbildung 17.14 zeigt das gesamte Layout im Überblick. Alle Layoutbereiche stehen an den gewünschten Positionen, und im Quelltext steht #main immer noch vor #left und #right.

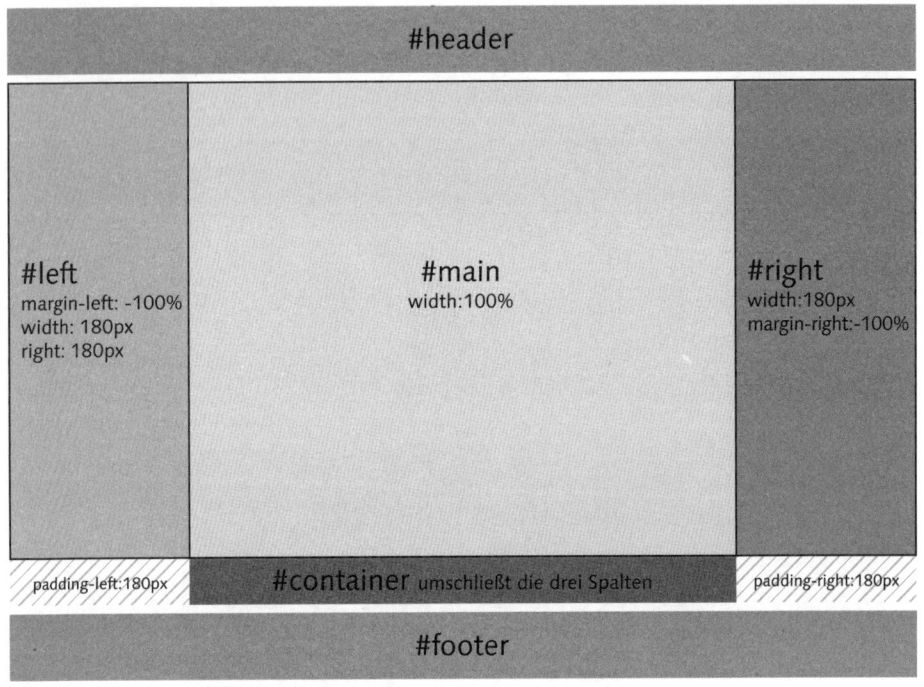

Abbildung 17.14 Die rechte Spalte steht rechts neben »#main«.

17.9.8 Der »Holy Grail«: Fazit und Einschränkungen

Abbildung 17.15 zeigt das Holy-Grail-Layout mit allen relevanten CSS-Eigenschaften im Überblick:

▶ Die ersten drei Eigenschaften, in Abbildung 17.15 oberhalb der gestrichelten Linie, sind bei allen drei Inhaltsspalten unabhängig von der Spaltenbreite und stammen aus *layout.css*.

▶ Das horizontale padding für #container sowie die unterhalb der gestrichelten Linie stehenden Eigenschaften von #left und #right entsprechen den im Seitenlayout von Contao definierten Werten für die Spaltenbreite. Diese Eigenschaften finden Sie im Style-Block im `<head>` der Webseiten.

Das Ziel, den Hauptinhalt in `#main` im Quelltext zuerst auszugeben und am Bildschirm als mittlere Spalte darzustellen, wurde mithilfe einer geschickten Mischung aus negativem Margin und relativer Positionierung erreicht (Abbildung 17.15).

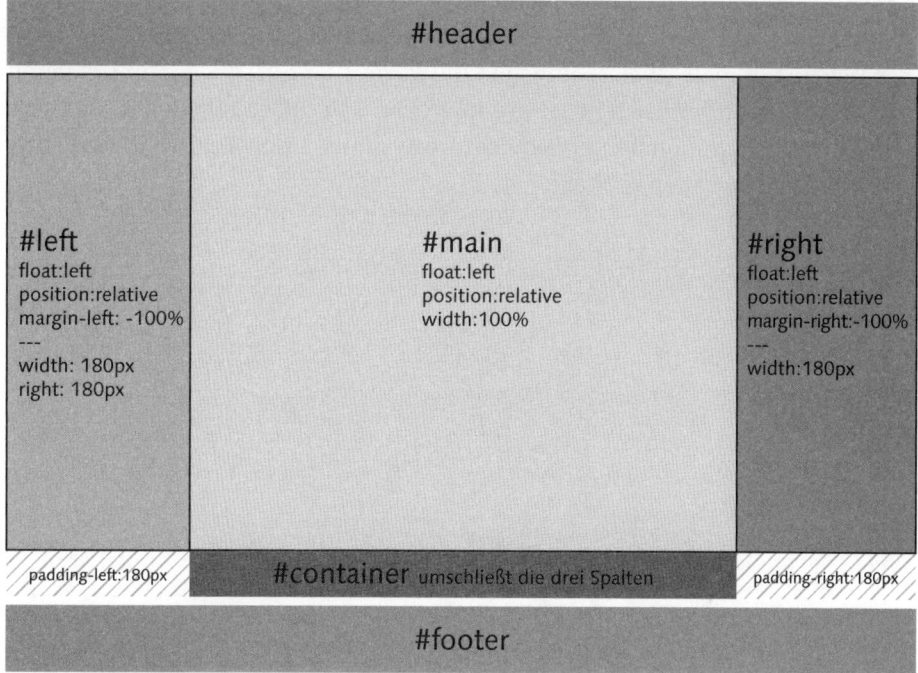

Abbildung 17.15 Das fertige Holy-Grail-Layout im Überblick

Allerdings gibt es bei einem Holy-Grail-Layout mindestens zwei signifikante Einschränkungen, die ich Ihnen nicht vorenthalten möchte:

- Die drei Inhaltsspalten `#main`, `#left` und `#right` dürfen horizontal kein `padding`, `border` oder `margin` bekommen.

  Ein Holy-Grail-Layout ist eine Presspackung. Die Sidebars sitzen pixelgenau im `padding-left` und `padding-right` von `#container`, und ein einziges zusätzliches Pixel nach links oder rechts würde das Layout sprengen.

  Die drei Inhaltsspalten `#main`, `#left` und `#right` dürfen also horizontal keinerlei `padding`, `border` oder `margin` bekommen. Falls das vom Layout her gewünscht ist, vergeben Sie die Eigenschaften einfach an die jeweiligen Elemente `div.inside`.

- Die Sidebars `#left` und `#right` sollten eine feste Pixelbreite haben.

  Eine weitere Folge der Passgenauigkeit des Layouts ist, dass die beiden Sidebars `#left` und `#right` nur mit einer festen Pixelbreite zuverlässig berechenbar sind.

Man könnte den Sidebars zwar Prozentwerte geben, aber die Browser rechnen diese Prozentwerte natürlich in Pixel um, und dabei kann es zu Rundungsfehlern kommen. Wenn die Seitenspalten aber auch nur ein Pixel breiter sind als das jeweilige `padding` von #container, fällt das Layout auseinander.

Und es gibt noch eine mögliche Einschränkung: Falls die Option RESPONSIVES LAYOUT aktiv ist, ist eine Hauptnavigation in der linken Spalte nur begrenzt sinnvoll. Auf kleinen Bildschirmen und bei einer Viewportbreite unterhalb von 768 px wird das Layout automatisch einspaltig, und die Navigation rutscht dann unter den Inhalt, wo der Besucher der Seite sie eventuell gar nicht findet. Auf kleinen Bildschirmen ist eine Navigation im Kopfbereich also eventuell sinnvoller. Mehr dazu erfahren Sie in den folgenden Kapiteln.

Kapitel 18
Die Beispielsite wird responsiv

In diesem Kapitel wird die Beispielsite responsiv. Navigation, Layoutbereiche und Inhalte werden so optimiert, dass sie in kleinen, mittleren und großen Browserfenstern funktionieren und gut aussehen.

Die Themen im Überblick:

- Responsives Webdesign und Contao, Seite 559
- Bestandsaufnahme: Die Beispielsite , Seite 563
- Die responsive Navigation im Überblick, Seite 567
- Die Navigation für kleine Viewports erstellen, Seite 569
- Das Layout für kleine Viewports optimieren, Seite 583
- Die Inhalte für kleine Viewports optimieren, Seite 587

In diesem Kapitel wird die Beispielsite responsiv und passt sich der Größe des Browserfensters flexibel an. Sie erstellen auf den folgenden Seiten jede Menge Stylesheets, die mit Media Queries bei bestimmten Viewports aktiv werden.

> **»Responsiv« wird nicht nachher drangebaut**
> Dieses Kapitel zeigt, wie man mit Contao und Media Queries arbeitet, ersetzt aber keine Einführung in das responsive Webdesign. Bei realen Projekten sollten Sie das Verhalten von Webseiten in verschiedenen Umgebungen von Anfang an berücksichtigen.

18.1 Responsives Webdesign und Contao

Bis zur Vorstellung des iPhones im Jahr 2007 waren mobile Endgeräte zum Surfen im Web eher die Ausnahme. Inzwischen gehören Smartphones und Tablets aller Art zum normalen Alltag und haben die Regeln des Webdesigns in den letzten Jahren gründlich verändert.

18.1.1 960 Pixel? Das Web ist nicht aus Papier

Bis vor gar nicht allzu langer Zeit galten 960 Pixel als empfohlener Kompromiss für die Breite eines Layouts, und auch die Beispielsite folgt bis jetzt dieser Empfehlung. Für Desktop-Umgebungen ist dieser Kompromiss durchaus tragbar, aber letztlich ist ein Layout mit einer festen Pixelbreite oft nur Ausdruck dessen, was ich in der Einleitung von »Einstieg in CSS« als *Papierdenken* bezeichne. Dieses Papierdenken erwartet zwei Dinge:

- Der Autor hat die Kontrolle über das Aussehen der Seite.
- Nach der Fertigstellung verändert sich die Seite nicht mehr.

Die meisten Webdesigner haben in den letzten Jahren langsam, aber sicher begriffen, dass sie das Aussehen von Webseiten nur sehr bedingt kontrollieren können und dass es völlig okay ist, wenn die Seiten bei jedem Betrachter etwas anders aussehen. Aber die Erwartungshaltung vieler Kunden wird immer noch durch Papierdenken bestimmt. Das ändert sich vielleicht durch das Aufkommen mobiler Endgeräte. Jeder, der einmal versucht hat, eine für den Desktop optimierte 960 px breite Webseite auf einem Smartphone zu benutzen, versteht mit einem Schlag, dass das Web wirklich nicht aus Papier ist. Irgendetwas ist da anders ... Die Zeiten von Buttons mit Aufschriften wie »Optimiert für« gehören endgültig der Vergangenheit an. Eigenschaften wie Flexibilität und Anpassungsfähigkeit sind angesagt, und die werden im Web derzeit mit den Adjektiven *responsive* und *mobile* am besten umschrieben.

18.1.2 Responsives Webdesign: ein HTML – mehrere Stylesheets

Der Begriff *Responsive Webdesign* wurde von Ethan Marcotte im Mai 2010 in einem Artikel bei A List Apart geprägt (*alistapart.com/article/responsive-web-design*), und er stand für eine Idee, deren Zeit gekommen ist.

Die grundlegende Idee des responsiven Webdesigns ist es, für einen HTML-Quelltext mit Media Queries unterschiedliches CSS auszuliefern (Abbildung 18.1).

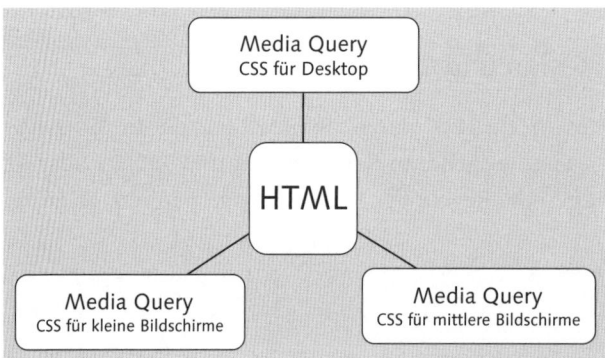

Abbildung 18.1 Das HTML wird per Media Query unterschiedlich gestaltet.

Marcotte beschreibt in seinem Artikel drei Techniken, mit denen man seiner Meinung nach mediengerechte Webseiten bauen sollte:

- prozentbasierte Gridlayouts (Fluid Grids)
- flexible Bilder
- Media Queries

Ein responsives Layout im ursprünglichen Sinn enthält alle drei Komponenten. Inzwischen gibt es aber diverse Varianten, die zum Beispiel auf das schwieriger umzusetzende *Fluid Grid* verzichten und stattdessen per Media Query unterschiedliche mehr oder weniger feste Layoutbreiten ausliefern.

Responsives Webdesign ist kein Zaubermittel und löst in einem immer komplexer werdenden Web nicht alle Probleme auf einen Schlag, aber es ist ein Schritt in die richtige Richtung, um der Flexibilität des World Wide Web gerecht zu werden.

18.1.3 Contao und responsive Webseiten

Ein echtes, flexibles Gridlayout ist mit dem *Holy Grail* nicht möglich, da, wie in Abschnitt 17.9 beschrieben, die Sidebars eine feste Pixelbreite haben sollten, aber Contao unterstützt die Entwicklung von responsiven Webseiten unter anderem durch folgende Möglichkeiten:

- **»Meta-Viewport-Tag« im Seitentemplate**
  Im Seitentemplate *fe_page* wird das Meta-Viewport-Tag automatisch gesetzt, damit Geräte mit kleinen Bildschirmen die Seiten nicht herunterzoomen (siehe auch den TIPP-Kasten etwas weiter unten).
- **»Media Queries« im internen CSS-Editor**
  Im internen CSS-Editor kann man mit Media Queries angeben, für welche Bildschirmauflösungen ein Stylesheet gelten soll. Pro Stylesheet kann eine Media Query definiert werden. In externen Stylesheets können Sie Media Queries wie gewohnt setzen, auch mehrere in einem Stylesheet.
- **»Flexible Images« im CSS-Framework**
  Im CSS-Framework wird in *responsive.css* mit dem Style `img { max-width:100%, height:auto; }` die Grundlage für flexible Bilder gelegt.

Darüber hinaus bietet Contao von Haus aus einige vorgefertigte Komponenten, die das Erstellen von flexiblen Webseiten erleichtern:

- **»Responsives Layout« im CSS-Framework**
  Im CSS-Framework von Contao gibt es die Option RESPONSIVES LAYOUT, die dafür sorgt, dass ein mehrspaltiges Layout auf kleinen Bildschirm automatisch einspaltig wird. Diese Möglichkeit lernen Sie in diesem Kapitel kennen und nutzen.

- ▶ **»12-Spalten Grid« ist Teil des CSS-Frameworks**
  Mit dem 12-SPALTEN GRID, das früher einmal *Responsive Grid* hieß und dadurch für viel Verwirrung gesorgt hat, können Webdesigner einfach Gridlayouts umsetzen. Das 12-Spalten Grid lernen Sie in Abschnitt 19.4 kennen.

- ▶ **»Mobile Seitenlayouts« in der Seitenstruktur**
  In Contao gibt es in der Seitenstruktur die Möglichkeit, für jede Seite neben dem normalen Seitenlayout ein LAYOUT FÜR MOBILE SEITEN festzulegen. Diese Option geht über responsives Webdesign hinaus, denn sie liefert je nach Gerät unterschiedliches HTML.

Contao bietet also eine Menge Möglichkeiten zur Optimierung von Webseiten für unterschiedliche Viewportbreiten und mobile Geräte, und ich möchte Ihnen diese Optionen im Folgenden kurz vorstellen und dabei klären, welche für welchen Zweck am besten geeignet sind.

Abbildung 18.2 zeigt die drei wichtigsten Komponenten im Überblick. In diesem Kapitel lernen Sie zunächst die Möglichkeiten der Option RESPONSIVES LAYOUT kennen.

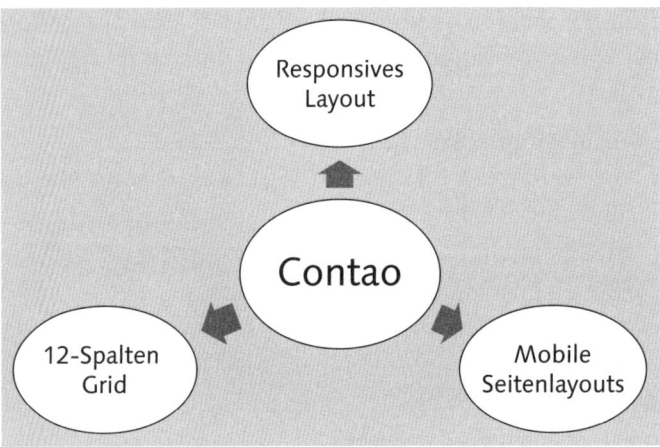

Abbildung 18.2 »Responsive« und »mobile« – das bietet Contao.

Meta-Viewport-Tag: »Liebling, ich habe die Seite geschrumpft«

Das *Meta-Viewport-Tag* ist eine Anweisung im <head>-Bereich der Seite, die mobile Browser davon abhält, die darzustellende Seite von der Breite her so zu schrumpfen, dass sie komplett auf den Bildschirm passt. Dann sehen Sie zwar die ganze Seite, können aber nichts mehr erkennen. Contao fügt dazu bei mobilen Seitenlayouts die folgende Zeile ein:

```
<meta name="viewport"
      content="width=device-width,initial-scale=1.0">
```

> Falls Ihnen das überhaupt nichts sagt, sollten Sie sich früher oder später etwas gründlicher über responsives Webdesign informieren. Ein guter Einstieg in das Thema ist zum Beispiel mein Buch »Flexible Boxes«.

18.2 Bestandsaufnahme: Die Beispielsite

Bevor Sie sich an die Optimierung der Beispielsite machen, empfiehlt sich erst einmal eine kurze Bestandsaufnahme. Die Grundfrage ist dabei, wie sich die Beispielsite so, wie sie jetzt ist, auf kleineren Bildschirmen verhält.

18.2.1 Die Beispielseiten in einem großen Browserfenster

In Kapitel 17, »Das CSS-Framework von Contao«, haben Sie gesehen, dass es im CSS-Framework drei Zutaten gibt, die für ein responsives Webdesign wichtig sind:

- *Holy Grail*: Im Quelltext der Webseiten steht der Inhalt aus #main vor den Seitenspalten #left und #right, bei einem mehrspaltigen Layout in der Mitte.
- *Media Query*: Bei einer Bildschirmbreite von weniger als 768 px werden die Spalten nicht nebeneinander gefloatet, sondern einfach untereinander dargestellt.
- *Flexible Bilder*: Bilder werden niemals größer als das Elternelement und benötigen daher nicht zwingend eine definierte Größenangabe.

Der Holy Grail ist im Layout-Builder fest eingebaut, während die Media Query für das Layout bei 768 px und die flexiblen Bilder durch die Option RESPONSIVES LAYOUT aktiviert werden.

Dieses Verhalten können Sie auch ohne Smartphone oder Tablet in einem ganz normalen Desktop-Browser nachvollziehen, indem Sie einfach das Browserfenster verkleinern. Im Firefox ist das mit dem Befehl BILDSCHIRMGRÖSSEN TESTEN aus dem Menü EXTRAS • WEB-ENTWICKLER sehr bequem. Das Tastenkürzel für den Befehl lautet `Strg` + `⇧` + `M` unter Windows und `alt` + `cmd` + `m` auf einem Mac.

Abbildung 18.3 zeigt die Beispielsite in einem 1.024 Pixel breiten Viewport. Die horizontale Navigation hat Platz genug, und im Inhaltsbereich stehen zwei Spalten nebeneinander.

> **Der »Viewport« und das Browserfenster**
>
> *Viewport* ist der innere Bereich des Browserfensters, in dem die eigentliche Webseite dargestellt wird. Auf Deutsch würde man das vielleicht *Anzeigebereich* oder *Darstellungsbereich* nennen.

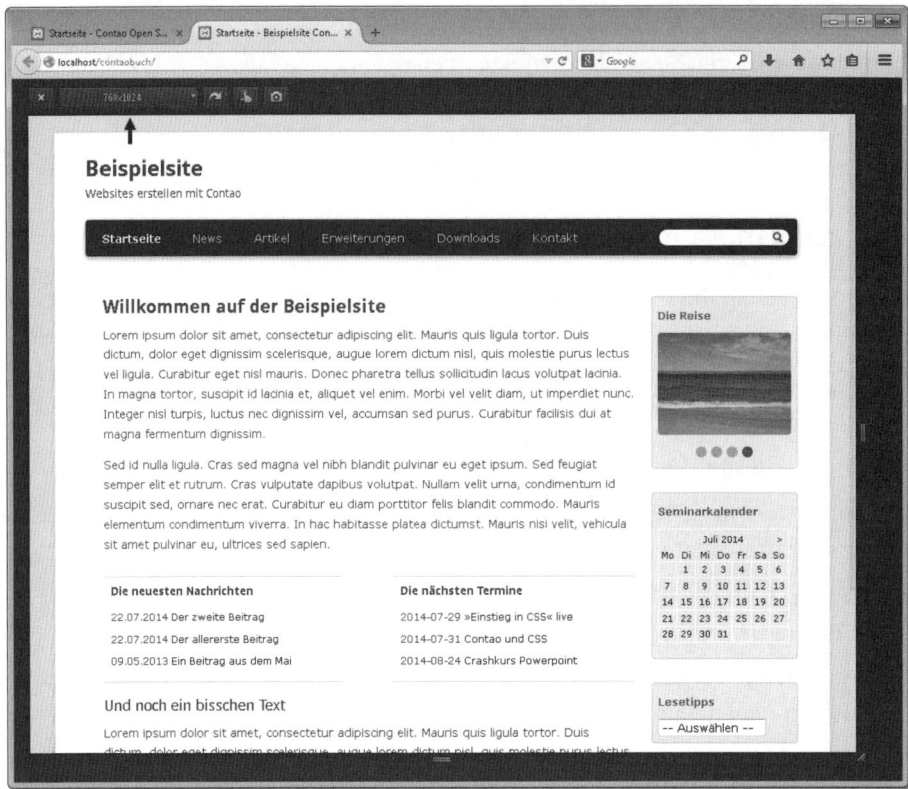

Abbildung 18.3 Die Startseite bei einer Viewportbreite von 1.024 px

18.2.2 Die Beispielseiten in kleinen Viewports

Wenn im CSS-Framework die Option RESPONSIVES LAYOUT aktiviert ist, wird ein mehrspaltiges Layout wegen der integrierten Media Query einspaltig, sobald der Viewport kleiner als 768 px wird.

Abbildung 18.4 zeigt eine Viewportbreite von 767 px, also genau einen Pixel unterhalb der Media Query für das Layout.

Im Inhaltsbereich stehen die beiden Layoutspalten untereinander. Der Inhalt ist gut lesbar, und »Die neuesten Nachrichten« sowie »Die nächsten Termine« stehen sogar noch nebeneinander. Die Navigation hingegen hat etwas von ihrem Charme eingebüßt. Sie ist zwar noch bedienbar, aber der Umbruch sieht nicht wirklich hübsch aus.

Je kleiner der Viewport, desto höher wird die Navigation. Abbildung 18.5 zeigt die Startseite bei einer Breite von 480 px bzw. 320 px.

18.2 Bestandsaufnahme: Die Beispielsite

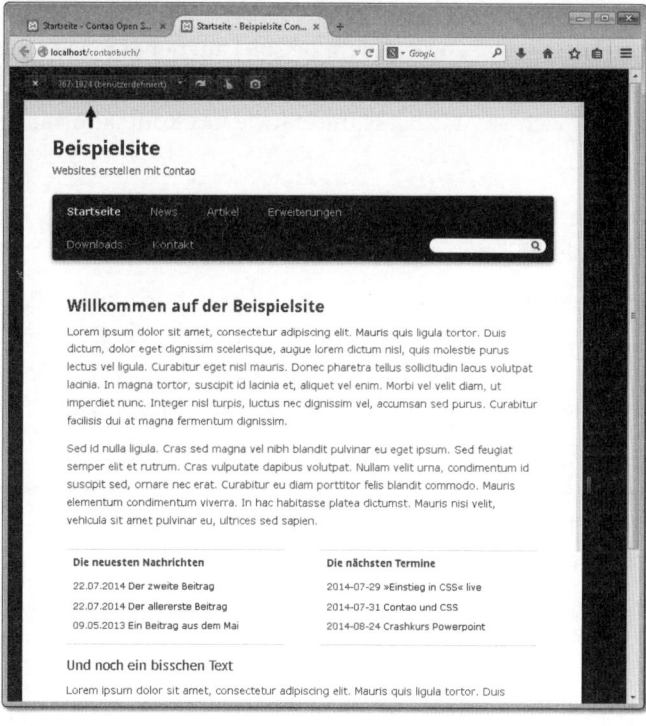

Abbildung 18.4 Die Startseite bei 767 px Breite

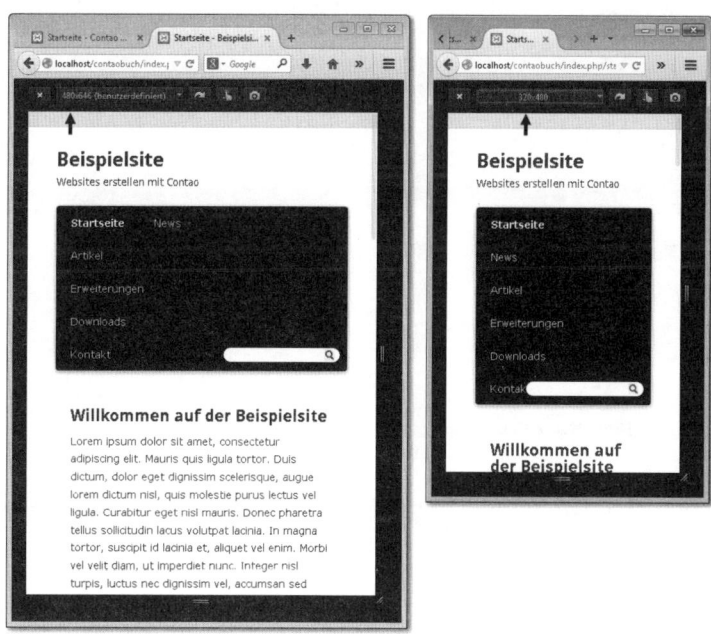

Abbildung 18.5 Die Startseite bei 480 px bzw. 320 px Breite

Wenn Sie sich die anderen Seiten der Beispielsite anschauen, werden Sie im Inhaltsbereich noch weitere Baustellen finden. So sieht zum Beispiel auf der Startseite der Slider mit seinen kleinen Bildern etwas seltsam aus, und auf der Seite KALENDER wird der große Kalender ebenso einfach rechts abgeschnitten wie das Kontaktformular auf der Seite KONTAKT.

18.2.3 Der erste Schritt zur Flexibilisierung: eine Breite in Prozent

Der Wrapper hat im Moment eine feste Breite von 880 px plus ein horizontales Padding von links und rechts jeweils 40 px. Diese feste Breite ersetzen Sie durch eine width von 90 %. Damit die Seite auf großen Bildschirme nicht zu breit wird, definieren Sie eine max-width von 880 px. Damit ist die Seite bereits relativ flexibel. Die Nachbesserungen bei der Navigation folgen im weiteren Verlauf des Kapitels.

ToDo: Dem Wrapper eine flexible Breite geben

1. Wechseln Sie in das Backend-Modul THEMES • SEITENLAYOUTS.
2. Klicken Sie auf MEHRERE BEARBEITEN, markieren Sie die Seitenlayouts STANDARDLAYOUT und STARTSEITE, und klicken Sie auf BEARBEITEN.
3. Wählen Sie die Felder TITEL und GESAMTBREITE, und klicken Sie auf WEITER.
4. Ändern Sie den Wert in »90%« (ohne die Anführungsstriche).
5. Klicken Sie auf SPEICHERN UND SCHLIESSEN.
6. Wechseln Sie in das Backend-Modul THEMES • STYLESHEETS.
7. Öffnen Sie das Stylesheet *layout*.
8. Öffnen Sie den Style für #wrapper und fügen Sie ihm eine maximale Breite von 880 px hinzu:

    ```
    #wrapper {
      max-width:880px;
      padding-right:40px;
      padding-left:40px;
      background-color:#fff;
      box-shadow:0 2px 6px 0 rgba(#8e8e8e,.3);
    }
    ```

9. Klicken Sie auf SPEICHERN UND SCHLIESSEN.

Der Wrapper passt sich jetzt dem Browserfenster an. Es sieht zwar noch lange nicht alles perfekt aus, aber das Kapitel hat ja auch noch ein paar Seiten.

Der Wert von 90 % ist nicht in Stein gemeißelt. Probieren Sie es einfach aus. 88 % oder 92 % oder etwas in der Art gehen bestimmt auch.

18.3 Die responsive Navigation im Überblick

In diesem Abschnitt erstellen Sie eine responsive Navigation, die sich unterschiedlichen Bildschirmbreiten anpasst. Sie basiert auf der Pseudoklasse `:target` und kommt ohne JavaScript aus.

Vorweg eine Anmerkung zu Einheiten: Bei der Erstellung der Navigation für kleine Bildschirme gehe ich einen Schritt weg von festen Pixelangaben und verwende häufig die Einheit `rem`, kurz für *root em*. Bezugspunkt für `rem` ist das *root element*, das Stammelement `html`, das fast immer eine Schriftgröße von 16 px hat. `0.5rem` entsprechen also 8 px, aber `rem` ist flexibler als `px` und unterbricht nicht die Vererbung. Ein Fallback für `rem` ist nicht nötig, da die Navigation von einer Media Query umrahmt wird und somit für IE 8 oder älter nicht zu sehen ist. Alle anderen Browser verstehen `rem` problemlos.

> **Alternative: Responsive Navigation per JavaScript**
>
> Falls Sie eine Alternative zur in diesem Kapitel gezeigten Navigation suchen, probieren Sie auch JavaScript-basierte Lösungen wie z. B. die Erweiterung [dk_mmenu] von Dirk Klemmt:
>
> ▶ *contao.org/de/extension-list/view/dk_mmenu.html*
>
> Die Erweiterung basiert auf dem jQuery-Plug-in *mmenu* von Fred Heusschen.

18.3.1 Die Navigation für kleine Viewports bis 768 px

Für die Navigation auf kleinen Bildschirmen wird ein zusätzlicher Menübutton eingebaut, aber ansonsten bleibt das HTML unverändert. Die Navigation wird dann per CSS so formatiert, dass sie auch auf mobilen Geräten per Touch gut bedienbar ist.

Rechts oben erscheint der Menübutton, und das auf kleinen Bildschirmen wichtige Suchfeld erstreckt sich darunter über die gesamte Breite ❶. Nach einem Klick oder Tipp auf den Menübutton klappt dann das ganze Menü aus ❷.

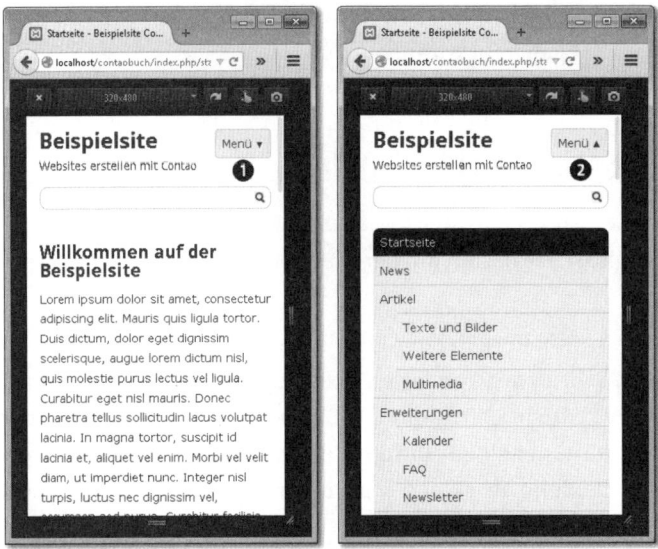

Abbildung 18.6 Die Navigation in kleinen Viewports

18.3.2 Die Navigation in mittleren Viewports von 768 px bis 944 px

Auf mittleren Bildschirmen wie z. B. auf Tablets im Hochformat wird eine Zwischenstufe implementiert:

- Das Suchfeld bleibt wie auf kleinen Bildschirmen unterhalb des Logos.
- Darunter erscheint die horizontale Navigation inklusive Dropdown.

So wird der Platz im Kopfbereich optimal genutzt (Abbildung 18.7).

Abbildung 18.7 Die Navigation in mittleren Viewports

18.3.3 Die Navigation in großen Viewports ab 944 px

In großen Viewports ab 944 px bleibt die Navigation so, wie sie bisher war.

Abbildung 18.8 Die Navigation in großen Viewports ab 944 px

18.4 Die Navigation für kleine Viewports erstellen

In den nächsten Schritten erstellen Sie die weiter oben beschriebene Navigation für kleine Viewports.

18.4.1 Schritt 1: Menübutton erstellen

Zunächst erstellen Sie in Contao ein einfaches Frontend-Modul für einen Menübutton. Der Button besteht aus zwei Links, die abwechselnd angezeigt werden und sich dadurch im Browser wie ein Menübutton verhalten. Außerdem vergeben Sie im folgenden ToDo eine ID an das Stammelement html, die später eine wichtige Rolle spielt.

> **ToDo: ID an »html« vergeben und Menübutton erstellen**
>
> 1. Öffnen Sie das Backend-Modul LAYOUT • TEMPLATES.
> 2. Erstellen Sie mit einem Klick auf NEUES TEMPLATE eine Kopie der *fe_page.html5*, und speichern Sie diese im Ordner *templates/theme_one*.
> 3. Öffnen Sie das Template im Editor, fügen Sie einen PHP-Kommentar hinzu, und geben Sie dem Stammelement html die ID menu:
>
>    ```
>    <?php /* <html> bekommt id="menu" */ ?>
>    <html lang="<?php echo $this->language; ?>" id="menu">
>    ```
>
> 4. SPEICHERN UND SCHLIESSEN Sie das Template, und wechseln Sie in das Backend-Modul THEMES • FRONTEND-MODULE.

5. Erstellen Sie ein NEUES MODUL vom Typ EIGENER HTML-CODE mit dem Titel »Nav – Menubutton«.
6. Fügen Sie im Feld HTML-CODE folgenden Quelltext ein:

```
<div class="menubutton">
  <a href="{{env::request}}#menu" class="shownav">Menü</a>
  <a href="{{env::request}}" class="hidenav">Menü</a>
</div>
```

7. SPEICHERN UND SCHLIESSEN Sie das Modul, und wechseln Sie in das Backend-Modul THEMES • SEITENLAYOUTS.
8. Öffnen Sie das Seitenlayout STANDARDLAYOUT, und duplizieren Sie im Bereich EINGEBUNDENE MODULE die erste Zeile. Binden Sie anschließend in der ersten Zeile das Modul NAV – MENUBUTTON in der Kopfzeile ein.
9. SPEICHERN UND SCHLIESSEN Sie das Seitenlayout.
10. Wiederholen Sie diesen Vorgang für das Seitenlayout STARTSEITE.

Im Browser sollten nach diesem ToDo links oben auf den Webseiten zwei MENÜ-Links erscheinen (Abbildung 18.9).

Abbildung 18.9 Die beiden Links aus dem Modul »Nav – Menubutton«

18.4.2 Schritt 2: Das Stylesheet »navigation« umbenennen und anpassen

In diesem Schritt benennen Sie das Stylesheet *navigation* um und nehmen einige Anpassungen vor. Die Styles für die horizontale Navigation sollen erst ab einer Viewportbreite von 768 px aktiv und die beiden Links aus dem Modul NAV – MENUBUTTON sollen ausgeblendet werden. Der Abstand nach oben sowie das rechte Padding sollen entfallen.

ToDo: Das Stylesheet »navigation« umbenennen und anpassen

1. Wechseln Sie in das Backend-Modul THEMES • STYLESHEETS.
2. Öffnen Sie die Einstellungen des Stylesheets *navigation* (zweites Symbol von links).
3. Ändern Sie den Eintrag im Feld NAME in »nav-768«.

4. Tragen Sie im Feld MEDIA QUERY folgenden Wert ein:

   screen and (min-width:768px)

5. SPEICHERN UND SCHLIESSEN Sie die Einstellungen.

6. Öffnen Sie das Stylesheet zur Bearbeitung, und stellen Sie sicher, dass alle Styles angezeigt werden.

7. Fügen Sie ganz oben folgenden Style ein (KATEGORIE: »Menubutton«):

   ```
   /* Menübutton für responsive Navigation ausblenden */
   div.menubutton{
     display: none;
   }
   ```

8. Öffnen Sie den Style für #header .mod_navigation, und setzen Sie den oberen margin und das rechte padding auf 0:

   ```
   #header .mod_navigation }
     margin-top: 0;
     padding-right: 0;
     /* die anderen Anweisungen bleiben unverändert */
   }
   ```

9. SPEICHERN UND SCHLIESSEN Sie das Stylesheet.

Im Browser haben sich jetzt zwei Dinge geändert:

- Oberhalb einer Viewportbreite von 768 px sind die beiden MENÜ-Links verschwunden.
- Unterhalb von 768 px sind die beiden Links wieder da, aber dafür ist die Navigation komplett ohne Gestalt.

Abbildung 18.10 zeigt die ungestaltete Navigation, die den Ausgangspunkt für die folgenden Schritte bildet. Besonders das Suchfeld ist nur noch zu erahnen und schwebt scheinbar orientierungslos am rechten Rand.

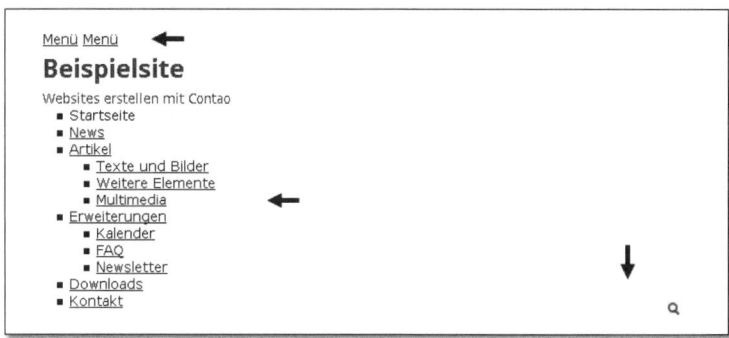

Abbildung 18.10 Unterhalb von 768 px ist die Navigation ungestaltet.

18.4.3   Schritt 3: Neues Stylesheet erstellen und Menübutton positionieren

In diesem Schritt erstellen Sie ein neues Stylesheet namens *nav-small*, das erst unterhalb von 768 px aktiv wird. In diesem Stylesheet gestalten Sie die Navigation für kleine Bildschirme. Sie beginnen im folgenden ToDo mit dem Menübutton.

ToDo: Ein neues Stylesheet erstellen und den Menübutton gestalten

1. Wechseln Sie in das Backend-Modul THEMES • STYLESHEETS.
2. Erstellen Sie ein NEUES STYLESHEET namens »nav-small«, geben Sie ihm den Medientyp SCREEN, und fügen Sie im Feld MEDIA QUERY den folgenden Wert ein:

   ```
   screen and (max-width:767px)
   ```
3. Kreuzen Sie die Option CSS3PIE DEAKTIVIEREN an.
4. SPEICHERN UND SCHLIESSEN Sie das Stylesheet.
5. Wechseln Sie in das Backend-Modul THEMES • SEITENLAYOUTS.
6. Binden Sie in den Seitenlayouts STANDARDLAYOUT und STARTSEITE das soeben erstellte Stylesheet *nav-small* ein.
7. Wechseln Sie zurück in das Backend-Modul THEMES • STYLESHEETS.
8. Öffnen Sie das Stylesheet *nav-small* zur Bearbeitung, und fügen Sie folgenden Style ein (KATEGORIE: »Menubutton«):

   ```css
   /* Positionierung des Menübuttons */
   div.menubutton {
     position: absolute;
     right: 0;
     top: 0.5rem;
     display: block;
     z-index: 10; /* im Feld "Eigener Code" */
   }
   ```
9. SPEICHERN Sie das Stylesheet, und betrachten Sie die Seiten im Browser.

Abbildung 18.11 zeigt die Startseite in einem 320 px breiten Viewport im Firefox. Da die Navigation in erster Linie für kleine Bildschirmbreiten gedacht ist, wird sie auch gleich in dieser Umgebung getestet. Die beiden MENÜ-Links sitzen nach dem ToDo rechts außen. Der Bezugspunkt für die absolute Positionierung der Links ist das relativ positionierte `div.inside` im Header.

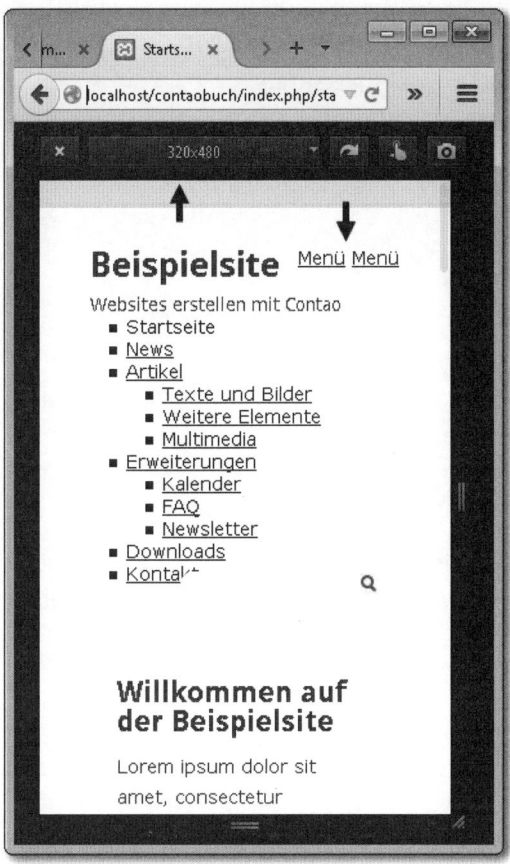

Abbildung 18.11 Die Menübuttons sitzen rechts außen.

18.4.4 Schritt 4: Den Menübutton gestalten

Nach der Positionierung werden die beiden Hyperlinks in diesem Schritt gestaltet. Sie bekommen einen Pfeil nach unten bzw. oben, der mit der Pseudoklasse :after nach dem Inhalt, also nach dem Wort *Menü*, eingefügt wird. Die Pfeile werden als Unicode-Zeichen mit den Werten 25bc bzw. 25b2 eingegeben. Die Werte für Unicode-Zeichen kann man z. B. auf *unicode-table.com* nachschlagen. Im CSS wird noch ein führender Backslash hinzugefügt.

Der erste Menübutton mit dem Pfeil nach unten bleibt sichtbar, der zweite mit dem Pfeil nach oben hingegen wird per CSS erst einmal versteckt. Im folgenden ToDo bekommen alle Styles die KATEGORIE »Menübutton«.

ToDo: Den Menübutton für die responsive Navigation gestalten

1. Wechseln Sie in das Backend-Modul THEMES • STYLESHEETS.
2. Öffnen Sie das Stylesheet *nav-small* zur Bearbeitung, und fügen Sie am Ende folgenden Style ein:

   ```
   /* Die Links im Menübutton */
   div.menubutton a {
     display: block;
     padding: 0.5rem;
     background-color: #f5f4e9;
     border: 1px solid #dfddb7;
     border-radius: 0.25rem;
     text-decoration: none;
     color: #444
   }
   ```

3. Speichern Sie den Style, und geben Sie darunter nacheinander die folgenden Styles für die Pfeile nach unten bzw. oben ein. Die Anweisung für content kommt in das Feld EIGENER CODE.

   ```
   /* Pfeil nach unten */
   div.menubutton a.shownav:after {
     font-size: 0.7rem;
     content: " \25bc"
   }
   /* Pfeil nach oben */
   div.menubutton a.hidenav:after {
     font-size: 0.7rem;
     content: " \25b2"
   }
   ```

4. Zum Schluss verstecken Sie den zweiten Button:

   ```
   /* Button mit Pfeil nach oben ausblenden */
   div.menubutton a.hidenav {
     display: none
   }
   ```

5. SPEICHERN Sie das Stylesheet und betrachten Sie die Seiten im Browser.

Nach diesem ToDo nimmt der Menübutton im Browserfenster langsam Form an, auch wenn er noch nicht funktioniert (Abbildung 18.12).

Abbildung 18.12 Der Menübutton ist gestaltet.

18.4.5 Intermezzo: Das Suchfeld positionieren und gestalten

Das Suchfeld steht momentan ziemlich verloren unten rechts im Navigationsbereich und ist aufgrund widriger Umstände als weißes Feld auf weißem Grund kaum noch zu erkennen.

Das Suchfeld soll auf kleinen und mittleren Bildschirmen unterhalb des Logos sitzen und sich über die gesamte Breite des Bildschirms erstrecken. Dazu erstellen Sie ein neues Stylesheet namens *interaktionen-943*, das bis zu einer Viewportbreite von 943 px aktiv ist.

Die Zahl 943 ergibt sich übrigens nicht aus wissenschaftlichen Berechnungen, sondern ganz einfach aus Versuch und Irrtum: Seite im kleinen Browserfenster aufrufen, Fenster vergrößern und gucken, ab wann es nicht mehr gut aussieht. Für ein anderes Layout wäre es ziemlich sicher eine andere Zahl. Probieren geht über studieren.

> **ToDo: Stylesheet »interaktionen-943« erstellen und einbinden**
>
> 1. Erstellen Sie im Backend-Modul THEMES • STYLESHEET ein neues Stylesheet mit dem Namen »interaktionen-943«.
> 2. Der Medientyp soll SCREEN sein, und im Feld MEDIA QUERY soll folgender Wert stehen:
>
>    ```
>    screen and (max-width:943px)
>    ```
> 3. Kreuzen Sie die Option CSS3PIE DEAKTIVIEREN an.
> 4. Klicken Sie auf SPEICHERN UND SCHLIESSEN.
> 5. Wechseln Sie in das Backend-Modul THEMES • SEITENLAYOUTS.
> 6. Klicken Sie auf MEHRERE BEARBEITEN, markieren Sie die Seitenlayouts STANDARDLAYOUT und STARTSEITE, und klicken Sie auf BEARBEITEN.
> 7. Wählen Sie die Felder TITEL und STYLESHEETS, und klicken Sie auf WEITER.
> 8. Binden Sie das Stylesheet *interaktionen-943* ein, und klicken Sie auf SPEICHERN UND SCHLIESSEN.

Das Stylesheet ist erstellt. Im folgenden ToDo positionieren Sie das Suchfeld mit nur zwei Styles zwischen Untertitel und Navigationsbereich und machen es ein bisschen hübscher.

> **ToDo: Das Suchfeld positionieren und gestalten**
>
> 1. Wechseln Sie in das Backend-Modul THEMES • STYLESHEETS, und öffnen Sie das Stylesheet *interaktionen-943* zur Bearbeitung.
> 2. Fügen Sie am Ende folgenden Style zur Positionierung des Suchformulars ein (KATEGORIE: »Suchformular – Kopfbereich«):
>
>    ```
>    #header div.mod_form {
>      width:100%;
>      right: 0;
>      top: 0;
>      position: relative;
>      display: block;
>      margin-top: 0.5rem;
>    }
>    ```
> 3. Das Eingabefeld wird mit folgendem Style wieder sichtbar gemacht.
>
>    ```
>    #header input.suchfeld {
>      width: 100%;
>      margin: 0;
>      padding: 0.25rem 2rem 0.25rem 0.25rem;
>      border: 1px solid #d9d9d9;
>    ```

```
        border-radius: 0.5rem;
        box-sizing: border-box;
    }
```
4. SPEICHERN Sie das Stylesheet, und betrachten Sie die Seiten im Browser.

Abbildung 18.13 zeigt das Suchfeld an seinem neuen Platz. Die Formatierung der Lupe muss nicht verändert werden, da das relativ positionierte div.mod_form nach wie vor als Bezugspunkt für die im Stylesheet *interaktionen* definierte absolute Positionierung der Lupe gilt.

Abbildung 18.13 Das neu positionierte Suchformular

18.4.6 Schritt 5: Die Gestaltung des Navigationsbereichs

Nach dem Intermezzo mit dem Suchfeld ist in diesem Schritt der Navigationsbereich an der Reihe.

Der Navigationsbereich wird später in Schritt 7 mit der Anweisung max-height:0 ausgeblendet. Gegenüber anderen Lösungen wie z. B. display:none oder einer Positionierung jenseits des Bildschirms hat das den Vorteil, dass max-height mit der Anweisung transition: 1s animiert werden kann. So gleitet die Navigation später beim Einblenden sanft herein und wird nicht mit einem plötzlichen Plopp sichtbar.

Die Listenelemente haben zur optischen Abtrennung eine leichte Rahmenlinie unten. Das letzte Listenelement soll keine Linie haben, dafür bekommt das erste Listenelement in der zweiten Ebene eine Linie oben.

Die KATEGORIE für die Styles im folgenden ToDo ist »Navigationsbereich«.

ToDo: Den Navigationsbereich gestalten

1. Öffnen Sie das Stylesheet *nav-small* zur Bearbeitung.
2. Fügen Sie am Ende folgenden Style zur Gestaltung des Navigationsbereichs ein:

   ```
   /* Navigationsbereich gestalten */
   nav.mod_navigation {
     margin: 1rem 0;
     padding: 0;
     background-color: #f5f4e9;
     border-radius: 0.5rem;
     transition: 1s;
   }
   ```

3. Nach dem Navigationsbereich kommt die ungeordnete Liste an die Reihe:

   ```
   nav.mod_navigation ul.level_1 {
     margin: 0;
     padding: 0;
   }
   ```

4. Die Listenelemente bekommen zur optischen Verzierung Rahmenlinien:

   ```
   nav.mod_navigation li {
     margin: 0;
     padding: 0;
     border-bottom: 1px solid #dfddb7;
     list-style-type: none;
   }
   nav.mod_navigation li:last-of-type {
     border-bottom: 0;
   }
   nav.mod_navigation .level_2 li:first-of-type {
     border-top: 1px solid #dfddb7;
   }
   ```

5. SPEICHERN Sie das Stylesheet, und betrachten Sie die Seiten im Browser.

Abbildung 18.14 zeigt, dass der Navigationsbereich langsam, aber sicher Form annimmt.

Abbildung 18.14 Der Navigationsbereich wird ansehnlicher.

18.4.7 Schritt 6: Die Links im Navigationsbereich gestalten

Zur Gestaltung der Navigation fehlen nur noch die Links. Das CSS dazu ist relativ unspektakulär, macht die Navigation aber um einiges benutzbarer. Besonders auf Touchscreens sollten Sie darauf achten, dass die einzelnen Links so groß sind, dass man sie bequem mit dem Finger berühren kann.

Die KATEGORIE für die Styles im folgenden ToDo heißt »Links«.

> **ToDo: Den Navigationsbereich gestalten**
>
> 1. Öffnen Sie das Stylesheet *nav-small* zur Bearbeitung.
> 2. Fügen Sie am Ende folgende Styles zur Gestaltung der Links im Navigationsbereich ein:
>
> ```
> nav.mod_navigation li a,
> nav.mod_navigation li span {
>   display: block;
> ```

```
      padding: 0.5rem;
      text-align: left;
      background-color: #f5f4e9;
      text-decoration: none;
      color: #444;
   }
   nav.mod_navigation a:hover,
   nav.mod_navigation a:focus {
      text-decoration: underline
   }
```

3. Der jeweils aktive Menüpunkt soll farblich hervorgehoben werden:

```
   nav.mod_navigation li.active span {
      background-color: #141414;
      text-decoration: none;
      color: #fff
   }
```

4. SPEICHERN Sie das Stylesheet, und betrachten Sie die Seiten im Browser.

Abbildung 18.15 zeigt die fertig gestaltete Navigation, aber sie funktioniert noch nicht. Das passiert im nächsten und letzten Schritt.

Abbildung 18.15 Die Navigation ist fertig gestaltet, funktioniert aber noch nicht.

18.4.8 Schritt 7: Right on »:target« – die Navigation in Aktion

Im letzten Schritt wird der Navigationsbereich im Header erst mal ausgeblendet:

```
#header nav.mod_navigation {
  max-height: 0;
}
```

Listing 18.1 Der Navigationsbereich wird ausgeblendet.

Nach einem Klick auf den Menübutton wird der Navigationsbereich dann mithilfe der Pseudoklasse :target eingeblendet, aber immer der Reihe nach.

Zunächst schauen Sie sich den Menübutton noch einmal genauer an. In div.menubutton werden zwei Links aufbewahrt. Nach dem Laden der Seite ist der Link mit der Klasse shownav und dem Pfeil nach unten sichtbar:

```
<div class="menubutton">
  <a href="{{env::request}}#menu" class="shownav">Menü</a>
  <a href="{{env::request}}" class="hidenav">Menü</a>
</div>
```

Listing 18.2 Der Button zum Öffnen des Menüs

Wichtig ist das Linkziel mit dem Identifier #menu. Ein Klick auf diesen Link hängt die ID #menu an die URL. Wenn die Startseite *index.html* heißt, ändert sich die URL durch einen Klick auf den Link in *index.html#menu*. Diese ID haben Sie im ersten Schritt an das Stammelement html vergeben.

Der Trick mit der Pseudoklasse :target basiert auf dem Identifier #menu in der URL und blendet den Navigationsbereich mit folgendem Style wieder ein:

```
#menu:target nav.mod_navigation {
  max-height: 40rem;   /* Wert ggf. anpassen */
}
```

Listing 18.3 Der Style zum Einblenden des Menüs

Nur ein einziger Style, der es aber in sich hat:

- #menu:target nav.mod_navigation selektiert den Navigationsbereich, aber nur – und das ist der Clou – wenn in der URL #menu vorhanden ist.
- In diesem Fall blendet die Anweisung max-height:40rem den Navigationsbereich mit einer leichten Animation ein.

Der Wert von 40rem muss eventuell an die Höhe der Navigation angepasst werden. Probieren Sie einfach aus, was am besten passt.

Zwei weitere Styles mit :target-Selektoren tauschen gleichzeitig mit dem Einblenden der Navigation den Menübutton oben rechts aus, sodass dort der Button mit dem Pfeil nach oben erscheint. Das folgende Listing zeigt die beiden an sich sehr einfachen Styles:

```css
#menu:target a.shownav {
  display: none;
}
#menu:target a.hidenav {
  display: block;
}
```

Listing 18.4 Die beiden Styles zum Austauschen des Menübuttons

Im folgenden ToDo erstellen Sie diese vier Styles, und danach funktioniert die responsive Navigation. Die KATEGORIE für alle Styles ist »Target«.

> **ToDo: Die Navigation automatisch ein- und ausblenden**
>
> 1. Öffnen Sie das Stylesheet *nav-small* zur Bearbeitung.
> 2. Fügen Sie am Ende folgenden Style ein, um den Navigationsbereich auszublenden:
>
>    ```css
>    #header nav.mod_navigation {
>      max-height: 0;
>    }
>    ```
>
> 3. Die folgende CSS-Regel ist der Kern der Navigation. Sie blendet den Navigationsbereich ein, sofern in der URL #menu steht:
>
>    ```css
>    #menu:target nav.mod_navigation {
>      max-height: 40rem;   /* Wert ggf. anpassen */
>    }
>    ```
>
> 4. Jetzt fehlen nur noch zwei Styles zum Austauschen des Menübuttons:
>
>    ```css
>    #menu:target a.shownav {
>      display: none;
>    }
>    #menu:target a.hidenav {
>      display: block;
>    }
>    ```
>
> 5. SPEICHERN UND SCHLIESSEN Sie das Stylesheet.

Abbildung 18.16 zeigt die fertige Navigation in Aktion. Links sehen Sie die Seite nach dem Laden im Browser, rechts nach einem Klick auf den Menübutton. Am besten testen Sie die fertige Navigation auf einem Smartphone mit einem Touchscreen. Funktioniert wunderbar.

Abbildung 18.16 Die Navigation funktioniert.

Nach dem Einblenden der Navigation gibt es im Prinzip zwei Möglichkeiten:

- Der Benutzer wählt einen Menüpunkt aus der Navigation, und die Seite wird aufgerufen.
- Der Benutzer klickt erneut auf den Menübutton.

In beiden Fällen steht der Identifier #menu nicht mehr in der URL, und #menu:target selektiert nichts mehr. Der Navigationsbereich wird also wieder ausgeblendet, und der Menübutton zeigt den Pfeil nach unten.

Man könnte das Menü genau genommen auch nur über die Änderung der URL in der Adresszeile des Browsers ein- und ausblenden, aber so ein Menübutton ist doch irgendwie benutzerfreundlicher.

18.5 Das Layout für kleine Viewports optimieren

Die Navigation funktioniert, aber sowohl beim Layout als auch beim Inhalt gibt es noch einige Baustellen, die Sie in diesem Abschnitt reparieren werden.

18.5.1 Das Stylesheet »layout-small« erstellen und einbinden

Im folgenden ToDo erstellen Sie zunächst ein neues Stylesheet, dessen Wirkungskreis Sie auf maximal 767 px begrenzen.

Bei der Navigation wechseln sich die beiden Stylesheets ab: Das eine gilt bis 767 px, das andere ab 768 px. Beim Layout und bei den Inhalten ist das nicht nötig. Die vorhandenen Stylesheets *layout* und *inhalte* werden lediglich korrigiert. Solange die neuen Stylesheets im Seitenlayout nach den alten eingebunden werden, gelten im Rahmen der Kaskade bei gleicher Spezifität die Anweisungen aus den neuen Stylesheets.

ToDo: Das Stylesheet »layout-small« erstellen und einbinden

1. Erstellen Sie im Backend-Modul THEMES • STYLESHEET ein neues Stylesheet mit dem Namen »layout-small«.
2. Der Medientyp soll SCREEN sein, im Feld MEDIA QUERY soll folgender Wert stehen:

   screen and (max-width:767px)
3. Kreuzen Sie die Option CSS3PIE DEAKTIVIEREN an.
4. Klicken Sie auf SPEICHERN UND SCHLIESSEN.
5. Wechseln Sie in das Backend-Modul THEMES • SEITENLAYOUTS.
6. Klicken Sie auf MEHRERE BEARBEITEN, markieren Sie die Seitenlayouts STANDARDLAYOUT und STARTSEITE, und klicken Sie auf BEARBEITEN.
7. Wählen Sie die Felder TITEL und STYLESHEETS, und klicken Sie auf WEITER.
8. Binden Sie das Stylesheet *layout-small* ein, und klicken Sie auf SPEICHERN UND SCHLIESSEN.

18.5.2 Abstände der Layoutbereiche optimieren: »body« und »#wrapper«

Sie beginnen mit Korrekturen für die Layoutbereiche, bei denen in erster Linie ein paar Abstände neu justiert werden müssen, um den Platz auf einem kleinen Bildschirm besser auszunutzen.

body zum Beispiel hat ein padding-top und ein padding-bottom von jeweils 1.5em, das auf großen Bildschirm für ein bisschen Luft sorgt, aber auf kleinen nicht benötigt wird.

Innerhalb von body hat #wrapper hat seine feste Breite schon verloren. Er wird in *responsive.css* unterhalb von 768 px auf width:auto gesetzt. Links und rechts hat er aber noch ein padding von 40 px, das locker auf ungefähr die Hälfte reduziert werden kann.

> **ToDo: Die Abstände für »body« und »#wrapper« optimieren**
> 1. Wechseln Sie in das Backend-Modul Themes • Stylesheets.
> 2. Öffnen Sie das Stylesheet *layout-small* zur Bearbeitung.
> 3. Erstellen Sie die folgenden Styles (Kategorie: »Layoutbereiche«):
>
>    ```
>    body {
>      margin:0;
>      padding: 0;
>    }
>    #wrapper {
>      padding-right: 1rem;
>      padding-left: 1rem;
>    }
>    ```
> 4. Speichern Sie das Stylesheet.

Damit ist das Fundament für die Optimierung gelegt. Schauen Sie sich die Beispielseiten ruhig im Browser an, am besten in einem kleinen Viewport, aber so ganz viel hat sich noch nicht geändert. Im nächsten Abschnitt geht es weiter mit den Layoutbereichen innerhalb des Wrappers.

18.5.3 Abstände der Layoutbereiche im Wrapper optimieren

Auch bei den Layoutbereichen innerhalb des Wrappers gibt es Nachbesserungsbedarf:

- `#header` hat ein oberes und unteres padding von 1.5em. Oben kann das auf ungefähr 0.5rem runter, unten kann es ganz weg.
- `#container` hat einen oberen Außenabstand von 2em, der auf kleinen Bildschirmen überflüssig ist.
- `#main .inside` hat links und rechts einen margin von 1.5em, der auf großen Bildschirmen für Abstand zwischen den Spalten sorgt und auf kleinen ersatzlos gestrichen werden kann.

Das sind genügend Aktionen für ein ToDo, und danach wirkt das Layout schon etwas ruhiger und aufgeräumter.

> **ToDo: Abstände der Layoutbereiche im Wrapper optimieren**
> 1. Öffnen Sie das Stylesheet *layout-small* zur Bearbeitung.
> 2. Fügen Sie am Ende des Stylesheets die folgenden Styles hinzu (Kategorie: »Layoutbereiche«):

```
    #header {
      padding-top: 0.5rem;
      padding-bottom: 0;
    }
    #container {
      margin-top: 0;
    }
    #main .inside {
      margin-right: 0;
      margin-left: 0;
    }
```

3. **SPEICHERN UND SCHLIESSEN** Sie das Stylesheet, und betrachten Sie die Webseiten im Browser.

Abbildung 18.17 zeigt die Beispielseiten in einem kleinen Viewport (320 x 480 px), und der Platz wird jetzt schon etwas besser genutzt. In großen Browserfenstern hat sich nichts geändert, da das Stylesheet mit einer Media Query auf 767 px begrenzt ist.

Abbildung 18.17 Die Startseite mit optimierten Abständen

18.6 Die Inhalte für kleine Viewports optimieren

Nach den Layoutbereichen optimieren Sie in diesem Abschnitt die Inhalte auf den Beispielseiten.

18.6.1 Stylesheets »inhalte-943« erstellen und einbinden

Im folgenden ToDo erstellen Sie zunächst ein neues Stylesheet mit dem schönen Namen *inhalte-943*. Die Zahl steht für die Media Query, die den Wirkungskreis auf maximal 943 px begrenzt.

Die Zahl 943 ergibt sich wie bereits gesagt aus Versuch und Irrtum. Für ein anderes Layout wäre es eventuell ein anderer Wert.

ToDo: Stylesheet »inhalte-943« erstellen und einbinden

1. Erstellen Sie im Backend-Modul THEMES • STYLESHEET ein neues Stylesheet mit dem Namen »inhalte-943«.
2. Der Medientyp soll SCREEN sein, und im Feld MEDIA QUERY soll folgender Wert stehen:

   ```
   screen and (max-width:943px)
   ```
3. Kreuzen Sie die Option CSS3PIE DEAKTIVIEREN an.
4. Klicken Sie auf SPEICHERN UND SCHLIESSEN.
5. Wechseln Sie in das Backend-Modul THEMES • SEITENLAYOUTS.
6. Klicken Sie auf MEHRERE BEARBEITEN, markieren Sie die Seitenlayouts STANDARDLAYOUT und STARTSEITE, und klicken Sie auf BEARBEITEN.
7. Wählen Sie die Felder TITEL und STYLESHEETS, und klicken Sie auf WEITER.
8. Binden Sie das Stylesheet *inhalte-943* ein, und klicken Sie auf SPEICHERN UND SCHLIESSEN.

18.6.2 Startseite: »Die neuesten Nachrichten« und »Die nächsten Termine«

Auf der Startseite gibt es nach der Optimierung der Layoutbereiche im Inhaltsbereich noch ein paar Baustellen, beispielsweise die beiden Blöcke mit Nachrichten und Terminen:

- »Die neuesten Nachrichten« werden nach links gefloatet und haben eine feste Breite von `width:280px`.
- »Die nächsten Termine« floaten nach rechts und sind ebenfalls 280 px breit

Beide Blöcke sollten nicht mehr gefloatet werden und keine festen Breite haben, damit sie den zur Verfügung stehenden Platz nutzen, was besonders bei einem mittleren Viewport von zwischen 400 und 767 px deutlich wird.

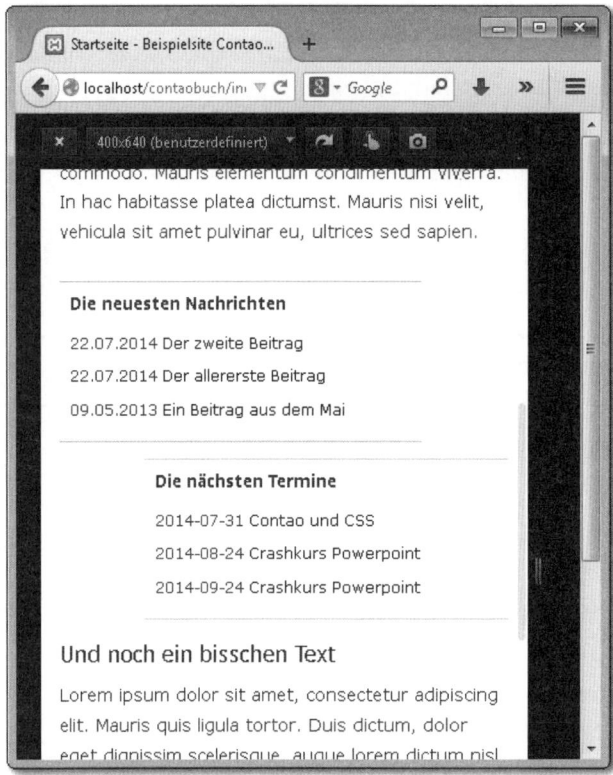

Abbildung 18.18 Nachrichten und Termine sehen noch komisch aus.

Im folgenden ToDo korrigieren Sie diese beiden Blöcke. Das Clearing mit dem Zeilenumbruch br direkt nach den Terminen wird nicht mehr benötigt und ausgeblendet.

> **ToDo: Die Blöcke für Nachrichten und Termine optimieren**
> 1. Öffnen Sie das Stylesheet *inhalte-943* zur Bearbeitung.
> 2. Fügen Sie den folgenden Style ein (KATEGORIE: »Startseite«):
>
>     ```
>     .startseite #main .mod_newslist,
>     .startseite #main .mod_eventlist {
>       width: auto;
>       float: none;
>     }
>     ```

```
    .startseite #main .mod_eventlist + br.clear {
      display: none;
    }
```
3. Klicken Sie auf SPEICHERN UND SCHLIESSEN.

Abbildung 18.19 zeigt die beiden Blöcke nach der Optimierung.

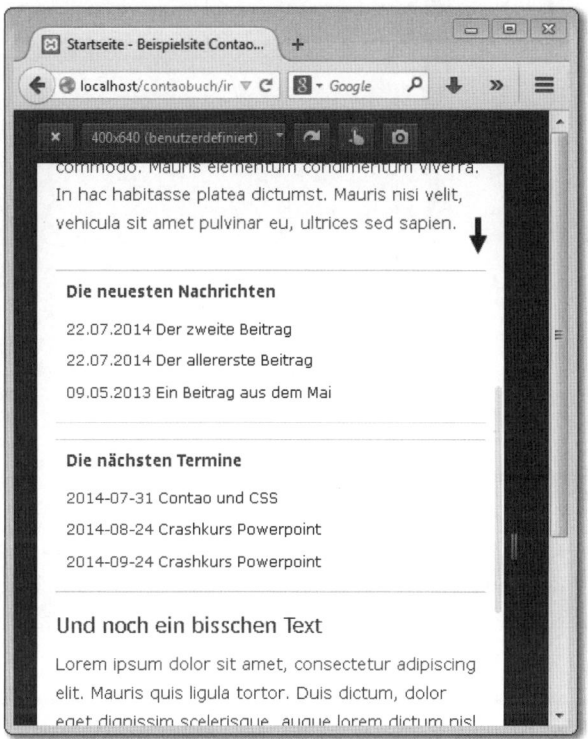

Abbildung 18.19 Die beiden Blöcke nach der Optimierung

18.6.3 Startseite: Die Bilder im Slider optimieren

Der Slider ist als Teil der Sidebar unter den Inhalt gerutscht und sieht etwas seltsam aus, da die Navigationselemente immer noch zentriert sind, das Bild aber etwas zu klein ist und linksbündig sitzt (Abbildung 18.20).

Ursache dafür ist, dass die vier Bilder im Slider beim Einfügen im Backend auf 170 px begrenzt wurden, damit sie in die Sidebar passen. Diese Begrenzung ist an sich sinnvoll, denn so liefert Contao die Bilder passgerecht aus. Während die Originalbilder 800 px breit sind und ungefähr 40 bis 60 KByte wiegen, müssen bei einer Bildbreite von 170 px nur noch zwischen 2 und 6 KByte übertragen werden.

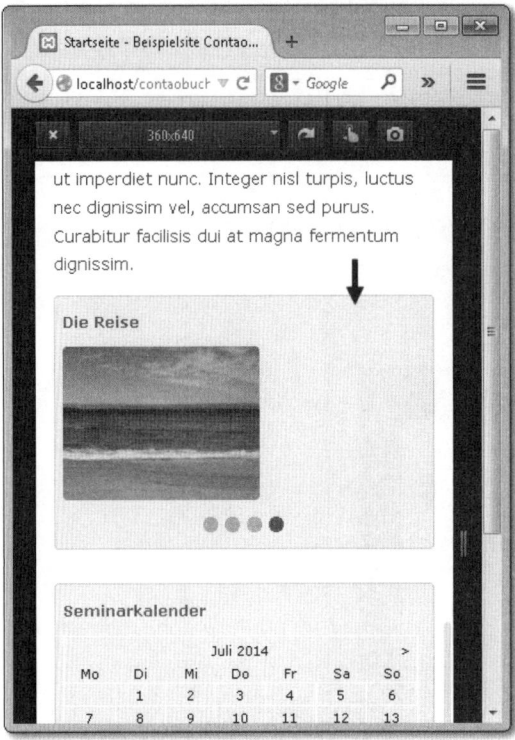

Abbildung 18.20 Das Bild im Slider ist etwas zu klein.

Auf der anderen Seite nimmt man den Bildern mit einer festen Breite die Fähigkeit, sich an ein Elternelement anzupassen. Im folgenden ToDo entfernen Sie die Breite und schauen sich danach die Auswirkungen an.

> **ToDo: Bilder im Slider ohne feste Breite**
> 1. Wechseln Sie in das Backend-Modul INHALTE • ARTIKEL, und öffnen Sie den Artikel SIDEBAR – SLIDER zur Bearbeitung.
> 2. Klicken Sie rechts oben im Arbeitsbereich auf MEHRERE BEARBEITEN, wählen Sie die vier Bilder aus, und klicken Sie rechts unten auf BEARBEITEN.
> 3. Wählen Sie die Felder QUELLDATEI und BILDBREITE UND BILDHÖHE, und klicken Sie auf WEITER.
> 4. Entfernen Sie im Feld BILDBREITE für alle vier Bilder den Wert 170, sodass die Felder leer sind.
> 5. Klicken Sie auf SPEICHERN UND SCHLIESSEN.

In Abbildung 18.21 sieht der Slider auf einem kleinen Bildschirm schon sehr viel besser aus.

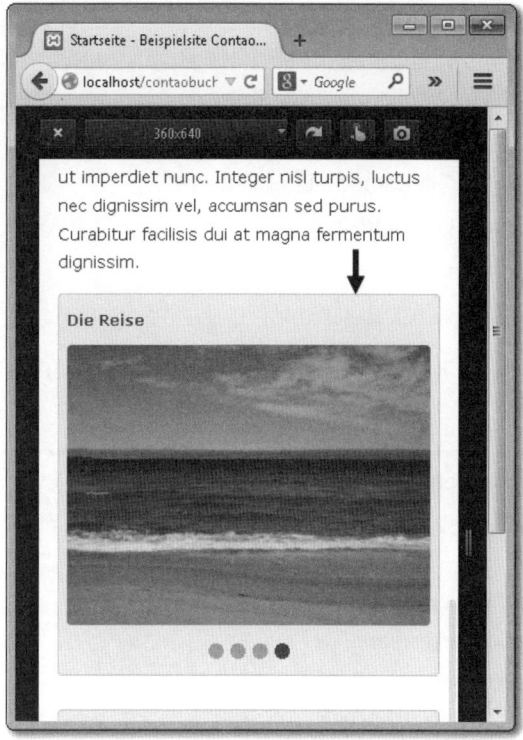

Abbildung 18.21 Der Slider mit flexiblen Bildern

Der Style img { max-width: 100%, height: auto; } aus *responsive.css* sorgt dafür, dass die Bilder nicht größer werden als das umgebende Element. Der Preis für diese Flexibilität ist, dass Contao die Bilder nicht mehr beschneidet und somit immer die großen Bilder ausliefert.

Bis es im HTML die Möglichkeit gibt, verschiedene Bilder für verschiedene Geräte auszuliefern, müssen wir solche (oder andere) Kompromisse schließen. Die zuständigen Gremien und die Browserhersteller arbeiten bereits an einer Lösung, und am Horizont zeichnet sich mit dem Element picture bereits eine Lösung ab.

> **Mobiles Seitenlayout**
>
> In Contao ist es mit einem LAYOUT FÜR MOBILE SEITEN möglich, an mobile Geräte andere Frontend-Module auszuliefern. So könnte man ein Modul SLIDER für mobile Geräte zum Beispiel durch ein Modul ZUFALLSBILD ersetzen. Mehr zu mobilen Seitenlayouts erfahren Sie in Kapitel 19, »»Mobile Seitenlayouts und 12-Spalten Grid«.

18.6.4 Meta-Navigation, Sitemap und Newsmenü für alle Bildschirmbreiten

Einige Styles aus dem Stylesheet *nav-768* sind durchaus auch für kleine Bildschirmbreiten geeignet und sollen in ein neu zu erstellendes Stylesheet *nav-all* verschoben werden.

Betroffen von der Verschiebung sind die folgenden drei Kategorien:

- die Meta-Navigation (.mod_customnav) in der Fußzeile
- die Sitemap (.mod_sitemap)
- das Newsmenü zur Monatsauswahl (.mod_newsmenu)

Im folgenden ToDo erstellen Sie zunächst das neue Stylesheet und binden es in den Seitenlayouts ein.

ToDo: Stylesheet erstellen und einbinden

1. Erstellen Sie im Backend-Modul THEMES • STYLESHEETS ein neues Stylesheet mit dem Namen »nav-all«.
2. Der Medientyp soll SCREEN sein, und das Feld MEDIA QUERY soll leer bleiben.
3. Kreuzen Sie die Option CSS3PIE DEAKTIVIEREN an.
4. Klicken Sie auf SPEICHERN UND SCHLIESSEN
5. Wechseln Sie in das Backend-Modul THEMES • SEITENLAYOUTS.
6. Klicken Sie auf MEHRERE BEARBEITEN, markieren Sie die Seitenlayouts STANDARDLAYOUT und STARTSEITE, und klicken Sie auf BEARBEITEN.
7. Wählen Sie die Felder TITEL und STYLESHEETS, und klicken Sie auf WEITER.
8. Binden Sie das Stylesheet *nav-all* ein, und klicken Sie auf SPEICHERN UND SCHLIESSEN.

Der erste Schritt ist getan. Jetzt geht es darum, die Styles für die Meta-Navigation, die Sitemap und das Newsmenü in das neue Stylesheet zu verschieben.

ToDo: Styles in das Stylesheet »nav-all« verschieben

1. Öffnen Sie im Backend-Modul THEMES • STYLESHEETS das Stylesheet *nav-768* zur Bearbeitung.
2. Klicken Sie rechts oben im Feld ANZEIGEN auf ALLE, und bestätigen Sie die Auswahl mit einem Klick auf den Doppelpfeil rechts daneben, sodass alle Styles zu sehen sind.
3. Klicken Sie auf MEHRERE BEARBEITEN, und markieren Sie alle Styles mit den Selektoren .mod_customnav, .mod_sitemap und .mod_newsmenu.
4. Klicken Sie unten auf die Schaltfläche VERSCHIEBEN.

5. Wechseln Sie mit der Schaltfläche ZURÜCK oben im Arbeitsbereich in die Liste der Stylesheets.
6. Öffnen Sie das eben erstellte Stylesheet *nav-all*.
7. Klicken Sie auf das braune Klemmbrett mit dem Pfeil nach unten, um die Styles aus der Ablage einzufügen.

Im Frontend sehen die Module in großen Viewports jetzt genauso aus wie vorher, aber die Styles gelten nun auch für kleine Bildschirme.

18.6.5 Optimierungen an Inhalten auf verschiedenen Seiten

In diesem Abschnitt reparieren Sie noch einige Stellen auf verschiedenen Seiten. Erste Kandidaten sind die Textareas im Kontakt- und in den Kommentarformularen, die auf der rechten Seite einfach aus dem Bildschirm ragen. Mit einem max-width:100% wird die Textarea zur Räson gebracht, und mit einem zusätzlichen box-sizing: border-box erscheint sie komplett auf dem Bildschirm (Abbildung 18.22).

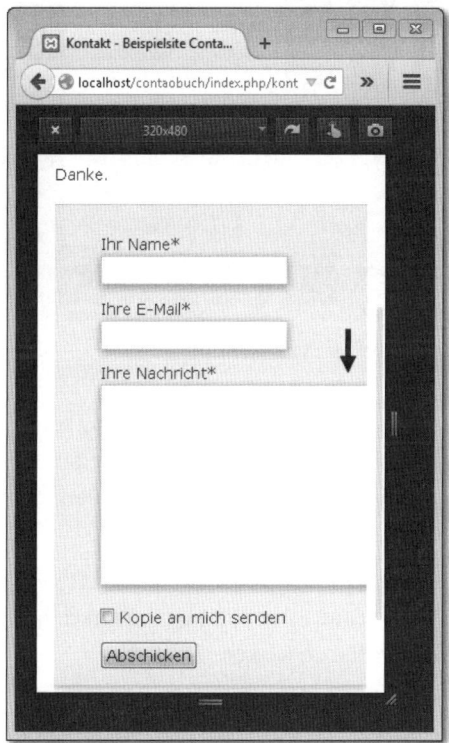
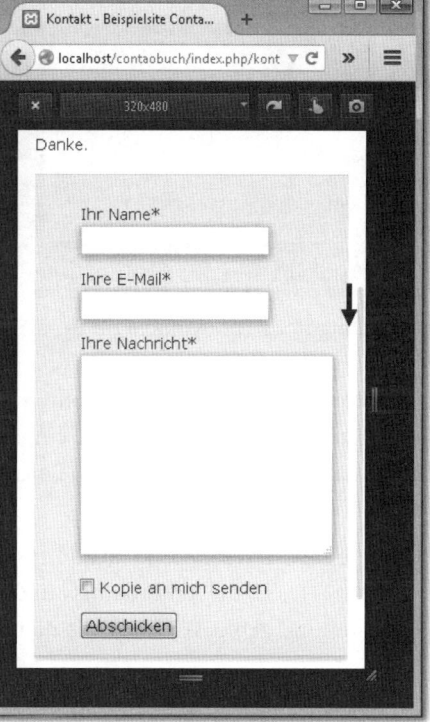

Abbildung 18.22 Die Textarea erscheint komplett.

Die Symbole zum Teilen und Weitersagen (*Syndikation*) finden sich im Artikel TEXTE UND BILDER und bei Newsbeiträgen in der Einzelansicht. Sie sitzen jeweils rechts neben der Überschrift, was in der Desktop-Version ob des ausreichenden Platzangebots kein Problem ist. Auf kleinen Bildschirmen hingegen wäre es besser, wenn sich die Symbole oberhalb der Überschrift befänden.

Abbildung 18.23 Die Symbole zur Syndikation oberhalb der Überschrift

Man könnte die Symbole auch mit `display:none` ausblenden, denn die Browser auf mobilen Geräten haben fast alle eingebaute Funktionen zum Teilen von Seiten. Die Frage dabei ist, ob das Teilen von Beiträgen für die Benutzer mit den Symbolen nicht einfacher ist.

Zu guter Letzt werden noch Bildunterschriften in der Mitte platziert (`width:auto !important`), und die Akkordeons auf der Seite WEITERE ELEMENTE werden nach links gefloatet und geblockt, sodass sie nicht ganz so verloren wirken.

> **ToDo: Diverse Inhalte für kleine Bildschirme optimieren**
>
> 1. Öffnen Sie das Stylesheet *inhalte-943* zur Bearbeitung.
> 2. Fügen Sie am Ende des Stylesheets diesen Style ein (KATEGORIE: »Formulare«):
>
>    ```
>    input, textarea {
>      max-width: 100%;
>      box-sizing: border-box;
>    }
>    ```
>
> 3. Der folgende Style hebt die Positionierung für die Links zur Syndikation auf, und darunter wird das padding-right für die Überschrift in Newsbeiträgen zurückgesetzt (KATEGORIE: »News«):
>
>    ```
>    #main .pdf_link {
>      position: static;
>      float: none;
>      margin-left: 0;
>    }
>    #newsbeitrag h1 {
>      padding-right: 0;
>    }
>    ```
>
> 4. Die Bildbeschriftungen sollen eine automatische Breite bekommen, damit sie zentriert bleiben. Da die Breitenangabe in einem Inline-Style erfolgt, müssen Sie die folgende Anweisung mit dem Zusatz !important in das Feld EIGENER CODE schreiben (KATEGORIE: »Bilder«).
>
>    ```
>    figcaption {
>      width: auto !important;
>    }
>    ```
>
> 5. Mit dem folgenden Style werden die Akkordeons nach links gefloatet und etwas verbreitert (KATEGORIE: »Akkordeon«):
>
>    ```
>    #right .ce_accordion {
>      width: 70%;
>      float: left;
>    }
>    ```
>
> 6. SPEICHERN UND SCHLIESSEN Sie das Stylesheet.

Nach diesen Schritten sind die größten Baustellen okay, aber es gäbe natürlich immer noch Kleinigkeiten zu reparieren. So könnte man zum Beispiel der Unternavigation noch eine Überschrift mit auf den Weg geben:

Abbildung 18.24 Eine Überschrift für die Unternavigation

Im Schnellverfahren würde das so gehen:

- In den Modulen NAV – SUB und NEWS – MONAT AUSWÄHLEN fügt man »Navigation - Seite »{{page::mainTitle}}«« als H1 ein. Das Insert-Tag wird mit dem Namen der übergeordneten Seite ersetzt.
- Das Styling in *nav-small* könnte ungefähr so aussehen (KATEGORIE: »Nav – Sub«):

```
#left .mod_navigation h1,
#left .mod_newsmenu h1 {
  margin-top: 0;
  padding: 0.5rem;
  border-bottom:1px dotted #dfddb7;
  font-size:1rem;
}
```

```
#left .mod_newsmenu h1 {
    padding-left:0;
}
```

- Im Stylesheet *nav-768* sollte man die Überschriften ausblenden, da sie auf großen Bildschirmen eher stören:

```
#left .mod_navigation h1,
#left .mod_newsmenu h1 {
  display: none;
}
```

Es gibt bestimmt noch viele weitere Ideen und Anregungen zur Optimierung der Beispielseiten für kleine Bildschirme, aber mit einer responsiven Navigation und optimierten Layoutbereichen und Inhalten passen sie sich den Umständen gut an und sind vor allem gut bedienbar.

18.6.6 Feinschliff: Abstände für die Navigation korrigieren

Die Beispielsite ist schon relativ flexibel, aber es fehlt noch ein letztes i-Tüpfelchen, denn die horizontale Navigation sitzt in Viewports oberhalb von 943 px direkt unter dem Logo.

Ursache für diesen Platzmangel ist, dass bei der Erstellung der Navigation für kleine Bildschirme in Abschnitt 18.4.2 (ToDo-Kästchen, Schritt 8) die Eigenschaften `margin-top` und `padding-right` auf 0 gesetzt wurden. Bei Viewports oberhalb von 943 px sitzt das Suchfeld aber nicht oberhalb der Navigation, sondern springt nach rechts, und dann wären diese Abstände doch wieder angebracht.

> **ToDo: Ein Stylesheet erstellen und die Abstände korrigieren**
>
> 1. Wechseln Sie in das Backend-Modul Themes • Stylesheets.
> 2. Erstellen Sie ein Neues Stylesheet namens »nav-964«, geben Sie ihm den Medientyp screen, und fügen Sie im Feld Media Query den folgenden Wert ein:
>
>   `screen and (min-width:964px)`
>
> 3. Kreuzen Sie die Option CSS3PIE deaktivieren an.
> 4. Speichern und schliessen Sie das Stylesheet.
> 5. Wechseln Sie in das Backend-Modul Themes • Seitenlayouts.
> 6. Binden Sie in den Seitenlayouts Standardlayout und Startseite das soeben erstellte Stylesheet *nav-964* ein.
> 7. Wechseln Sie zurück in das Backend-Modul Themes • Stylesheets.

8. Öffnen Sie das Stylesheet *nav-964* zur Bearbeitung, und fügen Sie folgenden Style ein:

```
/* Abstände für die Navigation */
#header .mod navigation {
  margin-top: 24px;
  padding-right: 200px;
}
```

9. SPEICHERN UND SCHLIESSEN Sie das Stylesheet.

Nach diesem ToDo macht die Beispielsite eine gute Figur in kleinen, mittleren und großen Viewports.

> **Ein zweispaltiges Seitenlayout ohne rechte Spalte**
>
> Ein dreispaltiges Layout wirkt auf mittleren Viewports bei ca. 768 px Breite oft ein bisschen gequetscht. Ein zweispaltiges Layout wie z. B. auf der Startseite wirkt dort luftiger.
>
> Auf den Beispielseiten lasse ich vorerst das dreispaltige Layout, auch wenn auf den meisten Seiten in der rechten Sidebar momentan noch kein Inhalt ist, aber falls Ihnen das lieber ist, zögern Sie nicht, ein zweispaltiges Seitenlayout ohne rechte Spalte zu erstellen und das den Seiten zuzuweisen.

Kapitel 19
Mobile Seitenlayouts und 12-Spalten Grid

In diesem Kapitel geht es um zwei Besonderheiten von Contao: mobile Seitenlayouts und ein mehrstufiges 12-Spalten Grid.

Die Themen im Überblick:

- Mobile Seitenlayouts und responsives Webdesign, Seite 599
- »Music Academy«: Mobile Seitenlayouts in Aktion, Seite 602
- Mobile Seitenlayouts für die Beispielsite, Seite 609
- Gridlayouts mit dem 12-Spalten Grid von Contao, Seite 612
- Das CSS zum 12-Spalten Grid, Seite 618

In diesem Kapitel lernen Sie mit den mobilen Seitenlayouts und dem 12-Spalten Grid zwei weitere Komponenten von Contao kennen, die beim Erstellen von flexiblen, sich der Umgebung anpassenden Webseiten hilfreich sein können.

19.1 Mobile Seitenlayouts und responsives Webdesign

Bevor Sie sich anschauen, was man mit mobilen Seitenlayouts so alles machen kann, erfahren Sie kurz, was das Besondere daran ist.

19.1.1 »Media Queries«: Die Beispielseiten passen sich dem Viewport an

Die Beispielsite ist mit Media Queries schon recht flexibel und passt sich dem Browserfenster gut an, egal ob klein, mittel oder groß. In einem großen Viewport ist das Suchfeld rechts innerhalb der horizontalen Navigation ❸, bei einem kleineren Browserfenster sitzt es oberhalb der Navigationsleiste ❷, und auf kleinen Bildschirmen erscheint rechts oben ein Menübutton ❶ (Abbildung 19.1).

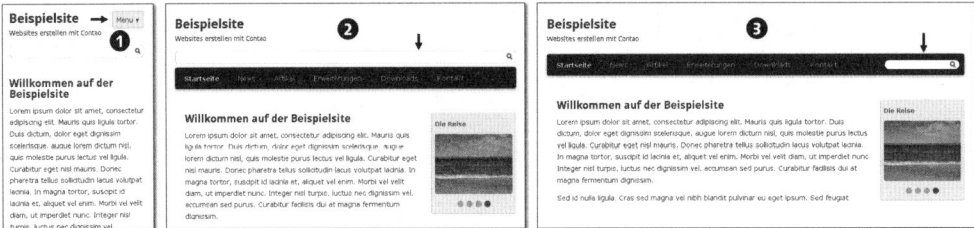

Abbildung 19.1 Die Beispielseiten verschiedener Viewports

Auslöser für diese Veränderungen ist einzig und allein die Breite des Viewports. Auf welchem Gerät der Browser läuft, spielt dabei keine Rolle. So können Sie das Verhalten der Webseiten beim Gestalten auf einem Desktop-Rechner im Browser testen, indem Sie einfach die Größe des Browserfensters verändern.

Media Queries gelten nur für das CSS, nicht für das HTML. Das von Contao ausgelieferte HTML wird nicht verändert, sondern von diversen Stylesheets unterschiedlich gestaltet. Es ist zwar möglich, den Menübutton in großen Viewports per CSS auszublenden, aber der Quelltext wird trotzdem an alle Browser und in allen Fenstergrößen ausgeliefert. Er wird nur nicht dargestellt.

Sie können mit Media Queries also weder die Reihenfolge im HTML beliebig verändern noch für bestimmte Bereiche ein anderes HTML ausliefern. Der Slider auf der Startseite wird mit seinen vier großen Bildern an alle Geräte ausgeliefert.

19.1.2 »Mobile Seitenlayouts«: Contao serviert zum Teil anderes HTML

Mit den *mobilen Seitenlayouts* von Contao kann man einen Schritt weitergehen und an bestimmte Geräte ein anderes HTML ausliefern. Sie haben richtig gelesen, *an bestimmte Geräte*. Die Breite des Browserfensters spielt bei mobilen Seitenlayouts keine Rolle.

Die Option im Backend findet sich im Backend-Modul SEITENSTRUKTUR bei den SEITENEIGENSCHAFTEN im Bereich LAYOUT-EINSTELLUNGEN und heißt LAYOUT FÜR MOBILE SEITEN (Abbildung 19.2).

Abbildung 19.2 »Layout für mobile Seiten« in den »Seiteneigenschaften«

Die Bezeichnung LAYOUT FÜR MOBILE SEITEN ist nicht sehr treffend, denn es sind ja nicht wirklich die Seiten, die mobil sind. Im englischen Backend heißt die Option MOBILE PAGE LAYOUT, also »mobiles Seitenlayout«, und diesen Begriff werde ich im Folgenden auch verwenden.

Eigentlich müsste die Option »Seitenlayout für mobile Geräte« heißen, denn genau darum geht es: Contao liefert an Browser auf mobilen Geräten ein anderes Seitenlayout.

In einem Seitenlayout kommen alle Komponenten von Contao zusammen, und unter anderem definieren Sie dort:

- welche *Layoutbereiche* (Zeilen und Spalten) es auf der Seite gibt,
- welche *Stylesheets* zur Gestaltung benutzt werden und
- welche *Frontend-Module* in welchem Layoutbereich erscheinen.

Layoutbereiche und Frontend-Module haben Einfluss auf das von Contao generierte HTML, Stylesheets gestalten es. Mit einem mobilen Seitenlayout wäre es also eventuell möglich, den Slider mit seinen großen Bildern nicht an mobile Geräte zu schicken und stattdessen zum Beispiel ein Zufallsbild zu servieren. Mobile Seitenlayouts können, geschickt eingesetzt, das i-Tüpfelchen für responsive Webseiten sein.

19.1.3 Wie Contao mobile Geräte erkennt

Das Web wird mobil, und man hört viel von *mobilen Geräten*, *mobilen Features*, *mobilen Webseiten* und jetzt sogar von *mobilen Seitenlayouts*. Aber was genau bedeutet eigentlich dieses »mobil«,?

Während ein Seitenlayout in Contao genau definiert ist, stellt sich die Frage, was ein mobiles Gerät ist und wie Contao entscheidet, ob es bei einer Anfrage das Desktop-Seitenlayout oder das mobile Seitenlayout nimmt.

Jeder Browser nennt, wie es sich gehört, bei der Begrüßung seinen Namen. Das Auslesen dieses Namens nennt sich im Fachjargon *UA Sniffing*. *UA* steht für *User Agent*, womit der Browser gemeint ist.

Contao weiß also, wer da zu Besuch kommt, und vergleicht dies mit einer Liste, auf der steht, wer als Desktop und wer als mobil gilt. Wenn Sie sich diese Liste einmal anschauen möchten, finden Sie sie in der Datei *system/config/agents.php*. Aber nichts ändern, nur gucken (Abbildung 19.3).

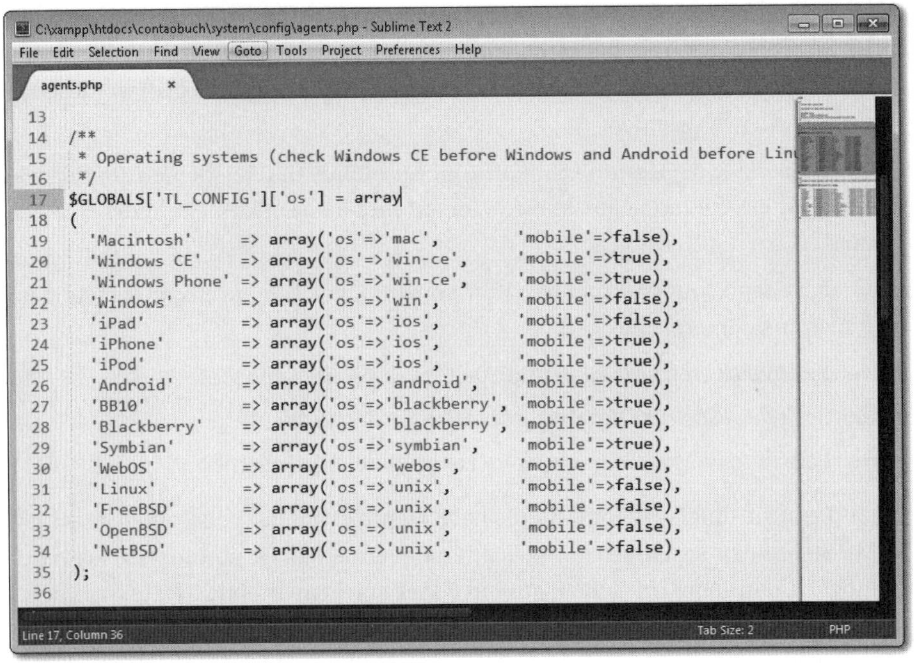

Abbildung 19.3 Ausschnitt aus der Datei »system/config/agents.php«

In den Katakomben der Contao-Dateien wird diese Unterscheidung noch weiter verfeinert, aber als grobe Richtlinie kann man sagen, dass ein Gerät, mit dem man telefonieren kann, meist als mobil eingestuft wird.

Daraus kann man aber auch schon sehen, dass man bei der Arbeit mit mobilen Seitenlayouts vorsichtig sein sollte, denn man macht dabei unweigerlich jede Menge Annahmen über den Benutzer, seine Umgebung und die Geräte. Und man sollte immer dran denken, dass jede einzelne dieser Annahmen falsch sein kann.

19.2 »Music Academy«: Mobile Seitenlayouts in Aktion

In Kapitel 4, »Schnelldurchlauf: So funktioniert Contao«, haben Sie die die Beispielsite »Music Academy« installiert, die unter der Adresse *localhost/music_academy* zu finden ist (Abbildung 19.4).

Anhand dieser Website möchte ich Ihnen mobile Seitenlayouts in diesem Abschnitt vorstellen.

19.2 »Music Academy«: Mobile Seitenlayouts in Aktion

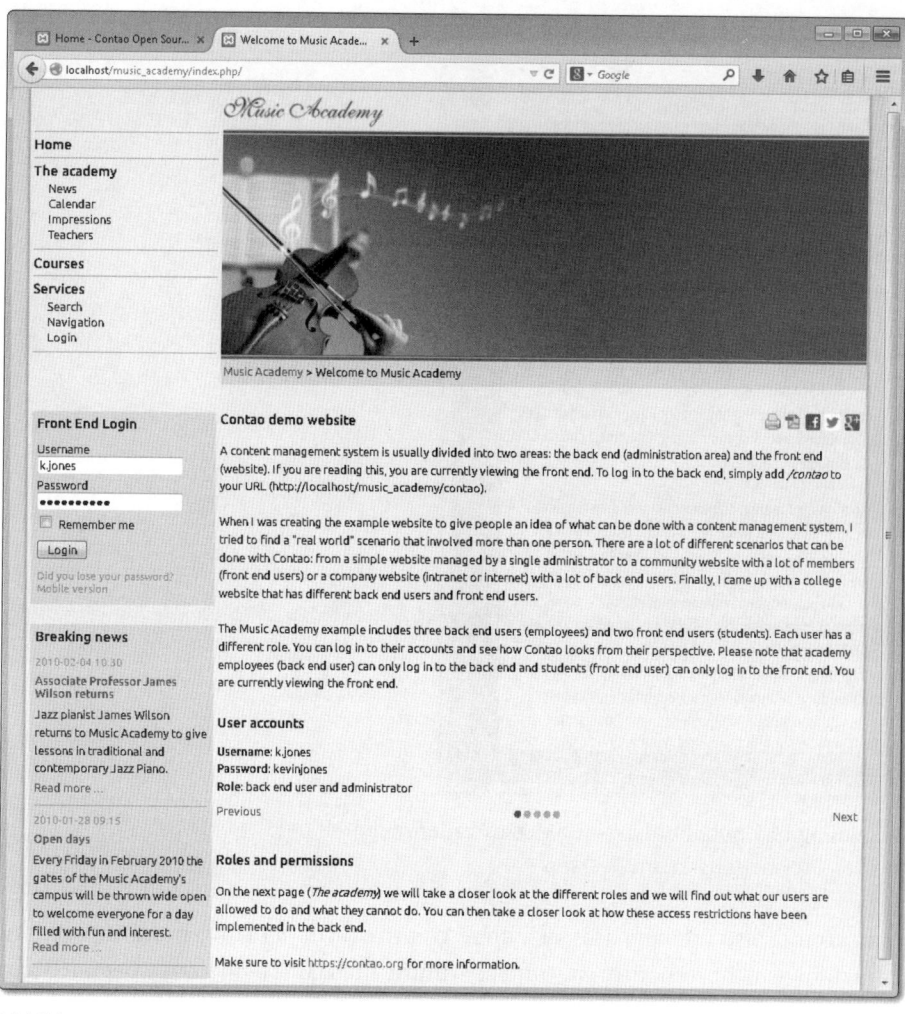

Abbildung 19.4 Die »Music Academy« in einem großen Viewport

19.2.1 Die »Music Academy« reagiert nicht auf die Viewportgröße

Viele Webdesigner haben in den letzten Jahren die Gewohnheit entwickelt, beim Betrachten einer neuen Website erst einmal das Browserfenster zu verkleinern, um zu sehen, wie die Seiten darauf reagieren. Die »Music Academy« verhält sich dabei anders als die im letzten Kapitel erstellte Beispielsite, denn sie ist nicht responsiv. Die Startseite sieht in einem kleinen Browserfenster am Desktop, sagen wir mal, »kuddelmuddelig« aus (Abbildung 19.5).

19 Mobile Seitenlayouts und 12-Spalten Grid

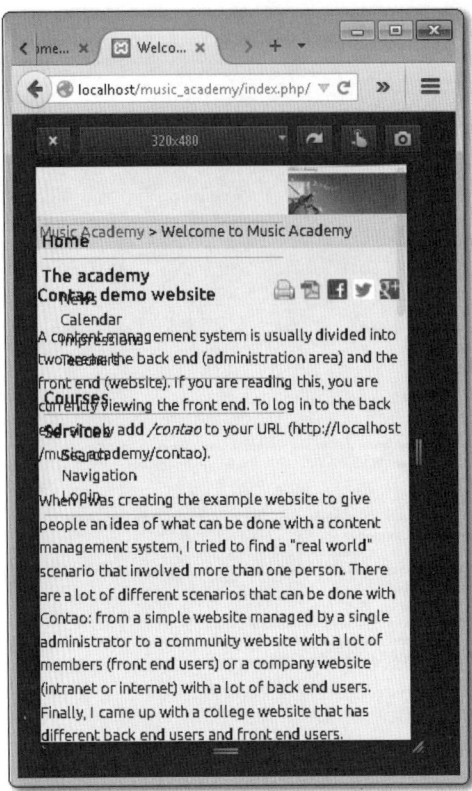

Abbildung 19.5 Suboptimal – die »Music Academy« im kleinen Browserfenster am Desktop

Man könnte also meinen, dass sich diese Website nicht der Umgebung anpasst und demzufolge nicht responsiv ist – und es stimmt auch ganz eindeutig. Aber auf mobilen Geräten sieht die »Music Academy« besser aus als in einem kleinen Browserfenster am Desktop.

19.2.2 Die »Music Academy« sieht auf mobilen Geräten ganz anders aus

Die Website mag vielleicht nicht responsiv sein, aber auf einem Smartphone macht sie trotzdem eine gute Figur (Abbildung 19.6).

Auf einem mobilen Gerät sieht die »Music Academy« ganz anders aus als in einem kleinen Browserfenster auf dem Desktop: Der Artikel auf der Startseite ist gut lesbar ❶, und weiter unten auf der Seite sind die komplette Navigation und das FRONT END LOGIN ❷.

19.2 »Music Academy«: Mobile Seitenlayouts in Aktion

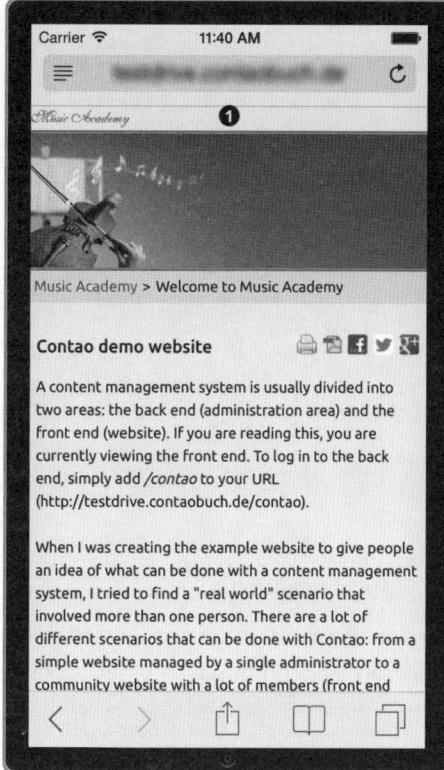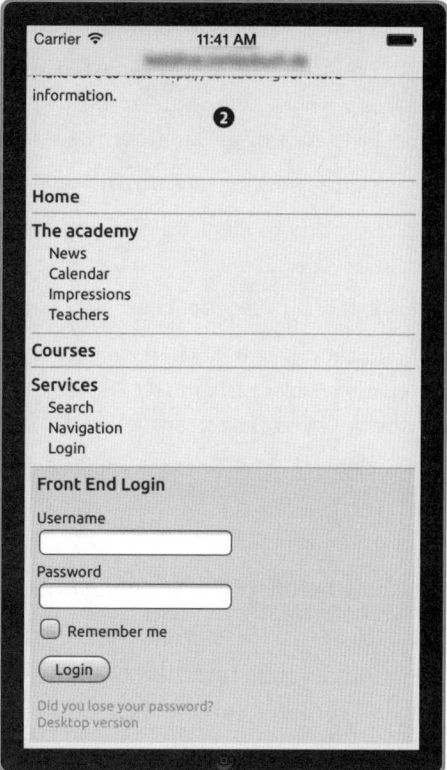

Abbildung 19.6 Die »Music Academy« auf einem Smartphone

Die »Music Academy« hat also eine spezielle Version für mobile Geräte, die mit den mobilen Seitenlayouts von Contao umgesetzt wurde. Diese mobile Version wird nur an mobile Geräte ausgeliefert und erscheint nicht, wenn man am Desktop das Browserfenster verkleinert.

Tabelle 19.1 zeigt im Überblick den Unterschied zwischen responsivem Webdesign und einer mobilen Version.

Technik	Auslöser (Trigger)	Umsetzung
responsives Design	Viewportbreite	Media Queries
mobile Version	UA-String	mobile Seitenlayouts

Tabelle 19.1 Responsives Design versus mobile Version

> **Die mobile Version im Desktop-Browser betrachten**
>
> Mit einem kleinen Eingriff in die URL können Sie die mobile Version der »Music Academy« auch ohne mobiles Gerät in einem Desktop-Browser betrachten. Die normale URL der Seite »Teachers« lautet zum Beispiel so:
>
> ▶ localhost/music_academy/index.php/teachers.html
>
> Wenn Sie nach dem Dateinamen den Parameter *?toggle_view=mobile* ergänzen, sehen Sie die mobile Version dieser Seite:
>
> ▶ localhost/music_academy/index.php/teachers.html?toggle_view=mobile
>
> Contao merkt sich diese Einstellung, auch wenn Sie andere Seiten der Website aufrufen. Um wieder zurück in die Desktop-Version zu gelangen, hängen Sie den Parameter *?toggle_view=desktop* an die URL:
>
> ▶ localhost/music_academy/index.php/teachers.html?toggle_view=desktop

19.2.3 Überblick: Die Seitenlayouts in der »Music Academy«

Die Website hat im Backend-Modul THEMES • SEITENLAYOUTS die drei Seitenlayouts DEFAULT, EVENTS und NEWS definiert, die allesamt noch einmal in einer mobilen Version vorliegen (Abbildung 19.7).

Abbildung 19.7 Die »Music Academy« hat zwei mal drei Seitenlayouts.

Im STARTPUNKT EINER WEBSEITE wurden die Seitenlayouts DEFAULT bzw. DEFAULT MOBILE zugewiesen. Diese Layouts gelten also für alle Seiten, sofern nicht explizit etwas anderes definiert wurde (Abbildung 19.8).

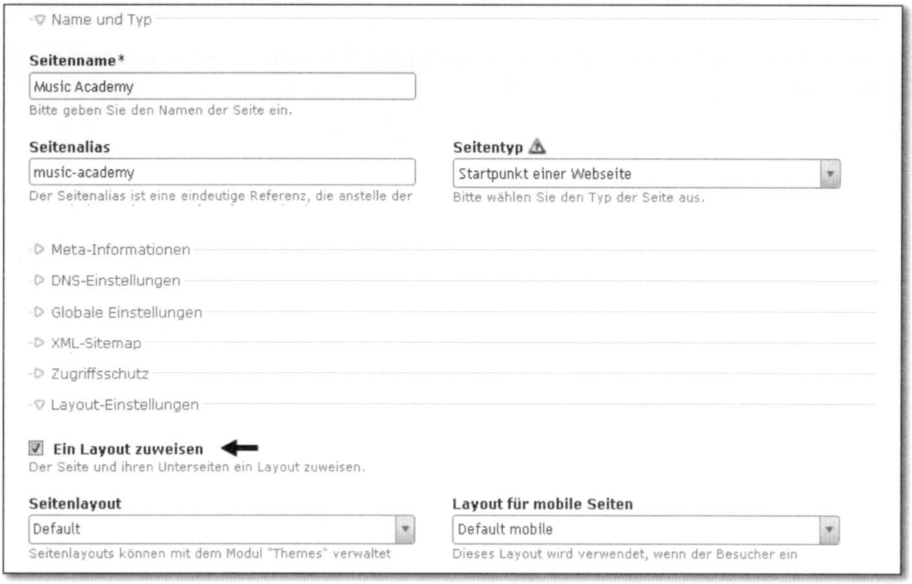

19.2 »Music Academy«: Mobile Seitenlayouts in Aktion

Abbildung 19.8 Zuweisung der Seitenlayouts im »Startpunkt einer Webseite«

19.2.4 Vergleich: Die Einstellungen in »Default« und in »Default mobile«

Im Seitenlayout DEFAULT wird ein zweispaltiges Layout mit einer 200 px linken Spalte definiert, das einen Kopf- und einen Inhaltsbereich hat. Im Bereich STYLESHEETS sind vom CSS-FRAMEWORK die Optionen LAYOUT-BUILDER und RESPONSIVES LAYOUT angehakt, und bei ZUSÄTZLICHE STYLESHEETS wird die Datei *default.scss* eingebunden. Abbildung 19.9 zeigt die im Seitenlayout DEFAULT eingebundenen Module im Überblick.

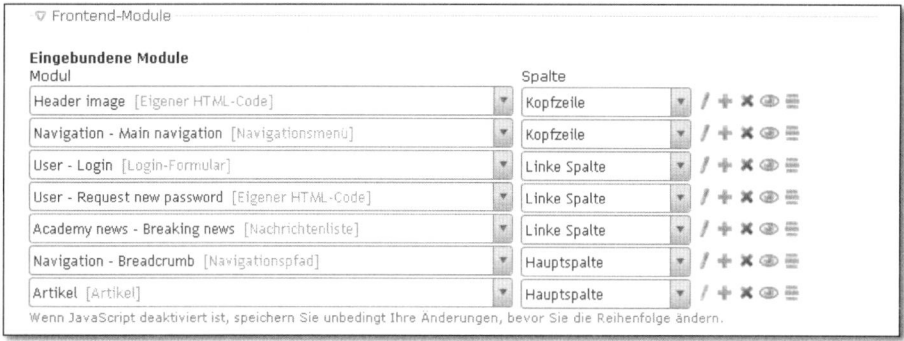

Abbildung 19.9 Die im Seitenlayout »Default« eingebundenen Module

Das Seitenlayout DEFAULT MOBILE weist unter anderem folgende Unterschiede auf:

- Das Layout ist einspaltig, hat aber drei Zeilen Kopfbereich, Inhaltsbereich und Fußbereich.
- Bei den Stylesheets ist lediglich *mobile.scss* neu hinzugekommen.

Der größte Unterschied liegt bei den eingebundenen Modulen (Abbildung 19.10).

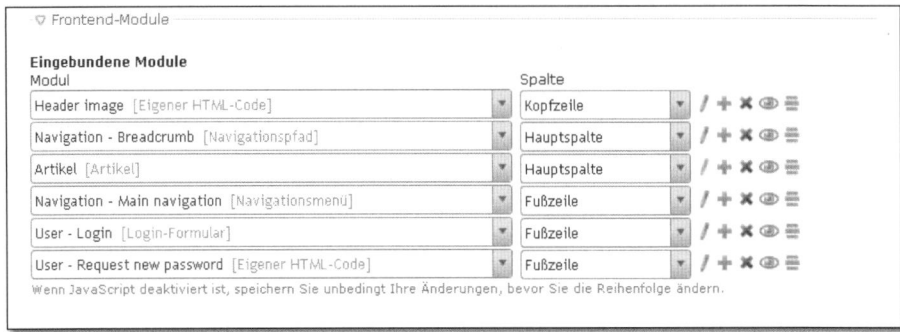

Abbildung 19.10 Die Module im Seitenlayout »Default mobile«

In beiden Seitenlayouts erscheint zunächst das HEADER IMAGE in der Kopfzeile, aber damit hören die Gemeinsamkeiten auch schon auf. In der mobilen Version kommt darunter die NAVIGATION – BREADCRUMB und der Inhalt mit dem Modul ARTIKEL.

Bemerkenswert ist, dass im mobilen Seitenlayout die Hauptnavigation NAVIGATION – MAIN NAVIGATION und das USER – LOGIN erst unterhalb des Inhalts am Ende der Seite kommen und dass die ACADEMY NEWS – BREAKING NEWS, die auf dem Desktop in der linken Spalte erscheinen, gar nicht eingebunden werden.

19.2.5 Fazit: mobile Seitenlayouts und responsives Webdesign

Die Webseiten der Music Academy sind nicht responsiv, aber es gibt eine mobile Version, die ein anderes Layout, ein zusätzliches Stylesheet und eine andere Modulreihenfolge hat.

Sowohl die Beispielsite zum Contaobuch als auch die Music Academy sind auf mobilen Geräten benutzbar. Beide passen sich der Umgebung an, tun das aber auf völlig unterschiedliche Art und Weise.

- Die Beispielsite zum Contaobuch ist responsiv und reagiert auf die Größe des Browserfensters, egal auf welchem Gerät.
- Bei der Music Academy werden mobile Seitenlayouts eingesetzt, die nur an mobile Geräte serviert werden, egal wie groß das Browserfenster ist.

> **Das Insert-Tag »{{toggle_view}}« schaltet hin und her**
> Wenn Sie ein mobiles Seitenlayout erstellen, können Sie dem Benutzer mit dem Insert-Tag `{{toggle_view}}` die Möglichkeit geben, zwischen Desktop- und mobiler Version zu switchen.

19.3 Mobile Seitenlayouts für die »Beispielsite Contaobuch«

In diesem Abschnitt kombinieren Sie für die Beispielsite Contaobuch das vorhandene responsive Webdesign mit serverseitigen mobilen Seitenlayouts.

19.3.1 Beispiel 1: Die Startseite mit Zufallsbild statt Slider

Das erste Beispiel betrifft den Slider auf der Startseite, der in diesem Abschnitt auf mobilen Geräten durch das bereits vorhandene Modul vom Typ ZUFALLSBILD ersetzt wird.

Der Gedanke hinter dieser Maßnahme basiert auf der Annahme, dass viele mobile Geräte eine langsame Internetanbindung haben, die nach Datenvolumen abgerechnet wird. In dem Fall wäre ein Slider mit vielen großen Bildern langsam und teuer. Das sind aber natürlich wie erwähnt alles nur Annahmen, die ein Benutzer mit einer 4G-Flatrate ganz anders sehen könnte.

Der Einsatz eines mobilen Seitenlayouts und der Austausch des Sliders sind in wenigen Minuten erledigt:

1. Öffnen Sie das Modul STARTSEITE – SIDEBAR – ZUFALLSBILD [ZUFALLSBILD], entfernen Sie die Bildbreite von 170, und speichern Sie das Modul.
2. Duplizieren Sie im Backend-Modul THEMES • SEITENLAYOUTS das Seitenlayout STARTSEITE.
3. Geben Sie der Kopie den TITEL »Startseite (mobil)«. Tauschen Sie im Bereich FRONTEND-MODULE in der ersten Zeile für RECHTE SPALTE das Modul ARTIKEL [ARTIKEL] gegen STARTSEITE – SIDEBAR – ZUFALLSBILD [ZUFALLSBILD] aus. SPEICHERN und SCHLIESSEN Sie das Seitenlayout.
4. Öffnen Sie in der SEITENSTRUKTUR die STARTSEITE zur Bearbeitung, weisen Sie ihr im Bereich LAYOUT-EINSTELLUNGEN in der Option LAYOUT FÜR MOBILE SEITEN das Seitenlayout STARTSEITE (MOBIL) zu, und speichern Sie die Änderungen.

Testen Sie das mobile Seitenlayout entweder mit einem mobilen Gerät oder indem Sie im Desktop-Browser folgende URL eingeben:

localhost/contaobuch/index.html?toggle_view=mobile

Abbildung 19.11 zeigt, dass der Slider auf einem mobilen Gerät durch das Modul ZUFALLSBILD ersetzt wird.

Abbildung 19.11 Auf mobilen Geräten erscheint das Zufallsbild.

19.3.2 Beispiel 2: Die Startseite mit einem Anrufbutton in der Sidebar

In diesem Abschnitt erzeugt Contao einen Anrufbutton mit der Beschriftung »Jetzt anrufen!« und liefert diesen ausschließlich an mobile Geräte. Der Benutzer kann auf den Button drücken, und das Gerät wählt die im Link hinterlegte Telefonnummer.

Zuerst einmal bauen Sie dazu einen Anrufbutton. Erstellen Sie ein Modul vom Typ EIGENER HTML-CODE, das Sie z. B. »Anrufbutton« nennen, und fügen Sie dort folgendes HTML ein:

```
<div class="anrufbutton block">
  <a href="tel:0049228421500 ">Jetzt anrufen!</a>
</div>
```

Listing 19.1 Ein Anrufbutton mit dem Protokoll »tel«

Ersetzen Sie die Telefonnummer im Link bitte mit einer eigenen Nummer, es sei denn, Sie möchten gern mit dem Kundenservice von Galileo Press in Bonn plauschen.

Durch die Klasse `block` greift die Formatierung für die Module in der rechten Sidebar, und Sie müssen nur noch den Link etwas hübscher gestalten, zum Beispiel mit folgendem Style in INHALTE, KATEGORIE »Anrufbutton«:

```
.anrufbutton a {
  display:block;
  padding:1rem;
  text-align:center;
  text-decoration:none;
  color:#444;
}
```

Listing 19.2 Das CSS zur Gestaltung des Buttons

Jetzt müssen Sie den Button nur noch im Seitenlayout STARTSEITE (MOBIL) einbinden, am besten ganz oben in der rechten Spalte.

In einem Desktop-Browser erscheint das Frontend-Modul nicht. Auf einem mobilen Gerät hingegen sieht der Benutzer den Anrufbutton, und wenn er draufdrückt, fragt das Smartphone, ob eine Verbindung mit der im Link hinterlegten Nummer hergestellt werden soll (Abbildung 19.12).

Genau genommen müsste die Beschriftung des Buttons natürlich lauten »Rufen Sie uns an, wenn dieses Gerät telefonieren kann«, denn hundertprozentig sicher kann man sich dabei nicht sein. Contao entscheidet, ob ein Gerät mobil ist oder nicht. Ob es auch telefonieren kann, wird dabei nicht explizit abgefragt.

> **Die Erweiterung [mobile_extended] für Artikel und Inhaltselemente**
>
> Mit einem mobilen Seitenlayout können Sie andere Layoutbereiche, Stylesheets und Module servieren. Um mobilen Geräten auch andere Artikel oder Inhaltselemente zu schicken, benötigen Sie eine Erweiterung:
>
> ▶ contao.org/de/extension-list/view/mobile_extended.de.html
>
> Achten Sie wie immer darauf, dass die Erweiterung kompatibel zu Ihrer Contao-Version ist.

Abbildung 19.12 Der Anrufbutton auf einem Smartphone – funktioniert!

19.4 Gridlayouts mit dem 12-Spalten Grid von Contao

Bestandteil des CSS-Frameworks von Contao ist das »12-Spalten Grid«, das man im Seitenlayout per Klick aktivieren kann.

Genau genommen handelt es sich um ein 12-Spalten Grid mit drei Stufen:

- In großen Viewports oberhalb von 980 px ist es 960 px breit.
- In Viewports zwischen 768 und 979 px ist es 744 px breit.
- In Viewports unter 768 px wird es einspaltig.

Dahinter steckt ein bisschen Mathematik, aber zunächst einmal ein Überblick.

> **Die Contao-Tools für Chrome mit Grid-Overlay**
>
> Wenn Sie diesen Abschnitt durcharbeiten möchten, sollten Sie zwei Dinge haben: Google Chrome und die Contao-Tools für Chrome.
>
> Leo Feyer hat die Contao-Tools in einem kurzen Beitrag vorgestellt:
>
> ▸ contao.org/de/news/contao-tools-fuer-chrome.html
>
> Besonders das Grid-Overlay ist sehr nützlich, denn es visualisiert die Gridspalten.

19.4.1 Das Contao-Grid hat zwölf Spalten, die zusammen 960 px breit sind

Ein *Grid* ist einfach nur ein Raster, ein Gestaltungsraster aus Spalten und Zeilen, das Ordnung schafft. In gewisser Weise hat so ein Raster optisch eine gewisse Ähnlichkeit mit einer Tabelle.

Ein *CSS-Grid-Framework* versucht, die Erstellung von Layoutrastern auf Webseiten zu vereinfachen. Dazu wird für jede Layoutspalte eine CSS-Klasse angelegt, in der die Spaltenbreite (60 px) und die Außenabstände (2 x 10 px) definiert werden. In einem 12-Spalten Grid stehen in jeder Layoutzeile zwölf Spalten nebeneinander, zusammen 960 px breit.

In Abbildung 19.13 sind die beiden weißen Spalten ganz links und rechts 10 px breit, die zwölf farbigen Spalten dazwischen haben 60 px und die elf weißen Zwischenräume 20 px. Vier Gridspalten sind zusammen 300 px breit plus links und rechts einen Margin von 10 px.

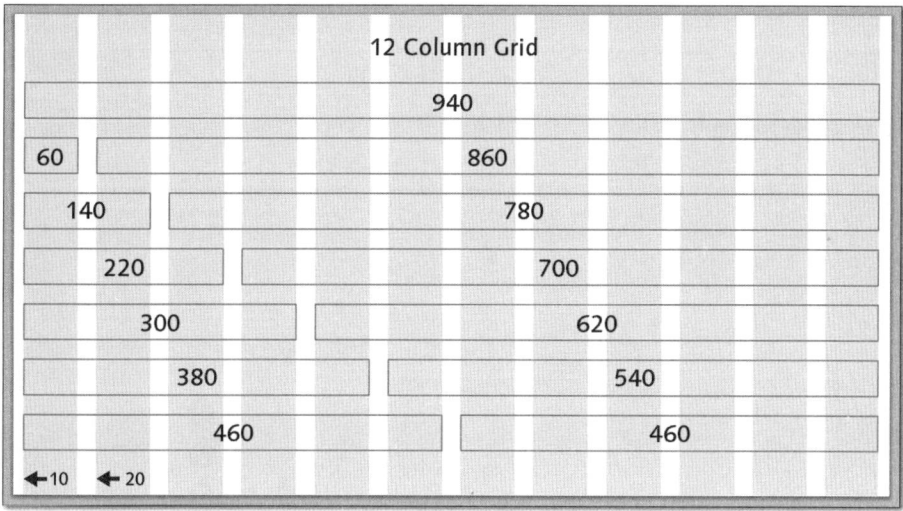

Abbildung 19.13 Ein 960-px-Grid mit zwölf Spalten

19.4.2 Layoutraster werden einfach durch Zuweisen der Gridklassen erstellt

Die CSS-Klassen für die Spalten werden einfach durchnummeriert und heißen beim Contao-Grid `grid1` bis `grid12`. Die Zuweisung der Klassen erfolgt ganz bequem im Backend, und zwar direkt im Eingabeformular für das Inhaltselement TEXT (Abbildung 19.14).

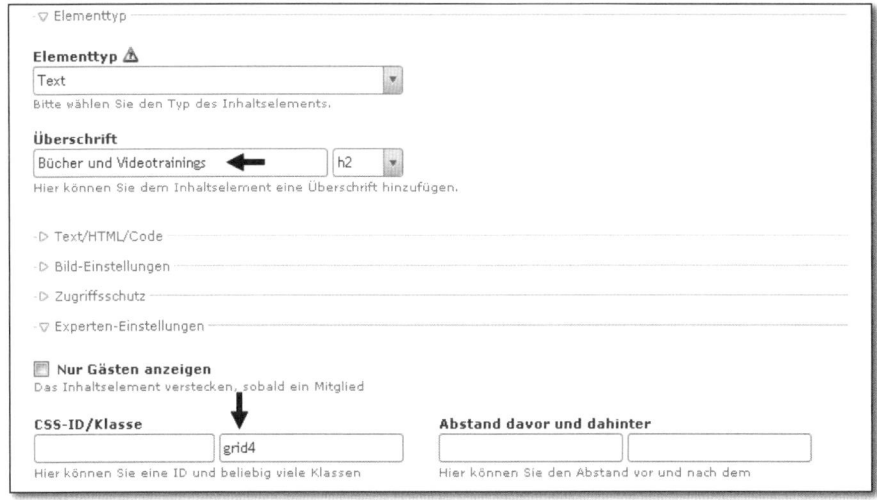

Abbildung 19.14 Die Zuweisung der Grid-Klassen im Inhaltselement »Text«

So kann man ohne viel Know-how ein präzises Layoutraster erstellen. Da ein Bild mehr sagt als tausend Worte, zeigt Abbildung 19.15 das 12-Spalten Grid von Contao im Einsatz.

Abbildung 19.15 Drei Blöcke mit der Klasse »grid4« nebeneinander

In Abbildung 19.15 stehen drei Blöcke nebeneinander. Jeder Block hat im HTML die Klasse grid4 ❶, erstreckt sich also über vier der zwölf Layoutspalten. Elemente mit der Klasse grid4 werden nach links gefloatet ❷, sind 300 px breit ❸ und haben links und rechts einen Margin von 10 px ❹. Insgesamt ist grid4 also 320 px breit. Bei drei Blöcken nebeneinander macht das zwölf Spalten mit summa summarum genau 960 px.

19.4.3 Das Contao-Grid passt sich bei kleinen Viewports automatisch an

960-px-Grids mit zwölf Spalten gibt es bereits seit 2008 und wären hier eigentlich keine Erwähnung wert, aber das Contao-Grid hat noch eine kleine Besonderheit: Unterhalb von 980 px Viewportbreite verkleinert sich das Grid von 960 px auf 744 px.

Abbildung 19.16 zeigt, dass die Klasse grid4 in einem schmaleren Browserfenster nicht mehr 300 px breit ist, sondern nur noch 228 px.

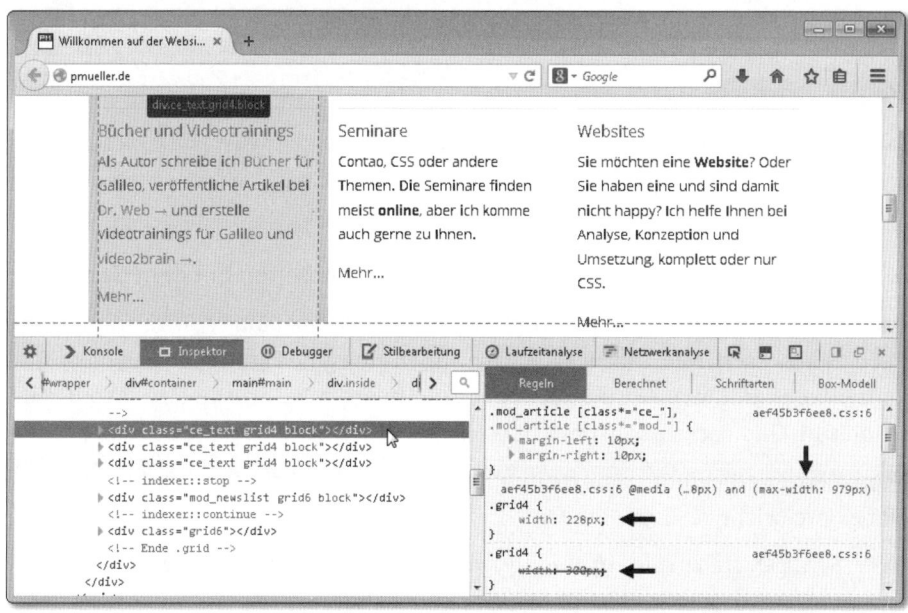

Abbildung 19.16 Das Contao-Grid in einem Viewport unter 980 px Breite

Und das Grid kennt noch eine dritte Stufe, denn unter 768 px Viewportbreite wird es einspaltig (Abbildung 19.17).

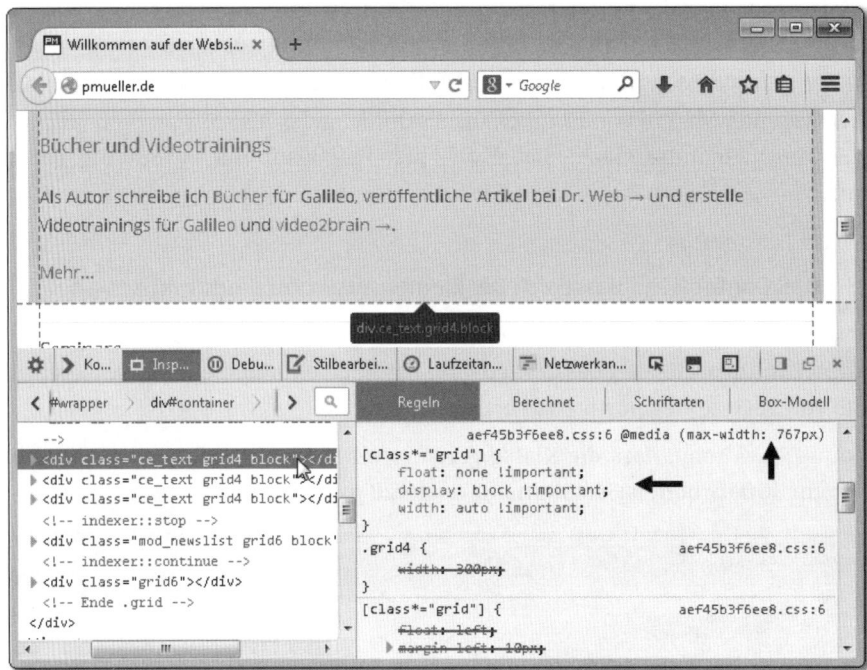

Abbildung 19.17 Unterhalb von 768 px wird das Grid einspaltig.

19.4.4 »Seitenlayout«: Voraussetzungen für das Arbeiten mit dem Grid

Das klingt so weit alles recht praktisch, aber so ein Grid hat eine gewisse Ähnlichkeit mit einem Korsett: Man macht zwar nach außen eine gute Figur, aber an einigen Stellen zwickt es, und man wird unbeweglicher. Anders ausgedrückt: Das Layout muss schon zum Grid passen, sonst macht es keinen Spaß.

Normalerweise beginnt das Arbeiten mit dem Contao-Grid im Seitenlayout. Dort gibt es zwei wichtige Einstellungen:

▶ Bei SPALTEN stellen Sie ein einspaltiges Layout ein. Yep. Keine Sidebar.
▶ Die GESAMTBREITE für den Wrapper beträgt 960 px.

Das Grid benötigt zum Funktionieren genau 960 px Breite. Um sicherzugehen, dass das so ist, stellt das Grid den #wrapper automatisch auf eine Breite von 960 px, egal was Sie im Seitenlayout eintragen, aber trotzdem ist das zur Erinnerung nicht schlecht.

Im Umkehrschluss: Wenn Ihr Layoutentwurf keine 960 px Breite hat, können Sie das 12-Spalten Grid von Contao nicht verwenden. Das Layout der Beispielsite hat momentan z. B. eine gestaltbare Breite von 880 px. Da müsste man also zuerst etwas ändern.

Die Einspaltigkeit im Layout ist nicht ganz so zwingend wie die Breite von 960 px, aber mit einer Sidebar wird alles komplizierter. Die Breite der Sidebar muss genau der Breite der Gridspalten entsprechen. Die linke bzw. rechte Spalte sollte also eine Breite von z. B. 240 px bekommen: die Breite der Gridklasse plus 2 × 10 px `margin`. Und man müsste die Sidebar anpassen, wenn das Grid unterhalb von 980 px schmaler wird. Dann wäre sie idealerweise nur noch 186 px breit.

19.4.5 »Inhaltselemente«: Regeln bei der Arbeit mit den Gridklassen

Sind die Voraussetzungen im Seitenlayout gegeben, geht es an das Arbeiten mit dem Grid. Dabei muss man, vereinfacht gesagt, bis zwölf zählen können und wissen, wie man c-le-a-r schreibt:

1. »Zwölf Spalten müsst ihr sein« ist die erste Grundregel.
   Die Anzahl der Spalten pro Gridzeile muss immer genau zwölf sein. Gültige Kombinationen sind also zum Beispiel ein Element mit der Klasse `grid12`, zwei Elemente mit `grid9` und `grid3` oder drei Elemente mit jeweils `grid4`. Und so weiter.
2. Jede Gridzeile muss gecleart werden.
   HTML-Elemente mit einer Gridklasse werden nach links gefloatet. Nach dem Ende einer Gridzeile muss die nächste Zeile im Layout gecleart werden, damit der Float-Zustand beendet wird und die nächste Zeile unterhalb der gefloateten Elemente beginnt.

Das Clearen ist nicht nötig, wenn die Elemente der nächsten Zeile auch gefloatet werden. Ansonsten könnte man zum Clearen z. B. ein zusätzliches Inhaltselement mit `<br class="clear">` einfügen. Der Fußbereich wird im CSS-Framework automatisch gecleart.

> **Fazit: Die Grenzen des Grid**
>
> Das 12-Spalten Grid von Contao ist mit seinen drei Stufen sehr pfiffig ausgedacht, aber man muss beim Layouten manchmal sehr viel Rücksicht auf das Grid nehmen. Wenn das Layout zum Grid passt, lohnt sich ein Versuch, aber man sollte sich der Grenzen des Grids bewusst sein.
>
> Wenn es Ihnen in erster Linie darum geht, im Inhaltsbereich einfach ein paar Elemente nebeneinanderstellen zu können, ist das Grid eine Kanone, die auf Spatzen schießt. Eine Erweiterung wie die *Rocksolid Columns* ist in dem Fall wahrscheinlich eine echte Alternative:
>
> ▸ *contao.org/de/extension-list/view/rocksolid-columns.html*
> ▸ *rocksolidthemes.com/de/contao/plugins/columns/dokumentation*
>
> Einfach zu bedienen, sehr flexibel und ohne feste Pixelbreiten.

19.5 Das CSS zum 12-Spalten Grid

Zum Abschluss dieses Kapitels möchte ich Ihnen das CSS hinter dem 12-Spalten Grid nicht vorenthalten.

19.5.1 Das 12-Spalten Grid, Teil 1 – das Fundament

Das Stylesheet, das sich hinter dem »12-Spalten Grid« verbirgt, finden Sie im Ordner *assets/contao/css* unter dem Namen *grid.css*. Zur Untersuchung in diesem Abschnitt bietet sich die unkomprimierte Variante aus demselben Ordner an. Zunächst einmal wird gleich zu Anfang der Wrapper auf 960 px gesetzt:

```css
/* Make the wrapping container 960 pixel wide */
#wrapper {
  width:960px;
  margin:0 auto;
}
```

Listing 19.3 Der Wrapper wird auf 960 px gesetzt.

Im nächsten Style werden alle HTML-Elemente, bei denen der Klassenname die Buchstaben »grid« enthält, nach links gefloatet und mit linken und rechten Außenabständen von jeweils 10 px versehen.

```css
/* Set the default margin of the grid columns */
*[class*="grid"] {
  float:left;
  margin-right:10px;
  margin-left:10px;
  display:inline;
}
```

Listing 19.4 Das Grid entsteht.

Danach werden zunächst die Außenabstände für Inhaltselemente und Artikel definiert:

```css
/* Add a default margin to all content elements ... */
.mod_article *[class*="ce_"],.mod_article *[class*="mod_"] {
  margin-left:10px;
  margin-right:10px;
}
[...]
```

Listing 19.5 Außenabstände für Inhaltselemente und Artikel

Diese Styles geben allen Inhaltselementen (.mod_article *[class*="ce_"], und allen Modulen (.mod_article *[class*="mod_"]) einen linken und rechten Außenabstand um jeweils 10 px, sofern sie in einem Artikel stehen. Damit ist das Fundament für das Layoutraster gelegt.

19.5.2 Das 12-Spalten Grid, Teil 2 – das Grid wird ein Grid

In diesem Abschnitt des Stylesheets werden die Spaltenbreiten definiert. Ähnlich wie bei den klassischen CSS-Grid-Frameworks *Blueprint* oder *960GS* wird hier ein Layoutraster definiert.

Das Grid von Contao hat zwölf Spalten, von denen die erste 60 px und die anderen jeweils 80 px breit sind (Listing 19.6).

```
/* Grid column widths  */
.grid1  { width:60px;  }
.grid2  { width:140px; }
.grid3  { width:220px; }
.grid4  { width:300px; }
.grid5  { width:380px; }
.grid6  { width:460px; }
.grid7  { width:540px; }
.grid8  { width:620px; }
.grid9  { width:700px; }
.grid10 { width:780px; }
.grid11 { width:860px; }
.grid12 { width:940px; }
```

Listing 19.6 Die Standardbreite der Rasterspalten

Im folgenden Abschnitt werden diese Breiten für Artikel korrigiert. Diese können 20 px breiter sein, da in Listing 19.5 der linke und der rechte Außenabstand entfernt wurden (siehe Listing 19.7).

```
/* Floated articles can be 20 pixel wider (no margin) */
.mod_article.grid1  { width:80px;  }
.mod_article.grid2  { width:160px; }
.mod_article.grid3  { width:240px; }
.mod_article.grid4  { width:320px; }
.mod_article.grid5  { width:400px; }
.mod_article.grid6  { width:480px; }
.mod_article.grid7  { width:560px; }
.mod_article.grid8  { width:640px; }
.mod_article.grid9  { width:720px; }
```

```
.mod_article.grid10 { width:800px; }
.mod_article.grid11 { width:880px; }
.mod_article.grid12 { width:960px; }
```

Listing 19.7 Artikel dürfen 20 px breiter sein.

Nach der Definition der Spaltenbreite werden noch diverse Offset-Klassen definiert (.offset1 bis .offset12), mit denen Elemente innerhalb des Grids nach rechts verschoben werden können. Das ist praktisch, um z. B. links vor einem Element etwas Freiraum zu haben:

```
.offset1  { margin-left:90px  !important; }
.offset2  { margin-left:170px !important; }
.offset3  { margin-left:250px !important; }
.offset4  { margin-left:330px !important; }
.offset5  { margin-left:410px !important; }
.offset6  { margin-left:490px !important; }
.offset7  { margin-left:570px !important; }
.offset8  { margin-left:650px !important; }
.offset9  { margin-left:730px !important; }
.offset10 { margin-left:810px !important; }
.offset11 { margin-left:890px !important; }
.offset12 { margin-left:970px !important; }
```

Listing 19.8 Mit Offset-Klassen kann man Elemente nach rechts verschieben.

19.5.3 Das 12-Spalten Grid, Teil 3 – das Grid wird responsive

Zum Schluss werden mithilfe von `@media` noch zwei Sonderfälle definiert:

- Bildschirmbreite schmaler als 980 px (aber breiter als 768 px)
- Bildschirmbreite schmaler als 768 px

Im ersten Fall werden die Spalten etwas schmaler definiert (siehe Listing 19.9).

```
/* Reduce overall width and width of the grid columns
   if the screen width is less than 980px ... */
@media (min-width:768px) and (max-width:979px) {

  /* Reduce the overall width */
  #wrapper { width:744px; }

  /* Reduce the grid column widths */
  .grid1  { width:42px;  }
  .grid2  { width:104px; }
```

```css
.grid3  { width:166px; }
.grid4  { width:228px; }
.grid5  { width:290px; }
.grid6  { width:352px; }
.grid7  { width:414px; }
.grid8  { width:476px; }
.grid9  { width:538px; }
.grid10 { width:600px; }
.grid11 { width:662px; }
.grid12 { width:724px; }
}
```

Listing 19.9 Das Grid für schmalere Bildschirme

Auch die Klassen für Artikel und Offsets werden an das schmale Grid angepasst.

Falls die Bildschirmbreite kleiner als 768 px ist, werden alle Spalten untereinander dargestellt, und die Breite des Wrappers wird auf auto gesetzt (siehe Listing 19.10).

```css
/* Remove all floats and fixed widths if the screen width is less than 768px */
@media (max-width:767px){

  /* Remove the overall width */
  #wrapper { width:auto; }

  /* Show all columns underneath each other */
  *[class*="grid"] {
    float:none !important;
    display:block !important;
    width:auto !important;
  }
  *[class*="offset"] {
    margin-left:10px !important;
  }
}
```

Listing 19.10 Das Grid auf ganz schmalen Bildschirmen

TEIL V
Systemverwaltung

Kapitel 20
SEO: die Optimierung für Suchmaschinen

In diesem Kapitel bereiten Sie die Seiten zur Aufnahme in die Suchmaschinen vor: Lesbare URLs, Optimierung der Seiteneinstellungen, Fehlerseiten und die Erstellung einer XML-Sitemap für Google werden vorgestellt.

Die Themen im Überblick:

- Lesbare Adressen: URLs umschreiben, Seite 626
- Flache oder Ordner-URLs – Contao kann beides, Seite 633
- Seitenalias, Seitentitel und Seitenbeschreibung optimieren, Seite 637
- Abfangjäger: 404 und 403, Seite 644
- Eine XML-Sitemap für Google & Co., Seite 650

Die Optimierung von Webseiten für Suchmaschinen ist in den letzten Jahren fast zum Selbstzweck geworden. Mit *SE* beginnende Abkürzungen wie *SEO* und *SERP* sind im Weballtag fest verankert, wobei *SE* immer für *Search Engine* steht und die darauffolgenden Buchstaben für Dinge wie *Optimization* oder *Result Pages*.

Die Optimierung für Suchmaschinen ist natürlich wichtig, aber wer tagelang im Web recherchiert, ob Google Begriffe in h1- oder h2-Überschriften besser bewertet, ist auf dem besten Weg zur *SEH*: »Search Engine Hysteria«.

Der Satz »Was gut ist für Ihre Besucher, ist meistens auch gut für die Suchmaschinen« trifft den Kern der Sache ziemlich gut, denn Suchmaschinen und Besucher tragen das »Suchen« schon im Namen, und beide sind auf der Suche: nach relevantem Inhalt.

In diesem Kapitel geht es um die Möglichkeiten, die Contao zur »On-Site«-Optimierung bietet, also darum, wie man die eigene Site technisch und inhaltlich so gestalten kann, dass sie von Suchmaschinen und Besuchern gemocht wird.

20 SEO: die Optimierung für Suchmaschinen

20.1 Lesbare Adressen: URLs umschreiben

Alle im Web verfügbaren Informationen werden auf Webseiten präsentiert. Jede Webseite hat eine weltweit einmalige Adresse. Um auf eine im Web gespeicherte Information zuzugreifen, benötigen Sie also nur die URL der entsprechenden Seite. Im Web dreht sich buchstäblich fast alles um diese URLs, und darum beginnt dieses Kapitel mit der Gestaltung von möglichst gut lesbaren Adressen.

20.1.1 Content-Management-Systeme und URLs

Eine URL besteht aus drei Teilen: dem Protokoll (*http* oder *https*), dem Domainnamen (*website.de*) und dem Namen der aufzurufenden Ressource (*news.html*). In diesem Abschnitt geht es in erster Linie um die Ausgestaltung des dritten Teils der URL.

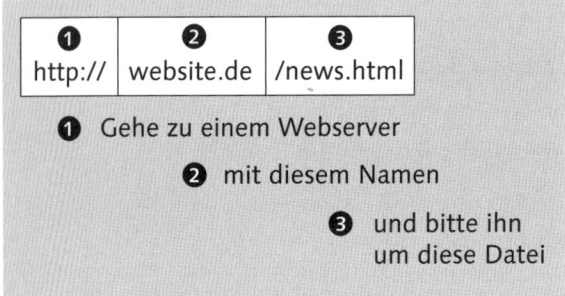

Abbildung 20.1 Der Aufbau einer einfachen URL

Früher war die Sache einfach: Bei statischen Webseiten entspricht der dritte Teil der URL dem Pfad auf dem Webspace und setzt sich aus Ordnernamen plus Dateinamen zusammen, z. B. */nachrichten/index.html*.

Bei CMSystemen gibt es keine Ordner mehr und nur noch eine Datei, in der Regel die *index.php*, die mit verschiedenen URL-Parametern aufgerufen wird. Eine typische, ungeschminkte CMS-generierte URL könnte z. B. so aussehen:

▸ *http://website.de/index.php?id=42*

Die *index.php* wird mit der ID der gewünschten Seite aufgerufen, und das CMS baut die Seite anhand dieser ID zusammen. Ein Haken an der Sache ist, dass im dritten Teil der URL für Suchmaschinen und Besucher keinerlei verwertbare Begriffe auftauchen, und darum bieten fast alle CMSysteme eine Möglichkeit, das zu ändern. Eine URL ohne Fragezeichen und Parameter bedeutet für das CMS aber in jedem Fall eine Menge Arbeit.

> **URL-Struktur geändert? Suchindex neu aufbauen**
>
> In diesem Kapitel erfahren Sie zahlreiche Details zur Optimierung der von Contao erzeugten URL-Struktur. Wenn Sie diese geändert haben und auf Ihrer Website eine Suchfunktion einsetzen, sollten Sie nicht vergessen, den Suchindex neu aufzubauen. Wie das geht, erfahren Sie in Abschnitt 23.2.

20.1.2 »System • Einstellungen«: drei wichtige URL-Einstellungen

Im Backend von Contao können Sie im Backend-Modul SYSTEM • EINSTELLUNGEN im Bereich FRONTEND-EINSTELLUNGEN festlegen, welche Art von URL Contao erzeugen soll (siehe Abbildung 20.2).

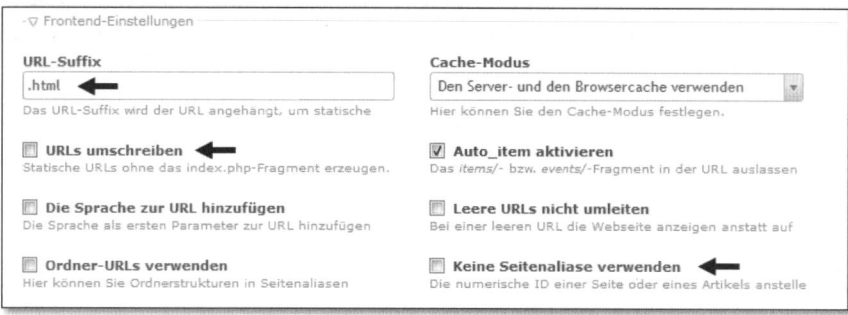

Abbildung 20.2 »System • Einstellungen • Frontend-Einstellungen«

Mit Contao können Sie drei verschiedene Arten von URLs erzeugen:

- *index.php?id=17*
  Die Urform einer CMS-generierten URL mit numerischer ID bekommen Sie in Contao mit der Option KEINE SEITENALIASE VERWENDEN. Diese Option hat den Vorteil, dass sie immer und überall funktioniert.

- *index.php/nachrichten.html*
  Die Standardeinstellung in Contao. Wenn Sie nichts unternehmen, beginnt der dritte Teil der URLs in Contao mit *index.php*, geht weiter mit dem durch einen Schrägstrich getrennten Seitenalias *nachrichten* und endet mit dem URL-Suffix *.html*.

- *nachrichten.html*
  Mit der Option URLS UMSCHREIBEN bitten Sie Contao, den Dateinamen *index.php* in der URL zu unterdrücken. Voraussetzungen sind das Apache-Modul *mod_rewrite* und die Datei *.htaccess*. Dazu gleich mehr.

Wahrscheinlich der einzige Grund dafür, URLs mit einer numerischen ID wie *index.php?id=17* einzusetzen, ist, dass die anderen Varianten nicht funktionieren.

Die Standardeinstellung von Contao – *index.php/nachrichten.html* – funktioniert fast immer reibungslos, aber das *index.php* mitten in der URL ist nichts für Ästheten. Die meisten Besucher achten wahrscheinlich nicht wirklich auf URLs, aber Sie als Betreiber sollen sich mit der URL natürlich auch wohlfühlen.

Als Königsweg gilt die perfekte Imitation einer statischen URL: Der Dateiname *index.php* wird unterdrückt und durch eine Kombination aus Seitenalias und URL-Suffix ersetzt. Wie das funktioniert, wird im folgenden Abschnitt beschrieben.

20.1.3   Drei Voraussetzungen zum Umschreiben der URLs

In diesem Abschnitt geht es zunächst einmal um die Voraussetzungen, die zur Erzeugung statischer URLs mit Contao gegeben sein müssen. »URLs umschreiben« bedeutet, dass der dritte Teil der URL vom Webserver im Hintergrund neu geschrieben wird und dass *index.php* verschwindet. Eben war es noch da, jetzt ist es weg. Reinste Zauberei. Die folgenden Voraussetzungen müssen dazu erfüllt sein:

- im Backend-Modul SYSTEM • EINSTELLUNGEN im Bereich FRONTEND-EINSTELLUNGEN die Option URLS UMSCHREIBEN
- Apache-Webserver mit aktiviertem Apache-Modul *mod_rewrite*
- *.htaccess*-Datei mit der Anweisung `RewriteEngine On`, Rewrite-Regeln und gegebenenfalls mit `RewriteBase`

Die Option URLS UMSCHREIBEN im Contao-Backend bittet den Webserver, genau das zu tun. Der Apache sagt daraufhin dem Modul *mod_rewrite* Bescheid, das wiederum die genauen Anweisungen zum Umschreiben der URL in der *.htaccess*-Datei findet.

Ohne das Apache-Modul *mod_rewrite* kann der Webserver keine URLs umschreiben. Auf einem durchschnittlichen Webspace ist es heutzutage aktiviert, aber wenn Sie sich nicht sicher sind, haben Sie zwei Möglichkeiten:

- Probieren Sie es einfach aus. Wenn es nicht klappt, stellen Sie URLS UMSCHREIBEN wieder aus. Dadurch geht nichts kaputt.
- Fragen Sie Ihren Webhoster. Der sollte das wissen.

Die nächste Voraussetzung ist die Existenz der Datei mit dem Namen *.htaccess*. Einfach nur »Punkthtaccess«, nichts davor und nichts dahinter.

Die *.htaccess* dient der Konfiguration des Apache-Webservers, und Sie haben sie in Kapitel 3, »Die Installation von Contao«, bei der Installation von Contao bereits kennengelernt. In Expertenhand ist eine *.htaccess*-Datei eine wahre Wunderwaffe.

Bei Contao wird eine Datei namens *.htaccess.default* mitgeliefert. Das ist eine ganz normale, voll funktionsfähige *.htaccess*-Datei, die nur durch Entfernen der Endung *.default* aktiviert werden kann.

In den nächsten Abschnitten lernen Sie die beiden zum URL-Umschreiben relevanten Teile der *.htaccess* kennen: `RewriteRule` und `RewriteBase`.

20.1.4 Die Rewrite-Regel zum URL-Umschreiben in der ».htaccess«

Gegen Ende der *.htaccess* steht eine sogenannte *Rewrite-Regel*, die dem Modul *mod_rewrite* sagt, was es tun soll. Leicht verkürzt, sieht die ganze Stelle so aus (Zeilen mit # am Anfang sind Kommentare):

```
##
# By default, Contao adds ".html" to the generated URLs to
# simulate static HTML documents. If you change the URL
# suffix in the back end settings, make sure to change it
# here accordingly!

[...]

# If you are using mod_cache, it is recommended to use the
# RewriteRule below, which adds the query string to the
# internal URL:
#
# RewriteRule (.*\.html)$ index.php/$1 [L]
#
# Note that not all environments support mod_rewrite
# and mod_cache.
##
RewriteCond %{REQUEST_FILENAME} !\.(htm|php|js|...|svg|svgz|pdf|gz)$
RewriteCond %{REQUEST_FILENAME} !-f
RewriteRule .*\.html$ index.php [L]
```

Listing 20.1 Die Zeile zum Umschreiben der URLs in der ».htaccess«

Die Hieroglyphen nach `RewriteRule` in der letzten Zeile sind ein *regulärer Ausdruck* (*Regular Expression*). Vereinfacht ausgedrückt, bedeutet die Zeile: »Rufe bei einer Anforderung für eine HTML-Datei stattdessen die Datei *index.php* auf.« Contao lässt das *index.php*-Fragment weg, und das Apache-Modul *mod_rewrite* fügt es wieder hinzu, damit die Seite gefunden wird.

Sie müssen hier nichts ändern. Nur falls es mit dieser `RewriteRule` im folgenden ToDo nicht klappt, können Sie versuchen, die `RewriteRule` mit einem # davor auszukommentieren und die alternative `RewriteRule` ein paar Zeilen höher zu aktivieren, indem Sie das # davor entfernen.

> **URL-Suffix ».html« im Backend geändert? Dann auch in der »RewriteRule«!**
> Wenn Sie das URL-Suffix .html im Backend ändern, müssen Sie es in der Zeile Rewrite-Rule ebenfalls entsprechend anpassen. In den Kommentaren in der .htaccess stehen oberhalb der RewriteRule ein paar Beispiele.

20.1.5 Contao im Unterordner: die »RewriteBase« in der ».htaccess«

Die RewriteBase ist der Ausgangspunkt zur Umschreibung der neuen URL, und eine falsche oder fehlende RewriteBase ist die wahrscheinlich häufigste Fehlerquelle, wenn mit umgeschriebenen URLs etwas nicht funktioniert. In der Originaldatei von Contao stehen zur RewriteBase die folgenden Zeilen:

```
##
# Change the RewriteBase if your Contao installation is in a
# subdirectoy and the rewrite rules are not working
# properly. Usage examples:
#
#    RewriteBase /contao-3.0.0
#    RewriteBase /path/to/contao
#
# Depending on your server, you might have to remove
# the line entirely.
##
RewriteBase /
```

Listing 20.2 Die Zeilen zur »RewriteBase« in der ».htaccess« von Contao

Falls Contao in einem Unterordner wie z. B. /contaobuch installiert ist, müssen Sie in der .htaccess die RewriteBase entsprechend ändern.

Contao speichert den relativen Pfad zur Contao-Installation in der Datei *pathconfig.php* im Ordner *system/config/*. Sollten Sie sich bezüglich des Unterordners nicht sicher sein, schauen Sie einfach in dieser Datei nach, was dort steht. Wenn Contao im Unterordner */contaobuch* installiert wurde, sieht der Inhalt dieser Datei so aus:

```
<?php
// Relative path to the installation
return '/contaobuch';
```

Listing 20.3 Der relativer Pfad zur Contao-Installation in »pathconfig.php«

Sollte in der Datei return ''; stehen, müssen Sie in der RewriteBase nichts ändern. Ist dort wie in Listing 20.3 ein Ordnername wie /contaobuch angegeben, sollten Sie diesen als `RewriteBase` in der .htaccess eintragen. Die `RewriteBase` würde dann so aussehen:

```
# Depending on your server, you might have to remove
# the line entirely.
##
RewriteBase /contaobuch
```

Listing 20.4 Die Zeile zum Setzen der »RewriteBase« in der ».htaccess«

Falls ein Kommentarzeichen # vor der Zeile `RewriteBase /` steht, entfernen Sie es. Schreiben Sie den Ordnernamen so hin, wie er in den Systemeinstellungen von Contao steht, und speichern Sie die Datei .htaccess.

> **Am besten nicht in einem Unterordner installieren**
>
> In der Praxis vermeidet man es genau aus diesem Grund, Contao in Unterordnern zu installieren. Stattdessen arbeitet man mit Subdomains oder leitet den Unterordner über das Kundenmenü des Webhosters auf die gewünschte Domain. In beiden Fällen fühlt sich das CMSystem als »root«, sodass eine `RewriteBase` nicht eingetragen werden muss.
>
> Eine Ausnahme ist der Umzug von einem lokalen Webserver auf einen gehosteten Server. Hier muss die `RewriteBase` an den entsprechenden Stellen angepasst werden, falls man auf dem Live-Server nicht zufällig (oder gewollt) denselben Ordnernamen verwendet.

20.1.6 So wird's gemacht: URLs umschreiben in der Praxis

Sobald alle Voraussetzungen erfüllt sind, geht es im folgenden ToDo endlich los mit dem URL-Umschreiben.

> **ToDo: URLs mit Contao umschreiben**
>
> 1. Öffnen Sie die Datei .htaccess.default im Hauptordner von Contao in einem Editor.
> 2. Falls Contao in einem Unterordner installiert ist, ändern Sie wie beschrieben die `RewriteBase`. Falls nicht, machen Sie gar nichts.
> 3. Speichern Sie die Datei unter dem Namen .htaccess im Hauptordner der Contao-Installation. »Punkthtaccess«, nichts davor und nichts dahinter.
> 4. Öffnen Sie das Backend-Modul System • Einstellungen.
> 5. Aktivieren Sie im Bereich Frontend-Einstellungen das Kontrollkästchen vor URLs umschreiben.
> 6. Klicken Sie auf Speichern und schliessen.

In der Adressleiste des Browsers steht jetzt, wie in Abbildung 20.3 dargestellt, eine statische URL, die sich aus dem Seitenalias und dem URL-Suffix zusammensetzt. Besucher und Suchmaschinen können anhand der URL nicht mehr erkennen, dass diese Seite von einem CMS dynamisch erstellt wurde.

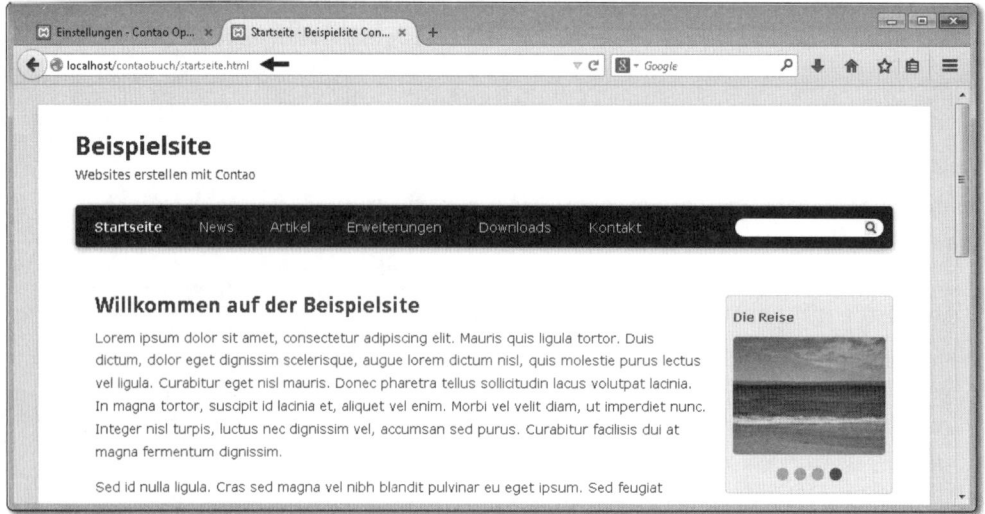

Abbildung 20.3 Das Frontend mit einer statischen URL

Hat es nicht geklappt, lesen Sie sich noch einmal sorgfältig die Voraussetzungen zum URL-Umschreiben durch und überprüfen, ob diese alle erfüllt sind.

20.1.7 Perfekt: URLs ohne »items« und »events«

In Contao erhalten viele Frontend-Module vom Typ LESER, wie z. B. der NACHRICHTENLESER oder der EVENTLESER, den gewünschten Eintrag als URL-Parameter. Damit die Module erkennen können, dass die URL für sie ist, wird dazu in der URL ein Schlüsselwort wie /items/ oder /events/ vorangestellt. Ein typischer Newsbeitrag hat ursprünglich folgende URL:

- *index.php/news/items/der-zweite-beitrag.html*

Und ein Termin aus dem Seminarkalender sieht eigentlich so aus:

- *index.php/termine/events/little-boxes-live.html*

Das *index.php* haben Sie etwas weiter oben entfernt, und wenn im Backend-Modul SYSTEM • EINSTELLUNGEN im Bereich FRONTEND-EINSTELLUNGEN die Option AUTO_ITEM AKTIVIEREN angekreuzt ist, werden auch Schlüsselwörter wie *items* und *events* unterdrückt.

20.2 Flache oder Ordner-URLs – Contao kann beides

> **ToDo: Saubere URLs ohne »items« und »events«**
> 1. Öffnen Sie das Backend-Modul SYSTEM • EINSTELLUNGEN.
> 2. Blenden Sie den Bereich FRONTEND-EINSTELLUNGEN ein.
> 3. Prüfen Sie, ob die Option AUTO_ITEM AKTIVIEREN angekreuzt ist.
> 4. Klicken Sie auf SPEICHERN UND SCHLIESSEN.

Abbildung 20.4 zeigt den Bereich FRONTEND-EINSTELLUNGEN nach diesem ToDo.

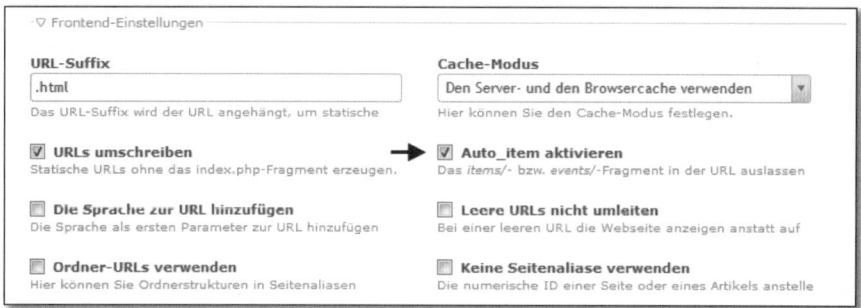

Abbildung 20.4 »Auto_item« unterdrückt »items« und »events« in der URL.

> **Die Datei ».htaccess« hat noch andere Vorteile**
> Die Verwendung von *mod_rewrite* und den Rewrite-Regeln in der *.htaccess* ermöglicht wie gesehen die Ausgabe statischer URLs. Die bei Contao mitgelieferte Version macht aber auch noch viele weitere nützliche Dinge.
>
> Fazit: Wenn nichts dagegenspricht, sollten Sie unbedingt die bei Contao mitgelieferte Datei *.htaccess.default* aktivieren, indem Sie sie in *.htaccess* umbenennen. Das hat nur Vorteile.

20.2 Flache oder Ordner-URLs – Contao kann beides

Bei statischen Webseiten gibt es auf dem Webspace eine Ordnerstruktur, in der die Webseiten aufbewahrt werden, und diese Ordnerstruktur wird in der URL abgebildet. Wenn Sie also im Unterordner *nachrichten* eine Seite namens *texte.html* hatten, dann war die URL */nachrichten/texte.html*.

20.2.1 URLs bei statischen Webseiten und bei CMSystemen

Bei einem CMS wie Contao gibt es keine Ordner und Webseiten mehr, sondern nur noch die *index.php* mit diversen numerischen Parametern. Beim Umschreiben der

URLs stellt sich darum die fundamentale Frage, ob man in einem CMS versuchen sollte, die Ordnerstruktur zu simulieren und inhaltliche Hierarchien in der URL abzubilden.

Klingt abstrakt? Ein Beispiel hilft:

- In der Hauptnavigation gibt es den Punkt ERWEITERUNGEN mit einer Unterseite namens KALENDER. Wie lautet die URL?

Es gibt mehrere Möglichkeiten:

- mit simulierter Ordnerstruktur, z. B. */erweiterungen/kalender.html*
- oder als flache URL im Hauptordner nur mit einem Dateinamen wie */kalender.html* oder auch *erweiterungen-kalender.html*.

Beide Varianten haben Vor- und Nachteile.

20.2.2 Contao erzeugt von Haus aus flache URLs

Wer früher statische Webseiten gebaut hat, tendiert wahrscheinlich genau wie ich anfangs intuitiv zur Variante mit der simulierten Ordnerstruktur. Contao tut das nicht. Contao erzeugt URLs aus Alias plus Suffix und packt alles in den Hauptordner. Die Seite *texte-und-bilder.html* ist eine Unterseite von *artikel.html*, aber das spiegelt sich in der flachen URL nicht wider:

- *http://localhost/contaobuch/texte-und-bilder.html*

Als ich das zum ersten Mal realisiert habe, dachte ich: »Mmh. Wo kann ich das denn umstellen?« Ich wollte eine Ordner-URL haben, die die Hierarchie der Seitenstruktur enthält:

- *http://localhost/contaobuch/artikel/texte-und-bilder.html*

Ich war damals ziemlich enttäuscht, als ich feststellte, dass Contao von Haus aus nur flache URLs generiert.

Inzwischen finde ich flache URLs in vielen Fällen eher positiv. Den Suchmaschinen ist es anscheinend eher egal, ob die Suchbegriffe in einem simulierten Ordnernamen oder in einem simulierten Dateinamen stehen, und die meisten menschlichen Besucher achten nur selten auf die Adresszeile des Browsers.

Aber ein Argument gegen die gewohnten Ordner-URLs und somit für flache Standard-URLs kam für mich durch eine andere Entdeckung: Mit Standard-URLs können Sie die Seitenstruktur im Backend nachträglich komplett neu sortieren, ohne dass sich dadurch im Frontend auch nur eine einzige URL ändert!

Noch einmal, weil es so nützlich ist:

- Wenn Sie Ordner-URLs einsetzen und anschließend im Backend die Seitenstruktur neu organisieren, sind die URLs kaputt. 404.
- Bei flachen URLs können Sie die komplette Seitenstruktur reorganisieren, und die in den Suchmaschinen erfassten URLs bleiben intakt. Kein einziger Link geht kaputt. Kein 404.

Im Laufe der Zeit ist eine solche Neusortierung im Backend früher oder später manchmal wünschenswert, sei es aus inhaltlichen (andere Themen) oder organisatorischen Gründe (Benutzerrechte usw.). Und dann ist es einfach superpraktisch, wenn man sich um die URLs in den Suchmaschinen keinerlei Gedanken machen muss.

Für menschliche Besucher kann man die inhaltliche Hierarchie übrigens mit dem Modul NAVIGATIONSPFAD (»Breadcrumb«) auf der Webseite selbst anzeigen. Gut platziert, wird sie dort sogar wahrgenommen.

> **Das Thema »URLs mit oder ohne Hierarchie« im Contao-Forum**
>
> Auch im Contao-Forum wird dieses Thema immer mal wieder diskutiert. Ein besonders interessanter Beitrag aus dem Jahr 2010 ist der folgende:
>
> - Diskussion über »Aliasse für Seiten ohne Hierarchie (per default)« *bit.ly/bfoUWm*
>
> Da werden so ziemlich alle Argumente dafür und dagegen genannt – zum Teil auch mehrfach, wie das in Foren eben so ist.

20.2.3 Contao kann auch Ordner-URLs

Falls Sie trotzdem lieber Ordner-URLs einsetzen möchten, ist auch das möglich. Seit Version 3.0 sind Ordner-URLs Teil des Core, und für einfache hierarchische URLs benötigen Sie keine Erweiterung mehr:

- Zuerst sollten Sie sicherstellen, dass die normale URL-Umschreibung wie oben beschrieben reibungslos funktioniert.
- Checken Sie in SYSTEM • EINSTELLUNGEN im Bereich FRONTEND-EINSTELLUNGEN, ob die Option ORDNER-URLS VERWENDEN aktiviert ist.
- Wechseln Sie in das Backend-Modul SEITENSTRUKTUR.
- Klicken Sie oben rechts auf MEHRERE BEARBEITEN.
- Aktivieren Sie die Kontrollkästchen für die gewünschten Seiten.
- Klicken Sie unten rechts auf die Schaltfläche ALIASE GENERIEREN.

Nach diesen Schritten erzeugt Contao automatisch Ordner-URLs (siehe Abbildung 20.5).

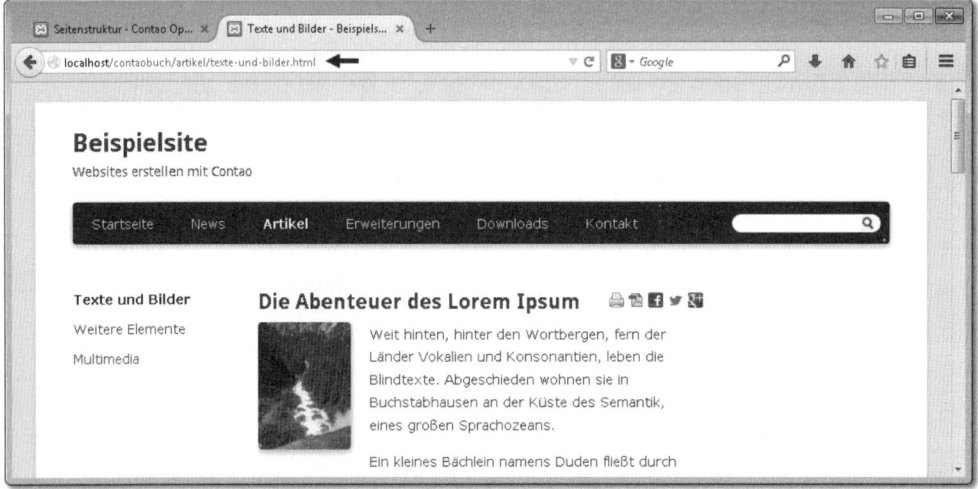

Abbildung 20.5 Auf Wunsch erzeugt Contao Ordner-URLs.

Zurück geht es entweder manuell, indem Sie in der Seitenstruktur auf MEHRERE BEARBEITEN klicken und dann die Ordnernamen wieder von den Aliassen entfernen.

Oder Sie deaktivieren über SYSTEM • EINSTELLUNGEN im Bereich FRONTEND-EINSTELLUNGEN die Option ORDNER-URLS VERWENDEN und lassen Contao dann wie oben beschrieben in der Seitenstruktur noch einmal die ALIASE GENERIEREN. Die Option ORDNER-URLS VERWENDEN hat eine Doppelfunktion:

- Wenn ORDNER-URLS VERWENDEN ausgestellt ist, erzeugt ALIASE GENERIEREN Standard-URLs.
- Wenn ORDNER-URLS VERWENDEN aktiviert ist, erzeugt ALIASE GENERIEREN Ordner-URLs.

Sie kriegen, was Sie wollen. Whichever way you want.

Seiten schon in den Suchmaschinen? Nicht mehr mit der URL spielen!

Wenn Ihre Seiten bereits in den Suchmaschinen erfasst sind, sollten Sie nicht einfach nur so zum Spaß mit den URLs rumspielen. Nach einer Änderung der URL sind Ihre Seiten aus den Suchmaschinen heraus erst einmal nicht mehr so ohne Weiteres erreichbar.

20.3 Seitenalias, Seitentitel und Seitenbeschreibung optimieren

Nachdem Sie erfahren haben, wie das mit dem URL-Umschreiben genau funktioniert, kommen jetzt die Seiten selbst an die Reihe. In diesem Abschnitt möchte ich kurz auf die für Suchmaschinen relevanten Seiteneinstellungen eingehen.

20.3.1 Seitenname und Seitenalias im Backend von Contao

Der dritte Teil der URL setzt sich, wie gesagt, aus dem Seitenalias und einem URL-Suffix zusammen. Beim Erstellen einer neuen Seite haben Sie immer das Feld SEITENNAME ausgefüllt und das Feld SEITENALIAS darunter meist leer gelassen. Contao hat diesen Eintrag automatisch generiert und den Seitennamen URL-gerecht umgewandelt: Großbuchstaben werden zu Kleinbuchstaben, Leerstellen zu Bindestrichen und Schwerter zu Pflugscharen.

Der Seitenname wird im Backend und in der Navigation verwendet, der Seitenalias bei der Erzeugung einer lesbaren URL. Im Normalfall ist es völlig in Ordnung, wenn die beiden Einträge deckungsgleich sind, und so heißt die Startseite momentan immer noch *startseite.html*.

Aber das muss nicht immer so sein. Wenn die Startseite in der Navigation STARTSEITE heißen, in der URL aber das gewohnte *index.html* stehen soll, dann ändern Sie einfach den Seitenalias entsprechend. Das in den Systemeinstellungen festgelegte URL-Suffix *.html* müssen Sie dabei in Gedanken ergänzen (siehe Abbildung 20.6).

Abbildung 20.6 Startseite mit Seitenname und Seitenalias

Im folgenden ToDo probieren Sie das einmal aus.

> **ToDo: Die Startseite wird zu »index.html«**
> 1. Öffnen Sie im Backend-Modul LAYOUT • SEITENSTRUKTUR die STARTSEITE zur Bearbeitung.
> 2. Ändern Sie den SEITENALIAS in »index« ab.
> 3. Klicken Sie auf SPEICHERN UND SCHLIESSEN.

Im Browser ergibt sich daraus die weiter oben beschriebene Situation. Contao nimmt den Seitenalias *index* und das URL-Suffix *.html* und bastelt daraus den Dateinamen *index.html* (siehe Abbildung 20.7). Oft wird der Dateiname *index.html* auch gar nicht angezeigt, sondern nur ein einzelner Schrägstrich nach dem Domainnamen.

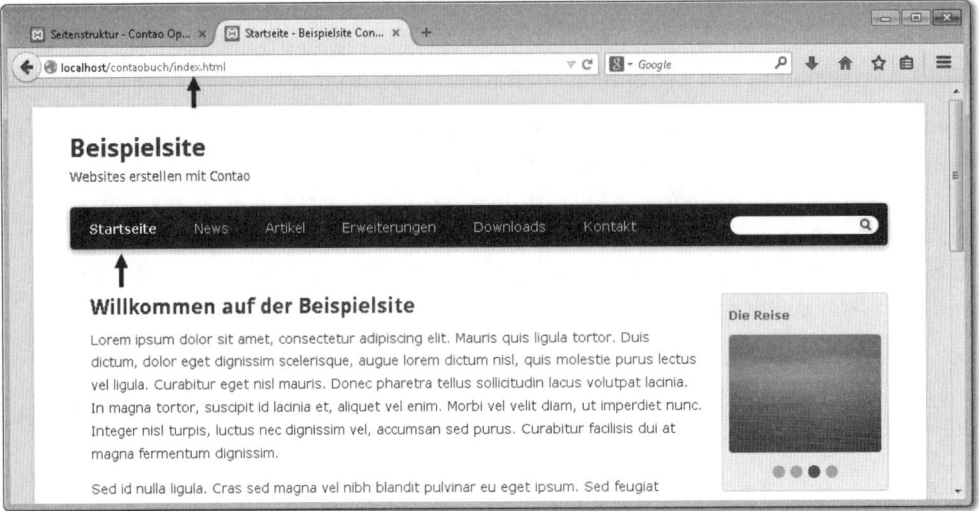

Abbildung 20.7 Seitenname, Seitenalias und URL-Suffix im Browser

Wenn Sie jetzt die Aliasse der anderen Seiten kontrollieren oder ändern möchten, machen Sie das am besten mit der Funktion MEHRERE BEARBEITEN, die Sie ja bereits kennen und die bei der Bearbeitung von Seitennamen und -aliassen einfach fantastisch ist:

- Öffnen Sie im Backend-Modul SEITENSTRUKTUR alle Seiten.
- Klicken Sie MEHRERE BEARBEITEN an, wählen Sie alle Seiten aus, und klicken Sie unten auf BEARBEITEN.
- Kreuzen Sie nur die Felder SEITENNAME und SEITENALIAS an, und klicken Sie auf WEITER.

Schon können Sie für alle Seiten den Seitennamen und den Seitenalias auf einen Schlag kontrollieren und gegebenenfalls ändern. Klasse.

Was hier für Seitennamen und Seitenaliasse beschrieben wurde, gilt übrigens analog genauso für Artikel (*Titel* und *Artikelalias*) und die Erweiterungen NACHRICHTEN (*Titel* und *Nachrichtenalias*), EVENTS (*Titel* und *Event-Alias*), FAQ (*Frage* und *FAQ-Alias*) und NEWSLETTER (*Betreff* und *Newsletteralias*). Das erste Feld dient zur Verwaltung im Backend, der *Alias* zur Anzeige in der URL.

20.3 Seitenalias, Seitentitel und Seitenbeschreibung optimieren

> **Seiten schon in den Suchmaschinen? Nicht mehr mit »Alias« spielen!**
>
> Und noch einmal der Hinweis: Wenn der Suchmaschinenrobot bereits zu Besuch war und die Inhalte indiziert hat, sollten Sie die Aliasse von Seiten nicht mehr ändern, denn damit ändern Sie auch die URLs. Das gilt ebenso für Artikel, Beiträge, Events und FAQ-Antworten. Ändern Sie nicht einfach den Alias, denn »Good URLs don't change«. Gute URLs ändern sich nicht.

20.3.2 Der Titel der Seite: »<title> ... </title>«

In den Seiteneinstellungen können Sie im Bereich META-INFORMATIONEN den Seitentitel, die Sprache, ein Robots-Tag und die Beschreibung definieren (siehe Abbildung 20.8).

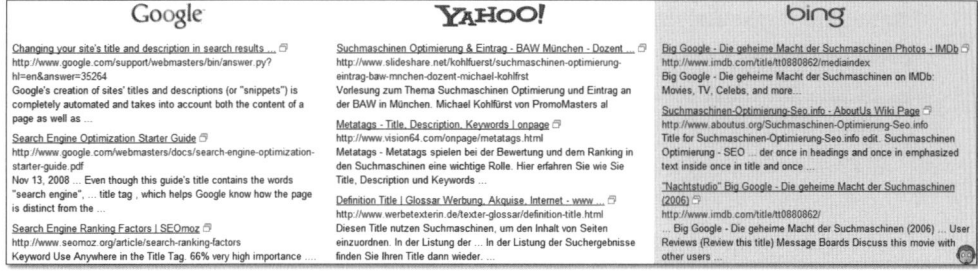

Abbildung 20.8 Die »Meta-Informationen« einer Seite

In diesem Abschnitt geht es zunächst um das Feld SEITENTITEL. Der Titel einer Webseite spielt bei Suchmaschinen eine große Rolle und wird in den Suchergebnissen (*SERP*, *Search Engine Result Pages*) von allen großen Suchmaschinen als große, blaue, anklickbare Überschrift dargestellt (siehe Abbildung 20.9).

Abbildung 20.9 Die (blauen) Links sind die »Seitentitel«.

Contao erzeugt diesen `title` im Seitentemplate *fe_page*. Dort steht relativ am Anfang folgender Quelltext:

```
<title><?php echo $this->title; ?></title>
```

Listing 20.5 Der »title« einer Webseite wird im Seitentemplate erzeugt.

Den Inhalt der Variablen $this->title könnten Sie im Seitenlayout ändern. Dort finden Sie im Bereich EXPERTEN-EINSTELLUNGEN das Feld TITLE-TAG (Abbildung 20.10).

Abbildung 20.10 Im Seitenlayout kann man bei Bedarf das »Title-Tag« ändern.

Contao setzt den Titel standardmäßig aus zwei durch einen ganz normalen Bindestrich getrennten Insert-Tags zusammen:

- {{page:pageTitle}} ist das Feld SEITENTITEL aus den Einstellungen einer Seite. Wenn das Feld SEITENTITEL leer ist, nimmt Contao automatisch das Feld SEITENNAME.

- {{page:rootTitle}} ist der Haupttitel von Contao. Dieser wird beim STARTPUNKT EINER WEBSEITE in den Feldern SEITENTITEL oder SEITENNAME definiert. Ist dort nichts definiert, nimmt Contao den TITEL DER WEBSEITE aus den Systemeinstellungen.

Auf der Startseite der Beispielseiten lautet der Seitentitel momentan »Startseite – Beispielsite Contaobuch«. Im folgenden ToDo ändern Sie diesen Seitentitel. Danach stehen für die Startseite in den Feldern SEITENNAME, SEITENALIAS und SEITENTITEL drei verschiedene Werte.

> **ToDo: Den Seitentitel für die Startseite ändern**
>
> 1. Öffnen Sie im Backend-Modul LAYOUT • SEITENSTRUKTUR die STARTSEITE zur Bearbeitung.
> 2. Geben Sie im Feld SEITENTITEL den folgenden Text ein:
>   »Willkommen zum Websites erstellen mit Contao«
> 3. Klicken Sie auf SPEICHERN UND SCHLIESSEN.

20.3 Seitenalias, Seitentitel und Seitenbeschreibung optimieren

Abbildung 20.11 Unterschiedliche Werte in allen drei Feldern

Sie können natürlich gern einen anderen Text eingeben. Stellen Sie sich dabei einfach vor, dass das, was Sie hier eingeben, der erste Teil der großen blauen Überschrift auf den SERP der Suchmaschinen ist.

Im Frontend hat sich der Titel durch diese Maßnahme geändert. Den zweiten Teil des Titels (»Beispielsite Contaobuch«) aus dem STARTPUNKT EINER WEBSITE ersetzen Sie z. B. durch den Namen Ihrer Site (siehe Abbildung 20.12).

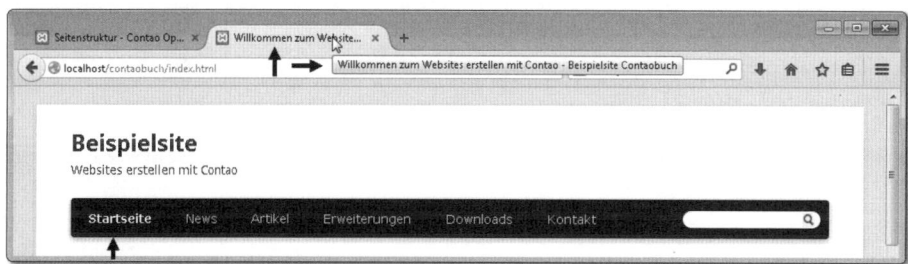

Abbildung 20.12 Die Startseite mit neuem Titel

Auf diese Art und Weise können Sie für jede Seite einen Titel festlegen, der für diese Seite relevante Suchbegriffe enthalten sollte. Mit der Funktion MEHRERE BEARBEITEN geht das blitzschnell.

> **Für Suchmaschinenrobots: »<meta name="robots">«**
>
> Das Feld ROBOTS-TAG sagt den Robots der Suchmaschinen, wie sie mit der Seite umgehen sollen. Der Standardwert index, follow bedeutet »Quelltext mitnehmen und allen Links folgen« und entspricht dem Standardverhalten der Robots. Im Quelltext erscheint dann die Zeile
>
> <meta name="robots" content="index,follow">
>
> Wichtiger wird dieses Feld, wenn eine Seite nicht indiziert werden soll. Dazu gibt es zwei Optionen mit dem Wert noindex. Für die Sitemap z. B. wäre noindex, follow eine sinnvolle Option: die Seite selbst nicht indizieren, aber alle Links verfolgen. noindex,nofollow heißt entsprechend: nicht indizieren und keinen Links folgen.

20.3.3 Die Beschreibung der Seite: »<meta name="description">«

Unterhalb der großen blauen Überschrift gibt es auf den SERPages einen kurzen Textausschnitt, in dem der Suchende überprüfen kann, ob die Seite für ihn relevant ist. Viele Suchmaschinen schauen für diesen Textausschnitt, ob im Quelltext ein HTML-Element <meta name="description"> vorhanden ist, und benutzen den darin enthaltenen Text für beschreibende Schnipsel (Abbildung 20.13).

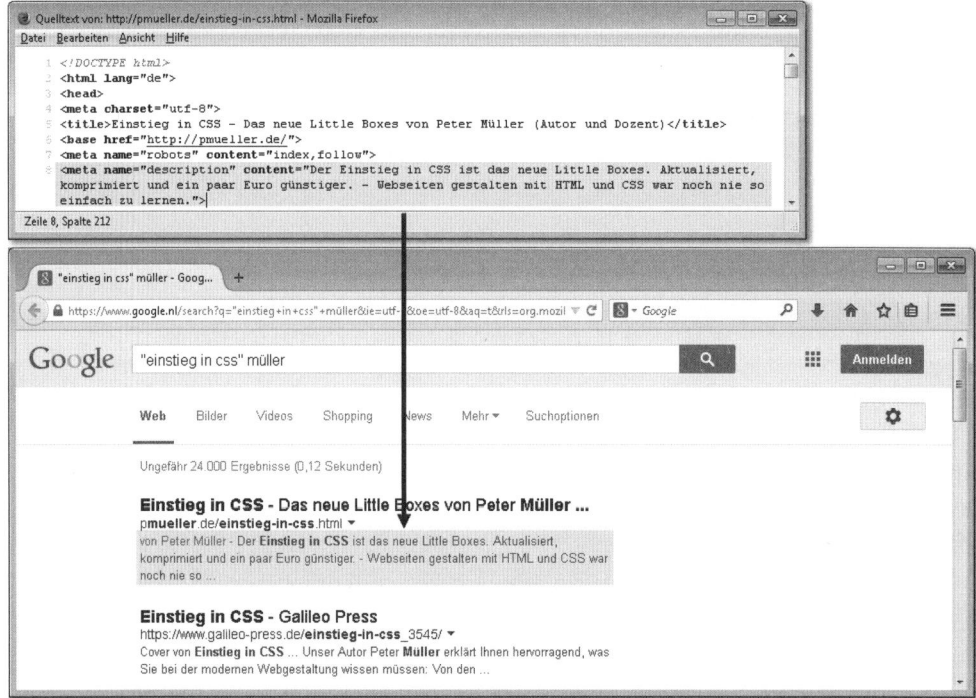

Abbildung 20.13 Die »Beschreibung der Seite« auf einer SERP

In Contao geben Sie im Feld BESCHREIBUNG DER SEITE den Text ein, der im Quelltext als <meta name="description"> erscheinen soll. Die genauen Empfehlungen für den beschreibenden Text variieren je nach Quelle, lassen sich aber wie folgt umschreiben: zwei bis drei ganze Sätze mit zwischen 80 und 150 Zeichen (keine Romane) und den für diese Seite relevanten Suchbegriffen. Machen Sie Werbung für die Seite, dazu ist das Feld da.

> **ToDo: Die Beschreibung der Startseite ändern**
> 1. Öffnen Sie im Backend-Modul LAYOUT • SEITENSTRUKTUR die STARTSEITE zur Bearbeitung.
> 2. Geben Sie im Feld BESCHREIBUNG DER SEITE z. B. einen Text ein, der die Startseite gut beschreibt. Es sollten zwei bis drei ganze Sätze mit ungefähr 80 bis 150 Zeichen sein.
> 3. Klicken Sie auf SPEICHERN UND SCHLIESSEN.

Abbildung 20.14 zeigt die Einstellungen der Startseite für alle Felder: SEITENTITEL, SEITENALIAS, SEITENNAME, ROBOTS-TAG und BESCHREIBUNG DER SEITE.

Abbildung 20.14 Die »Beschreibung der Seite« im Backend

Wenn Ihre Startseite in den Suchmaschinen erfasst wird, steigern Sie auf diese Art und Weise die Chance, dass die kurze Textbeschreibung auf den SERPages Ihren Wünschen entspricht. Die BESCHREIBUNG DER SEITE ist also kein Mittel, um in den SERPages nach oben zu gelangen, kann aber ungemein dabei helfen, dass ein Benutzer den Eintrag interessant findet und anklickt.

Die Seitenbeschreibung sollte natürlich speziell für die jeweilige Seite geschrieben sein, aber mit der Funktion MEHRERE BEARBEITEN dürfte das überhaupt kein Problem sein.

> **Suchbegriffe in den Artikel-Einstellungen: »<meta name="keywords">«**
>
> In der Eingabemaske für ARTIKEL-EINSTELLUNGEN ist Ihnen vielleicht das Feld SUCHBEGRIFFE aufgefallen. Dort können Sie eine kommagetrennte Liste von Suchbegriffen eingeben. Diese Begriffe erscheinen in der Einzelansicht eines Artikels im Quelltext als <meta name="keywords">.
>
> Sie richten mit diesen Suchbegriffen wahrscheinlich keinen Schaden an, aber alle momentan relevanten Suchmaschinen ignorieren die Keywords seit geraumer Zeit schlicht und einfach:
>
> - *Google does not use the keywords meta tag in web ranking*
>   bit.ly/c0Zolp (ce – null – zett – oh – el – peh)
>
> Die Zeit für das Eintragen der Suchbegriffe in den ARTIKEL-EINSTELLUNGEN können Sie besser in den Artikeltext selbst investieren. Das gibt eine größere Rendite.

20.4 Abfangjäger: 404 und 403

In diesem Abschnitt erstellen Sie zwei Seiten für die am häufigsten auftretenden Fehlernummern bei Webseiten und lernen, wie man eine dauerhafte Umleitung einrichtet.

20.4.1 Statusmeldungen: Der Webserver schickt eine Nummer mit

Browser und Webserver kommunizieren über das Protokoll HTTP miteinander. Der Browser stellt eine Anfrage (*HTTP-Request*), und der Webserver beantwortet diese nach bestem Wissen und Gewissen (*HTTP-Response*).

Die Antwort des Webservers enthält immer eine Nummer, die die Art der Antwort näher kennzeichnet. Berühmt und berüchtigt ist die Serverantwort mit der Nummer 404, die, wie gesagt, bedeutet, dass das angeforderte Dokument auf dem Servercomputer nicht gefunden werden konnte.

Wenn Sie z. B. die URL *http://localhost/rumpelstilzchen/* eingeben, kann der Webserver das gewünschte Objekt nicht finden und quittiert den Versuch mit der Nummer 404 (siehe Abbildung 20.15).

Abbildung 20.15 Error 404 – Objekt nicht gefunden

Die Antwortnummern des Webservers werden *Status Code* oder auch *Antwortcode* genannt und beginnen mit einer Zahl zwischen 1 und 5, wobei diese Ziffer für eine von fünf Kategorien steht. Tabelle 20.1 zeigt einen Überblick.

Code	Kategorie
1xx	Reserviert für zukünftige Entwicklungen, momentan ohne Bedeutung.
2xx	Alles klar. Gewünschte Anfrage oder Aktion wurde erfolgreich ausgeführt.
3xx	Umleitung (*Redirection*). Zur vollständigen Ausführung der Aktion sind weitere Aktionen erforderlich. Die 3er-Meldungen sind bei der Optimierung der Site für Suchmaschinen wichtig.
4xx	Clientfehler. Die Anfrage des Clients ist aus irgendeinem Grund nicht in Ordnung oder kann nicht beantwortet werden.
5xx	Serverfehler. Die Anfrage ist in Ordnung, aber der Server kann nicht antworten. Deutet in jedem Fall auf einen ernsten Fehler irgendwo auf dem Webspace hin.

Tabelle 20.1 Die Bedeutung der ersten Ziffer in der Antwort des Webservers

Der Browser weiß also bereits anhand der ersten Ziffer, ob seine Anfrage erfolgreich war oder nicht. Je nach Antwortnummer kann der Browser dann eine entsprechende Meldung an den Benutzer ausgeben.

Tabelle 20.2 enthält die wichtigsten Antwortcodes der Webserver.

Code	Bedeutung
200	**OK**. Alles klar. Roger. Über diese Nummer freut sich jeder Browser.
301	**Moved Permanently**. Das angeforderte Dokument wurde verschoben und liegt jetzt unter einer anderen Adresse vor, die der Webserver auch gleich mitsendet. Hilfreich bei der Optimierung für Suchmaschinen (SEO).
302	**Found**. Wie 301, aber nur vorübergehend (*temporarily*). Ebenfalls SEO-relevant.
400	**Bad Request**. Syntaxfehler in der Anfrage. Der Server kann die Anfrage nicht verstehen. Das Äquivalent zu: »Häh? Was hast du gesagt? No comprende.«
401	**Unauthorized**. »Darf ich mal Ihren Ausweis sehen?« – Wenn die »Authentisierung« (so nennt der Apache das wirklich) fehlgeschlagen ist, kommt ein Error 401.
403	**Forbidden**. Zugriff verweigert. Warum und wieso, muss der Server nicht sagen.
404	Not **Found**. Der Klassiker. Das angeforderte Dokument kann nicht gefunden werden.
500	**Internal Server Error**. »Tut mir leid, da ist was kaputt, aber ich weiß auch nicht genau, was.« Auf der Serverseite trat ein nicht näher erläuterter Fehler auf. Keine gute Meldung.
503	**Service Unavailable**. Der Server ist überlastet oder zurzeit nicht in der Lage, die geforderte Aktion durchzuführen. Bitte versuchen Sie es später noch einmal.

Tabelle 20.2 Die wichtigsten Antwortnummern des Webservers

20.4.2 404-Seite nicht gefunden: Darf's vielleicht was anderes sein?

Die Ursachen für eine 404-Antwort sind vielfältig und reichen von Tippfehlern bei der Eingabe der URL bis hin zum Löschen der gesuchten Seite. Letztlich ist die Ursache auch nicht so wichtig, denn wichtiger ist, dass Sie auf Ihrer Website den Besuchern eine gute Alternative bieten.

Im folgenden ToDo erstellen Sie zunächst eine Seite vom Typ 404 SEITE NICHT GEFUNDEN, die Contao immer dann ausgibt, wenn der Webserver einen 404-Fehler meldet: sehr praktisch, so ein spezieller Seitentyp.

> **ToDo: Fehlerseite für »404 Not Found« erstellen**
> 1. Öffnen Sie das Backend-Modul Layout • Seitenstruktur.
> 2. Erstellen Sie eine Neue Seite, die Sie oberhalb der Startseite einfügen. Klicken Sie auf das Klemmbrett mit dem Pfeil nach rechts neben dem Startpunkt der Webseite.
> 3. Geben Sie als Seitenname ein: »Seite nicht gefunden (404)«.
> 4. Seitenalias kann leer bleiben.
> 5. Wählen Sie aus der Liste Seitentyp den Eintrag 404 Seite nicht gefunden.
> 6. Klicken Sie auf Seite veröffentlichen.
> 7. Klicken Sie auf Speichern und schliessen.

Damit haben Sie eine Seite erstellt, die Contao im Fall einer nicht gefundenen Seite ausliefert. Jetzt fehlt für diese Seite nur noch ein bisschen Inhalt.

Sie könnten die Seite im Bereich Auto-Weiterleitung einfach auf eine andere Seite weiterleiten. Das ist besser als eine Browserfehlermeldung, aber der Besucher wird dann nie erfahren, dass es einen Fehler gab, und sich zumindest unbewusst wundern, warum er auf einer ganz anderen Seite gelandet ist.

Eine gute 404-Fehlerseite teilt dem Besucher auf freundliche Art mit, dass es die gesuchte Seite nicht gibt, und bietet ihm idealerweise auch gleich ein paar lesenswerte Alternativen, z. B. in Form einer Sitemap.

Im folgenden ToDo erstellen Sie ein bisschen Inhalt für die 404-Seite.

> **ToDo: Inhalt für die 404-Fehlerseite erstellen**
> 1. Öffnen Sie im Backend-Modul Inhalte • Artikel den Artikel Seite nicht gefunden (404) zur Bearbeitung.
> 2. Fügen Sie ein Neues Element vom Typ Überschrift hinzu.
> 3. Geben Sie eine h1-Überschrift ein: »404 – Seite nicht gefunden«.
> 4. Klicken Sie auf Speichern und neu.
> 5. Fügen Sie darunter ein Inhaltselement Text ein: »Leider konnte die von Ihnen angeforderte Seite nicht gefunden werden. Vielleicht gibt es ja in der nachfolgenden Inhaltsübersicht eine brauchbare Alternative. Das ist alles, was wir hier haben: «
> 6. Klicken Sie auf Speichern und neu.
> 7. Wählen Sie als Elementtyp den Eintrag Modul.
> 8. Wählen Sie als Modul die Nav – Sitemap (ID xx).
> 9. Klicken Sie auf Speichern und schliessen.

Sobald jemand eine nicht vorhandene Seite aufruft, sieht er im Browser jetzt folgende Fehlerseite (siehe Abbildung 20.16).

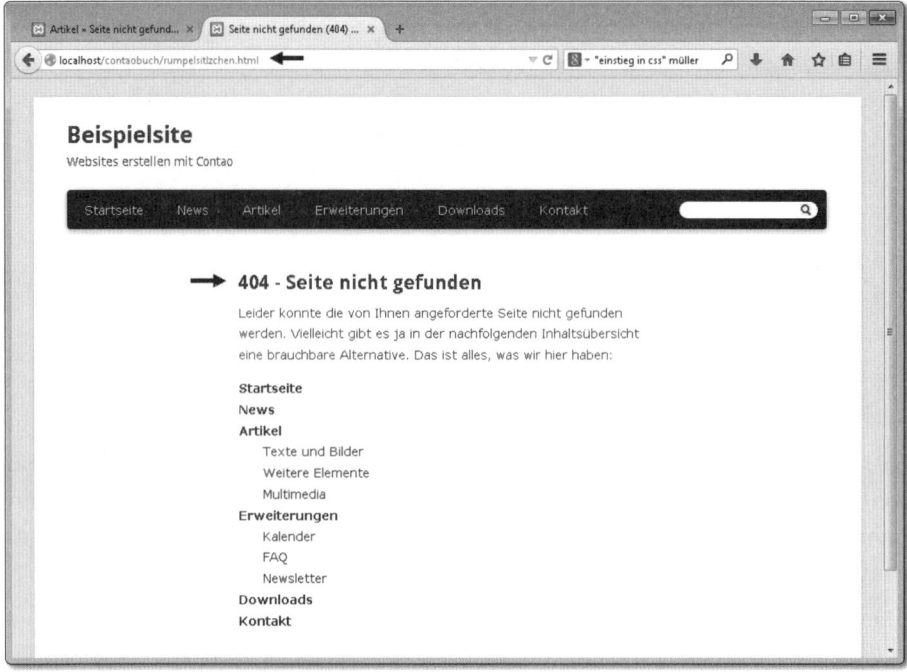

Abbildung 20.16 Die 404-Fehlerseite von Contao in Aktion

Bei Dateinamen am Ende der URL funktioniert die Sache schon prima, aber bei einigen falschen URLs, wie z. B. bei Ordnernamen, wird die 404-Seite noch nicht angezeigt. Dagegen hilft folgender Eintrag ganz am Anfang der *.htaccess*-Datei im Hauptordner direkt nach dem einleitenden Kommentar:

```
# Fehlerseite für den Fehler 404 - Seite nicht gefunden
ErrorDocument 404 /contaobuch/index.php
```

Listing 20.6 Eintrag für die 404-Seite in der ».htaccess«

In der ersten Zeile schreiben Sie einen kurzen Kommentar, und in der zweiten Zeile geben Sie anstelle von `/contaobuch` den tatsächlichen Pfad zu Ihrer Contao-Installation an. Liegt Contao im Hauptordner, lautet der Eintrag `/index.php`.

20.4.3 403 Zugriff verweigert: Diese Seite gibt es, aber nicht für Sie

Auf die gleiche Art und Weise können Sie eine Fehlerseite für den Fehler 403 erstellen. Diese Fehlermeldung erscheint z. B. dann, wenn ein Besucher eine Seite aufruft, die nur für registrierte Mitglieder abrufbar ist.

Im folgenden ToDo erstellen Sie eine Seite, die den Besucher bei einem 403-Fehler automatisch auf die Sitemap weiterleitet. Er braucht ja eigentlich gar nicht zu wissen, dass es hier für ihn verbotene Früchte gibt, aber wenn Sie möchten, können Sie anstelle der Auto-Weiterleitung auch einen netten Text ausgeben.

> **ToDo: Fehlerseite für »403 Forbidden« erstellen**
> 1. Öffnen Sie das Backend-Modul LAYOUT • SEITENSTRUKTUR, und erstellen Sie eine NEUE SEITE, die Sie unterhalb der 404-Seite einfügen.
> 2. Geben Sie als SEITENNAME ein: »Zugriff verweigert (403)«.
> 3. SEITENALIAS kann leer bleiben.
> 4. Wählen Sie in SEITENTYP den Eintrag 403 ZUGRIFF VERWEIGERT.
> 5. SEITE VERÖFFENTLICHEN nicht vergessen.
> 6. Klicken Sie auf SPEICHERN UND SCHLIESSEN.
> 7. Öffnen Sie im Backend-Modul INHALTE • ARTIKEL den Artikel ZUGRIFF VERWEIGERT (403) zur Bearbeitung.
> 8. Fügen Sie ein NEUES ELEMENT vom Typ ÜBERSCHRIFT hinzu, und geben Sie eine h1-Überschrift ein: »403 – Zugriff verweigert«.
> 9. Klicken Sie auf SPEICHERN UND NEU.
> 10. Fügen Sie darunter ein Inhaltselement TEXT ein: »Der Zutritt zu dieser Seite ist aus irgendwelchen Gründen nicht gestattet. Vielleicht müssen Sie sich vorher anmelden.«
> 11. Klicken Sie auf SPEICHERN UND SCHLIESSEN.

Abbildung 20.17 zeigt die Seiten für die Fehler 404 und 403 in der Seitenstruktur.

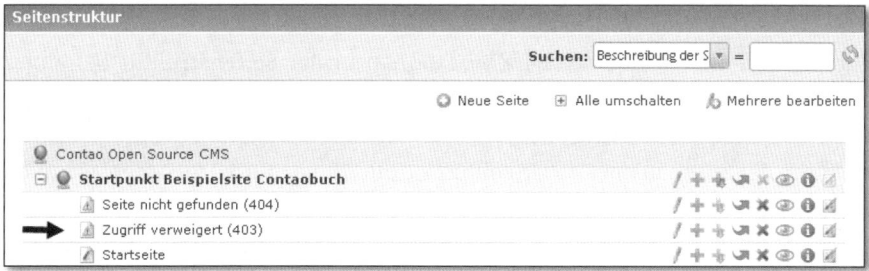

Abbildung 20.17 Die Seiten für die Fehler 404 und 403 im Backend

Testen können Sie diesen Fehler erst, wenn Sie in Abschnitt 21.7 einen geschützten Downloadbereich eingerichtet haben und z. B. die Downloadseite aufrufen, ohne angemeldet zu sein.

20.5 Eine XML-Sitemap für Google & Co.

Wenn die Seiten so weit fertig optimiert sind, wird es Zeit, den Suchmaschinenrobots Bescheid zu sagen, dass die Seiten indiziert werden sollen. Einer der effektivsten und schnellsten Wege, Ihre Seiten in die Datenbank von Google zu bekommen, ist es, bei den *Google Webmaster-Tools* eine XML-Sitemap einzureichen.

20.5.1 Die Google Webmaster-Tools

Die Google Webmaster-Tools geben Ihnen als Websitebetreiber eine fast vollständige Übersicht darüber, wie Google Ihre Webseiten sieht:

- *www.google.com/webmasters/*

Zur Anmeldung benötigen Sie ein Google-Konto, und bevor Sie Ihre Websites hier analysieren können, müssen Sie nachweisen, dass Sie dazu berechtigt sind, aber das wird auf den Seiten der Webmaster-Tools ausführlich erklärt.

Die Google Webmaster-Tools begannen einst unter dem Namen *Google Sitemaps*, und eine zentrale Funktion der Tools ist auch heute noch die Anmeldung einer XML-Sitemap.

Eine solche XML-Sitemap hat übrigens nichts mit der auf der Seite SITEMAP dargestellten Seitenübersicht zu tun. Die XML-Sitemap ist ein maschinenlesbares Inhaltsverzeichnis der eigenen Webseiten, das der Googlebot als Grundlage zur Indizierung Ihrer Seiten verwendet. Mit einer XML-Sitemap geben Sie dem Googlebot also quasi eine ToDo-Liste für Ihre Website mit auf den Weg.

20.5.2 Eine XML-Sitemap in Contao erstellen

In Contao können Sie eine solche XML-Sitemap in der Seitenstruktur bei einem STARTPUNKT EINER WEBSEITE ganz einfach automatisch erzeugen lassen. Die Erstellung einer Sitemap können Sie auch auf einer lokalen Installation ausprobieren, die Anmeldung der Sitemap bei Google sollten Sie allerdings nur vornehmen, wenn die Site online ist und auch wirklich indiziert werden soll.

> **ToDo: Eine XML-Sitemap erstellen**
> 1. Öffnen Sie das Backend-Modul LAYOUT • SEITENSTRUKTUR.
> 2. Klicken Sie auf den gelben Bleistift zur Bearbeitung des Startpunktes BEISPIELSITE CONTAOBUCH.
> 3. Aktivieren Sie im Bereich XML-SITEMAP das Kontrollkästchen vor der Option EINE XML-SITEMAP ERSTELLEN.

4. Geben Sie den gewünschten Vornamen der Sitemap ein, z. B. »beispielsite-contaobuch-sitemap«. Contao erstellt die Sitemap im Hauptordner und ergänzt die Endung *.xml* automatisch.
5. Klicken Sie auf SPEICHERN UND SCHLIESSEN.

Die XML-Sitemap wird automatisch einmal wöchentlich und bei jeder Änderung an der Seitenstruktur aktualisiert. Im Backend-Modul SYSTEM • SYSTEMWARTUNG haben Sie im Bereich DATEN BEREINIGEN zusätzlich die Möglichkeit, die Sitemap manuell neu erzeugen zu lassen, wenn Sie z. B. einen neuen Nachrichtenbeitrag geschrieben haben. Klicken Sie im Bereich DATEN BEREINIGEN auf das Kontrollkästchen vor XML-DATEIEN NEU SCHREIBEN und dann darunter auf die Schaltfläche DATEN BEREINIGEN. Damit wird der Newsfeed auch gleich aktualisiert.

Jetzt haben Sie in der Contao-Installation im Ordner */share* eine Datei mit dem Namen *beispielsite-contaobuch-sitemap.xml* (siehe Abbildung 20.18).

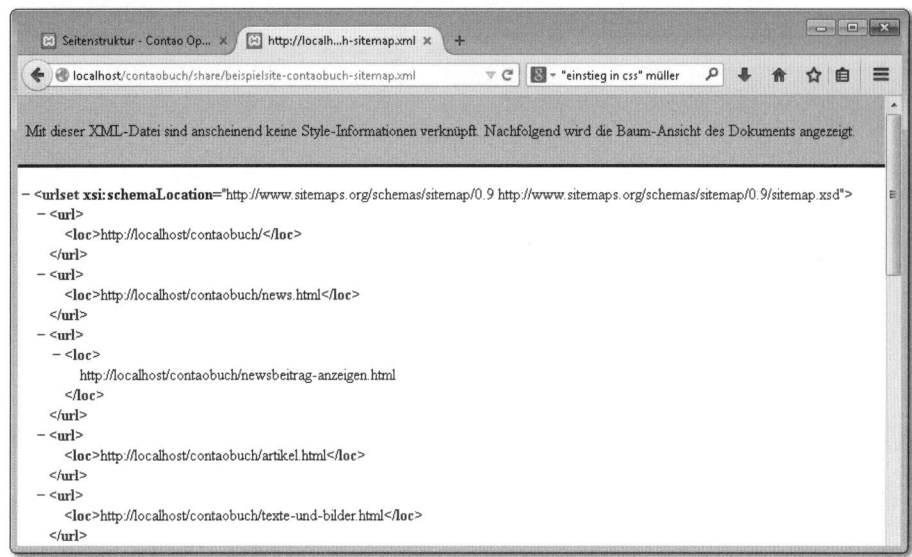

Abbildung 20.18 So sieht die XML-Sitemap im Browser aus.

In dieser Datei sind gemäß einer von Google vorgegebenen XML-Struktur alle Seiten aus dem Seitenbaum und auch alle Seiten mit einer Einzelansicht der Nachrichtenbeiträge, Events und FAQ-Einträge aufgelistet.

Kapitel 21
Mitglieder: im Frontend angemeldete Besucher

In diesem Kapitel lernen Sie zunächst den Unterschied zwischen »Mitgliedern« und »Benutzern« kennen. Danach erstellen Sie eine An- und Abmeldung für Mitglieder und einen geschützten Downloadbereich.

Die Themen im Überblick:

- Mitglieder und Benutzer: der Unterschied, Seite 653
- Mitgliedergruppen und Mitglieder einrichten, Seite 655
- Seiten für die An- und Abmeldung erstellen, Seite 656
- Frontend-Module für die An- und Abmeldung erstellen, Seite 658
- Die erstellten Module einbinden, Seite 663
- Die Frontend-Module gestalten, Seite 658
- Einen geschützten Downloadbereich einrichten, Seite 663
- Weitere Möglichkeiten zur Mitgliederverwaltung, Seite 676

Bevor Sie sich in diesem Kapitel mit der Verwaltung von Mitgliedern beschäftigen, möchte ich kurz den Unterschied zwischen Mitgliedern und Benutzern erklären. Die Benutzerverwaltung folgt dann im nächsten Kapitel.

21.1 Mitglieder und Benutzer: der Unterschied

Contao unterscheidet Frontend-Benutzer (*Mitglieder*) und Backend-Benutzer (*Benutzer*). Verwaltet werden sowohl Mitglieder als auch Benutzer im Backend in der KATEGORIE BENUTZERVERWALTUNG, die im englischen Backend den schönen Namen ACCOUNT MANAGER trägt (Abbildung 21.1).

21 Mitglieder: im Frontend angemeldete Besucher

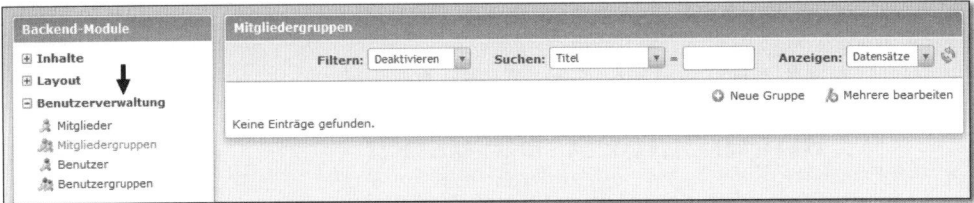

Abbildung 21.1 »Die Benutzerverwaltung« im Backend

Auch wenn Mitglieder und Benutzer im Backend in derselben Kategorie verwaltet werden, haben sie eigentlich nur gemeinsam, dass sich beide irgendwo anmelden. Alles andere ist anders:

- *Mitglieder* melden sich am *Frontend* an und sehen nach der Anmeldung zusätzliche Ressourcen. Das können z. B. Seiten, Artikel, Inhaltselemente oder Downloads sein, die für nicht registrierte Besucher, auch *Gäste* genannt, unsichtbar bleiben.

  Beispiele für die Verwendung von Mitgliedern sind Kunden, denen Sie auf der Website exklusive Informationen zugänglich machen möchten, oder Seminarteilnehmer, die nach einer Anmeldung den geschützten Bereich für das betreffende Seminar sehen. Mitglieder sind relativ einfach zu verwalten, da sie per *Zugriffsschutz* eine bestimmte Ressource im Frontend entweder sehen oder nicht sehen.

- *Benutzer* melden sich am *Backend* an und arbeiten an der Site selbst. Ein Beispiel sind Redakteure, die einen Bereich der Website redaktionell betreuen. Für Benutzer gibt es in Contao sehr komplexe *Zugriffsrechte*, mit denen Sie detailliert einstellen können, was ein Benutzer im Backend sehen soll. Ein Redakteur z. B. kann problemlos nur die Backend-Module ARTIKEL und DATEIVERWALTUNG sehen, in denen wiederum nur die Seiten und Ordner auftauchen, die für ihn freigegeben sind.

  Die Rechtevergabe geht hinunter bis auf einzelne Bearbeitungsfelder: Sie können bei der Artikelbearbeitung z. B. nur das Feld zum *Veröffentlichen* verstecken, sodass der Redakteur Artikel zwar erstellen, bearbeiten und speichern, aber nicht veröffentlichen kann. Das macht dann der Chefredakteur.

Tabelle 21.1 zeigt eine Übersicht über die Unterschiede zwischen Mitgliedern und Benutzern.

Aber genug der Worte. Los geht's mit der Verwaltung von Mitgliedern und einem Downloadbereich. Benutzer folgen, wie gesagt, im nächsten Kapitel.

Mitglieder	Benutzer
Anmeldung am Frontend	Anmeldung am Backend
Frontend-Benutzer	Backend-Benutzer
Registrierter Besucher	Mitarbeiter an der Site
Beispiel: Kunden	Beispiel: Redakteure
Einfacher Zugriffsschutz	Komplexe Zugriffsrechte

Tabelle 21.1 Übersicht über Mitglieder und Benutzer

21.2 Mitgliedergruppen und Mitglieder einrichten

Ein Mitglied muss immer Teil einer Mitgliedergruppe sein, und deshalb beginnen Sie in diesem Abschnitt mit der Einrichtung einer Mitgliedergruppe namens KUNDEN.

21.2.1 Mitgliedergruppen einrichten

Die Einrichtung einer Mitgliedergruppe ist so einfach, dass ein kurzes ToDo ohne weitere Erklärungen völlig ausreicht.

> **ToDo: Mitgliedergruppe »Kunden« einrichten**
> 1. Öffnen Sie das Backend-Modul BENUTZERVERWALTUNG • MITGLIEDERGRUPPEN.
> 2. Klicken Sie rechts oben in den Arbeitsbereich NEUE GRUPPE.
> 3. Der TITEL soll »Kunden« sein.
> 4. Richten Sie keine WEITERLEITUNG ein. Dadurch bleibt der Besucher nach der Anmeldung auf der Seite, auf der er sich angemeldet hat.
> 5. Klicken Sie auf SPEICHERN UND SCHLIESSEN.

Das war es schon. Kurz und schmerzlos. Auf zu den Mitgliedern selbst.

21.2.2 Neue Mitglieder erstellen

Die Einrichtung eines Mitglieds ist ebenfalls recht einfach. Im Backend-Modul MITGLIEDER gibt es dazu ein Formular, in dem Sie bei Bedarf detaillierte Informationen zu jedem Mitglied eintragen können. Pflichtfelder sind VORNAME, NACHNAME und E-MAIL-ADRESSE. Im folgenden ToDo wird Donna Evans, Studentin an der Music Academy, Mitglied der Beispielsite.

> **ToDo: Mitglied erstellen**
>
> 1. Öffnen Sie das Backend-Modul BENUTZERVERWALTUNG • MITGLIEDER.
> 2. Klicken Sie rechts oben im Arbeitsbereich auf NEUES MITGLIED.
> 3. Geben Sie die folgenden Daten ein:
>   VORNAME: »Donna«
>   NACHNAME: »Evans«
>   E-MAIL-ADRESSE: eine Mailadresse, die Sie abrufen können
> 4. Donna Evans soll Mitglied der Gruppe KUNDEN werden.
> 5. Aktivieren Sie das Kontrollkästchen vor LOGIN ERLAUBEN.
>   BENUTZERNAME: »d.evans«
>   PASSWORT: »donnaevans« (Passwort auch bestätigen)
> 6. Donna Evans bekommt kein BENUTZERVERZEICHNIS und keine ABONNEMENTS.
> 7. Klicken Sie auf SPEICHERN UND SCHLIESSEN.

Nach diesem ToDo haben Sie jetzt die Mitgliedergruppe KUNDEN, in der es ein Mitglied namens *Donna Evans* gibt.

Abbildung 21.2 Das Mitglied Donna Evans

21.3 Seiten für die An- und Abmeldung erstellen

Damit sich Frontend-Benutzer anmelden können, benötigen sie eine Möglichkeit zur Anmeldung. Dazu erstellen Sie in den folgenden Abschnitten wie immer ein paar Seiten und ein paar Frontend-Module, die dann in entsprechenden Artikeln bzw. im Seitenlayout eingebunden werden.

Sie beginnen mit der Erzeugung von drei Seiten zur An- und Abmeldung, die Sie ganz unten im Seitenbaum erstellen. Damit der Baum nicht zu unübersichtlich wird, erstellen Sie zunächst eine im Menü versteckte Seite namens MITGLIEDER. Alle zur Mitgliederverwaltung benötigten weiteren Seiten legen Sie dann als Unterseiten dazu an.

Im folgenden ToDo erstellen Sie unter anderem zwei Unterseiten: eine zum Anmelden und eine zum Abmelden. Der Trick bei der Sache ist, dass Sie die Seite ANMELDEN nur für Gäste anzeigen. Sobald ein Besucher sich anmeldet, verschwindet die Seite und wird durch die Seite ABMELDEN ersetzt, die das perfekte Gegenstück bildet: Sie hat einen ZUGRIFFSSCHUTZ und wird nur angezeigt, wenn sich ein Mitglied der Gruppe KUNDEN angemeldet hat.

ToDo: Seiten zur An- und Abmeldung erstellen

1. Öffnen Sie das Backend-Modul LAYOUT • SEITENSTRUKTUR.
2. Erstellen Sie am Ende des Seitenbaums eine neue reguläre Seite:

    Der SEITENNAME ist »Mitglieder«.
    ROBOTS-TAG: NOINDEX, NOFOLLOW
    NICHT DURCHSUCHEN
    IN DER SITEMAP ANZEIGEN: NIE ANZEIGEN
    IM MENÜ VERSTECKEN
    SEITE VERÖFFENTLICHEN
    SPEICHERN UND SCHLIESSEN

3. Erstellen Sie für die Anmeldung eine reguläre Seite als Unterseite zu MITGLIEDER, die nur Gästen angezeigt werden soll:

    Der SEITENNAME ist »Anmelden«.
    ROBOTS-TAG: NOINDEX, NOFOLLOW
    CACHEZEIT FESTLEGEN: aktivieren und auf 0 (NICHT CACHEN) setzen
    NICHT DURCHSUCHEN
    IN DER SITEMAP ANZEIGEN: NIE ANZEIGEN
    IM MENÜ VERSTECKEN
    NUR GÄSTEN ANZEIGEN: aktivieren
    SEITE VERÖFFENTLICHEN
    SPEICHERN UND NEU.

4. Erstellen Sie auf derselben Ebene wie ANMELDEN eine reguläre Seite namens ABMELDEN, die mit einem Zugriffsschutz versehen wird:

    Der SEITENNAME ist »Abmelden«.
    ROBOTS-TAG: NOINDEX, NOFOLLOW
    ZUGRIFFSSCHUTZ – SEITE SCHÜTZEN, erlaubt für Gruppe KUNDEN
    CACHEZEIT FESTLEGEN: aktivieren und auf 0 (NICHT CACHEN) setzen
    NICHT DURCHSUCHEN aktivieren
    IN DER SITEMAP ANZEIGEN: NIE ANZEIGEN
    IM MENÜ VERSTECKEN
    SEITE VERÖFFENTLICHEN
    SPEICHERN UND SCHLIESSEN

Im Backend sollte der neue Teil des Seitenbaums so aussehen wie in Abbildung 21.3.

Abbildung 21.3 Die neuen Seiten für Mitglieder im Seitenbaum

Achten Sie auf die Symbole für die drei neuen Seiten: Alle drei Seiten sind grau und im Menü versteckt, aber die Seite ABMELDEN hat zusätzlich ein kleines Schloss, um zu zeigen, dass ein Zugriffsschutz aktiviert ist. Die Seiten erscheinen momentan nirgendwo im Menü.

21.4 Frontend-Module für die An- und Abmeldung erstellen

Nach der Erstellung der benötigten Seiten in der Seitenstruktur kommen jetzt die Frontend-Module an die Reihe.

21.4.1 Die Frontend-Module zur Anmeldung im Überblick

Insgesamt benötigen Sie in diesem Kapitel vier Frontend-Module, um ein komplettes Anmeldesystem zu erstellen:

1. Das Modul [LOGIN-FORMULAR] stellt ein Anmeldeformular bereit.
2. Das Modul [AUTOMATISCHER LOGOUT] arbeitet unsichtbar im Hintergrund und regelt die Abmeldung.
3. Ein Modul von Typ [EIGENER HTML-CODE] zeigt für Gäste einen Link zur Anmeldeseite im Footer.
4. Ein zweites Modul vom Typ [EIGENER HTML-CODE] zeigt den Anmeldenamen (»Sie sind angemeldet als ...«) für angemeldete Benutzer und präsentiert zusätzlich einen Link zum Abmelden.

Die ersten beiden Module werden in Artikeln auf den eben erstellten Seiten eingebunden, die Module 3 und 4 im Seitenlayout in der Spalte FUSSZEILE.

> **Ironie am Rande: Die »Benutzermodule« sind für »Mitglieder«**
>
> Um Verwirrungen vorzubeugen: Die Frontend-Module zur Verwaltung von Mitgliedern stehen in der Modulverwaltung in einer Gruppe namens BENUTZER und werden intern auch als *Benutzermodule* bezeichnet. Die Module sind aber allesamt für *Mitglieder*, nicht für *Benutzer*.

21.4.2 Modul Nr. 1: Das Anmeldeformular – »[Login-Formular]«

Sie beginnen in diesem Abschnitt mit der Erstellung des ersten Moduls, das ein Anmeldeformular bereitstellt.

> **ToDo: Modul zur Anmeldung erstellen**
>
> 1. Öffnen Sie für das aktuelle Theme das Backend-Modul zur Bearbeitung der FRONTEND-MODULE.
> 2. Erstellen Sie ein NEUES MODUL mit den folgenden Eigenschaften:
>
>   TITEL: »Mitglieder – Anmeldeformular«
>   ÜBERSCHRIFT: »Anmeldung«
>   MODULTYP: BENUTZER – LOGIN-FORMULAR
>   AUTOLOGIN ERLAUBEN: aktivieren
>   Keine WEITERLEITUNGSSEITE
>   ANZAHL AN SPALTEN: Template EINE SPALTE
>   Kein ZUGRIFFSSCHUTZ
> 3. Klicken Sie auf SPEICHERN UND SCHLIESSEN.

Abbildung 21.4 zeigt das ausgefüllte Eingabeformular für das Anmeldeformular.

Abbildung 21.4 Das Eingabeformular für das »Anmeldeformular«

Die Option AUTOLOGIN ERLAUBEN bewirkt, dass im Anmeldeformular ein Kontrollkästchen mit der Beschriftung ANGEMELDET BLEIBEN erscheint, das dem Besucher eine dauerhafte Anmeldung ermöglicht.

Das einspaltige Template erstellt im HTML ein tabelloses Formular. Die zweispaltige Alternative erstellt ein Formular mit einer einfachen, nicht verschachtelten HTML-Tabelle.

21.4.3 Modul Nr. 2: Die Abmeldung – »[Automatischer Logout]«

Das Modul zur Abmeldung arbeitet im Hintergrund und ist im Frontend nicht zu sehen. Nach einer Abmeldung bleibt der Besucher auf der zuletzt besuchten Seite, wird also nicht auf eine andere Seite umgeleitet.

> **ToDo: Modul zur Abmeldung erstellen**
> 1. Öffnen Sie für das aktuelle Theme das Backend-Modul zur Bearbeitung der FRONTEND-MODULE.
> 2. Erstellen Sie ein NEUES MODUL mit den folgenden Eigenschaften:
>   TITEL: »Mitglieder – Abmelden«
>   MODULTYP: BENUTZER – AUTOMATISCHER LOGOUT
>   Keine WEITERLEITUNGSSEITE definieren
>   ZUR ZULETZT BESUCHTEN SEITE: aktivieren
>   Kein ZUGRIFFSSCHUTZ
>   Keine EXPERTEN-EINSTELLUNGEN
> 3. Klicken Sie auf SPEICHERN UND SCHLIESSEN.

Abbildung 21.5 zeigt das Eingabeformular für das Modul zum Abmelden.

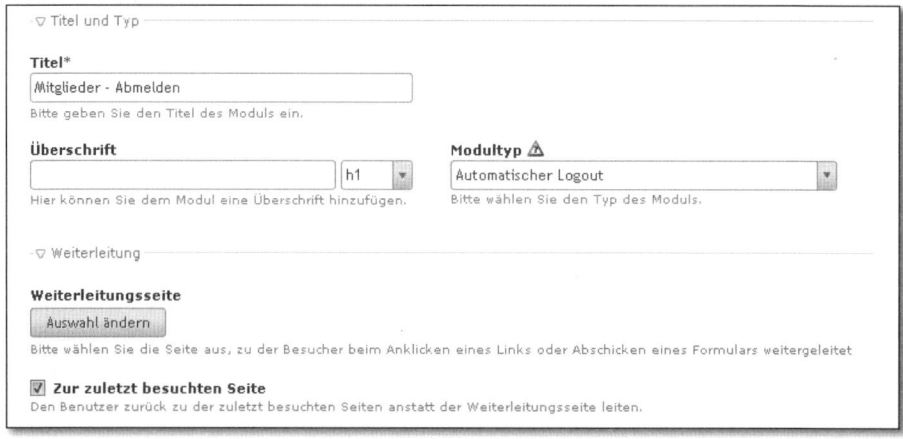

Abbildung 21.5 Das Eingabeformular für das Modul »Mitglieder – Abmelden«

21.4.4 Modul Nr. 4: Der Link zur Anmeldeseite – »[Eigener HTML-Code]«

Damit die Mitglieder die URL der Anmeldeseite nicht manuell in der Adressleiste des Browsers eingeben müssen, erstellen Sie in diesem Abschnitt ein einfaches Modul mit einem Link zur Anmeldeseite. Dieses Modul wird nur Gästen angezeigt, und nach einer Anmeldung verschwindet es von selbst.

Für den Link zur Anmeldeseite benutzen Sie im folgenden ToDo das Insert-Tag `{{link_url::xx}}` und tragen dabei anstelle von xx den Seitenalias der Seite ANMELDEN ein, und das ist »anmelden« (kleingeschrieben).

> **ToDo: Modul mit einem Link zur Anmeldeseite erstellen**
> 1. Öffnen Sie für das Backend-Modul THEME • FRONTEND-MODULE.
> 2. Erstellen Sie ein NEUES MODUL mit den folgenden Eigenschaften:
>   TITEL: »Mitglieder – Link zur Anmeldeseite«
>   MODULTYP: VERSCHIEDENES – EIGENER HTML-CODE
> 3. Geben Sie im Feld HTML-CODE das folgende HTML ein:
>    ```
>    <!-- indexer::stop -->
>    <div class="anmeldung">
>    <a href="{{link_url::anmelden}}">Zur Anmeldung</a>
>    </div>
>    <!-- indexer::continue -->
>    ```
> 4. Bei den EXPERTEN-EINSTELLUNGEN bitte die Option NUR GÄSTEN ANZEIGEN ankreuzen.
> 5. Klicken Sie auf SPEICHERN UND SCHLIESSEN.

Abbildung 21.6 zeigt das Eingabeformular für den Link zur Anmeldeseite.

Anstelle des Seitenalias anmelden können Sie im Insert-Tag auch die ID der Anmeldeseite benutzen. Um die ID einer Seite herauszufinden, gehen Sie in den Seitenbaum, fahren mit der Maus auf den gelben Bleistift und halten eine Sekunde lang still. Dann erscheint eine QuickInfo mit dem Hinweis SEITE ID XX BEARBEITEN.

Der große Vorteil des Seitenalias gegenüber der ID ist, dass sofort klar ist, um welche Seite es sich handelt. Der große Nachteil eines Seitenalias ist, dass er sich leichter ändern kann als eine ID. Die ID bleibt, solange die Seite nicht gelöscht und wieder neu angelegt wird, unverändert erhalten, ein Alias hingegen kann einfach umbenannt werden.

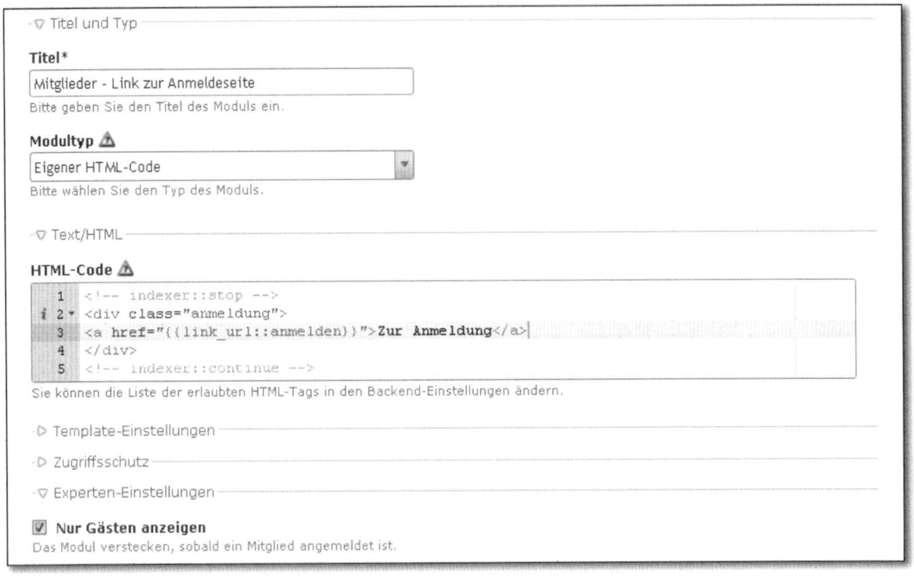

Abbildung 21.6 Das Eingabeformular für den Link zur Anmeldeseite

21.4.5 Modul Nr. 4: Anmeldename und Abmeldelink – »[Eigener HTML-Code]«

Das eben erstellte Modul MITGLIEDER – LINK ZUR ANMELDESEITE wurde durch das Aktivieren der Option NUR GÄSTEN ANZEIGEN so erstellt, dass es nach einer Anmeldung automatisch verschwindet. Nach einer erfolgreichen Anmeldung soll an derselben Stelle die Mitteilung ANGEMELDET ALS: ... | ABMELDEN stehen.

Im folgenden ToDo erstellen Sie das dazu benötigte Modul mit zwei einfachen Insert-Tags. Der Trick dabei ist wieder der ZUGRIFFSSCHUTZ, der die Anzeige auf die Gruppe KUNDEN beschränkt. Für den Link zum Abmelden benötigen Sie die ID oder den Alias der Seite ABMELDEN.

> **ToDo: Modul zum Anzeigen des Anmeldenamens erstellen**
>
> 1. Öffnen Sie für das aktuelle Theme das Backend-Modul zur Bearbeitung der FRONTEND-MODULE.
> 2. Erstellen Sie ein NEUES MODUL mit den folgenden Eigenschaften:
>   TITEL: »Mitglieder – Anmeldename und Abmeldelink«
>   MODULTYP: VERSCHIEDENES – EIGENER HTML-CODE
> 3. Geben Sie im Feld HTML-CODE das folgende HTML ein:
>
>    ```
>    <!-- indexer::stop -->
>    <div class="anmeldung angemeldet">
>    Angemeldet als: {{user::username}} | {{link::abmelden}}
>    ```

```
        </div>
        <!-- indexer::continue -->
```

4. Aktivieren Sie im Bereich ZUGRIFFSSCHUTZ die Checkbox MODUL SCHÜTZEN, und kreuzen Sie die Gruppe KUNDEN an.
5. Klicken Sie auf SPEICHERN UND SCHLIESSEN.

Abbildung 21.7 zeigt das Eingabeformular für das Modul zum Abmelden.

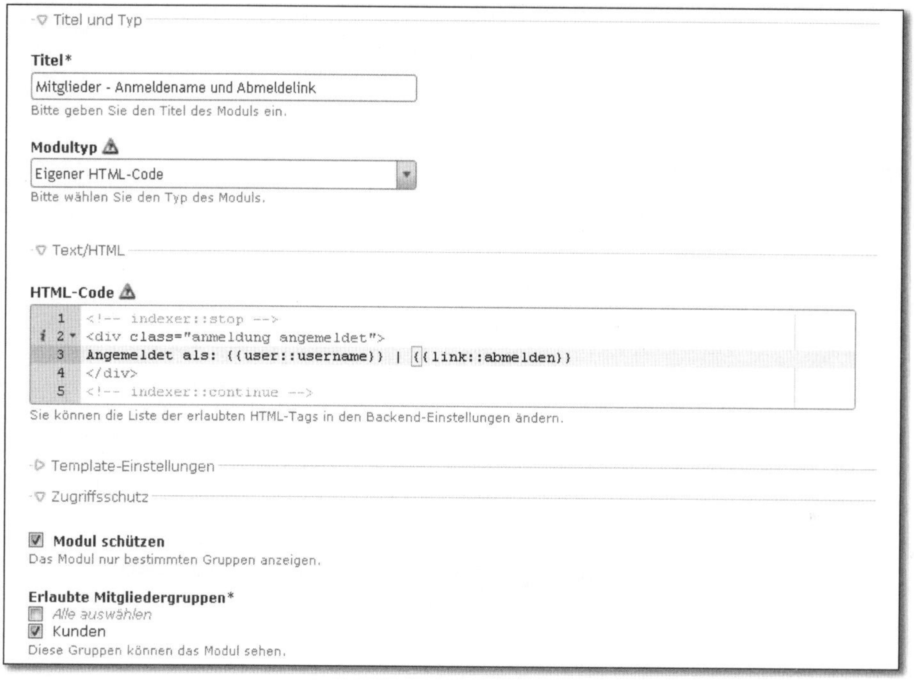

Abbildung 21.7 Das Eingabeformular für das Modul zum Abmelden

21.5 Die erstellten Module einbinden

Nachdem Sie die vier Module erstellt haben, müssen diese jetzt noch eingebunden werden.

21.5.1 Die Frontend-Module zum An- und Abmelden in Artikeln einbinden

Zunächst binden Sie die Module zum An- und Abmelden in den entsprechenden Artikeln ein. Danach erscheinen diese Module erstmals im Frontend und wären dann auch schon einsetzbar.

> **ToDo: Module zum An- und Abmelden einbinden**
>
> 1. Öffnen Sie im Artikelbaum auf der Seite ANMELDEN den Artikel ANMELDEN [HAUPTSPALTE].
> 2. Fügen Sie ein NEUES ELEMENT vom Typ MODUL hinzu.
> 3. Wählen Sie das Modul MITGLIEDER – ANMELDEFORMULAR (ID xx).
> 4. Klicken Sie auf SPEICHERN UND ZURÜCK, um direkt zum Artikelbaum zurückzukehren.
> 5. Öffnen Sie auf der Seite ABMELDEN den Artikel ABMELDEN [HAUPTSPALTE].
> 6. Fügen Sie ein neues Element vom Typ MODUL hinzu.
> 7. Wählen Sie das Modul MITGLIEDER – ABMELDEN (ID xx).
> 8. Klicken Sie auf SPEICHERN UND SCHLIESSEN.

Nach diesem Schritt funktionieren An- und Abmeldung bereits, aber da es noch keinen Link zur Seite ANMELDEN gibt, müssen Sie die URL im Browser manuell eingeben (Abbildung 21.8):

- *http://localhost/contaobuch/anmelden.html*

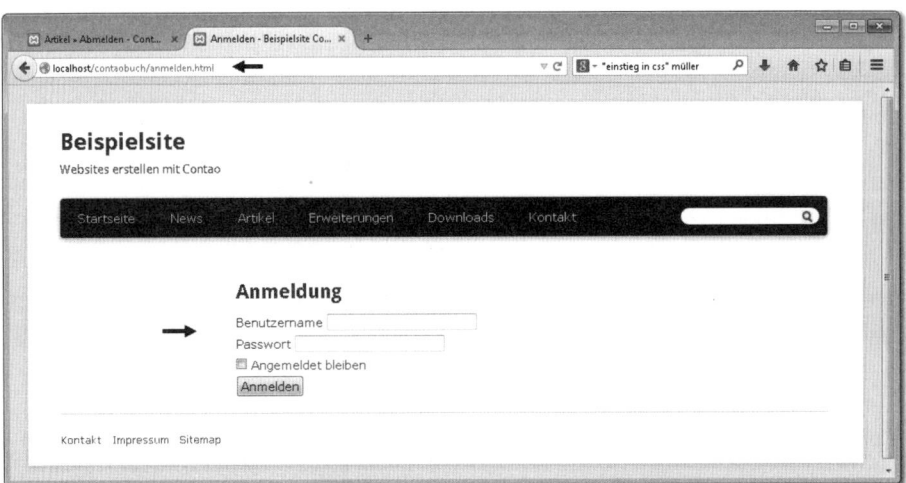

Abbildung 21.8 Die Seite »Anmelden« im Browser

Probieren Sie die Anmeldung einfach einmal aus, aber denken Sie daran, dass Sie bei der Anmeldung für Mitglieder *d.evans* heißen und nicht *k.jones*. Kevin ist zwar Administrator, hat aber bei der Mitgliederanmeldung kein Konto.

An- und Abmelden als Benutzer und Administrator

Nach dem Abmelden als Benutzer im Frontend müssen Sie sich als Administrator im Backend wieder neu anmelden. Wenn Sie sich also häufiger als Administrator *und* Mitglied oder Benutzer an- und abmelden müssen, nehmen Sie dazu am besten zwei verschiedene Browser.

21.5.2 Die Links zur An- und Abmeldung im Fußbereich einbinden

Damit die Mitglieder die Anmeldeseite nicht manuell aufrufen müssen, binden Sie im folgenden ToDo die bereits erstellten Module für die Fußzeile im Seitenlayout ein.

Das erste Modul, MITGLIEDER – LINK ZUR ANMELDESEITE, zeigt einen Link zur Anmeldeseite und wird nach einer erfolgreichen Anmeldung durch das zweite Modul, MITGLIEDER – ANMELDENAME UND ABMELDELINK, ersetzt. Dieses Modul zeigt im Fußbereich den Anmeldenamen und einen Link zum Abmelden.

Abbildung 21.9 zeigt die beiden Module während der Einbindung in das »Standardlayout«.

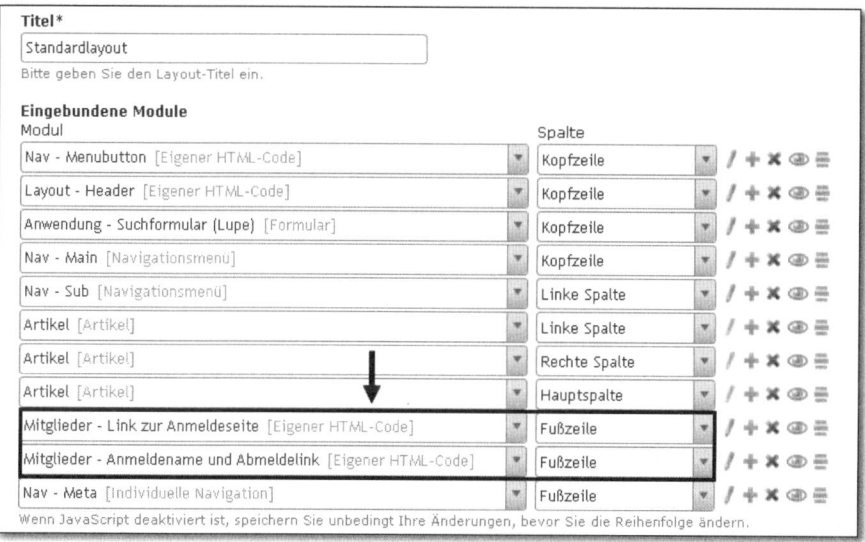

Abbildung 21.9 Die beiden Module bei der Einbindung in das Seitenlayout

Da es auf der Beispielsite inzwischen mehrere Seitenlayouts gibt, benutzen Sie im ToDo einmal mehr die Funktion MEHRERE BEARBEITEN.

> **ToDo: Zwei Module im Seitenlayout einbinden**
> 1. Öffnen Sie im Backend-Modul Themes die Seitenlayouts.
> 2. Klicken Sie oben im Arbeitsbereich auf Mehrere bearbeiten, wählen Sie alle Seitenlayouts aus, und klicken Sie unten auf Bearbeiten.
> 3. Aktivieren Sie die Felder Titel und Eingebundene Module, und klicken Sie unten auf Weiter. Danach sehen Sie die eingebundenen Module für alle Seitenlayouts direkt untereinander.
> 4. Erstellen Sie beim ersten Seitenlayout mit einem Klick auf das grüne Kreuz zwei Kopien der letzten Zeile mit dem Frontend-Modul Nav – Meta [Individuelle Navigation] in der Fusszeile, sodass Sie für die Fußzeile insgesamt drei Zeilen haben.
> 5. Binden Sie in der drittletzten Zeile von unten das Modul Mitglieder – Link zur Anmeldeseite ein.
> 6. Binden Sie darunter in der vorletzten Zeile das Modul Mitglieder – Anmeldename und Abmeldelink ein.
> 7. In der letzten Zeile sollte nach wie vor die Meta-Navigation in der Fußzeile stehen.
> 8. Wiederholen Sie diese Schritte für das andere Seitenlayout.
> 9. Klicken Sie auf Speichern und schliessen.

Der Anmeldelink ist in der Fußzeile, und damit ist alles so weit fertig.

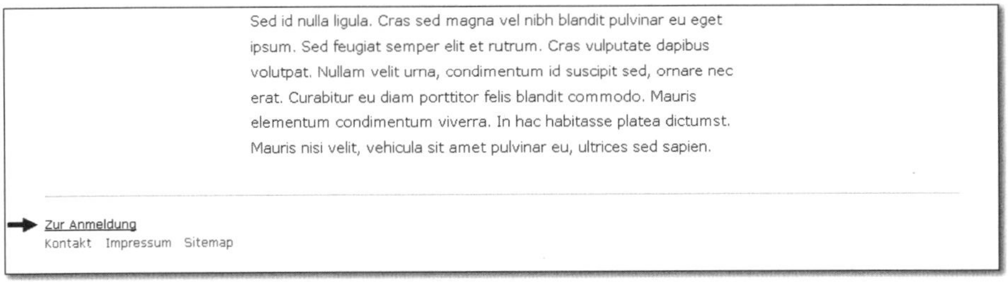

Abbildung 21.10 Der Link zur Anmeldung befinde sich im Fußbereich.

Vor der Gestaltung sollten Sie die Funktion der An- und Abmeldung einmal kurz testen:

- Nach einem Klick auf den Link Zur Anmeldung gelangen Sie zum Anmeldeformular.
- Dort melden Sie sich an als »d.evans« mit dem Passwort »donnaevans«.

- Nach der Anmeldung erscheint links unten die Mitteilung ANGEMELDET ALS: D.EVANS, und daneben gibt es einen Link zum ABMELDEN.
- Da es ansonsten noch nicht viel zu sehen gibt, melden Sie sich gleich wieder ab, entweder mit der Schaltfläche ABMELDEN im Inhaltsbereich oder mit dem Link ABMELDEN in der Fußzeile.

Nach der Abmeldung als Benutzer müssen Sie sich im Backend eventuell wieder neu anmelden. Dieses Mal natürlich als Administrator Kevin Jones.

21.6 Die Frontend-Module gestalten

Bevor Sie einen geschützten Downloadbereich erstellen, gestalten Sie die eingebundenen Module noch.

21.6.1 Das HTML für die Links und das Formular zur Anmeldung

Das Anmeldeformular wird vom Modul LOGIN-FORMULAR erzeugt und hat mit einem einspaltigen, tabellenfreien Template folgendes HTML:

```
<!-- indexer::stop -->
<div class="mod_login one_column tableless login block">
<h1>Anmeldung</h1>
<form action="anmelden.html" id="tl_login" method="post">
<div class="formbody">
<input type="hidden" name="FORM_SUBMIT" value="tl_login">
<input type="hidden" name="REQUEST_TOKEN" value="e3f...">

<label for="username">Benutzername</label>
<input type="text" name="username" id="username"
       class="text" value="">
<br>
<label for="password">Passwort</label>
<input type="password" name="password" id="password"
       class="text password" value="">

<div class="checkbox_container">
  <input type="checkbox" name="autologin" id="autologin"
         value="1" class="checkbox">
  <label for="autologin">Angemeldet bleiben</label>
</div>
<div class="submit_container">
  <input type="submit" class="submit" value="Anmelden">
```

```
    </div>
  </div>
  </form>
</div>
<!-- indexer::continue -->
```

Listing 21.1 Das HTML für das Anmeldeformular

21.6.2 Das CSS für die Links und das Formular zur Anmeldung

Gestaltet wird dieses HTML auf der Beispielsite mit folgendem CSS, das auch gleich noch eine Regel enthält, um den Anmeldelink nach rechts zu floaten und aufhübschen:

```css
#footer div.anmeldung {
  float: right;
}
#footer div.anmeldung a {
  color: #666;
  font-size: 12px;
  line-height: 1.7;
  text-decoration: none;
}
.mod_login form {
  line-height: 2;
  margin: 1em 0;
}
.mod_login label {
  float: left;
  width: 100px;
  margin-right: 10px;
}
.mod_login .checkbox_container label { float: none; }
.mod_login .checkbox_container input,
.mod_login .submit_container input.submit {
  margin-left: 110px;
}
.mod_login input.submit[value="Abmelden"] { margin-left: 0; }
.mod_subscribe, .mod_unsubscribe { margin-bottom: 1em; }
```

Listing 21.2 Das CSS für Anmeldelink und Anmeldeformular

Im folgenden ToDo speichern Sie dieses CSS im Stylesheet *interaktionen*, in dem auch bereits die Styles für das Kontaktformular und die Suchfunktion aufbewahrt werden.

> **ToDo: Die Links und das Formular zur Anmeldung gestalten**
> 1. Öffnen Sie das Stylesheet *interaktionen* zur Bearbeitung.
> 2. Fügen Sie am Ende des Stylesheets das CSS aus Listing 21.2 ein. Die Styles sollen die KATEGORIE »Anmeldung« bekommen.
> 3. Speichern Sie das Stylesheet.

Nach diesem ToDo sieht die Seite ANMELDEN mit Anmeldeformular und -link etwa so aus wie in Abbildung 21.11.

Abbildung 21.11 Die Seite »Anmelden« mit Anmeldeformular und -link

Der Link zur Anmeldeseite sitzt unauffällig rechts unten in der Fußzeile und harrt geduldig der Dinge, die da kommen, bis er angeklickt wird. Dann leitet er den Benutzer stante pede auf die Anmeldeseite, wo bereits das Anmeldeformular auf seinen Einsatz wartet.

21.6.3 Testen, ob An- und Abmeldung funktionieren

Wenn man etwas einbaut, muss man auch testen, ob es funktioniert. Zum Testen der An- und Abmeldung nehmen Sie, wie erwähnt, am besten einen anderen Browser, denn sonst müssen Sie sich nach dem Abmelden als Benutzer auch als Administrator im Backend wieder neu anmelden, und das ist auf Dauer eher nervig.

Also, am besten einen neuen Browser starten und dann testen:

1. Überprüfen Sie für beide Seitenlayouts, also für die STARTSEITE und die anderen Seiten, ob in der Fußzeile der Link ZUR ANMELDUNG erscheint.
2. Prüfen Sie, ob ein Klick auf den Link ZUR ANMELDUNG in der Fußzeile zur Seite ANMELDEN mit dem Anmeldeformular führt.
3. Testen Sie die Anmeldung mit dem Benutzernamen »d.evans« und dem Passwort »donnaevans«.

Nach einem Klick auf die Schaltfläche ANMELDEN verändert sich die Seite und sollte etwa so aussehen wie in Abbildung 21.12.

Abbildung 21.12 Die Anmeldeseite nach einer erfolgreichen Anmeldung

Wenn Sie auf andere Seiten wechseln, bleiben in der Fußzeile die Anzeige des Benutzernamens und der Link zum Abmelden erhalten, bis sich der Benutzer abmeldet. Dann erscheint dort wieder der Link zum Anmelden. Perfekt.

> **Frontend-Vorschau: das Frontend aus der Sicht eines Mitglieds**
> Wenn Sie oben im Infobereich des Backends auf den Link FRONTEND-VORSCHAU klicken, können Sie in der Frontend-Vorschau in der gelben Leiste am oberen Fensterrand einen Frontend-Benutzer auswählen. Nach einem Klick auf die Schaltfläche ANWENDEN sehen Sie das Frontend aus der Sicht des ausgewählten Mitglieds.

21.7 Einen geschützten Downloadbereich einrichten

Die Anmeldung funktioniert, aber momentan werden die Mitglieder nach einer Anmeldung vielleicht etwas enttäuscht sein, denn sie sehen dasselbe wie vorher. In die-

21.7 Einen geschützten Downloadbereich einrichten

sem Abschnitt wird deshalb die Downloadseite geschützt und nur für angemeldete Besucher der Gruppe KUNDEN sichtbar gemacht. Danach richten Sie auf der Downloadseite einen geschützten Downloadbereich ein.

21.7.1 Schritt 1: Zugriffsschutz für die Seite »Downloads« einrichten

Um die Seite DOWNLOADS zu verstecken und für Mitglieder der Gruppe KUNDEN wieder sichtbar zu machen, müssen Sie nur wenige gezielte Klicks investieren.

> **ToDo: Einen Zugriffsschutz für die »Downloads« einrichten**
> 1. Öffnen Sie im Backend-Modul LAYOUT • SEITENSTRUKTUR die Seite DOWNLOADS zur Bearbeitung.
> 2. Aktivieren Sie im Bereich ZUGRIFFSSCHUTZ das Kontrollkästchen vor der Option SEITE SCHÜTZEN.
> 3. Aktivieren Sie in ERLAUBTE MITGLIEDERGRUPPEN die Gruppe KUNDEN.
> 4. Klicken Sie auf SPEICHERN UND SCHLIESSEN.

Probieren Sie es aus. Nach diesem einfachen ToDo ist die Seite DOWNLOADS aus der Navigationsleiste verschwunden (Abbildung 21.13).

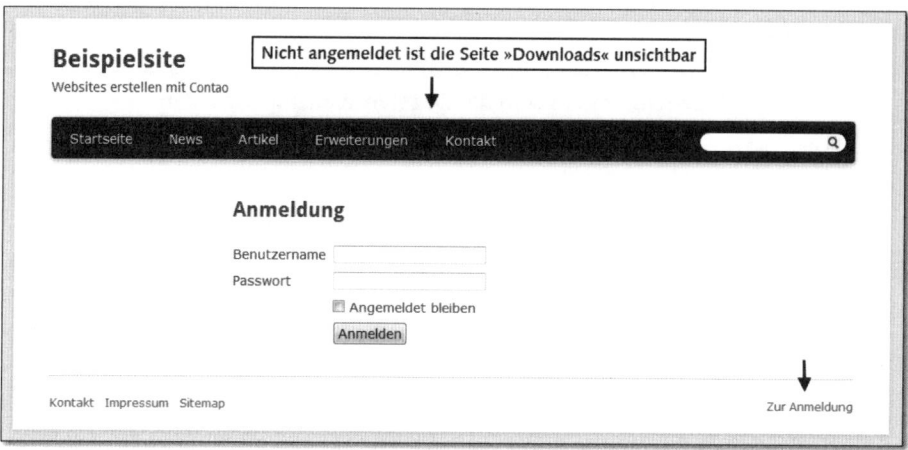

Abbildung 21.13 Ohne Anmeldung sind die »Downloads« verschwunden.

Nachdem Donna Evans sich als Mitglied der Gruppe KUNDEN angemeldet hat, erscheint die Seite DOWNLOADS automatisch wieder oben in der Navigationsleiste (Abbildung 21.14).

21 Mitglieder: im Frontend angemeldete Besucher

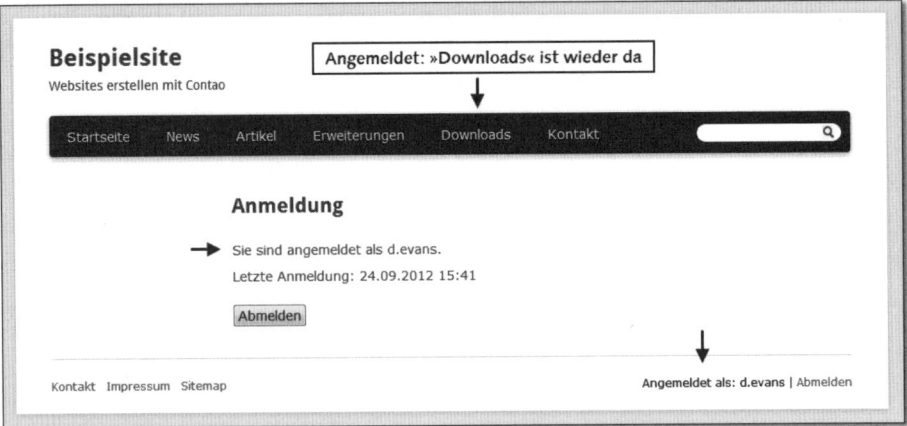

Abbildung 21.14 Nach einer Anmeldung ist »Downloads« wieder da.

21.7.2 Schritt 2: Den Ordner »Downloads« in der Dateiverwaltung schützen

In der Dateiverwaltung von Contao gibt es einen Ordner namens *Downloads*, in dem Sie Dateien zum Download anbieten können. Dieser Service soll angemeldeten Besuchern der Gruppe KUNDEN vorbehalten sein, und damit unangemeldete Besucher diesen Ordner nicht im Browser aufrufen können, wird er im Backend geschützt. Dazu benötigen Sie genau zwei Klicks.

ToDo: Den Ordner »Downloads« in der Dateiverwaltung schützen

1. Öffnen Sie das Backend-Modul SYSTEM • DATEIVERWALTUNG.
2. Blenden Sie den Ordner *beispielsite downloads* ein.
3. Klicken Sie in der Symbolleiste rechts auf den gelben Bleistift, um den Ordner zu bearbeiten.
4. Aktivieren Sie das Kontrollkästchen vor der Option GESCHÜTZT.
5. Klicken Sie auf SPEICHERN UND SCHLIESSEN. Der Ordner *downloads* hat jetzt ein winzig kleines Schloss am Symbol, und im Ordner liegt eine Datei namens *.htaccess*.
6. Laden Sie ein paar Dateien in den Ordner. Falls Sie nichts zur Hand haben, liegen auf der Buch-CD bei den Beispieldateien für dieses Kapitel ein paar PDF-Leseproben, die Sie gern benutzen können.
7. Wenn Sie die Datei mit dem Explorer oder Finder in die Dateiverwaltung kopieren oder per FTP hochladen, vergessen Sie nicht, die Dateien danach zu SYNCHRONISIEREN.

Fertig. Contao erzeugt im Ordner eine *.htaccess*-Datei, die das Verzeichnis und die darin gespeicherten PDF-Dateien schützt (siehe Abbildung 21.15).

Abbildung 21.15 Der Ordner »downloads«, geschützt und mit PDF-Dateien

Die PDF-Dateien im Ordner *downloads* sind momentan so sicher, dass niemand mehr an sie herankommt. Wirklich niemand. Nicht einmal die Mitglieder der Gruppe KUNDEN. Aber das werden Sie gleich ändern.

21.7.3 Schritt 3: Das Inhaltselement »Downloads« konfigurieren

Es fehlt noch eine Möglichkeit, den Inhalt des Ordners gezielt für die Gruppe KUNDEN freizugeben, und auch das ist in Contao erstaunlich einfach: Auf der Seite DOWNLOADS fügen Sie ein Inhaltselement vom Typ DOWNLOADS ein.

Dieses Inhaltselement ermöglicht es, bestimmte Dateien mit einem Zugriffsschutz zu versehen und nur für eine bestimmte Mitgliedergruppe wie z. B. KUNDEN freizugeben. Ohne Anmeldung ist die Ressource über den Browser nicht erreichbar.

Das Inhaltselement DOWNLOADS listet alle Dateien in einem bestimmten Ordner auf, sein Inhaltselement-Kollege DOWNLOAD (ohne »s« am Ende) gilt nur für eine einzelne Datei.

> **ToDo: Das Inhaltselement »Downloads« hinzufügen**
> 1. Öffnen Sie das Backend-Modul INHALTE • ARTIKEL.
> 2. Verkürzen Sie den Artikelbaum mit einem Klick auf den fett hervorgehobenen Seitennamen DOWNLOADS.
> 3. Öffnen Sie den Artikel DOWNLOADS [HAUPTSPALTE] zur Bearbeitung.
> 4. Fügen Sie unterhalb der h1-Überschrift ein neues Inhaltselement ein, oder öffnen Sie ein eventuell vorhandenes zur Bearbeitung.
> 5. Wählen Sie als ELEMENTTYP aus der Liste den Eintrag DOWNLOADS.
> 6. Wählen Sie im Bereich DATEIEN UND ORDNER als Quelldatei den Ordner *beispielsite/downloads/*.

7. Aktivieren Sie im Bereich ZUGRIFFSSCHUTZ das Kontrollkästchen vor der Option ELEMENT SCHÜTZEN.
8. Aktivieren Sie bei ERLAUBTE MITGLIEDERGRUPPEN die Gruppe KUNDEN.
9. Klicken Sie auf SPEICHERN UND SCHLIESSEN.

Abbildung 21.16 zeigt das Eingabeformular für das Inhaltselement DOWNLOADS.

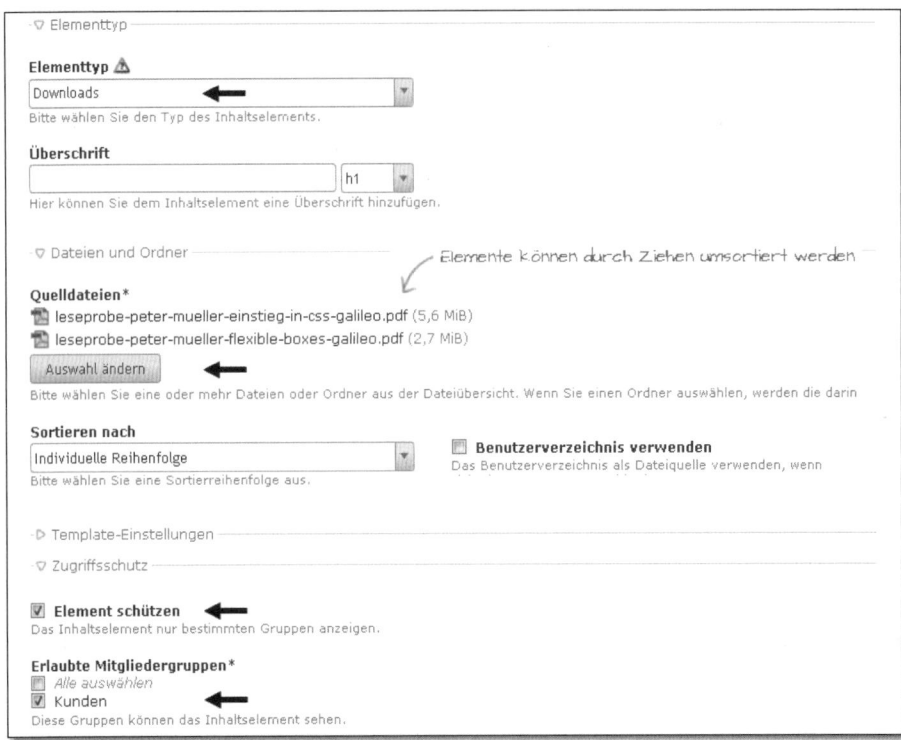

Abbildung 21.16 Das Eingabeformular für das Inhaltselement »Downloads«

Und fertig ist der geschützte Downloadbereich. Gäste sehen die Seite DOWNLOADS nicht. Wenn sich ein Mitglied der Gruppe KUNDEN anmeldet, erscheint die Seite DOWNLOADS automatisch in der Navigationsleiste.

Auf der Seite DOWNLOADS prüft das gleichnamige ebenfalls mit einem Zugriffsschutz versehene Inhaltselement DOWNLOADS noch einmal, ob ein Mitglied aus der Gruppe KUNDEN angemeldet ist. Falls ja, zeigt es den Inhalt des Ordners an mit Symbolen für die häufigsten Dateitypen und der Dateigröße in Klammern hinter dem Dateinamen (siehe Abbildung 21.17).

21.7 Einen geschützten Downloadbereich einrichten

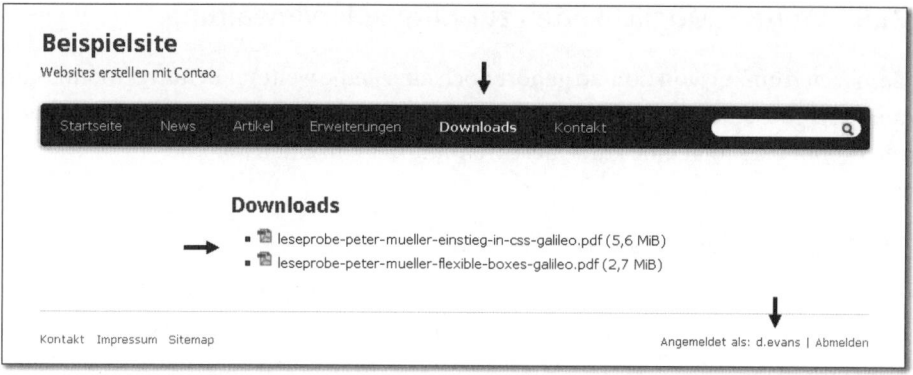

Abbildung 21.17 Downloadseite mit Dateien zum Download für »Kunden«

Wird die Seite DOWNLOADS aufgerufen, ohne dass ein Mitglied der Gruppe KUNDEN angemeldet ist, präsentiert Contao die Abfangjägerseite 403 – ZUGRIFF VERWEIGERT. Selbst wenn jemand die genaue URL der Downloaddatei kennt, gibt es kein Durchkommen (siehe Abbildung 21.18).

Abbildung 21.18 403 – Zugriff verweigert trotz genauer URL für die Datei

Downloadstatistiken mit der Erweiterung [dlstats]

Für die Inhaltselemente DOWNLOAD und DOWNLOADS gibt es eine kleine, aber feine Erweiterung, die die Anzahl der Dateidownloads zählt:

▸ [dlstats] Download Statistiken
contao.org/erweiterungsliste/view/dlstats.html

Auf Wunsch geschieht die Zählung auch mit Zeitstempel, IP-Adresse und Benutzername.

21.8 Weitere Möglichkeiten zur Mitgliederverwaltung

Zum Lieferumfang von Contao gehört noch eine Reihe weiterer Benutzermodule, die die Arbeit bei einer intensiven Nutzung der Mitgliederverwaltung durchaus erleichtern können. Es folgt eine kurze Beschreibung der einzelnen Module.

21.8.1 Das Modul »Passwort vergessen«

Das Frontend-Modul PASSWORT VERGESSEN fügt ein Formular hinzu, mit dem ein Mitglied ein neues Passwort anfordern kann (siehe Abbildung 21.19, ❶).

Contao verschickt daraufhin eine E-Mail an das Mitglied mit einem Bestätigungslink mit einem zufällig gewählten Token. Nach dem Anklicken dieses Links kommt das Mitglied auf dieselbe Seite zurück und kann dort ein neues Passwort eingeben (siehe Abbildung 21.19, ❷).

Nach einem Klick auf die Schaltfläche PASSWORT ÜBERNEHMEN gibt es eine kurze Bestätigungsmeldung, dass das Passwort aktualisiert wurde.

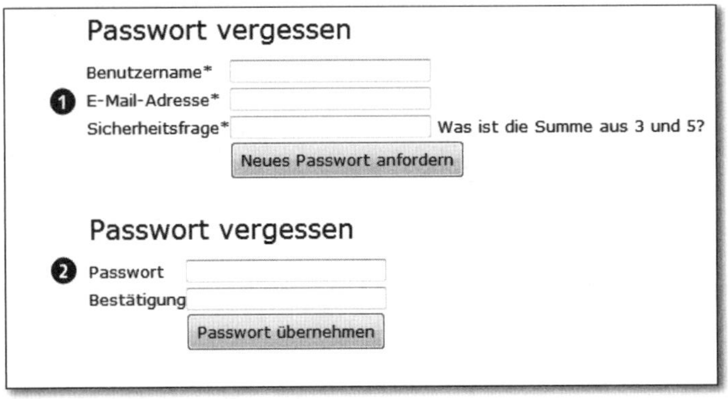

Abbildung 21.19 Passwort vergessen? Neues Passwort anfordern

In beiden Fällen verwendet das Modul PASSWORT VERGESSEN die CSS-Klasse mod_lostPassword. Das große »P« mitten im Wort ist übrigens kein Tippfehler, sondern ein CamelCase: ein Großbuchstabe mitten im Namen.

Falls Sie diese Funktion einbauen möchten, benötigen Sie folgende Zutaten:

1. Eine im Menü versteckte Seite unterhalb von MITGLIEDER, die Sie z. B. PASSWORT VERGESSEN nennen. Die Seite wird nicht gecacht, nicht durchsucht und nicht in der Sitemap angezeigt, aber veröffentlicht.
2. Einen Link, mit dem das vergessliche Mitglied die Seite PASSWORT VERGESSEN aufrufen kann. Ein guter Platz für einen solchen Link fände sich auf der Seite ANMELDEN direkt unterhalb des Anmeldeformulars.

3. Ein Frontend-Modul MITGLIEDER – PASSWORT VERGESSEN, das Sie nach dem Erstellen in einem Artikel auf der Seite PASSWORT VERGESSEN einbinden.

Beim Erstellen des Moduls gibt es ein paar Optionen. Mit einer WEITERLEITUNGSSEITE können Sie festlegen, auf welche Seite das Mitglied nach dem Anfordern eines neuen Passworts weitergeleitet wird. Wenn Sie hier nichts auswählen, bleibt das Mitglied auf der Seite PASSWORT VERGESSEN.

Zur BESTÄTIGUNGSSEITE wird das Mitglied nach erfolgreicher Erstellung eines neuen Passworts weitergeleitet. Wenn Sie keine Seite angeben, bleibt das Mitglied auf der Seite PASSWORT VERGESSEN, was in der Regel völlig in Ordnung ist. Last, but not least enthält das Modul bereits einen Text für die BESTÄTIGUNGSMAIL, den Sie bei Bedarf an Ort und Stelle ändern können.

Listing 21.3 zeigt ein paar Styles zur Gestaltung der beiden Formulare:

```
.mod_lostPassword form {
  line-height: 2;
  padding-top: 1em;
}
.mod_lostPassword label{
  float: left;
  width: 125px;
}
.mod_lostPassword .submit_container input.submit {
  margin-left: 125px;
}
```

Listing 21.3 CSS zur Gestaltung der Formulare »Passwort vergessen«

21.8.2 Das Modul »Persönliche Daten«

Das Modul PERSÖNLICHE DATEN generiert ein Formular, mit dem ein Mitglied seine persönlichen Daten wie E-Mail-Adresse oder Passwort ändern kann. Bei der Erstellung des Moduls können Sie genau festlegen, welche Felder geändert werden dürfen und welche nicht.

Um das Modul PERSÖNLICHE DATEN einzusetzen, benötigen Sie Folgendes:

1. Eine reguläre Seite namens PERSÖNLICHE DATEN oder MEIN KONTO unterhalb von MITGLIEDER. Schützen Sie die Seite, und erlauben Sie den Zugriff nur für die Gruppe KUNDEN; erlauben Sie kein Cachen und auch nicht das Durchsuchen.
2. Ein Modul PERSÖNLICHE DATEN, das per Artikel auf der Seite eingebunden wird

Ein Link ist nicht zwingend notwendig, da die Seite ja nicht im Menü versteckt ist und unterhalb von ANMELDEN in der Unternavigation erscheint. Ansonsten würde sich ein Link per Insert-Tag im Footer-Modul MITGLIEDER – LINK ZUR ANMELDESEITE anbieten.

Das Modul verwendet die CSS-Klasse `mod_personalData` – mit großem »D« in der Mitte.

21.8.3 Die automatische Registrierung für Mitglieder

Wenn Sie keinen geschlossenen Kundenkreis, sondern mehr ein offenes Haus einrichten möchten, können Sie mit dem Modul REGISTRIERUNG ein Formular generieren, das den Besuchern Ihrer Seiten eine automatische Registrierung ermöglicht. Das funktioniert ähnlich wie bei der Registrierung für den Newsletter in Abschnitt 15.3.

> **Erweiterungen zur Verwaltung von Mitgliedern**
>
> Im Erweiterungskatalog von Contao gibt es noch weitere Module zur Verwaltung von Mitgliedern:
>
> ▶ Contao-Erweiterungen zum Schlagwort »Mitglieder«
> *bit.ly/contao-erweiterungen-mitglieder*
>
> Achten Sie vor dem Installieren wie immer darauf, ob die gewünschte Erweiterung kompatibel zu Ihrer Contao-Version ist.

Kapitel 22
Benutzer: im Backend angemeldete Mitarbeiter

In diesem Kapitel lernen Sie die ausgefeilte Benutzerverwaltung von Contao kennen. Jeder Benutzer sieht im Backend nur das, was er sehen soll. Im Laufe des Kapitels erstellen Sie eine Benutzerin, zwei Benutzergruppen und diverse Zugriffsrechte. Alles, was man so im Alltag braucht.

Die Themen im Überblick:

- Benutzerverwaltung: die Übersicht, Seite 679
- Die Benutzergruppe »Redakteure – Nachrichten«, Seite 681
- Die Benutzerin »Helen Lewis« einrichten, Seite 686
- Die Benutzergruppe »Redakteure – Artikel«, Seite 690
- Zugriffsrechte für Seiten und Artikel setzen, Seite 693

Nach der Mitgliederverwaltung kommt jetzt die Benutzerverwaltung an die Reihe. Benutzer melden sich wie erwähnt am Backend an und helfen in der Regel als Redakteure, die Inhalte der Website zu pflegen.

22.1 Benutzerverwaltung: die Übersicht

Bis jetzt haben Sie im Backend ausschließlich als Administrator gearbeitet und haben dabei immer Zugriff auf alle Optionen gehabt. Ein normaler Benutzer sieht im Gegensatz zum Administrator vom Backend hingegen nur die Funktionen, die er für seine Aufgaben benötigt.

Abbildung 22.1 zeigt das recht übersichtliche Backend aus der Sicht der Benutzerin Helen Lewis (*h.lewis*) am Ende dieses Kapitels. Sie richten für Helen ein Benutzerkonto ein und konfigurieren es so, dass für sie nur bestimmte Backend-Module und Seiten sichtbar und bearbeitbar sind.

22 Benutzer: im Backend angemeldete Mitarbeiter

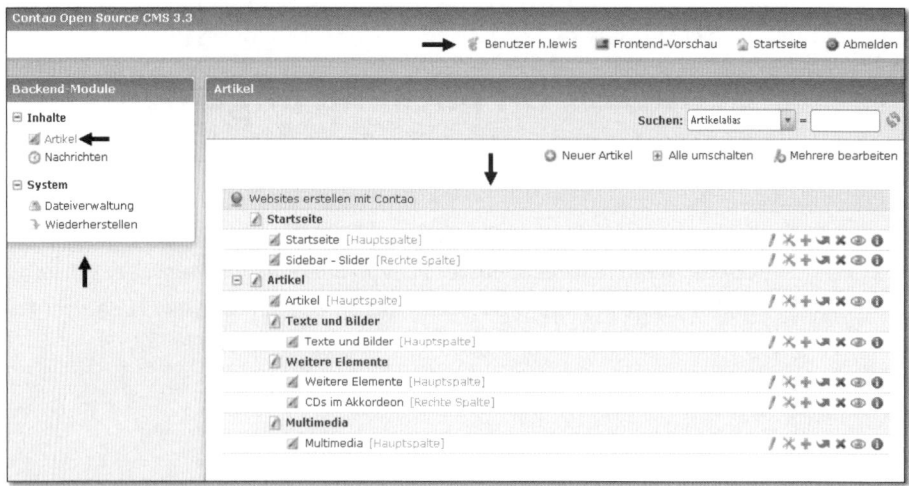

Abbildung 22.1 Das Backend aus der Sicht von Benutzer »h.lewis«

Die Grundregel bei der Einrichtung von Benutzern ist, dass sie von Haus aus überhaupt nichts dürfen. Sie haben keine Rechte. Null. Nichts. Niente. Sie dürfen nur das, was der Administrator ihnen bei der Einrichtung explizit erlaubt.

Die Benutzerverwaltung in Contao ist sehr leistungsstark, und Sie können fast alles damit einstellen. Diese Komplexität erfordert eine gewisse Einarbeitung, aber wenn Sie das Grundprinzip verstanden haben, werden Sie die Möglichkeiten zu schätzen wissen.

Eine gute Nachricht noch, bevor es losgeht: Sie erstellen in diesem Kapitel keinerlei neue Seiten und Frontend-Module, die Sie in irgendwelche Artikel oder Seitenlayouts einbinden und anschließend per CSS gestalten müssen. Es findet alles im Backend statt.

> **Admin-Konto ändern: Wenn Sie nicht mehr Kevin Jones sein möchten**
>
> Wenn Sie als Administrator nicht mehr unter dem Pseudonym »Kevin Jones« arbeiten möchten, geht das so:
>
> 1. Melden Sie sich als »Kevin Jones« am Backend an.
> 2. Erstellen Sie im Backend-Modul BENUTZER ein neues Admin-Konto.
> 3. Melden Sie sich ab.
> 4. Melden Sie sich mit dem neuen Admin-Konto am Backend an.
> 5. Löschen Sie gegebenenfalls das Admin-Konto für »Kevin Jones«.

22.2 Die Benutzergruppe »Redakteure – Nachrichten«

Ein Benutzer gehört immer zu mindestens einer Benutzergruppe, und deshalb beginnen Sie in diesem Abschnitt mit der Einrichtung einer Benutzergruppe namens REDAKTEURE – NACHRICHTEN. Benutzer, die dieser Gruppe zugewiesen werden, sollen im Backend nur Nachrichtenbeiträge erstellen und bearbeiten dürfen. Da die Eingabemaske zur Erstellung einer Benutzergruppe relativ lang ist, wird sie im Folgenden auf vier Schritte verteilt.

22.2.1 Schritt 1: Name eingeben und erlaubte Module freigeben

Im ersten Schritt geben Sie den Titel der Benutzergruppe ein und geben die Module NACHRICHTEN und DATEIVERWALTUNG frei, damit der Benutzer bei Bedarf z. B. Bilder hochladen und in die Beiträge einbinden kann.

> **ToDo: Schritt 1 – Benutzergruppe »Redakteure – Nachrichten« erstellen**
>
> 1. Öffnen Sie das Backend-Modul BENUTZERGRUPPEN.
> 2. Klicken Sie oben im Arbeitsbereich auf NEUE BENUTZERGRUPPE.
> 3. Der TITEL der Gruppe ist »Redakteure – Nachrichten«.
> 4. Aktivieren Sie im Bereich ERLAUBTE MODULE nur die Backend-Module INHALTE – NACHRICHTEN und SYSTEM – DATEIVERWALTUNG.
> 5. Blenden Sie den Bereich ERLAUBTE MODULE nach der Bearbeitung mit einem Klick auf die grüne Überschrift aus. Das ist übersichtlicher.
> 6. Klicken Sie zwischendurch einmal auf SPEICHERN, [Alt] + [S].

Abbildung 22.2 zeigt den ersten Teil des Eingabeformulars

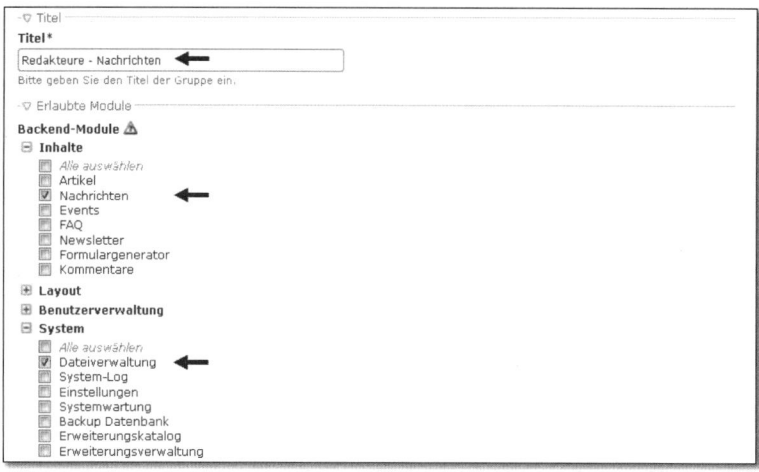

Abbildung 22.2 Titel der Benutzergruppe und freigegebene Backend-Module

22.2.2 Schritt 2: Pagemounts und Filemounts einrichten

Mit *Mounten* bezeichnet man laut Wikipedia »den Vorgang, ein Dateisystem an einer bestimmten Stelle, dem *Mountpoint*, verfügbar zu machen, sodass der Benutzer auf die Dateien zugreifen kann«. So legen Sie für einen Benutzer mit der Option PAGEMOUNTS fest, welche Seiten aus dem Seitenbaum sichtbar sind, und mit den FILEMOUNTS, welche Ordner unterhalb von *files* erscheinen.

Da Nachrichten außerhalb der Seitenhierarchie in Archiven verwaltet werden, benötigt die Gruppe REDAKTEURE – NACHRICHTEN keinerlei Zugriff auf den Seitenbaum, und die Option PAGEMOUNTS bleibt unverändert (siehe Abbildung 22.3, obere Hälfte).

Im Bereich FILEMOUNTS wird der Ordner *beispielsite/content/* freigegeben, in dem alle für den Inhalt relevanten Medien aufbewahrt werden (siehe Abbildung 22.3, untere Hälfte). Im Dialogfeld FILEMOUNTS können Sie übrigens mit dem Link DIE DATEIVERWALTUNG ÖFFNEN direkt in die Dateiverwaltung wechseln und Ordner anlegen, verschieben oder löschen.

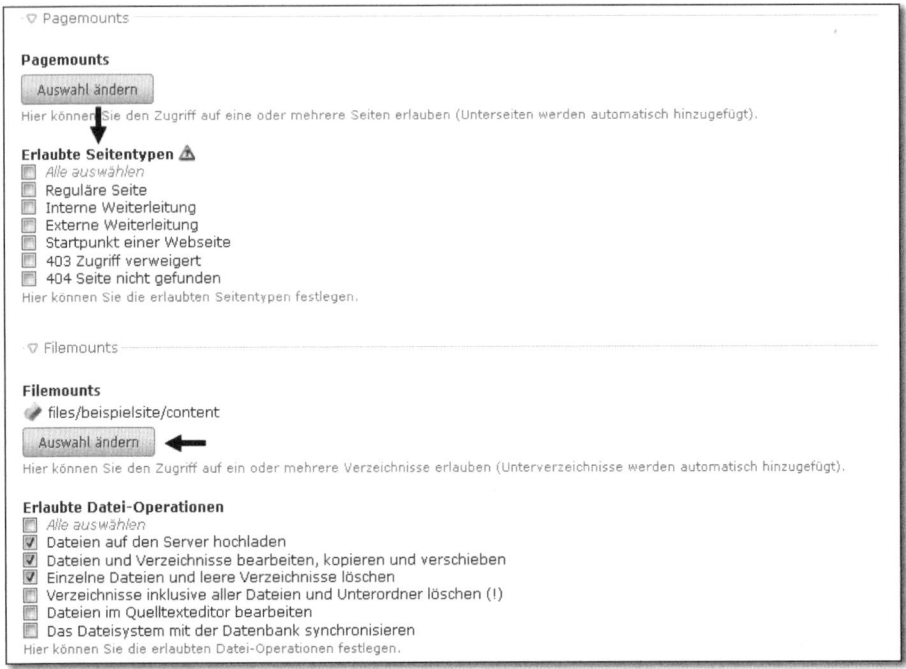

Abbildung 22.3 »Pagemounts« und »Filemounts« für Nachrichtenredakteure

22.2 Die Benutzergruppe »Redakteure – Nachrichten«

> **ToDo: Schritt 2 – »Pagemounts« und »Filemounts« einrichten**
>
> 1. Öffnen Sie im Backend-Modul BENUTZERGRUPPEN gegebenenfalls die Gruppe REDAKTEURE – NACHRICHTEN zur Bearbeitung.
> 2. Im Bereich PAGEMOUNTS bleibt die Schaltfläche AUSWAHL ÄNDERN unberührt, und auch ERLAUBTE SEITENTYPEN gibt es nicht. Deaktivieren Sie alle.
> 3. Klicken Sie auf SPEICHERN, [Alt] + [S], und blenden Sie den Bereich danach aus.
> 4. Im Bereich FILEMOUNTS geben Sie den Ordner *beispielsite/content/* frei.
> 5. ERLAUBTE DATEI-OPERATIONEN sind die ersten drei Checkboxen:
>   - DATEIEN AUF DEN SERVER HOCHLADEN
>   - DATEIEN UND VERZEICHNISSE BEARBEITEN, KOPIEREN UND VERSCHIEBEN
>   - EINZELNE DATEIEN UND LEERE VERZEICHNISSE LÖSCHEN
>
>   Klicken Sie wieder auf SPEICHERN, [Alt] + [S], und blenden Sie auch den Bereich FILEMOUNTS aus.

22.2.3 Schritt 3: Rechte für Erweiterungen – »Nachrichten-Rechte«

Im dritten Schritt vergeben Sie die Rechte für die Erweiterungen NACHRICHTEN, KALENDER, FORMULARE und NEWSLETTER. Ein reiner Nachrichtenredakteur benötigt nur Zugriff auf die Nachrichten-Erweiterung, alles andere bleibt unverändert und somit deaktiviert (Abbildung 22.4).

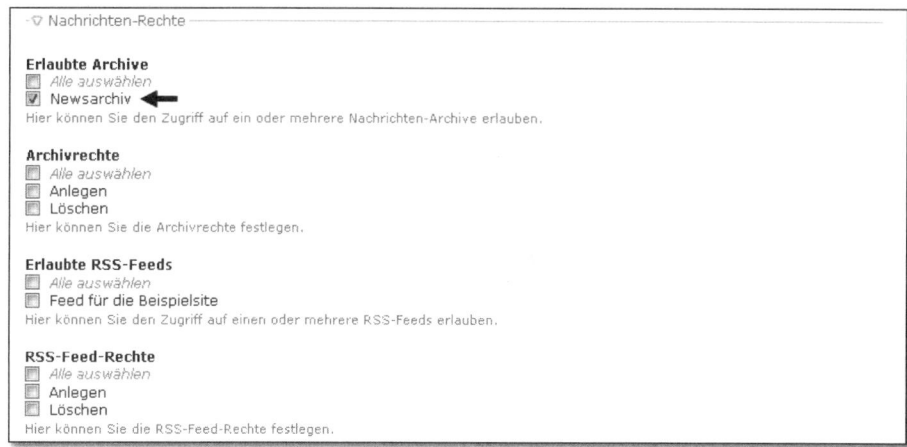

Abbildung 22.4 Die Vergabe der »Nachrichten-Rechte«

Das Backend-Modul NACHRICHTEN haben Sie in Schritt 1 bereits freigegeben. Jetzt geht es darum, welche Rechte der Benutzer in diesem Backend-Modul haben soll. Er soll Zugriff auf das NEWSARCHIV haben, aber keine Archiv- oder RSS-Feed-Rechte besitzen.

> **ToDo: Schritt 3 – Die »Nachrichten-Rechte« einrichten**
>
> 1. Öffnen Sie gegebenenfalls im Backend-Modul BENUTZERGRUPPEN die Gruppe REDAKTEURE – NACHRICHTEN zur Bearbeitung.
> 2. Im Bereich NACHRICHTEN-RECHTE erlauben Sie Zugriff auf das NEWSARCHIV.
> 3. Die Benutzergruppe soll keine ARCHIVRECHTE bekommen, um Archive anlegen oder löschen zu können.
> 4. Die Benutzergruppe soll ebenfalls keine Rechte zur Bearbeitung von RSS-Feeds (RSS-FEED-RECHTE) haben.
> 5. In den Bereichen KALENDER-RECHTE, FORMULAR-RECHTE, NEWSLETTER-RECHTE und FAQ-RECHTE bleibt alles ausgestellt.
> 6. SPEICHERN Sie mit [Alt] + [S].

22.2.4 Schritt 4: Erlaubte Felder – Berechtigungen für die Tabelle »tl_news«

Sie können nicht nur Rechte für den Zugriff auf Backend-Module wie NACHRICHTEN vergeben, sondern auch für jedes einzelne Eingabefeld innerhalb dieser Backend-Module. Wenn Sie einem Benutzer z. B. das Feld BEITRAG VERÖFFENTLICHEN nicht erlauben, kann dieser Benutzer zwar Beiträge schreiben und bearbeiten, aber nicht veröffentlichen. Die entsprechende Option ist in seiner Eingabemaske nicht vorhanden.

In der Standardeinstellung für erlaubte Felder sind »alle aus«. Erlaubt ist nur, was Sie ankreuzen. Aus der langen Liste der Tabellen, die mit *tl_* beginnen, ist für diesen Abschnitt nur die Tabelle *tl_news* relevant, denn dort werden Nachrichtenbeiträge gespeichert. Alle anderen Tabellen wie *tl_article* oder *tl_comments* können Sie mit einem Klick auf das Minuszeichen davor ausblenden. Das macht die Sache deutlich übersichtlicher. Die Bildmontage in Abbildung 22.5 zeigt die Tabelle *tl_news*.

Die in *tl_news* aufgelisteten Felder entsprechen den Optionen beim Bearbeiten eines Nachrichtenbeitrags im Backend-Modul NACHRICHTEN. Wenn Sie sich nicht sicher sind, was eine bestimmte Option bedeutet, speichern Sie einfach kurz zwischen und schauen sich die Eingabemaske zum Schreiben von Beiträgen an.

> **ToDo: Schritt 4 – Erlaubte Felder einrichten**
>
> 1. Öffnen Sie im Backend-Modul BENUTZERGRUPPEN die Gruppe REDAKTEURE – NACHRICHTEN zur Bearbeitung.
> 2. Blenden Sie den grünen Bereich ERLAUBTE FELDER ein.

3. Aktivieren Sie für die Tabellen *tl_content* und *tl_news* jeweils das Kontrollkästchen ALLE AUSWÄHLEN.
4. Deaktivieren Sie alle nicht gewünschten Optionen, wie z. B. UNTERÜBERSCHRIFT oder CSS-KLASSE (siehe Abbildung 22.5).
5. Klicken Sie auf SPEICHERN UND SCHLIESSEN.

Abbildung 22.5 zeigt die erlaubten Felder für die Tabelle *tl_news*.

Abbildung 22.5 Die erlaubten Felder für die Tabelle »tl_news«

Fertig. Die Gruppe REDAKTEURE – NACHRICHTEN ist eingerichtet und hat entsprechende Rechte. Im nächsten Abschnitt erstellen Sie einen Benutzer, der dieser Gruppe zugewiesen wird.

> **Gruppenrechte am kleinsten gemeinsamen Nenner orientieren**
>
> Sie sollten bei der Vergabe der Rechte für die Gruppen vorsichtig vorgehen und sich immer am kleinsten gemeinsamen Nenner orientieren. Vergeben Sie nur die Rechte, die wirklich alle Benutzer der Gruppe haben sollen. Falls ein Benutzer zusätzlich noch etwas dürfen soll, ist es bei der Einrichtung der Benutzer im nächsten Abschnitt relativ einfach, dessen Rechte zu erweitern.

22.3 Die Benutzerin »Helen Lewis« einrichten

Benutzer richten Sie im Backend-Modul BENUTZER ein, und einen gibt es dort schon: den Systemadministrator, den Sie bei der Installation von Contao eingerichtet haben. Normale Benutzer haben einen blauen Kopf, Administratoren einen roten (vermutlich weil sie sich so viel über die Benutzer ärgern). Die Eingabemaske zur Erstellung eines Benutzers wird im Folgenden auf zwei Schritte verteilt.

22.3.1 Schritt 1: Benutzername und Passwort

Helen Lewis von der Music Academy soll auf Ihrer Beispielsite die Nachrichten bearbeiten. Im ersten Schritt vergeben Sie einen Benutzernamen und ein Passwort (Abbildung 22.6).

Abbildung 22.6 Benutzer einrichten, Teil 1

Der BENUTZERNAME dient zur Anmeldung am Backend, der NAME erscheint beim Schreiben eines Beitrags als Autorenname, und die E-MAIL-ADRESSE dient zur Kontaktaufnahme sowie zur eventuellen Benachrichtigung bei Kommentaren. Hier sollten Sie eine Mailadresse eingeben, die sie auch abrufen kann. Die aus Abbildung 22.6 kommt bei mir an ...

> **ToDo: Benutzer einrichten – Benutzername und Passwort**
> 1. Öffnen Sie das Backend-Modul BENUTZERVERWALTUNG • BENUTZER.
> 2. Klicken Sie oben im Arbeitsbereich auf NEUER BENUTZER.

3. Geben Sie die folgenden Daten ein:

   BENUTZERNAME: »h.lewis«

   NAME: »Helen Lewis«

   E-MAIL-ADRESSE: eine Mailadresse, die Sie abrufen können

4. In den BACKEND-EINSTELLUNGEN bleibt alles unverändert.

5. PASSWORT: »helenlewis« (muss bestätigt werden).

6. Helen Lewis soll kein ADMINISTRATOR sein.

7. Und zwischendurch wieder einmal SPEICHERN, [Alt] + [S].

22.3.2 Schritt 2: Benutzergruppen und Rechtevererbung

In diesem Schritt legen Sie fest, zu welchen Benutzergruppen der Benutzer gehören soll und wie sich die Gruppenrechte zu seinen Benutzerrechten verhalten sollen (siehe Abbildung 22.7).

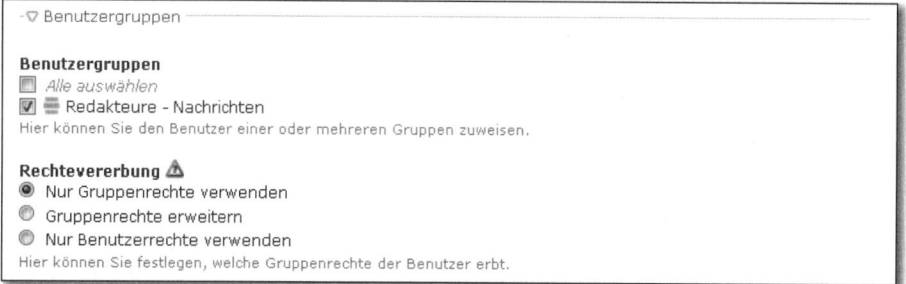

Abbildung 22.7 Benutzer einrichten, Teil 2

Die Zuweisung zur Benutzergruppe ist einfach, denn es gibt nur eine. Wichtiger ist denn auch die Rechtevererbung, bei der es drei Optionen gibt:

▶ NUR GRUPPENRECHTE VERWENDEN

   Diese Option ist die einfachste und gut geeignet, wenn man viele Leute gleich behandeln möchte. Zur Änderung der Rechte für alle Benutzer müssen Sie dann nur die Einstellungen in der Benutzergruppe ändern.

▶ GRUPPENRECHTE ERWEITERN

   Der Benutzer erhält die Rechte der Gruppe plus individuelle Rechte. Mit dieser Option können Sie z. B. die Rechte eines besonders erfahrenen Redakteurs erweitern und so nur ihm (oder ihr) das Veröffentlichen und Löschen von Beiträgen erlauben.

▶ NUR BENUTZERRECHTE VERWENDEN
Dies sollte eher eine Ausnahme sein, denn die mühsam erstellten Gruppenrechte werden mit dieser Einstellung schlicht und einfach ignoriert.

Bei den beiden letzten Optionen erscheinen in der Eingabemaske übrigens automatisch die aus der Benutzergruppe bekannten Optionen zum Einstellen des Pagemounts, Filemounts und der Rechte für die Erweiterungen.

Für Helen Lewis soll die Option NUR GRUPPENRECHTE VERWENDEN gewählt werden.

> **ToDo: Benutzer einrichten – Benutzergruppe und Rechtevererbung**
> 1. Öffnen Sie gegebenenfalls im Backend-Modul BENUTZERVERWALTUNG • BENUTZER die Benutzerin HELEN LEWIS zur Bearbeitung.
> 2. Aktivieren Sie im Bereich BENUTZERGRUPPE die Gruppe REDAKTEURE – NACHRICHTEN.
> 3. Prüfen Sie, ob im Bereich RECHTEVERERBUNG die Option NUR GRUPPENRECHTE VERWENDEN ausgewählt ist.
> 4. Klicken Sie auf SPEICHERN UND SCHLIESSEN.

22.3.3 Schritt 3: Testen – ein Klick, und Kevin Jones ist Helen Lewis

Wenn Sie wenig Erfahrung mit der Verwaltung von Benutzern in IT-Systemen haben, sollten Sie anfangs etwas vorsichtig sein, denn es gilt die alte Weisheit: »Je mehr Sie *einstellen*, desto mehr können Sie *verstellen*.«

Um zu testen, ob Sie nicht versehentlich irgendetwas verstellt haben, können Sie sich per Mausklick in Helen Lewis verwandeln und alles ausprobieren (Abbildung 22.8).

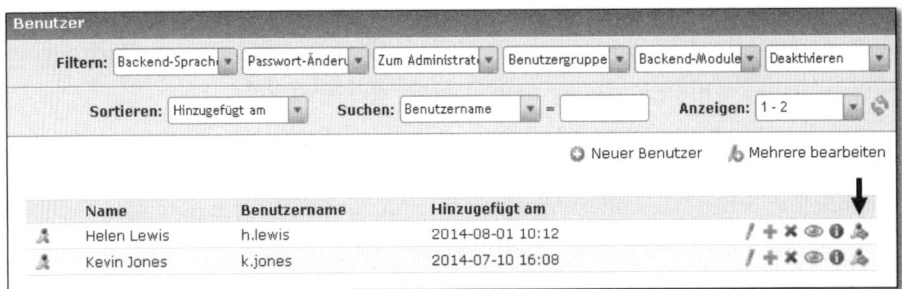

Abbildung 22.8 Ein Klick, und Kevin Jones wird Helen Lewis.

Im Backend-Modul BENUTZER klicken Sie dazu einfach in der Symbolleiste auf das Symbol ganz rechts außen, und schon sehen Sie das Backend aus der Sicht dieses Benutzers. Genau genommen, ist Kevin Jones nach diesem Klick Helen Lewis. Zumindest im Backend.

Abbildung 22.9 zeigt, dass außer den BENUTZERFUNKTIONEN nur die Backend-Module NACHRICHTEN und DATEIVERWALTUNG zu sehen sind. Und innerhalb der Dateiverwaltung erscheinen wie geplant nur die Ordner unterhalb von *beispielsite/content/(Filemounts)*.

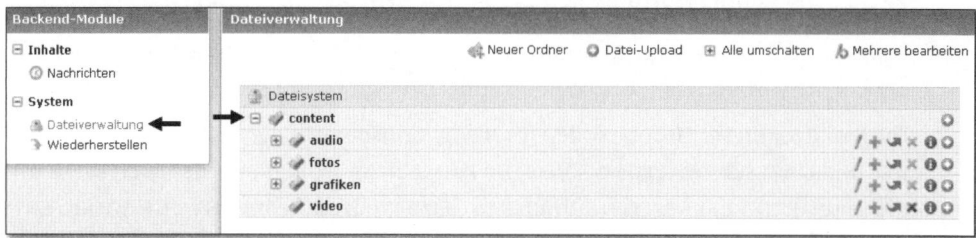

Abbildung 22.9 Das Backend aus der Sicht von Helen Lewis

Sie können jetzt in Ruhe alles ausprobieren und schauen, ob Helen Lewis das darf, was Ihnen vorschwebt. Probieren Sie, einen Beitrag zu schreiben, und schauen Sie, welche Felder in der Eingabemaske vorhanden sind und welche nicht. Möchten Sie etwas an den Benutzerrechten korrigieren, melden Sie sich ab und anschließend als Administrator wieder an.

Begrüßungsmail an Frau Lewis nach der Einrichtung

Sehr geehrte Frau Lewis,

herzlichen Glückwunsch zu Ihrer neuen Tätigkeit als Nachrichtenredakteurin auf *website.de*. Sie arbeiten in der *Backend* genannten Verwaltungsabteilung der Website. Die Adresse lautet:

▶ *http://website.de/contao/*

Am besten setzen Sie für diese Adresse in Ihrem Browser ein Lesezeichen.

Mit dem Benutzernamen *h.lewis* und dem Passwort *helenlewis* können Sie sich am Backend anmelden. Das Passwort können Sie im Backend-Bereich BENUTZERFUNKTIONEN • PERSÖNLICHE DATEN selbst ändern.

Sollte es noch Fragen geben, wissen Sie ja, wie Sie mich erreichen können.

Mit freundlichem Gruß

Ihr Administrator

22.4 Die Benutzergruppe »Redakteure – Artikel«

In diesem Abschnitt erstellen Sie eine zweite Benutzergruppe, REDAKTEURE – ARTIKEL, die auf bestimmten Seiten Artikel bearbeiten darf. Anschließend weisen Sie die Benutzerin Helen Lewis dieser Gruppe zu.

22.4.1 Die Benutzergruppe »Redakteure – Artikel« einrichten

Um eine neue Benutzergruppe einzurichten, erstellen Sie am einfachsten eine Kopie der bereits vorhandenen Gruppe und ändern die gewünschten Rechte.

Die Benutzer dieser Gruppe sollen im Navigationsbereich die Backend-Module ARTIKEL und DATEIVERWALTUNG sehen. Im Artikelbaum sollen nur die STARTSEITE und die Seite ARTIKEL ERSTELLEN auftauchen. Dazu kreuzen Sie im Bereich PAGEMOUNTS diese beiden Seiten an. Außerdem benötigen Artikel-Redakteure *erlaubte Felder* für Artikel (*tl_article*) und Inhaltselemente (*tl_content*).

> **ToDo: Benutzergruppe »Redakteure – Artikel« erstellen**
>
> 1. Öffnen Sie das Backend-Modul BENUTZERGRUPPEN.
> 2. Erstellen Sie eine Kopie der Gruppe REDAKTEURE – NACHRICHTEN mit einem Klick auf das grüne Kreuz in der Symbolleiste daneben.
> 3. Der TITEL der Gruppe ist »Redakteure – Artikel«.
> 4. ERLAUBTE MODULE sind dieses Mal ARTIKEL und DATEIVERWALTUNG.
> 5. Im Bereich PAGEMOUNTS aktivieren Sie die STARTSEITE und die Seite ARTIKEL (Unterseiten werden automatisch hinzugefügt); bei ERLAUBTE SEITENTYPEN erlauben Sie nur die Option REGULÄRE SEITE.
> 6. Im Bereich FILEMOUNTS bleibt der Ordner *beispielsite/content/* ebenso unverändert wie die Option bei ERLAUBTE DATEI-OPERATIONEN (die ersten drei sind aktiv).
> 7. Deaktivieren Sie alle NACHRICHTEN-RECHTE. Auch für die anderen Erweiterungen sollen keine Rechte vergeben werden.
> 8. Deaktivieren Sie im Bereich ERLAUBTE FELDER alle Felder in der Tabelle *tl_news*.
> 9. Aktivieren Sie stattdessen zunächst alle Felder in den Tabellen *tl_article* (Artikel) und *tl_content* (Inhaltselemente), und stellen Sie dann bei Bedarf nicht gewünschte Felder wieder aus.
> 10. Klicken Sie auf SPEICHERN UND SCHLIESSEN.

Abbildung 22.10 zeigt einen Ausschnitt aus der Eingabemaske für die Benutzergruppe REDAKTEURE – ARTIKEL.

22.4 Die Benutzergruppe »Redakteure – Artikel«

Abbildung 22.10 »Erlaubte Module« und »Pagemounts« für »Redakteure – Artikel«

22.4.2 Benutzer der Benutzergruppe »Redakteure – Artikel« zuweisen

Nach der Erstellung der Benutzergruppe müssen Sie noch einen Benutzer zuweisen. Helen Lewis hat ihre Sache als Nachrichtenredakteurin souverän erledigt, sodass sie befördert wird und jetzt auch Artikel bearbeiten darf.

Helen Lewis gehört nach diesem ToDo zu zwei Benutzergruppen, und die Rechte der beiden Gruppen werden addiert. Im Backend sollten für sie also die Module ARTIKEL, NACHRICHTEN und DATEIVERWALTUNG erscheinen.

> **ToDo: Einen Benutzer der Gruppe »Redakteure – Artikel« zuweisen**
>
> 1. Öffnen Sie im Backend-Modul BENUTZERVERWALTUNG • BENUTZER die Benutzerin HELEN LEWIS zur Bearbeitung.
> 2. Aktivieren Sie im Bereich BENUTZERGRUPPEN die Gruppe REDAKTEURE – ARTIKEL.
> 3. Lassen Sie die RECHTEVERERBUNG unverändert.
> 4. Klicken Sie auf SPEICHERN UND SCHLIESSEN.

Um zu testen, ob alles geklappt hat, klicken Sie in der Benutzerliste in der Symbolleiste neben HELEN LEWIS wieder auf das Symbol ganz rechts außen (Abbildung 22.11).

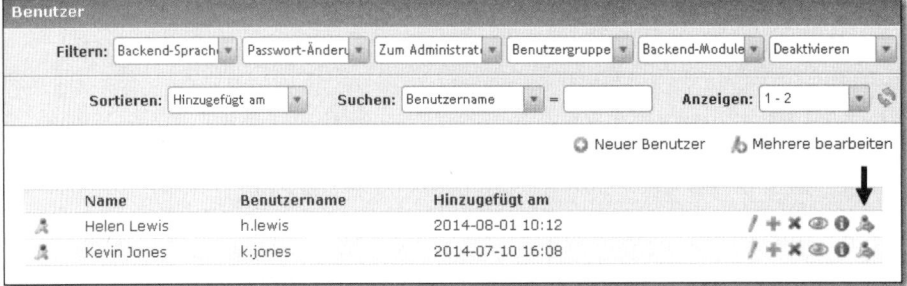

Abbildung 22.11 »Kevin Jones« wird per Klick zu »Helen Lewis«.

Im Backend für Helen Lewis ist links im Navigationsbereich das Backend-Modul ARTIKEL zusätzlich erschienen, und wenn Sie das Backend-Modul ARTIKEL öffnen, sehen Sie entweder die knappe rote Mitteilung EIN FEHLER IST AUFGETRETEN oder die durch PAGEMOUNTS freigegebenen Seiten und die Artikel darauf.

So weit, so gut. Aber bei näherer Betrachtung werden Sie feststellen, dass die Symbole in der Symbolleiste zum Bearbeiten der Artikel nicht anklickbar sind. Die meisten Symbole sind inaktiv und grau (siehe Abbildung 22.12)

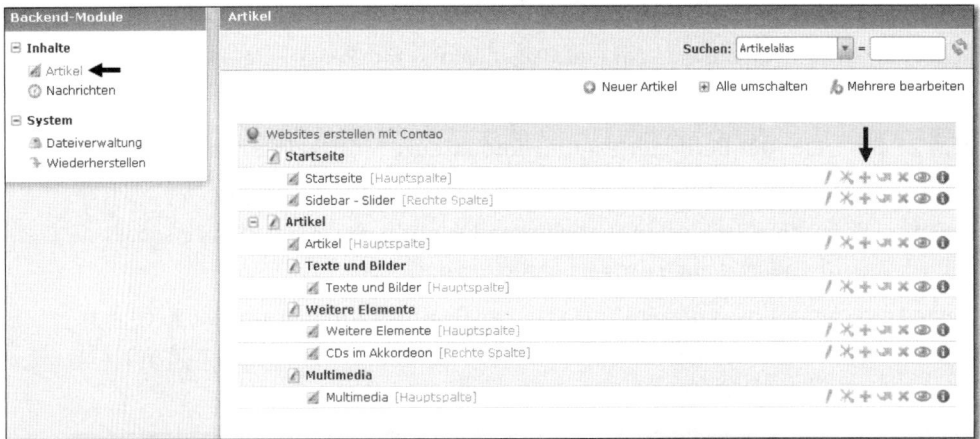

Abbildung 22.12 Die Symbole zur Bearbeitung sind grau und inaktiv.

Tja, eine echte »Grauerei« sozusagen. Es sah alles so gut aus, und auf dem letzten Meter klappt es dann doch nicht. An dieser Stelle haben schon einige angehende Admins festgesessen. Die Lösung lautet *Zugriffsrechte setzen*.

22.5 Zugriffsrechte für Seiten und Artikel setzen

Weil die beiden Begriffe *Zugriffsschutz* und *Zugriffsrechte* ziemlich ähnlich klingen, möchte ich gleich zu Beginn noch einmal den Unterschied zusammenfassen:

- *Zugriffsschutz* gibt es nur im Singular. Er regelt den Zugriff auf *Seiten*, *Module* und *Inhaltselemente* im *Frontend* für *Gäste* und *Mitglieder*.
- *Zugriffsrechte* gibt es nur im Plural. Sie regeln in der *Seitenstruktur* den Zugriff auf *Seiten*, *Artikel* und *Inhaltselemente* im *Backend* für *Benutzer*.

Für die Gruppe REDAKTEURE – NACHRICHTEN war die Vergabe von *Zugriffsrechten* nicht nötig, da *Zugriffsrechte* nur in der Seitenstruktur vergeben werden und Nachrichten außerhalb der Seitenstruktur in einem Archiv verwaltet werden. Gleiches gilt für die Erweiterungen KALENDER, FAQ und NEWSLETTER.

22.5.1 Zugriffsrechte: Was mit Seite und Artikel gemacht werden darf

In der Benutzerverwaltung haben Sie für Helen Lewis die *Benutzerrechte* definiert und damit z. B. festgelegt, dass sie bestimmte Seiten und Artikel bearbeiten darf. Mit den *Zugriffsrechten* in der Seitenstruktur definieren Sie, was genau sie damit machen darf.

Abbildung 22.13 zeigt die Eingabemaske für Zugriffsrechte im Überblick. In dieser Eingabemaske können Sie mit wenigen Klicks die Zugriffsrechte für die betreffende Seite regeln. Wie Sie sehen, gibt es ein UNIX-ähnliches Rechtesystem mit drei Ebenen: BESITZER, GRUPPE und ALLE anderen. Für jede der drei Gruppen werden die Rechte BEARBEITEN, HIERARCHIE ÄNDERN (verschieben und duplizieren) und LÖSCHEN vergeben – und zwar einmal für Seiten und einmal für Artikel.

Standardmäßig darf der Besitzer einer Seite sowohl die Seite selbst als auch die Artikel darauf bearbeiten. Die Gruppe hingegen darf nur die Artikel bearbeiten, nicht aber die Seite, und alle anderen Benutzer dürfen gar nichts.

Da die Gruppe REDAKTEURE – ARTIKEL sowieso keine Rechte zur Bearbeitung von Seiten hat, brauchen Sie sie hier auch nicht als Besitzer einzutragen. Die Gruppe darf ARTIKEL BEARBEITEN (gelber Bleistift und Artikeleinstellungen), die HIERARCHIE DER ARTIKEL ÄNDERN (blauer Pfeil) und ARTIKEL LÖSCHEN (rotes Kreuz). Jedenfalls solange Sie in der Zeile Gruppe keines der entsprechenden Häkchen entfernen.

Sie als Administrator dürfen natürlich nach wie vor alles. Sie müssen also keine Angst haben, dass Sie sich versehentlich aus Ihrer eigenen Wohnung ausschließen.

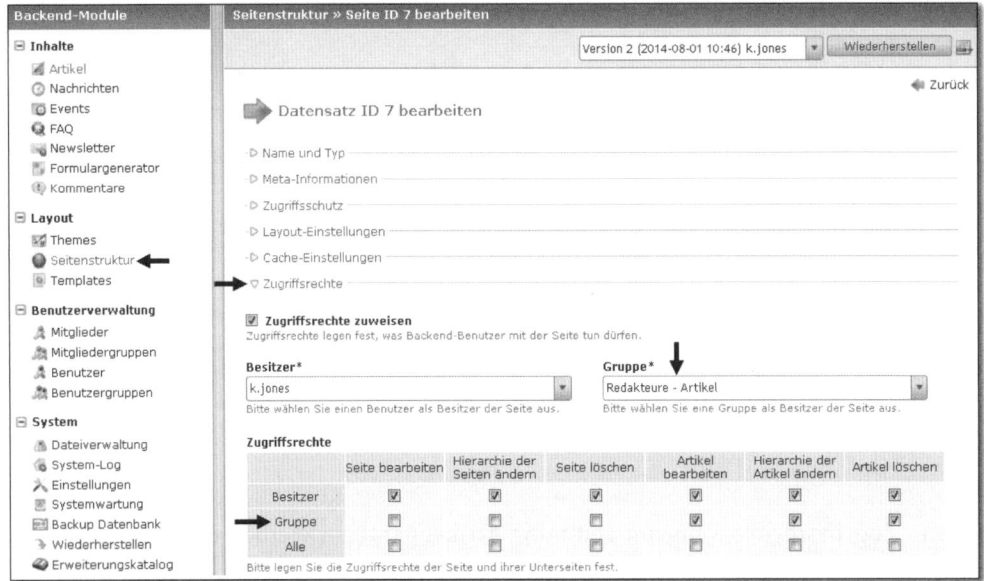

Abbildung 22.13 Zugriffsrechte in den Einstellungen einer Seite zuweisen

> **Standardeinstellung für Zugriffsrechte in »System • Einstellungen«**
>
> Im Backend-Modul SYSTEM • EINSTELLUNGEN können Sie STANDARD-ZUGRIFFSRECHTE festlegen. Dort können Sie einen Standardbesitzer, eine Standardgruppe und Standardzugriffsrechte definieren, mit denen Sie dann hier in den Seiteneinstellungen begrüßt werden.

22.5.2 Zugriffsrechte für die freigegebenen Seiten setzen

Zum Abschluss dieser Einführung in die Benutzerverwaltung von Contao setzen Sie im folgenden ToDo die Zugriffsrechte für die STARTSEITE und die Seite ARTIKEL ERSTELLEN. BESITZER der Seiten wird der Administrator (Kevin Jones), als GRUPPE soll REDAKTEURE – ARTIKEL ausgewählt werden.

> **ToDo: Zugriffsrechte für Seiten und Artikel setzen**
>
> 1. Öffnen Sie als Administrator das Backend-Modul LAYOUT • SEITENSTRUKTUR.
> 2. Klicken Sie oben rechts im Arbeitsbereich auf MEHRERE BEARBEITEN.
> 3. Kreuzen Sie die Seiten STARTSEITE und ARTIKEL an, und klicken Sie unten rechts auf die Schaltfläche BEARBEITEN.
> 4. Aktivieren Sie die Felder SEITENNAME, ZUGRIFFSRECHTE ZUWEISEN, BESITZER, GRUPPE und ZUGRIFFSRECHTE, und klicken Sie danach auf die Schaltfläche WEITER.

22.5 Zugriffsrechte für Seiten und Artikel setzen

5. Aktivieren Sie für die STARTSEITE das Kontrollkästchen ZUGRIFFSRECHTE ZUWEISEN.
6. BESITZER soll der Administrator K.JONES sein, als GRUPPE tragen Sie REDAKTEURE – ARTIKEL ein.
7. Bei ZUGRIFFSRECHTE lassen Sie die Standardeinstellungen: Der BESITZER darf alles (sechs Häkchen), die GRUPPE darf alles nur für Artikel (drei Häkchen), und ALLE dürfen gar nichts (Null Points).
8. Wiederholen Sie diese Einstellungen für die Seite ARTIKEL ERSTELLEN.
9. Klicken Sie auf SPEICHERN UND SCHLIESSEN.

Wenn Sie das Backend nach diesem ToDo wieder aus der Sicht von Helen Lewis betrachten, sind die Symbole zum Bearbeiten der Artikel aktiv, und Helen kann endlich arbeiten (siehe Abbildung 22.14).

Abbildung 22.14 Die Zugriffsrechte sind gesetzt, und die Symbole sind aktiv.

Helen Lewis ist Mitglied in zwei Benutzergruppen, und um zu probieren, ob alles klappt, können Sie als Administrator bei der Benutzerin Helen Lewis die Gruppen REDAKTEURE – NACHRICHTEN und REDAKTEURE – ARTIKEL einzeln deaktivieren und dann kontrollieren, ob sich das Backend entsprechend verändert.

Früher oder später werden Sie eine Möglichkeit brauchen, die Zugriffsrechte für mehrere oder auch alle Seiten auf einmal sehen zu können:

1. Klicken Sie in der SEITENSTRUKTUR oben auf MEHRERE BEARBEITEN.
2. Wählen Sie alle gewünschten Seiten aus, und klicken Sie unten auf BEARBEITEN.
3. Wählen Sie alle gewünschten Felder aus, z. B. SEITENNAME, ZUGRIFFSRECHTE ZUWEISEN, BESITZER, GRUPPE und ZUGRIFFSRECHTE.
4. Klicken Sie auf WEITER.

Jetzt können Sie die Zugriffsrechte aller ausgewählten Seiten auf einer einzigen Backend-Seite überprüfen und gegebenenfalls ändern.

> **Wichtiger Hinweis: Benutzer und die Frontend-Vorschau**
>
> Benutzer mit eingeschränkten Rechten können über die Frontend-Vorschau unter Umständen Artikel lesen, die nicht für sie bestimmt sind. Im Forum finden Sie eine Diskussion zu dem Thema und auch einen Workaround:
>
> ▶ *bit.ly/frontend-vorschau-workaround* (führt ins Contao-Forum, Post #11)
>
> In dem Thread gibt es weiter oben noch andere Lösungsvorschläge.

Kapitel 23
Wartung: die Website im Alltag

In diesem Kapitel erfahren Sie, wie Sie mit dem System-Log Aktivitäten im Frontend und Backend auswerten können, wie Sie Google Analytics oder Piwik in Contao integrieren, wie Sie den Cache in Contao kontrollieren, ein Backup machen und eine Contao-Installation aktualisieren.

Die Themen im Überblick:

- Das »System-Log« schreibt mit, Seite 697
- Die »Systemwartung« im Überblick, Seite 698
- Den »Cache-Flow« in Contao kontrollieren, Seite 703
- Backups erstellen: Datenbank und Dateien sichern, Seite 705
- Updates: die Versionsnummern von Contao, Seite 707
- Der »Live Update«-Service im Backend von Contao, Seite 711
- Das manuelle Update per FTP, Seite 713
- Webstatistiken mit Google Analytics und Piwik, Seite 715

Nach der Freischaltung der Website ist die Arbeit daran natürlich nicht beendet. Im Folgenden finden Sie daher ein paar Hinweise zur Systemverwaltung im Alltag.

23.1 Das »System-Log« schreibt mit

Contao speichert alles, was es tut, im System-Log, das Sie im Backend-Modul SYSTEM-LOG anschauen und verwalten können. Welcher Benutzer was wann wo und wie gemacht hat, welche Dateien generiert wurden, was in der Datenbank gespeichert wurde – kurzum: fast alles (siehe Abbildung 23.1).

Mit den Filtern oben im Arbeitsbereich können Sie genau einstellen, was unten in der Liste angezeigt werden soll, und mit ein bisschen Übung ist das recht flott erledigt. Gelb hinterlegte Filter sind aktiv.

Achten Sie besonders auf das Feld ANZEIGEN rechts oben. Dort werden standardmäßig nur die letzten 30 Einträge angezeigt. Wenn Sie mehr als diese 30 sehen möchten, setzen Sie den Filter per Mausklick auf ALLE.

23 Wartung: die Website im Alltag

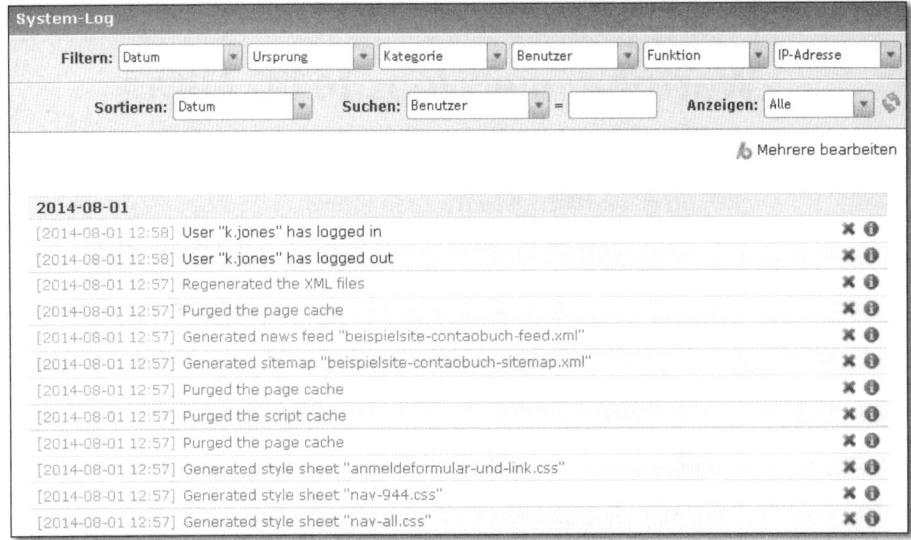

Abbildung 23.1 Das System-Log protokolliert Aktivitäten im Backend.

Um die Einträge aus dem System-Log zu löschen, klicken Sie oben rechts auf MEHRERE BEARBEITEN, aktivieren alle Einträge, scrollen dann nach unten und klicken auf die Schaltfläche LÖSCHEN. Je nachdem, wie viele Einträge vorhanden sind, müssen Sie diesen Vorgang eventuell mehrfach wiederholen.

Die Log-Dateien liegen übrigens im Ordner *system/logs*. Dort können Sie die Dateien auch per FTP löschen.

23.2 Die »Systemwartung« im Überblick

In der SYSTEMWARTUNG gibt es drei große Bereiche: LIVE UPDATE, SUCHINDEX NEU AUFBAUEN und DATEN BEREINIGEN. Das *Live Update* lernen Sie weiter unten in diesem Kapitel kennen. Los geht es mit dem *Suchindex*.

23.2.1 »Systemwartung«: Suchindex neu aufbauen

Der Suchindex wird durch das Aufrufen der Seiten im Frontend nach und nach gefüllt. Falls Sie ihn, zum Beispiel nach einer Änderung der URL-Struktur, löschen möchten, nutzen Sie dazu im Bereich DATEN REINIGEN die Option SUCHINDEX LÖSCHEN. Dadurch werden die beiden Datenbanktabellen *tl_search* und *tl_search_index* geleert.

Um danach nicht alle Seiten manuell aufrufen zu müssen, gibt es die Option SUCHINDEX NEU AUFBAUEN, die dies in einem Durchgang erledigt. Ein Klick auf die Schaltfläche SUCHINDEX AUFBAUEN, ein bisschen Geduld, und schon ist der Suchindex wieder gefüllt (Abbildung 23.2).

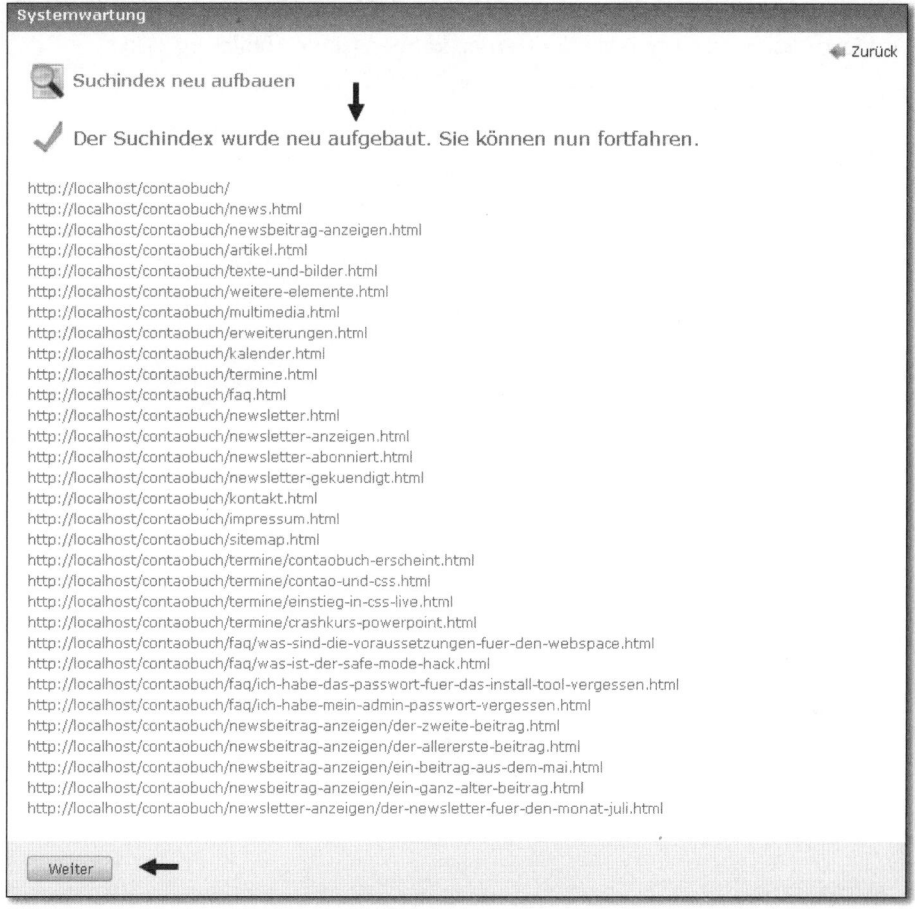

Abbildung 23.2 Der Suchindex wurde neu aufgebaut.

Wenn eine Seite nicht durchsucht werden soll ...

Um zu verhindern, dass eine Seite in den Suchindex aufgenommen wird, gehen Sie in den Seitenbaum und aktivieren in den Einstellungen für die betreffende Seite die Option NICHT DURCHSUCHEN.

Wenn überhaupt keine Suche angeboten werden soll, entfernen Sie das Häkchen bei EINSTELLUNGEN • WEBSITE-SUCHE • SUCHE AKTIVIEREN.

23.2.2 »Systemwartung«: Daten bereinigen

Im Backend-Modul SYSTEMWARTUNG gibt es die übersichtliche Option DATEN BEREINIGEN, mit der Sie Daten manuell aus einigen Datenbanktabellen (*tl_**) und Ordnern (*assets/** und *system/**) entfernen können (siehe Abbildung 23.3).

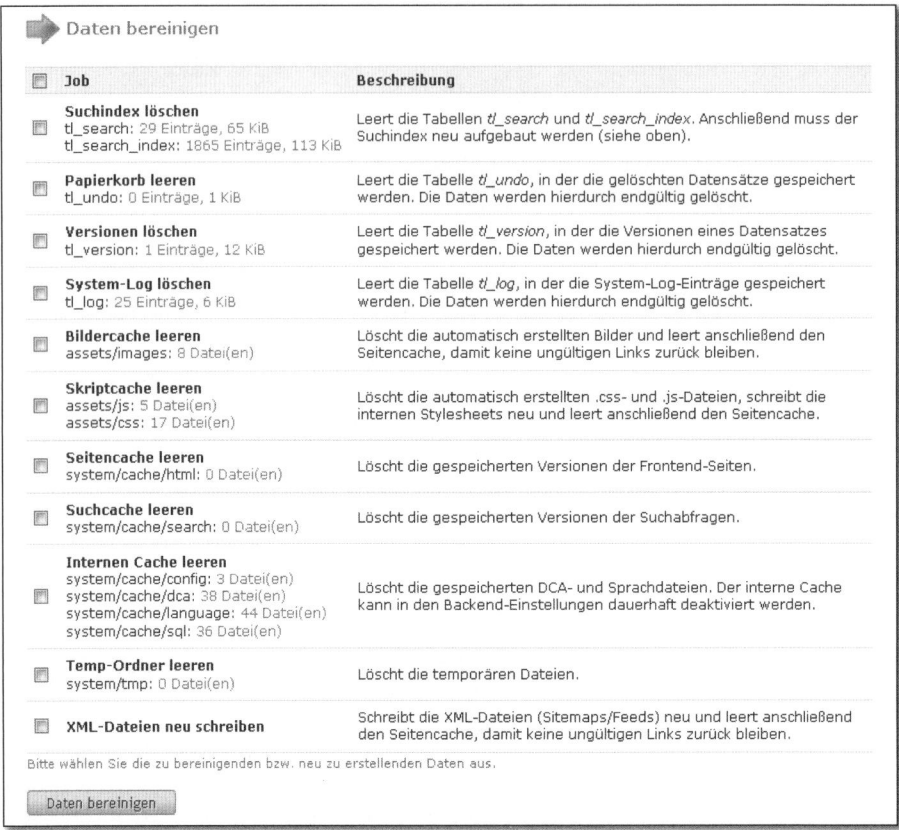

Abbildung 23.3 »Systemwartung – Daten bereinigen«

Die einzelnen Optionen beziehen sich auf folgende Daten:

▶ SUCHINDEX LÖSCHEN
Die Datenbanktabellen *tl_search* und *tl_search_index* speichern die Seiten bzw. die Suchbegriffe. Nach dem Löschen dieser Tabellen wird der Index so nach und nach durch das Aufrufen der Seiten oder auf einen Schlag durch die Option SUCH-INDEX NEU AUFBAUEN gefüllt (siehe oben).

▶ PAPIERKORB LEEREN
tl_undo korrespondiert mit der Funktion SYSTEM • WIEDERHERSTELLEN. Wenn Sie diese Tabelle leeren, können Sie nichts mehr rückgängig machen.

- **Versionen löschen**

  tl_version bezieht sich auf Contaos *Versionierung*, die Ihnen z. B. bei Modulen, Inhaltselementen und Dateien oben rechts im Arbeitsbereich in Form der Funktion Wiederherstellen begegnet. Nach dem Leeren dieser Tabelle sind die Listen dort auch leer.

- **System-Log löschen**

  Diese Option löscht die Tabelle *tl_log*. Danach sind im weiter oben beschriebenen Backend-Modul System • System-Log keinerlei Einträge mehr vorhanden.

- **Bildercache leeren**

  Im Ordner *assets/images* speichert Contao alle automatisch erstellten Bilder. Diese Option leert diesen Ordner und löscht anschließend den Seitencache (siehe unten).

- **Skriptcache leeren**

  Diese Option löscht die in den Ordnern *assets/js* und *assets/css* automatisch erzeugten JavaScript- und CSS-Dateien und leert anschließend den Seitencache, damit keinerlei alte Überreste vorhanden bleiben.

- **Seitencache leeren**

  Im Ordner *system/cache/html* liegen alle gespeicherten Versionen von Frontend-Seiten und können mit dieser Option gelöscht werden.

- **Suchcache leeren**

  Diese Option löscht den Suchindex, der mit der weiter oben beschriebenen Option Suchindex neu aufbauen wieder gefüllt werden kann.

- **Internen Cache leeren**

  Mit dieser Option löschen Sie gleich vier Ordner auf einen Schlag, und zwar im Ordner *system/cache/* die Unterordner *config*, *dca*, *language* und *sql*. Nach dem Löschen erscheint ganz oben im Infobereich des Backends eine rot hinterlegte Meldung und eine Schaltfläche, um den Cache wieder aufzubauen.

- **Temp-Ordner leeren**

  Im Ordner *system/tmp* werden gecachte Seiten gespeichert. Dieser Ordner wird nur von Contao aufgerufen und wird auch *Temporärer Ordner* genannt.

- **XML-Dateien neu schreiben**

  Diese Option generiert die im Ordner *share* abgelegte XML-Sitemap für Suchmaschinen und die XML-Dateien für RSS-Feeds neu.

Im Abschnitt Daten bereinigen können Sie also Daten aus diversen Datenbanktabellen und Cache-Ordnern sehr gezielt bereinigen.

> **»System • Einstellungen • Speicherzeiten« überprüfen**
>
> Im Backend-Modul SYSTEM • EINSTELLUNGEN können Sie die genaue Speicherzeit für UNDO-SCHRITTE (*tl_undo*), VERSIONEN (*tl_version*) und die LOG-EINTRÄGE (*tl_log*) festlegen.
>
> Falls Sie am Anfang des Buches hier die VERFALLSZEIT EINER SESSION erhöht haben, wäre jetzt vielleicht ein guter Zeitpunkt, sie wieder auf »3600« zu stellen.

23.2.3 Cache leeren für Redakteure: »Persönliche Daten – Daten bereinigen«

Da nicht alle Benutzer Zugriff auf die SYSTEMWARTUNG haben, gibt es auch in den Benutzereinstellungen (PERSÖNLICHE DATEN) die Möglichkeit, Daten zu bereinigen und aus dem Cache zu entfernen. Die Benutzereinstellungen öffnen Sie mit einem Klick auf den Benutzernamen oben im Infobereich.

Im Bereich CACHE LEEREN findet der Benutzer unter DATEN BEREINIGEN folgende drei Optionen:

- SESSION-DATEN
- BILDERCACHE
- SEITENCACHE

Die erste Option löscht die Daten der aktuellen Sitzung, die beiden letzten Punkte sind identisch mit den Optionen BILDERCACHE LEEREN bzw. SEITENCACHE LEEREN aus der SYSTEMWARTUNG und leeren die entsprechenden Ordner (siehe Abbildung 23.4).

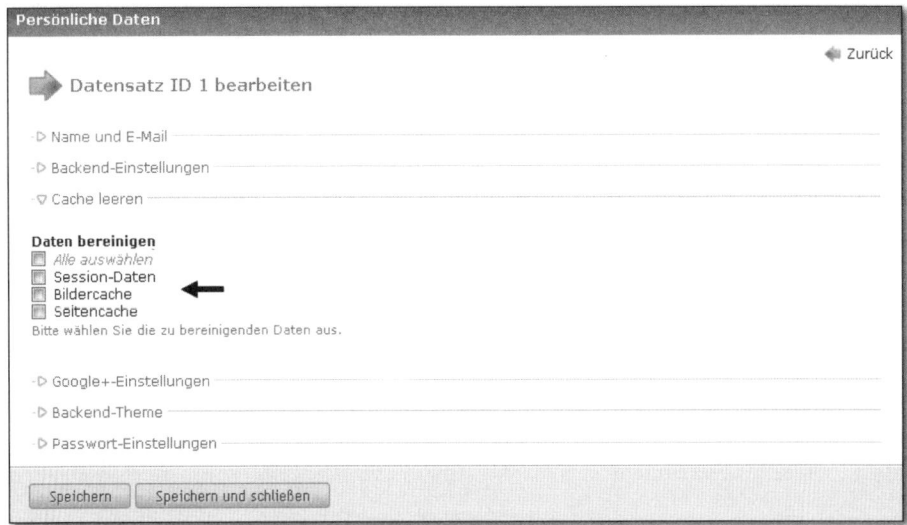

Abbildung 23.4 Der Benutzercache in den »Persönlichen Daten«

23.3 Den »Cache-Flow« in Contao kontrollieren

Cache wird »käsch« gesprochen, genau wie das englische Wort für *Bargeld*, und bezeichnet laut Wikipedia »eine Methode, um Inhalte, die bereits einmal vorlagen, beim nächsten Zugriff schneller zur Verfügung zu stellen«.

23.3.1 Cache as cache can: Cache gibt es in Contao und im Browser

Contao hat diverse Cache-Speicher, in denen Webseiten, Bilder und Skripte je nach Einstellungen mehr oder weniger lange zwischengelagert werden. Wie man diesen Cache ganz oder teilweise leert, haben Sie weiter oben in diesem Abschnitt bereits gelesen. Geschützte Seiten werden übrigens aus Sicherheitsgründen prinzipiell nicht in den Cache geschrieben.

Aber neben Contao hat auch jeder Browser einen Cache, in dem er aufgerufene Webseiten und deren Bestandteile zwischenlagert. Der Browsercache ist zwar unabhängig von Contao, funkt aber trotzdem manchmal dazwischen: wenn z. B. nach einem Contao-Update oder Theme-Import die Anzeige im Browser nicht stimmt oder wenn Änderungen an Stylesheets im Frontend nicht angezeigt werden.

Durch das Löschen des Contao-Cache und des Browsercache wird gewährleistet, dass der Browser aktuelle Daten darstellt und Sie nicht Ihre Zeit damit verschwenden, Fehler zu beheben, die es gar nicht gibt.

23.3.2 Der »Cache-Modus« von Contao in »System • Einstellungen«

Contao ist sowieso schon ein recht flottes Content-Management-System, aber bei gut besuchten Sites können Sie mit dem Cache die Auslieferung der Seiten noch weiter beschleunigen.

Abbildung 23.5 zeigt, wie man im Backend-Modul SYSTEM • EINSTELLUNGEN im Bereich FRONTEND-EINSTELLUNGEN den CACHE-MODUS konfigurieren und festlegen kann, ob die Seiten von Contao (*Servercache*) und vom Browser (*Browsercache*) zwischengespeichert werden sollen.

Abbildung 23.5 Cache-Modus festlegen in »System • Einstellungen«

Die Standardeinstellung DEN SERVER- UND DEN BROWSERCACHE VERWENDEN sollte, wenn alles problemlos läuft, nicht verändert werden.

23.3.3 Die »Cache-Einstellungen« in der Seitenstruktur definieren

In der SEITENSTRUKTUR können Sie Contao mitteilen, dass es ausgelieferte Seiten für einen bestimmten Zeitraum zwischenlagern soll. Diese CACHEZEIT legen Sie fest, indem Sie neben der gewünschten Seite auf den gelben Bleistift klicken und dann im Bereich CACHE-EINSTELLUNGEN einen Zeitraum wählen (Abbildung 23.6).

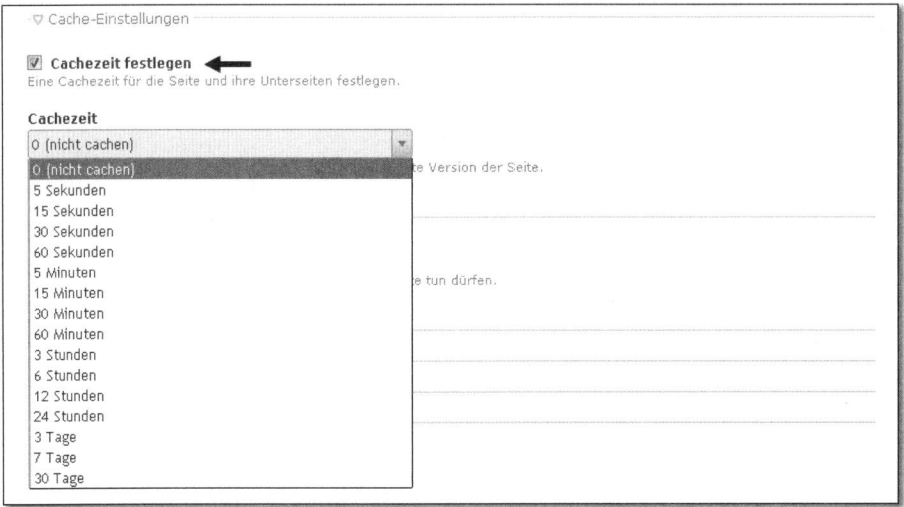

Abbildung 23.6 In der Seitenstruktur können Sie die Cachezeit für eine Seite festlegen.

Da die Cachezeit automatisch auf alle Unterseiten vererbt wird, ist es am effektivsten, im Seitenbaum für den STARTPUNKT EINER WEBSEITE zunächst einmal eine allgemeine Cachezeit von z. B. ein paar Stunden zu definieren. Für andere Seiten definieren Sie explizit eine kürzere Cachezeit:

- Für Seiten mit sich häufig ändernden Inhalten wie die STARTSEITE oder die Seite NEWS können Sie eine deutlich kürzere Cachezeit von z. B. fünf Minuten einstellen.
- Für Seiten mit nicht redaktionell erzeugten Inhalten, die sich bei jedem Aufruf ändern können, setzen Sie die Cachezeit am besten auf 0. Beispiele sind die Seiten mit den Suchergebnissen oder die Sitemap.

So muss im Bedarfsfall die Cachezeit nur an wenigen Stellen geändert werden.

> **Notizen machen mit [x_backend_notes]**
> Mit der Erweiterung [x_backend_notes] können Sie im Feld BACKEND-NOTIZEN direkt beim Startpunkt und den entsprechenden Unterseiten eine kurze Notiz speichern, wie Sie die Cachezeiten eingestellt haben. Mehr zur Erweiterung finden Sie am Ende von Abschnitt 27.1.

23.4 Backups erstellen: Datenbank und Dateien sichern

Eine Contao-Installation besteht immer aus zwei Komponenten:

1. der MySQL-Datenbank mit allen Daten sowie
2. den Dateien und Ordnern auf dem Webspace.

Bei einem kompletten Backup müssen Sie unbedingt immer beide Komponenten sichern. Es gibt zwar den schönen Satz »Backups sind für Feiglinge«, aber der Übergang zwischen Mut und Dummheit ist bekanntlich fließend. Oder anders ausgedrückt: Regelmäßige Backups sind eine ziemlich gute Angewohnheit.

> **Vor einem Backup aufräumen, um die Datenmenge zu reduzieren**
> Vor einem Backup sollten Sie die Größe der Datenbank und die Anzahl der zu sichernden Dateien reduzieren, indem Sie den SYSTEMLOG leeren und in der SYSTEMWARTUNG alle nicht benötigten DATEN BEREINIGEN.

23.4.1 Die MySQL-Datenbank sichern

Das Backup der Datenbank kann ohne zusätzliche Erweiterungen direkt in der Verwaltungsoberfläche Ihres Webspace mit einem Tool wie phpMyAdmin erledigt werden. Das Ergebnis wird in einer Datei mit der Endung *.sql* auf Ihrer Festplatte gespeichert. Damit haben Sie die eine Hälfte Ihrer Installation gesichert. Zur Sicherung der Datenbank gibt es die Erweiterung [BackupDB], mit der die Sicherung der Datenbank von Contao bequemer ist als mit phpMyAdmin (Abbildung 23.7).

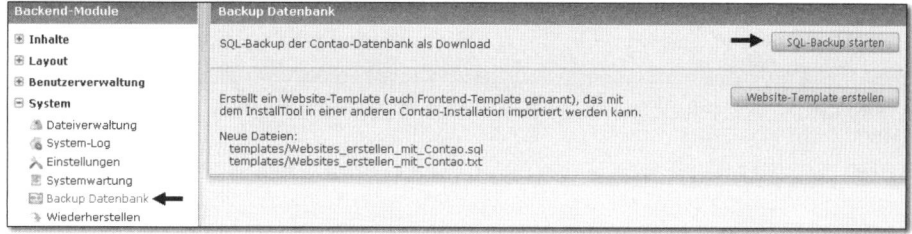

Abbildung 23.7 Die Erweiterung [BackupDB]

23.4.2 Die Daten auf dem Webspace sichern

Um auch die Dateien auf dem Webspace zu sichern, ist es am einfachsten, die Ordnerstruktur per FTP vom Webspace auf Ihren lokalen Rechner zu übertragen (siehe Abbildung 23.8).

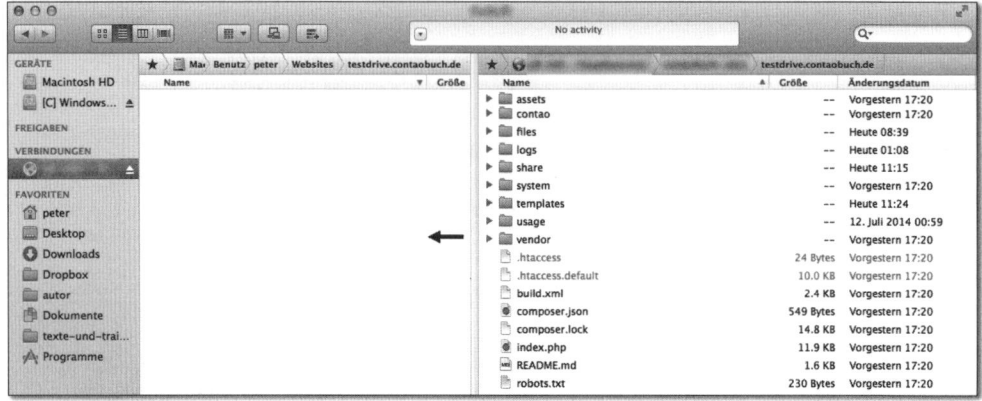

Abbildung 23.8 Alle Dateien vom Webspace herunterladen

Contao besteht aus einigen Tausend Dateien, aber besonders wichtig sind die folgenden Dateien und Ordner:

- im Hauptordner die Dateien *.htaccess* und *robots.txt*
- im Ordner *system/config* die Konfigurationsdateien *localconfig.php*, *dcaconfig.php*, *langconfig.php*, *initconfig.php* und *pathconfig.php*.
- der Ordner *files* mit allen Unterordnern
- der Ordner *templates* mit allen Unterordnern

Diese Dateien sollten Sie auch zwischendurch ab und an einmal sichern, sodass Sie im Bedarfsfall eine möglichst aktuelle Version parat haben.

Außerdem sollten Sie alle Dateien sichern, die Sie selbst geändert haben. Beispiele dafür wären die *.htaccess* im Hauptordner der Installation und gegebenenfalls die Konfigurationsdateien für den TinyMCE.

> **Vielleicht stellt Ihr Webhoster Backup-Tools bereit**
>
> Schauen Sie einfach einmal in der Administrationsoberfläche für Ihren Webspace nach, ob es vielleicht Tools für eine bequeme Komplettsicherung Ihrer Datenbanken, Ordner und Dateien gibt.

23.5 Updates: die Versionsnummern von Contao

Ein Sicherheits-Update sollte man so bald wie möglich durchführen. Für alle anderen Updates gelten die folgenden Überlegungen, die mit einem kleinen Überblick über den Contao-Update-Zyklus beginnen.

23.5.1 Das Bugfix-Release: 3.3.x

Ein *Bugfix-Release* ist ein kleiner Versionssprung von z. B. Contao 3.3.3 auf 3.3.4 und dient ausschließlich zur Beseitigung von Fehlern im System.

Ein Bugfix-Release enthält keine neuen Features und keine Änderungen an der API, der Datenbankstruktur oder den Templates, es sei denn, die Beseitigung eines Fehlers zieht solche Änderungen nach sich.

Erweiterungen aus dem Erweiterungskatalog können nach einem Bugfix-Update in den meisten Fällen problemlos weiterverwendet werden, allerdings sollte man dies sicherheitshalber bei den entsprechenden Erweiterungen prüfen. Am besten vor dem Update.

Bestehende Websites sollten ohne Anpassungen aktualisiert werden können.

23.5.2 Das Minor-Release: 3.x.0

Ein *Minor-Release* ist ein Versionssprung von z. B. 3.3 auf 3.4 und enthält meist auch neue Features. Dadurch sind Änderungen an der API, der Datenbankstruktur oder den Templates wahrscheinlich. Das *Minor* ist also ein wenig irreführend, denn ein Minor-Release kann es, was Neuerungen und Änderungen betrifft, durchaus in sich haben.

Vor der Veröffentlichung einer neuen Minor-Version gibt es eine Beta-Phase sowie mindestens einen Release Candidate, sodass interessierte Anwender die Neuerungen bereits vorab testen können. Grundlegende Änderungen des Bedienkonzepts oder der Funktionsprinzipien von Contao sind in einem Minor-Release allerdings nicht zu erwarten.

Installierte Erweiterungen aus dem Erweiterungskatalog sollten vor einem Minor-Update unbedingt auf Kompatibilität mit der neuen Version geprüft werden. Bestehende Websites können zwar in der Regel mit einigen Anpassungen (Erweiterungen, Templates usw.) umgestellt werden, die Frage ist aber, ob das notwendig ist (siehe unten).

Minor-Releases werden nach Bedarf veröffentlicht und sind nicht zeitlich festgelegt, meist gibt es aber nicht mehr als zwei oder drei pro Jahr.

23.5.3 Das Major-Release: x.0.0

Ein *Major-Release* ist ein Versionssprung von z. B. Contao 2 auf Contao 3 oder von Contao 3 auf Contao 4.

Ein Major-Release enthält neue Features, in der Regel Änderungen an der API, der Datenbankstruktur und den Templates, sowie eventuell ein neues Erscheinungsbild oder ein geändertes/erweitertes Bedienkonzept.

Installierte Erweiterungen aus dem Erweiterungskatalog laufen in der neuen Version meist nicht ohne Anpassungen oder Update. Bestehende Websites können ziemlich sicher ebenfalls nicht ohne größere Anpassungen umgestellt werden.

Vor der Veröffentlichung einer neuen Major-Version gibt es eine Beta-Phase und je nach Bedarf einen oder mehrere Release Candidates. Aktuell ist geplant, etwa alle zwei Jahre ein Major-Release zu veröffentlichen.

23.5.4 »Long-Term-Support«: LTS-Releases werden länger unterstützt

Bestimmte Minor-Versionen wie z. B. die Version 3.2 werden zu LTS-Versionen erklärt und haben einen verlängerten Supportzeitraum. Der *Contao Open Source CMS Release-Plan* gibt einen guten Überblick (Abbildung 23.9).

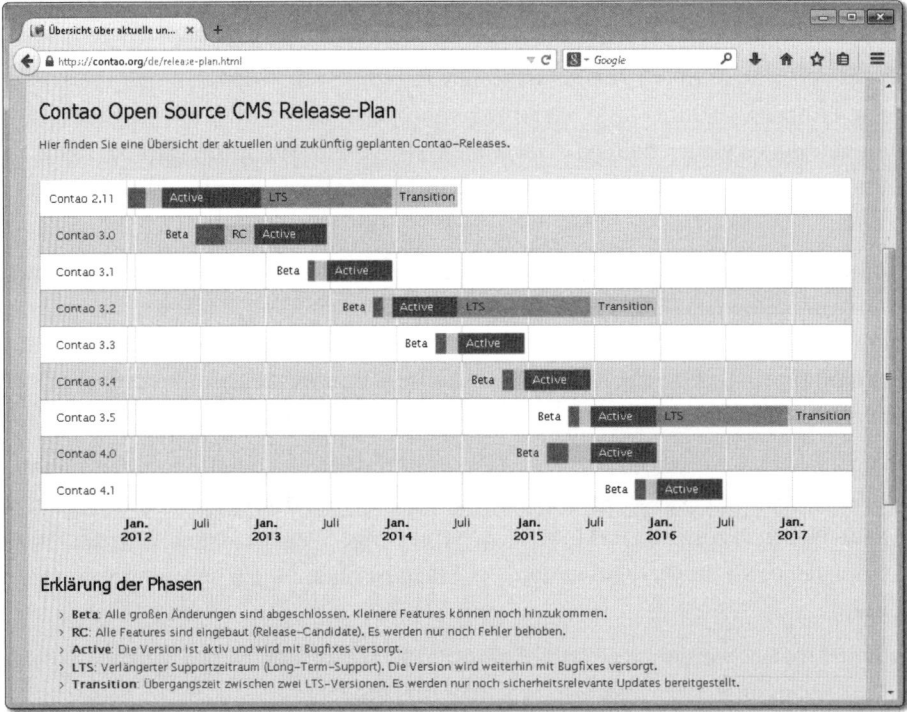

Abbildung 23.9 Der »Contao Open Source CMS Release-Plan«

Aus dem Release-Plan können Sie z. B. ersehen, dass die Version 3.5 als LTS-Release geplant wird, das bis ungefähr Mitte 2017 mit Bugfixes versorgt wird. Es wird also, abgesehen von Neugier oder neuen Features, bis dahin wenig Gründe geben, eine Site mit Contao 3.5 auf Contao 4 upzudaten.

23.5.5 Sollte ich eine funktionierende Contao-Website updaten?

Mit dem Erscheinen einer neuen Contao-Version taucht früher oder später die Frage auf, ob man updaten sollte oder nicht. Die Antwort auf diese Frage ist natürlich wie so oft abhängig von Details, aber trotzdem gibt es einige Richtlinien zur Orientierung:

- Ein *Sicherheits-Update* sollte man möglichst zeitnah einspielen. Allerdings gibt es die bei Contao nicht besonders häufig.
- Ein *Bugfix-Release* sollte man so bald wie möglich einplanen, besonders wenn man von den Bugs betroffen ist. Bugfix-Updates lassen sich mit »größtenteils harmlos« umschreiben und sind via Live Update oder auch manuell meist in wenigen Minuten erledigt, da es keine grundlegenden Änderungen gibt.
- Ein *Minor-Release* von z. B. 3.3 auf 3.4 ist hingegen ein anderer Schnack und wird oft unterschätzt. Das macht man nicht mal einfach so eben zwischendurch. Wie weiter oben beschrieben, gibt es bei einem Minor-Release neue Features und Änderungen an API, Templates oder Datenbankstruktur.
- Ein Update auf ein anderes *Major-Release* wie z. B. von 2.11 auf 3.* ist eine sehr komplexe Angelegenheit und benötigt gute Planung, viel Zeit und meist trotzdem noch eine hohe Frustrationstoleranz. Ein Major-Release enthält auch neue Funktionsprinzipien wie z. B. grundlegende Änderungen am CSS-Framework.

Sicherheits- und Bugfix-Updates sollte man sobald wie möglich machen. Ein Update auf ein anderes Minor- oder gar Major-Release hingegen will gut überlegt sein.

Wenn eine Website problemlos läuft, gibt es nur wenig gute Gründe, sofort upzudaten, nur weil eine neue Minor-Version erschienen ist. Neben zu viel Zeit und Neugier ist der wichtigste Update-Grund wohl, dass man unbedingt eines der neuen Features nutzen möchte.

LTS-Versionen sind dabei quasi die Säulen im Versionswirrwarr:

- Wenn eine Site z. B. unter Contao 3.2 läuft und Sie die neuen Features von 3.3, 3.4 & Co. nicht brauchen, können Sie die 3.2 mit Bugfix-Updates problemlos bis ungefähr Januar 2016 einsetzen.
- Das nächste Update wäre dann auf die nächste LTS-Version, also wahrscheinlich Contao 3.5.

Anders ausgedrückt: Wenn Sie eine LTS-Version haben und die neuen Features nicht benötigt werden, gibt es keinen Grund für ein sofortiges Update auf eine neue Minor-Version. Gut Ding braucht Weil – lassen Sie sich also die Zeit, die es braucht.

23.5.6 Checkliste vor einem Update

Für die Fans von Checklisten hier noch einmal als Zusammenfassung die wesentlichen Punkte, die es vor einem Update zu beachten gilt:

- Infos zum Update auf *contao.org/ankuendigungen.html* lesen.
- Changelog studieren: *contao.org/aenderungsliste.html*.
- Überlegen, ob ein Update nötig ist und Sie Zeit dafür haben.
- Installierte Erweiterungen auf Kompatibilität checken.
- Prüfen, ob eigene Templates angepasst werden müssen.
- Backup von Dateien und Datenbank machen.
- Forum lesen und schauen, ob es Hinweise auf Probleme gibt.

Und dann viel Erfolg beim Update, egal, ob »live« oder »manuell«.

Vortrag » Contao Updates – was man wissen sollte« zum Download

Ich habe auf der Contao-Konferenz 2014 zusammen mit Harry Boldt, dem Leiter des Contao-Schulungszentrums von *boldt-media.de* und Fachlektor dieser Auflage, einen Vortrag zum Thema »Contao Updates« gehalten, der aus fünf Teilen bestand:

1. *Einführung*
   Welche verschiedenen Release-Typen gibt es für Contao?
2. *Vorbereitung*
   Welche Begriffe sind wichtig, und wie lässt sich der Webspace organisieren?
3. *Durchführung*
   Wie hätten Sie's denn gern? Das Live Update und zwei Methoden für manuelle Updates.
4. *Nachbereitung*
   Welche möglichen Baustellen erwarten uns nach dem Update?
5. *Fazit*: Kurz und bündig – take it easy, but take it.

Das PDF mit den Folien können Sie auf unseren Websites herunterladen:

- *pmueller.de/blog/contao-updates.html*
- *boldt-media.de/blog/vortrag-contao-updates-was-man-wissen-sollte.html*

Die Datei ist 1,9 MByte groß.

23.6 Der »Live Update«-Service im Backend von Contao

Der *Live Update-Service* ist eine Dienstleistung von iNet Robots, der Firma des Contao-Gründers Leo Feyer, und in keiner Weise Voraussetzung für den Betrieb von Contao. Das *Live Update* vereinfacht lediglich die Aktualisierung Ihrer Installation aus dem Backend heraus (siehe Abbildung 23.10).

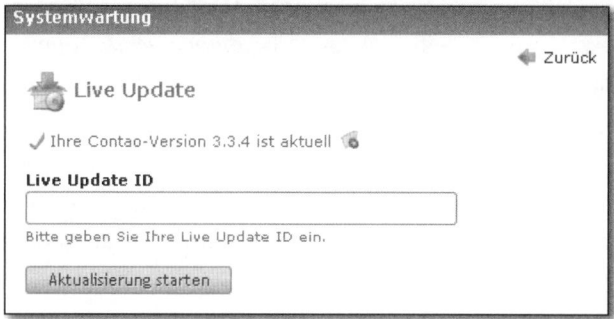

Abbildung 23.10 Das Eingabefeld für die »Live Update ID« im Backend-Modul »Systemwartung«

23.6.1 Mit dem »Contao-Check« prüfen, ob der Webspace geeignet ist

Das Live Update wird ständig weiterentwickelt und hat relativ spezifische Anforderungen an den Webspace. Der Contao-Check, den Sie in Abschnitt 3.3.3 bereits kennengelernt haben, prüft sämtliche bekannten Probleme und verweist gegebenenfalls auf weiterführende Informationen im Netz. Checken Sie also am besten Ihren Webspace kurz, bevor Sie eine LIVE UPDATE ID erwerben.

23.6.2 Das »Live Update« kann auch bestehende Installationen reparieren

Der Live Update-Service liegt als selbstständiges Skript vor, das auch unabhängig vom Contao-Core aktualisiert werden kann.

Mit dem Live Update können Sie nicht nur auf eine neue Version updaten, sondern auch eine bestehende Contao-Installation überprüfen und gegebenenfalls reparieren lassen, ohne dabei die Contao-Version zu wechseln.

Nach einem Update prüft das Skript erneut, ob alle Dateien vorhanden und aktuell sind. Auf diese Weise wird sichergestellt, dass das Update tatsächlich erfolgreich war. Sogar eine Template-Überprüfung ist mit eingebaut.

23.6.3 Das »Live Update« macht auch ein Datenbank-Backup

Das Live Update versucht ebenfalls, ein Backup der Datenbank zu machen:

Das Tool nutzt dabei die PHP-Funktionen shell_exec() oder exec(), um auf die Kommandozeile zuzugreifen und dort die Kommandos mysqldump bzw. mysql aufzurufen.

Sind diese PHP-Funktionen nicht verfügbar oder können die MySQL-Kommandos nicht mittels which gefunden werden, wird das Live Update wie gehabt ohne Datenbank-Backup durchgeführt.

Bevor Sie das erste Mal ausprobieren, ob das Feature auf Ihrem Webspace funktioniert, sollten Sie mit phpMyAdmin oder der Erweiterung [BackupDB] ein Backup der Datenbank machen, denn auch Begrenzungen der Laufzeit und des Speicherbedarfs für PHP-Skripte können dazu führen, dass das Backup nicht vollständig ausgeführt wird.

23.6.4 Machen Sie vor dem ersten »Live Update« ein Komplett-Backup

Murphy's Gesetz lautet »Alles, was schiefgehen kann, wird auch schiefgehen«. Der Einsatz von IT jeglicher Art optimiert Murphy's Gesetz und sorgt dafür, dass es genau zu dem Zeitpunkt schiefgeht, an dem es den größtmöglichen Schaden anrichtet.

Kurzum: Machen Sie zumindest vor dem ersten Einsatz des Live Update ein Backup der Datenbank und der Dateien auf dem Webspace. Wie das geht, steht in diesem Kapitel in Abschnitt 23.4.

> **Nach einem Live Update ist Contao im abgesicherten Modus**
> Wenn das Live Update geklappt hat, befindet sich Contao im abgesicherten Modus ohne alle Erweiterungen. Eine entsprechende Meldung wird oben im Backend ausgegeben, und dort können Sie den abgesicherten Modus auch gleich wieder ausstellen.

23.6.5 Eine »Live Update ID« erwerben

Um das Live Update von Contao zu nutzen, erwerben Sie auf der Website *inetrobots.com* eine *Live Update ID* und tragen diese im Backend-Modul SYSTEM • SYSTEMWARTUNG in das Eingabefeld für die LIVE UPDATE ID ein:

► *inetrobots.com/shop/*

Stand August 2014 kostet eine Live Update ID 9,90 € pro Jahr. Das ist der Basispreis, der die Lizenz für eine Domain enthält und wie gesagt für ein Jahr gilt. Am besten besorgen Sie sich gleich ein 10er-Pack, denn zusätzliche Lizenzen erhalten Sie für nur wenige Euro mehr.

Die Aktualisierung einer Contao-Installation ist besonders bei einem Bugfix-Release per Live Update mit einem kurzen Vorabcheck in kurzer Zeit erledigt.

Ich selbst nutze den Service seit Jahren, und auch mein FTP-Programm findet es nicht schlimm, dass es für die Contao-Updates nur noch für das Downloaden der Dateien auf dem Webspace beim Backup benötigt wird.

> **Auch beim »Live Update« nicht einfach nur klicken!**
>
> Das Live Update ist eine tolle Sache, aber Sie sollten nicht einfach nur Daumen drücken und auf den Button UPDATE STARTEN klicken, sondern vor jedem Update zumindest die Checkliste aus Abschnitt 23.5.6 durchgehen.
>
> Bei Sicherheits-Updates und Bugfix-Releases gibt es fast nie Probleme, aber bei Minor-Releases (z. B. von 3.3 auf 3.4) und besonders bei Major-Releases (z. B. von 2.* auf 3.*) sollten Sie auch mit dem Live Update kein »Zwei-Minuten-Ein-Klick-Update« erwarten.

23.7 Das manuelle Update per FTP

Falls Sie lieber ein manuelles Update durchführen wollen, ist auch das kein Problem und in der Regel in wenigen Minuten erledigt.

23.7.1 Schritt 1: Backup von Datenbank und Dateien

Wie Sie ein Backup erstellen, wird in Abschnitt 23.4, »Backups erstellen: Datenbank und Dateien sichern« beschrieben. Tun Sie es. Wirklich. So viel Zeit muss sein.

Im Ernst: Wenn Sie keine Zeit für ein Backup haben, haben Sie auch keine Zeit für das Update.

23.7.2 Schritt 2: Aktuelle Contao-Version herunterladen und entpacken

Lenken Sie nach dem Backup Ihren Browser auf die Contao-Website:

▸ *contao.org/herunterladen.html*

Auf dieser Seite steht immer die neueste Version zur Verfügung. Nach dem Herunterladen entpacken Sie das Archiv auf Ihrer Festplatte und werfen einen Blick in die *CHANGELOG.txt* im Hauptordner. Darin sind alle wichtigen Änderungen aufgelistet.

23.7.3 Schritt 3: Das entpackte Archiv vorbereiten

In diesem Schritt prüfen Sie, ob das entpackte Archiv noch Dateien enthält, die Sie bei einem Update definitiv nicht benötigen. Durch das Löschen dieser Dateien verhindern Sie, dass auf Ihrem Webspace gleichnamige, wichtige Dateien versehentlich überschrieben werden. Das ist einfacher, als nach dem Update die Dateien aus dem vorher gemachten Backup wieder hochzuladen.

Die ersten Kandidaten sind einige Konfigurationsdateien im Ordner *system/config/*:

- *localconfig.php*
- *dcaconfig.php*
- *langconfig.php*
- *initconfig.php*
- *pathconfig.php*

Diese Dateien sollten in einem frisch entpackten Contao-Archiv eigentlich gar nicht vorhanden sein, da sie erst vom Installtool bei der Installation erzeugt werden, aber ein kurzer Check schadet nicht. Better safe than sorry.

Weiterhin sollten Sie in dem entpackten Archiv die folgenden Ordner überprüfen und alle nicht benötigten Dateien darin löschen:

- */templates/*
- */files/*

So stellen Sie sicher, dass nicht versehentlich wichtige Dateien auf Ihrem Webspace überschrieben werden.

23.7.4 Schritt 4: Das Archiv auf den Webspace kopieren und synchronisieren

Der erste Teil dieses Schritts, das Kopieren, ist einfach:

1. Starten Sie Ihr FTP-Programm.
2. Kopieren Sie das vorbereitete Archiv auf den Webspace.

Falls das FTP-Programm Fragen stellt, bitten Sie es, für diese Aktion alle Dateien auf dem Webspace zu überschreiben. Unbedingt.

Der zweite Teil, das Synchronisieren, ist sehr aufwendig und besteht aus einer manuellen Synchronisation: Prüfen Sie, welche Ordner und Dateien auf dem Webspace nicht mehr benötigt werden, und entfernen Sie diese vom Webspace. Aber seien Sie gewarnt: Contao besteht aus einigen Tausend Dateien.

In FileZilla ist dazu der Befehl »Verzeichnisvergleich« sehr hilfreich, der unterschiedliche Ordner und Dateien farblich markiert. Die in Schritt 3 genannten Konfigurationsdateien sollten selbstverständlich auf dem Webspace bleiben.

> **Automatische Synchronisierung mit WinSCP**
>
> WinSCP kann im Gegensatz zu vielen anderen FTP-Programmen Ordner und Dateien automatisch synchronisieren. Eine kurze Beschreibung zum manuellen Update mit WinSCP bietet folgender Beitrag:
>
> *contao.org/de/manual-update.html*
>
> Machen Sie aber vor der Synchronisation auf jeden Fall ein Backup der Dateien auf dem Webspace, damit Sie versehentlich gelöschte Dateien wiederherstellen können.

23.7.5 Schritt 5: Datenbank mit dem Installtool aktualisieren

Nach Schritt 4 sind die Dateien auf dem Webspace auf dem neuesten Stand, und es folgt die Aktualisierung der Datenbank mit dem Installtool:

1. Starten Sie das Installtool von Contao.
2. Geben Sie das bei der Installation vergebene Passwort für das Installtool ein. Das ist nicht das Passwort, mit dem Sie sich am Backend anmelden.
3. Scrollen Sie bis zum Abschnitt über die Aktualisierung der Datenbanktabellen.
4. Bestätigen Sie eventuelle Änderungen mit einem Klick auf die Schaltfläche DATENBANK AKTUALISIEREN.

Fertig. Vergessen Sie nicht, den Contao-Cache und den Browsercache zu löschen, sich probehalber einmal am Backend anzumelden und das Frontend zu überprüfen.

23.8 Webstatistiken mit Google Analytics und Piwik

Google Analytics ist in den letzten Jahren zu einer sehr beliebten Lösung im Bereich der Webstatistiken geworden:

- *www.google.de/analytics/*

Um Analytics nutzen zu können, benötigen Sie zunächst ein Google-Konto und für jede Website eine *Analytics ID* wie z. B. *UA-123456-x*. Diese ID wird in einen sogenannten *Tracking Code* integriert, der automatisch auf jeder Seite eingebaut wird.

Contao erzeugt diesen Tracking Code auf Wunsch automatisch. Sie müssen nur die Analytics ID in das Template *analytics_google* eintragen und dieses dann aktivieren:

1. Öffnen Sie das Backend-Modul TEMPLATES.
2. Erstellen Sie mit dem Link NEUES TEMPLATE eine Kopie des Templates *analytics_google.html5*.
3. Wählen Sie als ZIELVERZEICHNIS den Ordner des aktuellen Themes.

4. Öffnen Sie *analytics_google.html5* zur Bearbeitung (zweites Symbol von rechts).
5. Ersetzen Sie die Zeichenfolge »UA-XXXXX-X« durch Ihre Analytics ID.
6. Klicken Sie auf SPEICHERN UND SCHLIESSEN.
7. Wechseln Sie in das Backend-Modul THEMES • SEITENLAYOUTS.
8. Aktivieren Sie in allen Layouts im Bereich SKRIPT-EINSTELLUNGEN die Option ANALYTICS-TEMPLATE für GOOGLE.
9. Klicken Sie auf SPEICHERN UND SCHLIESSEN.

Vor dem Testen sollten Sie sich vom Backend abmelden, denn das Skript wird den Seiten im Frontend erst hinzugefügt, wenn Sie nicht mehr im Backend eingeloggt sind.

> **Ohne zusätzliche Erweiterung: »Piwik« statt »Google Analytics«**
>
> Sie können in Contao auch die Statistiklösung *Piwik* einsetzen, mit der Sie anders als bei Google Analytics die Daten auf dem eigenen Server speichern.
>
> Die Vorgehensweise ist ähnlich wie bei Google Analytics, nur dass Sie für Piwik das Template *analytics_piwik* öffnen und dort Ihre *Piwik site ID* und die *Piwik URL* eintragen müssen.

Kapitel 24
Themes und Frontend-Templates

In diesem Kapitel Sie den Theme-Manager kennen, der es ermöglicht, das Aussehen einer bestehenden Site komplett zu verändern – mit wenigen Klicks und etwas Nachbearbeitung. Danach erfahren Sie, wie Sie mit Frontend-Templates arbeiten und warum die sehr praktisch sind.

Die Themen im Überblick:

- Ein Theme bestimmt das Aussehen der Website, Seite 717
- Einige Quellen für Contao-Themes, Seite 721
- Die Beispielsite im Look der »Music Academy«, Seite 724
- Über die Anpassung von Themes, Seite 728
- Frontend-Templates: Theme plus Seiten, Inhalte und Benutzer, Seite 731
- Sicherheitshinweise (nicht nur für Contao) , Seite 733

Der Theme-Manager verwaltet – wie Sie gleich sehen werden – bereits bekannte Komponenten auf innovative Art und Weise.

24.1 Ein Theme bestimmt das Aussehen der Website

Themes haben Sie in Abschnitt 6.2 bereits kurz kennengelernt, und mit dem Backend-Modul THEMES haben Sie seitdem in fast jedem Kapitel in irgendeiner Form gearbeitet.

24.1.1 Der Theme-Manager verwaltet bekannte Komponenten

Das Aussehen einer Contao-Site wird durch das Zusammenwirken verschiedener Komponenten bestimmt. Drei davon werden im Backend-Modul LAYOUT • THEMES bearbeitet:

- INTERNE STYLESHEETS
- FRONTEND-MODULE
- SEITENLAYOUTS

Abbildung 24.1 zeigt das Backend-Modul THEMES im Überblick. Eine detaillierte Erklärung der Symbole finden Sie in Abschnitt 6.2.1.

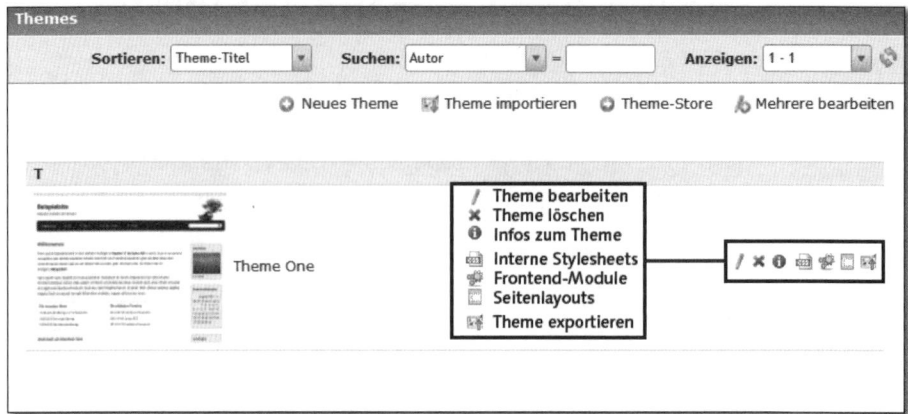

Abbildung 24.1 Die Symbole im Backend-Modul »Themes«

Zusätzlich zu diesen drei Komponenten gibt es in einem Theme noch zwei weitere wichtige Bestandteile:

- Layoutdateien wie Grafiken und externe Stylesheets, die in einem Ordner unterhalb von *files* gespeichert werden.
- Templates, die speziell für das Theme angepasst wurden und in einem Unterordner von *templates* aufbewahrt werden.

Damit der Theme-Manager weiß, welche Templates und Layoutdateien zu welchem Theme gehören, haben Sie in den Einstellungen des Themes folgende Dinge definiert:

- den Pfad zum *theme*-Ordner unterhalb von *files* ❶
- den Pfad zum BILDSCHIRMFOTO ❷
- den Pfad zum TEMPLATES-ORDNER ❸

Abbildung 24.2 zeigt die Theme-Einstellungen im Überblick.

Der Theme-Manager bündelt alle diese Komponenten und fasst sie beim Exportieren in einer einzigen Datei zusammen, der er die Endung *.cto* gibt. Diese CTO-Datei benötigen Sie, um das Theme in eine andere Contao-Installation zu importieren. Allerdings muss die Contao-Installation, in der Sie das Theme installieren, dieselbe Versionsnummer haben, wie die Installation, mit der das Theme erstellt wurde.

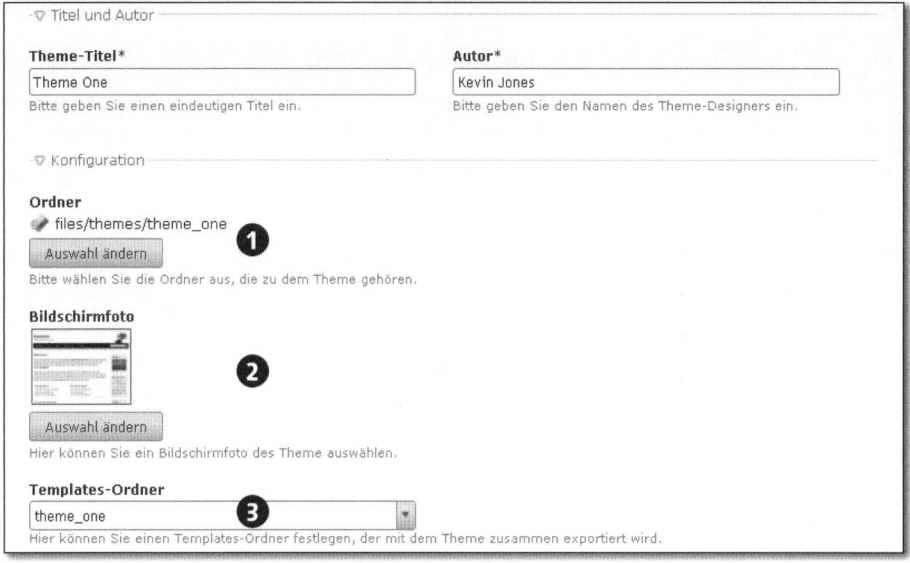

Abbildung 24.2 Die Einstellungen für ein Theme

24.1.2 »Theme One« von der Beispielsite exportieren und analysieren

Ein im Backend vorhandenes Theme zu exportieren, ist denkbar einfach: Sie klicken dazu im Backend-Modul THEMES ganz rechts einfach auf das Symbol THEME EXPORTIEREN.

Contao erzeugt beim Exportieren wie gesagt eine Datei mit der Endung .cto, die Sie in einem beliebigen Ordner auf Ihrem Computer speichern können. Die Datei *theme_one.cto* wird im folgenden Abschnitt genauer untersucht.

> **ToDo: »Theme One« von der Beispielsite exportieren**
> 1. Öffnen Sie das Backend-Modul LAYOUT • THEMES.
> 2. Klicken Sie auf das Symbol THEME EXPORTIEREN ganz rechts außen.
> 3. Wählen Sie einen Ordner auf Ihrem Computer, um die Datei *theme_one.cto* zu speichern. Der Desktop bzw. Schreibtisch ist völlig okay.

24.1.3 All-in-one: das Innenleben einer CTO-Datei

Die Theme-Datei hat zwar die proprietäre Endung *.cto*, ist aber ein ganz normales ZIP-Archiv, das Sie mit jedem ZIP-Programm öffnen, untersuchen und entpacken können. Wenn Sie wollen, können Sie eine Theme-Datei also genau analysieren.

24.1.4 Ein Blick in die Datei »theme_one.cto«

Die Theme-Datei *theme_one.cto* enthält die Datei *theme.xml* und die beiden Ordner */templates/* und */files* samt Unterordnern. In der Datei *theme.xml* sind alle in der Datenbank gespeicherten Inhalte enthalten: interne Stylesheets, Frontend-Module und Seitenlayouts. Der Inhalt der Datenbanktabellen wird in dieser Datei mithilfe einer entsprechenden XML-Struktur abgebildet.

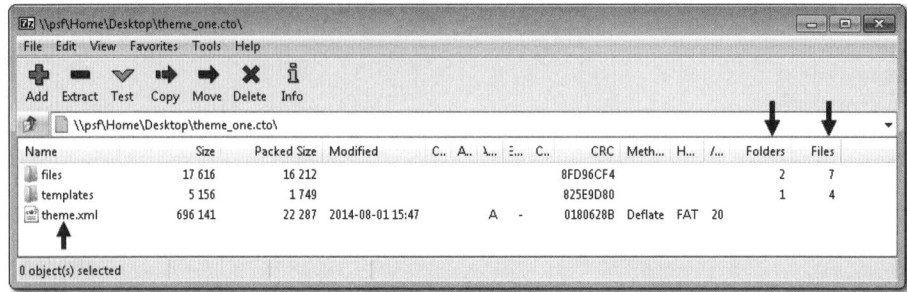

Abbildung 24.3 Ein Blick in die Datei »theme_one.cto«

Nicht in der Datenbank gespeicherte externe Dateien wie Templates, Layoutgrafiken und externe Stylesheets liegen in den beiden in der ZIP-Datei enthaltenen Ordnern unterhalb von *templates* und *files*.

Der Theme-Manager speichert also alle für das Design einer Contao-Site benötigten Komponenten:

- *Stylesheets* aus THEMES • STYLESHEETS
- *Frontend-Module* aus THEMES • FRONTEND-MODULE
- Seitenlayouts aus THEMES • SEITENLAYOUTS
- Templates aus dem Theme-Ordner unterhalb von *templates*
- Grafiken und Dateien aus dem Theme-Ordner unterhalb von *files*

Alles wird in einer einzigen Datei mit der Endung *.cto* zusammengefasst.

24.1.5 Was nicht in einem Theme enthalten ist: Inhalte, Seiten usw.

Es ist also eine Menge drin in so einem Theme, aber genauso wichtig sind natürlich die Dinge, die nicht in einem Theme enthalten sind:

- *Inhalte* aus den Backend-Modulen der Gruppe INHALTE
- *Seiten* aus LAYOUT • SEITENSTRUKTUR
- *Mitglieder* und *Benutzer* aus der BENUTZERVERWALTUNG
- *Erweiterungen* aus der ERWEITERUNGSVERWALTUNG

Bei der *Seitenstruktur* sowie den *Mitgliedern* und *Benutzern* ist die Sache eindeutig, denn sie haben mit dem Layout einer Website nichts zu tun, aber bei den *Inhalten* gibt es, wie Sie im Laufe des Kapitels noch sehen werden, Grenzfälle wie z. B. in Artikeln eingebundene Frontend-Module.

Erweiterungen, die in einem Theme gestaltet werden und nicht zum Contao-Core gehören, sollten vor dem Importieren des Themes installiert werden. Bevor Sie also z. B. ein Theme zur Gestaltung eines Online-Shops importieren, sollte die entsprechende Shop-Erweiterung installiert sein. Contao weist beim Importieren eines Themes mit roten Lettern auf eventuell fehlende Datenbankfelder hin.

24.2 Einige Quellen für Contao-Themes

Contao ist in erster Linie ein Werkzeug für Webworker, und Webworker bauen für ihre Kunden meist individuelle Projekte. Abgesehen von den Unterschieden im Verbreitungsgrad ist das wahrscheinlich ein Grund mit, warum es für Contao, anders als z. B. bei WordPress oder Joomla, nicht so viele kostenlose Themes gibt. Gute Contao-Themes kosten oft Geld, aber dieses Geld sparen Sie bei der Entwicklung einer Site meist doppelt und dreifach wieder ein.

24.2.1 Einsatzgebiete: Wozu man Themes einsetzen kann

Ein Theme dient in erster Linie dazu, Zeit bei der Entwicklung einer Website zu sparen. Dabei gibt es mehrere Einsatzgebiete:

▶ **Kickstart für neue Sites**
  Ein passendes Theme ist ein echter Katalysator. Ideal zum Importieren eines Themes ist dabei der Zeitpunkt gleich zu Beginn oder nach dem Aufbau einer grundlegenden Seitenstruktur, aber auf jeden Fall vor der Fertigstellung von Frontend-Modulen und Templates.

▶ **Neuer Look für alte Sites**
  Man kann Themes auch in fertige Sites importieren, aber bei einer bereits vollständig implementierten Website mit Inhalten und allem Drum und Dran muss, wie Sie in diesem Kapitel noch sehen werden, ein neues Theme nachbearbeitet werden. Das ist kein Ein-Klick-Job.

▶ **Multi-Site: Trennung bei mehreren Startpunkten**
  Der Theme-Manager ermöglicht die perfekte Trennung von Stylesheets, Modulen und Seitenlayouts pro STARTPUNKT EINER WEBSEITE, wenn Contao als Basis für mehrere Websites dient.

Egal wofür Sie ein Theme einsetzen möchten – wenn Sie eines gefunden haben, das Ihnen gefällt, denken Sie daran, dass es zur von Ihnen eingesetzten Contao-Version passen muss. Wenn nicht dransteht, für welche Version das Theme oder das Template geeignet ist, fragen Sie einfach freundlich nach. Und finden Sie heraus, ob es eine Dokumentation zur Benutzung des Themes gibt.

Andere Fragen betreffen zum Beispiel die Lizenzbedingungen, unter denen Sie das Theme bzw. das Template nutzen können:

- Gilt das Theme nur für eine Domain?
- Gibt es einen Backlink oder einen Hinweis zum Entwickler?
- Für wie viele Projekte darf man das Theme einsetzen?
- Sind zukünftige Updates für neue Contao-Versionen im Preis enthalten?

Und jetzt viel Spaß bei der Suche nach einem passenden Theme.

24.2.2 Der Contao Theme-Store: »themes.contao.org«

Im Dezember 2012 wurde der Contao Theme-Store eröffnet. Er läuft unter der offiziellen Domain *themes.contao.org* und dient als zentrale Anlaufstelle für Designer und Kunden, die Themes erstellen bzw. suchen.

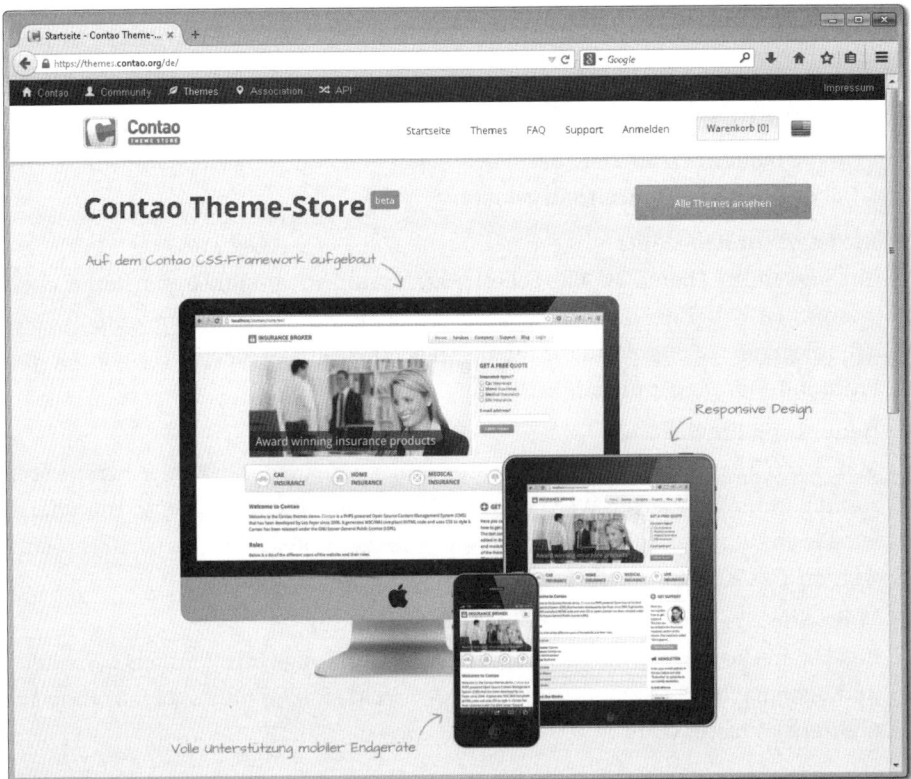

Abbildung 24.4 Der Contao Theme-Store auf »themes.contao.org«

24.2.3 RockSolid Themes: rocksolidthemes.com

Wie ein Fels in der Brandung stehen die RockSolid Themes von Alexander Wörndl und Martin Auswöger (aka »MADE/YOUR/DAY«):

- *rocksolidthemes.com*

Die Zielgruppe für die Themes dürften in erster Linie Entwickler, Profis und ambitionierte Laien sein. Neueste Webtechnologien wie HTML5 und CSS3 werden kompetent eingesetzt. Gearbeitet wird mit externen Stylesheets, und wer will, kann sein CSS auch mit Sass und Compass schreiben.

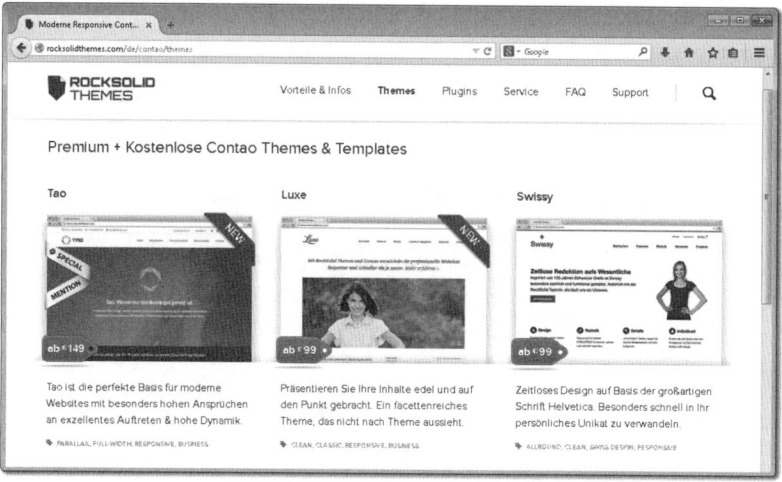

Abbildung 24.5 RockSolid Themes für Contao

Die Preise von 99 bis 149 € wirken auf den ersten Blick recht hoch, aber dafür ist der Quelltext eine wahre Freude.

Schauen Sie sich die Live-Demo der Templates einmal in Ruhe an, und überlegen Sie, wie viel Zeit und Liebe zum Detail darin stecken.

Um Ihnen ein konkretes Beispiel zu geben: Meine Hobbywebsite *groningen-info.de* mit deutschsprachigen Infos zur niederländischen Stadt Groningen, in der ich seit vielen Jahren wohne, basiert auf dem Theme 80/20 von RockSolid. Natürlich muss man sich einarbeiten, aber ohne das fertige Theme hätte das Erstellen der Site definitiv viel länger gedauert.

> **Open Sauce – ein kostenloses Theme von RockSolid**
>
> Kostenlos, aber nicht billig. So umschreibt RockSolid sein Open Sauce Theme:
>
> - *rocksolidthemes.com/de/contao/themes/opensauce*
>
> Es gibt dort auch eine Live-Demo. Einfach einmal ausprobieren.

24.2.4 Weitere Websites mit Contao-Themes

Hier ein paar weitere Quellen für Contao-Themes:

- Premium Contao Themes (Sandra Löschnigg)
  www.premium-contao-themes.com
- jukemedia Webshop (Jutta Kemperle)
  www.jukemedia.de/shop
- Contao Themes Shop (Thomas Kampmeier)
  www.contao-themes-shop.de

Es gibt bestimmt noch mehr gute Sites, und ich entschuldige mich schon mal im Voraus, falls ich eine vergessen habe. Googeln Sie einfach nach »Contao Themes« oder etwas in der Art. Oder fragen Sie im Forum.

24.3 Die Beispielsite im Look der »Music Academy«

In jedem guten Kochstudio kommt irgendwann einmal der Satz »Da haben wir schon mal was vorbereitet«, und jetzt ist es auch in diesem Buch so weit. Auf der Buch-CD finden Sie die Theme-Datei *music_academy.cto*, das Theme der Music Academy. Dieses Theme stülpen Sie über die Beispielsite.

Das Wechseln eines Themes besteht aus den folgenden Schritten:

1. Theme-Datei importieren
2. Theme aktivieren
3. Theme nachbearbeiten

Die Nachbearbeitung im letzten Schritt kann je nach Theme und Site ziemlich aufwendig sein, aber wie jede Reise beginnt auch diese im folgenden Abschnitt mit dem ersten Schritt.

> **Themes nur für die richtige Contao-Version importieren**
>
> Der Import eines Themes sollte grundsätzlich immer nur in jene Contao-Minor-Version (also z. B. 3.3 oder 3.4) erfolgen, für die es erstellt wurde. Andernfalls könnte es Probleme beim Import geben, wenn sich beispielsweise die DB-Struktur in neueren Contao-Versionen geändert hat.

24.3.1 Schritt 1: Theme im Backend importieren

Der Import findet im Backend von Contao statt, und dabei werden die im Theme enthaltenen Ressourcen in der Contao-Installation an die richtigen Stellen kopiert.

Gleichzeitig überprüft Contao vorab, ob die für das Theme benötigten Datenbankfelder und Layoutbereiche vorhanden sind.

> **ToDo: Die Theme-Datei »music_academy.cto« importieren**
> 1. Öffnen Sie das Backend-Modul LAYOUT • THEMES.
> 2. Klicken Sie oben im Arbeitsbereich auf THEME IMPORTIEREN.
> 3. Klicken Sie auf die Schaltfläche DURCHSUCHEN.
> 4. Öffnen Sie den Ordner, in dem die Datei *music_academy.cto* liegt.
> 5. Klicken Sie auf die Schaltfläche THEME IMPORTIEREN.
> 6. Jetzt werden die Theme-Daten überprüft und entsprechende Meldungen ausgegeben. Im Idealfall ist alles im grünen Bereich.
> 7. Klicken Sie auf die Schaltfläche WEITER.

Das importierte Theme hat diverse interne Stylesheets, zahlreiche Frontend-Module und Seitenlayouts und diverse Layoutdateien im Ordner *files/music_academy*, bringt aber keinerlei angepasste Templates mit.

Nach diesem ToDo haben Sie im Backend-Bereich THEMES zwar ein neues Theme mit dem Namen MUSIC ACADEMY (Abbildung 24.6), aber wenn Sie sich das Frontend anschauen, werden Sie keinen Unterschied feststellen, da das Theme noch nicht aktiviert ist.

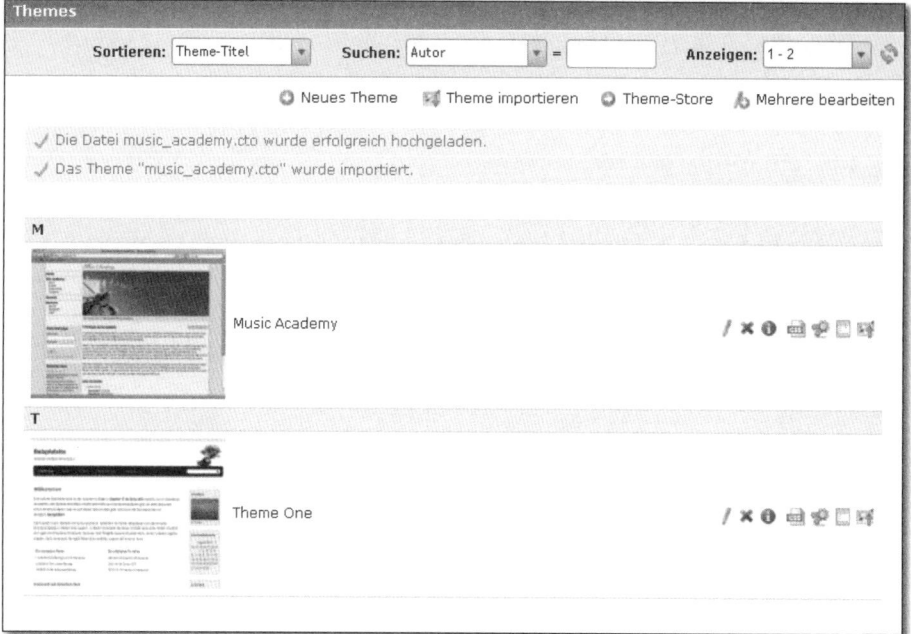

Abbildung 24.6 Das Theme »music_academy.cto« wurde importiert.

24.3.2 Schritt 2: Theme »Music Academy« aktivieren

Es gibt keine Schaltfläche mit der Beschriftung »Theme aktivieren«, denn ein Theme wird durch das Zuweisen der Seitenlayouts in der SEITENSTRUKTUR aktiviert.

Eine Schaltfläche zum einfachen Aktivieren von Themes kann es nicht geben, weil Contao ja wissen muss, welche Seite mit welchem Seitenlayout dargestellt werden soll. Da ein Theme mehrere Seitenlayouts enthalten und Contao nicht denken kann, müssen Sie die Verbindung zwischen den Seiten im Seitenbaum und den Seitenlayouts im Theme manuell herstellen.

Hat ein Theme nur ein einziges Seitenlayout, wird dieses in der Regel dem STARTPUNKT EINER WEBSEITE zugewiesen. Alle Unterseiten erben das Seitenlayout des Startpunktes, und die Sache ist mit wenigen Klicks erledigt.

Das importierte Theme enthält aber gleich drei Seitenlayouts in jeweils zwei Varianten:

- DEFAULT und DEFAULT MOBILE
- EVENTS und EVENTS MOBILE
- NEWS und NEWS MOBILE

Im folgenden ToDo definieren Sie zunächst das Standardlayout DEFAULT für den Startpunkt der Webseite und schauen sich dann erst einmal das Ergebnis an.

> **ToDo: Das Theme »Music Academy« aktivieren**
>
> 1. Öffnen Sie das Backend-Modul LAYOUT • SEITENSTRUKTUR.
> 2. Klicken Sie rechts oben im Arbeitsbereich auf MEHRERE BEARBEITEN.
> 3. Aktivieren Sie die Kontrollkästchen neben dem STARTPUNKT DER WEBSITE BEISPIELSITE CONTAOBUCH und der STARTSEITE.
> 4. Klicken Sie auf die Schaltfläche BEARBEITEN.
> 5. Aktivieren Sie die Felder SEITENNAME, EIN LAYOUT ZUWEISEN und SEITENLAYOUT.
> 6. Klicken Sie auf die Schaltfläche WEITER. Auf der folgenden Seite werden die gewählten Felder für beide Seiten dargestellt.
> 7. Weisen Sie STARTPUNKT BEISPIELSITE CONTAOBUCH das Seitenlayout DEFAULT zu.
> 8. Deaktivieren Sie für die STARTSEITE das Kontrollkästchen vor EIN LAYOUT ZUWEISEN.
> 9. Klicken Sie auf SPEICHERN UND SCHLIESSEN.

Und jetzt wird es spannend: Trommelwirbel, ins Frontend wechseln und Seite neu laden. Im Browser sollte es jetzt ungefähr so aussehen wie in Abbildung 24.7. Erkennen Sie es wieder?

24.3 Die Beispielsite im Look der »Music Academy«

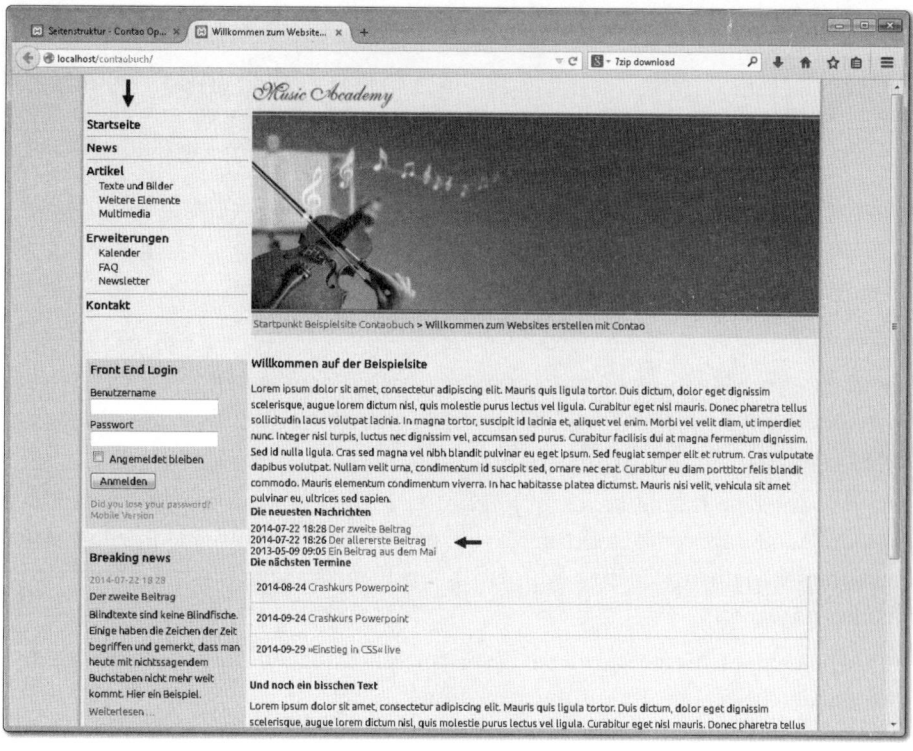

Abbildung 24.7 Das neue Theme – alter Inhalt in neuen Kleidern

Wenn im Frontend immer noch das *Theme One* zu sehen ist, sollten Sie erstens den Browsercache löschen und zweitens die Zuweisung der Seitenlayouts im Seitenbaum noch einmal überprüfen. Ansonsten sollte alles im neuen Look der *Music Academy* erscheinen.

Falls das Headerbild mit der Geige nicht erscheint und dadurch alles verrutscht, liegt das wahrscheinlich an einem Problem mit der eindeutigen ID des Headerbildes:

▶ Suchen Sie das Bild *music_academy/images/image.png* in der Dateiverwaltung.
▶ Klicken Sie rechts daneben auf das blaue Info-Symbol.
▶ Kopieren Sie die ziemlich lange EINDEUTIGE ID (UUID).
▶ Wechseln Sie in das Backend-Modul THEME • FRONTEND-MODULE.
▶ Suchen Sie das Modul HEADER IMAGE, und öffnen Sie es zur Bearbeitung.
▶ Ersetzen Sie die im Insert-Tag `{{file::UUID}}` vorhandene UUID durch die soeben kopierte, und speichern Sie das Modul.

Nach einem Neuladen sollte im Frontend jetzt die Grafik erscheinen.

> **Nach dem Theme-Wechsel: gründlich testen!**
>
> Wenn Sie ein neues Theme importieren, sollten Sie unbedingt die gesamte Site gründlich testen. Nicht nur einmal durchklicken und absegnen, sondern wirklich alle Seiten und Funktionen testen: Suche, Navigation, Kontaktformular, Newsletter, Kalender, Quicklinks und so weiter und so fort.

24.4 Über die Anpassung von Themes

Ein Theme ist wie ein Anzug von der Stange. Nach dem ersten Anziehen passt er mehr oder weniger; bis er aber wirklich perfekt sitzt, muss hier und da noch Hand angelegt werden.

Wie viel Arbeit die Theme-Anpassung bedeutet, hängt wie so oft von den Umständen ab. Der Teufel, sagt man, steckt im Detail, und je mehr Details eine Site hat, desto mehr dieser kleinen Kerlchen werden Ihnen beim Anpassen eines importierten Themes begegnen.

Im Folgenden beschreibe ich ein paar typische Fehlerquellen, die für Verwirrung sorgen und den perfekten Sitz verhindern können.

24.4.1 Was im neuen Theme fehlt

Wenn Sie sich das Frontend im Browser (oder in Abbildung 24.7) etwas genauer anschauen, werden Sie sehen, dass diverse Dinge fehlen:

- keine Fußzeile
- keine Meta-Navigation zu KONTAKT, IMPRESSUM und SITEMAP
- keine Suchfunktion
- keine rechte Spalte im Inhaltsbereich
- keine Sitemap

Und bei noch genauerem Hinsehen finden Sie bestimmt noch mehr.

24.4.2 In Artikeln eingebundene Frontend-Module sind Inhalt

Ein nachträglich importiertes Theme muss an vielen Stellen nachgebessert werden, und besonders heimtückisch sind dabei in Artikeln eingebundene Frontend-Module.

Gemeint sind Frontend-Module wie STARTSEITE – NEWS ANZEIGEN, die nicht im Seitenlayout, sondern in einem Artikel eingebunden wurden. Sie erfordern besondere Aufmerksamkeit, auch wenn sie das gemeinerweise nicht explizit kundtun.

Nehmen Sie zum Beispiel die beiden Module zur Darstellung der News und Termine auf der Startseite (siehe Abbildung 24.8).

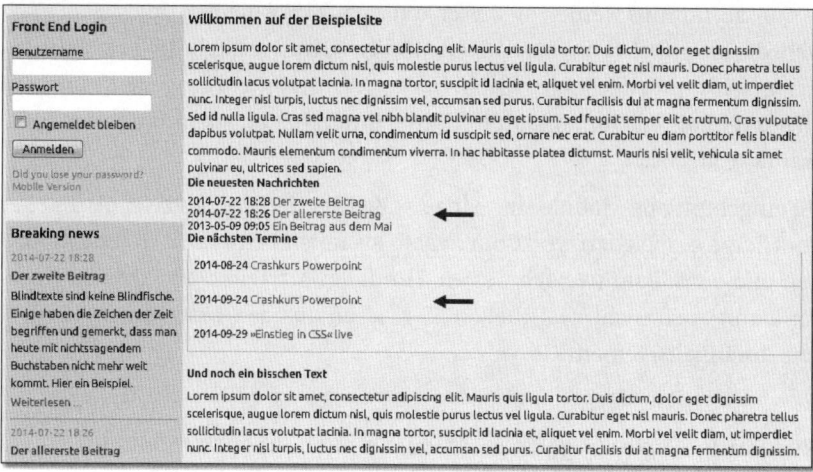

Abbildung 24.8 Im Artikel eingebundenes Modul auf der Startseite

Die Module sind zwar noch nicht hübsch und gestaltet, aber immerhin werden sie angezeigt. Also wo genau liegt überhaupt das Problem? Der Teufel steckt, wie gesagt, im Detail.

In einem Artikel eingebundene Module gelten als Inhalt. Da ein Theme per definitionem in einer Installation keine Inhalte verändert, sind sie beim Aktivieren des neuen Themes unverändert geblieben. Im Klartext: Die Frontend-Module auf der Startseite stammen nach wie vor aus *Theme One*. Sie werden zwar vom CSS der *Music Academy* gestaltet (na ja, ein bisschen jedenfalls), aber das HTML wird von den im *Theme One* gespeicherten Frontend-Modulen erzeugt.

Nun stellen Sie sich vor, dass Sie einige Zeit nach dem Aktivieren des neuen Themes im Backend aufräumen und dabei das alte, nicht mehr eingesetzte *Theme One* löschen. Beim Routinecheck im Frontend ein paar Minuten später fällt Ihnen dann auf, dass die beiden Module auf der Startseite fehlen (Abbildung 24.9).

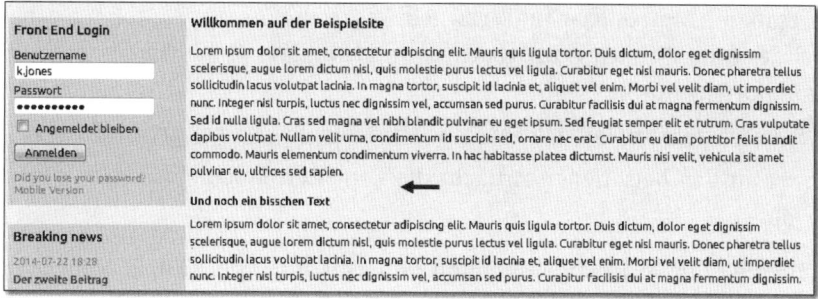

Abbildung 24.9 Die beiden Frontend-Module auf der Startseite sind weg.

Auch andere Dinge wie die SITEMAP sind plötzlich weg. Und unterhalb der Seite ER-WEITERUNGEN gibt es fast überhaupt keine Inhalte mehr. Spurlos verschwunden.

Erfahrene Contao-Admins werden an dieser Stelle ganz cool bleiben und sagen: »Ach ja, natürlich: die in Artikeln eingebundenen Module.« Andere Sitebetreiber hingegen bemerken zunächst nur ein leichtes Kribbeln, das vom Steißbein ausgehend langsam nach oben die Wirbelsäule hinaufläuft und, am Hinterkopf angekommen, eine mittlere Panikattacke auslöst.

In Artikeln eingebundene Module sind eine Art Zwitter: Sie werden zwar als Teil des Layouts im Theme gespeichert, von Contao aber als Inhalt behandelt, weil sie in Artikeln stehen und quasi damit verschmelzen. Für die in Artikeln eingebundenen Module gelten denn auch nicht eventuelle CSS-Klassen aus den Moduleinstellungen, sondern die des Inhaltselements.

24.4.3 Reparatur: Anpassung von in Artikeln eingebundenen Modulen

Es gibt in Contao (noch) keine Möglichkeit, sich anzeigen zu lassen, welche Frontend-Module in Seitenlayouts und welche in Artikeln eingebunden werden. Um zu verhindern, dass in Artikeln unbemerkt Frontend-Module aus nicht aktiven Themes benutzt werden, müssen Sie einmal durch die Artikel gehen und in den Inhaltselementen vom Typ MODUL schauen, welche Frontend-Module eingebunden sind.

Zur Reparatur der Beispielsite atmen Sie am besten einmal tief durch, gehen in das Backend-Modul INHALTE • ARTIKEL und weisen in den Inhaltselementen vom Typ MODUL entsprechende Frontend-Module aus *Music Academy* zu.

Sind im neuen Theme entsprechende Module vorhanden, binden Sie diese einfach ein. Sind im neuen Theme hingegen keine entsprechenden Module verfügbar, sind noch ein paar Zwischenschritte nötig:

- Schreiben Sie sich die Namen der betroffenen Seiten, Artikel und eingebundenen Module auf. Von den Modulen notieren Sie am besten auch die IDs.
- Gehen Sie in das Backend-Modul LAYOUT • THEMES, und kopieren Sie anhand der Liste die benötigten Module aus dem inaktiven Theme in das aktive.
- Mit der Funktion MEHRERE BEARBEITEN geht das recht flott, und Sie können dabei im Titel des Moduls auch noch gleich vermerken, dass es aus einem anderen Theme importiert wurde.
- Gehen Sie nach dem Kopieren der Module wieder in den Artikelbaum zurück.
- Binden Sie in den betroffenen Artikeln die kopierten Module aus dem neuen Theme ein.

Falls das Theme schon gelöscht wurde und es davon auch keine Kopie mehr gibt, müssen Sie die fehlenden Frontend-Module wohl oder übel neu erstellen.

Wenn Ihnen die Reparatur zu aufwendig ist, können Sie natürlich auch alles so lassen, wie es ist. Solange Sie das alte Theme nicht löschen, wird alles funktionieren.

> **Bitte aktivieren Sie wieder das »Theme One«**
>
> Bevor Sie weiterlesen, gehen Sie kurz in die SEITENSTRUKTUR und aktivieren wieder das *Theme One*:
>
> ▶ Der STARTPUNKT BEISPIELSEITE CONTAOBUCH bekommt das Seitenlayout THEME ONE – STANDARDLAYOUT.
> ▶ Die STARTSEITE bekommt THEME ONE – STARTSEITE.
>
> Danach sollte wieder alles so aussehen wie am Anfang dieses Kapitels.

24.5 Frontend-Templates: Theme plus Seiten, Inhalte und Benutzer

Im Web sind viele Contao-Themes auch als Template erhältlich. Der Unterschied zwischen beiden ist wichtig.

24.5.1 »Theme« vs. »Frontend-Template«

Ein *Theme* enthält, wie gesagt, Stylesheets, Frontend-Module, Seitenlayouts, Templates und Layoutdateien. In einem *Frontend-Template* (auch *Contao-Template* oder *Website-Template* genannt) sind zusätzlich die Seitenstruktur, die Inhalte und die Benutzer mit drin. Ein Frontend-Template ist also eine komplette Website.

Das hat unterschiedliche Auswirkungen:

▶ Ein *Theme* wird im Backend importiert, und vorhandene Inhalte (Artikel, Nachrichten, Events, FAQ, Newsletter usw.) bleiben erhalten.

▶ Ein *Frontend-Template* wird im Installtool importiert und überschreibt sämtliche vorhandenen Inhalte. Die alten Inhalte sind danach weg.

Ein Theme können Sie in einer existierenden Contao-Installation importieren, ohne dass Sie Inhalte verlieren, ein Frontend-Template hingegen überschreibt alle vorhandenen Inhalte.

24.5.2 Frontend-Templates sind nützlich zum »Einfrieren« von Websites

Mit einem Frontend-Template ist es zum Beispiel möglich, eine Website in einem bestimmten Zustand abzuspeichern. Das ist sehr nützlich, sei es zur Dokumentation, als Backup oder um die Site woanders wieder zu aktivieren.

24 Themes und Frontend-Templates

Mit der Erweiterung [BackupDB] ist das Erstellen von Frontend-Templates unglaublich einfach:

- Sie wechseln in das Backend-Modul SYSTEM • BACKUP DATENBANK.
- Sie klicken auf die Schaltfläche WEBSITE-TEMPLATE ERSTELLEN.

Und das war's schon (Abbildung 24.10).

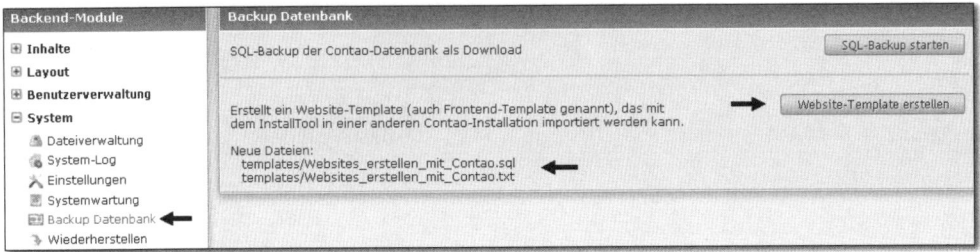

Abbildung 24.10 Die Erweiterung [BackupDB] erstellt Frontend-Templates.

Die Erweiterung erzeugt im Ordner *Templates* zwei neue Dateien, das Frontend-Template mit der Endung *.sql* und eine Beschreibung mit der Endung *.txt*. Den Vornamen dieser Dateien und den Nachnamen der Textdatei können Sie beliebig ändern, der Nachname des Frontend-Templates hingegen sollte *.sql* bleiben.

24.5.3 In den Beispieldateien: ein Frontend-Templates für (fast) jedes Kapitel

Frontend-Templates sind für mich als Autor und Dozent ein sehr nützliches Feature, denn dadurch wird es möglich, dass Sie als Leser des Buches sich nur ein ganz bestimmtes Kapitel anschauen können und in null Komma nix die Beispielsite mit dem entsprechenden Stand für dieses Kapitel installiert haben:

1. Erstellen Sie eine Contao-Installation mit Contao 3.3. Egal ob online oder auf dem Localhost.
2. Kopieren Sie die Dateien aus dem Ordner *beispieldateien/ordner-files* in den Ordner *files* der Contao-Installation.
3. Kopieren Sie die Frontend-Templates von *beispieldateien/ordner-templates* in den Ordner *templates* der Contao-Installation.

Um ein bestimmtes Frontend-Template zu importieren, rufen Sie das Installtool im Browser auf. Beim Schritt EIN TEMPLATE IMPORTIEREN werden Ihnen alle Frontend-Templates aus dem Ordner *templates* angezeigt (Abbildung 24.11).

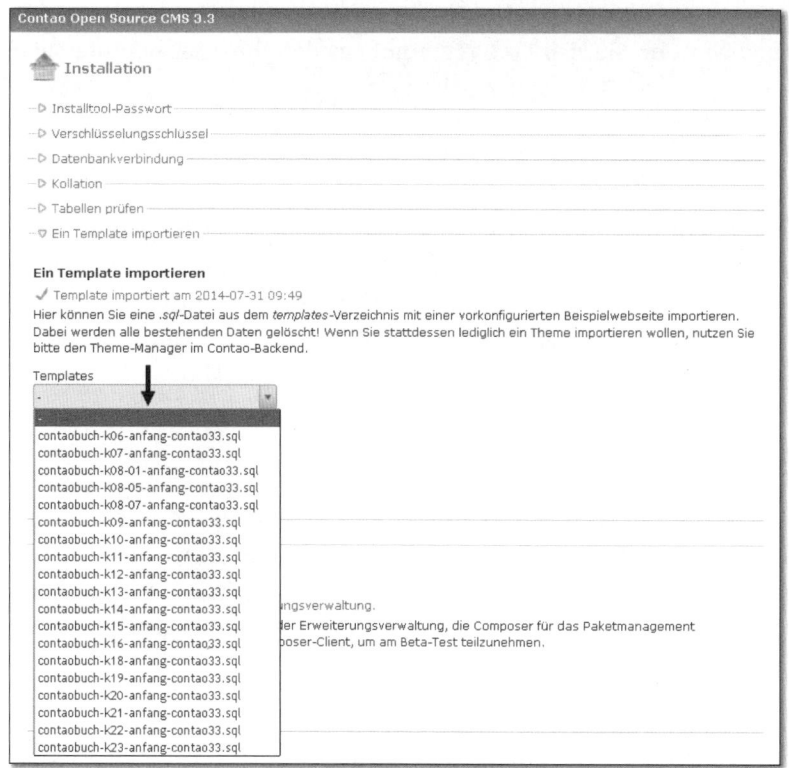

Abbildung 24.11 Eine Frontend-Template für (fast) jedes Kapitel

> **Dateiverwaltung synchronisieren**
>
> Nach dem Importieren eines Frontend-Templates sollten Sie in der Dateiverwaltung, einmal auf Synchronisieren klicken, um das datenbankgestützte Dateisystem zu aktualisieren.

24.6 Sicherheitshinweise (nicht nur für Contao)

Bevor Sie ein Theme importieren oder ein Frontend-Template oder auch eine Erweiterung installieren, sollten Sie die folgenden Sicherheitshinweise mindestens einmal gründlich gelesen haben. Die offizielle Version finden Sie im Contao-Blog:

- Sicherheitshinweise zu Contao-Themes
  bit.ly/dk8Pdg

Diese Sicherheitshinweise gelten im Übrigen nicht nur für Contao, sondern für alle CMSysteme wie WordPress oder Joomla. Immer wenn externe Dateien importiert werden, kann darin theoretisch auch Schadcode enthalten sein. Nicht nur bei einem CMS, sondern auch wenn Sie sich ein Programm aus dem Internet herunterladen oder in einer E-Mail einen E-Mail-Anhang öffnen.

24.6.1 Das potenzielle Problem

Ein Theme besteht, wie Sie gesehen haben, aus Datenbankeinträgen und Dateien in den Ordnern */files* und */templates*. Beim Import eines Themes werden also Dateien auf Ihren Webspace übertragen, und diese Dateien können theoretisch auch Schadcode enthalten. Insbesondere Modultemplates sind in Contao PHP-Dateien, in denen sämtliche PHP-Funktionen uneingeschränkt verwendet werden können.

24.6.2 Vertrauenswürdige Quellen

Zunächst einmal ist es natürlich immer eine gute Idee, nur Themes von Leuten zu installieren, denen man vertraut. Falls irgendwo plötzlich kostenlose Themes zum Download angeboten werden, sollten diese idealerweise von vertrauenswürdigen Vielschreibern im Forum oder einer sonstigen zuverlässigen Quelle geprüft worden sein.

24.6.3 Ein Theme prüfen

Wie zu Beginn dieses Kapitels beschrieben wurde, haben Themes die Endung *.cto*, sind aber ganz normale ZIP-Dateien, die Sie mit jedem ZIP-Programm entpacken und untersuchen können. Achten Sie besonders darauf, dass im Ordner */files* keine PHP-Dateien vorhanden sind, und prüfen Sie gegebenenfalls den Inhalt der mitgelieferten Template-Dateien im Ordner */templates*.

24.6.4 Backend-Benutzer: Angriff von innen

Wenn ein Backend-Benutzer Zugriff auf das THEMES-Modul hat, könnte er theoretisch probieren, beliebigen PHP-Code auszuführen und sich z. B. Administratorrechte zu verschaffen. Achten Sie daher darauf, wem Sie Zugriff auf das THEMES-Modul geben. Details zur Einrichtung von Benutzern erfahren Sie in Kapitel 22, »Benutzer: im Backend angemeldete Mitarbeiter«.

> **»Theme One« wieder aktiv?**
>
> Nur, um auf Nummer sicher zu gehen: Haben Sie das *Theme One* wieder aktiviert? Sie können das importierte Theme der *Music Academy* auch gern löschen. Im weiteren Verlauf des Buches werden Sie es nicht mehr benötigen.

TEIL VI
Tipps und Tricks

Kapitel 25
Tipps und Tricks bei der Arbeit mit Inhalten

In diesem Kapitel lernen Sie einige Tipps und Tricks kennen, die bei der Arbeit mit Inhalten in Contao sehr nützlich sein können.

Die Themen im Überblick:

- Text im Fußbereich mit dem TinyMCE pflegen, Seite 737
- Recycling: Inhalte auf mehreren Seiten wiederholen, Seite 740
- Artikelteaser auf Übersichtsseiten, Seite 742
- Mehrere Artikel auf einer Seite, Seite 748
- Die Erweiterung für Google Maps: [dlh_googlemaps], Seite 751

In diesem Kapitel erhalten Sie noch ein paar Tipps zur Arbeit mit dem TinyMCE, zur Wiederholung von Inhalten auf mehreren Seiten und zur Arbeit mit Artikeln. Zum Abschluss lernen Sie die Erweiterung [dlh_googlemaps] kennen.

25.1 Text im Fußbereich mit dem TinyMCE pflegen

Im Footer der Beispielsite stehen bis jetzt die Meta-Navigation und ein Link zur Anmeldeseite. Falls Sie darunter noch zum Beispiel Ihre Adresse platzieren möchten, würde man das normalerweise mit einem Frontend-Modul vom Typ EIGENER HTML-CODE machen, das dann im Seitenlayout eingebunden wird.

Diese Vorgehensweise haben Sie in Abschnitt 6.3 bereits kennengelernt, und sie ist einfach und praktisch. Ideal wäre es aber, wenn die Adresse im Fußbereich von den Redakteuren im gewohnten Editor TinyMCE gepflegt werden könnte (Abbildung 25.1).

Um das zu erreichen, hinterlegen Sie den Text für den Fußbereich auf einer im Menü versteckten Seite. Auf dieser Seite erstellen Sie einen Artikel, den Sie mit einem Inserttag in einem Frontend-Modul aufrufen. Dieses Frontend-Modul wird dann wie gewohnt in den beiden Seitenlayouts eingebunden.

25 Tipps und Tricks bei der Arbeit mit Inhalten

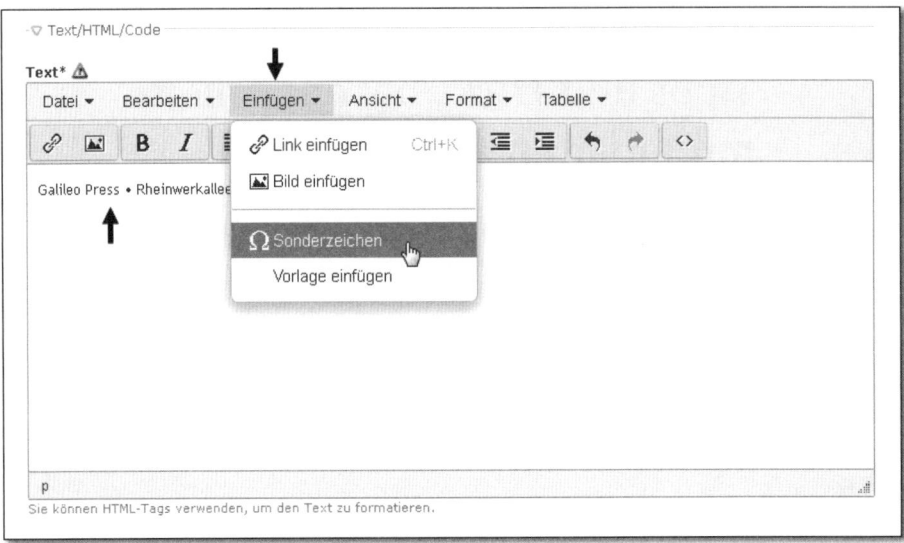

Abbildung 25.1 Den Text für die Fußzeile im TinyMCE pflegen

Das klingt komplizierter, als es ist. Die folgende Anleitung skizziert, wie das geht:

1. Erstellen Sie am Ende der Seitenstruktur eine neue Seite vom Typ REGULÄRE SEITE. Nennen Sie die Seite z. B. »Zusätzliche Informationen«. Die Seite soll veröffentlicht, im Menü versteckt, nicht durchsucht und nie in der Sitemap angezeigt werden.

2. Ändern Sie den Titel des Artikels auf der eben erstellten Seite, und nennen Sie ihn z. B. »Adresse im Fußbereich«.

3. Fügen Sie ein neues Inhaltselement vom Typ TEXT ein, und geben Sie dort eine Adresse ein. Die in Abbildung 25.1 dargestellte kleine »Kugel« zwischen den einzelnen Adressteilen bekommen Sie im TinyMCE über das Menü EINFÜGEN • SONDERZEICHEN.

4. Vergeben Sie zur späteren Gestaltung per CSS im Inhaltselement eine CSS-Klasse wie zum Beispiel adresse.

5. Merken Sie sich die ID des Artikels, indem Sie im Artikelbaum mit der Maus in der Symbolleiste rechts außen auf das weiße »i« im blauen Kreis zeigen. In Abbildung 25.2 ist das die ID 33.

6. Öffnen Sie das Frontend-Modul LAYOUT – FOOTER, das auf der Beispielsite momentan nicht verwendet wird, da im Footer nur die Meta-Navigation erscheint.

7. Löschen Sie den vorhandenen Inhalt und fügen Sie das folgende Insert-Tag ein, das den im vorherigen Schritt erstellten Artikel mit der ID 33 aufruft:

```
<!-- indexer::stop -->
{{insert_article::33}}
<!-- indexer::continue -->
```

Mit dem Insert-Tag `{{insert_content::ID}}` könnten Sie anstelle eines Artikels auch einzelne Inhaltselemente einbinden.

8. Fügen Sie in den Seitenlayouts das Modul LAYOUT – FOOTER hinzu, und zwar als allerletzte Zeile.

Fertig. Jetzt kann ein Redakteur die Adresse ganz einfach editieren und sogar neue Inhaltselemente einfügen, die automatisch im Fußbereich unterhalb der Adresse erscheinen.

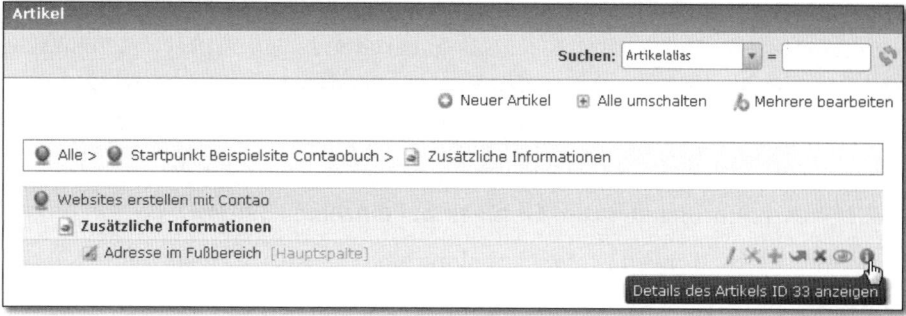

Abbildung 25.2 Der Artikel »Adresse im Fußbereich« mit der ID 33

Wollen Sie in das eben erstellte Frontend-Modul noch einen Copyright-Hinweis einbauen, bei dem sich die Jahreszahl automatisch aktualisiert, schreiben Sie folgende Zeile direkt in das Frontend-Modul, am besten nach dem Insert-Tag und vor dem schließenden `indexer`-Kommentar:

```
<p class="copyright">&copy; IhrName {{date::Y}}</p>
```

Listing 25.1 Copyright-Vermerk mit automatischer Jahreszahl

Gestalten können Sie Adresse und Copyright mit einem einzigen Style, den Sie am besten bei den anderen Footer-Styles im Stylesheet *layout* speichern:

```
#footer .adresse, #footer .copyright {
  margin-bottom: 1em;
  color: #666;
  font-size: 12px;
}
```

Listing 25.2 Die Gestaltung der Adresse im Fußbereich

Im Browser sieht der Fußbereich jetzt so aus wie in Abbildung 25.3.

```
Kontakt  Impressum  Sitemap                                    Zur Anmeldung
Galileo Press • Rheinwerkallee 4 • 53227 Bonn
© IhrName 2014
```

Abbildung 25.3 Adresse und Copyright im Fußbereich

25.2 Recycling: Inhalte auf mehreren Seiten wiederholen

Mit Ausnahme des eben gezeigten Tricks für die Fußzeile haben Sie auf der Beispielsite Inhalte bis jetzt fast immer nur in der Hauptspalte eingebunden. In diesem Abschnitt möchte ich Ihnen verschiedene Möglichkeiten zeigen, Artikel und Inhaltselemente mit Verknüpfungen zu erstellen, die sich so auf mehreren Seiten wiederholen. Änderungen am Originalelement wirken sich dabei an allen Stellen aus.

25.2.1 »Verknüpfungen«: zum Einfügen auf einzelnen Seiten

Die einfachste Möglichkeit zur Wiederholung eines Artikels oder eines einzelnen Inhaltselements ist es, eine Verknüpfung einzubinden.

Nehmen Sie z. B. den in Abbildung 25.4 gezeigten Artikel mit den Akkordeons in der rechten Spalte der Seite WEITERE ELEMENTE. Stellen Sie sich vor, Sie möchten die Akkordeons auch auf der Seite MULTIMEDIA einbinden. Die einfachste Möglichkeit wäre, eine Kopie des Artikels zu erstellen und diese auf der Seite MULTIMEDIA wieder einzufügen, aber dann müssten Sie bei Änderungen beide Artikel bearbeiten.

Abbildung 25.4 Der Originalartikel auf der Seite »Weitere Elemente«

25.2 Recycling: Inhalte auf mehreren Seiten wiederholen

Einfacher und effektiver wäre es, eine Verknüpfung zum Artikel mit den Akkordeons zu erstellen, denn dann wirken sich Änderungen am Original auch in der Kopie aus.

- Erstellen Sie auf der Seite MULTIMEDIA einen Artikel mit dem Titel »CDs im Akkordeon (Verknüpfung)«, der in der rechten Spalte erscheinen soll. Nicht vergessen, den Artikel zu veröffentlichen.
- Erstellen Sie in dem Artikel ein NEUES ELEMENT, und wählen Sie als ELEMENTTYP den Eintrag INCLUDE-ELEMENTE – ARTIKEL.
- Die daraufhin erscheinende Liste BEZOGENER ARTIKEL ist alphabetisch nach Seite sortiert. Wählen Sie auf der Seite WEITERE ELEMENTE (ID xx) den Artikel CDs IM AKKORDEON (RECHTE SPALTE, ID xx).
- SPEICHERN UND SCHLIESSEN Sie das Inhaltselement.

Auf der Seite MULTIMEDIA erscheint jetzt der verknüpfte Artikel (Abbildung 25.5).

Abbildung 25.5 Der verknüpfte Artikel auf der Seite »Multimedia«

Wenn Sie jetzt im Originalartikel auf der Seite WEITERE ELEMENTE Änderungen vornehmen und z. B. die Reihenfolge der Akkordeons ändern, gelten diese Änderungen automatisch für beide Seiten.

Verknüpfung zu Inhaltselementen

Mit dem Elementtyp INCLUDE-ELEMENTE – INHALTSELEMENT können Sie auch Verknüpfungen zu einzelnen Inhaltselementen herstellen. Das ist ideal, um sich ändernde Daten wie z. B. Öffnungszeiten auf mehreren Seiten aktuell zu halten.

25.2.2 »Frontend-Module«: zum Einfügen auf allen Seiten eines Seitenlayouts

Die Möglichkeit zur Verknüpfung von Artikeln und Inhaltselementen ist sehr praktisch, wird aber bei zu vielen Verknüpfungen leicht unübersichtlich. Die in diesem Abschnitt gezeigte Methode mit Frontend-Modulen eignet sich, wenn Inhalte auf allen Seiten eines bestimmten Seitenlayouts erscheinen sollen.

Um den Artikel mit den »CDs im Akkordeon« auf allen Seiten zu zeigen, die auf dem Seitenlayout STANDARDLAYOUT basieren, bietet sich folgende Vorgehensweise an:

- Verschieben Sie den Artikel auf die versteckte Seite ZUSÄTZLICHE INFORMATIONEN.
- Finden Sie im Artikelbaum die ID des Artikels, indem Sie mit der Maus auf das weiße »i« im blauen Kreis rechts daneben zeigen. In diesem Beispiel soll das die ID 15 sein.
- Erstellen Sie ein neues Frontend-Modul vom Typ EIGENER HTML-CODE, dem Sie z. B. den Titel »Inhalte – CDs im Akkordeon (Verknüpfung)« geben. Fügen Sie das folgende Insert-Tag ein, das den Artikel mit der ID 15 aufruft:

```
<!-- indexer::stop -->
{{insert_article::15}}
<!-- indexer::continue -->
```

Mit dem Insert-Tag {{insert_content::ID}} können Sie auch Verknüpfungen zu einzelnen Inhaltselementen erstellen.

- Öffnen Sie das STANDARDLAYOUT, und binden Sie das Frontend-Modul in der rechten Spalte ein.

Jetzt erscheint der Artikel mit den Akkordeons automatisch auf allen Seiten, die auf diesem Seitenlayout basieren, in der rechten Spalte. Änderungen am Originalartikel auf der versteckten Seite ZUSÄTZLICHE INFORMATIONEN wirken sich auf alle Seiten aus.

25.3 Artikelteaser auf Übersichtsseiten

Auf der Beispielsite gibt es die beiden Seiten ARTIKEL und ERWEITERUNGEN, auf denen bis jetzt noch kein wirklicher Inhalt vorhanden ist. Beide Seiten dienen eigentlich nur als Verteilerseite für die Unterseiten, auf denen die Inhalte stehen, und bieten sich geradezu an, um die Arbeit mit Artikelteasern zu zeigen.

In diesem Abschnitt erstellen Sie für die drei Artikel auf den Unterseiten von ARTIKEL einen Teasertext. Mit diesen Teasertexten erzeugen Sie dann auf der Seite ARTIKEL eine inhaltliche Übersicht, die so aussehen könnte wie in Abbildung 25.6.

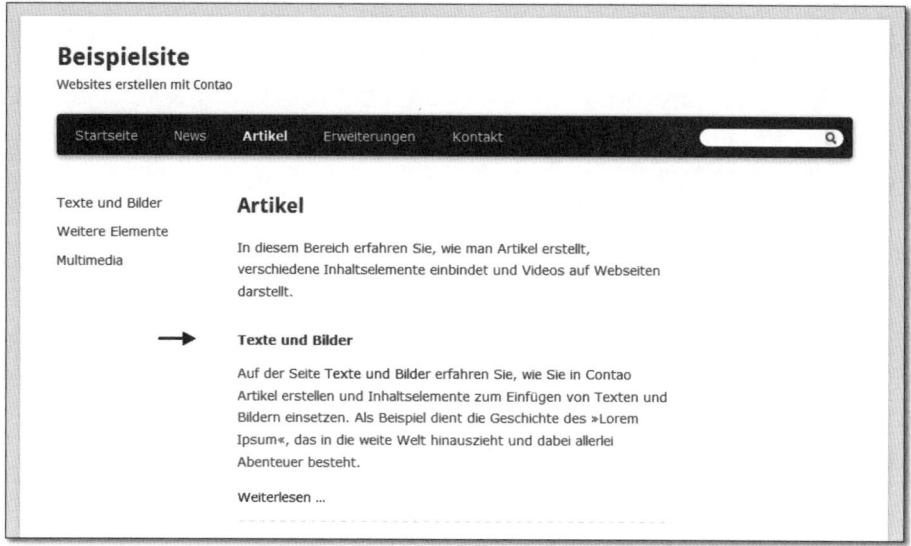

Abbildung 25.6 Die Seite »Artikel« mit einem automatisch eingefügten Artikelteaser

25.3.1 Teasertexte für die drei Artikel erstellen

Um auf der Seite ARTIKEL für jede Unterseite einen Teasertext darstellen zu können, müssen die Artikel zunächst einmal Teasertexte bekommen:

- Öffnen Sie dazu zunächst im Backend-Modul INHALTE • ARTIKEL auf der Seite TEXTE UND BILDER die Artikel-Einstellungen für den Artikel mit dem Namen TEXTE UND BILDER [HAUPTSPALTE].
- Geben Sie im Feld TEASERTEXT einen kurzen Text ein (siehe Abbildung 25.7).

Die Textvorlagen finden Sie zum Kopieren auf der Buch-CD. Optional können Sie zur Gestaltung des Teasers eine TEASER-CSS-ID/KLASSE eingeben.

Das Feld TEASERTEXT ANZEIGEN kreuzen Sie in diesem Beispiel bitte nicht an, denn es würde bewirken, dass der Teaser auf der Seite TEXTE UND BILDER anstelle des Artikels dargestellt werden würde (sofern es mehrere Artikel gäbe). Sie haben hingegen vor, den Teaser auf der Seite ARTIKEL einzubinden.

Erstellen Sie auf die gleiche Art und Weise Teasertexte für die beiden anderen Unterseiten WEITERE ELEMENTE und MULTIMEDIA.

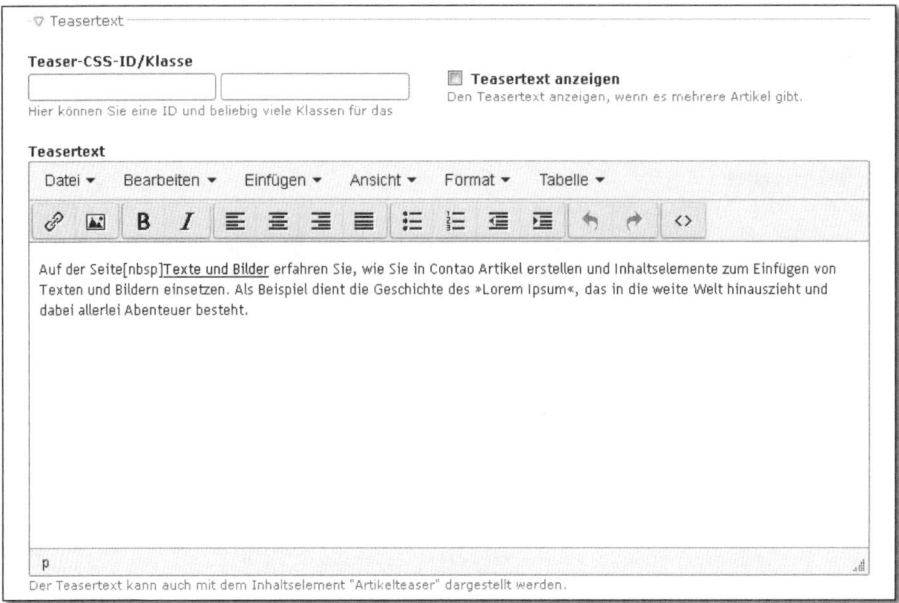

Abbildung 25.7 Teasertext für einen Artikel eingeben

25.3.2 Die Teasertexte auf der Seite »Artikel« einbinden

Nachdem Sie für die Artikel auf den drei Unterseiten Teasertexte erstellt haben, können Sie diese jetzt auf der Seite ARTIKEL anzeigen:

- Öffnen Sie auf der Seite ARTIKEL den Artikel mit dem Namen ARTIKEL [HAUPTSPALTE] zur Bearbeitung.
- Direkt unterhalb der h1-Überschrift soll ein Inhaltselement TEXT mit z. B. folgendem Text folgen: »In diesem Bereich erfahren Sie, wie man Artikel erstellt, verschiedene Inhaltselemente einbindet und Videos auf Webseiten darstellt.«
- Fügen Sie darunter ein neues Inhaltselement ein, und wählen Sie aus der Liste ELEMENTTYP den Eintrag ARTIKELTEASER.
- Wählen Sie aus der daraufhin erscheinenden, alphabetisch sortierten Liste ARTIKEL den Eintrag TEXTE UND BILDER (HAUPTSPALTE, ID XX).
- Fügen Sie darunter die Artikelteaser für die Artikel WEITERE ELEMENTE (HAUPTSPALTE, ID XX) und MULTIMEDIA (HAUPTSPALTE, ID XX) ein.

Jetzt erscheinen die Teasertexte untereinander auf der Seite ARTIKEL (siehe Abbildung 25.8).

25.3 Artikelteaser auf Übersichtsseiten

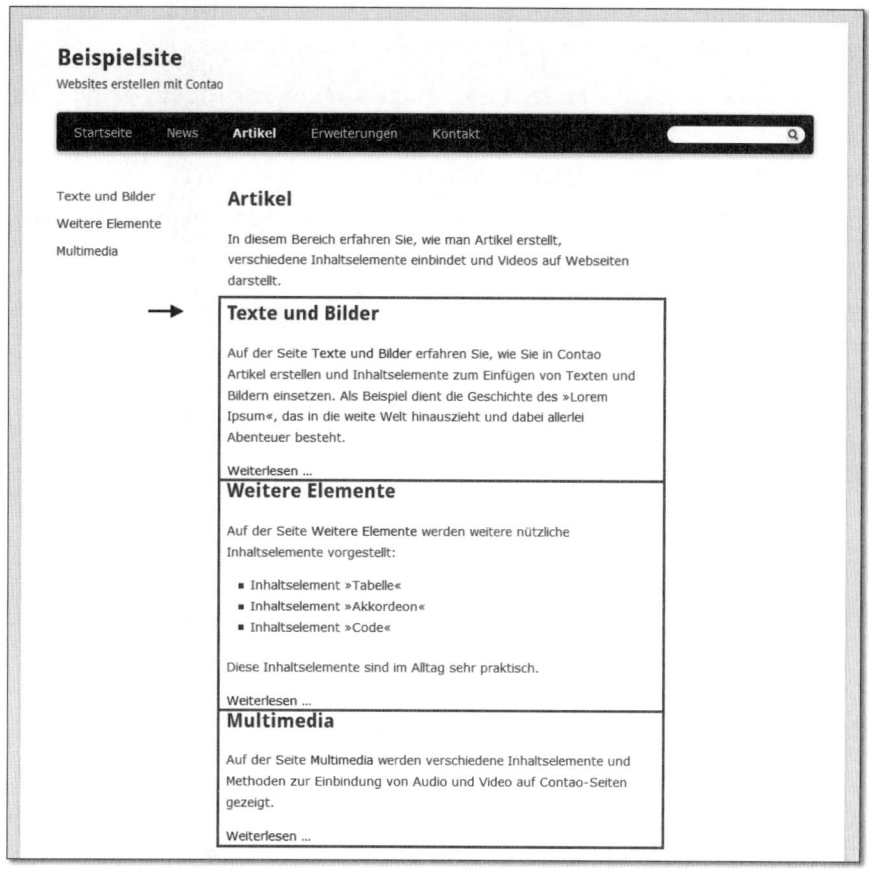

Abbildung 25.8 Drei ungestaltete Artikelteaser auf der Seite »Artikel«

25.3.3 Das HTML für die Teasertexte auf der Seite »Artikel erstellen«

Jetzt fehlt nur noch ein bisschen Gestaltung. Zunächst werfen Sie dazu wie immer einen Blick auf das HTML eines eingebundenen Artikelteasers, das vom Template *ce_teaser.html5* erstellt wird:

```
<div class="ce_teaser ce_text block">
<h1>Texte und Bilder</h1>
<p>Auf der Seite ...</p>
<a href="#" title="Den Artikel lesen: Texte und Bilder" class=
"more">Weiterlesen …
<span class="invisible">Texte und Bilder</span>
</a>
</div>
```

Listing 25.3 Das HTML für einen Artikelteaser

Umgeben von einem `div` mit der Klasse `ce_teaser`, besteht der Teaser aus drei Elementen:

- Der TITEL des Artikels, der bis jetzt noch nirgendwo in Erscheinung getreten ist, wird als `h1`-Überschrift eingebunden.
- Der TEASERTEXT ist ein ganz normaler Absatz.
- Der Link WEITERLESEN … enthält das Attribut `title` und in einem unsichtbaren `span` für Screenreader den Titel des Artikels.

Dieses HTML können Sie z. B. mit den folgenden Styles gestalten, die Sie im Stylesheet *inhalte* und der KATEGORIE »Teaser« speichern können:

```
#main .ce_teaser {
  margin-top: 1.5em;
  padding: 1.5em 0;
  border: 1px dotted #d9d9d9;
  border-right: none;
  border-left: none;
  font-size: 13px;
}
#main .ce_teaser h1 {
  font-size: 14px;
  font-weight: bold;
}
```

Listing 25.4 Die Artikelteaser in der Hauptspalte gestalten

Abbildung 25.9 zeigt die Teaser mit diesen Styles.

Falls Sie die Überschriftenebene von `h1` auf z. B. `h2` ändern möchten, können Sie dies im Template *ce_teaser.html5* tun. Ändern Sie in dem Fall auch den Selektor zur Gestaltung der Überschrift entsprechend.

> **Perfekte URL: [ce_page_teaser] verlinkt auf die Seite**
>
> Wenn ein Besucher in einem Artikelteaser auf den Link WEITERLESEN … klickt, wird er technisch gesehen nicht auf die Seite, sondern direkt zum Artikel weitergeleitet. Aus diesem Grund erscheinen in der URL auch das Schlüsselwort *articles* und der Titel des Artikels:
>
> - *localhost/contaobuch/texte-und-bilder/articles/texte-und-bilder.html*
>
> Die Erweiterung [ce_page_teaser] behebt dieses URL-Problem, indem sie das Inhaltselement ARTIKELTEASER um die kleine, aber feine Option erweitert, anstatt auf den Artikel direkt auf die übergeordnete Seite zu verlinken:
>
> - *contao.org/erweiterungsliste/view/ce_page_teaser.html*

> Mit diesem kleinen Trick erscheint in der Adresszeile des Browsers die URL der Seite. Achten Sie bei der Installation von Erweiterungen wie immer darauf, dass sie für Ihre Contao-Version freigegeben ist.

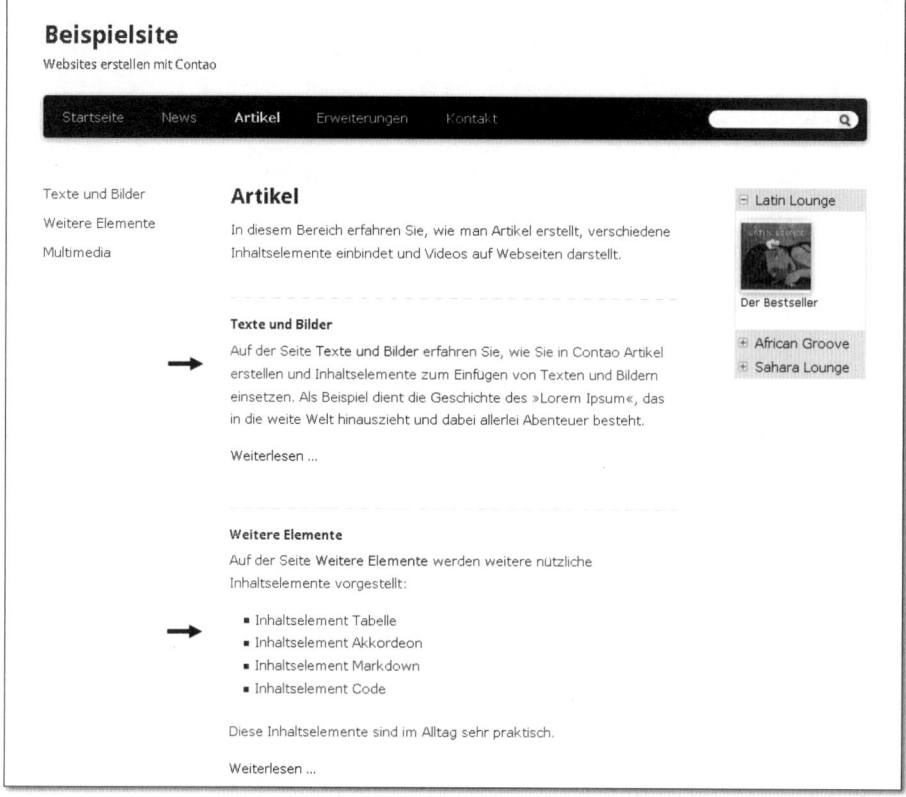

Abbildung 25.9 Die fertigen Artikelteaser auf der Seite »Artikel«

25.3.4 Alternative zur Teaserliste: automatische Weiterleitung auf die erste Unterseite

Eine Alternative zur Erstellung der Artikelteaser für die Übersichtsseite wäre, die Seite ARTIKEL gar nicht anzuzeigen und direkt auf die erste Unterseite TEXTE UND BILDER weiterzuleiten:

- Öffnen Sie die Seite in der Seitenstruktur, und wählen Sie als SEITENTYP die Option INTERNE WEITERLEITUNG.

- Definieren Sie den Weiterleitungstyp (301 PERMANENT oder 302 TEMPORÄR) und die Weiterleitungsseite TEXTE UND BILDER.

Wenn ein Besucher jetzt den Menüpunkt Artikel anklickt, landet er sofort auf der Unterseite Texte und Bilder.

Wird keine Weiterleitungsseite definiert, nimmt Contao übrigens automatisch die erste Unterseite. Das ist praktisch, wenn man öfter mal die Reihenfolge der Unterseiten ändert.

25.4 Mehrere Artikel auf einer Seite

Bei der Sortierung von Inhalten in der Hauptspalte haben Sie in Contao die Wahl zwischen zwei prinzipiell verschiedenen Vorgehensweisen:

- viele Seiten mit je einem Artikel
- weniger Seiten mit mehreren Artikeln

Bis jetzt gibt es auf der Beispielsite immer nur einen Artikel pro Seite oder zumindest pro Inhaltsspalte. Im Folgenden möchte ich Ihnen die Vor- und Nachteile dieser beiden Varianten kurz zeigen.

25.4.1 Methode 1: Nur ein Artikel pro Seite und Spalte

Die erste Variante, bei der auf jeder Seite nur ein Artikel in der Hauptspalte erscheint, ist sicherlich gängiger und leichter zu managen. Bei diesem Setup bleiben Artikel-Einstellungen wie Titel und Alias weitgehend ungenutzt, und die URL wird durch die Seite bestimmt. Der Artikel auf der Seite ist quasi nur ein Container für die Inhaltselemente, und auf jeder Seite gibt es pro Spalte nur einen solchen Container.

Liegt der Site eine gut durchdachte Informationsarchitektur zugrunde, bei der die zu veröffentlichenden Inhalte in etwa gleich großen Einheiten auf gut beschriftete Navigationspunkte verteilt wurden, dann ist die Abbildung dieser inhaltlichen Sortierung im Seitenbaum von Contao sehr einfach.

Kurzum: Wenn Sie bei der Erstellung Ihrer Site nichts vermissen und den Seitenbaum nicht zu unübersichtlich finden, spricht nichts gegen die Variante, nur einen Artikel pro Seite und Spalte einzusetzen. Sie ist effektiv, leicht umzusetzen und einfach zu verwalten.

25.4.2 Methode 2: Mehrere komplette Artikel pro Seite und Spalte

Sie können auf einer Seite aber problemlos auch mehrere Artikel anlegen, z. B. um einen langen Artikel mit vielen Inhaltselementen aufzuteilen oder um auf einer Seite zwei verschiedene Themen darzustellen.

Solange Sie die Artikelteaser nicht benutzen, brauchen Sie dazu überhaupt keine Einstellungen zu ändern, denn das im Seitenlayout einer Layoutspalte zugewiesene Frontend-Modul ARTIKEL gilt für alle Artikel, die auf dieser Seite in dieser Spalte vorhanden sind, und nicht nur für einen.

Mehrere Artikel in einer Spalte werden also einfach untereinander dargestellt. Die Reihenfolge, in der die Artikel im Frontend erscheinen sollen, legen Sie im Backend-Modul INHALTE • ARTIKEL fest.

In der Menüstruktur und in den URLs tauchen die Artikel nicht auf, auch wenn in einer Spalte mehrere Artikel dargestellt werden.

25.4.3 Methode 3: Mehrere angeteaserte Artikel pro Seite und Spalte

Weiter oben in diesem Kapitel haben Sie mit Artikelteasern auf einer Übersichtsseite die Artikel der Unterseiten übersichtlich dargestellt. Das gleiche Prinzip können Sie auch auf nur einer Seite einsetzen.

Auf der Seite TEACHERS der Music Academy, die Sie in Kapitel 4, »Schnelldurchlauf: So funktioniert Contao«, installiert haben, sehen Sie ein Beispiel (Abbildung 25.10).

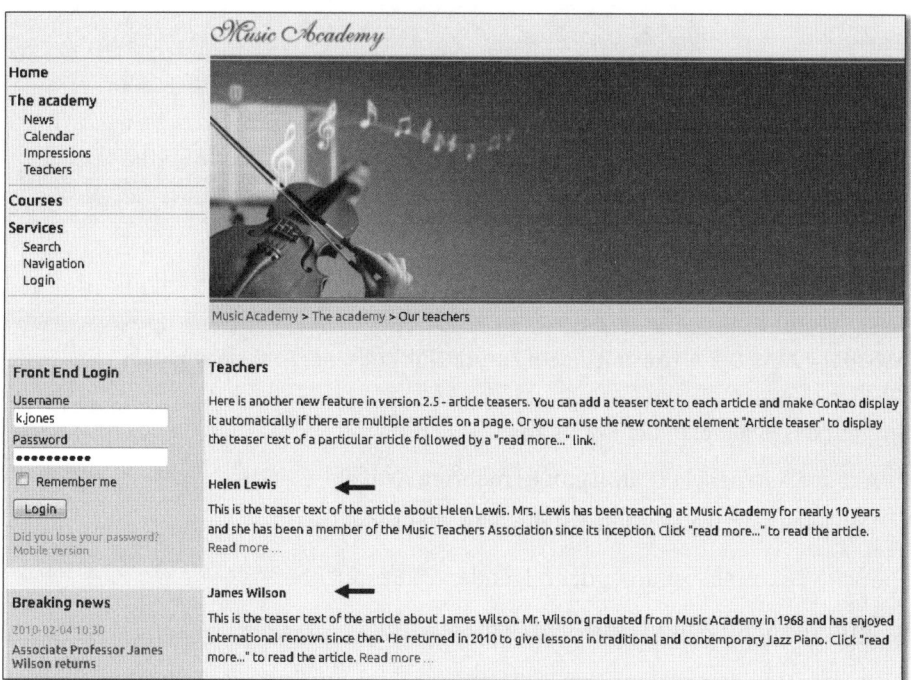

Abbildung 25.10 Mehrere angeteaserte Artikel auf einer Seite

Und so wird es gemacht:

- Erstellen Sie mehrere Artikel auf einer Seite.
- Öffnen Sie für jeden Artikel die Artikel-Einstellungen, und legen Sie fest, dass der Teasertext angezeigt werden soll.

Bei dieser Vorgehensweise wird der Artikeltitel als Überschrift verwendet, und der Teasertext erscheint auf der Seite, gefolgt von einem WEITERLESEN-Link.

Wenn der Besucher auf diesen WEITERLESEN-Link klickt, bleibt er auf derselben Seite, sieht aber den ganzen Artikel. Unterhalb des Artikels fügt Contao automatisch einen Zurück-Link ein, der zur Teaserübersicht führt. Sobald der ganze Artikel angezeigt wird, ändert sich die URL (Abbildung 25.11).

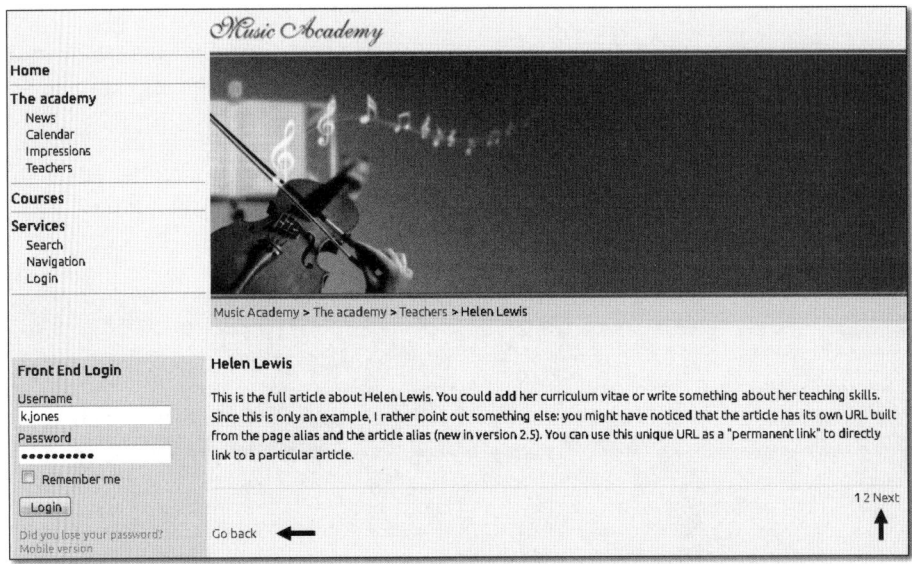

Abbildung 25.11 Der Artikel mit einem Zurück-Link und einer Artikelnavigation

So sieht das Beispiel in der Praxis aus:

- Auf der Seite *teachers.html* gibt es mehrere Artikel.
- Von jedem Artikel werden nur die Artikelteaser gelistet.

Die Seite TEACHERS ist unter der folgenden URL erreichbar:

- *http://localhost/music_academy/teachers.html*

Wenn ein Besucher jetzt auf den WEITERLESEN-Link am Ende des Teasertextes klickt, um den ganzen Artikel über Helen Lewis zu lesen, ändert sich die URL wie folgt:

- *http://localhost/music_academy/teachers/articles/helen-lewis.html*

Contao entfernt also das URL-Suffix *html* vom Seitenalias, hängt das Schlüsselwort */articles/* an und komplettiert die URL mit dem Artikelalias, gefolgt vom URL-Suffix.

Dieses Prinzip kennen Sie bereits von den Erweiterungen NEWS, KALENDER oder FAQ, bei denen in der URL Schlüsselwörter wie *items* und *events* eingesetzt werden (sofern sie in den Systemeinstellungen nicht mit der Option AUTO-ITEMS unterdrückt werden).

25.4.4   Die Frontend-Module »Artikelliste« und »Artikelnavigation«

Wenn Sie auf einer Seite mehrere angeteaserte Artikel darstellen, verlassen Sie also in gewisser Weise die Seitenstruktur. Bei der Erstellung von Frontend-Modulen gibt es zwei Modultypen, die in diesem Zusammenhang nützlich sein können:

- NAVIGATION – ARTIKELNAVIGATION
- VERSCHIEDENES – ARTIKELLISTE

Beide Modultypen ergeben nur Sinn, wenn auf einer Seite mehrere angeteaserte Artikel vorhanden sind.

Das Modul ARTIKELNAVIGATION ist in Abbildung 25.11 bereits im Einsatz. Es erzeugt rechts unten im Inhaltsbereich das 1 2 NEXT:

- Wenn ein Besucher auf einer Seite mit mehreren Artikelteasern alle Artikel lesen möchte, müsste er zum Lesen des ganzen Artikels auf WEITERLESEN und nach dem Lesen wieder auf ZURÜCK (GO BACK) klicken, um zurück zur Teaserübersicht zu gelangen.
- Die Artikelnavigation erspart dem Besucher diesen Zickzackkurs und zeigt unterhalb des Artikels eine Artikelpaginierung auf der Seite in der Art von ZURÜCK 1 2 VORWÄRTS, die das Lesen mehrerer Artikel vereinfacht.

Das Modul ARTIKELLISTE kann eingesetzt werden, um z. B. oben auf einer Seite die Artikeltitel aufzulisten. Ein Klick auf den Titel zeigt den ganzen Artikel an, ähnlich wie bei der Anzeige der drei neuesten Nachrichten auf der Startseite.

Beide Modultypen erfordern ein wenig Vorüberlegung bei der Informationsarchitektur, also bei der Verteilung von Inhalten auf Seiten und Artikel.

25.5   Die Erweiterung für Google Maps: [dlh_googlemaps]

Ein häufig gewünschtes Website-Feature ist eine Anfahrtsskizze in Form einer Karte, und dass man dazu nicht einfach einen Stadtplan einscannen und bearbeiten sollte, hat sich inzwischen wohl herumgesprochen.

25.5.1 Die Erweiterung [dlh_googlemaps] im Überblick

Die Erweiterung [dlh_googlemaps] von Contao-Profi Christian de la Haye (*delahaye.de*) ermöglicht die einfache Einbindung von Google Maps in eine Contao-Website. Infos zur Erweiterung finden Sie unter der folgenden URL:

- *contao.org/erweiterungsliste/view/dlh_googlemaps.html*

Abbildung 25.12 zeigt ein Beispiel mit der Bonner Adresse von Galileo Press.

Abbildung 25.12 Eine Google Map mit [dlh_googlemaps]

Installieren können Sie die Erweiterung wie immer mit dem Backend-Modul SYSTEM • ERWEITERUNGSKATALOG. Nach der Installation der Erweiterung gibt es einige Änderungen im Backend:

- ein neues Backend-Modul INHALTE • GOOGLE MAPS
- ein neues Inhaltselement vom Typ MEDIA-ELEMENTE – GOOGLE MAP
- ein neues Frontend-Modul vom Typ VERSCHIEDENES – GOOGLE MAP

Sie können mit der Erweiterung beliebig viele Karten erstellen, die Sie dann als Inhaltselement oder als Frontend-Modul auf Ihren Seiten einbinden.

Im Folgenden möchte ich Ihnen kurz zeigen, wie Sie eine einfache Anfahrtsskizze erstellen und als Inhaltselement in einem Artikel einfügen.

25.5.2 Schritt 1: Eine Karte erstellen in »Inhalte • Google Maps«

Erstellen Sie zunächst eine neue Karte, indem Sie im Backend-Modul INHALTE • GOOGLE MAPS rechts oben auf NEUE GOOGLE MAP klicken.

Die wichtigsten Parameter zur Erstellung der Karte aus Abbildung 25.12 sind:

- TITEL: »Anfahrtsskizze für Galileo Press«
- ADRESSE FÜR GEOCODING: »Rheinwerkallee 4, 53227 Bonn«
- LAND: DEUTSCHLAND
- Die GEO-KOORDINATEN werden anhand der Adresse beim Speichern ermittelt und automatisch eingefügt.
- ANZEIGEMASSE BREITE X HÖHE: 520 × 400 px
- ZOOM-FAKTOR: 15

Anzeigemaße und Zoom-Faktor können Sie weiter unten beim Einfügen der Map als Inhaltselement noch überschreiben. Nach dem Speichern erscheinen die Geo-Koordinaten automatisch im entsprechenden Eingabefeld. Falls nicht, wird Abschnitt 25.5.5 noch eine andere Methode zur Ermittlung der Geo-Koordinaten gezeigt.

In der Eingabemaske können Sie zahlreiche weitere Parameter definieren. Probieren Sie einfach aus, welche Einstellungen für Ihre Karte am besten passen.

25.5.3 Schritt 2: Karten-Elemente – eine Info-Sprechblase hinzufügen

Nachdem Sie eine Karte mit dem Titel »Anfahrtsskizze für Galileo Press« erstellt haben, können Karten-Elemente wie z. B. eine Info-Sprechblase oder geometrische Objekte zur Karte hinzufügen:

Öffnen Sie im Backend-Modul INHALTE • GOOGLE MAPS zunächst die eben erstellte Karte mit einem Klick auf den gelben Bleistift rechts daneben. Um eine Info-Sprechblase hinzuzufügen, klicken Sie rechts oben auf NEUES KARTEN-ELEMENT und füllen dann die Eingabemaske aus:

- TITEL: »Adresse von Galileo Press«
- TYP: INFO-SPRECHBLASE
- Kontrollkästchen vor VERÖFFENTLICHT aktivieren
- GEO-KOORDINATEN: 50.7175364,7.1542895 (siehe Schritt 1)

▶ Geben Sie im Eingabefeld INFOBLASE die Adresse ein: »Galileo Press GmbH, Rheinwerkallee 4, 53227 Bonn«. Zeilenumbrüche erhalten Sie falls erwünscht mit ⇧ + ↵.

> **Das Karten-Element »Markierung«**
>
> Man könnte zu der Karte auch noch ein Karten-Element »Markierung (gegebenenfalls mit Routing)« hinzufügen. Damit hätte man dann zusätzlich zur Info-Sprechblase noch einen Marker (einen roten Pin) auf der Karte, der die Adresse entsprechend kennzeichnet.

25.5.4 Schritt 3: Das Inhaltselement »Google Map« in Contao einbinden

Jetzt haben Sie eine komplette Karte erstellt, die Sie in Contao einbinden können. Dazu gibt es wie erwähnt zwei Möglichkeiten:

▶ Als Inhaltselement – ideal, wenn die Karte nur auf einer Seite erscheinen soll. Einfach in einem Artikel ein Inhaltselement MEDIA-ELEMENTE • GOOGLE MAP einfügen.

▶ Als Frontend-Modul – wenn die Karte hingegen auf allen oder zumindest auf mehreren Seiten erscheinen soll. Am besten im Seitenlayout einbinden.

Probieren Sie es aus, zum Beispiel auf der Seite KONTAKT unter dem Kontaktformular.

25.5.5 Gewusst wie: die manuelle Ermittlung der Geo-Koordinaten

Sollte die automatische Ermittlung der GEO-KOORDINATEN nicht funktionieren, müssen Sie diese manuell ermitteln und eintragen. Die Geo-Koordinaten für eine bestimmte Adresse bekommen Sie am einfachsten direkt im Browser bei Google Maps (Abbildung 25.13):

▶ Surfen Sie zu *maps.google.de*.

▶ Geben Sie oben im Eingabefeld die gewünschte Adresse an.

▶ Klicken Sie mit der rechten Maustaste auf das Pin-Symbol in der Karte.

▶ Klicken Sie im Kontextmenü auf WAS IST HIER? (WHAT'S HERE?).

Links oben werden jetzt klein und grau die genauen Koordinaten angezeigt, fertig zum Anklicken, Markieren, Kopieren und Einfügen.

25.5 Die Erweiterung für Google Maps: [dlh_googlemaps]

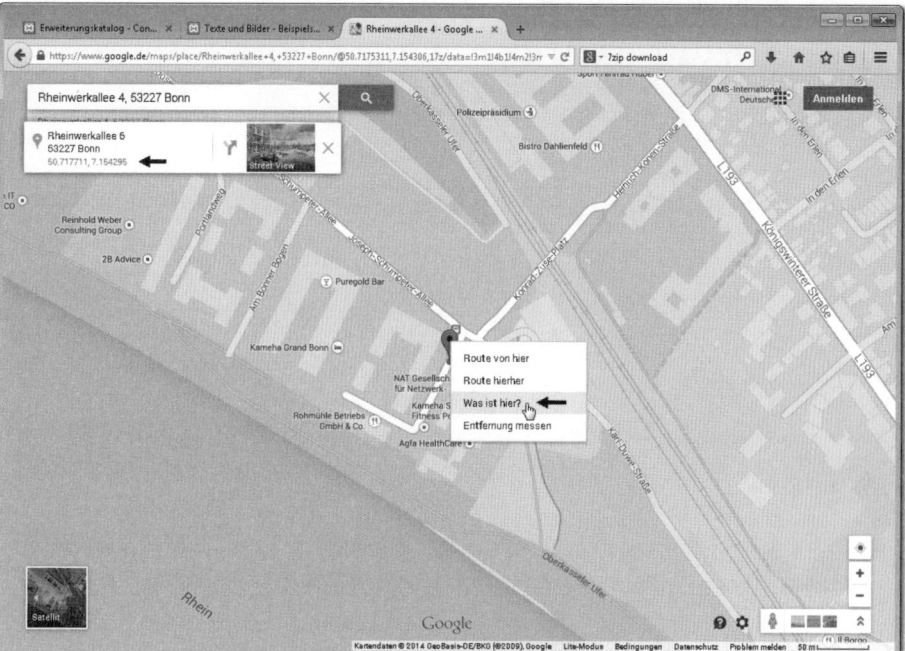

Abbildung 25.13 Ein Klick auf »Was ist hier?« zeigt die Koordinaten an.

Google Maps ist nicht immer kostenlos

Seit Anfang 2012 ist die Nutzung von Google Maps übrigens nicht mehr komplett umsonst. Momentan (August 2014) sind bis zu 25.000 Kartenabrufe (*map loads*) pro Tag kostenlos:

▶ *developers.google.com/maps/faq#usagelimits*

Wer dieses Limit an 90 aufeinanderfolgenden Tagen überschreitet, wird sich näher mit den Lizenzbedingungen beschäftigen müssen.

Kapitel 26
Tipps und Tricks zur Systemverwaltung

In diesem Kapitel lernen Sie einige Tipps und Tricks kennen, die bei der Arbeit mit Contao im Alltag sehr praktisch sein können.

Die Themen im Überblick:

- Tipps und Tricks zum TinyMCE, Seite 757
- Layouts für Fortgeschrittene, Seite 761
- Die Systemkonfiguration: »localconfig.php«, Seite 766
- Die Sprachkonfiguration: »langconfig.php«, Seite 767
- Infos zu Datenbanktabellen: »dcaconfig.php«, Seite 770
- Mehrere Websites in einer Contao-Installation, Seite 772
- Die Inserttags im Überblick, Seite 776

26.1 Tipps und Tricks zum TinyMCE

Der Editor TinyMCE ist für viele Redakteure das wichtigste Werkzeug zur Eingabe von Text. Hier sind ein paar Anregungen zur Optimierung des Editors.

> **TinyMCE 3.5 vs. TinyMCE 4**
>
> Contao hat inzwischen den TinyMCE in der Version 4 integriert, der sehr viel schlanker und übersichtlicher daherkommt als sein Vorgänger.
>
> Wer trotzdem lieber mit der alten Version arbeiten möchte, kann diese als Erweiterung [tinymce_legacy] installieren:
>
> ▶ *contao.org/de/extension-list/view/tinymce_legacy.de.html*
>
> Thomas Weitzel beschreibt in seinem Blog, wie der Umstieg am besten gelingt:
>
> ▶ *contao-fuer-webdesigner.de/blog.html#news_139*
>
> Auf Dauer wird man aber wohl um die neue Version nicht herumkommen.

26.1.1 Vordefinierte CSS-Klassen im TinyMCE-Stylesheet »files/tinymce.css«

Im TinyMCE gibt es gut versteckt im Menü FORMAT • FORMATE ein Untermenü namens FILES/TINYMCE.CSS, in dem drei CSS-Klassen zur Auswahl angeboten werden, die Sie einer Markierung zuweisen können (Abbildung 26.1).

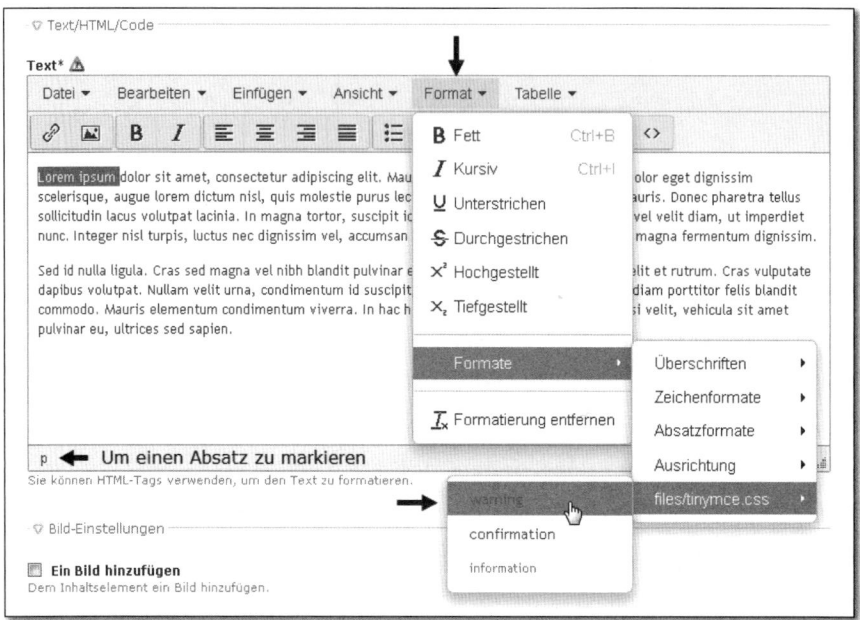

Abbildung 26.1 Zuweisen von vordefinierten CSS-Klassen im TinyMCE

Um diese Klassen einem ganzen Absatz zuzuweisen:

- Setzen Sie den Cursor in den gewünschten Absatz.
- Klicken auf das p in der Statuszeile, um den Absatz zu markieren
- Wählen Sie die gewünschte Klasse aus der Liste.

Die drei im Editor angezeigten Klassen stammen aus dem Stylesheet *files/tinymce.css*:

```
.warning { color:#c55; font-size:1.1em; }
.confirmation { color:#090; font-size:1.1em; }
.information { color:#999; font-size:0.9em; }
```

Listing 26.1 Die drei Beispielklassen aus »files/tinymce.css«

In diesem Stylesheet definierte Klassen tauchen in der Auswahlliste des TinyMCE wieder auf, und die drei Zeilen aus Listing 26.1 sind nur Beispiele, die Sie nach Belieben ändern können und sollen. Eine kurze Anleitung finden Sie im (englischen) Kommentar am Anfang der Datei.

26.1.2 Die Schrift im TinyMCE gestalten im Stylesheet »files/tinymce.css«

Sie können in diesem Stylesheet auch Schriftgrad und -farbe für die Standardschrift im Editorfenster gestalten. Die Voreinstellungen von 12px und #666966 stammen aus *system/themes/tinymce.css*. Diese Werte können Sie in der *files/tinymce.css* updatesicher überschreiben.

Ein Blick in den Inspektor des Browsers zeigt, dass der Editor als iframe eingebunden wird. Darin gibt es unter anderem ein Element namens <body id="tinymce" ...> (Abbildung 26.2).

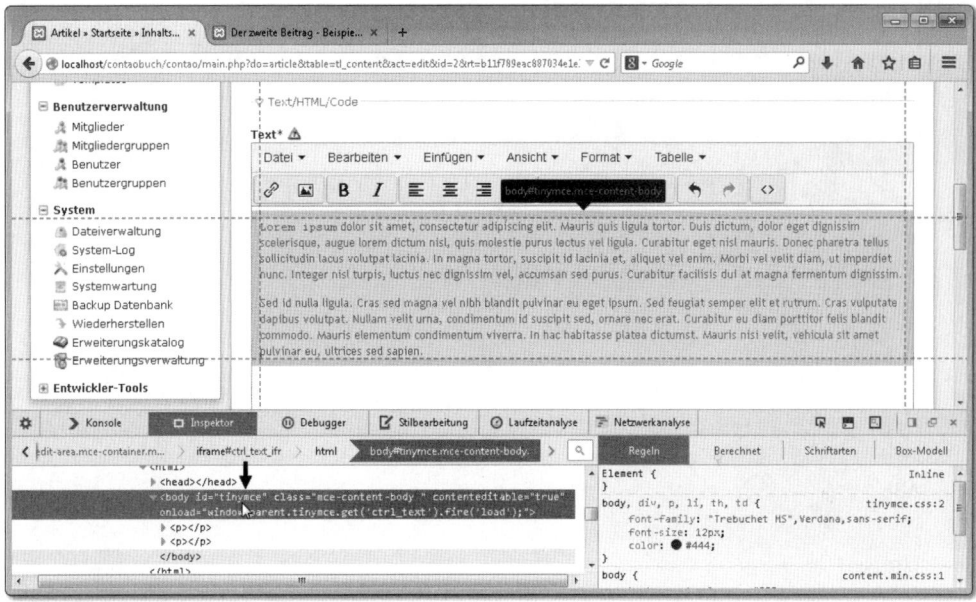

Abbildung 26.2 Der TinyMCE im Seiteninspektor

Die ID body#tinymce nutzen Sie im folgenden Style, um den TinyMCE im CSS zu selektieren und die Schrift im Editorfenster etwas zu vergrößern:

```
/* Text im Editorfenster gestalten */
body#tinymce div,
body#tinymce p,
body#tinymce li,
body#tinymce th,
body#tinymce td {
  font-size: 14px;
}
```

Listing 26.2 Beispiel zur Formatierung des Textes im TinyMCE

Sollte sich nichts ändern, müssen Sie vielleicht noch den Browsercache leeren, um die neuen Formatierungen im Backend auch tatsächlich sehen zu können.

Wenn Sie möchten, dass die Styles aus *files/tinymce.css* auch zur Formatierung der Webseiten im Frontend benutzt werden, aktivieren Sie im Backend-Modul LAYOUT • SEITENLAYOUTS im Bereich STYLESHEETS das Kontrollkästchen vor TINYMCE-STYLE-SHEET.

26.1.3 Textbausteine im TinyMCE: Inhalte aus der Vorlage einfügen

Sehr nützlich ist im TinyMCE der Befehl EINFÜGEN • VORLAGE EINFÜGEN, der ein neues Dialogfenster öffnet, in dem man vorher definierte Vorlagen anschauen und einfügen kann (Abbildung 26.3).

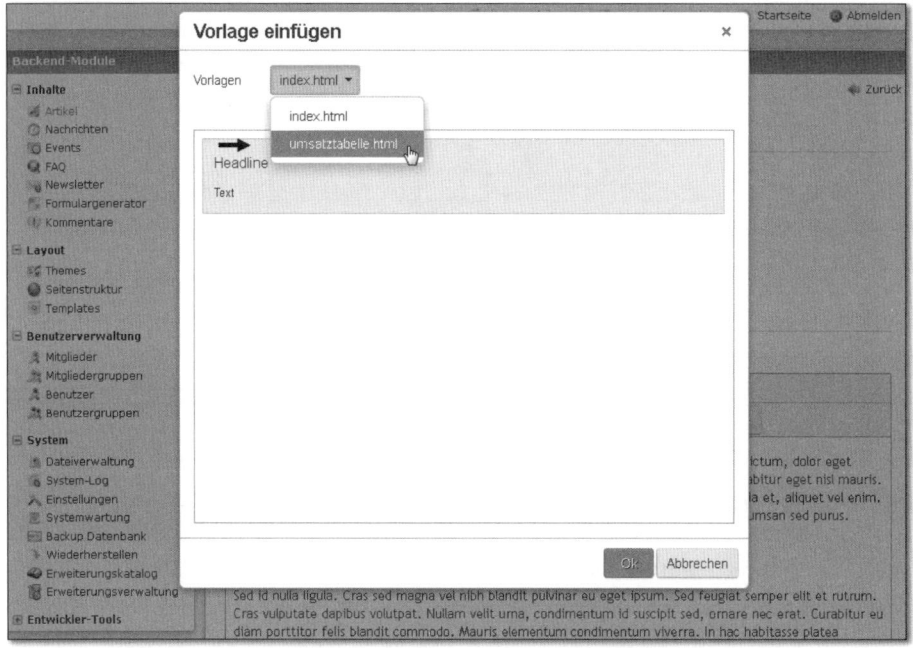

Abbildung 26.3 »tiny_templates« – vordefinierte Vorlagen einfügen

Um einen Textbaustein zu erstellen, speichern Sie einfach eine Datei mit dem gewünschten Quelltext im Ordner *files/tiny_templates/*. Der Dateiname spielt keine Rolle. Die Dateien sollten nur die Quelltextfragmente enthalten und kein vollständiges HTML-Grundgerüst.

So kann man häufig benutzte Quelltextschnipsel quasi als Textbaustein abrufen – von einer komplexen HTML-Tabelle über eine horizontale Trennlinie <hr> bis hin zu häufig verwendeten Textpassagen wie rechtlichen Hinweisen oder Ähnlichem

Als Beispiel gibt es dort eine *index.html* mit einem `div`-Element, das eine Überschrift, einen Absatz und ein bisschen Inline-CSS enthält. Sie können dort aber alle möglichen HTML-Konstrukte hinterlegen, zum Beispiel eine Umsatztabelle inklusive aller Klassennamen, die Sie zur Formatierung im CSS bereits hinterlegt haben. Ihre Redakteure werden begeistert sein.

26.2 Layouts für Fortgeschrittene

In diesem Abschnitt geht es um ein paar Tricks beim Erstellen von besonderen Weblayouts.

26.2.1 »Sticky Footer« ohne Änderungen am Seitentemplate »fe_page«

Ein häufig geäußerter Layoutwunsch ist ein sogenannter *Sticky Footer*, also ein Fußbereich, der unten am Browserfenster klebt und nicht mitscrollt. Die meisten Methoden erfordern dazu eine Änderung der *fe_page*, um den Footer aus dem umgebenden Wrapper herauszunehmen, aber es geht auch ohne.

Hier der Weg zum Sticky Footer in Stichworten:

1. Volle Höhe für den Wrapper sicherstellen:
   - `html` und `body` mit `height:100%` versehen
   - `#wrapper` bekommt `min-height: 100%`

   Den Footer ganz unten im Wrapper positionieren:
   - `#wrapper` bekommt `position:relative` und dient damit als Bezugspunkt für die absolute Positionierung von `#footer`
   - `#footer` wird absolut positioniert mit `bottom:0`
   - `#footer` bekommt eine definierte Breite, da er sonst wegen der absoluten Positionierung schrumpfen würde (*shrink-to-fit*)

   Platz reservieren für Footer:
   - `#footer` bekommt mit `height` eine definierte Höhe
   - `#container` bekommt ein `padding-bottom`, das mindestens so hoch ist wie das `height` des Footer

Das CSS dazu könnte so aussehen wie in Abbildung 26.4.

Vielen Dank übrigens an Christian de la Haye für die Anregung zu diesem Gedankenspiel.

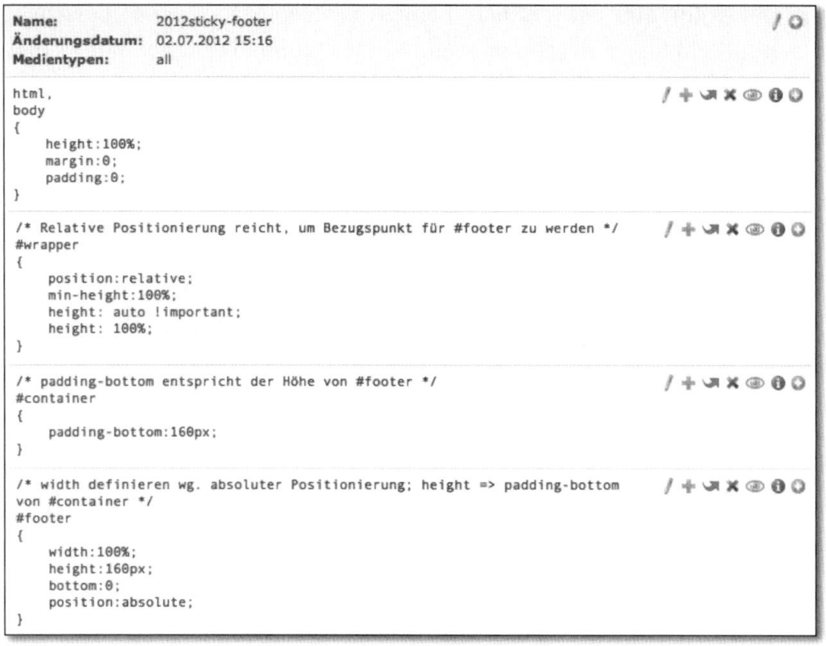

```
Name:              2012sticky-footer
Änderungsdatum:    02.07.2012 15:16
Medientypen:       all

html,
body
{
    height:100%;
    margin:0;
    padding:0;
}

/* Relative Positionierung reicht, um Bezugspunkt für #footer zu werden */
#wrapper
{
    position:relative;
    min-height:100%;
    height: auto !important;
    height: 100%;
}

/* padding-bottom entspricht der Höhe von #footer */
#container
{
    padding-bottom:160px;
}

/* width definieren wg. absoluter Positionierung; height => padding-bottom
   von #container */
#footer
{
    width:100%;
    height:160px;
    bottom:0;
    position:absolute;
}
```

Abbildung 26.4 Das CSS für einen »Sticky Footer«

Sollte es aus irgendwelchen Gründen Probleme geben, schauen Sie mal im Forum vorbei. Dort wurde diese Lösung diskutiert:

▶ *bit.ly/contao-sticky-footer* (führt ins Contao-Forum)

Ansonsten nehmen Sie einfach einen normalen Sticky Footer, so wie er z. B. auf *csss-tickyfooter.com* beschrieben wird.

26.2.2 »Fullpage-Layout«: Header und Footer so breit wie das Browserfenster

Ein *Fullpage-Layout* ist ein Layout, bei dem sich Kopf- und Fußbereich über die volle Breite des Browserfensters erstrecken, der Inhaltsbereich aber eine feste Breite hat und zentriert ist (Abbildung 26.5). Der Weg dorthin ist relativ einfach und erfordert keinerlei Änderung am Seitentemplate *fe_page*.

Normalerweise wird die Seite vom Wrapper begrenzt. Wenn also im Seitenlayout im Bereich STATISCHES LAYOUT eine GESAMTBREITE definiert wird, bekommt die der Wrapper.

Lassen Sie das Feld GESAMTBREITE einfach frei. Der #wrapper muss sich ausdehnen, damit die darin befindlichen Layoutbereiche wie #header und #footer das ebenfalls können.

26.2 Layouts für Fortgeschrittene

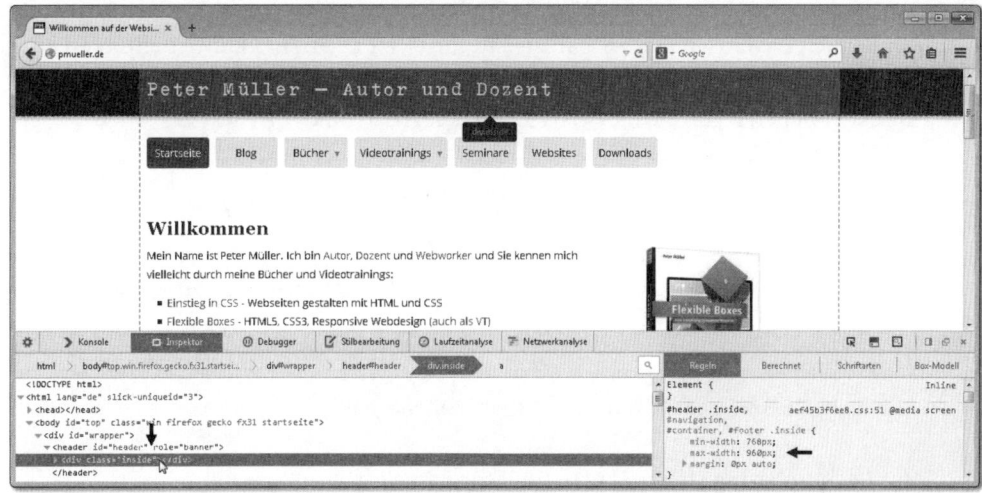

Abbildung 26.5 Layout mit Header über die Breite des Browserfensters

Damit das Layout trotzdem eine Breitenbegrenzung hat, übernehmen das für Header und Footer die jeweiligen .inside-Elemente, und für den Inhaltsbereich macht das #container. Im CSS könnte das so aussehen:

```css
/* Keine feste Breite für den Wrapper */
#wrapper {
  width: auto;
}
/* Feste Breite für die folgenden Elemente */
#header .inside,
#container,
#footer .inside {
  min-width: 768px;
  max-width: 960px;
  margin: 0 auto;
}
```

Listing 26.3 Breitenbegrenzung für ein Fullpage-Layout

Und schon haben Sie ein Fullpage-Layout.

26.2.3 Seitenlayout: eigene Layoutbereiche erstellen und aktivieren

Contao stellt standardmäßig die fünf Layoutbereiche header, main, left, right und footer zur Verfügung. Falls Sie die Navigation lieber nicht im Kopfbereich hätten, sondern in einem eigenen Layoutbereich darunter, ist das kein Problem. Die Anlaufstelle ist das Seitenlayout.

In Abbildung 26.6 sehen Sie, dass Sie im Backend-Modul THEMES • SEITENLAYOUT im Bereich LAYOUTBEREICHE ganz leicht EIGENE LAYOUTBEREICHE definieren können ❶. Schreiben Sie dazu einfach den gewünschten Namen in das Eingabefeld. Direkt daneben legen Sie die POSITION DER LAYOUTBEREICHE fest ❷.

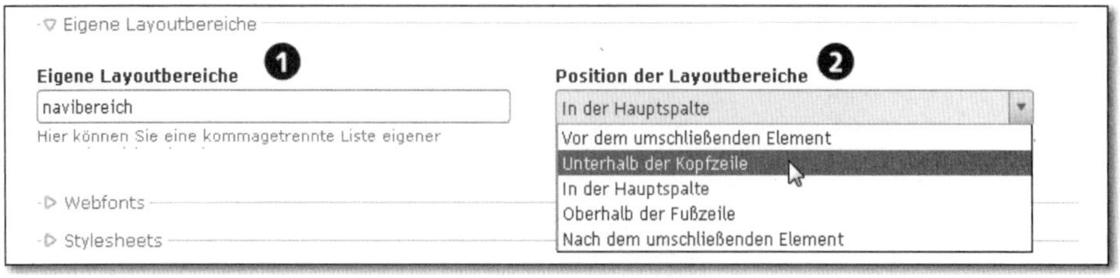

Abbildung 26.6 »Eigene Layoutbereiche« im Seitenlayout

Zur Positionierung stehen Ihnen fünf Möglichkeiten zur Auswahl:

- VOR DEM UMSCHLIESSENDEN ELEMENT
- UNTERHALB DER KOPFZEILE
- IN DER HAUPTSPALTE
- OBERHALB DER FUSSZEILE
- NACH DEM UMSCHLIESSENDEN ELEMENT

Mit dem umschließenden Element ist `#container` gemeint, der die anderen fünf Layoutbereiche umgibt.

Anschließend können Sie dem neuen Layoutbereich die gewünschten FRONTEND-MODULE zuweisen. Contao erzeugt im Quelltext an der gewünschten Position einen zusätzlichen Layoutbereich mit innerem `div` und allem Drum und Dran:

```
<div class="custom">
  <div id="navibereich">
    <div class="inside">
...
    </div>
  </div>
</div>
```

Listing 26.4 Ein eigener Layoutbereich im Quelltext

26.2.4 Seitentemplate Marke Eigenbau: »fe_irgendwas«

Falls ein bestimmtes Weblayout sich auch mit zusätzlichen Layoutbereichen nicht umsetzen lässt, können Sie anstelle der *fe_page* ein eigenes Seitentemplate erstellen. Der Name ist beliebig, solange er mit *fe_** beginnt.

Als Basis für ein eigenes Seitentemplate sollten Sie eine aktuelle Version der *fe_page* nehmen und darauf achten, dass Variablen wie der Seitentitel und die Inhaltsbereiche in Ihrem Seitentemplate korrekt eingebunden werden. Der Aufbau der *fe_page* wird in Abschnitt 17.3 detailliert erläutert.

Wenn Sie ein eigenes Seitentemplate einsetzen, sollten Sie vor einem Update von Contao auf *contao.org/de/changelog.html* im Changelog prüfen, ob sich beim Aufbau der *fe_page* etwas geändert hat, und diese Änderungen gegebenenfalls in Ihr Seitentemplate übernehmen.

26.2.5   Contao mit anderen CSS-Frameworks nutzen

Sind Sie es gewohnt, mit einem bestimmten CSS-Framework wie YAML zu arbeiten, können Sie dies auch weiterhin tun.

In Contao können Sie im Seitenlayout bei Bedarf alle Komponenten des Contao-CSS-Frameworks deaktivieren und an gleicher Stelle etwas weiter unten die Stylesheets eines externen Frameworks einbinden.

Wenn ein CSS-Framework keine bestimmten HTML-Strukturen voraussetzt (*Unsemantic*, *Skeleton* usw.), dann funktioniert das mit der Gestaltung über die Vergabe von Klassen in den Artikeln und Inhaltselementen. Dazu stellen Sie im Seitenlayout den Layout-Builder auf ein einspaltiges Layout. Die Gestaltung innerhalb dieser Spalte wird mit den Klassennamen des Frameworks bei den Artikeln oder Inhaltselementen erledigt.

Die Arbeit mit einem CSS-Framework wie YAML, das bestimmte HTML-Strukturen voraussetzt, ist ein bisschen aufwendiger:

- Erstellen Sie ein neues Seitentemplate mit der erforderlichen HTML-Struktur, z. B. *fe_yaml.html5*.
- Öffnen Sie im Backend-Modul SEITENLAYOUTS die gewünschten Seitenlayouts zur Bearbeitung.
- Aktivieren Sie im Bereich EXPERTEN-EINSTELLUNGEN • SEITENTEMPLATE das neue Seitentemplate.

Wenn Sie ein externes CSS-Framework benutzen, arbeiten Sie, wie in Abschnitt 7.6 beschrieben, wahrscheinlich am besten mit externen Stylesheets.

Die Integration in Contao, insbesondere in das Backend-Modul SEITENLAYOUTS, ist bei externen CSS-Frameworks naturgemäß nicht so nahtlos wie beim Contao-CSS-Framework, aber es gibt auch schon Implementierungen für die Zusammenarbeit von Contao mit großen Frontend-Frameworks wie *Bootstrap* oder *Foundation*.

26.3 Die Systemkonfiguration: »localconfig.php«

Im Laufe des Buches haben Sie immer wieder einmal Hinweise auf die eine oder andere Konfigurationsdatei im Ordner *system/config* erhalten. In diesem Abschnitt möchte ich Ihnen unter anderem die wichtigsten Konfigurationsdateien kurz vorstellen, und den Anfang macht die *localconfig.php*.

Normalerweise nehmen Sie Einstellungen im Installtool oder im Backend von Contao vor, und Contao speichert diese automatisch in der *localconfig.php*. Hier wird das (verschlüsselte) Passwort für das Installtool ebenso aufbewahrt wie die Verbindungsdaten zur Datenbank (Abbildung 26.7).

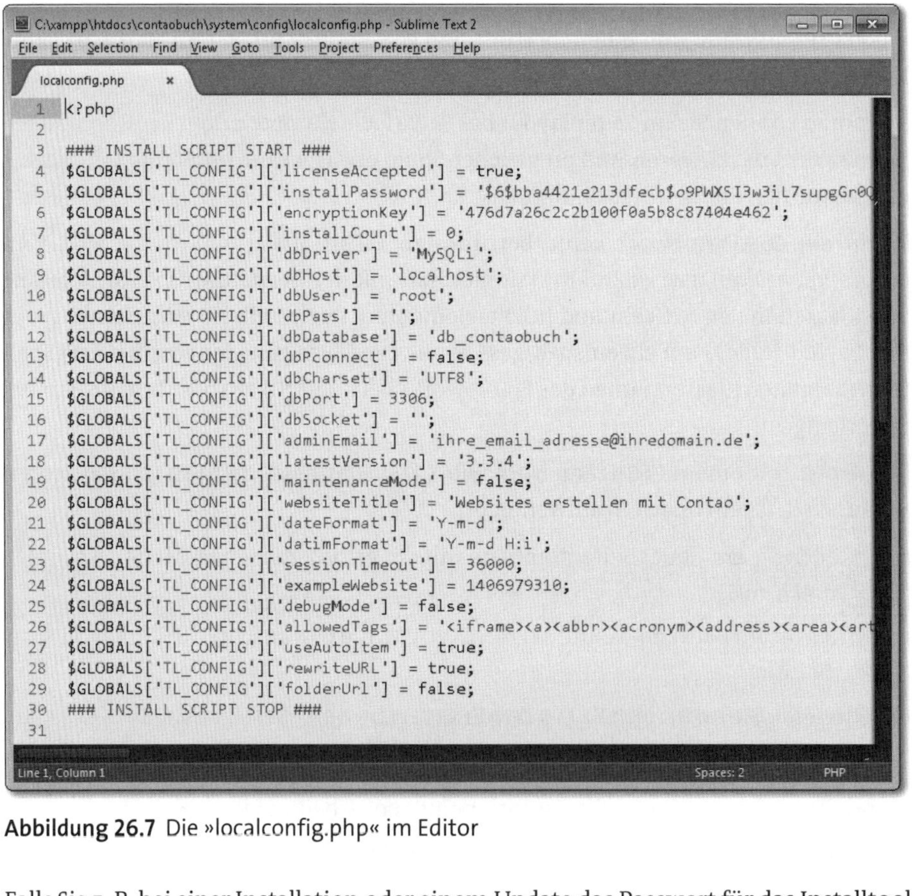

```
<?php

### INSTALL SCRIPT START ###
$GLOBALS['TL_CONFIG']['licenseAccepted'] = true;
$GLOBALS['TL_CONFIG']['installPassword'] = '$6$bba4421e213dfecb$o9PWXSI3w3iL7supgGr0
$GLOBALS['TL_CONFIG']['encryptionKey'] = '476d7a26c2c2b100f0a5b8c87404e462';
$GLOBALS['TL_CONFIG']['installCount'] = 0;
$GLOBALS['TL_CONFIG']['dbDriver'] = 'MySQLi';
$GLOBALS['TL_CONFIG']['dbHost'] = 'localhost';
$GLOBALS['TL_CONFIG']['dbUser'] = 'root';
$GLOBALS['TL_CONFIG']['dbPass'] = '';
$GLOBALS['TL_CONFIG']['dbDatabase'] = 'db_contaobuch';
$GLOBALS['TL_CONFIG']['dbPconnect'] = false;
$GLOBALS['TL_CONFIG']['dbCharset'] = 'UTF8';
$GLOBALS['TL_CONFIG']['dbPort'] = 3306;
$GLOBALS['TL_CONFIG']['dbSocket'] = '';
$GLOBALS['TL_CONFIG']['adminEmail'] = 'ihre_email_adresse@ihredomain.de';
$GLOBALS['TL_CONFIG']['latestVersion'] = '3.3.4';
$GLOBALS['TL_CONFIG']['maintenanceMode'] = false;
$GLOBALS['TL_CONFIG']['websiteTitle'] = 'Websites erstellen mit Contao';
$GLOBALS['TL_CONFIG']['dateFormat'] = 'Y-m-d';
$GLOBALS['TL_CONFIG']['datimFormat'] = 'Y-m-d H:i';
$GLOBALS['TL_CONFIG']['sessionTimeout'] = 36000;
$GLOBALS['TL_CONFIG']['exampleWebsite'] = 1406979310;
$GLOBALS['TL_CONFIG']['debugMode'] = false;
$GLOBALS['TL_CONFIG']['allowedTags'] = '<iframe><a><abbr><acronym><address><area><ar
$GLOBALS['TL_CONFIG']['useAutoItem'] = true;
$GLOBALS['TL_CONFIG']['rewriteURL'] = true;
$GLOBALS['TL_CONFIG']['folderUrl'] = false;
### INSTALL SCRIPT STOP ###

```

Abbildung 26.7 Die »localconfig.php« im Editor

Falls Sie z. B. bei einer Installation oder einem Update das Passwort für das Installtool dreimal falsch eingeben, erhalten Sie folgende Meldung:

> *Aus Sicherheitsgründen wurde das Installtool gesperrt, nachdem dreimal hintereinander ein falsches Passwort eingegeben wurde. Um es zu entsperren, öffnen Sie die lokale Konfigurationsdatei, und setzen Sie installCount auf 0.*

Mit »lokale Konfigurationsdatei« ist die *localconfig.php* gemeint. Öffnen Sie diese Datei im Editor, und suchen Sie die folgende Zeile:

$GLOBALS['TL_CONFIG']['installCount'] = 3;

Um die Sperre wieder aufzuheben, löschen Sie einfach die ganze Zeile. Oder Sie setzen den Wert wieder auf 0:

$GLOBALS['TL_CONFIG']['installCount'] = 0;

Wenn Sie die Datei speichern und das Installtool erneut aufrufen, haben Sie wieder drei neue Versuche.

Falls Sie sich partout nicht mehr an das von Ihnen vergebene Installtool-Passwort erinnern können:

- Öffnen Sie die Datei *localconfig.php* im Editor.
- Löschen Sie die folgende Zeile:

    $GLOBALS['TL_CONFIG']['installPassword']

- Speichern Sie die Datei.

Danach werden Sie wie bei der ersten Installation vom Installtool gebeten, ein Passwort für das Installtool einzugeben.

Wenn Sie eigene Einträge erstellen, müssen Sie diese oberhalb der Zeile ### INSTALL SCRIPT START ### oder unterhalb von ### INSTALL SCRIPT STOP ### speichern. Zwischen diesen Kommentarzeilen stehen die Einstellungen aus dem Installtool und die Backend-Einstellungen. Steht der neue Eintrag oberhalb des Kommentars, kann er mit einer Einstellung aus dem Backend überschrieben werden, steht er unterhalb des Kommentars, hingegen nicht.

> **Der relative Pfad zu Contao steht in der »pathconfig.php«**
>
> Früher wurde auch der relative Pfad zu Contao in der *localconfig.php* gespeichert. Der ist aber inzwischen umgezogen und wohnt jetzt im Ordner *system/config/* in der Datei *pathconfig.php*.

26.4 Die Sprachkonfiguration: »langconfig.php«

Die *langconfig.php* dient der Sprachkonfiguration. Mit dieser Datei können Sie einzelne Sprachlabels update-sicher ändern.

26.4.1 Ein Beispiel: »Mehr ...« statt »Weiterlesen ...«

Wenn Sie z. B. bei Teasern anstelle von WEITERLESEN ... ein einfaches MEHR ... bevorzugen, erreichen Sie das mit der folgenden Zeile in der *langconfig.php* (Abbildung 26.8):

```
$GLOBALS['TL_LANG']['MSC']['more'] = 'Mehr ...';
```

Listing 26.5 Das Sprachlabel »Weiterlesen ...« ändern

Abbildung 26.8 »Mehr ...« statt »Weiterlesen ...«

Sie können dort auch eine Grafik einfügen:

```
$GLOBALS['TL_LANG']['MSC']['more'] = '{{image::files/more.gif}}';
```

Listing 26.6 Eine Grafik statt »Weiterlesen ...«

26.4.2 Der Aufbau der Einträge in der »langconfig.php«

Der Aufbau dieser Variablen ist nicht ganz so kryptisch, wie es zunächst scheinen mag. Im Ordner *system\modules\core\languages\de* finden Sie eine Menge Dateien mit der Endung *.xlf*. In diesen Dateien werden die deutschen Übersetzungen gespeichert, die Contao verwendet.

Die mit Abstand größte Datei ist die *default.xlf*. Wenn Sie in dieser Datei nach dem Wort »Weiterlesen« suchen, werden Sie bald fündig (Abbildung 26.9).

In Zeile 2050 beginnt der Eintrag:

```
<trans-unit id="MSC.more">
  <source>Read more ...</source>
```

```
    <target>Weiterlesen …</target>
</trans-unit>
```

Listing 26.7 Der Eintrag für »Weiterlesen …« in »default.xlf«

Die ID MSC.more wird in der *langconfig.php* in etwas anderer Syntax notiert:

$GLOBALS['TL_LANG']**['MSC']['more']**

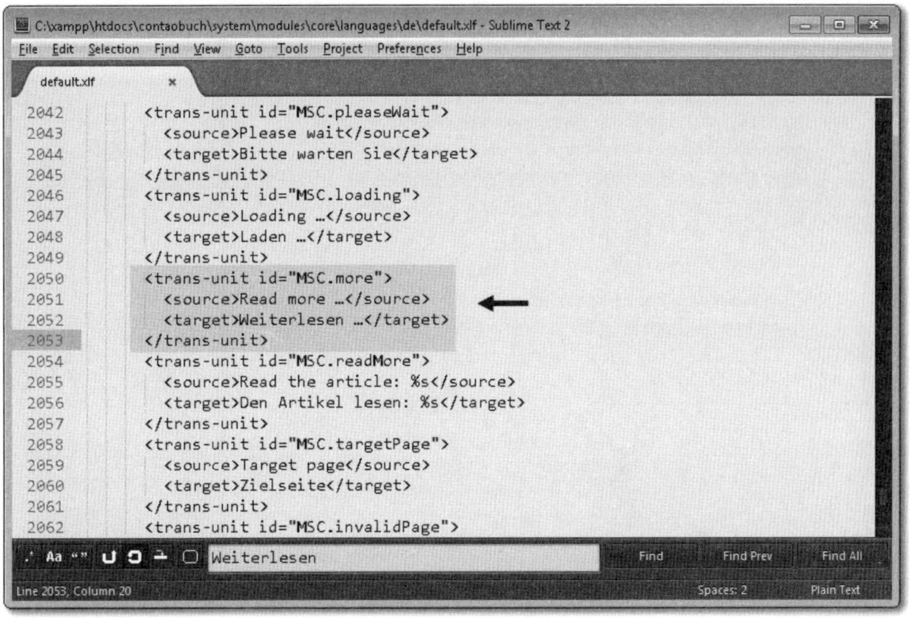

Abbildung 26.9 Suchen und finden in der Datei »default.xlf«

26.4.3 Ein zweites Beispiel: Die Überschrift »Einen Kommentar schreiben« ändern

Im Blog bei den Kommentaren steht die Überschrift »Einen Kommentar schreiben«, obwohl man dort Kommentare nicht nur schreiben, sondern auch lesen kann. Treffender wäre vielleicht ein schlichtes »Kommentare« oder ein »Was Leser dazu denken«. In der *default.xlf* finden Sie dazu folgenden Eintrag:

```
<trans-unit id="MSC.addComment">
  <source>Add a comment</source>
  <target>Einen Kommentar schreiben</target>
</trans-unit>
```

Listing 26.8 Der Eintrag für »Einen Kommentar schreiben« in »default.xlf«

Die ID wird in der *langconfig.php* wieder mit einfachen eckigen Klammern und einfachen Anführungsstrichen notiert:

```
$GLOBALS['TL_LANG']['MSC']['addComment'] = 'Was Leser dazu denken';
```

Listing 26.9 »Was Leser dazu denken« statt »Einen Kommentar schreiben«

Und schon steht auf den Webseiten die neue Beschriftung (Abbildung 26.10).

Abbildung 26.10 Eine andere Überschrift für die Kommentarabteilung

> **Einträge auskommentieren mit zwei Schrägstrichen**
>
> In PHP-Dateien können Sie Zeilen auskommentieren, indem Sie zwei Schrägstriche voranstellen:
>
> ```
> // $GLOBALS['TL_LANG']['MSC']['more'] = 'Mehr ...';
> ```
>
> Das ist ideal, um mal eben schnell etwas auszuprobieren.

26.5 Infos zu Datenbanktabellen: »dcaconfig.php«

Data Container Arrays (abgekürzt DCA) dienen zur Speicherung von Informationen zu den Datenbanktabellen von Contao. Das ist sehr praktisch, denn mithilfe von

DCAs und der Datei *dcaconfig.php* können Sie viele Einstellungen von Contao beeinflussen.

Je intensiver Sie Contao nutzen, desto häufiger benötigen Sie die ID für eine Seite oder einen Artikel. Um diese ID im Seiten- bzw. Artikelbaum immer sehen zu können, reichen folgende Zeilen in der *dcaconfig.php*:

```
// Seitenbaum: IDs für Seiten anzeigen und formatieren
$GLOBALS['TL_DCA']['tl_page']['list']['label']['fields'][] = 'id';
$GLOBALS['TL_DCA']['tl_page']['list']['label']['format']
  = '%s <span style="color: #bbb;">[ID %s]</span>';

// Artikelbaum: IDs für Artikel anzeigen und formatieren
$GLOBALS['TL_DCA']['tl_article']['list']['label']['fields'][] = 'id';
$GLOBALS['TL_DCA']['tl_article']['list']['label']['format']
  = '%s <span style="color: #bbb;">[%s, ID %s]</span>';
```

Listing 26.10 IDs für Seiten und Artikel im Backend sichtbar machen

Die mit $GLOBALS beginnenden Zeilen sind jeweils ohne Zeilenumbruch und sollten in einer Zeile stehen. Der Seitenbaum im Backend sieht mit diesem Eintrag in der *dcaconfig.php* so aus wie in Abbildung 26.11.

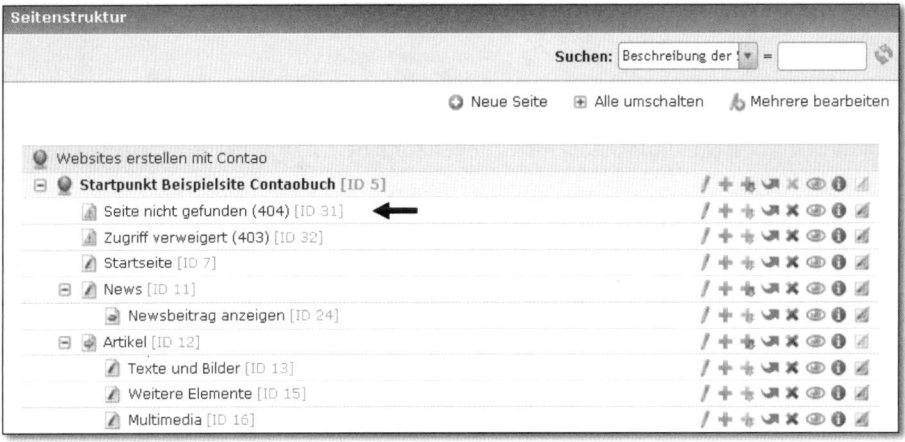

Abbildung 26.11 Der Seitenbaum mit der ID hinter den Seiten

> **Informationen zu DCA-Einträgen**
>
> Infos zu den DCA-Einträgen von Contao finden Sie in PHP-Dateien im Ordner *system\modules\core\dca*. Hier gilt natürlich dasselbe wie für alle Core-Dateien: Nur gucken, nichts ändern!

26.6 Mehrere Websites in einer Contao-Installation

Zum Abschluss möchte ich Ihnen noch ein weiteres Feature von Contao vorstellen: die Multi-Domain-Fähigkeit und Mehrsprachigkeit. Das Geheimnis dazu liegt in der *Seitenstruktur*, und zwar genau genommen im *Startpunkt*.

26.6.1 Jede Website muss einen eigenen Startpunkt haben

Bis jetzt gibt es im Backend-Modul SEITENSTRUKTUR nur einen einzigen Seitenbaum, der mit dem Startpunkt BEISPIELSITE CONTAOBUCH beginnt. Um mehrere Websites in einer Contao-Installation zu betreiben, erstellen Sie mehrere Seitenbäume, von denen jeder mit einem eigenen Startpunkt beginnt. Start*punkt*, nicht Start*seite*. Welchen dieser Seitenbäume Contao aufruft, entscheidet es anhand der DNS- und Spracheinstellungen im Startpunkt. Abbildung 26.12 zeigt diese Einstellungen für den vorhandenen Startpunkt BEISPIELSITE CONTAOBUCH.

Abbildung 26.12 DNS- und Spracheinstellungen für einen Startpunkt

Da das Feld DOMAINNAME leer ist, wird der Zugriff auf diesen Seitenbaum nicht auf einen bestimmten Domainnamen eingeschränkt. Als Sprache ist DE eingetragen, und da SPRACHEN-FALLBACK aktiviert ist, präsentiert Contao diesen Seitenbaum immer dann, wenn für die vom Browser gewünschte Sprache kein anderer geeigneter Startpunkt vorhanden ist.

26.6.2 Mehrsprachige Websites

Um eine mehrsprachige Website zu erstellen, erstellen Sie einfach einen zweiten Seitenbaum, bei dem Sie im Startpunkt in den DNS-Einstellungen die gewünschte Sprache eintragen. Für die englische Variante der Beispielsite, die unter demselben Domainnamen erreichbar sein soll, würde das so aussehen wie in Abbildung 26.13.

Das ist alles. Wenn ein Browser den Sprachwunsch EN äußert, liefert Contao automatisch diesen Seitenbaum aus. Für alle anderen Sprachen wird die deutsche Website genommen, weil dort SPRACHEN-FALLBACK aktiviert ist.

Abbildung 26.13 Einstellungen für einen englischen Startpunkt

Google empfiehlt bei mehrsprachigen Websites, die Sprache am Anfang des dritten Teils der URL explizit anzugeben. Das würde zum Beispiel so aussehen:

- *contao.org/**de**/changelog.html*
- *contao.org/**en**/changelog.html*

Um das zu erreichen, aktivieren Sie im Backend-Modul System • Einstellungen im Bereich Frontend-Einstellungen die Option Die Sprache zur URL hinzufügen (Abbildung 26.14).

Abbildung 26.14 Das Sprachkürzel zur URL hinzufügen

> **Mehrsprachige Websites mit Sprachauswahl: »[changelanguage]«**
>
> Die Erweiterung [changelanguage] von Andreas Schempp erlaubt dem Besucher ein seitengenaues Umschalten zwischen Sprachen:
>
> - Die Erweiterung [changelanguage] im Repository
>   *contao.org/erweiterungsliste/view/changelanguage.html*
> - Eigener Bereich zu [changelanguage] im Forum
>   *bit.ly/9VZeRe*

26.6.3 Begrenzt nützlich: mehrere Domains in einer Contao-Installation

Contao kann zwar mehrere Domains in einer Contao-Installation verwalten, aber ein Wort der Warnung vorweg: Die in einer Installation vorhandenen Websites sollten schon verwandt sein und miteinander zu tun haben.

Durch Themes ist zwar eine saubere Trennung von Seitenlayouts, Modulen, Layoutgrafiken und Stylesheets möglich, aber zum Beispiel Erweiterungen werden von allen Websites gemeinsam benutzt.

Es ist ganz konkret in den meisten Fällen keine besonders gute Idee, völlig unterschiedliche Websites von völlig unterschiedlichen Kunden in einer Contao-Installation zu pflegen.

Wenn Sie aber in derselben Contao-Installation zusätzlich zur zweisprachigen Beispielsite noch eine deutschsprachige Homepage unter der fiktiven Domain *noch-eine-site.de* betreiben möchten, erstellen Sie einen dritten Seitenbaum mit den DNS-Einstellungen aus Abbildung 26.15.

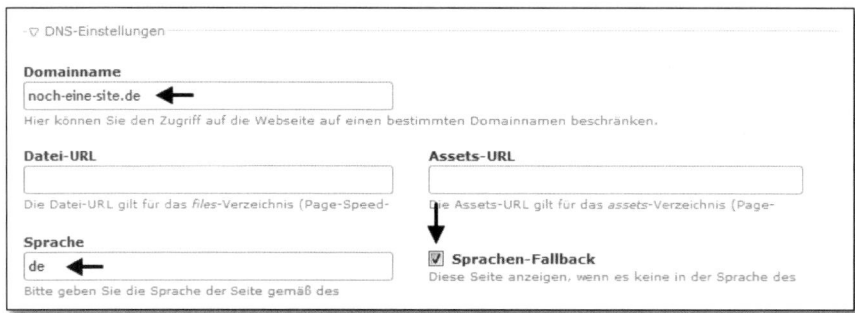

Abbildung 26.15 DNS- und Spracheinstellungen für eine neue Website

Der Unterschied ist die Einschränkung auf einen bestimmten Domainnamen. Contao benutzt für Anfragen an den hier eingetragenen Domainnamen diesen Seitenbaum, für alle anderen Anfragen je nach Sprachwunsch einen der beiden anderen Seitenbäume.

Für diesen Startpunkt ist übrigens der Sprachen-Fallback wieder aktiviert, damit die Site nicht nur an Browser mit der gewünschten Sprache DE ausgewählt wird. Außerdem bekommt die Site ein eigenes Theme mit eigenen Seitenlayouts, Modulen, Layoutgrafiken und Stylesheets. Mit dem Theme-Manager ist dies kein Problem.

26.6.4 Domainumleitung: www.domain.de zu domain.de (oder umgekehrt)

Die Domain aus Abbildung 26.15 ist übrigens tatsächlich ausschließlich unter dem Domainnamen *noch-eine-site.de* erreichbar und nicht unter dem ebenfalls üblichen *www.noch-eine-site.de*.

Um zu erreichen, dass Aufrufe für *www.noch-eine-site.de* auf die eigentliche Domain *noch-eine-site.de* umgeleitet werden oder umgekehrt, genügen kleine Änderungen in der *.htaccess*:

```
##
  # Uncomment the following lines to add "www." to the domain:
  #
  #   RewriteCond %{HTTP_HOST} ^example\.com$ [NC]
  #   RewriteRule (.*) http://www.example.com/$1 [R=301,L]
  #
  # Uncomment the following lines to remove "www." from the domain:
  #
  #   RewriteCond %{HTTP_HOST} ^www\.example\.com$ [NC]
  #   RewriteRule (.*) http://example.com/$1 [R=301,L]
  #
  # Make sure to replace "example.com" with your domain name.
  ##
```

Listing 26.11 Domains mit und ohne »www« in der ».htaccess«

26.6.5 Zusammenfassung: mehrere Websites in mehreren Sprachen

Bis jetzt enthält die in diesem Abschnitt beschriebene Contao-Installation die zweisprachige Beispielsite unter der fiktiven Domain *beispielsite.de* und zusätzlich eine private Homepage unter *noch-eine-site.de*.

Für dieses Setup benötigen Sie drei Startpunkte, und Tabelle 26.1 zeigt die DNS- und Spracheinstellungen.

Startpunkt für	Domainname	Sprache	Sprachen-Fallback
deutsche Beispielsite	bleibt leer	de	ja
englische Beispielsite	bleibt leer	en	nein
private Homepage	noch-eine-site.de	de	ja

Tabelle 26.1 Beispiel für mehrere Websites in mehreren Sprachen

Tabelle 26.2 zeigt, zu welcher Site ein Besucher, abhängig von der Domain und seiner Browsersprache, weitergeleitet wird.

Domain	Browsersprache	Weiterleitung
beispielsite.de	Deutsch (de)	deutsche Beispielsite
beispielsite.de	Englisch (en)	englische Beispielsite
beispielsite.de	Spanisch (es)	deutsche Beispielsite (mit Sprachen-Fallback)
noch-eine-site.de	alle Sprachen	zur anderen Site (mit Sprachen-Fallback)

Tabelle 26.2 Contao entscheidet nach Domain und Sprache.

26.7 Die Inserttags im Überblick

Inserttags haben Sie im Verlauf des Buches bereits kennengelernt. Sie sind Platzhalter, die bei der Ausgabe einer Seite durch bestimmte Inhalte ersetzt werden, und sind damit eine sehr praktische Sache. Inserttags können Sie fast überall in Contao verwenden.

Eine aktuelle Übersicht finden Sie auf *contao.org*:

- *contao.org/inserttags.html*

26.7.1 Inserttags für Link-Elemente

Mit den folgenden Inserttags können Seiten und Artikel anhand ihrer ID oder ihres Alias verlinkt werden.

Inserttag	Beschreibung
{{link::*}}	Wird durch einen Link zu einer internen Seite ersetzt. * kann ID oder Alias sein.
{{link::back}}	Wird durch einen Link zur zuletzt besuchten Seite ersetzt. Kann auch zusammen mit den Inserttags link_open, link_url und link_title verwendet werden.
{{link::login}}	Wird durch einen Link zur Anmeldeseite des aktuellen Frontend-Benutzers (falls vorhanden) ersetzt.
{{link_open::*}} und {{link_close}}	Wird durch das öffnende (<a href="seite.html">) bzw. schließende (</a>) Tag zu einer internen Seite ersetzt: {{link_open::22}}Linktext{{link_close}}

Tabelle 26.3 Inserttags zum Erstellen von Links

26.7 Die Inserttags im Überblick

Inserttag	Beschreibung
{{link_url::*}}	Wird nur durch die URL einer internen Seite ersetzt: `<a href="{{link_url::42}}">Linktext</a>`
{{link_title::*}}	Wird durch den Titel einer internen Seite ersetzt: `<a href="..." title="{{link_title::13}}">Linktext</a>`
{{article::*}}	Wird durch einen Link zu einem Artikel ersetzt. * steht für ID oder Alias.
{{article_open::*}} und {{link_close}}	Wird durch das öffnende Tag eines Links zu einem Artikel ersetzt: `{{article_open::69}}Linktext{{link_close}}`
{{article_url::*}}	Wird durch die URL eines Artikels ersetzt: `<a href="{{article_url::60}}">Linktext</a>`
{{article_title::*}}	Wird durch den Titel eines Artikels ersetzt: `<a href="..." title="{{article_title::50}}">Linktext</a>`
{{news::*}}	Wird durch einen Link zu einer Nachricht ersetzt. * kann ID oder Alias sein.
{{news_open::*}} und {{link_close}}	Wird durch das öffnende Tag eines Links zu einer Nachricht ersetzt: `{{news_open::39}}Linktext{{link_close}}`
{{news_url::*}}	Wird durch die URL einer Nachricht ersetzt: `<a href="{{news_url::34}}">Linktext</a>`
{{news_title::*}}	Wird durch den Titel einer Nachricht ersetzt: `<a href="..." title="{{news_title::35}}">Linktext</a>`
{{event::*}}	Wird durch einen Link zu einem Event ersetzt. * kann ID oder Alias sein.
{{event_open::*}} und {{link_close}}	Wird durch das öffnende Tag eines Links zu einem Event ersetzt: `{{event_open::25}}Linktext{{link_close}}`
{{event_url::*}}	Wird durch die URL eines Events ersetzt: `<a href="{{event_url::22}}">Linktext</a>`
{{event_title::*}}	Wird durch den Titel eines Events ersetzt: `<a href="..." title="{{event_title::14}}">Linktext</a>`

Tabelle 26.3 Inserttags zum Erstellen von Links (Forts.)

Inserttag	Beschreibung
`{{faq::*}}`	Wird durch einen Link zu einer FAQ-Frage ersetzt. * kann ID oder Alias sein.
`{{faq_open::*}}` und `{{link_close}}`	Wird durch das öffnende Tag eines Links zu einer Frage ersetzt: `{{faq_open::44}}Linktext{{link_close}}`
`{{faq_url::*}}`	Wird durch die URL einer Frage ersetzt: `<a href="{{faq_url::29}}">Linktext</a>`
`{{faq_title::*}}`	Wird durch den Titel einer Frage ersetzt: `<a href="..." title="{{faq_title::11}}">Linktext</a>`

Tabelle 26.3 Inserttags zum Erstellen von Links (Forts.)

26.7.2 Benutzereigenschaften: Inserttags für Frontend-Benutzer

Mit den folgenden Inserttags können Eigenschaften eines angemeldeten Frontend-Benutzers (Mitglieds) ausgegeben werden.

Inserttag	Beschreibung
`{{user::firstname}}`	Wird durch den Vornamen des angemeldeten Mitglieds ersetzt.
`{{user::lastname}}`	Wird durch den Nachnamen des angemeldeten Mitglieds ersetzt.
`{{user::company}}`	Wird durch den Firmennamen des angemeldeten Mitglieds ersetzt.
`{{user::phone}}`	Wird durch die Telefonnummer des angemeldeten Mitglieds ersetzt.
`{{user::mobile}}`	Wird durch die Handynummer des angemeldeten Mitglieds ersetzt.
`{{user::fax}}`	Wird durch die Faxnummer des angemeldeten Mitglieds ersetzt.
`{{user::email}}`	Wird durch die E-Mail-Adresse des angemeldeten Mitglieds ersetzt.
`{{user::website}}`	Wird durch die Internetadresse des angemeldeten Mitglieds ersetzt.

Tabelle 26.4 Inserttags für Eigenschaften eines Frontend-Benutzers

Inserttag	Beschreibung
{{user::street}}	Wird durch den Straßennamen des angemeldeten Mitglieds ersetzt.
{{user::postal}}	Wird durch die Postleitzahl des angemeldeten Mitglieds ersetzt.
{{user::city}}	Wird durch die Stadt des angemeldeten Mitglieds ersetzt.
{{user::country}}	Wird durch das Land des angemeldeten Mitglieds ersetzt.
{{user::username}}	Wird durch den Benutzernamen des angemeldeten Mitglieds ersetzt.

Tabelle 26.4 Inserttags für Eigenschaften eines Frontend-Benutzers (Forts.)

26.7.3 Seiteneigenschaften: Inserttags für alles rund um Seiten

Die folgende Tabelle zeigt die Inserttags bezüglich der Seiteneigenschaften. Dabei sind einige Bezeichnungen nicht sonderlich intuitiv. So wird das Inserttag {{page::title}} mit dem Namen der aktuellen Seite ersetzt, den Titel der Seite erhalten Sie mit {{page::pageTitle}}. Alles klar?

Außerdem gilt es bei einigen Tags, die Groß-/Kleinschreibung mitten im Wort (camelCase) zu beachten.

Inserttag	Beschreibung
{{page::id}}	Wird durch die ID der aktuellen Seite ersetzt.
{{page::alias}}	Wird durch den Alias der aktuellen Seite ersetzt.
{{page::title}}	Wird durch den Namen der aktuellen Seite ersetzt.
{{page::pageTitle}}	Wird durch den Titel der aktuellen Seite ersetzt.
{{page::language}}	Wird durch die Sprache der aktuellen Seite ersetzt.
{{page::parentAlias}}	Wird durch den Alias der übergeordneten Seite ersetzt.
{{page::parentTitle}}	Wird durch den Namen der übergeordneten Seite ersetzt.
{{page::parentPageTitle}}	Wird durch den Titel der übergeordneten Seite ersetzt.
{{page::mainAlias}}	Wird durch den Alias der übergeordneten Hauptseite ersetzt.

Tabelle 26.5 Inserttags für die Eigenschaften einer Seite

Inserttag	Beschreibung
{{page::mainTitle}}	Wird durch den Namen der übergeordneten Hauptseite ersetzt.
{{page::mainPageTitle}}	Wird durch den Titel der übergeordneten Hauptseite ersetzt.
{{page::rootTitle}}	Wird durch den Titel der Website ersetzt.

Tabelle 26.5 Inserttags für die Eigenschaften einer Seite (Forts.)

26.7.4 Umgebungsvariablen

Mit den folgenden Inserttags können Umgebungsvariablen wie z. B. der Seitenname oder der Domainname (*Host*) ausgegeben werden.

Inserttag	Beschreibung
{{env::host}}	Wird durch den aktuellen Hostnamen ersetzt (seit Version 2.9.0): website.de.
{{env::url}}	Wird durch Protokoll und Hostnamen ersetzt: http://website.de/.
{{env::path}}	Wird durch die aktuelle Basis-URL samt Pfad zum Contao-Verzeichnis ersetzt.
{{env::request}}	Wird durch den aktuellen Request-String ersetzt, z. B. news/items/beitrag.html.
{{env::referer}}	Wird durch die URL der zuletzt besuchten Seite ersetzt.
{{env::ip}}	Wird durch die IP-Adresse des aktuellen Besuchers ersetzt.
{{env::files_url}}	Wird durch die statische URL des Uploadverzeichnisses ersetzt.
{{env::assets_url}}	Wird durch die statische URL des Assets-Verzeichnisses ersetzt.

Tabelle 26.6 Inserttags zum Einfügen von Umgebungsvariablen

26.7.5 Include-Elemente

Mit den folgenden Inserttags können Ressourcen wie z. B. Artikel, Module oder Dateien aus dem *templates*-Verzeichnis eingebunden werden.

Inserttag	Beschreibung
`{{insert_article::*}}`	Wird durch den angegebenen Artikel ersetzt. * kann ID oder Alias sein.
`{{insert_content::*}}`	Wird durch das angegebene Inhaltselement ersetzt. * kann ID oder Alias sein.
`{{insert_module::*}}`	Wird durch das angegebene Modul ersetzt. * kann ID oder Alias sein.
`{{article_teaser::*}}`	Wird durch den Teaser eines Artikels ersetzt. * kann ID oder Alias sein.
`{{news_teaser::*}}`	Wird durch den Teaser einer Nachricht ersetzt. * kann ID oder Alias sein.
`{{event_teaser::*}}`	Wird durch den Teaser eines Events ersetzt. * kann ID oder Alias sein.
`{{file::*}}`	Wird durch den Inhalt einer PHP- oder XHTML/HTML5-Datei aus dem *templates*-Verzeichnis ersetzt. * kann ID oder Alias sein. Sie können dabei auch Argumente übergeben: `{{file::file.php?arg1=val&arg2=val}}`
`{{insert_form::*}}`	Wird durch das referenzierte Formular ersetzt. * kann ID oder Alias sein.

Tabelle 26.7 Inserttags zum Einfügen von Elementen, Dateien und Formularen

26.7.6 Verschiedenes: Datum, E-Mail und Sprachen

Mit den folgenden Inserttags können Sie verschiedene Aufgaben erledigen und z. B. das aktuelle Datum einfügen.

Inserttag	Beschreibung
`{{date}}`	Wird durch das aktuelle Datum gemäß dem globalen Datumsformat ersetzt.
`{{date::*}}`	Wird durch das aktuelle Datum gemäß einem individuellen Datumsformat ersetzt.

Tabelle 26.8 Inserttags für verschiedene Sachen

Inserttag	Beschreibung
`{{last_update}}`	Wird durch das Datum der letzten Aktualisierung gemäß dem globalen Datumsformat ersetzt. Das gilt für Änderungen an Inhaltselementen, Nachrichtenbeiträgen und Events.
`{{last_update::*}}`	Wird durch das Datum der letzten Aktualisierung mit einem individuellen Datumsformat ersetzt.
`{{email::*}}`	Wird durch einen verschlüsselten `mailto`-Link zu einer E-Mail-Adresse ersetzt, sodass Spambots die Mailadresse nicht erkennen.
`{{email_open::*}}`	Erstellt einfach nur einen öffnenden Link.
`{{email_url::*}}`	Wird durch die E-Mail-Adresse ersetzt, und dann wird ein mailto mit der verschlüsselten E-Mail-Adresse erstellt.
`{{lang::*}}`	Mit diesem Tag können fremdsprachige Wörter in einem Text markiert werden: `{{lang::fr}}Au revoir{{lang}}` = `<span lang="fr" xml:lang="fr">Au revoir</span>`

`{{abbr::*}}`	Abkürzungen in einem Text markieren:
	`{{abbr::World Wide Web}}WWW{{abbr}}`
	Dies wird ersetzt durch
	`<abbr title="World Wide Web">WWW</abbr>`

`{{acronym::*}}`	Akronyme in einem Text markieren: `{{acronym::Multipurpose Internet Mail Extensions}}MIME{{acronym}}`. Dies wird ersetzt durch `MIME`.
`{{ua::*}}`	Eigenschaften des Browsers (User Agent) ausgeben: `{{ua::browser}}` Dies wird beispielsweise ersetzt durch `"chrome"`.
`{{iflng::*}}`	Wird komplett entfernt, wenn die Sprache der Seite nicht mit der Tag-Sprache übereinstimmt. Sie können so sprachspezifische Bezeichnungen erstellen: `{{iflng::en}}Your name{{iflng}} {{iflng::de}}Ihr Name{{iflng}}`

Tabelle 26.8 Inserttags für verschiedene Sachen (Forts.)

Inserttag	Beschreibung
`{{ifnlng::*}}`	Wird komplett entfernt, wenn die Sprache der Seite mit der Tag-Sprache übereinstimmt. Sie können so sprachspezifische Bezeichnungen erstellen: `{{ifnlng::de}}`Your name`{{ifnlng}}` `{{iflng::de}}`Ihr Name`{{iflng}}` Das ist praktischer als das aus der vorherigen Zeile.
`{{image::*}}`	Wird durch die Vorschauansicht eines Bildes ersetzt: `{{image::files/image.jpg?width=200&height=150}}` Mögliche Parameter sind: width = Breite des Vorschaubildes height = Höhe des Vorschaubildes alt = alternativer Text class = CSS-Klasse rel = rel-Attribut (z. B. »lightbox«) mode = Modus (»proportional«, »crop« oder »box«)
`{{label::*}}`	Wird mit einer Übersetzung aus der Sprachdatei ersetzt: `{{label::CNT:au}}` Das Beispiel lädt aus der Übersetzung der Länder das Land mit dem Kürzel au, also Australien. Beachten Sie, dass innerhalb des Pfades zur Bezeichnung nur einfache Doppelpunkte verwendet werden.
`{{version}}`	Dieses Tag wird durch die verwendete Contao-Version (z. B. 2.11.2) ersetzt.
`{{request_token}}`	Dieses Tag wird durch das zur aktuellen Session gehörende Request-Token ersetzt.
`{{toggle_view}}`	Dieses Tag wird durch einen Link ersetzt, der zwischen Mobile- und Desktop-Layout wechselt.
`{{br}}`	Dieses Tag wird durch ein HTML- -Element (Zeilenumbruch) ersetzt.

Tabelle 26.8 Inserttags für verschiedene Sachen (Forts.)

Es gibt auch noch Inserttag-Flags, mit denen man die Inserttags weiterverarbeiten kann: `{{page::title|strtoupper}}` wandelt den Namen in Großbuchstaben um. Eine vollständige Übersicht finden Sie auf *contao.org*:

▶ *contao.org/de/manual/3.3/managing-content.html#inserttag-flags*

Beliebig viele Flags können miteinander kombiniert werden.

Kapitel 27
Einige Erweiterungen von Drittanbietern

In diesem Kapitel möchte ich Ihnen zum Abschluss in aller Kürze einige hilfreiche Erweiterungen für Contao vorstellen.

Die Themen im Überblick:

- Nützliche Helfer im Backend, Seite 785
- Kleine Erweiterungen für das Frontend, Seite 788
- Isotope, MetaModels und ungefähr 1.632 weitere , Seite 790
- Ausblick: Erweiterungsverwaltung wird Composer, Seite 792

Bei Contao gibt es Core-Erweiterungen und Erweiterungen von Drittanbietern. Die Core-Erweiterungen haben Sie in diesem Buch bereits kennengelernt. In diesem Kapitel möchte ich Ihnen aus den über 1.600 verfügbaren Erweiterungen (aka Extensions) eine kleine Auswahl vorstellen.

27.1 Nützliche Helfer im Backend

Die Erweiterung [BackupDB] haben Sie bereits installiert, hier sind noch ein paar andere Kandidaten.

27.1.1 »EasyThemes« ist auch bei nur einem Theme nützlich

First things first. Eine der ersten, wenn nicht *die* erste Erweiterung, die ich installiere, ist *EasyThemes* von Yanick Witschi aka *Toflar*.

Normalerweise klicken Sie bei der Arbeit mit Stylesheets, Frontend-Modulen und Seitenlayouts zuerst auf das Backend-Modul THEMES und fahren dann rechts rüber in den Arbeitsbereich, um auf eines der kleinen Symbole zu klicken. EasyThemes spart im Laufe der Zeit diverse Mausfahrtkilometer, indem es die kleinen Symbole nach links in den Navigationsbereich holt.

Infos zu EasyThemes finden Sie hier:

- *contao.org/de/extension-list/view/easy_themes.de.html*
- *github.com/terminal42/contao-easy_themes*

Nach der Installation müssen Sie EasyThemes in den PERSÖNLICHEN EINSTELLUNGEN des Benutzers aktivieren. Klicken Sie dazu oben im Infobereich auf den Benutzernamen, und kreuzen Sie die Option EASYTHEME AKTIVIEREN an (Abbildung 27.1).

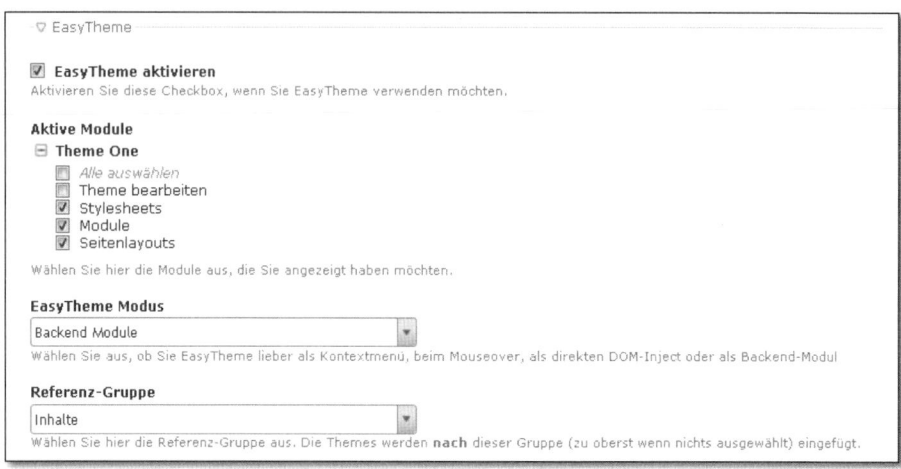

Abbildung 27.1 Die Einstellungen für »EasyThemes« im Backend

Probieren Sie ein paar Optionen durch. Mit den Einstellungen aus Abbildung 27.1 sieht das Backend so aus wie in Abbildung 27.2.

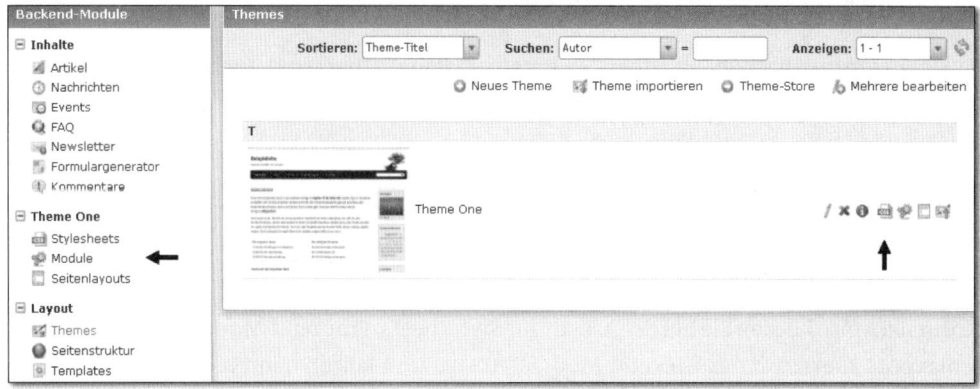

Abbildung 27.2 Im Navigationsbereich gibt es jetzt das Modul »Theme One«.

STYLESHEETS, MODULE und SEITENLAYOUTS sind nur noch einen Klick weit entfernt, egal in welchem Backend-Modul Sie gerade sind. Lovin' it.

27.1.2 »Sticky Backend Footer« fixiert die Speichern-Leiste im Arbeitsbereich

Mit vollem Namen heißt die Erweiterung [m17-sticky-backend-footer], bekannt ist sie als *Sticky Backend Footer*, und programmiert wurde sie von Joe Ray Gregory aka *may17*:

- *contao.org/de/extension-list/view/m17-sticky-backend-footer.html*
- *github.com/may17/contao-m17StickyBEFooter/*

Nach der Installation gibt es nichts zu konfigurieren, denn die Erweiterung macht genau eine Sache, und die macht sie gut: Sie fixiert die Leiste mit den Schaltflächen zum Speichern im Arbeitsbereich unten am Browserfensterrand und erspart Ihnen das Scrollen (Abbildung 27.3). Nur Tastenkürzel sind noch schneller.

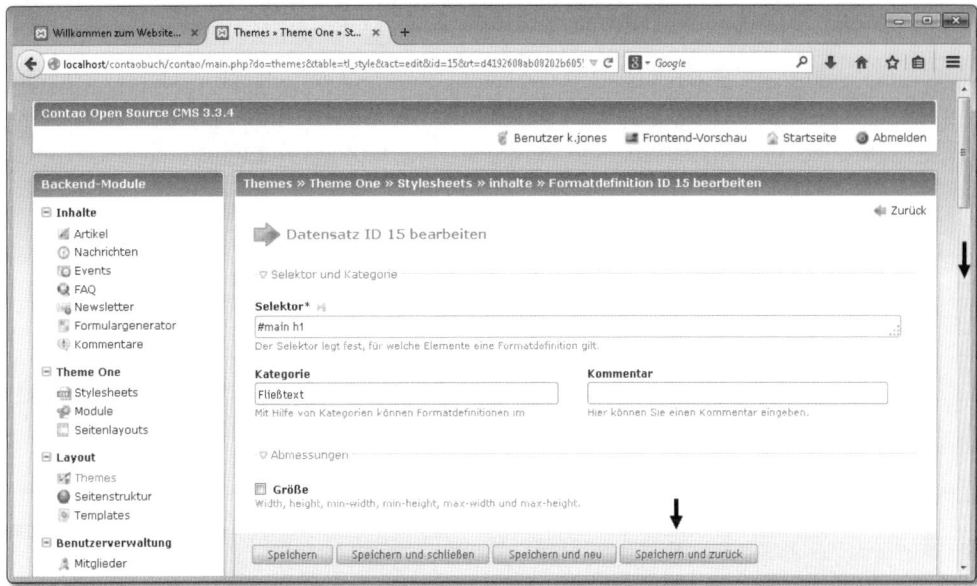

Abbildung 27.3 Die Erweiterung »Sticky Backend Footer« in Aktion

> **Notizen im Backend**
>
> Natürlich gibt es noch eine Menge mehr nützliche Erweiterungen, wie zum Beispiel:
>
> - [x_backend_notes] von Christoph Krebs aka *CeeKay*
>   *contao.org/de/extension-list/find/x_backend_notes.html*
>
> Kommentare sind eine gute Angewohnheit. Mit dieser Erweiterung können Seiten und Frontend-Module im Backend mit individuellen Notizen versehen werden. Damit Sie auch morgen noch wissen, warum Sie heute etwas genau so konfiguriert haben.

27.2 Kleine Erweiterungen für das Frontend

In diesem Abschnitt zeige ich Ihnen ein paar Erweiterungen, die auch im Frontend und im Quelltext Auswirkungen haben.

27.2.1 »Social Images«: Bilder für soziale Netze bereitstellen

Beim Teilen von Beiträgen in sozialen Medien wie Facebook, Twitter und Google+ spielen Bilder als buchstäblicher Blickfang eine nicht unwesentliche Rolle. Die folgende Erweiterung hilft dabei:

▶ [social_images] von Codefog
 contao.org/de/extension-list/view/social_images.html
 github.com/codefog/contao-social_images

Die Erweiterung durchsucht Seiten nach Bildern und generiert im Quelltext-Header pro Bild ein Meta-Tag, damit die sozialen Netze sie leichter finden. Die Erweiterung muss nach der Installation in den Seitenlayouts aktiviert werden:

Abbildung 27.4 »Social Images« wird im Seitenlayout aktiviert.

Scharfe Bilder auch für Retina

Für scharfe Bilder auch auf Retinaschirmen sorgt diese Erweiterung:

▶ [retina_image] von Lingo4you
 contao.org/de/extension-list/view/retina_image.html

Diese Erweiterung erzeugt automatisch zu jedem skalierten Bild ein zweites @2x-Bild mit der doppelten Auflösung.

27.2.2 Mehrspaltige Inhalte im Inhaltsbereich

Wenn es darum geht, im Inhaltsbereich einige Elemente nebeneinander darzustellen, ohne im CSS eine Float-Orgie starten zu wollen oder das 12-Spalten-Grid zu bemühen, ist die folgende Erweiterung einen Blick wert:

- [rocksolid-columns] von MADE/YOUR/DAY aka *rocksolidthemes*
  contao.org/de/extension-list/view/rocksolid-columns.html
  github.com/madeyourday/contao-rocksolid-columns

Nach der Installation der Erweiterung gibt es vier neue Inhaltselemente, die Sie in der Liste der Inhaltselemente in der Gruppe SPALTENUMSCHLAG finden und deren Handling an den Slider oder auch an die Akkordeons erinnert.

Mit dem Inhaltselement UMSCHLAG ANFANG definieren Sie die Aufteilung der Spalten für die drei Varianten DESKTOP (groß), TABLET (mittel) und MOBILE (klein), indem Sie einfach Verhältnisse angeben (Abbildung 27.5).

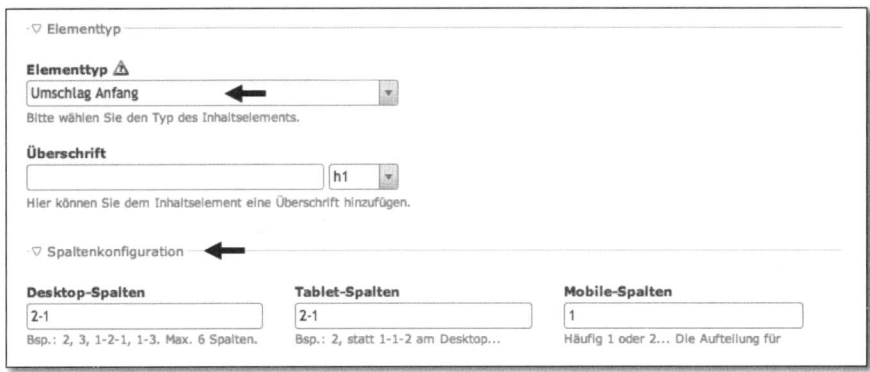

Abbildung 27.5 Die Konfiguration der Spalten von »Rocksolid Columns«

Nach kurzer Übung ist das sehr intuitiv, und um den Rest kümmert sich die Erweiterung. Responsiv und sehr flexibel. Weitere Infos finden Sie in der Dokumentation auf der Website von Rocksolid:

- rocksolidthemes.com/de/contao/plugins/columns/dokumentation

> **[tags] ermöglicht die Kategorisierung von Elementen**
>
> Mit dieser Erweiterung können Sie beliebige Schlagwörter für Contao-Elemente vergeben. Diese Schlagwörter können dann im Frontend zum Beispiel in Form einer Liste von Schlagwörtern (*Tag Cloud*) wieder ausgegeben werden:
>
> - [tags] von Helmut Schottmüller
>   contao.org/de/extension-list/view/tags.html

27.3 Isotope, MetaModels und ungefähr 1.632 weitere Erweiterungen ...

Nach dieser kleinen, subjektiven Auswahl bleiben für Sie noch ungefähr weitere über 1.600 hier nicht vorgestellte Erweiterungen zum Entdecken.

Den *Extended Formular Generator* von Thomas Kuhn als Erweiterung für den Formulargenerator habe ich im Buch ebenso erwähnt wie *Avisota* von Tristan Lins als professionelles Tool für Newsletter. Bleiben noch die folgenden zwei Projekte, deren Betreiber in der Contao-Community eine wichtige Rolle spielen, und die an dieser Stelle nicht unerwähnt bleiben sollen.

27.3.1 »Isotope eCommerce« – ein Shop-System für Contao

Isotope eCommerce ist ein vollständig in Contao integriertes Shop-System, das von einer internationalen Entwicklergemeinde gepflegt wird, deren Zentrale mit der Terminal 42 GmbH in der Schweiz ansässig ist. Andreas Schempp, Yanik Witschi und Bjarke Ammann sind in der Community sehr aktiv und haben zahlreiche weitere Extensions programmiert, die allesamt qualitativ hochwertig und aktuell sind. Die Anpassung des Shops an deutsche Umstände nimmt Christian de la Haye vor, unter anderem bekannt durch die in Abschnitt 25.5 vorgestellte [dlh_googlemaps].

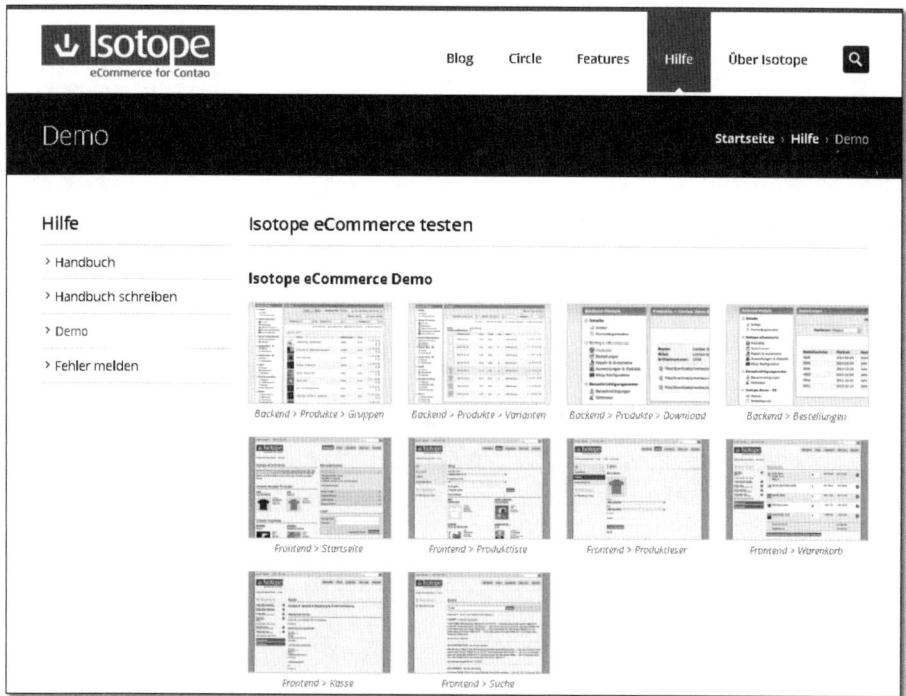

Abbildung 27.6 Auf der Website von IsotopeeCommerce.org

Informationen zum Shop-System Isotope eCommerce finden Sie im Web:

▶ [isotope] von Terminal42 & Isotope eCommerce Workgroup
isotopeecommerce.org
contao.org/de/extension-list/view/isotope.html
github.com/isotope/core/

27.3.2 »MetaModels« – Datenstrukturen jenseits des Seitenbaums

Eine große Stärke von Contao ist die leicht zu verstehende Seitenstruktur, in der Artikel und Inhaltselemente aufbewahrt werden. Aber diese Seitenstruktur hat andererseits auch eine starre Hierarchie.

Oft möchte man aber bestimmte Informationen an mehreren Stellen der Site veröffentlichen. Der Beitrag über den Käseladen am Fischmarkt soll dann sowohl auf der Seite zum Fischmarkt als auch auf der Seite zum Shopping auftauchen. Und man möchte per Klick filtern können: Zeige mir alle Läden in der Innenstadt.

Genau das ermöglichen die von Christian Schiffler, Andreas Isaak und Stephan Heim betriebenen *MetaModels*. Einen ersten Eindruck von den Möglichkeiten gibt die Demo *A Movie Database*:

▶ *now.metamodel.me/a-movie-database/*

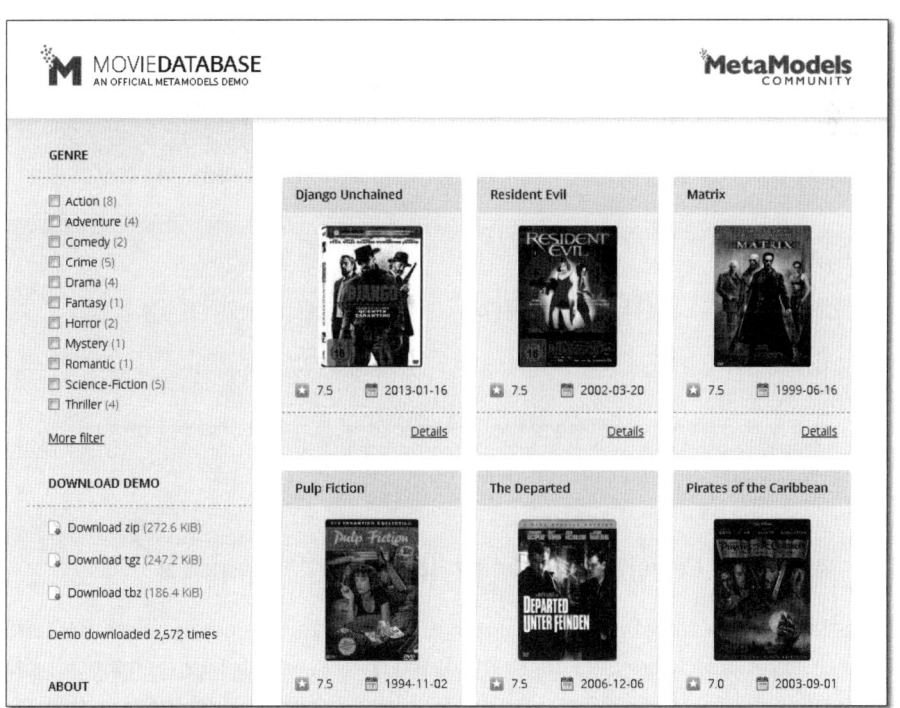

Abbildung 27.7 Die offizielle MetaModels-Demo

MetaModels ermöglichen also flexible Datenmodelle jenseits der Seitenstruktur von Contao. Aber kein Vorteil ohne Nachteil: Datenmodelle sind sehr viel abstrakter als Seitenhierarchien, und die Erfolgskurve beim Lernen geht dementsprechend etwas langsamer nach oben als bei Contao selbst.

Im Showcase können Sie sich einen kleinen Eindruck von der Leistungsfähigkeit der MetaModels verschaffen. Dort werden Websites gezeigt, die die MetaModels bereits heute einsetzen:

- now.metamodel.me/de/showcase

Aber wie gesagt, das Erstellen von Datenmodellen ist nichts, was man mal eben vor dem Schlafengehen macht.

Die MetaModels gibt es nicht in der Erweiterungsverwaltung von Contao, sondern nur auf der Website selbst, bei Github oder über den Composer (siehe unten):

- now.metamodel.me
  github.com/MetaModels/core

Abbildung 27.8 Die Startseite von »now.metamodel.me«

27.4 Ausblick: Erweiterungsverwaltung wird Composer

Erweiterungen von Drittanbietern können Sie in Contao bequem aus dem Backend heraus installieren. Die Erweiterungsverwaltung ist der zentrale Sammelplatz für alle Erweiterungen, und sie wird im Backend von Contao bequem über den ERWEITERUNGSKATALOG bedient (Abbildung 27.9).

27.4 Ausblick: Erweiterungsverwaltung wird Composer

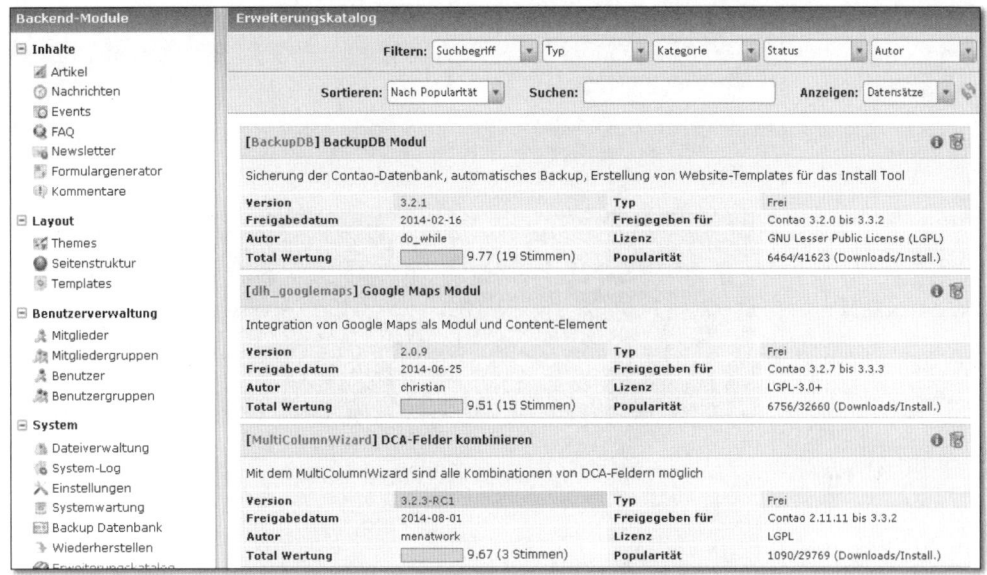

Abbildung 27.9 Der klassische »Erweiterungskatalog« im Backend

Die Erweiterungsverwaltung ist aber etwas in die Jahre gekommen und hat zum Beispiel Probleme bei der Verwaltung von Abhängigkeiten zwischen verschiedenen Erweiterungen.

Der Nachfolger der Erweiterungsverwaltung heißt *Composer*, und er steht bereits in den Startlöchern, worauf Sie bei der Installation von Contao bereits hingewiesen wurden (Abbildung 27.10).

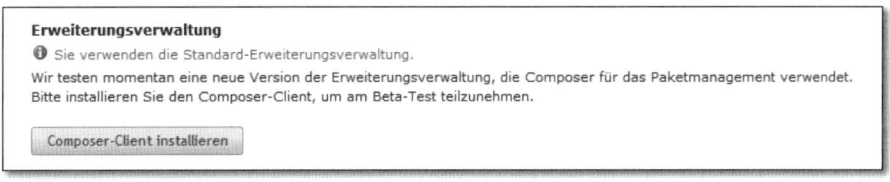

Abbildung 27.10 Das Installtool bietet an, den Composer-Client zu installieren.

Beta-Versionen sind nicht für produktive Umgebungen gedacht, aber in einer Testinstallation kann man sich die Sache schon einmal anschauen. Falls Sie sich nicht sicher sind, ob Ihr Webspace für den Composer geeignet ist, können Sie das mit dem Contao-Check überprüfen.

Ein Klick auf die Schaltfläche COMPOSER-CLIENT INSTALLIEREN bringt Sie in den alten Erweiterungskatalog, und dort werden Sie Schritt für Schritt durch die Installation geführt. Ein bisschen lesen, ein bisschen klicken und ein bisschen Glück, und kurze Zeit später ist der Composer-Client installiert (Abbildung 27.11).

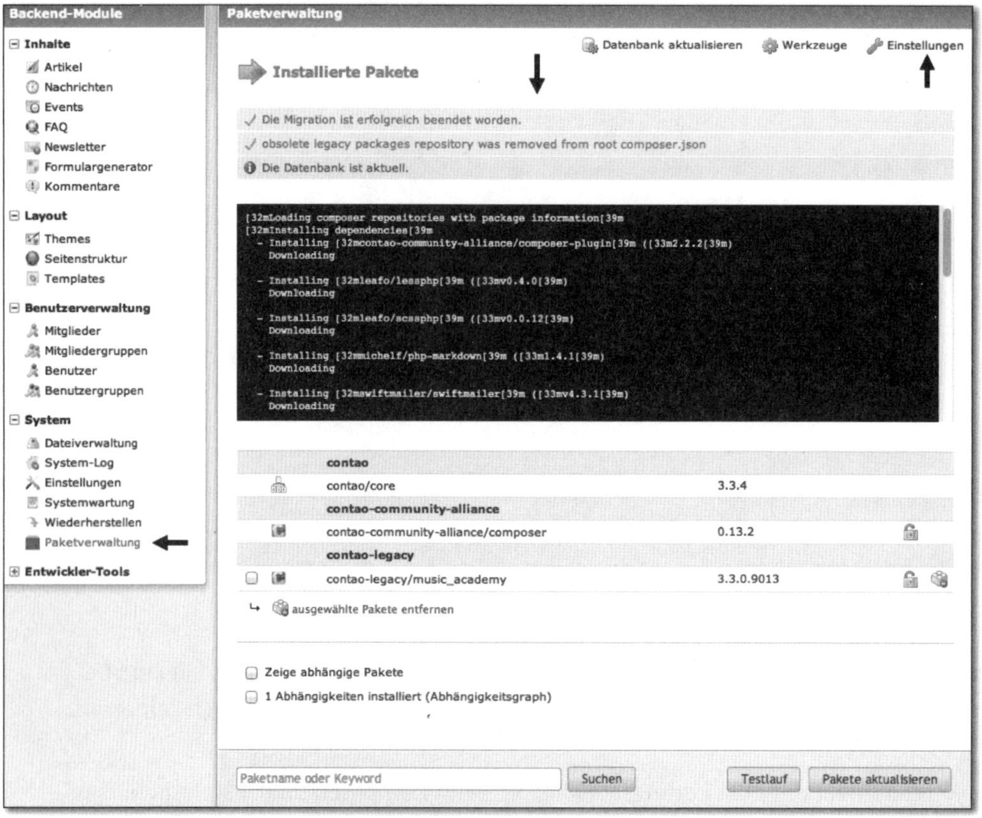

Abbildung 27.11 Die Paketverwaltung aka Composer-Client

Die Installation des Composer-Clients hat im Backend-Bereich SYSTEM die ERWEITERUNGSVERWALTUNG und den ERWEITERUNGSKATALOG entfernt und ein neues Modul namens PAKETVERWALTUNG hinzugefügt.

Über den Punkt EINSTELLUNGEN ganz rechts oben können Sie übrigens jederzeit wieder zur alten Erweiterungsverwaltung zurückkehren. Allerdings müssen Sie danach die Erweiterungen wieder aufs Neue installieren.

Index

.htaccess
    Apache-Konfiguration (htaccess) 97
    Backup machen (htaccess) 706
    PHP als CGI 97
    RewriteBase (htaccess RewriteBase) 630
    URL umschreiben (htaccess) 628
403 – Forbidden 648
404 – Nicht Gefunden 645
404 – Not Found 646

A

Ablage leeren (Backend) 157
Administrator
    Konto ändern 680
    Konto erstellen 79
    Passwort vergessen 82
Akkordeon (Inhaltselement) 312, 323
Apache 57
Arbeitsbereich (Backend) 129
Artikel 117
    als PDF speichern 298
    Artikel-Einstellungen 159, 298
    auf Facebook empfehlen 298
    auf Twitter empfehlen 298
    ausdrucken 298
    besteht aus Inhaltselementen 119
    im Seitenlayout einbinden 163
    mehrere in einer Spalte 742
    Teaser anzeigen 742
Artikelteaser einsetzen 742
Auswahllisten (Formulare) 365
Auto_item aktivieren 414, 457

B

Backend
    Arbeitsbereich 129
    Artikel 117
    Aufbau 110
    Benutzer 121
    Benutzereinstellungen 127
    Benutzerpasswort ändern 128
    Benutzerverwaltung 653, 679
    Dateiverwaltung 134
    für Redakteure 121
    Infobereich 126
    Mehrere bearbeiten 164
    Navigationsbereich 128
    persönliche Daten ändern 127
    Rechtesystem 121
    Seitenlayouts 115
    Seitenstruktur 111, 144, 150, 228
    Stylesheets 117
    Systemeinstellungen 131
    Tastenkürzel 129
    Template-Ordner erstellen 139
    Themes 113
    Vorschaubilder ausstellen 137
Backend-Module
    Definition 155
    Module deaktivieren 447
    Übersicht 128
Bearbeitung mehrerer Datensätze 231, 638, 641, 665, 695
Beiträge
    als PDF speichern 412
    auf Facebook empfehlen 412
    auf Twitter empfehlen 412
    ausdrucken 412
Benutzer 679
    Admin-Konto erstellen 680
    Begrüßungsmail 689
    Benutzer einrichten 686
    und Zugriffsrechte 693
    Unterschied zu Mitgliedern 653
Benutzerfunktionen
    Daten bereinigen 702
    rückgängig 112
Benutzergruppe
    erlaubte Module freigeben 681
    Page- und Filemounts 682
    Rechte für Erweiterungen 683
    Zugriffsrechte setzen 693
Benutzerrechte vs. Gruppenrechte 687
Bild (Inhaltselement) 279
Bild-Einstellungen 282, 283
    An Rahmen anpassen 283
    exaktes Format 283
    Proportional 282
Bilder
    Bild-Einstellungen 282, 283, 589
    maximale Frontend-Breite 284
Bildergalerie
    Bildunterschriften 290

Index

erstellen 285
HTML-Struktur 289
Blog 398, 446
boldt-media.de 710
Bootstrap (Framework) 765
Browser
  Präfixe für CSS3 547
  Viewport 563
Buch Einstieg in CSS 526, 560
Buch Flexible Boxes 522, 563
Bugfix-Release 707

C

Cache
  Cache-Modus wählen 703
  Cachezeit festlegen 704
  Daten bereinigen 504, 700
  deaktivieren 504
CAPTCHA 373
Checkbox-Menü 370
Checkliste vor Update 710
chmod 99, 100
chown 99
CMS
  Brauchen Sie ein CMS? 37
  erfordert Know-how 39
  Funktionsweise 48
  und URLs 626
  Was ist das? 37
Composer 141, 792
Contao
  Bedeutung des Namens 37
  bei Github 533
  Bugfix-Release 707
  Cache-Einstellungen 703
  Changelog 533
  Composer 141
  Contao Check 83
  CSS-Framework 519
  Dateiverwaltung 134
  Erweiterungen installieren 140
  Erweiterungsliste 140
  geeigneter Webspace 82
  Hosting 82
  Inserttags (Übersicht) 776
  Konfigurationsdateien 766
  Live Update 711
  Log-Dateien 697
  Major-Release 708
  manuelles Update 713
  mehrere Websites 772
  Minor-Release 707
  offline installieren 70
  online installieren 82
  Suchfunktion erstellen 375
  Systemvoraussetzungen 69
  Themes 113
  Überblick Funktionsweise ... 121, 180
  und CSS3 545
Contao Check 83
contao.org 39, 70, 88, 91, 140, 710
contaobuch.de 44
Contao-Community 43
Contao-Forum 43
Contao-Template 172
Content-Management-System 37
Copyright-Hinweis 739
CSS
  Dopplung von div 526
  horizontale Navigation 238
  horizontales Dropdown 241
  im Debugmodus unkomprimiert ... 194
  overflow:hidden 284, 535
  Style-Block im 528
  vertikale Navigation 234
CSS importieren 221
CSS3
  Browser-Präfixe 547
  Eigenschaften (Übersicht) 546
  Geschichte 545
  und IE 8 548
  und interne Stylesheets 547
CSS3Pie 192, 548
CSS-Editor von Contao 215
CSS-Framework 183, 519
  Formulare 356, 432
  Holy Grail 532, 561
  Media Query 536, 561, 620
  responsive 536, 620
  responsives Layout 561
CSS-Grid-Frameworks 612, 613
CSS-Klassen: Events 457, 461
CSS-Klassen: FAQ 466
CSS-Klassen: Formulare 362
CSS-Klassen: Framework
  block 239, 284
  clear 535
  invisible 535
CSS-Klassen: Inhaltselemente
  ce_comments 431
  ce_image 280

ce_table	309
ce_text	262
ce_toplink	295
image_container	277
CSS-Klassen: Kalender	457, 461
CSS-Klassen: Module	
mod_article	262
mod_articlenav	259
mod_booknav	258
mod_breadcrumb	257
mod_customnav	248
mod_eventreader	459
mod_lostPasswort	676
mod_navigation	176
mod_personalData	677
mod_quicklink	256
mod_quicknav	256
mod_sitemap	253
Navigationsmenü	234
submenu	235
trail	235
CSS-Klassen: Nachrichten	444, 445
CSS-Klassen: Newsletter	479
CSS-Klassen: Sonstige	
float_left	277
pagination	408
pdf_link	299
CSV-Datei importieren	305

D

Dateiberechtigungen	95, 99
Dateimanager	134
Dateiverwaltung	134
Dateien hochladen	135
DropZone	136
Ordner erstellen	134
synchronisieren	138
Datenbank	
erstellen	66, 72, 90
exportieren (SQL-Dump)	93, 705
Kollation	77
Tabellen anlegen	77
Datenbank (relational)	
Begriffe	62
SQL	64
dcaconfig.php	706, 770
Debugmodus	173, 194
DIFF (Versionierung)	217
Document Root	57

Double Opt-In	481
DropZone	136

E

Entwicklungsumgebung → XAMPP/MAMP	
Erweiterung	
[news_categories]	436
[rocksolid-columns]	617
[social_images]	301, 413
[tags]	436
dk_mmenu	567
Erweiterungen	
[backup_db]	705
[BackupDB]	141, 705
[ce_page_teaser]	746
[changelanguage]	773
[dlh_googlemaps]	752
[dlstats]	675
[efg]	362
[inputvar]	360
[x_backend_notes]	228, 705
installieren	140
zur Mitgliederverwaltung	678
Erweiterungen (Core)	
Events (Kalender)	448
FAQ	464
Formulargenerator	341
Nachrichten	397
Newsletter	469
Erweiterungen auf contao.org	140
Events → Kalender	
Extension Repository	140

F

Facebook	298, 412
FAQ	464
fe_page	172, 524, 764
Feed für Nachrichten	425
Fehlermeldungen	
403 Forbidden	648
404 Not found	646
Kein Layout angegeben	150
Keinen Startpunkt gefunden	144, 147
No layout specified	150
No pages found	144, 147
Filemount	682
Firefox	
Tastenkürzel ändern	130
Flexible Images	589

Floats clearen ... 535
Folder-URLs ... 635
Formatdefinitionen → Styles
Formulare
   Anmeldeformular gestalten ... 667
Formularfelder
   Checkbox-Menü ... 367, 370
   Datei-Upload ... 372
   Erklärung ... 364
   Fieldset ... 364
   Passwortfeld ... 365
   Radio-Button-Menü ... 368
   Select-Menü ... 365
   Sicherheitsabfrage ... 373
   Überschrift ... 364
   Übersicht ... 362
Formulargenerator ... 341
Foundation (Zurb) ... 765
Frontend ... 108
   HTML-Grundgerüst ... 170, 524
Frontend-Module ... 113, 155
Frontend-Template ... 78, 172, 731
Frontend-Vorschau ... 670
FTP-Modus ... 95
Funktion Mehrere bearbeiten ... 164
Funktionen
   Feed abonnieren ... 425
   Kommentarfunktion ... 428
   Kontaktformular ... 341
   Suchfunktion ... 375

G

Galerie (Inhaltselement) ... 285
Github ... 533
Google
   Google Analytics ... 715
   Google Maps ... 751
   Google-Konto ... 650, 715
   Webmaster-Tools ... 650
Grid-Layouts ... 612, 613
Gruppenrechte ... 687

H

Hard Limit ... 232
Holy Grail ... 532, 561
Hosting ... 82
HTC-Dateien ... 548
htdocs ... 57

HTML
   div-Struktur ... 170, 524
   embed ... 324
   iframe ... 324
   meta-Elemente ... 642
   title ... 639
HTML5
   neue Strukturelemente ... 522
   picture ... 591
   und Contao ... 522
   vereinfachte Schreibweise ... 521
HTML5 oder XHTML ... 523
HTTP
   Request und Response ... 644
   Status Codes ... 645

I

Inaktive Backend-Module ... 447
<!--indexer::stop--> ... 177
Infobereich (Backend) ... 126
Inhaltselemente ... 119
   Akkordeon ... 312
   Artikel ... 337
   Artikel-Teaser ... 337
   Bild ... 279
   Code ... 335
   Content-Slider ... 506
   Download ... 337
   Downloads ... 337
   Formular ... 337, 350
   Galerie ... 285
   HTML ... 323
   Hyperlink ... 297
   in Events ... 449
   in Nachrichten ... 398
   Include-Elemente ... 336
   Inhaltselement ... 337
   Kommentare ... 336
   Modul ... 337
   Tabelle ... 303
   Text ... 161, 266
   Top-Link ... 294
   Überschrift ... 263
initconfig.php ... 706
Inserttags
   :{{page:pageTitle}} ... 640
   {{date::Y}} ... 739
   {{env::request}} ... 297
   {{insert_article::ID}} ... 737, 742
   {{insert_content::ID}} ... 737, 742

{{link_url::ID}} 270
{{link::abmelden}} 662
{{link::ID}} 474
{{link:ID}} 661
{{page:rootTitle}} 640
{{user::username}} 662
für Datum 781
für E-Mail-Adressen 781
für Include-Elemente 780
für Link-Elemente 776
für Mitglieder 778
für Sprachen 781
für Umgebungsvariablen 780
Übersicht 776
Installation
  Admin-Konto anlegen 79
  Contao Check 83
  Datenbanktabellen anlegen 77
  Datenbankverbindung prüfen 76
  Frontend-Template importieren 78
  FTP-Zugangsdaten eingeben 98
  Installtool bei Online-Installation 90
  Live Update 711
  manuelles Update 713
  offline 70
  online 82
  Passwort für Installtool 74
  potenzielle Probleme 74, 92, 95
  Systemvoraussetzungen 69
  Umzug auf Online-Webspace 93
  Verschlüsselungsschlüssel 74
Installtool
  FTP-Zugangsdaten eingeben 98
  Passwort ändern 74
  Passwort vergessen 766
  schützen 75

J

jQuery
  Colorbox 274
  j_accordion 313
  und MooTools 274

K

Kalender 448
Kollation 77
Kommentare 336, 428
Kontaktformular erstellen 341

Kontrollkästchen (Formulare) 370
Kopiervorgang abbrechen (Backend) 157

L

langconfig.php 706, 767
Layoutbereiche
  eigene erstellen 763
Lightbox 274
Little Boxes 257, 323, 526, 535
Live Update 711
localconfig.php 706, 766
Lokale Installation 70

M

Mac – Contao installieren 54
Major-Release 708
MAMP
  installieren 54
  ist Offline-Webspace 48
  Umzug auf Online-Webspace 93
Manuelles Update (FTP) 713
Media Query 536, 561, 620
Mediabox 273
Mehrere bearbeiten 231, 638, 641, 665, 695
Mehrsprachige Website 772
meta
  description 642
  keywords 644
  robots 642
  viewport 562
Meta-Navigation 245
Meta-Viewport-Tag 562
Minor-Release 707
Mitglieder 653
  An- und Abmeldung 669
  Mitgliederregistrierung 678
  neue erstellen 655
  Passwort vergessen 676
  Persönliche Daten ändern 677
  Unterschied zu Benutzern 653
Mitgliedergruppen 655
Mitgliederverwaltung 676
Mobile Seitenlayouts 561
mod_cache 629
mod_rewrite 628
Module
  Artikelnavigation 228, 258
  Automatischer Logout 660
  Buchnavigation 228, 258

Definition 155
  Eigener HTML-Code 155, 661
  erzeugen Quelltext 113
  für Kopf- und Fußbereich 155
  Individuelle Navigation 227, 246
  Login-Formular 659
  Navigationsmenü 114, 166, 227, 232, 244
  Navigationsmodule 226
  Navigationspfad 227, 257
  Passwort vergessen 676
  Persönliche Daten 677
  Quicklink 227
  Quicknavigation 227
  Sitemap 227
Modultemplates 172
MooTools
  moo_accordion 313
  moo_mediabox 273
  MooTools laden 273
  und jQuery 274
Multi-Domain 774
Music Academy
  Beispielsite 103
  installieren 104
  Theme importieren 724
MySQL
  Datenbank erstellen 66
  serviert Datenbanken 61
  und phpMyAdmin 64

N

Nachrichten 397
  Anzahl Beiträge pro Seite 408
  Archiv erstellen 399
  Beitrag erstellen 401
  Meta-Info unterm Beitrag 422
  Teaser anzeigen 407
  Übersicht 398
  und Inhaltselemente 398
Nachrichtenbeitrag
  Aufbau der URL 413
  Bilder hinzufügen 422
  Nur mit Teaser 411
  Weiterleitung zu Seite, Artikel oder URL ... 411
Navigation
  basiert auf Seitenstruktur 111
  Breadcrumb 257
  Buchnavigation 258
  horizontal und vertikal 244
  horizontal zwei Ebenen 237

  Meta-Navigation 245
  Navigationspfad 257
  Sitemap 250
  vertikal zwei Ebenen 231
Navigation erstellen 166
Navigationsbereich (Backend) 128
Newsletter 469
  abonnieren 481
  Double Opt-In 481
  Frontend-Module 479, 482
  im Frontend anzeigen 478
  kündigen 481

O

Optionsfelder (Formulare) 368
Ordner-URLs 635

P

Pagemount 682
Paginierung 408
Papierdenken 560
Passwort ändern (Admin) 680
Passwort vergessen
  für Admin-Konto 82
  für Installtool 766
  für Mitglieder 676
pathconfig.php 767
PDF 298, 412
PHP
  als CGI 60, 97
  als Modul 60, 95
  Interpreter 49, 60, 95, 101
  php.net 59
phpMyAdmin 64
  Datenbank erstellen 66, 72, 90
  Datenbank exportieren 93, 705
Piwik 716

R

Radio-Button-Menü 368
Rastersysteme (Layout) 612, 613
Responsives Webdesign
  Entstehung 560
  Zutaten 561
RewriteBase 630
RewriteRule 629
Rich Text Editor (RTE) → TinyMCE
RSS-Feed 425

S

Safe Mode Hack (SMH) 95, 98, 101
Seitenalias 637
Seitenlayouts 115
   Ausgabeformat 153, 523
   für mobile Seiten 561
   neu erstellen 153
   TinyMCE-Stylesheet 760
   zweispaltig 486
Seitenname 637
Seitenstruktur 144
   automatische Weiterleitung 747
   Beispielsite erweitern 149, 228
   Cachezeit festlegen 704
   im Menü verstecken 231
   und Navigation 111
Seitentemplates 172, 764
Seitentitel 639
Select-Menü 365
SEO 625
   Aufbau der URL bei Events 457
   Aufbau der URL bei Nachrichten ... 413, 414
   Auto_item aktivieren 414, 457
   Google Sitemap 650
   Seitentitel definieren 639
Servicenavigation → Meta-Navigation
Sicherheit
   Hinweise zu Themes 733
   Installtool schützen 75
   Spamschutz 373
   XAMPP-Sicherheitscheck 54
Sidebar
   auf Startseite 495
   Lesetipps 502
   Quicklink-Navigation 502
   Submit ausblenden 503
   zufälliges Bild 495
Sitemap 650
Social Media
   Beiträge weitersagen 412
Sortierbare Tabelle 311
Spamschutz 373
Sprachen-Fallback 147, 772
SQL
   SQL-Dump erstellen 93
SQL (Sprache) 64
Startlevel 232
Startpunkt einer Website 145, 772
Statische Webseiten 48
Stoplevel 232

Styles 188
Stylesheets 183
   basic.css (Reset) 194
   CSS-Framework 519
   das CSS-Framework 183
   externes CSS importieren 221
   im Backend bearbeiten 188
   im Debugmodus unkomprimiert ... 194
   im Seitenlayout einbinden 192
   Integration in Seitenlayouts 765
   intern vs. extern 184
   internes Stylesheet erstellen 186
   SCSS 117
   system/contao.css 531
   tinymce.css 758, 760
Stylesheets, intern
   CSS-Dateien bereinigen 700
   CSS-Import 221
   im Backend bearbeiten 184
   Tipps zum CSS-Editor 215
   und CSS3 547
Subtemplates 172
Suchfunktion 375
Suchindex neu aufbauen 698
Suchmaschinenoptimierung → SEO
Suchsyntax 396
Synchronisieren 138
Syndikation 298, 301, 412, 413
SyntaxHighlighter 335
Systemeinstellungen 131
   Anmeldedauer 133
   Cache-Modus 703
   Datums- und Zeitformat 132
   Inaktive Backend-Module 447
   maximale Frontend-Breite 284
   Speicherzeiten 133
   Titel der Webseite 131
   Verschlüsselungsschlüssel 75
   Zugriffsrechte (Standard) 694
System-Log 697
Systemvoraussetzungen 69
Systemwartung
   Daten bereinigen 504, 700, 702
   Suchindex neu aufbauen 698

T

Tabelle (Inhaltselement) 303
Teaser
   Bilder hinzufügen 422
   für Artikel 742

für Nachrichten 407, 409, 416
Meta-Info unterhalb 422
Übersicht gestalten 418
Template-Marker (Debugmodus) 173
Templates
  analytics_google 715
  Änderung geht nicht 504
  Debugmodus 173
  Definitionen 172
  fe_page 172, 524, 764
  Frontend-Templates 172, 731
  nav_default 176, 179, 248
  Template-Marker 173
  Unterordner erstellen 139
  XHTML und HTML5 523
Text ein- und ausblenden 312
Textbausteine erstellen 760
Theme-Manager 717
Themes 717
  aktivieren in Seitenlayouts 726
  anpassen 728
  cto-Datei 719
  Einsatzgebiete 721
  enthaltene Komponenten 717
  exportieren 719
  Fehler nach Importieren 728
  importieren 724
  Music Academy importieren 724
  neu erstellen 151
  nicht enthalten 720
  Quellen für 721
  Sicherheitshinweise 733
  Symbole zur Bearbeitung 152
  Template-Ordner erstellen 139
  und Multi-Site-Installationen 721, 774
  von RockSolid 723
$this->framework 527
$this->head 529
$this->stylesheets 528
Tickets bei Github 533
TinyMCE 268
  CSS-Klassen anzeigen 758
  HTML-Elemente markieren 268
  Hyperlinks erstellen 269
  im Überblick 268
  neue Version 267
  Textbausteine 760
  Textgröße Editorfenster 759
  tiny_templates 760
  und Fußbereich 737
  Vorlagen (Templates) 760

tinymce.css 758, 760
Top-Link (Inhaltselement) 294
Twitter 298, 412

U

Unsemantic (CSS-Framework) 765
Update
  Checkliste 710
  Live Update 711
  manuell (FTP) 713
  Sollte ich updaten? 709
  Vortrag (PDF) 710
URLs umschreiben
  flache URLs 633
  Ordner-URLs 635
URL-Suffix 637

V

Verschieben abbrechen (Backend) 157
Versionen vergleichen (Backend) 130, 217
Versionierung 130
Videos einbinden 323
Viewport 563

W

Webpublishing, statisch 48
Webseite vs. Website 132
Webserver
  404 – Nicht Gefunden 645
  Antwortnummern 644
  Document Root 57
  htdocs 57
  mod_rewrite 628
  serviert Webseiten 57
  startet nicht 52
  Status Codes 644
  testen 52
Website-Template 172
Webspace prüfen mit Contao Check 83
Weiterleitung, 301 permanent 747
Windows – Contao installieren 50
WYSIWYG-Editor 268

X

XAMPP
  Control Panel 51
  installieren (Windows) 50

ist Offline-Webspace 48
Sicherheitscheck 54
Umzug auf Online-Webspace 93
Webserver testen 52
XML
   Feed-Datei 425
   XML-Dateien bereinigen 700
   XML-Sitemap (Google) 650

Y

YAML (CSS-Framework) 765

Z

Zugriffsrechte
   für Seiten und Artikel 693
   in Systemeinstellungen 694
   Linux 100
   Übersicht anzeigen lassen 695
   Unterschied zu Zugriffsschutz 693
Zugriffsschutz 671, 693
   für Downloads 670

- Grundlagen, Funktionsweisen und strategische Planung

- Onpage- und Offpage-Optimierung für Google und Co.

- Erfolgsmessung, Web Analytics und Controlling

Sebastian Erlhofer

Suchmaschinen-Optimierung
Das umfassende Handbuch

Das bewährte Standardwerk von Sebastian Erlhofer in siebter Auflage: alles zu den Grundlagen, mit Erklärungen zu den Funktionsweisen von Suchmaschinen und praktischen Tipps zur Ranking-Optimierung. Eine in vielen Auflagen bewährte Mischung aus Theorie und Praxis – aktuell zum neuen Hummingbird-Algorithmus

915 Seiten, gebunden, 39,90 Euro
ISBN 978-3-8362-2882-4
7. Auflage 2014
www.galileo-press.de/3611

»Sehr empfehlenswert, wenn man sich auf den neuesten Stand von SEO-Themen bringen will!« Natascha Ljubic, Social Media für Unternehmen

Versandkostenfrei bestellen: www.galileo-press.de